Janusz Meissner

DIE ABENTEUER DES JAN KUNA, GENANNT MARTEN

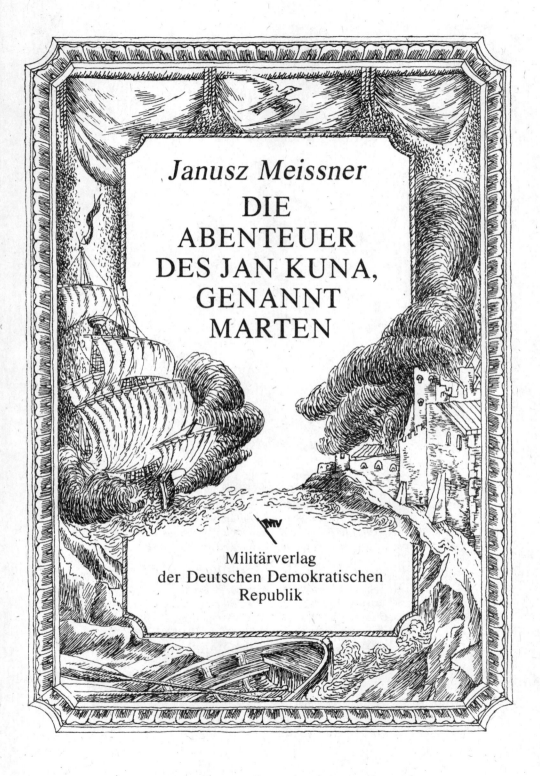

Janusz Meissner

DIE ABENTEUER DES JAN KUNA, GENANNT MARTEN

Militärverlag der Deutschen Demokratischen Republik

Originaltitel: Czarna Bandera/Czerwone Krzyze/Zielona Brama
© Janusz Meissner
Aus dem Polnischen übersetzt von Rudolf Pabel

ISBN 3-327-00407-2

5. Auflage, 1989
(3. Auflage in dieser Ausstattung)
(1. Auflage in vorliegender Ausstattung 1984)
© der deutschen Übersetzung für die einzelnen Bücher:
Die schwarze Flagge 1960, Die roten Kreuze 1961, Das grüne Tor 1962
beim Militärverlag der Deutschen Demokratischen Republik (VEB) – Berlin
Lizenz-Nr. 5
Printed in the German Democratic Republic
Satz: Druckerei Neues Deutschland, Berlin
Druck: Druckerei des Ministeriums für Nationale Verteidigung (VEB) – Berlin – 3 2344-8
Buchbinderische Weiterverarbeitung: INTERDRUCK Graphischer Großbetrieb Leipzig,
Betrieb der ausgezeichneten Qualitätsarbeit III/18/97
Lektoren: Heinz Kübart/Ursula Wiebach
Schutzumschlag, Einband und Illustrationen: Günter Lück
Typographie: Wolfgang Ritter
LSV: 7221
Bestellnummer: 746 591 3

02150

Erstes Buch

DIE SCHWARZE FLAGGE

Castro Verde

1

Jan Kuna, genannt Marten, Kapitän des Kaperschiffes »Zephir«, stand auf dem Deck und sah zur Spitze des Großmastes empor, wo sich die schwarze Flagge mit dem Bild eines sprungbereiten goldenen Marders im Winde entfaltete. Unter dem scharfen Nordostpassat rollte sie sich auf wie eine Schlange oder ein langschwänziger Drache und ballte sich dann wieder zusammen. Die goldglänzende Stickerei funkelte in der Sonne. Am Fockmast, dicht unter dem in Form eines Adlers geschnitzten Topp, wehte bereits eine andere Fahne. Sie zeigte in dem vierfeldrigen Wappen der Tudors die englischen Leoparden und die irische Davidsharfe.

Als sich Marten davon überzeugt hatte, daß das schwarzgoldene Emblem der »Zephir« richtig befestigt worden war, wandte er sich ab und überflog mit einem Blick die vier anderen Schiffe, die zum Teil noch von den Rauchwolken der Geschützsalven verhüllt wurden.

Zwei große Dreimastkaravellen manövrierten im Seitenwind und versuchten, ein schlankes, beträchtlich kleineres englisches Schiff mit niedrigen Aufbauten zu umkreisen, offenbar um die Geschütze der anderen Breitseite gegen den Gegner abfeuern zu können. Auf ihren Masten wehten die gelbroten Flaggen Spaniens. Der Engländer, »Golden Hind« hieß er, wie Marten am Heck entziffern konnte, lief unter vollem Wind geradewegs zwischen den Spaniern und einem großen Frachtschiff mit vier Masten hindurch, das, mit von Kugeln zerfetzten Segeln dem Wellengang preisgegeben, seitlich driftete. An der weißblauen Flagge erkannte

Marten, daß er ein portugiesisches Schiff vor sich hatte. Der klägliche Zustand der Masten und Segel sprach von dem treffsicheren und wirksamen Geschützfeuer des Angreifers, der nun allem Anschein nach selbst zum Angriffsziel der spanischen Schiffe geworden war. Bis jetzt hatte er ihnen geschickt entwischen können.

Marten bewunderte im stillen die Schnelligkeit, mit der sich der Engländer orientierte. Keine der beiden Karavellen konnte ihn beschießen, ohne dabei zu riskieren, daß ihre Geschosse die Bordwände und das Deck des portugiesischen Schiffes durchbohrten. Es war aber leicht zu erkennen, daß der Portugiese nur noch für kurze Zeit den Engländer decken würde, der an ihm vorbeisegeln mußte. Um die Aufmerksamkeit beider kämpfenden Parteien auf sich zu ziehen, hatte Marten auf der »Zephir« auch die englische Flagge gesetzt. Er hoffte, auf diese Weise wenigstens eins der spanischen Schiffe von der »Golden Hind« abzulenken und gleichzeitig den Kampfgeist ihrer Besatzung zu heben, bevor er selbst in das Gefecht eingreifen konnte.

Die Spanier, die den einen Feind dicht vor sich hatten, beschlossen, ihrer Übermacht gewiß, erst diesen zu erledigen und hernach den zweiten anzugreifen, der zum Entsatz herbeieilte. Sie vertrauten dabei der Anzahl und der Feuerkraft ihrer Geschütze, die sicherlich größer als die der beiden kleinen Schiffe war. Doch sie berücksichtigten nicht, daß die beiden Kapitäne mit ihren leichten, wendigen Schiffen geschickter manövrieren konnten. Das war ihr Fehler.

In dem Augenblick, da beide Karavellen gewendet hatten und sich die Doppelreihen der Schlünde ihrer Geschütze gegen die »Golden Hind« richteten, änderte deren Kapitän plötzlich den Kurs und bog dicht hinter dem Heck des Portugiesen nach Backbord ab. Fast gleichzeitig brüllten seine vier auf dem Hinterkastell stehenden Falkonetts* auf. Eine Kugel zerschmetterte die Rahe des Fockmastes der Karavelle, die ihm am nächsten war. Das große viereckige Segel stürzte auf das Deck und richtete dort unerwartete Verwirrung an. Die auf die Bordwand des Engländers gezielte Salve verfehlte um einige Yards das Ziel.

Wenige Sekunden später wimmelte das bis dahin leer gewesene Deck des Portugiesen von Menschen. Marten bemerkte von weitem kleine Rauchwolken und vernahm dann das Geknatter einer Hakenbüchsensalve. Auf dem englischen Schiff fielen einige Seeleute. Die zweite Karavelle beschrieb inzwischen einen weiten Bogen nach Backbord, um dem Engländer den Rückzug abzuschneiden. Rasch hintereinander feuerten ihre Geschütze aus dem Ober- und dem Unterdeck.

Das beschleunigte Martens Entschluß. Die »Zephir« flog über die Wogen und befand sich endlich in wirksamem Feuerabstand. Wenn Jan die »Golden Hind« retten wollte, war es höchste Zeit zu handeln. Die Kanoniere standen mit brennenden Lunten dicht hinter den Richtmeistern an den Geschützen. Der Oberbootsmann Tomasz Pociecha würde auf ein Zeichen des Kapitäns durch die Luke auf das Unterdeck zu seiner Batterie eilen. Der Steuermann Henryk Schultz sah, zu

* Erläuterungen am Ende des Buches

jedem Manöver bereit, auf Marten hinab. Die Bootsmänner und Gasten warteten an den Bordwänden bei den Brassen, ohne sich zu rühren, auf den Befehl zum Wenden der Rahen. Glühend vor Ungeduld hafteten die Blicke aller an der breitschultrigen Gestalt des Kapitäns, der, groß und stark wie eine junge Eiche aus den heimatlichen Wäldern an der Ostsee, mit gespreizten Beinen mitten auf dem Hauptdeck verharrte. Seine Nasenflügel bebten, wenn er die salzige Luft des Passats einsog, als wittere er Pulverdampf und Blut — spanisches Blut, das ihm ebenso verhaßt, wenn nicht noch verhaßter war als das der Danziger Patrizier, mit denen er noch abzurechnen hatte.

Jetzt dachte er nicht an die Danziger. Er hatte die Spanier vor sich, und es war nicht sicher, wie der bevorstehende Kampf ausgehen würde. Zum letztenmal musterte er seine Besatzung und spähte dann heimlich über das Heck. Er hoffte, am Horizont die Masten und Segel der »Ibex« auftauchen zu sehen, die sein Gefährte Salomon White befehligte. Die »Ibex« war bei weitem nicht so schnell wie die »Zephir« und hatte sich verspätet. Mit Whites Hilfe, die die Chancen angesichts der Übermacht der Spanier ausgeglichen hätte, war kaum noch zu rechnen.

Marten beschloß, alles auf eine Karte zu setzen. Er wollte an der ersten Karavelle, auf der die Steuerbordgeschütze sicherlich noch nicht erneut geladen waren, vorbeisegeln und die angreifen, die dem Engländer den Rückzug abschnitt.

»Zwei Strich Steuerbord!« rief er Schultz zu.

»Zwei Strich Steuerbord sind«, wiederholte der Bootsmann am Steuer.

Die »Zephir« neigte sich zur Seite, als sie in den Bogen der Wendung glitt. Beim Kommando »Steuer geradeaus« richtete sie sich gehorsam und geschmeidig wieder auf. Allein der Klang dieser Worte schien ihren Lauf, der schnell wie der Flug einer Möwe war, zu lenken.

Marten winkte den Oberbootsmann zu sich und wies ihm das Ziel.

»Die Rahen und Segel«, sagte er laut, »müßt ihr mit dem ersten Schuß wegfegen.«

Das bärtige, bis an die Augen mit Haaren bedeckte Gesicht Pociechas verzerrte sich zu einer Grimasse, die ein Lächeln sein sollte. Er hob die klobige Hand und machte die Bewegung des Halsabschneidens. Dann verschwand er unter Deck.

Inzwischen bereitete sich die Besatzung des spanischen Schiffes, das die »Golden Hind« unter Feuer genommen hatte und das sich nun von Lee näherte, zum Entern vor. An der Bordwand drängten sich einige Dutzend Matrosen mit langen Bootshaken in den Händen. Andere standen auf dem Vorderkastell und versuchten, mit Haken versehene Seile in die Wanten des Engländers zu werfen, um das Schiff näher heranzuziehen. Die zweite Karavelle war immer mehr zurückgeblieben. Ihr Kommandant hatte sich anscheinend zu einer Wendung entschlossen, denn er scherte langsam nach Backbord aus, als wollte er den beiden übrigen Schiffen ausweichen und an die »Golden Hind« von vorn herankommen.

Da donnerten die vier Backbordgeschütze im Unterdeck der »Zephir« und eine Sekunde später die zwischen dem Fockmast und dem Großmast stehenden Kanonen. Die erzenen Läufe sprangen hoch, zerrten an den Haltetauen, die Lafetten glitten zurück und wieder vor. Eine Wolke schwarzen Rauches behinderte eine Weile die Sicht. Als der Wind den Qualm vertrieben hatte, brach die Geschützbedienung in ein Triumphgeschrei aus. Nicht ein Segel war mehr am Großmast des spanischen Schiffes. Seine Rahen hingen entweder zersplittert herab oder waren, Verwirrung und Verheerung unter der Besatzung stiftend, auf das Deck herabgestürzt.

Marten sprang zum Steuer. »Fertig zum Wenden!« rief er.

Schultz lief zum Bug, die Bootsleute lösten die Brassen, die Matrosen begannen zu ziehen, und die »Zephir« bog jäh nach Steuerbord luvwärts ab, durchschnitt das schäumende Kielwasser, das sie eben hinter sich gelassen hatte, kam wieder in Fahrt und folgte der zweiten Karavelle.

Als Marten an dem immer noch driftenden portugiesischen Segler vorbeikam, las er an den geschnitzten Wänden des Vorderkastells den aus vergoldeten Buchstaben zusammengesetzten Namen »Castro Verde«. Aus seinen zehn Arkebusen ließ er das Deck beschießen, auf dem sich in wirrem Durcheinander die Matrosen zusammenballten, die von dem Kapitän und dem Ersten Offizier angetrieben wurden, die Segel neu zu setzen. Die Salve der »Zephir« vertrieb alle in die Kartelle. Die auf den Marsen sitzenden Scharfschützen Martens schossen auf jeden, der sich zu zeigen wagte.

Marten hatte nicht die Absicht, sich endgültig mit dem Portugiesen auseinanderzusetzen. Er war seiner Meinung nach nicht gefährlich. Die beiden spanischen Karavellen waren ihm trotz der Beschädigungen, die die Segel und das stehende Gut der einen erlitten hatten, auch fernerhin überlegen. Eine jede mußte mindestens vierzig Geschütze und ungefähr dreihundert bis vierhundert Mann Besatzung zählen. Die »Golden Hind« hatte höchstens zweihundert an Bord, und ihre Artillerie bestand bestenfalls aus dreißig Kartaunen und Falkonetts. Die »Zephir« war fast um die Hälfte kleiner. Jetzt hätten ihr die achtzehn Geschütze der »Ibex« und deren Hakenbüchsen sehr viel nützen können.

Diese flüchtigen Überlegungen lenkten Martens gespannte Aufmerksamkeit keinen Augenblick von dem sich entwickelnden Gefecht ab. Er gönnte sich nicht einmal die Zeit, einen Blick nach Norden zu werfen, woher White kommen sollte. Er übernahm selbst das Steuer, und der Bootsmann, der bis jetzt das Rad gehalten hatte, trat einen Schritt zurück, um ihm Platz zu machen.

Naher Geschützdonner zerriß die Luft, Geschosse flogen mit teuflischem Heulen an den Bordwänden der »Zephir« vorbei, klatschten ins Meer und peitschten gewaltige Fontänen hoch. Schwärme von Musketenkugeln pfiffen über das Deck, prallten gegen die Säulen der Masten, durchlöcherten die Segel und rissen Holzsplitter aus den Wänden des Hinterkastells. Ein Matrose fiel von den Rahen herab. Sein Körper verfing sich im Sturz in den Wanten und Leinen und schlug zu Füßen Martens auf das Deck dumpf auf. Aus dem Mund brach ein Blutstrom. Als Marten das Gesicht des Matrosen sah, zog er die Brauen zusammen. Er hatte einen seiner besten Scharfschützen verloren.

»Antworte ihnen!« schrie er Schultz zu.

Drei Oktaven donnerten aus dem Vorderkastell und warfen drei Reihen Matrosen auf der spanischen Karavelle zu Boden. An den Bordwänden konnten die sechspfündigen leichten Geschosse keinen ernstlichen Schaden anrichten. Damit hatte Marten auch nicht gerechnet. Er wartete auf einen günstigen Augenblick, um Tomasz Pociecha Gelegenheit zu geben, die im Unterdeck aufgestellten zwei Halbkartaunen sprechen zu lassen.

Die unter Seitenwind segelnde »Zephir« entwickelte jetzt fast die doppelte Geschwindigkeit wie das schwere spanische Schiff. Als sie es eingeholt hatte, beschloß Marten, backbords zu überholen. Er nahm an, daß die Spanier noch nicht imstande gewesen waren, erneut die Geschütze der linken Breitseite zu laden.

Er hatte richtig vermutet. Als sich der Bugspriet der »Zephir« auf gleicher Höhe mit dem Heck des Spaniers befand, hagelte es Kugeln aus Musketen und Hakenbüchsen. Sie erreichten nicht ihr Ziel, sondern brachten nur das Wasser an der Bordwand der »Zephir« zum Aufschäumen. Die Artillerie der Karavelle schwieg.

Marten lächelte. Die kleine, zweihundert Lasten große »Zephir«, sein unerreichtes Schiff, das wendig und flink wie ein Raubvogel war, gewann noch einmal die Oberhand über den bis an die Zähne bewaffneten, dreimal größeren Feind.

Im selben Augenblick spien sieben Geschütze Feuer und Rauch. Die »Zephir« beugte sich zur Seite und richtete sich wie nach einer großen Anstrengung wieder auf. Das unter und über der Wasserlinie getroffene spanische Schiff scherte nach Steuerbord aus, legte sich nach Backbord und fiel aus dem Wind. Die Segel flatterten hilflos. Ein Freudenschrei brauste über das Deck der »Zephir« und verstummte plötzlich wie abgeschnitten. Vor dem Bug, aus den sich langsam verteilenden Rauchwolken, tauchte groß und drohend die zweite Karavelle auf und verlegte ihr den Weg. Es schien unmöglich, dem Spanier auszuweichen. Beide Schiffe liefen in einem scharfen Winkel aufeinander zu: der Spanier, mit von Segeln entblößtem Großmast, die Segel des Fock- und Kreuzmastes aber windgebläht, und die »Zephir«, deren Geschütze noch rauchten. Ein Zusammenstoß mit der mächtigen Karavelle konnte nur die Vernichtung des kleinen Schiffes bedeuten. Der hohe, eisenbeschlagene Steven des Spaniers, sein steil aufragendes Kastell und der weit vorstehende dicke eichene Bugspriet überragten das Deck der »Zephir« wie ein jäh aus dem Meer emporgewachsener Fels, an dem sie zerschellen mußte.

Marten verlor nicht eine Sekunde lang seine Kaltblütigkeit. Mit einer jähen Armbewegung schleuderte er das Steuerrad so rasch herum, daß die Speichen wie

eine glatte, polierte Scheibe in der Sonne glänzten. Die »Zephir« drehte sich auf der Stelle wie ein gut zugerittenes Pferd unter dem Zügeldruck und legte sich Bord an Bord mit der Karavelle. Knirschend, scharrend und quietschend rieb sich das harte Holz aneinander.

Die Spanier blickten erstaunt und überrascht auf das, was sich vor ihren Augen abspielte, und konnten anscheinend nicht begreifen, weshalb ihre Karavelle diese Nußschale nicht in Grund und Boden gerammt hatte. Bevor sie zur Besinnung kamen, stürmte eine Schar wild schreiender, mit Äxten, Messern und Pistolen bewaffneter Korsaren ihr Schiff.

Zuerst zogen sich die Spanier vor diesem wütenden Angriff zurück. Als sie jedoch bemerkten, daß sie nur einige Dutzend Gegner vor sich hatten, griffen sie von allen Seiten zugleich an und versuchten, die Korsaren unter dem Vorderkastell zusammenzudrängen, von dem aus immer dichter Schüsse aus Handfeuerwaffen fielen. Dieses Ablenkungsmanöver brachte die Angreifer in Verwirrung. Oberbootsmann Tomasz Pociecha und Schiffszimmermann Broer Worst, die schwere Äxte in den Fäusten hielten, retteten die Situation. Unter ihren mit Bärenkräften geführten Schlägen barst und zersplitterte die eisenbeschlagene Eichentür des Kastells. Als der Eingang frei war, stürmten die beiden, von einem Dutzend Kameraden gefolgt, in das Innere.

Ein Axthieb des Riesen Worst spaltete einem spanischen Offizier, der ihnen Widerstand leisten wollte, Kopf und Rumpf bis zum Gurt. Pociecha, der mit der stumpfen Seite der Axt wie ein Berserker um sich schlug, brachte den sich eng aneinanderdrängenden spanischen Söldnern schwere Verluste bei. Sie konnten jetzt weder schießen noch ihre langen Piken und Hellebarden anwenden. Wie brüllende, heulende Teufel hieben und stachen die Matrosen der »Zephir« mit ihren kurzen Schwertern und langen Messern um sich und bahnten sich den Weg. Rufe um Gnade wurden laut. Die entsetzten Spanier warfen die Waffen weg, knieten nieder, hoben die Hände und starben oder wälzten sich blutüberströmt auf dem schlüpfrigen Deck.

Unterdessen wütete vor dem Kastell ein verbissener Kampf zwischen der restlichen, nicht ganz dreißig Mann starken Schar Martens und fast der ganzen übrigen Mannschaft der Karavelle. Der Platz war dort größer, freier. Die Spanier waren in der Übermacht, und der Sieg schien ihnen sicher zu sein. Marten warf sich mit bluttriefendem Degen immer wieder in das dichteste Kampfgewühl. Vergeblich unterstützten ihn die tüchtigsten Bootsmänner, allen voran der Segelmeister Hermann Stauffl. Die regulären spanischen Marinesoldaten wichen zwar vor diesen wütenden Schlägen zurück, doch von den Seiten griffen andere an. Am Heck sammelten die Schiffsoffiziere Reserven, um mit ihnen das verlassene Deck der »Zephir« zu besetzen. Nur Schultz und einige Schiffsjungen waren auf dem Schiff zurückgeblieben.

Marten wußte sehr gut, daß die Spanier seine »Zephir« bis dahin nur deshalb

nicht unmittelbar angegriffen hatten, weil sie fürchteten, daß es durch die verzweifelte Besatzung in die Luft gesprengt werden würde. Als er die zwanzig spanischen Musketiere bemerkte, die die Wanten des Fockmastes emporklommen, war ihm klar, daß die Niederlage bevorstand. Seine Leute, die man in eine Sackgasse getrieben hatte, sollten wie Tiere abgeschossen werden. Es blieb ihnen nur die Wahl, sich zu ergeben oder sich im Vorderkastell, das Worst und Pociecha erobert hatten, bis zum letzten Atemzug zur Wehr zu setzen.

Er entschied sich ohne langes Überlegen für das Letztere. Dabei blitzte der Gedanke in ihm auf, daß es ihm vielleicht von dort gelingen könnte, in die Laderäume der Karavelle einzudringen und die Pulverkammer in Brand zu setzen. Ein solches Ende war der Gefangenschaft und dem Tod am Strang, dem noch raffiniert ausgeklügelte Foltern vorangehen würden, entschieden vorzuziehen.

Er drehte sich zu Stauffl um und wies mit der Hand auf die zertrümmerte Tür des Vorderkastells. »Dorthin!« rief er.

Er selbst zog sich als letzter zurück und deckte mit einem Häuflein seiner ältesten, bewährtesten kaschubischen Matrosen, die schon unter Mikoláj Kuna, Martens Vater, auf der »Zephir« gedient hatten und den jungen Schiffer von Kindheit an kannten, den Rückzug. Ein jeder von ihnen kämpfte für vier. Jeder hätte ohne Zögern sein Leben für Marten geopfert und lieber den Tod mit der Waffe in der Hand als die Schande der Gefangenschaft bei den Spaniern gewählt, auch wenn nicht Folter und Strick gedroht hätten.

Als sie den Eingang zum Kastell erreicht hatten, ließ Marten einen letzten Blick über sein Schiff und den Horizont gleiten. Plötzlich zuckte er zusammen. Von Norden her näherte sich eine hochragende Pyramide weißer Segel. Heiß stieg ihm das Blut ins Gesicht, das Herz schien mit seinen Schlägen die Brust sprengen zu wollen. Die »Ibex«! »White! White kommt!« rief Marten, so laut er konnte.

Dieser Ruf, der von einigen Matrosen und Bootsleuten aufgegriffen und wiederholt wurde, weckte unter den Korsaren wilde Freude. Er verlieh ihnen, wie ein tiefer Schluck Wein dem Dürstenden, neue Kraft. Ohne auf die Übermacht der Gegner zu achten, stürmten sie aus dem Kastell und trieben einen Keil in die Reihen der Spanier, die überrascht nach beiden Seiten auseinanderstoben.

Fast zur gleichen Zeit knatterte in der Nähe lang anhaltendes Gewehrfeuer, ein Schatten fiel auf das Deck der Karavelle. Aus den Wanten des Fockmastes purzelten die Schützen wie Maikäfer von einem Baum, der gerüttelt wird.

Die »Golden Hind« hatte an der gegenüberliegenden Bordwand des Spaniers festgemacht und überschüttete sein Deck und die Masten mit dichten Salven aus Musketen und Hakenbüchsen. Gleichzeitig drangen englische Seeleute von rückwärts und der Seite auf die vor Schreck und Entsetzen starren spanischen Matrosen ein.

Nichts mehr konnte das furchtbare Blutbad aufhalten. Wenige Minuten später bedeckten Tote und Verwundete das Deck der Karavelle. Das Hinterkastell, in dem sich einige Offiziere mit dem Rest der Mannschaft verbarrikadiert hatten, wurde von dem Feuer erfaßt, das ein Bootsmann der »Golden Hind« gelegt hatte.

Ihr Kapitän, ein hagerer, mittelgroßer Mann mit lockigem, brandrotem Haar und dichten, hochgewölbten Brauen über den hellblauen Augen, blieb mitten auf dem Deck stehen und sah sich um, als suche er den, dem er die unerwartete Hilfe in seinem Kampf mit den Spaniern zu verdanken hatte. Endlich erblickte er ihn. Marten erschien ganz außer Atem, schweiß- und blutbedeckt an der Spitze seiner Schar. Er eilte auf das brennende Kastell zu. Sein zorniges Gesicht und die blitzenden Augen zeigten, daß er das Feuer nicht wünschte, ja, daß er bereit war, nun die anzugreifen, die den Brand gelegt hatten. Er schrie schon von weitem. Als das keinen Erfolg hatte, wandte er sich an seine Leute und wollte ihnen einen Befehl erteilen. Da stand der Kapitän der »Golden Hind« wie aus dem Boden gewachsen neben ihm und fragte mit ruhiger, beherrschter Stimme: »Wer seid Ihr?«

Marten, der den Fremden um Haupteslänge überragte, musterte ihn erstaunt von oben herab und machte eine Bewegung, als wollte er ihn beiseite schieben. Doch er unterließ es, denn im Blick, in der Haltung und im Klang der Stimme dieses Menschen war etwas, das Achtung gebot.

»Ist das Euer Schiff?« fragte der Fremde weiter und wies mit einer Kopfbewegung auf die »Zephir«.

»Ja, das ist mein Schiff«, erwiderte Marten. »Und diese Karavelle habe ich erobert, so . . .«

»Ich bin der Kapitän der ›Golden Hind‹«, unterbrach ihn der Engländer und streckte die Hand zur Begrüßung aus. »Ich heiße Drake, Francis Drake.«

Marten wich überrascht einen Schritt zurück. »Wie? Höre ich recht? Drake?« fragte er erstaunt. Er ergriff die Hand des Engländers, umschloß sie mit seinen Pranken und schüttelte sie. »Drake!« wiederholte er, »Ihr seid Drake? Zum Teufel . . .«

Der Name des berühmten englischen Seefahrers wirkte auf ihn wie ein starker Schnaps, den man irrtümlich statt Wasser trinkt. Er schnappte nach Luft und konnte kein Wort hervorbringen.

Drake lachte. »Löscht das Feuer«, rief er seinen Leuten zu.

Sie führten den Befehl schweigend und unlustig aus, obwohl die Spanier bereits ein weißes Tuch aus einer Luke des Kastells gehängt hatten, zum Zeichen, daß sie sich ergeben wollten.

Der Kapitän der »Golden Hind« sah Marten fest in die Augen. »Ich danke Euch«, sagte er. »Ihr seid zur rechten Zeit gekommen. Nun möchte ich wissen, wem die ›Zephir‹ gehört.«

Marten hatte endlich seine Sprache wiedergefunden. »Ich heiße Jan Marten«, antwortete er.

»Seid Ihr Engländer?«

»Ich bin Kaperkapitän unter dem Schutz der Königin. In meiner Heimat nennt man mich Kuna. Das ist polnisch und bedeutet dasselbe wie Marten.«

»Und das Schiff dort?« fragte Drake und wies auf den sich nähernden Segler Whites.

»Ein Freund«, erwiderte Marten. »Er hat sich verspätet.«

In diesem Augenblick trat Pociecha auf sie zu, stieß Marten mit dem Ellbogen an und flüsterte etwas, was Drake nicht verstand.

Marten zuckte zusammen und blickte gespannt über das Meer.

Die zweite Karavelle zeigte eine immer größere Schlagseite und sank. Boote und Flöße wurden von ihr herabgelassen. Die »Castro Verde« driftete mit ihren von den Segeln entblößten Rahen hilflos vor dem Wind. Aber am Horizont, fern im Süden, konnte Marten vier weiße Flecke erkennen, deren Gestalt keinen Zweifel zuließ. Es waren Schiffe!

Marten wandte sich jäh dem Kapitän der »Golden Hind« zu und begegnete dessen ruhigem, heiterem Blick.

»Das sind meine Schiffe«, sagte Drake. Ihm war Martens Unruhe nicht entgangen. »Sie haben sich auch etwas verspätet«, fuhr er lächelnd fort. »Nur Ihr seid zur rechten Zeit gekommen, Marten.«

»Ach so...«, murmelte Jan beruhigt. »Ich dachte schon...«

»Was wollt Ihr mit der Karavelle machen?« fragte Drake.

»Sie versenken«, erwiderte Marten, ohne lange zu überlegen. »Ich liebe es nicht, Menschen bei lebendigem Leibe zu verbrennen, auch wenn es sich um Spanier handelt.«

Drake lächelte ironisch. »Zieht Ihr es vor, sie zu ersäufen?«

»Ich werde ihnen gestatten, sich in ihren Booten zu retten. Den Portugiesen auch.«

In den hellen Augen Drakes irrlichterten Fünkchen. Er runzelte die Stirn. »Seid Ihr der Ansicht, Kapitän, daß Ihr auch die ›Castro Verde‹ genommen habt?« fragte er, ohne den Tonfall seiner Stimme zu ändern.

»Das wird gleich der Fall sein, und zwar bevor Eure Schiffe so weit heran sind, daß sie wirksam das Feuer eröffnen können.«

Drake lachte. »Da soll doch... Ihr gefallt mir, auf mein Wort! Übrigens wird niemand auf Euch, Kapitän Marten, das Feuer eröffnen. Nehmt das Schiff, es gehört Euch. Wenn Ihr jedoch auf einen guten Rat hören wollt«, fuhr er fort, »dann versenkt es nicht zu schnell und laßt nicht alle frei, die sich auf ihm befinden. Die ›Castro Verde‹ hat eine gar nicht üble Ladung. Außerdem sind wahrscheinlich Passagiere an Bord, die ein anständiges Lösegeld zahlen werden.«

Marten zwinkerte dem Kapitän der »Golden Hind« zu. »In diesem Fall können wir doch gemeinsame Sache machen!«

Drake schüttelte den Kopf. »Ich weiß sehr gut, daß Ihr Euch allein Rat wißt. Meine Beute ist schon groß genug. Einen solchen Haufen Gold und Silber habt

Ihr in Euerm Leben noch nicht gesehen, und ich glaube, auch niemand in ganz England.«

»Oho!« rief Marten ungläubig. »Ihr habt doch nicht etwa ein neues Tenochtitlan entdeckt?«

»Vielleicht«, erwiderte Drake ausweichend.

Das portugiesische Schiff »Castro Verde« wurde ohne Blutvergießen besetzt. Während es die »Ibex« und die »Golden Hind« in Schach hielten, legte die »Zephir« mit langen Bootshaken längsseits an. Marten sprang mit der Hälfte seiner Leute auf das feindliche Deck, wo Musketen, Pistolen, Degen, Streitäxte, Piken, Hellebarden, Messer und Dolche auf einen Haufen geschichtet waren. Die Besatzung hatte, getrennt nach Offizieren und Mannschaften, Aufstellung genommen, wie es der siegreiche Kapitän des Kaperschiffes verlangt hatte.

Der Kapitän der »Castro Verde«, ein kleiner, untersetzter Mann, dunkelhäutig, mit einem grauen Bart, stützte sich auf seinen Degen. Er blickte Marten so finster entgegen, als habe er vor, sich nicht entwaffnen zu lassen, sondern Widerstand zu leisten. Als jedoch Marten vor ihm stand und die Hand nach seinem Degen ausstreckte, riß er ihn aus der Scheide, packte die Klinge mit beiden Händen und schlug sie mit ihrer flachen Seite gegen das Knie, um sie zu zerbrechen. Der Portugiese wollte nicht, daß sein Degen dem Feinde diente. Doch es gelang ihm nicht. Der Stahl bog sich zwar, er zersprang aber nicht.

Marten lachte laut. »Das wird nicht so gemacht«, sagte er und griff blitzschnell nach dem Korb des Degens. »Gib die Scheide.«

Rot vor Scham und Zorn ließ der Portugiese die Klinge los. Er fürchtete, sich die Hände zu verletzen. Mit bebenden Händen gürtete er die Scheide ab und warf sie von sich. Marten fing sie im Flug auf, schob den Degen hinein und bog sie vor dem Gesicht des Kapitäns ohne sichtliche Anstrengung zusammen. Ächzend und knirschend barsten der Stahl und die silberne Scheide. Die zerbrochene Waffe blitzte in den Strahlen der untergehenden Sonne und fiel in hohem Bogen hinter der Bordwand ins Meer.

»Ich danke Euch«, murmelte der Portugiese.

Marten beachtete ihn nicht mehr. Ihn interessierten jetzt weit mehr die vier eisernen Falkonetts, die schräg zur Bordwand auf dem erhöhten Vorderdeck standen. »Sie werden uns von Nutzen sein«, wandte er sich an seinen Leutnant.

Henryk Schultz nickte zustimmend. Seine ungewöhnlich lange, schmale Nase, die bis zur Oberlippe herabhing, bewegte sich, als beschnüffle sie die Geschütze.

Das blasse, melancholische Gesicht änderte nicht seinen Ausdruck. Die dunklen Augen musterten das Deck. »Wollen wir sehen, was in den Laderäumen ist?« fragte er Marten und befeuchtete mit der Zungenspitze die Lippen.

»Ja«, erwiderte Marten. »Pociecha bleibt hier. Stauffl kommt mit uns und selbstverständlich auch der.« Er wies auf den portugiesischen Kapitän.

Sie stiegen die enge, gewundene Treppe bis zur Bilge des Schiffes hinab. Der Portugiese begleitete sie schweigend und antwortete nur kurz auf die Fragen, die Marten an ihn richtete. Im untersten Laderaum, über dem Kiel des Schiffes, erstreckte sich vom Bug bis zum Heck ein langer, dunkler Gang, der an einigen Stellen durch Zwischenwände aus starken Balken unterbrochen war. In jeder dieser Schotten befand sich eine kleine, eisenbeschlagene Tür, deren Schloß der Kapitän mit einem einfachen Schlüssel öffnete.

In den Laderäumen, die durch Luken mit den darüberliegenden Räumen und dem Oberdeck verbunden waren, türmten sich Ballen von Baumwolle und Koschenille, Säcke mit Anis, Igwer, Kardamom, Pfeffer, Kisten mit Zinnamom, Gewürznelken, Muskatnüssen, Pistazien und anderen Gewürzen. Ihr starker Geruch hing wie ein durchsichtiger, duftender Schleier in der Luft und benahm einem den Atem.

Über den eigentlichen Laderäumen befand sich in dem luftigeren Zwischendeck das Lebensmittelmagazin. Lange, schmale Streifen gedörrten Fleisches hingen von der Decke herab. Säcke voll Mehl und Grütze, Kisten mit Schiffszwieback, Fässer mit Trinkwasser und Wein füllten den Raum. In einem zweiten Magazin lagen Rollen von Tauwerk, Segeltuch und Eisenzeug. In besonders abgetrennten Verschlägen waren einige Fässer Pulver und Kanonenkugeln aufbewahrt.

Beim Anblick dieser Reichtümer mußte Schultz heftig schlucken. Sein scharf hervorstehender Adamsapfel hob und senkte sich wie bei krampfhaftem Schlingen. Dicke Schweißtropfen rannen ihm über die Wangen, und seine Finger krümmten sich wie Krallen.

Hermann Stauffl, rot und rund wie ein reifer Apfel, riß vor Staunen seine kindlich blauen Augen weit auf und bewegte den linken Unterarm wie einen Pumpenschwengel auf und ab. Er war Linkshänder, und diese Reflexbewegung kam vom Messerwerfen. Kein Korsar Englands, Hollands und Frankreichs kam dem Segelmeister der »Zephir« in dieser gefährlichen Kunst gleich.

Jan Kuna, genannt Marten, lachte schallend und klopfte dem portugiesischen Kapitän von Zeit zu Zeit so freundschaftlich auf die Schulter, daß der beinahe in die Knie sank. Dabei bezähmte der junge Kapitän seine Bärenkraft noch.

Es war auch genügend Grund zur Freude und zum Staunen vorhanden. Als die »Zephir« und die »Ibex« vor zwei Wochen aus Plymouth ausliefen, hatte keiner eine so wertvolle und so leicht zu erringende Beute erwartet. Doch nun waren sie binnen einer Stunde zu wohlhabenden Leuten geworden. Nach Abzug des Zehnten, der für den Schatz Ihrer Majestät der Königin einbehalten wurde, betrug selbst der kleinste Anteil eines gewöhnlichen Matrosen eine beachtliche Summe, die er entweder für das Alter auf die hohe Kante legen, auf Prozente in einem gewinnbringenden Unternehmen anlegen oder in den zahllosen Schifferkneipen durchbringen konnte.

Erst jetzt wurde sich Marten bewußt, ein wie freigebiger Verbündeter Drake war. Er hätte zumindest ein Drittel, wenn nicht gar die Hälfte der Prise verlangen oder versuchen können, die »Castro Verde« ausschließlich für sich zu kapern. Ein Kampf mit der »Golden Hind« wäre angesichts der sich nähernden vier englischen Schiffe zu riskant gewesen. Er weiß wahrscheinlich gar nicht, worauf er verzichtet hat, dachte Marten. Oder verbarg sich hinter dem Verhalten Drakes irgendeine Falle? Vielleicht wollte er die endgültige Entscheidung nur bis zum Eintreffen seiner vier Schiffe hinauszögern. Wer konnte ihnen die Stirn bieten?

Diese Möglichkeit beunruhigte Marten. Doch dann wies er den Verdacht von sich. Erstens entsprach eine derart verräterische Handlungsweise nicht dem, was er vom Hörensagen über Drake wußte, und zweitens war Drake schon einige Male schätzebeladen aus Westindien zurückgekehrt. Der Ruhm seiner Fahrten ließ nicht daran zweifeln, daß ihn auch dieses Mal das Glück begünstigt hatte.

Ja, so war es, Francis Drake log nicht. Seine Rückkehr nach der dreijährigen Reise konnte nur ein neuer großer Triumph sein. Marten waren bereits die verschiedensten erstaunlichen Gerüchte über diese Weltumseglung zu Ohren gekommen. Angeblich hatte Drake Dutzende spanischer Schiffe erbeutet, Städte an den Küsten Mexikos, Perus und Chiles geplündert und in Brand gesteckt, New Albion entdeckt und Berge von Gold und Silber in Zacatecas, Potosi und Veta Madre geraubt.

Drake kehrte bestimmt mit einer riesigen Beute zurück. Jedes seiner Schiffe mußte eine schwimmende Schatzkammer sein. Er würde keines von ihnen der Gefahr aussetzen, von einem Menschen wie Jan Kuna, genannt Marten, versenkt zu werden. Was anderes konnte Drake von ihm erwarten, wenn er ihn durch Hinterlist und Verrat zum Äußersten trieb? Wenn Raubtiere um ihre Beute kämpfen, siegt gewöhnlich das hungrigste. Unterliegt es aber der Übermacht des satten, dann bringt es diesem noch viele schwere Wunden bei, bevor es verendet.

Trotz seiner Überlegungen wünschte Marten nichts sehnlicher, als so rasch wie möglich wieder an Bord seiner »Zephir« zu kommen. Nur dort fühlte er sich sicher. Nur von dort aus konnte er allen Überraschungen die Stirn bieten.

»Es genügt«, wandte er sich unvermutet an den Kapitän der »Castro Verde«. »Ich will nun Eure Passagiere sehen.«

Der Portugiese sah ihn mit düsterer Miene an und ging voraus. Sie stiegen zu dem höher gelegenen Deck empor und durchmaßen einen breiten Korridor, von dem Seitengänge zu den Bordwänden und Schießscharten zwischen den Mannschaftslogis führten. Überall herrschte tiefe Stille, die nur vom Widerhall ihrer dröhnenden Schritte unterbrochen wurde. Der Fußboden hob und senkte sich rhythmisch, die Schotten neigten sich von rechts nach links, von links nach rechts. Lichtstreifen, die seitlich durch die Schießscharten oder von oben her durch die Skylights fielen, wurden im Halbdunkel zu elliptischen Scheiben. Am Ende des Korridors wand sich der rückwärtige Niedergang wie eine Schlange, die den Kopf hebt, ehe sie ihre Giftzähne in das Opfer schlägt, zum Oberdeck hinauf.

Als sie an dem letzten Seitengang vorüber waren, erscholl hinter einer kleinen Tür mit vergittertem Guckloch ein gedämpfter Schrei, dem das Geräusch eines zu Boden fallenden schweren Körpers folgte. Eine Sekunde später wurde die Tür aufgestoßen. Ein Mann mit wirrem, zerzaustem Haar und struppigem Bart stürzte heraus. Er war mit den Fetzen eines feinen, ehemals weißen Hemdes und schwarzen, enganliegenden Atlashosen bekleidet. Seine Hand umspannte ein gewöhnliches, langes Rapier mit einem breiten, massiven Messingkorb. Im Gürtel steckte eine Machete ohne Scheide. Er sah gefährlich aus. In seinen dunklen Augen funkelte der Mut der Verzweiflung.

Schultz und Stauffl sprangen zur Wand. Marten drehte sich blitzschnell um, hob den bestürzten Portugiesen am Kragen hoch und stellte ihn wie eine mit Holzwolle ausgestopfte Puppe vor sich hin. Dieses in einem Augenblick durchgeführte Manöver, das von der ungewöhnlichen Kraft Martens zeugte, rief in dem Gesicht des zerlumpten Kerls zuerst Staunen, dann ein flüchtiges Lächeln hervor.

»Werft die Waffen weg!« rief Marten, bevor der andere eine Bewegung machen oder ein Wort sprechen konnte.

Der Mann mit dem Rapier reagierte nicht auf diese Aufforderung. Er verbeugte sich leicht und legte weit ausholend den Korb des Degens an seine Brust. Im gleichen Augenblick staken zwei Messer dicht über seinem Kopf in der Tür.

Stauffl ließ den Arm sinken und schielte zu Marten hinüber. Er wartete auf ein Zeichen, um der Warnung die entscheidende Tat folgen zu lassen. Das Zeichen blieb aus, obwohl sich das Rapier, das nun zum Salut einen Halbkreis beschrieb, noch immer in der Hand des Fremden befand. Dieser betrachtete jetzt die zwei gleichen beinernen Griffe der Messer, die an den tief im harten Holz steckenden Klingen zitterten. Er schüttelte anerkennend den Kopf, wandte sich an Marten und sagte: »Ich gehöre nicht zu der Bemannung dieses Schiffes. Vor einer Weile war ich noch Gefangener. Ich glaube, daß ich Euch, mein Herr, wenigstens zum Teil für die Gelegenheit Dank schulde, aus diesem Loch herauszukommen.« Der Unbekannte schlug eine kunstvolle Volte, fing den Degen in der Luft an der Klinge auf und reichte das Gefäß Marten.

»Ich heiße de Belmont«, sagte er und verneigte sich knapp. »Chevalier Richard de Belmont, Kapitän des französischen Kaperschiffes ›Arrandora‹, das leider ziemlich weit von hier auf dem Boden des Meeres ruht — in der äußerst schlechten Gesellschaft einer portugiesischen Fregatte. Soll ich diese Kleinigkeit ebenfalls abgeben?« fragte er und zog die schwere Machete aus dem Gürtel.

»Nein. Behaltet auch die Spicknadel hier, Chevalier de Belmont«, antwortete

Marten und reichte ihm, befreit lachend, den Degen. »Ich bin der Kapitän der ›Zephir‹ und heiße Jan Marten. Dies ist mein Leutnant Henryk Schultz.«

»Meine Herren....«, der vornehme zerlumpte Kerl verbeugte sich bei diesen Worten erst vor dem einen, dann vor dem andern, »es ist mir sehr angenehm, Sie kennenzulernen.«

Schultz starrte ihn an, ohne für eine Sekunde den Ausdruck seines melancholischen, blassen Gesichtes zu ändern. In seinen Augen las man mißtrauische Abneigung. Stauffl dagegen sperrte, verwundert über den ersten Menschen, der mit keiner Wimper gezuckt hatte, als zwei Messer einen Zoll über seinem Kopf in das Holz fuhren, den Mund auf, so weit er nur konnte, und hörte dem seiner Meinung nach komischen Gerede des Chevaliers de Belmont zu.

Der Kapitän der »Castro Verde« blickte schweigend zu Boden. Als Marten ihn endlich losließ, taumelte er gegen das Treppengeländer und atmete erleichtert auf. Die Adern an seiner Stirn und am Hals waren stark hervorgetreten. Unter dem stählernen Griff Martens mußte er nahe dem Ersticken gewesen sein.

»Ich möchte Ihnen mit meiner Person keine Ungelegenheiten bereiten. Soviel ich sehe, haben die Herren es eilig«, fuhr de Belmont in dem ungezwungenen Plauderton eines Weltmannes fort. »Ich möchte aber meinen bisherigen..., hm..., Gastgeber bitten, diese Tür abzuschließen. Ich nehme zwar nicht an, daß der Mensch, der mich dort bewacht hat, in der nächsten Zeit imstande sein wird, sich zu bewegen, aber sicher ist sicher.«

Schultz, der der Tür am nächsten stand, schaute in den engen Raum, dessen ganze Einrichtung aus einer einfachen Bank, einem Tisch und einer Pritsche aus ungehobelten Brettern bestand. Im äußersten dunklen Winkel lag am Boden ausgestreckt unbeweglich eine menschliche Gestalt.

»Es wäre das beste, ihn von hier wegzuschaffen«, brummte Schultz. Er winkte Stauffl. Zu zweit trugen sie den besinnungslosen Matrosen auf den Korridor. Als Marten den untersetzten Mann sah, blickte er anerkennend auf de Belmont. »Ihr seid mit diesem Kerl ganz gut fertig geworden«, sagte er lächelnd.

»Er interessierte sich sehr zu seinem Schaden mehr für das Geschützfeuer als für meine Person«, antwortete der Chevalier de Belmont nachlässig. »Ich benutzte seine Zerstreutheit, um ihn zu entwaffnen und...« Belmont vollendete den Satz mit einer Handbewegung, die das Herabsausen des Degenkorbes auf den Kopf andeutete. »Was fangen wir mit ihm an? Er ist, glaube ich, ziemlich schwer«, sagte Belmont nach einer kleinen Pause.

»Unser Segelmeister wird sich mit ihm befassen.« Marten gab Stauffl ein Zeichen. »Schicke ihm jemand zu Hilfe, Henryk«, wandte er sich an Schultz. »Gehen wir.«

Der Kapitän der »Castro Verde« führte sie nach oben zum Heckkastell. Auf dem Weg dorthin gab Marten seinem Leutnant halblaut einen Auftrag. Schultz nickte und ging zum Niedergang des Decks. De Belmont wollte ihm folgen, Marten hielt ihn jedoch zurück. »Es wäre mir lieb, wenn Ihr mit mir kommen würdet«, sagte er. »Ihr versteht die Sprache jener Leute bestimmt besser als ich.«

Belmont betrachtete voll Mißbehagen seine zerfetzte Kleidung. Marten faßte ihn kurz entschlossen unter. »Das wird keine Visite bei Hofe sein. Ihr könnt Euch später umkleiden.«

Die Passagiere, drei Männer und zwei Frauen, warteten in der geräumigen, niedrigen Kajüte, die die ganze Breite des Hecks einnahm. In ihr herrschte ein gewisser Luxus, wenn auch kein königlicher, wie Marten meinte. Jedenfalls begegnete man einer solchen Ausstattung auf keinem gewöhnlichen Handelsschiff jener Zeit. Die Wände waren mit poliertem Holz verkleidet, Orientteppiche bedeckten den Fußboden, schwere, mit Damast bezogene Polstersessel sowie Tische und Bänke aus Mahagoni und Palisander füllten den Raum.

Auf einer dieser Bänke saß in würdiger Pose ein grauhaariger Mann. Er hielt einen Stock aus Ebenholz mit einem goldenen Knauf in der Hand. An seinen langen, knochigen Fingern glänzten zwei Ringe, den einen zierte eine Saphirrosette, den zweiten ein großer Diamant.

An seiner Seite, ihm halb zugewandt, ruhte, mehr als sie saß, eine ungewöhnlich schöne Frau. Ihr dunkles, hochgestecktes Haar wurde von einem golden schimmernden Netz und einer perlenbesetzten Agraffe zusammengehalten. Sie trug ein weites blaues Kleid mit einem venezianischen Spitzenkragen, den eine kostbare edelsteingeschmückte Goldspange schloß. In der Hand hielt sie einen riesigen Elfenbeinfächer mit weißen Federn, der sie halb verdeckte. Wenn sie ihn von Zeit zu Zeit sacht bewegte, klirrten die goldenen Armreifen an ihrem Handgelenk. Unter den zusammengezogenen Brauen flatterten die dunklen, langen Wimpern wie Schmetterlingsflügel und verbargen die Augen. Marten versuchte umsonst, einen Blick zu erhaschen.

Hinter der Bank standen zu beiden Seiten zwei Männer. Der eine war in den besten Jahren, schwarz gekleidet, mit einer Spitzenkrause um den dicken, kurzen Hals. Eine schwere Goldkette hing bis auf seinen vorstehenden Bauch herab. Der andere, er war noch jung, hatte ein aufgedunsenes, fahles Gesicht mit einem zurückfliehenden Kinn. Im Winkel kauerte ein Mädchen, das mit einem Tüchlein, welches sie an die Augen preßte, ihr Schluchzen zu dämpfen suchte.

»Was sind das für Leute?« fragte Marten, an Belmont gewandt.

Der zerlumpte französische Edelmann berührte mit der Spitze seines Rapiers den schweigenden Portugiesen und wiederholte die Frage in dessen Muttersprache. Als er die kurze Antwort gehört hatte, erklärte er: »Ihr habt, Kapitän Marten, Seine Exzellenz, Juan de Tolosa, den Statthalter des Königs in Ostindien, vor Euch. Die schöne, stolze Dame, die keinen von uns eines Blicks würdigt, ist seine Tochter und heißt Señora Francesca de Vizella. Ihr Gemahl ist gegenwärtig Gouverneur von Java. Der wohlbeleibte Edelmann mit der Goldkette ist Don Diego de Ibarra, Besitzer ausgedehnter Landgüter auf Java. Er kehrt von dort zu seinen Weingärten im Duerotal zurück. Ich kann mich rühmen, ein Kenner guter Weine zu sein, Kapitän. Einen besseren Porto würdet Ihr in der ganzen Welt umsonst suchen. Ich hoffe, daß sich ein Fäßchen dieses Nektars an Bord befindet und wir es bis Ende dieser entzückenden Reise leeren können, obwohl ich für meine Person einen guten Burgunder vorziehe.«

»Gut, und wer ist dieser schwächliche Kerl?« fragte Marten ungeduldig und deutete auf den blassen Jüngling.

»Der edelgeborene Caballero Formoso da Lancha, Sekretär Seiner Exzellenz«, erwiderte Belmont. »Eine der ersten Familien in Traz os Montes. Jene niedliche, aber sehr bekümmerte tränenüberströmte Morenita dort, die es trotzdem nicht versäumt, Euch verstohlene Blicke zuzuwerfen, was übrigens nur ihren guten Geschmack beweist, ist die Kammerzofe der Señora Francesca.«

Marten sah zu dem Mädchen hinüber und fing tatsächlich ein Aufblitzen ihrer schwarzen Augen auf. Die scharfe Beobachtungsgabe seines Dolmetschers, den ihm der Zufall geschickt hatte, erheiterte ihn, und er lachte belustigt. Gleich darauf zeigte sich auf seiner Stirn eine Falte. Seine Miene wurde ernst und verriet eine gewisse Verlegenheit. Er kaute an seinem dunklen Schnurrbart, der sich weich an die Oberlippe schmiegte. In Gedanken versunken, schien er das Schicksal dieser fünf Menschen zu erwägen.

De Belmont fragte den portugiesischen Kapitän leise etwas. Der hochmütige Alte starrte mit steinernem Gesicht vor sich hin, Señora de Vizella bewegte einige Male den Fächer und ließ dann die Hand sinken. Die kostbaren Armbänder klingelten schüchtern klagend, und die zwei hinter ihr stehenden Männer wechselten kurze Blicke.

»Die Diener dieser Herrschaften befinden sich mit der Bemannung des Schiffes zusammen auf Deck«, sagte Belmont.

»Die Diener?« wiederholte Marten.

»Ja, sechs Personen, die Kammerzofe nicht eingerechnet.«

»Zum Teufel mit ihren Dienern«, knurrte Marten. »Ich zerbreche mir schon den Kopf, was ich mit den fünf hier anfangen soll.«

Im gleichen Augenblick erhob sich Juan de Tolosa langsam von seinem Platz und trat, auf den Stock gestützt, zwei Schritte vor. »Wollt Ihr mich anhören, Kapitän Marten?« sprach er ihn zu dessen Überraschung in bestem Englisch an. Tolosa schien, wie er so hager, hoch aufgerichtet vor ihm stand, auf ihn herabzublicken, obwohl er kleiner war als der Kapitän der »Zephir«. Seine Tochter stand ebenfalls auf und kam näher. Erst jetzt war zu sehen, daß sie sich in den letzten Monaten der Schwangerschaft befand. Diese Feststellung verwirrte Marten noch mehr. Er begegnete ihrem feindseligen, verachtungsvollen Blick. Sie wandte den Kopf ab und richtete ein paar Worte an ihren Vater. Dann zog sie sich in den Hintergrund der Kajüte zurück und setzte sich in einen der tiefen Sessel. »Sprecht«, erwiderte Marten.

»Ich bin reich genug, um Euch jeden Preis für unser Leben und unsere Gesundheit zahlen zu können«, sagte der Alte. »Señor Ibarra wird Euch bestimmt auch das Lösegeld geben, das Ihr mit ihm vereinbart, und die Verwandten dieses jungen Mannes werden das gleiche tun.«

»Wo und wann?« erkundigte sich Marten gleichgültig.

»Ich weiß nicht, wohin Ihr segelt«, antwortete Señor de Tolosa. »Wenn Ihr Bordeaux oder La Rochelle anlaufen würdet, dann wäre es möglich...«

»Ich komme in keinen französischen Hafen«, unterbrach ihn Marten.

Tolosa zuckte ungeduldig die Schultern. »Ich bin bereit, für unsere Freiheit eine Summe zu entrichten, die Euch ein ruhiges Leben bis zum Tod sichert«, sagte der Grande.

Marten lachte hellauf. »Es gibt keinen Betrag, für den ich mich mit einem ›ruhigen Leben‹ abfinden würde, ebensowenig wie es keinen Preis für mein Schiff gibt. Sie müssen Verständnis dafür haben, Exzellenz.«

Marten drehte sich um, denn Henryk Schultz hatte die Kajüte betreten. »Es ist alles bereit«, meldete der Steuermann halblaut seinem Kapitän.

Marten nickte. »Diese zwei hier übersiedeln auf die ›Ibex‹«. Er wies auf Don Diego und den Caballero da Lancha. »White soll sie gut behandeln. Die Frauen beziehen deine Kajüte auf der ›Zephir‹, und Ihr, Exzellenz«, er wandte sich bei diesen Worten an Tolosa, »bleibt unter der Obhut meines Leutnants auf der ›Castro Verde‹.«

Tolosa erbleichte und wankte, als er diese Entscheidung vernahm. Er warf einen verzweifelten Blick auf die Tochter. Señora de Vizella lächelte, »Beruhige dich, Vater«, sagte sie. »Dieser Mozo wird sich nicht erdreisten, mich zu berühren. Und sollte er es wagen, dann ... por Dios! wird er mich nicht lebend haben, das schwöre ich.«

Vier englische Fregatten mit der »Golden Hind« an der Spitze beschrieben einen weiten Bogen um die Stelle, an der das Meer brodelte und wallte. Große Wasserblasen stiegen aus den zwei sinkenden spanischen Karavellen auf. Ihre nach hinten geneigten Masten versanken immer tiefer. Die gelbroten Flaggen flatterten im Wind, bis die Wellen sie von der Oberfläche des Meeres fegten. Gleichzeitig gingen fünf englische Flaggen nieder und stiegen dann wieder an den Masten empor. Die »Zephir«, die »Ibex« und die »Castro Verde« antworteten mit dem gleichen Salut.

Richard de Belmont stand frisch gewaschen, rasiert und parfümiert, die rabenschwarzen, glänzenden Locken nach hinten gekämmt, in einem neuen schneeweißen Hemd aus feinstem flämischem Leinen, schwarzen, bis an die Knie reichenden Samthosen und einem leichten Überrock aus weichem Rehleder neben Marten auf dem Heck der »Zephir«. Marten blickte nach Osten, wo in der beginnenden Dämmerung noch die Segel der Boote und Flöße der beiden versenkten Karavellen zu erkennen waren.

»Sie müßten in drei oder vier Tagen landen«, sagt er. »Es ist nicht weit bis zur Küste.«

»Sie hatten Glück, daß sie in Eure Hände fielen, Marten«, erwiderte Belmont. »Drake hätte sich kaum so viel um sie gekümmert.«

»Drake würde jetzt samt seinem Schiff auf dem Meeresgrund ruhen, wenn ich ihm nicht zu Hilfe gekommen wäre«, bemerkte Marten stolz.

Belmont sah ihn von der Seite an und lächelte. »Ihr habt einen Freund in ihm gewonnen«, sagte er nach einer Weile. »Das ist mehr wert als diese Prise.« Er wies mit einer Kopfbewegung auf das portugiesische Schiff, das sich unter den zum Driften gestellten Segeln auf den Wellen wiegte.

Die »Golden Hind« glitt in einer Entfernung von einigen Dutzend Yards an der »Zephir« vorüber. Francis Drake stand hinter dem steuernden Bootsmann auf dem erhöhten Hinterdeck. Der Wind zauste in seinem Haar, das im Schein der Abendröte wie blankes Kupfer glänzte. Als die beiden Schiffe auf gleicher Höhe lagen, hob er die rechte Hand zum Gruß und rief: »Wir sehen uns in England wieder, Kapitän Marten! Ihr findet mich in Deptford!«

»Auf Wiedersehen, Kapitän Drake!« schrie Marten zurück. »Wir werden uns bestimmt treffen!«

Dann wendete er sich an den Chevalier, faßte ihn unter und sagte: »Belmont, meine Freundschaft ist genausoviel wert wie die Drakes, es sei denn, man würde diesen Wert nach der Zahl der Geschütze und Schiffe oder nach dem Gewicht des Goldes und Silbers messen, das ein jeder von uns besitzt. Ich nehme an, daß Ihr nicht zu der Sorte Menschen gehört.«

Belmont betrachtete den Kapitän der »Zephir« mit steigendem Interesse. Man kann wirklich nicht behaupten, daß dieser baltische Abenteurer bescheiden ist, dachte er. Nach allem, was ich hier erlebt habe, steht fest, daß es besser ist, ihm nicht in die Quere zu kommen, auch nicht, um die Ehre der schönen Señorita de Vizella zu verteidigen. Laut sagte er: »Zu der Sorte gehöre ich nicht. Trotzdem weiß ich die Stärke des Geschützfeuers und die Macht des Goldes zu schätzen. Man kann allerdings aufrichtige Freundschaft nicht mit Gold erkaufen, das stimmt, man kann aber mit seiner Hilfe ein Schiff erwerben und bewaffnen. Ich habe, Kapitän Marten, meine ›Arrandora‹ verloren...« Ein Ton von Bitterkeit schwang in seinen letzten Worten mit.

Jan Kuna spürte das und verstand. »Ich kann Euch weder die Prise anbieten«, entgegnete er und wies dabei auf den hochragenden Rumpf der »Castro Verde«, »noch einen Anteil an der Beute, den meine Leute nach dem Verkauf der Ladung erhalten. Ich kann Euch nur den Posten des ersten Steuermanns den Schultz auf der »Zephir« innehatte, anbieten. Wollt Ihr annehmen?«

Der Chevalier de Belmont schien zu zögern, was Marten offensichtlich ärgerte. Er muß die Prise mit einem Teil seiner Leute, einigen Matrosen Whites und den Portugiesen bemannen, die auf der »Castro Verde« zurückgeblieben waren. Daher

verlor er seinen Ersten Offizier und bedurfte der Hilfe Belmonts. Außerdem hielt er seinen Vorschlag für sehr großmütig. Dieser vom Schicksal besiegte Mensch besaß nichts und war noch vor wenigen Stunden der Gefangene seiner Feinde gewesen. Nun bot sich ihm eine Gelegenheit, um die ihn so mancher erfahrene Seemann in viel günstigerer Lage beneidet hätte. Und er zögerte, anstatt voll Dankbarkeit die Gelegenheit beim Schopf zu packen!

»Ihr könnt bis zum Ende der Reise auf mich rechnen«, sagte Belmont schließlich. Marten hatte dabei das Gefühl, als wolle ihm der Chevalier einen unbezahlbaren Dienst erweisen.

Salomon White, Kapitän der Kaperfregatte »Ibex«, kletterte mit einiger Mühe das Fallreep hoch, das man von Bord der »Zephir« herabgelassen hatte, und hinkte mit Hilfe einer hölzernen Krücke, die sein linkes Bein ersetzte, schwerfällig zum Heck. Schultz gab den Matrosen in dem kleinen Boot, mit dem sie gekommen waren, einige Weisungen. Dann eilte er dem alten White nach. Als er ihn eingeholt hatte, sagte er: »Ihr könnt ihm fünfzehn Schilling für das Pfund vorschlagen. Der Marktpreis beträgt ungefähr fünfundzwanzig. Auf diese Weise verdient ein jeder von uns beiden außer seinem Anteil noch dreitausend Guineen.«

White blieb stehen und schaute Schultz prüfend in die Augen. Sein mit einer gelblichen, pergamentartigen Haut überzogener Schädel spiegelte das Mondlicht wider. Die Glatze mit den schütteren, grauen Haaren an den Schläfen, hinter den abstehenden Ohren und am Hinterkopf sah wie eine Art Heiligenschein aus. Seine runzligen Wangen, die wie die Schale einer alten, vertrockneten Birne waren, der spärliche Bart, der sie wie Schimmel bedeckte, sowie seine Adlernase versanken im Dunkel. Nur die Augen glühten in den tiefen Höhlen und schienen jeden zu durchbohren, den ihre brennenden Blicke trafen.

Henryk Schultz liebte diese Blicke nicht. Unwillkürlich wich er einen Schritt zurück.

»Was sagt Ihr?« White zog die Oberlippe zu einem bösen Lächeln hoch, so daß seine faulen Zähne sichtbar wurden. »Ich weiß zufällig, daß der Marktpreis für Koschenille über dreißig Schilling das Pfund beträgt«, sagte er leise. »Wenn ihr mit mir Geschäfte machen wollt, dann trachtet nicht, mich zu betrügen, versteht Ihr?«

»Ich hatte nicht die Absicht«, erwiderte Schultz gekränkt. »Wir haben doch so manchen Handel zusammen abgeschlossen. Dabei habt Ihr nie verloren, stimmt es oder nicht? Wenn es tatsächlich so ist, wie Ihr sagt . . .«

»Ich weiß, was ich spreche«, knurrte White. »Dreißig Schilling, nicht einen Penny weniger!«

»Vielleicht sind die Herren so gütig einzutreten«, erklang plötzlich hinter ihnen eine höfliche Stimme, deren Tonfall leicht ironisch war.

Schultz zuckte zusammen und wäre beinahe zur Seite gesprungen, als hätte ihm jemand einen Kübel siedendes Wasser über den Rücken gegossen. White richtete sich auf, warf einen raschen Blick über die Schulter und griff mechanisch nach dem Messer, das im Gürtel steckte.

»Kapitän Marten erwartet die Herren zum Abendessen«, fuhr der Chevalier de Belmont in seiner zuvorkommenden Art fort. Señora de Vizella wird uns bei Tisch mit ihrer Gesellschaft beehren. Hierhin, meine Herren...« Er verbeugte sich leicht und wies mit der ausgestreckten Hand auf den Eingang zum Heckkastell.

White zuckte verächtlich die Schultern. »Ich kenne den Weg. Mir braucht ihn niemand zu zeigen«, knurrte er.

Er ging voran und betrat die hellerleuchtete Kajüte, die er tatsächlich sehr genau kannte. Jetzt schien sie ihm allerdings wie durch Zauberei verwandelt zu sein. Die einfachen Eichenmöbel, die noch tags zuvor hier gestanden hatten, waren durch eine kostbare, reich geschnitzte Einrichtung ersetzt worden. Den Fußboden bedeckten Teppiche. Die polierte Platte eines niedrigen Mahagonitisches glänzte im Schein der Kerzen wie glattes Eis, in dem sich silbernes Geschirr, chinesische Porzellanschüsseln und venezianisches Kristall spiegelten.

White zog die Brauen zusammen und heftete seinen Blick auf das Gesicht des Chevalier de Belmont, als klage er ihn stumm eines schweren Verbrechens an. Seine puritanische Einfachheit sträubte sich gegen einen solchen Aufwand. Er sah darin Teufelswerk und befürchtete, daß Belmont mit Hilfe der höllischen Kräfte Marten geblendet und betört habe.

Oder ist vielleicht diese Frau daran schuld? dachte er. Er hatte sie noch nicht gesehen, von Schultz wußte er aber, daß sie die Gattin eines spanischen Granden, eine Papistin wie sämtliche Spanier und Portugiesen war. White haßte sie alle gleichermaßen.

Und nun sollte er in ihrer Gesellschaft tafeln? Dieser Gedanke nahm ihm die Ruhe, wühlte wie Gift in seinem Blut. Zu welchem Zweck zwang ihn Marten zu so etwas? War es nur eine Laune, oder schmiedete Belmont mit ihm zusammen irgendwelche dunklen Pläne gegen ihn, Schultz und die anderen?

Belmont schob die schwere, blaue Samtportiere vor dem Eingang zur Kajüte der Spanierin zur Seite, als beabsichtige er, die Schwelle zu übertreten. Da er eine erregte, zornige Frauenstimme hörte, zögerte er.

»Lieber sterbe ich vor Hunger und Durst!« waren die letzten Worte, die er vernahm. Er lächelte und ließ den Vorhang fallen. »Señora de Vizella scheint keinen Appetit zu haben«, sagte er halblaut, wie zu sich selbst.

Im gleichen Moment wurde die Tür aufgestoßen, heftig zugeschlagen und der

schwere Samt so jäh zur Seite gerissen, daß er hin und her schwankte. Jan Marten erschien in der Kajüte. Seine Augen funkelten vor Zorn. Als er den verwunderten und neugierigen Blicken der drei Männer begegnete, lachte er laut auf.

»Es ist leichter, eine portugiesische Korvette zu erobern, als diese Dame davon zu überzeugen, daß nichts und niemand ihre Ehre bedroht«, sagte er. »Nehmt Platz. Wir sind ihrer Gesellschaft nicht würdig, hoffen aber, daß wir es überleben.«

Sie traten an den Tisch. White bekreuzigte sich und begann halblaut ein Gebet zu sprechen. Schultz faltete fromm die Hände und wandte sich ab, um White nicht zu sehen. Er bewegte stumm die Lippen und blickte auf einen der Kristallkelche.

Er grübelte darüber nach, ob er nicht eine Todsünde beging, wenn er dicht neben einem Häretiker, sozusagen gemeinsam mit ihm betete und noch dazu in Gegenwart Martens, von dem er wußte, daß er der Sohn der Hexe Katrazyna Skórzanka war, die im Danziger Kerker gestorben war, und der Enkel der Agnieszka, die auf dem Holzstoß den Tod gefunden hatte. Wer konnte wissen, ob Jan Marten nicht die Hilfe des Teufels bei seinen erstaunlich glücklichen Unternehmungen in Anspruch nahm? Seit sieben Jahren, seit der Zeit, da die »Zephir« der dänischen Flotte, die den Sund bewachte, entkommen war, wurde Marten ständig vom Glück begleitet. Er entging tödlichen Gefahren und schien kugelfest zu sein, denn er wurde in keinem Gefecht auch nur leicht verwundet, obwohl die Leute um ihn herum fielen wie die Ähren beim Schnitt. Sein Vater Mikolaj Kuna war umgekommen, der Tod hatte bereits die Hälfte der früheren Danziger Mannschaft der »Zephir« geholt, die übriggebliebenen waren mit Narben bedeckt, nur er, Jan Marten, der doch so viel fremdes Blut vergoß, hatte nicht einen Tropfen eigenes verloren.

Seit jener Zeit, seit dem Tod seiner Mutter und der Flucht durch den Sund und das Kattegat in die Nordsee, war Marten nicht mehr in der Kirche gewesen, hatte nicht gebeichtet, nicht gefastet. Mit den Priestern der heiligen Kirche hatte er gebrochen und sich mit dem Ketzer White zusammengetan; jetzt fesselte er den Belmont an sich, der so wie er selbst nicht einmal das Kreuzeszeichen schlug, bevor er sich zu Tisch setzte.

»Und erlöse uns von dem Übel, Amen«, flüsterte Schultz. Beschwörend wiederholte er die Worte und dachte dabei an den Engländer und den Franzosen.

Marten wartete geduldig, bis sie fertig waren. Belmont beobachtete sie insgeheim, ohne übrigens ein größeres Interesse für ihre Andachtsübung zu zeigen, obwohl nichts, was sich um ihn tat, seiner Aufmerksamkeit entging.
Endlich setzten sich alle vier. Als der erste Hunger gestillt war, fragte Marten seinen Gefährten White, was seiner Meinung nach nun geschehen solle. Sollten sie auf dem kürzesten Weg nach England zurückkehren oder zwischen den Kapverdischen Inseln, den Kanarischen Inseln und Madeira ihr Glück versuchen, da sie genügend Lebensmittel und Munition vorrätig hatten?

»Zurückkehren, so rasch wie möglich zurückkehren«, entgegnete White ohne

Zögern. »Ich begreife nicht, worauf wir hier noch warten. Weshalb haben wir uns nicht gleich den Schiffen Drakes angeschlossen, wenn uns die göttliche Vorsehung die Gnade zuteil werden ließ, ihnen zu begegnen?«

Marten hob den weingefüllten Pokal an die Lippen, trank langsam und betrachtete dabei durch das kristallene Glas das strenge, düstere Gesicht des alten Kaperkapitäns. In den eingeschliffenen Vertiefungen und Rosetten spiegelten sich auch die Gesichter von Belmont und Schultz mehrfach wider. Er bemerkte den raschen Blick, den Schultz mit White wechselte, und sah, wie Belmont, der die beiden schweigend beobachtete, seine Lippen ironisch verzog. Sie verbergen etwas vor mir, dachte er. Belmont weiß davon.

Marten hatte stets ihre kleinen Betrügereien beim Verkauf der Beute geflissentlich übersehen. Er kümmerte sich nicht darum und hatte auch keine Lust, sich mit der genauen Berechnung zu befassen und ihre Krämergeschäftchen zu überwachen. Auch jetzt wurde ihre Eile von irgendeiner Handelsspekulation bestimmt, an der sie etwas mehr zu verdienen hofften, als ihr Anteil betrug.

»Die Rahen der Prise waren beschädigt, die Segel zerfetzt. Sie mußten ausgewechselt werden«, sagte er und stellte den leeren Pokal auf den Tisch. »Außerdem mußte ich die portugiesische Bemannung in den Booten der Spanier unterbringen, und zwar so, daß sie sich nicht gegenseitig über Bord warfen. Das war nicht einfach, denn sie wurden dort nicht gerade gastfreundlich aufgenommen. Der Platz reichte kaum für alle. Aber ich konnte doch die ›Castro Verde‹ nicht ihrer Schaluppen entblößen.«

»Das hätte noch gefehlt«, brummte White. »Die Hölle wird sie sowieso verschlingen.«

»Und was meint Ihr, Chevalier?« wandte sich Marten an den Franzosen.

»In bezug auf die Hölle oder auf die Rückkehr?« fragte Belmont lächelnd.

»Über die Rückkehr oder die Fortsetzung unserer Kaperfahrt«, erwiderte Marten.

Belmont sah zuerst White, dann Schultz an. Schließlich blieb sein Blick an Marten haften.

»Da ich an der Ladung und der ›Castro Verde‹ keinen Anteil habe, würde es in meinem Interesse liegen, eine zweite Prise zu machen«, sagte er, nachdem er sich kurz bedacht hatte.»Eine solche Möglichkeit kann sich uns ebensogut auf dem Weg nach England bieten. Wir werden beim Wind, also nicht geradeaus segeln, das heißt einmal mit Steuer-, dann wieder mit Backbordhalsen. Die Geschwindigkeit der ›Zephir‹ und der ›Ibex‹ werden wir der ›Castro Verde‹ anpassen müssen, die ihnen in dieser Beziehung nicht gleichkommt. Übrigens . . .« Er verstummte, ergriff sein Glas und hielt es gegen das Licht des Leuchters. »Übrigens«, wiederholte er, »ist jetzt, soviel mir bekannt ist, die beste Zeit, um in England für Gewürze und Koschenille hohe Preise zu erzielen.«

Er schwieg und hob den Kelch. »Auf Eure Gesundheit, Kapitän«, rief er fröhlich, »und die Ihre, meine Herren.« Er nickte Schultz und White zu.

Marten stieß mit ihm an. Schultz wurde noch blasser als sonst. Sein gelbliches Gesicht nahm einen fahlen Ton an. White, der nur Wasser trank, griff mechanisch nach seinem Becher, seine Hand zitterte merklich.

Er hat ihnen einen Schreck eingejagt, dachte Marten. Bestimmt weiß er etwas.

»Was die Koschenille betrifft«, fuhr der Chevalier fort, »ist mir bekannt, daß man im Großhandel achtzehn Schilling für das Pfund bezahlt.«

Marten lächelte befriedigt. Diesmal würde es ihnen nicht gelingen, etwas nebenbei zu verdienen. »Hast Du gehört?« fragte er Schultz laut, der erleichtert aufatmete.

»Ich habe von fünfzehn gehört«, erwiderte der Leutnant mit gesenktem Blick. »Aber...«

»Der Chevalier de Belmont hat bestimmt die schärferen Ohren, wenn er von achtzehn hörte«, fiel ihm Marten ins Wort. »Ich nehme an, daß er dir helfen will, wenn du allein nicht imstande bist, einen Käufer zu finden, der soviel zahlt.«

»Gewiß«, bestätigte Belmont zuvorkommend.

White stand auf, schlug ein Kreuz und erklärte, daß er auf sein Schiff zurückkehre. Marten hielt ihn zurück. Es mußte festgelegt werden, wann und in welcher Richtung sie weitersegeln, wie sie sich verständigen und welche Marschordnung sie während der Fahrt einhalten wollten.

Ihr Gespräch wurde durch laute Rufe vom Deck unterbrochen. Die Mannschaft der »Zephir« trank unter freiem Himmel auf die Gesundheit ihres Kapitäns.

»Ich gehe zu ihnen«, sagte Marten. »Wartet auf mich, ich komme gleich zurück.«

White preßte die welken Lippen zusammen. Als sich die Tür hinter Marten geschlossen hatte, wurde draußen der wilde Lärm noch größer.

Sie lieben ihn, überlegte Belmont. Sie würden mit ihm in die Hölle gehen, wenn er es von ihnen verlangte. Er warf einen Blick auf seine schweigenden Gefährten, goß sich Wein ein, schlürfte ihn langsam, mit Genuß und sprach abgerissene Sätze vor sich hin, als überlegte er laut eine Angelegenheit, die ihn vollauf beschäftigte.

»Das Pfund Koschenille wird in London mit dreiunddreißig Schilling gehandelt. Im Winter steigt der Preis bis sechsunddreißig. Wir werden aber nicht bis zum Winter warten und wahrscheinlich nicht mehr als zweiunddreißig Schilling für ein Pfund erhalten. Da ich Kapitän Marten im Namen von uns drei achtzehn Schilling geboten habe, bringt uns diese Transaktion achttausendvierhundert Guineen.« Er stellte den geleerten Kelch auf den Tisch. »Das sind zweitausendvierhundert mehr, als Ihr gerechnet habt.« Belmont wandte sich bei diesen Worten plötzlich an Schultz, als wäre er selbst über das Ergebnis seiner Berechnungen erstaunt.

Schultz blinzelte ihn unter halbgeschlossenen Augenlidern hervor träge an und wischte mit dem Handrücken die Schweißtropfen fort, die sich auf seiner Oberlippe gebildet hatten. Dann fragte er: »Und was noch?«

»Dann bliebe nur noch zu regeln, wie wir diese Summe verteilen«, erwiderte

Belmont. »Meiner Ansicht nach gehört der bescheidene Mehrerlös dem, der ihn erzielte, das heißt mir. Den Rest teilen wir unter uns dreien. Auf diese Weise erhält jeder von Euch außer dem Beuteanteil zweitausend.«

»Ist das alles?« fragte Schultz wieder.

»Soweit es sich um die Koschenille handelt, alles«, entgegnete Belmont. »Über die anderen Geschäfte werden wir uns in London oder Plymouth verständigen. Ich bin stets bereit, Euch, Leutnant Schultz, zu helfen, falls . . .«

Er brach unerwartet ab und drehte sich blitzschnell nach White um. »Laßt das, Kapitän«, rief er befehlend.

Schultz sah den Chevalier erstaunt an. In dessen Hand glänzte eine in Silber und Elfenbein gefaßte Pistole. Der Leutnant hätte nicht sagen können, wie sie dorthin gekommen war und wann der Chevalier de Belmont sie gezogen hatte. Die rechte Hand Whites nestelte noch einen Augenblick an der Seite, wo ein langer toledanischer Dolch in einer Lederscheide steckte, dann glitt sie herab.

»Hände auf den Tisch!« befahl Belmont. »Mein Spielzeug geht sonst los«, fügte er hinzu und zeigte lächelnd die Zähne.

White durchbohrte ihn mit einem wütenden Blick, gehorchte aber. »Fürchtet euren Herrn und Gott, er wird euch aus den Händen aller eurer Feinde befreien. Und die zu euch kommen und eure Gäste sind, die werden eure Diener sein«, flüsterte er.

Aber weder Schultz noch Belmont hörten seine Worte. Ein neuer, noch lauterer Freudenausbruch übertönte sie. Von dem Lärm und Geschrei schienen die Wände des Kastells zu beben. Der Kapitän der »Zephir« trank auf die Gesundheit seiner Mannschaft.

Señora Francesca de Vizella kniete am Kopfende ihres Bettes. Marten hatte es von dem portugiesischen Schiff auf die »Zephir« schaffen und in der Steuerbordkajüte des Hinterkastells aufstellen lassen. Sie versuchte, sich ausschließlich auf das Gebet zu konzentrieren. Doch ihre Gedanken irrten immer wieder ab, und die Heilige Jungfrau, deren Bild im Strahlenkranz des Heiligenscheins sie sich in das Gedächtnis zurückrief, wandte ihr liebreiches, huldvolles Gesicht ab und entfernte sich, verschwand hinter einem Nebelschleier. Vor den Augen Francescas tauchten trotz der fest geschlossenen Lider der Reihe nach die Gestalten des Vaters, Don Diegos de Ibarra, des Caballeros da Lancha, des Kapitäns der »Castro Verde« und die seiner eleganten Offiziere auf. Von dem wilden Haufen der Seeräuber wurden sie wie welke Blätter im Sturm hinweggefegt. Sie hörte das Geschrei der Korsaren, das Dröhnen der Schüsse, das Getöse des Kampfes und das wilde Pochen des eigenen Herzens.

Sie war mutig und fürchtete nicht den Tod. Im Gegenteil, sie empfand Zorn und Verachtung, wenn sie an den portugiesischen Kapitän, an seine Offiziere und die Spanier dachte. Nie hätte sie es für möglich gehalten, daß drei große Schiffe so

unbedeutenden Kräften wie denen der Korsaren unterliegen könnten, daß eine Handvoll Räuber, Knechte, wie sie diese im stillen nannte, imstande sein würde, einigen hundert portugiesischen Söldnern binnen einer halben Stunde eine vollständige Niederlage zu bereiten. Sie hatte sich jedoch mit eigenen Augen davon überzeugen müssen. Die portugiesischen und spanischen Caballeros, Edelleute aus den besten Familien, zitterten vor einem ausländischen Vaquero, vor einem Menschen aus dem Pöbel, der für jedes Wort, das er an sie zu richten wagte, für jeden Blick, den er auf sie warf, ausgepeitscht zu werden verdiente! Sie erinnerte sich deutlich seines Gesichts, als er mit ihrem Vater wie mit seinesgleichen sprach, schlimmer noch, als unterhielte er sich mit dem ersten besten seiner Spießgesellen und nicht mit dem Statthalter des Königs. Der Ausdruck seines Gesichts, das spöttische Lächeln, der harte und stolze Blick, nichts war ihr entgangen. Wie konnte dieser gemeine Mensch es wagen! Wie konnte er nur.

Wenn wenigstens Don Emilio hier wäre. Sie dachte an ihren Mann und biß sich auf die Lippen. Don Emilio neben diesem Seeräuber? Nein, es war besser, daß sie die beiden nicht zusammen sah. Don Emilio wäre ohne die Macht, über die er unter gewöhnlichen Umständen verfügte, nicht imstande gewesen, solch einen Menschen zu bändigen. Seine Gestalt war nicht imponierend, wenn ihn nicht eine ganze Schar hoher Beamter, Offiziere und Adjutanten umgab. Don Emilio war ziemlich beleibt, eher klein als groß. Seine Erhabenheit und Herrlichkeit kamen nur dann zur Geltung, wenn er in dem geschnitzten Sessel am Tisch des königlichen Rates saß oder wenn er in einem offenen Wagen fuhr und hochmütig auf die Menge hinabblickte. Ohne den Prunk und ohne die Macht seines Amtes, Auge in Auge mit dem jungen, verwegenen Kapitän der »Zephir« hätte er ebenso ratlos wie der Caballero da Lancha oder Don Diego de Ibarra dagestanden, vielleicht hätte er nicht einmal die Würde zu bewahren gewußt, die ihr Vater zur Schau getragen hatte . . .

Es ist besser, daß ich allein bin, dachte Francesca. Die allerheiligste Jungfrau wird mir helfen und ein Wunder tun. Sie wird nicht gestatten, daß ich zur Verteidigung meiner Ehre Selbstmord begehen muß. Sie wird mich aus den Händen dieses Räubers befreien. Zum Lohn dafür soll sie ihre eigene Kirche, nicht nur den Altar am heiligen Kreuz in Alter do Chao haben.

Sie faßte wieder Mut. Dank der göttlichen Vorsehung hatte der Korsar es nicht gewagt, sie zu berühren. Was sonst hatte ihn davor zurückgehalten? Ihr Zustand, die nahe Mutterschaft? Für solche Menschen wie er hatte das bestimmt keine Bedeutung. Und doch nahm er auf seine rohe Art Rücksicht auf sie. Was beabsichtigte er? Lockte ihn das versprochene hohe Lösegeld? Sie verweilte einen Augenblick bei dieser Frage. Halb unbewußt bekannte sie vor sich selbst, daß sie lieber einen anderen Grund seiner Zurückhaltung entdecken möchte. Hatte er sie hierher auf sein Schiff bringen lassen, um ihr leichter Gewalt antun zu können, oder wollte er sie schützen?

Zum erstenmal hatte sie einen derartigen Gedanken. Sie sah in ihrer erregten Phantasie eine Horde betrunkener Matrosen, die ihre Tür erbrach und sich auf sie stürzte. Vor Ekel und Entsetzen überlief es sie heiß und kalt. Das konnte ihr zustoßen.

»Jetzt kann es nicht mehr geschehen«, flüsterte sie erleichtert. Sie fühlte eine Spur von Dankbarkeit für Marten in sich aufkeimen und machte sich deswegen sofort Vorwürfe. Ihre ganze Dankbarkeit gebührte der heiligen Madonna, ihrer Madonna von Alter do Chao auf dem Besitztum der Familie Tolosa. Nur die hatte sie im Sinn. Und dennoch..., dieser Marten...

Wieder dachte sie an ihn! Es ärgerte sie, daß er sich ständig in ihre Gedanken stahl. Sie haßte ihn doch, verachtete ihn. Gleichzeitig konnte sie aber einem Etwas nicht widerstehen, einem Etwas, das vielleicht an Bewunderung grenzte.

Wenn er ein Edelmann wäre, überlegte sie weiter, wenn ich nicht schwanger wäre, wenn ich ihm vor einem Jahr begegnet wäre... Quien sabe! Wer weiß!

Sie war bestürzt. Was war mit ihr?! Sie machte das Zeichen des Kreuzes und schlug die Hände vors Gesicht.

Apage satanas! Hebe dich von mir, Satan!

Henryk Schultz lag auf dem Rücken und blickte auf die niedrige Decke der Kapitänskajüte der »Castro Verde«. Vor dem Abendessen auf der »Zephir« hatte er sich gründlich in die Rechnungen und Konnossemente des Portugiesen vertieft und nicht nur seinen Beuteanteil, sondern auch die Nebengewinne und Provisionen aus dem Verkauf der Ladung und der Prise annähernd berechnet.

Besäße ich die doppelte Summe, überlegte er, dann würde ich das Seemannshandwerk an den Nagel hängen, nach Danzig zurückkehren und versuchen, Teilhaber meines Onkels Gottlieb zu werden. Oder..., vielleicht wäre das noch besser..., ich würde mir ein Haus kaufen, ein Bankgeschäft aufmachen... oder eine Reederei mit Zweigstellen in Antwerpen und London und Agenturen in allen größeren Häfen. Ja, wenn ich zweimal soviel Geld hätte, als ich besitze, würde ich nicht mehr zur See fahren.

Henryk Schultz neigte oft zu Träumereien. Doch im Grunde genommen war er ein nüchtern denkender Mensch, der seit frühester Jugend, eigentlich von Kindheit an, seine Träume in die Tat umsetzte.

Als er elf Jahre alt war, wurde er Waise. Sein Onkel Gottlieb Schultz, ein reicher Danziger Kaufmann, Mitinhaber einiger Kauffahrtei- und Kaperschiffe, nahm sich seiner an. Der Onkel Gottlieb besaß selbst zwei Söhne, die das große Vermögen erben sollten. Sie trugen schöne, kostbare Kleidung, erhielten Unterricht in fremden Sprachen und fuhren sonntags und an den hohen Feiertagen im Wagen zur heiligen Messe und zum Hochamt. Er, Henryk, durfte an dergleichen nicht denken. Er aß und schlief mit dem Gesinde, putzte seinen Vettern die Schuhe und machte Botengänge. Er lernte allein lesen, schreiben und rechnen. Sein umfangreiches Wissen eignete er sich gelegentlich aus dem an, was er hörte, und aus den heimlich durchgeblätterten Heften und Büchern seiner glücklicheren Altersgenossen in den Klosterschulen, zu denen er Handelsbeziehungen unterhielt. Er versorgte sie mit Süßigkeiten und Leckereien, die er für sie auf dem Langen Markt kaufte. Und so manches schnappte er an der Mottlau auf, an deren Ufer vom Frühjahr bis in den späten Herbst hinein das rege, lärmende Leben eines großen Hafens herrschte.

Dort fühlte er sich wohl. Mit verbundenen Augen hätte er den Weg zu all den Getreidespeichern finden und einem Fremden zeigen können, wo Gerste, Hafer und Hirse zu kaufen waren, wo sich riesige Stöße von Holz, Balken, Brettern, Dielen, Eiben-, Kiefern- und Tannenrundholz und eichene Faßdauben türmten, wo in langen, aufeinander gestößten Reihen Fässer mit Pech und Säcke mit Holzasche standen.

Er kannte die Namen aller bedeutenderen Danziger Kaufleute und wußte, wohin ihre schweren Gespanne fuhren, die mit englischem und flandrischem Tuch, Samt und feinster italienischer Seide, Fäßchen voll französischem und spanischem Wein, Kisten mit holländischem Porzellan und Säcken und Bastkörben voll Feigen, Datteln, Apfelsinen und Gewürzen beladen waren. Henryk trieb sich am Ufer herum, wo Heringe aus Norwegen, Eisen aus Schweden, Salz aus Frankreich ausgeladen wurden. Er sprach auf den Brücken und Märkten mit Seeleuten aus Mecklenburg, Holstein, Friesland, aus den Niederlanden und England, wies ihnen die Schenken und Gasthäuser, schuf ihnen Verbindungen zu Maklern und Dolmetschern, bot fremden Kaufleuten und polnischen Adligen seine Vermittlung an, sah und hörte Geschäftsabschlüssen und Verhandlungen zu und machte sich mit Warenproben und ihrer Bewertung, mit den Preisen, Quittungen, Wechseln und Verträgen vertraut.

Hier und da erhielt er für seine kleinen Dienste einige Groschen oder einen Humpen Bier, viel häufiger aber wurde er mit einem Fußtritt oder Schimpfworten entlohnt, wenn er eine Bezahlung forderte. Das schreckte ihn jedoch nicht ab und machte ihn nicht mutlos.

Im August fand vom Tag des heiligen Dominik bis zum Tag der heiligen Helena, oft auch noch länger, bis zum heiligen Gregor der große Jahrmarkt in Danzig statt, der zwei bis drei Wochen währte.

In dieser Zeit gingen oft an die vierhundert ausländische Schiffe und unzählige Barken, Kutter, Leichter und Koggen im Hafen vor Anker. Auch Flöße legten an, die auf der Weichsel herabgeschwommen kamen.

Hunderte, ja Tausende polnischer Edelleute fuhren in Kaleschen nach Danzig. Ihnen folgten unzählige Fuhren und Wagen aller Art.

An der Mündung der Mottlau in die Weichsel wachten vom Morgengrauen bis zum Anbruch der Nacht die Knechte und Aufseher des Herrn Siegfried Wedecke, des Senatsmitgliedes und Hafenverwalters. Der lange Schlagbaum, der die Einfahrt versperrte, hob sich immer wieder von neuem, um ein Schiff hindurchzulassen. Hatte der Kapitän die Gebühren entrichtet, kehrte er an Deck zurück und nahm den Lotsen an Bord. Dann glitt das Schiff langsam weiter und machte schließlich an der Umschlagstelle am Ufer fest.

Schiffe und Boote, flache Leichter und Schuten schoben sich an die Bordwände. Träger beugten sich unter der Last der Waren. Fässer mit Lebensmitteln für die Schiffsbemannung wurden über die Laufbretter gerollt. An Seilen schwebten Kisten, Säcke und Ballen herab und wurden auf Wagen geladen. Es war ein endloses Kreisen von Bord an Land, von Land an Bord, ein Gewimmel wie in einem Ameisenhaufen. Auf den nahen Brücken, in den Straßen, die zum Hafen führten, und auf den Plätzen warteten Böttcher und Tischler ohne eigene Werkstatt auf Kunden, denn sie lebten von Ausbesserungsarbeiten, die an Ort und Stelle ausgeführt werden mußten. Sie setzten Kisten instand, zogen neue Reifen auf beschädigte Fässer und nagelten zerbrochene Bretter und Leisten zusammen. Durch die Menge drängten sich Makler, Vermittler, Faktoren, Dolmetscher, Winkelbankiers, Spekulanten, Betrüger, Händler und Höker. In das Durcheinander der fremden Sprachen und Rufe, in das Knarren der Seile und Rollen, in das Rattern und Holpern der Wagen und den von den Handwerkern verursachten Lärm mischten sich Axtschläge und das Kreischen der Sägen, das von den Werften herüberscholl, auf denen neue Schiffe gebaut oder alte überholt wurden.

Die Umsätze in Getreide, Holz, Pech, Pottasche, Flachs, Wachs, Honig und gesalzenem Fleisch einerseits und Wein, Seide, Teppichen, Tuchen, Zinn, Blei, Südfrüchten und Luxuswaren andererseits erreichten riesige Summen. Dann liefen die mit den Erzeugnissen Polens beladenen Schiffe wieder aus und strebten ihren Heimathäfen zu. Die Edelleute fuhren mit Getöse und vielem Pomp auf ihre Güter zurück und nahmen überseeische Waren und Leckerbissen, Danziger Möbel und teure Stoffe mit.

In Danzig blieb das Geld, Gulden, Pfunde, Guineen, Scudos, rote Goldgulden und Dukaten. Die Stadt wurde immer reicher. Die Patrizier ließen sich prächtige Häuser und Kirchen bauen, kauften Landgüter, Sommersitze und schmückten ihren Artushof wie einen Königspalast aus. Auf der Frauengasse, der Langen Gasse, der Brauergasse, dem Langen Markt, an dem dunklen Wasser der trägen Mottlau und der schnell dahinfließenden, rauschenden und schäumenden Radunia wuchsen immer schönere Häuser aus dem Boden. Sie hatten dreieckige Giebel, die mit steinernen Schnecken, Girlanden, Kugeln und Spitzsäulen, mit Skulpturen und Figuren verziert waren. Schmiedeeiserne Gitter und Balustraden umgaben die

Vorbauten, auf denen Tische und Bänke standen. Hier verbrachten die Reichen ihre Abende bei einem Glas Met, Wein oder einem Humpen Bier.

Der berühmte Architekt Jan Brandt erbaute die größte und wohl auch prächtigste Kirche Polens, die Marienkirche mit ihrem hohen Turm, in dem sechs Bronzeglokken hingen. Damals entstanden noch drei andere Kirchen: die Peter-und-Paul-Kirche, die Johanniskirche und die Trinitatiskirche. Die Bartholomäuskirche und die Barbarakirche wurden wiederaufgebaut. Auf der Spitze des schlanken Rathausturmes mit dem blitzenden Helm leuchtete die vergoldete Statue des Königs Sigismund August. Innen war der Regierungssitz der Hansestadt mit Schnitzereien, Gemälden, Geräten und Möbeln ausgestattet, die von den berühmtesten Künstlern Europas stammten.

Danzig wurde reich, und Henryk Schultz blieb nach wie vor ein Hungerleider. Er wußte sehr gut, daß es für seinesgleichen fast ausgeschlossen war, zu Reichtum und Ansehen zu kommen. Die Armen hausten in alten, baufälligen Zinshäusern oder drängten sich, mehrere Familien zusammen, in den morschen, feuchten Schuppen der Vorstädte. Sie arbeiteten schwer und darbten. Fast keinem von ihnen gelang es, sein Los zu verbessern. Wer als Habenichts zur Welt kam, starb nach einem elenden Leben in Not und Armut. Um zu etwas zu kommen, mußte man etwas für den Anfang haben. Und Henryk Schultz besaß nichts.

Wenn ich auf einem Schiff anmustern würde, dachte er damals, könnte ich vielleicht etwas erarbeiten. Ich hätte anfangs neun preußische Mark jährlich, acht Monate hindurch Essen und Quartier, könnte eine halbe Last Waren auf eigene Rechnung erwerben und kostenlos nach Danzig bringen. Später, wenn ich Bootsmann wäre, würde ich achtzehn Mark verdienen und dürfte eine ganze Last Waren unentgeltlich mit nach Hause nehmen. Als Schiffsjunge würde ich bestimmt zu etwas kommen.

Außer den Handelsschiffen liefen oft Korsaren in die Mottlau ein. Meist waren es dreimastige Barken von einhundertzwanzig bis einhundertfünfzig Lasten oder kleine Kutter mit einer Bemannung von sechs bis acht Matrosen. Henryk erfuhr bald, daß selbst die kleinsten von ihnen den Reedern höhere Gewinne brachten als die Handelsgeschäfte. Er hörte auch, daß die Mannschaft solcher Segler einen Beuteanteil erhielt. Das gab seinen Wunschträumen eine andere Richtung.

Wenn es mir glückt, werde ich Seemann auf einem Kaperschiff, überlegte er. Ich könnte meinen Anteil selbst veräußern und in einigen Jahren so viel sparen, daß es für ein kleines Maklergeschäft reicht. Dann würde ich die Anteile anderer Kaperer aufkaufen und ihre Schiffe ausrüsten und versorgen. Ja, wenn ich Glück habe, werde ich Matrose auf einem Kaperschiff.

Der Weg Henryks zu diesem Ziel führte nicht über den Hafen, und er erreichte es auch nicht durch die unmittelbare Unterstützung seines Onkels Gottlieb Schultz, obwohl er damals Miteigentümer der großen Kaperkogge »Schwarzer Greif« war.

Henryk gefiel dieses Schiff nicht, das alt und plump war und nur einen Mast

38

besaß. Es hatte eine Spuntverschalung des Rumpfes, einen flachen Boden, hohe Kastelle an Bug und Heck und war mit einigen sechspfündigen Oktaven und zwei Viertelkartaunen bestückt. Nie legte es mehr als fünf Knoten zurück. In jedem Sturm drohte es zu kentern und abzusaufen.

Solange Mikolaj Kuna, einer der besten Kaperkapitäne der Ostsee, den »Schwarzen Greif« befehligte, verdiente das Schiff seine Unterhaltskosten und brachte den Besitzern sogar einen gewissen Nutzen. Vor zwei Jahren hatte Kuna jedoch den Vertrag gekündigt. Mit ihm zugleich sagte auch der größte Teil der Bemannung den Dienst auf. Der neue Kapitän, Jan von Grabin, besaß keine Erfahrungen, denn er führte zum erstenmal ein Schiff. Deshalb fiel der Bemannung von da an nur selten eine größere Beute in die Hände, und Gottlieb Schultz trug sich mit der Absicht, aus dem Vertrag auszuscheiden. Er wartete nur auf eine passende Gelegenheit.

Henryk hatte auf ein anderes Schiff sein Auge geworfen, das neu und schön war. 1570 hatte man es in Elbing vom Stapel gelassen. Es gehörte nur zweien, seinem Erbauer Wincenty Skóra und dessen Schwiegersohn Mikolaj Kuna. »Zephir« hieß es.

Auf dieses Schiff zu kommen war nicht leicht. Selbst die Schiffsjungen wurden aus den Reihen junger, tüchtiger Burschen, den Söhnen und Enkeln von Seeleuten, ausgewählt, die bereits mit dem Seemannshandwerk vertraut waren und Kraft und Mut besaßen. Es war keine geringe Ehre, auf der »Zephir« zu dienen, und die, denen diese Ehre zuteil geworden war, wußten das zu schätzen. Sie gaben sich stolz und aufgeblasen, obwohl unter ihnen auch arme Kerle und Waisen zu finden waren. Wer auf die »Zephir« kam und die Probefahrt bestand, konnte mit einem guten Verdienst rechnen. Wer sich auszeichnete, wurde bald Matrose. Wer körperlichen Schaden nahm, hatte eine gerechte Abfindung zu erwarten. Kam einer um, so starb er in der Gewißheit, daß seine Familie außer der Abfindung noch den doppelten Beuteanteil erhalten wird.

Wenn ich Schiffsjunge auf der »Zephir« werden könnte, wäre meine Zukunft gesichert. Ich würde einen Überrock aus feinem Tuch und Hosen aus Elenleder mit Fransen an den Knien tragen, jeden Tag Kuchen essen und Starkbier trinken. Ich hätte Silbertaler in der Tasche, mit denen ich in den Gasthäusern lustig klimpern könnte, und würde mir ohne Mühe viel mehr auf die Seite legen als auf irgendeinem anderen Schiff. Eine herrliche Zukunft hätte ich vor mir, wenn ich als Schiffsjunge auf die »Zephir« käme.

In einer der winkligen Gassen der Altstadt, in einem Zinshaus, das Gottlieb Schultz gehörte, befand sich die Seilerwerkstatt des Maciej Paliwoda. Henryk ging häufig mit irgendwelchen Aufträgen seines Onkels zu dem Meister oder führte Kunden von fremden Schiffen zu ihm, die Leinen, Strickleitern und dergleichen zu niedrigen Preisen unmittelbar an der Quelle kaufen wollten. Ein weiterer triftiger Grund für Henryks Besuche in der Werkstatt war die Tochter Paliwodas.

Jadwiga war so alt wie er. Sie hatte hellblondes Haar und blaue Augen. Ihr Lächeln war stets etwas wehmütig. Sie kam ihm wie ein überirdisch schönes, beinahe engelgleiches Wesen vor. In seinem Herzen erwachten Gefühle, die er anfangs nicht in Worte fassen konnte. Als er sie zum erstenmal flüchtig sah, glaubte er, die heilige Agnes von Salerno sei aus dem Bild gestiegen, das er in der Kirche oft bewundert hatte. Da es sich zeigte, daß sie aus Fleisch und Blut war, enttäuschte ihn das keineswegs, im Gegenteil. Obwohl sie ihm nicht viel Beachtung schenkte, lächelte sie ihm doch auf seinen schüchternen Gruß zu. Später, als ihre Bekanntschaft vertrauter wurde, hörte sie ihm mit einem gewissen Interesse zu, wenn er von seinen Erlebnissen im Hafen und von den Schiffen, die dort ein- und ausliefen, erzählte. Der mitteilungsbedürftige Henryk sprach ihr von seinen Träumen und erwähnte auch die »Zephir«. Dieser Name ließ in die Wangen Jadwigas eine leichte Röte steigen, und als er sie fragte, ob sie jemand von dem Schiff kenne, verneinte sie verlegen.

Kurz darauf ging die »Zephir« im Danziger Hafen vor Anker. Henryk, der am nächsten Tag mit der Neuigkeit in die Werkstatt Paliwodas kam, traf den Meister im Gespräch mit dem Kapitän des Schiffes an. Jadwiga hatte nur für das fröhliche, unbekümmerte Gesicht Jan Kunas Augen, der ihr mit einer Schnur allerhand Kunststückchen vormachte.

Henryk fühlte einen Stich in seinem Herzen. Eifersucht erfaßte ihn. Er bemühte sich nach Kräften, sich nichts anmerken zu lassen, weder jetzt noch später. Er opferte seine ganze Zärtlichkeit und Zuneigung zu seiner Auserwählten — und hätte das Mädchen selbst geopfert, um die Freundschaft des jungen Kuna zu gewinnen, den er andererseits beneidete und haßte.

Henryk entsagte im stillen für immer Jadwiga, er hörte jedoch nicht auf, an sie zu denken. Allerdings waren seine Gedanken andere als vorher. Vor allem, das war sicher, hörte er auf, sie zu verehren. Er war der Ansicht, daß sie sich selbst ein bemitleidenswertes Los bereitete, und er empfand Mitgefühl und Überlegenheit.

Sie wird es einmal bedauern, tröstete er sich. Mich hat sie nicht zu schätzen gewußt, und er wird sie enttäuschen. Dann mag sie bereuen...

Ihm war, als hätte zwischen Jadwiga und ihm irgendein Einverständnis, irgendein nicht geäußertes Versprechen bestanden, das sie gebrochen hatte. Er war ihr bis zum Schluß treu geblieben. Und er bildete sich ein, daß er bereit gewesen wäre, ihr sein ganzes Leben zu weihen. Sie hätte das fühlen und begreifen und sich darüber klarwerden müssen, welch ein Glück ihr zuteil geworden wäre. Und sie — sie sah jetzt nur noch diesen Jan Kuna.

Nun gut, dachte Henryk, soll sie ihn ansehen, solange und soviel sie will. Ich werde die beiden nicht stören, ich will ihnen sogar behilflich sein. Aber dafür gebührt mir etwas.

Er erreichte das, was er wünschte. Einige Zeit später besuchte der Kapitän der »Zephir« seinen früheren Reeder Gottlieb Schultz und schlug vor, ihm seinen Neffen als Schiffsjungen zu überlassen.

Mikolaj Kuna war damals Kaperkapitän des polnischen Königs. Er und sein Schiff waren nicht nur der vernichtenden Niederlage der Kaperflottille bei Hela in der Pucker Bucht im Juli 1571 entgangen, sondern er konnte sogar, als er der Blockade des dänischen Admirals Frank entkam, einen Hilfskreuzer der Dänen versenken. Vor Anbruch des Herbstes erbeutete er noch zwei französische Schiffe, die nach Narwa segelten. Als der König in Danzig eine Basis seiner Seestreitkräfte geschaffen hatte, lief Kuna zwischen den einzelnen Kaperfahrten in den Küstengewässern ständig diesen Hafen an.

Eben zu der Zeit wurde Henryk Schultz als Schiffsjunge angemustert. Er machte seine erste Reise nach Diament und Parnawa und nahm an der Aufbringung einer dänischen Galeone teil, deren wertvolle Ladung für Moskauer Kaufleute bestimmt war.

Die »Zephir« überwinterte in Danzig und begann im Frühjahr 1572 erneut mit ihren Patrouillenfahrten. Sie kreuzte in den livländischen Gewässern, ging in Diament vor Anker und war dann wieder in Danzig und Puck. Die Kräfte der Kaperflotte des polnischen Königs schwanden dahin wie der letzte Schnee im Frühling. Die Nachrichten über die Versenkung von Schiffen durch die Dänen rissen nicht ab. Häufig kam es zu Konflikten mit dem Danziger Senat, der Koggen festhielt und ihre Kapitäne und Mannschaften gefangensetzte. Viele Kapitäne kündigten den schweren königlichen Dienst und ließen sich von der schwedischen Kriegsflotte anwerben.

Am 7. Juli 1572 starb König Sigismund August. Da nun der polnischen Flotte ihr Förderer und Führer fehlte, löste sich auch die Marinekommission auf und überließ die Kaperkapitäne ihrem Schicksal. Das anmaßende und habsüchtige Danzig, das im Interesse seines bedrohten Handels eine Verständigung mit Dänemark anstrebte, nutzte die Situation aus und hielt im Frühjahr 1573 wieder Kaperschiffe im Hafen fest. Unter ihnen befanden sich auch die »Zephir« und die große Brigg des Kapitäns Wolf Munkenbeck.

Henryk mißfiel das ganz und gar. Er begriff nicht, weshalb die Kapitäne der Flagge des Königs, also Polen, die Treue hielten, obwohl sich der Kaperdienst für den polnischen Staat nicht mehr lohnte. Weshalb wechselten sie nicht auf die Seite Danzigs über? Warum zerbrachen sich Mikolaj Kuna und Munkenbeck den Kopf über einen Fluchtversuch, wenn sie einen für sie vorteilhaften Vertrag mit den reichsten Kaufherren abschließen konnten?

Er ahnte, daß die beiden insgeheim ein Komplott schmiedeten. Er beobachtete sie und belauschte ihre Gespräche, wo es nur ging. Sein Verdacht wurde immer stärker und damit auch die Versuchung, ihre Pläne zu durchkreuzen.

41

Wenn ich Herrn Wedecke davon Mitteilung machte, wäre mir eine Belohnung sicher, überlegte er. Obendrein würde ich das Vertrauen und die Protektion des Senats gewinnen und bliebe mit dem neuen Kapitän und einer anderen Bemannung auf der »Zephir«.

Er zögerte jedoch, da er noch nicht erfahren hatte, für wann die Flucht geplant war, und er die Einzelheiten nicht kannte. Hinzu kam, daß er nicht wußte, wie er unbemerkt das Schiff verlassen sollte und ob es ihm gelingen würde, Herrn Wedecke von der Wahrheit seines Berichtes zu überzeugen, ja, ob ihm so ein hoher Würdenträger überhaupt Gehör schenken würde.

Bevor er einen Entschluß gefaßt hatte, wurde er von den Ereignissen überrascht. In einer Nacht legten unbekannte Täter zwei Brände, den einen in der Nähe des Ankerplatzes der Kaperschiffe, den anderen an der Mündung der Mottlau. In der allgemeinen Panik und Verwirrung kappten Munkenbeck und Kuna die Hältetaue, segelten aus dem Hafen und nahmen, nachdem sie ungehindert die hohe See erreicht hatten, Kurs nach Nordosten, auf Diament.

Als Vergeltung für diese Flucht befahlen die Räte der Stadt, Katarzyna, die Frau Kunas, festzunehmen und der Zauberei und der Schuld an der Feuersbrunst anzuklagen. Während die «Zephir» in den livländischen Gewässern kreuzte und bei Reval kleine Erfolge in verschiedenen Gefechten errang, wurde die unglückliche Frau der Folter unterworfen, an deren Folgen sie im Kerker starb.

Mikolaj Kuna erfuhr davon erst einige Wochen später durch einen Schiffer, dem der Kastellan Kostka und der ehemalige Vorsitzende der Königlichen Marinekommission, Bischof Karnkowski, geholfen hatten, aus Danzig zu entkommen. Dieser Gewährsmann behauptete, daß den Beschluß des Danziger Senats, sein Schiff freizugeben, eher Drohungen als Bitten erwirkt hätten, Drohungen, die sich auf die wachsende Stärke der polnischen Streitkräfte unter dem Befehl des Herrn Ernst Weyher stützten, der bei Malbork lagerte.

Sowohl in Diament wie auch in Parnawa verstummten nicht die Gerüchte über die Wahl Henry Valois' zum König von Polen. Bei seiner Ankunft sollte eine mächtige, aus vierzig Schiffen bestehende Flotte aus Frankreich in die Ostsee einlaufen.

Neue Horizonte erschlossen sich den polnischen Kaperkapitänen: freie Ausfahrt auf die Weltmeere, Asylrecht in französischen Häfen und Gleichstellung mit den französischen Seeleuten in bezug auf Rechte und Privilegien. Als schließlich der neue Monarch dem Admiral Mateusz Scharping den Kaperbrief bestätigte, schwanden alle Zweifel.

Die bösen Zeiten waren vorüber, Danzig mußte sich der Macht und dem Willen Polens beugen.

Die Vorsehung wacht über mich, dachte Henryk Schultz fromm. Beinahe hätte ich eine Dummheit gemacht. Ich ahnte nicht, daß die Dinge eine solche Wendung nehmen würden. Gott hat mich davor bewahrt, ein Beweis, daß er die Hände über mich hält.

Mikolaj Kuna und sein Sohn hatten kein Vertrauen mehr zu der göttlichen Vorsehung. Sie und ihre Nächsten waren nicht zum erstenmal von ihr im Stich gelassen worden. In ihnen brannte das Verlangen nach Rache.

Im Juli 1573 gehörte die »Zephir« zu dem Konvoi, der unter dem Kommando des Kapitäns Michal Figenow von Danzig nach Frankreich fuhr. Er sollte dem Schiff des französischen Gesandten Gelais de Lansac, in dessen Begleitung sich der polnische Gesandte Kastellan Stanislaw Krzyski befand, Geleitschutz geben.

Bei günstigem Wetter liefen die Kaperschiffe in die Ostsee aus, segelten entlang der pommerschen Küste bis Kolberg, umschifften Rügen, wandten sich dann nach Norden und gelangten in den Sund. Bis in die Nähe von Kopenhagen versuchte niemand, sie zu belästigen oder anzuhalten. Erst in der Meerenge von Drogden begegneten sie drei großen dänischen Galeonen, deren Kommandant als Salut forderte, die Segel zu streichen und die Schiffspapiere vorzuweisen. Erst nach zweistündigen Verhandlungen, die auf der polnischen Seite durch Herrn de Lansac unterstützt wurden, der sich auf die zwischen Frankreich und Dänemark bestehenden Verträge berief, entschlossen sich die Dänen, den Konvoi passieren zu lassen. Sie stellten die Bedingung, die Schießscharten zu schließen. Die Mannschaft sollte sich, mit Ausnahme der Matrosen, die die Segelmanöver ausführen mußten, unter Deck aufhalten.

Ihrem Verlangen wurde entsprochen. Man hißte die Segel wieder, und die Fahrt ging weiter. Die drei dänischen Galeonen folgten den polnischen Schiffen. Bald tauchten zu beiden Seiten noch zwei auf. Als der Konvoi kurz vor Sonnenuntergang Helsingör erreichte, wurde die Meerenge gesperrt. Er mußte erneut halten.

Diesmal vergeudeten die Dänen keine Zeit mit Verhandlungen. Sie richteten die Schlünde ihrer Geschütze auf die kleine Kaperflottille und gaben ihr den Befehl, in den Hafen einzulaufen und auf der Reede vor Anker zu gehen.

Michal Figenow und Mikolaj Kuna befolgten als einzige diesen Befehl nicht, doch nur die »Zephir« vermochte durch geschicktes Manövrieren die beiden dänischen Fregatten, die ihnen den Weg verlegen wollten, zu täuschen. Das Schiff Figenows strandete auf einer Sandbank und teilte das Los der übrigen. Die Köpfe seiner Besatzung fielen zugleich mit denen der anderen Freibeuter unter dem Henkerbeil.

Mikolaj Kuna entging diesem Schicksal. Da der Rückweg in die Ostsee abgeschnitten war, beschloß er, sich nach Norden durchzuschlagen. Er eröffnete als erster das Feuer und fegte die Segel und Rahen der größten Galeone, die ihrerseits zum Angriff rüstete, von den Masten. Im Vertrauen auf den auffrischenden Wind und die Schnelligkeit und Wendigkeit der »Zephir« segelte Kuna so dicht an den

Küstenbatterien vorbei, daß sie ihn mit ihren Geschossen nicht treffen konnten.

Er kam aus dem Sund in das Kattegat und fuhr die ganze Nacht hindurch unter vollen Segeln aufs Geratewohl weiter. Im Morgendämmern sichtete er Skagens Horn. Er wich ihm von weitem aus und erkämpfte sich durch Sturm und Wellen den Weg durch das Skagerrak in die Nordsee.

Die Herzen der zum Umfallen müden Mannschaft erfüllte neue Hoffnung. Sie waren frei und segelten nach Südwesten, Frankreich entgegen! Von dort wollten sie mit der mächtigen Flotte des neuen polnischen Königs in die Heimat zurückkehren.

Die »Zephir« erreichte jedoch keinen französischen Hafen. In den niederländischen Gewässern kreuzten bis zur friesischen Küste die Schiffe Philipps II., des spanischen Königs, und der von Henry Valois ausgestellte Kaperbrief Mikolaj Kunas war den spanischen Kapitänen gegenüber keine gute Legitimation.

Die »Zephir« lieferte zwei Karavellen der katholischen Majestät siegreiche Gefechte, erlitt aber Beschädigungen, die sie zwangen, in dem seeländischen Fischerhafen Brielle Zuflucht zu suchen.

Das kleine Städtchen an der Mündung der Maas war vor zwei Jahren zur Wiege des Aufstandes gegen die spanische Gewaltherrschaft geworden. Die Freibeuter Wilhelms von Oranien, die sogenannten Wassergeusen, hatten hier mit ihrer Flottille angelegt und die kleine Garnison des Fürsten Alba, des königlichen Statthalters, vertrieben. Bald danach erhoben sich Vlissingen und Rotterdam. Die Flamme des Aufstandes erfaßte die nördlichen Provinzen.

Zu der Zeit, als die »Zephir« in Brielle vor Anker lag, befand sich bereits ein beträchtlicher Teil des Landes in den Händen der Aufständischen. Mikolaj Kuna, dem die Geusen geholfen hatten, schloß sich ihnen an. Er erhielt vom Prinzen von Oranien einen neuen Kaperbrief.

Diese unerwartete Wendung brachte Henryk Schultz in inneren Zwiespalt und tiefe Gewissensnot. Die katholische Kirche verdammte die Aufständischen als Häretiker. Wilhelm von Oranien, ihr Führer, war ebenfalls ein Bekenner Kalvins. Andererseits hatte die Bemannung der »Zephir« immer größeren Nutzen vom Krieg gegen die Spanier, der ein Krieg der Hungrigen gegen die Satten war, und Henryk Schultz erhielt den gleichen Anteil wie die übrigen. Könnte ich wenigstens einmal im Monat meine Sünden beichten und mein Gewissen läutern, dachte er, dann käme ich bestimmt nicht in die Hölle. Mein Anteil an der Beute würde sich auch nicht verkleinern. Nur ... einmal im Monat möchte ich beichten, um die Vergebung meiner Sünden zu erlangen.

Wenn er in den mittleren Provinzen weilte, glückte ihm das hier und da. Später erfuhr er von gelegentlichen Beichtvätern und Wandermönchen, die mit Ablässen handelten, und wo und wann er sie am sichersten treffen konnte, um sich bei ihnen für einen kleinen Teil seiner irdischen Habe das ewige Seelenheil zu erkaufen.

Vier Jahre blieb die »Zephir« in den Diensten Wilhelms von Oranien. Der Krieg auf dem Festland erlosch., flammte um so heftiger wieder auf, Waffenstillstände wurden geschlossen und gebrochen, die Statthalter Philipps II. wechselten, und die protestantischen Heere aus Frankreich und Deutschland verwüsteten das Land nicht weniger als die Truppen der Spanier. Immer mehr Provinzen und Städte forderten Freiheit. Flandern, Geldern, der Hennegau, Brüssel und Antwerpen, ganz Holland und Seeland, die zwölf mittleren und südlichen Provinzen verlangten den Abzug der spanischen Garnisonen. Auf dem Meer dauerten die kriegerischen Aktionen ohne Unterbrechung an. Die niederländischen Geusen verbündeten sich mit den englischen und französischen Kaperflotten und genossen Asylrecht in Calais, Dover und Disungdale. Sie versenkten spanische Karavellen samt Truppen, machten Beute, eroberten Waffen und Vorräte oder sprengten ihre Schiffe in die Luft, wenn es keinen anderen Ausweg mehr gab, den Torturen und dem qualvollen Tod zu entgehen, der sie in der Gefangenschaft erwartete. Auf dem Meer gab es keinen Pardon.

Die »Zephir« ging während der vier Jahre aus allen Gefechten im großen und ganzen siegreich hervor. Ihr Kapitän handelte umsichtig und bedacht. Allein griff er nur schwächere Gegner an. Auf einen stärkeren stürzte er sich nur dann, wenn er der Hilfe seitens der Verbündeten sicher war. Stieß er auf überlegene feindliche Kräfte, so vertraute er lieber der Schnelligkeit seines Schiffes als dem Glück in einem ungleichen Kampf.

Doch der Seekrieg ist ein Hasardspiel, und jeder Spieler verspielt einmal. Auch Mikolaj Kuna mußte eines Tags an die Reihe kommen.

In einer nebligen Herbstnacht des Jahres 1577 geriet die »Zephir« zufällig zwischen drei spanische Schiffe, die sich bis an die Südostküste Englands verirrt hatten. Als sich am Morgen der Nebel hob, entdeckte Mikolaj Kuna, in welcher Falle er saß. Er befahl sofort, alle Segel zu setzen, und versuchte zu entkommen. Die ständig wechselnden, kaum fühlbaren Windströmungen vereitelten sein Vorhaben. Die Spanier ließen Boote hinab, um mit deren Hilfe ihre Karavelle bis auf wirksame Schußweite an das Kaperschiff heranzubugsieren und ihm den Weg zu verlegen. Als der Wind endlich stärker und beständiger wurde, dröhnten die ersten Salven.

Die »Zephir« antwortete aus ihren zwölf Geschützen, aber nur die Hälfte der Kugeln vermochte die Entfernung zu überwinden, aus der die schweren Mörser und Kartaunen der Spanier schossen. Trotzdem wurde auf der Karavelle, die sich zu nah an den Korsaren herangewagt hatte, ein Teil der Segel zerstört. Mikolaj Kuna lenkte sein Schiff in diese Richtung.

Eine Weile schien es, als würde es ihm auch diesmal gelingen, sein Schiff zu retten. Die »Zephir« glitt über die See und gewann an Fahrt, während die Spanier noch immer nicht ohne Hilfe der Boote und Ruder manövrieren konnten. Ihre Artillerie hatte jedoch eine größere Reichweite, und die nächste Breitseite, die den

Masten der »Zephir« galt, erreichte ihr Ziel. Die Hälfte der Segel wurde zerfetzt, und zwei Rahen fielen auf das Deck. Die eine traf Mikolaj Kuna. Er war auf der Stelle tot. Die zweite verletzte den Steuermann schwer.

Das Verdienst, die »Zephir« vor der endgültigen Vernichtung gerettet zu haben, gebührte zwei Menschen, Salomon White und Jan Kuna.

White segelte an der Spitze einer englischen Kaperflottille, die aus sechs Fregatten bestand. Am Vorgebirge North Foreland hörte er Geschützdonner. Als er aus der Bucht herauskam und die hohe See sich vor ihm breitete, sah er, was sich dort abspielte. Er nahm unverzüglich die erste Karavelle unter Feuer.

Das spanische Schiff wurde dadurch zwar nicht ernstlich beschädigt, doch Jan Kuna hatte indessen den größten Schmerz um seinen Vater verwunden und das Kommando auf der »Zephir« übernommen. Die in vielen Gefechten hart gewordenen, im Seemannshandwerk erfahrenen Leute ordneten sich sogleich seinen Befehlen unter. Keiner von ihnen zögerte auch nur eine Sekunde, als der Achtzehnjährige sie in die Wanten schickte. Einmütig erkannten sie ihn als ihren Kapitän an. Unter dem Kugelhagel aus den spanischen Musketen und Hakenbüchsen hißten sie neue Rahen und Segel, während Jan vom Deck aus das Feuer lenkte, um die Spanier vom Entern abzuhalten, auf das sie sich offensichtlich vorbereiteten.

Inzwischen tauchten am Vorgebirge zwei weitere englische Fregatten auf, denen noch fünf folgten. Das Blatt wendete sich, und die Spanier erlitten eine vollständige Niederlage. Zwei Karavellen standen in Flammen, die dritte sank langsam, von Geschossen durchlöchert, die zum Teil aus den Halbkartaunen der »Zephir« stammten.

So begann die Bekanntschaft und langjährige enge Zusammenarbeit zwischen dem Kapitän der »Ibex«, dem strengen Puritaner White, und Henryk Schultz. Henryk ergriff mit dem ihm angeborenen Scharfblick die Gelegenheit, die ihm das Schicksal unter so dramatischen Begleitumständen bot.

Jan Kuna hatte in seiner sechsjährigen Lehrzeit einen ausreichenden Vorrat an Navigationskenntnissen und seemännischem Wissen von seinem Vater erworben, um selbständig ein Schiff führen zu können, das außerdem sein Eigentum war. Ihm fehlten aber das kaufmännische Talent und die Erfahrungen in verwickelten Rechtsfragen. Wenn solche Sachen erledigt werden mußten wie das Bezahlen der Hafengebühren oder später die formelle Eintragung der »Zephir« in das Register der Kaperschiffe Ihrer Majestät der Königin Elisabeth (wozu sich Jan auf Anraten Whites entschlossen hatte), so mußte Schultz einspringen.

Bei der Abwicklung der Geschäfte hatte er Erfolg, und er versetzte nicht nur Salomon White, sondern auch die königlichen Beamten im Hafen von Deptford in Erstaunen, mit denen er verhandeln mußte, bevor der Vertrag über den Kaperbrief für Jan Kuna, alias Jan Marten, wie sein polnischer Name ins Englische übersetzt worden war, unterzeichnet wurde. Er errang die nicht geringe Achtung der ganzen Mannschaft der »Zephir« und wurde, das war der natürliche Lauf der Dinge, bei allen Käufen und Transaktionen, bei der Teilung der Beute und ihrem Verkauf, beim Feilschen um den Anteil für den königlichen Schatz und bei der Befriedigung der persönlichen Wünsche jener, welche die Interessen der Königin zu wahren hatten, unersetzlich.

Salomon White wußte beide zu schätzen den leicht aufbrausenden unerschrockenen Kapitän, der ein ebenso gewandter Segler wie hervorragender Kommandeur während einer Seeschlacht war, und den bedächtigen, durchtriebenen Leutnant, der es binnen kurzem verstanden hatte, den Gewinn beider Schiffe fast zu verdoppeln, ohne sich selbst zu vergessen.

White war ein alter Seemann, mutig und zugleich sehr religiös. Er glaubte fest, daß ihn die göttliche Vorsehung dazu auserkoren habe, soviel wie möglich Papisten, vor allem Spanier, auszurotten, zu erschießen oder zu ersäufen. Das hielt er für seine Pflicht Gott gegenüber und den sichersten Weg zu seiner Erlösung. Er verachtete aber auch nicht das Gold, im Gegenteil. Unter allen Eitelkeiten der Welt erweckte nur Gold seine Begehrlichkeit, nur vor ihm hatte er Achtung.

Deshalb verbündete er sich mit beiden und verzichtete sehr bald darauf, den Protektor des jungen Kapitäns zu spielen. Er wurde dessen Gefährte, dem er in allem nachgab, was die taktische Seite der gemeinsamen Kaperfahrten betraf. Deshalb auch wurde er der stille Teilhaber von Schultz und zog aus dieser Teilhaberschaft beträchtliche Nebeneinkünfte.

So ergänzten sich die drei, der habsüchtige, fanatische Puritaner Salomon White, der romantische und unerschrockene Ungläubige — Sohn einer Kurpfuscherin und Enkel einer Zauberin —, Jan Kuna, genannt Marten, und der fromme Katholik, der Träumer und nüchterne Rechner Henryk Schultz, der einst ein armes Luder war, ein Waisenkind, das von der Gnade eines reichen Onkels gelebt hatte, und nun Besitzer eines Vermögens, das er zu verdoppeln wünschte.

Nach dem Abendgebet streckte sich Salomon White in seiner Koje auf dem harten Lager aus und griff nach der Bibel. Er öffnete sie aufs Geratewohl und begann beim unruhigen Schein der Kerze im zweiten Buch der Könige, neunzehntes Kapitel, Vers zweiunddreißig, zu lesen:

»Darum spricht der Herr vom König von Assyrien also: Er soll nicht in diese Stadt kommen und keinen Pfeil hineinschießen und mit keinem Schilde davor kommen und soll keinen Wall darum schütten;

sondern er soll den Weg wiederum ziehen, den er gekommen ist, und soll in diese Stadt nicht kommen; der Herr sagt's.«

White dachte bei diesen Worten an Belmont. Dieser Mensch hatte ihn vom ersten Augenblick an beunruhigt. Wie rasch hatte es sich gezeigt, daß sein schlimmes Vorgefühl richtig gewesen war.

Belmont war gefährlich. Sein Scharfsinn und seine Dreistigkeit hatten nicht nur White, sondern auch Schultz überrascht. Beide waren sie ihm in die Falle gegangen. Man mußte sich den unangenehmen Patron um jeden Preis vom Halse schaffen. Aber wie? White grübelte fast ständig darüber nach, hatte aber noch keine befriedigende Antwort auf die quälende Frage gefunden. Nun schien es ihm, als wäre er auf einen Fingerzeig der göttlichen Vorsehung gestoßen. Das, was im Alten Testament für den König von Assyrien galt, konnte sich im gegebenen Moment auf diesen ungebetenen Gast beziehen. Wie gern wollte er glauben, daß es tatsächlich so sei! Gott wollte ihn offensichtlich trösten und ihm Zuversicht einflößen. Er las weiter:

»Und ich will diese Stadt beschirmen, daß ich ihr helfe um meinetwillen und um Davids, meines Knechtes willen.«

Klang das nicht wie eine Prophezeiung? Setzte man an Stelle Sanheribs Belmont, dann konnte mit David nur er selbst, White, als Knecht Gottes gemeint sein.

»Und in derselben Nacht fuhr aus der Engel des Herrn und schlug im Lager von Assyrien einhundertfünfundachtzigtausend Mann. Und da sie sich des Morgens frühe aufmachten, siehe, da lag's alles eitel tote Leichname.

Also brach Sanherib, der König von Assyrien, auf und zog weg und kehrte um und blieb zu Ninive.«

Einhundertfünfundachtzigtausend, wiederholte White im stillen. Worauf konnte sich diese Zahl beziehen?

Plötzlich erinnerte er sich, daß Belmont den Nebengewinn aus dem Verkauf der Koschenille mit achttausendvierhundert Guineen berechnet hatte. Offenbar war diese Summe darunter zu verstehen.

Das war erstaunlich!

White drängte es nun um so mehr, den Urteilsspruch Gottes über den Chevalier de Belmont zu Ende zu lesen.

»Und da er anbetete im Hause Nisrochs, seines Gottes, erschlugen ihn mit dem Schwert Adrammelech und Sarezer, seine Söhne, und sie entrannen ins Land Ararat. Und sein Sohn Asar-Haddon ward König an seiner Statt.«

Er kommt also um! Er wird getötet, obwohl der Herr meine Hand zurückhielt, als ich ihn beseitigen wollte, ging es White durch den Kopf, und er vergaß, daß ihn nicht Gott, sondern die Pistole Belmonts von dem Dolchstoß abgehalten hatte.

Er fühlte sich in seinem Kummer erleichtert. Nein, Gott würde ihn nicht so mir nichts, dir nichts, ohne jeden Grund, verlassen. Gott wachte über ihn und lenkte seine Schritte. Vielleicht wollte er ihn nur versuchen, aber er hatte ihn schon getröstet, als er ihm vergönnte, einen Blick in das künftige Schicksal dieses zugelaufenen Vagabunden zu werfen, den er, Salomon White, so fürchtete.

Ein heißer Luftzug drang durch das geöffnete Fenster. Die Flamme der Kerze flackerte. In der Ferne sang und schrie die betrunkene Mannschaft der »Zephir«.

White runzelte die Stirn. Seine Leute tranken auf hoher See nur Wasser. Doch das böse Beispiel wirkte ansteckend. Einige von den Jüngeren beneideten die dort drüben. White wußte es. Wenn er sie nicht so kurzhielte, weiß Gott, wohin das auch auf seinem Schiff führen würde.

Während der Liegezeiten in den Häfen war er sowieso machtlos. Dort konnte er Ausschweifungen und Gelage nicht verhüten. Nur ein paar seiner älteren Bootsmänner traf er in der Kirche. Die jungen vergnügten sich in den Schenken und verbrachten die Nächte zusammen mit den Matrosen der »Zephir« in den Hurenhäusern. Marten regte sich darüber keineswegs auf.

Hätte ich mit ihm nicht dieses Bündnis geschlossen, würden sie nicht in Anfechtung und Sünde verfallen, überlegte White.

Er konnte aber nicht leugnen, daß er dem Übereinkommen mit Marten große Vorteile verdankte. An jenem Herbstmorgen, als er, aus der Bucht von Herne kommend, das Vorgebirge North Foreland passiert und sich in das Gefecht der »Zephir« mit den drei spanischen Schiffen gemengt hatte, war ihm auch nicht für einen Augenblick der Gedanke gekommen, daß dies der Wendepunkt in seinem Leben sei.

Das Jahr des Herrn 1577 hatte ihm lauter Fehlschläge und Mißgeschicke gebracht. Um die »Ibex« seetüchtig zu halten, mußte er alle seine Einkünfte aufwenden, denn für dieses Schiff, von dem nur der zwanzigste Teil sein Eigentum war, hatte er selbst zu sorgen. So lautete der Vertrag, den er zusammen mit den übrigen Schiffseignern unterschrieben hatte. Kündigen konnte er ihn nicht, wovon hätte er leben sollen, immerhin mußte er eine Frau und sieben Kinder ernähren! Er besaß zwar ein kleines Kapital, nicht ganz zweihundert Pfund, das in einem Handelsunternehmen angelegt war und mit vier Prozent verzinst wurde, das hätte aber nicht einmal zur Bestreitung der bescheidensten Lebensbedürfnisse seiner Familie genügt. Und die »Ibex« brauchte eine gründliche Überholung.

Unter diesen Umständen stand vor Salomon White ständig das Schreckgespenst des Ruins, die Aussicht, alle Einnahmen zu verlieren; das hätte ihn gezwungen, jene zweihundert Pfund anzugreifen.

Davor hatte er Angst. Mit vierundfünfzig Jahren das Kapital angreifen? Undenkbar! Das wäre eine schwere, unverzeihliche Sünde gewesen, schlimmer noch als Meineid, größer als Diebstahl oder Ehebruch! Wenn man regelmäßig jeden Tag die Bibel las, wenn man wachsam sich selbst gegenüber war und in den Augenblicken der Erregung nicht den Kopf verlor, konnte man im allgemeinen solchen Anfechtungen entgehen. Aber das Kapital vermindern, die zurückgelegten Ersparnisse aufbrauchen — das war etwas anderes.

White wußte, daß solche Fälle vorkamen. Sie kamen sogar bei den ehrenwertesten Leuten vor, ebenso wie heimliche Trunksucht. Familien zerfielen, Ehebande lösten sich, man lebte in Schande vor den Nachbarn, und alles nur deshalb, weil das Kapital angegriffen worden war.

Damals, am Rande der Katastrophe, hatte ihm Gott den Jan Marten mit seiner »Zephir« geschickt. Von der ersten gemeinsamen Kaperfahrt an blieb ihnen das Glück gewogen. Die Ladungen der erbeuteten spanischen Schiffe und Karavellen deckten bald die früheren Verluste und machten Salomon White zu einem vermögenden Mann. Zog man die immateriellen Dinge in Betracht, so hatte er, Salomon White, für den Glauben und die Reinheit der Religion während dieser Zeit mehr getan als je zuvor, und seine Leute ebenfalls. Er nahm an, daß die Verdienste vor dem Herrn auf hoher See die Last der verwerflichen Ausschweifungen seiner Mannschaft zu Lande ausgleichen würden. Jeder seiner Matrosen kaufte sich durch das vergossene Spanierblut von seinen Sünden los. Kam einer von ihnen um, dann fiel er im Kampf gegen die Papisten und war schon deshalb der Erlösung und der ewigen Seligkeit sicher. In der Endsumme stimmte die Bilanz, das Kredit überstieg sogar das Debet. Auch die göttliche Vorsehung mußte dies bei ihren Urteilen berücksichtigen.

Durch solche Betrachtungen und die Hoffnung auf einen baldigen Tod des Chevaliers de Belmont gestärkt, blies Salomon White, der Kapitän der »Ibex«, die Kerze aus, bekreuzigte sich im Dunkeln, drehte sich auf die andere Seite und schlief bald darauf den Schlaf des Gerechten.

Jan Marten legte sich in dieser Nacht nicht nieder. Er gab sich auch keinen Träumen oder Überlegungen hin, denn er saß mit dem Chevalier de Belmont beim Würfelspiel.

Als Marten von seinen Matrosen in die Kajüte zu den Tischgenossen zurückgekommen war, hatte er in der Hand Belmonts die schöne, in Elfenbein und Silber gefaßte Pistole bemerkt. Er ahnte nicht, daß sie während seiner Abwesenheit im Zusammenhang mit dem vorher geführten Gespräch über die Koschenillepreise eine Rolle gespielt hatte. Es machte den Eindruck, als hätten Schultz und White das kostbare Stück betrachtet und dem Eigentümer eben wieder zurückgegeben.

Marten wollte sie sich ebenfalls näher ansehen, da Belmont die Pistole aber wieder hinter den Gurt steckte und Schultz über Einzelheiten der Rückfahrt zu reden anfing, unterließ er es. Erst als sich White und Schultz nach der Besprechung zu ihren Schiffen begaben und Marten mit dem neuen Leutnant der »Zephir« allein geblieben war, erinnerte er sich wieder an die Pistole.

»Gefällt sie Euch?« fragte der Chevalier de Belmont und reichte ihm den feinziselierten Griff.

Marten spannte den Hahn, probierte, wie der Griff in der Hand lag, und zielte. »Eine schöne Arbeit«, lobte er.

Er stand auf, nahm eine der brennenden Kerzen vom Tisch, stellte sie auf der Leeseite der Kajüte ins geöffnete Fenster und schoß von der gegenüberliegenden Wand, fast ohne zu zielen. Die Kerzenflamme erlosch. Gleichzeitig erscholl hinter der Wand ein gedämpfter Schrei.

Belmont lachte. »Ihr habt Eure schöne Nachbarin vergessen, Kapitän Marten.«

»Wahrhaftig«, murmelte Jan ein wenig verlegen.

Er lauschte eine Weile. Da sich auf der anderen Seite des Kastells nichts regte, kehrte er zu seinem Platz am Tisch zurück.

»Eine schöne Arbeit«, wiederholte er und wog die Pistole in der Hand.

»Und ein glänzender Schuß«, antwortete Belmont. »Behaltet die Kleinigkeit, wenn sie Euch gefällt. Die Pistole und meine Kleidung sind die einzigen Besitztümer, die ich auf der ›Castro Verde‹ wiederfand.«

Marten sträubte sich, das Geschenk anzunehmen. »Wenn Ihr sie mir verkaufen wolltet, wäre es etwas anderes.«

Belmont ging darauf nicht ein. »Verkaufen? Nein. Wir können aber um die Pistole spielen, wenn Ihr Lust dazu habt.«

Bei diesen Worten zog er einen Würfelbecher mit fünf aus Ebenholz geschnitzten Würfeln aus der Tasche.

»Einverstanden«, erwiderte Marten. »Ich setze drei Dukaten. Wer die meisten Augen hat, gewinnt.«

Belmont schüttelte den Becher und ließ die Würfel über den Tisch rollen. Belmont hatte drei Sechsen und zwei Einsen. Dann würfelte Marten. Er verlor. Er zählte drei Goldstücke auf den Tisch und verlor wieder; das wiederholte sich ein drittes und ein viertes Mal.

»Die Pistole wird Euch teuer zu stehen kommen«, bemerkte Belmont. »Spielen wir um beides zusammen, um die zwölf Dukaten und die Pistole. Ihr setzt fünfzehn Dukaten.«

»Gut«, antwortete Marten und verlor erneut. Er mußte einen größeren Vorrat an Goldstücken aus dem Geldschrank holen. Das Glück war ihm auch weiterhin nicht gut gesonnen. Vor Belmont lag bereits ein kleiner Haufen Dukaten neben der Pistole. Sie schien das Gold förmlich anzuziehen. Erst beim siebenten Wurf wandte sich das Glück von Belmont ab. Marten hatte drei Dukaten gesetzt.

»Gold oder die Pistole?« fragte Belmont.

»Ich habe um die Pistole gespielt«, antwortete Marten. »Mir liegt nichts an dem verspielten Geld.«

Belmont schob ihm die Waffe zu. Marten legte sie neben seinen halbleeren Beutel und fragte: »Wollt Ihr weiterspielen?«

Belmont schüttelte den Becher. »Mit Vergnügen. Wir können jetzt aber gewöhnlich spielen, jeder zwei Würfe.«

»Mit dem Recht, den Einsatz zu verdoppeln«, fügte Marten hinzu. Dann warf er drei Dukaten auf den Tisch.

Belmont stellte ihm den Becher mit den Würfeln hin und goß sich Wein ein. »Ihr seid der Gewinner, den ersten Wurf habt Ihr.«

Sie tranken und spielten bis zum Morgengrauen. Erst das erwachende Leben an Deck und die laute Stimme von Henryk Schultz, der die »Zephir« anrief, als er auf der »Castro Verde« vorübersegelte, brachten den beiden zum Bewußtsein, daß die Nacht vorbei und es Zeit war, die Fahrt fortzusetzen. Nun erst wurde sich Marten klar darüber, daß er mehr als die Hälfte seiner Barschaft verspielt hatte. Die Pistole des Chevaliers de Belmont war ihm tatsächlich teuer zu stehen gekommen...

Señora Francesca de Vizella beehrte Jan Marten mit einer kurzen Unterredung. Sie selbst überschritt nicht die Schwelle seiner Kajüte, sondern bat »Su Merced commandanto de salteadores« durch ihre Kammerzofe zu sich.

Marten belustigte dieser Titel, den sicherlich das Mädchen erfunden hatte. Er vermutete nicht zu Unrecht, daß ihn ihre Herrin ganz einfach einen Picaro nannte oder von ihm im besten Falle als von dem »Jefé de partida« sprach, was der netten Morenita doch zu beleidigend klingen mochte.

Bevor er den Wunsch der Señora de Vizella erfüllte, spürte er das Bedürfnis, der Kammerzofe, die ihn voll Bewunderung anstarrte, seine Sympathie zu zeigen. Da er zu seinem dürftigen spanischen Wortschatz kein Vertrauen hatte, drückte er seine Gefühle in einer viel einfacheren Form aus. Er küßte sie auf ihre vollen roten Lippen und überzeugte sich dabei, daß er den richtigen Weg gewählt hatte und verstanden worden war.

Señora Francesca empfing ihn stehend in der Mitte ihrer Kajüte. Sie stützte beide Hände auf die Lehne des Sessels, der eine Art Schutzwall zwischen ihr und dem Kaperkapitän bildete. Kühl und hochfahrend beschwerte sie sich über den Lärm, das Geschrei und den Schuß. Die ganze Nacht habe sie kein Auge zumachen können. Sie verlange ein Wiedersehen mit ihrem Vater, dessen Schicksal und Gesundheitszustand sie sehr beunruhigte. Schließlich behauptete sie, man habe sie bestohlen. In dem »Calabozo«, in das man sie geworfen hätte, fehlten zwei Koffer mit ihrer Garderobe und Wäsche. Sie wolle sie wiederhaben, und zwar sofort, da sie sich umkleiden müsse.

Marten hörte sich die Klagen und Forderungen schweigend an und betrachtete ihre durch die Sessellehne halb verborgene Gestalt, ihr schönes Gesicht, dessen zarte Züge in beleidigtem Stolz erstarrt waren. Er versuchte, einen Blick ihrer Augen zu erhaschen, als erwartete er, in ihnen noch etwas anderes außer zorniger Verachtung zu lesen.

Als sie verstummte und er sich weiter in Schweigen hüllte, begegneten sich für einen Moment ihre Blicke. Marten kam es so vor, als irrlichterte in ihren dunklen Augen ein Lächeln. Das Gesicht der Señora Francesca überflog eine leichte Röte, und ihre Lippen bewegten sich kaum merkbar.

Der jähe Wechsel in ihrem Mienenspiel währte kaum eine Sekunde, doch er

machte Marten bewußt, wie sehr diese Frau ihn an Elsa Lengen erinnerte. Eine plötzliche Flut von Erinnerungen trug ihn weit mit sich fort in die Vergangenheit. Versonnen strich er sich mit der Hand über die Stirn.

Er versprach der Señora, noch vor dem Abend die Koffer herbeizuschaffen und ihr ein Gespräch mit Don Juan de Tolosa, allerdings nur von Schiff zu Schiff, zu ermöglichen, da auf hoher See, auch während eines kurzen Halts, ein bestimmter Abstand zwischen beiden Seglern gehalten werden müsse. Dann drehte er sich um und ging hinaus, um seine innere Bewegung zu verbergen.

Elsa Lengen, Jans erste Geliebte ... Eigentlich war es nur eine flüchtige Liebschaft gewesen, so mußte er, reifer geworden, die kurze Episode deuten. Jan Kuna war damals erst siebzehn Jahre alt gewesen ...

In Antwerpen, wohin ihn sein Vater geschickt hatte, lernte er sie kennen. Er sollte bei dem bekannten Mechaniker und Uhrmacher Cornelis, einem jahrelangen Mitarbeiter Tycho Brahes, den bestellten Quadranten abholen. Als sich Jan Kuna in der Werkstatt meldete, erwies es sich, daß Cornelis für einige Tage nach Gent gefahren war. Jan mußte warten, bis der Meister zurückkehrte.

Über diese Verzögerung war er nicht böse. Er quartierte sich in dem nahe gelegenen Gasthof »In den Regenboog« — Unter dem Regenbogen — ein und sah dort Elsa zum erstenmal, als sie den Gästen Koekebakken, das heißt Plinsen aus Weizenmehl, und Bruinbier oder Clauwert brachte. Sie hatte rotbraunes Haar, das wie poliertes Kupfer glänzte. Ihre Augen waren so schwarz wie die der Señora Francesca de Vizella und ihre Lippen genauso voll und schön geschwungen. Sie hatte sogar wie die Señora gelächelt, damals, als sie über sein Freien spottete, und auch dann, als sie ihm sagte, daß sie ihn liebe.

Anfangs fühlte er sich »In den Regenboog«, einem der besten Gasthöfe der Stadt, ein wenig befangen. In dem großen Eßzimmer stand ein riesiger Schanktisch, hinter dem die dicke, rotwangige Wirtin thronte. In den zwei kleinen Nebenräumen wurden die angeseheneren Gäste bedient. Im ersten Stockwerk und in den Mansarden befanden sich die Gästezimmer und in den anliegenden Hintergebäuden die Ställe und die Gesinderäume. Hier stiegen viele reiche Kaufleute und hohe Herren ab. Ihre Wagen reihten sich auf dem geräumigen Hof. Im Gasthaus verkehrten würdige Bürger, begüterte Handwerker und die lauten, anmaßenden Offiziere der spanischen Besatzung.

Jan suchte sich einen Platz im Ofenwinkel und wartete geduldig, bis er an die Reihe kommen würde. Obwohl er dem Mädchen Zeichen gab, schien sie ihn überhaupt nicht zu bemerken. Als sie zum drittenmal mit einem Krug Bier in der einen und einer Schüssel voll dampfender Würste in der anderen Hand an ihm vorbeiging, stellte er sich ihr in den Weg.

»Ich bin hungrig und habe Durst. Am liebsten würde ich dich samt den Würsten essen, schönes Mädchen«, sagte er und blickte ihr in die schwarzen Augen.

54

»Wirklich? Du siehst gar nicht wie ein Menschenfresser aus«, antwortete sie erstaunt.

»Wenn du mir einen Doppel-kuyt und eine Portion heißen Schinken bringst, lasse ich dich am Leben.«

»Warte, vielleicht läßt sich das machen.«

Nach einer Weile brachte sie das Bestellte.

»Weißt du, daß du sehr hübsch bist?« flüsterte er ihr zu, während sie das Bier aus dem Krug in den Zinnbecher goß.

Sie sah ihn aus halbgeschlossenen Augen von oben herab an.

»Ich weiß nichts davon. Außer dir hat mir das noch keiner gesagt.«

»Wie heißt du?« fragte er, ohne sich durch ihre Ironie abschrecken zu lassen.

»Ach, rufe mich meinetwegen Maria Stuart, wenn es dir Spaß macht.«

»Hast du nicht einmal ein Stündchen Zeit für mich?« forschte er weiter.

»Nein. Ich arbeite ohne Pause Tag und Nacht, fündundzwanzig Stunden hintereinander.«

»An der Schelde sollen Zirkuswagen stehen. Hast du nicht Lust, mit mir dorthin zu gehen?«

»Lust habe ich schon, aber nicht mit dir.«

»Hast du einen Verlobten?«

»Einen? Vier!«

Er konnte mit ihr zu keiner Verständigung kommen. Sie verspottete ihn. Als er gegessen und getrunken hatte, bezahlte er die Zeche und gab ihr ein reichliches Trinkgeld; sie dankte ihm nicht einmal dafür.

»Ich komme abends wieder«, sagte er im Weggehen. »Vielleicht bist du dann besser aufgelegt.«

»Beeile dich nicht zu sehr«, rief sie ihm nach.

Er hätte sich tatsächlich nicht zu beeilen brauchen. Am Abend war sie genauso schroff und unzugänglich wie mittags. Ein paarmal fing er ihre verstohlenen Blicke auf, wenn er es am wenigsten erwartete. Also habe ich in ihr doch irgendein Interesse für mich geweckt, dachte er.

Am nächsten Tag, einem Donnerstag, war Markt. Jan stand spät auf, und da er sonst nichts zu tun hatte, ging er sich das bunte Treiben ansehen. Plan- und ziellos streifte er zwischen den Wagen und Ständen umher. Plötzlich bemerkte er Elsa. Er kannte schon ihren Namen, denn die Wirtin hatte sie so gerufen.

Elsa feilschte hartnäckig um einen silberbeschlagenen Schildpattkamm zum Aufstecken der Haare.

Jan drängte sich durch die Menge. Bevor er den Stand erreichte, war Elsa bereits gegangen und hatte den Kamm in den Händen der enttäuschten Händlerin gelassen. Jan riß ihn der Frau in fieberhafter Eile aus der Hand, bezahlte ohne viel Worte den geforderten Betrag, stieß die Gaffer beiseite und eilte Elsa nach, die er unterdessen aus den Augen verloren hatte.

Er konnte sie nicht finden und schlenderte mißgestimmt in den Gasthof zurück. Auch dort erwartete ihn eine Enttäuschung. Die wenigen Gäste wurden von einem derben, pausbäckigen Küchenmädchen bedient.

Er erkundigte sich bei ihr nach Elsa und erfuhr, daß sie entweder in der Stadt oder in ihrem Zimmer sei.

»Und wo wohnt sie?« wollte er wissen.

Das Mädchen sah ihn mißtrauisch an. »Wo soll sie denn wohnen? Im Hinterhaus.« Sie wies auf ein niedriges Gebäude, das an den Stall grenzte. »Bei der Wirtin, sie ist doch ihre Verwandte.«

Kuna dankte und ging auf den Hof hinaus, der mit Kutschen und Wagen aller Art vollgestopft war. Die Pferde standen im Stall. Er wußte nicht, was er mit der Zeit anfangen sollte, und schaute aus Langeweile in die ansehnlichsten Kaleschen. Dabei scheuchte er einen Kater auf, der es sich auf den Polstersitzen eines großen Reisewagens bequem gemacht hatte und schlief. Schließlich setzte er sich auf einen Mauervorsprung an der Einfahrt. Ihm kam der Gedanke, daß er eigentlich zu der Werkstatt des Meisters Cornelis gehen könnte, um nachzufragen, ob er wieder da sei. Jan wollte sich auf den Weg machen, da sah er Elsa. Sie kam erst jetzt aus der Stadt.

Sie antwortete auf seinen Gruß mit einem Kopfnicken und wollte an ihm vorbei. Er vertrat ihr den Weg, »Hast du dir einen anderen Kamm gekauft, Elsa?« fragte er.

Sie sah ihn erstaunt an und runzelte die Stirn. »Du hast mir nachspioniert«, sagte sie. »Das wird dir nicht viel nützen.«

»Das habe ich nicht«, erwiderte er. »Weshalb sollte ich dir nachspionieren?«

»Dazu haben sie dich doch hergeschickt.«

Er zuckte verständnislos die Schultern. »Vorderhand habe ich dir den Kamm gekauft.« Bei diesen Worten holte er sein Geschenk aus der Brusttasche hervor.

Elsa streckte unwillkürlich die Hand aus und zog sie wieder zurück. Sie sah ihm in die Augen, und da er lächelte, zuckten ihre Lippen, als wollten auch sie lächeln.

»Der Kamm ist schön, er wird dir gut stehen«, sagte Jan. Bevor sie ausweichen konnte, hatte er ihr den Kamm geschickt ins Haar gesteckt.

»Da, sieh selbst.« Er führte sie an den Schlag einer lackierten Karosse. »Hier ist ein Spiegel.« Jan hob Elsa hoch, damit sie sich betrachten konnte.

Elsa war so überrascht, daß sie nicht einmal protestierte. Als sie sich im Spiegel erblickte, konnte sie Jan nicht mehr zürnen. Sie hatte so sehnlich gewünscht, den Kamm zu besitzen.

»Laß mich bitte los«, sagte sie schließlich und errötete verwirrt.

Jan stellte sie vorsichtig auf den hohen Fußtritt des Wagens. Sie stützte sich auf seine Schulter, nahm den Kamm aus dem Haar und drehte ihn unschlüssig hin und her. Dann unterlag sie der Versuchung, steckte ihn wieder hinein und nickte ihrem Spiegelbild zu. Endlich überwand sie sich und sprang auf die Erde. Sie wolle das

Geschenk als Andenken annehmen, erklärte sie. Jan dürfe aber keine Dankesbeweise und besonders keine Informationen von ihr darüber erwarten, welche Bewohner Antwerpens das Wirtshaus »In den Regenboog« besuchen.

Jan kam der Vorbehalt sonderbar und lächerlich vor. »Die Bewohner Antwerpens gehen mich außer dem Meister Cornelis nichts an, und der ist nach Gent gefahren. Ich muß auf ihn warten. Was die Antwerpenerinnen anbelangt, so interessiere ich mich nur für eine, für die aber noch viel mehr als für den Meister Cornelis.«

Dieses Kredo wollte er durch einen Kuß bekräftigen. Elsa entschlüpfte ihm. »Kennst du wirklich den Meister Cornelis?« fragte sie.

Jan erzählte ihr, weshalb er nach Antwerpen gekommen sei, und nach kurzem Zögern, in wessen Dienst die »Zephir« stehe.

»So ist das also!« rief Elsa. »Und ich dachte...« Sie beendete nicht den Satz und sah sich scheu um. »Antwerpen ist voll spanischer Spione«, fuhr sie flüsternd fort. »Sie treiben sich auch bei uns ›In den Regenboog‹ herum...«

»Und du hieltest mich für einen von ihnen«, vollendete Jan den Satz und lachte. »Ich hätte nie vermutet, daß ich wie ein Spion wirke. Dafür mußt du Abbitte leisten.«

Sie gab nach und küßte ihn auf die Wange. Das genügte ihm aber nicht, er forderte mehr und erhielt es.

Elsa brauchte am Sonnabend nicht zu arbeiten. Nachmittags ging sie mit Jan vor die Stadt, wo an der Schelde eine große Wandertruppe ihre Wagen aufgestellt hatte. Zuerst besichtigten sie die Tiere und fütterten Kamele, Zebras und den Elefanten mit Mohrrüben. Dann bewunderten sie in der Vorstellung die Kunststücke der Seiltänzer und Voltigeure, das Pferd, das durch einen Reifen sprang, und die Clowns, die alles nachäfften und sich gegenseitig mit Backpfeifen traktierten.

Als sie zusammen mit dem Schwarm der anderen Zuschauer den Platz verließen, auf dem es nach Pferdedung und den Ausdünstungen der Tiere und Menschen roch, schneite es. Inzwischen war es so dunkel geworden, daß sie den Weg nicht erkennen konnten. Sie schlossen sich daher Leuten an, die vorsichtig genug gewesen waren, eine kleine Stallaterne mitzunehmen.

Die von den Darbietungen erheiterte Menge bewegte sich langsam, fröhlich rufend und lachend, auf die Wallgrabenbrücke zu. Bis Toresschluß war noch genügend Zeit, niemand beeilte sich. Der in dicken Flocken fallende, im November so ungewohnte Schnee regte zu allerlei Neckereien an, und im Nu war die schönste Schneeballschlacht im Gange.

In das übermütige Treiben hinein erklang plötzlich die klagende Stimme einer Glocke. Die Menschen horchten auf, verstummten. Das bedeutete Alarm. Gleich darauf begannen die Glocken vom riesigen Turm der Kathedrale, von Sankt Jakob, von Sankt Andreas und Sankt Georg zu läuten. Über der Stadt leuchtete zwischen dem Brunnen- und dem Königstor die rote Glut einer Feuersbrunst auf.

Die Menschen strebten hastig vorwärts, rannten. Stimmengewirr wurde laut, doch keine Scherzworte waren zu hören. Schrecken packte die heimkehrenden Bürger, Unruhe um die zu Hause Gebliebenen, Sorge um das Hab und Gut und Angst vor der unbekannten Gefahr.

Von weitem vernahm man durch das immer lauter werdende Glockengeläut Schreie, Lärm, Musketenschüsse. Auf den Mauerkronen der hochragenden schwarzen Masse der von Herzog Alba erbauten Zitadelle loderten Fackeln. Von dorther erdröhnte ein einzelner Kanonenschuß.

Keiner konnte verstehen, was vor sich ging. Hatten die Schiffe und Truppen Wilhelms von Oranien auf der Hafenseite unvermutet angegriffen, oder handelte es sich um einen Handstreich der Verschwörer, einen Aufstand gegen die Spanier wie in Brielle, Rotterdam und Vlissingen?

Die Menschen jagten querfeldein auf das Stadttor zu, stauten sich an dem wassergefüllten Wallgraben, drängten sich auf die Brücke und durch das Tor. Plötzlich ballte sich die Menge zusammen, heulte auf und wich in wahnsinniger Panik zurück. Aus der Gasse folgten ihnen spanische Söldner, die blindlings um sich hieben, stachen und schossen.

Ein Schrei des Entsetzens übertönte alles. Die noch hinten waren, begriffen nicht, was am Tor geschah, und drängten nach vorn; die am Tor und auf der Brücke von den Spaniern bedroht wurden, stießen sich gegenseitig ins Wasser, traten aufeinander oder fielen unter den Stichen, Hieben und durch die Kugeln der Söldner.

Jan und Elsa waren in diesem Tumult nach der Vorstadt geflüchtet, die sich mit ihren Gehöften und Zäunen am Wallgraben bis zum Abhang des Hügels hinzog, auf dem sich düster und drohend die Zitadelle erhob. Als am Tor und auf der Brücke das Gemetzel begann, eilte ihnen ein großer Teil der bestürzten Menschen nach und suchte zwischen den Häusern Schutz vor den pfeifenden Kugeln. Einige liefen eine winklige, ungepflasterte Gasse entlang. Sie hofften, ungehindert zum nächsten Tor zu gelangen, das durch ein diesseits des Wallgrabens befindliches Vorwerk geschützt wurde. Gewöhnlich war es von Stadtknechten besetzt. Aber auch dort krachten Schüsse. Gleich darauf gellten Hilferufe, Verwundete stöhnten. Die Menschen hasteten zurück, strauchelten, stürzten, standen wieder auf oder blieben, von einer Kugel getroffen, liegen.

Plötzlich schlugen hinter Jan und Elsa Flammen aus einem Gehöft. Die Ställe, die mit Heu und Stroh gefüllten Dachböden und die hölzernen Schuppen brannten im Handumdrehen lichterloh. Im Feuerschein schwankten die Gestalten der spanischen Landsknechte, die sich bemühten, die Menge einzuschließen und ihr den Rückweg abzuschneiden.

Jan zog Elsa in eine enge Seitengasse, durch die er das offene Feld zu erreichen hoffte. Aber auch hier waren schon Spanier. Sie hatten wohl in aller Eile eines der stattlichen Häuser geplündert, unter dessen Fenstern Federbetten und zerbrochener Hausrat lagen. Anscheinend enttäuscht von der Beute oder durch den Widerstand der Bewohner zur Raserei gebracht, hatten sie Feuer gelegt. Aus den zersplitterten Fenstern drang dichter Rauch.

In dem Augenblick, als Jan und Elsa an dem Haus vorbeikamen, tauchten im Rahmen der zertrümmerten, aus den Angeln gehobenen Tür bewaffnete Kerle in hohen Helmen, enganliegenden Wämsern und gestreiften Pluderhosen auf. Einer von ihnen bemerkte Elsa und wollte sie an sich reißen. Jan Kuna sprang ihn wie eine wilde Katze an und versetzte ihm einen mächtigen Schlag gegen das Kinn, der den Söldner niederstreckte. Der zweite Spanier brüllte etwas in den Hausflur und versuchte seinem Kumpan zu helfen. Doch Jan hielt schon die Streitaxt in der Faust, die er dem ersten abgenommen hatte. Er schlug zu, hörte das Knirschen des berstenden Schädels, das laute Stöhnen des Getroffenen und gleich darauf Getrappel auf der Treppe und die Rufe der herbeilaufenden Söldner. Er warf einen Blick nach dem Ausgang der Gasse. Auch dort zeigten sich Soldaten.

»Zurück! Schnell!« rief er Elsa zu.

Sie rannten zur Hauptstraße, die fast menschenleer, aber mit Toten und Verwundeten übersät war. Die Landsknechte hatten offenbar damit zu tun, die Wohnungen auszurauben. Sie warfen Möbelstücke und Geschirr aus den Fenstern und mordeten alle, die sich ihnen widersetzten. Nur hier und da begegneten Jan und Elsa Bürger, die, gebückt, wie Schatten an den Mauern und Zäunen entlangschlichen und Rettung in der Flucht suchten. Die Brücke und der Weg, der zu dem Anger an der Schelde führte, auf dem die Wagen und Zelte des Zirkus standen, waren öde und leer, nur Leichen sah man. Dafür verstummte auf der anderen Seite des Wallgrabens, in der Stadt, der Lärm nicht. Das Feuer hatte schon das ganze Viertel ergriffen.

Jan beschloß, den brennenden Stadtteil auf der Außenseite der Wälle zu umgehen und zu erkunden, was an den Toren der Südseite geschah. Es kam ihm so vor, als herrsche dort Ruhe. Er nahm an, daß es nur in der Nähe der Zitadelle zu den Unruhen gekommen war, deren Ursache er sich nicht erklären konnte.

Elsa war blaß und verstört. Sie hatte sich aber so weit gefaßt, daß sie sich stark genug fühlte weiterzugehen. Sie verließen den Erdwall vor dem Stadtgraben, hielten sich an den Händen und tasteten sich Schritt für Schritt durch die tiefdunkle Nacht. Es schneite noch immer, die Flocken schmolzen auf der weichen, umgepflügten Erde. Einen Weg fanden Jan und Elsa nicht. Sie wanderten querfeldein, versanken in dem nassen Lehm, stolperten über Furchen und Raine, wateten durch Pfützen und sprangen über moorige Wasserläufe.

Nach einer Stunde standen sie am Rande eines ausgedehnten Sumpfes, dem sie ausweichen mußten, und verirrten sich schließlich in dem Gehölz am Ufer eines trägen Flüßchens, das ein wahres Labyrinth bildete.

Als sie endlich auf eine freie Fläche kamen, war die Brandröte über der Stadt erloschen. Jedenfalls war sie nicht mehr zu sehen, so daß sie nicht wußten, auf welcher Seite Antwerpen lag.

Elsa war erschöpft, sie zitterte vor Kälte. Ein eisiger Wind kam auf und trieb ihnen den Schnee in die Augen. Jan umfaßte und stützte das Mädchen, sonst hätte sie mit ihm nicht Schritt halten können.

Es war schon weit nach Mitternacht, als sie endlich auf eine breite, baumbesäumte Straße stießen, die durch einen kleinen Wald führte. Nachdem sie diesen durchquert hatten, machten sie vor einem Gehöft an einer Weggabelung halt. Jan pochte an das verschlossene Tor. Da niemand öffnete, schwang er sich auf die niedrige Ziegelmauer, zog Elsa zu sich herauf und half ihr auf der anderen Seite in den Hof hinunter. Totenstille umgab die beiden. Anscheinend besaßen die Bewohner dieses einsamen Anwesens nicht einmal einen Hund. Als Jan nach langem Klopfen die Scheibe einschlagen wollte, um durch das Fenster in das Haus zu steigen, rührte sich etwas in dem dunklen Flur, ein leises Geräusch war zu vernehmen. Die Tür öffnete sich ein wenig. Durch den schmalen Spalt fiel ein schwacher Lichtschein. Jan und Elsa sahen die gebeugte Gestalt eines betagten Mannes mit schlohweißem, schütterem Haar.

Der Alte war so erschrocken, daß anfangs kein Wort aus ihm herauszubekommen war. Er bemühte sich, die Tür wieder zuzuschlagen, doch Jan hatte vorsorglich den Fuß zwischen Schwelle und Türflügel geklemmt. Nach vielem Hin und Her gelang es ihm, den Greis zu überzeugen, daß er keine Verbrecher, sondern Verirrte vor sich habe, die ein Nachtlager suchten. Trotzdem sträubte er sich, sie aufzunehmen. Er war halb taub, und sein Gestammel war kaum zu verstehen. Ständig wiederholte er, daß die Wirtsleute nicht zu Hause seien und er niemand einlassen dürfe. Erst der Anblick einer Silbermünze beschwichtigte seine Befürchtungen und Skrupel, löste aber nicht seine Zunge. Auf die Frage, wann der Hausherr zurückkehre und wohin er sich begeben habe, zuckte er mit den Schultern. Als er den harten Taler in der Hand fühlte, humpelte er Jan und Elsa voran in eine kleine, saubere Dachkammer, stellte ihnen die blakende Öllampe auf den Tisch und stieg ächzend und hüstelnd wieder die Treppe hinab. Er kümmerte sich nicht weiter um das Paar.

Die winzige, einfenstrige Stube diente offenbar nicht als Wohnraum, sondern als Abstellkammer, obwohl an der Wand ein schmales Bett stand und in der Ecke die dunkle Feuerstelle eines kleinen Kamins gähnte. Neben ihm lagen einige Säcke mit Federn und Wolle, an Holzdübeln hingen zwei Schafpelze, ein Stoß blendendweißen Leinens schimmerte auf der schweren, messingbeschlagenen Truhe. Aber kalt war es in dem Raum, so kalt, daß Jan beschloß, Feuer zu machen.

»Ich hole Holz«, sagte er. »Vielleicht gelingt es mir, auch etwas Essen zu bekommen.«

Er brachte einen Arm voll Erlenscheite. Bald prasselte im Kamin lustiges Feuer.

»Es gibt auch Brot und heiße Milch«, verkündete er froh und ging wieder fort. Elsa hatte das Gefühl, keinen Bissen zu sich nehmen zu können. Sie streifte die durchnäßten Schuhe ab und setzte sich auf den Bettrand. Sie fröstelte, obwohl der Kamin angenehme Wärme ausstrahlte. Das lähmende Entsetzen war noch nicht von ihr gewichen. Vor ihren Augen tauchten grausige Bilder auf, Tote mit zertrümmerten Schädeln, die wilden Fratzen der betrunkenen Landsknechte, die rote Glut der Brände; sie hörte die Schreie der Frauen und das Wimmern der Kinder, die von der kopflosen Menge totgetreten wurden.

Seit dem Augenblick, da das Gemetzel an der Wallgrabenbrücke anfing, hatte sie kein Wort gesprochen, nicht geschrien und auf keine Frage geantwortet, die Jan während ihrer Flucht durch die Nacht an sie gerichtet hatte. Ein schmerzhafter Krampf preßte wie eine Zange ihre Kehle zusammen. Ihr Kopf war wie ausgehöhlt. Sie hatte nur den einen Wunsch, daß Jan sie nicht für eine Minute allein ließe. Er mußte ihre Hand in der seinen halten, sie wollte seine Nähe fühlen, sonst wäre sie vor Angst irre geworden.

Erst jetzt kam sie langsam wieder zu Bewußtsein. Ihr wurde gegenwärtig, was geschehen war. Allmählich begriff sie, daß jenes Furchtbare vorüber war und ihr vorderhand nichts drohte. Sie vermochte noch nicht, sich an diesen Gedanken zu gewöhnen. Ich werde nicht einschlafen können, dachte sie.

Elsa wollte aufstehen, aber ein jähes Schwindelgefühl erfaßte sie. Sie sank in einen bodenlosen Abgrund. Schwerer, tiefer Schlaf umfing sie.

Ein Sonnenstrahl glitt über Elsas geschlossene Lider und weckte sie. Sie wußte zuerst nicht, wo sie sich befand. Erst nach und nach erwachte in ihr die Erinnerung an all das, was sie vor wenigen Stunden durchlebt hatte. Sie war allein, in einem fremden Haus, in einer Einöde! Unruhe packte sie.

Vielleicht träume ich noch, dachte sie halbwach.

Elsa schaute sich in der Kammer um. Ihr Blick blieb an einer auf dem Fußboden ausgestreckten, mit einem Schafpelz verhüllten Gestalt haften. Sie erschrak. Dann bemerkte sie, daß sich der Pelz leicht hob und senkte.

Jan!

Sie beugte sich über ihn und berührte sacht seine große, kräftige Hand, die Hand, deren Druck sie vor dem Wahnsinn bewahrt hatte, wie es ihr schien.

Sie war dem Weinen nahe. Doch sie hielt die Tränen, die ihr in die Augen traten, tapfer zurück, kniete neben ihm nieder und hob vorsichtig den Pelz hoch, der auch seinen Kopf bedeckte. Sie sah nicht sein unter dem Arm verborgenes Gesicht, kannte aber diesen Kopf, den kräftigen Nacken und das leichtgewellte dunkle Haar. Wieder füllten Tränen ihre Augen, es waren aber Tränen der Zärtlichkeit für den Jüngling, der sie gerettet hatte. Langsam, vorsichtig, um ihn nicht zu wecken, legte sie sich neben ihn und schmiegte die Wange an sein Haar.

Er bewegte sich, wandte den Kopf und sah sie ungläubig an. Dann breitete sich

ein frohes, herzliches Lächeln über sein müdes Gesicht. Er umarmte sie und zog sie an sich.

Elsa und Jan fanden sich erst nachmittags wieder im Gasthof ein. Nach den gestrigen Unruhen, die von meuternden Landsknechten hervorgerufen worden waren, denen man den Sold nicht ausgezahlt hatte, herrschte in der Stadt eine gedrückte Stimmung bangen Abwartens. Im Rathaus tagte der Magistrat. Boten waren nach Brüssel unterwegs, und bei dem Kommandanten der Garnison war Klage erhoben worden. Dieser hatte zwar versprochen, die Schuldigen zu bestrafen, war aber kurz darauf in aller Stille, unbekannt wohin, abgereist.

Durch die Gassen streiften Patrouillen. Das an die Zitadelle grenzende geplünderte und zum größten Teil niedergebrannte Stadtviertel wurde durch einen Kordon von Söldnern umstellt, die aus Mecheln gekommen waren. Die Tore und Fensterläden der Häuser und Geschäfte blieben geschlossen.

Auch im Gasthof »In den Regenboog« war es öde und leer. In der Gaststube saßen nur einige Stammgäste, junge Handwerker, und tranken Bier. Die stolzen spanischen Offiziere ließen sich nicht sehen.

Der Wirt, ein unscheinbares Männchen mit einer trübsinnigen Miene, unterhielt sich flüsternd mit seiner dicken, rotbackigen Frau, die wie gewöhnlich hinter dem Schanktisch thronte. Dann näherte er sich unter vielen Verbeugungen Jan Kuna und teilte ihm mit, daß der Meister Cornelis diesen Morgen zurückgekehrt sei. Sicher werde Jan bald Antwerpen verlassen, meinte er und fügte hinzu, daß am nächsten Tag in den frühen Morgenstunden eine Postkutsche abfahre, die ihn nach Breda mitnehmen könne.

Jan antwortete dem Wirt, daß er noch nicht wisse, wann er abreisen werde. Der Gedanke an eine nahe Trennung von Elsa kam zu überraschend für ihn. Er hatte darüber noch nicht nachgedacht. Es ging ihm nicht in den Kopf, daß das, was sie nun verband, so schnell wieder zu Ende sein sollte. Er wußte, daß er sie nicht mit sich nehmen konnte. Er mußte auf das Schiff, zum Vater zurück.

Ich werde zu Cornelis gehen, überlegte er. Vielleicht ist der Quadrant noch nicht fertig, so daß ich noch einige Tage warten muß.

Er sagte dies dem Wirt und wich dabei dessen drängenden und zugleich unterwürfigen Blicken aus. Das traurige Gesicht des Männleins wurde immer länger. Er wechselte heimlich einen Blick mit seiner Frau, dann bat er Jan, spätestens um vier Uhr zurück zu sein, da der Gasthof heute bereits bei Anbruch der Dämmerung geschlossen werde.

Das Haus des Meisters Cornelis befand sich in einem engen Gäßchen der Altstadt unweit des Marktplatzes. Nach längeren Verhandlungen ließen die mißtrauischen Gesellen Kuna ein. Das bestellte Instrument war schon längst fertig. Trotzdem überprüfte es Cornelis noch einmal gründlich und erklärte Jan pedantisch genau, wie es bedient werden müsse. Schließlich legte er den Quadranten in ein mit Filztuch ausgepolstertes Kästchen, befahl, einen Krug Warmbier zu bringen, und begann sich bei Jan nach Neuigkeiten aus den Nordprovinzen und über Mikolaj Kuna und dessen letzte Erlebnisse zu erkundigen.

Jan konnte die Bewirtung nicht ausschlagen, lehnte aber eine Einladung des Meisters zum Abendessen und dessen Anerbieten, bei ihm zu nächtigen, mit der Begründung ab, daß er bereits am frühen Morgen abreisen müsse.

Der Gedanke daran quälte ihn unsagbar, obwohl er sich zu trösten suchte, indem er sich sagte, daß er bald wieder nach Antwerpen kommen werde, daß er, wenigstens den Winter über, solange die »Zephir« nicht zu ihrer ersten Frühlings- fahrt auslief, sehr oft werde hierher fahren können.

Er war so zerstreut, daß er die plötzliche Unruhe des Hausherren nicht gewahrte. Erst als Cornelis aufstand und zum Fenster ging, vernahm auch er fernen Lärm und Tumult wie das Summen eines Bienenschwarmes.

»Was ist geschehen?« fragte er.

Das Gesicht des Meisters war bleich wie Linnen. Bevor er antworten konnte, krachten in der Gasse Schüsse. Man hörte Schreie und Getrappel. Scheiben klirrten, schwere Schläge polterten gegen die Türen.

Das gleiche wie gestern, dachte Kuna.

Durch einen Spalt zwischen den schweren Vorhängen an den Fenstern fiel blutroter Lichtschein.

»Es brennt am Marktplatz«, stieß Cornelis hervor. »Die Spanier . . .«

Jan achtete nicht mehr auf die Worte des Meisters. Eine eisige Faust preßte sein Herz zusammen. Er sprang auf und lief, von einer schlimmen Vorahnung getrie- ben, die Treppe hinab in den großen dunklen Flur.

Einige Minuten später stand er auf der Gasse. Auf dem kürzesten Weg über den Marktplatz zum Gasthof zu gelangen war nicht möglich. Eine Horde spanischer Landsknechte belustigte sich dort damit, in die Fenster zu schießen und jeden zu erschlagen, der ihnen in die Hände fiel. Die aus Mecheln nach Antwerpen beorder- ten Truppen hatten sich den Meuterern angeschlossen. Sie raubten und brand- schatzten gemeinsam mit ihnen, und ihre Offiziere hielten sich nicht abseits.

Jan kam nicht einmal bis zum Marktplatz. Er mußte umkehren, denn die Plünderer hatten ihn bemerkt und verfolgten ihn heulend wie eine Meute Hunde einen Fuchs.

Jan begriff zur rechten Zeit, daß ein Kampf gegen eine solche Übermacht mit seiner Niederlage enden würde. Deshalb bog er in die erste beste Seitengasse ein und lief, vom Pfeifen der Musketenkugeln begleitet, um sein Leben. Er kam an eine Mauer. Mit einem Satz sprang er über sie hinweg und stand auf einem Lagerplatz, in einem Gewirr von Schuppen, Hinterhäusern, Anbauten, Bretterstö- ßen, Fässern und Ziegeln. Er rannte hin und her und konnte nicht den Ausgang finden. Einige Leute, die sich erschrocken in einen Winkel drückten, wiesen ihm die Richtung.

Jan kroch durch ein Loch in einem hohen Zaun und sah sich um. Vor ihm schlängelte sich ein tiefer, übelriechender Graben, in dem dunkles, schmutziges Wasser rauschte. Er folgte dem Wasserlauf auf dem schmalen, abschüssigen Damm, ging über einen Steg, gelangte in eine winklige Gasse und sah wieder flackernden Feuerschein.

Jan irrte so eine gute Stunde umher, wich Banden von Landsknechten aus, eilte durch brennende Gassen, stieg über rauchende Trümmer und überquerte ausgestorbene Plätze. Rauchwolken wälzten sich dicht über dem Boden hin, Brandgeruch schlug ihm in die Nase, benahm ihm den Atem. Das Getöse ebbte ab und schwoll erneut an. Die Glocken läuteten ohne Unterlaß. Immer wieder, einmal da, dann wieder dort, knatterten Schüsse. Zweimal wurde Jan aus dem Hinterhalt von Söldnern angefallen und umringt. Er mußte sich den Weg freikämpfen. Zum Glück waren die Angreifer betrunken und hatten keine Munition mehr. Mit Hilfe eines Knüppels, den er einem Strauchdieb entrissen hatte, trieb er sie zu Paaren. Endlich gelangte er auf die andere Seite des Marktplatzes, in das Stadtviertel, in dem er sich einigermaßen auskannte. Der Anblick, der sich ihm hier bot, erschütterte ihn. Von überall her starrten ihn leere Fensterhöhlen an, die Stümpfe von Essen ragten zwischen rauchgeschwärzten Wänden zum Novemberhimmel auf, Leichname bedeckten das Pflaster.

Eine Welle von Mord, Raub und Verwüstung hatte die Stadt überflutet und Tote und Ruinen zurückgelassen. Was war mit Elsa geschehen?

Jan beschleunigte den Schritt und stand endlich vor dem großen, gedrungen gebauten Haus mit dem weit offenen Einfahrtstor, über dem die vergoldete Aufschrift »In den Regenboog« leuchtete.

Trotz der zunehmenden Dunkelheit stellte er fest, daß die Fensterscheiben unversehrt waren. Auch Brandspuren konnte er nicht entdecken. Er zögerte, ob er in die Geträume gehen oder Elsa in ihrem Dachstübchen suchen sollte. Weder hier noch da war ein Lichtschein zu sehen. Schließlich lief er im Hinterhaus die Treppe hinauf, blieb mit wild pochendem Herzen vor der geschlossenen Tür stehen und klopfte.

Da ihm niemand antwortete, drückte er die Klinke herunter und trat ein. Das kleine Zimmer, das Elsa immer sauber und aufgeräumt gehalten hatte, war allem Anschein nach nur flüchtig durchsucht worden. Da es keine Wertgegenstände barg, hatten es die Räuber schnell wieder verlassen. Lediglich die durchwühlten Habseligkeiten und die Schmutzspuren zeugten davon, daß sie hier gewesen waren.

Jan kehrte auf den Hof zurück und betrat durch die Hintertür das Gasthaus. Unterdessen war es fast Nacht geworden. Im Flur lag in einer Lache geronnenen Blutes zusammengekrümmt der kleine Wirt.

Die Wirtin saß in der Gaststube hinter dem umgestürzten Schanktisch inmitten zerschlagener Gläser und Krüge auf ihrem gewohnten Platz. Wenn nicht ihr Kopf so unnatürlich tief hinabgesunken wäre, aus der Brust nicht der zersplitterte Schaft einer Pike geragt hätte, mit der die unglückliche Frau an die Wand gespießt worden war, hätte man glauben können, daß sie in Erwartung ihrer Gäste ein wenig eingenickt wäre.

Kuna war bei diesem Anblick nicht fähig, zu denken oder sich zu entsetzen. Er spürte nichts außer dem grauenhaften Schrecken vor dem, was seiner noch wartete. Elsa... Er fand sie und die beiden Küchenmädchen tot, geschändet im Nebenzimmer. Die Spanier hatten sich auf ihre Weise amüsiert.

Jan stand wie angewurzelt. Er merkte nicht, wie die Zeit verstrich. Ein Krampf preßte die Kiefer, zog alle Muskeln zusammen, packte das Herz, daß das Blut in den Adern stockte. Ein unbeschreiblicher Schmerz bohrte sich in sein Gehirn, drohte den Schädel zu sprengen, drang ihm bis ins Mark. Die Dunkelheit schien um ihn zu kreisen, schneller, immer schneller.

Als er zur Besinnung kam, kniete er nieder, hob Elsa hoch und trug sie behutsam auf den Hof.

Er beerdigte sie unter den Fliederbüschen in dem kleinen Garten unter den Fenstern des Hinterhauses, in dem sie gewohnt hatte. Im Licht der noch immer brennenden Häuser schüttete er den Grabhügel auf. Dann machte er sich zu Fuß auf den Weg nach Breda.

Seitdem war er nie wieder in Antwerpen gewesen. Ein Jahr nach Elsas Tod hatte er den Vater verloren und das Kommando über die »Zephir« übernommen. Inmitten der Abenteuer, Kämpfe und Gefahren verschmerzte er auch diesen Verlust. Aus dem Jüngling wurde ein Mann.

Jahre vergingen. Die Erinnerungen verwischten sich, verblaßten und lebten nur manchmal, unter besonderen Umständen, wieder auf — wie an jenem Tag, als Señora Francesca de Vizella ihn angelächelt hatte, mit dem Lächeln Elsa Lengens.

Die Koffer der Señora de Vizella fanden sich im Kastell der »Castro Verde« wieder und wurden unter der persönlichen Aufsicht des Chevaliers de Belmont auf die »Zephir« geschafft. Der Chevalier brachte außerdem zwei Spiele Karten zum Patiencelegen von dem portugiesischen Schiff mit. Es waren schöne handgemalte französische Karten mit den Bildnissen Davids, Alexanders, Cäsars und Karls des Großen sowie der Damen Minerva, Juno, Rachel und Judith.

Belmont hatte allerdings die Absicht, sie einem besseren Verwendungszweck zuzuführen. Er wollte Marten zum Montespiel animieren, was ihm gelang.

Die »Ibex«, die »Castro Verde« und die »Zephir« segelten gemächlich dahin, kreuzten einmal gen Osten, dann gen Nordwesten, ohne auf ihrem Zickzackweg auch nur einem Schiff zu begegnen. Die Sonne erhob sich fern im Osten über der Küste Afrikas, beschrieb ihren Flammenweg über den wolkenlosen Himmel, ging unter und räumte das Feld dem Mond und den Sternen. Tage und Nächte waren einander ähnlich wie Zwillingsbrüder und -schwestern. Marten und Belmont ergaben sich dem Hasardspiel.

Das Glück war dem Kapitän der »Zephir« nicht wohlgesinnt. Bevor sie auf die Höhe der Kapverdischen Inseln kamen, hatte er bereits seinen ganzen Goldvorrat und den größten Teil der reichen Beute verspielt, die, den genauen Berechnungen der Ladung der »Castro Verde« zufolge, außergewöhnlich groß war. Bis in die Nähe der Kanarischen Inseln gewann er das Geld teilweise zurück. Durch diesen zeitweiligen Erfolg übermütig geworden, verdoppelte er den Einsatz und verlor fast alles. Als sie das Vorgebirge St. Vincent erreichten, war der Chevalier de Belmont ein wohlhabender Mann, und Marten besaß nur noch sein Schiff, die schöne Pistole und seinen Anteil aus dem eventuellen Verkauf der Prise.

Belmont wußte, daß Marten die »Zephir« viel zu sehr liebte, als daß er um sie gespielt hätte. Er, Belmont, konnte nicht ein Spiel um die Pistole vorschlagen, weil sie im Vergleich zu dem riesigen Spielverlust Martens fast wertlos und außerdem so etwas wie ein Andenken an ihn war. Hinzu kam, daß sie seiner Meinung nach von allem Anfang an Pech gebracht hatte. Es blieb also nur der Anteil aus dem Verkauf der »Castro Verde«. Doch diesen Betrag, dessen Höhe noch unbekannt war, hatte Marten für die Ausrüstung der »Zephir« bestimmt.

Der Chevalier de Belmont war bekümmert, und zwar beinahe aufrichtig. Jedenfalls wünschte er, daß Jan wenigstens etwas wiedergewönne, nicht zuviel natürlich, aber doch so viel, daß er nicht mit leeren Händen zurückkehren brauchte. Marten lehnte aber ab, auf Kredit zu spielen. Da erinnerte sich Belmont der beiden Gefangenen, der Señora de Vizella und ihres Vaters. Nach einem Übereinkommen mit White sollte das Lösegeld für die beiden Marten erhalten und White das für den Señor Diego de Ibarra und den Caballero Formoso da Lancha.

Die hübsche Kammerzofe, »muy linda morenita«, gehörte ebenfalls Marten, und zwar mit Leib und Seele, wie Belmont wußte. Auch das bringt Pech, dachte er.

Er beschloß, falls sich Marten einverstanden erklären sollte, um den »Su Merced Juan de Tolosa« und dessen Tochter zu spielen, zweitausend Guineen zu setzten und diese aus lauter Sympathie für den Kapitän der »Zephir« zu verspielen.

Marten hatte jedoch keine Lust mehr am Spiel. Er erklärte dem Chevalier kurz und bündig, daß er nicht daran denke, um Francesca zu spielen, selbst dann nicht, wenn Belmont seinen ganzen Gewinn setzte.

»Du erwartest doch nicht etwa ein so hohes Lösegeld für diese Dame?« fragte der Chevalier erstaunt.

»Ich erwarte überhaupt kein Lösegeld«, antwortete Marten. »Ich habe nicht die Absicht, eins zu fordern.«

»Was willst du mit ihr anfangen? Das heißt mit den dreien«, verbesserte er sich. »Ich glaube, in einigen Monaten werden sie zu dritt sein, der Señor, seine Tochter und sein Enkelkind.«

Marten lächelte gezwungen. »Du wirst es schon sehen«, antwortete er. »Sehr bald sogar, bestimmt früher, als das frohe Ereignis eintritt. Vielleicht schon morgen.«

Den ganzen Tag über segelten sie nach Osten. Marten zeigte sich selten auf Deck. Er hatte Belmont das Kommando übergeben. Gegen Abend, als sich die »Ibex« und die »Zephir« wie gewöhnlich der »Castro Verde« näherten, ließ er White zu sich rufen und schloß sich mit ihm über eine halbe Stunde in seiner Kajüte ein.

Belmont gefiel das nicht, es beunruhigte ihn sogar etwas, obwohl er Marten keine bösen Absichten zutraute. Er glaubte ihn schon durch und durch zu kennen. Belmont hielt Jan nicht für fähig, ihn zur Rückgabe des Geldes und der Schuldscheine zu zwingen. Dazu brauchte er übrigens nicht die Hilfe Whites, denn er hatte ja seine Leute hinter sich. Oder beabsichtigte er, sich seiner auf eine mehr oder weniger drastische Art zu entledigen? Auch das konnte nicht der Fall sein. Soweit der Chevalier de Belmont die Menschen kannte, gehörte Marten nicht zu dieser Sorte. Hier handelte es sich weder um das verlorene Geld noch um seine Person. Worum aber?

Als White nach der Beratung über das Deck hinkte, um in seinem Boot wieder zur »Ibex« zurückzukehren, begegnete Belmont dessen finsteren Blick. Er bemerkte, daß sich White zur Seite wandte, ausspuckte und sich bekreuzigte.

Sollte das bedeuten, daß die Unterredung mit Marten doch ihn betroffen hatte?

Der Chevalier zuckte die Schultern. Was waren das für Hirngespinste!

Im gleichen Augenblick rief ihn Jan zu sich. Als Belmont die athletische Gestalt Martens in der Tür des Kastells sah, griff er unwillkürlich nach seinem Dolch, der im Gürtel steckte. Dann fragte er mit gespielter Unbeschwertheit: »Ändern wir den Kurs, Kapitän?«

»Noch nicht. Wir warten auf Seine Exzellenz. Man wird ihn gleich hierherbringen.«

»Oh! Du hast dich also entschlossen...«

»Ich habe mich entschlossen«, unterbrach ihn Marten. »Sobald der Señor de Tolosa das Deck betritt, gibst du den Befehl, alle Segel zu setzen! Der Kurs bleibt derselbe. Wir halten ihn solange wie möglich«, er lächelte rätselhaft.

»Bis ans Ufer?« fragte Belmont.

»Jawohl«, antwortete Marten. »Das übrige überlasse ich erst einmal dir. Ich muß die Señora vorbereiten.« Er drehte sich um und verschwand hinter der Tür.

Die »Zephir« lag über Backbordhalsen und segelte, unter dem Druck des

Windes, der die hohe Pyramide ihrer Segel blähte, tief zur Seite geneigt, nach Osten. Das Rauschen und Zischen am Bug nahm zu und verstummte im Rhythmus der Atlantikwellen, die der Bug durchschnitt, dessen Galion dicht unter dem Bugspriet eine geflügelte, blumenbekränzte Jünglingsfigur schmückte. Der Mondschein lag wie ein schmales Band aus glitzernden Schuppen auf dem Wasser und senkte sich auf das Deck wie silbriger Staub, den die schwarzen Schatten der Masten zerteilten.

Die »Ibex« und die »Castro Verde« segelten nach Nordwesten und entfernten sich immer mehr. Vor der »Zephir« stieg, noch weit vor ihrem Bug, der dunkle Küstenstreifen aus dem Meer.

Marten und Belmont standen hinter Tomasz Pociecha, der das Steuer bediente und die Uferlinie keine Sekunde aus den Augen ließ. Der Oberbootsmann der »Zephir« schien hinter dem Steuerrad aus dem quadratischen Podest emporzuwachsen. Seine starken, bis zu den Knien nackten Beine waren mit dichtem, krausem Haar bedeckt. In dem tiefen Ausschnitt des groben Leinenhemdes war der gleiche hellblonde Pelz zu sehen.

An der Bordwand hockten mit gekreuzten Beinen die Matrosen, die Marten zur Ausführung der bevorstehenden Aufgabe bestimmt hatte. Sie rauchten Pfeife oder kauten Tabak und würgten von Zeit zu Zeit einige Sätze hervor, die sie mit saftigen Flüchen verbrämten. Das erleichterte ihnen offenbar die Formulierung ihrer Gedanken. Wenn sie über einen gelungenen Witz lachten, sah man im Dunkel ihre Augen und Zähne blitzen.

Der Segelmeister Hermann Stauffl lehnte mit dem Rücken am Geländer und hörte ihnen zu. Seine kindlich unschuldigen Augen, der glattrasierte runde Schädel mit dem Löckchen über der Stirn und sein pausbäckiges, rotes Gesicht gaben ihm ein gutmütiges Aussehen. Er wirkte wie ein Landpfarrer. Aber die sechs gleichschweren Messer, deren Beingriffe an der linken Hüfte aus dem Gurt ragten, verrieten, daß Gottesdienst nicht sein Metier war. Die Leute der »Zephir« liebten ihn wegen der Ruhe, die ihn selbst dann nicht verließ, wenn die tüchtigsten Matrosen die Hoffnung aufgaben oder mutlos wurden. Er verstand es, sie immer wieder aufzumuntern und ihnen neuen Mut einzuflößen, obwohl er nicht viele Worte und scheinbar noch weniger Gedanken zur Verfügung hatte. Außerdem bewunderten sie ihn wegen seiner Geschicklichkeit im Messerwerfen. Doch er brüstete sich nie mit seiner Kunst und machte nur dann von ihr Gebrauch, wenn es notwendig war.

Er sollte das Kommando über die Schaluppe übernehmen, in der Marten seine Gefangenen, die portugiesischen »hombres finos«, an Land schicken wollte.

Das Gespräch der sechs für diese Fahrt bestimmten Matrosen drehte sich um die »Edelgeborenen«. Der Meinungsaustausch, der wirr und einfältig war, währte schon über eine Stunde. Ein jeder bemühte sich, die anderen weniger durch Beweise als durch Lautstärke zu überzeugen. Sie stritten sich vor allem darüber, worin sich die Mächtigen der Welt von den gewöhnlichen Sterblichen unterscheiden. Die Ansicht überwog, daß der Unterschied nur im Besitz eines Vermögens und dem dadurch bedingten Fehlen aller Sorgen, Nöte und der Notwendigkeit, sich das Erforderliche zum Lebensunterhalt erarbeiten zu müssen, bestehe. Aber nicht alle waren damit einverstanden. Ein gewisser Tessari, halb Italiener, halb Engländer, der seiner Geschicklichkeit im Rasieren und seiner Kenntnisse in der Feldscherkunst wegen den Spitznamen »Barbier« erhalten hatte, meinte: »Versucht es einmal, und gebt so einem Burnes hunderttausend Pfund — er wird nie ein Gentleman werden. Er wäscht sich jetzt nicht und wird sich auch dann nicht waschen.«

Percy Burnes, der als der größte Schuft und Schmutzfink der »Zephir« galt und deshalb Sloven genannt wurde, fühlte sich keineswegs beleidigt und blieb die Antwort nicht schuldig: »Der Barbier kennt sich darin aus, haha«, rief er. »Was wollt ihr? Er hat sich nur in den Kreisen der allerhöchsten Herrschaften bewegt und allen Schlächtermeistern und Bäckern in seinem Stadtviertel den Bart geschoren und sogar die Schneider zur Ader gelassen.«

Alle brüllten vor Lachen. Tessari lächelte nicht einmal. Zwischen seinen leicht zusammengekniffenen Lidern blitzte ein Zornfunke auf, der gleich wieder erlosch und kühler Ironie Platz machte, die sein gewöhlicher Gesichtsausdruck war. Der Barbier betrachtete seine Umgebung mit einer Miene, als wäre er bereits mit einem wer weiß wie großen Vorrat an Erfahrungen und einer gewissen Dosis Nachsicht für alle übrigen menschlichen Wesen zur Welt gekommen.

»Ich habe in meinem Leben schon mehr Hombres finos gesehen als du Fleischer und Bäcker«, sagte er, als sie sich beruhigt hatten. »Sie sind bestimmt alle aus dem gleichen Lehm geformt, aus dem der liebe Gott auch uns alle zusammengekleistert hat.«

»Na also, dann läuft es doch darauf hinaus, was ich gesagt habe«, rief Percy.

»Nicht ganz«, erwiderte der Barbier, »denn in dem Lehm, aus dem du geformt bist, hat er einen Haufen Kehricht und Dreck geschüttet, anstatt ein bißchen Verstand dazuzugeben. Du bist in der Gosse groß geworden, Sloven, und vom Spülicht durchtränkt. Die Hombres finos . . .«

»Ich kenne edle Herren, die auch in der Gosse gewühlt haben«, unterbrach ihn ein anderer.

»Meistens müssen wir das für sie tun«, meinte ein junger Bursche, der erst vor kurzem zum Matrosen befördert worden war.

»Du hast noch nicht allzuviel getan«, brummte der Segelmeister, »und auch nicht umsonst.«

»Sicherlich«, stimmte ihm Sloven bei. »Du, mein Lieber, kehrst mit einem Vermögen in der Tasche zurück. Alle Dämchen aus ganz London werden auf dich fliegen. Wenn du dir keinen Rat weißt, dann hol mich zur Hilfe. Ich werde dir schon zeigen, wie man mit ihnen umgehen muß.«

»Zeig es ihm doch schon heute, du wirst zwei zur Auswahl haben«, sagte der Barbier ironisch.

»Oh, Juan, wenn ich nur wollte«, entgegnete Percy. »Prügeln würden sie sich um mich! Ich ziehe aber Blondinen vor.«

Sie begannen wieder zu lachen. Als Sloven anfing, dem jungen Matrosen schönzutun, als hätte er eine der begehrten Blondinen vor sich, wuchs die Heiterkeit wie eine Welle im Sturm und entlud sich in einer Salve lauten Gewiehers. Die Leute schlugen sich gegenseitig auf die Schultern, beugten sich vor oder hoben die roten Köpfe und wischten sich mit dem Handrücken die Tränen ab, die ihnen über die bärtigen Wangen rannen. Hermann Stauffl schüttelte sich vor Lachen und schnappte nach Luft. Sogar Pociecha wandte seinen Blick vom Horizont ab und sah sich verwundert um. Chevalier de Belmont kam die Stufen vom Oberdeck herab und hob beschwichtigend die Hand.

Percy blickte sich stolz und über seinen Erfolg triumphierend im Kreise seiner Zuhörer um und legte sich einen neuen Scherz zurecht. Doch es gelang ihm nicht mehr, ihn zum besten zu geben. Belmont befahl ihnen, ruhig zu sein.

»Wir befinden uns in der Nähe der Küste«, fügte er zur Erklärung hinzu. »Ihr hetzt uns mit eurem Gebrüll die ganze portugiesische Flotte auf den Hals.«

Er gab ihnen den Befehl, die Pfeifen auszulöschen und sich zur Landung vorzubereiten. Dann rief er Stauffl beiseite und erklärte ihm halblaut die Einzelheiten des Unternehmens.

»Ich schenke Euch das Leben und die Freiheit«, sagte Jan Marten und sah dabei Seine Exzellenz, den königlichen Statthalter Juan de Tolosa scharf an. »Ihr werdet in der Nähe Lissabons, am Vorgebirge da Roca, an Land gebracht. Außerdem schenke ich Euch für alle Fälle zwei Pistolen. Zugleich mit Euch lasse ich zwei Matrosen der ›Castro Verde‹ frei. Ich versprach ihnen, daß Ihr sie für ihre Hilfe bei der Weiterreise belohnen werdet und daß Ihr sie erschießt, wenn sie versuchen sollten, Euch zu berauben oder am Strand im Stich zu lassen. Habt Ihr mich verstanden, Exzellenz?«

»Ich glaube ja«, antwortete Juan de Tolosa. »Ich wollte Euch nur sagen...« Er verstummte. Eine tiefe senkrechte Falte zeigte sich auf seiner glatten weißen Stirn. An seinen Schläfen traten die Adern hervor. Er senkte den Blick, als suchte er auf dem Fußboden die Worte, die ihm fehlten.

Was konnte er diesem sonderbaren Abenteurer sagen, der ihm mehr schenkte, als er, der Herr von Herren, jenem jemals geben konnte? Er wußte, daß Marten weder aus Angst vor Rache noch aus Hoffnung auf eine Belohnung so handelte und sich auch nicht sein Wohlwollen und seine Protektion für den Fall eines Mißerfolges sichern wollte. Er verlangte nichts, nicht einmal Dankbarkeit. Es war unmöglich, ihn für diese Gnade zu bezahlen. Man konnte sie aber auch nicht abweisen. Was für eine Demütigung war das!

Er sah Marten an, der geduldig und mit einem gewissen Interesse auf die Beendi-

gung des begonnenen Satzes zu warten schien. Ihre Blicke kreuzten sich wie Degen von Duellanten. Der stolze Alte wußte, daß er in diesem Zweikampf unterliegen würde. Er war entrüstet. Eine schwache Röte flog über sein Gesicht.

»Ich danke«, sagte er mit heiserer Stimme. »Ich danke im Namen meiner Tochter. Wäre ich allein hier, dann würde ich lieber den Tod wählen, als . . .«

»Ihr vergeßt, hoher Herr, daß auch in diesem Fall die Entscheidung in meiner Hand läge«, unterbrach ihn Marten. »Was jedoch die Señora de Vizella anbelangt, so glaube ich bestimmt, daß Ihr mir entgegen ihrem Wunsch und Willen in ihrem Namen dankt. Sie würde mich zum Abschied lieber in einem Löffel Wasser ersäufen, obwohl ich ihr nichts zuleide getan habe.« Marten deutete mit einer unmerklichen Handbewegung an, daß die Angelegenheit für ihn erledigt sei.

»Ich bitte Euch nur um eins, Exzellenz«, fuhr er mit Nachdruck fort, »sich auf dem Weg zum Ufer völlig ruhig zu verhalten. Meine Leute bringen Euch in Sicherheit, und ich möchte, daß sie heil und gesund zurückkehren. Das ist alles.« Er verbeugte sich leicht und verließ die Kajüte. Als er die Schwelle zu dem schmalen Vorraum überschritt, glaubte er Francesca zu hören, die seinen Namen nannte. Er ging jedoch weiter und wandte nicht einmal den Kopf.

Er durchmaß seine Kajüte und blieb vor dem Fenster stehen, von dem aus er das ganze Deck und das Meer bis zum Horizont überblicken konnte.

Dieser Raum war jetzt auf kaum zwei Meilen beschränkt. Die schwarzen, hochragenden Felsen des Vorgebirges da Roca mit dem kahlen, im Mondlicht glänzenden Gipfel des Oeiras begrenzten ihn. Die Küste machte einen wildzerklüfteten, unzugänglichen Eindruck. Belmont, der die Gegend gut kannte, behauptete jedoch, daß es dort, in der Nähe zweier Fischerdörfer, eine günstige Anlegestelle für Boote gäbe. Er fertigte sogar eine Skizze des Weges an, der zu der einen Ansiedlung führte, und händigte sie dem Bootsmann der »Castro Verde« ein, der die Rolle des Führers übernehmen sollte. Von dort aus konnte man Lissabon auf Eseln oder vielleicht in einem Wagen mit einem Maultiergespann in wenigen Stunden bequem erreichen.

Belmont hatte Marten abgeraten, sich so dicht bei Lissabon dem Ufer zu nähern. Portugiesische und spanische Schiffe patrouillierten tagsüber in den Küstengewässern, bewachten und beschützten die in die Hauptstadt führenden Straßen vor Anschlägen landender Korsaren und machten auf Schmuggler Jagd. Nachtsüber lauerten sie versteckt in den Buchten. Doch Marten bestand darauf, seine Gefangenen gerade an dieser Stelle an Land zu setzen.

Er segelte ganz nahe an die Küste heran, weil er sehen wollte, wie die Schaluppe anlegen und wie die Landung der Passagiere vor sich gehen würde. Er wollte das Boot die ganze Zeit über im Bereich der Geschütze der »Zephir« haben, um notfalls das Feuer auf jeden richten zu können, der wagen sollte, es anzugreifen. Er war sich aber auch völlig klar darüber, daß er in zu großer Küstennähe aus dem Bereich des Nordostwindes kommen und in eine Falle geraten würde. Er mußte deshalb

den geeignetsten Punkt zum Wenden genau berechnen und hätte sich also schon auf Deck und nicht in seiner Kajüte befinden müssen.

Trotzdem zögerte Marten noch. Während seiner Unterredung mit Juan de Tolosa hatte er gehofft, dessen Tochter noch einmal zu sehen. Vielleicht hätte sie wieder jenes Lächeln für ihn gehabt, das ihn so sehr an Elsa Lengen erinnerte.

Er wurde enttäuscht. Francesca blieb während des ganzen Gespräches in dem durch einen schweren Samtvorhang abgesonderten Teil der Kajüte und geruhte nicht, zu erscheinen. Sie wollte ihn also nicht sehen und wich einer Begegnung aus. Er war gewiß das Opfer einer Sinnestäuschung geworden, als er glaubte, sie hätte seinen Namen gerufen.

Auf einmal vernahm er ihre Stimme hinter sich. Er zuckte zusammen und drehte sich um. Sie stand nur einen Schritt von ihm entfernt und — lächelte! Sie lächelte, wie er es sich vorgestellt und gewünscht hatte.

Jan war so überrascht und beeindruckt, daß er kein Wort hervorbringen konnte. Anfangs verstand er nicht, was sie sprach. Erst nach einer Weile wurde ihm der Sinn ihrer Worte bewußt..., der Sinn, aber auch der Ton, in dem sie redete. Er begriff, daß sie seinen Edelmut und seine Uneigennützigkeit lobte. Sie tat es jedoch in der Art, wie man einen Kutscher lobt, der die Pferde gut pflegt und den Wagen in Ordnung hält, oder einen Koch, der ein schmackhaftes Mahl zubereitet hat.

Sie war selbstsicher, hochmütig und dabei von herablassender Freundlichkeit. Sie wollte ihm anscheinend zu verstehen geben, daß sie nur seinen guten Willen sehen und seinen räuberischen Überfall auf die »Castro Verde« vergessen wolle. Sie versprach ihm sogar, ihren Mann, den Gouverneur von Java, zu veranlassen, ihn in seine Dienste zu nehmen. Die »Zephir« sollte ausschließlich ihr und ihrem Gatten zur Verfügung stehen.

Marten starrte sie verblüfft an. Enttäuschung, Zorn, beleidigter Stolz wallten in ihm auf wie siedendes Wasser. Was sie ihm da eben versprochen hatte, kam ihm aber so komisch vor, daß er plötzlich in einen wahren Lachkrampf verfiel. Er lachte laut und immer lauter, schlug sich mit beiden Händen auf die Hüften, stampfte mit den Füßen und hielt sich schließlich schweratmend die Seiten, als bekäme er aus einem Übermaß an Freude und Belustigung Darmverschlingung.

Señora de Vizella sah ihn verdutzt an, denn sie begriff nicht, was in ihm vorging. Er ist wahnsinnig geworden, fuhr es ihr durch den Kopf. Sie erschrak und zog sich Schritt für Schritt zur Tür zurück. Marten beruhigte sich endlich, unterdrückte einen neuen Lachanfall und sagte stockend mit heiserer Stimme: »Setzt Euch eine Weile, und hört nun mir zu.«

Er schob ihr einen Sessel hin, selbst stützte er sich mit beiden Händen auf den Tisch. Er atmete ruhig, gleichmäßig und hatte sich wieder vollständig in der Gewalt.

»Ihr habt Euch geirrt, Señora. Und dieser Irrtum war so komisch, so belustigend, daß ich... Nun, verzeiht, ich konnte mich nicht beherrschen. Ihr irrtet Euch,

Señora, Ihr habt mich, den freien Kaperkapitän Jan Marten, für einen ganz anderen gehalten. Ich irrte mich übrigens auch. Es kam mir so vor, als wäret Ihr einem Mädchen ähnlich. Das war eine Täuschung. Ich werde unhöflich, aber aufrichtig sein. Ich glaubte, Ihr hättet mehr Beurteilungsvermögen in Eurem schönen Köpfchen und hier, im Herzen, um mein Verhalten, meine Handlungsweise verstehen zu können. Aber dort wie hier ist offenbar alles leer. Ihr seht, Señora, daß ich mich nicht zum Diener eigne.«

Marten verstummte und sah zum Fenster hinaus. Er wollte ihr noch etwas sagen, was sie demütigte, zutiefst verwundete. Sollte er ihr ins Gesicht schleudern, sie möge ihrem Mann dankbar dafür sein, daß er sie geschwängert hatte, sonst . . . Sonst hätte er, Jan Marten, mit ihr das gleiche gemacht und alle die Nächte, die sie auf der »Zephir« zugebracht hatte, bei ihr geschlafen, ohne überhaupt nach ihrem Einverständnis zu fragen; nur dazu tauge sie — zu nichts weiter!

Doch was er draußen sah, hielt ihn davon ab, noch mehr Worte zu vergeuden. Die schwarzen Felsen des Vorgebirges da Roca wuchsen immer höher und drohender aus dem Meer empor. Die »Zephir« flog einem Vogel gleich auf sie zu.

»Geht jetzt zu Eurem Vater«, sagte er schnell. »Begebt Euch auf das Deck, gleich werden wir ein Boot zu Wasser lassen!«

Ohne sich weiter um die Señora de Vizella zu kümmern, verließ Marten die Kajüte und lief zu Belmont, der die riesenhafte Silhouette der Küste wie gebannt anstarrte. Die gewaltige Basaltwand warf ihren Schatten auf das Wasser, und der Bug des Schiffes schien von diesem Dunkel wie von einem luftleeren Raum aufgesogen, verschlungen zu werden.

»Segeln wir noch weiter am Wind?« fragte Belmont beinahe flüsternd.

»Ja«, erwiderte Marten.

Pociecha drehte sich beunruhigt nach den beiden um.

»Am Wind!« wiederholte Marten laut.

»Am Wind!« murmelte Pociecha.

Marten rief Stauffl und den Schiffszimmermann Worst zu sich. Als die beiden auf das Schanzdeck kamen, erkundigte er sich, ob alles vorbereitet sei.

»Ja«, antwortete Worst und riß sein einziges Auge weit auf. »Alle sind an Deck. Das Boot hängt schon am Schaluppenbaum.«

»Ihr müßt es hinablassen, sobald das Schiff während des Wendens Fahrt verliert, bevor wir backbrassen«, sagte Marten.

Worst nickte, trat von einem Bein auf das andere und stieß Stauffl mit dem Ellbogen an.

»Na, was gibt's?« fragte Marten.

»Das Mädchen . . . Die Kleine will nicht in das Boot. Sie sagt, sie bleibe hier.«

Marten schnalzte mit den Fingern. »Verdammt!« fluchte er.

Er warf wieder einen Blick zur Küste hinüber, zögerte. Der Gipfel des Oeiras schien über den Masten der »Zephir« zu hängen. Er war schon so nahe, daß man

in der Dunkelheit meinte, ihn vom Mars des Fockmastes mit der ausgestreckten Hand berühren zu können. Trotzdem glitt das Schiff, von dem abflauenden Wind, der nur noch als sanfter Hauch die Segel füllte, getrieben, in derselben Richtung weiter.

Ich schaffe es noch, dachte Marten. »Klarmachen zum Wenden!«

Er selbst eilte die Stufen zum Hauptdeck hinab und trat zur Schaluppe, die über ihm am Schaluppenbaum aufgeheißt war. Sie konnte sofort ausgeschwungen und hinabgelassen werden. Die beiden portugiesischen Seeleute sowie Señor de Tolosa und seine Tochter saßen schon auf den Vorderbänken. Hinter ihnen waren die Koffer und das übrige Gepäck der Señora de Vizella verstaut. Ihre Kammerzofe Joanna stand noch auf dem Deck und preßte die Hände vor das Gesicht, was sie aber nicht hinderte, alles zu sehen, was um sie herum geschah.

Sobald Marten herankam, faßte sie ihn am Arm.

»Querido!« flüsterte sie. »Erlaube mir, hierzubleiben. Ich fürchte mich...«

»Du brauchst keine Angst zu haben«, antwortete Jan. »Ich habe dir nichts versprochen und dich um nichts gebeten. Du bist selbst zu mir gekommen. Du mußt mit ihnen gehen. Dein Novio wartet auf dich, sagtest du mir doch.«

»Ich will nichts von ihm wissen«, unterbrach sie ihn. »Weshalb jagst du mich fort! Gefalle ich dir nicht mehr? Bin ich häßlicher oder in diesen Tagen alt geworden?«

»Weder das eine noch das andere«, widersprach er ihr lächelnd. »Aber dort, wohin ich segle, wartet jemand auf mich«, log er. »Wir müssen scheiden. Bleib gesund, und behalte dies zum Andenken.« Marten drückte ihr einen Ring in die Hand, den er vom kleinen Finger gezogen hatte.

Dann hob er sie wie ein Spielzeug hoch. Sie umarmte ihn und schmiegte ihr tränenfeuchtes Gesicht an seine Wange.

«Bleib gesund, Querido«, flüsterte sie schluchzend, als er sie in das Boot setzte. »Ich werde dich nie vergessen.«

Señora de Vizella wandte sich voll Widerwillen ab. Marten kam ihr in diesem Moment abstoßend vor. Wie hatte sie diesen Picaro mit ihrem Mann vergleichen können? Wie konnte sie auch nur für einen Augenblick seiner dreisten, herausfordernden Schönheit unterliegen, ihn sogar bewundern und an ihn in einer Art und Weise denken, wie sie es oftmals getan hatte, während er mit dieser dummen Joanna...

Heiße Scham und tiefe Demütigung brannten ihr auf den Wangen. Sie wußte nicht, was sie tun sollte, um nicht seinem Blick zu begegnen. Marten beachtete sie jedoch überhaupt nicht. Seine ganze Aufmerksamkeit galt der schwarzen Wand des da Roca.

Als die »Zephir« langsam nach Backbord abbog und auf der glatten, unbewegten See an Fahrt verlor, befahl Marten, die Rahen des Großsegels umzubrassen. In der tiefen Stille, die nun das Schiff umfing, hörte man nur das leichte Flattern der

Segel und das immer leiser werdende Brodeln der Wellen am Bug. Die steilen Felsen und der Gipfel des Oeiras ragten gespenstisch, wie von einem schwarzen Schleier verhüllt, hoch über den Masten empor, glitten über den Himmel und verlöschten die Sterne. Die Küste entfernte sich langsam vom Bugspriet, der einen Bogen nach Steuerbord beschrieb. Als fast keine Vorwärtsbewegung mehr zu bemerken war und sich die »Zephir« auf einer Stelle zu schaukeln schien, sagte Marten leise: »Laßt die Schaluppe hinab.«

Er hatte die Stimme nicht gehoben, trotzdem wiederholte das Echo seine Worte. Sie wurden von den Felsen zurückgeworfen und flogen über das Deck. Dann begleitete sie der Widerhall der leise knarrenden, gut geölten Blockrollen in die Ferne, daß es klang, als würde auch dort, im dunklen Schlund der unsichtbaren Bucht, ein Boot auf das Wasser gesetzt.

Eine Welle brach sich plätschernd, die Ruder tauchten leise klatschend ins Wasser, der Schatten der Schaluppe geisterte über das nachtschwarze Meer und entfernte sich allmählich. Nur ein leicht phosphoreszierender Streifen verriet die Spur.

Marten verfolgte das Boot mit gespannter Aufmerksamkeit, verlor es aber bald aus den Augen. Er befahl, das Steuer nach Steuerbord herumzulegen und die Rahen so anzubrassen, daß die »Zephir« driftete. Dann herrschte wieder tiefe Stille an Deck.

Es verging eine Viertelstunde, eine halbe Stunde, eine Stunde. Im Osten wurde der Himmel heller. Die Sterne über dem Oeiras verblaßten. Möwen flogen über das bewegungslose Schiff. Zwei oder drei ließen sich auf dem Wasser nieder. Der Wind schien völlig zu ersterben. Die großen Segel erschlafften nach und nach. Mitunter flatterte eins ganz leicht, als zitterte es in der Kühle des dämmernden Morgens. Marten wurde ungeduldig. Stauffl hätte bereits zurück sein müssen, wenn die Landung ohne Zwischenfall vor sich gegangen war. Weshalb ließ er sich so lange Zeit?

Kein Laut war von der Küste her zu vernehmen. Das Licht des anbrechenden Tages drang immer deutlicher sichtbar durch das Morgengrauen. Die Nacht, bis jetzt voll träumerischer Schönheit und Frieden, zog sich vor ihm zurück, flüchtete an das Ufer zwischen die Felsen und suchte in ihrem Schatten Schutz.

Da krachten nacheinander zwei Pistolenschüsse. Die Stille war gebrochen, ein vielfaches Echo rollte die Küste entlang, zerriß die Luft. Gleich darauf ertönte ein gedehnter, lauter Schrei, der lange widerhallte.

Die Leute auf dem Deck der »Zephir« wurden unruhig, flüsterten und hielten nach irgendeinem Zeichen, einem Signal von der Küste Ausschau. Das Zeichen kam. Vor der schwarzen Felswand flammte ein Feuer auf. Rauch wirbelte hoch!

Fast gleichzeitig sahen sie die zurückkehrende Schaluppe. Sechs Ruder tauchten gleichmäßig und in größter Eile ins Wasser. Der Steuermann stand am Heck, neigte sich vor und richtete sich im Rhythmus der Ruderschläge wieder auf.

»Das ist Verrat«, sagte Belmont. »Sie haben ein Feuer angezündet, um die Aufmerksamkeit der Patrouillenschiffe auf uns zu lenken. Woher haben sie aber die Waffen?«

»Von mir«, antwortete ihm Marten. »Ich gab Tolosa für alle Fälle zwei Pistolen mit. Ich traute den Matrosen von der ›Castro Verde‹ nicht. Ihm schenkte ich Vertrauen...«

»Schiff Steuerbord!« rief jemand vom Bug.

Marten und Belmont blickten nach rechts. Hinter den nördlichen Hängen des Cabo da Roca tauchten langsam die mit Segeln beflügelten Masten einer großen Fregatte auf, die mit Mühe in den letzten Atemzügen des Nachtwindes manövrierte.

Das war nicht alles. Von Süden her kamen noch zwei Schiffe, die bis jetzt, hinter einer vorgeschobenen Landzunge versteckt, geankert hatten. Sie näherten sich dem Ufer nicht, sondern segelten nach Westen, wo das offene Meer unter einer steifen Brise wogte. Anscheinend wollten sie den Wind nicht aus den Segeln verlieren.

Marten erfaßte sofort die Gefahr, die der »Zephir« drohte. Die steuerbords manövrierende Fregatte schnitt ihm den Rückweg entlang der Küste nach Norden ab. Im Süden öffnete sich die Bucht, die die Einfahrt nach Lissabon bildete. Dort konnte jeden Augenblick die ganze portugiesische Flotte erscheinen. Die beiden Schiffe, die aus der Richtung gekommen waren, verlegten ihm den Weg nach Westen, ins offene Meer, wo sie ihre ganze Leistung entwickeln konnten. Die »Zephir« dagegen war zwar im Windschutz der hochragenden Felsen dank ihrer Segeltüchtigkeit und der außergewöhnlichen Vollkommenheit ihrer Linien noch in der Lage, in Fahrt zu bleiben, hatte aber die günstigen Voraussetzungen bereits eingebüßt, auf die Marten gerechnet hatte, als er die von der Küste her wehende nächtliche Brise in Rechnung stellte. Zu allem Übel war die Schaluppe noch weit entfernt und kam trotz der Anstrengungen der Ruderer nur sehr langsam näher. Es bestand Gefahr, daß der letzte Windhauch erstarb, ehe sie an der »Zephir« anlegte, und eine längere Windstille einsetzte, dann...

Belmont begriff das ebensogut wie Marten; der unruhige Blick Pociechas und das Flüstern der auf dem Deck versammelten Seeleute bewiesen, daß auch sie die Lage richtig beurteilten.

Marten fühlte ihre Blicke auf sich ruhen. Er wußte, daß sie gespannt auf seine Entscheidung warteten und ohne Zögern jeden seiner Befehle ausführen würden. Wenn er jetzt alle Rahen umbrassen ließ, konnte es ihm noch gelingen, zwischen den portugiesischen Schiffen in einer so großen Entfernung hindurchzuschlüpfen, daß ihn ihr Geschützfeuer nicht erreichte. Dann mußte er aber die Bemannung des Bootes ihrem Schicksal überlassen, was mit dem Tod Stauffls und seiner sechs Leute gleichbedeutend war.

Marten blickte besorgt zum Boot hinüber. Die Matrosen ruderten verbissen. Vor

76

dem Bug der Schaluppe glitzerte das aufspritzende Wasser. Wahrscheinlich hatten sie bemerkt, was vor sich ging, und kämpften nun um ihre Rettung.

Sie werden uns in einer Viertelstunde erreichen, überlegte Marten. Er wandte sich ab und begegnete dem Blick des Chevaliers de Belmont.

»Was nun?« fragte dieser.

In seiner Frage schwangen Spott und Triumph, vor allem aber Neugier mit. Der Chevalier de Belmont war selbst ein Wagehals, er fürchtete keine Gefahr, doch den Entschluß Martens, die Gefangenen an Land zu bringen, hatte er von allem Anfang an als ein sinnloses Risiko betrachtet. Belmont war überzeugt gewesen, daß dieses Unternehmen schlimm enden würde, und nun zeigte es sich, daß er recht behielt. Er war neugierig, was der romantischste aller Korsaren, die er kennengelernt hatte, unter diesen Umständen zu beginnen beabsichtigte. Würde er seinen rotbäckigen Segelmeister und dessen sechs Gefährten opfern, um die übrigen zu retten, oder würde er, von der einsetzenden Windstille gefangen, den hoffnungslosen Kampf aufnehmen?

»Gib den Befehl, die Geitaue des Großsegels zu lösen, sobald die Schaluppe anlegt«, sagte Marten. »Worst schicke ans Steuer. Pociecha soll die Geschütze auf Backbord besetzen und schußbereit machen. Die übrige Mannschaft brauche ich zum Manövrieren.«

Eine so klare, entschlossene Antwort hatte Belmont nicht erwartet. Martens Ruhe und seine durch nichts zu störende Selbstsicherheit hielten ihn von weiteren Fragen ab, obwohl er manches noch nicht verstand.

Weshalb zum Beispiel wollte Marten die Backbordgeschütze schußbereit haben? Was beabsichtigte er? Was für ein Manöver hatte er im Sinn, da doch die »Zephir« nach den Schätzungen Belmonts bestenfalls beim Wind achterling dwars nach Nordwesten segeln konnte. Und auch dort war schon die letzte Fluchtmöglichkeit fast völlig verlegt.

Marten beachtete den Chevalier nicht mehr. Aufmerksam maß er die Entfernung, die das Boot vom Schiff trennte. Dann sah er zu den zwei Fregatten hinüber, die einen weiten Bogen nach Norden beschrieben, um sich dem windstillen Streifen fernzuhalten. Schließlich warf er noch einen Blick auf das Patrouillenschiff, das steuerbords manövrierte, und er nickte, als hätten sich seine Berechnungen bestätigt.

Wir schaffen es nicht, dachte Belmont. Die Brise flaut ab. Kein Schiff kann bei so einem Lufthauch segeln.

Trotzdem gab er den erhaltenen Auftrag an die diensthabende Wache weiter und ging zum Back, um das Manöver zu überwachen. Er begegnete dort Worst und erteilte ihm den Befehl, das Steuer zu übernehmen. Der Holländer riß sein gesundes Auge auf, so weit er konnte, trat von einem Bein aufs andere und fragte:

»Warten wir nicht auf die Schaluppe, Herr?«

»Wir warten auf sie«, knurrte Belmont unwirsch.

Das von roten Bartstoppeln bedeckte Gesicht des Schiffszimmermannes verzog sich zu einem Lächeln. Er atmete sichtlich erleichtert auf. »Es wird uns ein wenig eng werden, Herr«, sagte er und wies mit einer Kopfbewegung auf die portugiesischen Schiffe. »Es wäre aber schade um die dort, nicht?«

»Gewiß wäre es das«, stimmte ihm Belmont zu. »Geh schon.«

Der Riese schritt rasch zum Heck. Belmont beobachtete die Schaluppe. Sie kam rasch näher. Man konnte sehen, wie sie, von starken Ruderschlägen getrieben, vorwärts strebte. Die Rücken der Matrosen bogen sich, ihre Arme schossen vor, rissen die Ruder zurück und schienen vor Anspannung aller Kräfte zu bersten. Für einen Augenblick sah man die roten, vor Anstrengung geschwollenen, zum Himmel gewandten Gesichter der Männer, die sich wieder vorneigten, als beugten sich die sechs ehrfurchtsvoll vor dem stolz aufragenden Oeiras.

Noch fünfzig, noch dreißig, noch zwanzig Verbeugungen... Hermann Stauffl richtete sich am Heck des Bootes auf, öffnete weit den Mund und schloß ihn. Nun erst hörte Belmont den Befehl. Die sechs ließen die Ruder aus der Hand, die Schaluppe glitt zur Bordwand der »Zephir« und legte am Fallreep an.

»Klar zum Aufbrassen!« rief Belmont. Die Bootsleute an den Masten wiederholten den Befehl.

Die Rahen knirschten und zitterten leicht. Gleichzeitig erklang von unten, von der Bordwand her, das Klirren der eingehakten Schäkel, das Quietschen der Taljen. Percy Sloven, der Barbier und zwei andere Matrosen rollten mehr über das Geländer des Oberdecks, als daß sie kletterten, fielen auf die Planken, ächzten und stöhnten heiser, als hätte sie ein Weinkrampf befallen. Sie konnten kaum Atem holen. Ihre Lungen arbeiteten stoßweise, krampfhaft, ihre Gesichter waren schmerzverzerrt.

Niemand kümmerte sich darum. Einige Matrosen schleppten sie zur Seite und hißten dann das Boot mitsamt dem Segelmeister und den beiden übrigen Matrosen.

»Braßt Rahen auf achterlichen Wind!« rief Marten.

»Zieht!« antwortete Belmont laut.

Die Matrosen legten sich in die Taue. Unter dem gedämpften Stimmengewirr und den anspornenden Zurufen der Bootsleute begannen sich die Rahen zu drehen, bis sie beinahe senkrecht zur Kielrichtung des Schiffes standen.

Belmont befahl, die Schoten festzuzurren. Ein kaum wahrnehmbarer Windhauch glättete hier und da die schlaff hängenden Segel, ohne sie jedoch zu spannen.

Es ist unmöglich, daß sich die »Zephir« von der Stelle bewegt, dachte Belmont. Sie wird nicht einmal dem Steuer gehorchen.

Tatsächlich schien die Windstille, die nach dem Festzurren der Taue eingetreten war, noch tiefer geworden zu sein. Der ganze Luftraum über dem Schiff war in Schlaf gesunken, die glatte Wasserfläche hob und senkte sich träge unter der Einwirkung der toten, seidenglänzenden Welle, die vom offenen Meer kam. Erst ungefähr eine Meile weiter nach Norden, wo die portugiesische Fregatte Wache

hielt, kräuselten kleine, schimmernde Fältchen das Meer. Im Westen wehte ein steifer Nordost und trieb schäumende weiße Wellen vor sich her.

Die erste der beiden Fregatten befand sich auf halbem Wege zwischen der Tajobucht und einer Linie, die durch den nach Westen gerichteten Bugspriet der »Zephir« bestimmt wurde. Sie segelte weiter mit schräg gestellten Rahen beim Wind nach Norden. Selbst wenn die »Zephir« die Grenze des windstillen Streifens erreichte, um dann zu versuchen, in nordwestlicher Richtung zu entkommen, konnte sie ihr, da sie unter bedeutend günstigeren Bedingungen kreuzte, mit Leichtigkeit den Weg verlegen. Die zweite Fregatte folgte im Kielwasser der ersten, blieb aber immer weiter zurück. Belmont bemerkte, daß man dort einige Segel aufgegeit hatte, um die Geschwindigkeit herabzumindern.

Auf jeden Fall nehmen sie uns zwischen zwei Feuer, überlegte er. In einer Stunde werden wir nicht drei, sondern zehn Schiffe auf dem Hals haben.

Seine Vermutungen erfüllten sich zwar nur teilweise, dafür aber viel früher. Einige Meilen weiter nördlich tauchten noch zwei Schiffe auf, bogen nach Backbord ab und wurden allmählich größer. Die »Zephir« aber rührte sich nicht von der Stelle.

...rührte sich nicht von der Stelle? Belmont betrachtete aufmerksam die Wasserfläche. Da in der Nähe kein Gegenstand war, der sich über sie erhob, konnte er sich nicht vergewissern, ob er etwa einer Sinnestäuschung erlag. Er spitzte die Ohren. Ein schwaches Rauschen und Zischen war deutlich zu hören. Er trat an die Bordwand, zog ein zartes, spitzenbesetztes Musselintuch aus dem Ärmel und warf es ins Meer. Das leichte Tuch schwebte, langsam tiefer sinkend, zum Bug, legte sich auf das Wasser und kam immer näher, erreichte das erhöhte Vorderdeck und entfernte sich, schneller werdend, auf das Heck zu. Belmont schaute ihm nach, bis es hinter der Rahe des Großmastes verschwand, die weit über die Bordwand hinausragte.

»Wir segeln! Wir segeln!« rief der Chevalier laut. »Das ist unerhört!«

Er war so erstaunt und voll Bewunderung, daß er alles andere vergaß. Die »Zephir« verdiente ihren Namen. Sie schien leicht wie eine Feder zu sein. Man war versucht zu glauben, daß ein tiefer Seufzer genüge, um das Schiff in Fahrt zu bringen. Es bewegte sich vorwärts, von einem Lufthauch berührt, den der Chevalier de Belmont nicht über seine Wangen streichen fühlte! Und die Geschwindigkeit nahm sogar zu! Am Bug schäumte und plätscherte das von dem scharfen, kupferbeschlagenen Steven geteilte Wasser. Zwei grünliche Wasserfurchen schieden sich nach rechts und links, schwanden in der Ferne und weckten auf dem träge wogenden Meer schimmerndes, schillerndes Flimmern.

Als der Chevalier de Belmont endlich seines Staunens und der Bewunderung über die unvergleichlichen Eigenschaften der »Zephir« Herr geworden war und feststellte, daß das Schiff Kurs nach Westen nahm, befielen ihn erneut Zweifel an dem gesunden Menschenverstand Martens. Trotz allem durfte sich Marten nicht auf eine Wettfahrt mit den Fregatten einlassen, die ihm von zwei Seiten her den Weg verlegten und in der Zone ständigen Windes segelten. Sie waren nun drei, das vierte Schiff, das sie zuerst hinter dem Massiv des Cabo da Roca gesichtet hatten und das parallel zur »Zephir« weiterfuhr, nicht gerechnet. Die fünfte Fregatte blieb in Reserve. Außerdem konnten jeden Augenblick, gleich nach den ersten Schüssen, noch andere eingreifen. Es mußte so enden, wie Belmont vorausgesehen hatte, mit dem Kreuzfeuer einiger Dutzend portugiesischer Geschütze, in dem nicht eine Rahe, nicht ein Mast der »Zephir« heil bleiben würde.

Marten schien daran überhaupt nicht zu denken. Er besetzte nicht einmal alle Gefechtspositionen, sondern beschränkte sich auf die Backbordgeschütze, um möglichst viele Matrosen für schnelle Segelmanöver zur Verfügung zu haben. Das ist doch alles Unsinn, was für ein Manöver kann ihn denn retten, fragte sich Belmont. Nach der ersten Breitseite kann von Segelmanövern keine Rede mehr sein.

Die »Zephir« näherte sich inzwischen der auf der Meeresoberfläche deutlich sichtbaren Grenze, hinter der eine steife Nordostbrise wehte. Nach einer Weile mußte sich die Entfernung zwischen dem Kaperschiff und der nächsten Fregatte so weit verringert haben, daß das Gefecht beginnen konnte. Die beiden von Norden herankommenden feindlichen Schiffe würden rechtzeitig das Feuer von der anderen Seite aus eröffnen. Das war sonnenklar.

Auf einmal erklang vom Heck aus die laute, helle Stimme Martens. »Achtung! Klar zum Brassen! Hol auf!«

»Klar zum Brassen! Hol auf!« wiederholten Belmont und nach ihm die Bootsleute.

»Steuer nach Backbord!« rief Marten.

Das Schiff neigte sich tief zur Seite und wendete fast auf der Stelle. Die Matrosen legten sich mit allen Kräften in die Seile, um die Rahen festzuhalten, die sich von selbst zu drehen begannen.

Das alles geschah so unerwartet und rasch, daß der Kapitän der auf Gegenkurs liegenden Fregatte den Kopf verlor und überhaupt nicht reagierte. Die »Zephir« dagegen jagte mit windgefüllten Segeln nach Süden, kam nach einer Weile steuerbords in sicherer Entfernung an dem Portugiesen vorbei und nahm Kurs auf die Bucht.

Erst jetzt begriff der portugiesische Kapitän, daß ihm ein Streich gespielt worden war. Er wendete ebenfalls und nahm die Verfolgung des fliehenden Kaperschiffes auf. Wieder beging er einen Fehler. Anstatt die Wendung backbords über das Heck auszuführen, eine Schlinge nach außen zu beschreiben und dadurch die ganze Zeit über in der Zone des günstigen ständigen Windes zu bleiben, drehte er nach Steuerbord bei. Bevor er die Rahen umbrassen konnte, verlor sein Schiff an Fahrt, begann zu driften und befand sich nach beendetem Manöver näher der Küste als

die »Zephir«. Die Fregatte hatte damit ihren Vorteil, der in der höheren Geschwindigkeit bestand, eingebüßt.

Trotz des glücklichen Verlaufs der Dinge zweifelte Belmont noch immer an der Möglichkeit, aus der Falle zu entkommen. Marten würde der in der Nähe der Bucht in Reserve liegenden Fregatte nicht auf ähnliche Weise ausweichen können. Er mußte backbords an ihrem Bug vorbeisegeln und trug sich wohl auch mit der Absicht, denn er hatte befohlen, die Geschütze auf dieser Seite feuerbereit zu halten. Es war aber zwei portugiesischen Schiffen, die im Süden weiterhin die Küste entlang segelten, gelungen, sich so weit zu nähern, daß das mit Kanonieren nicht besetzte Steuerbord der »Zephir« von ihren Geschossen bedroht war. Die Lage hatte sich also nicht wesentlich geändert.

Ein neuer Befehl Martens unterbrach die Überlegungen und Berechnungen Belmonts. »Laß mehr Segel setzen, Richard! Alle, die wir haben!« Belmont geriet zum erstenmal in Verlegenheit. Er hatte nur zwei- oder dreimal Gelegenheit gehabt, Schiffe zu sehen, die sich, zur Erleichterung der Wendemanöver, außer den üblichen viereckigen Segeln noch dreieckiger bedienten, und zwar nicht nur am Bugspriet. Er hatte auch schon einiges über die Neuerungen, wie Toppsegel, Stagsegel, Klüversegel und wie sie alle heißen mochten, gehört, es war ihm aber bis jetzt nicht möglich gewesen, sie aus der Nähe zu sehen oder die Art ihres Reffens oder Setzens kennenzulernen, auch auf der »Zephir« nicht.

Zum Glück war Stauffl gerade zur Hand und half ihm aus der Verlegenheit. Die Segel stiegen der Reihe nach an den Masten hoch, faßten Wind, spannten sich und zogen an. Die »Zephir« schwamm nicht mehr, sie glitt nicht, sondern flog über das Wasser.

Wenn er bei dieser Geschwindigkeit plötzlich nach Westen wendet, kentert er, dachte Belmont.

Marten hatte nicht vor, nach Westen auszuweichen. Er jagte sein Schiff erbarmungslos auf die Tajobucht zu.

Die portugiesischen Kapitäne und mit ihnen auch der Chevalier de Belmont begriffen endlich die Absicht Martens. Die Fregatte, der sich die »Zephir« näherte, hißte Hals über Kopf alle Segel und bereitete sich zu einer entsprechenden Wendung vor. Die übrigen bogen nach Steuerbord ab, um das fliehende Schiff von Westen her einzuschließen.

Die Wettfahrt dauerte an, die Chancen waren auf beiden Seiten gleich. Die »Zephir« lag aber besser im Wind, nachdem sie endlich aus dem Windfang des Vorgebirges da Roca heraus war.

Der niedrige Südwestzipfel der Landzunge, hinter dem sich der Eingang zur Tajobucht öffnete, tauchte, von den Strahlen der aufgehenden Sonne überflutet, aus dem Meer. Ein paar kleine Fischerboote kreuzten an der Küste entlang nach Norden, eine Bark segelte langsam quer über die Bucht.

Die Fregatte hatte inzwischen ihre Segelmanöver beendet, und die »Zephir«

befand sich nun auf gleicher Höhe mit ihr. Eine Weile fuhren die beiden Schiffe außerhalb der Reichweite ihrer Geschütze nebeneinander her. Der portugiesische Kapitän versuchte nicht einmal, das Feuer zu eröffnen. Er beschloß, den Abstand noch etwas zu verringern und das verfolgte feindliche Schiff an das Ufer zu drängen. Er steuerte daher die Fregatte schräg nach Südosten, was zur Folge hatte, daß sie hinter der »Zephir« zurückblieb.

Der erste Schuß aus dem Buggeschütz der Fregatte fiel. Das Geschoß erreichte zwar nicht das Ziel, alarmierte aber alle Schiffe im Umkreis vieler Meilen. Das Dröhnen erschütterte die Luft, es rollte über das Meer, prallte von den Felsen der Küste ab und polterte noch weiter, als die Rauchschwaden bereits hinter dem Heck der Fregatte verweht waren. Gleich darauf kamen nacheinander, in regelmäßigen Abständen, die anderen Geschütze zu Wort, als wollten sie Drohungen ausstoßen oder Hilfe herbeirufen.

Und die Hilfe nahte.

Belmont entdeckte hinter der schmalen, zum Meer hin abfallenden Landzunge Mastspitzen und Segel, die vor dem blauen, klaren Himmel dahinglitten. Die Bucht war anscheinend gut bewacht. Daran hatte Belmont von Anfang an nicht gezweifelt.

Bald ist es zu Ende, dachte er. Wir fahren geradewegs in den Bereich ihrer Geschütze.

Mit einem Blick umfaßte er die hochragende Segelpyramide der »Zephir«, die von der aufsteigenden Sonne mit einem rotgoldenen Schimmer übergossen wurde, und fühlte Bedauern, daß dieses Traumgebilde bald, sehr bald von Geschützkugeln zerfetzt auf das Deck herabstürzen würde. Er betrachtete das Bild mit Wohlgefallen und einer Art von Mitgefühl, ohne an sein eigenes, mit dem Schiff eng verknüpftes Los zu denken. Indessen fiel ihm auf, daß an der fast vollendet schönen Silhouette des dem Untergang entgegeneilenden Seglers etwas fehlte.

Die Flagge, durchfuhr es Belmont. Weshalb hatte Marten angesichts des tödlichen, sicherlich letzten Kampfes nicht befohlen, die Flagge zu hissen?

Er wollte schon rufen, ihn darauf aufmerksam machen. Da kam ihm der Gedanke, daß Jan dies absichtlich unterlassen haben könnte, um sich nicht vorzeitig zu verraten. Die Kapitäne der aus der Bucht zu Hilfe kommenden Schiffe würden nicht in der Lage sein, sich sofort in der Situation zu orientieren. Sie ahnten gewiß nicht, daß das Schiff, dessen Masten und Segel sie so dicht vor sich sahen, der von den andern verfolgte Korsar war. Bis sie den Gegner erkannt, die Geschütze eingestellt und die erste Salve abgegeben hatten, würden kostbare Minuten verstreichen.

Marten dagegen wußte von vornherein, daß jedes Schiff im Schußbereich seiner Artillerie ein Feind war. Er brauchte nicht zu warten, denn er konnte sich nicht irren.

Belmont wiegte anerkennend den Kopf. Dieser zweiundzwanzigjährige Jüngling hatte alles vorausgesehen und bedacht. Er erwies sich nicht nur als ein vortrefflicher Schiffsführer, sondern auch als ein ebenso erfahrener Taktiker. Es war ihm gelungen, die zwei Fregattenkapitäne hinters Licht zu führen, und er war nun den beiden gefährlicher als sie ihm.

Wenn ihm das gelingt, dachte der Chevalier de Belmont, dann habe ich den glänzendsten Rückzug meines Lebens gesehen.

Bei diesem Punkt seiner Überlegungen angelangt, spürte er, daß die »Zephir« allmählich den Kurs änderte. Die dunkle, zerklüftete Uferlinie begann nach Backbord zurückzuweichen, und der schräg aufragende Bugspriet beschrieb am Horizont einen weiten Bogen. Fast gleichzeitig erreichten die beiden schweren portugiesischen Karavellen, die aus der Tajobucht kamen, die hohe See. Eine jede von ihnen war zumindest sechshundert Lasten groß, besaß zwei Geschützdecks und bestimmt sechzig bis siebzig Kanonen verschiedenen Kalibers.

»Feuer!« rief Marten. »Feuer!«

Die ganze Backbordwand der »Zephir« spie Feuer und Rauch. Das Schiff schnellte, wie von einem gewaltigen Stoß getroffen, nach Steuerbord, schwankte. Kanonendonner, den das Echo hundertfach wiederholte, zerriß die Stille. Der Wind hüllte den Rumpf und die Masten in Rauchwolken, so daß die »Zephir« für einige Zeit den Blicken ihrer Verfolger entschwand. Die Geschütze der Portugiesen schwiegen. Man vernahm nur Stimmengewirr, das sich immer weiter entfernte, und vereinzelte Schreckensrufe.

»Laß die Flagge hissen, Richard! Rasch! Sie sollen sehen, mit wem sie es zu tun haben!« rief Marten.

Einige Matrosen sprangen zum Großmast, und Belmont beobachtete, wie die lange, dreieckige schwarze Flagge mit dem goldenen Marder in die Höhe stieg, sich entfaltete und im Winde flatterte.

Dann sah er zur Bucht hinüber und erblickte durch die Schwaden des Pulverdampfes, die sich immer noch über das Deck wälzten, die zerfetzten Segel, die zertrümmerten Rahen und die zerrissenen Wanten der Karavelle, die, von der Strömung erfaßt, bereits vor dem Bug des zweiten Schiffes trieb.

Einige Dutzend grelle Blitze zuckten entlang ihres Rumpfes auf. Eine Breitseite krachte, und eine ganze Herde von Geschossen heulte über das Heck der »Zephir« hinweg.

»Welch erbärmlicher Fehlschuß!« spottete ein Matrose.

Seine Kameraden lachten, dann hagelte es Schimpfworte auf die portugiesische Geschützbedienung, unter denen Schweinehirten, Tölpel, Gesindel und Scheißkerle noch die gelindesten Ausdrücke waren, mit denen sie und ihre Vorfahren bedacht wurden.

Inzwischen drehte Marten wieder nach Süden und gleich darauf nach Südwesten ab, gerade zur rechten Zeit, um der nächsten Breitseite zu entgehen, die hohe Wasserfontänen hundert Yard von der Bordwand der »Zephir« entfernt aus dem

Meer emporschießen ließ. Es war dies übrigens die letzte Salve, die er zu befürchten hatte. Die wirre Schießerei, die dann einsetzte, verursachte unter der Mannschaft der »Zephir« nur laute Heiterkeit. Die Geschosse erreichten nicht mehr das Ziel. Die ganze, fächerartig auf dem Meer verteilte portugiesische Flottille blieb immer weiter zurück. Die »Zephir« flog, vom Freuden- und Triumphgeschrei ihrer Besatzung angespornt, über die Wellen des Atlantiks.

Als sich Tomasz Pociecha auf dem Deck zeigte, umarmte ihn Marten als erster und küßte ihn auf beide Wangen. Die anderen umringten ihn, schlugen ihm auf die Schultern, packten ihn an den Armen, zerrten ihn hin und her und schrien vor Begeisterung.

Belmont betrachtete lächelnd dieses Schauspiel. Schließlich trat er selbst zu dem Oberbootsmann und schüttelte dessen harte, knochige Hand. Pociecha konnte vor Erregung und Rührung kein Wort hervorbringen.

Jans Gesicht strahlte vor Zufriedenheit und Stolz. Seine vielstündige, schweigende Selbstbeherrschung machte sich nun in einer bei ihm ungewohnten Redseligkeit Luft. »Das nenne ich wahres Leben«, wiederholte er einige Male, als er sich vor Belmont mit jeder Einzelheit des gelungenen Unternehmens brüstete. »Ich habe diesen Ratten gezeigt, was ich kann. Sie werden an mich denken! Sage selbst, Richard, ist das nicht ein besseres Spiel als dein Monte? Du hast mir Gold abgenommen, das mir sowieso zwischen den Fingern zerronnen wäre, ich aber habe Ruhm gewonnen!«

»Ich bedaure nur eins«, sagte er später, als sie zu zweit frühstückten. »Ich bedaure, daß die portugiesische Puppe und ihr würdiger Herr Vater nicht gesehen haben, wie wir mit den sieben Schiffen fertig geworden sind, die sie herbeilockten, um mich, wahrscheinlich aus einem Übermaß an Dankbarkeit, zu vernichten. Ich würde viel dafür geben, wenn sie wenigstens die eine, einzige Breitseite von Pociecha gesehen hätten.«

»Sie haben sie bestimmt gesehen«, erwiderte Belmont. »Ich bin überzeugt, daß sie das ganze Schauspiel vom Cabo da Roca aus verfolgt haben. Ich verbürge mich dafür, daß sie sich nicht einen Schritt von dort entfernten, bevor sie wußten, ob ihr Anschlag geglückt ist oder nicht.«

»Du hast recht«, rief Marten. »Sie müssen es gesehen haben! O Freund, ich glaube, es lohnt sich, aus diesem Grund noch einen Becher Wein zu leeren.«

Der Chevalier de Belmont war der gleichen Ansicht.

7

Die »Zephir« sollte nach der Vereinbarung zwischen Marten und White südlich der Azoren im Umkreis einiger Meilen östlich der Insel Santa Maria mit der »Ibex« und der »Castro Verde« zusammentreffen. Aber schon am nächsten Morgen sichtete der Matrose, der auf der Mars des Fockmastes Dienst hatte, die beiden Schiffe, die unter halbem Wind segelten. Eine Stunde später hatte sie die »Zephir« eingeholt.

Marten ließ einen Teil der Segel reffen, um sich wenigstens einigermaßen der Geschwindigkeit der Prise anzupassen. Erneut begann das eintönige Kreuzen, einmal über Backbord-, dann wieder über Steuerbordhalsen mit Kurs auf England.

Der Chevalier de Belmont versuchte noch einmal, Marten zum Montespiel zu bewegen. Jan lehnte jedoch entschieden ab.

»Wir spielten um deine Pistole«, sagte er. »Ich gewann sie und habe keine Lust, sie zu verlieren. Du hast ebenfalls alles gewonnen, was du mir abnehmen konntest. Worum könnten wir jetzt spielen?«

»Nun, vielleicht um einen Teil meines Gewinnes«, erwiderte Belmont. »Es sieht so aus, als hätte ich dich ausgeplündert.«

Marten machte eine geringschätzige Handbewegung. »Das darfst du nicht denken. Die ›Zephir‹ ist mir geblieben. Solange ich mein Schiff befehlige, ist alles übrige meine geringste Sorge. Du hast gesehen, daß ich bei Gefechten mehr Glück habe als im Kartenspiel. Ich halte mich an den Spaniern schadlos, nicht an dir.«

Belmont fühlte sich durch diese Antwort etwas verletzt. »Du bist doch nicht etwa der Meinung, daß ich die ›Arrandora‹ und das Gold, das mit ihr versank, im Kartenspiel gewonnen habe?«

Marten sah ihn scharf an. »Ich hatte nicht die Absicht, dich zu beleidigen«, rief er. »Ich wollte nur sagen, daß ich mit dir zusammen lieber spanische Schätze erobern als Monte spielen möchte.«

Der Chevalier schien über diese Worte lange nachzudenken. »Die größten Schätze Spaniens liegen weit von hier«, antwortete er bedächtig, »dort, woher Francis Drake zurückkehrte. Wenn du das wagtest ...«

»Es gibt nichts auf der Welt, was ich nicht wagen würde«, unterbrach ihn Marten. »Sprich!«

Und Belmont begann. Das Bild des großen Unternehmens, das er vor Marten entrollte, riß ihn selbst mit. Er erzählte von den unerschöpflichen Reichtümern Neukastiliens und Neuspaniens, den Gold- und Silberminen in Potosi, Zacatecas und Veta Madre, den ungezählten Rinderherden, die auf den Ebenen und Bergwiesen am Fuß der Gebirge weiden, den Weinbergen und Gärten, die herrliche

Früchte tragen, und den fruchtbaren Feldern, auf denen zweimal im Jahr Weizen und Korn, Zuckerrohr und Baumwolle geerntet werden. Er beschrieb die blühenden Inseln und Städte Desirade, Domenica, Guadalupe, Puerto Rico, Haiti, Kuba und Jamaika... Isabella, San Domingo und San Antonio, Veracruz und Tlaxcali; Tumbez, San Miguel und Lima und vor allem Mexiko mit seinen Palästen und der Kathedrale, die einen Altar und Leuchter aus massivem Silber und vor dem Altar ein aus Gold und Silber geschmiedetes Gitter besitzt.

Er sprach von den Höfen der Vizekönige, deren Güter und Macht die so mancher europäischer Herrscher übertreffen, von der Meute der »Gachupins« — der spanischen Beamten, Caballeros, Corregidors und Alcaldes mayor, die über die Kreolen herrschen und sie erbarmungslos ausbeuten, während diese ihre Untergebenen, die Indianer und Negersklaven auf den Estanzias, Ranchos und Haziendas berauben und schinden. Er berichtete von den Orden und der höheren Geistlichkeit, in deren Händen sich riesige Geldmittel befinden, die nicht nur zur Verschönerung, Dekorierung und Ausschmückung der Kirchen, sondern vor allem für Spekulationen, Betrügereien und Wuchergeschäfte verwendet werden, von den riesigen Schätzen der geistlichen Kapitel und dem pomphaften Leben der Bischöfe und Äbte.

»Nur ein geringer Teil dieser Reichtümer gelangt jährlich in die Schatzkammer Philipps II.«, fuhr Belmont fort, »Krümel von den Einkünften der weltlichen Würdenträger, der Grubenbesitzer, Steuereinnehmer und Zollpächter, der Kaufleute und Plantageneigentümer. Ich sage ausdrücklich der weltlichen, denn die Güter der Kirche und ihr Kapital sind steuerfrei.«

»Aber die Goldflotte...«, setzte Marten zum Sprechen an. Belmont fiel ihm ins Wort. »Die Goldflotte ist eigentlich eher eine Silberflotte«, sagte er. »Aber auch Silber hat einen genügend großen Wert, um eine begehrte Beute zu sein, besonders wenn es reich mit Gold und Edelsteinen verarbeitet ist. Deshalb fährt nur einmal im Jahr, gewöhnlich im Februar, ein großer Konvoi von Schiffen mit starkem Geleitschutz nach Spanien und bringt dem König seinen Anteil. Jedes von ihnen ist mehr wert als die ›Castro Verde‹, und doch sind es, wie ich schon sagte, nur Brosamen.«

»Die Galeonen und Karavellen des Königs müssen die Goldflotte gut bewachen«, sprach er nach einer Weile weiter. »Sie segelt sehr langsam von Hafen zu Hafen. Deshalb dauert zum Beispiel eine Fahrt von Veracruz oder Panama nach La Habana auf Kuba häufig sechs Wochen und länger. Auf dem Weg, an der Küste von Campeche, bei den kleinen Inseln und weiter, an den Ufern Floridas und zwischen den zahlreichen, fast menschenleeren Bahama-Inseln, lauern die Korsaren. Die ›Arrandora‹ hatte dort auch von dem königlichen Gold und Silber geerntet«, erzählte Belmont mit gierigem Lächeln. »Was bedeutet das aber im Vergleich mit der Beute eines Drake oder Hawkins. Sie raubten und plünderten ganze Städte und Provinzen aus.«

Martens Augen blitzten. »Dazu wäre ich auch imstande«, rief er. »Wenn ich nur einen Führer hätte.«

»Ohne Zweifel«, murmelte Belmont wie im Selbstgespräch. »Ich kenne eine Bucht«, sagte er langsam und sah über Martens Kopf hinweg ins Weite, »eine Bucht, von der weder die Spanier noch ihre Feinde etwas wissen. Selbst dann, wenn sie darüber etwas erführen, könnten sie nie dorthin gelangen...«

Er brach ab, als zögere er, weiterzusprechen. Belmont blickte Marten in die Augen. Plötzlich richtete er sich auf. Er hatte offenbar einen Entschluß gefaßt.

»Hör zu«, begann der Chevalier und beugte sich zu Marten. »Ich erwies einmal einem gewissen Indianerhäuptling einen großen Dienst. Quiche hieß er, Quiche der Weise. Es ging um nicht mehr und nicht weniger als um ein Königreich, ein zeitliches irdisches natürlich, nicht um das, welches uns die Pfaffen als Lohn für ein Leben in Tugend, Armut und Kasteiung verheißen. Dieses Königreich ist ziemlich groß, es nimmt ungefähr soviel Raum ein wie Flandern. Es liegt nördlich von der spanischen Provinz Tamaulipas, am Nordwestbogen des Golfs von Mexiko, zu beiden Seiten des Flusses Amaha, von dem es auch den Namen hat. Quiche besaß damals noch nicht den ehrenvollen Beinamen der Weise, dafür aber einen sehr kriegerischen, ehrgeizigen und herrschsüchtigen Schwager, der sich gegen ihn empörte. Es war so eine Art von Pronunciamiento oder auch Cuartelazo. Der rechtmäßige Herrscher Amahas mußte aus seiner Hauptstadt, einer kleinen Ansiedlung am Fluß, die aus vielleicht vierzig Hütten besteht, fliehen. Zuerst setzte er sich mit einer Handvoll ihm treu gebliebener Krieger an der Küste zur Wehr, später schloß er einen Waffenstillstand und führte irgendwelche politischen Verhandlungen, die, genau wie in Europa, bald von der einen, bald von der anderen Seite abgebrochen wurden. Es ging doch um ein Königreich! Nun, und ich suchte dort einen günstigen Landeplatz, um frisches Süßwasser an Bord zu nehmen. Dabei geriet ich mit meiner ›Arrandora‹ beinahe auf eine Sandbank.

Quiche warnte mich rechtzeitig. Er schickte meinem Schiff eine Piroge voll schreiender Wilder entgegen. Zum Glück ließ ich nicht auf sie schießen. Einer meiner Bootsleute konnte sich mit ihnen zur Not verständigen. Sie lotsten die ›Arrandora‹ in die Bucht und zeigten uns eine Quelle mit gutem Wasser. Dann kam Quiche selbst an Bord des Schiffes. Er war von einem mit Federn geschmückten, mit Lanzen, Bogen und Schilden bewaffneten Gefolge begleitet. Der König sah imposant aus und war dabei wirklich intelligent, soweit man das von einem Cente sin razon, wie ihn die Spanier nennen würden, sagen kann.

Nein, nein, es fehlte ihm nicht an Verstand, zumindest nicht an Scharfblick und Schlauheit. Er verstand es, mich zu überzeugen und dahin zu bringen, daß ich ihm half. Um bei der Wahrheit zu bleiben, ich witterte Gold in seinem Amaha. Gold gab es dort aber nur sehr wenig, wohl nicht mehr, als Quiche mir später selbst anbot.

Der Bürgerkrieg, an dem ich an seiner Seite teilnahm, dauerte für mich nur wenige Stunden. Zwölf Boote bugsierten die ›Arrandora‹ flußaufwärts. Wo es möglich war, wurde sie von einigen Dutzend Eingeborenen an Tauen vom Ufer aus gezogen. Unterwegs schlugen wir zwei Angriffe der feindlichen Indianer ab. In jedem Fall genügte eine Musketensalve. Ihr Knattern machte auf sie einen viel größeren Eindruck als die übrigens nicht beträchtliche Anzahl der Toten und Verwundeten. Als ich schließlich das Feuer der Schiffsgeschütze auf die Hauptstadt eröffnete, wurde der Schwager meines Verbündeten gefesselt an das Ufer gebracht. Die Hauptstützen seiner Herrschaft, zwei Zauberer oder auch Priester des Gottes Tlalok, der unter der Bevölkerung die Rolle des Zeus spielt, lieferten ihn aus. Die beiden wurden zugleich mit dem Schwager, ich habe seinen Namen vergessen, hingerichtet.

Ich riet Quiche, eine allgemeine Amnestie zu erlassen. Er war viel weniger blutdürstig und rachsüchtig als so mancher zivilisierte europäische Herrscher. Damit lieferte er einen Beweis seiner politischen Klugheit.

Ich besuchte noch zweimal Amaha, das letzte Mal vor ungefähr einem Jahr. Die Hauptstadt war wieder aufgebaut, und das Land befand sich in einem viel blühenderen Zustand, als ich es in Erinnerung hatte. Quiche der Weise verdiente diesen Namen. Er hat mit den Häuptlingen einiger benachbarter Stämme ein Bündnis geschlossen und regiert despotisch, aber gerecht in seinem unabhängigen Königreich.

Wie ich dir bereits sagte, ist Amaha wegen der heimtückischen Untiefen und Riffe von der Seeseite her fast unzugänglich. Das Land umgeben hohe, wildzerklüftete Gebirgsketten und Sümpfe sowie undurchdringliche Urwälder. Deshalb wohl haben sich weder Korsaren noch Spanier um diesen Landstrich gekümmert, wenn auch über Quiche den Weisen verschiedene Gerüchte am Golf von Mexiko in Umlauf sind. Ich weiß, daß bei ihm Flüchtlinge aus den Estanzias der Kreolen, sowohl Indianer wie auch Neger, Zuflucht suchen und finden. Quiche teilt ihnen ein Stück Land zu, das sie für ihren Bedarf bebauen. Sie bilden bereits eine Kolonie, die sie den Hafen der Flüchtlinge nennen.

Ich glaube daher, daß sich Amaha besonders als ständiger Schlupfwinkel für eine Kaperfahrt eignen würde, die für zwei, drei Jahre berechnet ist. Die Flußmündung ließe sich leicht befestigen. Selbst der Teufel könnte vom offenen Meer her nichts bemerken, denn die Bucht ist von Natur aus geschützt. Wer nicht weiß, wo die Fahrrinnen liegen, vermag den Riffen, die eine Art Atoll um die seichte Lagune bilden, nicht auszuweichen. Zudem erstreckt sich ringsum ein Landstreifen mit einem Wall hoher Bäume. Wer die verschiedenen Tümpel und Nebenarme nicht genau kennt, kann das eigentliche Flußbett nicht einmal zur Zeit der Ebbe unterscheiden. Zwei oder drei Schiffe sind stark genug, um sich dort gegen eine ganze Kriegsflotte zur Wehr zu setzen, einige hundert Mann reichen aus, um jeden Landeversuch zurückzuschlagen. Die Hauptstadt Nahua befindet sich einige Meilen flußaufwärts. Während meines letzten Aufenthaltes begann Quiche am rechten Ufer des Amaha eine auf Pfählen ruhende Landebrücke zu bauen. Wenn ich mich recht erinnere, wollte er auch irgendwelche Magazine für Lebensmittel errichten. Man könnte sie erweitern, umbauen, entsprechend sichern und als Aufbewahrungsort für die Beute verwenden, und wenn man dann so eine Festung im Norden besitzt...« Er kniff die Lider zusammen, zog die Brauen hoch und wiegte den Kopf nach rechts und links, als staunte er selbst über all die Möglichkeiten, die sich aus den geschilderten Voraussetzungen ergaben.

Marten starrte ihn mit flammenden Augen an. Seine Nasenflügel bebten, als witterte er schon die heiße, drückende Luft der tropischen Wälder am geheimnisvollen Fluß. Bei dem Gedanken an ein so ungewöhnliches Abenteuer kreiste ihm das Blut rascher in den Adern und hämmerte in den Schläfen.

Im ersten Augenblick war er entschlossen, nicht nach England zurückzukehren, das Schiff auf Südwestkurs zu steuern und die weltabgeschiedene Lagune anzulaufen. Doch er wurde der jähen Begeisterung gleich Herr. Er wußte, daß weder die »Zephir« noch ihre Bemannung für ein solches Unternehmen vorbereitet waren. Er mußte erst einmal selbst alles nüchtern überlegen, die Einzelheiten erwägen, mit White und seinen Leuten alles besprechen, Vorräte, Waffen, Munition und Geräte auftreiben, im voraus alles Notwendige und alle Schwierigkeiten in Betracht ziehen und sich auch der Teilnahme und Hilfe Belmonts versichern.

Das letztere machte ihm nicht viel Mühe und Sorgen. Der Chevalier de Belmont verheimlichte nicht, daß er sich schon seit langem mit der Absicht trug, auf eigene Faust ein zweites Schiff zu bewaffnen und auszurüsten, um mit ihm nach Amaha zu fahren. Zu diesem Zweck hatte er Geld gespart. Die Fahrt entlang der Westküste Afrikas hatte ihm so viel eingebracht, daß er der Verwirklichung seiner Pläne nahe gewesen war. Der Untergang der »Arrandora« am Kap Padruo hatte sie plötzlich und für immer zerstört.

Nachdem er Marten in das Geheimnis eingeweiht hatte, zögerte er auch nicht, ihm weitere Hinweise und Ratschläge zu geben. Er erklärte sich sofort bereit, einen entsprechenden Vertrag mit ihm abzuschließen.

Noch am selben Tage vereinbarten sie die wesentlichsten Punkte und sprachen dann nur noch über die Schritte, die in England unternommen werden mußten, und über die Vorbereitungen zu der Fahrt, deren Beginn Belmont für das kommende Frühjahr anberaumte.

Bei der Besprechung all dieser Projekte und Pläne vergingen ihnen die letzten Tage der Heimreise wie im Fluge.

Ende September befanden sich die »Zephir«, die »Ibex« und die »Castro Verde« in Sicht der Insel Quessant an der Westküste Englands. Sie liefen in den Kanal La Manche ein, erreichten drei Tage später die Themsemündung und gingen am zweiten Oktober in Deptford vor Anker.

Die Ankunft der beiden verhältnismäßig kleinen Kaperschiffe rief, trotz ihrer ansehnlichen Prise, im Hafen kein größeres Interesse hervor. Deptford und ganz London standen unter dem Eindruck der Rückkehr Francis Drakes und seiner Flottille, die mit Schätzen reich beladen war. Er hatte sie den Spaniern an den Küsten Perus und Chiles, in Westmexiko, Kalifornien und auf den Molukken, die vordem noch nie eine feindliche Flagge sahen, geraubt. Das Aufsehen, das diese Taten erregte, verdunkelte alle anderen Ereignisse. Man erzählte sich Wunderdinge über die Berge von Gold und Silber, die die Laderäume der fünf Schiffe bargen, über die Kisten voll Edelsteinen, die den untersten Teil der »Golden Hind« über der Bilge füllten, und die herrlichen Kleinodien, die der neuernannte Admiral der Königin zum Geschenk gemacht hatte.

Der spanische Gesandte erhob Klage gegen Drake und verlangte dessen Auslieferung. Elisabeth fertigte ihn jedoch mit Ausflüchten ab und bestritt die Berechtigung seiner Demarche. Es war ein offenes Geheimnis, daß sie an den Kosten der Expedition beteiligt war und demgemäß auch ihren Beuteanteil erhielt. Bald verbreitete sich das Gerücht, daß die Königin befohlen habe, die Krone mit den schönsten Edelsteinen zu schmücken, die sie von Drake erhalten hatte.

Tag für Tag drängte sich eine Menschenmenge am Themseufer, um die »Golden Hind« wenigstens von weitem zu bewundern und vielleicht ihren kühnen Kapitän zu sehen. Die Stadtknechte trieben die Schaulustigen auseinander, wenn die schwerbeladenen, von einem Kordon Berittener bewachten Wagen mit ihrer wertvollen Ladung vom Kai zur königlichen Schatzkammer und zu den Kellern der Banken fuhren.

Während der ersten Tage konnten weder Henryk Schultz noch White, nicht einmal Belmont mit dem Steueramt ins reine kommen, da alle Beamten ausschließlich mit der Berechnung der Beute Drakes beschäftigt waren. Die Laderäume der »Castro Verde« wurden versiegelt, und den Kapitänen wurde aufgetragen, vorderhand den Abschluß aller Geschäfte zu unterlassen. Erst dem Einfluß der Reeder der »Ibex« und der persönlichen Intervention des Chevaliers de Belmont bei Lord Burghley gelang es, einen Weg durch das Dickicht der bürokratischen Formalitäten zu bahnen. Den größten Anteil daran hatten aber wahrscheinlich die Geschenke, die Schultz schweren Herzens gewissen Amtspersonen überreichte.

Salomon White erhielt durch die Vermittlung von Schultz das Lösegeld für die Herren de Ibarra und da Lancha, worauf sich alle vier in die Kirchen zweier verschiedener Bekenntnisse begaben, um der göttlichen Vorsehung für die so glückliche Beendigung des Abenteuers zu danken. Die Ladung der »Castro Verde« wurde verkauft, das Schiff ebenfalls. Jan behielt vier Falkonetts für die »Zephir«.

Nachdem Marten endlich alle Angelegenheiten geordnet hatte, offenbarte er White und Schultz seine weiteren Absichten. Sie fanden keineswegs die begeisterte Zustimmung der beiden. Schultz hielt Jans Vorhaben in Anbetracht der beträchtlichen Aufwendungen, die die Vorbereitungen eines so großen Unternehmens erforderten, für viel zu gewagt. White machte seine Teilnahme von der Zustimmung der Reeder der »Ibex«, einer Reihe ehrenwerter Bürger, abhängig, die eine letzte und endgültige Entscheidung hinausschoben und sich in endlosen Diskussionen und Streitereien verloren. Der Chevalier de Belmont schien, mit der Erneuerung und Festigung seiner Beziehungen zu den höheren Gesellschaftskreisen Londons beschäftigt, ebenfalls zu zögern und einer klaren Antwort auszuweichen. Die meisten Matrosen der »Zephir« hatten sich in alle Windrichtungen zerstreut, um während des Winters, der inzwischen gekommen war, ihren Beuteanteil durchzubringen. Die Seefahrt ruhte, die Schiffe lagen untätig in den Häfen vertäut. Niemand hatte es mit der Verwirklichung der phantastischen Pläne Martens eilig.

Nur er selbst ließ nichts unversucht, um die Vorbereitungen voranzutreiben. Marten machte sich nun wegen seines Leichtsinns Vorwürfe, der ihn verleitet hatte, die ungeheure Beute aus der »Castro Verde« zu verspielen. Hätte er dieses Geld noch, brauchte er jetzt nicht auf die Hilfe anderer zu zählen.

In seinen Sorgen und Schwierigkeiten entschloß er sich, bei Drake Rat und Hilfe zu suchen. Aber auch dort erwartete ihn eine Enttäuschung. Der Admiral empfing ihn zwar sofort und unterhielt sich mit ihm überaus freundschaftlich, ermunterte ihn sogar, die geplante Fahrt zu unternehmen, jedoch Marten fühlte, daß diese Ermutigung nicht allzu aufrichtig gemeint war. Er bekam von Drake keinerlei Hinweise und Winke, die ihm geholfen hätten, und begriff sehr bald, daß der Admiral sich vor allem deshalb nicht bemühte, ihn von seinem Vorhaben abzubringen, weil er an einen Erfolg nicht glaubte.

Trotz allem beunruhigen ihn meine Pläne, dachte Marten mit einer gewissen Befriedigung. Er will mir nichts erleichtern, denn ich könnte Glück haben. Er fürchtet, daß sein Ruhm verdunkelt wird.

Jan bedauerte dennoch nicht, den Admiral aufgesucht zu haben. Drake ließ ihm offenbar freie Hand und beabsichtigte nicht, ihm hinderlich zu sein. Er hatte andere Pläne, die mit seiner neuen Stellung in England und den Ehren und Würden in Verbindung standen, durch die ihn die Königin auszeichnen wollte. Er versprach Marten sogar, dessen Verdienste gelegentlich bei Hofe zu erwähnen.

Marten erwartete nicht, daß der Admiral Wort halten würde, und so machte die Einladung zu der feierlichen Nobilitation Francis Drakes auf ihn keinen großen Eindruck. Nur aus Neugier beschloß er hinzugehen, ohne dem besondere Bedeutung beizumessen. Als jedoch Belmont von der Auszeichnung erfuhr, die dem Kapitän der »Zephir« zuteil geworden war, setzte er ihm auseinander, daß dies eine Gelegenheit sei, die man für ihre Pläne ausnützen müsse. Da es nur noch wenige Tage bis zu der Feier waren, unternahm er nicht nur fieberhaft eine diplomatische Aktion unter seinen adligen Freunden zugunsten Martens, sondern bereitete auch Marten selbst auf die bevorstehende Begegnung mit dem Hof und auf ein Gespräch mit der Königin vor.

Jan nahm die Instruktionen, Belehrungen und Bemerkungen des Chevaliers mit Belustigung auf. Als jedoch die Frage der Kleidung zur Sprache kam, weigerte er sich ganz entschieden, Spitzenkrausen und Manschetten anzulegen oder sich einen »städtischen« Anzug, wie Belmont ihn trug, anzuschaffen.

Er ging zwar kostbar gekleidet zu der Feier, aber was er anhatte, erinnerte in nichts an die Kleidung eines eleganten Kavaliers. Er zog helle Elenlederhosen an, die bis an die Knie reichten, rote Stiefel aus geschmeidigem Ziegenleder und ein schneeweißes Hemd aus flämischem Leinen. Um die Hüften schlang er eine breite rote Samtschärpe, in die er eine Pistole steckte. Über die Schultern warf er eine kurze Joppe aus blauem Samt, die mit Goldtressen eingefaßt und mit Diamantknöpfen und einem Zobelkragen geschmückt war. Dazu setzte er einen Samtkalpak mit Zobelpelz und einen Federbusch auf, der von einer Spange aus drei Rubinen festgehalten wurde. Belmont mußte zugeben, daß sich Jan stattlich und ansehnlich präsentierte, obwohl er für Londoner Begriffe in der farbenfrohen Tracht etwas originell wirkte.

Belmont, der dem Gefolge der Königin angehörte, bemerkte ihn schon von weitem und nickte ihm freundlich zu. Marten hatte seinen Platz in einer Reihe mit den berühmtesten Kapitänen, unter denen solche Größen wie Richard, William und John Hawkins und Martin Frobisher waren. Er schien aber keineswegs befangen zu sein.

Sir Walter Raleigh, einer der Günstlinge der Königin, selbst ein Seefahrer mit Leib und Seele, wurde auf Marten aufmerksam, und Belmont beeilte sich, ihm zu erklären, daß jener außergewöhnliche junge Mann der persönliche Freund Drakes sei. Raleigh tat diese Mitteilung mit einer nachlässigen Handbewegung und einem verächtlichen Lächeln ab. Er hatte weder für Drake noch für dessen Freunde etwas übrig. Belmont rechnete übrigens nicht mit Raleighs Unterstützung. Überdies war der richtige Augenblick noch nicht gekommen, die Königin für Marten zu interessieren. Elisabeth beschäftigte die bevorstehende Zeremonie des Ritterschlages voll und ganz.

Sie schritt auf dem ausgebreiteten Teppich über das Deck der »Golden Hind«, an dessen Ende sich auf einem Podest ein purpurroter Baldachin erhob, unter dem der für sie bestimmte Sessel stand. Sie setzte sich nicht. Selbst während des Empfanges von Gesandten oder während der Beratung mit ihren Kammerherren und Ratgebern liebte sie es, zu stehen. Vor dem Baldachin angelangt, drehte sie sich um, und das Gefolge trat vor ihr nach beiden Seiten auseinander. Erst jetzt konnte Marten sie sehen.

Elisabeth war eine Frau Anfang der Vierzig, mittelgroß, mit den Spuren einer bereits verblühten Schönheit. Sie trug ein prächtiges Kleid mit einer steifen Spitzenkrause am Hals. Der Rock, weit wie eine Tonne, war von einem ganzen System elastischer Reifen und Fischbein versteift und mit goldenen Falbeln und Godets drapiert. Die Königin machte einen unnatürlichen, zugleich aber majestätischen Eindruck, als wäre eine Göttin aus einem heidnischen Heiligtum zu den gewöhnlichen Sterblichen herabgestiegen, eine Göttin voll unheilschwangerer Macht und doch voller Leben.

Marten sah sie zum erstenmal, hatte über sie aber schon so manches gehört. In den Wirtshäusern und Hafenschenken sang man zur Laute ihr zu Ehren übertriebene Madrigale. Während der blutigen Zirkusdarbietungen, bei denen riesige Doggen mit Wölfen oder einem Bär kämpften, erzählten sich vornehme, geschniegelte Herren mit gekräuseltem langem Haar und Ringen in den Ohren laut Skandalgeschichten über die Liebhaber der Königin, bewunderten im gleichen Atemzug ihren Mut und ihre Gewandtheit auf der Jagd und disputierten über ihre Reden im Parlament oder vor ausländischen Gesandten. In ihrem Namen wurden jenen am Pranger die Ohren abgeschnitten, die sich ein Vergehen gegen die Königliche Majestät hatten zuschulden kommen lassen oder die verdächtig waren, mit den Feinden der Herrscherin zu sympathisieren. Die Richter sprachen dazu moralische Sentenzen, und die Gaffer lachten. Man betete für Elisabeth in den Kirchen und verwünschte ihren Geiz. Es gab Leute, die behaupteten, daß sie von einem ganzen Heer von Teufeln besessen sei. Die überwiegende Mehrheit des Volkes verehrte die illegitime Tochter Heinrichs VIII., die, wenn sie in Zorn geriet, spuckte, mit der Faust auf den Tisch hieb, aus vollem Halse lachte, die wie eine Hökerin feilschte, mächtige Herrscher an der Nase herumführte — den einen durch Heiratsversprechungen, den anderen durch Kriegsdrohungen — und doch lange Jahre hindurch dem Land den Frieden erhielt.

Ihre unerhörte Energie, Lebensbejahung und Vitalität erweckten bei ihren Untertanen Bewunderung. Um diese schroffe, händelsüchtige Frau von männlichem Wesen und Geist, verbunden mit großem diplomatischem Talent, entstand noch zu Lebzeiten eine Legende, die ihr die Herzen der einfachen Menschen gewann. Man verzieh ihr die Liebhaber und Leidenschaften und rühmte ihre Bildung, ihren Mut, ihren Geschäftsgeist und ihre Tüchtigkeit. Keine der ihr dargebrachten Huldigungen hielt sie für übertrieben. Glück und Erfolg begleiteten sie ständig.

Marten, der die Königin nicht aus den Augen ließ, fühlte sich in seinen Erwartungen nicht enttäuscht. Sie war nicht schön — das stimmte. Über ihrem blassen Gesicht mit den scharfen Zügen und der ziemlich großen Nase türmte sich eine hohe Pyramide rot gefärbten Haares. Zwischen den schon etwas welken, geschminkten Lippen gewahrte man lange, häßliche, bereits schwarz gewordene Zähne. Die dunkelblauen, tiefliegenden und gleichzeitig ein wenig vorstehenden Augen schossen jähe, durchdringende Blicke. Trotzdem schien irgendein unfaßbarer Nimbus des Ruhmes diese alternde, phantastisch gekleidete Frau zu umgeben, deren leicht gebeugte Gestalt Erhabenheit und Würde ausstrahlte.

Als sich Francis Drake, angetan mit einem vergoldeten Brustpanzer, aus dem eine bauschige Halskrause hervorquoll, zu ihren Füßen auf ein Knie niedergelassen hatte, begann sie zu reden. Ihre hohe Stimme klang scharf und heiser. Die Sätze reihten sich fließend aneinander. Sie sprach schwungvoll. Von Zeit zu Zeit flocht sie ein treffendes lateinisches oder griechisches Zitat in ihre Rede, da und dort unterstrich sie die Worte mit einer Geste ihrer schmalen Hände. Elisabeth dankte ihrem Admiral für die Geschenke, lobte seine Tapferkeit, seinen Mut und drückte ihm ihre Anerkennung für die geleisteten Dienste aus. Schließlich ergriff sie das leichte Schwert, das ihr William Cecil Lord Burghley reichte, sprach die Nobilitationsformel und berührte mit der Klinge die Schulter Drakes. Dann reichte sie ihm die Hand zum Kuß.

Damit war der offizielle Teil der Feier beendet. Die heidnische Göttin verließ wieder das Podest, wurde wieder Mensch unter Menschen, begann mit ihrer Umgebung derb und ungeniert zu scherzen, trank ein und gleich darauf ein zweites Glas Wein und beknabberte mit sichtlichem Appetit einen Hühnerflügel. Lächelnd hörte sie den Schmeicheleien eines jungen Mannes zu und kniff ihn, von seiner Schönheit erregt, leicht in die Wange. Schließlich willfahrte sie der Bitte Drakes, sein Schiff zu besichtigen.

Der Admiral, ein hagerer und auf den ersten Blick unscheinbarer Mann, der nicht viel größer als die Königin war, kam ihr langweilig und ungeschickt vor. Sie bemühte sich aber, an diesem Tag gnädig und freundlich ihm gegenüber zu sein, um so mehr, als sie sein Gast war. Die »Golden Hind« in ihrer Flaggengala interessierte die Königin. Als sie jedoch in Begleitung ihres Hofstaates am Bug die Treppe zu dem niedrigen Vorderkastell erstiegen hatte, wurde sie auf ein anderes Schiff aufmerksam, das in der Nähe vor Anker lag. Es war kleiner als die »Golden Hind«, doch die vorbildlichen Linien des Rumpfes, die schön geschnitzte Galionsfigur, die einen geflügelten Jüngling darstellte, die hohen Masten sowie die schwarze Flagge mit dem goldenen Marder, die im Winde flatterte, riefen Elisabeths Neugierde wach.

»Zephir«, las sie laut. »Wem gehört das Schiff?« fragte sie, ohne sich an einen bestimmten Herrn ihrer Begleitung zu wenden.

Dem Chevalier de Belmont kam die Frage gelegen. Er hatte sie erwartet, denn durch Vermittlung Frobishers hatte er Drake den Gedanken eingegeben, die Königin zu einer Besichtigung der »Golden Hind« einzuladen. Dank seiner Beziehungen hatte er auch von den Hafenbehörden die Erlaubnis erhalten, die »Zephir« vor den Bug des Admiralsschiffes schleppen zu lassen. Nun war er zur rechten Zeit zur Hand, um Antwort geben zu können.

Bevor er den Mund zu öffnen vermochte, hörte er hinter sich die Stimme Jan Martens. »Die ›Zephir‹ gehört mir, ›Königliche Hoheit‹.« Er schlug Ratschläge und Verhaltensmaßregeln in den Wind, achtete nicht die Majestät der Königin und sprach mit ihr, fast vertraulich, fast wie mit seinesgleichen.

In den Augen der Monarchin blitzte jedoch nicht Zorn, sondern Interesse, vielleicht sogar der Schimmer eines sinnlichen Lächelns auf. Der schöne, gut

gewachsene, ein wenig kecke und sicherlich auch mutige junge Mann gefiel ihr. Sie musterte ihn mit Wohlgefallen, und ein leichter Schauer erotischer Erregung rieselte ihr über den Rücken.

Drake stammelte Erklärungen über seine Bekanntschaft mit Marten, und der Chevalier de Belmont fügte noch das Seine hinzu. Das genügte, um Elisabeth die Höhe ihres Anteils an der Beute ins Gedächtnis zu rufen, der ihr durch das Aufbringen der »Castro Verde« zugefallen war.

»Ich weiß schon«, sagte sie.

Sie faßte Marten unter, schritt mit ihm über das Hauptdeck und blieb vor ihm in der offenen Tür des Kastells stehen. Erst jetzt bemerkte er, daß ihre reichdrapierten Gewänder allzuviel freigaben. Unter dem weit ausgeschnittenen Kleid aus schwarzem, mit Fransen und Goldborte besetztem Taft trug Elisabeth ein bis zur Taille geschlitztes, silbern schimmerndes Damastunterkleid. Eine steife, hoch über den Kopf emporragende Spitzenkrause, die das hauchdünne Hemd einsäumte, umgab ihren Hals nur von hinten und an den Seiten, verdeckte aber nicht den Ausschnitt. Im Gegenteil, jeder Windhauch schlug die gekräuselten Spitzen auseinander, und dann hatte Marten den Eindruck, daß er viel zuviel sah. Er wandte die Augen ab, obwohl ihm der Anblick nicht unangenehm war, denn die weiße Haut Elisabeths und ihr Körper hatten sich die jugendliche Frische und Straffheit bewahrt. Sie spürte seine Verwirrung und stellte ihre Reize ganz bewußt zur Schau, dabei fühlte sie das Prickeln einer wollüstigen Unruhe.

Elisabeth sprach mit Marten ungezwungen und freundlich, fragte ihn nach Einzelheiten des Gefechts, in dem es ihm gelungen war, eine so wertvolle Prise zu kapern, und hörte seinen Ausführungen über die geplante Fahrt zum Golf von Mexiko aufmerksam zu. Schließlich versprach sie ihm materielle Hilfe und Unterstützung bei der Vorbereitung seines Unternehmens. Sie war bezaubernd liebenswürdig und verführerisch, vergaß aber keinen Augenblick ihre eigenen Geldinteressen. Beiläufig erwähnte sie, daß sie dieses Risiko nur unter der Bedingung eines beträchtlichen Gewinnanteils auf sich nehmen könne.

»Glaube nicht, daß ich reich bin, mein Junge«, sagte sie, berührte wie zufällig seinen Arm und drückte ihn, als wollte sie sich der festen, elastischen Muskeln vergewissern. »Das Schiff, das ich lenke, heißt England. Es verlangt höhere Kapitalsanlagen als deine ›Zephir‹.«

Sie schüttelte ihre rote Haarpyramide, in der glänzende Perlenschnüre befestigt waren, und reichte Marten, mit ihren kostbaren Armbändern klirrend, die schlanke, lange, ringgeschmückte Hand zum Kuß.

Von diesem Tage an konnten alle mit der Expedition der »Zephir« und der »Ibex« in Verbindung stehenden Angelegenheiten mit unglaublicher Schnelligkeit erledigt werden. Der Anblick der von Drake eroberten Schätze und die offensichtliche Huld der Königin veranlaßten die Reeder der »Ibex«, einen Entschluß zu fassen. Im Verlauf eines einzigen Tages erhielt Belmont die erforderlichen Kredite und

Schriftstücke aus der königlichen Kanzlei in Whitehall. Schultz versorgte die Schiffe ohne Schwierigkeiten mit den notwendigen Vorräten. Bald füllten Waffen, Munition, Werkzeuge, Geräte, Pulverfässer, Salzfleisch und Dörrgemüse, Mehl, Schiffszwieback, Grütze, lebendes Geflügel und Schweine, Fässer mit Trinkwasser und Wein die Laderäume. Marten kaufte Reservetaue, Segel, Farben und Schmiermittel, beaufsichtigte das Aufstellen der neuen Geschütze und ergänzte die Mannschaft.

Mit der Frühlingssonne und der Wärme kamen die Seeleute wieder in den Hafen zurück. Sie waren mit wohlgefüllten Taschen vom Deck der »Zephir« gestiegen. Jetzt standen sie abgerissen und ohne einen Groschen da. Jeder war bereit, sich für zwei Jahre anheuern zu lassen, ohne zu fragen, wohin die Reise gehe. Marten, dem sich zur Genüge Matrosen anboten, wählte nur die besten, gesündesten und stärksten aus.

Zwei Wochen nach dem Abschluß eines Sondervertrages zwischen dem persönlichen Unterschatzmeister Ihrer Majestät der Königin, der im Namen Elisabeths auftrat, und dem Kaperkapitän Jan Kuna, genannt Marten, lichteten die »Zephir« und die »Ibex« ihre Anker und segelten mit dem Einsetzen der Ebbe der Themsemündung zu.

Im Hafen der Flüchtlinge

1

Percy Sloven stand, weit über die Bordwand gebeugt, auf dem Vorderdeck. Ein junger Matrose, der aus unbekannten Gründen allgemein Klops genannt wurde, hielt ihn an einem breiten Segeltuchgurt fest. Immer wieder warf Sloven, vor Anstrengung keuchend, das an einem langen Seil befestigte schwere Lot ins Meer. Wenn die eiserne Kugel dicht am Bug der »Zephir« ins Wasser klatschte, verfolgte er gespannt die mit weißer und roter Farbe gekennzeichneten Marken und gab dann laut die gemessene Tiefe an.

»Vier Faden!«

Sloven zog die Wurfleine hoch. Wasser rann ihm über die Hände. Die schlammbedeckte Kugel tauchte auf, beschrieb in der Luft einen Bogen und fiel in das Meer zurück.

»Vier Faden!«

»Vier!«

So ging es bereits seit einer Viertelstunde. Die »Zephir« glitt unter gekürzten Segeln langsam über die grelleuchtende Wasserfläche der Bucht an der Küste entlang. Die Reflexe der Sonnenstrahlen stachen in die Augen und blendeten. Das Land, ein dunkler Halbkreis üppiger, tropischer Urwälder, stieg undeutlich, schweigend und geheimnisvoll aus dem flimmernden Meer empor und verriet durch nichts die Einfahrt zur Lagune, die sich irgendwo inmitten der grünen Wand des scheinbar undurchdringlichen Dickichts unsichtbar und unerforscht öffnete.

In der Ferne, über dem Wald, schwebten vor dem tiefen Blau des Himmels die nebelhaften Umrisse von Bergen. Backbords sah man die Silhouette der vor Anker liegenden »Ibex« und eine Kette schwarzer, felsiger kleiner Inseln, an denen die »Zephir« vor nicht ganz einer Stunde vorbeigekommen war. Die zwei größten von ihnen nahmen in diesem Augenblick die Aufmerksamkeit des Chevaliers de Belmont völlig in Anspruch. Die näher gelegene, die in der Mitte der Gruppe aufragte, war kahl und erinnerte mit ihren zwei Höckern an den Rücken eines Kamels. Die andere, rechts hinter ihr, hatte die Gestalt eines stumpfen Kegels und trug ein Mangrovenwäldchen. Belmont ließ die beiden Inseln nicht aus den Augen und wartete, bis sie sich, in einer Linie mit der »Zephir«, so deckten, daß sich die Bäume auf dem Sattel zwischen den beiden Höckern zeigten. Marten stand, dem Bug zugekehrt, wachsam und gespannt neben ihm, bereit, die Anweisung zum Ausführen eines raschen Segelmanövers zu geben. Tomasz Pociecha hielt, starr wie eine Bildsäule, das Steuerrad, die Leute harrten bei den Tauen der Befehle. In der tiefen Stille, die unter dem glühendheißen Himmel das Land, die Bucht und das Schiff umfing, waren nur das Aufklatschen des Lots, das Zischen der wassertriefenden Wurfleine und die gedehnten Rufe Slovens zu hören.

»Vier Faden!«

»Vier Faden!«

Die gebuckelte Insel schob sich allmählich vor die kegelförmige mit den Mangroven. Als hinter dem ersten Höcker die Bäume verschwanden, wurde die bis dahin eintönige Stimme Slovens scharf und warnend. »Dreiundeinhalb! Drei und einen halben Faden!«

Sloven, dessen bronzefarbener Oberkörper von Schweiß glänzte, arbeitete fieberhaft. Das Lot flog nach vorn, sank auf den Grund, kam an der Bordwand wieder zum Vorschein und wirbelte Schlamm an die Wasseroberfläche.

»Drei Faden!«

»Sechzehn Fuß!«

»Sechzehn!«

Belmont wandte kurz den Kopf zur Seite und sah Marten an. Jan war blaß. Über sein starres, wie versteinertes Gesicht liefen dicke Schweißtropfen.

»Noch nicht«, flüsterte Belmont.

»Fünfzehn Fuß!« schrie Sloven. »Fünfzehn!«

Marten kniff die Lider zusammen. Rote und grüne Kreise tanzten vor seinen Augen. Die »Zephir« konnte nicht mehr als zwei Fuß Wasser unter dem Kiel haben. Wenn sie auf der Sandbank strandete...

»Vierzehn Fuß!« krähte Sloven.

Eine dunkle, wie mit Ruß und Asche durchsetzte Spur blieb hinter dem Heck zurück und verschwand, von der Strömung erfaßt, backbords.

Sie berührt den Grund, dachte Marten. Großer Gott, sie berührt den Grund!

Er spürte die Berührung fast körperlich, obwohl die »Zephir« ohne das geringste

Zittern über das getrübte Wasser glitt. Vielleicht hatte sie nur die oberste Schicht der Sinkstoffe gestreift? Doch ihrem Kapitän war es, als durchschneide der mächtige Kiel den halbflüssigen Morast und bohre sich immer tiefer in ihn hinein, den trügerischen welligen Grund furchend.

»Vierzehn Fuß, vierzehn!« schrie Sloven.

»Vierzehn. Vierzehn!«

Die Sekunden von einer Meldung zur nächsten schienen Marten Ewigkeiten zu währen. Er starrte vor sich hin und bemerkte plötzlich vor dem dunklen Hintergrund der Küste etwas, was ihm das Blut in den Adern erstarren ließ. Im blendenden Gleißen der kleinen, verspielten Wellen, eine halbe Meile vor dem Bug der »Zephir«, ragten drei Masten und die Trümmer des Vorderkastells eines Wracks aus dem Wasser, das anscheinend schon lange Zeit hier lag und tief in den Schlamm gesunken war.

»Steuer nach Steuerbord!« erklang die Stimme Belmonts.

Jan drehte sich jäh um. Belmont spähte noch immer über das Heck hinweg zu den beiden Inseln hinüber, die sich nun deckten. Zwischen den kahlen Höckern des näher liegenden Eilandes wuchs eine Baumgruppe empor.

»Sieh nur dort«, sagte Marten heiser.

Belmont warf einen flüchtigen Blick zurück. »Oh!« rief er überrascht. »Jemand war vor uns hier! Sicherlich...«

Marten hörte nicht mehr auf Belmont. Die »Zephir« drehte bei und konnte jeden Augenblick aus dem Wind fallen.

»Klar zum Brassen! Zieht!« rief Jan.

Erst als sich die Rahen wendeten und erneut belegt waren, sah er wieder zu dem Wrack, das inzwischen backbords zurückgeblieben war. Alle anderen blickten ebenfalls hin. Sloven vergaß für eine Weile sogar das Loten.

»Das Lot!« brüllte Marten.

Die hochgezerrte Eisenkugel schlug an die Bordwand.

»Fünfzehn Fuß!« rief Sloven so kläglich, als würde er im nächsten Augenblick in Schluchzen ausbrechen. Gleich darauf schrie er freudig erregt. »Sechzehn! Sechzehn!«

»Wir haben die Sandbank hinter uns«, sagte Belmont. »Der dort drüben ist auf ihr anscheinend während des höchsten Standes der Flut gescheitert, weil er anders nicht so wie wir hinübergekommen wäre«, fügte er hinzu und wies zum Wrack. »Er sitzt bis ans Deck im Schlamm.«

»Es hätte nicht viel gefehlt, dann säßen wir auch fest.« Jan seufzte.

»Viel nicht«, gab Belmont zu. »Ich habe mich um ungefähr hundert Yard geirrt. Wir hätten uns dichter an der Küste halten müssen. Dort ist das Wasser einige Fuß tiefer. Der blendende Widerschein hat...«

Zwei Rufe von der Mars des Fockmastes und dem Bug schnitten die Worte ab, die er zu seiner Rechtfertigung vorbringen wollte. In der gleichförmig dichten

101

Wand des Urwaldes öffnete sich die Einfahrt zur Lagune. Das Ufer trat nach Steuerbord und Backbord auseinander, und vor der »Zephir« breitete sich ein unbewegter Wasserspiegel. Nur in der Mitte zeichnete sich durch leichtes Kräuseln die Strömung des Flusses ab, der aus den Wäldern kam und schwarze, losgespülte Erde mit sich brachte, die er vor seiner Mündung als unregelmäßige Sand-und Schlammbänke auf dem Meeresgrund ablagerte.

Belmont übernahm nun selbst das Steuer und führte das Schiff näher an die Küste heran, die sich steuerbords langsam vorbeischob. Er segelte an der Mündung vorüber, beschrieb einen sanften Bogen, um nicht in den Bereich der Strömung zu geraten, und ließ dann die restlichen Segel bergen. Er nutzte die nur noch geringe Fahrt des Schiffes aus, drehte nach Backbord bei und gab Marten das Zeichen zum Ankerwerfen.

Aus der Klüse glitt die Kette. Das Klirren zerriß die Stille und versank in ihr ohne Echo. Das Schiff zerrte an der ihm angelegten Fessel, drehte sich um den Anker und blieb schließlich, das Heck dem Ufer zugekehrt, unbeweglich liegen.

»Was nun?« fragte Marten den Chevalier.

»Abwarten«, antwortete Belmont. »Ich bin sicher, daß sie uns von allen Seiten beobachten. Sie wissen nicht, wer wir sind, und fürchten, daß wir auf sie schießen, wenn sie sich zeigen. Es ist fraglich, ob sie sich noch der englischen Flagge entsinnen.«

»Ich sehe keine Menschenseele am Ufer«, sagte Marten.

»Trotzdem sind sie dort«, erwiderte Belmont. »Sie verfolgen jede unserer Bewegungen, jedes unserer Manöver. Das muß sie davon überzeugen, daß wir den Weg kennen, sie sind sich jedoch nicht im klaren, ob wir als Freunde kommen.«

Die Selbstsicherheit Belmonts war nicht ganz aufrichtig. Was konnte sich während seiner langen Abwesenheit in Amaha nicht alles ereignet haben? Regierte Quiche noch in Nahua? Was hatte das Wrack auf der Sandbank zu bedeuten? War nur ein einzelner Korsar hier eingedrungen, oder sollte es noch anderen Schiffen aus seiner Begleitung gelungen sein, in die Lagune vorzustoßen? Vielleicht waren Spanier dagewesen? Herrschten sie jetzt in Amaha, oder hatten sie das Land ausgeplündert und verwüstet?

Je länger Belmont darüber nachdachte, um so unwahrscheinlicher kam ihm das alles vor. Die Durchfahrt war schwer zu finden, Amaha nicht reich an Gold. Doch wer konnte wissen...?

»Wenn sich in einer halben Stunde niemand am Ufer zeigt, fahre ich in einem Boot zur Küste«, sagte er zu Marten. »Sie werden mich wiedererkennen. Wäre ich mit der ›Arrandora‹ gekommen....«

Er brach mitten im Satz ab. »Arrandora!« An diesen Namen müßten sie sich erinnern! »Ar — ran — do — ra!« rief er laut. »Ar — ran — do — ra!«

Seine Rufe ertranken in dem Schweigen ringsum ohne Widerhall wie vorher das Poltern der Ankerkette.

Marten lauschte eine Weile, dann schüttelte er zweifelnd den Kopf. »Dort ist niemand«, sagte er.

Kaum hatte er zu Ende gesprochen, als ein eigenartiges Geräusch aus dem Walde zu vernehmen war.

»Hörst du?« flüsterte Belmont.

Die Stille schien jetzt in wechselndem Rhythmus zu schwingen. Sie zerbarst gleichsam unter dem sich ständig wiederholenden dumpfen Dröhnen. Ein bald dunkel, bald heller, einmal weich, dann wieder härter klingendes Rasseln und Klopfen drang aus dem Dickicht, schwoll an und ebbte ab, verstummte und erhob sich von neuem.

»Trommeln«, sagte Marten.

Vier starke Schläge verhallten in gleichmäßigen Abständen. Wie vorher hing lastende Stille über der Lagune.

Jan sah Belmont an und wollte etwas fragen, doch der Chevalier wehrte mit einer Handbewegung ab. Von fern, aus der Tiefe der Wildnis kam Antwort. Sie war kürzer als die Mitteilung oder Frage vorhin und hörte sich an wie eine Weisung, ein Befehl.

Auf einmal wurde das Mangrovendickicht an dem sumpfigen Ufer lebendig, Blätter raschelten, Zweige bewegten sich. Arme, die Spieße hielten, tauchten zwischen ihnen auf, federgeschmückte Köpfe, halbnackte, dunkelbraune Körper, eine Menge springender, laufender, sich über das Wasser beugender Menschen. Plötzlich, man wußte nicht woher, schoß wie unter der Wirkung einer Zauberformel ein ganzer Schwarm mit Ruderern bemannter langer Boote aus dem Röhricht. In dem aufkommenden Lärm unterschied man scharfe, kehlige Laute. Kurze Ruder zerschlugen die glänzende Spiegelfläche der Lagune in funkelnde, glitzernde Wellensplitter.

In einem weiten Halbkreis strebten die Pirogen der »Zephir« zu. Die Ruder blinkten in der Sonne, immer lauter wurde das Stimmengewirr. Plötzlich verstummte das Geschrei. Die Ruderer hielten die Boote auf halbem Weg zum Schiff an. Nur eins von ihnen setzte, langsamer werdend, seine Fahrt fort.

Chevalier de Belmont begab sich an die Bordwand. »Arrandora!« rief er noch einmal und hob die Arme zum Gruß. »Arrandora!!!« antwortete ihm ein vielstimmiger freudiger Ruf. »Arrandora!«

Eine sonderbare, in ein Ozelotfell gehüllte Gestalt, mit einer gespenstischen Maske vor dem Gesicht, einem Antilopengeweih auf dem Kopf und einem Strauß schwarzer Federn in der Hand stand am Bug der Piroge.

»Das ist ihr Oberpriester und Zauberer«, sagte Belmont zu Marten. »Sei freundlich zu ihm.«

Marten befahl, das Fallreep am Steuerbord hinabzulassen. Das Boot legte an. Der Priester des allmächtigen Gottes Tlalok, der zugleich der Vertraute des Königs war, betrat, von dem Dolmetscher, einem jungen Neger mit intelligentem Gesicht und flinken Augen, begleitet, das Deck der »Zephir«. Zwei Krieger von riesigem Wuchs blieben, wie aus Kupfer gegossene Standbilder auf ihre Lanzen gestützt, an der Bordwand stehen. Die übrigen Pirogen, die das Schiff in Form eines Halbmondes von der Landseite her umgaben, kamen nun näher.

Marten erwartete den Vertreter von Quiche, dem Weisen, auf den Stufen des Niederganges zum Heck. An seiner Seite befanden sich der Chevalier de Belmont und Henryk Schultz.

Schultz starrte mit unverhülltem Widerwillen und einer gewissen Furcht den indianischen Götzenpriester an. Seine lange, gerötete Nase witterte den Geruch von höllischem Schwefel, und er bekreuzigte sich verstohlen zum Schutz vor den unreinen Kräften, die diesem Diener des Antichristen sicherlich anhafteten.

Belmont bereitete sich inzwischen feierlich auf die Vermittlung bei der Begrüßungszeremonie und die einleitenden Höflichkeitsfloskeln vor. Marten stemmte die Fäuste in die Seiten und ließ, belustigt und neugierig zugleich, keinen Blick von dem Gesandten, den er empfangen sollte.

Der Zauberer und Diplomat des Königs war von kleiner, kräftiger Gestalt. Seine Arme, den Bauch und die Beine bedeckte eine dünne Schicht fettigen, roten Tons. Er ging langsam, mit tänzerischen, schleifenden Schritten, hielt inne, wiegte sich in den Hüften, wandte den geweihgeschmückten Kopf nach rechts und nach links und schüttelte den Federbusch, der mit einer kurzen Schnur befestigt war, an der silberne Schellen hingen. In der Mitte des Hauptdecks blieb er stehen und winkte einen der am Fallreep postierten Krieger heran. Der kupferfarbene Riese versetzte dem Dolmetscher, der ihm nicht schnell genug auswich, einen Stoß und stellte sich hinter den Priester. Dieser bückte sich, als verbeuge er sich vor den drei Weißen, nahm plötzlich die Maske ab, richtete sich auf und reichte sie dem Krieger. Sein Gesicht mit den Narben zu beiden Seiten der scharfgebogenen Nase und den schwarzen und weißen Linien um den Mund wirkte nicht minder furchterregend. Die bläulichweiß schimmernden Augäpfel mit den dunklen Pupillen lagen tief unter der bis zur Hälfte von schwarzen, gleich lang geschnittenen Haaren bedeckten Stirn. Wenn er sprach, glänzten zwischen den Lippen große, gelbliche Zähne.

Er schritt rasch auf die Fremden zu und hob beide Hände bis zur Höhe des Kopfes. Seine Stimme klang rauh, er stieß die Worte abgehackt hervor, als spräche er nur zögernd oder mit Mühe. Marten kam es einige Male so vor, als höre er unter den eigenartigen Kehllauten die Wörter Belmont und Arrandora.

Die Ansprache war kurz. Die Übersetzung ins Spanische dauerte länger. Aus ihr ergab sich, daß Seine Königliche Hoheit den »weißen Bruder« und seine Freunde begrüße. Quiche herrsche weiterhin in Frieden und bei bester Gesundheit über sein Volk und freue sich über die Ankunft so berühmter Gäste. Er lade sie nach Nahua ein, wo für sie ein prächtiger Empfang vorbereitet werde. Ihm sei bereits bekannt, daß noch ein zweites Schiff seiner »weißen Brüder« in der Nähe warte, das noch vor Anbruch der Dunkelheit in die Lagune bugsiert werden müsse.

Als der Dolmetscher geendet hatte, erschienen sechs weitere Indianer am Fallreep. Auf zwei großen Schilden trugen sie Obst, Gemüse, Fladen aus Weizenmehl und geschlachtetes Geflügel. Sie legten die Gaben am Fuß der Treppe hin, zogen sich zurück und kauerten sich nebeneinander an der Bordwand nieder.

Nun kam die Reihe an Belmont. Der Chevalier stieg zwei Stufen hinab und erklärte, daß er diesmal nicht als Häuptling, sondern als Gefährte und Freund des mächtigen Herrschers der Meere nach Amaha gekommen sei, der sich Goldener Marder nenne, was in der Sprache, der sich der berühmteste Seefahrer der Welt bediene, Marten bedeute.

»Das ist er«, fuhr er fort und wies auf Jan, »der Besieger der Spanier, der Eroberer vieler Schiffe und dabei doch ein Mensch mit gütigem und sanftem Herzen. Er überquerte den Ozean, um seine Freundschaft dem weisen Häuptling Quiche anzubieten, um dessen Herrschaft in Amaha zu festigen und vielleicht auf die Nachbarländer auszudehnen.«

Dann erklärte Belmont, daß Marten die Einladung mit Dank annehme und sich mit seinen beiden Schiffen nach Nahua begeben und dem König seine bescheidenen Gastgeschenke überreichen werde. Er bringe allerdings nicht Gold und Geschmeide, das Mexiko sowieso im Übermaß besitze, sondern Eisen, das hier fehle: Äxte und Sägen, Pflüge und Eggen, Musketen und Geschütze. Um nicht in der Schuld des ehrwürdigen Tlalokpriesters zu bleiben, biete er ihm eine Pistole, dazu ein Säckchen Pulver und Kugeln sowie einen Dolch mit Perlmuttgriff an.

Als der Neger die Worte des Chevaliers umständlich übersetzt hatte — vor Aufregung mußte er immerzu schlucken —, konnten weder der Gesandte des Königs noch die auf dem Deck der »Zephir« befindlichen Indianer ihre Erregung verbergen. Werkzeuge und Waffen, besonders Feuerwaffen, waren in ihren Augen viel, viel wertvoller als Gold und Silber!

Der Priester betrachtete, außer sich vor Freude, die alte Pistole mit dem plumpen Lauf. Er prüfte die Schärfe des Stiletts und fuhr liebkosend mit der Hand über den in allen Regenbogenfarben schillernden Griff. Schließlich spürte er das Bedürfnis, den Kriegern, die in den Pirogen gespannt auf das Ergebnis seiner diplomatischen Mission warteten, die gute Nachricht mitzuteilen.

Er trat an die Reling und verkündete ihnen mit lauter Stimme, was er soeben erfahren hatte. Freudengeschrei antwortete ihm. Spieße, Federbüsche, Ruder, steinerne Tomahawks, Bogen flogen in die Luft und kehrten, mit bewundernswerter Geschicklichkeit im Flug wieder aufgefangen, in die ausgestreckten Hände zurück. Die Boote schwankten bedenklich, drängten zur »Zephir«, stießen an die Bordwand, rieben sich aneinander und schossen hin und her wie spielende Fische. Der Name des Helden der Kundgebung drang in die Menge. Rufe zu seiner Ehrung wurden laut.

»Ohe! Marten, ohe!« riefen die Ruderer und Krieger und schlugen mit den Speeren an die Schilde.

Marten schritt zum Hauptdeck hinunter und legte seine Arme Belmont und dem seltsamen Diplomaten um die Schulter. Zwischen beiden stehend, der Küste Amahas zugewandt, lachte er aus vollem Halse.

Noch vor Sonnenuntergang wurde die »Ibex« von sechs großen Indianerbooten durch die Untiefen und Sandbänke bugsiert. Auf dem glatten Spiegel der Lagune ging sie dicht neben der »Zephir« an der Flußmündung vor Anker. Als die kurze Dämmerung anbrach, Nacht die Bucht umfing und sich plötzlich, fast ohne Übergang, tiefes Dunkel auf Land und Meer senkte, leuchteten am Ufer zahlreiche Lagerfeuer auf. Das Gewirr vieler Stimmen klang von ihnen herüber, dunkle Silhouetten bewegten sich vor den flackernden Flammen. Von Zeit zu Zeit brach, begleitet von Trommeln und Pfeifen, ein Tumult, ein lärmendes Durcheinander aus. Vor dem Feuer ballte sich ein Wirbel tanzender Gestalten, der an einen unheimlichen Hexensabbat erinnerte. Man sah stampfende Füße, sich verrenkende Körper, hochgereckte Arme und Hände, die über den Köpfen den Takt klatschten. Dann beruhigte sich alles. Das Dröhnen der Trommeln rollte flußaufwärts. Andere Trommeln antworteten aus der Tiefe des Urwaldes.

Erst um Mitternacht erloschen die Feuer, und die Stille trat wieder ihre Herrschaft an.

Bei Tagesanbruch kam Nebel auf. Dicht, warm und feucht hüllte er die Lagune ein. Als die Sonne hinter dem unsichtbaren hufeisenförmigen Atoll aufging, war in dem lichtgesättigten Weiß weniger zu sehen als im Dunkel der Nacht. Die Mündung des Flusses war verschwunden, man sah weder das Ufer, den Wald, den nächsten mangrovenbewachsenen Landzipfel noch die »Ibex«, die nur wenige Dutzend Yard entfernt vor Anker lag. Die Mastspitzen der oberen Rahen verschwammen und schwanden aus den Augen, als versänken sie in verdünnter Milch.

Die Stille war weich und nahe, fast greifbar, wie eine dicke Schicht flaumiger Watte. Kein Ton durchdrang sie. Die Laute des erwachenden Lebens auf Deck wurden sofort von ihr aufgefangen und gelangten nicht über die Bordwände hinaus. Es war, als hinge das Schiff in einem milchigen, glanzerfüllten Raum. Die übrige Welt schien geräuschlos untergegangen, verweht zu sein, ohne eine Spur hinterlassen zu haben.

Auf einmal begann der Nebel zu wallen. Da und dort blickte das Wasser durch den Schleier. Der dunkle Küstenstreifen zeigte sich, und rings um die Lagune trat das wirre Dickicht des Urwaldes aus dem Dunst hervor. Über der Bucht hing die bleiche Sonnenkugel. Das alles währte nur Sekunden. Dann fiel der weiße Vorhang wieder, und die Welt hörte auf zu bestehen, wenn man seinen Augen und Ohren Glauben schenken wollte.

Erst eine Weile später kam aus der formlosen, blendenden Unendlichkeit ein gedämpfter Ruf, dem ein rhythmisches, plätscherndes Geräusch wie von heranrollenden und sich brechenden Wellen folgte. Mehrere Boote tauchten dicht an der

107

Bordwand der »Zephir« aus dem Nebel auf. Ihre Steuermänner verlangten durch Gesten, man möge den Anker heben und ihnen die Schlepptrosse zuwerfen.

Marten zögerte, der Aufforderung nachzukommen. Doch Belmont versicherte ihm, daß er den Führern vertrauen könne. Zwei von ihnen kletterten mit affenartiger Behendigkeit auf das Deck. Der eine blieb beim Steuer, der zweite hockte sich rittlings auf den Bugspriet. Ein paar Matrosen drehten unter dem Kommando Worsts das schwere, eichene Gangspill, bis der Ankerstock stand und der Anker triefend von Schlamm in der Klüse hing. Das Schiff setzte sich kaum merkbar in Bewegung, glitt nach Steuerbord und folgte der Trosse, an deren Ende mehrere dünne Taue befestigt waren. Die Ruderer in den zwei Reihen von Booten, die in einem spitzen V-förmigen Winkel fuhren, legten sich in die Riemen und bugsierten die »Zephir« zur Flußmündung. Der Nebel lichtete sich. Man konnte bereits die nächsten Pirogen und sogar die Gestalten der Ruderer erkennen. Hinter dem Heck waren undeutlich die Umrisse der »Ibex« zu unterscheiden. Sie wurde von anderen Booten gezogen, die wie Perlen eines Rosenkranzes an dem Hanftau aufgereiht waren.

Marten sah nun, daß die durch die Lagune fließende Strömung, die er gestern bemerkt hatte, nicht der Flußlauf des Amaha war, sondern einer seiner zahlreichen Arme und keineswegs der wichtigste. Das Delta des Flusses umfaßte, wie Belmont behauptete, einige, vielleicht sogar einige Dutzend Meilen und bildete viele fast unzugängliche Buchten. In diese Lagune mündeten drei Flußarme, von denen nur der mittlere, und auch der nur während der Flut, für größere Schiffe befahrbar war.

Die Flut hatte gerade eingesetzt. Im Osten rauschte das Meer. Seine Wellen wälzten sich über das niedrige, hufeisenförmige Atoll, eilten quer über die Bucht, drangen in die Lagune ein und liefen, nachdem sie ihre Kraft bei der Überwindung aller Hindernisse verbraucht hatten, an den Ufern sanft aus. Das Wasser stieg unaufhörlich, der Fluß staute sich, seine Wirbel förderten Wolken braunen Schlammes an die Oberfläche.

Eine leichte Brise kam auf und riß den Nebelschleier in Fetzen. Ab und zu blickte die Sonne durch die Lücken. Dann spannte sich das tiefe Blau des Himmels über die Erde.

Die Pirogen, die die »Zephir« im Schlepptau hatten, bogen in die breite Mündung des schiffbaren Flußarmes ein. Auf dem etwas höheren linken Ufer standen aus Schilf und Rohr geflochtene Hütten. Anscheinend wohnten dort nur Krieger des Königs, eine Art Grenzwache; als sie auf der kleinen Waldwiese zusammenliefen, um die beiden Schiffe der weißen Menschen zu begrüßen und ihnen gleichzeitig zum Abschied zuzuwinken, bemerkte Marten keine einzige Frau unter ihnen.

Die Küstenwache verschwand hinter einer Flußbiegung, und der Wald, der immer höher und dunkler wurde, neigte sich über das Wasser. Der Wind erstarb, die Luft wurde dick und schwer. Sie war gesättigt von Modergeruch und hunderterlei anderen Düften und Ausdünstungen, die in unbeweglichen Schwaden über allem schwebten. Es roch nach Vanille, Honig, frischem Blut, nach Weihrauch, Minze, Robinienblüten, gärender Biermaische, Knoblauch, Moschus, gegerbter Haut, Zitronen, Stallmist, Myrrhe, Kampfer und Ambra. Prächtigen gelben Blüten entströmte Aasgeruch.

Die großen, vom Fluß verlassenen Mäander füllten sich nun mit Wasser, überschwemmten weite Flächen und bildeten Seen. Auf langen Sandbänken sonnten sich träge Kaimane mit dunklen, fast schwarzen Rücken und hellen, gelbgepunkteten Bäuchen. Mit dichtem Buschwerk und Bäumen bestandene kleinere und größere Inseln versperrten den Weg. Heimtückische Untiefen lauerten dicht unter der Wasseroberfläche und ließen nur enge Fahrrinnen bald am rechten, bald am linken Ufer frei. Plötzlich dehnte sich der Fluß hinter einer schmalen Windung zu einem weiten See, dessen Ufer sich im Schatten riesiger Bäume verloren. Ihre massiven, erstaunlich hohen, gerade gewachsenen Stämme strebten wie Säulen eines Tempels der Sonne entgegen.

Die »Zephir« mit ihren hohen Masten schwamm wie ein kleines Insekt, ein Wasserkäfer oder Wasserläufer, der zwischen schwankenden Binsen dahinhuscht, an ihnen vorbei. Je weiter sie flußaufwärts kam, desto langsamer wurde ihre Fahrt. Ein Dickicht von ineinander verschlungenen Lianen, weitausladende Baumkronen, Wurzeln, die sich wie erstarrte Schlangenleiber umeinanderwanden, öffneten sich vor dem Schiff wie grüne Wände und schlossen sich hinter ihm, als wollten sie den Fremdlingen den Rückweg verwehren.

Schwärme von Moskitos summten unter den regungslosen Blättern. Vögel zwitscherten irgendwo in der Höhe. Manchmal schnellte ein Fisch aus dem Wasser, es raschelte, Geschrei ertönte, und eine Herde Affen flüchtete durch das Geäst.

Sonst herrschte Stille, eine Stille, die voll gespannten Wartens auf etwas zu sein schien, was wild, raubsüchtig in der Tiefe des Waldes lauerte und noch zögerte, sein undurchsichtiges Vorhaben auszuführen.

Henryk Schultz, der sich von allem Anfang an dem Projekt Martens und Belmonts gegenüber ablehnend verhalten hatte, fühlte sich physisch und auch psychisch nicht wohl. Das tropische Klima, die feuchte, drückende Hitze nahmen ihm den Schlaf und quälten ihn unaussprechlich. Henryk schwitzte wie in einem Dampfbad, und mit den Strömen von Schweiß, die er vergoß, verließen ihn der Appetit, die Kräfte und das seelische Gleichgewicht.

Hinzu kam, daß er sich nun mit dem Chevalier de Belmont in die Würde des Ersten Offiziers teilen und ihm sogar in manchem nachgeben mußte. Theoretisch hatten beide die gleichen Rechte auf der »Zephir«, doch Belmont war noch Navigationsoffizier und Lotse. Sein Einfluß auf Marten wuchs ständig.

Außerdem litt Schultz, wie immer während langer Fahrten, unter dem Mangel religiösen Trostes; ihm fehlten Beichte und Kommunion, was ihm Angst und Sorge um sein Seelenheil bereitete, denn es konnte sein, daß er die von ihm begangenen Sünden inzwischen vergaß. Besonders hier, unter Heiden und Götzenanbetern, in beinahe körperlicher Berührung mit einem Zauberer und angesichts dessen höllischer Praktiken, fühlte er sich furchtbaren Gefahren ausgesetzt. Beten und heimliches Bekreuzigen allein genügten sicherlich nicht, die Arglist der Hölle abzuwehren. Bei dem Gedanken, daß die bösen Mächte Gewalt über ihn bekommen, sich auf irgendeine Weise in seiner Kleidung, im Haar und unter den Fingernägeln einnisten könnten, würgte es ihm im Halse. Er hatte schon mehrmals von Fällen derartiger Besessenheit gehört, wußte aber nicht, wie er der entsetzlichen Gefahr wirksam begegnen sollte, da ihm alle Mittel zum Austreiben böser Geister genommen waren und er nicht einmal geweihtes Wasser besaß. Und Marten widersetzte sich entschieden der Teilnahme eines Priesters, Ordensbruders oder Missionars an seinen Fahrten.

Schultz irrte mißmutig und leidend auf dem Deck umher, blieb an der Bordwand stehen und kehrte dann unter das Sonnendach zurück, das über dem Steuer und dem Heck ausgespannt worden war. Voll Haß und Widerwillen starrte er auf das grüne Dickicht, das steuerbords am Schiff vorüberglitt.

Die »Zephir« fuhr ganz nahe am Ufer entlang, das nicht viel niedriger als das Deck war. Die Rahen hatte man angeholt, damit sie sich nicht im Geäst der Bäume verfingen. Trotzdem geriet ein halbverdorrter Ast, der weit über das Wasser ragte, in die Wanten des Großmastes, zerbrach krachend und stürzte herab. Blätter, Flechten, Zweige und eine Wolke von Moder regneten auf das Deck. Schultz beugte sich über die Bordwand, um mit einem breiten Messer eine Liane zu kappen, die an dem Schiff hängengeblieben war und ein ganzes Bündel Buschwerk hinter sich herzog. Als er aufsah, erblickte er plötzlich den Teufel ..., den Teufel in höchsteigener Person! Ein schreckliches, von einem Grinsen verzerrtes Gesicht starrte ihn mit weitaufgerissenen, glühenden Augen an, und dann gewahrte er in dem Gewirr von Zweigen und Blättern noch andere Gesichter, Hände, Brüste, nackte, braune, glänzende Körper, eine ganze Meute unbeweglicher Gestalten, die ihn gierig anzustieren schienen, bereit, sich auf ihn zu stürzen, um ihn geradewegs mit sich in die Hölle zu schleppen.

Das Entsetzen verschlug ihm die Sprache und lähmte seine Glieder. Er vermochte kein Wort hervorzubringen und keinen Schritt zu machen, um zu fliehen. Das Herz saß ihm in der Kehle.

Auf einmal bewegten sich die Zweige raschelnd, und die Teufel hasteten flußaufwärts. Tief gebückt zwängten sie sich einer nach dem anderen durch das Gestrüpp, verschwanden manchmal im Schatten und erschienen wieder in den Lücken der grünen Wand. Schließlich wälzte sich der ganze Haufen in unverständlicher wilder Eile weiter und entwich, als hätte ihn die Erde verschlungen.

Schultz stand wie versteinert. Mit der ganzen Schwere seines Körpers stützte er sich auf die Reling und atmete schwer. Er war in Schweiß gebadet, vor Abscheu und Angst wurde ihm übel. Mit bleichen Lippen flüsterte er ein Gebet. Erschreckt fuhr er zusammen, als ihm jemand die Hand auf die Schulter legte. Er hatte weder die sich nähernden Schritte noch die Worte gehört, die der Chevalier de Belmont zu ihm gesprochen hatte.

»Fühlt Ihr Euch nicht wohl, Monsieur Schultz?« fragte er.

Henryk richtete sich auf und blickte ihn über die Schulter an.

»Es ist heiß«, murmelte er.

»In der Tat«, pflichtete ihm Belmont bei. »Habt Ihr unsere Gehilfen in Augenschein genommen?« fuhr er fort. »Sie sind stark wie Pferde und neugierig wie Affen.«

»Von wem sprecht Ihr?« Schultz wunderte sich.

»Von jenen dort«, sagte Belmont und deutete mit einer Kopfbewegung auf das Dickicht. »Sie werden uns flußaufwärts schleppen. Der Urwald nimmt bald ein Ende, zumindest entfernt er sich vom Ufer. Wir lassen die Taue an Land bringen und diese Menschen...«

»Menschen?« schrie Schultz.

»Oder Gente sin razon, wenn Euch das lieber ist. So bezeichnen die Spanier die Indianer. Ich persönlich meine, daß sie Menschen sind wie wir. Eine ähnliche Ansicht äußerte übrigens schon Papst Paul der Dritte vor fünfundvierzig Jahren.«

Schultz verzog sein Gesicht vor Mißbehagen. Aus dem Munde dieses Häretikers klang die Erwähnung des Heiligen Vaters wie eine Lästerung. Den Papst hielt er für unfehlbar. Die Geschöpfe, die Schultz im Urwalddickicht gesehen hatte, waren also Indianer, keine Höllenbewohner. Wie dem auch sei, die Angelegenheit nahm eine günstige Wendung.

»Wenn sie nur stark genug sind, das übrige ist nicht so wichtig«, brummte er erleichtert. »Wo befestigen wir die Taue?«

»Am besten in den Klüsen sowie am Fock- und Großmast«, erwiderte Belmont. Beide gaben entsprechende Befehle.

Nach einer Weile zog sich der Urwald immer weiter von den Ufern zurück. Das Flußbett wurde enger, das Wasser tiefer, dunkler, beinahe schwarz und die träge Strömung lebhafter, reißender. Obwohl sich die Ruderer mit aller Kraft in die Riemen legten, bewegten sich die Pirogen kaum noch von der Stelle.

Hinter dem Heck der »Zephir« kamen andere Boote zum Vorschein. Als sie sich neben der Bordwand befanden, fingen die in ihnen sitzenden Krieger die Trossen auf und brachten sie an Land. Halbnackte „Teufel" packten sie und zogen, in drei Gruppen geteilt, das Schiff weiter stromaufwärts. Einige stemmten sich mit langen, sehr stabilen Stangen gegen den Bug, damit er sich nicht zu sehr dem Ufer nähere.

Nach einer Stunde mußten wieder Pirogen die »Zephir« ins Schlepptau nehmen, da sumpfige Buchten und Zuflüsse den Weg am Ufer verlegten. Das wiederholte sich noch zweimal. Jedesmal setzten die Indianer in Booten über die Hindernisse und treidelten dann das Schiff vom Ufer aus weiter.

Der Urwald wich mehr und mehr auseinander und machte sonnigen Lichtungen Platz, die sich immer weiter ausbreiteten. Da und dort tauchten Hütten mit spitzen Schilfdächern auf. Bebaute Felder und Gärten mit jungen Bäumen umgaben sie. Kinder, überwiegend kleine Neger, kamen ans Ufer gelaufen, Frauen und Männer unterbrachen ihre Arbeit, um die Schiffe der Weißen zu betrachten. Es ging schon dem Abend zu, als endlich eine große Ansiedlung gesichtet wurde. Sie bestand aus Pfahlbauten, die sich am linken Flußufer erstreckten.

»Nahua«, sagte Belmont.

Schultz war enttäuscht. Er hatte gehofft, Gassen und Plätze zu Gesicht zu bekommen, die, wenn sie auch nicht wie in Tenochtitlan waren, so doch an eine Stadt erinnerten. Und nun gab es hier gar keine Gassen, sondern nur eine vielleicht eine Meile lange Reihe von viereckigen fensterlosen Holzschuppen, deren Eingänge dem Land zugekehrt waren. Diese »Gasse« war nichts anderes als ein sechs Yard breiter Weg, der an der Flußseite durch große Steine befestigt war und zwischen den Pfählen, auf denen die Häuser standen, verlief.

Das einzige Steingebäude war die Festung, die dem König und Oberbefehlshaber als Residenz diente. Man hatte sie einige hundert Yard vom Fluß entfernt auf einem Hügel der Anlegestelle gegenüber erbaut, die die Siedlung in zwei Hälften teilte. Die Landebrücke aus riesigen Stämmen ruhte auf Pfählen, die in den Boden gerammt waren. Sie reichte bis zur tiefen Fahrrinne des Flusses. Hinter ihr standen zu beiden Seiten des weitläufigen Platzes zwei Speicher mit Fachwerkmauern und einige stattlichere Häuser, deren Lehmwände durch steinerne Pilaster gestützt waren.

Dann stieg das Gelände ziemlich steil an. Auf den Hängen des Hügels, den in halber Höhe eine mächtige doppelte Palisade umgab, waren Terrassen angelegt. Auf dem abgeflachten Gipfel erhob sich hinter einer mit Schießscharten versehenen Steinmauer ein plumper Bau, der an einen Pyramidenstumpf erinnerte. Zwei Galerien schlossen ihn und eine Art quadratischen Pavillon mit spitzem Dach ein, das mit zahlreichen Ornamenten verziert war. Hier wohnte Quiche der Weise.

Die Menschenmenge, die sich auf dem Platz und auf der Landebrücke versammelt hatte und sich ausschließlich aus Indianern zusammensetzte, verharrte in tiefem Schweigen. In den ersten Reihen hinter dem Spalier von Kriegern, die entweder mit Spießen und Schilden oder mit Bogen und kurzen Streitäxten aus Stein mit Holzgriffen bewaffnet waren, standen nur Männer. Die Frauen und Kinder drängten sich hinter ihnen oder saßen auf den Stangen der Zäune und Einfriedungen. Sie waren in der Minderzahl. Die Bevölkerung von Nahua, vielleicht auch des ganzen Königreiches, bestand anscheinend überwiegend aus Männern.

Die vier Weißen — Marten, Belmont, Schultz und White — befanden sich an Deck der »Zephir« und sahen mit Ungeduld der Ankunft des Königs entgegen, der sie begrüßen und in sein Schloß geleiten sollte. White ärgerte sich, daß er auf diesen »Wilden« warten mußte, und Schultz war in der gleichen Stimmung. Außerdem fürchtete er irgendeinen Hinterhalt oder Verrat. Nach seiner Meinung durfte man Geschöpfen, die in ihrem Äußeren so sehr an die Untertanen des Höllenfürsten erinnerten, nicht über den Weg trauen.

Auf einmal kam Leben in die Menge an der Brücke. Schultz bemerkte zwei Frauen, die von der »Gasse« her nahten. Die ältere von ihnen ging gebückt und stützte sich auf einen Stock. Sie trug dunkle Kleider und hatte die Haare auf dem Scheitel zu einem festen Knoten geschlungen. Die jüngere, sie zählte höchstens sechzehn Jahre, war rank und schlank wie eine Gerte. Ein gestreiftes Tuch, das wie Seide schimmerte, umhüllte ihre Gestalt. Ihr Gang war stolz. Bei jedem Schritt klirrten ihre Armbänder aus Kupfer und Silber. Sie hatte einen helleren Teint als die anderen Frauen; ihre Wangen waren rot gefärbt und die glänzenden rabenschwarzen Haare zu einem dicken Zopf geflochten. An ihrem Hals hingen lange Ketten aus Glasperlen und sonderbarer bunter Zierat, wahrscheinlich Amulette. Mit ihren Glutaugen war sie barbarisch schön.

Ohne die Menge zu beachten, schritt sie mit hocherhobenem Kopf langsam heran, den Blick auf Marten geheftet, der der Bordwand am nächsten stand. Er war genauso gekleidet wie an dem Tag, als er in Deptford mit Elisabeth gesprochen hatte. Schon von weitem stach er von den Gefährten ab, und das Mädchen erriet, daß er der Erste unter ihnen war. Sie blieb unweit des Fallreeps stehen und betrachtete ihn aufmerksam, als wollte sie sich jeden seiner Gesichtszüge ins Gedächtnis prägen. Als Jan den Zobelkalpak mit dem Federbusch lüftete und sich lächelnd vor ihr verneigte, huschte ein Ausdruck leichter Verwunderung über ihr Gesicht. Sie antwortete ihm ebenfalls mit einem Lächeln und einer grüßenden Handbewegung.

Die Alte runzelte die Stirn, trat zu der Jungen und begann schnell, erregt auf sie einzureden. Dabei wies sie mehrmals auf das Schiff. »Schamlos bist du, Inika, schamlos. Du hast dir in den Kopf gesetzt, die weißen Fremdlinge zu sehen, und lachst sie nun an wie die erste beste Negerin. Vergiß nicht, daß du die Tochter des Häuptlings bist und vom Blut des Stammes Cora wie deine Mutter.«

Inika wehrte mit der linken Hand ungeduldig ab, als wollte sie den Redefluß der Alten zum Versiegen bringen. Ihre Armbänder klirrten, doch die Alte hörte nicht auf zu keifen.

»Diese Fremdlinge!« sagte sie laut, verachtungsvoll und haßerfüllt. »Möge sie ein böser Zauber treffen! Wir haben schon genug von der Sorte in unserem Land, schwarze und braune, und auch solche, die uns ähnlich sind. Am schlimmsten sind die Weißen, das ist gewiß. Ihre Ankunft bedeutet nichts Gutes. Ich bin alt und weiß so manches. Und du, du Schamlose, lachst sie an. Oh, oh!«

Marten sah der Szene belustigt zu. Er ahnte ihre Bedeutung und war neugierig, wie sie enden werde. Plötzlich ging ein Raunen durch die Menge. An der Palisade erschien ein Zug, dem ein breitschultriger, hochgewachsener Indianer mit bloßem Kopf voranschritt. Ein schmaler Goldreif hielt seine zu mehreren Zöpfen geflochtenen Haare zusammen. Er trug eine Art Bluse aus Sämischleder mit kurzen Ärmeln, die mit Metallkügelchen geschmückt und an den Rändern mit Streifen farbigen, glänzenden Leders benäht war, lange Hosen mit Fransen an den Seiten und kunstvoll geflochtene Mokassins an den Füßen. Außer einer im Gürtel steckenden Streitaxt mit Stahlklinge hatte er keine Waffen bei sich. Auch der Zauberer und die beiden Würdenträger, die ihn begleiteten, waren nicht bewaffnet. Dafür wirkten die sechs gleichgroßen Krieger der militärischen Ehrenwache mit ihren Federbüschen auf den Köpfen, den Kuguarfellen, die über die linke Schulter hingen, den Rücken bedeckten und von Messingklammern auf der Brust zusammengehalten wurden, imponierend. In den Händen trugen sie längliche Lederschilde mit eingepreßten Mustern und Lanzen mit Büscheln rot und schwarz gefärbter Haare an den Spitzen. Im Gurt funkelten steinerne Streitäxte mit geschnitzten Handgriffen. Ihre Gesichter, die sich alle ähnlich sahen, waren einheitlich mit schwarzen und weißen Linien bemalt und an den gleichen Stellen mit Narben versehen.

Als Quiche und seine drei Begleiter das Fallreep emporstiegen, stellte sich die Leibgarde in einer Reihe entlang der Landungsbrücke auf und stützte Schilde und Spieße auf die Erde.

Quiche trat ohne zu zaudern auf Marten zu. »Sei willkommen, Freund«, sagte er und blickte ihm fest in die Augen.

Die ersten drei Tage in Nahua vergingen Marten und der Bemannung der beiden Schiffe mit Festlichkeiten, Gastmählern und Beobachten sehr rasch. Weder die eine noch die andere Seite berührte in den Gesprächen die wichtigsten Fragen.

Marten befahl, zwölf Musketen, ein Fäßchen Schießpulver, einen Sack Kugeln, vierzig Sägen und ebenso viele Äxte, Schaufeln, Heugabeln und Hacken, zehn Kisten Nägel, die vollständige Einrichtung einer Tischlerwerkstatt und zwei Kisten mit verschiedenen kleinen Gegenständen wie Nadeln, Garn, Messer und Scheren, Glasperlen, Kerzen und billigen Leuchtern auszuladen und zum Palisadentor zu schaffen. Außerdem schenkte er Quiche zwei Pistolen, deren Griffe mit Perlmutt und Silber ausgelegt waren, und einen toledanischen Degen mit vergoldetem Korb. Etwas bescheidenere Geschenke erhielten die beiden indianischen Würdenträger, die, wie es sich zeigte, Abgesandte und nahe Verwandte der Häuptlinge von zwei befreundeten Stämmen waren. Für Inika bestimmte Marten ein Stück blauer Seide, Halsketten und ein silbernes Glöckchen, das ihr große Freude bereitete. Die Schwiegermutter des Königs bedachte er mit rotem Damast und einer Spitzenkrause.

Die Freigebigkeit Martens machte großen Eindruck. Niemand hier hatte je eine solche Menge wertvoller Gegenstände, besonders Werkzeuge und Waffen, gesehen. Selbst Quiche konnte seine Freude über ihren Besitz nicht verbergen, obwohl er sich bemühte, dies nur durch freundliche Danksagungen auszudrücken.

Marten und Belmont wurden zwei nebeneinanderliegende Pavillons in dem schattigen Park zugewiesen, der die Residenz des Königs umgab. Quiche hatte sie nach besten Kräften bequem und in gewissem Sinne sogar prächtig einrichten lassen. Marten schlief auf einem niedrigen, breiten, aus Riemen geflochtenen Bett, das mit Wolldecken bedeckt war. Auf dem Fußboden aus glatten Steinplatten lagen weiche Pumafelle, an den Wänden hingen Hirsch- und Antilopengeweihe.

Der Anblick, der sich von hier oben dem Beschauer bot, zeugte von Frieden und Wohlstand.

Hinter dem Platz mit seinen Lagerhäusern und Lehmbauten befand sich der Hafen. Dort ankerten auf dem dunklen Fluß, den die Sonne morgens und abends in flüssiges Metall verwandelte, die »Zephir« und die »Ibex«. Das gegenüberliegende Ufer schien unbewohnt zu sein. Wohl zogen sich am Fluß Pflanzungen hin, und Boote überquerten ihn nach der einen wie nach der anderen Seite, doch man sah dort kein einziges Haus. Nur am linken Ufer erhoben sich in einer langen Reihe stromauf- und -abwärts braune Holzhäuser, die auf je vier hohen Pfählen ruhten. An den Eingängen, vor denen Binsenmatten hingen, lehnten Leitern. Obstbäume und kleine Gemüsegärten umgaben die Wohnstätten.

Rings um die Ansiedlung ruhten inmitten wogender Felder, zwischen Gärten und Viehweiden vereinzelt Anwesen mit hohen, spitzen Dächern, die von den Kronen alter Bäume überragt wurden. Über den Häusern, den eingefriedeten Pflanzungen und Obstbaumhainen, den auf den Feldern arbeitenden Menschen wölbte sich der tiefe, dunkelsaphirene Himmel. Er stützte sich auf die undurchdringlichen Wälder, die von allen Seiten Nahua einschlossen. Nur fern im Südwesten zeichneten sich verschwommen die graublauen Umrisse von Bergen ab.

In dieses glückliche Land der Stille und des Friedens schien kein Weg zu führen. Und doch dehnte sich nur wenige Meilen weiter östlich das Meer — der Schauplatz ständiger Kämpfe, Siege und Niederlagen, das Meer, reich an Verheißungen und Gaben, an Drohungen und Verderben.

Während dieser drei Tage pflegte Quiche vor der kurzen Dämmerung, wenn ein kühler Lufthauch vom Fluß her die Hitze erträglicher machte, in Begleitung zweier Krieger seiner Leibwache Marten in dessen Gartenhaus zu besuchen. Die beiden schweigenden Indianer blieben, auf ihre Lanzen gestützt, regungslos am Eingang stehen. Der König stieg bis zur Mitte der Treppe empor, begrüßte seinen weißen Freund und Gast, erkundigte sich, ob er gut geruht habe, und begann ernst über nebensächliche Dinge zu sprechen. Dann gingen die beiden unter den schrägen Strahlen der scheidenden Sonne zwischen den blühenden Sträuchern auf der Terrasse spazieren. Marten hatte Mühe, die Unterhaltung in Fluß zu halten, da jeder seine geheimen Gedanken verbergen wollte.

Sie unterhielten sich spanisch. Quiche hatte diese Sprache von Flüchtlingen aus Tamaulipas und Veracruz erlernt. Sie blickten sich prüfend an, und Marten fühlte oder erriet vielleicht, daß ihn der König zu erforschen, zu durchschauen und in seinen Zügen zu entdecken suchte, ob und wie weit er dem weißen Seemann trauen könne.

Dann trennten sie sich für kurze Zeit und trafen sich in einem größeren Kreis während des Abendessens wieder.

White und Schultz waren nur das erste Mal bei einem solchen Empfang zugegen. Sie wollten lieber auf den Schiffen wohnen und ihre Mahlzeiten mit der Mannschaft einnehmen. Marten hielt dies für richtig.

Während des Essens saß er neben Belmont. Das Gespräch mit den Abgesandten der befreundeten Stämme und dem Oberpriester Uatholok wurde mit Hilfe des schwarzen Dolmetschers geführt, der hinter den beiden Weißen stand.

Gegen Schluß des Mahls, wenn Flaschenkürbisse mit Mate gereicht wurden, erschienen auch Inika und Matlok. Marten wechselte mit ihnen ein paar höfliche Sätze. Inika sprach besser spanisch als ihr Vater. Ihre Großmutter verstand kein Wort. Sie setzten sich den Gästen gegenüber, tranken Mate und zogen sich zurück, noch bevor sich Quiche erhob, sich verabschiedete und allen eine gute Nacht wünschte.

Die ersten beiden Tage sah Marten die Tochter Quiches nur beim Abendbrot und nur in Begleitung der Alten. Am dritten Tag begegnete er Inika allein auf der untersten Terrasse in der Nähe des Palisadentores, als er zum Hafen gehen wollte.

Er hatte den Eindruck, als sei das Zusammentreffen nicht zufällig.

Er grüßte und fragte, ob sie auch zum Fluß gehe. Inika verneinte.

»Folge mir«, sagte sie freimütig. »Ich will dir etwas sagen.«

Sie führte ihn eine hohe Hecke entlang, die sie vor den Blicken Unberufener verbarg, und begann zu sprechen. Sie betrachte ihn als Freund und vertraue ihm mehr als Belmont, erklärte sie Marten, obwohl die Großmutter, die sie erzogen habe, anderer Ansicht sei.

»Hüte dich vor ihr«, sagte Inika. »Die Großmutter ist deinen Plänen und Absichten nicht wohlgesonnen. Sie fürchtet, daß du noch andere Weiße zu uns bringst — vielleicht sogar Spanier.«

»Und du?« fragte Marten.

»Weißt du denn, was ich beabsichtige?«

»Ich habe dir bereits gesagt, wie ich denke.«

»Du brachtest uns Geräte, die uns die Arbeit erleichtern, und Waffen zu unserer Verteidigung. Ich glaube, du bist klug und ehrlich. Wenn du eine Zuflucht brauchst, dann wird Nahua sie dir gewähren. Du wirst fern von hier kämpfen, um deine Feinde nicht herbeizulocken. Nahua ist der Hafen der Flüchtlinge. In ihm muß Ruhe und Frieden herrschen.«

Sie sprach mit Nachdruck, und Marten hörte ihr, ohne sie zu unterbrechen, zu. Über die inneren Angelegenheiten ihres Landes redete sie wie ein Staatsmann, überblickte und erfaßte aber nicht alle Gefahren, die von außen drohten.

Die Bevölkerung Amahas nahm ständig zu, sie wuchs schneller und stürmischer als dort, wo sich nur der natürliche Zuwachs auswirkte. Fortwährend kamen Flüchtlinge, Indianer und Neger und auch Mischlinge, in das Land. Es fehlte zwar nicht an Boden für sie, doch er war noch vom Urwald bedeckt. Um ihn der Wildnis zu entreißen, ihn zu bebauen und neue Siedlungen zu errichten, waren Geräte und Werkzeuge, also Eisen, erforderlich. Man benötigte auch Saatgut, Setzlinge für Obstbäume, neue Pflanzen und Vieh. Vor allem aber mangelte es an Frauen für die Ansiedler.

Dieses Problem wurde immer dringender. Die Flüchtlinge waren fast ausschließlich Männer. Die Mädchen der Nachbarstämme Acolhua und Haihole heirateten Indianer, selten jedoch Neger. Übrigens war auch dort der Frauenüberschuß bereits erschöpft. Es konnte zu Unruhen und Aufständen kommen, wenn nicht in irgendeiner Form vorgebeugt wurde.

Matlok, die Schwiegermutter Quiches, haßte die Fremden. Unter den Höflingen und Räten ihres Schwiegersohnes, den Priestern und den Ältesten hatte sie Anhänger. Sie stammte aus dem Geschlecht Cora. Ihre Vorfahren waren Häuptlinge nomadisierender Jäger und Krieger gewesen. Auch als sie ein seßhaftes Leben zu führen begonnen hatten, war der Krieg ihre Hauptbeschäftigung geblieben. Matlok hatte Ehrgeiz, wenn auch nicht für sich selbst, so doch für ihren Schwiegersohn und die Enkelin. Sie erstrebte kein Bündnis, sondern absolute Macht über die anderen Stämme, von denen sie Unterwerfung unter die Herrschaft Quiches verlangte.

Es ärgerte sie, daß Fremde in Amaha Land erhielten. Selbstverständlich sollten sie es bearbeiten, aber als Sklaven. Außerdem sollten sie Tlalok gebührend ehren und diesem Gott, dessen Kult gerade durch den Zustrom der Fremden immer mehr verfiel, Blutopfer darbringen.

Den durchtriebenen Priester und Zauberer Uatholok suchte sie ganz auf ihre Seite zu ziehen, indem sie ihm durch Andeutungen eine Ehe mit Inika in Aussicht stellte. Da Quiche keinen Sohn hatte, würde dann Uatholok nach des Königs Tod, vielleicht sogar schon früher, Herrscher von Amaha werden.

Doch der Priester des hintan gesetzten Gottes zögerte. Quiche besaß die Macht, und es war gefährlich, eine Verschwörung gegen ihn anzuzetteln. So pendelte Uatholok zwischen ihm und seiner Schwiegermutter und war bemüht, eine neutrale

Haltung zu bewahren. Beide Parteien holten seinen Rat ein, und die verbündeten Häuptlinge der Stämme Acolhua und Haihole erwarben sich durch Geschenke seine Gunst.

»Und dein Vater?« fragte Marten, als Inika verstummte.

»Du wirst mit ihm sprechen«, erwiderte sie. »Ihr seid beide große Häuptlinge, dein Freund hat an unserer Seite gekämpft und für uns viele Kugeln verschossen. Ich weiß, daß du noch mächtiger bist als er. Wenn du willst, vermagst du viel für mein Land zu tun, du könntest uns aber auch vernichten. Wir haben dich als Gast und Freund empfangen und aufgenommen, obwohl wir euch töten und eure Schiffe in Brand stecken konnten, ehe ihr die Lagune durchquert hattet. Mein Vater hat es nicht erlaubt.«

Sie hob den Kopf und sah Marten ernst in die Augen. »Nun weißt du alles«, sagte sie.

Noch am Abend desselben Tages, nachdem sich die Frauen wie gewöhnlich entfernt hatten, entließ Quiche auch alle übrigen Teilnehmer an dem Abendessen. Seine weißen Gäste bat er, sich mit ihm noch an das allmählich verlöschende Feuer unter dem Baum mit den weitausladenden Ästen zu setzen.

Es war Vollmond. Silbernes Licht rieselte durch die Blätter und warf dunkle Schatten auf das taubedeckte Gras. Bei dem Stoß rotglühender, zum Teil schon in Asche zerfallener Scheite war es trocken. Eine Rasenbank bot bequeme Sitzgelegenheit.

Quiche schwieg lange in Nachdenken versunken und stocherte mit einem frischen, entrindeten Stock in der Glut. Die kleinen Zweige begannen zu glimmen, rauchten, fingen Feuer und erloschen wieder.

»Es ist die Stunde gekommen, voreinander die Herzen zu öffnen«, sagte Quiche schließlich. »Was wollt Ihr?«

Marten verständigte sich durch einen Blick mit Belmont, der leicht mit dem Kopf nickte und antwortete: »Wir bieten dir unsere Hilfe an, Quiche, und wollen deine. Amaha wurde zum Hafen der Flüchtlinge, die hier eine sichere Zuflucht fanden und finden. Doch die Welt ist groß, und in ihr herrschen die Spanier. Du weißt genug über sie, um zu begreifen, daß sie früher oder später versuchen werden, sich auch deines Landes zu bemächtigen und dann...«

Belmont machte eine Handbewegung, als fege er etwas hinweg. »Dann würdest du, der du keine Waffen, Geschütze und Schiffe besitzt, nicht imstande sein, ihnen Widerstand zu leisten.«

»Das Wasser der Lagune ist seicht«, entgegnete Quiche. »Hast du die Masten des spanischen Schiffes gesehen, die dort herausragen?«

Belmont nickte. Er wollte sich erkundigen, was aus der Besatzung des Schiffes geworden sei, doch die Frage kam ihm aufdringlich und taktlos vor, und er verzichtete darauf. Er konnte sich denken, daß sie bis auf den letzten Mann getötet worden war.

»Ich habe sie gesehen«, antwortete er. »Dieses Schiff fuhr jedoch allein, und sein Kapitän handelte unbesonnen. Hat es aber erst einer gewagt, in die Bucht einzulaufen, werden es nach ihm noch andere versuchen. Das Schicksal des ersten wird sie warnen, nicht abschrecken. Hätte dein Schwager damals, vor Jahren, über Kanonen verfügt, wäre die ›Arrandora‹ nicht bis nach Nahua gekommen.«

»Das stimmt«, murmelte Quiche.

Belmont erläuterte den Plan, die Küste, die Flußmündung und die Pässe und Zugänge auf der Landseite zu befestigen. Er versprach Quiche Waffen und Geschütze, Pulver und Kugeln sowie Hilfe bei der Aufstellung einer Streitmacht, wenn er ihren Schiffen Zuflucht gewährte und ihnen erlaubte, ihre Beute in Nahua zu lagern und unter den Bewohnern Amahas Mannschaft zu werben.

Quiche hörte schweigend zu. Als Belmont geendet hatte, begann er zu sprechen. Er wandte sich vor allem an Marten.

Er sprach über seine Jugend, die überschattet war von Kämpfen, Mordtaten und Kriegszügen. Räuberische Nomadenstämme hatten ständig das Land heimgesucht, es war zu blutigen inneren Auseinandersetzungen mit aufrührerischen Priestern und Unterhäuptlingen gekommen. Er erzählte von den Unruhen und Aufständen, durch die er seine Eltern verlor, bevor er das Mannesalter erreicht hatte, von verzweifelten Gefechten mit irgendwelchen Eindringlingen aus den Bergen, von dem unglückseligen Bündnis mit dem Geschlecht Cora, aus dem er seine Frau wählte, und von ihrer Ermordung durch den nach der Herrschaft strebenden Schwager. Niederlagen über Niederlagen waren wie eine Flutwelle über ihn hereingebrochen und hatten ihn mit einer Handvoll Getreuer in die Tiefen der Wälder und dann bis an die Küste gespült, von wo es keinen Ausweg mehr gab.

»Amaha war damals eine einzige Brandstätte, und Nahua wurde vom Urwald überwuchert.« Quiche seufzte und schwieg eine Weile. »Als die ›Arrandora‹ in der Bucht erschien, packte uns Verzweiflung. Wir waren eingekreist. Unsere Pirogen konnten nicht mehr auslaufen, um wenigstens die Frauen und Kinder in Sicherheit zu bringen. Wir hatten beschlossen, unser Land zu verlassen und im Süden, fern von diesem Fluß, den unser Blut schon so oft rötete, eine neue Heimat zu suchen. Wahrscheinlich wären wir vor Hunger gestorben, wenn wir unser Vorhaben ausgeführt hätten. Er hat uns daran gehindert.« Quiche wies auf Belmont. »Und uns gerettet.«

Wieder versank er in Schweigen und starrte in die Glut, als stiegen aus der Asche die Bilder all dessen auf, was er erlebt und erlitten hatte. Dann sprach er weiter. Beim Anblick der »Arrandora« sei er entschlossen gewesen, die Frauen und Kinder zu töten, damit sie nicht lebend in die Hände der Weißen gerieten. Danach wollte er sich mit seinen Kriegern auf das Schiff stürzen, um im Kampf zu fallen. Zum Glück bemerkte er, daß die Ankömmlinge ein Boot herabließen. Er änderte seinen Plan und kam auf den wahnwitzigen Gedanken, daß die Fremden ihm helfen würden, wenn er sie vor seinen Feinden warnte. Er schickte der Schaluppe eine Piroge mit einigen Ruderern entgegen und begab sich danach selbst auf die »Arrandora«. Es sei ihm gelungen, Belmont von der Gefahr zu überzeugen, die von seiten der Krieger und Priester der Sippe Cora drohte.

Belmont, der nur seinen Süßwasservorrat hatte ergänzen wollen, sah sich gezwungen, unter dem Donner seiner Geschütze darum zu kämpfen. Dann aber begann er »Gold zu wittern«. Belmont erklärte sich einverstanden flußaufwärts bis Nahua zu fahren. Nachdem er Quiche die Herrschaft zurückerobert hatte, überließ er ihm einen kleinen Vorrat an Waffen, Äxten und altem Werkzeug und segelte mit dem Versprechen ab, den Häuptling bei Gelegenheit wieder zu besuchen.

»Und wir«, erzählte Quiche, »wir blieben inmitten von Trümmern zurück, um alles von neuem zu beginnen. Nicht ein Haus stand mehr am Fluß, die Gärten überwucherte Unkraut und hohes Gras. Die Wildnis rückte von allen Seiten vor, nahm von der urbaren Erde Besitz und drängte uns auf einen schmalen Uferstreifen. Wir kämpften gegen sie, wie wir vorher gegen die Menschen gekämpft hatten. Glaube mir, es war ebenfalls ein Kampf auf Leben und Tod.«

Marten nickte bedächtig. Er stellte sich im Geiste diesen Menschen vor, wie er an der Spitze seiner restlichen Krieger mit primitivem Werkzeug Bäume fällte, Unterholz in Brand steckte, Dornengestrüpp rodete und kleine Äcker bestellte, auf denen sich sofort wieder der Dschungel ausbreitete. — Er blickte über die Felder, Gärten und Pflanzungen, die sich um den Hügel dehnten. Ihm bot sich das Bild eines in Wohlstand blühenden Landes, das im Frieden der Nacht unter dem kalten Glanz des Mondes und der Sterne vertrauensvoll schlummerte.

Er hob den Blick und sah Quiche, den Schöpfer dieses Werkes, bewundernd an. Auf seine Veranlassung war es zu dem Bündnis mit den Flüchtlingen gekommen, die sich immer zahlreicher hier einfanden und von den Spaniern erworbene Kenntnisse und manchmal auch landwirtschaftliche Geräte oder etwas Saatgut mit nach Amaha brachten. Die Wildnis mußte ihren vereinten Kräften, ihrer Zähigkeit und ihrem Fleiß weichen. Das vom Krieg verwüstete Land lebte unter Quiches Herrschaft wieder auf. Er bestimmte, wo die indianischen Häuser in Nahua und die Siedlungen für die Flüchtlinge im Innern des Landes errichtet wurden. Er ließ den Hafen und die Speicher am Ufer erbauen und setzte die Wache an der Lagune ein. Er zähmte den Fanatismus der Tlalokpriester und übte eine religiöse Toleranz, wie man ihr selbst in Europa nur selten begegnete! Er war zweifelsohne ein Weiser.

Und dennoch . . .

»Ich gab den Menschen Frieden und Wohlstand«, sagte Quiche voll Bitterkeit. »Niemand stirbt mehr in Amaha vor Hunger, niemand kommt mehr unter Qualen auf Tlaloks Altar um, die Früchte ihrer Arbeit vernichtet kein feindlicher Überfall. Seit vielen Generationen haben wir nicht so gewohnt und gegessen, nicht so ruhig geschlafen. Trotzdem lehnen sie sich auf, verschwören sich gegen mich, verfluchen mich. Vielleicht habe ich schlecht daran getan, als ich deinem Rat folgte«, er wandte sich an Belmont. »Vielleicht hätten mehr Menschen sterben müssen, als die ›Arrandora‹ das erste Mal am Ufer vor Anker lag. . . «

Er beugte sich zu Belmont und sprach flüsternd, mit Unterbrechungen, als koste es ihn Mühe, seine verborgensten Gedanken darzulegen.

»Sie lassen das Gewesene nicht ruhen. Weder die einen noch die anderen. Sie können die Vergangenheit, die Jahre des Krieges, die Rache und das vergossene Blut nicht vergessen. O wie sind sie töricht. Sie begreifen nicht, was Frieden bedeutet. Sie möchten die Menschen, die im Süden von Amaha wohnen, unterjochen, um ihre Frauen zu rauben, und die Bewohner der Berge im Westen, weil es dort Silber gibt. Sie dürsten nach Kriegszügen und Blut, nach Opfern und Schlachten. Die Dummköpfe, die unbelehrbaren Dummköpfe!« wiederholte er.

»Ich muß euch gestehen«, fuhr er nach einer Weile fort, «daß viele von ihnen ihre Dummheit mit dem Leben bezahlen mußten. Ich konnte aber nicht alle töten, es sind ihrer zu viele. Deshalb bin ich geneigt, deine Hilfe, Marten, anzunehmen. Habe ich erst eine gutausgerüstete, mir ergebene Streitmacht, bin ich imstande, die Lage im Innern des Landes zu meistern und meine Macht zu festigen und zu behaupten. Niemand wird dann wagen, gegen mich zu wühlen, und die Häuptlinge der Stämme Acolhua und Haihole werden die friedlichen und freundschaftlichen Beziehungen zu mir und meinem Land noch höher schätzen. Die Werbung von Freiwilligen für eure Schiffe wird den kriegerischsten Teil der Bevölkerung, die unruhigen Geister, die zu allem bereit sind, aus dem Land entfernen. Ich zweifle nicht daran, daß mehr kommen werden, als ihr braucht. Es genügt, eine Musterung in Nahua auszurufen und Boote flußaufwärts und in das Landesinnere, in die anderen Ansiedlungen, zu schicken. Sie werden sich wie die Motten um das Licht scharen.«

Er sprach von ihnen mit verächtlicher Geringschätzung, konnte sich aber einer gewissen Gemütsbewegung nicht erwehren. Vielleicht beneidete er sie sogar um ihre künftige Teilnahme an kriegerischen Abenteuern? Er selbst konnte sich etwas Derartiges nicht gestatten, denn er war — der Weise. Er trug die Last der Regierung und der Verantwortung für den Frieden in Amaha. Diese unglückselige Weisheit bändigte seine plötzlichen Anwandlungen. Sie dagegen würden kämpfen und Ruhm erwerben oder fallen.

»Welche Dummköpfe!« wiederholte er noch einmal und schlug mit dem Stock in das erlöschende Feuer.

Ein Schwarm von Funken sprühte auf und sank in der bewegungslosen Luft langsam zu Boden. Quiche warf eine Handvoll trockener Zweige in die Glut, dann erhob er sich. Auch Marten und Belmont standen auf. Als die Flamme emporloderte, streckte ihnen der Herrscher von Amaha beide Hände entgegen. Sie reichten ihm die ihren über das Feuer hinweg. In festem Händedruck verbunden, verharrten sie eine Weile in feierlichem Schweigen. So wurde ihr Bündnis besiegelt.

Als die »Zephir« und die »Ibex« den Hafen von Nahua verließen, befahl Marten, sämtliche Schaluppen mit Bewaffneten zu besetzen und zu Wasser zu lassen. Die mit Musketen bespickten Boote schwammen flußabwärts voraus. Auf den Decks der beiden Schiffe standen die Geschützbedienungen in Gefechtsordnung bei ihren Kartaunen, die Arkebusiere, das Gewehr bei Fuß, an der Bordwand und die Scharfschützen auf den Marsen. An den Mastspitzen flatterte die englische Fahne, über der »Zephir« wehte die schwarze Flagge mit dem goldenen Marder.

Mit dieser Demonstration ihrer Macht wollten die weißen Seefahrer ihren Verbündeten verdeutlichen, daß sie ein günstiges Bündnis abgeschlossen hatten, und sie zugleich für die Zukunft von Ausschreitungen gegen den rechtmäßigen Herrscher des Landes abhalten.

In der Menschenmenge am Ufer drängten sich Indianer, kleinere Gruppen von Negern, Greise, Frauen und Kinder, um das Schauspiel zu bewundern. Schweigend staunten sie. Eine schwache Brise rollte die Flaggen zusammen und entfaltete sie wieder, bewegte das Laub und die Zweige der Bäume. Eine lange Kette von Booten überholte die Schiffe, die von Pirogen bugsiert wurden, und glitt mit der Strömung vorbei.

Marten sah noch einmal zur Landungsbrücke zurück, auf der Quiche, umringt von seiner Leibwache, auf die Schulter seiner Tochter gestützt, stand. Hinter ihm konnte er die riesige Gestalt Broer Worsts, Henryk Schultz und die weißen Seeleute unterscheiden, die aus der Bemannung der »Zephir« ausgewählt worden waren und in Nahua als Baumeister der geplanten Befestigungen und als militärische Instrukteure bleiben sollten.

Jan war lange Zeit unschlüssig gewesen, wen er mit diesen Aufgaben betrauen sollte. Am besten hätte sich Richard Belmont geeignet, der aber zugleich als einziger die Gewässer und Küsten des Golfs von Mexiko kannte, mancherlei Beziehungen zu den hiesigen Korsaren besaß und deren Schlupfwinkel wußte. Seine Teilnahme war zumindest bei den ersten Unternehmungen unbedingt erforderlich.

William Hoogstone, Steuermann der »Ibex«, war zweifellos tapfer und ein guter Seemann, doch außerdem ziemlich beschränkt und brutal. Auf einem Posten, der gewisse diplomatische Fähigkeiten und Taktgefühl erforderte, konnte er mehr schaden als nützen.

Es blieb also nur Henryk Schultz übrig, der jedoch nicht die geringste Lust zeigte, obwohl er endlich glaubte, daß er es nicht mit dem Auswurf der Hölle zu tun hatte, sondern mit Indianern, die er zwar für minderwertig hielt, die aber doch zu menschenähnlichen Wesen zählten. Hauptursache seiner Unlust war die stille Befürchtung, daß Marten ein Mißgeschick zustoßen und die »Zephir« samt der »Ibex« nicht mehr nach Amaha zurückkehren könnten. Dann würde er dazu verurteilt sein, Jahre hindurch unter den »Wilden« zu leben, auf Gnade und Ungnade ihrem Häuptling ausgeliefert und beinahe ohne jede Hoffnung, zu fliehen und nach Europa zurückzukehren.

Doch Marten dachte nicht daran, auf die persönlichen Wünsche von Henryk Schultz Rücksicht zu nehmen. Er gab ihm lediglich freie Hand bei der Auswahl der Leute, die die kleine Besatzung bilden sollten, und teilte ihm zur Unterstützung einen Zimmermann zu, der mit Befestigungsarbeiten vertraut war. Er versprach, spätestens in zwei Monaten wieder da zu sein und ihn die nächste Kaperfahrt mitmachen zu lassen.

Von der Landungsbrücke aus beobachtete Henryk Schultz mit finsterem Gesicht, stumm und erbittert, wie sich die »Zephir«, die den Abschluß der Kolonne von Booten bildete, immer weiter entfernte. Vor ihr fuhren die Pirogen, die sie bugsierten, und die »Ibex«. Als eine Schaluppe nach der anderen hinter der ersten Flußbiegung verschwand, blitzte es auf dem Heck der »Zephir« auf, eine Rauchwolke stieg empor. Ein Geschoß sauste hoch über den Fluß und schlug hinter der Ansiedlung ins Wasser. Eine Fontäne spritzte auf. Gleichzeitig hallte der Donner des Abschusses herüber. Die Menschen am Ufer erschraken und wurden unruhig. Als sie begriffen, daß es ein letzter Gruß der absegelnden Schiffe war, begannen sie zu lachen, mit den Füßen zu stampfen und in die Hände zu klatschen.

Inika lief bis an das äußerste Ende der Landungsbrücke, rief laut und hob die Arme. Schultz war es, als erkenne er die Gestalt Martens, der ihr mit einer ähnlichen Geste antwortete. Einer der beiden Gesandten trat auf Quiche zu und flüsterte ihm etwas ins Ohr, wobei er auf das Mädchen zeigte. Der Herrscher von Amaha zuckte die Achseln und fertigte ihn mit einer geringschätzigen Handbewegung ab.

Henryk Schultz kniff spöttisch die Lider zusammen. Das kann der Anfang eines Konfliktes sein, dachte er. Die Frauen! Eine von ihnen wird ihn schließlich ruinieren. Er hatte dabei Marten im Sinn.

Quiche der Weise, dessen Leben von frühester Jugend an vom Lärm des Kampfes und der Gewalttaten erfüllt war, der kluge Herrscher, der hartnäckig bestrebt war, Amaha den Frieden zu erhalten, rüstete. Er war nicht nur ein erprobter Befehlshaber, sondern auch ein gewiegter Politiker und Diplomat. Es gelang ihm, den sauertöpfigen, schweigsamen Schultz zu durchschauen und für sich zu gewinnen. Mit Ernst und ehrlichem oder gespieltem Interesse lauschte er dessen hochmütigen, kargen Erklärungen zu Fragen der Organisation der Streitkräfte oder der projektierten Befestigungen. Im Prinzip billigte er sie und drückte auch dem jungen Kommandanten der Garnison der Weißen seine Bewunderung über dessen Wissen und Fähigkeiten aus, wies ihn aber geschickt auf die unter den örtlichen Bedingungen und Verhältnissen richtigen Lösungen und Verbesserungen hin. So waren sie beide miteinander verbunden, und die Arbeiten an der Erweiterung der Speicher in Nahua wie auch an den Uferbefestigungen der Lagune vor der Flußmündung machten rasche Fortschritte. Unter der Leitung von Worst bauten die schwarzen Siedler Schanzen und Wälle, auf die vorderhand zwei alte, von Marten aus dem Londoner Arsenal mitgebrachte Kanonen geschleppt wurden. Die übrigen Artilleriestellungen sollten mit Beutegeschützen von spanischen Schiffen bestückt werden, die sich nicht zur Verstärkung der Kaperflottille eigneten.

Schultz befahl, auch auf dem Schloßhügel in Nahua zwei kleine Oktaven aufzustellen und zu verschanzen, deren Mündungen auf den Fluß gerichtet waren. Als sich Worst mit ihnen einschoß und gleichzeitig die frischangeworbenen Negerfreiwilligen als Geschützbedienung ausbildete, hielten viele Bewohner Nahuas die brüllenden und feuerspeienden Ungeheuer für neue Götter, die dem alten Tlalok zumindest ebenbürtig waren.

Als Schultz davon erfuhr, winkte er verächtlich ab. Quiche nahm die Dinge keineswegs auf die leichte Schulter. Er war vorsichtig und weitblickend. Er befürchtete, der Neid der Indianerbevölkerung könnte erregt werden, wenn Schultz ausschließlich Neger zur Bedienung der Geschütze heranzog. Deshalb setzte er durch, daß die Geschützbedienung in Nahua nur aus Indianern bestehen sollte und die Negertruppen in das Fort an der Lagune verlegt würden. Außerdem ließ er, um nicht gegen die religiösen Traditionen in Amaha zu verstoßen, ein steinernes Standbild Tlaloks zwischen den beiden Oktaven errichten, so daß die geräuschvollen Gottheiten gewissermaßen dessen Schutz anvertraut waren.

Nachdem Schultz mit den Arbeiten in Nahua fertig geworden war, wollte er sogleich den Oberlauf des Flusses und die Übergänge zwischen den ausgedehnten Sümpfen an der Grenze erforschen, die künftig durch besondere Befestigungsanlagen, Garnisonen und halbmilitärische Siedlungen gesichert werden sollten. Quiche riet jedoch ab, die Reise während des Sommers zu unternehmen.

Die Regenzeit begann. Tag für Tag ballten sich drohende Wolken zusammen, verhüllten gegen Mittag die Sonne und ertränkten die Erde in den herabstürzenden Fluten. Der Amaha stieg ohne Unterlaß, sein Wasser wurde trübe, schlammig und schließlich braun und dickflüssig wie Schokolade. Große Schaumfladen schwammen in der reißenden Strömung und blieben am Ufer an Hindernissen aus Ästen und entwurzelten Sträuchern haften. Die feuchte, drückende Hitze nahm ständig zu. Die Sonne ging hinter dichten Dunstschleiern auf. Kaum war es ihr gelungen, den Nebel über der tauglitzernden Erde zu lüften, zeigten sich schon Wolken, die weiß wie Schlagsahne waren. Sie sanken immer tiefer, wurden dunkler, bedeckten den ganzen Himmel. und plötzlich plätscherten, trommelten, rauschten riesige Regentropfen herab. Dann senkte sich ein silbergrauer Vorhang auf die Welt. Er rollte geschwind irgendwo oben von wirbelnden Wolkenwalzen ab, spritzte auf der Erde auseinander und strebte in Tausenden Rinnsalen, schnellen Flüßchen und Bächen dem Amaha zu.

Schultz sah bald ein, daß die Landwege unter diesen Umständen ungangbar wurden und eine Bootsfahrt gegen den Strom über eine längere Strecke viel zu beschwerlich war. Die während der Trockenperiode wasserlosen oder sumpfigen Mäander des Amaha füllten sich bis an den Rand, in den Niederungen bildeten sich Seen und Moore. Trotz des steigenden Wassers im Hauptbett des Flusses drohte keine Überschwemmung, da sich die Fluten auf die zahlreichen älteren Arme und Abzweigungen verteilten. Quiche versicherte Schultz auf dessen Frage, daß er ohne großes Risiko zur Amahamündung fahren könne. Henryk machte sich auf den Weg, um in der Lagune Tiefenlotungen vorzunehmen und eine Karte anzufertigen, die den Schiffen Ein- und Ausfahrt erleichtern sollte.

Diese Idee war Schultz selbst gekommen, denn Marten kümmerte sich nicht um solche Skizzen. Er verließ sich auf sein Gedächtnis, dem sich einmal gesehene Küsten, Schiffahrtswege und Durchfahrten zwischen Untiefen für immer einprägten.

Als Schultz auch damit fertig war, kehrte er nach Nahua zurück, um dort auf Marten zu warten. Der zweite Monat von Jans Abwesenheit näherte sich seinem Ende. Den Kommandanten der Garnison im Hafen der Flüchtlinge befiel wieder Unruhe.

Es regnete noch immer, in der Morgensonne dampfte die Erde, die Hitze nahm nicht ab. Schultz fühlte, daß er dieses Klima nicht lange aushalten würde. Er hatte vom gelben Fieber gehört, das die Weißen dahinrafft, und er wunderte sich manchmal, daß bisher noch keiner von seinen Leuten erkrankt war.

Um die düsteren Bilder und Gedanken, die ihn heimsuchten, zu vertreiben, schaute er den Übungen der indianischen Abteilungen zu, ging oft zum Schießplatz, beaufsichtigte das Heranschaffen des Baumaterials für die Erweiterung der Speicher und das Behauen der Steine für die Stützpfeiler und der Balken für das Dachgestühl. Wenn ihn ein neuer Wolkenbruch zwang, unter dem Dach Schutz zu suchen, notierte er die ausgeführten Arbeiten und ihre Kosten mit kaufmännischer Gewissenhaftigkeit und machte sich schließlich daran, einen ausgeklügelten Vertrag aufzusetzen, der zwischen dem Herrscher Amahas und den Häuptlingen von Acolhua und Haihole einerseits und Marten andererseits abgeschlossen werden sollte.

Der Vertrag oder, besser gesagt, dessen schriftliche Abfassung war ebenfalls ein Gedanke von Schultz, der teils seiner Ordnungsliebe, teils dem ihm angeborenen Bestreben entsprang, den Kontrahenten in hinterlistige juristische Winkelzüge zu verwickeln, um ihn soweit wie möglich von sich abhängig zu machen.

Daß weder Quiche noch seine indianischen Verbündeten ein solches Dokument unterschreiben konnten und auch niemand imstande war, es in eine für sie verständliche Sprache zu übersetzen, schreckte ihn keineswegs ab. Die Klauseln, die alle Privilegien den Weißen sicherten, sollten die vorgesehene weitgehende Ausbeutung und eventuelle Repressalien gegenüber den Indianern vor dem empfindsamen Gewissen des Henryk Schultz rechtfertigen.

Er schrieb in Schönschrift und benutzte Federn, die Negerkinder für ihn sammelten. Da er zwei Exemplare ausfertigte und ständig überarbeitete, hatte er reichlich zu tun. Trotzdem blieb ihm noch Zeit, Inika zu unterrichten.

Eine Woche nach Martens Abfahrt war Quiches Tochter auf der Schwelle des Pavillons erschienen, den nun Schultz bewohnte. Sie traf ihn beim Schreiben an und fragte ihn nach der Bedeutung seiner sonderbaren Tätigkeit. Es war nicht leicht, ihr zu erklären, worum es ging. Als sie jedoch den Sinn und Nutzen dieser Kunst eingesehen hatte, ergriff sie Bewunderung für den Erfindungsreichtum der Weißen, und sie wünschte, selbst eingeweiht zu werden.

Schultz hatte nichts dagegen. Es war für ihn eine Zerstreuung mehr, die ihm das Warten auf die »Zephir« und die »Ibex« erträglicher machte. Bald stellte er fest, daß Inika begabt war und rasche Fortschritte machte. In zwei Wochen lehrte er sie lesen, in drei schreiben und bis hundert zählen. Sie eignete sich eine Menge neuer Begriffe und eine Anzahl englischer Wörter an. Der Unterricht bereitete Schultz ein immer größeres Vergnügen. Die täglichen Besuche Inikas weckten in ihm eine eigenartige, seltsam angenehme Unruhe.

Inika war schön und anziehend. Henryk sagte sich, daß sie noch kein Weib, sondern ein Kind sei. Umsonst. Wenn er ihre schmale, dunkle Hand umfaßte, um ihr beim Schreiben der Buchstaben und Ziffern zu helfen, überlief ihn ein Schauer. Er konnte sich nicht enthalten, verstohlene Blicke auf ihren Hals und die glatten, runden Schultern zu werfen, wenn sie den Kopf über den Bogen Papier beugte. Vom Duft ihres Haares und der Wärme ihres Körpers wurde ihm schwindlig.

Inika schien den Eindruck, den sie auf ihn machte, nicht zu bemerken. Sie war vertrauensvoll und neugierig, aber nicht eitel. Ihre Sinne schlummerten noch, und Schultz war nicht der Mann, sie wachzurufen.

Ihre Kälte, die hohe Stellung, die sie einnahm, vor allem aber die Tatsache, daß sie eine Heidin war, hielten Henryk von jedem Versuch ab, sich ihr zu nähern. Er war überzeugt, daß die jungen Matrosen, die insgeheim Verhältnisse mit Indianerinnen oder Negerinnen hatten, die Sünde der Sodomie begingen, ganz zu schweigen davon, daß sie ihren Zaubereien ausgesetzt waren und der Satan Gewalt über sie bekommen konnte. Obendrein waren Händel und Auseinandersetzungen mit den betrogenen Männern oder Eltern nicht zu vermeiden. Er selbst mußte, wenn er die Schuldigen anklagen und bestrafen wollte, ein Vorbild an Enthaltsamkeit und Tugend sein.

Das alles gefiel Schultz von Anfang an nicht. Begonnen hatte es mit den Grundsätzen, die sich Marten unter dem verderblichen Einfluß des Chevaliers de Belmont zu eigen machte.

Das Bündnis mit Quiche schränkte jedenfalls die Handlungsfreiheit der Weißen in Amaha ein und war außerdem kostspielig. Wäre es nicht einfacher und billiger, das Ländchen zu unterwerfen und die Bewohner zu versklaven, wie es die Spanier taten? Marten war doch stark genug. Wenn er dann noch die Menschen taufte, würde er ihre Seelen vor der ewigen Verdammnis retten und den Segen Gottes gewinnen. Fortan gäbe es keinen Ärger wegen der Frauen für die Seeleute, keine Szenen mit eifersüchtigen Männern und besorgten Vätern oder Umstände mit den Freiwilligen für das Militär. Man könnte sich mit einigen Dutzend gutbewaffneten Leuten in Quiches Schloß hinter den Palisaden festsetzen, zwischen den beiden Oktaven an Stelle des scheußlichen Götzenbildes das Kreuz aufrichten und hier despotisch regieren. Wenn ich Marten wäre, dachte Schultz, würde ich die Wilden zu Untertänigkeit und Demut zwingen und dabei mehr für sie tun als er, denn ich würde ihre Seelen erretten. Den Uatholok ließe ich aufhängen und die Standbilder seines Götzen vernichten. Wenn ich für immer aus diesem Lande ginge, würde ich es der Obhut der Spanier anvertrauen, die ja auch Katholiken sind. So würde ich regieren, wenn es von mir abhinge.

Er sträubte sich, sei es auch nur in Gedanken, zuzugeben, daß er dann Inika in etwas ganz anderem als Lesen und Schreiben unterrichten würde. Das waren zügellose, sündhafte Gedanken, und er wehrte sich gegen sie. Er wußte aber, daß es genau so geschehen würde.

Die Nachricht von der Rückkehr Martens traf viel früher als er selbst in Nahua ein. Sie war angelangt, ehe noch seine Schiffe bei der Flußmündung vor Anker lagen. Das ferne Dröhnen der Trommeln hatte sie gemeldet. Im Morgendämmern begannen sie an der Lagune zu brummen und weckten die Signale der anderen, die in den Wäldern entlang des Amaha versteckt waren. Bevor die Sonne aufging, antwortete die große Trommel Uatholoks von seinem Haus hinter dem Schloßberg. Der Lärm schreckte Schultz aus tiefem Schlaf. Er sprang aus dem Bett und rannte vor den Pavillon. Was bedeutete der Lärm? Einen Aufstand? Einen unerwarteten Angriff? Überschwemmung? Feuer?

Er hörte unten im Ort lautes Stimmengewirr und sah, daß sich die Indianer auf dem großen Platz am Hafen sammelten. Vom Schloß her kamen zwei Boten Quiches gelaufen. Er erkannte sie an ihrem schwarzroten Haarschmuck. Sie blieben nicht stehen, als Schultz sie anrief. Er wollte zu den Geschützen hinauf, wo einige Leute von der »Zephir« wohnten. Auf dem Wege dorthin begegnete er Inika.

Sie eilte auf ihn zu, notdürftig bekleidet, mit gelöstem Haar, ohne den Schmuck, den sie gewöhnlich trug. Als sie Schultz bemerkte, lächelte sie. Ihre weißen Zähne blitzten. »Er ist zurück«, rief sie schon von weitem. »Er ist zurück und gesund!«

Schultz verstand, daß sie von Marten sprach. Ihre leuchtenden Augen verrieten, daß sie mehr als Freude über den Erfolg des mächtigen Verbündeten und über den Nutzen empfand, den er ihrem Lande brachte. Bitterkeit erfüllte sein Herz.

Inika blieb vor ihm stehen. »Fährst du ihm entgegen?« fragte sie.

»Nein. Woher weißt du, daß er wieder da ist?«

Sie blickte ihn erstaunt an. »Die Trommeln sagen es. Er ist in der Bucht. Wir schicken Pirogen, um die Beute aus seinen Schiffen herzuschaffen.«

»Und du begleitest sie?«

»O ja!« rief sie. »Ich will nicht so lange warten.«

»Ich kann nicht mitkommen«, sagte er betont sachlich und gleichgültig. »Ich muß hier alles vorbereiten.«

»Dann tue das. Wir kehren abends zurück. — Willkommen Jan —.« Mit Mühe redete sie in der sonderbaren, unverständlichen Sprache, die viel schwieriger als die spanische war. »Habe ich die Worte richtig ausgesprochen?« fragte sie Schultz.

Große Feuer loderten rings um den Hafen, an allen vier Seiten des Platzes und bis hinauf zum Tor der Palisaden. Die Erde trocknete langsam nach dem Regen, der mittags begonnen und mit Unterbrechungen mehrere Stunden hindurch angehalten hatte. Nun klärte es sich auf, die Sterne glänzten hell in der unendlichen Tiefe des Himmels. Quiches Gefolge stand zwei Schritte hinter dem Herrscher, der mit gekreuzten Beinen neben Schultz auf den ausgebreiteten Matten saß. An der anderen Seite der Landungsbrücke war eine Doppelreihe indianischer Musketiere zum Empfang der Weißen angetreten. Eine Abteilung Artilleristen mit Äxten und Schaufeln zum Aufschütten der Schanzen schloß das Karree. Als die von drei Pirogen bugsierte Schaluppe Martens im roten flackernden Licht der Flammen auftauchte, wurde sie durch laute Zurufe und Händeklatschen begrüßt. Bald verstummte die Menge, in ehrfürchtigem Staunen versunken. Am Heck des Bootes stand Marten, neben ihm Inika, die kaum wiederzuerkennen war. Sie trug einen malaiischen Sarong aus schwerem golddurchwirktem Stoff. In ihrem nach spanischer Mode hochgekämmten Haar steckte ein geschnitzter gold- und perlengeschmückter Schildpattkamm. Zahlreiche Halsketten gleißten auf ihrer Brust. An den Ohren funkelten Diamanten.

Marten lachte und sagte etwas zu ihr. Als die Schaluppe anlegte, sprang er auf die Brücke und half Inika beim Aussteigen. Erst dann blickte er sich um und ging auf Quiche zu, der aufgestanden war und ihm einige Schritte entgegenkam.

»Sei gegrüßt, Quiche«, sagte Jan ungezwungen. »Wie gefällt dir deine Tochter?«

Quiche sah Marten fest in die Augen und schwieg. »Sei gegrüßt«, antwortete er schließlich und fügte nach einer kurzen Pause hinzu: »Freund!«

In der völligen Stille, die von dem Augenblick an herrschte, als der Weiße das Ufer betreten hatte, wurden seine Worte von allen gehört. Und obwohl Quiche spanisch gesprochen hatte, verstanden die meisten den Sinn. Lautes Stimmengewirr erhob sich. Man zeigte auf Inika, die allein auf der Brücke stand und nach der nächsten Schaluppe Ausschau hielt. Man bewunderte ihre ungewöhnliche Kleidung und den Schmuck.

»Ich habe ihr eine Negerin mitgebracht, die das Haar frisieren kann«, sagte Marten, außerordentlich zufrieden mit sich. »Schau, wie gut es ihr gelungen ist, Inika zu kämmen und zu kleiden.«

»Sehr schön ... und sehr sonderbar«, erwiderte Quiche. »Unsere Nachbarn in Haihole haben bestimmt noch kein Mädchen mit solch aufgestecktem Haar gesehen.«

» ... in Haihole?« wiederholte Marten. »Was geht die Leute in Haihole die Frisur deiner Tochter an?«

»Ihr junger Häuptling Totnak ist der Sohn eines großen Kriegers, mit dem ich einst zusammen kämpfte«, entgegnete Quiche.

»Ich verstehe. Totnak möchte dein Schwiegersohn werden.« Marten lächelte.

Quiche nickte unmerklich und sagte nach einer Weile: »Er erhielt noch keine Antwort.«

»Hängt die Antwort von Inika ab?«

»Vielleicht.«

»Ich gebe ihr ein schönes Hochzeitsgeschenk«, erklärte Marten. »Hoffentlich versucht dein Totnak nicht, mich aus diesem Grund auf seine Lanze zu spießen.«

»Oh, ich glaube nicht.« Quiche senkte den Blick.

Marten schien Quiches Zurückhaltung und Wortkargheit nicht zu bemerken. »Ich habe auch etwas für dich«, sagte er. »Zwei Mörser und vier Oktaven. Der Rest ist mit dem Schiff gesunken. Wir wurden mit dem Abmontieren nicht fertig. Dafür konnten wir eine Menge Pulver und Kugeln bergen.«

Quiche neigte seinen Kopf und dankte Marten. Er wirkte zufrieden und ruhig. Gespannt hörte er zu, als Jan erzählte, wie sie nacheinander zwei Gefechte mit spanischen Schiffen bestanden und dann ein Handelsschiff mit einer wertvollen Ladung aufgebracht hatten. Er freute sich über das so glücklich verlaufene Unternehmen.

»Es hätte besser sein können.« Marten seufzte. »Aber für den Anfang geht es.«

Da bemerkte er das düstere, griesgrämige Gesicht von Schultz, der sich ganz offensichtlich gekränkt fühlte, weil er bis jetzt keine Beachtung gefunden hatte.

»Denke nicht, daß ich dich vergaß!« rief Marten und schüttelte ihm die Hand. »Ich habe gesehen, was du mit Worst an der Küste geschaffen hast. Dafür steht dir eine besondere Überraschung bevor. Sie kommt in der nächsten Schaluppe. Oh, sie landet ja schon!« Er zog Schultz zur Brücke.

Henryk sah mißtrauisch auf das Boot, das zwei Indianer an dem hölzernen Poller befestigten. Er erblickte zwischen den Ruderern einen schwarzgekleideten Mann. Jäh griff er nach Martens Arm. »Wer ist das?« fragte er mit gedämpfter Stimme.

Marten lachte. »Ein gewisser Pedro Alvaro. Er behauptet, der Resident von Ciudad Rueda zu sein. Ich kenne mich in den Würden und Titeln der Jesuitenpfaffen nicht aus und weiß also auch nicht, was das ist. Jedenfalls habe ich das Richtige getroffen, nicht wahr? Ich schenke ihn dir, er sei dein Eigentum.«

Es dauerte fast eine Woche, bis die Beute ausgeladen und abtransportiert war. Die mit Kisten, Säcken und allerlei Zeug gefüllten Schaluppen und Pirogen fuhren langsam und schwerfällig gegen den Strom, ließen ihre Last am Ufer in Nahua und schwammen schnell wieder zurück zur Lagune. Schultz sortierte die Waren, buchte sie und beaufsichtigte ihre Lagerung in den Speichern.

Am Tag nach der Ankunft Martens reiste der Gesandte des Häuptlings von Haihole flußaufwärts. Er nahm mehrere Musketen und einen Ballen anderer Geschenke mit, die Quiche dem Häuptling Totnak sandte.

Marten war von seinen Geschäften viel zu sehr in Anspruch genommen, um Quiche nach den Eheangelegenheiten seiner Tochter zu fragen. Inika zeigte sich überhaupt nicht. Jan bemerkte es nicht einmal.

Er begegnete ihr erst einige Tage später und erinnerte sich bei dieser Gelegenheit an sein Gespräch mit Quiche. Inika war wie an dem Tag gekämmt, als er ihr den wertvollen Kamm geschenkt hatte, trug aber nicht den Sarong, sondern ein hübsches, geblümtes rotes Kleid, das ihre Arme frei ließ und bis über die Knie reichte.

»Ich hörte, du wirst bald einen Mann haben«, sagte er.

»Quiien sabe...«, erwiderte sie und sah ihm in die Augen. »Vielleicht werde ich einmal einen haben.«

»Wie heißt er denn?« erkundigte er sich, da ihm der Name des Häuptlings entfallen war.

»Woher soll ich das wissen?« antwortete sie lächelnd.

»Ach ja, richtig, Totnak! Dein Vater hat doch...«

»Ich werde nicht die Frau Totnaks«, sie unterbrach ihn schroff.

»Oh!« rief Marten erstaunt. »Weshalb nicht?«

»Ich will die Herrscherin von Amaha werden.«

»Dann also Uatholoks...«

»Sprich nicht so«, sie wurde zornig und stampfte mit dem Fuß auf.

»Ärgere dich nicht«, sagte er belustigt. »Ich wäre an deiner Stelle auch nicht von Uatholok begeistert. Wenn du aber die Herrscherin von Amaha werden willst...«

»Das will ich. Henryk hat mir gesagt...« Sie zögerte.

»Henryk? Du hast doch nicht etwa die Absicht, Henryks Frau zu werden?«

Der Gedanke kam ihm so komisch vor, daß er hell auflachte. Als er bemerkte, daß sich Inika abwandte und weggehen wollte, hielt er sie zurück. Er faßte sie an der Hand und wiederholte: »Ärgere dich nicht, Chica. Was hat dir Henryk erzählt?«

»Er hat mir gesagt, daß in dem Land, aus dem ihr gekommen seid, eine große Königin herrscht und daß sie keinen Mann hat.«

»Freilich!« rief Marten. »Elisabeth...«

»So stimmt es also?«

»Ja, es stimmt«, antwortete er. Er wußte nicht, wie er ihr erklären sollte, daß

sich Elisabeth in einer völlig anderen Situation befand als sie. »England ist eine Insel«, begann er, »und für Fremde unzugänglich...«

»Genau wie Amaha«, warf sie ein.

»Ja«, gab er zu. »Die Königin hat das ganze Volk hinter sich«, sprach er weiter, »ein Volk, das ihr viel verdankt. Sie hat auch kluge Ratgeber und Freunde...«

»Und ich habe dich! Und... Henryk. Jetzt hat Henryk einen sehr klugen Freund, den du ihm geschenkt hast.«

Marten sah sie beunruhigt an. »Diesen Jesuiten? Gibt er dir etwa auch Ratschläge?«

Sie verneinte mit einer Kopfbewegung.

»Woher weißt du dann, daß er klug ist?«

»Henryk sagt es.«

»Henryk ist ein Esel!« rief er erregt.

Inika hatte noch nie einen Esel gesehen und konnte aus der Beurteilung Henryks keine Schlüsse ziehen. Sie kehrte zu dem vorherigen Gesprächsthema zurück. »Wenn du mir hilfst, könnte auch ich für Amaha viel Gutes tun.«

»Was zum Beispiel?«

»Das läßt sich nicht mit ein paar Worten sagen. Wenn du wolltest...«

»Laß mich darüber nachdenken«, murmelte er. Die Kleine ist wirklich ein außergewöhnliches Menschenkind, dachte er. Wenn sie ein Junge wäre, hätte Quiche einen würdigen Nachfolger.

Im selben Jahr segelten die »Zephir« und die »Ibex« noch dreimal auf der Suche nach Beute auf das weite Meer hinaus. Das Glück blieb Marten ständig treu. Wiederholt erschien die schwarze Flagge in den seichten Gewässern von Campeche, in der Meerenge von Yucatan und auf dem Karibischen Meer. Die Bemannungen der spanischen Schiffe, die dem Korsaren mit dem goldenen Symbol in den Weg liefen, sahen ihren Heimathafen selten wieder. Die Gouverneure der Provinzen Veracruz, Tabasco, Campeche, Kuba und Yucatan sandten alarmierende Berichte an den Vizekönig. Die Kriegsflotte verfolgte Marten. Eine Belohnung in Höhe von fünfzigtausend Pesos wartete auf den Tollkühnen, der ihn tötete, oder auf den Verräter, der den Schlupfwinkel nannte. Die »Zephir« war aber nach wie vor nicht zu fassen und tauchte immer gerade dort auf, wo man sie am wenigsten vermutete.

Angst befiel die spanischen Seeleute. Die Schiffe sammelten sich zu Konvois, und die Corregidors stellten Kriegsschiffe zu ihrem Schutz. Trotzdem wuchsen

die Verluste fortwährend. Es kam sogar dazu, daß Marten, der sich mit einigen französischen Korsaren verabredet hatte, zwischen Florida und Kuba einen ganzen Konvoi angriff, fünf Karavellen mit insgesamt einhundertachtzig Geschützen versenkte und zwölf Schiffe, die mit wertvoller Ladung nach Europa unterwegs waren, erbeutete.

Während eines dieser Unternehmen eroberte er allein, ohne Whites Hilfe, den schönen Viermaster »Toro«, der wahrscheinlich auf einer holländischen Werft gebaut worden war. Darauf wiesen der lange, steil nach oben gerichtete Bugspriet hin, das Fehlen eines Bugkastells und das hohe, zweigeschossige Back, das fast die Hälfte des Oberdecks einnahm. Das Schiff war groß, hatte bestimmt über vierhundert Tonnen und erreichte an Schnelligkeit die »Ibex«. Marten versenkte es nicht. Er beschloß, lieber auf andere Beute zu verzichten, um es zu behalten.

Mit bis an die Decke gefüllten Laderäumen kehrten die »Ibex« und die »Zephir« nach Amaha zurück. Die schwarze Flagge mit dem goldenen Marder verschwand für einige Wochen hinter den Befestigungen an der unzugänglichen Flußmündung. Von den Bewohnern überschwenglich begrüßt, fuhr Marten nach Nahua, verteilte Geschenke, erfreute sich an den Tänzen und hörte den Liedern zu, die zu seiner Ehre angestimmt wurden. Er beriet sich mit Quiche in dessen Schloß und führte auf den Terrassen hinter den Palisaden oder in einem Boot auf dem Fluß lange Gespräche mit Inika.

Manchmal ruderten die beiden flußabwärts bis zur Lagune, um Thunfische, Delphine oder Marline zu fangen. Jan bewunderte die Geschicklichkeit Inikas beim Rudern, bei der Bedienung der Segel und im Umgang mit der Harpune. Einmal erbeuteten sie einen großen Schwertfisch. Als sie ihn ans Ufer schleppten, wurden sie von Haifischen überfallen, die das Boot beinahe umwarfen. Marten wollte die Leine kappen und ihnen die Beute überlassen, doch Inika bohrte dem einen Ungetüm ihre Harpune zwischen die Augen und traf genau ins Hirn. Blaue Mahos und braune Galanos stürzten sich auf den toten Raubfisch, rissen ihn in Stücke und ließen nur den Kopf mit der in ihm steckenden Harpune übrig. Marten gelang es, die Harpune herauszuziehen und einen Galano zu töten. Inika hißte die Segel und lenkte das Boot mit dem erlegten Fisch im Schlepptau in der allmählich ersterbenden Abendbrise ans Ufer.

Quiche wußte von den Ausflügen und Abenteuern. Er schien auch über die Gefühle seiner Tochter im klaren zu sein und besser darüber Bescheid zu wissen als Marten. Er verriet jedoch nicht seine Gedanken. Wenn er mit seinem Verbündeten über Regierungsangelegenheiten sprach, wich er diesem Thema sorgfältig aus. Er wartete.

Marten nahm an der Entwicklung Amahas immer größeren Anteil. Die Pausen zwischen den einzelnen Kaperfahrten dehnte er weiter und weiter aus, mehr noch — wenn er die nächste plante, bedachte er nicht nur seinen eigenen Vorteil, sondern auch die Bedürfnisse des Landes. Er unterhielt sich mit Inika sehr oft und ausführlich darüber und wurde zu ihrem Berater, ihrem Freund. Das, was ihn anfangs an ihren Gedanken belustigt hatte, zog ihn nun an und beschäftigte seine Einbildungskraft. Er lernte die Sprache Amahas und konnte sich zur Not auch mit den Acolhua verständigen. Er beschloß, auch die Sprache der Haihole zu lernen, weil er beabsichtigte, das Land am Oberlauf des Flusses zu besuchen und auf einem Nebenfluß bis zum Fuß des Gebirges vorzudringen, um mit den dortigen Häuptlingen Bündnisse zu schließen.

Marten besprach seine Pläne mit Quiche und dessen Tochter und teilte sie schließlich auch Belmont mit. Er fand bei ihm aber nicht das erhoffte Verständnis und die gewünschte Unterstützung.

Belmont sah ihn lange nachdenklich an. Dann sprach er offen seine Zweifel und Bedenken über die Zweckmäßigkeit eines solchen Vorhabens aus. Seiner Meinung nach mußte man die inneren Angelegenheiten Amahas ihrem natürlichen Lauf und der Klugheit Quiches überlassen.

»Was würde dir die Kenntnis von drei, vier Mundarten der hiesigen Indianer nützen«, sprach er. Er ging mit Marten auf dem Deck der »Zephir« auf und ab, die schon lange zum Auslaufen bereitlag. »Selbst wenn du noch zweimal soviel lernen würdest, hättest du nichts davon. Glaubst du, es gelingt dir, die Indianer so zu bewaffnen und zu einigen, daß sie imstande sind, den Spaniern Widerstand zu leisten, die hier, in der Neuen Welt, ganze Stämme ausgerottet, ganze Völker unterjocht und Reiche, größer als Frankreich oder Polen, erobert haben? Selbst Alvaro, dieser Jesuit, den Schultz wie den kostbarsten Schatz hütet und überall mit sich herumschleppt, kann sich nicht immer mit den Abgesandten entfernter Siedlungen verständigen. Dabei beherrscht er fließend sechs oder acht Mundarten. Übrigens...«, er brach plötzlich ab und blieb stehen. »Wozu brauchst du das eigentlich?«

»Es macht mir Spaß«, antwortete Marten ausweichend und nicht völlig aufrichtig.

Als er sich dann alles überlegte, fand er, daß Belmont recht hatte, zumindest in bezug auf die Sprachen, und er kam zu dem Schluß, daß in der Föderation, die ihm vorschwebte, eine Sprache die herrschende sein müßte. Welche aber? Die Frage bereitete ihm Kopfzerbrechen.

Alle Flüchtlinge, sowohl die Indianer wie auch die Neger und Mischlinge, deren Zustrom ständig wuchs, sprachen die Sprache ihrer früheren Herren und Henker — die spanische. Nur Spanisch konnte das gemeinsame Verständigungsmittel der vereinten Länder werden.

Ähnlich lagen die Dinge auf religiösem Gebiet. Unter den Flüchtlingen gab es viele Christen, Katholiken, die von den Missionaren »bekehrt« worden waren. Der Kult mit seinen Gebeten zur Jungfrau Maria, zum heiligen Jakob von Compostela und der ganzen Plejade anderer Heiliger, mit seinen Reliquien, Medaillen, Kreuzen, die an Amulette erinnerten, dem liturgischen Pomp, den Prozessionen

135

und Ablässen, schuf leicht den Übergang vom heidnischen Glauben zum neuen »alleinseligmachenden«. In Neukastilien und Neuspanien, aber auch in zahlreichen Dörfern und Ansiedlungen Amahas verehrten die katholischen Indianer und Neger an Stelle ihrer früheren Götter die Muttergottes und die Heiligen. Sie fertigten sich aus Holz grellbunt bemalte, mit Federn und Blumen geschmückte Figuren an, die in ihren Augen die Wunderkraft besaßen, Krankheiten zu heilen, Fruchtbarkeit zu verleihen und Unwetter während der Ernte zu verhüten. Sie tanzten vor ihnen, spielten der Heiligen Jungfrau auf ihren Gitarren vor, zündeten Feuer an und legten Gelübde ab.

Es geschahen natürlich auch sogenannte Wunder. Fromme Frauen brachten Zwillinge, manchmal sogar Drillinge zur Welt, Kranke gesundeten, auf Wildlinge gepfropfte Reiser, die man irgendeinem Patron geweiht hatte, trugen prächtiges Obst, Blitze spalteten Bäume und verschonten die Hütten.

Gerüchte von derart ungewöhnlichen Begebenheiten, die die hundertzüngige Fama noch ausschmückte und übertrieb, verbreiteten sich rings im Land und fanden offene Ohren. Viele Bewohner Nahuas sagten sich von ihrem Gott Tlalok los und wandten sich den neuen Göttern und den fröhlicheren Riten zu. Diese heitere Religion, die sich auf zehn Gebote stützte, schien Marten die für Amaha geeignetste zu sein. Sie milderte die rauhen Sitten und Gewohnheiten, verhinderte blutige Opfer und schuf die Grundlage für ein friedliches Zusammenleben der verschiedenstämmigen Bevölkerung.

Wer sollte sie aber verbreiten? Marten wußte genug über die Gerichte und Praktiken der Inquisition und über die Methoden der »Bekehrung« der Heiden durch die Spanier, um nicht ernste Bedenken zu haben, Mönche und Missionare heranzuziehen. Man konnte ihnen nicht trauen und durfte ihnen keine Macht übertragen.

Inika war Jans Ansicht. Die Priester der neuen Religion sollten nach ihrer Ansicht Indianer, Untertanen Quiches, sein und streng beaufsichtigt werden.

Inika kümmerte sich um die Hebung der Kultur. Sie wünschte, daß die Jugend von Amaha ein Handwerk lernte, die Gärtnerei und das Weben, aber auch die Kunst, größere Boote, vielleicht sogar Schiffe nach Art der fremdländischen zu bauen. Sie war bestrebt, ihr eigenes Wissen über die Welt ständig zu erweitern und ihrem Volk davon mitzuteilen.

Marten versprach ihr seine Hilfe. Er bewunderte im stillen die ungewöhnliche Reife ihres Denkens, die Kühnheit ihrer Vorhaben und begeisterte sich selbst immer mehr.

Sie wird eine große Königin, dachte er. Sie ist klug wie ihr Vater und überragt ihn noch an Ehrgeiz. Wo findet sie wohl den Mann, der ihrer würdig ist?

Pedro Alvaro wich etwas von der Wahrheit ab, wenn er behauptete, der Resident des Ordens zu sein. In Wirklichkeit war er dessen Sekretär und besaß nur den Grad eines Scholasten, den er nach fünfzehnjährigem Studium und Dienst im Orden erworben hatte. Doch er war fähig und hatte tatsächlich öfters seinen Vorgesetzten in der Hauptstadt des Distrikts Rueda vertreten. Der Corregidor Diego de Ramirez schätzte ihn mehr als den kindischen alten Residenten.

Alvaro hatte gehofft, in allernächster Zeit das letzte Ordensgelübde, das »professi quatuor votorum«, ablegen zu können. Damit wäre ihm der Weg zu den höchsten Würden geebnet gewesen. Er hatte sich gerade auf der Reise von Ciudad Rueda nach Veracruz befunden, um seine Beförderung im Amt zu betreiben, als ihn das Verhängnis ereilte. Piraten überfielen sein Schiff, und er wurde Gefangener des berüchtigten Marten. Man hatte ihm nichts Böses angetan und nicht einmal seine Habe geraubt, aber seine Zukunft und seine Laufbahn waren gefährdet.

Die Korsaren behandelten ihn mit verächtlicher Gutmütigkeit. Sie gaben ihm zu essen und erlaubten ihm, im Logis zu schlafen. Marten war sogar damit einverstanden, daß er am Sonntag die Messe las.

An dem Gottesdienst beteiligten sich viele Matrosen, die vorher gebeichtet hatten. Alvaro erteilte ihnen Absolution und reichte ihnen das Abendmahl. Das war alles, was er vermochte. Seine Predigten und Morallehren wollten sie nicht hören. Sie klopften ihm auf die Schulter und versicherten, daß ihm kein Haar gekrümmt werde, solange er sich nicht in ihre irdischen Angelegenheiten mische.

Das Zusammentreffen mit Henryk Schultz erfüllte Alvaro mit Hoffnung. Henryk war frommer als die Leute von der »Zephir«. Er schien sichtlich ergriffen und zutiefst bewegt. In der Beichte bereute und bedauerte er seine schweren Sünden, die er bis jetzt begangen hatte, hörte den Tadel und die Verweise demütig an und beugte sich der ihm auferlegten Buße. Zum Schluß erklärte er jedoch, daß er keine Besserung geloben könne, da er, ähnlich wie nun Alvaro, in der Macht Martens sei und ihm vorderhand noch dienen und seine Befehle ausführen müsse.

»Vorderhand«, wiederholte er und senkte den Blick. Der Jesuit fand die Äußerung verheißungsvoll und versuchte einstweilen nicht, mehr zu erreichen.

Erst nach der Rückkehr von dem nächsten Unternehmen, das er zusammen mit Schultz auf der »Zephir« mitgemacht hatte, wurde ihm klar, daß der geeignete Moment noch nicht gekommen war und daß seine Gefangenschaft bei den Korsaren viel länger dauern konnte, als er angenommen hatte. Er durchschaute Schultz sehr bald, was ihm nicht schwerfiel, da er dessen Beichtvater war. Im stillen lobte und billigte er die Geduld, Vorsicht und Ausdauer dieses Menschen. In gewisser Hinsicht waren sie sich ähnlich, obwohl ihre Ziele voneinander abwichen. Sie konnten nicht aufrichtige Freunde werden, weil beide Aufrichtigkeit verschmähten und jeder Freundschaft mißtrauten, sie konnten sich aber gegenseitig unterstützen, solange es in ihrem gemeinsamen Interesse lag.

Alvaro war fünfzehn Jahre älter als Henryk. Sein Wissen und seine Erfahrungen sicherten ihm einen großen Einfluß auf dessen Handeln. Er wußte, daß es ihm gelingen würde, Schultz früher oder später nach seinem Willen zu lenken, die

Freiheit wiederzuerlangen und sich zugleich an dem ungläubigen Verbrecher, diesem Marten, und den Hugenotten und Häretikern, die ihn umgaben, zu rächen. Er mußte sich nur mit Geduld wappnen und einen günstigen Augenblick abwarten.

Der Kapitän der »Ibex« besaß die Tugend der Geduld nicht im gleichen Maße wie Schultz und dessen spanischer Beichtvater. Zwar war die bisherige Beute der beiden Schiffe groß, die ganze mexikanische Expedition wog bereits hundertfach das eingegangene Risiko auf und konnte jedem Teilnehmer in naher Zukunft kein geringes Vermögen und Ruhm bringen, doch die Handlungsweise Martens rief in Salomon White immer mehr Vorbehalte wach.

Vor allem wollte Marten nicht in den Verkauf einiger Dutzend Negersklaven einwilligen, die ihnen beim Aufbringen eines spanischen Schiffes in die Hände gefallen waren. Er fügte sich erst den Vorstellungen Belmonts, der sich nicht wenig anstrengen mußte, um ihn zu überzeugen, daß man in Amaha keinen großen Nutzen von ihnen hätte, da sie geradewegs aus Afrika kamen. Sie kannten kein Handwerk und verstanden auch nichts von Feldarbeit. Sie benahmen sich wie scheue, unglückliche Tiere.

Gerade das rührte Marten. Er bedauerte sie und gab erst dann nach, als White drohte, aus ihrer Gesellschaft auszutreten. Marten behielt jedoch alle Frauen zurück und verzichtete dafür auf seinen Anteil aus dem Verkauf der Männer. Er brachte die Frauen nach Amaha, wo sie sofort Männer fanden.

Dieser Streit, der durch Belmont beigelegt wurde und mit einem Vergleich endete, war der Anfang von anderen Mißhelligkeiten zwischen beiden Kapitänen. Nach Meinung Whites kümmerte sich Marten in der letzten Zeit mehr um die Versorgung Quiches und seines Landes als um das gemeinsame Interesse der Schiffsbemannungen. Solange es nur um die Ausrüstungen der Befestigungsanlagen an der Lagune und auf dem Hügel ging, der Nahua beherrschte, protestierte White nicht, denn die erbeuteten Geschütze und Musketen sollten nicht nur die Sicherheit Amahas gewährleisten, sondern auch die der eigenen Schiffe und Speicher. Marten verlangte jedoch, daß aus den erbeuteten Schiffen sämtliche Werkzeuge und Geräte, Äxte und Sägen, sogar die Nägel für die Untertanen Quiches mitgenommen wurden. Ja, er bestand einmal darauf, einige Ponys auf das Deck der »Zephir« zu schaffen, die er Quiches Tochter schenkte. Das führte zu Schwierigkeiten bei der Unterbringung der viel wertvolleren Waren, brachte mehr Arbeit und Scherereien, aber keinen Gewinn.

Was White am meisten ärgerte und sein Puritanerherz mit Bitterkeit erfüllte, war die Tatsache, daß Marten nach wie vor die spanischen Gefangenen schonte und ihnen erlaubte, sich in Booten und auf Flößen zu retten, bevor ihr Schiff versenkt wurde. White trachtete danach, soviel wie möglich von ihnen zu töten, denn diejenigen, die mit dem Leben davonkamen, genügten, um die Rache und Verfolgung der Kriegsflotte des Vizekönigs auf die Häupter der Korsaren herabzubeschwören. White vertrat die Ansicht, daß man die besiegten »Papisten« mit Stumpf und Stiel ausrotten müsse, damit kein Zeuge der Niederlage den spanischen Behörden mitteilen könne, wo sich die »Ibex« und die »Zephir« zur Zeit befinden. Marten spielte mit dem Schicksal, er forderte es geradezu heraus, obwohl er wußte, daß fünfzigtausend Pesos jeden beliebigen Gringo erwarteten, dem es gelang, ihn zu verraten oder umzubringen. Marten spielte nicht nur mit dem eigenen Los, sondern auch mit dem Whites und aller wahren Protestanten, wenn man schon von den Katholiken und den Ungläubigen der »Zephir« absah.

Nun wurde die Geduld Whites auf eine neue Probe gestellt. Marten schob die Ausfahrt zu dem bevorstehenden Unternehmen mit der Begründung hinaus, die Bewaffnung der »Toro« müsse erst vervollständigt werden.

Die Frage der Aufteilung der Besatzungen und ihrer Ergänzung mit Freiwilligen aus Amaha bereitete zusätzlich Sorgen. White weigerte sich, einen Teil seiner Leute Belmont zu unterstellen und an deren Stelle Indianer aufzunehmen. Schultz fühlte sich benachteiligt, weil das Kommando über die »Toro« Belmont und nicht ihm übertragen worden war. Als schließlich in allen Fragen Übereinstimmung bestand, erklärte Marten plötzlich, daß er für einige Wochen flußaufwärts fahre, um mit dem Häuptling von Acolhua engere Beziehungen anzuknüpfen.

Als Marten von Acolhua zurückkehrte, begannen die endgültigen Vorbereitungen zum Auslaufen der Schiffe. Kleine Fässer mit Wasser und Lebensmitteln wurden an Bord geschafft und die Waffen gereinigt. Die drei Kapitäne und Schultz hielten bis ins einzelne gehende taktische und navigatorische Beratungen ab.

In der zweiten Hälfte des Januar, des kühlsten Monats in diesen Breiten, ließ die Hitze merklich nach. Nur selten fiel noch Regen. Der klare, dunkelblaue Himmel verhieß gutes, beständiges Wetter.

Am 28. Januar endlich lichtete die »Zephir« bei Tagesanbruch den Anker und überquerte im Schlepptau ihrer Boote die Lagune. Die »Ibex« und die »Toro« folgten ihr. Als sie die Außenbucht erreicht hatten, setzten sie alle Segel und steuerten nach Südosten, in Richtung der Sandbänke von Campeche.

Don Vincente Herrera y Gamma, Corregidor der Provinz Veracruz, verabschiedete mit einem Kopfnicken den Hauptmann einer Eskorte, mit dem er eine längere Unterredung gehabt hatte. Er war müde und verärgert. Das Gespräch, oder, besser gesagt, der Monolog, den er zu Nutz und Frommen des allzu selbstsicheren Offiziers gehalten hatte, hinterließ in ihm nicht die angenehme Empfindung der Überlegenheit, die er sonst im Umgang mit Kreolen verspürte. Solche Empfindungen pflegten die Eitelkeit des Gouverneurs, die seiner Machtfülle entsprach, zu steigern und seine angeborene Herrschsucht zu befriedigen, jetzt glaubte er sich betrogen.

So war es, betrogen hatte man ihn! Doppelt betrogen!

Der Hauptmann, ein gewisser Rayon oder Rubio, sicherlich ein gewöhnlicher Mozo aus der Sierra, hatte den letzten Silbertransport aus den Bergwerken von Orizaba eskortiert, die dem Alcalde mayor des dortigen Bezirks unterstanden. Der Alcalde sandte bei der Gelegenheit seinem mächtigen Protektor Herrera stets zwei oder drei in den Abrechnungen der Gruben »eingesparte« Silberbarren. Diesmal war keine Privatsendung eingetroffen ...

Herrera verdächtigte den Hauptmann der Eskorte und dessen Leute des Diebstahls, den Alcalden des strafwürdigen Geizes, die Beamten in Orizaba der Veruntreuung und alle zusammen eines Komplotts gegen seine Person und Herrschaft.

Er war von Natur aus mißtrauisch, und wenn sein Mißtrauen auch manchmal durch Schmeicheleien und die eigenen Erfolge eingelullt wurde, so zwang es ihn doch, wachsam zu sein.

Wer wußte, was dahintersteckte? Vielleicht eine Verschwörung? Herrera schauderte, obwohl ihm der Gedanke unsinnig vorkam. Wenn es an dem wäre, hätten sie nicht das Silber abgeliefert. Er wurde wieder ruhiger.

Nein, er war nicht mutig. Deswegen hatte er wohl auch nicht gewagt, diesen Rubio oder Rayon festzunehmen, und es bei Andeutungen und Drohungen bewenden lassen, die von dem Kerl mit verächtlichem Achselzucken abgetan worden waren.

Der Hauptmann hatte sich anscheinend nicht viel daraus gemacht. Er gehörte zu den Truppen des Vizekönigs und schien zu wissen, daß er aus dem Grunde wenigstens vorläufig vor der Willkür des Gouverneurs geschützt war. Vielleicht hatte er auch erfahren, daß fast die ganze Garnison von Veracruz vor zwei Tagen zu einer Strafexpedition gegen einen aufsässigen Indianerhäuptling ausgerückt war, der die umliegenden spanischen Haziendas als Vergeltung für die ständigen Verfolgungen und die Beschlagnahme indianischer Ejidos zum Baumwollanbau in Brand gesteckt hatte. Der Hauptmann befehligte ungefähr hundert Soldaten, Indios und Mestizen, und fühlte sich wohl deshalb in Veracruz sicher. Don Vincente hatte augenblicklich auch nicht mehr Truppen zur Verfügung.

»Er wird noch an mich denken«, flüsterte der Gouverneur.

Um dem Hauptmann zuzusetzen, hatte er der Eskorte nicht gestattet, in der Stadt zu nächtigen. Herrera wollte die Bravi mit ihrem Kommandanten nicht in seiner Nähe haben. Mochten sie dorthin gehen, woher sie gekommen waren. Schlimmstenfalls konnten sie unterwegs lagern, in Tuxtla oder in irgendeinem Fischerdorf an der Küste.

Er griff nach der Schnur, die neben dem Sessel am Fenster herabhing. In einem

140

der angrenzenden Zimmer ertönte der silberhelle Klang einer Glocke. Gleich darauf erschien der Sekretär mit einer tiefen Verbeugung in der Tür.

Er hat gelauscht, dachte Herrera und wandte sich mißlaunig ab. Der Mensch widerte ihn an mit seiner falschen Unterwürfigkeit und dem übertriebenen Diensteifer, ja sogar ihn, der einen solchen Servilismus forderte! Aber Luiz war ihm unentbehrlich, er kannte sich am besten in allen Provinzangelegenheiten aus, wußte alle Gerüchte, die im Umlauf waren, orientierte sich über die Stimmungen der reichen kreolischen Estanziabesitzer und hinterbrachte ihm die vertraulichsten Gespräche, die die Caballeros in den Weinschenken und die Offiziere in den Pulquerias miteinander führten. Don Vincente verabscheute seinen Sekretär im gleichen Maße, wie er dessen Dienste brauchte.

»Erkundige dich, wie der Mann heißt, der eben hier war«, befahl er. »Ich brauche Vornamen, Namen, Truppenteil und so weiter.«

Luiz verneigte sich und verbarg ein schadenfrohes Lächeln. Er hatte den Befehl erwartet. Er wußte bereits, daß der Grobian von Offizier, der ihn, den Sekretär, ohne eine Spur von Hochachtung behandelt hatte, auch beim Corregidor in Ungnade gefallen war. Am liebsten hätte er den Auftrag sofort erledigt. Ein geradezu wohltuender Eifer trieb ihn. Es wäre für ihn eine Befreiung von der in seinem Innern wühlenden Wut, ein Flug in die Sphären der Glückseligkeit gewesen, wenn er den ordinären Landsknecht sofort, auf der Stelle, hätte demütigen können. Doch er mußte sich gedulden. Er unterdrückte seine freudige Genugtuung, trat ruhig an den Tisch und putzte die Dochte der Kerzen, die in zwei fünfarmigen silbernen Leuchtern brannten.

»Was gibt es Neues?« erkundigte sich der Gouverneur.

»Gegen Abend sind zwei Schiffe im Hafen eingelaufen«, begann Luiz seinen Bericht.

»Von den unsrigen?«

»Nicht die, die wir erwarten. Sie segeln jedoch unter unserer Flagge. Über die Flotte, die das Silber abholen soll, erhielt ich noch keine Nachricht.«

»Wozu erzählst du mir das dann?« Don Vincente regte sich auf. »Was scheren mich die übrigen Schiffe, die den Hafen ansteuern? Es wird höchste Zeit, daß unsere kommen.« Er runzelte die Brauen. Vielleicht hatte er sich zu sehr beeilt, seine Truppen auf die Strafexpedition zu schicken? Es wäre besser gewesen, zuerst auf die Ankunft der Goldflotte aus dem Süden zu warten und die mit Silber und Koschenille gefüllten Speicher zu leeren! Aber die Goldflotte verspätete sich, und die Eigentümer der Estanzias und ihre Mayorale riefen um Hilfe und forderten Rache an den Indianern.

»Die Schiffe hatten signalisiert«, fuhr Luiz fort, »daß sie von Korsaren verfolgt werden, Euer Gnaden. Deshalb wurden im Hafen Leuchtfeuer angezündet, um ihnen die Einfahrt zu erleichtern.«

Der Gouverneur fuhr zusammen. »Korsaren? Hier?«

»Sie wagten nicht, sich zu nähern«, beruhigte ihn der Sekretär. »Die beiden Kapitäne übertreiben wahrscheinlich. Die Angst hat große Augen.«

»Hast du nichts von Marten gehört?«

»Nein. Er hat sich seit Monaten nicht mehr gezeigt. Möglicherweise hat er sich von hier aus dem Staub gemacht, oder sein Schiff ist untergegangen, und er selbst brät schon im höllischen Feuer.«

»Wenn es nur so wäre.« Herrera seufzte.

Er entließ den Sekretär, verschloß die Tür und nahm aus dem Geheimfach in der Wand eine schwere silberne Schatulle, die seine Privatpapiere, Briefe und Rechnungen enthielt. Er suchte den Bogen heraus, auf dem seine inoffiziellen Einkünfte aus den Bergwerken von Orizaba verzeichnet waren, und vertiefte sich in Berechnungen.

Hauptmann Manuel Rubio verfluchte den Hundedienst in den Reihen der Truppen des Vizekönigs. Er mißbrauchte die Namen vieler Heiliger und beleidigte sogar die Ehre der Madonna auf geradezu lästerliche Weise. Wie jeder Kreole konnte er die Gachupins nicht riechen, und Don Vincente und sein Sekretär hatten ihn ihre Überheblichkeit ganz besonders spüren lassen. Luiz hatte zwar klar und deutlich zu hören bekommen, wie Rubio über ihn dachte, dem Gouverneur konnte man aber nicht das gleiche sagen und auch keinen anständigen Fußtritt versetzen, den er reichlich verdiente.

Rubio war wütend. Seine Leute wankten vor Müdigkeit, die Pferde und Maultiere trotteten nur mit Mühe weiter, als die Eskorte das ungastliche Veracruz verließ. Er mußte ihnen eine längere Rast gönnen, und zwar nicht erst in Tuxtla, das sie auf der schlechten, gefährlichen Gebirgsstraße nicht mehr erreicht hätten, sondern schon im nächsten Dorf. Er erhoffte dort nicht einmal ein Quartier für sich, geschweige denn für seine Leute und sah voraus, daß er die Nacht am Lagerfeuer oder auf einem Wagen würde zubringen müssen.

In Gedanken über die schimpflichen Verdächtigungen des Gouverneurs versunken, ritt er in der Dunkelheit an der Spitze seiner Abteilung über die öde Steppe, die gleich hinter den Mauern der Stadt begann. Obwohl sie nun leer waren, blieben die schweren Wagen in dem losen Sand stecken. Unter lautem Geschrei und Peitschenschlägen, die auf die Rücken der Zugtiere niederhagelten, wurden sie weitergeschoben. Nach dem heißen Tag wurde die nächtliche Kühle doppelt fühlbar. Hauptmann Rubio fröstelte.

Der Wagentroß zog sich immer mehr auseinander und kroch wie eine träge Schlange um die hohen Dünen, hinter denen zwischen dürrem, stacheligem Strauchwerk und vertrocknenden Palmen in zwei Reihen die ärmlichen Lehmhütten von Fischern standen. Rubio bog in das enge Gäßchen zwischen den Häusern ein und blickte sich in der Absicht um, seine Männer zu größerer Eile anzuspornen, als dicht neben ihm eine Gestalt auftauchte und nach den Zügeln faßte. Er vernahm den leisen Befehl: »Absitzen und schweigen!«

Sein Erstaunen hinderte ihn nicht, sofort instinktiv zu handeln. Er riß den Säbel aus der Scheide und ... merkte, daß er zugleich mit dem Sattel vom Pferde glitt. »Caramba!« fluchte er laut. Sie haben den Gurt durchgeschnitten, ging es ihm blitzschnell durch den Sinn.

Jemand stülpte ihm einen Sack über den Kopf, ein anderer verdrehte ihm die Hand und entwand ihm den Säbel, irgendwelche Leute fesselten ihn. Dann schleppte man ihn über den holprigen Dorfweg und über eine Türschwelle. Er hörte Schüsse, Lärm, Schreie. Nach wenigen Minuten war es wieder still.

Er versuchte sich zu bewegen und die Fesseln zu lockern.

»Lieg ruhig, Hombre«, sagte eine Stimme mit fremdländischem Akzent.

Wer ist das, zum Teufel? überlegte Rubio. Was ist mit der Eskorte geschehen? Er konnte, sosehr er sich auch anstrengte, nicht dahinterkommen, wer ihn überfallen hatte. War es irgendein Mißverständnis, oder hatte ihm Herrera seine Häscher auf den Hals geschickt, um sich seiner in aller Stille zu bemächtigen? Vielleicht waren es die von der Strafexpedition zurückkehrenden Truppen, die seine Eskorte für eine Partida von Salteadores hielten? Ob so oder so, er spielte dabei keine sehr rühmliche Rolle. Er hatte sich wie ein Grünschnabel überwältigen lassen. Selbst wenn man ihn nicht im Gebüsch erstach, wenn er die Freiheit wiedererlangte, war seine Haut keinen Peso mehr wert. Er mußte sich vor dem Obersten in Orizaba verantworten, und das würde nicht so einfach sein.

Ein Glück, daß das Silber in Sicherheit ist, dachte er. Aber auch dieser Gedanke beruhigte ihn nicht. Wenn er sich in den Händen von Räubern oder Aufständischen befand und nicht in einer Abteilung Soldaten, war seine Laufbahn als Offizier beendet. Ich bin hereingefallen, fuhr er in seinen Betrachtungen fort. Schuld ist dieser feige Gachupin. Die Hölle möge ihn verschlingen.

Stimmen näherten sich. Einige Leute betraten den Raum, in dem er auf dem festgestampften Lehmboden lag. Sie redeten in einer fremden, unverständlichen Sprache. Indianisch war es auf keinen Fall. Die Ankömmlinge setzten ihn an die Wand und streiften ihm den Sack ab.

Vor ihm stand ein athletischer junger Mann mit einem kleinen dunklen Schnurrbart und lustigen blauen Augen. Ein paar mit Pistolen und Messern bewaffnete Kerle umgaben ihn. Alle, auch ihr Anführer, hatten bunte Tücher fest um den Kopf geschlungen. An den Ohrläppchen glänzten goldene oder silberne Ringe. Sie nahmen sich sehr kriegerisch und gefährlich aus.

Piraten, durchfuhr es Rubio. Ich werde wohl kaum den Obersten und Orizaba wiedersehen. Vielleicht ... Voll Entsetzen bemerkte er, daß der junge Bandenführer das Messer aus dem Gurt zog und ihm mit einer schnellen Bewegung den Bauch aufschlitzte. Rubio wurde übel. Um die hervorquellenden Eingeweide nicht zu sehen, schloß er die Augen. Er spürte keinen Schmerz und öffnete sie wieder. Das Messer hatte die Fesseln an seinen Händen durchgeschnitten, ohne seine Haut auch nur zu ritzen.

144

Der Mann mit den blauen Augen lachte ebenso wie die anderen schallend. Er rückte einen Hauklotz heran und hockte sich dem verlegenen Offizier gegenüber.

»Das sind dumme Scherze«, sagte Rubio, der seine Fassung wiedergewonnen hatte. »Ihr hättet mir den Ärmel beschädigen können, und das ist meine einzige Uniform.«

Die Piraten klopften sich auf die Schenkel vor Heiterkeit. Der Scherz ihres Gefangenen fand ihren Beifall.

»Wie heißt du, Caballero?« erkundigte sich der Blauäugige.

»Ich stelle mich Unbekannten nicht vor«, entgegnete der Hauptmann abweisend, »besonders dann nicht, wenn man mir einen Sack über den Kopf zieht.«

Seine Antwort rief kein neues Gelächter hervor, obwohl die Mundwinkel des jungen Korsaren verdächtig zuckten. Der Rubio am nächsten stehende hagere Pirat mit den ironisch zusammengekniffenen Lidern stieß ihn mit der Stiefelspitze an. »Du weißt nicht, mit wem du sprichst, Hombre«, sagte er aufbrausend. »Du bist in der Gewalt des berühmtesten Kaperkapitäns, und ich würde dir raten . . .«

»Genug«, unterbrach ihn der, von dem er sprach.

Rubio pfiff leise durch die Zähne. »Soll das heißen, daß ich die Ehre habe, mit Marten zu sprechen, den man auch Goldmarder nennt?«

»Ja«, erwiderte Jan, vom eigenen Ruhm angenehm berührt.

»Ich heiße Rubio, Hauptmann Manuel Rubio«, erklärte der Gefangene. »Ich bin Offizier des Vizekönigs und befehlige, besser gesagt, befehligte noch vor einer halben Stunde eine Eskorte, die einen Silbertransport nach Veracruz begleitete. Ihr seid zu spät gekommen, Señor«, fügte er mit einem Anflug von ironischem Bedauern hinzu. »Wenn Ihr uns vor Tagesanbruch an dieser Stelle ebenso geschickt aufgelauert hättet, wäre das Silber Euer gewesen.«

»Oh, noch ist nichts verloren. Wir holen es uns aus den Speichern«, murmelte Marten.

»Wie, beabsichtigt Ihr die Stadt zu erobern?« rief der Offizier erstaunt.

»Du willst zuviel wissen, Caballero«, entgegnete Marten. »Jetzt werde ich lieber einige Fragen stellen und würde dir raten, um mit unserem Tessari zu sprechen, wahrheitsgetreu zu antworten.«

Tessari, genannt Barbier, nickte ernst. Rubio wurde klar, daß er sich entscheiden mußte: entweder — oder.

»Nur eines noch«, sagte er nach kurzer Pause. »Kann ich auf Eure Großmut rechnen, wenn ich nicht nur die Fragen so beantworte, wie Ihr es fordert, sondern Euch auch behilflich bin, einen Geisel dingfest zu machen?«

»Wen meinst du damit?« fragte Marten.

»Su Merced Vincente Herrera y Gamma, den Gouverneur von Veracruz«, erwiderte Rubio. »Uns verbindet eine Bekanntschaft von der übelsten Sorte. Ich konnte ihm bis jetzt nicht sagen, wie ich über ihn denke, und möchte die außergewöhnlich günstige Gelegenheit nicht versäumen . . .«

Auf den Einfall, die spanische Flagge zu benutzen, um unbehelligt in den Hafen von Veracruz zu gelangen, war Schultz gekommen. Marten wollte zuerst nicht auf diese unritterliche Kriegslist eingehen, zumal ihr Erfolg es erforderte, die Namen der Schiffe durch andere zu ersetzen. Eine solche Tarnung wäre nach der Ansicht Martens für die »Zephir« zu demütigend gewesen.

Als White davon hörte, meinte er ärgerlich, das ganze Unternehmen sei dann unausführbar, und man müsse es aufgeben. Chevalier de Belmont fand, wie so oft, auch hier einen Ausweg. Auf seinen Rat wurde beschlossen, nur die »Toro« und die »Ibex« als die weniger bekannten Schiffe in den Hafen zu schicken, während die »Zephir« drei Meilen von der Stadt entfernt ein kleines Fischerdorf zu besetzen hatte.

So geschah es. Marten, der Schultz mit einem kleinen Teil der Bemannung auf der »Zephir« zurückgelassen hatte, wartete in dem Dorf auf Nachricht von White und Belmont, um dann Veracruz von Westen her zu umgehen und auf ein verabredetes Signal anzugreifen. Plötzlich bemerkten die aufgestellten Posten den Wagentroß, der auf das Dorf zukam. Die Abteilung und ihr Kommandant waren schnell festgenommen und entwaffnet. Die Soldaten, die sich umzingelt sahen, streckten sofort die Waffen. Niemand versuchte zu fliehen. Die Korsaren hatten nur einige Schreckschüsse aus ihren Pistolen abgegeben.

Nachdem Marten durch Rubio über die Situation in der Stadt aufgeklärt worden war, beschloß er, sofort zu handeln, ohne erst den Boten abzuwarten.

Rubio bat darum, an der Spitze von Freiwilligen aus seiner Eskorte an dem Angriff teilnehmen zu dürfen. »Weder ich noch meine Leute wollen nach Orizaba zurück«, erklärte er, als er Martens Zögern bemerkte. »Im besten Fall werde ich degradiert, und von meinen Leuten wird jeder zehnte erschossen. Es bleibt mir nichts anderes übrig, als eine Partida aus Freiwilligen zu bilden und den Rest nach Hause zu entlassen.«

»Ich habe nicht den Eindruck, daß die Stimmung deiner Soldaten sehr kriegerisch ist«, sagte Marten. »Nach der Begegnung mit uns zu schließen, haben sie keine Lust zu kämpfen.«

»Freilich, ihnen war keine andere Belohnung als Wunden oder der Tod gewiß. Wenn sie eine Plünderung in Aussicht haben, dann werden sie raufen wie . . ., nun, nicht eben gerade wie Löwen, aber immerhin wie hungrige Hunde. Sie haben seit einem Jahr keinen Sold gesehen.«

Dieses Argument überzeugte Marten. Übrigens riskierte er nicht viel. Außerdem fiel die Notwendigkeit fort, Gefangene zu bewachen, wenn, wie Rubio versicherte, alle seine Leute mit ihm gingen.

Trotzdem traf Marten gewisse Sicherheitsmaßnahmen. Die Soldaten der Eskorte wurden den Abteilungen der Korsaren eingegliedert, die unter dem Befehl älterer, erprobter Bootsleute standen. Rubio, der den Hauptstreitkräften Martens als Führer diente, war der besonderen Obhut des Barbiers anvertraut worden. Die

146

erschrockenen Fischer und ihre Familien sperrte man in einen geräumigen Schuppen und stellte davor einige Bewaffnete, die gleichzeitig die Aufgabe hatten, durch Signale die Verbindung mit der »Zephir« aufrechtzuerhalten.

Um elf Uhr nachts brach die kleine Armee auf und zog nach Süden, der Stadt zu, um sie von Westen und Norden her einzukreisen.

Die Ankunft der beiden angeblich von Korsaren verfolgten Schiffe im Hafen von Veracruz erweckte keinerlei Verdacht, lediglich die allgemeine Neugier der Bürger und der Hafenbehörden. Da jeden Tag mit dem Eintreffen der Goldflotte und der sie begleitenden starken Kriegsschiffe zu rechnen war, konnte niemand ahnen, daß sich gerade zu dieser Zeit ein Tollkühner in die Höhle des Löwen einschleichen würde. Wenn der Hafenmayoral irgendwelche Zweifel hatte, so betrafen sie nur die Ladung der beiden Schiffe. Er witterte Schmuggel mit verbotenen Waren.

Seine Zweifel bestätigten sich bis zu einem gewissen Grad, als er von den beiden Kapitänen ein reichliches Bestechungsgeld und eine Einladung in die nächste Pulqueria erhielt. Die Olla podrida, die man in der Schenke besonders schmackhaft zuzubereiten verstand, wurde so ausgiebig mit Wein begossen, daß sich der Mayoral kaum noch auf den Beinen zu halten vermochte. Er befahl seinen Untergebenen, den Ankömmlingen keine Schwierigkeiten in den Weg zu legen, und erlaubte den Matrosen der beiden Schiffe, an Land zu gehen. Die Zollrevision wurde auf den nächsten Tag verschoben.

Als der Chevalier de Belmont feststellte, daß der Hafenverwalter, dem er Gesellschaft leistete, genug hatte, lösten sich von der »Toro« und der »Ibex« zwei Schaluppen mit vorher ausgewählten Leuten, die sich in der Stadt verteilten, um Erkundigungen einzuziehen. Das geschah zur gleichen Zeit, als Hauptmann Manuel Rubio wutentbrannt Veracruz verließ.

Zwei Stunden später beriet sich Belmont mit White und dessen Erstem Offizier Hoogstone kurz über die Lage und schickte dann Percy Burnes, genannt Sloven, in das von Marten besetzte Dorf.

Percy murrte über den Auftrag, er bildete sich ein, er habe schon genug geleistet. Er hatte mit zwei Einwohnern von Veracruz Bekanntschaft geschlossen und erfahren, daß ein großer Silbertransport angekommen sei. Der größte Teil der Garnison befand sich angeblich auf einer Strafexpedition gegen die Indianer. Percy aß eine erstaunliche Menge von allerlei Fleischspeisen auf Kosten seiner Zufallsbekannten, trank ein Quart Wein und tischte dafür die tollsten Geschichten über den Zwischenfall mit den Piraten und die verzweifelte Flucht des Schiffes auf, zu dessen Bemannung er gehörte. Ihr Interesse und ihre Gastfreundschaft ermunterten ihn, seine Erlebnisse und Heldentaten so imponierend zu beschreiben, daß er sich selbst über seine ruhmreiche Vergangenheit wunderte.

Nach alldem war er schläfrig und träge geworden. Trotzdem beeilte er sich,

147

Belmont die Neuigkeiten zu überbringen. Er nahm nicht an, daß der Kapitän der
»Toro« bereits Bescheid wußte. Wieder bot er die ganze ihm angeborene Beredsamkeit auf und kleidete seinen Bericht in die dramatischste Form. Nachdem er
geendet hatte, ließ er den Blick beifallheischend in die Runde schweifen. Und zum
Dank für seine ungewöhnlich großen Verdienste als Kundschafter wurde ihm
befohlen, in der Finsternis umherzuirren und in der Einöde irgendein dreckiges
Fischerdorf zu suchen!

Mit schwerem Herzen und einem noch viel schwereren Bauch brach er auf. Er
hatte kaum eine Meile zurückgelegt, als er auf Martens Vorhut stieß, die er für
eine spanische Truppenabteilung hielt. Er versuchte zu fliehen und wäre beinahe
erschossen worden. Doch er wurde gefaßt, und Klops, der ihn als erster einholte,
behauptete, daß er Percy nur an dessen penetrantem Geruch erkannt habe.

»Du stinkst wie ein Skunks und benimmst dich wie ein Skunks«, sagte er zu ihm.
»Wenn du wenigstens ein Fell hättest, das man dir abziehen könnte.«

»Gib acht, daß sie dir nicht dein Fell durchlöchern«, knurrte Sloven.

Man führte ihn zu Marten. Nachdem Sloven Bericht erstattet hatte, setzten die
Kompanien ihren Marsch nach Veracruz fort.

Sloven kroch im Dunkel zu einem Fenster mit herabgelassener Jalousie, schob
die an drei Schnüren aufgefädelten dünnen Brettchen hoch und versuchte, den
einen Flügel mit seinem Messer zu öffnen. Das Fenster war jedoch innen durch
einen Riegel gesichert. Er überlegte eine Weile, wie er ohne Lärm am leichtesten
in das Haus gelangen könne. Auf einmal hörte er den schrillen Klang einer Glocke
und einen durchdringenden Schrei. Fast gleichzeitig barst hinter der Hausecke
krachend eine Tür, Scheiben klirrten. Er vernahm Getrappel. Gleich darauf
knallten zwei Schüsse.

Wir sollten doch leise zu Werke gehen, dachte Percy ärgerlich.

Er riß die Jalousie herunter, hob einen Stein auf und schleuderte ihn durch das
Fenster. Dann schob er die Hand durch die Öffnung und zog den Riegel zurück.
Nach jeder dieser Verrichtungen drückte er sich unter das Fenstersims und wartete
darauf, daß sich jemand herausbeugen werde, um auf den Eindringling zu schießen. Es war unnötiger Zeitverlust. Niemand setzte sich zur Wehr.

Beruhigt kletterte er flink in das geräumige Zimmer. Unter seinen Füßen fühlte
er einen weichen Teppich. Er stieß gegen ein Möbelstück, blieb stehen und schlug
Feuer. Auf dem Tisch stand ein Leuchter. Er zündete eine Kerze an und sah sich
um. Es kam ihm so vor, als höre er sich rasch entfernende Schritte. Im Zimmer
war niemand. Die Tür auf der rechten Seite klappte zu, als sei dort gerade jemand
hinausgegangen. Er sprang hin und nahm eine undeutliche Gestalt in weißem
Nachthemd wahr, die aus dem anliegenden Zimmer schlüpfte.

»Halt!« schrie er und eilte hinterher.

Er kam auf einen Korridor. Das weiße Gespenst verschwand in einer Tür, durch die man anscheinend auf den Hof gelangte. Plötzlich stolperte Percy über etwas Schweres, das über den Fußboden rollte und einen dumpfen, seinen Ohren lieblich klingenden Ton von sich gab. Er schlug lang hin. Silber! schoß es Sloven durch den Kopf.

Er tastete, bis er den Gegenstand gefunden hatte. Er hob ihn auf und kehrte in das Zimmer zurück, in dem die Kerze brannte. In seinen Händen hielt er eine silberne Schatulle! Sloven schlug das Herz im Halse vor Aufregung. Ein Schatz! Er hatte einen Schatz entdeckt!

Da sich die Schatulle nicht öffnen ließ und auch zu groß und gewichtig war, um sie überallhin mitschleppen zu können, beschloß er, sie zu verstecken. Andernfalls hätte er sie auch als Beute abgeben müssen. Und er hatte nicht die Absicht, seinen Fund mit jemand zu teilen. Die Kassette mit allem, was in ihr war, gehörte ihm allein.

Sloven blies die Kerze aus und schlich auf den Korridor. Aus den anstoßenden Räumen drang Lärm zu ihm, der immer näher kam. Auf dem Hof schien niemand zu sein. Er lief durch die offene Tür ins Freie. Auf der gegenüberliegenden Seite gewahrte er ein langes Gebäude mit steilem Dach und kleinen Fenstern. Der Stall! Sloven ging durch das offenstehende Tor und spürte sogleich den scharfen Geruch von Pferdemist. Es waren aber keine Pferde da. Sicherlich hatte man sie schon fortgeschafft. Um so besser, er grinste. In einem leeren Stall wird niemand Schätze vermuten.

In einem Winkel fand er eine Krippe mit Futterresten. Er stellte die Schatulle hinein, zog Heu aus der Raufe und deckte seine Beute zu. Zufrieden rieb er sich die Hände. Morgen oder übermorgen, wenn alles vorbei wäre, würde er sich den Schatz holen.

Die ganze Angelegenheit hatte nicht mehr als zehn Minuten in Anspruch genommen. Im stillen beglückwünschte sich Sloven, daß er zu Martens Abteilung gehörte, die den Landsitz des Gouverneurs angegriffen hatte. Hier war alles glattgegangen, niemand hatte Widerstand geleistet. Wenn ihn der Chevalier de Belmont nicht in das Dorf geschickt hätte, in dem sich die Mannschaft der »Zephir« aufhielt, hätte er jetzt in der Stadt kämpfen müssen. Dort wäre es ihm bestimmt nicht so leicht gelungen, sein Schäfchen ins trockene zu bringen.

Sloven ging um das Haus und begegnete Klops, der an der Spitze von etwa einem Dutzend Matrosen aus dem Haupteingang gerannt kam.

»Wohin? Weshalb so eilig?«

»Wir müssen alle Gebäude durchsuchen«, antwortete Klops. »Der Gouverneur ist nicht aufzufinden. Der Hauptmann hat dem tausend Pesos versprochen, der ihn erwischt.«

Sloven verzog verächtlich den Mund. Was bedeuteten ihm jetzt tausend Pesos!

Vom Flur aus betrat er einen großen Saal, an dessen Stirnwand Kerzen flackerten. Ein Offizier in spanischer Uniform beschimpfte einen erschrockenen Mann mit auf dem Rücken gefesselten Händen, der an der Wand stand. Er schlug ihm ins Gesicht, wahrscheinlich nicht zum erstenmal, denn er blutete bereits. Marten, der der Szene voll Widerwillen zusah, wandte sich ab und blickte aus dem Fenster.

»Laß das, Caballero«, sagte er. »Er weiß nichts. Wir werden Herrera sicherlich finden, wenn wir die Umgebung etwas erleuchten.«

»Ich hänge ihn auf«, tobte der Hauptmann und knirschte mit den Zähnen.

Marten runzelte die Brauen und musterte ihn über die Schulter. »Wenn du mit ihm irgendeine persönliche Abrechnung hast, dann schneide ihm die Fesseln durch und gib ihm eine Waffe in die Hand. Das wäre anständiger«, riet er und fügte, aus dem Fenster blickend, hinzu: »Ah, endlich wird es ein wenig heller.«

Percy folgte Martens Blick und bemerkte einen roten Feuerschein, der sich zusehends ausbreitete. Jetzt wäre es gar nicht so übel, die anderen Gemächer in Augenschein zu nehmen, überlegte er. Vielleicht entdeckte er etwas Wertvolles, was den Plünderern im Dunkeln entgangen war.

Lautlos verließ Sloven den Saal. Auf dem Flur öffnete er eine Seitentür. Die andere Hälfte des Hauses lag noch in Finsternis. Er beschloß, das Zimmer aufzusuchen, in dem er zuerst gewesen war. Er stieß auf den Korridor, der zum Hof führte. Er wollte schon umkehren, als ihm plötzlich ein schrecklicher Gedanke durch den Kopf schoß. Was kann man leichter in Brand stecken als einen Stall, dessen Dachboden mit Heu und Stroh gefüllt ist? Mit zwei Sprüngen war er am Ausgang. Er hatte das Gefühl, als läge ihm ein Eisklumpen im Magen. Das Dach des mit Maisstroh gedeckten Stalles stand in Flammen. Ein Funkenschwarm sprühte zum nachtschwarzen Himmel auf.

Mit einem lauten Schrei lief er hinaus, stieß die Leute zur Seite und stürzte, ohne einen Augenblick zu zögern, in das brennende Gebäude. Rauch würgte ihm in der Kehle, biß in die Augen. Er achtete nicht darauf. Das Feuer war noch nicht bis hierher gelangt. Er mußte noch zurechtkommen . . .

Sloven tastete sich mit ausgestreckten Händen vorwärts, schlug mit der Stirn gegen eine Barriere aus Stangen, die waagerecht an Ketten hingen, strauchelte, fiel hin, stand auf und tappte weiter. Über ihm prasselte und sauste das Feuer. Das Eisstück schien aus dem Magen ins Herz gewandert zu sein.

Einen Augenblick glaubte er, er habe sich in den Rauchschwaden verirrt. Verzweiflung packte ihn. An der Leiter zum Dachboden orientierte er sich. Er hatte nicht die falsche Richtung eingeschlagen. Nur noch zehn, zwölf Schritte . . .

Auf einmal prallte etwas Schweres auf seinen Rücken und warf ihn nieder. Es war zuerst der Meinung, ein Balken aus dem Dachstuhl wäre es und hätte ihm die Wirbelsäule gebrochen. Doch das, was ihn zu Boden drückte, war nicht hart. Es konnte auch kein Bund Stroh sein, dafür war es zu schwer, und außerdem bewegte es sich . . .

Sloven öffnete die Augen und versuchte den Kopf zu wenden, um festzustellen, was auf ihm lastete. Durch den dichten Rauch schimmerte eine weiße Gestalt, über

die glimmende Fünkchen krochen. Er fühlte Hände, die seinen Hals umklammerten. Irgend etwas versengte ihm die Wange.

Der Teufel, dachte er, und seine Haare sträubten sich. Er brüllte wie ein Stier, wälzte sich hin und her und versuchte aufzustehen. Das Gespenst hielt ihn krampfhaft fest.

Die fünf folgenden Minuten zählte Sloven später zu den furchtbarsten, die er jemals erlebt hatte. Über dem entlegensten Teil des Gebäudes brach das Dach zusammen. Das Schüttstroh, die hölzernen Krippen und die Raufen mit Heu fingen sofort Feuer. Zischend und knisternd fraß es sich schnell näher. Der Rauch wurde dichter und heißer, und das Gespenst preßte ihm die Kehle fester und fester zusammen.

Sloven konnte kaum noch Luft schöpfen. Er lag hilflos in dem brennenden Stall, in dem von züngelnden Flammen erhellten Dunkel und glaubte zu ersticken. Der Rauch und das Gespenst benahmen ihm den Atem. Entsetzen lähmte seine Kräfte. Er spürte, wie er schwächer wurde.

Der Selbsterhaltungstrieb gebot ihm, bis zuletzt um sein Leben zu kämpfen. Er zog die Beine an, erhob sich auf alle viere und begann, mit der unheimlichen Last auf dem Rücken zum Ausgang zu kriechen. Es war ein Wettlauf — wenn auch ein sehr mühseliger und langsamer — mit dem Tod. Zu allen Übeln kam noch, daß er Hindernisse zu überwinden hatte. Die lange Leiter, an die er stieß, fiel polternd um und versperrte ihm den Weg. Als Sloven halbtot zur Tür gelangte, stellte er zu seinem Schrecken fest, daß der starke Luftzug sie zugeschlagen hatte. Er vermochte sie nicht zu öffnen. Er stützte sich auf die hohe Schwelle, die ihm wie ein unbezwingbarer Felsen vorkam, und hämmerte mit der Faust gegen die Bretter. Seine Energie erlahmte, und er ergab sich in sein Schicksal. Er hatte keine Hoffnung mehr, gerettet zu werden. Da ging die Tür von selbst auf — nach innen und nicht, wie er versucht hatte, nach außen. Sloven konnte noch seine Arme über die Schwelle strecken und spürte, wie er gepackt und zugleich mit dem Gespenst aus dem Stall gezogen wurde.

Er hatte nicht das Bewußtsein verloren, und sein Verstand war noch klar genug, den Sinn der anerkennenden und bewundernden Rufe richtig zu deuten, die ihn nach seiner Errettung aus dem irdischen Fegefeuer begrüßten. Er hatte den vermißten Gouverneur auf seinen Schultern aus dem brennenden Stall getragen, wo er im Heu versteckt gewesen war, und eine Heldentat vollbracht.

Da Sloven kaum verletzt war, gewöhnte er sich rasch an seine neue Rolle. Er nahm eine entsprechende Haltung an, packte Herrera am Kragen des versengten Nachthemdes und schleppte ihn in Begleitung der Zeugen seines übermenschlichen Mutes zu Marten.

Der Stall auf Herreras Landsitz war nicht nur zu dem Zweck in Brand gesteckt worden, um die nächste Umgebung zu erhellen. Das Feuer sollte zugleich das verabredete Angriffssignal für White und Belmont sein, die in der Nähe des Hafens auf der anderen Seite der Stadt warteten.

White besetzte an der Spitze seiner Engländer ohne größere Schwierigkeiten den Hafen, das Rathaus und die städtischen Speicher. Dagegen stieß Belmont, der die Kasernen und das Arsenal angriff, auf starken Widerstand. Die auf drei Kompanien zusammengeschmolzene Garnison verteidigte sich tapfer hinter den hohen Mauern, obwohl sie über keine Geschütze verfügte, und überschüttete die Korsaren mit einem Kugelhagel aus ihren Musketen. Tomasz Pociecha, der zum Ersten Offizier der »Toro« befördert worden war, drang mit den indianischen Musketieren zweimal bis zum Tor vor und mußte sich zweimal wieder zurückziehen, ohne die Sprengladungen angebracht zu haben. Erst beim drittenmal gelang es ihm, allerdings unter Verlusten, zwei Fäßchen Pulver unter den Angeln der Torflügel zu befestigen und die Lunten anzuzünden.

Als Belmont nach der Explosion mit dem Degen in der Hand, die gesamten Reserven hinter sich, durch die entstandene Mauerlücke stürmte, wichen die Spanier in die Gebäude zurück und beschossen die Angreifer aus den Fenstern.

Belmont überzeugte sich bald, daß seine Kräfte zu gering waren, drei Kompanien zu bezwingen. Einen beträchtlichen Teil seiner Matrosen hatte er bei dem bereits eroberten Arsenal und im Hafen zum Schutz der Schaluppen zurücklassen müssen. Die Belagerten befanden sich obendrein in einer günstigeren Stellung als er. Sein Ehrgeiz gestattete ihm jedoch nicht, sich an White um Unterstützung zu wenden. Es war ihm aber klar, daß er früher oder später dazu genötigt sein würde, wenn nicht in der Zwischenzeit Marten zu Hilfe kam.

Um seine Männer nicht unnütz zu gefährden, ging Belmont hinter den Außenmauern in Deckung. Er wußte, daß sein Rückzug die Spanier zu einem Gegenangriff ermuntern konnte, auf jeden Fall gewann er etwas Zeit, die durcheinandergeratenen Abteilungen neu zu ordnen und seinen Leuten Rast zu gewähren.

Er schickte Pociecha mit dem Befehl zum Arsenal, die Hälfte der dortigen Besatzung und zwei leichte Falkonette zur Kaserne zu bringen. Bestimmt befanden sich im Arsenal auch Mörser, aus denen man die Kasernen über die Dächer der Häuser hinweg beschießen konnte. Doch er hatte niemand, der einer solch schwierigen Aufgabe gewachsen war. Seine noch nicht sehr geübten Artilleristen waren dazu nicht imstande.

Die Belagerten hatten bis jetzt noch keinen Ausfall versucht. Der Chevalier ordnete schließlich an, einige Häuser anzuzünden, um Marten zu zeigen, wo er sich befand. Das gelang ihm.

Marten erzwang von dem gefangenen Gouverneur mit Leichtigkeit die Kapitulation von Stadt und Garnison. Manuel Rubio hatte die Gelegenheit verpaßt, Luiz aufhängen zu lassen. Der unglückliche Sekretär mußte nun die Rolle des Parlamentärs spielen.

Man nahm Luiz die Fesseln ab und erlaubte ihm, sich zu waschen und anzukleiden. Marten gebot ihm, sich neben den jammernden und stöhnenden Gouverneur in den Wagen zu setzen, und fuhr mit den beiden an der Spitze einer Reihe anderer Gefährte durch die Stadt. Die sich rasch ausbreitende Feuersbrunst erregte sofort Martens Aufmerksamkeit. Er begab sich mit dem Gouverneur und seiner Begleitung dorthin.

Als er an Ort und Stelle den Bericht Belmonts gehört hatte, lobte er dessen Maßnahmen. Luiz drückte man in die eine Hand eine Fackel, in die andere das Handschreiben des Corregidors von Veracruz an den Kommandanten der Garnison sowie eine weiße Fahne und schob ihn durch das zertrümmerte Kasernentor.

Der Major, der die drei belagerten Kompanien befehligte, war kaltblütig und vernünftig genug, den ohnedies vor Angst beinahe sterbenden Sekretär nicht zu erschießen. Er betrachtete mißtrauisch die von Herrera mit zitternder Hand unter das Dokument gesetzte Unterschrift und forderte eine halbe Stunde Bedenkzeit. Dann erklärte er, daß er erst nach einer persönlichen Rücksprache mit dem Gouverneur eine endgültige Antwort geben könne.

Marten verlor die Geduld. Er befahl, die inzwischen aus dem Arsenal herangeschafften Falkonette auf die Kasernenmauer zu richten und aus jedem zwei Schüsse abzufeuern.

Es erwies sich, daß die Mauer nur schwach war. Die Kugeln rissen eine weite Öffnung. Die Geschütze wurden zurückgezogen und auf die nun freiliegenden Fenster eingestellt. Bevor die Lunten in Brand gesetzt worden waren, wurden aus den Fenstern weiße Fetzen herausgehängt. Die Garnison ergab sich.

Am nächsten Tag wurden die Bewohner von Veracruz in die Kirchen getrieben und dort unter Bewachung eingesperrt. Die jungen und kräftigen Männer mußten beim Transport des Silbers und der Koschenille aus den Speichern der Stadt auf die Schiffe helfen. Aus dem Arsenal schleppten die Freibeuter die besten Kanonen sowie den gesamten Vorrat an Pulver und Kugeln mit. Sie plünderten Läden und Privathäuser und feierten Orgien. Die Gewalttaten nahmen kein Ende.

Die zügellosen Korsaren holten sich die Frauen und Mädchen aus den Kirchen und ließen die eingeschlossenen Männer ohne Essen und Trinken dort zurück. Ein Taumel wüster Ausschreitungen erfaßte alle. Den Siegern fehlte jede Spur von Erbarmen und menschlichem Empfinden. Sie praßten, als wollten sie sich für alle Zeiten schadlos halten. Weder White noch Marten schritten ein. Veracruz sah wie ein großes, von einer Herde Trunkenbolde demoliertes Lupanar aus.

Um dem zuchtlosen Treiben ein Ende zu bereiten, wurde die Stadt auf den Rat von Schultz an mehreren Stellen zugleich in Brand gesteckt. Das rasch um sich greifende Feuer ernüchterte die Sieger und brachte sie wieder zur Besinnung. Sie mußten sich vor den Flammen retten, und Marten gelang es endlich, einigermaßen Ordnung unter ihnen zu schaffen und die verzweifelten, vor Angst halbirren Menschen aus den Kirchen zu befreien.

Es war höchste Zeit. Die Schreckensnachricht über die Eroberung und Verwüstung der Stadt war nach Orizaba und zu den Befehlshabern der benachbarten Garnisonen gedrungen. Die Truppen des Gouverneurs kamen nach der Niederschlagung des Indianeraufstandes in Gewaltmärschen zurück. Die Hälfte der Kriegsschiffe, die die Goldflotte begleiteten, trennte sich von dem Konvoi und eilte, wenn auch zu spät, Veracruz zu Hilfe.

Am dritten Tag gegen Abend tauchten am östlichen Horizont in den letzten Strahlen der Sonne, die hinter den mächtigen Bergen der Sierra Madre unterging, wie ein Schwarm weißer Vögel Segel auf.

Sie wurden sowohl zwischen den rauchenden Trümmern von Veracruz als auch auf den Korsarenschiffen bemerkt. In die Seufzer, Klagen und ersten schüchternen Freudenrufe am Ufer mischten sich die lauten Kommandos von Deck.

Die »Zephir«, die »Ibex« und die »Toro« hievten eilends die Schaluppen und Anker, entfalteten ihre Schwingen und verließen in der Abendbrise, die ihre Segel blähte, mit Nordkurs den Hafen.

Nach der Eroberung von Veracruz kehrte Marten nach Nahua zurück. Er beschloß, sich einige Zeit nicht auf dem Meer zu zeigen. Belmont und White gaben ihm recht. Man mußte warten, bis sich die Aufregung legte, die alle Städte Neuspaniens und alle Häfen entlang der Küste von der Mündung des Rio Grande bis zum Golf von Honduras erfaßt hatte. Zwischen Tampico und Yucatan, vom Westufer Kubas bis zum Kap Sable in Florida kreuzten starke Patrouillen der spanischen Kriegsflotte. Eine besondere Flottille unter dem Kommando des Caballero Blasco de Ramirez, des Sohnes des Corregidors von Ciudad Rueda, war nach Nordwesten ausgelaufen und durchsuchte jede Bucht, um die verwegenen Korsaren endlich aufzuspüren und auszurotten.

Die energischen Schritte der spanischen Behörden verscheuchten die anderen Piraten. Bekannte Korsarenkapitäne warnten Marten und fuhren entweder nach dem Karibischen Meer, in ihre vielen Schlupfwinkel zwischen den zahllosen Inseln der Kleinen Antillen, oder nach den Gewässern des Bahama-Archipels.

Marten war überzeugt, daß selbst der Teufel ihn und seine Gefährten nicht im Hafen der Flüchtlinge auffinden würde. Die drei Schiffe nützten die Trockenperiode aus, fuhren flußaufwärts und gingen in Nahua für längere Zeit vor Anker.

Marten überließ Schultz die Sorge um das Entladen und die Unterbringung der reichen Beute in den Speichern. Er selbst reiste ein paar Tage nach der Ankunft in Amaha mit Worst und Pociecha weiter. Sie nahmen alle Schaluppen der »Toro«

und der »Zephir« mit, dazu noch zehn indianische Kähne. Die Boote waren mit Geschützen, Waffen, Munitionsvorräten und Werkzeugen zum Bau von Befestigungen in Acolhua und Haihole beladen.

Marten wußte, daß er dort freudig empfangen werden würde. Die Häuptlinge jener beiden Stämme verstanden seine Bemühungen um die Rüstung besser zu würdigen als Inika und ihr Vater.

Zwar war sein Verhältnis zum Herrscher von Amaha weiterhin freundschaftlich und sogar herzlich, doch Marten fühlte, Quiche war über die schnelle Umgestaltung seines Landes in eine Kriegsbasis der Weißen nicht sehr erfreut. Er wünschte Frieden und hob dies immer wieder mit Nachdruck hervor. Wenn ihm Marten entgegnete, die sicherste Garantie des Friedens seien Geschütze und Festungen, zog er zweifelnd die Augenbrauen hoch.

Inika drückte ihre Zweifel entschiedener und deutlicher aus. »Du erwartest wohl einen Überfall der Spanier und ihre Rache oder planst selbst einen Angriff von unserem Land aus?« fragte sie, als er sich verabschiedete.

»Ich will nur Sicherheit«, antwortete er verletzt, »deine und die deines Landes.«

»Das glaube ich nicht«, rief sie. »Du willst nur dich und deine Schiffe schützen, solange du bei uns bist. Was hier geschieht, wenn du uns für immer verläßt, geht dich nichts an. Um uns kümmerst du dich am allerwenigsten.«

»Wer hat dir gesagt, daß ich Amaha verlassen will?«

»Deine Speicher sind bereits zur Hälfte gefüllt. Noch einige Fahrten und . . .«

»Wer hat dir das gesagt?« unterbrach er sie zornig.

»Der Priester in dem schwarzen Rock. Mir scheint, er spricht die Wahrheit, obwohl er ein Spanier ist.«

»Er lügt!« schrie Marten. »Ausgepeitscht werden soll er!«

»Ich auch? Ich bin der gleichen Meinung!«

Der Zorn in Marten ebbte plötzlich ab. »Laß gut sein, Chica«, sagte er lächelnd. »Habe ich dir nicht die Handwerker mitgebracht, die du verlangt hast?«

»Und auch die Werkzeuge?« fragte sie. »Eiserne Pflüge? Sämereien?«

»Ich konnte doch nicht in den Estanzias und Ranchos sammeln gehen! Solche Dinge muß man aus England holen.«

Inika konnte nicht begreifen, weshalb Marten Silber zusammenscharrte, dieses wertlose weiche Metall, aus dem man nichts außer Schmuckstücken und Gefäßen anfertigen konnte, anstatt Eisen und Stahl von seinen Beutezügen mitzubringen.

Sie konnte sich nicht vorstellen, wie groß die Welt ist, und hatte daher auch keinen richtigen Begriff von Europa. Sie fragte Jan, weshalb er noch nicht nach England gefahren sei, um dort all das zu erbeuten, was hier fehlte. Ihr schien das ebenso einfach zu sein wie die Fahrten, die er bisher unternommen hatte.

»Du bist ein großer Häuptling und Seefahrer«, sagte sie, »und England ist nicht dein Vaterland. Du könntest dort dasselbe machen wie in Veracruz, wo es viel Silber und Koschenille, aber wenig wirklich wertvolle Sachen gibt.«

Marten versuchte zu erklären, doch er war sich nicht sicher, ob sie ihn verstand. Er versprach Inika, nach seiner Rückkehr weiter mit ihr darüber zu sprechen. »Komm bald wieder«, entgegnete sie und sah ihm in die Augen.

Marten wünschte aufrichtig, Inikas Wunsch zu erfüllen. Doch der Bau der Befestigungsanlagen und militärischen Siedlungen am Fuße des Gebirges nahm viel Zeit in Anspruch, und er kehrte erst mit Beginn der tropischen Regenfälle zurück, die jede Arbeit unmöglich machten. Die Wege in den tiefer gelegenen Landstrichen waren ungangbar geworden.

Er war mit dem Geleisteten zufrieden, obwohl er erst jetzt einsah, daß ein wirksamer Schutz der Grenzen auf der Landseite viel mehr Befestigungen, Geschütze und Truppen erforderte, als er anfangs geglaubt hatte.

Das ist lediglich eine Frage der Zeit, dachte er. In zwei, drei Jahren wäre ich imstande, ausreichende Kräfte zu sammeln. Einstweilen genügt, was wir haben.

In Nahua traf er die Schiffe mitten in den Vorbereitungen zum Auslaufen an. Eine Eskader von Blasco de Ramirez war vor zwei Monaten an der Bucht und der Mündung des Amaha vorbeigesegelt, hatte aber nicht versucht, in die Lagune einzudringen. Zwei Schaluppen waren herabgelassen worden, die aber bald wieder zurückkehrten. Die Matrosen hatten sich überzeugt, daß sich die kleine Bucht nicht als Schlupfwinkel für Korsarenschiffe eignete.

Wie konnte Ramirez auch der Gedanke kommen, daß die armseligen Fischer gutausgebildete Soldaten waren, daß sich hinter der dichten grünen Wand der Mangroven Schanzen mit schußbereiten Geschützen befanden und der gewundene Fluß nur einige Meilen von der Küste entfernt die Bordwände der drei Segelschiffe umspülte, die er so hartnäckig suchte?

Den Berichten zufolge, die in den letzten Tagen auf verschiedenen Wegen nach Nahua gelangt waren, sollte die Goldflotte in Havanna eingetroffen und von dort unter verstärkter Eskorte nach Europa abgesegelt sein. Das bedeutete, daß sich die Zahl der spanischen Kriegsschiffe im Golf von Mexiko und im Karibischen Meer beträchtlich verringert hatte. Nur die wichtigsten Meerengen und die bedeutendsten Häfen konnten künftig bewacht werden.

Angesichts dieser Tatsache hatten Belmont, White und Schultz beschlossen, eine neue Kaperfahrt vorzubereiten und sie ohne die »Zephir« auf eigene Faust oder gemeinsam mit anderen Korsaren zu unternehmen, falls sich Marten verspäten sollte.

Marten packte der Zorn, als er davon erfuhr. Er überwarf sich mit White und drohte Schultz, ihn mitsamt dem Pfaffen, den er ohnedies nicht mehr ausstehen konnte, zum Teufel zu jagen. Auch Belmont machte er heftige Vorwürfe, von dem er eine so hinterhältige Handlungsweise nicht erwartet hatte. Belmont stand jedoch diesmal fest zu White und Schultz.

»Wir sind nach Amaha gekommen, um reich zu werden«, erklärte er. »Du hast jetzt andere Dinge vor, wie mir scheint, und verfolgst eigene Ziele und Pläne. Wenn du wissen willst, wie ich darüber denke, dann sage ich dir: Das sind Hirngespinste, Phantastereien, Luftschlösser.«

»Darf ich mir diese Phantastereien vielleicht nicht erlauben?« entgegnete Marten heftig.

»Gewiß darfst du es. Verlange aber nicht, daß White mitmacht. Auch auf meine Teilnahme rechne nicht bei deinen kindischen Vorhaben. Früher oder später wirst du alles verlieren und nichts gewinnen.«

»Die ›Toro‹ gehört mir«, erwiderte Marten. »Keiner von euch hat das Recht . . .«

Belmont unterbrach ihn. »Wenn du die Frage so stellst, dann haben wir über nichts mehr zu sprechen.« Er drehte sich um und wollte gehen.

Marten hielt ihn zurück. »Wohin wollt ihr eigentlich fahren?«

»Nach den Bahamainseln.«

»Weshalb gerade dorthin?«

»Um Rotholz zu holen.«

»Holz?« Marten wunderte sich.

»Ja, Fernambukholz«, erläuterte Belmont. »Es wird zum Färben von Stoffen verwendet. In Tampico kann man jede Menge davon verkaufen.«

»Das ist sicherlich eine Idee von Schultz?« erkundigte sich Marten. Der Holzhandel war nicht nach seinem Geschmack.

Belmont nickte.

»Und wer wird das Holz fällen?«

»Die Einheimischen. Pedro Alvaro behauptet, auf einigen Inseln beschäftige sich die gesamte Bevölkerung damit. Die Stämme liegen zum Verladen bereit und . . .«

»Das heißt, wir sollen sie bestehlen«, knurrte Marten.

Belmont lachte. »Woher auf einmal die Skrupel? In Veracruz hattest du sie nicht.«

»Oh, ich habe keine Skrupel. Nur . . . In Veracruz hatten wir es mit Spaniern zu tun.«

»Es ist sehr leicht möglich, daß wir es auch hier mit Spaniern zu tun haben werden. Es ist doch viel einfacher, ihre mit Rotholz beladenen Schiffe aufzubringen, als das Holz auf den Inseln zu rauben. Ist dein Gewissen nun beruhigt, das so empfindlich für jedes den Eingeborenen angetane Unrecht ist?«

»Das wäre mir jedenfalls lieber«, antwortete Marten, ohne die Ironie zu beachten, die in Belmonts Worten lag.

Marten saß auf einem glattbehauenen Stein vor seinem Pavillon und sprach mit Inika, ohne sie anzusehen. Sie stand ihm gegenüber an einen Baum gelehnt.

Ja, es stimmte. Die Jungen und Mädchen, die die Handwerkerschule besuchten, veränderten sich fast von einem Tag auf den anderen. Der Ausdruck der Furcht

und Wildheit wich aus ihren Gesichtern, die Feindseligkeit und Fremdheit zwischen den Kindern der Indianer und Neger schwand, aus ihren Augen leuchtete Intelligenz. Die Welt wurde mit jedem Tag begreiflicher für sie.

»Das stimmt«, wiederholte er. »Was bedeutet aber die eine Schule in Nahua? Was bedeutet schon eine Handvoll junger Menschen im Vergleich zur ganzen Bevölkerung von Amaha, Haihole und Acolhua? Ein Tropfen auf den heißen Stein!«

Er versank in Nachdenken. Er sah die Dörfer im Innern des Landes vor sich, in dem noch immer Tlalok oder anderen Götzen Menschenopfer dargebracht wurden, wo man sich ausschließlich der Steinwerkzeuge bediente, wo der Ackerbau unbekannt war, wo Furcht und wilde, rohe Sitten herrschten und Zauberer die Macht ausübten.

»Man müßte diesen Menschen sein ganzes Leben widmen«, sagte er wie zu sich selbst und wurde sich im gleichen Augenblick bewußt, daß ihm solche Gedanken schon oft gekommen waren.

Er fühlte, wie Amaha mehr und mehr sein Herz gefangennahm, Europa, England, selbst Polen kamen ihm so fern und unwirklich vor, als hätten sie aufgehört zu bestehen, als wären sie im Meer versunken. Er würde kein Leid, keinen Schmerz empfinden, wenn er nie mehr dorthin zurück könnte.

Inika betrachtete ihn ernst und aufmerksam. Ihr Gesicht mit dem festgeschlossenen Mund und der feingeformten Nase, deren Flügel leicht gebläht waren, erinnerte in seiner Unbewegtheit an das Gesicht einer Statue aus heller Bronze. In ihrem scharfen, forschenden Blick, der unter den langen Wimpern hervor Marten traf, las man eine gewisse Herausforderung.

»Das ganze Leben«, wiederholte sie. »Ja, mein ganzes Leben. Aber was geht dich das an?«

Marten hob den Kopf. Inika schaute weg. Sie kämpfte mit dem Wunsch, irgendeinen Gedanken auszusprechen, der sie beschäftigte.

»Ich weiß, ich bedeute dir nichts!« brach es aus ihr hervor. »Du bemerkst mich überhaupt nicht, es ist, als wäre ich nicht da. Du hältst mich für ein Kind...«

Er unterbrach sie und versicherte, er sei sich seit dem Tage seiner Ankunft in Nahua ihres Daseins bewußt; doch er versuchte nicht zu leugnen, daß er sie bisher als ein Kind behandelt hatte. Erst jetzt wurde ihm klar, daß sie eine Frau war. Ein Schatten huschte über sein Gesicht. Er stand auf und näherte sich ihr um einen Schritt. »Du bist schön«, sagte er leise, »besonders dann, wenn du zürnst.«

Inika umfaßte mit einem Blick, der wie eine Stahlklinge aufblitzte, das wettergebräunte Gesicht Martens, seine breiten Schultern, die hohe, kräftige Gestalt bis hinunter zu den Füßen und lächelte. Jan ergriff sie bei den Händen und zog sie an sich.

Drei Tage später fuhren die »Zephir«, die »Ibex« und die »Toro« flußabwärts dem weiten Meer zu. Inika blieb, voller Gedanken über ihre Liebe, in Nahua zurück.

Anfangs hatte sie Angst und konnte sich nur schwer daran gewöhnen. In dem Maße jedoch, wie in ihr das Gefühl der Sicherheit wuchs, daß Jan ihr ebenso gehörte wie sie ihm, erfaßte sie Freude und Stolz. Zugleich durchdrang sie eine Süße, die wie der Geschmack von Honig auf den Lippen war.

Sie spürte nicht die geringste Reue über das Vergehen, das sie sich angesichts des geltenden Rechts und der Sitten ihres Landes hatte zuschulden kommen lassen. Das, was ihr widerfahren war, hielt sie für richtig und natürlich, obwohl sie nicht erklären konnte, weshalb.

Marten hatte ihr gesagt, es sei Liebe. Sie kannte keinen entsprechenden Ausdruck in der eigenen Sprache. Die Begriffe ihres Volkes wichen hierin so weit von jenen der weißen Menschen ab, daß sie vergeblich nach Vergleichen suchte. Die Liebe war ergreifender und heißer als alle bisherigen Vorstellungen Inikas über die Gefühle Liebender.

Jan war für sie nicht mehr das geheimnisvolle Wesen, das aus einer Welt zu ihr gekommen war, von der sie so wenig wußte. Er wurde ihr zu etwas Nahem, Realem. Sie befürchtete nicht mehr, daß sie seine Worte und Taten plötzlich nicht mehr begreifen könnte. Im Gegenteil, es kam ihr so vor, als verstehe sie sogar die Gedanken, die er nicht aussprach, als errate sie selbst die Pläne und Absichten, die er vor ihr noch nicht enthüllte.

Obwohl er nicht da war und das Schiff mit den großen Segeln ihn immer weiter forttrug, blieb er bei ihr. Er stand vor ihr, sobald sie die Augen schloß, und sie tat es oft, um seine dunklen, lockigen Haare über der breiten, hohen Stirn, den großen, etwas spöttischen Mund und die Augen mit dem festen, unerschrockenen Blick zu sehen, die lächeln und drohen konnten. Sie hörte auch seine Stimme, die zärtlich, zwingend oder gebieterisch war, die keinen Widerspruch duldete, der die Seeleute gehorchten, die ihm Freunde gewann und vor der seine Feinde zitterten.

Manchmal, wenn sich der Himmel nach einem Wolkenbruch klärte, fuhr sie in einer großen Piroge zur Lagune, um von den Fischern den Teil des Fanges abzuholen, der ihrem Vater gebührte. Sie setzte sich an eine der hohen Bordwände, nahm das Ruder zur Hand und tauchte es stundenlang im Takt der leisen, monotonen Lieder der Ruderer in das trübe, schäumende Wasser. Schoß dann das Boot, von der starken Strömung getragen, aus dem Schatten der Wälder auf das helle Wasser der Lagune hinaus, hemmten die Ruder seine Fahrt, und die lange, schmale Piroge bog nach der kleinen, zwischen verschlungenen Mangrovenwurzeln und Lianen verborgenen Anlegestelle ab. Der am Bug kniende Ruderer sprang auf den niedrigen Landungssteg, und die anderen rückten nach beiden Seiten auseinander, damit Quiches Tochter zwischen ihnen hindurchgehen konnte, ohne sie zu berühren.

Inika stieg aus und ging auf einem ausgetretenen Pfad, der um die Lagune

herumführte, zur Küste. Sie setzte sich in den Sand und sah nach Osten über das Meer, wo die Segel der »Zephir« verschwunden waren. Die hellgrünen Wellen, die glatt und weich wie Atlasseide waren, netzten leise rauschend ihre Füße, als brächten sie ihr Grüße vom Geliebten.

Sie wartete geduldig auf ihn und glaubte fest an seine Rückkehr. Ihr Glaube, ihre ruhige Zuversicht konnten auch durch die unheilverkündenden Worte Matloks nicht erschüttert werden, die offensichtlich ahnte, was geschehen war. Inika hatte sich ihrer Großmutter nicht anvertraut. Sie schüttete nicht einmal ihrem Vater das Herz aus, obwohl sie seinen Zorn nicht fürchtete. Er wußte wohl schon seit langem, daß es so kommen würde. Er hatte sicherlich schon damals alles geahnt, als sie sich weigerte, die Frau Totnaks, des jungen Häuptlings der Haihole, zu werden.

»Niemand entgeht seinem Schicksal«, hatte er gesagt. »Möge das deine so groß und herrlich sein, wie du es dir wünschst.«

Ein andermal sprach er so: »Du bist meine Tochter und wirst die Herrscherin Amahas werden. Wenn dein Herz für unser Land so heiß schlägt wie das meine, dann können es keine Gesetze binden. Das Recht soll der Wille und der Verstand des Herrschers sein.«

Das Herz Inikas schlug für ihr Land, es war aber außerdem übervoll eines anderen Empfindens. Der, dem es galt, hatte ihr versprochen, Amaha zu einem mächtigen und glücklichen Staat zu machen.

Marten brachte von seiner Fahrt nach den Bahamainseln und nach Tampico eine neue Prise mit, die er den Spaniern abgejagt hatte. Es war eine mit Halb- und Viertelkartaunen nicht schlecht bewaffnete Handelskaravelle, die in ihrem Bau an die »Castro Verde« erinnerte, aber etwas schneller war. Sie hieß »Santa Veronica«.

Indianische Pirogen schleppten die Karavelle nach Nahua. Sie sollte dort bleiben, bis die Kaperkapitäne mit ihrer Beute die Rückreise nach England antraten.

Marten wollte erst Ende des nächsten Jahres absegeln und machte sich deshalb wenig Gedanken. Da die »Santa Veronica« fast überhaupt nicht beschädigt war und sich besonders für den Transport eignete, beschloß er, sie nur für diesen Zweck zu verwenden.

Der Aufenthalt der Schiffe im Hafen der Flüchtlinge sollte nur kurz sein. Es galt, die Abwesenheit der spanischen Kriegsflotte auszunutzen, die noch nicht aus Europa zurückgekehrt war, ja noch nicht einmal Cadiz erreicht haben konnte. Marten fuhr daher nicht flußaufwärts, um die neuangelegten Siedlungen zu besichtigen und den Bau der Befestigungen voranzutreiben, sondern bereitete ein neues Unternehmen vor. Seine ganze freie Zeit aber widmete er Inika.

Martens Verhältnis zu Quiche zeichnete sich in letzter Zeit durch eine gewisse

Spannung aus. Beide warteten auf den ersten Schritt in der Angelegenheit, die sie bis dahin nicht berührt hatten. Es war, als stände ein Pulverfaß zwischen ihnen, über dem eine glimmende Lunte schwebte. Dieser Zustand war unhaltbar. Marten wußte, daß es nur von seinem Entschluß abhing, einer Explosion zuvorzukommen.

Im stillen hatte er sich bereits entschieden. Nur über einige Einzelheiten zerbrach er sich noch den Kopf. Marten wollte für immer in Amaha bleiben und Inika heiraten. Obwohl er kein eifriger Katholik war und sogar an der Unerschütterlichkeit der kirchlichen Dogmen zweifelte, schreckte er doch vor einer Eheschließung mit einer Heidin nach den Riten eines Tlalok oder irgendeines anderen in Stein gehauenen Götzen zurück.

Endlich entschloß er sich, Inika und ihren Vater zu bewegen, sich von Pedro Alvaro taufen zu lassen und, was die Folge davon war, den heidnischen Kult im ganzen Lande abzuschaffen.

Als es zu einer vertraulichen Aussprache kam, schien Quiche gar nicht so sehr überrascht zu sein. Er bat sich Bedenkzeit aus. Er sah auch keinen Grund für eine rasche formale Eheschließung zwischen Inika und Marten. Entsprechend den heimischen Sitten genügte ihm Martens Wort.

Trotz der scheinbaren Ruhe und Würde, mit der Quiche Jans Ausführungen aufnahm, kämpften die widersprechendsten Gefühle in ihm: Stolz und Sorge, Freude und Furcht. Marten wunderte sich nicht darüber. Wer konnte ihn halten, wenn er für immer von hier fortsegelte? Quiche mußte sich diese Frage stellen. Trotzdem vertraute er ihm. Er glaubte an die Aufrichtigkeit seiner Absichten, als könnte er in seinem Herzen lesen, das — wie beide wußten — für Amaha schlug.

Der Sekretär und Stellvertreter des Residenten von Ciudad Rueda, Pedro Alvaro, nahm, demütig und gehorsam wie gewöhnlich, den Befehl Martens entgegen, in Nahua so etwas wie eine katholische Mission einzurichten. Allerdings versuchte er, mehr Handlungsfreiheit für die Bekehrung der Heiden zu erlangen, als Marten ihm einräumte, und beklagte sich auch über die knappen Mittel, die ihm zunächst zugebilligt worden waren. Er begriff jedoch bald, daß er auf diesem Wege bei Marten nichts erreichte. Er war der einzige christliche Geistliche in der Hauptstadt des despotisch regierten Landes, in dem es keine andere Macht als die irdische gab, die obendrein noch heidnisch war. In seiner Tätigkeit konnte er sich nur auf den guten Willen und die Autorität eines Menschen stützen, den er haßte, der für ihn ein Abtrünniger war und der ihm, dem Diener Gottes, mißtraute. Trotzdem nahm er die schwere Aufgabe auf sich, möglichst viele Seelen für die Kirche zu gewinnen und vor der ewigen Verdammnis zu retten. Bei der Gelegenheit versäumte er nicht, sich Einfluß auf Politik und Regierung zu sichern.

Marten fürchtete den Einfluß der Jesuiten, und er bemühte sich, dem vorzubeugen. Seinen Plänen zufolge, die Quiche guthieß und in aller Heimlichkeit unterstützte, sollten die kirchlichen Angelegenheiten der weltlichen Macht des Häupt-

lings untergeordnet werden. Sie bargen also bereits das Schisma in sich, noch bevor das Christentum in Amaha eingeführt war.

Alvaro durchschaute Martens Taktik und erriet Ursache und Ziele. Doch er fühlte sich nicht entmutigt. Auf jeden Fall war Martens Gleichgültigkeit den religiösen Fragen in Amaha gegenüber gebrochen. Sollte er, Pedro Alvaro, der einzige Apostel der neuen Religion bleiben — das spontane Wirken der halbbekehrten Flüchtlinge konnte man nicht rechnen —, dann mußte seine Autorität unbedingt steigen. Außerdem glaubte er nicht an die Dauerhaftigkeit des gegenwärtigen Zustandes. Er hielt Marten für einen verbrecherischen Abenteurer mit Phantasie und ungewöhnlichen Fähigkeiten, die aber nicht ausreichten, um neben der spanischen Macht einen unabhängigen Staat zu errichten und zu behaupten. Pedro Alvaro begann seine Missionstätigkeit und wartete auf die erste Gelegenheit, die ihm gestattete, bei der Vernichtung dieses kurzlebigen Gebildes mit Hand anzulegen.

Weder die Fahrt nach den Bahamainseln noch die anderen, im Jahre 1583 unternommenen Kaperfahrten brachten eine so wertvolle Beute wie die Eroberung von Veracruz. Spaniens Handel und Handelsschiffahrt siechte in den Gewässern Westindiens am Atlantik dahin oder ging in die Hände französischer und englischer Korsaren über. Immer seltener begegnete man auf hoher See einem einzelnen Segler unter der gelbroten Flagge, und dann war die Ladung gewöhnlich nicht viel wert. Die Schiffe, die Gold, Silber, Koschenille, Gewürze und Gewebe transportierten, fuhren in Konvois unter starker Bedeckung. Die Korsaren beförderten andere Seefracht, schmuggelten oder handelten mit Sklaven. Die spanischen Behörden drückten im eigenen Interesse beide Augen zu.

So blieb auch Marten nichts anderes übrig, als sich auf den Handel umzustellen oder sich mit Schmuggel zu befassen, was meist auf dasselbe hinauslief. Es gab allerdings noch viele Häfen und Städte, die ebenso reich waren wie Veracruz. Man konnte den Versuch wagen, sie zu erobern...

Besonders Ciudad Rueda beschäftigte Martens Phantasie. Ciudad Rueda lag aber an einem Fluß, dessen Mündung von zwei Außenwerken geschützt wurde, die mit Kanonen reichlich bestückt waren. White wollte von solch einem Unternehmen nichts hören, und Belmont hegte ebenfalls ernste Zweifel. Die Einnahme von Ciudad Rueda erforderte Kräfte, welche die ihren überstiegen. Außerdem war es leichtsinnig, angesichts der in Nahua aufgestapelten Beutegüter ein solches

Risiko einzugehen. Man sollte eher daran denken, die Schätze sicher und wohlbehalten nach England zu schaffen.

Marten sah das schließlich ein. Er selbst wollte aber in Nahua bleiben und wünschte auch Schultz bei sich zu behalten. Das Kommando über die »Toro« sollte Belmont, über die »Santa Veronica« Hoogstone anvertraut werden.

Schultz protestierte jedoch. Er war krank und erschöpft und mußte wenigstens für einige Monate das Klima wechseln, um wieder gesund zu werden. Sein abgemagertes, wachsbleiches Gesicht, die eingefallenen Augen und die zitternden Hände zeigten, daß er tatsächlich am Ende seiner Kräfte war. Sein Gesicht hatte einen derart abweisenden Ausdruck, als sei er mit sich und der Welt uneins. Wenn er sprach, hüpfte der unnatürlich weit hervorstehende Adamsapfel an dem dünnen Hals wie an einer Feder auf und nieder. Er wollte auch seinen Beichtvater nach England mitnehmen; denn stürbe er während der Überfahrt ohne Sündenvergebung und ohne die letzte Ölung, so wäre das für ihn gleichbedeutend mit ewiger Verdammnis, meinte er. Und dann — wer sollte sich wohl in England um Martens Angelegenheiten kümmern, wenn nicht er?

Jan überlegte lange. Unter den gegebenen Verhältnissen konnte man William Hoogstone zum Kommandanten der Garnisonen in Nahua und an der Küste ernennen, wenn der Oberbefehl über ihn und die Truppen in den Händen Quiches blieb.

Hoogstone sprach nur wenige Worte spanisch, doch Belmont behauptete spöttisch, er müsse die Sprache sehr gründlich kennen, da er immer das Gegenteil von dem tue, was man von ihm verlange. Hoogstone verstand aber tapfer zu kämpfen und das Geschützfeuer gut zu lenken, eben das sollte ja seine Aufgabe sein, falls es während Martens Abwesenheit notwendig werden sollte, sich gegen einen unerwarteten Feind zu verteidigen.

Marten trennte sich nur zu gern von Pedro Alvaro, obwohl er nicht leugnen konnte, daß der Jesuit so manches für Amaha getan hatte, nicht nur, indem er Quiches Untertanen den Weg ins Himmelreich ebnete, sondern auch in viel irdischeren Dingen. Gerade wegen seiner kulturellen und zivilisatorischen Tätigkeit waren der Einfluß und die Bedeutung des Missionars entgegen Martens Willen gestiegen. Es war Zeit, daß Alvaro von der Bühne verschwand und durch junge Indianer ersetzt wurde, die ihm bei der Messe gedient und dabei Fähigkeiten und Vorliebe für das Priesteramt gezeigt hatten.

Zu den schwierigsten Problemen, die Marten lösen mußte, gehörte die Frage der Bemannung der drei Schiffe. An freiwillige Indianer und Neger konnte er deshalb nicht denken, weil nur ein ganz geringer Teil von ihnen auf eine so weite Fahrt gegangen wäre und nur wenige die Reise in die nördlichen Breiten ausgehalten hätten. Er hatte diese Schwierigkeiten zwar geahnt und beizeiten in Campeche und auf den Antillen einige Dutzend Abenteurer angeworben, die nach Europa zurückkehren wollten. Das waren aber überwiegend demoralisierte, disziplinlose Men-

schen, auf die man sich nicht verlassen konnte. Er mußte daher seine Bootsleute an Belmont und Schultz abtreten. Auf der »Zephir« blieben nicht viele von der alten Mannschaft zurück.

Als Marten endlich alles geregelt hatte, atmete er erleichtert auf. Im Grunde genommen war er zufrieden, sich für längere Zeit von White, Schultz und Belmont, ja sogar vom größten Teil der früheren Bemannung der »Zephir« trennen zu können. Er wünschte nicht, daß sie Zeugen seiner Eheschließung mit Inika wurden. Marten sah voraus: Dieser Schritt und das damit verbundene Zeremoniell würden sie übermäßig verärgern und ihn vielleicht in ihren Augen herabwürdigen und lächerlich machen. Er zog es deshalb vor, seine Hochzeit während ihres Aufenthaltes in England zu feiern. Dazu würde er genügend Zeit haben, denn sie konnten frühestens in sechs bis acht Monaten wieder zurück sein. Marten beschloß, noch vor der Hochzeit gemeinsam mit einigen französischen und englischen Korsaren, die sich mit Schmuggel befaßten, eine Fahrt zu unternehmen. Es kam ihm diesmal hauptsächlich darauf an, Rinder, Pferde und Esel sowie einen größeren Salzvorrat zu kaufen.

Salz! Er gab es natürlich nicht zu, um nicht das ironische Lächeln der anderen herauszufordern. Schuld war er selbst: Er hatte die »Wilden« gelehrt, die Speisen mit Salz zuzubereiten, und sie daran gewöhnt, nun mußte er es beschaffen, um den wachsenden Bedarf zu befriedigen.

Während der letzten Fahrten war es Marten nicht gelungen, auch nur einen Sack davon zu erbeuten, in Tampico aber konnte man Dutzende Tonnen einhandeln, das war ihm bekannt.

Auf einer menschenleeren Insel östlich des Golfs von Honduras hatte er einmal eine beträchtliche Menge verschiedener Waren, darunter auch mehrere Dutzend Fässer mit Rum, versteckt, die einen großen Wert besaßen. Er wollte sie bei der Gelegenheit holen und in Tampico oder in einem anderen Hafen veräußern.

Er nahm sich vor, einige Tage nach der Abfahrt der »Ibex«, der »Toro« und der »Santa Veronica« aufzubrechen, die Geschäfte so rasch wie möglich zu erledigen und sich dann seinen Angelegenheiten zu widmen.

Marten beabsichtigte, oberhalb Nahuas ein neues Schloß zu erbauen, das prächtiger sein sollte als Quiches. Im Hinblick auf seine Stellung als Schwiegersohn und Nachfolger Quiches und die unbegrenzte Herrschaft über die vereinigten Kleinstaaten Amaha, Acolhua und Haihole sowie über die Nachbarländer, die er unterwerfen und zwingen konnte, ihm zu huldigen, glaubte er sich das schuldig zu sein. Er dachte sogar daran, Architekten ins Land zu rufen, die alten verlassenen Steinbrüche in den Bergen wieder in Betrieb zu nehmen, und überlegte, wie das Material für den Bau, der ein Ausdruck seiner Macht werden sollte, auf dem Fluß zu Tal geflößt werden könnte.

Inzwischen arbeitete er an dem Plan eines nicht allzu großen Blockhauses, das auf dem Hügel gegenüber Quiches Sitz stehen sollte. Er wünschte es auf europäische Art einzurichten und gab Schultz den Auftrag, das erforderliche Inventar, Möbel, Teppiche, Geschirr in London einzukaufen. Außerdem sollte er Werkzeuge und verschiedene andere Dinge mitbringen.

Weiter trug Marten Schultz noch auf, möglichst viele Handwerker anzuwerben und vollständige Werkstatteinrichtungen, vor allem für Schmiede, Schlosser und Tischler, zu beschaffen.

Schultz war nun endgültig überzeugt, daß Marten tatsächlich von irgendeinem Dämon besessen sein mußte. Wenn das so weitergeht, dachte er, ist der Narr wirklich imstande, indianischer Kazike zu werden. Er wird hier unter den Wilden leben und zum Schluß selbst verwildern, noch ehe es den Spaniern gelingt, ihn aufzuhängen. Er wird alles verlieren, was er erbeutete, und uns zugrunde richten.

Im stillen überlegte Schultz, ob er überhaupt hierher zurückkommen sollte. Er könnte doch seinen und auch Martens Beuteanteil zu Geld machen und damit nach Danzig fahren. Dann würden sich seine lang gehegten Träume erfüllen. Mit einem Schlag wäre er ein reicher Kaufherr und könnte als allgemein geachteter Bürger der Hansestadt die Tochter eines Patriziers zur Frau nehmen. Er hätte Zutritt zum Artushof und säße eines Tages im Senat.

Doch seine alten Träume verblaßten unter dem Eindruck der Beute, die immer größer und wertvoller wurde. Je rascher die durch das Korsarenhandwerk gewonnenen Reichtümer wuchsen, um so mehr begehrte Schultz. Er sah immer großartigere Perspektiven vor sich. Weshalb sollte er sich mit dem Vermögen eines begüterten Bürgers zufriedengeben, zehn oder möglicherweise zwanzig Jahre nach einem Sitz im Senat streben, wenn er im Verlauf von zwei oder drei Jahren das, was er bereits besaß, verdoppeln und verdreifachen konnte? Marten hatte eine glückliche Hand. Wenn er wollte, war er imstande, nicht nur Ciudad Rueda zu erobern, sondern auch die Silberlager von Panama und vielleicht sogar die Goldvorräte und märchenhaften Schätze Neukastiliens.

Wenn ich mir seinen Anteil aneignete, fuhr Schultz in seinen Betrachtungen fort, wer weiß, ob er mich nicht verfolgen würde. Sogar in Danzig! Er ist unberechenbar und gewalttätig. Keinen Tag, keine Stunde wäre ich sicher vor ihm.

Aus all den widerspruchsvollen Überlegungen und Versuchungen entstand der Gedanke, Marten zu veranlassen, seine phantastischen Pläne aufzugeben. Man mußte ihn, und sei es gegen seinen Willen, von hier losreißen. Ein Abgrund mußte ihn von Quiche und den Wilden, über die er herrschen wollte, trennen. Der Zauber, mit dem Inika ihn gefesselt hielt, mußte gebrochen werden.

Wie war das zu verwirklichen? Schultz grübelte hin und her. Wo war die Stimme, der Marten folgte? Wo die Kraft, die ihn zwang, Amaha zu verlassen?

Die Kraft? Es gab eine solche Kraft. Mehr noch — eine Macht! Marten konnte sich mit ihr nicht messen! Sie würde ihn zermalmen, vernichten, zusammen mit dem Hafen der Flüchtlinge, mit Quiche und seinem ganzen Land, mit den Schanzen und Geschützen, die den Zutritt verwehren sollten.

Bisher war Marten ihr ausgewichen. Er griff sie unversehens nur dort an, wo sie am schwächsten war, spielte mit der Gefahr und zog sich vor den Schlägen zurück, die auszuteilen sie sich anschickte. Ihn schützte das Geheimnis der gewundenen Fahrrinne zwischen den Sandbänken der Lagune und der eigenwillige, tückische Fluß, auf dem er seinen Schlupfwinkel hatte. Wenn aber Blasco Ramirez von der Existenz Nahuas erführe und einen Lotsen für seine Schiffe fände?

Im ersten Augenblick war Schultz bestürzt über den eigenen Gedanken. In dem Fall würde doch die »Zephir« ein Raub der Flammen oder sinken, und Marten käme nicht mit dem Leben davon!

Es sei denn, er wäre nicht in Nahua, erwog er. »Er wird nicht hier sein. Er wird einige Wochen lang nicht hier sein«, sagte Schultz laut und befeuchtete mit der Zungenspitze die trockenen Lippen.

Ich riskiere es, beschloß er. Ich werde es so einrichten, daß sie ihn hier nicht antreffen. Ein schwerer Schlag wird es für ihn sein, aber es gibt keinen anderen Ausweg. Es muß mir gelingen. Die Vorsehung wird nicht über ihn wachen, aber vielleicht rettet sie ihn für mich. Hat Gott es anders bestimmt, so geschehe sein Wille. Dann behalte ich wenigstens den Beuteanteil des Unglückseligen. Ich werde eine Messe für seine sündige Seele lesen lassen, ach was, zwei in England und noch ein paar in Danzig. Ich muß es riskieren.

Kurz vor seiner Abreise besuchte Schultz heimlich Quiches Schwiegermutter, die alte Matlok; später trafen sie und Uatholok in einer Ruine am Westrand Nahuas zusammen. Nach einer langen, vertraulichen Beratung kamen sie überein, daß die »Santa Veronica« an der Mündung des Amaha zwei erfahrene Fischer an Bord nehmen und deren Segelboot bis zu bestimmten entlegenen Fanggründen schleppen sollte, wo es reichlich Seelachse gab.

Diese Fanggebiete wurden wenig aufgesucht, da vom Delta des Rio Grande del Norte aus eine starke Strömung nach Süden zu die Schiffahrt erschwerte. Die Fischerboote mußten weit ins Meer hinausfahren, um ihr auszuweichen. Wenn ein Wagehals bis dorthin gelangte, dann kehrte er gewöhnlich mit reichem Fang zurück. Es kam allerdings auch vor, daß man ihn nie wiedersah; denn die Kapitäne der spanischen Fischereiflottille aus Matamoros hielten nur sich allein für berechtigt, in jenen Gewässern zu fischen. Sie nahmen auf frischer Tat ertappte Indianer gefangen und reihten sie in die eigene Schiffsbemannung ein.

Die mit der Beute dreier Jahre beladenen Schiffe fuhren den Amaha abwärts. Als sie mittags der Reihe nach an den Maststümpfen des gestrandeten Spaniers vorbeikamen, legte ein Segelboot, das sicherlich von dem Wrack stammte, an der »Santa Veronica« an. Schultz befahl, es an einem kurzen Schlepptau zu befestigen, und gestattete den Fischern, an Bord zu klettern. Gegen Mitternacht sollten sie auf der Höhe der nördlichen Bank de la Madre abgesetzt werden, wenn, wie es vorgesehen war, der Kurswechsel nach Osten erfolgte.

Zuletzt verließ die »Santa Veronica« die Bucht. Die »Ibex« und die »Toro« hißten bereits die Segel, als Schultz erst den Befehl dazu gab. Die Matrosen scharten sich um die Masten, erklommen mit affenartiger Behendigkeit die Wanten, hingen hoch über dem Deck in den schwankenden Fußpferden und lösten die großen, gefalteten Segel. Dann glitten sie an den Tauen abwärts und begannen die Schoten zu spannen. Die Segel knatterten, bauschten sich auf. Das Schiff kreuzte beim Wind gegen die Brise, die tagsüber vom Meer her wehte.

Beim Klaren der Taue machten die Bootsleute viel Geschrei. Die Matrosen arbeiteten um die Wette, scherzten, lachten und verulkten einander. Als sie fertig waren, verteilten sie sich auf dem Deck. Alle waren gut gelaunt und zufrieden. Endlich kehrten sie nach Europa zurück! Keiner warf einen Blick auf die kleiner werdende Küste. Sie verließen den Hafen der Flüchtlinge ohne Bedauern.

Nur Schultz beobachtete das sich immer weiter entfernende Mangrovendickicht und die Kette schwarzer Felseninseln. Hinter jenen beiden, von denen die erste einem im Wasser liegenden Kamel und die zweite einem Helm mit Federbusch glich, verbargen sich am Ufer der Lagune die von Broer Worst aufgeschütteten und von Marten mit Geschützen bestückten Schanzen.

Man kann sie von hier aus durch das Feuer von Haubitzen und schweren Kartaunen vernichten und braucht gar nicht in die Bucht einzulaufen, wenn man weiß, wie gezielt werden muß, überlegte er. Sobald sie verstummen, steht der Fluß für jeden offen, und dann...

Er drehte sich jäh um.

Ein sonderbarer Schatten hatte sich auf dem Deck neben den seinen gelegt. Pedro Alvaro stand hinter ihm.

»Ihr geht wie auf Katzenpfoten, Vater«, sagte Schultz.

»Ich habe einen leichten Gang, das stimmt«, antwortete der Jesuit. »Sind das die beiden Inseln, die den Weg weisen?« erkundigte er sich mit seltsam gedämpfter Stimme.

»Ja«, erwiderte Schultz. »Und außerdem... Gebt acht, Vater, was ich Euch jetzt sage. Wenn man von der Stelle, an der wir uns jetzt befinden, zwischen den beiden Inseln hindurchzielt und die Neigung der Geschützrohre so berechnet, daß die Geschosse dreihundert Yard vom Ufer entfernt im Wald aufschlagen, so trifft man genau die Mitte der Befestigungen.«

»Ich verstehe«, flüsterte Alvaro. »Das will ich mir merken.«

Nacht senkte sich auf die Küste, die backbords noch immer zu sehen war, und breitete sich über das Meer. Sein Leuchten erlosch, im gleichen Augenblick änderte sich seine Farbe. Der Wind hielt Rast, als warte er auf den Mond. Als der Rand der silbernen Scheibe hinter der Kimm aus dem Meer tauchte, wehte von Westen her der erste Hauch der Abendbrise. Auf der »Santa Veronica« wurde es lebendig. Matrosen eilten mit bloßen Füßen über das Deck, die Stimmen der

Bootsleute erschollen, Geschrei begleitete das Umbrassen der Rahen vor dem Wind.

Die Brise kräuselte die Oberfläche des Wassers, das am Bug leicht zu zischen und am Heck zu phosphoreszieren begann, die Segel spannten sich, die Binder der Toppnanten knarrten. Der Mond stieg immer höher. Sein kaltes Licht überflutete das Meer wie ein breiter Strom und umspülte die Steuerbordseite des Schiffes. Die Segel, schwarz wie Ruß, betrachtete man sie vom Heck, und weiß, glänzend wie Atlasseide, wenn man sie vom Bug aus ansah, türmten sich vor dem dunkelblauen, sternenflimmernden Himmel hoch auf. Die Schatten der Masten, schwankten hin und her, die Wanten, Pardunen und Stage warfen ein dunkles Netz über das Deck.

Nach dem Segelmanöver wurde es wieder still. Nur die Wellen zischten lauter am Bug. Schultz lauschte eine Weile dem eintönigen Geräusch, dann kehrte er in das Heckkastell zurück, um seine Beichte zu beenden.

Er kniete neben dem Stuhl nieder, auf dem Pedro Alvaro saß, bekreuzigte sich und zählte alle Fasten auf, die er im Advent nicht eingehalten hatte, und die Feiertage, an denen er dem dritten Gebot zuwider seiner Arbeit nachgegangen war.

Er verstummte. In Gedanken prüfte er sein Gewissen. Hatte er alle Sünden, die er in den zwei Wochen seit der letzten Absolution begangen hatte, gebeichtet? Er fand nichts weiter.

»Ego te absolvo in nomine Patris, et Filii, et Spiritus Sancti, amen«, murmelte der Jesuit, sprach ein Vaterunser und schlug das Zeichen des Kreuzes.

Nachdem Henryk Schultz geläutert und seelisch gestärkt aufgestanden war und der Ordensbruder die liturgischen Geräte samt dem silbernen Pacificale in seine Handtasche gepackt hatte, setzten sich beide an den Tisch, um das Abendbrot einzunehmen. Schultz war hungrig. Er hatte den ganzen Tag über nichts gegessen, weil er abends kommunizieren wollte. Alvaro zwang sich, ein paar Bissen hinunterzuwürgen, und trank etwas mit Wasser verdünnten Wein. Er war unruhig und konnte es nicht verbergen. Er fragte, ob die zwei indianischen Fischer von der Lagune Christen seien.

»Nein«, erwiderte Schultz. »Man kann ihnen aber vertrauen, wenn es um . . .«

»Ich verstehe«, unterbrach ihn Alvaro.

Schultz drehte in Gedanken versunken den Becher, der vor ihm stand, hin und her. Unter gesenkten Lidern hervor blickte er seinen Beichtvater an und befeuchtete mit der Zunge die Lippen, als wollte er ihnen erleichtern, die Worte auszusprechen, vor denen er zurückschreckte.

»Ich habe ihnen versprochen, mein Vater, daß Ihr Euch ihrer annehmt«, sagte er schließlich. »Ich möchte nicht . . .«

»Daß sie als Heiden sterben?« warf Alvaro ein. »Sei beruhigt, mein Sohn. Wenn sie ihre Aufgabe so erfüllen, wie wir es von ihnen erwarten, will ich alles tun, daß ihre Seelen erlöst werden. Darum geht es dir doch nur, nicht wahr?«

»Ja«, entgegnete Henryk. Das war seine erste Lüge nach der Beichte.

Kurz vor Mitternacht trat Schultz auf das Deck hinaus und schlenderte an der Backbordreling entlang, die im Schatten der unteren Segel lag. Die Leute der diensthabenden Wache schlummerten auf ihren Posten. Andere schliefen laut schnarchend in der Nähe des Vorderkastells. Nur der Steuermann und der Matrose, der hoch oben auf der Mars des Fockmastes hockte, waren wach. Am Großmast war, wie Schultz erwartet hatte, niemand.

Er blieb dort stehen, betastete die steif gesetzten Schoten und schaute sich um. Nachdem er sich vergewissert hatte, daß ihn in dem tiefen Dunkel niemand sehen konnte, löste er die Taue und befestigte sie an anderen Pflöcken. Als das geschehen war, lehnte er sich mit dem Rücken an den Mast. Keuchend wischte er sich den Schweiß von Stirn und Hals. Er wartete eine Weile, bis sich sein Herz so weit beruhigt hatte, daß er sich ohne Stütze aufrecht halten konnte. Dann atmete er tief auf, kehrte zum Heck zurück, wechselte einige Worte mit dem Steuermann und blickte zu der »Ibex« und der »Toro« hinüber, deren Silhouetten im Mondlicht gut sichtbar waren. Er befahl, ihn sofort zu verständigen, wenn die beiden Schiffe den Kurs änderten, und fragte, wo die zwei Fischer seien, denen er versprochen hatte, ihr Boot bis zur Bank de la Madre im Schlepp mitzunehmen. Sie sollten in seiner Kajüte einen Brief an Marten in Empfang nehmen.

Die Indianer meldeten sich sofort bei ihm. Schultz brauchte ihnen nicht erst auseinanderzusetzen, was sie nach dem Verlassen des Schiffes tun sollten. Uatholok hatte sie bereits unterrichtet. Beide waren verschwiegen und zu allem entschlossen. Ihre unbeweglichen, düsteren, wie aus Mahagoni geschnitzten Gesichter drückten nichts aus. Ohne ein Wort zu sagen, nahmen sie die zwei kleinen Pakete entgegen, die die Habseligkeiten Alvaros enthielten. Der jüngere von ihnen warf sie in einen Sack.

Schultz erklärte ihnen noch einmal, auf welche Weise sie ihr Boot an das Heck heranholen müßten, daß es sich genau unter dem Fenster seiner Kabine befand. Er zeigte ihnen die Strickleiter, die bis zur Wasseroberfläche hinabhing.

»Geht nun«, sagte er. »Sobald wir wenden, stoppe ich das Schiff, damit ihr genügend Zeit habt. Denkt daran: Wenn der weiße Priester wohlbehalten in Matamoros landet, erwartet euch nach eurer Ankunft in Amaha eine hohe Belohnung, sonst aber — der Tod.«

Die beiden Fischer nickten. Sie nahmen den Sack und verließen den Raum.

Alvaro sah Schultz an. Als er dessen Blick begegnete, bemerkte er: »Es wäre leichtsinnig, sie nach Amaha zurückzulassen. Sie wissen zuviel.«

»Ja, viel zuviel«, stimmte ihm Schultz mit einem leisen Seufzer zu.

Eine halbe Stunde später kam es während der mit der Kursänderung verbundenen Segelmanöver auf der »Santa Veronica« zu einem heillosen Durcheinander. Aus unerklärlichen Gründen gaben die Schoten des unteren Marssegels am Groß-

mast plötzlich nach, außerdem waren noch die falschen Taue von den Pflöcken losgemacht worden. Das Schiff verlor an Fahrt und begann unter dem Druck des Windes seitwärts zu driften. In einer Viertelstunde hatte Schultz mit Hilfe des Ersten Bootsmannes und Segelmeisters alles wieder in Ordnung gebracht.

In dem fieberhaften Hin und Her hatte niemand auf die indianischen Fischer geachtet, die inzwischen mit ihrem Boot abgesegelt waren. Erst als die »Santa Veronica« wieder in Fahrt kam, bemerkte man von Deck aus das Gaffelsegel der sich entfernenden Schaluppe.

Die »Zephir« verließ den Hafen der Flüchtlinge zwei Tage nach den Schiffen, die die Beute der Korsaren nach England schafften.

Marten hatte nur wenige Leute von seiner alten Besatzung an Bord, unter ihnen befanden sich Tomasz Pociecha, jetzt Erster Offizier, Broer Worst, Tessari, genannt der Barbier, und Percy Burnes, genannt Sloven. Tessari und Sloven waren zu Bootsleuten avanciert, Worst vereinigte in seiner Hand Macht und Funktion eines Oberbootsmannes, Schiffszimmermannes und Segelmeisters. Vier Fünftel der Bemannung bestanden aus Freiwilligen — Indianern und Negern aus Amaha. Sie waren zwar im Manövrieren mit dem stehenden und laufenden Gut genügend ausgebildet, kamen aber im Kampf den Weißen nicht gleich.

Marten machte sich darüber keine allzu großen Sorgen, denn er hatte nicht vor, jemand anzugreifen. War er zur Verteidigung gezwungen, dann konnte er dank der Schnelligkeit der »Zephir« jedem Gefecht ausweichen. Übrigens verfügte er über eine gar nicht so üble Artillerie, deren Bedienung Worst und Pociecha ständig weiter ausbildeten. Dabei sparten sie weder mit Pulver noch mit Kugeln.

Die fünftägige Fahrt zum Golf von Honduras verlief ohne Zwischenfälle. Als die »Zephir« das Kap Catoche in der Meerenge von Yucatan hinter sich gelassen hatte, ging sie auf Südostkurs. Am sechsten Tag wurde bei Sonnenaufgang eine Gruppe von kleinen Inseln gesichtet, die wie Krumen über die weite Fläche des Meeres gestreut waren. Keine von ihnen war bewohnt, und nur die sogenannte Schwaneninsel besaß reichlich Süßwasser, das sich zum Trinken eignete.

Doch Marten beabsichtigte nicht, auf ihr zu landen. Er ging bei einer anderen vor Anker, die sich weder in der Form noch in der Größe von den übrigen unterschied. Eine tiefe Schlucht, einem Spalt in der felsigen Bodenerhebung ähnlich, durchschnitt sie. Dichtes Buschwerk und von den verwitterten steilen Wänden herabhängende Schlingpflanzen maskierten sie nach der Seite des Meeres. Erst wenn man am Ufer stand, konnte man ihr Vorhandensein ahnen. Einem

Unberufenen, der die Insel zufällig betreten und die Schlucht bemerkt hätte, wäre nicht in den Sinn gekommen, ganze Reihen mit Rum gefüllter Eichenfässer unter der dünnen Erd- und Steinschicht zu vermuten. Auch die mit dicken Stämmen abgestützte Felsnische dicht daneben hätte er kaum gefunden, in der Kisten voll europäischer Waren und mit Quecksilber gefüllte Schafledersäcke aus Almaden gestapelt waren.

Marten hatte dieses Versteck bei der Suche nach Wasser entdeckt. Als er später während einer seiner Kaperfahrten in der Gegend von Jamaika ein spanisches Schiff aufbrachte, verbarg er hier einen Teil der Beute, da er nicht alles mitnehmen konnte.

Das Versteck hatte sich als völlig sicher erwiesen. Schon nach den ersten Spatenstichen stießen die Leute auf die schwarz gewordenen Fässer. Die Indianer und Neger rollten sie an das Ufer und transportierten sie unter der Leitung von Worst in den Schaluppen zum Schiff. Auch die Kisten und schweren Säcke wurden verladen. Dann schütteten sie die Kluft, die zu der Felsnische führte, wieder zu. Den Rest mußte die Natur selbst vollenden. Marten nahm mit Recht an, daß die üppige Vegetation schon in wenigen Wochen jede Spur verwischen und der Schlucht jenes unschuldige Aussehen verleihen würde, das sie hatte, als die »Zephir« zum erstenmal vor ihr Anker warf.

Nachdem sich Marten auf diese Weise die Möglichkeit gesichert hatte, das Versteck bei Gelegenheit wieder benutzen zu können, segelte er in Richtung Nordosten, nach den Cayman-Inseln. Zu jener Zeit hielten sich dort viele französische und englische Korsaren auf, die sich hauptsächlich mit Schmuggel und Sklavenhandel beschäftigten. Marten lag vor allem an einer Begegnung mit Pierre Carotte, dem Kapitän der schönen Fregatte »Vanneau«.

Pierre Carotte galt als der größte Filou des Karibischen Meeres und zugleich als der beste Kumpan unter den französischen Seeleuten. Er war hilfsbereit, gesprächig und witzig, außerdem kannte er alle spanischen Zöllner, Hafenmayorale und Corregidors der Küstenstädte von der Mündung des Rio Grande del Norte im Nordwesten bis zum Delta des Orinoko im Südosten. Er trieb mit ihnen Handel, trank mit ihnen, gab ihnen Schmiergelder und betrog sie, wo er nur konnte. Er raffte sich sein Vermögen mehr mit Konterbande als durch Seeräuberei und Plünderungen zusammen.

Auf hoher See hißte er gewöhnlich die französische Flagge, denn er war Patriot und besaß einen Kaperbrief, den Henry Bourbon, der Prinz von Navarra, ausgestellt hatte. Lief er Häfen an, zeigte er die kastilische Flagge. Sein Recht dazu war nicht ganz klar, angeblich hatte ihm der Vizekönig in Lima die Erlaubnis erteilt. Er mißbrauchte die Flagge nie in betrügerischer Absicht und hielt sich von riskanten Abenteuern fern, die seinen guten Beziehungen zu den spanischen Behörden schaden konnten. An Überfällen auf Häfen, wie sie andere Korsaren unternahmen, um ein Lösegeld zu erpressen, beteiligte er sich nicht. Er bürgte aber

174

bereitwillig für diejenigen, die gleich ihm dort etwas verkaufen, die Schiffe instand setzen oder sich mit Lebensmitteln und Wasser versorgen wollten.

Carotte machte einen außerordentlich ausgeglichenen Eindruck. Die Natur hatte offenbar vortrefflich die Proportionen gewahrt, als sie ihn mit allerlei Charaktereigenschaften ausstattete. Eine Tugend dominierte unter den vielen, die ihn auszeichneten: die Kunst, aus Pulque de mahis und Rum hervorragenden Punsch zu brauen und in lustiger Gesellschaft Trinksprüche auszubringen.

Die Bekanntschaft mit Marten hatte in einer Pulqueria in Tampico begonnen. Marten war dort eingekehrt, um seinen Durst zu löschen und auf Schultz zu warten, der wegen des Verkaufs von Rotholz verhandelte. Kapitän Carotte bewirtete gerade englische Korsaren und verbreitete sich weitläufig über die verschiedenen Arten der Punschzubereitung. Marten hörte eine Weile zu und lachte, durch die Witze des Franzosen belustigt, einige Male schallend auf. Dann mischte er sich in das Gespräch und wurde sofort an den Tisch Carottes gebeten. Sie fühlten von Anfang an Sympathie füreinander. Carotte war beleibt und rund wie ein Fäßchen. Von seinem vollen, geröteten Gesicht, das eine von der Wange bis zur Oberlippe unter der kleinen Stülpnase reichende Narbe etwas verunstaltete, wich nie ein freundliches Lächeln. Es wirkte nicht gezwungen wie bei gewissen Engländern, sondern aufrichtig und herzlich; ein Zeichen guten Humors und blühender Gesundheit von Körper und Geist. Marten lachte ebensooffen und ebensogern.

Es war noch keine Viertelstunde vergangen, als die beiden um fünfzig Pesos wetteten, wer von ihnen den besten Krug Punsch zubereite und schneller ein volles Quart austrinke.

Carotte hatte nach Meinung der Zeugen und des Schiedsrichters die erste Runde gewonnen, Marten siegte in der zweiten. Er hatte sein Quart als erster geleert. Angesichts eines solchen Ergebnisses stießen sie auf ihre Gesundheit an und waren von da an Freunde.

Als Marten von Amaha absegelte, wußte er, daß sich Carotte anschickte, in den Golf von Mexiko zu fahren. Er wollte die Protektion des Franzosen benutzen, um zugleich mit der »Vanneau« erneut Tampico anzulaufen und dort die beabsichtigten Transportaktionen in Ruhe und Frieden zu erledigen.

Seine Erwartungen erfüllten sich. Auf der Nordreede in der Bucht vor der Insel Cayman Minor bemerkte er unter vielen anderen Schiffen auch die »Vanneau«. Eine Stunde später betrat er, von dem gastfreundlichen Franzosen mit überströmender Herzlichkeit begrüßt, das Deck der Fregatte.

Tampico erlebte damals eine kurze Zeit des Aufschwunges und Glanzes. Seit der Feuersbrunst, die vor zwei Jahren, von Schultz veranlaßt, nach der Plünderung der Stadt ausgebrochen war, hatte sich Veracruz noch nicht wieder erholt. Der Brand hatte drei Viertel der Häuser eingeäschert und auch die Hafengebäude nicht verschont. Handel und Schiffahrt kamen zum Erliegen, und viele Ämter,

Unternehmen und begüterte Familien siedelten in das hundertvierzig Meilen entfernte Tampico an der Grenze des Bezirkes Tamaulipas über. Der Verkehr zwischen der Hauptstadt und ganz Neuspanien wickelte sich nun über diesen Hafen ab. Die Gesandten Philipps II., die neuernannten Würdenträger, die Mitglieder der Regierung, die aus Madrid, Cadiz oder Sevilla kamen, landeten in Tampico und reisten von dort aus auf dem Landwege bis nach Mexiko weiter.

Die Stadt entwickelte sich sprunghaft, neue Viertel, Gasthäuser, Schenken und Pulquerias schossen aus dem Boden. Zahlreiche Märkte, Schaustellungen, Stier- und Hahnenkämpfe, Maskenbälle und Gelage fanden statt. Der Gouverneur des Bezirkes Tamaulipas, der Alcalde ordinario und die Regidores von Tampico waren bestrebt, mit Mexiko zu wetteifern, wenn auch nicht in der Pracht der Gebäude, der Paläste und Kirchen, so doch im Aufschwung des Handels und in der Zahl der Vergnügungen.

Die ungewöhnliche Konjunktur lockte Arme und Reiche an. Vom Meer her kamen Kaufleute, Weltenbummler und Abenteurer, aus dem Hinterland Aristo- kraten, Grundbesitzer, Artisten und Bettler. Indios und Mestizen sangen Corridos über berühmte Salteadores und Volkshelden oder improvisierten Lieder und Gedichte, die sie auf ihren Gitarren und Marimbas begleiteten. Maler schmückten die Wände der Pulquerias mit Stierkampfszenen oder Begebenheiten aus dem Leben der Heiligen und malten und verkauften als Weihgeschenke für die Kirchen Bilder, die wunderbare Heilungen, Errettungen vom Tode, vom Feuer oder von Schlangenbissen unter der unbezweifelbaren Teilnahme der jeweiligen himmli- schen Schutzpatrone darstellten. Auf den lärmerfüllten indianischen Märkten, zwischen den hochrädrigen Wagen der Rancheros, die aus den Llanos ihre Feld- früchte brachten, den Boden und den Körben voll Chilli, Frijoles, Tamales, Tortillas und Dulces fanden Hahnenkämpfe und im nahen Panuco Stierkämpfe, Corridas de toros, statt, die in nichts ähnlichen Veranstaltungen in der Hauptstadt nachstanden. Vor den Kirchen, auf den Marktplätzen und in den Straßen kauerten Bettler und Leperos, die ihre eiternden Wunden, die Stümpfe ihrer Gliedmaßen und ihre schmutzbedeckten Körper öffentlich zur Schau stellten. Sie verschonten nur die Viertel der Reichen. Tags bettelten und stahlen sie, nachts würfelten sie oder spielten Karten, tranken oder randalierten. Nicht selten ermordeten oder be- raubten sie Heimkehrer, falls sie nicht schon vorher von der Stadtwache gefaßt und in das Gefängnis eingeliefert wurden.

An den Feiertagen zelebrierten die Priester vielstündige Gottesdienste. Präch- tige Prozessionen zogen mit Musik, Gesängen, Fahnen und Heiligenfiguren durch die Straßen. Kinder streuten Blumen.

Vor Sonnenuntergang, wenn die Hitze erträglicher geworden war, rollte eine lange Reihe von Kutschen langsam durch die Alameda auf Panuco zu. In ihnen saßen oft schöne, stets aber reiche Damen, die Frauen und Töchter der Gachupins. Sie waren in Seide gehüllt, mit Schmuck behängt, hielten riesige Fächer aus Federn in den Händen und dufteten nach Patschuli und Moschus. Neben den Wagen tänzelten die Pferde der Caballeros und Hidalgos. Die Sättel, Schabracken und Zügel strotzten vor Silber. Leise klingend schlugen die riesigen Räder der Sporen gegen die vergoldeten Steigbügel. Weiche Sombreros, farbige seidene Wämser, samtene Boleros, grüne, blaue oder gelbe Hosen, mit goldenen Bändern und silbernen Knöpfen geschmückt, flimmerten und flirrten vor den Augen.

Die Fußgänger, weniger begüterte Kreolen, Indios in malerischen grellbunten Serapes, Offiziere niederen Ranges, Beamte, Mestizen, Schauspieler und Artisten, Gringos und leichte Mädchen sahen dem Korso der Hombres finos zu. Wenn die Wagen und Reiter in der Dämmerung in die Stadt zurückkehrten, verloren sich die Gaffer in den Pulquerias und Spielhöllen, in den Zirkusbuden, wo die Chulos ihre Künste zeigten, sowie in den Tanzsälen und Lupanaren.

Die Zerstreuungen der Hombres finos unterschieden sich kaum von den Belustigungen des Volkes. Die Damen und Kavaliere kleideten sich um und eilten ins Theater, zu einem Maskenball in den Salons des Corregidors oder spielten Monte in Privathäusern, wobei Stöße von Silber von Hand zu Hand gingen und der Wein in Strömen floß.

Im Verlauf von zwei Jahren stiegen die Preise in Tampico um das Dreifache. Angesichts des riesigen Bedarfs an europäischen Waren entfaltete sich der Schmuggel wie nie zuvor. Die Beamten erhielten reichliche Morbidas und machten beide Augen zu. Der Hafenmayoral und die Zöllner nahmen Prozente von den Schmuggelgewinnen. Handelsschiffe aus Jamaika oder Haiti und Korsarenschiffe mit Ladungen, nach deren Herkunft niemand fragte, liefen in den Hafen ein, um angeblich Lebensmittel zu kaufen, diese oder jene Schäden an ihren Schiffen ausbessern zu lassen oder unbrauchbar gewordenes Tauwerk und Segel zu erneuern. Sobald sie angelegt hatten, wurden Kisten, Ballen und Säcke aus den Laderäumen geschleppt und entsprechend dem geltenden Recht in der Freihafenzone zur Aufbewahrung gegeben. Die Kapitäne gingen in die Stadt, schlossen in den Handelskontoren Transaktionen ab und tauschten Abnahmeermächtigungen aus. In der Nacht kamen die Käufer, hiesige Kaufleute, Grossisten und Makler in die Speicher des Freihafens und brachten die Waren mit Hilfe der Hafenbeamten in die eigenen Keller und Magazine. Wenn sich die Kapitäne der Schiffe meldeten, um die deponierte Ladung abzuholen, waren die Siegel zwar unberührt, doch die Verpackung enthielt jetzt Silber oder Koschenille.

So floß der Zoll nicht in die Kassen Philipps II., sondern auf Umwegen in die Taschen seiner Untertanen in Tampico.

Marten erfuhr alle diese Einzelheiten von Pierre Carotte, noch bevor sie den ersten Krug Wein ausgetrunken hatten. Sie saßen unter dem Sonnendach auf dem Deck von Carottes Fregatte. Jan erkundigte sich, ob die »Vanneau« eine Ladung für Tampico habe und wann sie absegle.

»Morgen«, antwortete Carotte. »Du bist gerade zur rechten Zeit gekommen. Mit dir zusammen sind wir dann sechs, Maddock nicht eingerechnet.«

»Wer ist das? Weshalb zählst du ihn nicht zu der übrigen Gesellschaft?«

Carotte zog die Brauen in die Höhe, kniff die Lider zusammen, blies die roten Bäckchen auf und erzielte damit den Eindruck einer gewissen Verlegenheit.

»Ein Sklavenhändler«, erklärte er schließlich widerwillig. »Ich habe nicht gern mit ihm zu tun.« Er blickte Marten an und lächelte wieder.

»Das ist ein Andenken an den Zusammenstoß der ›Vanneau‹ mit Maddocks ›Knight‹, sagte er und zeigte auf die Narbe an seiner Wange. »Ich hatte übrigens keine Schuld«, fügte er hinzu.

Er hatte die Geschichte seines Unfalls bestimmt schon viele Male erzählt, doch er zögerte nicht, sie noch einmal zu wiederholen.

»Die ›Knight‹ rammte von hinten so plötzlich die ›Vanneau‹, daß die nicht mehr ausweichen konnte.« Carotte seufzte mit tragikomischer Miene. »Da ist es unserem Schiff wie einem Mädchen ergangen, das an einsamem Ort von einem allzu stürmischen und brutalen Verehrer überfallen wird«, fuhr er mit seinem unverwüstlichen Humor fort. »Jedenfalls sah das Ergebnis ähnlich aus. Die ›Vanneau‹ unterlag. Erst nach längerem Aufenthalt im Dock gelang es, ihren Leib wieder in den vorherigen Zustand zu bringen.«

»Und du?« erkundigte sich Marten.

»Für mich endete die Sache schlimmer. Die Erschütterung beim Zusammenstoß warf mich zu Boden. Ich riß mir die Wange an der Kante eines eisenbeschlagenen Lukendeckels auf und zerkratzte mein Gesicht so, daß mich die eigene selige Mutter nicht wiedererkannt hätte. Allerdings braucht man darüber nicht zu staunen, denn sie ist schon ziemlich lange tot. Sie starb, als ich ein Jahr und acht Monate alt war. Ja, Jan, ich glaube, daß ich mich, ganz abgesehen von den vielen Schrammen und Beulen, die ich mir während meines Lebens holte, seit jener Zeit im Aussehen doch sehr beträchtlich verändert habe . . . Die Narbe ist mir jedenfalls geblieben.«

»Und das stößt dich so von Maddock ab?« fragte Marten und lachte laut.

Carotte schüttelte den Kopf. »Maddock ist ein Vieh. Du kannst es mir glauben. Ich kenne ihn seit langem. Mon Dieu! Da kommt er ja!« rief er und wies auf eine Piroge, die auf das Schiff zuhielt. »Quel malheur! Man könnte sich hinsetzen und weinen, wenn überhaupt jemand seine Verzweiflung auf solche Weise ausdrückt.«

Dabei sah er gar nicht so verzweifelt aus. Wenn sein freundliches Lächeln auch für einen Augenblick aus seinem Gesicht verschwand, so begrüßte er den englischen Kapitän einen Augenblick später doch mit der gewohnten Zuvorkommenheit. Nachdem er Marten vorgestellt hatte, lud er Maddock ein, Platz zu nehmen, und rief nach einem dritten Becher.

Maddock hatte ein Fuchsgesicht und schütteres gelblichrotes Haar. Er sah unordentlich, zerknüllt aus, als läge er den ganzen Tag angezogen im Bett. Seine dunklen Augen mit den entzündeten Lidern machten einen verschlafenen und zugleich grausamen Eindruck. Wenn er über seine eigenen Witze in ein kurzes, höhnisches Lachen ausbrach, belebte sich sein Blick plötzlich.

»Oh, Marten!« brummte er, als er vernommen hatte, wer der Gast Pierre Carottes war. »Ich weiß so manches von Euch. Vor einigen Jahren habt Ihr doch Veracruz ausgeraubt? Ihr müßt dabei ganz schön abgesahnt haben.«

Marten antwortete nicht. Er tat, als hätte er nichts gehört. Er stieß mit Carotte an und trank den Becher aus.

Maddock schien übrigens keine Antwort erwartet zu haben. »Ihr habt meinen dortigen Absatzmarkt ruiniert«, fuhr er fort. »Ich mußte einen ganzen Transport Schwarzer für den halben Preis in Tabasco losschlagen. Sie krepierten unter Deck wie die Fliegen. Vor Hunger . . .«, erklärte er an Carotte gewandt.

Er leerte den Becher, den man ihm gereicht hatte, auf einen Zug und begann, die Meuterei der unglücklichen Neger auf seinem Schiff zu schildern. Mit Hilfe von Prügeln und Musketen war er ihrer Herr geworden, dabei büßte er aber einen Teil seiner »Ware« ein. Die Toten ließ er einfach über Bord werfen. Seine Beschreibung war derart blutrünstig und abstoßend, daß selbst einem Menschenfresser übel werden konnte.

»Ihr hättet sehen sollen, wie bereitwillig sie nachher ans Ufer sprangen, um so schnell wie möglich zur Arbeit auf die Plantagen zu kommen.« Er lachte schallend. »Die Rancheros, die sie mir abkauften, besaßen ein weiches Herz. Sie gaben jedem einen Maiskolben und versprachen ihnen einen zweiten, sobald sie an Ort und Stelle wären. Na, sie kamen wohl nicht alle an. Der Mais schadete ihnen nach dem langen Fasten. Daraus muß man den Schluß ziehen, daß man Neger nicht überfüttern darf. Stimmt's?«

Er brach wieder in sein kurzes, heiseres Lachen aus. Als niemand einstimmte, betrachtete er die beiden Kapitäne mit einem schläfrigen Blick und bemerkte zu Marten: »Ihr seid nicht sehr gesprächig, mein Lieber. Plant ihr etwa gemeinsam mit diesem Ehrenmann Tampico zu plündern?«

»Nein«, erwiderte Marten. »Weshalb?«

»Ach, ich meinte nur. Eins will ich Euch sagen: Nach der Geschichte in Veracruz hatte ich die größte Lust, mich für meine Verluste an Euch schadlos zu halten.«

»Ich möchte wissen, auf welche Weise?«

»Sehr einfach: Euer Kopf ist angeblich fünfzigtausend Pesos wert . . .«

»Und der Eure in diesem Augenblick erheblich weniger.« Marten stieg das Blut ins Gesicht. »Ich wäre geneigt, Euch den Schädel auszuräumen, falls Ihr etwas darin habt, oder ihn zu zerquetschen, wenn er leer sein sollte. So —!« Er drückte den Silberbecher in seiner Hand zusammen, daß der Wein auf den Tisch spritzte.

Maddock erblaßte. Martens Kraft machte einen starken Eindruck auf ihn. »Ihr versteht keinen Scherz«, sagte er mit veränderter Stimme. »Ich würde Euch doch nicht den Spaniern ausliefern!«

179

»Wenn Ihr gescherzt habt, dann sind meine Worte ebensoviel wert«, erwiderte Marten.

»Den Becher nicht mitgerechnet«, Carotte seufzte und betrachtete das verbogene Trinkgefäß. »Wie soll ich mich für alle Verluste schadlos halten, Maddock. Denk doch nur: das Heck der ›Vanneau‹, mein verunstaltetes Gesicht und nun der Becher hier, der dir den Kopf gerettet hat!«

»Die Sache mit dem Becher kann leicht geregelt werden«, sagte Maddock, der inzwischen seine Selbstsicherheit wiedergewonnen hatte. »In Tampico lade ich Euch beide in die Weinstube von Diaz ein. Dort kannst du dir aussuchen, was du willst, und auf meine Kosten soviel trinken, wie du imstande bist.«

»Das wird dich mehr ruinieren, als Martens Überfall Veracruz ruiniert hat«, erwiderte Carotte.

Als die Segel der sieben Korsarenschiffe am Horizont auftauchten und sich allmählich der Bucht näherten, in die der Panuco und der Tamesi münden, hielt man sie sowohl im Hafen wie auch in der Stadt für die Flotte des neuen Vizekönigs Enriquez de Soto y Féran, zu dessen Empfang gerade die letzten Vorbereitungen getroffen wurden. Erst als sie die Hafeneinfahrt passierten, kam der Irrtum zutage. Es waren nicht die erwarteten großen, schwerbewaffneten Karavellen des Vizekönigs, sondern nur Fregatten mit ein paar Dutzend Geschützen und fremdländische leichte Galeonen.

Trotzdem beschloß der Gouverneur von Tampico, ihnen keine Schwierigkeiten in den Weg zu legen. Die Stadt war zwar ausreichend mit Lebensmitteln versorgt, doch die Vorräte an europäischen Waren reichten angesichts der bevorstehenden Festlichkeiten bei weitem nicht aus. Sie konnten nur durch Schmuggelware ergänzt werden. Hinzu kam, daß die sieben Schiffe immerhin eine nicht zu unterschätzende Macht bildeten. Es war klüger, mit ihren Kapitänen in illegale Handelsbeziehungen zu treten und dabei fette Bestechungsgelder einzustecken, als mit ihnen, noch dazu vor der Ankunft des hohen Herrn, ein Gefecht auszutragen. Überdies kannte der Hafenmayoral einige der Kapitäne und vor allem Pierre Carotte, dessen Schiff als erstes in den Hafen einlief, sehr gut. Carotte bürgte dafür, daß die Korsaren nur für kurze Zeit und mit friedlichen Absichten hier vor Anker gingen. Der Gouverneur wußte aus Erfahrung, daß man sich auf Carottes Wort verlassen konnte.

Mit der Ankunft des Vizekönigs war wegen der im Golf von Mexiko zu dieser Jahreszeit tobenden Stürme, die die Schiffahrt erschweren, vor einer Woche nicht zu rechnen. Man erwartete Don Enriquez mit Unruhe und Besorgnis. Den Gerüchten zufolge war er ein unbestechlicher und energischer Mann. Philipp II. hatte ihn beauftragt, die Indianerfrage zu regeln und die Economiendas wieder aufzuheben, die zu Werkzeugen der Unterdrückung und zur Ursache ständiger Empörungen und Aufstände geworden waren.

Don Enriquez de Soto sollte in Tampico landen und von dort aus auf Umwegen über St. Luis Potosi, Queretaro, Pachuca und Puebla nach Mexiko weiterreisen. Alle diese Städte wetteiferten untereinander, den neuen Vizekönig so prächtig wie möglich zu feiern. Die hohen Beamten, die Corregidors, die reichen Kreolen und sogar die kirchlichen Würdenträger scheuten keine Kosten, sich der Gnade und Gunst des Vizekönigs zu versichern. Man bereitete Bankette, Feste und Illuminationen vor. Eilig wurden die Wege instand gesetzt, an denen Enriquez und sein Gefolge durch ganze Indianerstämme, Delegationen von Rancheros, Peonen und Estanzieros begrüßt werden sollte.

Tampico und das benachbarte Panuco gedachten einen Prunk zu entfalten, der sogar die Fiestas der Hauptstadt in den Schatten stellen sollte. Die Ladungen der sieben Korsarenschiffe konnten also nur zur Verschönerung des Empfanges beitragen.

Die Casa de contratacion von Tampico hob die Kontrolle über den Handel für einige Tage auf, und die Geschäfte mit den Korsaren wurden ganz offen abgeschlossen. Man handelte die Schmuggelware zu den gleichen Preisen wie die offiziell aus Sevilla oder Cadiz eingeführte. Die Schiffe der Ankömmlinge lagen am Nordufer der großen dreieckigen Bucht vor Anker. Ihre Mannschaften trieben sich in der Stadt herum, tranken, sahen den Kunststücken der Gaukler und den Hahnenkämpfen zu oder besuchten die Lupanare.

Die Kapitäne und ihre Steuermänner blieben hinter ihren Matrosen nicht zurück. Da sie an den Schmuggelwaren mehr verdienten, als sie jemals erhofft hatten, gaben sie sich den gleichen Vergnügungen hin, nur mit dem einen Unterschied, daß sie in teureren Weinstuben und Gasthöfen einkehrten, sich die schönsten Mädchen aussuchten und ihre Dienste mit wertvolleren Geschenken bezahlten.

Der Aufenthalt der Korsaren zog sich daher in die Länge. Die beunruhigten Ämter der Stadt, des Hafens und die Gouvernementsverwaltung wagten jedoch nicht, energische Schritte zu unternehmen, um die ungebetenen Gäste zum Verlassen von Tampico zu zwingen. Sogar Carotte erklärte, er warte auf besseres Wetter. Da im Golf von Mexiko tatsächlich fast ununterbrochen schwere Stürme wüteten, konnte man sich darüber nicht wundern.

Eines Tages lud Maddock, der zweihundert afrikanische Neger mit riesigem Gewinn verkauft hatte, Marten und Pierre Carotte in die berühmte Bodega des Diaz ein. Marten hatte wenig Lust, anzunehmen. Die Ladung seiner »Zephir« war komplett; im Grunde hinderte ihn nur das ungünstige Wetter, die Anker zu lichten und die Rückfahrt nach Amaha anzutreten. Hätte Jan nicht befürchtet, daß die Pferde und Kühe, die in Verschlägen unter Deck standen, das Schwanken des Schiffes auf stürmischer See nicht vertragen würden, wäre er sofort abgesegelt.

Da die »Vanneau« aber erst am folgenden Tag die erforderlichen Vorbereitungen zur Abfahrt beenden konnte und die meisten Freunde Carottes mit ihm zusammen Tampico verlassen wollten, gab Marten dem Zureden nach und erklärte sich bereit, an der Abschiedsfeier teilzunehmen.

Die Pulqueria und Bodega des Diaz war voller Gäste. Der Wirt hatte den Korsarenkapitänen einen Tisch in einer Nische freigehalten. Die Olla podrida, die ihnen aufgetragen wurde, war nicht nur schmackhaft, sie machte auch durstig. Mit allerlei Getränken, von abgelagertem Pulque und Rum über verschiedene Weinsorten bis zum Punsch, den Carotte zubereitete, halfen sie dem ab.

Als Maddock sah, worauf das Ganze hinauslief, bezahlte er den ersten Teil des Gelages und den Silberbecher, den er Pierre Carotte als Ersatz für den von Marten zerdrückten schenkte. Dann trank er auf Kosten der übrigen weiter, bis er unter dem Tisch lag. Das Gesinde des Wirts trug ihn auf den Hof. Da es noch weit vor Mitternacht war, konnte man annehmen, daß er gegen Morgen wieder einigermaßen nüchtern sein würde.

Dies überlegte Carotte erst am nächsten Tag, als die Ereignisse eine tragische Wendung nahmen und ein bestimmter Verdacht in ihm auftauchte. Einstweilen schenkte keiner der Korsaren dem Fehlen des Kumpans besondere Aufmerksamkeit. Sie schworen ewige Freundschaft und leerten die Becher auf die Gesundheit jedes einzelnen. Carotte hielt Ansprachen, alle waren fröhlich und sorglos.

Gegen vier Uhr morgens versagten auch die bewährtesten Trunkenbolde. Sie kippten von den Stühlen und schliefen auf dem Fußboden ein. Bei Sonnenaufgang bemerkte Carotte, daß auch Marten, die Beine weit von sich gestreckt, in einem bequemen Sessel wie ein Flußpferd schnarchte.

Carotte fühlte sich vereinsamt, und da Marten in der letzten halben Stunde sein einziger Zechgenosse gewesen war, den er oberhalb des Tisches gesehen hatte, zog er die vernünftige Schlußfolgerung, daß es an der Zeit sei, die gastliche Stätte des Señor Diaz zu verlassen. Er tat es jedoch nicht, sondern zwang sich erst zu einer aufrechten Haltung, schenkte sich einen vollen Becher Punsch ein und stand vorsichtig auf. Dann hielt er in wohlgesetzten Worten eine humorvolle Ansprache und brachte schließlich voll Begeisterung einen Toast auf die eigene Gesundheit aus.

Da niemand erwachte, goß er sich noch einen »Tropfen« ein, um eventuellen Mißverständnissen mit seinem etwas überlasteten Magen vorzubeugen, trank aus, wischte sich den Mund ab und lavierte mit leichter Schlagseite auf die Alameda hinaus, nachdem er die Felsen der umgestürzten Stühle und Sessel, die Riffe der Türschwellen und andere Hindernisse glücklich umschifft hatte.

Dann steuerte er durch den nicht allzu dichten Verkehr, der um diese frühe

Stunde in den Straßen von Tampico herrschte, den Hafen an. Er bog völlig richtig von der Alameda in die Calea Montezuma ein, durchmaß einige Seitengassen und befand sich im Hafenviertel. Die frische steife Ostbrise ernüchterte ihn. Ein kleiner, sich rasch vergrößernder Menschenauflauf am Kai erweckte seine Neugier. Er gesellte sich zu den Gaffern, die trotz des blendenden Sonnenlichtes nach etwas draußen auf dem Meer Ausschau hielten. Als er spähend die Hand über die Augen legte, kam es ihm so vor, als sehe er einen Schwarm Segel am Horizont.

Er spürte ein leichtes, angenehmes Sausen im Kopf und war sich deshalb nicht sicher, ob ihn seine Sinne nicht trogen. Die Rufe und Bemerkungen der ständig anwachsenden Menschenmenge ließen keinen Zweifel: Die Flotte des Vizekönigs war in Sicht.

Er mußte sofort handeln. Zunächst eilte er auf das Deck der »Vanneau«, erteilte der Bemannung die erforderlichen Befehle, überzeugte dann die Bootsleute oder Steuermänner der anderen Korsarenschiffe von der Notwendigkeit, sofort alle Matrosen aus der Stadt zu holen, und ging schließlich in die Bodega des Señor Diaz, um die Kapitäne zu wecken und mit ihnen gemeinsam zu beratschlagen.

Das war nicht einfach. Carotte schleppte die berauschten Kapitäne mit Hilfe der Diener des Señor Diaz zum Brunnen, legte sie in eine Reihe und begoß sie so lange mit Wasser, bis sie zu sich kamen. Es waren ihrer nur fünf. Maddock fehlte. Er war nirgends zu finden.

Don Enriquez de Soto y Féran kochte vor Zorn. Die Seereise war ihm schlecht bekommen. Besonders arg hatten ihm die sturmgepeitschten Fluten des Golfs von Mexiko zugesetzt. Und nun, da der ersehnte Hafen in Sicht war, wurde ihm gemeldet, daß dort sieben Korsarenschiffe vor Anker lägen. Zudem war ihm die Mitteilung keineswegs auf dem offiziellen Wege von den spanischen Behörden zugegangen, sondern sie wurde von einem Segelbeiboot des englischen Schiffes »Knight« überbracht, das bei Sonnenaufgang auf einem Seitenarm des Tamesi die hohe See erreicht hatte. Die mit ihm angekommenen beiden Hafenangestellten erklärten, unter den Korsaren befinde sich auch der berüchtigte Pirat Marten, auf dessen Auslieferung eine Belohnung von fünfzigtausend Pesos ausgesetzt sei. Sie hätten sich diese Belohnung verdient.

Zuerst wollte der Vizekönig aus allen Geschützen das Feuer auf die elenden Räuber eröffnen lassen. Als er aber den Plan des Hafens betrachtete, begriff er, daß er so nichts ausrichten würde. Die Einfahrt zur Bucht war schwierig: In der engen, durch Strohwische gekennzeichneten Fahrrinne mußten die schweren, nicht genügend wendigen Karavellen einzeln fahren. Dagegen konnten die Korsaren, die von der Seeseite her durch Wohnhäuser und Hafenspeicher gedeckt waren, jedes Schiff in Brand schießen oder versenken, das sich im Bereich ihrer Geschütze zeigte. Don Enriquez mußte also unverzüglich verhandeln, ob er wollte oder nicht. Zudem war ein neuer Sturm im Anzug.

Die Verhandlungen fanden auf einer kleinen Insel statt. Sie lag dem Nordzipfel

der Lagune de Tamiahua gerade gegenüber und war nicht ganz zwei Meilen von der Hafeneinfahrt entfernt. Von seiten der Korsaren nahm Pierre Carotte teil, Tampico wurde durch den zu Tode erschrockenen Hafenmayoral vertreten. Der Vizekönig hatte seinen Admiral gesandt.

Nach kurzem Hin und Her schlossen sie ein Übereinkommen, das beide Seiten befriedigte. Der Admiral versprach im Namen des Vizekönigs, die Korsaren nicht anzugreifen, falls sie ihm gestatteten, ungehindert in den Hafen einzulaufen und zu landen, und selbst in geziemender Entfernung vor Anker gehen und den Hafen noch vor Anbruch des Abend verlassen würden.

Eine Stunde später lief die erste Karavelle in den Hafen ein. Noch vor Sonnenuntergang nahmen weitere neun den Platz am Ufer ein, an dem vorher die Korsarenschiffe vor Anker gelegen hatten. Die drei größten spanischen Segler blieben auf der Außenreede. Kaum hatte sich der Vizekönig mit seinem Gefolge ausgeschifft und zur Alameda begeben, als die ersten Salven seiner Schiffe krachten.

Der Feuerüberfall kam so plötzlich, daß die meisten Korsaren noch nicht einmal die Anker gelichtet hatten, als die Masten schon zerschmettert waren und die Kastelle Feuer fingen. Eine der französischen Fregatten konnte noch die Segel hissen. Vom Wind abgetrieben, strandete sie an der flachen Südküste. Trotzdem eröffnete der Kapitän das Feuer aus allen Kanonen, die er einsetzen konnte. Das Flaggschiff der Spanier geriet in Brand, bei den Angreifern herrschte für eine Weile Verwirrung. Doch zwei andere Fregatten sanken bereits, an vielen Stellen von schweren Geschossen getroffen. Als noch Mörser und Haubitzen vom Land her in den Kampf eingriffen, war die Vernichtung der restlichen Korsarenschiffe nicht mehr aufzuhalten.

Die »Knight« ereilte das gleiche Schicksal. Maddock, der seinen spanischen Bundesgenossen vertraut und den Versprechungen des Vizekönigs Glauben geschenkt hatte, fühlte sich völlig sicher. Seine Fregatte ankerte am Südufer. Auf dem Großmast flatterte die englische Fahne. Sie sollte sein Schiff von den anderen unterscheiden. Die Kapitäne der Karavellen hatten aber trotz aller vorherigen Zusicherungen des Vizekönigs keinen Befehl erhalten, ihn zu schonen. Ihr Kreuzfeuer fegte wie ein Tornado über das Deck der »Knight«, zersplitterte die Masten und spaltete den Rumpf fast in zwei Teile. Die Spanier schossen die Rettungsboote ab wie Enten auf einem Dorfteich. Wenige erreichten das Ufer. Zwei Booten gelang es, zu dem seichten Überschwemmungsgebiet des Tamesi durchzuschlüpfen.

Die noch unbeschädigte »Vanneau« folgte ihnen. Als Carotte an der »Zephir« vorbeikam, auf der in aller Eile sämtliche Segel gesetzt wurden, rief er Marten zu, er möge ebenfalls diese Richtung ansteuern.

Marten hatte zuerst den tollkühnen Plan gehabt, unter dem Feuer der Küstengeschütze zur Außenreede auszulaufen, die Blockade der spanischen Schiffe zu durchbrechen und das offene Meer zu gewinnen. Doch alles war gegen ihn, sogar der Wind, der mit immer größerer Kraft von Osten her wehte und hohe Wellen mit weißen Schaumkronen in die Bucht trieb. Schon das Lavieren gegen den Wind bedeutete in der engen Durchfahrt zwischen den Untiefen selbst für ein Schiff wie die »Zephir« ein gewaltiges Risiko. Um wieviel größer war es jetzt, da von der Küste Geschosse hagelten und vor der Ausfahrt die drei spanischen Karavellen lauerten, deren Breitseiten mit mindestens dreißig Geschützen bestückt waren.

Marten beschloß daher, dem Rat Carottes zu folgen, obwohl ihm unklar war, wie die »Zephir« und die »Vanneau« bei diesem Kurs das offene Meer erreichen sollten. Auf jeden Fall befand er sich ebenso wie sein Freund wenigstens vorderhand außerhalb der Reichweite der Geschütze der Spanier, die eine Verfolgung entlang der Westküste der Bucht nicht wagten, weil ihre Karavellen einen zu großen Tiefgang hatten und sehr leicht auf einer der Sandbänke stranden konnten.

Die Fahrt über das seichte Wasser war auch für die »Zephir« gefährlich. Von Osten her jagten immer dichtere Wolken, der Sturm heulte im Tauwerk, und das Schiff schlingerte in den seitlich anstürmenden Wogen so stark, daß sich die Leute nur mit Mühe auf den Beinen hielten.

Marten wußte, was er seiner »Zephir« unter solch schwierigen Bedingungen zumuten konnte, wenn die Bemannung nicht versagte. Jetzt hatte er aber überwiegend Indianer und Neger an Bord und nicht seine alten, zuverlässigen Matrosen. Die kleinste Verspätung bei der Ausführung eines Manövers, eine geringfügige Ungenauigkeit beim Umbrassen der Rahen würde zur Folge haben, daß das Schiff gegen die Küste trieb, ganz abgesehen von den Untiefen, deren jede bei einer Geschwindigkeit von zehn Knoten eine Gefahrenquelle bildete.

Zu allem Übel kam noch, daß Marten die Ufer der Bucht nicht genau kannte. Der einzige Wegweiser für ihn war die »Vanneau«, die ungefähr eine halbe Meile vor ihm segelte. Marten mußte ständig Carottes Manöver verfolgen und ihm voll und ganz vertrauen, ohne zu wissen, welche Absichten er hatte und was er in der nächsten Sekunde unternehmen würde.

Inzwischen begann es zu dunkeln. Der Himmel hatte sich bezogen. In geringer Höhe flüchteten schwarze, drohende Wolkenfetzen vor dem aufkommenden Unwetter. Der Donner grollte ohne Unterlaß, fahle Blitze zuckten. Von Nordosten her wälzte sich eine graue Regenwand heran, die undurchdringlich zwischen den schäumenden Wellen und dem düsteren Himmel hing. Beide Schiffe liefen hart am Wind auf die rechte Seite der Wand zu. Das Schlingern ließ etwas nach. Doch das Auf- und Abschwanken in der Trimmung wurde stärker. Hohe Wogen brachen sich schräg über dem Bug und schnellten über das Vorderkastell. Wellenspritzer und Schaumfladen klatschten gegen die unteren Segel und fielen wie ein Hagelschauer prasselnd auf das Deck.

Inmitten des Wirbels tief herabhängender Wolken, weißer Wellenkämme und des schräg über das Meer fegenden Regens sah Marten, der neben dem steuernden Pociecha stand, einen seltsamen dunkelroten Blitz. Eine Sekunde später stürzte

185

der Fockmast der »Vanneau« auf das Deck. Erst dann vernahm Marten das lang anhaltende Dröhnen einer Geschützsalve.

Die »Vanneau« legte sich vor den Wind, als hätte sich ihr Bug in einem unsichtbaren Hindernis festgerannt, und begann sich um die eigene Achse zu drehen. Ihr Heck stieg immer höher aus den Fluten.

»Sie sinkt«, rief Pociecha. »Dort! Die Fregatte!«

Der Sturm zerriß seine Worte und vermengte sie mit den Schreckensrufen der Mannschaft. An der Stelle, wo das Mündungsfeuer der Geschütze aufgeblitzt war, wurde einen Augenblick lang die Silhouette eines spanischen Schiffes wie eine unheilvolle Erscheinung sichtbar und löste sich wieder in ein Nichts auf.

Bis zur Katastrophe hatte Carotte genau gewußt, wo er sich befand und wohin er segelte. Er war sich auch über den Standort aller feindlichen Schiffe im klaren, zumindest nach der Situation, wie sie vor dem Sturm bestand. Unter dem Schutz der Regenwand wollte er ihnen entkommen. Folgerichtig setzte er voraus, daß sie sich bei dem Unwetter nicht von der Stelle rühren würden. Er konnte aber nicht vorhersehen, daß unter dem Druck des Windes und der Wellen die Anker der Karavelle, die an der Hauptmündung des Panuco lag, über den weichen, morastigen Grund zu schleifen beginnen würden. Der Kapitän hatte während einer knappen halben Stunde versucht, einen besseren Ankergrund zu finden. Es gelang ihm endlich, doch sein Schiff war inzwischen fast zwei Meilen nach Westen abgetrieben worden.

Als vor Carotte die Karavelle im Schußbereich seiner Geschütze aus den Wolken auftauchte, konnte er nicht mehr zurück. Auch ein Kurswechsel war wegen der Nähe der Sandbänke, vor denen ihn die charakteristischen Brecher warnten, nicht möglich. Er befahl, die Kanonen zu richten. Bevor er zum Schuß kam, wurde sein Schiff von einer Breitseite der spanischen Karavelle geradezu zermalmt und sank. Zwei Drittel seiner Mannschaft fielen, die anderen wurden zum Teil verwundet. Auch Carotte trug Verletzungen an Kopf und Hals davon, verlor aber nicht die Besinnung. Es gelang ihm noch, zwei Schaluppen hinabzulassen. Die erste kenterte. Mit äußerster Anstrengung erreichte er schwimmend die zweite und rettete noch einige seiner Matrosen aus den Fluten. Durch den erlittenen Blutverlust und den Kampf um das eigene Leben war er jedoch so geschwächt, daß sich seine Sinne wie im Fieber trübten. Schleier traten vor seine Augen. Nur der empfindliche Schmerz und das Leid über den Verlust der »Vanneau« waren ihm noch bewußt. Aus diesem Grunde wohl gab er den Ruderern auch keinen Befehl. Das Boot, das von den Wellen hin und her geworfen wurde, befand sich genau in der Fahrtrichtung der »Zephir«, die wie der Geist der Vernichtung mit weitausgebreiteten Schwingen auf die Nußschale zuflog.

Carotte gewahrte das nahende Unheil erst in dem Augenblick, als das Boot von dem Kamm einer riesigen Woge in ein tiefes schaumbedecktes Wellental hinab-

geschleudert wurde. Es war zu spät, um der »Zephir« noch ausweichen zu können. Carotte verlor das Gleichgewicht, schlug auf den Rücken und bemühte sich nicht mehr, sich aufzurichten.

Er zweifelte nicht, daß sein Ende gekommen war. Vom Rücken der nächsten Welle sah er dicht vor sich den langen glänzenden Bugspriet, den kunstvoll geschnitzten geflügelten Jüngling und dahinter die dunkle Masse des Schiffes, das sich in die Wolken aufzuschwingen schien. In der Erwartung, daß das alles in den nächsten Sekunden auf ihn stürzen würde, schloß er die Lider. Anstatt des Krachens und Berstens der zerschmetterten Schaluppe hörte er durch das Heulen und Brausen ringsum den fernen und doch deutlich vernehmbaren Befehl Martens: »Steuer auf Steuerbord!«

Carotte öffnete die Augen und richtete sich mühsam auf. Der tief nach Backbord geneigte Schiffsrumpf, die schräg emporragenden Masten und die im Sturm vibrierende Segelpyramide schossen so nahe über ihn hinweg, daß er sie mit dem ausgestreckten Riemen hätte berühren können. Im Schutz der »Zephir« verstummte der Sturm plötzlich, einige Augenblicke später packte er das Boot mit verdoppelter Wucht und schleuderte es mehr als zwanzig Yard zur Seite. Vielleicht wurde gerade dadurch die Bemannung aus ihrer Gleichgültigkeit wachgerüttelt. Carotte wankte ans Steuer, übernahm das Kommando und befahl, gegen die Wellen zu rudern, um die Schaluppe an derselben Stelle zu halten oder zumindest die Abdrift abzuschwächen.

Bevor Marten nach dem Kürzen der Segel und dem Umbrassen der Rahen wenden konnte, hatte sich die »Zephir« bereits eine halbe Meile von dem Boot entfernt. In der anbrechenden Dunkelheit kehrte sie unter halbem Wind, von Regenböen gepeitscht, langsam zurück. Die Sicht war stark eingeengt.

Auf dem Vorderkastell schauten an die zwanzig Indianer und Neger vergeblich nach der Schaluppe aus. Marten hatte schon keine Hoffnung mehr, sie noch aufzufinden. Er befürchtete, daß sie in der gewaltigen Welle des Kielwassers untergegangen war, als die »Zephir« in voller Fahrt an ihr vorbeistürmte. Endlich entdeckte er sie in einem Wellental zwischen zwei weißlichen Wogenkämmen. Einige geschickt geworfene Taue fielen von oben in die ausgestreckten Hände der Schiffbrüchigen. Kurz darauf drückte Carotte dankerfüllt die Hände Martens, der ihm an Deck geholfen hatte.

Die wenigen Bewohner der Nordwestküste der Bucht, arme Fischer, die trotz der nächtlichen Dunkelheit aus Besorgnis, daß die bis an die Hütten heranrollenden Wogen ihre Pirogen und Netze fortspülen und in das Meer hinaustragen könnten, Wache gehalten hatten, erzählten später, in jener Nacht hätte in der Nähe des Dorfes ein entsetzlicher Kampf höllischer Heerscharen um die Seelen ertrunkener Häretiker und Hugenotten getobt. Herdenweise wären Gespenster und Teufel von allen Seiten herbeigeflogen. Von den grauenvollen Ringen zeugten das unmenschliche Jammern, die Schreie und das Heulen der Verdammten, deren Körper von den teuflischen Mächten in Kadaver von Pferden und Kühen verwandelt worden waren.

Als die Kunde von den unheimlichen Vorkommnissen dem Vorsitzenden des Inquisitionskollegiums Alonso Munioz zu Ohren kam, entsandte er eine besondere Kommission in den entlegenen Küstenstrich. Sie stellte zum Entsetzen der Einwohner Tampicos fest, daß die Wellen tatsächlich Kühe und Pferde mit durchschnittenen Kehlen an Land gespült hatten.

Der hochwürdige Alonso Munioz befahl, die verdächtigen Kadaver zu sammeln und die Fischer für alle Fälle festzunehmen. Die Fischer wurden einem strengen Verhör und Torturen unterworfen. Als tags darauf in der Nähe des Dorfes noch französische und englische Schiffbrüchige gefangen wurden, verbrannte man alle zusammen mit den Tierkadavern. Auf so einfache und radikale Art wurde die heilige Inquisition mit der satanischen und häretischen Pest fertig.

Sie hatte jedoch keinen vollständigen Sieg über die höllischen Mächte errungen. Die Hafenbehörden behaupteten steif und fest, eines der Korsarenschiffe sei nicht versenkt worden, habe aber auch nicht die Bucht verlassen und die hohe See nicht erreicht. Trotzdem sei es spurlos verschwunden.

Die Admiralität bestätigte die Gerüchte. Die einzige Hafenausfahrt war von drei Karavellen blockiert gewesen, die zwar während des Sturmes auf der Binnenreede Schutz gesucht, aber die Fahrtrinne nicht einen Augenblick aus den Augen verloren hatten. Kein Korsar hätte auf diesem Weg entwischen können. Die Zeugen — die Kapitäne der Karavellen und ihre Mannschaften — sagten übereinstimmend aus, daß durch das Geschützfeuer nur vier Fregatten und eine Brigantine versenkt wurden, während eine Fregatte strandete. Und doch war von allen mit eigenen Augen gesehen worden, daß sieben Korsarenschiffe im Hafen vor Anker gelegen hatten.

Die von der Flotte des Vizekönigs und den Fischerbooten aufgenommenen Nachforschungen verliefen ergebnislos. Die fünf Wracks, deren Masten über das Wasser hinausragten, wurden ebensoleicht gefunden wie die am Südufer gestrandete Fregatte. Das siebente Schiff blieb verschollen.

Man entdeckte es auch nicht auf den Gewässern des Panuco und Tamesi, obwohl die Besatzung der Karavelle, die die Fregatte »Vanneau« versenkte, einen Segler gesichtet hatte, der auf die Flußarme zuhielt, die nördlich der Bucht in das Meer münden. Seit Menschengedenken hatte kein größeres Schiff mehr diesen Weg eingeschlagen. Bei Niederwasser vermieden ihn selbst die Schiffer kleiner Schoner, wenn sie Ladung an Bord hatten.

Das Geheimnis wäre ohne den hochwürdigen Alonso Munioz wohl nie gelüftet worden. Er erklärte, daß ihn die Sache nicht verwundere, da das auf so übernatürliche Weise verschwundene Schiff der Segler »Zephir« gewesen sei, der dem hundertfach verfluchten Zauberer Marten gehöre. Hier wäre ganz einfach Zauberei im Spiel. Marten hätte das Unwetter und den Sturm beschworen, der die Wassermassen aus dem Meer in die Flußarme trieb, und dann mit seiner Zauberkraft den Wasserstand während der Flut so erhöht, daß er einen der Flußarme mit Leichtigkeit passieren konnte.

Die Erklärungen des »weisen« Inquisitors deckten sich zum Teil mit der objektiven Wahrheit. Die Flut war in jener kritischen Nacht tatsächlich besonders hoch gestiegen, aber nicht durch Martens Zauberkunst, sondern wegen des Syzygiums, von dem Alonso Munioz keine blasse Ahnung hatte. Carotte wußte um diese Erscheinung. Wenn er auch keine theoretischen astronomischen Kenntnisse besaß, so sagten ihm doch seine langjährigen praktischen Erfahrungen als Seefahrer, daß der vom Meer her wehende Sturm den Wasserstand in den träge dahinfließenden Nebenarmen des Tamesi beträchtlich heben mußte, so daß sie für kurze Zeit selbst von einem so großen Schiff wie der »Zephir« befahren werden konnten. Allerdings mußte sie sich ihrer Ladung entledigen.

Auf Carottes Rat hin ließ Marten alle Pferde und Kühe töten und über Bord werfen. Da das nicht genügte, opferte er schweren Herzens auch alle größeren Geschütze. Ein Teil der Matrosen folgte der »Zephir« in den Schaluppen. Auf diese Weise war sie soweit wie möglich entlastet. Als der Sturm nachließ, hatte Marten den nach Meinung des Inquisitors unüberwindlichen Weg bewältigt.

Nachdem die »Zephir« der Falle entronnen war und sich auf offenem Meer befand, hatte sie dreißig Mann mehr an Bord als bei ihrer Ankunft in Tampico. Unter ihnen waren die geretteten Schiffbrüchigen der »Vanneau« und die Seeleute aus den beiden Booten, die den Kugeln der spanischen Geschütze und Hakenbüchsen entkommen waren. Fünf Kapitäne, zwölf Deckoffiziere und Oberbootsleute, ungefähr sechshundert Matrosen waren entweder ertrunken, ihren Wunden erlegen oder auf dem Quemadero unter Qualen gestorben. Diese Nacht war den Korsaren zum Verhängnis geworden...

Marten trauerte nicht lange um die Toten, zumal er nichts von dem furchtbaren Ende jener wußte, die den Spaniern in die Hände gefallen waren. Sein Mitleid galt den Lebenden, besonders Pierre Carotte, dessen schönes Schiff gesunken war. Er wußte, wie unvorstellbar groß seine eigene Verzweiflung gewesen wäre, wenn er die »Zephir« eingebüßt hätte. Daher versuchte er nicht, seinen Freund zu trösten; er begriff, daß Worte nicht helfen konnten.

Carotte trug seinen Verlust mannhaft und mit einer Ruhe, die Martens Be-

wunderung erregte. Er verzweifelte nicht. Niemals erwähnte er die »Vanneau«. Doch er verschloß sich auch nicht in sich selbst, sondern gab sich vom ersten Augenblick, gleich nachdem seine Wunden verbunden waren, mit der Schiffsführung ab. Wie Pociecha, den er sofort für sich gewann, versah er auf der »Zephir« den Dienst eines Steuermannes. In seinem Herzen blieb jedoch eine Narbe zurück, die tiefer als die an seiner Wange war.

In Marten wühlten unbändiger Zorn und das Verlangen, an den Spaniern, vor allem an dem Vizekönig, Rache zu nehmen, dessen Wortbruch er nicht verzeihen konnte. Don Enriquez de Soto y Féran setzte inzwischen sicherlich seine geruhsame, königlich pomphafte Reise nach der Hauptstadt von Mexiko fort, während er, Marten, ohne den größten Teil seiner Geschütze und ohne Ladung an die Rückkehr zum Hafen der Flüchtlinge denken mußte.

Der Gedanke daran schmerzte ihn wie die Berührung mit einer Flamme. Wie konnte er sich dort ohne die versprochenen Vorräte, ohne die Pferde und Kühe, ohne Beute mit seinem halb entwaffneten Schiff zeigen? Er hatte gehofft, im ganzen Glanz seines Korsarenruhms auftreten zu können, und kehrte nun als Flüchtling zurück, der mit Mühe und Not der Vernichtung entronnen war.

Was sollte er Inika antworten, wenn sie ihn fragte, was er ihr mitbringe, wie die enttäuschten Blicke Quiches ertragen, mit dem er vor dem Aufbruch zu dem unglückseligen Unternehmen alle Einzelheiten über die Entwicklung der Viehzucht in Amaha besprochen hatte? Wie sollte er dem Speicheraufseher in Nahua erklären, weshalb die »Zephir« ohne Salz und ohne andere Waren ankomme? Was für ein Gesicht würde dieser Esel Hoogstone machen, wenn er das Fehlen der Geschütze auf der »Zephir« bemerkte?

Es war zu demütigend, einfach nicht zu ertragen!

Carotte erkundigte sich nicht, wohin sie fuhren. Das erschwerte Marten noch mehr, sich offen mit ihm auszusprechen, obwohl er es unbewußt wünschte. Am zweiten Tag ihrer Fahrt nach Osten, als die Zeit herankam, einen Entschluß über den Kurswechsel zu fassen, sprach ihn der Franzose als erster an. »Ich weiß nicht, was du beabsichtigst«, sagte er während des Frühstücks, »ich glaube aber, du solltest an die Ergänzung der Geschütze denken, bevor du etwas unternimmst. Mit dem, was übriggeblieben ist, kann man bestenfalls versuchen, ein paar Rotholzstämme zu erbeuten. Schwieriger wäre es schon, sie vor Räubern zu schützen.«

»Rotholz?« wiederholte Marten verächtlich. »Zum Teufel mit dem Rotholz! Hätte ich noch meine Halbkartaunen und Falkonette, würde ich in einem Monat alle Verluste wettmachen. Ich würde den verfluchten Spaniern so zusetzen, daß sie den Preis für meinen Kopf auf das Doppelte erhöhten!«

»Ich persönlich träume nicht von etwas Derartigem«, antwortete Carotte. »Was meinen Kopf anbelangt, so ist mir völlig gleichgültig, wie hoch sie ihn schätzen. Was aber die Geschütze anbelangt ...«

»Was die Geschütze anbelangt«, wiederholte Marten ärgerlich die letzten Worte

Carottes, »so liegen sie auf dem Grund des Panuco und Tamesi. Von dort kann ich sie mir nicht mehr holen!«

»Das stimmt«, bestätigte Carotte. »Es wäre erheblich leichter, Kanonen zum Beispiel in Campeche zu erwerben. Ich kenne dort jemand, der mit solchen Dingen Handel treibt.«

Marten spitzte die Ohren. »Wo?« fragte er kurz.

»Nordöstlich der Alacran-Riffe. Ich habe noch gewisse Verrechnungen mit ihm, und der Saldo zu meinen Gunsten ist ziemlich beträchtlich. Wenn du also willst . . .«

»Hombre!« schrie Marten, »wenn du mir zu Geschützen verhilfst, wirst du mein Teilhaber!«

»Nur im gleichen Verhältnis zu meinen Einlagen«, schränkte Pierre ein. »Ich würde von dir nicht einen Groschen annehmen, denn du hast mir das Leben gerettet. Nun muß ich etwas verdienen, um es tunlichst zu verlängern; ich habe keine Lust, als armer Schiffbrüchiger nach Europa zurückzukehren.«

»Und ich habe dazu überhaupt keine Lust«, sagte Marten. »Es wäre denn auf kurze Zeit, um das Protektorat Englands über ein gewisses Königreich zu erlangen. Wenn du mir jetzt helfen würdest . . . Zu zweit könnten wir Großes vollbringen!«

Voll Begeisterung begann Marten, von seinen Plänen hinsichtlich Amahas zu sprechen. Er offenbarte vieles, was er bisher noch niemand anvertraut hatte, nicht einmal Inika und ihrem Vater.

Carotte hörte mit wachsendem Interesse zu. Er unterbrach Marten nicht, zeigte kein ironisches Lächeln, zuckte nicht mit den Schultern und machte keine Geste, aus der man hätte schließen können, daß er an der Möglichkeit, die phantastischen Träumereien zu verwirklichen, zweifle. Wenn überhaupt jemand dazu in der Lage ist, dann nur Marten, ging es ihm durch den Kopf. Laut sagte er: »Das ist unerhört, so unerhört und kühn, daß es beinahe undurchführbar scheint. Doch Cortez und Velasquez haben ebenfalls scheinbar Unmögliches vollbracht, dabei wählten sie die Methode der Gewalt. Wenn es dir gelänge . . .«

»Es wird gelingen!« rief Marten. »Das ist nur eine Frage der Zeit. In einigen Jahren ist Amaha uneinnehmbar. Dann will ich nach England. Ich werde die Königin für meine Pläne gewinnen. Habe ich das erreicht, erobere ich die riesigen Gebiete nördlich des Rio Grande und jage die Spanier aus Matamoros. Ich baue eine Flotte, wie sie sich Philipp der Zweite nicht im Traume vorstellen kann, und organisiere die Korsaren. Der Golf von Mexiko und das Karibische Meer sollen der spanischen Schiffahrt verschlossen sein. Mexiko und die Antillen unterwerfe ich meiner Herrschaft und gründe ein indianisches Reich, daß die Welt staunen wird!«

Er ist verrückt geworden, dachte Carotte. Aber er ist erst fünfundzwanzig Jahre alt und hat vielleicht noch zweimal soviel vor sich. Das ist Zeit genug für Enttäuschung und Verzweiflung . . .

Zwei Tage später ging die »Zephir« an der Küste einer der zahlreichen kleinen Inseln vor Anker, die über das seichte Wasser der Campeche-Bank verstreut sind. Nach weiteren vier Tagen stach sie, mit neuen Geschützen versehen, wieder in See.

Das Glück schien Marten verlassen zu haben. Die einzige Beute, deren er habhaft werden konnte, war eine armselige kleine Brigg.

Nach kurzer Verfolgung brachte er sie an der Westküste Kubas auf, nachdem er ihr Deck in Brand geschossen hatte. Dann kreuzte er zwei Wochen lang umsonst zwischen Florida, den Bahamainseln und Kuba, lauerte auf spanische Schiffe und gelangte schließlich, nachdem er Haiti von Osten her umsegelt hatte, in das Karibische Meer. Er durchsuchte das Labyrinth der »Inseln unter dem Winde« und stieß schließlich auf einen großen Konvoi von Schiffen, die allem Anschein nach Kurs auf Panama hatten.

Sie sahen vielversprechend aus, wurden aber von mehreren großen Karavellen bewacht. Er umkreiste sie wie der Wolf eine Schafherde, drei Tage und drei Nächte lang, beobachtete einen Nachzügler und entschloß sich endlich, vor Tagesanbruch einen Angriff zu wagen.

Da Marten vermeiden wollte, daß das Dröhnen der Schüsse die Karavellen herbeilockte, von denen jede mindestens dreimal soviel Geschütze an Bord hatte als die »Zephir«, pirschte er sich unter dem Schutz der Insel Ave de Barlovente an sein Opfer heran und lag plötzlich durch ein geschicktes Manöver Bord an Bord mit ihm. Vom Deck der »Zephir« wurden Taue mit Haken in die Wanten geworfen. Dann enterten Marten und Pociecha an der Spitze der Weißen, Indianer und Neger das große, plumpe Handelsschiff.

Die spanische Bemannung setzte sich, von dem unvermuteten Überfall überrascht, nur schwach zur Wehr. Einigen Matrosen war es gelungen, die Wanten zu erreichen und auf die Marsen zu klettern. Von dort aus schossen sie auf die Angreifer. Marten wußte, daß er keine Zeit zu verlieren hatte, und rief Carotte zu, er solle die Schützen durch ein paar Hakenbüchsensalven von den Masten vertreiben. Da zündete ein unbesonnener Bootsmann die Segel an. Das trockene, steife Leinen fing sofort Feuer. Die Flammen loderten hoch empor. Zwar vertrieben sie die Schützen aus den Marsen, doch lenkten sie die Aufmerksamkeit der Eskorte auf sich und bedrohten außerdem die Segel und Masten der »Zephir«.

Zum Glück bemerkte Carotte zur rechten Zeit die Gefahr. Er befahl, die Segel zu reffen, und schickte Leute mit Eimern voll Wasser auf die Rahen, um zu verhüten, daß das Feuer die »Zephir« erfaßte. Inzwischen hatten die drei nächsten Karavellen gewendet, kamen vor dem Wind rasch näher und befanden sich nur noch zwei bis drei Meilen von den beiden ineinander verbissenen Gegnern entfernt.

Anscheinend hielten die Spanier das angegriffene Schiff für unwiederbringlich verloren, denn sie zögerten keinen Augenblick mit dem Beschuß. Die ersten Geschosse erreichten nicht ihr Ziel. Marten begriff, daß er ihnen nicht entkommen würde, falls er auch nur einen Augenblick länger zögerte, den Befehl zum Rückzug zu geben.

Als sich die »Zephir« von der Bordwand der schon eroberten Prise lösen wollte, zeigte es sich, daß ihre Toppnanten durchgebrannt und die Rahen herabgefallen waren. Im Sturz hatten sie sich in der Takelage der beiden Schiffe verfangen. Das bedeutete eine weitere Verzögerung. Als die »Zephir« endlich befreit war und damit begonnen werden konnte, die Segel zu setzen, zerschmetterte ein spanisches Geschoß den Großmast zwischen der Bramrahe und der oberen Marsrahe und beschädigte oder zerriß dabei alle Wanten, Stage und Pardunen.

Marten bewahrte seine Kaltblütigkeit. Eine Unvorsichtigkeit der Spanier nutzte er sofort zu seinen Gunsten aus. Überzeugt, daß sie den Piraten ohne weiteres unschädlich machen können, näherten sie sich rasch. Eine gutgezielte Breitseite in ihre Takelage belehrte sie eines Besseren.

Die erste Karavelle wurde fast aller Segel beraubt und scherte so unerwartet aus, daß die ihr folgende ebenfalls ausbiegen mußte, um einen Zusammenstoß zu vermeiden. Die dritte umsegelte beide in weitem Bogen, ohne darauf zu achten, daß sie sich dem Feuer der Steuerbordgeschütze der »Zephir« aussetzte, die bereits ihre Manövrierfähigkeit wiedererlangt hatte.

Marten bemerkte ihren Fehler. Sogleich sausten sieben Geschosse auf ihr Deck und riefen dort eine solche Verwirrung hervor, daß Marten unterdessen die Rahen umbrassen und sich ein beträchtliches Stück entfernen konnte. Zwar hatte die »Zephir« den oberen Teil des Großmastes verloren, der vorderhand überhaupt nicht zu verwenden war, doch sie segelte trotzdem noch so gut, daß sie sich aus dem Schußbereich der spanischen Mörser und Haubitzen zurückzuziehen vermochte. Ihre gewöhnliche Geschwindigkeit hatte sich aber um fast ein Drittel vermindert und war jetzt nicht höher als die einer durchschnittlichen Karavelle. Und die Spanier zeigten deutlich ihre Absicht, sie zu verfolgen!

Die Jagd endete erst am nächsten Tag. Der aufkommende Sturm zerstreute die Karavellen und veranlaßte die spanischen Kapitäne, im Windschatten der Inseln Los Hermanos und Blanquilla Schutz zu suchen. Die »Zephir« kämpfte sich in Sturm und Wogen bis Los Testigos durch. Erst dort ging sie die Nacht über vor Anker, um die erlittenen Schäden notdürftig auszubessern.

Kaum war es der Mannschaft unter der Leitung von Pociecha und Worst geglückt, den Maststumpf durch Taue zu stützen, daß man an ihm drei Rahen anbringen konnte, als im Süden eine andere, aus vier Schiffen bestehende spanische Flottille auftauchte, vor der Marten wieder die Flucht ergreifen mußte.

Das Unglück heftete sich an seine Fersen. Er konnte sich nicht nur für die in Tampico erlittenen Verluste schadlos halten, sondern hatte im Gegenteil immer neue Schicksalsschläge zu ertragen. Solange die »Zephir« nicht wieder voll manövrierfähig war und fern von ihrem sicheren Versteck gehetzt wurde, war auch mit keinem Erfolg zu rechnen.

Das Karibische Meer wimmelte von spanischen Kriegsschiffen. Es schien fast so, als hätte sich hier die ganze Flotte Philipps II. nur mit dem einen Ziel zusammengefunden, die »Zephir« zu vernichten. Marten schäumte vor Wut, fluchte, war aber vernünftig genug, einer sicheren Niederlage auszuweichen. Er schlug Haken wie ein Hase, kreuzte zwischen den Inseln und Riffen der Kleinen Antillen und entwischte.

Er war entschlossen, nach Amaha zurückzukehren. Nur dort konnte er die Vergeltung vorbereiten. Vom Hafen der Flüchtlinge trennten ihn jedoch fast zweitausendfünfhundert Seemeilen, so daß er im günstigsten Fall eine Fahrt von über zwei Wochen vor sich hatte.

Tatsächlich legte Marten einen viel weiteren Weg zurück, für den er mehr als einen Monat brauchte. Er sah die beiden Inseln, die die Einfahrt zur Lagune kennzeichneten, erst hundertvierundvierzig Tage nach seinem Aufbruch zu der so unglücklich verlaufenen Fahrt wieder, die seinen Berechnungen zufolge nur einige Wochen hatte dauern sollen.

Das Meer lag ruhig. Die Sonne war gerade aufgegangen. Marten schien es, als lächle sie ihm freundlich und sorglos entgegen. Die letzten Schleier des Morgennebels verwehten, von einer leichten Brise erfaßt, in der milden, warmen Luft. Vom Ufer war kein Laut zu vernehmen.

Diese träumerische Ruhe wirkte besänftigend auf Marten. Sie verhieß ihm und seinem Schiff Rast nach all dem Ringen mit Menschen, Unwettern und Stürmen, mit dem mißgünstigen, arglistigen Schicksal, das beinahe fünf Monate hindurch die »Zephir« und ihre Bemannung verfolgt und jede Stunde mit Vernichtung bedroht hatte. Hier waren sie sicher vor ihm. Die Linie, die durch den Federbusch der Bäume auf der kegelförmigen und den Sattel zwischen den beiden Höckern auf der kahlen Insel bestimmt wurde, bildete die Grenze, die die Wirrnisse der Welt vom seligen Frieden des Hafens der Flüchtlinge schied. Kein Feind, keine unheilbringende Macht konnte in das Land eindringen, das hinter der seichten, untiefenerfüllten Lagune inmitten von Urwäldern verborgen war. Es stand nur dem offen, der die geheime Durchfahrt in den launenhaften Gewässern des Amaha kannte.

Marten steuerte die »Zephir« selbst in die Bucht. Er wunderte sich, daß ihm keine einzige Piroge entgegenkam. Auch Fischerboote waren nicht zu sehen. Über die dunkle Wand der Mangroven an der Küste drang kein Laut, kein Lebenszeichen. In die Stille, die unter dem Himmel mit den unbeweglichen Wolken hing, erklangen laute Kommandos. Nackte Füße eilten über die Deckplanken, Rollen kreischten und knirschten, rauschend sanken die dreieckigen Segel herab, und die Rahen drehten sich, bis sie parallel zur Kiellinie festgelegt waren.

Das Schiff glitt, von Schweigen umfangen, über den Wasserspiegel und verlor langsam an Fahrt. Rasselnd fuhr die Ankerkette aus der Klüse. Das Poltern zerriß die Stille. Sie wich zurück und schloß sich wieder über der Lagune.

Aber selbst dieser Lärm, der die Rückkehr der »Zephir« verkündete, rief kein Echo am Ufer wach. Das finstere Dickicht des Waldes rührte und regte sich nicht, kein Ruf wurde laut, keine indianische Trommel schickte dröhnende Signale nach Nahua, kein Nachen durchschnitt die glatte Wasserfläche. Das Land schwieg geheimnisvoll, taub und blind, es erwachte nicht, als läge ein Bannfluch des Schweigens auf ihm.

Sonderbar, dachte Marten, Unruhe ergriff ihn. Er befahl, eine Schaluppe hinabzulassen. Am Heck stehend, lenkte er sie zu der in einer kleinen Einbuchtung zwischen riesigen Mangrovenwurzeln verborgenen Anlegestelle. Als das Boot an den Landungssteg stieß, sprang er auf die altersgeschwärzten Bohlen und eilte den von Zweigen und Lianen überwölbten Pfad entlang. Plötzlich blieb er wie vom Donner gerührt stehen. Zehn Schritte vor ihm lag quer über dem Weg, der zu dem von Broer Worst erbauten Fort führte, der bereits in Verwesung übergegangene Leichnam eines Negers. Ein Schwarm großer blauer Fliegen summte über ihm.

Kalter Schweiß perlte auf Martens Stirn. Was war hier geschehen? Er hielt den Atem an und ging weiter. Von bösen Vorahnungen gehetzt, begann er zu laufen. Tiefe, von Geschossen aufgewühlte Trichter und umgestürzte Baumstämme versperrten ihm den Weg. Er zwängte sich seitwärts durch das Dickicht und kletterte die zerfurchte Schanze hoch.

Nur noch klägliche Überreste der hohen Palisaden ragten um die zerstörten Befestigungen aus dem Boden. Die zertrümmerten Geschütze waren halb mit Erde bedeckt, von der die üppige Vegetation bereits Besitz ergriff. Die Leichen der Neger, die sie bedient hatten, waren von Ratten und Ameisen zerfressen.

Heftiges Flügelrauschen erregte Martens Aufmerksamkeit. Von den Trümmern der Siedlung, die in der Nähe der Befestigungsanlagen entstanden war, erhoben sich Geier mit schwarzweißen Flügeln und rostroten Hälsen. Auf dem Platz, den früher von drei Seiten Blockhäuser umgeben hatten, waren drei Pfähle in den Boden gerammt. An ihnen baumelten drei Skelette. Fetzen europäischer Kleidungsstücke wiesen darauf hin, daß es die weißen Matrosen waren, die Marten zur Unterstützung Hoogstones zurückgelassen hatte. Sie waren hier sicherlich unter Folterqualen umgekommen. Doch wer hatte sie ermordet? Wie geschah es.

Marten überquerte die Richtstätte und ging weiter. Der Pfad, der kaum noch zu erkennen war, endete am Ufer hinter dem Bootssteg, wo früher die Hütten der indianischen Fischer gestanden hatten. Keine Spur war von ihnen vorhanden. Die verkohlten Wände waren in sich zusammengestürzt, die Asche hatte der Regen hinweggespült. Hohes Gras, Farne und Lianen drangen von allen Seiten vor und eroberten sich den Boden zurück, der ihnen von den Menschen entrissen worden war. Auch nicht eine Piroge fand er am Ufer. Nur die vom Winde zerfetzten und in das Dickicht verstrickten Netze waren noch da.

Marten kehrte um. Entsetzen schnürte sein Herz zusammen, sein Hirn schien zu versagen. In wahnsinniger Hast jagte ein Gedanke den anderen.

Den Einschlägen der Geschosse und der Richtung nach zu urteilen, in der die Bäume umgebrochen waren, mußte der Überfall vom Meer aus erfolgt sein. Nur Spanier konnten ihn verübt haben. Wahrscheinlich hatten sie die hiesigen Fischer erwischt und sie gezwungen, die Lage der Befestigungen an der Lagune zu verraten. Sie mußten etwas über den Schlupfwinkel der »Zephir« gehört haben. Gerüchte über den Hafen der Flüchtlinge waren ja im Golf von Mexiko schon lange im Umlauf. Wenn die von den Plantagen geflüchteten Indianer und Neger den Weg nach Amaha fanden, weshalb sollten ihn nicht auch die Spanier finden?

Ob ihre Schiffe in die Lagune eingelaufen waren? Marten bezweifelte es, obwohl man es bei genauer Kenntnis der Lage der Sandbänke durchaus wagen konnte, schwere Karavellen sogar flußaufwärts zu bugsieren. Fest stand jedenfalls, daß die Angreifer nach dem Feuerüberfall eine starke Abteilung Matrosen an Land gesetzt hatten, die die Besatzung des Forts, soweit sie noch am Leben war, niedermetzelte und die Bewohner der Siedlung ermordete oder verschleppte, falls es ihnen nicht gelungen war, rechtzeitig in die Tiefe der Wälder zu flüchten.

Und Hoogstone? War er hier gewesen oder in Nahua? War er umgekommen, oder lebte er noch? Marten blieb stehen und überlegte. Unter den Toten hatte er außer den drei Unglücklichen, die in der Ansiedlung an den Pfählen hingen, keine Weißen gefunden. Da er sich an den furchtbaren Anblick und den Übelkeit erregenden Geruch schon einigermaßen gewöhnt hatte, beschloß er, näher an die Gehenkten heranzugehen. Ihre Körper oder, besser gesagt, ihre Skelette, deren Glieder nur noch von den vertrockneten Sehnen zusammengehalten wurden, waren nicht zu identifizieren. Doch auf ihren Schädeln klebten Büschel dunkler Haare, Hoogstone aber hatte kastanienbraune.

Das beweist noch nichts, dachte Marten. Sie können ihn auf ihr Schiff geholt und gezwungen haben, ihnen den Weg nach Nahua zu zeigen.

Es überlief ihn siedendheiß. Er wehrte sich mit allen Kräften dagegen, an eine solche Möglichkeit zu denken. Hoogstone war kein Feigling, das wußte Marten. Selbst wenn er lebend in die Hände der Spanier gefallen war, hätte er sich sagen müssen, daß er um keinen Preis dem Schicksal der anderen entrinnen würde, die hier zu Tode gefoltert worden waren. Nein, er hätte ihre Schiffe auf eine Sandbank gesteuert und so den Fluß versperrt. Er hatte nichts zu gewinnen und sehr wenig zu verlieren.

Marten beruhigte sich, doch seine Befürchtungen waren noch nicht zerstreut. Ich muß so schnell wie möglich nach Nahua, beschloß er.

Er wollte schon zum Bootssteg zurückgehen, als ihm ein kleines Brettchen in die Augen fiel, das er bis jetzt übersehen hatte. Es war über dem Schädel eines Skeletts, das am mittleren Pfahl hing, angenagelt. Marten entdeckte darauf vom Regen verwaschene Schriftzüge. Nur rechts unten waren noch ein paar Buchstaben erhalten geblieben... anta... ria, entzifferte Marten, ... sco de ... mirez. »Blasco de Ramirez!« rief er laut. »Also hat er doch den Weg hierher gefunden...«

William Hoogstone saß Marten und Carotte in der Kapitänskajüte der »Zephir« gegenüber und berichtete.

»Wir wurden in der Nacht überfallen. Der Angriff begann so plötzlich, daß mich erst das Bersten der Geschosse weckte. Tags zuvor war ich aus Nahua gekommen. Bootsmann Webster hatte ich dort zurückgelassen. Im Fort war alles in bester Ordnung. Abends legte ich mich nieder, schlief tief und fest. Selbst wenn ich gewacht hätte, wäre das ohne Einfluß auf die Ereignisse geblieben. Ramirez verfügte über sechs Karavellen und drei- bis vierhundert Geschütze verschiedenen Kalibers, ich besaß nur vier Haubitzen und acht Mörser. Hätte er versucht, in die Lagune einzulaufen, um von dort aus das Feuer zu eröffnen, wäre zumindest die Hälfte seiner Schiffe verloren gewesen, denn sie hätten durch Schaluppen einzeln durch das enge, gewundene Fahrwasser geschleppt werden müssen, und wir waren sehr gut auf dieses Ziel eingeschossen. Er dachte aber gar nicht daran. Soviel ich aus der Richtung der Schüsse entnehmen konnte, hielt er vor den zwei Inseln, die die Einfahrt zur Bucht kennzeichnen. Bereits die erste Salve zerstörte die Hauptschanze und zwei schwere Haubitzen. Dann brach die Hölle über uns herein. Ich bin nicht imstande, zu beschreiben... Kurz und gut, Ihr wißt selbst, was von den Befestigungen übriggeblieben ist.«

Er heftete seinen Blick auf Marten. Der starrte ins Leere und schien nichts zu hören und zu sehen. Hoogstone fuhr fort: »Die Geschütze waren zerstört, bevor ich ihre Mündungen gegen das Meer hatte richten können. Es hätte auch wenig genützt, denn weder sah ich die Schiffe, noch kannte ich ihren genauen Standort. Der Feind beschoß das Fort ungefähr eine Viertelstunde lang. Bereits nach der dritten Breitseite lebten nur noch ungefähr dreißig meiner Leute. Parkins und Royde waren verwundet. Mit Bowens Hilfe schaffte ich sie in die Ansiedlung. Dort sammelte ich alle Versprengten, denn ich hoffte, die Spanier würden sich mit der Zerstörung des Forts begnügen und absegeln. Sie taten es nicht, im Gegenteil, sie landeten Truppen, eine Abteilung an der Küste, eine zweite am Ufer der Lagune, und nahmen uns unter Kreuzfeuer. Auf jeden meiner Leute kamen wohl an die zehn spanische Soldaten. Wir setzten uns in den Blockhütten zur Wehr. Sie steckten sie der Reihe nach in Brand. Dann zogen wir uns in die Trümmer des Forts zurück. Bowen sollte sich mit zwei Negern in das Fischerdorf schleichen, mit der ersten besten Piroge nach Nahua fahren und Quiche berichten, was geschehen war. Sie kamen nicht weit. Die Spanier fingen sie lebend. Ich befürchtete, uns würde das gleiche Los treffen, denn unsere Munition ging zu Ende. So beschloß ich, mich zu dem Landungssteg durchzuschlagen, wo stets einige Boote lagen. Es gab nur zwei Möglichkeiten: zu fallen oder flußaufwärts zu fliehen. Mit den letzten fünfzehn Mann ging ich zum Angriff über. Aber nur ich und drei andere erreichten die Anlegestelle. Wir sprangen in einen Kahn, der aus irgendeinem Grunde unbeschädigt geblieben war, und suchten das Weite.

Ich war an der Hüfte verwundet. Zum Glück hatte die Kugel nicht den Knochen verletzt. Nachdem die Wunde notdürftig verbunden war, fühlte ich mich einigermaßen wohl. Gegen Abend kamen wir in Nahua an. Hier wußte man schon, was vorgefallen war. Die Trommeln der Indianer dröhnten am Fluß entlang ohne Unterlaß. Der dicke Uatholok antwortete von seiner Hütte aus. Mir scheint, er wollte Quiche überreden, Nahua zu verlassen. Ich hätte befohlen, den Götzenpriester aufzuhängen, wäre ich an Quiches Stelle gewesen. Der Teufel weiß, ob er nicht mit Ramirez unter einer Decke steckte.

Ich vermochte mir nicht vorzustellen, daß die Spanier wagen würden, ihre Schiffe flußaufwärts zu schleppen. Woher sollten sie von der Existenz Nahuas wissen? Wer konnte ihnen den richtigen Weg weisen, selbst wenn Bowen etwas verraten hätte, was ich bezweifle? Für mich ist das alles bis zum heutigen Tag ein Rätsel. Jedenfalls trat das scheinbar Unmögliche ein: Die Trommeln meldeten, daß vier Karavellen von Booten flußaufwärts bugsiert wurden.

Ich freute mich, als ich das hörte. In Nahua konnten die Spanier nur unter dem Feuer unserer Mörser und Oktaven einen Landungsversuch unternehmen. Nie hätte ich vermutet, daß sie über unsere Stellungen hier genausogut Bescheid wußten wie über die Lage des Forts an der Lagune. Quiche vertraute darauf, daß wir den Angriff abschlagen würden. Entgegen den Ratschlägen Uatholoks blieb er in Nahua. Er befahl nur den Frauen und Kindern, sich in Sicherheit zu bringen. Aus Haihole und Acolhua forderte er durch Boten Hilfstruppen an.

Ich rechnete nicht sehr mit der Hilfe unserer Verbündeten. Sie konnten frühestens nach drei, vier Tagen eintreffen. Obendrein war ich der Meinung, daß wir allein und ohne größere Verluste mit den Spaniern fertig werden würden. Von der letzten Flußbiegung an befand sich doch jedes Schiff, jedes Boot im Bereich unserer Batterien auf dem Schloßhügel. Die erste von uns versenkte Karavelle mußte den anderen den Weg versperren. Die Vernichtung oder Gefangennahme der Bemannung wäre dann lediglich eine Frage der Zeit gewesen. Mich beunruhigte nur meine Hüfte ein wenig. Die Wunde war entzündet und schmerzte. Ich entschloß mich, die Kugel, die noch in ihr steckte, entfernen zu lassen. Beim Eingriff verlor ich viel Blut und fühlte mich nachher verdammt schwach und elend.

Ich beabsichtigte den Spaniern auf dem Landwege eine Abteilung Indianer entgegenzuschicken, die sich mit dem Gegner in Plänkeleien einlassen und seine Boote, die die Karavellen flußaufwärts schleppten, aus dem Hinterhalt beschießen sollten. Quiche wollte anfangs auf meinen Plan nicht eingehen. Offenbar hatte ich mich nicht klar genug ausgedrückt. Ich spreche nur schlecht spanisch, und ein Dolmetscher war nicht zur Hand. Es gelang mir jedoch, seine Tochter zu überzeugen. Sie unterstützte mich, und noch in derselben Nacht eilten fünfzig mit Musketen und ungefähr hundert mit Pfeil und Bogen bewaffnete Indianer zum ersten Seitenarm des Amaha. Wenn ich richtig verstanden habe, versuchte das tapfere Mädchen seinen Vater zu bewegen, daß er Uatholok befehle, alle Bewohner der Dörfer an beiden Ufern des Flusses zum Kampf aus dem Hinterhalt aufzurufen. Bestimmt hätten die Spanier dann noch länger aufgehalten werden können. Als sich Quiche endlich einverstanden erklärte, war es bereits zu spät. Uatholok hatte inzwischen die Flucht ergriffen.

Mein Plan erwies sich als gut. Von Tagesbeginn an hörten wir ununterbrochen entferntes Schießen, das sich langsam näherte. Die Haie vor der Amahamündung hatten sicherlich ein reiches Festmahl.

Ramirez ließ sich nicht hindern, seine Fahrt fortzusetzen. Kurz nach Mittag verstummten die letzten Schüsse ungefähr anderthalb Meilen vor Nahua. Eine halbe Stunde später stand unsere Abteilung vor mir. Sie hatte fast keine Verluste erlitten. Ein paar Mann waren, wie ich angeordnet hatte, als Vorposten zurückgeblieben. Wir warteten jetzt darauf, daß Schaluppen mit dem ersten Schiff hinter sich in der Flußbiegung auftauchten. Die schußbereiten Geschütze waren so gerichtet, daß die Geschosse ihr Ziel treffen mußten. Die Häuser und die Speicher am Ufer besetzte ich vorsichtshalber mit ausgewählten Musketenschützen, es konnte sein, daß ein Boot dem Geschützfeuer entging und im Hafen zu landen versuchte. Ich war überzeugt, daß wir den Angriff abschlagen würden, und wünschte nur, er möchte sobald wie möglich beginnen, denn meine Kräfte verließen mich mehr und mehr.

Der Feind schien zu zögern. Es verging eine weitere Stunde, ohne daß sich die Lage änderte. Dann kam ein Indianer, der zu den Vorposten hinter der Flußbiegung gehörte, mit der Nachricht gelaufen, die Spanier seien dort vor Anker gegangen, hätten aber anscheinend nicht vor, Truppen ans Ufer zu setzen, da sie bereits alle Boote an Bord hievten. Wahrscheinlich hatten sie eingesehen, daß eine Landung in der Nähe von Nahua unmöglich war. Ich wußte nicht, was ich davon halten sollte, und beriet mich mit Quiche und seiner Tochter. Wir kamen zu der Ansicht, die Spanier hätten den Generalangriff bis zum kommenden Morgen verschoben. Wenn dem tatsächlich so war, wollten wir sie in der Nacht überfallen und ihre Schiffe in Brand stecken. Da ich nicht mehr kräftig genug war, sollte Webster, der einzige Weiße, der außer mir noch lebte, das Kommando übernehmen.

Ich fand nicht mehr die Zeit, ihm zu erklären, worum es sich handelte. Die Ereignisse nahmen den gleichen Verlauf wie an der Lagune. Die Spanier begannen den Hügel und die Häuser aus schwersten Mörsern zu beschießen, ohne selbst sichtbar zu sein. Der Teufel persönlich mußte ihr Feuer lenken, denn die Geschosse verfehlten selten ihr Ziel. Jede Salve machte unsere Verteidigungsstellungen mehr dem Erdboden gleich. In wenigen Minuten sank das Schloß in Trümmer und begrub Quiche unter sich. Die Speicher und Häuser am Fluß gingen in

Flammen auf. Vier unserer Geschützpositionen wurden vernichtet, die Bedienung der übrigen floh. Auch Webster fiel. Ich war allein.

»Nein, nicht allein«, verbesserte sich Hoogstone. »Das Mädchen blieb bei mir. Ihr verdanke ich meine Rettung.«

»Was ist mit ihr geschehen?« fragte Marten heiser.

»Ich weiß es nicht«, antwortete Hoogstone. »Sie schleppte mich in den Ort hinunter, denn ich konnte mich nicht mehr auf den Beinen halten. Dann trugen mich Indianer in die Ruinen im Wald am Westrand Nahuas. Seitdem habe ich sie nicht mehr gesehen.«

Hoogstone verstummte. Er schien die weiteren Ereignisse in seinem Gedächtnis zu ordnen.

»Ich wurde damals wohl ohnmächtig«, fuhr er nach einer Weile fort. »Als ich, wahrscheinlich infolge der Kälte, wieder zu mir kam, war es Nacht. In Nahua erloschen die letzten Brände. Über den umliegenden Dörfern flammte jedoch der Reihe nach das Rot frischer Feuersbrünste auf. Bis zum Morgengrauen hörte ich in der Ferne Lärm und Getümmel. Dann schleppte ich mich mühsam bis zu einer Art Höhle. Ich glaube, es war eine ausgeplünderte Grabstätte, jedenfalls waren keine Toten darin. Ich hatte eine Pistole bei mir und wußte, daß ich mich lebend nicht ergeben würde, falls sie mich hier finden sollten. Aber niemand suchte mich Sie kamen nicht bis zu meinem Schlupfwinkel. Sie machten Jagd auf Flüchtlinge, besonders auf Neger. Ich sah, wie sie kleine Gruppen zum Hafen trieben.

Drei Tage blieben sie hier, dann fuhren sie wieder ab. Hunger und Durst quälten mich. Ich begab mich in den verwüsteten Ort. Ich hoffte, noch etwas Eßbares zu finden. Nur sehr langsam kam ich weiter. Ich mußte mich auf zwei Latten stützen, die ich aus einem Zaun herausgebrochen hatte. Die Wunde setzte mir zu, noch schlimmer peinigten mich Hunger und Durst. Unterwegs stieß ich auf eine kleine Quelle. Ich legte mich auf den Boden und schlürfte das Wasser. Auf einmal hörte ich einen Schrei. Ich wandte den Kopf, konnte aber nicht mehr zur Waffe greifen. Drei Indianer warfen sich auf mich. Wie ich später erfuhr, waren sie nicht von hier, sondern aus Haihole. Sie hielten mich wahrscheinlich für einen Spanier und wollten mich töten. Ein langer Kerl, anscheinend ihr Anführer, hinderte sie. Sie packten mich und brachten mich oberhalb der Ruinen, in denen ich mein Versteck hatte, an den Fluß. Ungefähr dreißig Boote hatten dort angelegt. In dem größten saß ihr Häuptling. Seinen Namen habe ich vergessen.«

»Totnak?« warf Marten ein.

»Ich glaube ja«, bestätigte Hoogstone unsicher. »Es fiel mir schwer, mich mit ihm zu verständigen, denn der Dolmetscher sprach genausoviel spanisch wie ich. Ich wiederholte immer wieder ›Marten‹ — ›Zephir‹ und zeigte auf mich. Anscheinend begriff der Häuptling, daß er keinen Spanier vor sich hatte. Ich erhielt zu essen, ein Zauberer verband meine Wunde. Sofort verspürte ich eine Erleichterung. Zuerst wollten mich die Indianer unbedingt mitnehmen. Selbstverständlich

202

weigerte ich mich, denn ich erwartete ja jeden Tag Eure Rückkehr, Kapitän. Ich bemühte mich, ihnen das, so gut es ging, zu erklären, und es gelang mir auch. Sie berieten sich lange, ob sie mich hier lassen sollten oder nicht, schließlich fuhren sie ohne mich ab.

Anfangs hauste ich in dem halb niedergebrannten Speicher, der von hier aus zu sehen ist. Lebensmittel hatte ich genug. Ich fand etwas Mais, in den Gärten reifte das Obst. Der Gestank der verwesenden Leichen vertrieb mich aber. Allein konnte ich sie weder begraben noch in den Fluß werfen. Es sind Hunderte ... Wenn der Wind von der anderen Seite käme, könnten wir selbst heute noch nicht atmen, obwohl die Geier schon aufgeräumt haben.

Meine Wunde heilte rasch. Ich kurierte sie mit Umschlägen aus einem Absud von Kräutern, die mir der Zauberer gegeben hatte. Um dem unerträglichen Gestank zu entgehen, siedelte ich auf den Hügel über, wo verhältnismäßig wenig Tote lagen. Ich zog die Leichname nach und nach in die Geschützstellungen und schüttete Erde auf sie. Von da an wohnte ich in dem Pavillon, in dem Ihr gewohnt habt, Kapitän Marten. Dort oben liegt alles in Schutt und Asche. Nur der Pavillon wurde wie durch ein Wunder verschont. Ach ja, auch das Götzenbild ist erhalten geblieben. Man sollte es kaum glauben, denn die beiden Oktaven, rechts und links von ihm, wurden durch Geschosse der spanischen Mörser zertrümmert. Der Steingötze aber steht immer noch.

Und ich wartete: einen Monat, zwei Monate, drei ... und hielt nach Euch, Kapitän, oder den Spaniern Ausschau. Sie konnten ja noch einmal zurückkehren. Ich bereitete mich darauf vor. Doch niemand zeigte sich, weder vom Unterlauf noch vom Oberlauf des Flusses, auch nicht von der Landseite her. Die ganze Zeit über sah ich keine lebende Seele, nur Geier und Raben. Es ist ein Wunder, daß ich durch ihr Gekrächze nicht verrückt wurde.« In Hoogstones Worten klang Genugtuung. »Ich schaute mich nach einem Boot um, das sich noch ausbessern ließ, und fand auf dem Grund einer kleinen, seichten Bucht zwei Pirogen. Ich machte die eine wieder flott und versteckte sie weiter oben im Schilf, um notfalls nach Haihole flüchten zu können. Manchmal fuhr ich auf Fischfang aus, einmal kam ich sogar bis zur Lagune und sah, wie Ramirez mit Bowen, Parkins und Royde umgegangen war. Ich konnte sie nicht beerdigen, denn ich hatte keinen Spaten. Allmählich verlor ich die Hoffnung, Euch wiederzusehen. Ich beschloß, auf die ›Ibex‹ und die übrigen Schiffe zu warten.

Gestern nachmittag hörte ich in der Ferne Trommeln rasseln, das erste Mal seit vier Monaten! Ich blieb die Nacht über wach und war den ganzen heutigen Tag auf der Hut, immer zur Flucht bereit, falls es sich um Spanier handeln sollte. Dann gewahrte ich die Boote in der Flußbiegung, war mir aber nicht sicher, ob sie die ›Zephir‹ im Schlepp hatten. Erst als sie selbst auftauchte, atmete ich erleichtert auf. Ich bemerkte sofort, daß der Großmast zur Hälfte fehlte, und dachte mir, daß Euch, Kapitän, ein Mißgeschick begegnet sein muß.«

Fragend blickte er auf Marten und Carotte. Dann rieb er sich wohlgemut die Hände und sagte: »Es läßt sich ja alles wieder in Ordnung bringen.«

»Nichts läßt sich mehr in Ordnung bringen«, erwiderte Marten leise. In seinem Ton war etwas, was Hoogstone verstummen ließ.

Die ganze Nacht über ging Marten mit gesenktem Kopf an der Reling hin und her, die Hände auf dem Rücken verschränkt. Hoogstone hatte sich unruhig und voller Sorgen auf eine Stufe des Niederganges zur Back gesetzt. Marten tat ihm leid. Zugleich war er erstaunt, daß er sich dieses Menschen wegen grämte, den er für viel zu mächtig und stark gehalten hatte, als daß er sich seinetwegen einmal Sorgen machen müßte. Aber er mußte etwas tun, um Marten seiner Apathie zu entreißen. Zum erstenmal in seinem Dasein machte sich Hoogstone derartige Gedanken. Bis dahin hatte er sich nie weder sein eigenes noch ein fremdes Schicksal zu Herzen genommen. Wie er so dasaß, fühlte er sich einsamer und ratloser denn je. Selbst damals, als die »Zephir« in See stach und er, verantwortlich für die Sicherheit Nahuas, zurückblieb, und auch nach der Niederlage, die er als einziger Weißer überstand, war er sich nicht so allein und hilflos vorgekommen.

Marten schenkte ihm nicht die geringste Beachtung. Er sah weder den Himmel noch den Fluß, noch die Ufer. Nichts schien er zu bemerken. Er machte ihm keine Vorwürfe, stellte keine Fragen und forschte nicht nach den Ursachen des Verhängnisses.

So ging es schon seit acht Stunden. Der Mond begann und vollendete seine Bahn über den Himmel und versank hinter den Bergen. Der Fluß strömte träge, schwarz, lautlos dahin. Der Wind erstarb. Es war kühl, von den Wanten und den Rahen tropfte der Tau.

Hoogstone hielt es nicht länger aus. Seit dem Augenblick, da er bei Sonnenuntergang seine dramatische Schilderung beendet hatte, fühlte er anstatt Erleichterung und Entspannung eine immer schwerer lastende Verantwortung für das, was geschehen war.

»Ich konnte es nicht verhüten«, brach es endlich aus ihm hervor. »Ich konnte nicht mehr tun. Ihr müßt das einsehen, Kapitän!«

Marten blieb vor ihm stehen. Er war verwundert. »Selbstverständlich«, sagte er mit Mühe. »Mehr konnte man nicht tun. Das ist klar.«

»Ihr denkt also nicht, ich hätte Euer Vertrauen getäuscht?« fragte Hoogstone, um sich zu vergewissern.

»Nein, das denke ich nicht. Ich habe das Vertrauen unserer indianischen Freunde getäuscht«, erwiderte Marten halb zu sich selbst. »Das läßt sich nicht mehr gutmachen. Übrigens ...«, er machte eine resignierte Handbewegung und wandte sich ab.

Ich ertrage es nicht, dachte er. Sein Blick glitt über den Hafen, die Trümmer am Ufer, die halb zerstörten Speicher, über die Ruinen von Quiches Schloß auf dem Hügel und blieb an Tlaloks Standbild haften. Der furchterregende Götze

204

schien von dort oben das Schlachtbild seiner ehemaligen Anbeter zu betrachten, die von ihm abgefallen waren und ihn vergessen hatten. Er triumphierte durch die Schuld jener, deren Religion ihm seine Gläubigen genommen hatte.

Hoogstone stand auf und ging. Marten bemerkte es nicht. Er fragte sich, ob wohl noch die eine am Leben sei, die mit einem Vorwurf in den Augen vor ihn hintreten und ihn an sein Versprechen erinnern könnte, das er nicht gehalten hatte, sie, die um die Größe seiner Pläne und Träume gewußt hatte, die ihm grenzenloses Vertrauen geschenkt hatte, das vielleicht mit dem Pulverqualm der spanischen Geschütze über Amaha verweht war.

»Inika«, flüsterte er im Dunkel der Nacht, als wollte er sie herbeirufen. »Inika...«

Während der vielen trostlosen Tage, die nun folgten, versuchte Marten immer wieder, seiner Niedergeschlagenheit Herr zu werden, nicht mehr zu grübeln und seine frühere Energie, vor allem seine Selbstbeherrschung, wiederzugewinnen. Umsonst. Er hatte das Empfinden, ein ganz anderer geworden zu sein. Der Jan Kuna, der Großes vollbringen wollte, der zu den Menschen sprach und ihren Worten lauschte, war tot.

Er erinnerte sich an ihn und auch an seine Pläne. Von den Höhen bitterer Erkenntnis prüfte er sie mit nüchterner Ironie. Jener Marten wollte einen Staat gründen. Sechs spanische Schiffe machten in zwei Tagen alles zunichte, was er in vier Jahren geschaffen hatte. Wie lächerlich war doch seine Begeisterung, wie naiv waren die Grundlagen gewesen, auf denen er seine Pläne aufgebaut hatte! Mit welchem Recht lehnte er sich gegen das mächtige Spanien auf, wenn schon der mittelmäßige, kaum bekannte, keineswegs mit Siegesruhm bedeckte Kommandant einer Provinzialflottille imstande war, sein »Königreich« mit einem Schlag von der Erde zu fegen und seine Seele zu zerstören?

Marten fühlte sich zerrissen, vernichtet, unfähig, sich wieder zu erheben. Scham und Leid brannten in ihm, sein Gewissen gab keine Ruhe. Er konnte nicht hierbleiben und wußte auch nicht, wozu er nach Europa zurückkehren sollte.

Es läßt sich nichts mehr in Ordnung bringen — wiederholte er, was er Hoogstone gesagt hatte. Ich habe alles verloren.

Carotte und Hoogstone fragten, was sie tun sollten. Pociecha und Worst warteten auf Befehle.

»Macht, was ihr wollt«, antwortete er.

Er wich ihnen aus. Allein irrte er auf dem Hügel, zwischen den Ruinen umher und ging weit über die Felder, starrte die verdorrten, von den Spaniern gefällten Bäume in den Gärten an und saß stundenlang am Fluß und lauschte, ob nicht das Plätschern der Ruder flußabwärts kommender Kähne und Pirogen zu hören sei. Oft wachte er mitten in der Nacht auf, wenn er das Dröhnen von Trommeln oder die Töne indianischer Gitarren und frohe Lieder zu hören vermeinte. Doch die

Nächte blieben dunkel und stumm. Die Trommeln, die, man wußte nicht wohin und wem, seine Ankunft verkündet hatten, schwiegen hartnäckig. Keiner von den früheren Bewohnern kehrte nach Nahua zurück, als fürchte jeder den Hauch des Todes, der hier seine Ernte gehalten hatte. Die Wildnis eroberte die von den Menschen im Stich gelassenen Felder und Weiden Schritt für Schritt zurück und verwischte die mühselige Arbeit von Generationen.

Nach einer Woche begannen die Indianer und Neger aus der Mannschaft der »Zephir« zu verschwinden. Sie gingen in den Wald und kamen nicht mehr wieder. Als Hoogstone dies Marten meldete, nickte er nur, als billige er ihre Flucht. Sie verließen ihn im stillen, ohne ein Wort, wie Ratten ein sinkendes Schiff. Die Gründe waren klar, er konnte es nicht leugnen. Sie hatten entdeckt, daß er schwach und ratlos war. Sie durchschauten ihn. Die Macht von Quiches früherem Verbündeten hatte sich vor ihren Augen in ein Nichts aufgelöst. Sie war eine Täuschung gewesen, die der weiße Mann sicherlich durch Zauberei hervorgerufen hatte. Doch seine geheimen Kräfte hielten der Macht des beleidigten Tlalok nicht stand. Der frühere Gott hatte sich an den Abtrünnigen gerächt, aber vielleicht ließ er sich versöhnen . . .

Einmal bemerkte Marten zu Füßen der Statue einen Armvoll frischer Blumen. Tags darauf lag ein toter Ziegenbock dort, dessen Blut den Götzen bespritzt hatte. Bald werden sie hier wieder Menschenopfer darbringen, dachte Marten. Er unternahm nichts, um dem vorzubeugen.

Es kam nicht dazu. Gegen Ende des Monats flohen eines Nachts die letzten Indianer und Neger. Die »Zephir« besaß jetzt nur noch eine kleine Bemannung aus Weißen, deren einziger Wunsch es war, so rasch wie möglich von Nahua fortzukommen.

Marten zögerte. Er wollte, so behauptete er wenigstens, auf White, Schultz und Belmont warten. Carotte und Hoogstone hielten diesen Grund für gerechtfertigt. Eine Kaperfahrt war mit einer so geringen Bemannung nicht ratsam, und die »Ibex«, die »Toro« und die »Santa Veronica« mußten schon in den nächsten Wochen aus England zurückkehren.

Marten dachte an keine neuen Fahrten und nahm sich für die Zukunft nichts vor. Wenn er auf etwas wartete, dann nur auf ein Lebenszeichen von Inika. Seiner Meinung nach mußte sie in einem der Dörfer im Innern des Landes sein oder in Haihole Zuflucht gefunden haben. Die letzte Möglichkeit schien ihm die wahrscheinlichste zu sein, da, wie sich aus Hoogstones Bericht ergab, der junge Totnak, allerdings zu spät, mit seinen Kriegern nach Nahua gekommen war und bestimmt in der Nähe sein Lager aufgeschlagen hatte, während die Spanier in der Umgebung hausten.

Wenn Inika noch lebte, mußte sie gehört haben, daß Marten wieder im Lande war. Die Bewohner der Dörfer, zu denen nur Einheimische den Weg durch Dickicht und Sümpfe kannten, hatten die Rückkehr der »Zephir« sicherlich bemerkt und die Nachricht, die später von den geflüchteten Matrosen bestätigt wurde, durch Trommelsignale bis an die fernen blauen Berge, bis nach Haihole und Acolhua weitergegeben. Wenn Inika ihn sehen und sprechen wollte, konnte sie ihn das wissen lassen.

Vielleicht hindert sie etwas daran, überlegte Jan. Vielleicht ist ihrem Boten unterwegs etwas zugestoßen. Vielleicht gestatten ihr die Umstände nicht, sich mit mir in Verbindung zu setzen. Vielleicht wartet sie auf eine Nachricht von mir? Oder hat auch sie den Glauben an mich verloren wie alle anderen?

Diese Gedanken quälten ihn unsagbar und ließen ihn weder am Tage noch in der Nacht zur Ruhe kommen. Er befürchtete, daß er, wenn White und Belmont aus England zurückkamen, absegeln mußte, ohne etwas über Inikas Schicksal erfahren zu haben, die ihn möglicherweise für einen Verräter hielt.

Schließlich ertrug er es nicht länger. Er erklärte Carotte, daß er flußaufwärts fahren wolle und nach zwei Wochen wieder in Nahua sein werde. Er wählte zehn Mann aus seiner alten Mannschaft aus und machte sich bei Tagesanbruch, von den mürrischen Blicken der französischen Matrosen der »Vanneau« begleitet, auf den Weg. Sie hatten bereits vergessen, daß sie ihm das Leben verdankten.

Die Schaluppe war kaum sechs Meilen von Nahua entfernt, als im Urwald das Rasseln der Trommeln erklang. Es war sonderbar und unbegreiflich, denn Marten hatte weder auf dem Fluß noch am Ufer die geringste Spur eines menschlichen Wesens entdeckt. Trotzdem mußten ihn unsichtbare Augen verfolgen, denn die Trommeln dröhnten mit Unterbrechungen den ganzen Tag bis zum Abend. Sie verstummten erst, als das Boot an einer kleinen Insel inmitten der Hauptader des Flusses anlegte, auf der die Bemannung die Nacht am Lagerfeuer zubrachte.

Marten verhehlte keineswegs seine Absichten. Es wäre auch vergeblich gewesen. Er wußte, daß jeder seiner Schritte beobachtet wurde und er sich gegen einen Überfall nicht würde zur Wehr setzen können. Von seiten der Einwohner Amahas oder der Haihole drohte ihm sicherlich keine ernste Gefahr. Aber selbst dann, wenn er von ihnen angegriffen worden wäre, hätte er nicht gegen sie gekämpft. Er wollte nicht das Blut seiner früheren Verbündeten vergießen, um nicht den letzten Rest ihrer Achtung zu verlieren. Er kam offen zu ihnen, als Freund, der zwar nicht mehr so mächtig wie früher war, aber ebenso aufrichtig und vertrauenswürdig. So konnte er sie überzeugen und sein Ziel erreichen.

Die folgenden drei Tage segelte das Boot bei günstigem Wind stromaufwärts. Der Fluß war und blieb leer, an den Ufern zeigte sich niemand. Unendliche Wälder, ausgedehnte, mit dichtem Gestrüpp bedeckte Sümpfe und Schilfdickichte zogen zu beiden Seiten vorbei. Zahlreiche kleinere und größere, träge oder auch reißende Zuflüsse mündeten rechts und links in den Amaha und bildeten große Seen und seichte Buchten. Ganze Scharen von Vögeln stiegen auf und kreisten über der Schaluppe, aber nirgends waren Menschen zu sehen.

Erst am vierten Tag gewahrte Marten vor Sonnenuntergang in der Ferne eine
Rauchfahne über den Wäldern. Das Dickicht lichtete sich. Zwischen den hohen
Säulenreihen der Zedern, Mahagoni- und Jacarandabäume leuchtete der rote
Schein von Feuern. die auf einer höher gelegenen, trockenen Lichtung brannten.
Auf dem flachen, sandigen Ufer, das in einen nicht allzu hohen, aber steilen Hang
überging, lagen Pirogen. Sie wurden von drei mit Speeren und Bogen bewaffneten
Haihole bewacht. Als sich die Schaluppe näherte, kletterte einer von ihnen den
Hang hinauf und lief zu den Lagerfeuern. Die anderen zwei betrachteten die
Ankömmlinge schweigend und ohne sich zu rühren, als wäre ihnen das Boot mit
den gerefften Segeln völlig gleichgültig. Sie sprachen auch dann kein Wort, als die
Matrosen einen Pflock in den Sand schlugen und ihr Boot daran anketteten.

Marten stieg aus und blickte zum Hang hinüber, der ihm die Sicht versperrte.
Nach einer Weile tauchten oben vor dem verglühenden Abendhimmel die Silhouetten von vier in faltige, weite Umhänge gehüllten Indianern auf. Ihre Gesichtszüge konnte er nicht unterscheiden, doch in einem erkannte er die hohe,
schlanke Gestalt des jungen Häuptlings der Haihole.

»Sei gegrüßt, Totnak«, rief er in der Mundart der Haihole.

»Sei gegrüßt«, erwiderte der Häuptling. »Was führt dich her?«

Marten antwortete nicht sofort. Ohne den Blick von Totnak zu wenden, zog er
die Pistole und das Messer aus dem Gürtel und reichte beides Worst. Erst dann
sagte er: »Ich möchte mit Inika sprechen.«

Totnak schwieg lange, als zögere er. Sie standen einander gegenüber, nur durch
die Böschung getrennt, der Indianer auf dem Hang, der Weiße am Fluß.

»Komm allein herauf«, sagte Totnak schließlich.

Lagerfeuer loderten im Halbkreis um das Zelt aus Ziegenfellen, dessen Eingang
ein gemusterter, einem Kelim ähnlicher Wollvorhang verhüllte. Der Abendnebel,
der sich über die Lichtung breitete, bildete rotschimmernde Aureolen um die
Flammen. Dunkle Schatten huschten vor den Feuern hin und her. Die undeutlichen
Silhouetten der Sitzenden bewegten sich von Zeit zu Zeit kaum merklich, wenn
jemand dürres Holz ins Feuer warf. Man hörte das Gemurmel gedämpfter Stimmen
und das Knistern der brennenden Zweige.

Inika stand vor dem Zelt. Ihre Arme hingen schlaff am Körper herab, den Kopf
hielt sie stolz erhoben. Sie trug einen blauen Serape mit Öffnungen für die Arme,
der von einem aus dünnen Riemen geflochtenen Gürtel zu Falten gerafft wurde.
Der rötliche Feuerschein erhellte schwach ihre regelmäßigen Züge und spiegelte
sich in den dunklen, weitgeöffneten Augen wider, ohne ihrem Blick, der marmor-
kalt und starr auf Marten gerichtet war, Wärme zu verleihen. Sie hörte ihm
schweigend zu, dann schüttelte sie den Kopf.

»Du hast dich betrogen und mich, meinen Vater und mein Volk«, sagte sie leise.
»Deine Augen und deine Stimme, die für mich die Wahrheit waren, logen mit jedem

Blick, mit jedem Wort. Der Weg, den du mir gezeigt hast, war falsch. Er führte zu deinen Zielen, und ich, mein Land, meine Pläne waren nur Mittel, deren du dich bedientest. Wir wollten in Frieden leben, du hast uns Krieg und Tod gebracht, obwohl du sagtest, daß deine Geschütze und Musketen den Frieden schützen.«

»Wenn ich in Amaha gewesen wäre...«, versuchte sich Marten zu verteidigen.

Sie unterbrach ihn. »Du warst nicht in Amaha, gerade damals warst du nicht da! Wer hat uns verraten? Wer hat die Rache der Spanier heraufbeschworen? Weshalb wandte sich ihre Rache gegen meinen Vater, gegen unsere friedlichen Hütten, gegen alle die, die nicht mehr leben, und jene, die verschleppt wurden? Und du willst, daß ich nach alldem, was geschah, mit dir gehe? Wozu? Wohin?«

Marten wollte antworten. Als er sie ansah, begriff er, daß seine Worte vergeblich wären. Ihr Gesicht war leer, in ihm spiegelten sich nicht einmal Zorn oder Schmerz. In ihren Augen war alles Leben erloschen. Weder Leid noch Hoffnung, keine Spur der früheren Zärtlichkeit und Leidenschaft fanden sich in ihnen. Für Inika schien alles zu Ende, alles in Schutt und Asche gesunken — sogar die Erinnerung.

»Geh fort von hier und vergiß«, sagte sie.

12

Bevor sich Marten von dem jungen Häuptling der Haihole verabschiedete, hatte er eine vertrauliche Unterredung mit ihm. Er versprach Totnak, Amaha in spätestens einem Monat für immer zu verlassen und nie wieder zurückzukehren. Was sollte aber aus Inika werden? Totnak versicherte, er wolle ihr für immer Schutz und Zuflucht gewähren.

»Sie wird in meinem Land ihre Heimstatt haben«, sagte er und starrte in die Flammen des vor der Laubhütte lodernden Feuers. »Es soll ihr an nichts fehlen.« Er hob den Blick und sah Marten an.

»Es gab eine Zeit«, fuhr er fort, »da wollte ich dich töten. Das war, bevor sie dir angehörte. Keine Frau ist jedoch das Leben eines Kriegers wert, und dein Tod hätte den Tod vieler Krieger zur Folge gehabt. Wenn ich aber gewußt hätte, was geschehen wird...« Er verstummte und starrte wieder in die Flammen.

»Ich wollte sterben«, sagte Marten. »Ohne Waffen kam ich hierher und...«

»Und wirst lebend von hier fortgehen«, unterbrach ihn Totnak. »Wenn du tot wärest, würde dein Geist keine Ruhe finden und mir auch die meine nehmen. Blasco de Ramirez lebt! Räche dich an ihm! Was hätte ich davon, wenn ich dich umbrächte? Ich könnte dadurch weder Inika gewinnen noch meine und ihre Rache stillen. Geh fort von hier, kämpfe, und kehre nie wieder zurück!«

Marten begriff, daß ihm nichts anderes zu tun übrigblieb. Er segelte ab und verbrachte die Nacht schlaflos auf einer der zahlreichen Inseln wenige Meilen unterhalb des Lagers. Er war niedergeschlagen und mutlos. Es gibt nun niemand mehr, der mir Falschheit, Verrat oder Betrug vorwerfen könnte. Alles ist aus, dachte er. Aber es gibt auch niemand, der um meine Treue und Anhänglichkeit für dieses Land weiß und daran glaubt. Schwer ist es, diese Last allein zu tragen.

Er hatte das Empfinden, als seien ihm alle Menschen fremd und gleichgültig, als liege ihm an nichts und niemand mehr etwas. Das Schicksal hatte ihn von der schwindelnden Höhe seiner Träume hinabgestoßen. Er hatte das Gefühl, in einen Abgrund gestürzt zu sein, aus dem es kein Entrinnen mehr gab.

Geh fort von hier und vergiß, hatte Inika zum Abschied gesagt. Konnte er denn jemals vergessen?

Geh fort von hier und kämpfe, räche dich, hatte Totnak gesagt. Ob die Rache vergessen ließ?

Während des Rückweges war Marten nicht imstande, seine tiefe Niedergeschlagenheit abzuschütteln. Er kam früher in Nahua an, als er angekündigt hatte. An Bord der »Zephir« traf er nur Pierre Carotte und dessen Matrosen von der »Vanneau«. Hoogstone war mit dem Rest der Bemannung zur Lagune gefahren, um die Toten zu beerdigen. Tomasz Pociecha sollte dort mit einigen Leuten Wache halten, um sich mit White in Verbindung zu setzen, sobald er wieder da war, und Marten rechtzeitig zu benachrichtigen, falls die Spanier erneut auftauchten. Carotte befürchtete, Blasco de Ramirez könnte noch einmal versuchen, der »Zephir« habhaft zu werden.

Die »Zephir« wollte Carotte zur Sicherheit flußaufwärts bis hinter die nächste Biegung schleppen lassen, wohin die Spanier bestimmt nur noch auf Schaluppen gelangen konnten. Er wartete damit, bis Hoogstone und seine Leute zurück waren. Dann unterbreitete er Marten den Plan. Jan billigte ihn mit einem Kopfnicken. Seine Gleichgültigkeit entlockte Hoogstone einen tiefen Seufzer.

»Ich dachte, der Kapitän wäre endlich darüber hinweg«, sagte er zu Carotte. »Aber Ihr seht ja selbst. Er geht an dem Mädchen noch zugrunde.«

Carotte lächelte nachsichtig. »So einer wie er geht wegen eines Mädchens nicht zugrunde«, antwortete er. »Die ‚Zephir' ist ihm ja schließlich geblieben.«

»Das stimmt«, bestätigte Hoogstone eifrig. »Wenn die ›Zephir‹ mir gehörte . . .«

»Hier geht es um mehr«, fiel ihm der Franzose ins Wort. »Die Zeit ist der beste Arzt. Sie wird auch ihn heilen.«

Die Tage vergingen. Von der »Ibex«, der »Toro« und der »Santa Veronica« war immer noch nichts zu sehen. Marten schien das wenig oder gar nicht zu berühren, doch Carotte wurde unruhig. Die sorgsam gesammelten Lebensmittelvorräte gingen zur Neige, die Schiffsbemannung murrte. Die Leute begriffen nicht, weshalb sie in dem weltverlorenen Loch saßen, anstatt in See zu stechen und die erforderliche Zahl von Matrosen in Campeche oder auf den Antillen anzuwerben.

Niemand glaubte mehr daran, daß die drei Schiffe jemals ankommen würden. England war weit. Wer konnte wissen, wieviel Stürmen sie auf ihrer Fahrt begegnet waren und ob sie ihnen hatten Widerstand leisten können. Wer vermochte dafür zu bürgen, daß sie nicht von Spaniern versenkt worden waren? Sogar Hoogstone begann zu zweifeln, und auch Pociecha und Worst schlugen sich auf die Seite der Mehrheit.

Ganz unerwartet entschied Marten selbst das dringliche Problem. Als er eines Abends wie gewöhnlich nach stundenlangem Umherirren zwischen den Ruinen auf das Schiff kam, rief er Carotte und Hoogstone in seine Kajüte.

»Ich will morgen von hier absegeln«, erklärte er. Die beiden waren so erstaunt, daß sie nicht antworteten. Marten fragte übrigens nicht nach ihrer Meinung. Er sprach wie früher, energisch, kurz und klar. Marten beabsichtigte, nach Osten zu segeln und entweder an der Küste von Campeche oder auf den Cayman-Inseln die Mannschaft zu ergänzen. Auf der Fahrt dorthin hoffte er vielen Korsarenschiffen zu begegnen, die Bekanntschaft mit ihren Kapitänen zu erneuern und Wagehälse um sich zu scharen, die bereit waren, an einem gefährlichen Unternehmen teilzunehmen.

»Ich muß noch alles genau erwägen«, fügte er hinzu. »Weder ein Tampico noch ein Ave de Barlovente darf sich wiederholen.«

»Was hast du vor?« erkundigte sich Carotte.

»Ich will mit den beiden Ramirez abrechnen«, erwiderte Marten, »mit dem Gouverneur und seinem Sohn.«

»Willst du Ciudad Rueda erobern?« — »Ich werde Ciudad Rueda erobern! Und — bei Gott — die Stadt wird aufhören zu bestehen, so wie Nahua nicht mehr besteht!«

»Überlege, Ciudad Rueda hat viel mehr Geschütze, als hier zur Verteidigung vorhanden waren«, entgegnete Carotte. »Diego de Ramirez verfügt auch über eine starke Flotte, und sein Sohn . . .«

»Sein Sohn hatte noch nicht mit mir zu tun«, unterbrach ihn Marten. »Ihre Karavellen haben unsere Geschütze noch nicht im offenen Kampf kennengelernt. Ich werde ihnen die gleichen Kräfte entgegenstellen und dann . . .«

Marten schwieg einen Augenblick und lächelte zum erstenmal seit seiner Rückkehr nach Amaha.

»Dann«, schloß er, »zwinge ich Blasco de Ramirez zum Zweikampf mit mir.«

»Teufel, das möchte ich sehen«, murmelte Carotte.

Am nächsten Morgen lichtete die »Zephir« die Anker. Von vier Schaluppen wurde sie flußabwärts bugsiert. Marten stand auf dem Hinterdeck an die Backbordreling gelehnt und schaute auf das sich rasch entfernende Ufer. Hinter der Flußbiegung, von der aus Blasco de Ramirez die Hauptstadt Amahas in Trümmer geschossen hatte, drehte sich Marten jäh um und schritt zum Bug. Sein kalter, stahlharter Blick richtete sich nach vorn.

Vor dem Schiff dehnte sich, in der Sonne gleißend, der Fluß. Seine Ufer lagen im Schatten der hohen Bäume. Manchmal teilte sich sein breites Bett in mehrere schmale Arme, die langgestreckte Inseln umspülten oder weit in die Tiefe des Waldes reichende Mäander mit stehendem dunkelgrünem Wasser bildeten, aus dem von Zeit zu Zeit große, silbrige Fische schnellten. Der eigentliche Flußlauf strebte ungeduldig, schnell dem Meere zu. Die »Zephir«, die nur gerade mit so viel Ballast beschwert war, daß sie manövrierfähig blieb, glitt ruhig und leicht dahin.

Es war Frühling. Die Wildnis hallte vom Pfeifen, Trillern und Zwitschern der Vögel, vom Lärmen der Papageien und Affen wider. Schwärme von Kolibris flogen wie in die Luft gestreute Edelsteine über die blühenden Bäume und Kletterpflanzen. Insekten summten, in den moorigen Buchten quakten Frösche.

Erst gegen Mittag, als die Sonne den Himmel und die Erde zum Weißglühen brachte, verstummten die Stimmen des Urwaldes allmählich. Nur die Fliegen, Käfer, Zikaden und Grillen summten und zirpten weiter. Schwerfällig krochen Kaimane auf die Sandbänke, um sich in der Sonne zu wärmen.

Die »Zephir« fuhr an der großen Schlammbank vorbei, die der Amaha vor der letzten Biegung abgelagert hatte. Das Fahrwasser verengte sich hier, näherte sich bald dem rechten, bald dem linken Ufer. Die Matrosen mußten das Schiff mit langen Stangen, die sie in den morastigen Grund stießen, in der Mitte der Fahrrinne halten. Trotz der Flut, die bereits ihren Höhepunkt überschritten hatte, war der Wasserstand ausnehmend niedrig. Der Wind wehte vom Land her. Er half nicht den Wellen, sondern drängte sie in das Meer zurück. Eile tat not, wenn die »Zephir« noch vor der einsetzenden Ebbe die Lagune überqueren und das offene Meer erreichen sollte.

Die Leute arbeiteten angestrengt, die Bemannung der Schaluppen nahm die Ruder zur Hand, um die Segel zu unterstützen.

Plötzlich war von der Küste her das bekannte unregelmäßige Dröhnen einer Trommel zu vernehmen. Es begann rhythmisch, brach jäh ab, wurde schneller und wieder langsamer, hob und senkte sich. Dann verstummte die Trommel, als warte sie auf Antwort, und wiederholte erneut, was wie eine Aufforderung, eine War- nung oder eine Nachricht klang. Ob es eine gute oder schlimme war, konnte niemand erraten.

Diesmal kam die Antwort sofort. War es eine Antwort oder nur die wie ein Echo getreue Wiederholung der gleichen Wirbel, Passagen und Pausen? Die zweite Trommel dröhnte weiter oben am Fluß. Bevor sie schwieg, meldete sich eine dritte...

Marten horchte mit finster zusammengezogenen Brauen.

»Sie verabschieden sich von uns«, sagte Hoogstone.

Jan schüttelte den Kopf. »Wenn das der Fall wäre, gingen die Signale nicht ins Land, sondern umgekehrt zur Küste. Dort muß etwas geschehen sein«, fügte er leise hinzu, als hätte sich seine Unruhe von selbst zu Worten geformt.

Er sah schweigend über das Deck, auf dem die Leute wie erstarrt herumstanden. Dann warf er einen raschen Blick auf die Schaluppen. Die Ruderer saßen regungslos auf den Bänken und hielten die Riemen hoch. Alle lauschten gespannt, als wären die Worte »Dort muß etwas geschehen sein« wie ein lauter Schrei über ihre Köpfe hinweggeflogen.

»Vorwärts!« rief Marten. »An die Ruder!«

»Ahoi!« antworteten ihm die Matrosen aus der ersten Schaluppe. »Ahoi!» die auf der »Zephir«.

»Was ist das dort?« rief Hoogstone.

»Unser Boot!« klang eine Stimme über das Wasser. »Das Boot aus der Lagune!«

Auch Marten bemerkte es jetzt. Von raschen Ruderschlägen vorwärtsgetrieben, kämpfte es gegen die Strömung. Man unterschied bereits die stämmige Gestalt Pociechas. Er stand breitbeinig am Heck und stieß das sich schnell nähernde Boot mit einer langen Stange von den Untiefen ab. Keiner der Insassen antwortete auf die Fragen und Zurufe, als sie an den Schaluppen vorüberglitten. Unter Aufbietung aller Kräfte legten sie sich in die Riemen.

»Die Strickleiter!« schrie Marten. »Laßt die Strickleiter steuerbords hinab!«

Kaum rieb sich das Boot an der Bordwand der »Zephir«, da hing Pociecha auch schon an der Strickleiter, zog sich mit den Händen hoch, tastete mit dem Fuß nach der ersten Sprosse und kletterte auf das Deck.

»Sprich«, sagte Marten.

Der Oberbootsmann sah sich zögernd um. Er atmete schwer, stoßweise, über sein Gesicht, das bis an die Augen mit hellen harten Bartstoppeln bedeckt war, perlte Schweiß.

»Sprich«, wiederholte Marten. »Wir haben keine Zeit, etwas zu verbergen.«

»Acht Schiffe nähern sich der Bucht«, antwortete Pociecha. »Sie segeln, als kennten sie genau den Weg. Sie kreuzen so, daß sie beim Wind von der Inselseite in die Bucht einlaufen.«

»Wann hast du sie bemerkt?« fragte Marten.

»Vor zwei Stunden«, erwiderte Pociecha. »Sie liefen unter Steuerbordhalsen, und ich war nicht sicher, wohin sie segeln würden. Seit ungefähr einer Stunde liegen sie über Backbordhalsen, und jetzt . . .«

»Hast du nicht ihre Flaggen gesehen«?« unterbrach ihn Marten.

Pociecha schüttelte den Kopf. »Ich konnte nicht einmal ihre Form richtig erkennen. Es ist schwer, etwas Bestimmtes zu sagen. Das erste sieht wie eine mittelgroße Karavelle aus. Sie hat hohe, zweistöckige Kastelle am Bug und Heck und drei Masten. Jetzt wird man bereits alles genau sehen können, sie müssen schon sehr nahe sein«, fügte er hinzu.

»So, so«, murmelte Marten. »Wir können nicht zurück«, sagte er dann halb zu sich selbst. »Nun gut. Je früher, desto besser.«

Eins war klar: Es gab kein Zurück mehr. Die »Zephir« konnte nicht gewendet werden. Selbst wenn dieses Kunststück in einer der engen Durchfahrten zwischen den Sandbänken geglückt wäre, hätte man sie während der Ebbe und mit einer so geringen Bemannung nicht gegen den Strom flußaufwärts schleppen können. Ging sie an der Stelle, an der sie sich jetzt befand, vor Anker, wäre sie einer Entdeckung durch die feindlichen Schiffe und ihrem Beschuß ausgesetzt gewesen. Mit Ausnahme einer einzigen Flußbiegung dicht vor der Mündung gab es keine mehr bis zur Lagune.

Marten schilderte seiner Mannschaft die Lage. Sie war schwierig, aber — nach seiner Meinung — nicht zum Verzweifeln. Er sagte: »Uns bleibt nur ein Ausweg: Wir müssen uns zum offenen Meer durchschlagen! Ich bin überzeugt, daß wir es schaffen. Ich selbst werde das Schiff über die Lagune steuern. Der Wind steht günstig, und die ›Zephir‹ ist schnell und wendig wie ein Vogel. Von euch hängt die genaue Durchführung der Manöver und die Treffsicherheit unseres Feuers ab. Zeigt den Spaniern, was ihr könnt, da werden wir sie in einer Stunde fünf Meilen hinter dem Heck haben.«

Seine Ruhe und Selbstsicherheit übten die gewünschte Wirkung aus. Die Leute faßten wieder Mut und vertrauten ihrem Kapitän. Die »Zephir« war doch schon einige Male von Feinden eingeschlossen gewesen und hatte ihnen stets entwischen können, wobei sie ihnen sogar schwere Verluste zugefügt hatte. Weshalb sollte sie nicht auch jetzt unversehrt entkommen?

Marten betraute Hoogstone und Pociecha mit der Aufgabe, die Geschütze schußbereit zu machen. Als die »Zephir« die letzte Flußbiegung hinter sich gelassen hatte, befahl er, rasch die Boote an Bord zu hieven und alle Segel zu setzen.

Carotte und Worst wurden damit in unglaublich kurzer Zeit fertig. Die Matrosen enterten die Wanten, verteilten sich auf den Fußpferden, lösten die Gordinge, daß die schweren Segel herabrauschten, und rutschten an den Tauen wie die leibhaftigen Teufel Hals über Kopf herunter. Die Rahen wurden angebraßt, die Schoten steif gesetzt. Die »Zephir« gab sofort dem Wind nach und gewann rasch an Fahrt.

Vor ihr lag die weite, helle Lagune mit dem in der Brandung nur teilweise sichtbaren Kranz von Riffen, die die Bucht gegen das offene Meer begrenzten.

Um dorthin zu gelangen, mußte man die durch nichts gekennzeichnete gewundene enge Fahrrinne mit den heimtückischen Sandbänken zu beiden Seiten glücklich passieren. Marten kannte zwar ihre Lage aus dem Gedächtnis, aber er hatte die Lagune noch nie unter vollen Segeln und bei so steifem Wind durchquert.

Carotte, bereit, jeden Wink sofort auszuführen, behielt die nicht sehr zahlreiche Wache am Fockmast ständig im Auge. Er zweifelte, daß sie, ohne Schaden zu nehmen, an den Untiefen vorüberkämen. Er zweifelte von Anfang an auch daran, daß sie in dem bevorstehenden Kampf gegen die acht Schiffe, die die Ausfahrt aus der Bucht versperrten, Erfolg haben würden. Selbst wenn die »Zephir« trotz ihrer schnellen Fahrt nicht auf eine Sandbank auflief und nicht, von Geschossen zerfetzt, sank, würde sie doch schwere Beschädigungen davontragen, die eine Flucht unmöglich machten.

Er verriet seine Befürchtungen nicht, bereitete sich aber darauf vor, im Kampf zu sterben.

Inzwischen traten zu beiden Seiten des Flusses die Bäume auseinander, die Ufer wichen zurück, und die »Zephir« stürmte auf die Lagune hinaus.

»Hißt die Flagge!« rief Marten.

Worst zog sie hoch. Das schwarze Tuch mit dem goldenen Marder knatterte laut am Topp, dicht unter dem silbernen Adler, der die Mastspitze schmückte.

Die Blicke aller hefteten sich auf die Fahne. Dann wandten sie sich wieder dem Meer zu.

Hinter den Riffen lagen fünf Schiffe vor Anker. Zwei manövrierten mit gerefften Segeln bei der Einfahrt zur Bucht, während eins, von Booten bugsiert, gerade hindurchglitt.

Na, das werden wir gleich aus dem Weg räumen, dachte Marten. Es soll nur erst ins breitere Fahrwasser kommen, damit ich an ihm vorbeikann.

»Klar zum Wenden!« rief er laut.

Er mußte einer großen, vom Fluß angeschwemmten Bank nach Backbord ausweichen und nahe der Küste sofort nach Steuerbord abbiegen. Seinen Berechnungen zufolge würde die Karavelle dann an der Stelle angelangt sein, wo sich die Fahrrinne beträchtlich verbreiterte.

Er drehte sich nach Worst um. »Sage Hoogstone, er soll aus drei Geschützen Feuer geben, sobald wir das Schiff backbords vor uns haben, auf den Rumpf an der Wasserlinie zielen und treffen!«

Worst sprang zum Niedergang, wiederholte den Befehl und kam zurück. Es war bereits höchste Zeit. Die Wellen brachen sich nur noch wenige hundert Yard vor dem Bug der »Zephir« an der Bank.

»Klar zum Umbrassen. Zieht!« rief Marten.

Die Rahen drehten sich, das Steuerrad wirbelte nach links. Die »Zephir« neigte sich, wendete und richtete sich wieder auf.

»Über Steuerbordbug. Klar zum Brassen! Zieht!« fiel ein neues Kommando.

Die Leute packten die Brassen, zogen. Das Ufer vor dem Bug verschwand nach links, an seine Stelle trat der weite Halbkreis der Riffe, dann das Heck der Karavelle und schließlich ihr Steuerbord . . .

Auf einmal schrie Worst laut auf und rannte zum Niedergang. »Schießt nicht! Um Gottes willen! Schießt nicht!«

»Bist du wahnsinnig?« brüllte Marten. Im gleichen Augenblick begriff er, was vorgefallen war. Der Kapitän der Karavelle hatte in aller Eile die englische Flagge gehißt, und auch an den Masten der übrigen sieben Schiffe stieg die Fahne mit dem Wappen der Tudors, den drei Leoparden und der irischen Davidsharfe, hoch.

»Das ist doch die ›Santa Veronica‹«, stammelte Worst.

Marten hegte nicht mehr die geringsten Zweifel. Seine scharfen Augen hatten bereits die Gestalt von Henryk Schultz auf dem Hinterdeck erspäht und den Namen des Schiffes, der sich aus glänzenden Messingbuchstaben zusammensetzte, entziffert.

»Die ›Toro‹ läuft in die Bucht ein«, rief der auf der Mars sitzende Bootsmann. »Ahoi! Hinter ihr sehe ich die ›Ibex‹!«

»Laßt fallen die oberen Segel!« erscholl das Kommando Martens und gleich darauf: »Die ganze Bemannung auf Deck. Fiert die Untersegel! Beide Anker, Tessari!«

Bevor die Befehle ausgeführt waren, hatte sich die »Zephir« der Karavelle genähert, lag auf gleicher Höhe mit ihr und glitt, allmählich an Fahrt verlierend, backbords an ihr vorüber. Henryk Schultz befeuchtete mit der Zungenspitze die trockenen Lippen. Das Herz hämmerte gegen die Rippen, der Pulsschlag klopfte in den Schläfen. Marten stand am Steuer seines Schiffes, hob grüßend die Hand — oder war es eine Geste der Drohung? — und blickte auf ihn über den schmalen Streifen Wasser hinweg, der sie trennte.

»Endlich!« rief Marten. »Ihr habt mich lange warten lassen!«

Schultz hob mechanisch die Hand. Zu einer anderen Antwort war er nicht fähig. Sein Kopf schien zu bersten. Was sollte das heißen? War während der acht Monate seiner Abwesenheit nichts geschehen? Gar nichts?

Er suchte in Martens Zügen nach den Spuren der erhofften Katastrophe und entdeckte keine. Aufrecht, das Haupt stolz erhoben, sah ihn Marten mit blitzenden Augen an, in denen nur Erregung und Triumph zu lesen waren.

»Wer ist mit euch gekommen?« rief er.

»Francis Drake«, antwortete ihm Schultz. Mit Mühe überwand er den Krampf, der ihm die Kehle zusammenpreßte. Er wollte noch etwas fragen. Da war die »Zephir« schon vorbei und warf Anker. Das Poltern der Ketten rollte wie der Donner eines nahen Gewitters über die Bucht.

Zwei Tage lang lagen die neun Korsarenschiffe auf der Außenreede des Hafens der Flüchtlinge vor Anker. An Bord der »Golden Hind« fanden stundenlange Beratungen statt. Schließlich war der Plan, der die Eroberung von Ciudad Rueda und die Vernichtung der Hauptkräfte der Kriegsflotte des Vizekönigs vorsah, bis in alle Einzelheiten ausgearbeitet.

Ciudad Rueda war lediglich Hauptstadt eines kleinen Distrikts, Sitz des

Gouverneurs und des Residenten des Jesuitenordens und kam in bezug auf Reichtum und Bedeutung weder Veracruz noch Tampico gleich. Dagegen hatte der Hafen Rueda damals nicht seinesgleichen. Er wurde, was die Größe anbelangt, nur von Havanna auf der Insel Kuba übertroffen und konnte getrost die gesamte Flotte Neuspaniens aufnehmen, die den Golf von Mexiko bewachte.

Blasco, der Sohn des Gouverneurs Diego de Ramirez, kommandierte eine gutbewaffnete Flottille von Karavellen, die in Rueda ihre ständige Basis hatte. Außerdem waren noch leichtere Schiffe, Brigantinen und Fregatten, dort stationiert, die, nach holländischem Vorbild gebaut, den Wach- und Patrouillendienst an der Küste verrichteten. Insgesamt lagen ungefähr dreißig Schiffe im Hafen, genau der dritte Teil der sogenannten nordöstlichen Provinzialflotte.

Wurden diese starken Seestreitkräfte Seiner Hoheit des Vizekönigs Enriquez de Soto y Féran geschlagen, so waren die West- und Südufer des Golfs von Mexiko, des Golfs von Campeche und des Golfs von Honduras bis zur Mosquito-Bank im Karibischen Meer fast schutzlos, da alle größeren Schiffe die Goldflotte begleiteten, die aus Spanien gekommen war, um die Schätze Neukastiliens abzuholen.

Die günstige strategische Situation hatte Francis Drake und den jungen John Hawkins bewogen, Martens Vorschlägen näherzutreten und gemeinsam mit dem Chevalier de Belmont, der bereits einige Male sowohl im Hafen wie auch in der Stadt Rueda gewesen war, den taktischen Plan zu entwerfen.

Als alle Einzelheiten gründlich durchdacht und festgelegt waren, lichteten die Schiffe die Anker und trennten sich. Hawkins fuhr auf seiner »Revenge« mit drei weiteren englischen Schiffen zur Campeche-Bank, um die restliche, aus zwölf Fregatten Ihrer Majestät der Königin Elisabeth bestehende Flottille Francis Drakes zu dem vereinbarten Sammelpunkt zu bringen. Marten und Schultz segelten an der Küste entlang nach Süden. Drake auf der »Golden Hind«, White auf seiner »Ibex« und der Chevalier de Belmont auf der »Toro« begleiteten sie von weitem. Sie kreuzten so, daß sie ihnen, falls es erforderlich sein sollte, zu Hilfe kommen konnten, ohne dabei den Verdacht zu erwecken, zusammenzugehören und gemeinsam zu operieren.

Schultz hatte den Auftrag, in den Fischerdörfern an der Küste indianische Pirogen aufzutreiben. Und zwar sollte er sie auf Martens nachdrücklichen Befehl mit den Werkzeugen bezahlen, die er aus England mitgebracht hatte! Das ärgerte Schultz, denn die Pirogen waren seiner Meinung nach nicht einmal den zehnten Teil des Werkzeuges wert. Wenn es nach ihm gegangen wäre, hätte Schultz überhaupt nichts bezahlt, sondern den »Wilden« die Boote einfach weggenommen.

So war Marten eben: Leichtsinnig verschwendete er das Geld, das in den Händen von Schultz ohne jedes Risiko Riesengewinne gebracht hätte.

Wäre die »Zephir« mein Eigentum, überlegte Schultz, dann würde ich in kurzer Zeit der reichste Bürger von Danzig sein. Erhielte ich einen solch hohen Beuteanteil wie Marten, dann wüßte ich schon, wie und wo ich den Erlös anlegte. Ich würde keine Dummheiten machen und nicht Schlösser auf Eis bauen. Gehörte die »Zephir« mir, dann müßte Marten meinen Befehlen gehorchen und ...

Ich habe seine wahnsinnigen Pläne durchkreuzt und ihn zu seinem Besten vor dem Untergang bewahrt, und doch würde er mich erschlagen, wenn er es wüßte. Er darf es niemals erfahren!

Schultz war unruhig. Wenn Pedro Alvaro noch in Ciudad Rueda war, konnte er Marten in die Hände fallen und, um sich selbst zu retten, gestehen, wer Nahua an Blasco de Ramirez verraten hatte. Selbst wenn sich Alvaro nicht mehr in Ciudad Rueda befand oder wenn er ums Leben kommen sollte, waren noch die beiden Ramirez da. Würde es ihnen gelingen, vor Marten zu fliehen? Würden sie das Geheimnis bewahren, wenn sie in die Hände des Feindes fielen?

Warnen konnte er sie nicht. Gelänge es ihm auf irgendeine Weise, würde er das ganze Vorhaben zum Scheitern bringen und wahrscheinlich den Tod finden.

Nein! Er durfte nicht den Ast absägen, auf dem er saß. Er mußte vielmehr seine ganze Schläue aufbieten, um es nicht zu einer Begegnung zwischen Alvaro, den beiden Ramirez und Marten kommen zu lassen.

Sie müssen fliehen oder unschädlich gemacht werden, dachte er. Am besten wäre es, sie zu beseitigen.

Langsam segelten die »Santa Veronica« und die »Zephir« an der Küste entlang und machten in verschwiegenen Buchten, an den Ufern kleiner Inseln und an den Mündungen unbedeutender Flüsse halt, so daß Schultz seinen ungewöhnlichen Geschäften nachgehen und von den Indianern Pirogen einhandeln konnte. Am dritten Tag gelangten sie an den Westrand des Golfs von Campeche, nahmen Kurs nach Osten, um Veracruz in weitem Bogen auszuweichen, und strebten dem Sammelpunkt in der Nähe der Inselgruppe Cayo Arenas zu.

Die beiden Schiffe boten einen nicht alltäglichen Anblick. Auf ihren Decks türmten sich zahllose Pirogen, die durch leichte Querhölzer paarweise verbunden waren. Broer Worst und Hermann Stauffl befestigten darauf Masten mit Segeln, und Pierre Carotte brachte an den Bordwänden und den Bugen kurze, mit Pulver und pechhaltigen, leichtbrennbaren Ladungen gefüllte Rohre aus Taguaraholz an. Zündete man die Lunten an, so explodierten die Rohre der Reihe nach, die brennende Ladung spritzte nach allen Seiten auseinander und setzte auch die Pirogen in Brand. Danach würden sich die in der Mitte der Boote befindlichen Ladungen entzünden und sämtliche Holzhäuser, Brücken, Schiffe und alle leichtbrennbaren Gegenstände in der Nähe dieser selbsttätigen Artillerie mit Feuer bedrohen.

Nach dem ersten gelungenen Versuch, der in der Nähe von Cayo Arenas durchgeführt wurde, berechnete Carotte die Zeit, in der die Lunten verglimmten.

Entsprechend ihrer Länge konnte er den Beginn der Explosionen beliebig regeln.

Als die Vorbereitungen beendet waren, setzten Marten, Drake und Hawkins den Ablauf ihrer Aktionen fest. Dann segelten die »Zephir«, die »Santa Veronica«, die »Toro« und sechs Fregatten der Königin von England nach Südwesten und nahmen Kurs auf die Enge von Tehuantepec.

Die Eroberung von Ciudad Rueda durch neun Korsarenschiffe und Flotteneinheiten der Königin Elisabeth unter dem Befehl Admiral Sir Francis Drakes erschütterte ganz Neuspanien. Dieser erste im offenen Krieg gegen die Kolonien Philipps II. geführte Schlag beeinflußte wahrscheinlich dessen spätere Entschlüsse und beschleunigte den Beginn der bereits einige Male aufgeschobenen bewaffneten Auseinandersetzung mit England, obwohl diese Zusammenhänge von der offiziellen Geschichtsschreibung nicht ausdrücklich erwähnt werden.

Alles, was sich später ereignete, die Eroberung von Haiti, die Brandschatzung San Domingos, die Plünderung der Küstenstädte von Kuba und Florida, rief nicht mehr jenen niederschmetternden Eindruck hervor wie der Angriff auf Ciudad Rueda, der von einem unerhörten Erfolg gekrönt war.

Die mondlose, finstere Nacht war den Korsaren und ihren Verbündeten für die Durchführung ihrer Pläne denkbar günstig. Einige ihrer Schiffe näherten sich unbemerkt den Ostbastionen des Hafens von Rueda bis auf drei Meilen und gingen in dem ruhigen Wasser einer kleinen Bucht vor Anker. Ein paar hundert Matrosen sprangen an Land und besetzten, ohne einen Schuß abzugeben, die nahen Estanzias und Ranchos. Sie requirierten alle Wagen, Karren, Pferde, Maultiere und Ochsen und zwangen die Bewohner, Kreolen wie auch Indianer, beim Transport der Schiffsgeschütze nach den vorher ausgewählten Positionen, beim Aufschütten der Schanzen und beim Ausheben der Artilleriestellungen zu helfen.

Inzwischen fuhr eine Abteilung von sechshundert Ruderern auf den Pirogen einen der nicht schiffbaren seichten Arme des Minatitlan aufwärts, der drei Meilen westlich der Befestigungsanlagen des Hafens vom Hauptbett abzweigt. Die sechzig der größeren Stabilität wegen paarweise miteinander verbundenen Boote mußten einige Male über Sandbänke und Felsschwellen getragen oder durch seichte Untiefen gezogen werden. Gegen Mitternacht erreichten die Pirogen den Minatitlan und glitten dann mit der Strömung lautlos flußaufwärts. Eine halbe Meile vor der Brücke, die die Wälle der Ostbastion mit der Stadt verband, machten sie fest.

Als die Rathausuhr eins schlug, begannen die zwölf Schiffe, die die Hafeneinfahrt blockierten, aus allen Rohren zu feuern. Die schweren Geschosse schlugen in die Stellungen der spanischen Hafenbatterien ein. Den überraschten Geschützbedienungen wurde erst nach mehreren Salven bewußt, woher die Schüsse kamen.

Der Anblick der zwölf Segelschiffe, die — wie die Spanier anfangs meinten — von der Seeseite her einen Angriff auf die mächtigen Befestigungsanlagen versuchten, hätte die Verteidiger den ersten Schrecken rasch überwinden lassen. Als

die Offiziere der Panik beinahe Herr geworden waren und die Kanoniere zu den Geschützen trieben, erdröhnten jedoch Haubitzen und Mörser auf der Landseite, und ein Sturmangriff auf die schwach besetzten Wälle an der Brücke begann. Damit war das Schicksal der Ostbastion, vielleicht sogar die Niederlage der Spanier entschieden. Die Besatzung wurde niedergemacht, die Geschütze gegen den Hafen gerichtet und die Brücke erobert. Der Weg von der Landseite her stand offen.

Der Kommandant der spanischen Flottille, Blasco de Ramirez, beging nun einen Fehler, der zur Vernichtung aller Schiffe beitrug, die sich im Hafen befanden. Da er kaum ein Dutzend feindliche Segler auf dem Meere sah und auf die Flankendeckung durch die Geschütze der zweiten Bastion am linken Ufer der Hafeneinfahrt vertraute, beschloß er, den sicheren Hafen zu verlassen und die feindliche Flottille zu vernichten, um den Landetruppen den Rückzug abzuschneiden.

Die Karavellen, die leichten Fregatten und die Brigantinen hievten in aller Eile die Anker und schickten sich an, zur Außenreede auszulaufen, wo die englischen Segelschiffe ungestraft manövrierten. Zur gleichen Zeit schwammen bereits die Pirogen mit den kleinen Segeln den Minatitlan abwärts. Durch die Strömung und die nächtliche Brise unterstützt, in der tiefen Finsternis kaum zu sehen, gerieten sie zwischen die Karavellen des Vizekönigs, spien plötzlich nach allen Seiten feurige Geschosse, barsten und säten ringsum Brand und Vernichtung.

Panik erfaßte die spanischen Seeleute. Die dicht aneinandergedrängten Schiffe fingen eines nach dem anderen Feuer. Segel, Masten brannten, hellodernd wie riesige Fackeln, die Flammen griffen auf die Kastelle, die Decks über, fraßen sich tiefer, erreichten die Pulverkammern... Feuergarben schossen hoch, erhellten wie grelle Blitze die Nacht.

Die Kapitäne verloren den Kopf. Anstatt unter der linken Bastion, die sich noch in den Händen der Spanier befand, Schutz zu suchen, steuerten viele von ihnen geradewegs in den Geschoßhagel der rechten, die von den Korsaren bereits erobert war, oder flohen in ihren Schaluppen und überließen selbst die noch unbeschädigten Fregatten den Wellen und dem Wind, der sie in den Hafen zurücktrieb.

Die »Santa Maria«, das Flaggschiff von Blasco de Ramirez, wurde als eines der ersten ein Raub der Flammen. Ihr Kommandant zeigte angesichts der unbekannten, wirkungsvollen Waffe, als die sich die Pirogen mit ihren feuerspeienden Höllenmaschinen erwiesen, weder Mut noch Kaltblütigkeit. Seine sich widersprechenden Befehle und seine Flucht in der ersten zu Wasser gelassenen Schaluppe erhöhten die Verwirrung und trugen dazu bei, daß auch seine Kapitäne nicht mehr aus noch ein wußten. Keiner dachte mehr an die Rettung der Karavellen. Der geplante Gegenangriff der besten Eskader der nordöstlichen Provinzialflotte schlug im Verlauf einer halben Stunde in eine vollständige Niederlage um.

Inzwischen hatten sich die beiden gelandeten Korsarenabteilungen vereinigt und nach kurzem Kampf den gegenüberliegenden Brückenkopf erobert. Sie faßten auf

dem linken Ufer des Minatitlan Fuß, drangen in die Stadt ein und schlossen die Befestigungsanlagen auf der Westseite von allen Seiten ein.

Die Gouvernementsgarnison leistete fast keinen Widerstand. Nur das Rathaus und das am Abhang eines Hügels zwischen der Kathedrale und einem Nonnenkloster liegende Jesuitenkollegium, in denen der Kommandant seine schlagkräftigsten Kreolenkompanien zusammengezogen hatte, setzten sich kurze Zeit zur Wehr.

Durch Schiffbrüchige, die im Hafengelände gefangengenommen worden waren, erfuhr Marten von der Flucht Blasco de Ramirez'. Er beschloß, an der Spitze seiner Leute sofort zum Palast des Gouverneurs zu marschieren. Dort fand er außer der verängstigten Dienerschaft niemand mehr vor.

Vom Jesuitenkollegium her war lebhaftes Musketenfeuer zu hören. Die Flammen eines großen Brandes erhellten die Nacht. Marten eilte mit seinem Trupp dorthin.

Er kam mit Schultz, der ihm nicht von der Seite wich, gerade in dem Augenblick vor den Mauern des Kollegiums an, als sich der Chevalier de Belmont mit hundert Matrosen von der »Toro« zu einem neuen Sturmangriff anschickte. Marten hatte ebenfalls ungefähr hundert Matrosen von der »Zephir« und der »Santa Veronica« bei sich. Zur gleichen Zeit stieß auch Carotte mit seinen Leuten und zwei leichten Falkonetten, die er auf dem Weg hierher erobert hatte, zu ihnen.

Sie brachten die Geschütze im Schutz der Klostermauern in Stellung und eröffneten das Feuer auf das verbarrikadierte Tor des Kollegiums. Schon nach den ersten Schüssen wurden die Flügel von den Kugeln zersplittert und aus den starken Angeln gehoben. Der Eingang war frei. Das alles geschah in tiefster Dunkelheit. Der Brand, der jäh aufgelodert war, war ebensorasch wieder erloschen.

Marten stürmte vorwärts und riß die anderen mit. In dem finsteren Vorraum stieß er mit jemand zusammen, warf ihn zu Boden, schrie »Licht her!« und sprang zur Treppe.

Ein Musketenschuß aus allernächster Nähe versengte Jan die Wange. Er hieb mit dem Degen blindlings um sich, hörte ein Stöhnen, wich einem die Stufen herabkollernden Körper aus und setzte durch einen langen Gang dem Gepolter fliehender Schritte nach.

Schultz, der etwas zurückgeblieben war, wurde von den Matrosen, die Marten folgten, zur Seite gedrängt. Von ihrem Gebrüll betäubt, lehnte er sich außer Atem an die Wand. Wenigstens einen Augenblick mußte er ausruhen und Luft schöpfen. Er hörte Getrappel, Keuchen und begann die Gestalten der an ihm vorbeihastenden Menschen im Dunkeln langsam zu unterscheiden. Durch die Fenster drang der Schein eines neuen Brandes, und in der Vorhalle unter ihm flackerten Fackeln.

»Hierher! Kommt herauf! Licht!«

Eine neue Welle schweißgebadeter, schreiender Menschen wälzte sich die Treppe herauf. Die gelben Flammen der Fackeln flatterten wie Wimpel über ihren Köpfen.

Die Schatten in den Nischen und an den Wänden neigten sich wie schwarze Ungeheuer neugierig und scheu zugleich vor und sprangen wieder zurück.

Schultz wollte schon den anderen nacheilen, da lenkte lautes Durcheinander in der Halle seine Aufmerksamkeit auf sich. Er blickte hinunter. Zahlreiche Fackeln und der Feuerschein der brennenden Klosterscheuern erhellten den Raum. Einige Korsaren trieben Gefangene vor sich her.

Schultz überlief ein Schauer des Entsetzens. Priester und Ordensbrüder waren es. In der Eskorte erkannte er Handwerker, die er auf Martens Geheiß aus England mitgebracht hatte — Schmiede, Tischler und Schlosser. Er wußte, nur die besonderen Umstände hatten sie gezwungen, auf der »Zephir« anzumustern. Wie schnell waren sie aber zu Abenteurern, Seeräubern geworden, trotz der anfänglichen Proteste! Sie waren Engländer, also Häretiker. Das Ermorden von »Papisten«, besonders von katholischen Priestern, war eine Mission für sie, ein Verdienst vor ihrem durch Irrlehren verfälschten Glauben.

Würden sie seinem Befehl gehorchen oder über ihn herfallen, wenn er sich für die Spanier einsetzte und versuchte, sie zu retten? Es war sehr gefährlich, sich ihrer Wut auszusetzen. Schließlich war er es, der sie irregeführt hatte. Sie sollten eine ruhige, gutbezahlte Arbeit erhalten und wurden zu etwas ganz anderem gezwungen. Daran kann ich nichts ändern, dachte Schultz. Diese Sünde fällt auf das Haupt Martens. Ich habe saubere Hände.

Auf einmal bemerkte er eine Gestalt in schwarzer Soutane mit glänzender Moiréschärpe unter den anderen.

»Alvaro!« flüsterte Schultz. Ihm war, als hätte er den Namen laut gerufen. Ich muß vorsichtig sein, dachte er.

Er lief die Treppe hinab, faßte den älteren Bootsmann, der die Eskorte befehligte, am Arm und fragte: »Wohin bringt ihr die Pfaffen?«

Der Bootsmann erkannte Schultz und lachte breit. »Sie sollen den Sturm auf das Fort segnen, hat Kapitän Belmont befohlen«, antwortete er.

»Ich brauche einen von ihnen als Führer«, unterbrach ihn Schultz. »Den dort nehme ich.« Er wies auf Pedro Alvaro. Ohne eine Antwort abzuwarten, packte er den Jesuiten am Kragen und zog ihn aus der Reihe. »Führe mich zum Kloster«, sagte er auf spanisch zu ihm. »Rasch!«

Er stieß ihn zum Ausgang. Als sie sich auf der Straße befanden, wiederholte er: »Zum Kloster, Vater Pedro. Dort ist niemand mehr, der Weg von da aus ist frei. Sie haben es nicht geschafft, die ganze Stadt einzuschließen.«

Beide eilten an den brennenden Scheuern vorbei und erreichten unangefochten den Klosterhof, von dem aus ein von hohen Bäumen eingefaßter Weg zum hinteren Tor führte.

»Was ist dort?« erkundigte sich Schultz.

»Der Friedhof und dahinter nur noch Weinberge und Felder«, stammelte Alvaro. Am vernünftigsten wäre es, hier mit ihm Schluß zu machen, dachte Schultz.

Aber ich bringe es nicht über mich... Kein Priester, nicht einmal der Heilige Vater würde mich von einer solchen Sünde lossprechen. Nein, ich kann nicht.

Alvaro, ganz außer Atem vom raschen Gang, redete etwas von Priestern und Ordensbrüdern, die von den Korsaren verschleppt worden seien. Er warf Schultz Gleichgültigkeit ihrem Schicksal gegenüber vor und tadelte ihn wegen seiner Teilnahme an diesem Verbrechen. Schultz hörte kaum, was er sagte.

»Genug«, unterbrach er schließlich den Jesuiten. »Könnt Ihr nicht begreifen, Vater Pedro, daß ich allein nicht euch allen helfen kann?«

Am Friedhofstor blieb er stehen. »Von hier aus geht allein weiter. Ich habe Euch das Leben gerettet. Wenn das jemand erfährt... Es ist besser, man denkt nicht daran. Ich verlange von Euch dafür nichts anderes als die Vergebung meiner Sünden in articulo mortis und einen Ablaß für die Sünden, die ich in diesem Jahr noch begehen werde.«

Alvaro blickte ihn unsicher an. »Wie meinst du das, mein Sohn?« fragte er.

»Ich weiß nicht, wann ich Gelegenheit haben werde, zu beichten und die Sakramente zu empfangen. Vielleicht sterbe ich vorher«, antwortete Schultz ungeduldig.

»Aber ich kann doch nicht...«, begann Alvaro. Schultz unterbrach ihn. »Ihr könnt es! Ihr könnt mir ohne Beichte die Sünden vergeben, als läge ich auf dem Sterbebett. Und — bei Gott — tut es schnell, bevor es anfängt, mir leid zu tun, Euch den Händen der Häretiker entrissen zu haben.«

Seine Stimme klang drohend. Pedro Alvaro kannte sein Beichtkind viel zu gut, um nicht die Gefahr zu erkennen. Er willfahrte Schultz und versicherte, die geistliche Handlung sei auch ohne Einhaltung der rituellen Vorschriften wirksam und gültig.

Bevor sie sich trennten, erkundigte sich Schultz nach dem Gouverneur und dessen Sohn.

»Sie waren dort«, antwortete der Jesuit und wies mit einer Kopfbewegung nach dem Kollegium. »Don Diego lebt nicht mehr. Man brachte ihn bewußtlos aus der Residenz zu uns. Der Tod stand seit Wochen an seinem Lager, und heute um Mitternacht hatte er einen schweren Blutsturz. Blasco war bis jetzt bei ihm.«

Schultz biß sich auf die Lippe. Er wurde unruhig.

»Ich muß nun zurück«, sagte er. »Gott sei mit Euch.«

Im gleichen Augenblick drang vom Kollegium Stimmengewirr und Lärm herüber. Schüsse krachten. Dann näherte sich der Hufschlag eines Pferdes. Ein Reiter bog in die Allee ein, raste an ihnen vorüber und verschwand hinter dem Tor.

»Wer war das?« fragte Schultz.

»Ich weiß es nicht«, erwiderte Alvaro. »Gott sei mit dir, mein Sohn.« Er hob die Soutane und lief dem Reiter nach.

Zur gleichen Zeit, als Schultz in der geräumigen Halle den hochwürdigen Pedro Alvaro unter den Gefangenen entdeckte, brach Marten mit Leuten von der

»Zephir« den letzten Widerstand der spanischen Söldner vor der Tür zum Refektorium im ersten Stock. Sie machten keine Gefangenen. Wer die Waffen streckte, wurde genauso niedergemetzelt wie der, der sich bis zum letzten Atemzug verteidigte. Nur wenige entgingen diesem Schicksal. Sie verdankten ihr Leben Marten, der mit ihnen sprechen wollte. Da er seine Leute nicht zurückhalten konnte, stellte er sich selbst schützend vor die Spanier und wehrte die Schläge der wütenden Angreifer ab, bis ihr Kampfeseifer verraucht war.

Es gelang ihm endlich, seinen Matrosen klarzumachen, daß er den Gouverneur und seinen Sohn lebend fassen wolle. Die Spanier sollten ihm dabei helfen. Doch er erlebte eine Enttäuschung. Nachdem sie die Tür zum Refektorium aufgebrochen hatten, in dem sich nach den übereinstimmenden Aussagen der Offiziere und Soldaten Blasco de Ramirez und der Kommandierende General von Ciudad Rueda befinden sollten, sahen sie, daß der große Saal leer war. Die über den Tisch und den Fußboden verstreuten Papiere, die unordentlich herumliegenden Militärmäntel und Federhüte schienen jedoch darauf hinzuweisen, daß hier tatsächlich vor kurzem eine Beratung des Stabes stattgefunden haben mußte.

»Zum Teufel, wo stecken sie?« fragte Marten und sah seine Gefangenen drohend an. Einen zweiten Ausgang gab es nicht. Ob sich in einer der Wände eine geheime Tür verbarg? Sie zu finden würde schwer sein. Marten musterte die sechs hohen Fenster. Sie waren geschlossen. Zudem war es sehr unwahrscheinlich, daß sie auf diesem Weg geflohen waren, da am Hauptportal Posten standen und Bewaffnete aus Belmonts Abteilung hin und her liefen.

Marten wollte sich abwenden und den Befehl geben, das ganze Gebäude zu durchsuchen, als sich auf einmal ein Flügel des letzten Fensters bewegte. Er ging rasch hin und öffnete es. Längs der Außenwand befand sich eine schmale steinerne Brüstung. Auf ihr konnte man zu den Fenstern der Nebenräume gelangen.

Ohne zu zögern, stieg Marten hinaus. Die Fenster des Nebenraumes, in dem zwei Kerzen brannten, waren ebenfalls nur angelehnt.

Eine Kapelle?

Er schwang sich über das niedrige Fensterbrett. In dem leeren Gemach lag auf einem hohen Katafalk ein Toter. Linker Hand bemerkte Marten eine halbgeöffnete Tür. Er nahm eine Kerze aus dem Leuchter und schritt hindurch.

Im Nebenzimmer standen nur ein zerwühltes Bett, ein Tisch und zwei Stühle. Von hier aus gelangte er in einen ähnlichen Raum und von dort in einen Saal, dessen Fenster zur Auffahrt hinausgingen. Marten gewahrte eine dunkle, halbrunde Nische und eine Tür. Wohin führte sie? Er trat näher. Als das flackernde Kerzenlicht das Dunkel zerstreute, entdeckte er, daß sie verriegelt war und eine schwere Eichenbank davor stand.

Plötzlich vernahm er hinter sich ein undeutliches Geräusch und dann Schritte und Stimmen, die sich aus der Zimmerflucht näherten. Zweifellos folgten ihm seine Leute. Was war das aber für ein Geräusch?

Er hörte es wieder. Es war eigentlich kein Geräusch, sondern eher ein lautes Atmen oder ein unterdrückter Seufzer. Instinktiv spürte er, daß außer ihm noch jemand anwesend war, daß die Blicke eines Unbekannten auf ihm ruhten.

Er begab sich in die Mitte des Saales und hob die Kerze hoch. Ihr dürftiges Flämmchen spendete wenig Licht, die Ecken und Nischen blieben im Dunkeln.

Da flutete durch die offene Tür Licht aus dem Nebenzimmer. Auf der Schwelle erschienen Tomasz Pociecha, der Barbier, Worst und andere mit Fackeln.

»Wir haben die Leiche des Gouverneurs gefunden«, sagte Pociecha. »Er liegt dort auf dem Katafalk.«

Marten hörte nicht hin. Mit zwei Sätzen war er in der Nische und riß eine kleine Tür auf, die er bisher übersehen hatte. Dahinter kauerte eine Gestalt. Marten packte sie und zerrte sie trotz allen Widerstrebens in den Saal.

»Licht!« rief er.

Die Fackelträger umringten ihn. Marten ließ den Unbekannten los und trat einen Schritt zurück. Ein hochgewachsener Mann mit übergeworfenem Mantel, einen Degen an der Seite, stand vor ihm. Auf dem Fußboden lag der mit Federn und Goldborten geschmückte Hut.

»Wer seid Ihr?« fragte Marten.

Der Spanier maß ihn mit einem stolzen Blick. Er bückte sich langsam, hob den Hut auf, stäubte ihn ab und setzte ihn auf.

»Ich bin Blasco de Ramirez«, sagte er.

»Oh«, rief Marten. »Euch suche ich ja gerade, Caballero! Ich bin Jan Marten. Eurem Besuch in Nahua nach zu urteilen, müßtet Ihr eigentlich schon von mir gehört haben.«

Ramirez zuckte zusammen, wich etwas zurück und legte die Hand an den Degengriff. »Der seid Ihr«, flüsterte er.

»Ja, der bin ich«, erwiderte Marten. »Ihr könnt noch ein Vaterunser beten, bevor Ihr den Degen aus der Scheide zieht. Dann werdet Ihr keine Gelegenheit mehr dazu haben, denn ich werde Euch töten.«

Ramirez ließ seinen Blick in die Runde schweifen. »Gewiß«, sagte er. »Ihr seid zehn...«

»Ihr werdet von meiner Hand fallen«, unterbrach ihn Marten. »Die anderen sollen mir leuchten. Tretet zurück«, befahl er seinen Leuten.

Ramirez warf einen Blick zum Fenster, er schien einen Augenblick lang auf den von draußen hereindringenden Lärm, auf das Rasseln der Wagen, auf das Wiehern der Pferde und auf den Tumult zu lauschen, den die Korsaren beim Plündern der Nachbarhäuser verursachten.

Marten ließ ihn nicht aus den Augen. »Na und?« sagte er spöttisch. »Ich sehe, Ihr habt weder Lust zu beten noch zu kämpfen. Ihr seid vor mir von Eurem Schiff geflohen, von hier gibt es kein Entrinnen mehr. Wehrt Euch!«

Sein schwerer schwedischer Degen pfiff durch die Luft. Ein Büschel Federn

227

vom Admiralshut des Caballero de Ramirez sank, wie von einem Rasiermesser abgeschnitten, auf das Parkett.

Martens Leute, die die Fackeln hielten, lachten. In das blasse Gesicht des Caballero de Ramirez stieg dunkle Röte. Er riß den Hut vom Kopf, schüttelte den Mantel ab und zog den Degen.

Die Gegner maßen sich eine Sekunde lang mit Blicken, dann blitzten die Klingen, Stahl klirrte gegen Stahl. Marten wich einen Schritt zurück, parierte einen, dann einen zweiten Hieb wie zur Probe, zog sich wieder etwas zurück, machte dann einen unvermuteten Ausfall und fuhr blitzschnell über den Rücken der Klinge des Gegners. Er schien sie kaum berührt zu haben, und doch flog sie pfeifend durch den Raum. Blasco de Ramirez stand, weiß wie die Wand, regungslos da.

»Hebt den Degen auf«, rief Marten.

Der Spanier konnte sich nicht rühren. Sein rechter Arm zitterte, die Knie waren wie aus Watte, und das Herz preßte ein stachliger Ring zusammen.

»Hebt ihn auf und kämpft!« wiederholte Marten und berührte mit der Degenspitze die Brust seines Gegners.

Ramirez überwand seine Schwäche und sah sich suchend um. Sein Degen steckte in der Nische im Fußboden. Der vergoldete Korb wiegte sich hin und her wie der erhobene Kopf einer Giftschlange. Ramirez ging hin und bemerkte im gleichen Augenblick Licht hinter der angelehnten Tür. Er wußte, was das zu bedeuten hatte. Man erwartete ihn.

Er riß den Degen aus dem Holz, sprang zur Tür, schlug sie hinter sich zu und verschloß sie.

Auf der Wendeltreppe standen vier Diener mit Laternen. Sie traten zur Seite.

»Ich werde verfolgt! Haltet die Korsaren hier auf. Löscht die Laternen!« rief Ramirez.

»Die Pferde stehen hinter der Mauer bereit, Euer Gnaden!« antwortete einer von ihnen.

Den blanken Degen in der Hand, hastete Ramirez hinab. Er hörte oben die Tür krachen und splittern. Es wurde finster hinter ihm, doch vor sich sah er schon den Ausgang.

Mit einigen Sätzen überquerte er den kleinen, von einer niedrigen Mauer eingeschlossenen Hof, hinter dem sich der Garten erstreckte. Als er über die Mauer sprang, klirrten im ersten Stockwerk Scheiben, Schüsse krachten. Im Dunkel unter den Bäumen erkannte er zwei Pferde, die ein Stallknecht an den Zügeln hielt.

Er schwang sich in den Sattel des einen, erschoß das andere und preschte davon. Er setzte über die Gartenmauer, galoppierte an Bewaffneten vorbei, die von der Auffahrt herbeieilten, und verschwand hinter dem Kloster in der Allee zum Friedhof.

Die im Kollegium zusammengetriebenen Geistlichen, die den Korsarenabteilungen beim Sturm auf die Westbastion als Deckung hatten dienen sollen, wurden

nicht mehr benötigt; noch vor Tagesbeginn ergab sich die Festung. Marten befahl, die Gefangenen auf freien Fuß zu setzen. Er gestattete allen Einwohnern, wenn sie ein Lösegeld zahlten, Ciudad Rueda zu verlassen und sich nach Suchal oder auf die Gutshöfe in den Ebenen zu begeben. In seiner Großmut ging er so weit, den Frauen und Kindern Fuhrwerke zur Verfügung zu stellen. Ein langer Troß staute sich am Südtor.

Als der letzte Wagen über die Zugbrücke gerollt war, begann die Plünderung der Häuser und Läden. Abends feuerte die Flotte Francis Drakes fünfhundertsechzig Geschosse auf die Stadt und den Hafen ab. Tags darauf setzten Zeugwarte der »Zephir« die Lunten in den Pulverkammern der beiden Bastionen in Brand. Eine Viertelstunde später flogen sie in die Luft.

In Ciudad Rueda blieb nicht ein Stein auf dem anderen. Die Festung, die den Hafen geschützt hatte, auf dessen Grund die drei besten Eskader der nordöstlichen Provinzialflotte ruhten, lag in Trümmern. Das Tor zum Karibischen Meer war aufgestoßen.

Jan Kuna, genannt Marten, stand auf dem Deck der »Zephir« und betrachtete stumm das Werk der Vernichtung, dessen Urheber er war.

Ruinen und Brandstätten, Blut und Tränen ließ er bei Freund und Feind zurück. Doch sein Gelöbnis hatte er nicht erfüllt, die Rache nicht gestillt. Blasco de Ramirez lebte und war frei.

Wie viele Städte werden noch in Flammen aufgehen, wie viele Schiffe noch sinken und wie viele Menschen sterben, bis ich mit ihm im reinen bin, dachte er. Er hatte noch viele Rechnungen zu begleichen. Den Ratsherren des Danziger Senats, besonders Herrn Siegfried Wedecke, hatte er schon als Kind Vergeltung für den Tod seines Bruders Karl geschworen. Das gleiche galt für die Richter, die seine Mutter der Zauberei angeklagt und in den Kerker geworfen hatten. Er hatte den Tod des Vaters noch nicht gerächt und sich auch noch nicht mit den Mördern Elsa Lengens auseinandergesetzt. Auch seine Exzellenz Juan de Tolosa, der ihm die Freiheit verdankte, hatte seinen Verrat noch nicht bezahlt.

Vielleicht hätte ich all das vergeben und vergessen, wäre Nahua von Ramirez nicht zerstört worden, dachte Marten. Vielleicht . . .

Armada Invencible

1

Jan Kuna, genannt Marten, saß allein im Wirtshaus von Dicky Green zu Deptford, dachte an seine Niederlage und schäumte innerlich vor Wut über die vor kurzem erlittene Demütigung.

Ihn schmerzte nicht so sehr die verlorene Wette, durch die er einen prächtigen Viererzug samt Wagen verloren hatte, sondern die Tatsache, daß die schöne Gipsy Bride mit Herrn de Vere in diesem Wagen fortgefahren war und ihn dem Gespött der Hofschranzen und aufgeputzten Kavaliere preisgegeben hatte, mit denen er nicht sofort, den Degen in der Hand, hatte abrechnen können...

War von Gipsy Bride etwas anderes zu erwarten gewesen? Ihre Mutter wohnte in Soho und besaß dort einen Gemüsestand. Gipsy hatte mit dreizehn Jahren begonnen, in einer Wäscherei zu arbeiten. Über ihren Vater war nichts Genaues bekannt. Gerüchten nach war er ein umherziehender Musikant — vielleicht tatsächlich ein Zigeuner, wie man sagte, vielleicht auch ein Irländer oder Franzose. Jedenfalls war sein Verhältnis zu der jungen, hübschen Besitzerin des Gemüsestandes nicht von langer Dauer gewesen, und die Kirche hatte es nicht gesegnet.

Ihre Tochter Gipsy — so wurde sie von den Nachbarn genannt — zeigte weder Interesse für den Gemüsestand noch für das Plätten und Fälteln von Spitzenkrausen. Mit fünfzehn Jahren lief sie mit einer italienischen Seiltänzer- und Komödiantentruppe davon und lernte zum Tamburin singen und tanzen. Da sie schön und gewandt war, hatte sie Erfolg. Als Marten sie zum erstenmal sah, war ihre Schönheit im Erblühen.

Die italienische Truppe, der sie angehörte, befand sich damals gerade in Greenwich und hatte ihre Zelte gleich neben Martens Besitzung aufgeschlagen, wo man gewöhnlich vom frühen Nachmittag bis zum Abend und die ganze Nacht hindurch Karten spielte, kegelte, aß, trank, zum Zeitvertreib auf Scheiben, Fasanen oder Tauben schoß, mit den Hunden zur Fuchshatz ritt oder Streit hervorrief und sich gegenseitig mit den Degen etwas Blut abzapfte.

Selbstverständlich ließen die ausgelassenen jungen Leute diese Gelegenheit zu neuer Zerstreuung auf Kosten des gastfreundlichen Wirts nicht ungenutzt. Die Italiener wurden zum Mittagessen eingeladen, dann fand auf dem Hof vor dem Haus eine Vorstellung statt, der ein Gelage folgte, das bis zum Morgen währte. Dabei gelang es Gipsy, Marten völlig in ihren Bann zu ziehen.

Am nächsten Tag verließen die Wagen der Komödianten, allerdings ohne Gipsy, Greenwich. Der Direktor der Truppe erhielt für sie ein ansehnliches Säckchen Dukaten und sechs Maulesel aus Martens Stall.

Gipsy hingegen lernte binnen weniger Monate in Greenwich bedeutend mehr als während der Jahre, die sie mit der Truppe von Ort zu Ort gezogen war. Sie konnte auch weiterhin weder lesen noch schreiben, sie verstand es aber sehr bald, sich fast wie eine Dame zu benehmen, sich höflich, amüsant und schlagfertig zu unterhalten, Gedichte zu rezitieren, Gäste zu empfangen, bei Tisch den Vorsitz zu führen, sich mit Geschmack zu kleiden und vor allem — das Geld mit vollen Händen auszustreuen.

Marten war stets freigebig, oft sogar verschwenderisch. Sein großes, während der Kaperfahrt unter Francis Drake im Jahre 1585 erworbenes Vermögen schmolz wie Schnee in der Sonne dahin und zerrann ihm zwischen den Fingern unvorstellbar rasch. Das Besitztum in Greenwich mit der Dienerschaft, den Pferden und Wagen, die ständigen Gäste — dieses Sammelsurium von jungen Lebemännern, Abenteurern, fahrendem Volk und Schmarotzern —, unbedachte Geldspekulationen, die Leichtgläubigkeit, mit der Marten seinen »Freunden« Darlehen gab, und das blinde Vertrauen in seine Verwalter hatten sein Vermögen im Verlauf von zwei Jahren beträchtlich vermindert. Gipsy Bride aber hatte innerhalb eines knappen Jahres zweimal soviel verschwendet ...

Und nun, da er vor dem Ruin stand und sich mit dem Gedanken trug, sein Schiff zu einer neuen Kaperfahrt vorzubereiten, um dem Schuldturm zu entgehen und seine Residenz vor der Versteigerung zu bewahren, hatte ihn Gipsy Bride als erste verlassen und noch dazu auf eine solch schmähliche Art und Weise.

Marten war so unvorsichtig gewesen, ihr seine Absichten anzuvertrauen. Er hatte beschlossen, einen Teil der Dienerschaft zu entlassen und allmählich, Schritt für Schritt, die Ausgaben einzuschränken. Er wußte sehr gut, daß seine Gläubiger aus Angst um ihre Forderungen über ihn herfallen würden, wenn er dies plötzlich täte, und daß er dann jeden Kredit einbüßte. Er wollte die Sanierung seiner Besitzangelegenheiten mit dem Verkauf seiner vier Rappen beginnen und von dem Erlös die Vorräte der »Zephir« ergänzen. Zu diesem Zweck hatte er sich für den nächsten Tag mit einem Pferdehändler in Southwark verabredet.

Gipsy hieß seinen Entschluß gut. Selbstverständlich, selbstverständlich — man müsse für eine gewisse Zeit die Lebensweise ändern, man müsse sparen. Sie verstehe das sehr gut. Sie sei sogar bereit, mit Jan nach Southwark zu fahren, um zu verhindern, daß er es sich noch anders überlege.

»Wir fahren schon heute«, sagte sie mit ernster Miene, »halten uns in Deptford auf und sehen den Hundekämpfen zu. Henry erzählte mir, daß sein Hund Robin gegen einen Wolf kämpfen werde.«

Marten erklärte sich bereitwillig einverstanden, obwohl er Henry de Vere ebensowenig leiden konnte wie die übrigen eingebildeten Edelleute, die sich am Hof der Königin Elisabeth breitmachten und denen er oft in Gesellschaft des Chevaliers de Belmont begegnete. De Vere, Hatton, Blount, Drummond oder Ben Johnson sahen mit einer gewissen nachsichtigen Geringschätzung auf Marten herab. Sie duldeten ihn in ihrem Kreis, da Richard de Belmont mit ihm befreundet war. Sie wagten es nicht, ihn offen zu beleidigen, denn sie wußten, daß er zu allem fähig war und gefährlich werden konnte. Begegneten sie aber Marten allein, schienen sie ihn kaum zu kennen. Sie beantworteten seinen Gruß nur mit einem nachlässigen Kopfnicken. Er war zu stolz, als daß er sich um ihre Gunst bemühte, und unterließ es bald, sie zuerst zu grüßen.

Diesmal geruhte Herr de Vere, ihn zu bemerken. Er verneigte sich schon von weitem, trat näher, begrüßte Marten und seine Begleiterin und musterte die vier schwarzen Traber mit Kennerblicken. Er war höflich, zuvorkommend, voll aufrichtiger Bewunderung für das Gespann und voll Galanterie für Gipsy. Beiläufig erwähnte er Belmont, der in Kürze aus Frankreich zurückkehren sollte, und kam dann auf seine Hunde zu sprechen. Schließlich lud de Vere die beiden ein, mit ihm zu dem Zwinger zu gehen, in dem Robin untergebracht war.

Der Hund war in der Tat ungewöhnlich groß und stark. Er sah gefährlich aus. Als Marten jedoch Robins Gegner, einen mächtigen Wolf mit fahlgelbem Fell und glühenden Augen, gesehen hatte, konnte er sich nicht enthalten, seine Zweifel am Ausgang des Kampfes zu äußern.

De Vere fühlte sich dadurch etwas gekränkt. Robin hatte bereits einige Male gegen die berühmtesten Hunde Englands gekämpft, immer gesiegt und einmal gemeinsam mit zwei anderen Hunden einen Bären zerfleischt.

»Das beweist noch nicht, daß er den Wolf besiegt«, erwiderte Marten.

De Vere stieg die Zornesröte ins Gesicht, aber er beherrschte sich. »Ich sehe, daß Ihr Euch in Hunden viel schlechter auskennt als in schönen Frauen und Pferden«, antwortete er spöttisch. »Ich wette dreihundert Guineen, daß Robin den Wolf in einer Viertelstunde besiegt.«

»Das glaube ich nicht«, murmelte Marten. Er hatte große Lust, die Wette anzunehmen, besaß jedoch nicht einmal hundert Guineen und wollte dies nicht eingestehen. De Vere erriet anscheinend den Grund von Martens Zögern, denn er schlug plötzlich vor, er würde seinen Einsatz verdoppeln, wenn Marten Gespann und Wagen dagegensetzte. Marten zögerte noch immer. Er schaute auf Gipsy. Sie lächelte de Vere an, der sie mit heißen Blicken verzehrte.

»Vielleicht würdet Ihr lieber . . ., vielleicht möchtet Ihr an Stelle des Viererzuges lieber einen noch wertvolleren Einsatz wagen . . .«, setzte de Vere mit unverschämtem Lächeln das Gespräch fort. »Zum Beispiel . . .« Er verstummte und streifte das Mädchen mit einem vielsagenden Blick.

»Ich würde es bei den Pferden bewenden lassen«, erwiderte Marten, »und Euch dasselbe raten.« Seine Augen blitzten.

De Vere verzog das Gesicht, als hätte er sich die Zunge verbrannt. »Wie Ihr wünscht, ganz wie Ihr wünscht«, antwortete er beschwichtigend.

Als sich Wolf und Hund gegenüberstanden, herrschte unter den Zuschauern schon beträchtliche Erregung. Das Gerücht von einer hohen Wette zwischen Robins Eigentümer und Marten, das sich bereits unter den Bekannten des Chevaliers de Vere und in der Zuschauermenge verbreitet hatte, steigerte sie noch.

Der Wolf zeigte anfangs nicht viel Mut. Er preßte sein Hinterteil gegen die Stäbe des Käfigs, zog den Schwanz ein und fletschte die großen weißen Zähne. Der Hund dagegen brannte vor Verlangen, sich in den Kampf zu stürzen, so daß ihn die vier stämmigen Stallknechte des Herrn de Vere nur mit Mühe festhalten und von der Kette lösen konnten. Kaum war die Klappe des Käfigs hinter ihm gefallen, als Robin auch schon mit einem mächtigen Satz den Wolf ansprang. Der wich dem ungestümen Angriff geschickt aus, und der Hund überschlug sich. Doch anstatt den günstigen Augenblick auszunutzen und über Robin herzufallen, blieb der Wolf mit steifen, zum Sprung gespannten Läufen reglos stehen und wartete. Die Menge pfiff und verspottete ihn. Er wandte den Kopf den Zuschauern zu. Anscheinend konnte er nicht begreifen, weshalb die Menschen so lärmten. Seine Unachtsamkeit hätte ihn beinahe das Leben gekostet. Der Hund richtete sich auf, warf sich auf den Gegner und versuchte, ihn im Genick zu packen. Es gelang ihm nicht, sonst wäre es um den Wolf geschehen gewesen. Robin biß um den Bruchteil einer Sekunde zu früh zu. Seine Zähne faßten anstatt der Wirbelsäule nur das Fell. Der herausgerissene Hautlappen hing vom Rücken des Wolfes herab. Er blutete.

Blitzschnell erfolgte der Gegenangriff. Der Wolf packte den Hund unterhalb des Ohres. Robin winselte vor Schmerz laut auf. Dann stellten sich beide auf die Hinterläufe, stemmten sich gegeneinander und bemühten sich, einander zu fassen. Das Blut rann ihnen über Nase und Lefzen. Der Wolf gab kaum einen Laut von sich. Nur ein dumpfes Murren drang aus seiner Kehle. Der Hund knurrte, winselte und bemühte sich vergeblich, seinen Gegner umzuwerfen. Plötzlich strauchelte

er und wich, um das Gleichgewicht wieder zu erlangen, unter dem Druck des schweren Tieres zurück. Gleichzeitig spürte Robin einen heftigen Schmerz an der Schulter. Er krümmte sich zusammen und fiel auf die Seite. Im nächsten Augenblick hockte der Wolf auf ihm und drückte ihn zu Boden. Um sich schnappend, wälzte sich der Hund auf den Rücken. Da sah er die ungeschützte fahlgelbe Brust seines Gegners vor sich und vergrub in ihr seine Zähne, bis sie knirschend an den Rippen abglitten. Plötzlich befreit, sprang er auf und griff sofort wieder an.

Marten verfolgte den Kampf mit angehaltenem Atem, ohne auf Gipsy Bride zu achten, die sich an seinem Arm festklammerte und ihre Fingernägel in die Haut bohrte. Sobald der Wolf die Oberhand hatte, pfiffen die Zuschauer vor Freude, war der Hund im Vorteil, herrschte gespanntes Schweigen. Die Menge nahm offensichtlich für den Wolf und Marten, gegen Robin und die geschniegelten Kavaliere Partei.

Der Wolf blutete schon aus vielen Wunden, seine Kräfte ließen allmählich nach. Der Hund dagegen schien noch über beträchtliche Kräfte zu verfügen. Einige Minuten später gelang es ihm, den Gegner am Unterkiefer zu packen und dadurch selbst einem Biß zu entgehen. Zum erstenmal winselte der Wolf. Obwohl er sich gleich darauf aus den Zähnen Robins befreien konnte, zog er sich von da an zurück, wehrte ab und ging nur noch selten zum Angriff über. Der schmerzhafte Biß schien seinen Unterkiefer verletzt zu haben. Hautfetzen hingen ihm von der Brust und den Flanken herab. Trotzdem kämpfte er, blutüberströmt, bis er zusammenbrach und sich die scharfen Zähne des Hundes in seine Kehle gruben. Zwar versuchte er noch, sich loszureißen, er warf sich hin und her und suchte Halt für seine Pranken, doch Robin hatte ihm die Luftröhre durchgebissen, und das Blut drang in die Lunge. Der Hund zerrte an ihm, verbiß sich immer tiefer im Hals des Wolfes, zerrte ihn auf dem Rücken über den zerwühlten Rasen, bis er sich selbst an dem Blut verschluckte und losließ. Dann umkreiste Robin sein Opfer, legte sich schwer atmend neben ihm hin und beleckte seine blutenden Lefzen.

»Ihr habt also doch die Wette verloren, Kapitän Marten«, sagte Henry de Vere, als alles zu Ende war. »Ich werde Euch nach Greenwich mitnehmen müssen.«

Trotz der aufmunternden Blicke Gipsys wollte Marten von dem Anerbieten keinen Gebrauch machen. Er erklärte, daß er nicht die Absicht habe, heute nach Greenwich zurückzukehren. Er wolle in Deptford auf der »Zephir« übernachten und dort die Ankunft seines zweiten Wagens abwarten, um mit ihm nach Hause zu fahren.

Bis zum Deptforder Hafen waren es aber gute zwei Meilen. Der Weg war sandig, und Gipsy hatte leichte Schuhe mit hohen Absätzen an.

Während Marten nach seinem Kutscher Umschau hielt, den er in die nächste Herberge nach einer Mietkutsche schicken wollte, beschloß die übelgelaunte Schöne, in dem verwetteten Wagen zu warten. De Vere hatte sie dazu eingeladen.

Doch sie wartete nicht. Als Marten zurückkam, trabte das Viergespann gerade um die halbrunde Anfahrt und entführte Gipsy in Richtung London. Auf dem Bock thronte steif ein Kutscher in der Livree des Herrn de Vere. Er selbst neigte sich über Gipsy Bride, die hell auflachte. Der Wagen rollte vorbei und wirbelte eine Staubwolke auf. Ihm folgte ein schwerer Break mit dem Rest der vornehmen Gesellschaft, die beim Anblick des verblüfften Marten in lautes Gelächter ausbrach.

Dieses Lachen traf ihn wie ein Peitschenhieb. Heißer Zorn nahm ihm für eine Weile jede klare Überlegung. Er wollte den feinen Herrchen nacheilen, die brennende Demütigung in ihrem Blut löschen, die flatterhafte Geliebte ohrfeigen und de Vere ins Gesicht spucken. Zur rechten Zeit wurde ihm jedoch bewußt, daß er sich noch lächerlicher machen würde, wenn er dem Wagen nachlief. Er blieb also stehen, nagte an seinem Bärtchen und starrte ihnen nach. Auf einmal drehte sich Gipsy um, winkte mit der Hand, als wollte sie ihm noch von weitem einen Abschiedsgruß senden. De Vere wandte ebenfalls seinen Kopf, sogar der steife Kutscher drehte sich auf seinem Bock um. Aus dem Break beugten sich zu beiden Seiten vom Lachen gerötete Gesichter, Arme hoben sich zu einer Abschiedsgeste.

Marten wandte sich jäh ab und bemerkte, daß der peinliche Vorfall auch bei den Insassen anderer Wagen Heiterkeit auslöste. Er war für die gesamte große Welt Londons zur Zielscheibe des Spottes und der Witze geworden. Damen mit hohen Perücken und kostbaren Kleidern betrachteten ihn neugierig hinter ihren Fächern hervor, man flüsterte sich über ihn irgendwelche skandalösen Gerüchte zu, die Kavaliere bemühten sich, boshafte Witze zu machen, ja sogar die Diener und die herumstehenden Gaffer wiesen mit dem Finger auf ihn. Zum Glück kam Martens Kutscher mit dem gemieteten Wagen. Jan setzte sich auf den Rücksitz und befahl, auf dem kürzesten Weg zum Hafen zu fahren.

Marten begab sich jedoch nicht an Deck der »Zephir«. Er wollte vor allem seiner Erregung Herr werden und in Ruhe über die üble geldliche Lage nachdenken, in der er sich befand. Er hatte plötzlich die Möglichkeit verloren, eine ziemlich beträchtliche Summe durch den Verkauf des Gespanns zu erhalten, und wußte nur zu gut, daß die vier Rappen samt Wagen einer der wenigen Posten gewesen waren, die noch ihm gehört hatten, über die er frei verfügen konnte. Das übrige war entweder verpfändet oder diente als Deckung für die von ihm ausgestellten Schuldscheine. Nur eine erfolgreiche Kaperfahrt konnte ihn vor dem Ruin bewahren, und gerade die hatte er während des letzten Jahres immer wieder von Monat zu Monat hinausgeschoben. Die vernachlässigte »Zephir« lag mit rostenden Ankerketten am Ufer der Themse, und ihr schlanker Rumpf bewuchs mit Muscheln.

Nachdem Marten den Kutscher abgefertigt hatte, ging er in Dicky Greens Wirtshaus, in dem er früher ein häufiger Gast gewesen war. Bei einem Krug portugiesischen Weines versuchte er, seine Gedanken auf das wichtigste Problem zu konzentrieren: wie und wo er noch ein Darlehen auftreiben konnte — eine Aufgabe, die unlösbar zu sein schien. Diese Tatsache und der noch immer in ihm wühlende Zorn über Gipsys gemeine Handlungsweise trugen nicht zur Besserung seiner Stimmung bei.

Inzwischen füllte sich die Gaststube. Immer zahlreicher betraten Schiffer mit ihren Gehilfen, Kapitäne, Besitzer kleiner Werkstätten oder Werften, Handwerker und Agenten die Schenke. Sie wollten sich nach der Arbeit stärken, den Durst löschen, irgendein Geschäft besprechen, einen Handel über die Ausbesserung der Takelage oder das Säubern des Schiffsrumpfes unter der Wasserlinie abschließen. Marten wandte der geräumigen Gaststube, deren Decke von altersgeschwärzten Säulen getragen wurde, den Rücken zu. Erst nach geraumer Zeit wurde ihm bewußt, daß er nicht mehr allein war. Unwillkürlich vernahm er jetzt das Stimmengewirr, das Lachen und fing Gesprächsfetzen auf. Marten war sich beinahe sicher, hier Bekannten zu begegnen, hatte aber kein allzugroßes Verlangen danach. Er saß im äußersten Winkel, weit vom Ausgang, und starrte trübsinnig vor sich hin. Er wußte, daß es ihm nicht gelingen würde, das Wirtshaus unbemerkt zu verlassen, und hatte sich bereits damit abgefunden. Doch er wandte sich nicht um, denn er wollte Zeit gewinnen, eine Weile allein sein.

Am Nebentisch, den er nicht überblicken konnte, ohne sich umzudrehen, hatte sich eine laute Gesellschaft von Seeleuten niedergelassen. Irgendein Kapitän mit leicht fremdländischer Aussprache, die Marten sonderbar bekannt vorkam, führte dort das große Wort. Seine witzigen Bemerkungen, besonders aber die mit viel Schwung und Humor erzählten Abenteuer, riefen bei der Tischrunde laute Heiterkeit hervor. Die Kapitäne bogen sich vor Lachen, die Whiskygläser und Bierkrüge wurden viel häufiger geleert als an einem der anderen Tische.

»Ich komme gerade aus Inverness«, berichtete der vielgereiste Mann mit der Marten so bekannten Stimme. »Ich muß gestehen, daß ich anfangs überaus herzlich aufgenommen wurde. Erst später verdarb mein Erster Offizier alles. Schließlich mußte ich ihn sogar dort lassen und allein zurückfahren. Aber ich will nicht vorgreifen und euch der Reihe nach erzählen, wie es dazu kam. Ich weiß nicht, ob ihr schon einmal Gelegenheit hattet, an einem kräftigen schottischen Frühstück teilzunehmen, dem ein leichter Lunch folgt, bestehend aus einem Bushel Austern, einem halben Dutzend Hammelkoteletts mit Gemüse, ungefähr zehn Quart Bier und zwei oder drei Bechern Whisky zum Abschluß. Wenn ihr das erlebt habt, dann werdet ihr zugeben müssen, daß man einen starken Schädel und einen gesunden Magen haben muß, will man dann noch an der Mittagstafel und während des Abendbrotes mithalten, bei dem beträchtlich mehr gegessen und doppelt soviel getrunken wird. Was mich anbelangt, wurde ich damit ganz gut fertig, aber mein Erster Offizier hatte anscheinend das Maß überschritten, denn er verschwand im Garten, um bestimmte diskrete Angelegenheiten zu erledigen. Dort begegnete er der reizenden Stieftochter unseres Gastgebers und begann, ihr recht stürmisch den

Hof zu machen. Ich möchte nicht, daß ihr denkt, ich könnte einen jungen Mann nicht verstehen, der es mit einem verführerischen Mädchen zu tun bekommt. Für mich ist es völlig klar, daß er in solch einem Falle seinem Entzücken nicht besser Ausdruck verleihen kann als durch einen Kuß, und das besonders dann, wenn er die Kleine dicht vor sich hat und sonst niemand zugegen ist. Mein Erster Offizier handelte so und verdient meiner Ansicht nach Anerkennung dafür. Allerdings ging er noch beträchtlich weiter, so weit, daß er ein paar Maulschellen erhielt und mit zerkratzter Nase zurückkam. Sein Aussehen erweckte bei dem Stiefvater und der Mutter jener Schönheit berechtigten Verdacht. Ich versuchte zwar, den Schwerenöter vor dem Zorn der Eltern zu schützen, zumal ich unseren Gastgeber noch sehr gut aus jener Zeit kannte, bevor er zum zweitenmal heiratete. Ich glaube seiner Ehre keinen Abbruch zu tun, wenn ich verrate, daß er damals, obwohl er noch nicht lange Witwer war, des öfteren schöne Frauen in den Armen hielt. Ich habe ihn sogar in Verdacht, daß er die Gewohnheit hatte, die hübschen Mädchen einer Handwerkergenossenschaft zu küssen. Zwei- oder dreimal wurde er dabei ertappt, als er die Vorsteherin in einer Art und Weise umarmte, daß über das Ziel der Zärtlichkeiten kein Zweifel aufkommen konnte. Diese Tatsache wurde durch glaubwürdige Zeugen bestätigt. Ich hielt also, wie ihr seht, gewisse Trümpfe in der Hand, mir schien es wenigstens so. Erst etwas später kam ich zu der Einsicht, daß man die vorehelichen Liebesabenteuer eines Mannes niemals in Gegenwart seiner rechtmäßig angetrauten Gattin erwähnen darf, es kann bedauerliche Folgen haben. So war es auch diesmal. Als ich alle Argumente zur Verteidigung meines Ersten Offiziers vorgebracht hatte, zerfloß unsere teure Gastgeberin in Tränen, und ihr Gatte wurde so eisig höflich, daß man in seiner Nähe Schnupfen bekommen konnte. Tags darauf trat der Familienrat zusammen. Es versammelten sich einige Tanten, Onkel und die beiden Großmütter, um über das Schicksal der beiden jungen Leute zu entscheiden. Ich kann euch versichern, daß alle Anwesenden, einschließlich der Frau des Hauses und ihres Mannes, aussahen, als hätte man sie aus der Leichenhalle geholt. Mein Erster Offizier ähnelte einem Gehängten, den man gerade vom Strick abgeschnitten hat. Nur die Jungfrau blühte inmitten dieser Mumien wie eine Rose. Der Familienrat beschloß, daß die beiden heiraten müssen — und, stellt euch vor, dieser Nichtsnutz war sofort einverstanden! Er hatte mir schon oft Sorgen und Ärger bereitet, ich wünschte ihm manchmal das Schlimmste an den Hals, so zum Beispiel, daß ihn ein Haifisch verschlinge oder ihm in einer dunklen Gasse die Kaldaunen aus dem Leib gerissen würden, ich habe es aber, Gott sei mein Zeuge, nie ernst gemeint und erwartete nicht, daß er so böse hereinfallen könnte. Ja, meine Lieben, so war es. Ich erzähle euch diese Geschichte als Warnung, damit ihr eine Nutzanwendung aus meinen Erfahrungen zieht. Ich bin nun wieder ohne Gehilfen, und meine ›Vanneau‹ ist der notwendigen Fürsorge beraubt.«

Bei den letzten Worten drehte sich Marten wie von einer Feder geschnellt auf seinem Stuhl um. »Vanneau«? So hieß doch die kleine, schmucke Fregatte Pierre Carottes! Die »Vanneau« war doch aber vor drei Jahren in der Bucht von Tampico an der Küste Neuspaniens untergegangen ...

Und trotzdem — es war bestimmt Carotte. Sein rotbackiges Gesicht, das durch die Narbe an der einen Wange etwas verunstaltet war, strahlte vor Freude.

»Meiner Treu!« rief er, sprang auf und stieß dabei mit seinem rundlichen Bäuchlein gegen die Tischkante. »Das ist doch Jan Marten, wie er leibt und lebt!«

Marten bestätigte diese Feststellung und erdrückte den beleibten Franzosen vor lauter Zärtlichkeit beinahe in seinen Armen. Dann überschütteten sie sich gegenseitig mit einem Hagel wirrer Fragen und Antworten, um so rasch wie möglich die Lücke, die die Zeit in ihre freundschaftlichen Beziehungen gerissen hatte, zu schließen.

Die beiden trennten sich damals nach der Rückkehr von der berühmten Kaperfahrt Francis Drakes, an die sich Marten im Golf von Mexiko angeschlossen hatte. Nachdem sein Schiff untergegangen war, hatte Pierre Carotte eine Zeitlang den Dienst des Ersten Offiziers auf der »Zephir« versehen. Obwohl er eigentlich kein Korsar war, verließ er Marten nicht und machte diese an Abenteuern reiche Fahrt mit, die die ganze Welt mit Staunen, die Spanier jedoch mit Zorn und Entsetzen erfüllte und die jedem Teilnehmer Truhen voll Gold bescherte. Die aus einigen zwanzig Schiffen bestehende Eskader Drakes und die vier Segler unter Martens Kommando eroberten zuerst den Hafen Ciudad Rueda und vernichteten in ihm die beste Flottille spanischer Karavellen und viele leichtere Kriegsschiffe. Dann plünderten die Korsaren die Stadt und machten sie dem Erdboden gleich. Anschließend nahmen Drake und Marten Kurs auf die Insel Haiti. Sie eroberten San Domingo kampflos und machten riesige Beute. Dann suchten sie die Küste Kubas und Floridas heim. Obwohl ihnen die Silberflotte entging, war ihre Beute so groß, daß sie einen Teil davon zur Entlastung der Schiffe im Meer versenken mußten.

Nach England zurückgekehrt, bestellte Carotte für seinen Anteil auf einer Werft im Firth of Tay eine neue Fregatte und taufte sie zum Andenken an sein von den Spaniern versenktes Schiff »Vanneau II«. Er befaßte sich weiter mit Handel, besaß nach wie vor den Ruf eines soliden Kapitäns und lustigen Zechbruders, erfreute sich einer ausgezeichneten Gesundheit und des allgemeinen Wohlwollens. Was die übrigen Gefährten und Freunde aus jener Zeit der Abenteuer und Kämpfe im Golf von Mexiko und im Karibischen Meer betraf, wußte Carotte über ihr Schicksal weniger als Marten.

Dem ersten Teilhaber Martens, Salomon White, gehörte jetzt die »Ibex«, deren Kapitän er lange Jahre gewesen war. Er hatte das Schiff von seinen früheren Reedern gekauft und es William Hoogstone, seinem Ersten Offizier, unterstellt, der sein Schwiegersohn geworden war.

Der Chevalier Richard de Belmont, Kapitän der Prise »Toro«, seines Beuteanteils unter Marten, widmete sich hauptsächlich seinen gesellschaftlichen Beziehungen am königlichen Hof. Oft reiste er in vertraulichen, inoffiziellen diplomatischen Missionen nach Frankreich und führte verwickelte Verhandlungen mit den Parteigängern des Béarners. Sein Korsarenhandwerk hatte er nicht aufgegeben. Er betrieb es aber mehr oder weniger als Zerstreuung, die ihm übrigens beträchtlichen Gewinn brachte.

»Und Henryk Schultz?« erkundigte sich Carotte.

Marten lächelte. »Henryk Schultz hat es sich in den Kopf gesetzt, mir die ›Zephir‹ abzukaufen«, antwortete er mit einem leisen Seufzer.

»Du hast doch nicht etwa die Absicht, die ›Zephir‹ zu verkaufen?« rief Carotte.

»Ich denke nicht daran«, antwortete Marten. »Schultz ist jetzt reich und glaubt, daß er für sein Geld alles haben kann. Es ist gar nicht so einfach, ihm klarzumachen, daß er sich irrt.«

»Was macht er sonst noch?«

Diese Frage ließ sich beim besten Willen nicht mit einem Satz beantworten, denn Henryk Schultz hatte inzwischen eine sehr vielseitige Tätigkeit entfaltet. Er war jetzt ein bedeutender Kaufherr und Bankier und gelegentlich auch Wucherer. Er vermittelte Geschäfte, war Makler, besaß ein großes Handelshaus in Danzig mit Filialen in Amsterdam, Kopenhagen, Hamburg und London, unterhielt Beziehungen zum Hansebund, legte Kapital in soliden Schiffbaugesellschaften an. Seine Neigung zu politischen Intrigen fand in geheimen Ränken zwischen dem Danziger Senat und einflußreichen Persönlichkeiten an den Höfen Sigismunds III. von Polen, Jakobs IV. von Schottland, Philipps II. von Spanien, ja sogar des Papstes Sixtus V. in Rom volle Befriedigung. Durch scheinbar völlig uneigennützige Dienste stahl er sich in die Gunst der Bischöfe und Kardinäle und errang durch seine Diskretion, seine Frömmigkeit und durch kleine Stiftungen für die Kirche, die er geschickt auszuposaunen verstand, das Wohlwollen und Vertrauen des Klerus. Er gab Berichte und nahm solche auf Wegen entgegen, die nur er allein kannte. So war er gewöhnlich gut unterrichtet und galt in Kaufmannskreisen als ein Mann von besonderer Voraussicht. Wenn er noch nicht im Senat der Stadt Danzig saß (wovon er früher oft geträumt hatte), dann nur deshalb, weil ihm die Zeit fehlte, dieses ehrenvolle Amt auszuüben. Er hatte dort jedoch bedeutenden Einfluß und wichtige Verbindungen.

Für Marten hatte er von früher her, als er noch Schiffsjunge und später Erster Offizier auf der »Zephir« gewesen war, ein sonderbares Gemisch von Gefühlen bewahrt, das sich aus Bewunderung, nachsichtiger Verachtung und dem Wunsch, ihn zu demütigen, zusammensetzte. Vor allem war es aber Berechnung, denn Schultz glaubte an Martens Glück, an dessen guten Stern. Er hielt ihn für den erfahrensten und tüchtigsten Kapitän und sein Schiff für den schönsten Segler der Welt. Er wollte es besitzen, ohne übrigens die Absicht zu haben, Marten das Kommando abzunehmen. Schultz wollte lediglich dessen ganzes Tun und Lassen seinen praktischen Plänen unterordnen, die seiner Ansicht nach viel vernünftiger waren als die riskanten Einfälle Martens.

»Ich denke nicht daran«, wiederholte Marten zum Abschluß seines Berichts. »Die ›Zephir‹ war alles, was ich mit achtzehn Jahren besaß, und ist fast alles, was ich jetzt mein eigen nenne. Das übrige...« Er schnippte mit den Fingern. »Das übrige ist verschwunden wie ein Bächlein, das im Sand versickert. Es war da und ist nicht mehr! Solange ich aber die ›Zephir‹ und solche Freunde wie Pierre Carotte besitze, kümmert mich das wenig. Was nicht ist, wird wiederkommen.«

»Du bist unverbesserlich«, erklärte Carotte. »Ich will dir keine Predigt halten, das würde sowieso nichts nützen. Wäre ich Schultz, würde ich dir allerdings keinen Groschen geben. Ich kann mir denken, daß er so und nicht anders verfährt. Da ich aber nicht Schultz heiße und auch nicht vorhabe, dich zum Verkauf der ›Zephir‹ zu zwingen, werde ich dir für das Allernotwendigste und Dringlichste etwas Geld leihen. Wie hoch ist der Betrag, der dich vor dem Ruin rettet?«

Marten wußte es nicht genau. Carotte schien darüber etwas ärgerlich zu sein.

»Ich sehe, daß ich mich um deine Angelegenheiten werde kümmern müssen«, sagte er kopfschüttelnd. »Gehen wir. Im Hafen wartet die Schaluppe auf mich. Ich will dir die ›Vanneau‹ zeigen, und dann wollen wir sehen, was sich tun läßt.«

Das Hieronymitenkloster San Lorenzo el Real, das in der felsigen, öden Sierra de Guadarrama aufragt, schien in tiefem Schlaf versunken zu sein. Das hätte man annehmen können, wenn man die Gebäude von dem armseligen Städtchen Escorial aus betrachtete, das unterhalb des Klosters an der Straße nach Madrid liegt. Doch die Einwohner von Escorial konnten ohnedies nicht viel von dem wahrnehmen, was sich hinter den Außenmauern und dunklen Fenstern dieses mächtigen Baues, der zum Andenken an den Sieg von Saint Quentin errichtet worden war, abspielte.

Zwanzig Höfe gliedern das Kloster in siebzehn Gebäude, deren jedes einem anderen Zweck dient. Achtundneunzig Türme ragen gen Himmel, tausend Säulen tragen die Wölbungen und Arkaden, und elfhundert Fenster blicken von der Höhe des Hügels nach allen vier Himmelsrichtungen.

Die Fenster waren jetzt dunkel. Nur aus einem sickerte schwacher Lichtschein. Es gehörte zu einem kleinen Zimmer, an dessen Wänden dunkelgrüne Gobelins hingen. An dem Tisch aus Palisanderholz saß in einem schweren, geschnitzten Sessel ein bleicher, vorzeitig gealterter Mann in einem schwarzen Samtanzug, den nur eine schmale Spitzenkrause zierte. Er arbeitete noch, obwohl Mitternacht längst vorüber war und ihm an diesem Tage das Podagra und die eiternden

Schwären am Hals und in der Leistengegend besonders arg zusetzten. Er arbeitete wie kein anderer Herrscher seiner Zeit. Von diesem Tisch aus lenkte er die Geschicke vieler Völker, setzte Regenten und Vasallen ein und wieder ab, ernannte Bischöfe, rottete Häretiker aus und festigte die Herrschaft der katholischen Kirche. Es war der König von Spanien und Portugal, Herrscher über die Niederlande, halb Italien und Westindien. Er hielt sich für das Werkzeug Gottes auf Erden. Alles, was er unternahm, tat er zum Ruhm Gottes, um seines göttlichen Erbes würdig zu sein. Er wußte, daß die Heilige Dreifaltigkeit seinen Vater, Karl V., nach dessen Tod an der Himmelspforte empfangen hatte. Über diese unwahrscheinliche Begebenheit hegte er nicht die geringsten Zweifel, hatte sie doch selbst Tiziano Vecellio auf einem seiner Gemälde verewigt. Er glaubte auch felsenfest daran, daß er, Philipp II., eines ähnlichen Empfanges im Paradies teilhaftig werden würde. Bevor aber diese Stunde kam, mußte er noch viel tun.

Er fühlte sich müde, doch er wies jeden Gedanken an Ruhe weit von sich. Wo hätte er auch ausruhen sollen? Etwa im Palais Pastrana an der Seite der Fürstin Anna Eboli, die ihm, wie es sich gezeigt hatte, nicht treu war? Sie mußte seitdem gealtert sein, siebenundvierzig Jahre war sie jetzt alt, und damals in Aranjuez...

Nein, nicht daran denken, fort mit den Erinnerungen! Die Fürstin Eboli sollte bis zu ihrem Tod im Gefängnis bleiben. Er mußte die strittigen kirchlichen Angelegenheiten entscheiden, in denen er sich dem Papst widersetzte, den Aufstand in den Niederlanden endgültig niederschlagen, die französischen Katholiken unterstützen und die aragonischen Cortes bändigen.

Die Krankheit quälte ihn, der Stolz und das Verlangen nach Rache, vor allem an England und Elisabeth, die so oft schon seiner Liebe wie seinem Haß entglitten war, ließen ihn nicht zur Ruhe kommen. Diesmal entgeht sie mir nicht, dachte er.

Empört über die Vollstreckung des Todesurteils an Maria Stuart und den dreisten Überfall Drakes auf Cadiz, drängte er jetzt entgegen seinen Gewohnheiten zur Eile. Philipp war des Sieges gewiß. Außer dem päpstlichen Segen hatte er von Sixtus V. noch beträchtliche Hilfsgelder für dieses Unternehmen erhalten. Er selbst besaß die mächtigste Kriegsflotte der Welt und die zahlenmäßig stärkste Armee. Über einhunderttausend Mann standen unter Waffen.

Auf die Knie zwingen mußte man die Insulaner, mit Feuer und Schwert ihre Häresie ausrotten, Elisabeth demütigen und sie zur Rückkehr zum Katholizismus zwingen, um dereinst mit solchen Verdiensten vor die Heilige Dreifaltigkeit treten zu können. Welch eine herrliche Vision war das!

Er schreckte aus seinen Träumen auf.

Sein vertrauter Ratgeber und Günstling, der dreißigjährige Kardinal Erzherzog Albrecht von Habsburg, Bischof von Toledo, begann, das an diesem Tag vom Staatsrat redigierte amtliche Dokument über den beabsichtigten Überfall auf England laut vorzulesen.

»Zum ersten muß dieses große Unternehmen Gott empfohlen und für die

245

Vervollkommnung der Tugend und Frömmigkeit jener gesorgt werden, die zu seiner Ausführung auserwählt sind. Da Seine Königliche Majestät in diesen Belangen bereits vordem einen allgemeinen Befehl erteilt und den Beamten ernannt hat, der insonderheit alle diesbezüglichen Angelegenheiten überwacht, braucht der Befehl Seiner Königlichen Majestät nur erneut verkündet und darauf geachtet zu werden, daß er genau durchgeführt wird.«

Philipp II. nickte.

»Zum zweiten«, las Albrecht weiter, »müssen angemessene Mittel angewandt werden, um schnellstens die entsprechenden Summen für die Ausrüstung und Bewaffnung neuer Schiffe aufzutreiben. Zum dritten muß, um diese Mittel zu finden und festzulegen, eine Sonderkommission von Theologen berufen werden, die damit betraut und deren Meinung als maßgebend anerkannt werden kann.«

Albrecht sah über die Akte hinweg zum König hinüber und begegnete dessen düsterem Blick. Philipp schien darauf zu warten, daß er im Verlesen der Denkschrift fortfuhr. Doch die Mitglieder des Staatsrates waren noch zu keinen konkreten und ins einzelne gehenden Beschlüssen gelangt. Sie hatten lediglich vereinbart, am nächsten Tag wieder zusammenzukommen, in der Hoffnung, daß die Nacht sie in ihrem Streben erleuchten werde. Der Kardinal wußte nicht, ob er das aussprechen sollte. Doch Philipp war bereits über ihre fruchtlosen Auseinandersetzungen unterrichtet. Sie alle waren mit sich selbst und untereinander uneins. Sie erfaßten und begriffen nicht die Größe der Aufgabe, die sie zu erfüllen hatten. Nur er erkannte sie bis in ihre tiefsten Tiefen und mußte selbst entscheiden.

Die königliche Schatzkammer war leer. Die riesigen Einnahmen, selbst die aus Westindien, deckten nicht die Ausgaben für den Unterhalt der Armee und Flotte, für den sich ständig vergrößernden Staatsapparat, für die Besoldung der Geheimagenten und Spione, für die Bestechungsgelder, die Zuwendungen an die spanischen Parteigänger in Frankreich, Irland, in den deutschen Gebieten und in Polen sowie für den wachsenden Aufwand des Hofes, den Bau monumentaler Schlösser, wehrhafter Grenzfestungen und prunkvoller Paläste. Allein der Bau des Klosters San Lorenzo hatte in den letzten zwanzig Jahren über sechs Millionen Dukaten verschlungen, so viel wie die Gesamteinnahmen des Staates in einem Jahr betrugen.

Philipp II. nahm Darlehen auf, für die er den italienischen Bankiers Wucherzinsen zahlen mußte. Er trieb unbarmherzig Steuern ein, verkaufte Adelstitel und Ämter und nahm sogar dazu Zuflucht, die Geistlichkeit mit Sonderabgaben zu belegen. Nun erwartete er von seinen Räten eine ähnliche Initiative. Sie bemühten sich jedoch, ihm zu entschlüpfen, indem sie die Angelegenheit in die Hände der Theologen legten.

Philipp blies verächtlich die Lippen auf. Zum Glück brauchte er diesmal nicht mit ihnen zu rechnen. In der Stahlkassette, die hinter dem Sessel in die Wand eingelassen war, ruhte das in seinem Namen von Graf Olivarez, Philipps Gesandten in Rom, und für den Papst von Kardinal Caraffa unterzeichnete Geheimabkommen. Sixtus V. erklärte sich darin unter anderem damit einverstanden, daß er, Philipp, bestimmte Gelder aus den prall gefüllten Beuteln des spanischen Klerus entnehme. Die Mitglieder des Staatsrates wußten noch nichts davon. Mochten sie sich die Köpfe zerbrechen und nach „angemessenen Mitteln«, zu Geld zu kommen, suchen. Wenn sie welche fanden — um so besser. So oder so würden sie selbst mit ihren Dukaten und Cruzados herausrücken müssen.

Das Abkommen mit dem Papst enthielt jedoch noch andere, weniger günstige Klauseln. Sixtus war mißtrauisch und vorsichtig. Er befürchtete, daß Philipp seine Subsidien für einen Krieg gegen Frankreich oder für andere Zwecke verwenden würde. Deshalb drängte er darauf, daß der Feldzug gegen Elisabeth noch vor Ende 1587 begonnen wurde. Andererseits dachte er mit Angst und Schrecken daran. Welches Los erwartete England im Falle eines vernichtenden Sieges der Spanier? Würde Philipp zögern, dieses Land zu annektieren? Welche Macht wäre dann noch imstande, Spanien zu widerstehen, wenn die Insel dem Reiche Philipps einverleibt würde?

Um solch gefährlichen Folgen vorzubeugen, waren dem Apostolischen Stuhl in dem Geheimdokument Rechte vorbehalten worden, die besagten, daß der künftige katholische Herrscher England als Lehen aus den Händen des Papstes erhalten sollte. Zur Wahrung der kirchlichen und politischen Rechte bestimmte Rom den neuernannten Kardinal William Allen, der als Nuntius an dem Feldzug teilnehmen sollte.

Philipp wußte nicht viel mehr über Allen, als daß sich dieser Engländer der besonderen Gunst und Fürsorge des Vatikans erfreute, was keineswegs vertrauenerweckend war. Deshalb hatte Albrecht den Auftrag erhalten, über Allen nähere Informationen einzuziehen. Er hatte sie von einem Mann bekommen, der am Abend im Escorial eingetroffen war und nun im Vorzimmer der Gemächer Seiner Eminenz wartete.

Jener Mann, der Albrecht durch den einflußreichen Jesuiten Pedro Alvaro, den Sekretär des Kardinals Malaspina, empfohlen worden war, hieß Henryk Schultz. Nach dessen Informationen, die übrigens mit dem übereinstimmten, was der Bischof von Toledo zum Teil bereits aus anderen Quellen wußte, war Allen ein durch die Regierung Elisabeths verfolgter englischer Emigrant. Um den Nachstellungen zu entgehen, war er nach Reims geflüchtet, wo er zum Rektor des dortigen Kollegiums ernannt wurde. Schultz behauptete, der neue Kardinal sei ein aufrichtiger Anhänger der katholischen Kirche und ein Befürworter der spanischen Intervention, ihm fehle jedoch die gute Kenntnis der gegenwärtigen inneren Lage seines Vaterlandes. Allen hatte Sixtus V. angeblich versichert, daß zehntausend Soldaten genügten, England zu unterwerfen und zu beherrschen. Schultz dagegen behauptete, daß ihre Zahl dreimal so groß sein müßte, wenn der Überfall gelingen sollte.

»Worauf stützt er seine Behauptung?« fragte Philipp.

Albrecht zögerte eine Weile mit der Antwort. Was Schultz sagte, vermochte den Eindruck zu erwecken, als sei es absichtlich übertrieben, und er konnte in den Verdacht kommen, zugunsten eines Aufschubs, ja sogar einer Unterlassung des Feldzugs zu sprechen und zu arbeiten. Andererseits kam Schultz geradewegs aus England und wußte bestimmt, was dort vor sich ging. Sein Protektor Pedro Alvaro hätte ihn nicht so warm empfohlen, wenn er irgendwelche Zweifel in bezug auf dessen Absichten gehabt hätte.

»Es kommt mir so vor, als kenne dieser Mensch die englischen Verhältnisse besser als der künftige Nuntius«, erwiderte Albrecht. »Er sagt, der überwiegende Teil der Bevölkerung stehe auf seiten Elisabeths. Die Vollstreckung des Urteils an Maria Stuart sei bereits vergessen. Das gemeine Volk verehre sowohl die Königin wie auch ihren Günstling, den Grafen Essex.«

»Elisabeth besitzt aber weder eine Flotte noch eine Armee«, wandte Philipp ein.

»Das stimmt. Aber Korsarenschiffe . . .«

»Korsaren!« Philipp unterbrach ihn ungeduldig. »Korsaren!« wiederholte er verächtlich. »Dieses Räubergesindel trägt nur dann Siege davon, wenn es unerwartet Handelsschiffe oder friedliche Städte überfällt. Es kann sich aber mit der Großen Armada nicht messen.«

»Und doch ist es ihnen im Frühjahr gelungen, in den Hafen von Cadiz einzudringen . . .«, begann Albrecht. Unter dem zornigen Blick des Königs verstummte er.

»Rufe für morgen vormittag den Finanzrat zusammen«, befahl Philipp nach einer Weile tiefen Schweigens. »Für heute . . .« Er rückte sich im Sessel zurecht und sah zum Fenster. Das erste Morgendämmern rötete den Himmel.

Albrecht hielt die Audienz für beendet und verneigte sich. Der König rief ihn jedoch mit einer Handbewegung zu sich.

»Sei mir beim Aufstehen behilflich«, sagte er leise, als befürchtete er, ein Unberufener könnte die Worte, die von seiner physischen Schwäche zeugten, hören.

Albrecht beeilte sich, diesem Wunsch zu entsprechen. Philipp stützte sich schwer auf den Arm des Kardinals und ging langsam, hinkend, zu seinem Oratorium und kniete vor dem offenen Balkonfenster nieder, das wie eine Theaterloge in das Kirchenschiff blickte.

Die Frühmesse begann gerade. Die Orgel klang auf, um das Invitatorium zu begleiten. Priester in reichgeschmückten Meßgewändern wechselten sich am Altar ab, schritten von links nach rechts, von rechts nach links, erhoben die Arme und legten die Hände zusammen, drehten und wendeten sich wie in langsamem Tanz. Nonnen sangen drei Psalmen und drei durch lateinische Lektionen getrennte Antiphonen. Dann folgten unendlich lange Laudes, die mit dem »Laudate Dominum« begannen.

Das alles dauerte über eine Stunde. Der König kniete die ganze Zeit über und vergaß seine Gebrechen und Leiden. Die theatralischen Gesten der Priester, die pomphaften liturgischen Übungen, dieses Ballett vor der aus purem Silber gegossenen Statue des heiligen Laurentius, die schweren bläulichen Weihrauchschwaden, die sich durch die Kirche wanden und sich wie Schleier über die Flammen der Wachskerzen breiteten, die von Gold strotzenden Marmoraltäre, die prachtvollen Bilder und Fresken, die sich im Halbdunkel verloren, die im Morgenrot erglühenden Glasmalereien der hohen Fenster — das alles war zusammen mit dem Brausen der Orgel und den Liedern des Chors seine liebste und nun auch einzige Zerstreuung, der er sich nach der Arbeit hingab. Es war also gar nicht so sonderbar, wenn er meinte, daß dies auch dem Herrgott gefalle.

Beeindruckt von der Macht und dem Reichtum Spaniens, verließ Henryk Schultz dieses Land. Nachdem er seine Mission im Escorial erfüllt hatte, fuhr er nach Lissabon, wo sich die Armada Invencible, die »Unbesiegbare Armada«, sammelte. Als er den durch riesige Karavellen mit drei, ja sogar vier Artilleriedecks vollgepfropften Hafen sah, zweifelte er endgültig daran, daß es England möglich sein würde, sich solch einer Macht zu erwehren. Die Abfahrt der Flotte hatte sich hauptsächlich durch die Krankheit und den Tod des Admirals de Santa Cruz verzögert. Das war Schultz bekannt. Er wußte aber auch, daß Philipp II. bereits den Herzog von Medina-Sidonia zum Befehlshaber ernannt hatte. Ihm, Henryk Schultz, würde nicht viel Zeit bleiben, die dringenden Geschäfte in Calais und London zu erledigen, wenn er London noch vor Beginn des Kriegszuges verlassen und sich nach Danzig begeben wollte. Er sputete sich also.

Als Belohnung für die Informationen, die Schultz Seiner Eminenz, dem Bischof von Toledo, in Form einer Denkschrift eingehändigt hatte, war er nur um die Erlaubnis zum Betreten der Klosterkirche nachgekommen. Er wollte dort beichten und die Frühmesse anhören. Dabei hatte er geschickt eingeflochten, daß er hoffte, den Schöpfer um Schutz für seine in London zurückgelassene bescheidene Habe anflehen zu können. Auf diese Weise erhielt er aus der Hand Albrechts einen Geleitbrief, der ihm nicht nur vollkommene Bewegungsfreiheit in England unter der künftigen spanischen Herrschaft zusicherte, sondern auch jene »bescheidene Habe« vor einer Konfiskation oder Plünderung während der Kampfhandlungen schützen sollte. Doch Schultz traute nicht ganz der Wirksamkeit eines Geleitbriefes. Deshalb wollte er so rasch als möglich wieder in Deptford sein.

Er hoffte, daß es ihm endlich gelingen würde, Jan Marten zum Verkauf der »Zephir« zu bewegen oder sie für die Reise nach Danzig zu chartern.

Jan weiß sich ohne mein Geld nicht zu helfen, denn es gibt niemanden, der ihm etwas borgt, überlegte er während der Reise von Calais nach London. Er kann doch nicht zulassen, daß die »Zephir« im Dock verfault. Folglich ist das eine außerordentlich günstige Gelegenheit, die ich nutzen muß. Ich werde ihm harte Bedingungen stellen und ihn zum Nachgeben zwingen. Ich werde sein Reeder. Ohne mein Geld ist er verloren.

Aber diese außerordentlich günstige Gelegenheit entglitt Schultz nicht nur infolge Martens Begegnung mit Pierre Carotte. Es gelang ihm nicht einmal, die »Zephir« zu chartern, geschweige denn irgendein anderes Schiff aufzutreiben, das in der nächsten Zeit von England in die Ostsee segelte.

Die Nachricht vom Auslaufen der Großen Armada aus Lissabon gelangte im Frühjahr 1588 nach London und rief dort Panik und Entsetzen hervor. Zwar waren Elisabeth und ihre Räte schon seit langem über die spanischen Rüstungen unterrichtet, doch die Königin hatte immer wieder gezögert, einen Entschluß über die erforderlichen Verteidigungsmaßnahmen zu fassen. Sie hatte sich dabei zum Teil von ihrem angeborenen Geiz leiten lassen, zum Teil rechnete sie damit, den Krieg durch Verhandlungen abwenden zu können. War es ihr doch all die Jahre hindurch gelungen, Philipp II. zu täuschen und so das sehr labile Gleichgewicht zwischen Frieden und bewaffnetem Konflikt aufrechtzuerhalten. Jetzt allerdings neigte sich das Züngelin an der Waage endgültig auf die Seite des Krieges, und England schien fast wehrlos zu sein...

Lord Howard, Oberbefehlshaber der Kriegsflotte Ihrer Königlichen Majestät, gelang es mit Mühe und Not, vierunddreißig kriegstüchtige Schiffe zu sammeln. Im Vergleich zu der Macht des Admirals Medina-Sidonia war dies sehr wenig.

Die Armada Invencible verfügte über hundert große Karavellen und ungefähr dreißig Fregatten mit einer Gesamtwasserverdrängung von sechzigtausend Tonnen. Die Schiffe waren mit zweitausendvierhundert Geschützen bestückt. An Bord befanden sich achttausend Matrosen und zwanzigtausend Soldaten. Außerdem hatten sich tausend Freiwillige aus den Reihen des spanischen Adels unter der rotgelben Kriegsflagge versammelt. An der Küste Flanderns wartete das dreißigtausend Mann starke Korps Alexander Farneses auf die Einschiffung.

Schultz hatte jedoch keineswegs übertrieben, als er im Escorial behauptete, daß sowohl viele Bürgerliche wie auch der Adel auf Elisabeths Seite stünden. Die Ratgeber der Königin suchten nicht bei der göttlichen Vorsehung Zuflucht und legten die Kriegsvorbereitungen nicht in die Hände von Theologen. Sie riefen das ganze Volk zur Verteidigung gegen den Überfall der Papisten auf. Und siehe da, von den Stadträten, den Landlords, den Kaufmannsgilden und Handwerkerzünften kamen reichlich Spenden zur Bewaffnung von Handels- und Kaperschiffen. Die Grafschaften stellten die »Home guard«, eine Freiwilligenmiliz von fünfzigtausend Mann, auf. Die Küstenfestungen wurden verstärkt, Lebensmittelvorräte und Munition aufgespeichert und rasch alle durch den Geiz und die Unentschlossenheit Elisabeths entstandenen Versäumnisse nachgeholt.

Bald darauf lagen hundert Schiffe unter dem Befehl Lord Howards, Francís Drakes, Hawkins' und Frobishers in Plymouth vor Anker. Sie waren nicht so groß und auch nicht so gut bewaffnet wie die der Spanier, dafür aber schneller und wendiger. Nicht nur die »Zephir« Jan Martens und die »Ibex« Salomon Whites, sondern auch die »Toro«, auf der der Chevalier Richard de Belmont vor kurzem aus Frankreich zurückgekehrt war, ja selbst die »Vanneau II« Pierre Carottes befanden sich unter ihnen.

Es war begreiflich, daß Henryk Schultz unter diesen Umständen auf seine Abreise verzichten und in London bleiben mußte. Seine ganze Hoffnung, die dortige Filiale seines Handelshauses zu retten, setzte er in den Geleitbrief des Kardinals Albrecht von Habsburg.

Im übrigen sah er nicht teilnahmslos den Verteidigungsmaßnahmen zu. Er beabsichtigte zwar nicht, seinen Kopf auf seiten der Häretiker aufs Spiel zu setzen. Nachdem er Gott eine Kerze im Escorial geopfert hatte, opferte er nun dem Teufel in England den Kerzenstumpf und belieferte die Schiffe mit allem Erforderlichen. Da die Preise ständig stiegen, machte er dabei ein glänzendes Geschäft.

Inzwischen begegnete der »Unbesiegbaren Armada« von Anfang an ein Mißgeschick nach dem anderen. Gleich nach dem Verlassen Lissabons wurden die Schiffe durch die Frühlingsstürme in alle Winde zerstreut. Sie kehrten entweder um oder mußten in anderen, kleineren Häfen Zuflucht suchen. Dies wiederholte sich einige Male. Als der Admiral Medina-Sidonia nach einem Monat stürmischer Fahrt El Ferrol anlief, begleiteten ihn nur noch fünfzehn der hundert Karavellen. Der Rest besserte in den Häfen entlang der Westküste zwischen Porto und La Coruña die beschädigten Bordwände, die zersplitterten Rahen und zerfetzten Segel aus.

Erst am 22. Juli gelang es, die Schiffe erneut zu sammeln und auf hohe See auszulaufen, um dem stürmischen Golf von Biskaya sowie der Nordwestküste Frankreichs auszuweichen und nach den Niederlanden zu segeln, wo bereits Alexander Farnese mit seinen Landungstruppen auf die Ankunft der Armada wartete.

Jan Kuna, genannt Marten, fühlte sich in seinem Element. Vergessen waren Gipsy Bride, die Geldschwierigkeiten, das verschuldete Besitztum in Greenwich und die Gefährten seiner Gelage, die sich nur so lange seine Freunde genannt hatten, bis die ersten Gerüchte von dem ihm drohenden Ruin aufgetaucht waren. Das alles berührte ihn nicht mehr. Er hatte einen neuen, von der Königin unterzeichneten Kaperbrief erhalten und fürchtete nun weder den Schuldturm noch die Versteigerung seiner restlichen Habe. Sein überholtes, frischgestrichenes Schiff mit der vergoldeten Galionsfigur, die den Gott der sanften Brisen darstellte, hatte keine seiner hervorragenden Eigenschaften eingebüßt, obwohl lange Jahre vergangen waren, seit es in Elbing von Stapel gelaufen war. Nicht umsonst galt der

251

Großvater von Jan Marten, Wincenty Skóra, als der beste Schiffsbauer Polens. Nicht umsonst hatte er zehn Jahre an dem Schiff gebaut, für dessen Kiel und Spanten er die besten astreinen Eichenbohlen aussuchte und sie schon vor der Hochzeit seiner Tochter mit Mikolaj Kuna jahrelang trocknen ließ.

Die schlanksten Kiefern aus den Wäldern von Pomorze dienten der »Zephir« als Masten und Rahen, hundertjähriger Ahorn als Steuer, von Zigeunern geschmiedete Kupfer- und Messingstäbe, Verbinder, Klammern und Nägel zur Befestigung der karavellenartigen Schiffsaußenhaut aus harzreichem, hartem Holz.

Zu dieser Zeit besaß kein Schiff mehr als drei rechteckige Segel am Fock- und Großmast. Die »Zephir« hatte fünf. Mikolaj Kuna stattete sein Schiff noch mit den von holländischen Schiffern erfundenen Klüver- und Stagsegeln aus. Marten ergänzte die Segeltuchpyramide noch durch Segel eigener Erfindung.

Wenn die so beflügelte »Zephir«, leicht nach Steuer- oder Backbord geneigt, die kurzen Wellen des Ärmelkanals zerteilend, bei halbem Wind dahinglitt, wenn die Sonnenstrahlen vom nassen Deck am Bug zurückgeworfen wurden und ein Feuerwerk regenbogenfarbener Funken in den unter dem Bugspriet aufspritzenden Wogenkämmen aufsprühte, wenn sich Licht und Schatten auf die weißen Segel legten, der Lack an den Masten und Rahen glänzte, das Kupfer und das Messing rot und golden durch das klare, durchsichtige Grün der See schimmerte, wenn das lange grellbunte Kriegsbanner am Topp des Großmastes und die schwarze Flagge mit dem goldenen Marder auf dem Fockmast flatterten, dann bot das Schiff einen Anblick, der das Auge jedes Seemanns entzücken konnte.

Das Zischen der Gischt, das Rauschen der Wellen, das Pfeifen des Windes im Tauwerk, die gedämpften Wirbel der vibrierenden Segel, das Plätschern des Wassers in den Speigatts, die kurzen lauten Kommandos, die Pfiffe der Bootsleute und der gedehnte Singsang der Matrosen beim Umbrassen der Rahen waren jetzt die liebste Melodie in Martens Ohr.

Er war nun wieder unumschränkter Herr auf seinem Schiff und lebte im Kreise von Menschen, die ihm auf Tod und Leben ergeben waren. Das las er in den Augen des Oberbootsmanns Tomasz Pociecha, des rothaarigen, blatternarbigen Riesen Broer Worst, der wie immer auf der »Zephir« den Posten als Schiffszimmermann versah, und auch in dem kindlich unschuldigen Blick des Segelmeisters Hermann Stauffl, der imstande war, mit einem linkshändig geworfenen Messer ein zwei Zoll starkes Brett auf zwanzig Schritt Entfernung zu durchbohren. Alle waren wieder an Deck, der ganze Stamm der Bemannung, einschließlich Tessari, genannt Barbier, Percy Burnes, genannt Sloven, und Klops, der wie immer bald mit diesem, bald mit jenem Händel suchte.

Die »Zephir« segelte an der Spitze einer kleinen, aus der Eskader Francis Drakes ausgeschiedenen Flottille, die dem Befehl Martens unterstand. Steuerbord türmten sich die Segel der »Ibex«, backbord die der »Toro«. Hinter ihnen lavierte die »Vanneau II«. Marten hatte mit Billigung des Admirals diese drei Schiffe ausgewählt und mit ihrer Hilfe den Spaniern schon hart zugesetzt. Er griff unerwartet einzelne Karavellen des Herzogs von Medina-Sidonia an, die sich leichtsinnig von den Hauptkräften der Großen Armada getrennt hatten. In den Buchten und im Schutz der felsigen kleinen Inseln von Finistére, an der Küste der Normandie und in den Gewässern bei Saint Malo, auf der Reede von Dieppe und Cherbourg lauerte er ihnen auf und zog sich dann nach Nordosten, nach Portsmouth, zurück.

Marten tauchte unvermutet auf, zerschmetterte mit seinen Geschützen die Masten und Rahen der großen, unbeholfenen Schiffe, schoß ihre hohen Kastelle in Brand, wich durch geschickte Manöver ihren Salven aus und machte einer seiner Fregatten Platz. Bevor die Spanier ihre Geschütze wieder laden konnten, durchlöcherten die »Toro«, die »Ibex« oder die »Vanneau II« die ungeschützten Bordwände des Gegners. Zeigten sich am Horizont die Segel anderer spanischer Schiffe, die der Gefechtslärm anlockte, so entfernte sich die ganze Flottille und überließ die sinkende Karavelle ihrem Schicksal.

Im Verlauf von zwei Wochen, zwischen dem 23. Juli und dem 5. August, gelang es Marten auf diese Weise, vier feindliche Schiffe zu versenken oder schwer zu beschädigen. Doch die siegreichen Gefechte befriedigten ihn nicht. Francis Drake wünschte zu erfahren, welchen flandrischen Hafen die Große Armada anlaufen werde. Gleichzeitig aber hatte er Marten befohlen, vorsichtig und überlegt zu manövrieren. Marten wußte selbst sehr gut, daß er angesichts der gesamten Macht des Feindes, die dem Überfallenen jeden Augenblick zu Hilfe kommen konnte, nicht wagen durfte, das angegriffene Schiff zu entern. Wie sollte er aber sonst Gefangene machen? Nur durch sie konnte etwas über die Absichten des Feindes in Erfahrung gebracht werden. Deshalb warteten die vier Kapitäne mit wachsender Ungeduld auf eine solche Gelegenheit.

Am 6. August verließ die Flottille in den ersten Morgenstunden Portsmouth und segelte nach Südosten, um wie sonst im Ärmelkanal zu patrouillieren, in der Hoffnung, irgendein feindliches Schiff aufzubringen, das sich unvorsichtig von den anderen entfernt hatte. Die unruhigen Fluten der Meerenge schienen diesmal jedoch öde und leer zu sein, zumindest in der Nähe der Küste der Insel Wight und der Grafschaft Sussex. Erst gegen die zehnte Stunde, als die »Zephir« und nach ihr die »Toro«, die »Ibex« und die »Vanneau II« etwa auf halbem Wege zwischen Portsmouth und Dieppe auf Gegenkurs gingen, meldete Percy Burnes von der Mars des Großmastes, daß genau im Westen die Segel eines einzelnen Schiffes zu sehen seien.

Marten kletterte sofort zur Mars empor und erkannte eine Karavelle leichter Bauart mit zwei Decks und einem schrägen Lateinsegel am dritten Mast. Er befahl, Flagge und Wimpel zu hissen und den Kurs allmählich zu ändern, um dem Gegner den Weg zu verlegen und der Sonne den Rücken zu kehren. Beim Angriff wollte sich Marten zwischen ihr und der Karavelle befinden. Obwohl das blendende Sonnenlicht dem Spanier die Beobachtung erschwerte, durfte dieses Manöver, das

253

ohne große Eile auch von Belmont, White und Carotte durchgeführt wurde, nicht den geringsten Verdacht in ihm aufkommen lassen. Marten rechnete damit, daß der Feind die kleine Flottille für eine Gruppe spanischer Schiffe halten werde.

So war es auch. Die Karavelle segelte eine Stunde lang ruhig in derselben Richtung weiter. Als sie sich der driftenden »Zephir« auf zwei Kanonenschuß-längen genähert hatte, hißte sie einige Signalwimpel, deren Bedeutung Marten nicht entziffern konnte, da er den Kode nicht kannte. Er antwortete mit einer sinnlosen Kombination verschiedener Signale, die der spanische Kapitän natürlich auch nicht verstand. Dann befahl Marten »Klar zum Wenden«, ließ alle Segel setzen und fuhr der Karavelle entgegen.

Zur gleichen Zeit zerstreuten sich die übrigen Schiffe, die bis dahin der »Zephir« unter gekürzten Segeln langsam gefolgt waren. Die »Vanneau II« steuerte nach Norden, die »Ibex« nach Nordwesten, die »Toro« nach Süden.

Die unerwartete Panik unter den vier fremden Schiffen — so faßten die Spanier die Manöver auf — erweckte ihre Verwunderung, die noch zunahm, als die »Zephir« aus dem Buggeschütz feuerte und die Kugel dicht vor der Karavelle eine Fontäne aufspritzen ließ. Dieses Signal bedeutete unzweideutig: »Halt!«

Bevor die Spanier einen Entschluß fassen konnten, stieg auf dem kleinen Schiff, das direkt auf sie zusteuerte, die schwarze Flagge mit dem goldenen Marder am Fockmast empor. Marten ließ die Gegner nicht zur Besinnung kommen. Zwei Geschosse aus seinen Halbkartaunen zerfetzten die Segel der Karavelle und rissen die obere Marsrahe vom Großmast.

Das genügte, die Spanier zu bewegen, dem Befehl Folge zu leisten. Erst jetzt bemerkten sie, daß sie eingeschlossen waren. Jeder der vier Angreifer konnte seine Geschütze einsetzen, ohne befürchten zu müssen, die Gefährten zu treffen. Marten hatte die Karavelle so geschickt in der Falle gefangen, daß jede Gegenwehr hoffnungslos schien. Ihre Besatzung verzichtete darauf, ohne sich lange zu besinnen. Die Schoten wurden von den Nocken gelöst, die großen Segel glitten an den Gordingen hoch und knatterten im Wind, solange sie ihn nicht aus ihren faltigen Säcken geschüttelt hatten.

Marten war überrascht von der schnellen Kapitulation. Um die spanischen Seeleute noch mehr zu verblüffen, glitt er backbord an ihnen vorüber, wendete vor dem Wind und reffte dicht hinter dem Heck der Karavelle alle Segel. Die »Zephir« verlor rasch an Fahrt, legte steuerbords an und hatte sich im nächsten Augenblick mit Hilfe der Enterhaken an dem Gegner festgeklammert.

Das war verwegen, und Marten hätte sich unter anderen Umständen nie dazu entschlossen, selbst wenn mehr Zeit zur Verfügung gestanden hätte. An Bord der Karavelle befanden sich, die Geschützbedienung nicht gerechnet, mindestens zweihundert Mann, auf der »Zephir« dagegen nicht mehr als hundert. Jetzt, da beide Schiffe Bord an Bord lagen, konnte außerdem keiner von Martens Gefährten mehr seine Geschütze auf den Spanier richten, ohne Gefahr zu laufen, die »Zephir«

schwer zu beschädigen oder sogar völlig zu vernichten. Wäre der spanische Kapitän ein entschlossener Mann gewesen und hätte er sich schneller orientiert, dann hätte er seine Matrosen zum Angriff auf das Deck des Feindes geführt. Er überlegte jedoch zu lange. Vielleicht besaß er auch nicht den Mut, angesichts der sich nähernden drei Fregatten den Kampf Mann gegen Mann aufzunehmen. Als Marten von ihm verlangte, unverzüglich die Waffen zu strecken und sich zu ergeben, zeigte er nach kurzem Schwanken mehr Neigung zu Verhandlungen als zu Verzweiflungstaten.

Marten hatte keine Zeit für Verhandlungen. Er erwartete, jeden Augenblick überlegene feindliche Kräfte am Horizont auftauchen zu sehen, wollte aber die fast unbeschädigte Karavelle, mit deren Besitz er bestimmte Pläne verband, auf keinen Fall versenken. Eigentlich hatte er nur dieser Pläne wegen ein so großes Risiko in Kauf genommen und sich entschlossen, das Schiff zu entern, wobei er mit der Überrumpelung der spanischen Besatzung rechnete.

Er stand hoch aufgerichtet auf dem Deck der »Zephir« und verlangte von dem Kapitän und den Offizieren der Karavelle mit drohender Stimme, sofort an Deck seines Schiffes zu kommen. Falls sie seiner Aufforderung nicht unverzüglich Folge leisteten, würde er das Feuer eröffnen. Angesichts der zwei Reihen schußbereiter Musketen und Hakenbüchsen gaben die Spanier jeden Widerstand auf.

Am Abend desselben Tages lief die Fregatte »Vanneau II« in die Meerenge von Solent ein, die die Insel Wight vom Festland trennt, und ging unweit des Flaggschiffs »Golden Hind« vor Anker. Bald darauf näherte sich eine Schaluppe, in der Pierre Carotte und drei spanische Offiziere saßen, dem Admiralsschiff.

»Ich bringe Euch Gefangene, Admiral!« rief Carotte, als das Boot an dem herabgelassenen Fallreep anlegte.

Francis Drake, der sich gerade mit Herrn de Vere, dem Abgesandten Ihrer Königlichen Majestät, unterhielt, beugte sich über die Reling. Im ersten Augenblick war er über die vertrauliche Anrede des Seemanns mit der fremdländischen Aussprache empört. Als er ihn jedoch näher ins Auge faßte, erkannte er ihn wieder. »Kommt an Bord, Kapitän...«

»Carotte zu dienen«, half Pierre dem Gedächtnis Drakes nach. »Pierre Carotte, Euer Gnaden.«

»Richtig, ich erinnere mich selbstverständlich. Wir begegneten uns vor einigen Jahren im Golf von Mexiko«, entgegnete Drake lächelnd.

Diese in Gegenwart des vornehmen Höflings gesprochenen Worte schmeichelten Pierre Carotte. Gegenüber de Vere empfand er wie gegenüber allen ihm ähnlichen Gecken eine unüberwindliche Abneigung. Als er vor dem Admiral stand, wies er, strahlend vor Zufriedenheit, auf die drei Offiziere, stellte sie in seiner bilderreichen Sprache vor und begann dann die Vorfälle zu schildern, die zu ihrer Gefangennahme geführt hatten. Drake unterbrach diesen Redefluß rechtzeitig durch eine Frage nach Marten und dem Rest der Flottille.

»Marten hat mir aufgetragen, Euch die Gefangenen zu übergeben«, antwortete Carotte. »Er selbst ist mit Kurs auf Calais weitergesegelt, wo sich, wie diese drei Caballeros behaupten, ihre ganze Armada sammelt. Die ›Ibex‹, die ›Toro‹ und die ›Zwölf Apostel‹ begleiten die ›Zephir‹.«

»Die ›Zwölf Apostel‹?« unterbrach ihn Herr de Vere erstaunt, der dem Gespräch bis dahin mit ironischem Gesichtsausdruck zugehört hatte.

»Soviel waren es außer dem Judas.« Carotte fertigte den Frager kurz ab und erklärte dem Admiral, daß dies der Name der von Marten gekaperten Karavelle sei.

»Was beabsichtigt er denn in Calais mit den ›Zwölf Aposteln‹ zu tun?« erkundigte sich nun Drake, den die Zungenfertigkeit Carottes belustigte.

Carotte erschien über den Mangel an Scharfblick bei seinem Vorgesetzten erstaunt zu sein. Er erklärte ihm, daß er die Absichten Martens zwar nicht genau kenne, aber vermute, daß dieser die spanische Flotte angreifen wolle, falls sie sich in Calais sammle.

Henry de Vere konnte einen Ruf des Staunens nicht unterdrücken. »Mit drei Schiffen?«

Carotte maß ihn von Kopf bis Fuß mit einem Blick, der deutlich zu verstehen gab, daß er hierhergekommen war, dem Admiral Rapport zu erstatten und nicht irgendeiner Hofschranze. Trotzdem antwortete er: »Mit vier Schiffen.« Dann wandte er sich wieder an Drake und sprach im gleichen Atemzug weiter: »Wenn es mir gestattet ist, Eurer Lordschaft meine weiteren Vermutungen mitzuteilen, so beabsichtigt Marten wahrscheinlich, sich der ›Zwölf Apostel‹ auf eine ähnliche Weise zu bedienen, wie es der Erlöser getan hat, allerdings mit dem Unterschied, daß seine Jünger die Flamme des heiligen Glaubens verbreiteten, während die spanische Prise die Flammen eines gewöhnlichen Feuers unter der Großen Armada verbreiten wird. Mit anderen Worten, ich nehme an, daß diese Karavelle Marten als Brander dienen wird, um die feindlichen Schiffe in Brand zu stecken.«

»Donnerwetter«, murmelte Drake bewundernd. Das Lächeln war aus seinem Gesicht verschwunden.

Wenn Marten wirklich etwas Derartiges wagt, wo er doch nur diesen Brander und drei Schiffe mit höchstens dreihundert Mann und fünfzig Geschützen zur Verfügung hat, dachte der Admiral, dann kommt er zweifellos zugleich mit ihnen um. Das wäre noch nicht das Schlimmste. Wenn es ihm aber gelingt?

Der Ruhm der »Zephir« und ihres Kapitäns erstrahlte in immer hellerem Glanz. Sogar die Königin geruhte, sich für das Schicksal Martens und seines Schiffes zu interessieren und seiner zu gedenken. Die Gerüchte verstummten nicht, daß mehrere Kaperfahrten Martens teilweise aus der Privatschatulle der Königin finanziert worden wären. Falls es dem Draufgänger tatsächlich gelang, unter so schwierigen Umständen auch nur einige spanische Schiffe zu zerstören und mit heiler Haut davonzukommen, dann konnte seine Tat den Ruhm von Drakes Überfall auf Cadiz verdunkeln ...

Herr de Vere bemerkte sehr gut den Wechsel im Gesichtsausdruck des Admirals und erriet die Ursache der jähen Veränderung. »Dieser Pirat benimmt sich, als wäre er selbst der Kommandant der englischen Flotte«, sagte er. »Oder habt Ihr ihn vielleicht zu Eurem Stellvertreter ernannt?«

Francis Drake war den Höflingen ebenfalls nicht gewogen, und da er selbst früher einmal Korsar gewesen war, mißfiel ihm der geringschätzige Ton des Herrn de Vere.

»Marten ist kein Pirat, sondern Kaperkapitän im Dienst der Königin«, erwiderte er. »Er handelt nach meinen Befehlen, die nur Menschen töricht erscheinen können, die keine Ahnung vom Meer und von der Seefahrt haben. Ich habe ihm befohlen, die spanischen Schiffe, wo er ihnen auch begegnet, anzugreifen. Da sie sich in Calais versteckt haben, handelt er richtig, wenn er sie als Vorhut meiner Eskader bis dorthin verfolgt. Entschuldigt, Herr de Vere, wenn ich mich jetzt von Euch verabschiede, ich muß die Hauptkräfte der Flotte sofort mit gleichem Kurs zum gleichen Ziel führen.«

Marten hatte vorausgesehen, daß Drake ihm mit seiner ganzen Flottille sofort folgen würde, sobald er über seine Absichten und über den Ort, wo sich die feindlichen Kräfte sammelten, Kenntnis erhielt. Er segelte jedoch nicht geradewegs nach Calais in sein sicheres Verderben, wie sein Admiral annahm, sondern ging vorerst in dem kleinen Fischerhafen Folkestone an der Nordküste des Ärmelkanals vor Anker.

Zunächst ließ er die Besatzung der »Zwölf Apostel« unter Bewachung der örtlichen Miliz nach Dover eskortieren und requirierte dann den gesamten Vorrat an Pech und Werg zum Abdichten von Planken, den er in der Ortschaft auftreiben konnte. An seinem Bedarf gemessen, war es nicht gerade viel. In Dover hätte er bestimmt mehr erhalten können. Doch er fuhr mit Vorbedacht nicht dorthin, denn er wollte nicht vorzeitig auf eine größere Gruppe spanischer Schiffe stoßen.

Marten wartete in Folkestone den Spätnachmittag ab. Er rechnete, daß er die fünfundzwanzig Seemeilen zwischen Folkestone und Calais in drei Stunden würde zurücklegen können. Abends, bei Anbruch der Dämmerung oder in völliger Dunkelheit, wollte er dort eintreffen. Das Dunkel begünstigte nur die Ausführung seines Planes. In der Zwischenzeit unterrichtete er in seiner prächtig eingerichteten Kajüte White, Richard de Belmont und Hoogstone über seine Absichten.

Marten verlangte von ihnen kein großes Risiko. Die »Ibex« und die »Toro« sollten nur bis zum Kap Gris Nez segeln, dort die Segel reffen, sich an der

Westküste verbergen und Beobachter an Land setzen, die vom Gipfel der Kreidefelsen aus nach einem Feuerschein im Osten Ausschau zu halten hatten.

»Das Feuer in Calais wird für euch das Signal sein, daß mir mein Vorhaben gelungen ist«, sagte Marten. »In diesem Fall werden sich die Spanier selbstverständlich bemühen, so schnell wie möglich das offene Meer zu gewinnen, um ihre Schiffe zu retten. Eure Sache wird es dann sein, ihnen weiszumachen, daß sie es mit den Hauptkräften unserer Flotte zu tun haben. Ich hoffe, daß Carotte inzwischen Drake heranführt. Er wird euch unterstützen. Sollte Medina-Sidonia versuchen, nach Norden zu entkommen, stößt er dort auf Lord Howard und Frobisher.«

»Schön«, erklärte sich Belmont einverstanden. »Wenn es dir aber nicht gelingt?«

»Sollte es mir nicht gelingen, dann kannst du meine Seele Gott empfehlen«, antwortete Marten leichthin.

»Der wird auch ohne meine Empfehlung ihren Wert erkennen«, entgegnete Belmont mit hämischem Lächeln. »Mir geht es mehr um irdische Dinge. Wo sollen wir dich suchen?«

»In Ambletense. Überlaßt das aber lieber Pierre Carotte. Er wird schon wissen, wo ich mich verborgen haben könnte.«

»Und die ›Zephir‹?« erkundigte sich White, der bis dahin geschwiegen hatte.

»Ja, die ›Zephir‹,« antwortete Marten seufzend. »Ich will sie deinem Schwiegersohn anvertrauen, denn die besten meiner Bootsleute muß ich mit auf den Brander nehmen. Ich kann ihm nur Worst und Sloven zurücklassen.«

Marten warf einen Blick auf den lahmen Kapitän, der sich sichtlich unzufrieden den mit gelblicher, pergamentartiger Haut bezogenen kahlen Schädel kratzte. Dann sah er William Hoogstone prüfend an und sprach weiter: »Du mußt dir eben mit ihrer Hilfe irgendwie Rat schaffen. Ihr segelt hinter den ›Zwölf Aposteln‹ bis nach Sangatte, dann trennen wir uns. Du steuerst die ›Zephir‹ in eine kleine Bucht, eine halbe Meile westlich von Calais. Broer Worst wird sie dir zeigen. Dann wendest du die ›Zephir‹ mit dem Heck zur Küste, läßt eine Schaluppe hinab, befiehlst, den Anker bis zum Ausgang zum Meer zu schleppen und dort zu versenken, damit du die Bucht verlassen kannst, indem du dich an der Ankerkette herausziehst. Hast du mich verstanden?«

»Das ist nicht schwer«, murmelte Hoogstone. »Soll ich in der Bucht die Segel bergen?«

»Nein, nur reffen, daß man sie möglichst wenig sieht, aber doch so, daß sie, wenn es erforderlich sein sollte, schnell wieder gesetzt werden können. Ich weiß noch nicht, ob ich von der See her oder auf dem Landweg zurückkehren werde. Für den zweiten, wahrscheinlicheren Fall muß ich eine Schaluppe zur Verfügung haben, um an Bord zu gelangen. Schicke sie rechtzeitig an das Ufer der Bucht. Sollte ich auf diesem oder dem anderen Weg nicht an Bord der ›Zephir‹ eintreffen, bevor die ›Ibex‹ und die ›Toro‹ in Aktion treten, dann schließt du dich ihnen an. Die Sorge um mich überläßt du Pierre Carotte. Das wäre wohl alles.«

Blasco de Ramirez, der Befehlshaber der dritten Eskader schwerer Karavellen, die zu der »Unbesiegbaren Armada« Seiner Königlichen Majestät Philipp II. gehörte, war denkbar schlechter Laune. Die »Santa Cruz«, die unter seinem unmittelbaren Befehl stand, war vom Kurs abgewichen und befand sich weit nördlich der Route, die der größte Teil der Schiffe eingeschlagen hatte. Er kam deshalb erst bei Anbruch der Dunkelheit in der Nähe der Hafeneinfahrt von Calais an. Zu alldem zogen im Osten dunkle Wolken auf. Das drohende Murren des Donners schien die verspäteten Segler vor dem aufkommenden Sturm zu warnen. Ramirez wußte, daß ihm eine unangenehme Unterredung mit dem Admiral Medina-Sidonia bevorstand. Er konnte zwar eine genügende Anzahl mehr oder weniger stichhaltiger Gründe ins Treffen führen, die zumindest in seinen Augen die Verspätung erklärten, er war aber zu stolz, sich vor einem Menschen zu rechtfertigen, den er für einen Schwachkopf hielt, der seiner Meinung nach an allen bisherigen Mißerfolgen schuld war.

Ramirez war der Ansicht, daß England schon längst erobert wäre, wenn das Kommando in seinen Händen läge. Er besaß immerhin eine stattliche Reihe von Jahren Praxis im Seekriegsdienst, und noch dazu auf so gefährlichen Gewässern wie dem Golf von Mexiko und dem Karibischen Meer. Wie oft hatte er die Goldflotte von der Landenge von Panama bis zum Atlantik eskortiert und so manches siegreiche Gefecht mit Korsaren verschiedener Nationen bestanden. War er es nicht gewesen, der den Hauptstützpunkt des berühmten Jan Marten vernichtet und diesen selbst, wie er sich brüstete, für immer aus den mexikanischen Gewässern vertrieben hatte?

Was hatte dagegen der Herzog bis jetzt auf See geleistet? Er war Admiral geworden, ohne vorher Steuermann oder Kapitän gewesen zu sein. Niemals hatte er einen elenden Schoner, geschweige denn eine Karavelle geführt! Und so ein Mensch, so eine Landratte, der seine Stellung nur den Einflüssen und Beziehungen seiner Familie und vielleicht bis zu einem gewissen Grad seiner allgemein bekannten Bigotterie verdankte, ausgerechnet der wollte ihm, Blasco Ramirez, Lehren erteilen?

Bitterkeit erfüllte sein Herz, eine um so größere Bitterkeit, als sich Ramirez nicht sicher war, ob es ihm gelingen würde, in der Dunkelheit den Felsriffen und Sandbänken vor der Hafeneinfahrt auszuweichen und sein Schiff ohne die Hilfe eines Lotsen in den Hafen zu bringen. Zwar sollte die Fahrrinne durch Strohwische und Baken und die Einfahrt selbst durch je zwei Fackeln gekennzeichnet sein, doch bis jetzt waren noch keine Seezeichen zu sehen und die Fackeln sicherlich schon ausgebrannt und erloschen.

Als Ramirez, seinem Groll und Mißmut hingegeben, einsam auf dem Hinterdeck der »Santa Cruz« stand und den Blick über das immer dunkler werdende Meer schweifen ließ, gewahrte er plötzlich die kaum noch sichtbare Silhouette einer anderen Karavelle, die allem Anschein nach ebenfalls Calais zustrebte. Trotz der

Dunkelheit erkannte er, daß es eine leichtere Karavelle mit zwei Decks war, die gewiß zu der Eskader des Admirals gehörte.

Ramirez wunderte sich, daß man sie bis jetzt noch nicht bemerkt hatte. Er beschloß, sofort die Segel zu kürzen, die verspätet einlaufende Karavelle vorbeizulassen und in ihrem Kielwasser weiterzusegeln. Dieses Manöver hätte bis zu einem gewissen Grad die Verantwortung für die Wahl des richtigen Kurses von seinen Schultern genommen.

Er rief den Wachoffizier zu sich und erteilte ihm die entsprechenden Befehle. Erst dann ließ er seine Wut an ihm aus und gab ihm den Auftrag, den unglückseligen Matrosen, der das Auftauchen der Karavelle hinter dem Heck der »Santa Cruz« nicht rechtzeitig gemeldet hatte, in Fesseln zu legen.

Inzwischen hatte sich das von dem immer stärker werdenden Ostwind vorwärts getriebene verspätete Schiff beträchtlich genähert. Nach einer Weile stellte Ramirez fest, daß auf ihm die Segel gekürzt worden waren. Die Entfernung zwischen den beiden Karavellen verringerte sich nicht mehr. Obwohl jetzt der Weg frei war, wollte der höfliche Kapitän das Flaggschiff anscheinend nicht überholen und ihm den Vorrang einräumen.

Ramirez wurde wütend. »Sagt dem Trottel, daß er nicht auf uns warten soll!« rief er seinem Leutnant zu.

Sein Befehl wurde sofort ausgeführt. Der Wachoffizier brüllte mit vollem Stimmaufwand in das Sprachrohr, von der kleineren Karavelle wurde aber nur mit einem höflichen Dippen der rotgelben Flagge geantwortet.

Für den Austausch solcher Höflichkeiten war jetzt wirklich nicht der geeignete Moment. Die dunkle Linie der Küste wuchs steuerbord immer höher aus dem Meer empor, bald konnte es an Platz für ein Manöver mangeln, und dieser höfliche Trottel dachte nicht daran, sich vorbeizuschieben.

Der Wachoffizier wagte es nicht, den wutschäumenden Kommodore anzusehen. Er warf nur hin und wieder einen Blick auf das sich nähernde Land und lauschte dem Tosen der Brandung an den unsichtbaren Riffen. Plötzlich sah er in der Ferne zwei unbewegliche Lichter, die übereinander angebracht waren. Etwas weiter leuchteten zwei ähnliche.

»Die Hafeneinfahrt ist zu sehen, Eure Hoheit«, stotterte er.

Ramirez blickte in die angedeutete Richtung und atmete erleichtert auf. Ohne sich weiter um die zögernde Karavelle zu kümmern, befahl er, die Schoten steif zu setzen. Die Segel faßten sofort Wind, das Schiff gewann an Fahrt und steuerte die wegweisenden Lichter an, die zur rechten Zeit vor ihm aufgetaucht waren.

Vom Deck der »Zwölf Apostel« aus hatte man die Einfahrt in den Hafen von Calais bedeutend früher bemerkt, noch bevor Marten durch das Dippen der spanischen Kriegsflagge auf den Anruf der »Santa Cruz« antwortete. Diese Geste wurde weniger von der Höflichkeit gegenüber dem Flaggschiff des Kommodore als von der Notwendigkeit diktiert, sich den Rückzug zu sichern. Wenn die Besatzung der »Santa Cruz« auch nur den leisesten Verdacht hinsichtlich der Absichten der Karavelle mit den zwei Decks schöpfte, würde der Kommodore Blasco de Ramirez sicherlich noch ein Lorbeerblatt in seinen Ruhmeskranz flechten können . . .

Da es anders kam, segelte jetzt der Brander im Kielwasser der »Santa Cruz« und zog ein kleines, aber schnelles Segelboot, das von der »Zephir« stammte, im Schlepp hinter sich her. Entlang der Reling der »Zwölf Apostel« standen an Stelle der leichten Geschütze Pulverfässer, und zwischen ihnen und an den Masten lagen Ballen teergetränkten Wergs.

Die ganze Bemannung der Karavelle bestand außer Marten, der das Steuer bediente, aus sechs Mann. Das Schiff war nicht wendig, und jedes Manöver war mit großen Anstrengungen verbunden. Doch der Wind stand günstig, und die »Santa Cruz« erwies sich als ein gar nicht so übler Führer. Nachdem sie die enge Durchfahrt passiert hatte, hielt sie sich etwas nach Steuerbord, in Richtung zum Haupthafen, wo ein Gewirr von an Masten hängenden Staglaternen flimmerte.

Der größte Teil der »Unbesiegbaren Armada« drängte sich im Hafen um das Admiralsschiff. Es herrschte ein heilloses Durcheinander. Die Karavellen der einzelnen Eskader waren vor Anker gegangen, wo es ihnen paßte. Die Strömung erfaßte ihre schwerfälligen Rümpfe, sie stießen zusammen, die Ketten verwirrten sich, die Rahen der nebeneinander liegenden Schiffe verstrickten sich. Die Bemannung einiger Dutzend Schaluppen, die auf Befehl des Admirals hinabgelassen worden waren, mühte sich vergeblich, Ordnung zu schaffen, die schlimmsten Hindernisse zu beseitigen und die Schiffe aus dem Hauptkanal nach den Ufern zu schleppen. Die Kapitäne fluchten und überschütteten sich gegenseitig mit Beleidigungen, die heißblütigeren unter ihnen kappten die in die eigene Takelage verwickelten Taue und Taljen, was die davon betroffenen Schiffe manövrierunfähig machte und zu Schlägereien zwischen den Bootsleuten führte.

Blasco de Ramirez versuchte erst gar nicht, sich mit seinem Schiff in dieses Knäuel zu schieben. Er warf am rechten Kanalufer Anker, und die »Santa Cruz« verlor nach dem Reffen der Segel, von der schwachen Strömung und der beginnenden Ebbe gehemmt, fast augenblicklich die Fahrt. Dann glitt sie, soweit es ihr die kurze Ankerkette gestattete, etwas zurück und hielt schließlich gut fünfhundert Yards vor den vor ihr eingelaufenen Karavellen.

Nachdem auch dieses letzte Manöver glücklich beendet war, befahl der Kommodore seinem Ersten Offizier, die Segel bergen zu lassen. Als er sich anschickte, seine Kajüte im Hinterkastell aufzusuchen, um sich für seinen Besuch beim Admiral umzukleiden, bemerkte er zum zweitenmal an diesem Abend hinter dem Heck die unter dem steifen Wind nach Steuerbord geneigte Karavelle aus der Eskader des Admirals. Diesmal jedoch flog der »höfliche Trottel«, wie er den

262

Kapitän im stillen genannt hatte, unter vollen Segeln direkt auf den Wald von Masten im Haupthafen zu.

»Er ist wahnsinnig geworden«, rief Ramirez laut. »Er segelt geradewegs in dieses Durcheinander hinein.«

Es konnte tatsächlich den Eindruck erwecken, als wäre die ganze Besatzung dieses Schiffes irrsinnig. In dem Dunkel waren nur ein paar halbnackte Gestalten zu unterscheiden, die mit brennenden Fackeln an der Reling entlanghasteten. Am Steuer stand ein hochgewachsener Kerl, schrie aus vollem Hals und trieb sie zur Eile an. Dicht unter dem Heck hüpfte ein kleines Boot auf den kurzen Wellen, zerrte am Tau, schöpfte Wasser, das vom Steuerruder emporgeschleudert wurde.

Indessen schlug am Fockmast eine Flamme empor, sprang zum Focksegel hinauf, kletterte höher, faßte nach der Marsrahe und beleckte die windprallen oberen Segel. Gleich darauf erhob sich eine orangefarbene Feuersäule über dem Bug. Ein lauter Knall zerriß die Luft, und das Dach des Vorderkastells wurde von einer mächtigen Explosion losgerissen und emporgeschleudert.

Ein Schrei des Entsetzens flog über den Haupthafen von Calais und verstummte, als hielten die Menschen den Atem an. Dann herrschte eine Weile Totenstille. Blasco de Ramirez starrte wie gelähmt auf das feuerspeiende Gespensterschiff, das durch das schäumende Wasser an der »Santa Cruz« vorüberrauschte. Sein Herz setzte vor Schreck aus, und in seiner Erinnerung erstand das furchtbare Bild dessen, was er während des Brandes, der von Jan Marten gelegt worden war, im Hafen von Rueda, am Ufer der Meerenge von Tehuantepec im Golf von Mexiko, erlebt hatte. Er hatte damals sein Flaggschiff »Santa Maria« verloren und war nur wie durch ein Wunder mit dem Leben davongekommen. Sollte sich hier das gleiche wiederholen?

Plötzlich taumelte er, wie von einem Dolchstoß getroffen. Auf dem Deck der brennenden Karavelle erblickte er Marten! Unmöglich, überlegte er, das ist doch ein spanisches Schiff!

Im selben Augenblick band dieser Mensch, der mehr einem Teufel glich, wie die Matrosen der »Santa Cruz« meinten, das Steuerrad mit einem Strick fest und hißte in aller Eile einen langen schwarzen Wimpel.

»Die schwarze Flagge!« rief Ramirez. »Er ist es!«

Er riß die Pistole aus dem Gürtel, zielte und drückte ab. Der Schuß ging zwar fehl, aber die Kugel pfiff so dicht an Martens Kopf vorbei, daß er sich umdrehte. Als er seinen Feind erkannte, lachte er laut auf. »Ich habe keine Zeit für dich, Caballero«, schrie er. »Verschwinde lieber von hier. Wir treffen uns noch!«

Ramirez begriff trotz seines Wutanfalls, der ihn nach seiner zeitweiligen Verblüffung gepackt hatte, daß dies ein ganz vernünftiger Rat war. Er mußte aus dem Hafen entkommen, bevor eine allgemeine Panik entstand. Nur so konnte er die »Santa Cruz« retten.

Er rief seinen Offizieren und Bootsleuten zu, sofort den Anker zu lichten. Als er merkte, daß sie seinen Befehl zu säumig ausführten, eilte er zur Ankerwinde und schlug mit der flachen Klinge seines Degens auf die Matrosen ein. Seinem Einschreiten war es zu verdanken, daß sich das Schiff langsam in Bewegung setzte. Als der Anker stand und in die Klüse glitt, hatte die »Santa Cruz« bereits so viel Fahrt, daß sie dem Steuer gehorchte. In der Strömung driftend, drehte sie sich mit dem Bug zur Hafenausfahrt.

Einige hundert Yard hinter ihrem Heck brach die Hölle los. Der in Flammen gehüllte Brander lief, nachdem er vorher mehrere Schaluppen in Grund gebohrt hatte, mit aller Wucht zwischen die Karavellen, zersplitterte Rahen, zerbrach Maste, verbreitete um sich herum Feuer und Vernichtung, bis sein Bugspriet schließlich in dem Gewirr von Tauen und Ketten, Wanten und Stagen eines Schiffsriesen mit vier Decks hängenblieb. Das Sausen und Knattern des Feuers, das dumpfe Geräusch der aneinander scheuernden Schiffsrümpfe, das Krachen stürzender Maste, das Dröhnen der explodierenden Pulverfässer, die Schreie der entsetzten Menschen vereinigten sich zu einem wahrhaft infernalischen Chor. Die Matrosen der »Santa Cruz«, die unter Aufbietung aller Kräfte so schnell wie möglich die Segel setzten, überlief es kalt. Die tiefhängenden bleigrauen Wolken färbte das Feuer blutigrot. Blendende Blitze zuckten in ihnen wie unregelmäßige Pulsschläge.

Dem Kommodore Blasco de Ramirez wurde erst jetzt mit Schrecken bewußt, daß sich die »Unbesiegbare Armada« in einer Falle befand. Einerseits wurde sie in dem überfüllten Hafen vom Feuer, andererseits vom Sturm mit Vernichtung bedroht, der von der Nordsee und der holländischen Küste her im Anzug war. Vor dem Sturm konnte man fliehen und hinter dem Kap Gris Nez, in Boulogne oder sogar in der tiefen Bucht an der Sommemündung Zuflucht suchen, vor den Flammen gab es keine Rettung...

Das begriffen auch der Admiral Medina-Sidonia und fast alle seine Kapitäne. Wer noch konnte, auf wessen Deck noch nicht das Feuer wütete, kappte die Taue und Trossen, wand die Anker hoch und strebte, von der Ebbe unterstützt, dem Meer zu. In der Dunkelheit, bei dem starken Seitenwind und der Eile war es jedoch schwer, den Riffen und Sandbänken auszuweichen. So manches Schiff lief auf und versperrte den übrigen den Weg. Ihre Bemannung ließ Hals über Kopf die Boote hinab, kämpfte um einen Platz in ihnen, überbelastet schlugen diese um und sanken. Alle wollten um jeden Preis so schnell wie nur irgend möglich von dem verwünschten Calais wegkommen.

Nur ein kleines wendiges Boot mit einem schrägstehenden Segel fuhr hart am Wind in entgegengesetzter Richtung, in den Hafen hinein, auf die Mündung des Hames zu, kreuzte geschickt zwischen den riesigen Schiffsrümpfen und wand sich unter den Bugsprieten der spanischen Karavellen hindurch. Niemand hielt es an, keiner fragte, wohin es segelte. Niemand wußte, daß am Steuer des Bootes der Mann saß, der zuerst die »Zwölf Apostel« gekapert und sie dann als Brander

benutzt hatte, um die »Unbesiegbare Armada« in Brand zu stecken. Dieser Mann, der genau wie seine sechs Begleiter von der Glut versengt und von Rauch und Ruß geschwärzt war, lachte beim Anblick des Brandes, dessen Urheber er war, hell auf.

Percy Burnes, der wegen seines angeborenen Abscheus, sich und seine Lumpen zu waschen, den nicht gerade schmückenden Beinamen »Sloven« — Schmutzfink — erhalten hatte, besaß eine sehr laute Stimme und sang gern. Wenn an Deck der »Zephir« oder in einer Hafenschenke eine Art Eselsgeschrei oder Ziegenmeckern erklang, konnte man wetten, daß Percy ein Liebeslied oder eine Ritterballade zum besten gab. Gewöhnlich hielten sich dann die unfreiwilligen Zuhörer die Ohren zu, flohen oder protestierten vernehmlich, wobei sie drohten, den Sänger ins Meer zu werfen. An diesem Abend wartete jedoch die gesamte Bemannung der »Zephir« ungeduldig auf Slovens musikalische Darbietungen, die Martens Rückkehr von der Landseite her melden sollten. Burnes war nämlich von Hoogstone an das Ufer der Bucht geschickt worden, in der die »Zephir« gemäß der Anweisung ihres Kapitäns vor Anker lag.

Das Warten wurde lastender. Das schwarze, bewaldete Ufer schwieg. Nur der Wind strich hin und wieder über die Bucht und trieb immer dunklere Wolken vor sich her. Das Schiff lag regungslos auf der durch die Hügel windgeschützten glatten Wasserfläche. Die Matrosen unterhielten sich flüsternd, Hoogstone und Broer Worst gingen Arm in Arm auf dem Hinterdeck auf und ab. Sie sahen von Zeit zu Zeit nach Osten und bemühten sich vergebens, ihre innere Unruhe zu verbergen.

Auf einmal ertönte ein Dröhnen vom Hafen her, man konnte nicht recht unterscheiden, ob es ein Kanonenschuß oder Donner war. Ein blutroter Blitz zuckte über den Himmel, erlosch und leuchtete wieder auf.

Worst und Hoogstone blieben wie auf Kommando stehen. Das Geflüster verstummte. Die Blicke aller richteten sich auf einen Punkt. Eine halbe, vielleicht auch eine ganze Meile von der Bucht entfernt, hinter dem schmalen Landzipfel, war etwas im Gange. Das wellige dunkle Hügelmassiv wirkte vor dem Hintergrund des Himmels, den ein Feuerschein immer heller werden ließ, noch dunkler. Der Wind trug Stimmengewirr und Lärm herüber, wie er sich im Schlachtgetümmel erhebt.

»Es hat begonnen.« Hoogstone seufzte.

Worst trat von einem Bein aufs andere, strich sich über die roten Bartstoppeln, die seine blatternarbigen Wangen bedeckten. »Ja, es hat angefangen«, bestätigte er und sah zu den Leuten hinüber, die steuerbord auf dem Schanzdeck standen.

»Soll ich Vorbereitungen zum Setzen der Segel treffen?« fragte er Hoogstone.

»Das könnt Ihr«, erwiderte dieser, obwohl er wußte, daß noch geraume Zeit verstreichen würde, ehe es erforderlich war, den Anker zu lichten. »Stellt auch ein paar Mann ans Gangspill«, fügte er hinzu.

266

Der Schiffszimmermann gab halblaut die erforderlichen Befehle und ging dann zum Bug, um die Manöver zu beaufsichtigen, sobald der gegebene Zeitpunkt gekommen war. Er dachte, daß Marten trotzdem mit dem Segelboot, das er von der »Zephir« mitgenommen hatte, zurückkehren könnte. Es wäre schade, wenn es verlorenginge . . .

Im stillen tadelte er sich wegen dieses Gedankens. Mochte der Teufel das Boot holen, wenn nur Marten mit heiler Haut das riskante Unternehmen bestand.

Er wählt sicherlich den Landweg, überlegte er weiter. Der ist kürzer und sicherer.

Worst blickte zum Himmel. Es blitzte, der Wind frischte noch mehr auf. Der Widerschein des Brandes spiegelte sich im nachtschwarzen Meer. Der Tumult im Hafen wurde immer lauter. Von Zeit zu Zeit erschütterte das Dröhnen einer Explosion die Luft. Das Echo rollte von den Hügeln hinter dem Heck über die Bucht hin.

Na, dachte Worst, jetzt wird denen dort drüben warm werden! Der Feuerschein muß sogar in Dover zu sehen sein.

Er griff in die Tasche, zog eine Rolle Preßtabak heraus, biß ein großes Stück ab und begann langsam zu kauen. Es war ein guter dunkelbrauner portugiesischer Kautabak. Er brannte wie Pfeffer. Worst benutzte ihn nur in Augenblicken besonders großer Nervenanspannung. Das Narkotikum, das langsame Mahlen der Kinnbacken wirkten beruhigend und schläferten die Ungeduld ein.

Diesmal versagte das bewährte Mittel. Das tatenlose Warten schien sich unendlich hinzuziehen.

Nach einer Weile blieb der Blick des einäugigen Schiffszimmermanns auf einem oder, besser gesagt, zwei Schatten haften, die etwas dunkler als das mit weißen Schaumkronen bedeckte Meer am Ausgang der Bucht waren. Eine halbe Meile vom Land entfernt, verschoben sie sich parallel zur Küste.

Die »Ibex« und die »Toro«, fuhr es Worst durch den Kopf.

Er schickte einen Schiffsjungen mit dieser Nachricht zu Hoogstone, der sofort kam, noch bevor die beiden Schiffe an der Bucht vorbeigesegelt waren.

»Ja, das sind bestimmt White und Belmont«, sagte Hoogstone, nachdem er in der ihm gewiesenen Richtung Ausschau gehalten hatte. »Wir müssen uns ihnen anschließen.«

»Und was wird aus dem Kapitän?« fragte Worst und schob den Kautabak zwischen Wange und Zahnfleisch.

Hoogstone zögerte mit der Antwort. »So lautet sein Befehl«, brummte er schließlich unwillig. »Es muß ihm etwas in die Quere gekommen sein, da er bis jetzt noch nicht hier ist.«

Worst wälzte den Priem aus einem Mundwinkel in den anderen. Er war noch nicht völlig überzeugt und dachte nach. »Die ›Zephir‹ soll doch erst dann auslaufen, wenn die beiden dort anfangen.«

Als wäre es die Antwort auf diesen Einwand, fielen aus den Buggeschützen der »Ibex« zwei Schüsse. Gleich darauf erhoben die Kanonen der »Toro« ihre Stimme. Sie manövrierte bereits im Schutz der hohen Ufer.

»Befehl ist Befehl...«, begann Hoogstone und verstummte gleich wieder. Aus der Tiefe der Bucht erscholl das Triumphgeheul Slovens, das geeignet war, selbst bei dem unmusikalischsten Zuhörer eine Nervenzerrüttung zu verursachen.

Zwar gehörten weder William Hoogstone noch Broer Worst zu den für harmonische Klänge empfänglichen Menschen und zeichneten sich auch nicht durch Musikalität aus. Aber selbst wenn dies der Fall gewesen wäre, hätte der Gesang Percy Burnes' unter den gegebenen Umständen wie Engelsmusik in ihren Ohren geklungen.

»Jan hat sich tapfer gehalten«, murmelte Worst. »Meinst du nicht auch? Tapfer hat er sich gehalten!«

Hoogstone vernahm diese stolzen, wenn auch inhaltlich kargen Worte nicht mehr. Er kehrte auf das Schanzdeck zurück und befahl, die Taljen hinabzulassen, um die Schaluppe sofort an Bord hieven zu können.

Inzwischen waren die »Ibex« und die »Toro« aus dem Gesichtsfeld entschwunden. Doch die Salven ihrer Geschütze krachten, und die schweren spanischen Haubitzen antworteten mit regellosem, aber starkem Feuer. Das Dröhnen der Kanonen verband sich mit dem Grollen des aufziehenden Sturmes. Ein hundertfaches Echo hallte über dem dunklen Land wider und kehrte, vom Wind getragen, zur See zurück.

Durch die Kanonade, durch das Brausen des Sturmes, der in den Wanten pfiff, erklang der Ruf Slovens, der das Schiff anrief. Ihm wurde vom Deck aus geantwortet. An der Bordwand leuchtete das gelbe Licht einer Laterne auf. Das Boot zeigte sich auf den Wellen, versank im Schatten, tauchte wieder auf. Kräftige Hände packten die herabgelassenen Taue. Die Haken knirschten, die Blöcke knarrten, und nach einer Weile hörte die Mannschaft der »Zephir« die Stimme ihres Kapitäns, der, ohne Zeit zu verlieren, kurze Befehle gab.

Die Seeschlacht im Ärmelkanal, die mit dem kühnen Nachtangriff dreier Kaperschiffe auf die geballte Macht der »Unbesiegbaren Armada« begann, dauerte bis zum Mittag des folgenden Tages.

Anfangs suchten die Spanier ihr Heil in der Flucht. Durch den Brand im Hafen von Calais, den die in Flammen gehüllte Karavelle »Zwölf Apostel« entfacht hatte, waren sie von Panik erfaßt worden. Es war ihnen unbegreiflich, wie der Brander in den mit Schiffen vollgestopften Hafen hatte gelangen können. Als sie auf die drei Korsaren stießen, nahmen sie zuerst an, daß sie es mit den Hauptstreitkräften der Engländer zu tun hätten. Nach dem ersten Schußwechsel überzeugten sie sich jedoch, daß sie selbst über eine erdrückende Übermacht verfügten. Das ließ die Spanier wieder zu sich kommen und ermutigte sie sogar, zum Gegenangriff überzugehen. Wenn sie das sofort und taktisch organisierter getan hätten, wären die drei Tollkühnen sicherlich in Grund und Boden gebohrt worden. Doch der Angriff erfolgte zu spät, und die kleinen Schiffe der Engländer erwiesen sich als viel wendiger und schneller als die mächtigen spanischen Karavellen, die sich bei der Durchführung schwieriger Manöver der Ruder bedienen mußten. Die Kaperschiffe der Königin Elisabeth verstanden zu beißen und sich rechtzeitig zurückzuziehen. Die Verfolgung verlief ergebnislos. Obendrein war zur Wut und Schande der spanischen Kapitäne das Feuer der leichten englischen Geschütze viel treffsicherer gewesen als die Salven ihrer schweren, weittragenden Mörser, ihrer achtundvierzigpfündigen Kartaunen oder Haubitzen und hatte in der Takelage der großen Schiffe ernsthafte Schäden angerichtet, sie manövrierunfähig gemacht und die Gefechtsordnung gestört. Hinzu kam noch der Sturm, der anfangs günstig für die Armada war, sich aber bald darauf gegen sie wandte. Er änderte seine Richtung von Ost auf Südwest, wehte immer stärker und trieb die hohen, statisch schlecht gebauten Karavellen gegen die Küste Englands.

Aus diesem Grund wurde die »Unbesiegbare Armada« kurz nach Mitternacht auf einen Raum von mehr als dreißig Seemeilen vom Kap Gris Nez bis nach Hastings zerstreut und mußte die erfolglose Jagd auf die drei frechen Korsaren abbrechen; nur noch einzelne spanische Schiffe beantworteten deren Angriff mit Geschützfeuer. Viel schlimmer war jedoch, daß sich bei Tagesanbruch im Westen auf dem noch immer stürmischen Meer zahlreiche Segel zeigten, die ankündigten, daß jetzt tatsächlich ein Zusammenstoß mit bedeutenden englischen Kräften bevorstand.

Ehe es dazu kam, gelang es Admiral Medina-Sidonia mit großer Mühe, ungefähr vierzig Karavellen um sein Flaggschiff zu sammeln, die im trüben Zwielicht des anbrechenden Morgens bereits aus großer Entfernung das Feuer eröffneten. Francis Drake wollte jedoch seine Flottille nicht der verderblichen Wirkung der Geschosse der spanischen Artillerie aussetzen. Er hielt sich außerhalb ihrer Reichweite und griff in Erwartung von Lord Howard und Frobisher vorderhand nur einzelne Schiffe an.

Die »Golden Hind« kreuzte an der Spitze der Fregatten der Königin zwischen der Südküste Englands und der Hauptgruppe der spanischen Flotte, während die Kapereskader unter dem Kommando von Hawkins die »Unbesiegbare Armada« von Süden her in großem Bogen einkreiste. Auf diese Weise wurde der Herzog von Medina-Sidonia, ob er wollte oder nicht, gezwungen, angesichts eines schwächeren Gegners, dessen einzige Überlegenheit in der größten Schnelligkeit seiner

Schiffe bestand, zur Verteidigung überzugehen. Beide Seiten schienen auf eine für sie günstige Änderung der Situation zu warten. Aber nur die Engländer wußten, worauf sie rechnen konnten. Die Spanier verließen sich auf ihr Glück, das sie trotz vorübergehender Erfolgsaussichten enttäuschte.

Kurze Zeit setzten sie alle Hoffnungen auf die Eskader des Kommodore Blasco de Ramirez, die, nach der Flucht aus Calais in alle Winde verstreut, sich gegen Morgen in der Nähe von Boulogne gesammelt hatte und nun nach Nordwesten segelte, um sich den Schiffen des Admirals anzuschließen. Ungefähr auf der Höhe von Dungeness sichtete man sie vom Flaggschiff des Herzogs von Medina-Sidonia aus und bemerkte, daß sie schnurstracks auf dem Kordon der Kaperfregatten Hawkins' zusteuerte. Ramirez wollte ihn offenbar durchbrechen und sich mit den Hauptkräften der Armada vereinigen.

Zwei von den sechs englischen Schiffen, die ihr den Weg zu verlegen versuchten, wurden durch die Salven von Ramirez' Karavellen in den Grund gebohrt. Zwei weitere zogen sich mit zersplitterten Rahen und zerfetzten Segeln zurück. Bevor jedoch die Spanier ihre Geschütze wieder laden konnten, erschien aus der Straße von Calais ein Schwarm windgeblähter Segel. Lord Howard und Frobisher eilten mit sechzig Schiffen zu Hilfe, um die schon halb zerschlagene Flotte Philipps II. zwischen zwei Feuer zu nehmen.

Die Eskader Blasco de Ramirez' erreichte nicht ihr Ziel. Die riesigen Viermast-karavellen, die mit sechzehn schweren Geschützen an jeder Bordseite und Dutzenden leichterer Falkonette auf den drei oder vier Artilleriedecks bestückt waren, stoben nach den ersten, in aller Eile abgefeuerten Salven auseinander. Der tollkühne Angriff der Engländer brachte auch die Gefechtsordnung Medina-Sidonias durcheinander.

Die von den englischen Schiffen eingeschlossene »Unbesiegbare Armada« setzte sich verbissen zur Wehr. Fünf Stunden währte die Kanonade, deren Dröhnen von Brighton bis Ramsgate und von Dieppe bis Dünkirchen zu hören war. Der Rauch der Geschütze und Brände verhüllte den düsteren Himmel über den Grafschaften Sussex und Kent. Die Wracks von über dreißig Segelschiffen ruhten für immer auf dem Meeresboden.

Schließlich zerstreute ein an Stärke ständig zunehmender Sturm sowohl die Angreifer wie die Angegriffenen. Mit wütendem Heulen türmte er die Wellen immer höher auf und wurde gefährlicher als das Artilleriefeuer, dessen Treffsicherheit durch das Schwanken der Schiffe herabgemindert wurde. Die Engländer brachen den Kampf ab und zogen sich nach Portsmouth, in den Schutz der Insel Wight, zurück. Die Große Armada hatte keinen Zufluchtsort.

Alexander Farnese, der sich infolge der Blockade der niederländischen Häfen mit seinen Truppen nicht einschiffen konnte, hatte dem Admiral geraten, für einige Zeit in Emden vor Anker zu gehen. Medina-Sidonia lehnte diesen Vorschlag ab

Selbst jetzt, da seine Kräfte nach unentschiedener Seeschlacht zusammengeschmolzen waren, glaubte er noch immer, daß seine Große Armada eine »Unbesiegbare Armada« sei. Er hoffte, bei günstigerem Wetter mit den Engländern fertig zu werden, die unrühmliche Flucht aus Calais rächen und in England landen zu können, um mit einem Handstreich die Insel der Häretiker zu erobern und sie zu unterwerfen. Deshalb ließ er wenden und segelte mit achterlichem Wind nach Norden. Er hatte den törichten Entschluß gefaßt, England von Osten her anzugreifen.

Die Witterungsverhältnisse, die die Spanier in ihren Absichten nicht begünstigten, waren auch der Flottille von Drake und Hawkins hinderlich. Diese nahm erst am nächsten Tag die Verfolgung der Großen Armada auf. Medina-Sidonia war es inzwischen gelungen, die Straße von Calais zu durchschiffen. Es bestand die Gefahr, daß er versuchen würde, an der Küste von Essex oder noch weiter im Norden Truppen zu landen. Das durfte nicht geschehen. Der Wind, der in der Nacht nachgelassen hatte, frischte gegen Morgen wieder auf und wurde zum Sturm. Weißmähnige Wellenkämme trieben an der Südküste Englands entlang. Dunkle Wolken flogen über den Himmel, drängten sich aneinander und verdichteten sich zu einer gleichförmigen grauen Masse, vor deren Hintergrund schwarze Fetzen dahinjagten.

Die »Zephir«, die an der Spitze der aus der »Ibex«, der »Toro« und der »Vanneau II« bestehenden Vorhut fuhr, mußte viele Stunden lang an sich selbst die Wut des Sturmes erfahren. Marten erlaubte jedoch nicht, auch nur ein Segel zu reffen. Er wollte die verlorene Zeit einbringen und noch vor dem Abend die Große Armada einholen, um Drake über ihre Bewegungen unterrichten zu können.

Er hatte kaum die Meerenge von Solent durchschifft und das Kap Needles hinter sich gelassen — er wollte die Insel Wight von Westen und Süden her umsegeln —, als sich auch schon riesige Wellen, die, von einem bis zum anderen Scheitel gemessen, wohl eine Meile lang waren, über das Deck der »Zephir« zu wälzen begannen. Der Sturm riß die Schaluppen aus den Bootsträgern, zerstörte die Kastelle und hob die Geschützlafetten hoch.

Bald darauf verschwanden drei in Portsmouth neuangemusterte Matrosen spurlos vom Schanzdeck, ohne auch nur einen Schrei auszustoßen, wie Zahlen, die mit einem feuchten Lappen von einer schwarzen Tafel gewischt werden. Marten, der selbst am Steuer stand, stieß einen lauten Fluch aus und preßte die Lippen zusammen.

Doch was bedeutete der Tod von drei Menschen angesichts der Gefahr, die der »Zephir« drohte, gegenüber den künftigen Geschicken Englands, die auf dem Spiel standen!

Marten konnte niemanden und nichts schonen. Er mußte sich um jeden Preis zur Nordsee durchschlagen, dann weiter nach Norden segeln, die Spanier einholen, Drake rechtzeitig warnen und über die Absichten des Gegners unterrichten.

Das Schiff litt und kämpfte schweigend. Wenn die anstürmenden Wellen über sein Deck hereinbrachen, erbebte es vom Bug bis zum Heck und tauchte, von vielen Tonnen Wasser hinabgedrückt, tief in die Flut, die es berstend und krachend, als stürze ein Haus ein, unter sich zu begraben schien. Dann tauchte es langsam, wie mit schmerzhafter Anstrengung, wieder auf, warf die Wasserlast von sich und schien vor dem nächsten Schlag tief Atem zu holen.

Marten litt mit. Er spürte die Qual des langsamen Emportauchens, und das Herz stand ihm still bei dem Gedanken, die »Zephir« könne sich nicht mehr aufrichten, eines der Wellenungeheuer könne die geneigten Maste und Rahen packen, den Rumpf aus den brodelnden Strudeln reißen und sie zum Kentern bringen. Trotzdem änderte er den Kurs nicht um einen Zoll. Er vertraute darauf, daß das Schiff aushalten und letzten Endes trotz der erdrückenden Ungleichheit der Kräfte Sieger bleiben würde in seinem einsamen Kampf, dessen einziges Ziel es war, sich so weit von der Küste zu entfernen, um die Rahen umbrassen und mit achterlich dwarsem Wind weitersegeln zu können.

Als er sich endlich zu diesem Manöver entschloß, waren hinter dem Heck der »Zephir« weder die Küstenlinie noch die Masten und Segel der weit zurückgebliebenen Begleitschiffe zu sehen. Nur der silbergraue Vorhang der Regenschauer und weiß gischtende Wogenkämme umgaben ihn.

Die erste Nachricht über die Fahrtrichtung, die Admiral Medina-Sidonia eingeschlagen hatte, erhielt Marten von den Fischern des Dorfes Walton, in deren Hände die zwischen den zahlreichen Sandbänken an der Küste von Essex gestrandete Karavelle »Heiliger Josef« gefallen war. Er konnte nicht viel von ihnen erfahren, denn sie waren weder mit dem »Heiligen Josef« noch mit dessen Besatzung christlich umgegangen. Nicht einer war mit dem Leben davongekommen. Aus den Berichten der Fischer konnte man schließen, daß die Große Armada weiter nach Norden segelte, also nicht beabsichtigte, in einem der niederländischen Häfen zu landen. Sie hatte sich auch noch immer nicht gesammelt.

Nachdem Marten bei den Schiffern entsprechende schriftliche Instruktionen für den Chevalier de Belmont zurückgelassen und ihnen befohlen hatte, sie dem Kapitän des ersten sich nähernden englischen Schiffes zu übergeben, segelte er entlang der Küste von Suffolk und Norfolk nach Nordosten weiter.

Gegen Abend flaute der Sturm ab. Der Wind drehte langsam und wehte nach Sonnenuntergang von Süd, was die Weiterfahrt beträchtlich erleichterte. Die »Zephir« erreichte jetzt eine Geschwindigkeit von zwölf, ja sogar vierzehn Knoten und befand sich gegen acht Uhr morgens auf der Höhe der Einfahrt zur Humberbucht.

Auch hier traf Marten auf die Spuren der Spanier, wie er noch sehr viele finden sollte. In den Untiefen entlang der flachen Ufer und auf den Sandbänken lagen vollständig ausgeraubte Wracks großer Schiffe. Leichen von Seeleuten und Solda

ten trieben, von Möwenschwärmen umgeben, auf den Wellen. Die Fischer, Bauern und Yeomen aus Lindsay und Yorkshire, von denen viele Katholiken waren, hatten die Papisten des armseligen Gewinns halber oder aus Angst vor einem Einfall feindlicher Truppen ohne Erbarmen ermordet, ohne nach ihrem Glaubensbekenntnis zu fragen. Diese Lage der Dinge beruhigte Marten. Was für ein Plan auch im Kopf des Admirals der Großen Armada entstanden sein mochte, England drohte vorderhand keine Landung. Dagegen erforderte der Zustand der »Zephir« wenigstens einen Tag Ruhe, damit die Takelage in Ordnung gebracht und die während des Sturmes im Ärmelkanal entstandenen Schäden beseitigt werden konnten. Außerdem wollte sich Marten wieder mit den übrigen Schiffen der Vorhut vereinigen und die erhaltenen Berichte Drake übermitteln.

Am nächsten Tag traf er mit Pierre Carotte und Richard de Belmont zusammen. Es fehlte nur die »Ibex«. Sie war in Walton umgekehrt und fuhr der Flottille von Drake und Hawkins mit dem von Belmont abgefaßten Rapport entgegen.

Belmont wollte auf die Ankunft der »Ibex« und weitere Befehle des Admirals warten. Marten drängte jedoch zur Eile. Ihn quälte die Neugier zu erfahren, was Medina-Sidonia zu tun gedachte. Außerdem hoffte er Gelegenheit zu finden, Blasco de Ramirez, der ihm in Calais entkommen war, zum Kampf zu stellen.

Die drei Schiffe lichteten also die Anker und segelten weiter nach Norden.

In der Nordsee herrschten nicht weniger Stürme und Böen als im Ärmelkanal. Die Große Armada, die von einem unfähigen Admiral kommandiert wurde, der zudem ohne Karten und Lotsen segelte, schmolz mit jedem Tag mehr zusammen. Als auch die Versuche, in Tyneumouth und an der Küste Schottlands im Firth of Forth zu landen, fehlschlugen, war es klar, daß kein spanischer Soldat seinen Fuß auf die häretische Insel setzen würde.

Wie ein Rudel hungriger Wölfe eine Schafherde, so verfolgten die Schiffe der Engländer die Spur der schwerangeschlagenen, sich auflösenden Großen Armada und versenkten von den Hauptkräften abgekommene, verirrte Karavellen. An der Küste sammelten sich bewaffnete Haufen und die Truppen der schottischen Barone, die beutelüstern und blutgierig den Schiffbrüchigen auflauerten.

Als Mitte August Reste der prächtigsten Eskader der spanischen Flotte, große viermastige Segler, in den Moray Firth einliefen, um die Süßwasservorräte zu ergänzen, stießen sie auf die zwischen den Felsen im Hinterhalt liegende kleine Kaperflottille unter dem Kommando Jan Martens. Trotz ihrer Feuerüberlegenheit wurden die Spanier zum Rückzug gezwungen.

Dieser durch vier Kaperkapitäne errungene Sieg, von denen, wie es sich zeigte, nur einer Engländer war, erweckte die Bewunderung und die heiße Sympathie der Bewohner von Inverness. Die Ratsherren beschlossen, die Helden dieser Schlacht als Verteidiger der Stadt und des Hafens durch ein großes Bankett zu ehren. Als es sich unter der Bevölkerung herumsprach, daß sich unter den Kapitänen auch Pierre Carotte befand, erschienen alle angesehenen Bürger zu der Feier.

Aber nicht der Kapitän der Fregatte »Vanneau II«, nicht einmal Marten hinterließ bei den Festgästen einen so nachhaltigen Eindruck wie das unerwartete Auftreten von Percy Burnes, genannt Sloven. Ihm gelang es, nicht nur die eingesessenen Barden zu übertrumpfen, sondern auch den legendären Ruhm seiner Landsleute und Vorfahren aus Sussex zu verbreiten.

Das Fest fand auf dem alten Marktplatz von Inverness statt. Bei dem ungewöhnlich schönen, sonnigen Wetter hatte man die Tische vor der Town-hall aufgestellt. Nun konnte sich Marten selbst überzeugen, daß an den Erzählungen Carottes über die Gastfreundschaft der Schotten keine Spur von Übertreibung war.

Anfangs bereitete das in Schottland allgemein gebräuchliche Gälisch bei der Verständigung und dem Ausbringen von Toasten gewisse Schwierigkeiten, da es fast keiner der Helden verstand. Pierre Carotte und sein ehemaliger Erster Offizier, Dingwell, der sich hier sehr zum Leidwesen seines Kapitäns ansässig gemacht hatte, übernahmen am Tisch der Ehrengäste die Rolle der Dolmetscher. Die übrigen Teilnehmer an dem Bankett verständigten sich mit Hilfe der Zeichensprache und schlossen so Freundschaft.

Nach Sonnenuntergang begann eine Kapelle der Bergbewohner zum Tanz aufzuspielen. In den Pausen ließen sich Sänger mit Balladen und Liedern Ossians hören. Diese künstlerischen Darbietungen, die von den Schotten mit großem Applaus bedacht wurden, begeisterten Percy Burnes zur Tat. Er wollte ein so dankbares Publikum auch mit seinem Repertoire bekannt machen und unterbreitete Dingwell einen entsprechenden Vorschlag.

Leider bemerkte weder Marten noch einer der älteren Bootsleute von der »Zephir« Burnes' Rührigkeit. Dingwell, dem der Vorschlag sehr am Platze schien, übersetzte ihn dem Lord Mayor der Stadt (er hatte ja noch nie Burnes' Gesang gehört). Der Lord Mayor stimmte ohne Zögern zu und stellte den englischen Barden zu Martens Entsetzen den Anwesenden vor.

Nun war es zu spät, das Verhängnis zu verhüten. Durch die günstige Wendung der Dinge beglückt, rieb sich Burnes die Hände, verbeugte sich vor den Ratsherren und flüsterte dann dem neben ihm sitzenden Dingwell etwas ins Ohr.

»Eure Lordschaft«, sagte Dingwell, »der Bootsmann Burnes wünscht Euch und den hier anwesenden Würdenträgern der Stadt zu erklären, daß das Lied, welches er singen will, aus der Zeit Wilhelms des Eroberers stammt.«

»Oh, tatsächlich?« warf der Lord Mayor freundlich ein.

»So ist es«, bestätigte der Dolmetscher. »Es handelt von den Streithähnen, die mit Wilhelm aus der Normandie nach England kamen, um das wehrhafte Schloß Hastings zu erobern.«

»Aha, also eine Kriegsballade«, erriet der Lord Mayor.

»So ist es«, wiederholte Dingwell, nachdem er sich mit Burnes verständigt hatte. »Der Bootsmann Burnes macht Eure Lordschaft im voraus darauf aufmerksam, daß er eine Reihe weiterer Darsteller ersetzen muß, die sonst diese Ballade in der Grafschaft Sussex singen. Außerdem ist das Lied sehr schwierig, da bei einigen Teilen die Worte fehlen.«

Der Lord Mayor blickte den neben ihm sitzenden Carotte, Carotte den verzweifelten Marten und Marten seinen Freund Belmont fragend an, den das alles offensichtlich sehr belustigte. Belmont verstand etwas Gälisch, zuckte aber nur die Schultern.

Carotte fragte: »Wie kann er denn singen, wenn die Worte fehlen?«

»Er wird den Lärm der Schlacht nachahmen«, erklärte Dingwell, nachdem er sich bei dem Künstler erkundigt hatte. »Der Bootsmann Burnes möchte nun wissen, Eure Lordschaft, ob er beginnen darf.«

»Wenn er nur die Sprache verlieren würde«, brummte Marten.

Der Lord Mayor nickte ernst, und Sloven wurde nicht mit Stummheit geschlagen. Er zog sein wollenes Wams aus, krempelte die zerrissenen Hemdsärmel hoch und begann. Er galoppierte vor dem Tisch der Honoratioren auf und ab, was die Schotten sofort in Staunen versetzte, denn niemand hatte bis jetzt auf diese Weise mit dem Vortrag einer Ballade begonnen. Der gutunterrichtete Dingwell erklärte jedoch, daß »die Bande aus der Normandie« gerade aufsitze und sich dem Hügel nähere, auf dem das Schloß stehe. Inzwischen hatte Sloven die Rolle der Eindringlinge zu Ende gespielt. Er sprang zwischen Hoogstone und einem Ratsherrn in einem karierten Schottenröckchen auf die Bank, beschattete mit der Hand die Augen und spähte aufmerksam nach allen Seiten.

»Oho!« rief Carotte. »Die Wache auf den Mauern des Schlosses. Sie lassen sich nicht überrumpeln!«

Sloven verneigte sich vor ihm zum Dank für die richtige Bemerkung. Dann verwandelte er sich in Wilhelm den Eroberer. Er hielt das Pferd an, richtete sich entschlossen in den Steigbügeln auf, erhob die Hand und wies auf die Town-hall.

»Jetzt wird er zum Angriff blasen«, flüsterte Carotte Marten zu. »Hör nur!«

Tatsächlich schöpfte Sloven tief Luft, blies die Backen auf und trompetete. Es war ein so entsetzlich schrilles, gellendes Signal, daß den Zuhörern das Blut in den Adern erstarrte. Marten schnellte hoch und fiel auf seinen Sitz zurück. Auch der Chevalier de Belmont und der Lord Mayor sprangen auf. Den Ratsherren rieselten Schauer des Grauens über den Rücken. Nur die vorsichtigen Matrosen der »Zephir« bewahrten die Ruhe, denn sie kannten bereits diese Ballade in der Darstellung von Percy Burnes und hatten sich rechtzeitig die Ohren zugehalten.

Das, was dem Angriffssignal folgte, verursachte bei den Zuhörern ein Schwindelgefühl. Sloven wechselte nun blitzschnell die Rollen. Er wurde zu einem Haufen wiehernder, schnaubender Rosse, die Hals über Kopf den felsigen Abhang des Hügels hinaufgaloppierten, er war zugleich eine Anzahl von Wachtmeistern, die die Reihen ordneten und ihre Leute zum Kampf aufmunterten, er war bald der eine, bald ein zweiter, ein zehnter Ritter, der Herausforderungen und Flüche um sich schleuderte, er verwandelte sich in das Schwirren der Bogensehnen, das Sausen der Pfeile, er ahmte das Blöken einer flüchtenden Schafherde, das Schreien und Weinen der kleinen Hirten nach, das Jammern der Frauen, das Splittern zerbrechender Lanzen, das Klirren der Schwerter, wenn ihre Hiebe auf die Rüstungen niederprasselten, und — sicherlich auch das Heulen eines Hundes, dem in diesem Getümmel der Schwanz abgeschlagen worden war . . .

»Zum Teufel«, stöhnte der betäubte Carotte, »hoffentlich gewinnt endlich eine der Parteien die Schlacht!«

Einen Augenblick nahm Marten an, der Wunsch Pierres gehe in Erfüllung. Die Angreifer, die noch immer aus vollem Halse brüllten, zogen sich langsam zurück. Allmählich verstummte der Lärm am Fuße des Hügels. Sloven beugte, schwer atmend und in Gedanken versunken, den Kopf.

Marten atmete erleichtert auf, der Chevalier de Belmont hob die Hände zum Applaus, doch Carotte hielt ihn zurück.

»Ich fürchte, daß es noch nicht zu Ende ist«, flüsterte er.

Percy Burnes schien plötzlich wie aus tiefem Schlaf zu erwachen. Auf den Zehenspitzen beschrieb er einen großen Bogen.

»Wilhelm schickt eine Abteilung aus, die die anderen vom Flügel her angreifen soll«, mutmaßte Carotte.

»Der Teufel soll ihn holen«, antwortete Marten zähneknirschend. Seine Worte gingen in dem Geschrei der Verteidiger unter, die den flankierenden Haufen bemerkt hatten.

Percy Burnes wurde nun Graf Hastings und gruppierte eilends seine Streitkräfte um. Atemlos lief er zwischen den Tischen, die die Mauern des Schlosses darstellten, hin und her und gab mit drohender Stimme Befehle. Doch seine Maßnahmen kamen Wilhelm dem Eroberer, in den sich Burnes inzwischen verwandelt hatte, sehr zustatten. Erneut wieherten Pferde, der Angriff auf das Schloß begann.

Bei dem gleichzeitigen Frontal- und Flankenangriff verlor Carotte die Übersicht über den Verlauf der Schlacht, die laut und erbittert war und so lange währte, daß Marten den Entschluß faßte, in der Rolle der Vorsehung aufzutreten, um sie zu beenden.

Er verzichtete, da er auf den Gesichtern der Matrosen der »Zephir« ein Lächeln der Erleichterung sah, das ein baldiges Ende der Ballade zu verheißen schien. Marten wischte sich die Schweißperlen von der Stirn und warf einen Blick auf die Ratsherren. Auch sie hatten genug und waren einer Ohnmacht nahe . . .

Schließlich erstarb Burnes' Stimme. Er verneigte sich. Sein Dolmetscher Ding-well stand auf und wandte sich an den Lord Mayor. »Eure Lordschaft, der Bootsmann Burnes möchte wissen, ob die Ballade Euch und den hier anwesenden Würdenträgern gefallen hat.«

Marten wurde es heiß. Dieser Trottel verlangte noch Lob und Komplimente!

Der Lord Mayor erwies sich als ein Mann mit Taktgefühl. »Es war ein sehr schönes Lied«, übersetzte Dingwell dessen Antwort. »Ein ganz ungewöhnliches Lied, das diese schreckliche Begebenheit anschaulich wiedergibt. Man hörte sogar das Geschrei scheu gewordener Maulesel …«

»Maulesel?« rief Burnes erstaunt. »Dort waren keine Maulesel!«

»Keine Maulesel?« wiederholte der Dolmetscher verwirrt. Seine Brauen bildeten zwei hohe Bogen auf der gerunzelten Stirn. »Hm … ich könnte schwören, daß dort etwas entsetzlich schrie. Vielleicht waren es Esel?«

»In der ganzen Ballade kommt nicht ein Esel vor«, protestierte Burnes.

»Du bist selbst einer«, rief Tessari, genannt Barbier, »hör endlich auf, den Narren zu spielen.«

»Auf jeden Fall«, fuhr Dingwell fort, nachdem er sich einige Male geräuspert hatte, um die Fassung wiederzugewinnen, »auf jeden Fall war es sehr schön.«

»Das glaube ich«, murmelte Belmont.

Über Burnes' Gesicht breitete sich ein triumphierendes Lächeln. Dingwell warf Marten einen warnenden Blick zu. — »Was ist?« erkundigte sich Jan.

Der ehemalige Erste Offizier der »Vanneau« beugte sich über den Tisch. »Der Mann verlangt, ich solle dem Lord Mayor sagen, der zweite Teil der Ballade handele vom Sturm auf das Schloß in der folgenden Nacht. Er bittet um Ruhe, da er mit den nächtlichen Geräuschen beginnen will, die bei dem herrschenden Lärm den Zuhörern entgehen könnten.«

»Er soll sich nicht unterstehen, das Maul aufzumachen«, schrie Marten entschlossen. »Gebt ihm soviel Whisky und Bier, wie er in seinem Wanst unterbringen kann. Es wird zwar sehr viel sein, aber es rettet uns vor dem endgültigen Verderben.«

Dingwell hielt sich an diesen Rat, was übrigens auf keine größeren Schwierigkeiten stieß. Der Auftritt hatte Burnes' Durst beträchtlich vermehrt. Die männliche Hälfte der Bevölkerung von Inverness begleitete den heldenmütigen Barden zu den frisch angeschlagenen Fässern, um dort sein Talent im Leeren voller Quarte hellen Ales zu bewundern.

Nachdem Marten auf diese Weise die von seiten Slovens drohende Gefahr gebannt hatte, gewann er unter dem Einfluß der vortrefflichen Speisen und Getränke endlich seinen gewohnten Humor und Schwung wieder. Bis zu diesem Bankett war er trotz des über die Eskader von Blasco de Ramirez errungenen Sieges mißgestimmt gewesen, denn Ramirez war ihm wieder entkommen. Schließlich sah er aber ein, daß es keinen Wert hatte, sich dies zu Herzen zu nehmen. Früher oder später würde ihm die »Santa Cruz« in die Hände fallen und dann …

»Dann«, sagte William Hoogstone, der die Ursachen des verbissenen Hasses besser als die übrigen kannte, »werdet Ihr ihm die Ohren abschlagen, Kapitän Marten.«

»Und die Nase«, fügte Carotte mit der Miene eines Menschenfressers hinzu.

6

Marten konnte die Drohungen seiner Freunde nicht in die Tat umsetzen, denn der Herzog von Medina-Sidonia hatte, nachdem die Orkney-Inseln hinter ihm lagen, die Reste der Eskader des Kommodore Blasco de Ramirez der Vorhut zugeteilt. Als später die Große Armada Irland westlich umschiffte, sandte er ihn mit der Nachricht vom Mißlingen des Unternehmens nach Spanien voraus.

Das mißlungene Unternehmen war in Wirklichkeit eine Niederlage. Medina-Sidonia hatte fast die Hälfte seiner vom Sturm zerstörten Schiffe auf den Felsriffen der Orkney-Inseln und der Hebriden, in den Fjorden von Donegal, Connacht und Munster zurücklassen müssen. Und sogar die katholische Bevölkerung der irländischen Fürstentümer ermordete die Spanier und plünderte die Wracks der Karavellen.

Ramirez landete in Lissabon und begab sich über Abrantes, Guarda und Salamanca unverzüglich zum Escorial.

Er ritt durch das in eine einzige Kirche verwandelte Land, in dem nach dem Befehl des Staatsrates ständig Bittgottesdienste für den Sieg über die Häretiker abgehalten wurden. Die Bauern arbeiteten nicht auf den Feldern, die Viehherden hatten sich in die Täler zerstreut, die Straßen der Städte, die Marktplätze, die Werkstätten der Handwerker und die Gasthäuser waren verödet, Handel und Wandel erstarben. Die von Schweißgeruch und Weihrauchdunst erfüllten Kirchenschiffe hallten von Gesängen wider. Glocken und Orgeln erklangen an allen Ecken und Enden.

Ramirez zog mit düsterer Miene vor den Kreuzen der Kirchen den Hut, stieg vom Pferd, kniete nieder, bekreuzigte sich andächtig und zog den Besitzer der Herberge am Genick aus der Menge. Er ritt Tag und Nacht fast ohne Rast weiter. Aber gerade deshalb mußte er häufig die Pferde wechseln. Sie brachen bei dem mörderischen Galopp über die Bergwege unter ihm zusammen.

Nach achtundvierzig Stunden hielt er, halb tot, vor dem Tor des Klosters San Lorenzo el Real und erfuhr am Ziel seiner Reise, daß ihn der König erst nachmittags empfangen werde, da er im Gebet vor dem Hauptaltar liege und niemandem gestattet sei, sich ihm zu nähern.

Blasco wußte, daß kein noch so demütiges Gebet mehr imstande war, das Unheil abzuwenden. Er wagte jedoch nicht, seine Meinung laut zu äußern. Er unterrichtete aber den Kardinal Albrecht von Habsburg über das Schicksal der »Unbesiegbaren Armada«. Dann fiel er, ohne die Verblüffung des königlichen Sekretärs zu beachten, auf dem weichen Sessel Seiner Eminenz in tiefen Schlaf.

In Madrid sowohl wie in Rom war die Enttäuschung nach dieser Niederlage riesengroß. Medina-Sidonia kehrte im September an der Spitze von kaum der Hälfte seiner Flotte zurück. Die Schiffe waren meist so schwer beschädigt, daß sich ihre Ausbesserung nicht lohnte. Über zehntausend Menschen waren umgekommen, und die materiellen Verluste erreichten schwindelerregende Summen.

Die Feinde, besonders die bis dahin im Zaum gehaltenen Vasallen Spaniens, rührten sich wieder und bereiteten neue Verschwörungen und Aufstände vor. Der Ruhm und Glanz der spanischen Monarchie verblaßte. Begleitet vom Heulen der Stürme und dem Krachen der an den Felsen Schottlands und Irlands zerschellenden Karavellen, entstand eine neue Seemacht — Albion.

Die größte Ruhe in diesem Unglück bewahrte Philipp II., obwohl alle seine Träume und Pläne, das Hauptziel seines Lebens, die Eroberung Englands und die Demütigung Elisabeths, gescheitert waren.

Er konnte noch eine neue Flotte bauen und für diesen Zweck genügend Gold aus seinen Untertanen und dem reichen Klerus pressen, er konnte die Schätze Westindiens und Söldnerheere aus den Niederlanden, aus Neapel und Mailand, aus den deutschen und österreichischen Ländern in die Waagschale des Krieges werfen. Er mußte nur die Fügung Gottes mannhaft ertragen und den Schöpfer um seinen Segen für den nächsten Kriegszug anflehen.

Diese Methode hatte zwar schon einmal versagt, doch sie schien Philipp die sicherste zu sein. Um ihre Wirksamkeit zu unterstützen, wurde im ganzen Reich die Tätigkeit der heiligen Inquisition verstärkt, die Dutzende, ja Hunderte von Dissidenten verurteilte und auf dem Scheiterhaufen verbrannte.

Unterdessen triumphierte in England der Protestantismus. Der Gott, an den dort geglaubt wurde, hatte Unwetter und Stürme über die Papisten geschickt und damit unwiderlegbar zu erkennen gegeben, daß er auf seiten der Reformation stand. Elisabeth schloß sich vielleicht nicht einer so einfachen Schlußfolgerung an und schrieb den Sieg nicht nur dem Willen Gottes zu, doch sie äußerte ihre Meinung nicht öffentlich. Sie war allerdings froh, daß die Verdienste ihrer Admirale und Kaperkapitäne zugunsten übernatürlicher Mächte im Schatten blieben. Gott brauchte man keinen Sold zu zahlen, für ihn genügten Kerzen und Psalmen. Die Admirale dagegen forderten Geld für ihre Mannschaften sowie Belohnung und Ehren für sich.

Die geizige Monarchin feilschte mit ihnen wie eine Hökerin, fluchte, spuckte und schlug mit der Faust auf den Tisch. Sowie die Gefahr vorbei war, dachte sie nicht mehr daran, ihre Versprechungen zu halten. Sie war zu berechnend. In der Kunst des Regierens hütete sie sich vor edlen Gesten, die kostspielig zu sein pflegen. Den Helden mußte ihr Heldentum genügen. Die Grundsätze, nach denen sie sich richtete, hatten mit Heldentum nichts gemein, obwohl sie die Königin mit dem Löwenherz genannt wurde.

Das Herz oder mehr noch der Verstand befahl Elisabeth, zu heucheln, geschmeidig zu sein, alle Entschlüsse hinauszuzögern und vor allem Sparsamkeit zu üben. Sie mußte fürwahr die Schlauheit eines Fuchses besitzen, daß sie zwölf Jahre lang alle mit ihrer angeblichen Liebe zum Herzog von Anjou irreführen und mit dem Sold für jene Menschen geizen konnte, die der Großen Armada eine solche Niederlage bereitet hatten...

Unter den durch die Königin Benachteiligten befand sich auch Jan Marten. Während der Kriegshandlungen hatte die Mannschaft der »Zephir« nur selten Beute gemacht, und das Schiff war beträchtlich beschädigt worden. Die Kosten für die Ausbesserung verschlangen den ganzen, nicht großen Anteil des Kapitäns. Seine Gläubiger forderten immer dringender die Rückerstattung der Darlehen mitsamt den Wucherzinsen und erreichten schließlich ihre Bezahlung auf dem Weg der Versteigerung der einst prächtigen, jetzt ruinierten und vernachlässigten Besitzung in Greenwich.

Um die erlittenen Verluste wettzumachen, nahm die »Zephir« an dem Unternehmen Francis Drakes gegen Lissabon teil, das zum Ziel hatte, das unterworfene Portugal von der Monarchie Philipps II. loszureißen. Es mißglückte, und Marten war gezwungen, sich um finanzielle Hilfe an Schultz zu wenden.

Henryk empfing ihn in seinem neuen Sitz in Holborn über alles Erwarten höflich, fast herzlich. Er zeigte sich sehr großmütig, denn er erwähnte nicht ein einziges Mal seine frühere Absicht, die »Zephir« zu kaufen, als hätte er sich endgültig damit abgefunden, niemals der Eigentümer dieses Schiffes zu werden. Als er das Darlehen bewilligte, stellte er nur eine bescheidene Bedingung. Marten mußte sich verpflichten, bis zur Rückzahlung bei jeder seiner Fahrten in Calais anzulegen und dort entweder einen von Schultzens Agenten an Land zu setzen oder auf dem Rückweg nach England an Bord zu nehmen.

»Diese Leute werden sich auf einen gewissen Lopez, meinen vertrauten Freund, berufen«, fügte Schultz hinzu.

Marten erklärte sich ohne Zögern einverstanden. Ihm kam nicht für einen Augenblick der Gedanke, daß die »Agenten« von Henryk Schultz nicht für die Handelsinteressen ihres Auftraggebers tätig sein könnten, sondern noch in anderen Missionen reisten. Erst lange darauf begriff er, in welche Kabalen ihn diese anscheinend ganz unschuldigen Reisen einiger dem Aussehen nach wohlhabender, solider Handelsbevollmächtigter des ehemaligen Ersten Offiziers der »Zephir« hätten verstricken können.

Die wurden später aufgedeckt, nach vielen mehr oder weniger geglückten Kaperfahrten gegen spanische und portugiesische Schiffe, die Marten auf eigene Faust oder mit dem Chevalier de Belmont und William Hoogstone, insgeheim von Robert Devereux, dem Grafen Essex, unterstützt, durchführte.

Salomon White, der Schwiegervater Hoogstones, fühlte sich schon zu alt, um die »Ibex« unter den schwierigen Bedingungen des immer noch weiterglimmenden Krieges mit Spanien befehligen zu können. Er hatte erreicht, was er für das irdische

Leben ersehnte, und auch das, was ihm seiner Meinung nach das ewige Seelenheil sicherte. Er war ein reicher Mann geworden und hatte unzählige Papisten zur ewigen Verdammnis in die Hölle geschickt. Sein Schiff übergab er dem Schwiegersohn, er selbst ließ sich an der Südküste von Devon nieder. Dort wollte er sich bis zum Lebensende in der Sonne wärmen, in einer stillen Bucht fischen und in der Kirche des Ortes, die er durch bescheidene Spenden unterstützte, als achtbares und ehrwürdiges Mitglied der Gemeinde Psalmen singen.

Robert Devereux, der Günstling der Königin, der trotzdem ständig mit der Monarchin in Konflikt geriet, wurde gegen deren Willen das Haupt der antispanischen Partei in England. Auf seine Veranlassung hin hatte Francis Drake den mißlungenen Angriff gegen Lissabon unternommen, um Don Antonio auf den Thron Portugals zu setzen. Auf seine Veranlassung hin erhielt der unglückliche Prätendent auf die von Philipp II. an sich gerissene Krone eine ständige Rente aus dem Staatsschatz und wohnte in Eton, wo er auf bessere Zeiten wartete. Devereux war es schließlich auch zu verdanken, daß die englischen Kaperkapitäne in allen englischen und vielen französischen Häfen Zuflucht und Schutz fanden.

Der Krieg mit Spanien war nicht mehr das lodernde Flammenmeer eines großen Brandes. Dem Gesetz der Trägheit folgend, schleppte er sich hin, ohne daß die eine oder die andere Partei auf bestimmte Vorteile für sich hoffte. Lord Cecil strebte die Beendigung an, und die Königin schien sich auf seine Seite zu neigen. Graf Essex hingegen war kriegerisch gestimmt. Er war ruhmbegierig, seine romantische Veranlagung, sein unruhiges Temperament drängten ihn, sich in große Abenteuer zu stürzen. Essex wollte die Macht Spaniens ein für allemal brechen und verfolgte hartnäckig sein Ziel. Dabei verschmähte er weder die Hilfe der Korsaren noch die des jämmerlichen Don Antonio, der noch eine Rolle spielen konnte.

Philipp II. dachte ähnlich: Don Antonio war zwar nur eine Marionette in diesem Spiel, doch in den Händen des Grafen Essex konnte er zu dem Bauern werden, der den König mattsetzt. Deshalb begann auf krummen Wegen vom Escorial nach Flandern und von dort über Calais ein Bächlein spanischen Goldes nach England zu fließen, für das die verarmten Höflinge und Diener Don Antonios bereit waren, eine Verschwörung gegen das Leben des Prätendenten anzuzetteln. Ein Teil des Goldes floß auf seinem Weg nach England auf geheimnisvolle Weise in die Kasse des wegen seiner Solidarität und seines Reichtums bekannten Bankiers und Danziger Kaufherrn Henryk Schultz, der sich zu jener Zeit in seiner Londoner Filiale, in Holborn, aufhielt. Jan Marten wurde zum unbewußten Vermittler dieser dunklen Manipulationen.

In Holborn hatte Schultz den Doktor Ruy Lopez zum Nachbarn, einen portugiesischen Juden, der durch die Inquisition aus seinem Vaterland vertrieben worden war. Als Schultz ihn im Jahre 1593 zum erstenmal wegen eines Leberleidens aufsuchte, erfreute sich Lopez bereits eines wohlverdienten Ansehens und Vermögens. Er war Leibarzt der Königin Elisabeth, zu seinen Patienten zählten der junge Ben Johnson und Sir Walter Raleigh, früher auch Walsingham und Leicester.

Schultz gewann durch Schmeicheleien und wertvolle Geschenke die Freundschaft und das Vertrauen des Arztes und verwendete ihn in der Folge als Schirm für seine Intrigen. Im Hause des Arztes stiegen angebliche Parteigänger Don Antonios ab, die jedoch in spanischem Sold standen. Als einer von ihnen, ein gewisser Esteban Ferreira, durch Spione des Grafen Essex entlarvt und verhaftet wurde, brachte Schultz Lopez dazu, daß er bei der Königin zwecks Freilassung der »Unschuldigen« intervenierte.

Doch Elisabeth lehnte ab. Ein paar Wochen später wurde ein zweiter verdächtiger Portugiese, Gomez d'Avila mit Namen, festgenommen, der sonderbarerweise auch in Holborn, in der Nähe des Doktors, wohnte.

Als d'Avila im Tower die Folterkammer sah, bekannte er alles, was er über den Anschlag auf das Leben Don Antonios wußte. Nachdem man ihm mit glühenden Eisen hart zuzusetzen begonnen hatte, phantasierte er noch einiges dazu.

Seinen Aussagen war es zuzuschreiben, daß ein gewisser Tinoco, der gerade aus Calais gekommen war, in die Hände des Grafen Essex fiel. Tinoco hatte verdächtige Briefe bei sich, die zwar nur geschäftlichen Inhalts waren, aber auch geheime politische Bedeutung haben konnten.

Im Kreuzfeuer des Verhörs log Tinoco nach Kräften. Er erklärte, daß er nach England gekommen sei, um den Grafen vor einem von den Jesuiten geplanten Anschlag auf das Leben der Königin zu warnen. Aber auch er erschrak vor den drohenden Torturen. Als er in den Tower übergeführt worden war, bekannte er, der spanische Gouverneur Flanderns habe ihn nach London entsandt, damit er sich mit Ferreira in Verbindung setze und Doktor Lopez zu dem Einverständnis bringe, Philipp II. einen gewissen Dienst zu erweisen.

Einen gewissen Dienst? Um welchen Dienst konnte es sich handeln?

Essex begann die Untersuchung noch einmal. In den durch die Folter erzwungenen Aussagen der Gefangenen tauchte immer wieder der Name des Leibarztes der Königin auf. Im Kopf des Grafen setzte sich die Meinung fest, daß Ruy Lopez der Angelpunkt irgendeiner Verschwörung sei. Handelte es sich um ein Komplott gegen das Leben Don Antonios, oder wollte dieser Portugiese noch höher gehen?

Essex verlangte die Festnahme von Lopez. Am 1. Januar 1594 wurde der Leibarzt Ihrer Majestät in Essex House festgehalten und seine Wohnung in Holborn gründlich durchsucht. Die Haussuchung ergab jedoch nicht die erwarteten Resultate.

Henryk Schultz, der über diese Wendung der Dinge höchst beunruhigt war, erschien plötzlich in Deptford und verlangte von Marten, er solle mit ihm sofort nach Calais segeln. Er erbot sich, alle Kosten zu decken.

283

Die »Zephir« lichtete den Anker, verließ den Hafen und hatte am nächsten Morgen die Meerenge überquert: Schultz fühlte sich nun sicher. Die weiteren Ereignisse konnte er entweder in Amsterdam abwarten, wo sich eine gutgehende Zweigstelle seines Handelshauses befand, oder auch in Brüssel, wo die Fäden seiner politischen Intrigen zusammenliefen. Marten, der sich der Gefahr, in welcher er sich befand, nicht bewußt war, kehrte nach Deptford zurück. Diesmal hatte er ausnahmsweise keinen »Agenten« seines Gläubigers an Bord.

Unterdessen war man im Fall Ruy Lopez nicht weitergekommen. Sowohl Essex wie auch sein politischer Gegner, Sir Robert Cecil, Graf Salisbury, verhörten den Arzt. Lopez antwortete geistesgegenwärtig, erklärte logisch jeden verdächtigen Punkt. Die beiden Cecils, sowohl Wilhelm Lord Burghley wie auch sein Sohn Robert, gelangten zu der Überzeugung, daß Lopez unschuldig sei, und Elisabeth teilte ihre Meinung.

Als Essex einen Prozeß wegen Hochverrats forderte, wurde die Königin zornig. Sie warf ihm vor, dreist zu sein; mit seinen bösartigen, unbegründeten Beschuldigungen trachte er nach dem Leben eines unschuldigen Menschen, der ihr jahrelang treu gedient habe. Auch verletze er damit ihre Ehre. Sie schrieb alles der antispanischen Einstellung des Grafen zu, der um sich herum nur Verschwörungen sehe, um sie auf diese Weise zu einem neuen Kriegsabenteuer zu bewegen. Ohne ihn zu Wort kommen zu lassen, befahl sie ihm schließlich zu gehen.

Essex verließ die Königin gedemütigt und wütend. Aber Ruy Lopez wurde trotzdem nicht freigelassen. Selbst Lord Burghley wollte die Verantwortung für so einen gewagten Schritt nicht auf sich nehmen. Vor gar nicht langer Zeit war Wilhelm von Oranien auf Betreiben Philipps II. umgekommen und einige Jahre später der durch den Papst exkommunizierte Heinrich III. Die ganze in England bestehende Ordnung hing von dem Leben und der Regierung der Königin Elisabeth ab. Ihr Tod hätte die Übernahme der Herrschaft durch die katholische Linie bedeutet, das heißt eine vollständige Umwälzung, den Sturz und möglicherweise sogar die Beseitigung derjenigen, die gegenwärtig am Ruder waren.

Der Graf wußte das genausogut wie seine Gegner und beschloß, die Angelegenheit zu Ende zu führen. Den Arzt durfte er auf Befehl Elisabeths nicht peinlich verhören, d'Avila war inzwischen an den Folgen der Folterungen im Tower gestorben. Noch befanden sich aber Ferreira und Tinoco in den Händen des Grafen. Ihre neuen, durch Torturen erzwungenen Aussagen belasteten Lopez so sehr, daß sogar die beiden Cecils von seiner Schuld überzeugt wurden.

Essex setzte seinen Willen durch. Der Hochverratsprozeß begann, in dem der unglückliche alte Jude nicht einmal das Recht auf einen Verteidiger hatte. Er mußte sich allein gegen eine ganze Schar der fähigsten Juristen und Richter, die alle ein Herz aus Granit hatten, zur Wehr setzen. Es war ein ungleicher Kampf, zumal nach dem grausamen Recht jener Zeit keiner, der des Hochverrats angeklagt war, freigesprochen werden konnte.

Ruy Lopez ergab sich bald in sein Schicksal. Durch die lange Untersuchung, die Kerkerhaft und die furchtbare Ungewißheit erschöpft, antwortete er schließlich auf die unablässig wiederholte Frage, ob er den spanischen Verschwörern versprochen habe, die Königin zu vergiften, mit ja.

Das Urteil fiel. Ruy Lopez wurde zugleich mit den beiden wirklich Schuldigen, die falsches Zeugnis gegen ihn abgelegt hatten, zum Tod nach der für Hochverräter vorgesehenen Prozedur verurteilt. Trotzdem zögerte Elisabeth länger als sonst, die Erlaubnis zur Hinrichtung zu geben. Erst nach vier Monaten erklärte sie sich einverstanden, die Verurteilten dem Henker auszuliefern.

Henryk Schultz kehrte in den ersten Julitagen 1594 nach London zurück. Er wußte bereits, daß Lopez ihn nicht genannt hatte. Da er selbst mit keinem der Verschwörer unmittelbar zu tun gehabt hatte, fühlte er sich verhältnismäßig sicher. Ihn beunruhigte nur eins: Hatte einer von ihnen während der Untersuchung die »Zephir« erwähnt? In der Hand eines geschickten Staatsanwalts ergäbe sich daraus ein Faden, der auf die richtige Spur führen konnte.

Unter Beobachtung aller Vorsichtsmaßregeln verständigte er Marten von seiner Rückkehr und lud ihn nach Holborn ein. Als Jan tags darauf zu ihm kam, empfing er ihn mit einem auserlesenen Frühstück.

Schultz war bei prächtiger Laune, vermochte aber nicht den Ausdruck von Melancholie aus seinem blassen Gesicht mit der langen, ständig geröteten Nase und den halbgeschlossenen Lidern zu verbannen. Aus dem Gespräch mit Marten, das er absichtlich auf den allgemein bekannten Prozeß gegen Ruy Lopez lenkte, schloß er, daß ihm keine Gefahr drohe. Marten wußte offensichtlich von dem geplanten Anschlag auf das Leben der Königin und dem Todesurteil über die Angeklagten, war aber, wie man aus allem ersah, nicht in die Sache verwickelt worden. Ihm konnte auch gar nicht in den Sinn kommen, daß er damit irgend etwas zu tun haben könnte.

Die plötzliche Erkenntnis kam Marten ganz zufällig, infolge eines eigenartigen Zusammentreffens von Ereignissen, die Schultz nicht voraussehen konnte. Gerade an dem Tag, an dem er nach London zurückgekehrt war, hatte die Königin den Entschluß gefaßt, das Urteil vollstrecken zu lassen, und in dem Augenblick, als sich Schultz mit seinem Gast an den Tisch setzte und das erste Glas Wein einschenkte, erhob sich vor den Fenstern lauter Tumult. Die Leibwache des Grafen Essex schleppte die drei Verurteilten durch Holborn zum Richtplatz.

Schultz, den die Dienerschaft davon unterrichtete, wurde weiß wie die Wand. Marten lief auf den Balkon, um zu sehen, was auf der Straße geschah. Vor dem Hause des Doktor Lopez hielt ein hoher zweirädriger Karren, auf den mit Puffen und Schlägen drei entsetzte Menschen gezerrt wurden. Sechs berittene Henkersknechte trieben die sich um den Wagen drängenden Gaffer auseinander. Aus der Menge flogen Steine und Abfälle auf die Wächter und die Gefangenen.

Marten wollte sich schon von diesem widerlichen Schauspiel abwenden, als auf einmal die Pferde scheuten und den Wagen im Galopp mit sich fortrissen. Einer der Gefangenen sprang hinunter und versuchte zu entfliehen. Er wurde von den Knechten sofort eingeholt und nach kurzem Widerstand vor dem Hause von Schultz unter dem Balkon überwältigt. Marten sah das Gesicht des Gefangenen aus nächster Nähe und stieß einen Ruf des Staunens aus. Dann blickte er zu den beiden anderen hinüber. Der eine war ein Greis mit tief in den Höhlen liegenden Augen und einem zerzausten grauen Bart. Der zweite kam ihm bekannt vor.

Inzwischen hatte sich Schultz wieder gefaßt. Er trat ebenfalls auf den Balkon hinaus, um Marten zu bewegen, in das Zimmer zurückzukehren. Dieser rührte sich jedoch nicht von der Stelle.

»Höre«, sagte Jan und sah Schultz durchdringend an. »Wer ist dieser Alte?«

»Ruy Lopez«, antwortete Schultz. »Du weißt doch . . .«

»Lopez?« unterbrach ihn Marten. »Lopez? Ist das nicht dein vertrauter Freund, auf den sich deine Agenten beriefen?«

»Schreie nicht«, zischte Schultz und packte ihn am Arm. »Ich werde dir erklären . . .«

Marten riß sich los und sprang zurück, als hätte ihn eine Viper berührt. »Die zwei«, er wies mit dem Kopf nach dem Schinderkarren, »haben die Reise nach Calais und zurück auf der ›Zephir‹ gemacht. Der eine, der vorhin zu fliehen versuchte, ist zweimal mit mir gefahren. Ich erinnere mich sehr gut an ihn, denn er brüstete sich mit seiner Kraft und forderte mich sogar zum Faustkampf heraus. Ich besiegte ihn übrigens mühelos. Was hat das zu bedeuten? Sprich, zum Teufel!«

»Vielleicht setzen wir uns wieder an den Tisch«, entgegnete Schultz kühl. »Du läßt mich ja nicht zu Wort kommen!«

Marten gab nach, und Schultz entwickelte die ganze Beredsamkeit eines gewandten Heuchlers, um ihn von seiner Unschuld zu überzeugen. Doch es gelang ihm nur halb.

»Es liegt klar auf der Hand«, sagte er schließlich und befeuchtete mit der Zungenspitze seine trockenen Lippen, »daß gar kein Anschlag auf das Leben der Königin geplant war. Es ist allerdings möglich, daß man versucht hat, Lopez zu überreden, ein Gift zur Beseitigung von Antonio zuzubereiten.«

»Es war kein Anschlag geplant?« wiederholte Marten.

Schultz betrachtete ihn mit nachsichtiger Geringschätzung. »Das ist doch verständlich«, entgegnete er. »Was konnte Lopez durch den Tod seiner Patientin gewinnen? Er hätte von seinen Auftraggebern eine armselige Belohnung erhalten, aber alles andere verloren: die Gnade der Königin, die Stellung bei Hof, das hohe Einkommen. Außerdem hätte er sich einer großen Gefahr ausgesetzt. Allein der Gedanke an eine derartige Anschuldigung wäre ein Beweis bodenloser Dummheit, wenn nicht ein politisches Ziel dahintersteckte.«

»Was für ein Ziel?« fragte Marten.

»Den Haß gegen Spanien erneut zu schüren«, erwiderte Schultz. »Essex ist nicht

dumm. Er wußte, wie dies anzupacken war: König Philipp hätte noch einmal versucht, die englische Königin zu ermorden! Das denken ihre Untertanen, sowohl die, die regieren, wie auch jene, die regiert werden.«

Marten konnte sich der Logik dieser Ausführungen nicht entziehen, hegte aber Zweifel. Der Prozeß, die Aussagen der Angeklagten, die Beweise ihrer Schuld . . .

Schultz lachte ihn aus. Beweise? Geständnisse? Dazu seien doch die Folterwerkzeuge da. Das müsse doch gerade er, Jan, wissen!

Schultz bedauerte zu spät seine Worte. Marten verstand anscheinend die Anspielung auf den Prozeß gegen seine Mutter, die der Zauberei angeklagt worden war, und auf den gegen seine Großmutter, die auf dem Scheiterhaufen geendet hatte . . .

Das war ein Fehler von mir, dachte Schultz. Selbst nach so langer Zeit darf ich ihn weder daran erinnern noch an die Hinrichtung seines Bruders Karol Kuna. Nur wenn er vergißt, kann ich hoffen, daß sich meine Pläne jemals verwirklichen. Er muß mit der »Zephir« nach Danzig zurückkehren, mit meiner »Zephir«. Damit er zurückkehrt, muß er vergessen.

Unterdessen war der von einer Eskorte umgebene Karren mit den drei Verurteilten auf der Hinrichtungsstätte in Tyburn angekommen, wo bereits eine Menschenmenge wartete, die das blutige Schauspiel sehen wollte. Lopez, der trotz seiner jüdischen Herkunft ein gläubiger Christ geworden war, durfte unter dem Galgen noch ein Vaterunser beten. Als er fertig war, stand er auf und versuchte, zu der Menge zu sprechen. »Ich schwöre, daß ich die Königin mehr liebe als unseren Herrn Jesus Christus!« rief er. Die weiteren Worte wurden vom Geschrei und Gelächter der Schaulustigen übertönt. Der Henkersknecht schleppte ihn auf die Plattform unter dem Galgen, legte ihm die Schlinge um den Hals, und der Henker zog ihn an dem Strick hoch. Aber noch bevor der Verurteilte tot war, schnitt er ihn ab, entmannte ihn und riß ihm die Eingeweide heraus. Sein noch zuckender Körper wurde geviertelt.

Dann kam Ferreira an die Reihe. Nach ihm Tinoco, der Kraftmensch, der Marten zum Zweikampf herausgefordert hatte. Er hörte das Schreien und Stöhnen der beiden anderen, sah das Blut, ihre entsetzlichen Qualen und setzte sich, da seine Hände gefesselt waren, mit den Beinen und Zähnen verzweifelt zur Wehr. Als er halb erwürgt vom Galgen auf die Bohlen stürzte, sprang er sofort auf, und es gelang ihm, die Hände zu befreien. Die erregte Menge durchbrach die Absperrung und umringte den Galgen. Tinoco warf sich auf den Henker und packte ihn an der Gurgel. Beide waren gleich groß, stark und gewandt. Die Verzweiflung verlieh dem Verurteilten Bärenkräfte. Vielleicht hätte er seinen Henker überwältigt, wenn nicht dessen Gehilfen herbeigeeilt wären. Tinoco erhielt von hinten einen Schlag über den Kopf, der ihn betäubte. Dann nahm die »Gerechtigkeit« ihren Lauf. Er erlitt das gleiche Schicksal wie die beiden anderen.

Das Ziel, von dem Schultz gesprochen hatte, war erreicht. In ganz England flammte der Haß gegen Spanien auf, und Ruy Lopez, sein unschuldiges Opfer, galt allgemein als Verkörperung der abscheulichen spanischen Intrigen. Über seinen Verrat und sein schmachvolles Ende wurden Balladen gesungen, auf den Brettern der Wanderbühnen starb er einen hundertfachen Tod, mit seinem Namen schreckte man trotzige, unfolgsame Kinder.

Aber nicht nur das englische Volk wollte sich an den Spaniern rächen. Graf Essex schickte Gesandte zu Heinrich IV., dem König von Frankreich, und zu Prinz Moritz von Oranien, dem Statthalter der Vereinigten Provinzen der Niederlande, um sie für eine gemeinsame bewaffnete Aktion gegen Philipp II. zu gewinnen. Über Spanien brauten sich Kriegswolken zusammen, und es sollte nicht mehr lange dauern, bis der Blitz einschlug.

Maria Francesca

Der Herbst des ungewöhnlich fruchtbaren Jahres des Herrn 1595 wollte dem Winter nicht weichen. Es war sonnig und warm. Im Oktober blühten zum zweitenmal die Sträucher und Obstbäume. Das sommerliche Wetter hielt bis Mitte November an.

Dieses Jahr überreicher Erträge in den Gärten und auf den Feldern war auch für Marten günstig. Bereits zu Anfang des Sommers brachte die Besatzung der »Zephir« eine reiche Ernte ein. Sie kaperte das spanische Schiff »Carmona«, das mit einer Ladung Gewürznelken und Zimt von den Molukken nach Sevilla segelte. Der Angriff erfolgte nachts in unmittelbarer Nähe der Mündung des Guadalquivir und ging so schnell und geräuschlos vor sich, daß man in Sanlucar erst von dem räuberischen Überfall erfuhr, als die »Carmona«, um die Hälfte der Fracht erleichtert und vollständig entwaffnet, in den Hafen einlief.

Marten konnte das Schiff nicht mit nach England nehmen, da es zu langsam war. Er segelte mit ihm im Schlepptau einige Meilen nach Norden und ging in den seichten Gewässern nahe der öden Küste von Arenas Gordas vor Anker. Dort lud er so viel von der Fracht der »Carmona« auf die »Zephir«, wie deren Laderäume fassen konnten. Den Rest ließ er großmütig den Spaniern. Er versenkte nur ihre Geschütze und Feuerwaffen.

Die nächste Kaperfahrt unternahm er gemeinsam mit Richard de Belmont und William Hoogstone. Sie überfielen das an der Mündung des Lima gelegene Viana, eine Kreisstadt in der reichen portugiesischen Provinz Minho. Die Einwohner von Viana versuchten erst gar nicht, Widerstand zu leisten, sondern kauften sich mit der runden Summe von zwanzigtausend Dublonen los. Das Schloß dagegen, das Castelo da Insua y Viana, setzte sich zur Wehr. Dort fand gerade die Hochzeit des Hidalgo Gonzales y Dias Tunon mit der Tochter des Kastellans da Insua statt. Zu dem Fest waren viele reiche spanische und portugiesische Familien aus den umliegenden Kreisen und der Provinz erschienen. Die mutigen Caballeros wollten sich nicht ergeben.

Trotzdem gelang es Belmont, das Tor zu stürmen und sogar in den zu ebener Erde gelegenen Bankettsaal einzudringen. Er hätte bestimmt das ganze Schloß erobert, wenn nicht aus dem nahen Guárdia reguläre Truppen zum Entsatz herbeigeeilt wären. Unter ihrem Druck mußte sich Belmont zurückziehen, und er tat dies schleunigst, denn inzwischen näherte sich von Süden eine Flottille spanischer Kriegsschiffe, die aus Porto ausgelaufen war, um den Korsaren den Rückzug abzuschneiden.

Zum Glück wurde Belmont von Hoogstone gewarnt, der die Schiffe rechtzeitig bemerkt hatte. Es gelang ihm noch, das kostbare Tafelgeschirr und einige Wertgegenstände aus dem Kastell mitzunehmen sowie eine Gefangene, eine der Brautjungfern, auf sein Schiff zu entführen. Dann erreichten die »Zephir«, die »Ibex« und die »Toro« unter vollen Segeln die hohe See und entschwanden bald den Blicken der sie verfolgenden Spanier.

Der Chevalier de Belmont konnte seine Beute zwar nicht mit den von der Stadt Viana gezahlten zwanzigtausend Dublonen vergleichen, doch er schien ganz zufrieden zu sein. Er hoffte ein entsprechendes Lösegeld für die entführte Señorita zu erhalten.

Weder Marten noch Hoogstone hatten die Absicht, ihm seine ausschließlichen Rechte auf die Gefangene streitig zu machen. Beide wünschten sie aber zu sehen, denn die Mannschaft der »Toro« erzählte Wunderdinge über ihre Schönheit. Belmont hielt sie jedoch in seiner Kajüte hinter Schloß und Riegel und schien nicht geneigt zu sein, ihnen seine Beute zu zeigen.

Marten bekam sie auch nicht nach der Ankunft in London zu Gesicht, was ihm um so sonderbarer vorkam, als Belmont bis dahin nie derartige Schätze vor seinen Freunden verborgengehalten hatte. Er brüstete sich im Gegenteil mit ihnen und trat sie sogar bereitwillig ab, wenn sie ihn zu langweilen begannen.

Sein gänzlich verändertes Verhalten konnte nur zwei Gründe haben: Entweder stammte die Gefangene tatsächlich aus einer sehr vornehmen Familie — dann war es besser, die Angelegenheit bis zur Beendigung der Verhandlungen mit ihrer Familie über die Höhe des Lösegeldes und bis zur Aushändigung der Summe geheimzuhalten —, oder es handelte sich um eine gewöhnliche Adlige, die den Verführungskünsten ihres Paris nicht erlegen war und mit ihm auf dem Kriegsfuß stand, was Belmont sicherlich nicht zugeben wollte.

Die zweite Annahme schien die wahrscheinlichere zu sein. Die unter der Dienerschaft des Chevaliers entstandenen Gerüchte, die auch unter seinen Freunden und Bekannten in Umlauf waren, bestätigten sie. Die junge Doña Maria verteidigte angeblich erfolgreich ihre Tugend und wartete auf das Ergebnis der Verhandlungen zwischen den Eltern und ihrem Verlobten einerseits und Belmont andererseits. Der Chevalier ging nicht so weit, ihr Gewalt anzutun, obwohl er mit Galanterie und Hofieren nichts bei ihr erreichte.

Die Wahrheit lag, wie so oft, in der Mitte. Marten erfuhr von Pierre Carotte Näheres, der zusammen mit Henryk Schultz bei dem Feilschen um die Höhe des Lösegelds vermittelte.

Schultz bewahrte in solchen Dingen strenges Stillschweigen. Pierre juckte jedoch die Zunge. Während eines Gelages im Gasthaus von Dicky Green zu Deptford plauderte er alle Einzelheiten aus. Mit viel Schwung und Humor erzählte er von dem wechselvollen Geschick Richards, als wäre er stets dabeigewesen. Zweifellos wollte er Marten einen Freundschaftsdienst erweisen, vielleicht sogar in stillem Einverständnis mit Belmont. Er war aber schon etwas angeheitert, denn es geschah in vorgerückter Stunde, nach vielen Toasten, als die meisten Zechbrüder schon unter dem Tisch lagen und schnarchten. Aus diesem Grund wahrscheinlich erzählte er mehr, als Belmont wünschenswert sein konnte.

Marten hielt im Trinken mit Carotte Schritt und wurde selbst ungewöhnlich gesprächig. Er schilderte die letzte Kaperfahrt und rühmte sich seiner Erfolge, die ihm gestattet hatten, das bei Schultz aufgenommene Darlehen zurückzuzahlen. Carotte hörte nur mit halbem Ohr zu.

»Du bist also alle Sorgen los, während Richard bis über die Ohren in ihnen steckt«, sagte er. »Ah, les femmes!« Er seufzte. »Ach, diese Frauen. Sie wissen, wie man einem Menschen das Leben vergiften kann. Die kleine Maria zum Beispiel...« Er nahm einen tüchtigen Schluck Wein und schob den geleerten Becher zu dem Krug, bei dem Hoogstone, schon halb vom Schlaf übermannt, saß. »Schenke ein, Freund«, sagte er und stieß ihn mit dem Ellbogen an. »Mit einem trockenen Maul kann man nicht reden.«

Hoogstone war zwar erstaunt, daß jemand nach dem Genuß von einer solchen Menge Portwein noch ein »trockenes Maul« haben konnte, erfüllte aber den Wunsch, und Pierre sprach weiter.

»Ich weiß nicht, ob ihr bemerkt habt, daß Richard während des Angriffs auf das Castelo da Insua leicht verwundet wurde. Ihr habt nichts bemerkt? Nun, das ist kein Wunder. Er hat sich dessen auch nicht gerühmt, denn die Wunde stammt nicht von einem Schwert, sondern von den Nägeln Marias. Sie zerkratzte ihm in seiner eigenen Kajüte das Gesicht! Über diese Reaktion muß er etwas enttäuscht gewesen sein, denn er hatte wohl gemeint, daß es nach all den Heldentaten, die er vollbrachte, um sie zu entführen, an der Zeit sei, zu sentimentaleren Szenen, wenigstens zu einem anderen Thema, überzugehen. Aber leider sind die Frauen nie ganz zufrieden...« Er sah Marten von der Seite an und fügte hinzu: »Sie ist es auch jetzt noch nicht, obwohl Richard keinen zweiten Versuch wagte. Er schloß mit ihr eine Art Waffenstillstand...«

»Vielleicht gerade deshalb.« Jan lächelte.

»Das bestimmt nicht«, entgegnete Carotte. »Die schöne Maria schmollt vor allem deshalb, weil in den Verhandlungen über das Lösegeld Verzögerungen eingetreten sind. Ihr Vater befindet sich gegenwärtig auf Java, und ihr Verlobter leidet an chronischem Geldmangel. Er ist übrigens ein guter Bekannter von dir.«

»Ein guter Bekannter?« erkundigte sich Marten.

»Ja, Señor Blasco de Ramirez«, antwortete Pierre mit der unschuldigsten Miene.

Marten stieß einen leisen Pfiff aus, doch Carotte ließ es bei dem Gesagten nicht bewenden. Er hatte noch erstaunlichere Neuigkeiten zu melden.

»Vielleicht interessiert es dich«, fuhr er fort und senkte den Blick, so daß sein Gesicht einen naiven, beinahe schüchternen Ausdruck erhielt, »daß du, wenn man Richard und Henryk Glauben schenken kann, schon mit dem ehrenwerten Großvater der Señorita Maria und ihrer schönen Mama, die sich zur Zeit bei ihrem Mann auf Java aufhält, zu tun hattest.«

»Ich soll mit ihr zu tun gehabt haben?« fragte Marten erstaunt.

»Ja, du.« Pierre nickte. »Es ist doch klar, daß eine Frau dabeigewesen sein muß! Eine schöne Frau ist bei einem Abenteuer genauso erforderlich wie das Salz in der Küche. Und diese Señora besaß, wie ich hörte, alles, was erforderlich ist, daß sich ihretwegen ein ganzes Regiment solcher Gecken wie du und Richard gegenseitig umbringt. Ich will damit nicht sagen, daß es zwischen euch tatsächlich zu irgendwelchen Streitigkeiten kam, mais tout de même..., aber trotzdem...«

»Vielleicht sagst du mir endlich, wie die ganze Familie heißt?« Marten unterbrach ihn lachend.

»Der Großvater heißt Juan de Tolosa, seine Tochter Francesca de Vizella und die Enkelin Señorita Maria Francesca de Vizella«, erwiderte Carotte in einem Atemzug. »Du hast die drei vor sechzehn Jahren zusammen mit dem portugiesischen Schiff ›Castro Verde‹ geschnappt, auf dem Richard de Belmont als Gefangener war.«

»Ich erinnere mich«, rief Jan, »aber eine Maria war nicht dabei, das müßte ich doch wissen.«

»Doch«, erwiderte Pierre. »Sie war nur noch nicht auf der Welt. Sie ist jetzt sechzehn Jahre alt.«

Marten rechnete im stillen nach. »Stimmt«, gab er zu. »Aber woher, zum Teufel, weißt du das alles?«

»Der liebe Gott hat mir eine Nase gegeben«, antwortete Pierre. »Eine Nase, die zum Riechen da ist. Schnüffelt man zur Befriedigung seiner Neugier mit so einer Nase beharrlich herum, dann findet man schließlich immer etwas. Und wenn es sich zeigt, daß dieses Etwas ein junges, hübsches Mädchen ist...«

»Es sieht fast so aus, als wärest du selber in sie vernarrt«, bemerkte Marten.

»Ja, wenn ich in deinem Alter wäre!« Carotte seufzte.

»Du bist doch nicht viel älter als Richard!«

»Ich bin bestimmt ein Altersgenosse von Blasco de Ramirez. Soviel ich weiß, hast du mit ihm gewisse ...«

»Daran braucht man mich nicht zu erinnern«, brauste Marten auf. »Dieser Feigling entwischt mir immer wieder. Früher oder später werde ich aber mit ihm auf meine Weise abrechnen.«

Carotte wurde ungeduldig. Jan regte sich auf und begriff nicht, worum es eigentlich ging. »Mir kam der Gedanke«, sagte Carotte zögernd, »daß du bei dieser Gelegenheit auch mit dem Herrn de Tolosa abrechnen könntest ...«

Marten starrte ihn verständnislos an. Gleich darauf zuckte ihm ein Blitz des Verstehens durch den Kopf. Das war doch so klar und einfach. Wäre Maria in seiner Macht, dann müßten sowohl Ramirez wie auch Tolosa alle Bedingungen annehmen! Dabei ging es ihm gar nicht so sehr um Tolosa — er war bestimmt schon an die hundert Jahre alt. Aber Ramirez, der Verlobte von Maria de Vizella, konnte dann nicht mehr einer Begegnung mit der Waffe in der Hand ausweichen!

»Na, hast du endlich begriffen?« erkundigte sich Pierre.

Marten blickte ihn finster an. Plötzlich begann er zu lachen. »Du bist mein bester Freund«, rief er. »Was machen wir aber mit Richard?«

»Das ist deine Sache. Du stehst auf vertrauterem Fuß mit ihm als ich. Ich kann dir nur noch sagen, daß Richard weder vom Widerstand Marias noch vom Verzug in den Verhandlungen über das Lösegeld begeistert ist, dessen Höhe sicherlich erheblich geringer sein wird, als er anfangs erwartete.«

»Ich verstehe«, erwiderte Jan. »Ich fahre zu ihm.«

Der Chevalier de Belmont bewohnte ein Mietshaus mit Garten in der Nähe von Kensington. Das Haus hatte wahrscheinlich ein Baumeister erbaut, der ein Bewunderer der Liverpooler Vorstadtarchitektur war. In seinem Äußeren zeichnete es sich durch abschreckende Häßlichkeit aus. Dafür war der Garten, der mehr einem Park glich, schön und gut instand gehalten.

Marten kam kriegerisch gestimmt in Kensington an. Er hatte Belmonts Verhalten nüchtern geprüft und war zu dem Schluß gelangt, daß sich dieser ihm gegenüber unredlich benahm. Er hätte ihm die Herkunft seiner Gefangenen und die Tatsache, daß Blasco de Ramirez ihr Verlobter war, nicht verschweigen dürfen.

»Ein wahrer Freund handelt nicht so«, erklärte er, nachdem er Belmont alles, was er von Carotte wußte, vorgehalten hatte.

Der Chevalier fühlte sich nicht so sehr durch den Inhalt als durch den Ton des Gesagten gekränkt. Er richtete sich in dem Rohrsessel, in dem er im Schatten eines Baumes saß, auf. Marten ging auf dem Rasen hin und her, blieb manchmal vor ihm stehen und redete mit erhobener Stimme auf ihn ein.

»Wirklich?« fragte Belmont ironisch. »Und weshalb?«

»Weil wahre Freundschaft nicht wegen des ersten besten Unterrocks schwankt«, antwortete Marten. »Es wäre denn . . .«

»Was?« fragte Belmont und erhob sich.

»Es wäre denn, den Narben in deinem Gesicht entsprächen ähnliche Narben im Herzen«, antwortete Marten und lachte gezwungen.

Belmont lächelte ebenfalls, aber es war kein frohes Lächeln, und in seinen Worten schwang wieder Ironie mit. »Ich bin weder so romantisch noch so für Liebe empfänglich wie du«, sagte er. »Ich könnte dich an Zeiten erinnern, da du selbst deine Freunde wegen eines Unterrocks oder, besser gesagt, wegen des Sarongs einer indianischen Schönheit vernachlässigt hast. Ich hegte deshalb keinen Groll gegen dich, obwohl du ihretwegen beinahe Kazike von Amaha geworden wärest«, schloß er verächtlich.

Marten erbleichte und legte unwillkürlich die Hand auf den Korb des Rapiers. »Wenn du das woanders gesagt hättest, würde ich mit der Klinge antworten.«

»Ich stehe dir zur Verfügung«, Belmont verbeugte sich leicht. »Mein Garten scheint mir ebenso geeignet zu sein wie jeder andere Ort. Falls du einen Zeugen wünschst . . .« Er sah zum Haus hinüber und brach ab.

Marten folgte seinem Blick und gewahrte ebenfalls das schöne Mädchen, das sich mit den Armen auf die Balustrade des Balkons stützte. Er zweifelte keinen Augenblick, wer diese anmutige Erscheinung in dem duftigen Kleid aus weißer Seide war, obwohl er sie nicht genauer betrachten konnte, da Belmont den unterbrochenen Gedankengang wieder aufnahm, auf die geschorene Rasenfläche unter dem Balkon trat und laut sagte: »Wir könnten Maria Francesca bitten, Zeugin zu sein.«

»Wenn sie damit einverstanden ist«, murmelte Marten, warf sein Wams ab und schlug die Ärmel des Hemdes hoch.

»Ich nehme an, daß sie es sein wird«, antwortete Belmont. Er blieb mitten auf dem Rasen stehen und wandte sich unmittelbar an sie: »Señorita, ich stelle dir Kapitän Marten vor, über dessen Mut und Ritterlichkeit du nicht nur von mir gehört hast.«

Maria Francesca nickte und warf verstohlen einen neugierigen Blick auf den gefährlichen Korsaren, der sie finster anstarrte.

»Kapitän Marten«, fuhr Belmont in halb affektiertem, halb ironischem Ton fort, »sehnt sich so sehr nach deiner Gesellschaft, daß er jede Anspielung auf irgendeine andere Dame in deiner Gegenwart als Beleidigung empfindet. Da ich so unvorsichtig war, eine von ihnen zu erwähnen, verlangt er nach meinem Blut und wünscht es vor deinen Augen zu vergießen. Ich werde mich selbstverständlich zur Wehr setzen und bitte dich deshalb, Señorita, in meinem wie auch im Namen des Kapitäns Marten, zu beurteilen, ob der Kampf allen Regeln und Grundsätzen des Ehrenkodexes entspricht.«

Er verbeugte sich. Als Maria wieder zustimmend nickte, zog er den Degen aus der Scheide und verbeugte sich erneut, zuerst vor der Señorita de Vizella, dann vor Marten, der das gleiche mit blankem Rapier tat.

Sie maßen sich mit Blicken, Belmont ironisch lächelnd, Marten mit vor Empörung über die Spötteleien des Gegners hochrotem Gesicht.

Jan griff so ungestüm an, daß Richard zurückweichen mußte. Das Rapier pfiff in einer doppelten Finte durch die Luft, täuschte zuerst einen Schlag gegen den Hals, dann gegen die rechte Seite vor, blitzte gleich darauf über dem Kopf Belmonts auf und traf auf dessen Parade. Stahl klirrte gegen Stahl. Belmont entblößte lächelnd die Zähne, antwortete aber nicht mit einem Gegenangriff. Er beugte nur die Knie etwas mehr, als bereite er sich auf eine Riposte vor. Marten griff erneut an, und wieder traf sein Rapier auf eine rasche Deckung. Diesmal folgte blitzschnell die Antwort. Belmont markierte den Übergang aus einer Terz zu einer Quart, als wollte er einen Stich in den Hals ausführen, wich jedoch der Parade Martens mit einer kurzen Volte über dessen Kopf aus und versuchte, die rechte Wange zu treffen.

Es gelang ihm nicht. Jan war auf der Hut. Eine kurze Bewegung seiner Hand genügte, und der Degen klirrte gegen die Klinge des Rapiers.

Nun mußte Belmont all seine Geschicklichkeit und sein ganzes fechterisches Können aufbieten, um nicht den heftigen Attacken seines Gegners zu unterliegen. Marten setzte ihm wütend und verbissen zu, seine Hiebe und Stiche prasselten wie ein Hagelschauer auf die Klinge seines Gegners nieder.

Der Chevalier zog sich zurück. Es blieb ihm keine Zeit zu einer Riposte. Er wußte, daß er nicht sicher und wirksam zustoßen oder schlagen konnte, ohne nicht wenigstens für einen Augenblick aus der Deckung zu gehen. Es war klar, daß Jan ihm dann bestimmt mit einem Hieb zuvorkommen würde. Er ging also weiter zurück und wartete auf den geeigneten Moment.

Auf einmal strauchelte er und sank, da er nicht stürzen wollte, in die Knie. Das ist das Ende! fuhr es ihm durch den Kopf.

Er hörte das Pfeifen des Rapiers, aber die Klinge berührte ihn nicht einmal. Marten gelang es im letzten Augenblick, den Bogen der Volte abzulenken und den Chevalier nicht zu verwunden.

Richard sprang sofort auf und senkte vor Marten artig dankend den Degen.

Belmont stand kaum in Ausfallposition, als Jan wieder angriff. Er fehlte jedoch um einen Zoll. Der kleine Fehler genügte Belmont. Die Spitze seines Degens schlitzte den Ärmel des schneeweißen Hemdes seines Gegners auf. Blut färbte es rot.

Es war nur ein Kratzer, nicht wert, ein Wort darüber zu verlieren. Marten hielt sich auch keineswegs für besiegt und wollte wieder zum Angriff übergehen. Da erklang vom Balkon herab die befehlende Stimme der Señorita:»Arrêtez vous, caballeros! Cela suffit! — Haltet ein, Caballeros! Das genügt!«

Belmont gehorchte sofort. Er senkte den Degen zum Gruß vor der schönen Schiedsrichterin, stieß die Klinge in die Scheide und wandte sich dann mit ausgestreckter Hand Marten zu. »Ich hoffe, daß du mir nicht mehr allzusehr zürnst«, sagte er mit gewinnendem Lächeln. »Du hattest Gelegenheit, mich auf diesen höllischen Bratspieß aufzuspießen, was durchaus nicht amüsant gewesen wäre. Da du es nicht getan hast...«

Jan zuckte die Schultern, nahm aber das Rapier in die linke Hand und reichte Belmont die rechte. »Ich hatte nicht die Absicht, dich zu töten«, antwortete er halb besänftigt und zu einem friedlichen Vergleich geneigt. »Es ist nicht meine Art, solche Gelegenheiten auszunutzen.«

»Stecke also deinen Spieß ein«, sagte Richard, »und gestatte Maria, ihre elementaren samaritanischen Charakterzüge zu offenbaren. Ich zweifle nicht, daß sie solche besitzt, denn sie ist sehr fromm. Die Heilige Schrift verlangt doch, Verwundete, sogar Feinde, zu verbinden. Vielleicht irre ich mich, auf jeden Fall steht etwas über Barmherzigkeit und Feinde darin.«

Maria Francesca kam tatsächlich mit Verbandzeug herbeigeeilt. Ein wenig verlegen und, zu seiner Überraschung, bewegt, ließ sich Marten ihre Bemühungen gefallen.

Belmont, der lächelnd zusah, seufzte. »Wer hätte gedacht, daß solch eine wilde Katze zu soviel Zartheit und Güte fähig ist! Bon Dieu, guter Gott, weshalb hat dieser Kerl mir nicht den Bauch aufgeschlitzt!«

Maria Francesca de Vizella hatte einige Tage vor Martens Begegnung mit Pierre Carotte im Wirtshaus von Dicky Green einen besonders starken »Anfall von Frömmigkeit«, wie Belmont, der Skeptiker und Ungläubige, ihre Andachtsübungen bezeichnete. Sie kniete in ihrem Schlafzimmer, dessen Tür sie in übertriebener Angst vor der Zudringlichkeit Belmonts verriegelt hatte, und beschwor die Madonna von Alter do Chao, Jan Marten zu befehlen, in das Haus des Chevaliers de Belmont zu kommen. Obwohl sie die Heilige Jungfrau so inbrünstig anflehte, behielt sie doch Augen und Ohren wachsam genug offen, um nicht nur Carotte abzupassen, sondern auch sein Gespräch mit ihrem vornehmen Zwingherrn zu belauschen und schließlich dem biederen Kapitän den Kopf zu verdrehen, daß er sich zum Eingreifen bewegen ließ.

Schon als Kind hatte die Señorita manches über Jan Marten gehört. Die Hauptquelle dieser Mitteilungen war ihre hübsche Kinderwärterin Joanna gewesen, die frühere Kammerzofe der Señora de Vizella. Joanna war bei ihrer Herrin in Ungnade gefallen und zum Kindermädchen degradiert worden. Wenn Joanna von Marten sprach, wurden ihre samtenen, nachtschwarzen Augen feucht, und ihre Stimme zitterte. Der wilde Räuber und gemeine Kerl, wie ihn Señora de Vizella verächtlich nannte, wenn man zufällig auf ihn zu sprechen kam, wurde in Joannas Erzählungen zu einem edlen, heißblütigen Ritter, dem keine Frau widerstehen konnte. Er war reich wie ein König, frei wie ein Adler und mutig wie ein Löwe. Er spottete des Todes und blickte ihm kühn ins Gesicht. Seinen Feinden flößte er Schrecken ein, unter seinen Freunden erweckte er Liebe. Er war großmütig und freigebig.

Die kleine Señorita schenkte lieber Joanna Glauben und bewahrte dieses Bild Martens im Gedächtnis. Als sie mit Blasco de Ramirez verlobt worden war, stellte sie sich den ihr noch unbekannten zukünftigen Gatten ähnlich jenem Ritter vor, denn auch er war Kapitän eines prächtigen Schiffes und kämpfte auf dem weiten Meer.

Maria sah Blasco de Ramirez zum erstenmal, als sie ihr fünfzehntes Lebensjahr vollendet hatte, und war enttäuscht. Ramirez war nicht schön. Er besaß kleine, unstete Augen. Der hochgezwirbelte Schnurrbart über den schmalen, fest aufeinandergepreßten Lippen roch ebenso wie der weiche schwarze Kinnbart und das schüttere Haar süßlich nach Pomade. Er kam ihr alt vor, jedenfalls beträchtlich älter, als sie gedacht hatte. Er war bereits über die Vierzig hinaus, und auf seinem Gesicht zeigten sich die ersten Falten.

Er begrüßte sie, wie er alles tat, geräuschvoll, hastig und nervös. Es schien, als ärgere es ihn ständig, daß die ihn umgebenden Personen mit seinen Gedanken nicht Schritt halten konnten. Seine Art zu sprechen war explosiv, kurz und bündig. Seine Sätze klangen wie Geschützsalven. Hörte er jemandem zu, so tat er dies mit höflich gemeisterter Ungeduld, als errate er die Gedanken seines Gesprächspartners im voraus und halte schon die Antwort bereit.

Ramirez versicherte Maria, daß er sie glücklich machen wolle, sagte ein paar Komplimente und schenkte ihr eine goldene Schatulle mit Parfümen. Dann unterhielt er sich nur noch mit ihrem Vater, Emilio de Vizella. Im folgenden Jahr kam er selten zu Besuch, doch sein Interesse an der Verlobten wuchs im gleichen Maße, wie sich aus der Knospe eine ungewöhnlich schöne Blüte entwickelte. Der berühmte Kommodore einer Eskader schwerer Karavellen Seiner Majestät Philipps II. war beinahe verliebt und bemühte sich, das zu beweisen. Er zweifelte nicht daran, daß Maria Francesca auch ihn liebgewonnen hatte. Sie nahm seine Huldigungen gnädig und wohlwollend auf — vielleicht vor allem deshalb, weil keiner der jungen Adligen aus der Umgegend ihrem Verlobten an Kriegsruhm und Stellung gleichkam.

Die Hochzeit sollte im Winter, nach Advent, stattfinden, wenn Seine Exzellenz Emilio de Vizella und Gemahlin nach Lissabon zurückkehrten. Die letzten Monate ihrer Brautzeit verbrachte die Señorita auf den Gütern ihres Großvaters am Lima.

Der Zufall wollte es, daß sie sich an dem Tage, als Belmont das Castelo da Insua y Viana überfiel, als Brautjungfer einer ihrer Altersgenossinnen auf dem Schloß befand.

In der Gewalt des Korsaren blieb Maria mutig und verzweifelte nicht. Sie war stolz und kühn wie ihre Mutter, gleichzeitig aber auch romantisch veranlagt. Anfangs waren der Überfall auf das Schloß, die Schießerei, ja sogar das blutige Handgemenge im Festsaal und die Entführung auf die »Toro« nur ein erregendes Abenteuer für sie. Sie erwartete, daß es wie in einem Roman enden werde: Die spanische Flotte würde unter dem Kommando von Blasco de Ramirez herbeieilen und in einer Seeschlacht die Räuber besiegen. Nichts Derartiges trat ein, im Gegenteil. Einige Stunden später erschien ein vornehmer, reichgekleideter Caballero in der Kajüte, in der sie eingeschlossen war. Sie erkannte in ihm kaum den wilden Salteador wieder, der mit rauchgeschwärztem Gesicht und blutigem Degen an der Spitze seiner Bravi in die Räume des Schlosses eingedrungen war.

Maria geruhte ihn zwar zu bemerken, antwortete aber nicht auf seine höfliche Verbeugung. Als er sich vorgestellt hatte und zu sprechen begann, unterbrach sie ihn nach den ersten Worten. Sie verlangte, sofort freigelassen und nach dem Castelo da Insua zurückgebracht zu werden.

Belmont erwiderte, daß er dies unter gewissen Bedingungen bestimmt tun werde. Vorderhand müsse er sich allerdings nach London begeben. Da er jedoch nicht einen Augenblick die Gesellschaft einer so reizenden Person vermissen möchte, bitte er sie zu dem in der anschließenden Kajüte aufgetragenen Mittagessen.

Señorita Maria hatte Hunger, denn der Angriff auf das Schloß war vor dem Frühstück erfolgt. Sie erklärte aber, daß sie sich nie so weit erniedrigen werde, mit einem Piraten und Mörder an einem Tisch zu sitzen, dem nicht einmal die Ehre zuteil würde, ihres Vaters Schweine zu hüten.

Diese unverdiente Beleidigung brachte Richard de Belmont aus dem Gleichgewicht. Er spürte das Verlangen, der Señorita de Vizella unverzüglich zu beweisen, daß er mit ihr tun könnte, was ihm beliebte, wenn er auch ihrer Meinung nach nicht würdig war, der Schweinehirt Don Emilios zu werden.

Sein Versuch endete für ihn unrühmlich. Er mußte den einen erzwungenen Kuß mit tiefen Kratzwunden an der Wange bezahlen und stürzte, wütend auf die Señorita und auf sich selbst, aus der Kajüte.

Die Madonna von Alter do Chao erwies sich des in sie gesetzten Vertrauens würdig. In gewisser Weise die Hilfe Pierre Carottes benutzend, hatte sie Marten, den legendären Ritter aus Joannas Erzählungen, bewogen, nach Kensington zu kommen und sich der bedrängten Unschuld anzunehmen.

Er war ein herrlicher Mann, viel jünger als Ramirez und der Chevalier de Belmont und ungewöhnlich schön. Sein dichtes, dunkles, leichtgelocktes Haar fiel bis auf die Schultern herab. Die regelmäßigen Bogen der Augenbrauen spannten sich unter der hohen Stirn wie Falkenschwingen, in dem düsteren, gebräunten Gesicht glänzten die blauen Augen wie zwei große Kornblumen in reifendem Weizen. Wenn der durchdringende Blick der scharfen Augen auf Maria ruhte, schlug ihr Herz schneller, und warmes Rot bedeckte Wangen und Hals.

Sie verstand kein Wort von dem erregten Gespräch, das Jan und Richard führten, denn sie sprachen englisch. Doch sie erriet, daß es um sie ging. Deshalb überraschten sie die Worte, die Belmont anschließend in französischer Sprache an sie richtete, nicht allzusehr. Dafür benahm ihr der Zweikampf, dessen Zeugin und Schiedsrichterin sie war, den Atem. Sie betete zu ihrer Patronin für den Sieg Martens. Als Belmont stürzte, war sie fast sicher, daß es mit seinem Tod enden werde. Die Madonna von Alter do Chao war offenbar launenhaft und hatte sie diesmal nicht erhört. Zum Teil war der blauäugige Ritter selbst schuld, der so unklug gewesen war, seinen Gegner zu schonen. Nun wurde er bestraft, wahrscheinlich auch auf Veranlassung der Madonna, die sich über ihn geärgert hatte, da er die erbetene Gelegenheit so leichtfertig und geringschätzig versäumte.

Diese Wendung der Dinge erschreckte die Señorita. Wie leicht konnte es geschehen, daß Belmont ihren Ritter tötete und dann . . . Nein, das durfte sie nicht zulassen. Sie war doch der einzige Schiedsrichter dieses Kampfes und konnte ein weiteres Blutvergießen verhindern! Sie eilte, dem edlen Ritter die Wunde zu verbinden.

In der irrigen Annahme, Marten beherrsche die spanische Sprache nicht, redete sie ihn französisch an. Er antwortete ziemlich gewandt, mit einem Lächeln um den großen, etwas spöttischen Mund, den ein kleines Bärtchen beschattete. Er hatte da und dort etwas Französisch aufgeschnappt, sprach jedoch die einzelnen Sätze mit gezwungener Genauigkeit aus, als fürchte er jeden Augenblick, über eines der Wörter zu stolpern. Er ließ deshalb die unfreiwillige Zungengymnastik sein und setzte das Gespräch spanisch fort, was die Señorita offensichtlich mit Befriedigung erfüllte.

Wenn sich ihre Blicke begegneten, empfand Jan jedesmal eine ungewöhnliche Unruhe. Maria Francesca sah ihrer Mutter ähnlich, erinnerte ihn jedoch mehr noch als ihre Mutter an seine erste Geliebte Elsa Lengen. Vielleicht trug das reiche, rotgoldene Haar dazu bei, das Maria zu einem griechischen Knoten geschürzt, hoch aufgesteckt trug. Ihre Augen allerdings waren nußbraun, lebendig, von ständig wechselndem Ausdruck. Sie konnten stolz und abweisend, sicherlich aber auch verführerisch und sanft blicken. Die gleichmäßigen milchweißen Zähne glänzten bei jedem Lächeln wie Perlen. Sie bewegte sich ungezwungen, mit natürlicher Anmut. Beim Anblick ihrer schlanken Gestalt mit den langen Beinen, den schmalen Hüften und den sich deutlich abzeichnenden festen Brüsten mußte man unwillkürlich an Diana, die Göttin der Jagd und der nächtlichen Zauber, denken.

Nachdem sie Marten den Arm verbunden hatte, geruhte sie auch Belmont zu bemerken, der sie mit ironisch verzogenem Mund betrachtete.

»Bist du fertig, Maria?« fragte er und wandte sich, ohne ihre Antwort abzuwarten, in englischer Sprache an Marten: »Ich glaube, wir können uns jetzt wie früher freundschaftlich bei einem Glas Wein unterhalten.«

»Gern«, antwortete Jan. »Dazu bin ich hergekommen.«

Maria erriet die Bedeutung der kurzen Worte. Sie wußte nicht, was sie von der so rasch wiederhergestellten Eintracht der beiden Gegner halten sollte. War es nicht ein Fehler, daß sie das Duell unterbrochen hatte? Ihr Gefühl sagte ihr, daß sie Marten nicht aus den Augen lassen durfte. Sie fürchtete, eine günstige Gelegenheit zu verpassen, wenn es ihr nicht gelang, ihn vollkommen für sich zu gewinnen. Sie durfte nicht zulassen, daß sich die beiden hinter ihrem Rücken verständigten.

»Ich will auch ein Glas Wein trinken«, sagte sie laut.

»Das ist wirklich sehr schön von dir, Señorita«, antwortete Belmont und verbeugte sich. »Ich nehme an, daß Jan entzückt sein wird.«

Marten bestätigte diese Vermutung. Ihm war es so vorgekommen, als hätte ihm Maria einen bedeutungsvollen Blick zugeworfen. Sie ging voraus und stieg vor ihnen die Stufen zur Terrasse empor.

Marten und Belmont folgten ihr schweigend, Arm in Arm, ohne sich anzusehen. An der Tür zum Speisezimmer ließ Richard seinem Freund den Vortritt. Dann klatschte er in die Hände. Als der Diener, ein Neger, kam, befahl er ihm, Wein und einen kalten Imbiß aufzutragen.

Maria Francesca benetzte nur die Lippen und knabberte, Appetit heuchelnd, an dem Flügel eines Hühnchens. Bald schob sie den Teller beiseite. Sie konnte nicht essen. Angst, Zorn und Scham peinigten sie. Es tat ihr leid, daß sie sich selbst zu Gast geladen hatte. Marten und Belmont unterhielten sich freundschaftlich und ruhig in englischer Sprache, als beträfe ihr Gespräch nur nebensächliche Dinge, als redeten sie nicht über sie. Bedeutete sie den beiden wirklich so wenig?

Sie dachte an ihren Verlobten. Ramirez hatte ihr den Hof gemacht, als hielte er sie eines anderen Gesprächs nicht für würdig. Sie kannte ihn kaum und wußte eigentlich nichts über ihn. Weshalb war er bis jetzt nicht gekommen, um sie zu befreien?

Francesca zog die Brauen zusammen. Plötzlich begegnete sie Martens Blick. Sie senkte verwirrt die Lider und fühlte, wie sie wieder eine Welle von Sympathie für den unerschrockenen Korsaren durchflutete, einer Sympathie, die anders war als alle Gefühle, die sie bisher kennengelernt hatte. Gleichzeitig wurde sie sich ihrer entsetzlichen Einsamkeit bewußt. Marten und Belmont schienen sich irgendwo weit weg von hier zu befinden, ebenso fern wie Blasco de Ramirez. Ihr war, als gäbe es zwischen den dreien eine geheime Vereinbarung, die jede Möglichkeit ausschloß, sich mit einem von ihnen zu verständigen. Zum erstenmal in ihrem

Leben verließen sie Mut und Keckheit. Sie fürchtete sich, und ihre Furcht war stärker als alle bisherigen Ängste, stärker noch als das Grauen, das sie dann und wann heimsuchte, wenn sie davon träumte, was sie vor kurzem erlebt hatte.

Eine ungestüme Bewegung Belmonts riß Francesca aus ihren Grübeleien. Richard sprang auf und holte aus dem in der Ecke des Zimmers stehenden Schreibschrank ein Spiel Karten.

»Wir spielen um einen hohen Einsatz, Maria«, sagte er und warf die Karten auf den Tisch. »Es wird dich interessieren und mehr zerstreuen als das Spiel mit den Degen. Kapitän Marten hat mir zwar, ohne zu handeln, die gleiche hohe Summe geboten, die deine Familie als Lösegeld für dich zahlen soll, aber ich nehme von Freunden kein Geld. Mag also zwischen uns beiden das Los entscheiden, da sich dein Novio auch nicht sonderlich beeilt.«

Das Gesicht der Señorita erblaßte, dann überflammte es Zornesröte. »Mein Novio wird sich zur rechten Zeit und am rechten Ort einfinden, um dir zu zahlen, Señor Belmont, und nicht nur mit Gold, sondern auch mit dem Degen«, entgegnete sie stolz. »Ich bürge dafür, daß er nicht geizig sein wird.«

»Oh«, rief Belmont. »Versprichst du es mir in seinem Namen?«

»Auch in meinem.« Maria stampfte mit dem Fuß auf.

»Vielleicht gelingt es dir, ihm Mut einzuflößen«, erwiderte Belmont und seufzte. »Mich zu finden und zu einem Zweikampf zu bewegen ist nicht so schwer wie ihn. Seit zehn Jahren läuft er vor Marten davon. Aber wer weiß . . .«

»Du lügst«, rief sie laut. »Blasco ist noch vor niemandem davongelaufen.«

Belmont lachte höhnisch. »Frage Jan, und wenn du ihm nicht glaubst, dann erkundige dich bei seinem Freund Pierre Carotte. Er wird dir gern erzählen, wie sich der Hidalgo de Ramirez aus dem Jesuitenkollegium in Ciudad Rueda fortstahl. Nur die Feder, die ihm Kapitän Marten mit dem Degen von seinem Hut abschlug, ließ er auf dem Parkett zurück. Frage auch die Matrosen und Offiziere der ›Santa Cruz‹, wie das in Calais und im Moray Firth war, wo Su Merced commandore auch als erster ausrückte, sobald er die auf dem Mast von Martens Schiff wehende schwarze Flagge erblickte. Bedenke dabei, Señorita, daß dein Querido im Moray Firth sechs große Karavellen gegen unsere vier Schiffe ins Treffen führen konnte. In Calais hatte er sogar die ganze Große Armada gegen ein paar Bootsleute, die Kapitän Marten begleiteten, hinter sich.«

Maria Francesca starrte Belmont mit haßglühenden Augen an. Plötzlich wandte sie sich an Marten. »Hast du nicht den Mut zu widersprechen?« rief sie.

»Leider ist alles, was Richard sagt, wahr, Señorita«, antwortete Marten. »Ich zweifle aber nicht, daß sich der Kommodore de Ramirez mir stellen würde, wenn du ihn dazu auffordertest.«

Die Señorita hatte schon eine stolze Antwort auf der Zunge. Sie wollte sagen, daß man sich in ihrem Land mit Piraten und Räubern nicht duelliere, sondern sie aufhänge. Sie hielt sich noch zur rechten Zeit zurück. Wenn sie auf den Großmut

303

Martens rechnen wollte, dann durfte sie ihn nicht beleidigen. Sie ging durch die offene Tür auf die Terrasse, um ihre Empörung zu verbergen und sich zu beruhigen. Maria überlegte, daß es besser sei, einstweilen Theater zu spielen und diesem frechen Kerl etwas Sympathie zu zeigen. Sie betrachtete ihn über die Schulter und stellte mit leichtem Lächeln fest, daß es ihr nicht schwerfallen würde, ihm etwas vorzuspielen.

Plötzlich wurde ihr bewußt, daß Marten schon die Karten mischte. Und wenn er verspielte? Wieviel Monate müßte sie in diesem Fall noch auf ihre Befreiung warten? Würde Belmont nicht schließlich Gewalt anwenden oder sie einem anderen verkaufen, zum Beispiel diesem Schultz, der sie mit lüsternem Verlangen in seinen schläfrig blinzelnden grausamen Augen gemustert hatte? Sie schüttelte sich vor Ekel und Abscheu. Lieber den Tod, dachte sie und berührte dabei das kleine Stilett, das sie stets in den Falten des Rockes verborgen bei sich trug.

Ihr kam der Gedanke, daß sie in diesem Augenblick ihre Madonna von Alter de Chao um den Sieg Martens bitten müßte, sie, die wundertätigste aller Madonnen, von denen sie gehört oder die sie in den Kirchen gesehen hatte. Wenn aber die Heilige Jungfrau ihr Gebet anhören mußte, dann konnte sie die andere Sache nicht im Auge behalten. Die Karten waren bereits verteilt, sie mußte also selbst handeln, ohne auf irgendwelche Hilfe zu warten.

Maria Francesca kehrte in das Zimmer zurück und blieb hinter dem Stuhl des Chevaliers de Belmont stehen. Von hier aus konnte sie die Karten beider Spieler sehen. Sie orientierte sich sofort, daß sie Monte spielten. Sie kannte dieses Spiel. Rasch wog sie die Chancen der beiden Spieler gegeneinander ab. Sie waren ungefähr gleich. Das Ergebnis hing von der Karte ab, die Marten ausspielte. War es der Schellenkönig, dann hatte Richard das entscheidende Übergewicht, während die Eicheldame es Marten sicherte.

Jan zögerte anscheinend. Seine Finger irrten vom König zur Dame, hielten beim Herzunter an, kehrten zum König zurück. Er griff nach dieser Karte, konnte sich aber noch immer nicht entschließen. Er sah auf, als suche er nach einer Eingebung, und bemerkte dabei den auf ihn gerichteten Blick Marias. Ihre Augen waren starr, viel heller als vordem, fast gelb.

Wie die Augen einer Schlange, dachte er und spürte, wie ihm ein leichter Schauer über den Rücken rieselte.

Maria schüttelte verneinend den Kopf, zeigte mit dem Finger auf sich, berührte ihr Haar. Marten begriff sofort, daß sie ihm ein Zeichen gab. Er blickte in seine Karten. Die Eicheldame hatte unter dem Kranz aus Eichenblättern rotes, in kunstvolle Locken gelegtes Haar. Er schob den weißbärtigen König zurück und spielte mit einer entschlossenen Bewegung die Dame aus.

Maria lächelte und nickte leicht mit dem Kopf. Der Chevalier de Belmont zog die Brauen zusammen. Er sah ein, daß es ein Fehler von ihm gewesen war, Marten die Vorhand zu lassen. Er hatte mit einem anderen Spielverlauf gerechnet und war

304

nun in Verlegenheit. Sollte er stechen und seinen einzigen Trumpf opfern oder dem Gegner die weitere Initiative überlassen?

Er entschloß sich für das letztere. Marten sah verstohlen auf seine Verbündete.

Maria preßte die Hand aufs Herz. »As«, deutete sie durch eine leichte Bewegung der Lippen an.

Jan kam mit dem Herzas heraus, nahm Richard den einzigen Trumpf ab und legte die Karten auf den Tisch.

»Meiner Treu«, rief Richard und seufzte. »Das Glück ist dir heute hold!«

Ihr fahrender Ritter enttäuschte Maria Francesca. Er zeigte sich keineswegs so edel und uneigennützig, wie sie angenommen hatte. Wahrscheinlich lag ein beiderseitiges Mißverständnis vor; denn Marten hatte ihre Gunst, die sie während der Partie Monte so deutlich gezeigt hatte, auf seine Art gedeutet und war ebenfalls enttäuscht, als die Señorita seine Annäherungsversuche zurückwies.

»Was zum Teufel hast du eigentlich von mir erwartet«, fragte er sie mehr erstaunt als ärgerlich. »Sehe ich wie ein Heiliger oder ein zur Liebe unfähiger Mensch aus? Ich dachte...«

»Wie ein Schurke siehst du aus«, fiel sie ihm ins Wort. »Und du bist bestimmt genauso ein Schurke wie dein Freund Belmont! Wie konnte ich das übersehen! Wie konnte ich dem Märchen von deinem Edelmut Glauben schenken! Diese törichte Joanna!«

»Was für eine Joanna?« fragte Marten.

»Wahrscheinlich deine Geliebte. Ein Dienstmädchen. Genau das richtige für dich, Picaro!«

»Aha!« rief Marten und lachte. »Ich erinnere mich. Ich muß dir sagen, sie war sehr lieb und kannte sich besser in den Menschen aus als...«

»Mich gehen die Liebesgeschichten der Dienerschaft nichts an«, unterbrach sie ihn schroff.

»Und doch erwähntest du Joanna und nicht ich.«

Maria Francesca warf ihm einen zornsprühenden Blick zu, beherrschte jedoch bald ihre Erregung.

»Hast du mich nur zur Befriedigung einer Laune Belmont abgejagt, oder ist es dir auch um das Lösegeld zu tun?« fragte sie.

»Ich habe weder die Absicht, ein Lösegeld für dich zu verlangen noch anzunehmen«, erwiderte er. »Ich glaubte, daß du das verstehst. Richard hat es dir doch bereits gesagt.«

Sie schüttelte den Kopf. »Ich weiß nur, daß du seinerzeit auf ein Lösegeld für meinen Großvater und meine Mutter verzichtet hast.«

Jan lächelte. Ihm wurde klar, daß er Joanna mehr zu verdanken hatte, als er jemals mutmaßen konnte.

»Don Juan de Tolosa hat es mit Undank gelohnt«, sagte Marten. »Er hat mir eine ganze Eskader portugiesischer Fregatten auf den Hals gehetzt und bestimmt erwartet, mich gefesselt an Deck eines dieser Schiffe wiederzusehen. Nun, er hat sich geirrt, wie du dich jetzt irrst, Señorita. Ich war damals zwanzig Jahre alt und hatte so manche Illusionen, von denen ich mich inzwischen gelöst habe. Mir bleibt nur noch, ein paar offene Rechnungen zu begleichen. Eine davon betrifft deinen Novio, der eben deshalb ständig vor mir flieht. Wäre ich an seiner Stelle, dann würde ich dich dem Himmel oder der Hölle entreißen und mich jedem stellen, sei es ein Verbrecher oder ein Richter, ein gewöhnlicher Korsar wie ich oder ein Admiral, ein König oder der Leibhaftige selbst! Wenn Ramirez erfährt, dachte ich, daß du dich an Bord der ›Zephir‹ befindest, wird er mich selbst suchen und endlich den Mut aufbringen, den Kampf mit mir auszufechten, dem er bis jetzt sorgsam ausgewichen ist.«

Maria Francesca blickte ihn aus weitgeöffneten Augen an, deren Ausdruck jeden Augenblick wechselte. Sowohl Stolz wie Verachtung, Zorn und Staunen, ja sogar das kurze Aufleuchten eines Lächelns waren in ihnen zu lesen. »Davon kannst du überzeugt sein«, sagte sie, als er verstummte. »Und was dann?«

»Was dann?« Marten wunderte sich. »Du nimmst doch nicht etwa an, daß dieser Zweikampf mit einem Hautkratzer enden wird wie der mit Richard? Einer von uns beiden wird die schöne Welt verlassen müssen. Vermutlich bleibe ich auf ihr.«

»Und was geschieht mit mir?«

»Ich hoffe, daß ich bis dahin deine Gunst erwerbe, Señorita.«

Marias Gesicht rötete sich, ihre Augen schleuderten Zornesblitze. »Man kann nicht sagen, daß es dir an Dreistigkeit fehlt«, sagte sie verächtlich.

»Nein, das kann man nicht«, gab Marten zu. »Du wirst dich daran gewöhnen müssen.«

Die Madonna von Alter do Chao bekam während dieser Winterwochen von ihrer Namensvetterin, der Señorita de Vizella, der Gefangenen in der Bugkajüte der »Zephir«, abwechselnd heiße Gebete, Beleidigungen und Worte bußfertiger Reue zu hören. Maria Francesca war keine geduldige Bittstellerin. Bat sie um etwas, dann erwartete sie, daß ihr Wunsch schnell erfüllt wurde. Zögerte die Madonna, dann trafen sie Vorwürfe, manchmal sogar Verdächtigungen und Drohungen. Da jedoch auch diese nichts fruchteten, schlug sich die Señorita demütig an die Brust und flehte um Verzeihung.

Eines Tages kam ihr der Gedanke, die Heilige Jungfrau könne sich beleidigt fühlen, da ihr Bild in der so prunkvoll eingerichteten Kajüte fehlte. Über dem Bett der Señorita hing nur ein mit Perlmutt ausgelegtes Ebenholzkreuz.

306

Bestimmt war es so. Die Madonna war in dem Schlafzimmer Maria Francescas größere Pracht gewöhnt. Das mußte wiedergutgemacht werden.

Marten bereitete es viel Kopfzerbrechen, den Wunsch seiner Geisel zu erfüllen. Woher sollte er in dem protestantischen England ein Marienbild nehmen, das Marias Anforderungen entsprach?

Er wandte sich an Schultz. Der versprach, aus Frankreich oder Rom die Kopie eines Madonnenbildes von Raffael kommen zu lassen. Inzwischen mußte ein kleines Bild der Muttergottes von Częstochowa genügen, das er auf dem Danziger Jahrmarkt gekauft hatte.

Marten befahl, das Bild mit einem reichvergoldeten Rahmen zu versehen. Mit dem erzielten Effekt zufrieden, begab er sich in Marias Kajüte.

Er traf sie bei schlechter Laune an. Sie langweilte sich und war ungeduldig, denn die Schneiderin, die an diesem Morgen mit einem neuen Kleid zur Anprobe kommen sollte, war noch immer nicht da. Maria erklärte Marten, daß die Gefangenschaft im Hause des Chevaliers de Belmont ein Paradies gewesen sei im Vergleich zu dem Los, zu dem sie Marten verdamme. Sie langweile sich. Ihre einzige Gesellschaft sei Leonia, die alte, schwerhörige Negerin, die nicht einmal verstehe, sie zu frisieren. Sie habe hier niemanden, mit dem sie ein Wort wechseln könne. Ihr Leben auf der »Zephir« sei so eintönig, daß es zu einem Schauspiel für sie werde, den Matrosen beim Putzen der Messingbeschläge und beim Scheuern des Decks zuzusehen. Ein Spaziergang vom Bug zum Heck gleiche einer Reise voller Abenteuer. Schließlich fragte sie Marten, wie lange er sich noch mit seinem Schiff in diesem elenden, stinkenden Hafen vor Blasco de Ramirez zu verbergen gedenke. Hier könne er doch nicht ein Zusammentreffen mit ihm erwarten. Oder habe ihn plötzlich Angst befallen? Vielleicht habe er sich die Sache überlegt und warte auf das Lösegeld? Vielleicht schätze er das Geld höher als die Ehre eines Kampfes mit einem spanischen Caballero?

»Ich warte auf deinen ersten freiwilligen Kuß, Maria« erwiderte er lächelnd. »Alles andere, auch der spanische Caballero, kümmert mich wenig.«

»Oh, darauf kannst du lange warten«, antwortete sie verächtlich, warf aber gleichzeitig einen verstohlenen Blick in den Spiegel. »Ganz andere noch als du versuchten mir den Hof zu machen.«

»Sicherlich waren es ganz andere«, entgegnete er. »Deshalb werden sie auch keinen Erfolg gehabt haben.«

Seine Ruhe und Selbstsicherheit brachten Maria aus dem Gleichgewicht. Sie wollte ihn verletzen, demütigen. Wenn sie wußte, daß er kommen würde, kleidete sie sich mit besonderer Sorgfalt und verbrachte Stunden vor dem Spiegel mit Frisieren und Aufstecken ihres Haares. Sie betonte ihre Reize, hob sie hervor, als befürchte sie, daß er sie übersehen könnte.

Mochte er sie bewundern, sich an ihr satt sehen, um so mehr würde er sich durch die Unerreichbarkeit seiner Wünsche gedemütigt fühlen.

Marten betrachtete sie tatsächlich und drückte laut seine Bewunderung aus, schien aber keineswegs gedemütigt oder unglücklich zu sein. Im Gegenteil, allem Anschein nach war er guten Muts. Seine Heiterkeit und Zuvorkommenheit waren ein unzerstörbarer Schild gegen alle Zornesausbrüche, Beleidigungen und Launen, die ihm in diesem Wortkrieg nicht erspart blieben.

»Ich habe dir eine berühmte Madonna mitgebracht«, begann er. Die Señorita hatte ihm den Rücken zugekehrt, über dem sich eine Spitzenkrause bauschte. »Angeblich hat sie der heilige Lukas von Antiochien gemalt. Zumindest behauptet es Schultz, der sich in solchen Dingen besser auskennt als ich. Aber auch ich habe schon viel von dieser Madonna gehört. Das Bild ist in ganz Polen wegen seiner Wunder, die es vollbringt, berühmt.«

Maria drehte sich um. Marten blickte in die nußbraunen Augen, in denen anstatt Zorn Neugier aufblitzte.

Stumm vor Staunen starrte Maria Francesca eine Weile das dunkle Gesicht der Muttergottes an, dann wich sie einen Schritt zurück und stampfte entrüstet mit dem Fuß auf.

»Das soll eine Madonna sein?« schrie sie. »Das?«

»Gewiß«, erwiderte Jan, der sich über ihren Zornesausbruch nicht wenig wunderte. »Selbstverständlich ist dieses Bild nicht das Original, aber . . .«

»Du lästerst Gott!« rief sie. »Die Heilige Jungfrau war keine Negerin! Diese Mulattin hier könnte höchstens Geschirrwäscherin bei unserer Madonna von Alter do Chao sein! Und zu der soll ich beten? Por dios! Die kannst du Leonia anbieten, aber nicht mir!«

Obwohl Marten kein gläubiger Katholik war, fühlte er sich verletzt. Weshalb sollte die Muttergottes von Częstochowa schlechter sein als die Madonna von Alter do Chao? Sie war durch ihre Wunder sicherlich berühmter als die portugiesische!

Er wollte seine Meinung laut aussprechen, doch die vor Entrüstung verstummte Maria Francesca hatte die Sprache schon wiedergefunden. Eine Flut von Klagen, vermischt mit Beleidigungen und Verwünschungen, ergoß sich über Marten.

So also verfuhr er mit ihr! Er hielt sie auf seinem Schiff gefangen, stellte ihrer Tugend nach, verbarg sich feige vor ihrem Verlobten und brüstete sich gleichzeitig, ihn töten zu wollen. Er verhöhnte ihre religiösen Gefühle und bedrohte vielleicht sogar ihr Seelenheil, indem er versuchte, ihr ein anstößiges Bild unterzuschieben, das bestimmt nicht vom heiligen Lukas, sondern von Calvin oder vom leibhaftigen Antichrist gemalt worden war! Das alles täte er, obwohl er Liebe heuchele! Seine sogenannte Liebe, die eher schmutzige Leidenschaft sei, rieche nach höllischem Schwefel. Hätte er nur ein Fünkchen Mitleid mit ihr, würde er ihr sofort die Freiheit wiedergeben. Er sei aber weit entfernt von solchem Edelmut. Ein Tyrann und ein Feigling sei er. Sie könne nicht einmal zu ihrer Schutzheiligen beten, da sie kein Bild von ihr besitze. Auf jedem christlichen Schiff könne man ein solches finden . . .

308

»Du wirst eins bekommen«, unterbrach Marten ihre Tirade. »Du erhältst deine Madonna von einem christlichen Schiff, von dem ersten spanischen Schiff, dem ich begegne.«

Henryk Schultz hatte vor seiner Reise nach Danzig nicht nur das Bild der Muttergottes von Częstochowa mitgebracht, sondern obendrein ein ganzes Gespinst von Wunschträumen, unausgegorenen Ideen und Projekten, die unter dem Einfluß der in Polen gehörten Gerüchte und politischen Nachrichten in seinem Kopf entstanden waren. Vor allem war da der päpstliche Nuntius Malaspina und mehr noch dessen Sekretär Pedro Alvaro daran schuld, der Henryk Schultz protegierte.

Alvaro hatte ihn in die Einzelheiten des zwischen Schweden und Polen heranreifenden bewaffneten Konflikts eingeweiht, der eigentlich durch die dynastischen Streitigkeiten zwischen Sigismund III. und seinem Onkel Karl Herzog von Södermanland um den schwedischen Thron heraufbeschworen wurde. Für dieses Zerwürfnis interessierten sich jedoch fast alle europäischen Höfe. Sowohl der Papst wie auch Philipp II. schmiedeten im Zusammenhang mit Polen weitreichende Pläne.

Klemens VIII., der 1592 den Apostolischen Stuhl bestiegen hatte, beschloß eine Neuordnung Europas. Er verfolgte seinen Plan konsequent und hartnäckig. Europa mußte katholisch bleiben. Kein Opfer durfte man scheuen, um das Ziel, die Unterdrückung der Häretiker und Dissidenten, zu erreichen. Deshalb erhielt der französische König Heinrich IV., der ehemalige Hugenotte und Jesuitenverfolger, der »verlorene Sohn« der katholischen Kirche, entgegen den Wünschen Philipps II. die päpstliche Absolution. Und deshalb auch galt Polen in den Plänen Klemens' VIII. nicht nur als Sturmbock gegen die Türken, sondern zugleich als wichtiger Verbündeter bei der Niederwerfung Englands.

Dort, wo es um einen Schlag gegen England ging, kreuzten sich die diplomatischen Wege des Papstes und Philipps II. Sowohl der Vatikan wie der Escorial unterstützten die Ansprüche des künftigen Verbündeten, des katholischen polnischen Königs. Die Wiedergewinnung des schwedischen Thrones durch Sigismund hätte die Bekehrung dieses von Protestanten beherrschten Landes und das Entstehen einer starken katholischen Seemacht im Nordosten zur Folge gehabt, die England von den polnischen und schwedischen Häfen aus in Schach halten konnte.

Der erste Schritt zur Erreichung dieses Zieles sollte ein Übereinkommen zwischen Sigismund III. und Philipp II. sowie die Besetzung von Elfsborg mit Hilfe der spanischen Flotte sein.

Elfsborg, das am Ausgang des Kattegats zur Nordsee dem Kap Skagen gegenüberliegt, Kalmar und Danzig am Eingang zur Ostsee würden dann zu Schlüsselstellungen der Seemacht eines polnisch-schwedischen Staates werden, der unter dem Zepter Sigismunds III. ein enges Bündnis mit dem Papsttum, mit Spanien und vielleicht auch mit Frankreich eingehen würde.

Diese politische Kombination entzündete Henryks Phantasie. Er sah hier große, wenn auch riskante Möglichkeiten, seinen Reichtum und seine Bedeutung zu vermehren. Schultz war es klar, daß sich der von Kaufmannsgeist beseelte, friedlich gestimmte und außerdem überwiegend protestantische Danziger Senat den Absichten des polnischen Königs widersetzen würde. Im Bündnis mit der päpstlichen und der spanischen Macht schien Polen zwar unüberwindlich zu sein, aber war nicht auch die sogenannte unbesiegbare Große Armada Philipps II. allein von der englischen Flotte überwunden worden? Und jetzt kamen außer England noch Schweden und Dänemark, vielleicht auch die Niederlande und sogar das unsichere Frankreich hinzu! Danzig hatte nicht erst einmal die Pläne der polnischen Könige durchkreuzt. Es lehnte sich auf und gewann. Ob es wohl diesmal nachgeben würde?

Wenn ich dazu beitrüge, dachte Henryk, gewänne ich die Dankbarkeit und den Segen des Heiligen Vaters und erhielte die höchsten Würden im Senat. Als Parteigänger des Königs könnte ich in Danzig Bürgermeister, sogar königlicher Statthalter werden. Ich besäße dann eine ungeheure Macht, würde über Hafen und Stadt herrschen, die Ämter besetzen, Gesetze erlassen, den gesamten Handel kontrollieren und mir große Einkünfte sichern. Ich könnte der reichste Kaufherr Polens, ja Europas werden. Meine Handels- und Kaperschiffe würden alle Häfen der Welt anlaufen. Mein Beitrag zur Unterwerfung Danzigs erschlösse mir den sichersten Weg zu Ehren, Reichtum, Macht und — durch Fürbitte des Heiligen Vaters — zur Erlösung meiner Seele.

Unter dem Einfluß dieser Gedanken und Erwägungen neigte Henryk Schultz immer mehr dazu, sein Hauptquartier aus London nach Danzig zu verlegen, wo sich die Zentrale seiner zahlreichen Unternehmen befand.

Das gediegene dreistöckige Haus stand am Langen Markt in der Nähe des Rathauses. Es beherbergte Kontore und eine im Erdgeschoß gelegene Bank, die Geld wechselte und nach dem Vorbild der Lombarden bei Verpfändung von Waren Kredite gewährte. In den tiefen Kellern, in der durch eine eisenbeschlagene Tür gesicherten Schatzkammer, ruhten Goldvorräte, Wertgegenstände, Akten und Wechsel.

Schultz hatte sich im dritten Stockwerk eine nicht gerade große, aber bequeme Wohnung eingerichtet, die er benutzte, sooft er in Danzig weilte. Er trug sich mit dem Gedanken, außerhalb der Stadt eine größere Besitzung zu erwerben, wo er sich eine Residenz erbauen lassen konnte, die seinem Reichtum und seiner Stellung entsprach, einen Wohnsitz, der durch seinen Luxus die Häuser der vornehmsten Danziger Patrizier, der Ferbers, Zimmermanns, Kleefelds oder Wedeckes, übertraf.

Doch er verschob sein Vorhaben auf später. Jetzt mußte er dringendere Sachen erledigen.

Dazu gehörte der Kauf eines Gebäudes in der Stadtmitte, in der Nähe des Hafens, in dem er seine wertvolleren ausländischen Waren unterbringen konnte. Sie lagerten bisher in gemieteten Räumen, die nicht immer gut gesichert und zweckmäßig waren. Nach langen Verhandlungen kaufte Schultz ein altes Zinshaus in der Seilergasse, das den Erben seines Onkels Gottlieb gehörte. Dann schloß er einen Vertrag mit einem Baumeister ab, der es umbauen und renovieren sollte.

Das vernachlässigte, schmutzige Haus mit dem undichten Dach war solide gebaut. Hinter ihm befand sich ein geräumiger Hof, auf dem hölzerne Buden und Schuppen standen. In dem Haus hatten einige Handwerker ihre Werkstätten, außerdem wohnten in ihm bis unter das Dach eine Menge armer Familien. Sie drängten sich in engen Kammern zusammen, hausten zum Teil sogar in den Holzbuden zwischen den Müllhaufen auf dem Hof. Als bekannt wurde, daß der neue Hausbesitzer alle Mieter auf die Straße setzen wolle, begann allgemeines Wehklagen. Die verzweifelten Menschen warteten vom frühen Morgen bis zum späten Abend vor dem prächtigen Haus auf dem Langen Markt an dem kunstvoll geschmiedeten Geländer des Vorbaues in der vergeblichen Hoffnung, daß sich Schultz erweichen ließe und sie das Dach über dem Kopf behielten, wenn es auch schadhaft war.

Schultz nahm sich das keineswegs zu Herzen. Alle Mietskontrakte erloschen mit Ausnahme eines im Verlauf des nächsten Quartals. Er hatte dies geprüft, bevor er den Kaufvertrag unterschrieb. Das Recht war auf seiner Seite, und der Stadtrat hatte ihm seine Unterstützung bei der Exmittierung widerspenstiger Hausbewohner zugesichert. Für die Aufhebung des noch drei Jahre gültigen Mietskontrakts, der zwei kleine Zimmer im Erdgeschoß betraf, war Schultz bereit, eine gewisse Entschädigung zu zahlen.

Der Vertrag lautete auf den Namen Jadwiga Grabinska, Witwe des Jan von Grabin. Dieser war Kapitän der einmastigen Kaperkogge »Schwarzer Greif« gewesen, die Gottlieb Schultz gehört hatte. Henryk Schultz erinnerte sich noch sehr gut an das kleine Schiff und den Namen des Kapitäns. Es waren alte Geschichten, die in die Zeiten zurückreichten, da er als elf- oder zwölfjähriges von dem Onkel angenommenes Waisenkind davon geträumt hatte, dereinst Kapitän eines Kaperschiffes zu werden.

Er beschloß, mit der Witwe selbst zu sprechen. Als umsichtiger Mann ließ er Erkundigungen über sie und ihre materielle Lage einziehen. Als er erfuhr, daß die

311

Witwe Jadwiga Grabinska eine geborene Paliwodzianka war, umspielte ein ironisches Lächeln seine Lippen.

In seinem Gedächtnis tauchte die Seilerwerkstatt Maciej Paliwodas auf, in der er fast täglich gewesen war, in die er ausländische Kapitäne geführt hatte, die Lieken zum Besäumen der Segel oder Taue zur Vervollständigung der Takelage kaufen wollten. Jadwiga war damals ein hellblondes Mädchen, das dem Bild der heiligen Agnes in einer der Danziger Kirchen ähnelte. Er verehrte sie und stellte sich vor, daß sie in späteren Jahren, wenn er ihre Gegenliebe gewonnen hätte, seine Frau werden würde. Seine kindlichen Träume verwehten bald. Schuld daran war Jan Kuna, der eines Tages mit seinem Vater in die Werkstatt Paliwodas kam und das Mädchen sofort für sich gewann. Das Schicksal dieser drei jungen Menschen gestaltete sich dann ganz anders, als man damals annehmen konnte. Henryk Schultz wurde Schiffsjunge und später Steuermann auf der »Zephir«, Jan Kuna sein Kapitän und Jadwiga, die Frau eines anderen Jan — Jan von Grabins.

Jan von Grabin hatte zu jener Zeit schon den Dienst bei Gottlieb Schultz, der die Kogge »Schwarzer Greif« verkaufte, aufgegeben. Er wurde Kaperkapitän des polnischen Königs Stephan Báthory unter dem Kommando des Herrn Ernst Weyher und zeichnete sich im Krieg gegen Danzig, besonders aber in der Schlacht bei Glowa aus, während der er zweimal verwundet wurde. Bald darauf verlor er sein Schiff in der Danziger Bucht im Kampf gegen eine Übermacht von elf dänischen Seglern, die unter dem Befehl von Admiral Kletton standen. Jan von Grabin und einigen Gefährten gelang es, sich auf einem eilends zusammengezimmerten Floß an das Ufer zu retten. Doch es war Danziger Ufer, das sie betraten. Dort erwartete sie das gegen die Korsaren des Königs gehandhabte strenge Recht.

Der Danziger Senat hatte unter der Bevölkerung zahlreiche Feinde, die in der Person Báthorys den Befreier von der Bedrückung durch die Patrizier sahen. Die Krämer, die Handwerker und das arme Volk standen auf der Seite des Königs. Zu ihnen gehörte auch Maciej Paliwoda, der dem Kaperkapitän Zuflucht gewährte.

Jadwiga war damals siebzehn Jahre alt. Seit der Abreise Jan Kunas waren vier Jahre vergangen, ohne daß eine Nachricht von ihm eingetroffen wäre. Die kindlichen Gefühle verblaßten, doch sie schwanden nicht aus dem Gedächtnis des Mädchens. Jan von Grabin erinnerte sie lebhaft an den jungen Kuna. Als er sie um ihre Hand bat, überlegte sie nicht lange. Ein Jahr nach der Eheschließung schenkte sie einem Jungen das Leben, der zu Ehren des Königs auf den Namen Stephan getauft wurde.

Im selben Jahr, nämlich 1577, brachen in Danzig Unruhen aus, die bald zum offenen Aufstand der unteren Bevölkerungsschichten gegen die Herrschaft der städtischen Aristokratie wurden. An der Spitze dieser Bewegung stand der Kleinhändler Kaspar Göbel. Einer der Anführer der bewaffneten Freiwilligenabteilungen wurde Jan von Grabin.

Die Danziger Patrizier, die Báthory als König von Polen nicht anerkannten und sich für die Wahl des deutschen Kaisers Maximilian aussprachen, gerieten zwischen zwei Feuer. In der Stadt hatten sich die Zünfte und Armen zum Kampf erhoben, von außen drohte der Einmarsch polnischer Truppen. Am 17. April erlitten die Danziger Söldner eine Niederlage am Lubieszower See, und im Juni begann die regelrechte Belagerung der Stadt. Die Ratsherren beugten sich der Macht des Königs. Eine Delegation des Rates mit dem Bürgermeister an der Spitze begab sich nach Malbork, um Báthory zu huldigen.

Mit Hilfe deutscher Reiter und dänischen Fußvolks unterdrückten die Danziger Patrizier nun ohne Mühe den Aufstand. Die alte Ordnung wurde wiederhergestellt. Einige Dutzend Köpfe fielen unter dem Beil des Henkers.

Maciej Paliwoda entging diesem Los. Der alte Meister wurde beim Sturm auf das Rathaus von einer Kugel tödlich getroffen. Sein Schwiegersohn entkam mit seiner hochschwangeren Frau nach Puck. Dort musterte er wieder in der Flotte des Herrn Weyher an. Für die Kaperkapitäne des Königs kamen jedoch schlimme Zeiten. Die polnischen Seestreitkräfte schmolzen dahin, und der Sejm versäumte, sie zu erneuern. Die besten Kapitäne traten aus dem Dienst des Pucker Geschwaders und gingen nach Schweden oder Livland. Dorthin begab sich unter dem Befehl des Admirals Flemming auch Kapitän Jan von Grabin.

Im Jahre 1586 starb Stephan Báthory. Ein Jahr später bestieg Sigismund III. aus dem Hause Wasa den polnischen Thron. In Danzig war der vor zehn Jahren niedergeschlagene Aufstand schon vergessen. Der Reichtum der Kaufherren wurde immer größer, hier und da kam auch dieser oder jener Kleinhändler oder einer der geschickten Handwerker zu Vermögen. Im allgemeinen lebte die Bevölkerung recht und schlecht wie früher, und die Armen litten die gleiche Not wie vor Jahren.

Zwischen dem Senat und Polen gab es auch in der Folgezeit immer wieder kleinere Konflikte, obwohl die Flagge des Königs jetzt häufiger im Danziger Hafen zu sehen war. Als Sigismund III. im September 1593 zu einem Besuch seines schwedischen Königreichs aufbrach, kam Admiral Flemming mit einer aus siebenundzwanzig Schiffen bestehenden finnländischen Flotte nach Danzig, um ihm das Geleit zu geben. Mit einem der Schiffe traf Jan von Grabin ein, er wollte sich in seiner Vaterstadt wieder seßhaft machen.

In jenen Jahren entwickelte sich die Danziger Handelsflotte sprunghaft, und der Bedarf an erfahrenen Kapitänen war größer denn je. Jan erhielt das Kommando über das große Hochseeschiff »Fortuna«, das Herrn Rudolf Zimmermann gehörte. Dank der Fürsprache des Reeders konnte Jadwiga wieder in die frühere Werkstatt ihres Vaters in der Seilergasse ziehen.

Die Wohnung war zwar nicht so, wie sie sie sich erträumt hatte, nach der Instandsetzung und einigen baulichen Veränderungen wurde sie aber ganz bequem, sogar schön. Jadwiga konnte sich glücklich schätzen, daß Herr Gottlieb Schultz damit einverstanden war, ihr die Räume zu vermieten, in denen ihr Vater fast ein halbes Jahrhundert gewohnt und gearbeitet hatte. In Danzig wuchs die Bevölkerung viel rascher als die Zahl der Mietwohnungen.

Stephan Grabinski war damals fünfzehn Jahre alt und zu einem stattlichen Jüngling herangewachsen. Er war das einzige Kind geblieben und sehnte sich wie Jan Kuna nach dem weiten Meer. Die Eltern hinderten ihn nicht, im Gegenteil, er sollte einmal Kapitän werden wie sein Vater. Er fuhr also mit ihm vom Frühjahr bis zum Herbst auf der »Fortuna«. Die Wintermonate widmete er dem Studium bei einem Bakkalaureus des Danziger Gymnasiums.

In das helle, beinahe glückliche Dasein der Familie schlug unerwartet der Blitz ein. Während des denkwürdigen Sturmes, der im April 1595 in der Ostsee wütete, strandete die »Fortuna« auf dem Felsen von Kristiansö in der Nähe von Bornholm und wurde vollständig zerstört. Die Bemannung rettete sich, nur der Kapitän Jan von Grabin kam um. Seine Leiche wurde nicht gefunden.

Henryk Schultz empfing Jadwiga Grabinska in seinem Büro im ersten Stockwerk des Hauses am Langen Markt. Er stand höflich auf, um sie zu begrüßen, als sie schüchtern dieses Sanktuarium betrat. Schultz erblickte eine schmächtige, frühzeitig gealterte Frau in einem dunklen Kleid mit einer Pelerine um die Schultern. Eine kleine gefältete Krause umschloß den Hals.

Ich hätte sie nicht wiedererkannt, dachte Schultz.

»Von Ewigkeit zu Ewigkeit«, erwiderte er ihren frommen Gruß und neigte den Kopf.

Er wies auf einen Stuhl und bat sie, Platz zu nehmen. Diese Frau wäre heute meine Gattin, ging es ihm durch den Sinn, wenn nicht die göttliche Vorsehung über mich gewacht hätte. Oder vielleicht die Frau Jan Kunas? Schultz befeuchtete seine trockenen Lippen mit der Zungenspitze.

Er sprach Jadwiga sein Beileid über ihre frühe Witwenschaft aus und erkundigte sich nach ihrem Sohn. Sie antwortete ihm stockend, als mache es ihr Mühe, und preßte dabei erregt die ineinander verschlungenen Hände zusammen. Jadwiga redete Schultz mit »Euer Hochwohlgeboren« an.

Er unterbrach sie mit einem gnädigen Lächeln und bemerkte, allerdings ohne besonderen Nachdruck, daß dieser Titel überflüssig sei, da sie sich von Kindheit an kannten.

Sein Entgegenkommen ermutigte Jadwiga. Doch sie konnte sich nicht entschließen, ihn beim Vornamen zu nennen, wie er es tat, wenn er mit ihr sprach.

Was er für sie tun könne? Oh, sehr viel! Vor allem könne er ihr, wenn er wolle, die zwei Zimmer in seinem Haus in der Seilergasse weiter überlassen.

»Wir wollen uns das überlegen«, antwortete er wohlwollend. »Und was noch?«

Jadwiga begann von ihrem Sohn zu sprechen. Er war schon achtzehn Jahre alt und besaß ausreichende seemännische Kenntnisse, um Oberbootsmann oder auch Segelmeister zu werden. Wenn sein Vater noch lebte ...

Schultz zog die Brauen hoch. »Soviel ich weiß, hat sein Vater unserer Stadt nicht immer treu gedient«, erwiderte er vielsagend. »Ich habe gehört, daß er am Aufstand Göbels gegen den Senat teilgenommen hat.«

»Stephan war damals noch nicht auf der Welt«, entgegnete sie und senkte den Blick. »Er wurde kurz nach dem Aufstand geboren.«

Schultz winkte nachsichtig ab. »Na ja, na ja, das ist auch nebensächlich. Wenn er es verdient, werde ich mich seiner annehmen. Ich glaube, daß Zimmermann ihn freigibt. Erinnerst du dich noch an die ‚Zephir', Jadwiga? Einer der hervorragendsten Kapitäne befehligt sie. Ich glaube, daß er dir einst nicht gleichgültig war.«

Er blickte sie unter halbgeschlossenen Lidern hervor prüfend an. Das Gesicht Jadwigas überzog dunkle Röte. Schultz lächelte spöttisch und etwas wehmütig.

»Ich denke«, fuhr Schultz fort, »daß Jan sich bereit erklären wird, deinen Sohn anzuheuern. Ich kann allerdings nicht dafür bürgen, daß er ihn gleich als Steuermann oder Oberbootsmann in Dienst nimmt, aber... Ich träumte einst selbst davon, auf diesem Schiff zu fahren. Ich kann nicht sagen, daß es eine Enttäuschung wurde. Es war ein guter Anfang.«

Jadwiga wollte ihm danken, Schultz unterbrach sie mit einer Handbewegung. Er war träumerisch gestimmt.

»Ich nehme an«, sprach er langsam, halb zu sich selbst, »daß die ›Zephir‹ früher oder später in meinen Besitz übergehen wird. Ich liebe dieses Schiff, ich hänge an ihm. Marten, ich meine Jan Kuna, würde dabei bestimmt nichts verlieren, im Gegenteil, er würde nur gewinnen. Wenn dein Stephan imstande wäre, mir dabei zu helfen... Wer weiß, in Zukunft könnte er selbst das Kommando übernehmen.«

Schultz schwieg eine Weile. Seine Gedanken bewegten sich in der gleichen Bahn weiter. Marten wäre bei all seinen Vorzügen eines hervorragenden Seemanns bestimmt ein ziemlich unbotmäßiger Untergebener, überlegte er. Der junge Grabinski dagegen stände unter seinem Einfluß. Unter der fachlichen Anleitung durch Marten würde er in kurzer Zeit sicherlich ein sehr guter Kapitän werden, der außerdem die »Zephir« durch und durch kannte. Ich hätte in ihm einen ergebenen Verbündeten, denn er würde mir mehr verdanken als sonst jemandem. Fasse ich diese Angelegenheit richtig an, dann kann ich einen doppelten Nutzen ziehen. Die »Zephir« geht zugleich mit einem jungen, fügsamen Kapitän in mein Eigentum über. Laut fuhr er fort: »Ich nehme an, daß es früher oder später geschehen wird.«

Stephan Grabinski konnte zuerst kaum an das Glück glauben, das ihm begegnete. Dieser edle, uneigennützige Kindheitsgefährte seiner Mutter öffnete ihm wie ein Zauberer die weite, weite Welt voller Abenteuer. Es war bedeutungslos, daß ihm der Zauberer auf den ersten Blick weder anziehend noch so imposant vorkam, wie er ihn sich vorgestellt hatte. Er mußte großherzig und klug sein, wenn er trotz seines Ansehens und Vermögens eine arme Witwe nicht vergaß, ihr ein ruhiges Dasein sicherte und ihn, Stephan, zum Kapitän machen wollte.

Jadwiga Grabinska nahm mit Tränen in den Augen von ihrem Sohn Abschied. Sie weinte nicht nur Tränen des Trennungsschmerzes, sondern auch der Freude. Henryk Schultz hielt sein Versprechen. Er nahm Stephan mit nach England. Ihr hatte er die Aufsicht über die Lagerräume in der Seilergasse übertragen. Sie durfte dort wohnen bleiben und erhielt außerdem einen Lohn, den ihr die Kasse des Handelshauses am Langen Markt auszahlte.

Solche Wohltaten hatte sie nicht erwartet. Sie glaubte, sie nicht zu verdienen, und betrachtete sich nun als lebenslängliche Schuldnerin von Henryk Schultz. Einst hatte sie den jungen Jan Kuna gebeten, er möge seinen Vater bewegen, das arme Waisenkind Henryk als Schiffsjungen in die Bemannung der »Zephir« aufzunehmen. Jetzt vergalt es ihr diese Waise mit einer Freigebigkeit, von der man nur in den erhebenden Predigten hören konnte, die von der Kanzel der Marienkirche herab gehalten wurden.

Marten hörte Henryks Bitte zerstreut an. Erst als der Mädchenname Jadwigas fiel, zeigte er Interesse. Er erkundigte sich nach ihrem Schicksal und erklärte sich schließlich bereit, Stephan Grabinski vorerst zur Probe als gewöhnlichen Bootsmann auf sein Schiff zu nehmen.

Stephan kam am nächsten Tag gerade nach der Szene an Bord, die Maria Francesca Marten wegen des Bildes der Muttergottes von Częstochowa gemacht hatte. Jan stürmte in höchster Erregung aus dem Heckkastell und stieß auf den jungen Mann, der mit weit nach hinten gebogenem Kopf die zwei höchsten Rahen des Großmastes betrachtete.

»Was willst du hier, du Gaffer?« fragte er ihn schroff.

Stephan sah ihn überrascht an. Er verstand die in Englisch an ihn gerichtete Frage nicht, erriet aber, mit wem er es zu tun hatte, und nannte seinen Namen.

»Ach so, du bist es«, sagte Marten nun polnisch und betrachtete den Ankömmling aufmerksam. »Wie lange bist du schon zur See gefahren?«

»Drei Jahre als Schiffsjunge, ein Jahr als Leichtmatrose und ein Jahr als Bootsmann, Herr Kapitän.«

Marten reichte ihm die Rechte, die Stephan erstaunt fest drückte.

»Ich habe deine Mutter gekannt«, fuhr Marten fort, »und Herrn Maciej Paliwoda. Das war ein Meister!« Er ließ seinen Blick forschend auf dem Jüngling ruhen, als suche er in dessen Zügen eine Ähnlichkeit mit Jadwiga. Dann faßte er ihn unter und zog ihn in seine Kajüte. »Komm, unterhalten wir uns eine Weile.« Marten erkundigte sich nach Stephans Vater, nach dem bisherigen Seedienst, er fragte ihn über Schiffe aus, über Danzig und über die Kenntnisse, die der Jüngling besaß.

Stephan antwortete ruhig und sicher. Marten gefiel der junge Mann. Sein forsches Aussehen erinnerte ihn an den geliebten älteren Bruder Karol, der vom Danziger Henker gehängt und dann geköpft worden war. Jan war damals neun.

Diese furchtbare Erinnerung tauchte nun wieder zugleich mit der verhaßten Gestalt Siegfried Wedeckes vor ihm auf, der wesentlich dazu beigetragen hatte, daß man damals das Urteil über die elf Schiffsjungen von den polnischen Kaperschiffen vollstreckte.

Die schreckliche Begebenheit hatte sich im Juni 1568 zugetragen, als Mikolaj Kuna noch Kapitän der Kogge „Schwarzer Greif" war, die Gottlieb Schultz gehörte und zugleich mit anderen Kaperschiffen dem Befehl des Herrn Sharping unterstand. Jan von Grabin wurde später Kommandant derselben Kogge.

Am Abend des 18. Juni suchte eine kleine polnische Flottille, die von der schwedischen Eskader des Admirals Larsson verfolgt und in der Danziger Bucht von einem Sturm überrascht worden war, beim Danziger Leuchtturm Schutz und lief dann mit der Erlaubnis des Festungskommandanten Zander in den Hafen ein.

Vor Tagesanbruch befahl Sharping, Schiffsjungen zum Einkauf von Lebensmitteln an Land zu schicken. Sie begegneten einigen Wagen, die zum Markt fuhren, aber die von den Bauern verlangten Preise schienen ihnen zu hoch. Es kam zu Streitereien und sogar zu einer Schlägerei. Schließlich ließen sich die jähzornigen, undisziplinierten Jungen einen Raub zuschulden kommen. Sie nahmen den Bauern gewaltsam mehrere Kisten mit Geflügel sowie einen Korb mit Eiern weg und kehrten auf die Schiffe zurück.

Als Admiral Sharping davon erfuhr, befahl er, die Täter festzunehmen. Er hatte die Absicht, sie dem Gericht der Seefahrtskommission zu übergeben. Inzwischen hatten aber die geschädigten Bauern beim Stadtrat Klage erhoben, und Bürgermeister Ferber entsandte eine starke Abteilung, die die Schuldigen ermitteln und abführen sollte, um sie vor das Danziger Schöffengericht zu stellen.

Diese rechtswidrige Forderung, die durch die Drohung unterstützt wurde, aus den Geschützen des Leuchtturms das Feuer eröffnen zu lassen, brachte Sharping in eine schwierige Lage. Bevor er sich mit dem Vorsitzenden der Kommission, dem Kastellan Kostka, in Verbindung setzen oder irgend etwas anderes veranlassen konnte, drangen die Stadtknechte mit Unterstützung der Hafenwache und bewaffneter Abteilungen aus dem Fort auf die Schiffe vor und nahmen elf der Tat verdächtige Schiffsjungen mit sich. Unter ihnen befand sich auch Karol Kuna, der an dem unglücklichen Unternehmen gar nicht teilgenommen hatte.

Die Proteste des Kastellans, der Kompromißvorschlag, den Fall durch ein gemeinsames Gericht untersuchen und von diesem das Urteil über die Schuldigen fällen zu lassen, blieben erfolglos. Die Ratsherren, besonders Herr Siegfried Wedecke, von dessen Gut ein Teil der geraubten Hühner stammte, drangen darauf, daß das Gericht sofort zusammentrat, und setzten beim Bürgermeister ihren Willen durch. Nach dem Verlesen der Anklageschrift wurden zuerst die Zeugen und dann in aller Eile die Angeklagten verhört. Man schenkte denen, die bestritten, an dem Vorfall beteiligt gewesen zu sein, keinen Glauben. Alle elf wurden zum Tode verurteilt. Die Hinrichtung fand am 25. Juni statt.

Der Henker und seine Gehilfen spießten, um den polnischen König zu verhöhnen, die mit Strohkränzen gekrönten Köpfe beim Hohen Tor auf elf in die Erde gerammte Pfähle.

Fast zwei Jahre lang starrten die Köpfe der Hingerichteten von der Anhöhe auf die Stadt hinab, obwohl die Danziger Delegation bereits vor dem Lubliner Sejm des Staatsverbrechens angeklagt, die Bürgermeister Ferber und Projte sowie der Ratsherr Giese und der Burggraf Kleefeld festgenommen und nach Sandomierz und Piotrków ins Gefängnis gebracht worden waren. Aber erst im März des folgenden Jahres erließ die Seefahrtskommission ein Dekret, welches das Danziger Gericht und sein Urteil über die Schiffsjungen als ein an Soldaten des Königs verübtes Verbrechen brandmarkte. In der Nacht vom 27. zum 28. April führte der Stadtrat die königliche Anordnung aus, die forderte, daß die Köpfe von den Pfählen genommen und christlich bestattet würden.

Ferber, Kleefeld, Projte, Giese und Zander lebten schon lange nicht mehr. Es würde jetzt sicherlich auch nicht mehr gelingen, die Namen aller übrigen Schöffen festzustellen, die unter dem Druck der Ratsherren das schändliche Urteil über die elf jungen Seeleute gefällt hatten. Noch lebte aber Siegfried Wedecke, der die geheime Triebfeder bei der Urteilsfindung gewesen war und den keine Strafe getroffen hatte.

Jan Kuna hatte ihm Rache geschworen und den Schwur nach dem Ableben seiner in den Kerkerzellen des Danziger Rathauses zu Tode gemarterten Mutter erneuert. Er vergaß nicht. In seinem tiefsten Innern lebte der Haß all die Jahre hindurch weiter, während denen er Siege errang und Niederlagen erlitt, Abenteuer erlebte, reich wurde, seine Beute verschwendete und auf den Meeren immer größere Berühmtheit erlangte.

War nicht die Zeit gekommen, die Schwüre zu erfüllen? fragte er sich.

Henryk Schultz versuchte, ihn zu überreden, nach Danzig zurückzukehren. Sigismund III., König von Polen, bereitete sich zum Krieg vor, stellte neue Kaperbriefe aus. Henryk lockte Marten mit der Aussicht eines Kampfes gegen den Danziger Senat, der vor allem botmäßig gemacht werden mußte. Ähnlich sprach auch Stephan Grabinski, der ein begeisterter Parteigänger des Königs war.

Marten hörte ihm mit ständig wachsendem Interesse zu. Dann wünschte er etwas Näheres über seinen Feind zu erfahren. »Kennst du Herrn Siegfried Wedecke?« erkundigte er sich.

»Ich kenne ihn«, antwortete Stephan, »jedenfalls habe ich ihn oft gesehen. Er ist schon sehr alt. Sein Sohn Gotthard wurde vor kurzem Hafenkapitän. Beide werden als die erbittertsten Feinde des Königs und des Herrn Weyher, des Starosten von Puck, angesehen, der jetzt Kommandant der Kaperschiffe ist.«

Marten überlegte. Siegfried Wedecke mußte schon siebzig Jahre alt sein. Es bleibt uns nicht mehr viel Zeit für die gegenseitige Abrechnung, dachte er. Er steht bereits am Rande des Grabes.

319

Da hörte Marten ein Geräusch hinter seinem Rücken. Er drehte sich um. In der Tür, die seine Kajüte von der trennte, die für die Señorita de Vizella als Schlafraum eingerichtet worden war, stand sie selbst, Maria Francesca, und lächelte freundlich, als hätte sie den heftigen Auftritt und ihre Entrüstung über die Saumseligkeit der Schneiderin und alle ihre sonstigen Klagen und Beschwerden längst vergessen.

»Wer ist dieser schöne Bursche?« fragte sie und betrachtete mit Wohlgefallen Stephan, der unter ihrem Blick errötete.

Marten war ärgerlich über das plötzliche Erscheinen Maria Francescas in seiner Kajüte. Er hatte ihr die Beleidigungen, mit denen er von ihr bedacht worden war, noch nicht verziehen. »Was geht das dich an?« knurrte er.

»Oh, wirklich nicht viel«, antwortete sie und musterte ihn. »Eigentlich wollte ich nur fragen, wann du abzufahren gedenkst, um für mich eine wirkliche Madonna zu erbeuten.«

»... für dich eine wirkliche Madonna zu erbeuten?« wiederholte er erstaunt.

»Hast du es schon vergessen? Eine Madonna von dem ersten spanischen oder portugiesischen Schiff, das dir begegnet und das du eroberst.«

»Ach so!« Marten wurde verlegen. Sein Zorn war verraucht. »Du kannst beruhigt sein. Ich halte mein Versprechen.« Er lächelte. »Das Bild wirst du noch vor Ende dieses Monats haben. Spätestens in einer Woche stechen wir in See.« Marten blickte auf Stephan. Anscheinend hatte er von dem in spanischer Sprache geführten Gespräch nichts verstanden. »Du kannst jetzt zum Oberbootsmann gehen«, sagte er zu ihm. »Sicherlich ist er auf Deck. Er heißt Tomasz Pociecha und ist über dein Kommen unterrichtet. Er wird sich deiner annehmen.« Dann wandte er sich wieder an Maria: »Dieser junge Mann ist aus Polen gekommen, falls es dich interessiert. Seine Mutter hat ihn durch Vermittlung von Schultz meiner Fürsorge anvertraut.«

»Wirklich?« antwortete Maria verwundert. »Ist er dein Sohn?«

Marten zuckte die Schultern. »Wie kommt dir so etwas in den Kopf? Ich habe seine Mutter vor mehr als zwanzig Jahren zum letztenmal gesehen.«

»Sie muß sich in dich verschaut haben«, antwortete Maria Francesca. »Er sieht dir ähnlich, obwohl er helles Haar hat.«

Sie warf ihm einen flüchtigen Blick zu und verließ die Kajüte.

In Essex-House fand im Privatkabinett von Sir Robert eine streng geheime Besprechung statt, an der seine beiden Freunde und Vertrauten Antony Bacon und Sir Henry Unton sowie der Chevalier Richard de Belmont teilnahmen.

Die eigentliche politische Beratung wurde vor dem Eintreffen des Chevaliers beendet. Obwohl ihn Graf Essex mit seinem Vertrauen ehrte, sogar in manche seiner Absichten und Pläne einweihte, hätte er ihn in solchen Angelegenheiten nie um Rat gefragt. Der Chevalier de Belmont war, wie er anfangs annahm, nur zu einer Erörterung der Frage eingeladen worden, wie man einen bestimmten Brief am raschesten und sichersten einem gewissen Antonio Perez, dem früheren Minister und Ratgeber Philipps II., übermitteln könnte.

Antonio Perez befand sich zu jener Zeit am Hofe Heinrichs IV. Den neuesten Nachrichten zufolge hatte sich der König in seine Herrschaft Béarn begeben und hielt sich augenblicklich in Pau auf. Die beste und kürzeste Verbindung mit diesem Fürstentum im Südwesten Frankreichs war der Seeweg nach Bayonne, das von Pau ungefähr achtzig englische Meilen entfernt ist. Aber sowohl Bayonne wie auch die übrigen kleineren Häfen an der Südküste des Golfs von Biskaya waren infolge der spanischen Blockade schwer zu erreichen, und der dringliche Brief an Perez durfte keineswegs in die Hände der Spanier fallen. Wenn Perez die Aufträge des Grafen Essex erledigen sollte, mußte er den Brief in einer Woche erhalten.

Antonio Perez war allein schon deshalb ein ungewöhnlicher Mensch, weil es wohl nur ihm allein in ganz Spanien gelungen war, den Fängen der heiligen Inquisition unbeschadet zu entkommen, obwohl ihm für die Verbrechen, die er sich hatte zuschulden kommen lassen, unfehlbar der Tod auf dem Scheiterhaufen sicher gewesen wäre.

Es begann mit der Ermordung Escovedas, des Sekretärs von Juan d'Austria, den Philipp gefährlicher politischer Intrigen verdächtigte. Don Antonio beseitigte Escoveda mit Hilfe seiner Bravi. Dieser Mord rief jedoch eine derartige Empörung hervor, daß der König beschloß, seinen Günstling nicht zu schützen, sondern ihn zu opfern. Der Entschluß fiel Philipp um so leichter, als Perez die Gunst der Fürstin Eboli gewonnen hatte, die sie dem König versagte. Der beleidigte Monarch bezichtigte Perez geheimer Umtriebe mit den Hugenotten in Béarn und befahl, ihn festzunehmen. Die Schergen der Inquisition faßten Perez in seiner Vaterstadt Saragossa, wohin er vor dem Zorn seiner Majestät geflohen war.

Die Kerkerhaft zermürbte Perez keineswegs. Während der Untersuchung bestritt er der Inquisition das Recht, in Saragossa Gericht zu halten, wo nach uralten Gewohnheiten und Privilegien die Jurisdiktion der aragonischen Cortes gültig war. Außerdem beleidigte er während eines Verhörs den König, ja er lästerte sogar Gott.

»Wenn Gott dem Philipp erlaubte, mit mir so heimtückisch zu verfahren, verdient er, daß ich ihm die Nase abschneide!« schrie er.

Den Inquisitoren traten ob solcher Verruchtheit die Augen aus den Höhlen. Im Protokoll wurde nachstehende Sentenz vermerkt: »Diese Ansicht ist in höchstem Grade eine Beleidigung Gottes und des Königs, zugleich auch Lyoner Häresie, deren Anhänger behaupten, daß Gott ein Wesen sei, das einen menschlichen

321

Körper und alle seine Gliedmaßen besitze. Der Angeklagte kann nicht vorschützen, er hätte die Person Jesus Christus im Sinne gehabt, der eine Nase besaß, als er Mensch wurde. Seine Äußerung bezog sich ausdrücklich auf die erste Person der Heiligen Dreifaltigkeit.«

Schon diese Episode hatte genügt, den Gotteslästerer zum Tod auf dem Scheiterhaufen zu verdammen. Ohne das plötzliche Eingreifen der durch die Familie Perez aufgewiegelten Volksmenge wäre es auch dahin gekommen. Um die aragonischen Rechte zu verteidigen, drangen die Einwohner von Saragossa bewaffnet in das Gefängnis ein, mißhandelten die Inquisitoren und erschlugen den königlichen Gouverneur. Der befreite Don Antonio floh nach Frankreich.

Für Aragonien endete der Aufruhr verhängnisvoll. Die Truppen Philipps II. besetzten die Provinz und blieben als Garnison in Saragossa. Die alten Privilegien wurden endgültig aufgehoben. Neunundsiebzig Rebellen erlitten den Feuertod.

Der Hauptschuldige an diesen Ereignissen aber lebte und wirkte. Die politische Situation war sowohl in Frankreich wie auch in England für seine Tätigkeit günstig. Er hatte es verstanden, an den Hof Heinrichs IV. zu gelangen und durch Vermittlung Antony Bacons an Robert Devereux, den Grafen Essex, heranzukommen. Er hatte Hunderte Skandalgeschichten über die Umtriebe Philipps II. auf Lager, war aller Skrupel bar, wenn es sich um den Verrat eines diplomatischen Geheimnisses der spanischen Monarchie handelte. Außerdem sprach und schrieb er ein gepflegtes Latein, das selbst in den höchsten Regierungskreisen Bewunderung erregte.

Inzwischen rückte der Krieg mit Spanien immer näher. Heinrich IV. fühlte sich sowohl von Norden her wie auch im Innern seines Landes ständig von den Spaniern bedroht; denn Philipp II. unterstützte in Frankreich die Heilige Liga und später die Liga der Sechzehn. Graf Essex arbeitete mit allen Kräften und Mitteln auf einen entscheidenden Schlag hin, der England nicht nur gegen die Absichten Roms und des Escorials sichern, sondern ihm auch den Weg zu den Reichtümern Indiens öffnen sollte. Für Antonio Perez war es klar, daß man unter diesen Umständen die Kräfte Frankreichs und Englands vereinen mußte, um gemeinsam die Macht Spaniens zu brechen und gleichzeitig seinen verhaßten Feind Philipp zu stürzen.

Doch Königin Elisabeth stand allen derartigen Plänen und Bestrebungen ablehnend gegenüber. Der Krieg mit Spanien, der, abgesehen von den ständigen kleinen Aktionen der englischen Kaperschiffe, nicht zum offenen Ausbruch kam, entsprach völlig ihren Wünschen. Der Abschluß eines Waffenbündnisses mit dem König von Frankreich weckte in ihr bestimmte Befürchtungen: Er mußte beträchtliche Ausgaben für die Rüstung und eine gewagte militärische Aktion auf dem Festland nach sich ziehen. Die Königin konnte sich nicht entschließen. Monatelang schleppten sich die Verhandlungen hin, und die »Jungfrau mit dem Löwenherz« zeigte sich ganz und gar nicht wie eine Löwin. Sie hielt die Gesandten mit

Versprechungen hin, nahm zu den verschiedensten Vorwänden Zuflucht und zögerte so die endgültige Entscheidung hinaus.

Im zeitigen Frühjahr 1596 errangen jedoch die spanischen Truppen in den Niederlanden immer neue Siege und bedrohten Calais mit einer Belagerung. Calais in den Händen Philipps II. wäre für England eine sehr gefährliche Position im strategischen System gewesen. Diese Situation beschloß Graf Essex auszunutzen, um seine Gönnerin zum Handeln zu zwingen.

Antony Bacon schrieb den Brief an Señor Perez, den auch Heinrich IV. lesen sollte. In durchsichtigen Anspielungen wurde zu verstehen gegeben, der König von Frankreich müsse, falls er tatsächlich den raschen Abschluß eines Bündnisses mit England wünsche, Elisabeth angesichts ihrer Unentschlossenheit drohen, daß er einen Sonderfrieden mit Spanien abschließen werde.

Diesen Brief und weitere mündliche Instruktionen für seinen Empfänger sollte ein Abgesandter des Grafen Essex nach Pau mitnehmen.

»Es muß dies ein Mann sein, der die Verhältnisse am französischen Hof gut kennt und sich in der Hofgesellschaft zu benehmen versteht«, sagte der Graf und sah Belmont an. »Er soll geschickt und gewandt sein und darf nicht zum erstenmal eine derartige Mission durchführen. Außerdem muß er die Fähigkeit besitzen zu ergründen, welche Wirkung unser Brief hat. Vor allem aber muß unser Abgesandter imstande sein, rechtzeitig, also innerhalb einer Woche, nach Pau zu gelangen. Meine Wahl fiel auf Euch, Chevalier de Belmont. Ich möchte erstens wissen, ob Ihr bereit seid, mir und England diesen Dienst zu erweisen, und zweitens, ob Ihr ein genügend schnelles Schiff mit einem geeigneten Kapitän kennt, der in vier Tagen Bayonne erreichen kann.«

Richard de Belmont kannte sowohl ein solches Schiff wie auch den entsprechenden Kapitän. Er versicherte dem Grafen, daß er bereit sei, für ihn sogar in den Hades zu fahren, um Charon zu bewachen, und daß er seine Aufträge ausführen werde. Mit Geld ausgestattet und in alle Einzelheiten der politischen Intrige eingeweiht, begab sich Belmont nach Deptford an Bord der »Zephir«.

Marten empfing ihn freundlich. Als er erfuhr, daß Richard beabsichtige, auf der »Zephir« eine gefahrvolle Reise nach der Biskaya zu unternehmen, freute er sich aufrichtig.

»Ausgezeichnet«, rief er. »Ich will gerade auf der Suche nach Devotionalien, insbesondere nach einem Madonnenbild, dorthin fahren.«

Belmont belustigte dieses seltsame Ziel einer Kaperfahrt. Er lachte. »Hat man dich bekehrt, du ungläubiger Mensch?« fragte er, »oder entbehrt Maria ihre Schutzheilige so sehr?«

»Das zweite ist der Fall«, antwortete Jan und seufzte. »Wir müssen aber noch auf die Kleider warten, die sie bestellt hat. Anscheinend braucht sie die Sachen unbedingt, um ihre Seele im Gleichgewicht zu halten, wenn auch sicherlich nicht so dringend wie das Madonnenbild zu deren Erlösung. Was mich betrifft, liegt mir mehr an dem Gleichgewicht. Wenn seidener Kleiderkram imstande ist, zur Dämpfung ihrer Zornesausbrüche und zur Mäßigung ihrer Launen beizutragen, so bin ich bereit, noch eine Woche oder sogar zwei auf die Schneiderin zu warten.«

»So schlimm steht es mit dir?« fragte Richard und schüttelte den Kopf.

»Sogar noch viel schlimmer«, antwortete Marten in dem gleichen kläglichen Ton.

»Ich hätte so etwas bei mir nie erwartet. Nun aber in allem Ernst, was willst du eigentlich in der Biskaya?«

Belmont unterrichtete ihn in großen Zügen über das Ziel seiner Reise. »Ich muß in fünf Tagen in Bayonne landen. Glaubst du, daß dies möglich sein wird?«

»Soweit es um die ›Zephir‹ geht, sage ich ja. Soweit es sich um die Señorita und die Schneiderin handelt, sage ich nein.«

»Vielleicht gelingt es uns, sie zu überzeugen, so daß sie sich vorderhand mit den Kleidern begnügt die sie besitzt. Sie wird doch während der Fahrt keine Bankette und Empfänge mitmachen.«

»Sie überzeugen?« unterbrach ihn Jan. »Da könntest du ebensogut versuchen, eine Möwe zu überzeugen, daß sie nicht mehr fliegen und schwimmen, sondern auf Stelzen laufen soll. Nein, wir müssen sie vor vollendete Tatsachen stellen und auf das Schlimmste gefaßt sein.«

Belmont fühlte sich erleichtert. Er war besorgt gewesen, daß Jan wegen der Launen Marias nicht sofort aufbrechen würde. Er sah ihn lächelnd an. »Wenn es so ist, dann steht es mit dir doch nicht allzu schlimm«, sagte er.

»Doch«, widersprach Marten. »Gerade deshalb muß ich so tun, als liege mir an ihr nicht soviel, wie sie vielleicht annimmt. Sonst wäre ich restlos verloren. Wenn wir zur rechten Zeit in Bayonne eintreffen wollen, müssen wir morgen vor Tagesanbruch den Anker lichten.«

»Ausgezeichnet«, antwortete Belmont. »Noch heute abend bringe ich meine Koffer aus Kensington. Ich nehme an, daß ich auch Stelzen für deine Möwe auftreiben kann. Vielleicht geruht sie doch, auf ihnen zu gehen.«

Die Sonne stand bereits hoch über dem Horizont, als die Señorita Maria Francesca de Vizella aus tiefem Schlaf erwachte. Es wurde ihr nicht gleich bewußt, daß das Schiff stärker als sonst schaukelte und die Wellen unter den Fenstern der Kajüte anders rauschten und plätscherten. Erst die Stille, die um sie herum herrschte, das Fehlen des täglichen Hafenlärms, der so oft ihre Träume verscheucht hatte, machte sie stutzig. Sie bekreuzigte sich, warf die Daunendecke zurück und kniete, ihre Ungeduld bändigend, am Bett nieder, um das Morgengebet zu verrichten. In diesem Augenblick bemerkte sie einen auf dem Stuhl liegenden Männeranzug: enge Kniehosen aus grauem Hirschleder mit silbernen Schnallen, rote Stiefel aus Saffianleder, ein kirschfarbenes Wams, ein schneeweißes Hemd mit einer kleinen, halbsteifen Halskrause, einen Filzhut mit großem Federbusch und einen kurzen Degen mit reichverzierter Scheide.

Maria sprang auf und sah sich in der Kajüte um. Entschlossen öffnete sie den Schrank, in dem ihre Kleider hingen und die Wäsche lag. Nein, hier verbarg sich niemand, sie war allein. Jemand mußte aber in der Kajüte gewesen sein, während sie schlief. Leonia? Sie kam nur, wenn man sie rief. Wie sollte sie auch hereingekommen sein? Oder war die Tür nicht verschlossen?

Sie warf einen Blick auf den Riegel. Er war vorgeschoben. Sie drückte auf die Klinke, die Tür öffnete sich nicht. Der Riegel hielt fest.

Maria konnte das nicht begreifen. Es gab doch keinen anderen Eingang. Als sie gestern abend schlafen ging, lag der elegante Anzug bestimmt nicht auf dem Stuhl!

Sie betrachtete ihn genauer. Alles war neu, frisch von der Nadel. Unwillkürlich legte sie das Wams an die Brust und blickte in den Spiegel. Die Farbe und der Schnitt standen ihr gut. Dann setzte sie den Hut auf. Er kam ihr etwas zu groß vor. Das ist nur eine Frage der Frisur, dachte sie. Und die Hosen? Sie werden sicherlich wie angegossen sitzen. Sie zog den Degen mit dem silbernen Griff aus der Scheide. Er war federleicht und schön ziseliert. Woher kam das alles?

Maria Francesca sah sich noch einmal in ihrem Schlafzimmer um und bemerkte, daß die dünnen Vorhänge noch zugezogen waren. Sie trat an das Fenster, schob sie beiseite und taumelte unwillkürlich. Das Schiff schwankte mehr, als sie anfangs gemeint hatte. Sie blickte hinaus. Zwei Furchen schäumenden Wassers teilten sich nach rechts und links. Möwen segelten durch das helle Blau des Himmels. In der Ferne versank die Küste hinter einem Nebelschleier. »Wir fahren!«

Maria wußte nicht, ob sie sich freuen oder ärgern, aufregen oder diese Tatsache ruhig hinnehmen sollte. Weshalb hatte ihr Marten nicht gesagt, daß er abfahren wollte? Was hatte ihn dazu veranlaßt? Wohin fuhr er?

Auf einmal hörte sie Schritte und Kommandos über sich. Unwillkürlich sah sie zur Kassettendecke auf. In einem der Quadrate schimmerte zwischen den Balken Licht durch einen feinen Spalt. Nun bemerkte sie auch die zwischen der Täfelung verborgenen Angeln. Man konnte also vom Verdeck des Hinterkastells aus durch eine Falltür in ihre Kajüte gelangen und brauchte nicht unbedingt die Tür zu benutzen! Sie biß sich auf die Lippe. Ihr Blick blieb wieder an dem kirschroten Wams und dem federgeschmückten Hut haften. Sollte das vielleicht ihr Reisekostüm sein? Und meine Kleider, was ist mit meinen Kleidern? erinnerte sie sich. In diesem Augenblick kam ihr die Kleiderfrage viel weniger wichtig vor als gestern, beinahe bedeutungslos.

Sie kehrte zu dem Stuhl zurück, auf dem der Anzug lag, der ihr keine Ruhe ließ und ihr so gut gefiel. Sie berührte das weiche, samtene Leder mit den Fingern und roch daran. Den Geruch der Gerberlohe liebte sie. Maria probierte den Anzug an.

Es paßte alles ausgezeichnet, wie für ihre Figur gemacht. Sie zog die Stiefel an und schnallte den Degen um. Dann stemmte sie die Hände in die Seite, stellte sich vor den Spiegel, wandte sich nach links und nach rechts, drehte den Kopf hin und her und betrachtete sich von allen Seiten. Maria lächelte zufrieden. Sie ging ein paar Schritte auf und ab. In dieser Verkleidung fühlte sie sich wohl. Sie stützte die linke Hand auf den Degenknauf, machte ihrem Ebenbild eine tiefe Verbeugung und setzte sich vor den Spiegel, um sich zu frisieren.

Die Señorita flocht das Haar zu zwei Zöpfen und legte sie eng um den Kopf. Hinter den Ohren und im Genick ließ sie die Locken herabhängen. Danach setzte sie den Hut auf und probierte, ihn auf verschiedene Weise zu lüften und wieder aufzusetzen, ohne in den Spiegel zu sehen. Als sie auch das erreicht hatte, versuchte sie alle Arten von Verbeugungen: mit einem koketten Lächeln, ernst, mit leichter Verachtung, ehrerbietig, gnädig und eisig.

Nun legte sie noch etwas Schminke auf, färbte die Wimpern etwas dunkler, die Lippen etwas röter, betrachtete sich kritisch, zupfte mit der Pinzette ein widerspenstiges Härchen aus der Braue und ordnete die Locken.

Ich bin hübsch, stellte sie anerkennend fest, zwar nicht vollendet schön, aber sehr hübsch und wohlgestaltet. Das ist viel wichtiger als Schönheit.

Maria bewegte sich voll Anmut, immer freier und ungezwungener. Sie hatte sich sogar schon an den Degen gewöhnt, der ihr zuerst hinderlich gewesen war. Sie versuchte, ihn noch einmal zu ziehen, die Ausfallstellung nachzuahmen, die der Chevalier de Belmont bei seinem Zweikampf mit Marten eingenommen hatte. Dann grüßte sie mit der Klinge sich selbst im Spiegel, und . . . klirrend zerbrach ein Fläschchen mit Rosenwasser auf dem Fußboden.

Verwirrt las Maria die Glassplitter vom Teppich auf und nahm sich vor, von Marten zu verlangen, ihr seine Fechtkunststückchen beizubringen.

Schließlich riß sie sich von ihrem Spiegelbild los, riegelte die Tür auf, trat auf den Gang hinaus und schritt zur Kajüte des Kapitäns. Da sie Marten dort nicht antraf, ging sie auf das Deck. Der erste, den sie sah, war Richard de Belmont. Er führte ein lebhaftes Gespräch mit Tomasz Pociecha und dem Segelmeister Hermann Stauffl. Alle drei hatten ihr den Rücken zugewandt. Maria konnte sie eine Weile unbemerkt beobachten. Belmont, elegant wie immer, schien den anderen etwas Amüsantes zu erzählen, wobei er sich vielsagender Gesten bediente.

Seine Gesprächspartner warfen derbe Scherze ein und lachten laut. Der glattrasierte kugelrunde Schädel Stauffls glänzte in der Sonne, sein volles rotes Gesicht strotzte vor Gesundheit, und die unschuldigen Augen waren voll Wohlwollen für die ganze Welt. Maria Francesca konnte sich diesen ziemlich beleibten Menschen beim besten Willen nicht im Kampfgewühl vorstellen, wo Gewandtheit, Schnelligkeit, Rücksichtslosigkeit, Kraft und Mut über Leben und Tod entscheiden. Hermann Stauffl machte auf sie den Eindruck eines Biedermanns, der keiner Fliege etwas zuleide tut und eher sich selbst den Bauch aufschlitzen läßt, als irgend jemandem, und sei es zur eigenen Verteidigung, einen Hieb zu versetzen.

Einen ganz anderen Eindruck machte der Oberbootsmann Pociecha. Er war stark wie ein Bär. Das sah man sofort. Man brauchte nur seine Schultern und die großen, mit hellen, schon ergrauenden Borsten bedeckten Pranken zu betrachten.

Ebenso gefährlich wirkte der Schiffszimmermann Broer Worst. Maria empfand vor ihm eine grundlose, kindliche Furcht. Vielleicht war das erblindete, mit einer weißen Haut überzogene Auge daran schuld. Sein blatternarbiges Gesicht bedeckte ein schütterer roter Bart. Er kaute Tabak und bewegte dabei ständig seine kräftigen vorspringenden Kinnbacken.

Maria unterschied noch einige andere, so den großen schwarzen Italiener mit dem ironischen Blick, der Barbier genannt wurde, den schmutzigen Schlauberger Sloven, der sich durch eine meckernde Stimme und Vorliebe für Gesang auszeichnete, und den lustigen dienstfertigen Klops, der sie »Frau Kapitän« titulierte und dabei das eine Auge in einer Art zukniff, daß sie ihn dafür jedesmal am liebsten geohrfeigt hätte.

Diese sechs bildeten, so schien es ihr, den Kern der Besatzung, die ungefähr siebzig Mann zählte. Unter ihnen befanden sich noch ganz junge Burschen und Männer im reifen Alter, bärtige und bartlose, dunkel- und hellhäutige; fast alle waren groß und gut gewachsen. Es fiel ihr schwer, sie auseinanderzuhalten. Alle trugen eng um den Kopf gewundene rote Tücher, und an Feiertagen oder wenn sie an Land gingen gleiche Hüte. Bei derartigen Gelegenheiten zogen sie Hosen aus Elchleder mit Fransen an den Knien und blaue Wämser aus feinem Tuch an. Viele hatten goldene Reife in den Ohrläppchen und kostbare Ringe an den Fingern. Oft schlugen sie die breite Hutkrempe an der einen Seite hoch und steckten sie mit Agraffen fest, deren sich so mancher Edelmann nicht hätte zu schämen brauchen.

Señorita de Vizella mußte zugeben, daß sie auf keinem anderen Kaperschiff in Deptford eine so anständig gekleidete, gut ausgebildete und disziplinierte Bemannung gesehen hatte. Kein anderes Schiff glänzte so vor Sauberkeit.

Doch daran dachte Maria in diesem Augenblick nicht. Ihre Aufmerksamkeit galt Marten und Stephan Grabinski. Sie gingen über das Hauptdeck zum Heck. Beide waren groß, schmal in den Hüften, breit in den Schultern und traten mit ihren langen kräftigen Beinen so fest und sicher auf, als befänden sie sich auf dem Festland. Stephan war etwas kleiner und schlanker. Sein schönes, klares Gesicht hatte noch einen kindlichen Ausdruck. Jan war dunkler, das Gesicht kraftvoll, männlich. Trotz seiner siebenunddreißig Jahre sah er wie der ältere Bruder Stephans aus. Marten hatte den linken Arm um die Schultern des Jünglings gelegt und wies mit der Rechten zu den Rahen und Segeln empor. Sicherlich erklärte er Stephan irgendein Manöver. Beide waren ähnlich wie die Bootsleute und Matrosen gekleidet. Der einzige Unterschied bestand darin, daß sie Stiefel trugen und ihre Hemden aus weicher Wolle fleckenlos weiß in der Sonne glänzten.

Beide wollten gerade den Niedergang zum Heck emporsteigen, da kamen Belmont, Pociecha und Stauffl auf sie zu. Sie blieben alle vor dem Niedergang stehen, als wollten sie eine kurze Beratung abhalten oder irgendwelche Aufträge Martens entgegennehmen.

Maria Francesca war von ihnen noch nicht bemerkt worden. Sie stand im Schatten der halboffenen Tür des Kastells und amüsierte sich schon jetzt bei dem Gedanken an den Eindruck, den ihr plötzliches Erscheinen machen würde. Sie trat einige Schritte vor, stemmte die Hände in die Hüften und sagte: »Meinen Gruß, Señores.«

Alle wandten sich ihr gleichzeitig zu und sahen sie einige Sekunden stumm an. Belmont unterbrach als erster das Schweigen. Er verneigte sich vor ihr übertrieben tief, antwortete auf ihren Gruß und fügte hinzu, daß er glücklich sei, sie so gesund, gut gelaunt und blühend wiederzusehen. Marten und Stephan verbeugten sich ebenfalls. Pociecha und Stauffl folgten mit vor Staunen weit aufgerissenen Augen und offenem Mund ihrem Beispiel und zogen sich dann zurück. Von weitem warfen sie verstohlene Blicke auf die schöne, in einen jungen Mann verkleidete Dame, die, wie sie mit Recht vermuteten, über das Herz des Kapitäns gebot.

Stephan Grabinski wollte, rot und verlegen wie immer, wenn der Blick der nußbraunen Augen der Señorita de Vizella auf ihm ruhte, ebenfalls fortgehen. Marten hielt ihn zurück. »Por dios!« rief er laut und wandte sich an Maria. »Du siehst wie der Königssohn im Märchen aus, Señorita!«

Maria Francesca lächelte gnädig. »Ich habe bislang nur von Königinnen gehört, die von Drachen und Ungeheuern bewacht werden«, antwortete sie. »Wer hat es gewagt, in mein Schlafzimmer einzudringen und mir diese Kleidung zu bringen?« Sie runzelte die Brauen.

»Das Ungeheuer, das dich gefangenhält und bewacht«, erwiderte Marten zerknirscht und schlug sich dabei an die Brust, daß es dröhnte.

Belmont lachte. »Du vermagst dir nicht vorzustellen, Maria, was für eine Angst er hatte, daß du aufwachen und ihm den Kopf waschen könntest. Trotzdem war er nicht damit einverstanden, daß ich ihn vertrete.«

Die Señorita schien seine Worte nicht gehört zu haben. »Ich verlange, daß die Falltür zu meiner Kajüte mit einem Riegel versehen und von innen verschlossen wird«, sagte sie zu Marten. »Ich wünsche nicht, daß du ungebeten in meine Kajüte kommst. Außerdem möchte ich wissen, wohin wir fahren und weshalb du so plötzlich aufgebrochen bist, ohne mich vorher zu verständigen.«

»Soviel ich weiß, hat bis jetzt kein Drache eine verwunschene Königstochter über seine Absichten unterrichtet«, erwiderte er. »Ich habe also wie ein abscheulicher Drache gehandelt. Das wäre das eine. Zweitens verspreche ich, deine Kajüte erst dann zu betreten, wenn du mich in Abwesenheit von Leonia dazu einlädst. Drittens: Wir fahren in den Golf von Biskaya, um entsprechend deinen Wünschen das erste portugiesische oder spanische Schiff, dem wir begegnen, zu kapern, damit du endlich ein Madonnenbild bekommst.«

Maria Francesca preßte die Lippen zusammen. Er wagte es also doch! Bisher hatte sie nicht geglaubt, daß er seine Drohung wahrmachen würde. Sie hatte ja nur daran erinnert, weil sie ihn quälen wollte. Sie war der Meinung gewesen, daß er die »Zephir« um einer solchen Grille wegen nicht gefährden würde. Aber er hielt Wort, und nun ergriff sie Angst. Nicht um die »Zephir« oder um Marten; um das Schiff und seine Bemannung vielleicht, das erbeutet werden sollte. Die Legenden von dem furchtlosen Korsaren drängten sich ihr wieder auf. Wie konnte sie nur an der Wahrhaftigkeit dessen zweifeln, was Joanna erzählt hatte!

Und wenn wir auf Kriegsschiffe stoßen? überlegte sie. Wenn Marten in ein Gefecht mit überlegenen Kräften verwickelt wird? Wenn die »Zephir« der Eskader Blasco de Ramirez' begegnet? Wenn Marten unterliegt? Sie spürte, wie ihr Herz stärker schlug und ein Angstschauer sie durchrieselte. Angst um wen? Doch nicht um sich selbst! Also um das Leben des Verlobten? Wohl auch nicht. Denn mehr als seinen Tod fürchtete sie, daß er sich als Feigling erweisen könnte. Um wen bangte sie also?

Maria Francesca malte sich aus, was sie erwartete, wenn Marten eine Niederlage erlitt. Dann wäre sie frei, würde nach Lissabon zurückkehren und Ramirez heiraten. Und weiter? Sie müßte sich wie früher bei der Mutter oder dem Großvater aufhalten, denn Blasco nähme sie bestimmt nicht mit auf sein Schiff. Und für eine junge Frau schickte es sich nicht, allein zu wohnen. Aus dem gleichen Grunde dürfte sie nicht an Banketten, Bällen und Empfängen teilnehmen und müßte sich auf derartige Veranstaltungen ihrer Familie beschränken. Mit wem könnte sie ins Theater und zu Stierkämpfen gehen? Wie vorsichtig müßte sie sein, um Gerüchte und Ärgernisse zu vermeiden!

Und wenn sie die Verlobung auflöste und eine andere Wahl träfe? Das wäre ein Skandal. Ihr Vater, Don Emilio, würde nie seine Zustimmung geben. Die Tür war ins Schloß gefallen. Zwar hatte sie dieser verwegene Korsar aus den Angeln gehoben, aber sie konnte doch nicht seine Frau werden.

Allein schon der Gedanke daran erfüllte sie mit Entsetzen. Marten war sicherlich nicht einmal von niederem Adel. Außerdem war er ein Ungläubiger und womöglich sogar mit dem Teufel im Bund.

Dafür war er berühmt und — das mußte sie zugeben — stattlich wie kein zweiter. Er gefiel ihr besser als der Chevalier de Belmont, obwohl der feine Manieren hatte und aus einer adligen Familie stammte. Wäre Marten ein Hidalgo oder zumindest ein ausländischer Graf . . .

Sie wies sich im stillen wegen ihrer sündhaften Erwägungen zurecht. Sie hatte doch die Madonna — die Madonna von Alter do Chao — um Befreiung aus den Händen dieses Banditen angefleht, der sie wie eine Dirne oder Sklavin im Kartenspiel gewonnen hatte.

Und ich selbst habe ihm dabei geholfen! dachte sie voll Scham. Was für eine Schande. Ein Glück, daß er meine Gedanken nie erfahren wird, beruhigte sie sich selbst. Nie, niemals wird er mich gewinnen.

Dieser Entschluß rief in ihr Bitterkeit und leichte Melancholie hervor. Um auf andere Gedanken zu kommen, ging die Señorita Maria Francesca de Vizella wieder zu gegenwärtigen, naheliegenden Dingen über und erinnerte sich zur rechten Zeit, daß sie noch einen leeren Magen hatte. Sie erklärte deshalb, daß sie nun gern frühstücken möchte.

Der jüngste Bootsmann der »Zephir«, der Sohn Jan von Grabins, Stephan, spürte seit Tagen einen sonderbaren Zwiespalt in seinen Gedanken und Empfindungen. Schuld daran war vor allem Henryk Schultz, dem er die unerwartete günstige Wende in seinem jungen Leben verdankte und gegen den er dennoch eine instinktive Abneigung hatte.

Diese Antipathie war in ihm schon während der mehrwöchigen Reise von Danzig nach London erwacht. Schultz hatte viele Stunden für Gespräche mit Stephan geopfert. Entweder unterhielt er sich mit ihm in seiner Kajüte oder bei Spaziergängen auf dem Hinterdeck. Er gab ihm Ratschläge und Lehren für die Zukunft, bekräftigte sie durch eigene Erlebnisse oder Beispiele unrichtigen Verhaltens anderer, wobei man unter den anderen manchmal Marten vermuten konnte. Die Predigten, wie Stephan die Ergüsse im stillen nannte, hätten ihn vielleicht interessiert und auch überzeugt, wenn sie nicht dick mit salbungsvoll vorgetragenen moralischen Sentenzen gespickt gewesen wären und durch verhüllte Anspielungen das Ziel verfolgt hätten, den unerfahrenen Jüngling vor dem verderblichen Einfluß seines künftigen Kapitäns, des Wirrkopfes, Abenteurers und Ungläubigen Jan Marten, zu warnen. Schultz würdigte zwar die hervorragenden Fähigkeiten des Kapitäns der »Zephir« auf hoher See und in Gefechten, sprach ihm aber zugleich Mäßigung und Vernunft sowie alle die Tugenden ab, durch die man die Achtung ehrenwerter, anständiger Menschen und Gottes Segen erringt.

Trotz der Bemühungen seines Wohltäters wurde Stephan gegen Marten nicht voreingenommen, im Gegenteil. Der kühne, freigebige, geradezu verschwenderische Korsar wurde in seiner Phantasie zu einem Helden, während Schultz ihm immer trockener, dünkelhafter, anmaßender und berechnender vorkam. Schultz erinnerte ihn oft an die Pflicht, für all das, was er für seine Mutter, die Witwe eines »Rebellen«, und für ihn selbst tat, dankbar zu sein. Er machte kein Hehl daraus, daß er von ihm Hilfe bei dem Plan erwartete, sich in den Besitz der »Zephir« zu setzen.

Stephan hörte schweigend zu. Oft stieg ihm Schamröte ins Gesicht, da er sich nicht zu einer offenen Antwort aufraffen konnte. Manchmal glaubte er, daß er die Worte und Absichten dieses edlen, großmütigen Menschen, den er bis vor kurzem in Henryk Schultz gesehen hatte, falsch verstehe und unrichtig beurteile. Dann schalt er sich schlecht und nichtswürdig. Möglicherweise verdiente es Marten wirklich, verdammt zu werden, und nur er, Stephan, vermochte dies nicht zu begreifen, da er ihn ja nicht so gut kannte wie sein ehrenwerter, frommer Gönner, der jeden Sonntag zur Beichte und Kommunion ging und schon deshalb ein reines Gewissen und einen aufrechten Charakter haben mußte.

Stephan quälte sich mit seinen Gedanken und Zweifeln, verbarg sie aber vor Schultz. Er schien infolgedessen schweigsam und nicht besonders aufgeweckt zu sein. Schultz erblickte darin kein Hindernis für seine weitgesteckten Ziele. Es war ihm sogar lieber, wenn Stephan etwas beschränkt, als zu scharfsinnig und intelligent war. Es genügte, wenn er in Zukunft ein solches Schiff wie die »Zephir« zu führen verstand. Daran zweifelte Schultz nicht. Während der Reise stellte er fest, daß Stephan in der Seefahrt besser Bescheid wußte als so mancher Danziger Kapitän. Die Erkundigungen, die er vertraulich eingeholt hatte, bestätigten seine Meinung.

In ein oder zwei Jahren wird er sich unter Martens Leitung im Seemannsberuf vervollkommnet haben, überlegte Schultz. Marten wird ihn liebgewinnen. Er gleicht ihm etwas, nicht sehr, aber gerade soviel, wie notwendig ist. Stephan hat eine Begabung für dieses Fach und ist naiv genug, daß ich ihn lenken kann, wie ich es will. Ich werde Freude an ihm erleben. In zwei Jahren wird er die »Zephir« führen können.

Stephan dachte nicht daran, einen so großartigen Posten und noch dazu auf der »Zephir« und schon in zwei Jahren einzunehmen. Als er Jan Marten kennenlernte, zerstoben fast auf den ersten Blick alle von Schultz mit Vorbedacht geweckten Zweifel. Marten war so, wie Stephan ihn sich vorgestellt hatte. Er hielt ihm keine Predigten, sondern erkundigte sich mit aufrichtigem Mitgefühl nach der Mutter und verdammte weder seinen Vater Jan von Grabin noch Maciej Paliwoda wegen ihrer Teilnahme am Aufstand des Danziger einfachen Volkes gegen die Patrizier. Er sprach mit ihm über die weite Welt, die unermeßlichen Meere und die fernen Länder, über Schiffahrt und Navigation, Winde und Stürme, über Kämpfe, Manöver und die Lenkung des Geschützfeuers. »Wenn du ein richtiger Seemann werden, ein Schiff führen und in den Kämpfen mit Menschen und Elementen siegen willst«, sagte Marten einmal, »brauchst du nicht zu wissen, was dein Schiff nicht leisten kann. Du mußt erkennen, wozu es fähig ist, wenn du mit ihm richtig umgehst und du selbst tapfer, ausdauernd und mutig bist. Verstehst du den Unterschied? Du mußt davon überzeugt sein, daß das Schiff dich nicht im Stich läßt, wenn du selbst alles tust, um ihm zu helfen.«

Stephan lernte nun tagtäglich, während jedes Manövers, wie man der »Zephir« »helfen« konnte. Kein Schiff der Ostsee hatte so viele Segel wie die »Zephir«, nicht eines von ihnen besaß so hohe Masten und soviel Rahen. Kein anderes segelte bei so steifem Wind mit derart vielen Segeln, daß es auf der Bordwand lag und über die Wellen glitt wie ein auffliegender Schwan. Jeder Bootsmann, der den Dienst am Steuer versah, war ein Meister darin, das Schiff auf Kurs zu halten. Eine unvorsichtige Drehung des Rades, ein Augenblick der Unachtsamkeit, ein unrichtiges Reagieren auf die angreifenden Wellen konnten unberechenbare Folgen nach sich ziehen und zum Kentern der »Zephir« führen. Deshalb standen bei heftigen Stürmen, wenn das Schiff unter allen Segeln mit fünfzehn bis sechzehn Knoten durch die Wogen jagte, die erfahrensten Leute am Steuer. Wurde eine Wende über Stag vorbereitet, packte nicht selten der Kapitän das Rad. Dann rief er Stephan zu sich, übergab ihm das Ruder, blieb hinter ihm stehen und legte die Hände auf seine Schultern.

»Wie würdest du das Manöver ausführen?« fragte er und näherte sein Gesicht dem Stephans.

Er hörte aufmerksam die Antwort an, ergänzte sie manchmal durch eine Bemerkung, erklärte, weshalb man es so und nicht anders machen müsse. Meist lächelte er nur und nickte anerkennend. Dieser Junge war der geborene Seemann. Er schätzte die guten Eigenschaften der »Zephir« sofort richtig ein und begriff sehr schnell, auf welche Weise man sie am besten ausnutzen konnte. Dabei gewann er das Schiff lieb. Er war ebenso stolz darauf wie Marten und diente ihm voll Hingabe. Stephan scheute keine Mühe, war immer, auch ohne Aufforderung, über seine ihm obliegenden Pflichten hinaus zur Arbeit bereit.

Die Fahrt nach Bayonne regte Stephans Phantasie an. Sie schien das ungewöhnlichste und spannendste Abenteuer anzukünden, das er sich je erträumt hatte. Marten unterrichtete ihn kurz über Ziel und Zweck der Reise und über die Schwierigkeiten, die ihnen durch die spanische Blockade der Südwestküste Frankreichs bevorstanden. Nebenbei erwähnte er, daß er die Absicht habe, auf dem ersten spanischen oder portugiesischen Schiff, dem sie begegneten, ein Madonnenbild zu erbeuten. Gerade dieser nebensächliche Plan reizte Stephans Neugier und brachte ihn durch seine Kühnheit zum Staunen.

Der Chevalier de Belmont erhob, da die Zeit drängte, gewisse Einwände gegen Martens kecken Einfall. Seiner Ansicht nach sollte man eher jedem Kampf aus dem Wege gehen, als ihn, noch dazu wegen eines so nichtigen Anlasses, zu suchen. Marten antwortete, er habe versprochen, das Bild bei der ersten sich bietenden Gelegenheit zu erbeuten, und werde sein Wort nicht zurücknehmen, auch nicht mit Rücksicht auf England, Frankreich und alle geheimen Umtriebe des Grafen Essex, Antonio Perez' und Heinrichs IV.

»Denke daran, daß du versprochen hast, spätestens in fünf Tagen Bayonne anzulaufen«, erwiderte Belmont.

»Ich denke daran, du kannst beruhigt sein«, antwortete Marten.

Stephan dachte, daß er um nichts in der Welt auf die Teilnahme an dieser Fahrt verzichten würde. Gleichzeitig erinnerte er sich, daß Schultz ihm ans Herz gelegt hatte, Marten zu bewegen, sein Korsarenhandwerk in fremden Diensten aufzugeben und nach der Ostsee zurückzukehren. Stephan glaubte nicht daran, daß ihm dies gelingen werde. Abgesehen davon, hatte er auch nicht die geringste Lust dazu. Er hätte gegen sich selbst, seine eigenen Wünsche und Träume handeln müssen, die sich gerade erst zu erfüllen begannen. Ich bin undankbar, dachte er. Aber ich habe ja nichts versprochen.

Trotzdem fühlte er sich schuldig, einerseits, weil er wußte, daß sein Wohltäter an ihm eine Enttäuschung erleben würde, andererseits, weil er sich klar darüber war, daß er sich bis zu einem gewissen Grad in ein geheimes Komplott gegen Marten eingelassen hatte.

Ich müßte es ihm gestehen, überlegte er. Marten müßte es wissen. Doch das wäre Verrat an dem edlen Gönner meiner Mutter, an einem Menschen, der mir vertraut hat.

Das alles bedrückte ihn um so mehr, als er keinen Ausweg fand und sich nicht entscheiden konnte. Zu spät war ihm bewußt geworden, in was für eine zweideutige Situation ihn Schultz gebracht hatte, indem er mit ihm nach außen hin freundschaftliche Gespräche führte und dabei immer wieder, wenn auch nur andeutungsweise, seine Zukunftspläne einflocht. Nun fühlte sich Stephan wie in einem Irrgarten, der scheinbar ohne Ausweg war.

Weshalb hatte er damals nicht gleich eine Aufklärung all dieser Anspielungen und verschleierten Andeutungen verlangt? Warum hatte er Schultz in der Meinung gelassen, daß er sie verstehe und daß er einverstanden sei, die ihm zugedachte Rolle zu spielen? Warum hatte er sich bemüht, an die Lauterkeit dieser Absichten zu glauben, obwohl ihn sein Instinkt gewarnt hatte? Hätte ich den Kapitän damals gekannt, dann wäre ich keinen Augenblick unschlüssig gewesen, dachte er. Aber kannte er ihn jetzt? Wieder bemächtigten sich seiner Zweifel. Ließ er sich nicht mehr von seinen naiven Vorstellungen, von der Begeisterung seines jungen Herzens als von der Wirklichkeit und den Weisungen seines Verstandes leiten?

Zu all seinem Kummer, der ihn besonders in den Mußestunden oder spät in der Nacht heimsuchte, kam noch die Unruhe, deren Ursache die Señorita de Vizella war.

Maria Francesca belustigte es, wie Stephan in Verwirrung geriet, sobald er ihrem Blick begegnete. Sie lächelte dann geheimnisvoll, verheißend und mit bewußter Koketterie. Er schlug die Augen nieder und errötete — nicht nur unter dem Eindruck ihrer Schönheit, sondern auch aus Ärger über sich selbst, da er so leicht ihrem Zauber erlag.

Manchmal fragte sie ihn etwas oder plauderte mit ihm in halb scherzhaftem Ton, um sich zu überzeugen, welche Fortschritte er in der spanischen Sprache machte, die sich Stephan ebenso wie die englisch-holländische Mundart der Seeleute mit fieberhaftem Fleiß aneignete. Das verwirrte ihn noch mehr. Er strengte sich an, eine vernünftige Antwort zu geben, dabei stellte er sich aber vor, daß sein Gesicht dem eines Menschen gleichen müsse, der ein verwickeltes Problem zu lösen hat. Alle ihm schon bekannten Worte schienen seinem Gedächtnis entschwunden zu sein. Hatte er endlich einen mehr oder weniger geglückten Satz gestottert, entschuldigte er sich sofort und errötete verlegen wegen dessen Fehlerhaftigkeit. Die Señorita lobte lächelnd seine Aussprache und bedachte ihn noch mit einem Blick, unter dem ihm heiß wurde.

»Das Dämchen will mit Euch anbändeln«, sagte Sloven eines Tages zu ihm. »An Eurer Stelle würde ich einmal in einem stillen Winkel in der Zeichensprache mit ihr reden. Der Kapitän würde es Euch nicht verübeln, glaubt es mir!«

Stephan zuckte die Schultern. Meistens antwortete er nicht auf derartige Anspielungen. Dafür hörte er mit wachsender Neugier den Gesprächen der älteren Bootsleute über die Señorita zu.

Der Oberbootsmann Tomasz Pociecha hielt sie für eine Zauberin und prophezeite, daß ihre Anwesenheit auf dem Schiff nichts Gutes bedeute. »Nichts Gutes«, wiederholte er, »weder für den Kapitän noch für das Schiff.«

Ähnlich dachte Broer Worst, der als erster in Stephans Gegenwart seine Befürchtungen geäußert hatte. Das war an dem Tag gewesen, als sie aus Deptford ausliefen. Stephan hatte auf Martens Wunsch mit Chevalier de Belmont und Maria am Frühstück teilgenommen. Als er — schwindlig vom Wein und von Marias Blicken — auf das Deck entwischte, begegnete er Worst. Der rollte sein einziges Auge und erklärte, daß er nichts mehr fürchte als eine Weiberherrschaft auf dem Schiff.

»Bah!« rief Stauffl, der hinzugetreten war, er kannte Worsts Frau. »Soviel ich weiß, hast du dich bei dir zu Hause in Rotterdam auch gefürchtet. Das war auf keinem Schiff, sondern hinter dem warmen Ofen oder unter dem Deckbett. Deine Alte . . .«

»Meine Alte hat damit nichts zu tun«, unterbrach ihn Worst beleidigt.

»Und das Deckbett auch nicht«, mischte sich Sloven in das Gespräch. Er war froh, daß er wieder einmal zu Wort kam, und fuhr fort. »Das schlaue Mädel hat unseren Kapitän noch nicht 'reingelassen, glaube ich. Ich sage euch, sie kennt sich in den Sachen aus. Je später sie ja sagt, um so mehr wird sie von ihm herausholen. Ich kannte so eine. Sie zierte sich einen ganzen Monat und leerte in der Zeit meine Tasche bis auf den Boden. Heute ließe ich mich nicht mehr an der Nase herumführen wie zum Beispiel, ohne anzüglich werden zu wollen, unser Kapitän. An seiner Stelle würde ich kurz und bündig sagen: entweder — oder, mein Dämchen, und keine Umstände machen, keine Ziererei, meine Liebe. Ihr könnt versichert sein, sie würde sich erweichen lassen.«

»Dummkopf«, sagte Tessari mit einer ironischen Grimasse. »Du verstehst davon genausoviel wie ein Affe vom Zymbalschlagen. Du würdest vor so einer Señorita nicht einmal dein Maul aufmachen können. Wegen eines Weiberregiments auf der ›Zephir‹ braucht man keine Angst zu haben, solange Marten Kapitän ist.«

Er wandte sich an Worst. »Sie ist nicht die erste, die ihm ein bißchen den Kopf verdreht hat, und wird auch nicht die letzte sein. Wie wir ihn alle kennen, wird keine hier regieren. Habe ich recht oder nicht? Was meint Ihr?« fragte er Stephan und sah ihn durchdringend an.

»Ich glaube ja«, antwortete der. etwas überrascht.

»Na also«, murmelte Tessari und legte die Hand auf Stephans Arm. »Ihr tut gut daran, das zu bedenken, wenn Ihr mit der Señorita sprecht, Herr Grabinski.«

Er schlug ihm freundschaftlich auf den Rücken, drehte sich um und ging weg.

Inzwischen passierte die »Zephir« unter günstigem Wind den Ärmelkanal, ließ die bretonische Küste backbord liegen und nahm Kurs nach Südwest, als hätte sie die Absicht, das Kap Finisterre anzusteuern, oder als sei ihr Fahrtziel nicht Bayonne oder ein anderer Hafen an der Biskaya, sondern die Azoren oder Madeira.

Während des ganzen nächsten Tages zeigte sich kein spanisches Schiff. Die zwei Segler, deren Weg Marten kreuzte, fuhren unter englischer Flagge nach Norden und waren unverdächtig.

Trotzdem lag die ganze Bemannung in Bereitschaft. Señorita de Vizella konnte ihre Erregung nicht verbergen, als sie die beiden Schiffe bemerkte, die die »Zephir« umkreiste wie ein Habicht sein Opfer, ehe er hinabstößt.

Sie schloß sich jetzt nicht mehr in ihre Kajüte ein, sondern verbrachte fast den ganzen Tag an Deck, stolzierte dort in ihrer Männertracht, den Degen an der Seite, umher, ließ sich von Belmont und Marten jedes Segelmanöver erklären und fragte auch Stephan und die älteren Bootsleute, ja sogar die einfachen Matrosen aus, die gerade in der Nähe waren.

Man antwortete ihr im allgemeinen bereitwillig, lächelnd und scherzend oder, wie Pociecha und Broer Worst, ernst und sachlich. Percy Sloven grinste breit, redete wie ein Wasserfall und half sich mit Zeichen und Gesten, wenn ihm die Worte fehlten. Er sprach schlecht spanisch, und die wenigen Wörter, die ihm geläufig waren, verdrehte er. Daran nahm Maria ebensowenig Anstoß wie an seiner unverschämten Galanterie. Das alles brachte ihr Entspannung und Unterhaltung. Zeitweise vergaß sie, daß im nächsten Augenblick von der Mars des Fockmastes ein spanisches Schiff gemeldet werden konnte, gegen das Marten, daran zweifelte sie nicht mehr, den Kampf aufnehmen würde.

Das war nicht Angst, jedenfalls nicht Angst um das eigene Leben. Erstens glaubte Maria Francesca nicht daran, daß sie umkommen könnte, und zweitens erschreckte sie weder das Dröhnen der Geschütze noch das Toben des Kampfes so sehr, als daß sie bei dem bloßen Gedanken an das Gefecht hätte ängstlich werden müssen. Trotzdem war sie seit dem frühen Morgen gespannt, unruhig. Sie fühlte sich wie vor einem Sturm, wie in den Minuten, bevor drohende schwarze Wolken das Licht der Sonne auslöschen und es finster wird.

Sie fragte Belmont, ob es nach seiner Meinung möglich sei, daß die »Zephir« der Eskader von Blasco de Ramirez begegne.

»Möglich schon«, antwortete er, »aber wenig wahrscheinlich. Dein Novio,

Maria, hat sicherlich wichtigere und verantwortungsvollere Aufgaben, als die Küste Frankreichs zu bewachen.«

»Wenn er wüßte.« Sie seufzte.

Der Chevalier de Belmont erhaschte den Blick, der die theatralisch geäußerten Worte begleitete, und lächelte skeptisch. »Ich wette, daß du dir selbst nicht völlig sicher bist, ob du ihm begegnen möchtest oder nicht«, sagte er.

Maria widersprach ohne innere Überzeugung. Sie wünsche mit eigenen Augen zu sehen, wie Blasco die »Zephir« aufbringt und sie beide, Marten sowohl wie Belmont, an den Rahen aufgehängt werden.

»Und das wird zweifellos geschehen«, fügte sie hinzu, »wenn die Kräfte auf beiden Seiten gleich sind und die Korsaren nicht wie bisher über eine erdrückende Übermacht verfügen.«

»Glaubst du wirklich, daß wir irgendwann die Übermacht hatten?« fragte Belmont.

»Selbstverständlich, wenn es anders gewesen wäre ...«

»Du redest Unsinn.« Er unterbrach sie gereizt. »Die zahlenmäßige Überlegenheit war stets auf Ramirez' Seite. Er hatte immer mehr Schiffe, Geschütze und Leute. Das war niemals anders. Was die ›Santa Cruz‹ betrifft, so ist sie fast dreimal so groß wie die ›Zephir‹. Ihre Bewaffnung besteht aus zweiunddreißig Geschützen, davon haben zwanzig ein schwereres Kaliber als die der ›Zephir‹. Außerdem hat das Flaggschiff deines prächtigen Kommodore zwei Dutzend Hakenbüchsen und mindestens zweihundert Mann Besatzung an Bord, während Marten nur sechzig oder siebzig hat. Aber jeder Matrose Martens ist soviel wert wie fünf andere. Sie würden für ihn in die Hölle gehen. Und dann noch etwas: Jedes der zwanzig Geschütze der ›Zephir‹ trifft, sooft es einen Schuß abgibt. Obendrein ...«

»Das genügt«, unterbrach sie ihn hochmütig. »Du könntest sein Verteidiger sein, so beredt bist du. Für mich würdest du nicht ein Wort aufwenden.«

»Ach, Maria«, rief Belmont, den diese plötzliche Wendung erheiterte. »Du brauchst keine Clamatores. Du weißt dir selbst ausgezeichnet Rat, sogar mit Marten. Nur mit dir selbst bist du noch nicht ins reine gekommen, glaube ich.«

Gegen Ende des Tages, ungefähr zwei Stunden vor Sonnenuntergang, meldete der Matrose von der Mars, daß sich von Süden her drei Schiffe näherten. Gleich darauf erkannte Klops, der auf die höchste Rahe geentert war, zwei große Karavellen und eine Galeone mit zwei Decks und spanischen Kreuzen auf den Segeln. Rotgelbe Flaggen wehten im Wind. Die Galeone als das offensichtlich schnellere Schiff bildete die Spitze der kleinen Flottille.

Marten hörte schweigend den Bericht an, biß sich auf die Lippe und überlegte. Er fühlte den herausfordernden Blick Marias und den besorgten Belmonts auf sich ruhen und wußte, daß auch die Augen seiner Mannschaft voll Spannung auf ihn gerichtet waren. Doch er schwieg, als schwanke er. Er schwieg lange, als könne er keinen Entschluß fassen. Inzwischen wurden die Umrisse der drei Schiffe immer klarer erkennbar. Die schlanke Galeone hatte sich weiter nach vorn geschoben und war nach Osten abgebogen. Wahrscheinlich wollte ihr Kapitän backbord an der »Zephir« vorbeisegeln, um den beiden schweren Karavellen den Weg geradeaus freizugeben, damit sie der »Zephir« auf jeden Fall den Rückzug in westlicher Richtung zum freien Meer abschneiden konnten.

Belmont war unruhig und denkbar übler Laune. Die Teufel haben sie uns in den Weg geführt, dachte er. Wir können doch nicht als einzelnes Schiff eine solche Übermacht angreifen. Wenn Marten auch nur ein bißchen vernünftig ist, muß er sich zurückziehen, solange noch Zeit dazu ist. Keines dieser Schiffe kann die »Zephir« einholen. Wenn nur Maria . . .

»Und was wird nun?« hörte er in diesem Augenblick ihre ironische und zugleich triumphierende Stimme.

Natürlich, das war zu erwarten, dachte der Chevalier. Sie wird ihn herausfordern und er . . . Der Teufel soll sie holen.

»Ich werde die Galeone angreifen«, antwortete Marten leichthin, als handle es sich darum, ein Bad zu nehmen oder zu Mittag zu essen. »Sie ist schneller als die anderen«, fügte er an Belmont gewandt hinzu. »Das erleichtert die Sache.«

Der Chevalier de Belmont verstand nicht gleich, worauf Marten hinauswollte. Doch er stellte keine Frage. Maria lachte nervös.

»Das ist dein Ende, du Dummkopf!« rief sie. »Aber du wirst es nicht wagen, ich weiß es.«

Marten antwortete nicht. Er beachtete sie nicht mehr. Seine Aufmerksamkeit galt der Galeone, die hart am Wind segelte. Sie näherte sich rasch. Auf ihr mußten ein fähiger Kapitän und eine tüchtige Besatzung sein, da sie so gut zu kreuzen vermochte.

Er hätte ihr, wenn es seine Absicht gewesen wäre, noch leicht entkommen können. Zeit dazu war reichlich vorhanden. Er brauchte nur die Rahen umzubrassen, nach Nordwesten abzubiegen und unter Seitenwind weiterzusegeln, bevor es den beiden Karavellen gelang, sich auf Schußweite zu nähern. Dann hätte er sich jedoch von der schnellen Galeone entfernt, und das entsprach nicht seinen Absichten. Er wollte in ihrer Nähe bleiben, so nahe, daß ihr Kapitän die »Zephir« nicht aus den Augen verlor.

Anstatt also das Manöver auszuführen, das Belmont erwartete, steuerte er nach Backbord.

Unter dem steifen Wind neigte sich die »Zephir« mit ihren Masten voller Segel zur Seite, als verbeuge sie sich tief vor der Galeone, beschrieb dann in sicherem Abstand einen Bogen um den kreuzenden Spanier, ließ ihn backbord hinter sich und richtete sich bei raumem Wind wieder auf.

Obwohl sich infolgedessen die Geschwindigkeit der »Zephir« beträchtlich verminderte, blieb die Galeone immer weiter zurück. Belmont bemerkte, daß auf ihr die Rahen zu einer Wende über Stag umgebraßt wurden. Wieder kam ihm der Gedanke, daß Marten dadurch eine neue Gelegenheit geboten wurde, das offene Meer zu erreichen. Im gleichen Augenblick gab Jan jedoch den Befehl, noch einige Segel zu kürzen. Die »Zephir« verlor weiter an Fahrt.

Nun segelten beide Schiffe mit gleicher Geschwindigkeit, was den Wünschen Martens zu entsprechen schien. In der Señorita de Vizella erwachten neue Zweifel.

Im Gegensatz zu seinen Worten wich er dem Kampf aus, er floh, trachtete, sich der Küste Frankreichs zu nähern! Sicherlich wollte er sich unter den Schutz der Geschütze von La Rochelle zurückziehen. Im Dunkel der Nacht konnte es ihm gelingen. Widerstreitende Gefühle beherrschten sie: Triumph, zugleich aber auch Bedauern und Enttäuschung. »Ich sehe, daß du es nicht eilig hast mit dem Angriff«, sagte sie, als sie auf dem Hinterdeck vor ihm stand.

»Nein«, erwiderte er zerstreut, »das hat keine Eile.«

Der Kapitän der Galeone »San Jago« hegte gegenüber dem kleinen ausländischen Schiff, das allein so weit von der Küste Frankreichs entfernt nach Süden segelte, keinen Verdacht, und er wollte es, entsprechend seinen Instruktionen, nicht aufhalten. Erst das Signal des Kommandanten der Eskader bewog ihn, den Kurs zu ändern. Anscheinend wünschte sein Vorgesetzter, daß er sich den schmucken Fremdling aus der Nähe ansah. Vielleicht wollte er auch dessen Kapitän daran erinnern, daß in der Biskaya, wie überall in der Nähe der spanischen Küste, die Flotte seiner Katholischen Majestät herrsche, der der Salut jeder fremden Flagge gebühre.

Jenes kleine Schiff mit den ungewöhnlich hohen Masten und einer bisher nie gesehenen Takelage hatte jedoch weder mit seiner sonderbaren schwarzen Flagge, auf der irgendein Tier golden glänzte, diesen Salut abgegeben, noch verhielt es sich so, wie man es auf der »San Jago« erwartet hatte. Seine plötzliche und sehr riskante Wendung unter vollen Segeln ließ vermuten, daß der Kapitän kein reines Gewissen besaß und wenig Lust hatte, auch nur eine flüchtige Bekanntschaft mit der rotgelben Flagge Philipps II. zu machen. Er segelte nun auf die Küste Frankreichs zu. Anfangs hatte es den Anschein, als würde er entkommen. Doch offenbar bereitete ihm das Segeln bei raumem Wind Schwierigkeiten, vielleicht wegen der zusätzlichen Rahen am Fock- und Großmast und dem Schwarm von Dreiecksegeln, die er nun der Reihe nach reffen mußte. Er entfernte sich nicht mehr, im Gegenteil, der Abstand zwischen der »San Jago« und dem fremden Schiff verringerte sich.

Der Kapitän der Galeone konnte sich nicht mehr mit dem Kommandanten der Flottille verständigen. Die beiden Karavellen waren weit zurückgeblieben und befanden sich inmitten des gleißenden Lichts der Sonne, die sich tiefer und tiefer über den Atlantik senkte. Er wußte nicht einmal, ob sie ihm noch folgten. Es blieb

339

nur zu hoffen, daß die Manöver des Fremdlings mit der schwarzen Flagge auch seinen Gefährten verdächtig vorkamen und daß sie sich ebenso wie er bemühen würden, ihn einzuholen und anzuhalten. Das fremde Schiff war bedeutend kleiner als die »San Jago«.

Er nahm an, daß es nicht mehr als fünfzehn Geschütze an Bord hatte, und glaubte deshalb, es würde sich nicht zur Wehr setzen und kapitulieren, sobald es sich im Schußbereich seiner Geschütze befand.

Bald mußte er einsehen, daß diese Wettfahrt zu einer Wettfahrt zwischen der »San Jago« und der Nacht werden würde. Das kleine Schiff wechselte, wenn auch nur unbedeutend, so doch ständig den Kurs von Ost auf Ostsüdost und konnte so den Seitenwind immer besser ausnutzen, während die Galeone diesem Kurs folgen mußte, was natürlich mehr Zeit erforderte.

Im Westen glitt die untergehende Sonne durch einen Streifen violetter Wolken, ließ sie blutrot erglühen und füllte den Himmel über dem Meer mit blendender Glut. Im Osten und Süden stiegen dunkle Wolken auf. Es war, als breiteten sie die Schatten der Nacht über das Wasser. Mit ihren hohen Masten und den rötlich gefärbten Segeln sah die »Zephir« wie ein exotischer Schmetterling aus, der seinem Schlupfwinkel zustrebt. Kaum eine Meile hinter ihr folgte die Galeone, aber die Nacht schien schneller zu sein.

Zwei Stunden nach dem Beginn der Verfolgung ging die Sonne unter. Am Horizont leuchtete noch eine Weile ein schmaler Streifen, bis auch er erlosch und eins mit dem Meer wurde. Am Firmament blinkten die ersten Sterne.

Die »Zephir« segelte unter gekürzten Segeln und änderte nicht die Halse, sondern braßte die Rahen nur achterlich dwars. Die »San Jago« blieb ständig eine Meile hinter ihr.

Man hätte die Geduld und die Hoffnung auf ein günstiges Ergebnis dieser Verfolgung verlieren können, doch der Kapitän der Galeone hatte es sich in den Kopf gesetzt, nicht aufzugeben. Wir können auf eines unserer Schiffe stoßen, dachte er, und diesen Halunken gegen die Küste abdrängen, so daß er nicht mehr frei manövrieren kann. Dann eröffne ich das Feuer, um die Aufmerksamkeit unserer dort patrouillierenden Fregatten auf mich zu lenken. Es kann auch noch so manches Unvorhergesehene eintreten, das uns die Aufgabe erleichtert, diesen Picaro dingfest zu machen. Ich werde doch nicht umkehren, wo ich ihn direkt vor der Nase habe. Er kann mir nicht entkommen, ich bleibe ihm auf den Fersen, selbst wenn ich bis zum Morgen hinter ihm hersegeln muß. La Rochelle und die Mündung der Gironde liegen schon längst hinter uns. Wenn er dort Schutz suchen will, muß er wenden. Dann verlege ich ihm den Weg. Er hat jetzt keine Wahl mehr: Ihm bleibt nur die Flucht nach dem Süden. Dort versperrt ihm die Küste früher oder später den Weg, wenn er nicht schon vorher einem unserer Schiffe begegnet. Er ist in der Falle, und ich bestimme seine Manöver. Ich darf ihn nur nicht aus den Augen verlieren.

340

In den folgenden drei Stunden änderte sich die Situation nicht wesentlich. Sie verschlechterte sich sogar etwas für die Verfolgten. In der herrschenden Dunkelheit, die nur das schwache Licht der Sterne ein wenig erhellte, konnte man von den Marsen der »San Jago« zwar nicht sehen, was mit den Rahen und Segeln der »Zephir« geschah, doch ihre Silhouette war vom Bug der Galeone aus gut zu erkennen. Der Abstand zwischen den beiden Schiffen schien sich verringert zu haben.

Der spanische Kapitän schrieb diesen kleinen Erfolg nur sich und seiner Tüchtigkeit zu. Er hatte zur rechten Zeit bemerkt, daß die »Zephir« auf südlichen Kurs ging, und dementsprechend seinen Weg abgekürzt. Trotzdem ließ er nicht aus den vorderen Geschützen feuern, denn die Entfernung war immer noch zu groß.

Auf jeden Fall bedeutete auch dieser kleine Erfolg etwas. Er rieb sich zufrieden die Hände und beglückwünschte sich im stillen zu seiner Geduld und Ausdauer. Jetzt konnte jeder Fehler des Gegners zu dessen Todesurteil werden. Es galt nur, wachsam zu sein.

Der Kapitän war auf der Hut. Alle halben Stunden ließ er die Matrosen auf den Marsen, jede Stunde an den Manöverposten ablösen. Die Kanoniere dösten bei ihren Geschützen. Nur er und seine Offiziere schlossen kein Auge. Unentwegt starrten sie auf die weiße Segelpyramide, die sich drei viertel Meilen vor dem Bug der Galeone von dem schwarzen Meer abhob.

Gegen Mitternacht ereignete sich etwas, was sich weder der Kapitän noch seine Leute erklären konnten. Das verfolgte Schiff begann sich auf einmal ohne ersichtlichen Grund zu entfernen. Es änderte nicht den Kurs, hatte sich nicht vor achterlichen Wind gelegt und nichts unternommen, was hätte bemerkt werden können. Trotzdem wurde es von Minute zu Minute schneller und zerfloß schließlich in der Luft wie ein Gespenst.

Der Kapitän prüfte das Log: Die »San Jago« entwickelte auch weiterhin ihre Höchstgeschwindigkeit von elf Knoten. Was war also geschehen? Der Teufel selbst mußte dem Ausreißer eine schnelle Fahrt verliehen haben.

Die Offiziere und Bootsleute rieben sich die Augen und versicherten einander, daß sie nicht träumten. Doch das änderte nichts daran, daß sie hinter dem fremden Schiff weit zurückgeblieben waren, über das sie während der verflossenen fünf Stunden einen ganz offensichtlichen Vorteil erlangt hatten.

In diesen Vorgängen war etwas Unheimliches, etwas, was an Zauberei grenzte und nach höllischem Schwefel stank... Der eine oder andere bekreuzigte sich heimlich, um die teuflischen Mächte zu bannen. Aber der Spuk dauerte an, das gespenstische Schiff kehrte nicht aus dem Dunkel zurück, von dem es verschlungen worden war.

Der Kapitän wußte nicht, was er tun sollte. Er befürchtete, daß ihm trotz der vielen Augenzeugen keiner seiner Vorgesetzten Glauben schenken würde. Schiffe,

341

die man in einer Entfernung von nicht ganz einer Meile in einer nicht sehr dunklen, klaren Nacht vor sich sieht, verschwinden nicht plötzlich, als hätte sie ein Meeresungeheuer verschluckt.

Von vornherein wußte er, was der Kommandant der Eskader auf seine Geschichte antworten würde: »Ihr habt Euch geirrt.« Und dennoch war es bestimmt nicht so. Sie hatten ganz genau beobachtet, wie das Schiff in der Dunkelheit verschwand.

»Es muß vor uns sein«, sagte der Kapitän. »Vielleicht ist es von einer Strömung erfaßt worden. Wenn das der Fall ist, dann wird sie auch uns helfen. Sobald es tagt, werden wir das Schiff wieder sehen.«

Diese einzig mögliche und wahrscheinliche Erklärung beruhigte ihn. Er befahl, den gleichen Kurs beizubehalten, und schickte eine neue Ablösung auf die Marsen, die weiterhin nach den hohen Masten mit den vielen Segeln Ausschau halten sollte. Er selbst strengte seine Augen ebenfalls aufs äußerste an, konnte aber ein Gefühl der Enttäuschung und eine innere Unruhe nicht loswerden. Von Zeit zu Zeit befiel ihn abergläubische Furcht vor dem Teufelswerk, das seine Matrosen in dem Verschwinden des kleines Schiffes sahen.

Señorita de Vizella kam gerade in dem Augenblick wieder auf das Deck, als Marten kurz vor Mitternacht den Befehl gab, alle Segel zu setzen. Anfangs sprach sie kein Wort, denn Jan kümmerte sich nicht um sie. Auf ihre Sticheleien und spöttischen Bemerkungen, die sie später fallen ließ, antwortete er nicht.

Belmont, der ihr bei dem kurzen und sehr einfachen Abendbrot Gesellschaft geleistet hatte, ahnte, welche Absichten Marten verfolgte. Er erklärte sie ihr mit einigen kurzen Sätzen. »Die Galeone«, sagte er, »ist bedeutend schneller als die zwei schweren Karavellen. Marten segelt gerade so schnell, daß ihr Kapitän nicht die Hoffnung verliert, uns einzuholen. Wenn wir sie weit genug weggelockt haben, werden wir sie wahrscheinlich angreifen.«

»Du sagtest doch, die Galeone sei bedeutend größer und besser bewaffnet als die ›Zephir‹«, warf Maria ein.

»Was will das schon heißen? Der Sieg hängt nicht nur von der Feuerstärke und der zahlenmäßigen Überlegenheit der Bemannung ab, sondern auch von der gewandten Durchführung der Manöver. Ich habe es dir bereits gesagt, du wolltest mir aber nicht glauben.«

»Meinst du, daß er siegen wird?«

»Ich nehme an, daß er siegt.«

»Und daß er das Schiff versenkt?«

»Gewiß.«

»Und die Bemannung mit untergeht?«

»Wenn er Zeit hat, wird er ihr gestatten, sich in Booten und auf Flößen zu retten.«

»Tut er das immer?«

»Sofern es die Umstände gestatten.«

»Und alles geschieht nur deshalb, um das Madonnenbild für mich zu erbeuten?«

»Es dünkt mich, daß es diesmal so ist.«

»In diesem Fall ist er ein größerer Schurke, als ich angenommen habe.«

Der Chevalier de Belmont war erstaunt. Die aus seinen Erklärungen gezogene Schlußfolgerung kam ihm nicht sehr logisch vor. »Manche Leute halten Marten für einen Menschen, der ein zu weiches Herz besitzt«, antwortete er. »Nimmst du vielleicht an, daß sich Ramirez damit begnügen würde, die ›Zephir‹ zu versenken, wenn er dazu in der Lage wäre? Meinst du, daß er dann ruhig zusehen würde, wie wir die Boote hinablassen, um auf und davon zu rudern? Ich wette um alles, was ich besitze, daß er jede unserer Schaluppen so lange mit zwölfpfündigen Kugeln bedecken würde, bis kein Brett mehr auf dem Wasser schwimmt.«

»Blasco würde kein Schiff angreifen, um ein Bild der Madonna zu erbeuten«, erwiderte sie heftig. »Er vergösse kein Blut aus einem solchen Grund.«

Belmont lachte. »Selbst wenn es sich um ein Madonnenbild für dich handelte«, ergänzte er Marias Worte. »Das kann ich begreifen. Du hast einen sehr vernünftigen Verlobten, Señorita. Wenn ich an deiner Stelle wäre, würde ich Marten vorziehen. Das ist meine Meinung.«

»Nichts begreifst du!« rief sie und stampfte mit dem Fuß auf. »Dein Marten ist ein gewöhnlicher Räuber. Um seine Piratenverbrechen zu rechtfertigen, beruft er sich auf mich. Ich bin die Ursache dieses Überfalls, meine Bitte um ein Madonnenbild! Welch eine Verderbtheit!«

»Tatsächlich, welch eine Verderbtheit!« wiederholte Belmont und sah sie dabei durchdringend an. »Sicherlich hast du ihn gebeten, dir das Bild gelegentlich auf einem Jahrmarkt in Artois oder Flandern zu kaufen.«

»Ich habe ihn um nichts gebeten!« rief sie und schlug mit der Hand auf den Tisch.

Belmont nickte verständnisvoll mit dem Kopf. »Er hat es also erraten«, sagte er halblaut.

Die beiden hätten sich bestimmt gänzlich überworfen, wenn sie nicht durch die Geräusche, die beim Setzen der Segel entstanden, auf Deck gelockt worden wären. Die Matrosen arbeiteten flink und gewandt. Die »Zephir« antwortete mit einem lauteren Rauschen des Wassers am Bug, durchschnitt rascher die Wellen und ließ eine Schaumfurche hinter ihrem Heck zurück, in der ihr die spanische Galeone nicht mehr zu folgen vermochte.

»Du flüchtest«, flüsterte Maria nach einer Weile. Sie war hinter Marten stehengeblieben. Ihre Stimme klang diesmal eher erstaunt als spöttisch. Trotzdem drehte er sich nicht nach ihr um. Er war in das beabsichtigte Manöver und dessen Berechnung vertieft. Als er schließlich den Kopf wandte, tat er es nur, um sich zu überzeugen, wie rasch er die Galeone aus den Augen verlor. Wenn er den Blick anstrengte, sah er noch die undeutlichen Umrisse ihrer Segel. Dann war es nur

343

noch ein hellerer Fleck im Vorhang der Dunkelheit, dann verschwand auch dieser.

»Geh zum Bug«, sagte er mit heiserer Stimme leise zu Richard. »In einer Weile gehen wir über Stag. Wir müssen die Rahen umbrassen.«

Belmont nickte schweigend. Als er an der Señorita de Vizella vorbeiging, warf er ihr einen verständnisinnigen Blick zu.

»Es geht los, Maria«, sagte er halblaut. »Halte dich tapfer.« Sie antwortete nicht, sondern verzog nur verächtlich die Lippen.

»Die Masten und die Segel«, sagte Marten zu Oberbootsmann Pociecha, »wie damals unter dem Oeiras, als wir die zwei Portugiesen, den Vater und die Tochter, an Land brachten. Erinnerst du dich? Sie lohnten es durch Verrat. Deine Breitseite rettete die ›Zephir‹. Das war die beste Geschützsalve, die ich jemals sah. Mach es heute ebensogut.«

Pociecha nickte ernst. »Gut, Kapitän«, antwortete er kurz.

»Fertig zur Wende«, sagte Marten zu Worst.

»Fertig zur Wende«, wiederholten drei verschiedene Stimmen bei den Masten den Befehl.

Die »Zephir« flog vor dem steifen Nordost durch die Dunkelheit. Der Wind trieb dichte Wolkenherden über den Himmel, die die Sterne verdeckten. Das Wasser sprühte unter dem Bug, schimmerte über der rechten Bordwand auf und sank mit eintönigem Rauschen und Plätschern zurück in das Meer. Das Deck hob und senkte sich wie eine Brust bei tiefem, ruhigem Atem.

»Brassen los!« rief Marten. »Aufnehmen!« Er stand am Steuer und wartete auf die leisen Kommandos der Oberbootsleute bei den Masten. Maria Francesca sah, wie sich das Steuerrad in seinen Händen drehte, anhielt, feststand und dann wieder kreiste. Dabei fühlte sie, wie sich das Deck auf die andere Seite neigte. Plötzlich hörte sie über sich ein lautes Seufzen. Es schien aus den über den Himmel jagenden Wolken zu kommen. Die Rahen drehten sich, die Segel füllten sich mit Wind, strafften sich, und das Schiff neigte sich, richtete sich wieder auf und gewann erneut Fahrt.

»Festmachen!« hörte sie durch das Rauschen des Wassers und das Pfeifen in den Wanten.

»Festmachen!« kam es wie ein Echo vom Fockmast.

Sie fuhren nun zurück, wobei die »Zephir« einen weiten Halbkreis beschrieb. Irgendwo steuerbord vor ihnen segelte die spanische Galeone. Aber nur Marten wäre wohl imstande gewesen, die Stelle zu bezeichnen, wo sie sich zur Zeit befand. Die Nacht war noch dunkler geworden. Die Wolken hatten das schwache Leuchten der flimmernden Sterne ausgelöscht. Das Meer war schwarz wie eine glanzlose, auf und ab wogende Rußschicht.

Die Minuten vergingen in einem Schweigen, das schon viele Stunden wie eine riesige schwarze Katze zwischen dem Vorder- und dem Hinterkastell auf der Lauer zu liegen schien.

Die Señorita de Vizella fühlte einen Schauer abergläubischer Furcht über den Rücken rieseln. Das Deck war wie ausgestorben. Nichts bewegte sich auf ihm, nicht einmal ein Schatten; keine Stimme, kein Flüstern war zu hören. Nur die hohe, breitschultrige Gestalt Martens neben ihr am Steuer schwankte im Rhythmus des Schiffes leicht von einer Seite zur anderen, vor- und rückwärts. Es erweckte den Eindruck, als stände dort kein lebender Mensch, sondern eine flüchtige Erscheinung, die jedem Windhauch nachgibt. Maria starrte dieses Phantom mit weitgeöffneten Augen so angespannt an, daß ihr schwindelte. Obwohl sie Marten mit der ausgestreckten Hand hätte berühren können, fühlte sie nicht seine Gegenwart, als wäre seine Seele dem Körper entflohen und kreise weit von der »Zephir« entfernt irgendwo im Dunkel, wo die spanische Galeone unter allen Segeln blindlings dahinfuhr.

Er sieht sie, dachte die Señorita, er ist bei ihr und verfolgt jede ihrer Bewegungen. Es ist unmöglich, daß er dabei keine Zauber anwendet. Die heiligste Jungfrau müßte das doch wissen. Weshalb duldet sie diese teuflischen Praktiken. Warum verwandelt sie ihn nicht in einen Stein? Es geht doch um ihr heiliges Ebenbild, um sie selbst!

Eine große Welle kam von der Seite her und ergriff das Heck. Es hob sich und sank wieder hinab. Die Señorita streckte instinktiv die Hand aus, um das Gleichgewicht zu halten. Dabei faßte sie Martens Arm. Es war ein warmer und starker Arm mit glatter Haut und durchaus nicht dem eines Gespenstes ähnlich.

»Oh!« schrie sie leise auf und zog die Hand zurück. Sie sah sein Gesicht, das er ihr für eine Sekunde zukehrte, und die beim Lächeln aufblitzenden Zähne.

»Jetzt fahren wir an der Galeone vorbei«, flüsterte er.

Diese kurze Bemerkung verscheuchte ihre Furcht. Marten war ganz hier, mit seiner Seele, seiner Kühnheit, seinem scharfen Blick und seiner Stimme. »Woher weißt du, wo sie ist?« fragte sie.

»Durch die Berechnung der Geschwindigkeit der Galeone und der ›Zephir‹ sowie aus der Länge des Halbmessers des Bogens, den unser Schiff beschreibt«, antwortete er leise.

Maria begriff seine Erklärung zwar nicht ganz, aber sie nickte. Mit Zauberei schien es nichts zu tun zu haben.

Nach einer Weile befahl Marten wieder, die Rahen umzubrassen. Die »Zephir« machte noch eine Wendung und segelte unter achterlich dwarsem Wind weiter wie vorhin, als sich die Galeone hinter ihrem Heck befand. Doch jetzt war das spanische Schiff vor ihr. Marten spähte in das Dunkel und sprach kein Wort.

Maria Francesca schwieg ebenfalls und bemühte sich, mit ihrem Blick den schwarzen Schleier der Nacht zu durchdringen. Sie konnte selbst dann noch nichts erkennen, als Marten, wie sie zu hören glaubte, etwas vor sich hinmurmelte und leise auflachte. Dann begann er das Steuerrad langsam Speiche um Speiche zu drehen.

Es verging noch eine Viertelstunde, bevor auch sie sah, was Marten schon längst erblickt hatte. Vor dem Bug schimmerte im Dunkel ein heller Fleck, dem sie sich allmählich näherten. Schließlich unterschied sie die über dem schwarzen Rumpf ausgespannten trapezförmigen Segel, dann das hohe Hinterkastell und schließlich sogar die Masten mit den Marsen und dem Netz der Wanten, die sich von ihnen zu den Relingen spannten. Wenn ich jetzt schreie, muß man mich doch dort drüben hören, dachte Maria Francesca. Gleichzeitig war ihr bewußt, daß ihre Kehle wie zugeschnürt war und sie keinen Ton hervorbringen würde. Eine unbezwingbare Neugier, das zu sehen, was nun kommen mußte, hatte Herrschaft über alle ihre Gefühle erlangt.

Inzwischen war die »Zephir« nach backbord abgebogen und hatte das Steuerbord der Galeone zugewandt. Die Entfernung zwischen den beiden Schiffen hatte sich auf ungefähr sechshundert Yard verringert. Man hätte annehmen müssen, daß jemand von der Bemannung des spanischen Schiffes die »Zephir« bemerken würde, doch alle starrten wie gebannt nach vorn. Keinem kam der Gedanke, daß sich ihr Gegner dicht hinter dem Heck befinden könnte.

Plötzlich zerriß ein orangefarbener Blitz die Nacht. Für einen Augenblick war die Galeone mit ihren geneigten Masten, den großen, windgeschwellten Segeln und den zwei Reihen von Geschützschlünden, die drohend aus den Schießscharten der beiden Artilleriedecks ragten, deutlich sichtbar. Dann erdröhnte das ohrenbetäubende Krachen der Salve, und die »Zephir« wurde wie von einem sagenhaften Meeresungetüm nach backbord gedrückt. Über dem Meer breitete sich wieder tiefes Dunkel aus, das durch den Pulverqualm noch undurchdringlicher wurde. Von dort, wo vor Sekunden die Galeone, vom Mündungsfeuer grell beleuchtet, zu sehen war, drangen das Krachen stürzender Masten, das Splittern der Rahen, wildes Geschrei und die klagenden Rufe der Schiffsglocke herüber, deren Stimme klang, als wäre ihr erzener Kelch, von einem Geschoß getroffen, geborsten.

Die unerwartete Erschütterung hatte Maria Francesca auf die Planken des Decks geschleudert. Zornig und voll Scham sprang sie auf. Sicherlich hatte Marten sie nur deshalb nicht vor den Folgen der Breitseite gewarnt, weil er sie lächerlich machen wollte, schoß es ihr durch den Kopf. Doch er sah gar nicht auf sie und hatte bestimmt nicht bemerkt, daß sie gestürzt war. Die Griffe des Steuerrades wirbelten zwischen seinen Händen. Die »Zephir« wendete hinter dem Heck der Galeone nach Steuerbord. Marten stand mit breitgespreizten Beinen da und starrte nach vorn.

Die Señorita folgte seinem Blick. Das spanische Schiff war völlig manövrierunfähig. Sein hinterer Mast war vom Deck gefegt worden, der Großmast und der Fockmast bildeten am Bug einen unentwirrbaren Haufen von zersplittertem Holz und flatternden Segelfetzen. Der Rumpf neigte sich zur Seite und driftete quer zu den Wellen. Zwischen dem zerstörten Kastell und den Trümmern der Takelage züngelten da und dort Flammen empor. An der Reling ballte sich ein Haufen

Gestalten, die die Boote hinabzulassen versuchten und in panischer Angst um die Plätze kämpften.

Inzwischen befahl Marten: »Fiert die Obersegel!«

»Fiert die Fallen«, erklang es von den Masten her. »Nehmt die Geitaue auf!« Und eine Weile darauf: »Schoten los! Gordinge los! Nehmt auf!«

Die Segel knatterten im Wind, glitten herab, die Kommandos kreuzten sich auf dem Deck vom Heck bis zum Bug, die Pfeifen der Bootsleute schrillten. Die »Zephir« verlor an Fahrt, drehte bei, driftete seitlich und näherte sich mit dem Backbord dem Steuerbord der Galeone. Als sie sich bis auf Schußweite der Handfeuerwaffen genähert hatte, krachten einige Schüsse von ihren Marsen. Marten übergab das Steuer einem Bootsmann, der neben ihm aus dem Dunkel aufgetaucht war.

»Ergebt euch! Ich schenke euch das Leben!« rief er auf spanisch.

Im gleichen Augenblick brach am Bug der Galeone Feuer aus, das die über den Bruchstücken des Fockmastes wehenden Segelfetzen erfaßte. Im roten Schein sah die Besatzung der Galeone die zwei Reihen Arkebusiere, deren Hakenbüchsen auf sie gerichtet waren. Einige Matrosen der »Zephir« standen auf dem Deck, um mit langen Bootshaken und Leinen, an deren Enden Enterhaken befestigt waren, ihr Schiff an die Galeone heranzuziehen. Eine weitere Abteilung, die mit Äxten und Messern bewaffnet war, hielt sich auf dem Schanzdeck zum Entern bereit.

Dazu kam es nicht. Der spanische Kapitän lag in den letzten Zügen. Er war vom stürzenden Besanmast getroffen worden. Zwei seiner Offiziere hatte die Breitseite der »Zephir« getötet, der Artilleriekommandant war schwer verwundet und besinnungslos. Die jüngeren Offiziere, die die Musketiere befehligten, hatten den Kopf verloren. Sie leisteten keinen Widerstand. Auf dem Deck der Galeone wurden weiße Tücher gehißt.

Señorita de Vizella wandte ihren Landsleuten den Rücken zu. Verächtlich verzog sie ihre frischen roten Lippen. Wenn Marten entschlossen gewesen wäre, das Schiff samt seiner Besatzung zu versenken, hätte sie kein Wort zur Verteidigung gesagt.

Maria Francesca de Vizella hatte sich nicht geirrt, als sie behauptete, auf jedem spanischen Schiff sei ein Marienbild zu finden. Das galt auch für die »San Jago«. Tessari, der an der Spitze seiner Leute die Galeone enterte, entdeckte in der Kajüte des Kapitäns außer einem Bild, das den heiligen Jakob, den Schutzpatron Spaniens und dieses Schiffes darstellte, auch ein Bildnis der Jungfrau Maria mit dem Kind.

Es war zwar nicht die Madonna von Alter do Chao, aber der Meister, von dem das Bild gemalt worden war, hatte seine Maria mit heller Hautfarbe dargestellt, nicht mit dunkler wie der heilige Lukas von Antiochien seine Muttergottes von Częstochowa.

Trotzdem wollte die Señorita das erbeutete Bild zuerst nicht nehmen. »Du bist ein Kirchenschänder«, erklärte sie hochmütig. »Du hast das Bild aus einem katholischen Schiff geraubt, wie du Gold und wertvolle Ladungen raubst, indem du Christenblut vergießt. Vor diesem Bild könnte ich nicht beten. Nie würde ich eine Madonna, die du für mich gestohlen hast, um etwas bitten oder ihr für etwas danken.«

»Ich habe sie vor dem Ertrinken gerettet«, antwortete Marten. »Hätte ich sie auf der ›San Jago‹ gelassen, würde sie mit dem heiligen Jakob untergehen. Wenn du sie nicht willst, werfe ich sie über Bord.«

»Das wagst du nicht. Du lästerst!« rief sie erschrocken.

»Du kannst sicher sein, daß ich es wage«, erwiderte er aufbrausend. Er wollte gehen, doch sie faßte ihn an der Hand.

»Laß das Bild hier«, flüsterte sie.

Marten reichte es ihr. Als er bereits an der Tür der Kajüte war, hörte er, wie sie leise sagte: »Danke!«

Er drehte sich um, begegnete jedoch nicht ihrem Blick. Sie stand noch immer auf derselben Stelle, hielt den vergoldeten Rahmen in ihren Händen und betrachtete das sanfte Gesicht ihrer Patronin.

Es kam mir wohl nur so vor, dachte er. Oder galt es der Madonna?

Außer dem Marienbild fand Tessari auf der brennenden »San Jago« noch die Schiffskasse mit einem kleinen Vorrat an Gold- und Silberstücken, eine beträchtliche Menge Munition und Waffen und fast unberührte Magazine mit Lebensmitteln. Er schickte Marten die Schatulle mit dem Geld, suchte in aller Eile das Wertvollste und Brauchbarste von den übrigen Dingen aus, leerte den spanischen Offizieren und Matrosen die Taschen, nahm ihnen den Schmuck und das Bargeld ab und ließ sie die schwersten Beutestücke an Bord der »Zephir« schaffen. Dann befahl er ihnen, Proviant und Wassertonnen in den Booten und auf den Flößen zu verstauen und diese hinabzulassen. Die Spanier glaubten noch immer nicht, daß ihnen der Korsarenkapitän gestatten würde, sich in Sicherheit zu bringen. Tessari versicherte es ihnen noch einmal und hielt dabei eine kurze Ansprache. »Ihr seid frei«, sagte er. »Das verdankt ihr der Großmut unseres Kapitäns. Es wäre eure Pflicht, jeden Tag inbrünstig für seine Gesundheit und sein Wohlergehen zu beten. Merkt euch seinen Namen. Er heißt Marten und sein Schiff ›Zephir‹. Prägt euch auch unsere Flagge ein. Ich wünsche keinem von euch, sie noch einmal zu Gesicht zu bekommen. Ihr Anblick schadet den Spaniern und verkürzt häufig ihr Leben. Erzählt das allen euren Bekannten und warnt sie. Euch rate ich: Legt euch in die

Riemen und fahrt geradewegs nach Süden! Dort liegt Spanien. Wenn ihr wohlbehalten gelandet seid, steckt am besten nie mehr die Nase über das Ufer. Glückliche Fahrt, ihr Strolche.«

Das Feuer erfaßte das ganze Vorderteil der Galeone. Kurz nachdem die Mannschaft das Wrack verlassen hatte, griff es auf das Schanzdeck über und verbreitete sich im Rumpf des Schiffes. Als sich die »Zephir«, ostwärts segelnd, ungefähr zwei Meilen entfernt hatte, schoß eine Feuersäule hoch. Das Dröhnen einer Explosion zerriß die Luft. Eine dunkle Rauchfahne bezeichnete noch eine Weile die Stelle, wo das spanische Schiff gesunken war. Der Wind zerriß sie bald und nahm ihre Fetzen mit sich nach Südwesten.

Nach vierzehnstündiger ungestörter Fahrt langte die »Zephir« noch am selben Tag in der Nähe der Sanddünen von Les Landes an, die nördlich vom Adour beginnen und sich bis zur Girondemündung erstrecken. Am nächsten Tag lief sie bei Sonnenaufgang, die Flut ausnutzend, in die enge Bucht ein und ging an der kleinen Reede, unweit der Mauern von Bayonne, vor Anker.

Marten begleitete den Chevalier de Belmont an Land. Er wollte sich dort von ihm verabschieden und gleichzeitig die durch die Flüsse Nive und Adour in drei Teile geteilte Stadt und die Festung besichtigen. Bayonne gefiel ihm nicht. In dem Gasthof, den sie aufsuchten, wurden sie mit Mißtrauen empfangen. Die ernsten, wortkargen Bewohner mit ihrer strengen hugenottischen Frömmigkeit behagten ihm nicht.

»Ich kehre auf das Schiff zurück«, sagte er enttäuscht. »Wenn das ganze Königreich des Béarners so traurig und trübsinnig ist, möchte ich nicht sein Untertan sein.«

»Er ähnelt im Wesen sehr wenig seinen Hugenotten in Béarn, weder er noch sein Hof«, antwortete Belmont. »Hier ist es wirklich langweilig. Fahre also zurück. Die Zeit drängt, und meine Pferde warten bereits.«

Sie trennten sich vor der Herberge. Eine Weile später galoppierte der Chevalier de Belmont auf dem holprigen Weg nach Puyo und Orthez auf Pau zu, um sich der ihm vom Grafen Essex anvertrauten Mission zu entledigen.

Don Antonio Perez empfing den Chevalier de Belmont, ohne seine Ungeduld zu verbergen. Während er den Brief Bacons las, saß er auf dem Rand eines Sessels. Noch ehe er geendet hatte, stand er auf und lief im Zimmer auf und ab, als brenne der Boden unter seinen Füßen. Plötzlich blieb er stehen, nickte und sah Belmont mit blitzenden Augen an. »Das ist es, was wir brauchen«, sagte er. »Ihr seid zur rechten Zeit gekommen. Morgen brechen wir nach Paris auf, und von dort geht es möglicherweise nach Flandern. Dieses Spiel muß noch heute, sofort gespielt und gewonnen werden!«

Er gewann tatsächlich. Heinrich IV. nahm den Faden der Intrige auf und sandte unverzüglich einen Sonderbeauftragten mit der vertraulichen Nachricht nach

350

London, Philipp biete Frankreich zu sehr vorteilhaften Bedingungen den Frieden an, der bestimmt geschlossen werde, wenn sich Elisabeth nicht zu einer wirksamen und schnellen militärischen Hilfe gegen Spanien entschließe.

Elisabeth blieb scheinbar unbeugsam. Ihre ablehnende Antwort war voller Vorwürfe und Klagen. Nach diesem Schreiben zu urteilen, hatte die Königin weder Geld noch Soldaten und konnte Heinrich auch fernerhin nicht helfen.

Doch in Wahrheit nagte Unruhe an ihr. Gleich nach diesem Brief fuhr ihr Gesandter nach Paris, der die wirklichen Absichten des Königs von Frankreich erkunden sollte. Der Gesandte war kein anderer als Sir Henry Unton, der Freund und politische Parteigänger des Grafen Essex. Er besaß nicht nur Instruktionen von Elisabeth, sondern auch von Antony Bacon, die vorher mit Essex abgestimmt worden waren.

Bald darauf erhielt die Königin von England zwei ungewöhnlich alarmierende Schreiben aus Paris. Das eine kam von ihrem Gesandten, der sich über einen angeblich äußerst kühlen Empfang am französischen Hof beklagte und ihre Befürchtungen bestätigte, das zweite von Don Antonio Perez. Er teilte ihr mit, daß Heinrich IV. immer mehr dazu neige, die spanischen Friedensvorschläge anzunehmen. Der letzte Brief Ihrer Königlichen Majestät beschleunige gewiß seinen Entschluß in dieser Richtung.

Don Antonio Perez hatte seinen Bericht in hervorragendem Latein abgefaßt, so daß Elisabeth entzückt war. Er schloß mit einer vorsichtigen Bemerkung: Obwohl er die englische Politik nicht verstehe, nehme er an, daß sich hinter dem Verhalten der Königin irgendein unerklärliches Geheimnis verberge, denn fines principum abyssus multa — die Absichten der Monarchen sind unerforschlich wie ein Abgrund.

Es schien wieder so auszusehen, als würden die Pläne des Grafen Essex und das ganze diplomatische Ränkespiel Zweck und Ziel verfehlen, denn Elisabeth gab nicht nach. Sie hatte beschlossen zu feilschen und erklärte, daß sie im äußersten Notfall Frankreich eine gewisse militärische und geldliche Hilfe gewähren könne, allerdings stelle sie eine Bedingung: Der französische König müsse Stadt und Hafen von Calais »ihrer Obhut anvertrauen«.

Für Heinrich IV. war das kein lockendes Angebot. Calais war einfach der Preis, den er im voraus für ein Bündnis von zweifelhaftem Wert zahlen sollte. Er kam nicht mehr dazu, zu antworten. Nach ihrem siegreichen Vormarsch durch Flandern begannen die Spanier mit der Belagerung von Calais. Ihr von starkem Artilleriefeuer unterstütztes Fußvolk eroberte die äußeren Verteidigungswälle der Stadt.

Das Dröhnen der Geschütze hörte man nicht nur in Sussex und Kent, sondern auch im königlichen Palais. Es war eine drohende Begleitmusik zu der Unruhe und den Befürchtungen Elisabeths.

Bald darauf ergab sich die Stadt. Die tapfere Garnison der Festung, die den

Hafen beherrschte, setzte sich weiter zur Wehr. Graf Essex bewog die Königin, sofort zu handeln. Sie war damit einverstanden, daß er mit mehreren tausend Mann zum Entsatz von Calais nach Frankreich eilte.

Bevor noch Essex mit seiner kleinen Armee in Dover angelangt war, bedauerte Elisabeth bereits ihre Entscheidung. Zwar könnte Essex das Glück hold sein, überlegte sie, weshalb aber nicht auch der französischen Besatzung der Festung? Wenn es nun den Franzosen gelang, den Hafen zu verteidigen und Entsatz aus Paris abzuwarten, brauchte sie doch nicht soviel Geld für dieses Unternehmen auszugeben!

Dieser Gedanke nahm sie so gefangen, daß sie am nächsten Tag beschloß, Essex zurückzurufen. Gerade als seine Truppen die von überallher in Dover zusammengezogenen Schiffe bestiegen, kam ein Kurier aus London mit dem Befehl, die Einschiffung einzustellen.

Graf Essex raste vor Zorn und Enttäuschung. Doch entgegen dem Befehl der Monarchin wagte er nicht auszulaufen. Er schickte einen Boten mit einem Brief zu ihr, in dem er sie beschwor, ihm zu gestatten einzugreifen. Elisabeth antwortete abschlägig. Er wiederholte seine Bitte und führte neue Argumente an.

Es verging ein Tag nach dem andern. Die Kuriere jagten von Dover nach London und zurück. Inzwischen berannten die Spanier die Festung. Die Königin zögerte noch immer. Am 14. April, als sie beinahe überzeugt war, daß militärische Hilfe notwendig sei, hißte die Garnison von Calais die weiße Fahne. Die Spanier waren im Besitz der Festung und des Hafens.

Erst jetzt wurden Elisabeth das Ausmaß und der Preis dieser Niederlage bewußt. Calais in den Händen der Spanier, das bedeutete die ständige Bedrohung der englischen Schiffahrt im Ärmelkanal und die immerwährende Gefahr einer Invasion. Der begangene Fehler mußte auf irgendeine Weise wiedergutgemacht werden.

Don Antonio Perez traf zusammen mit dem Chevalier de Belmont in London ein. Heinrich IV. entsandte gleich nach ihnen den Herzog von Bouillon nach England, der dort über die Entsendung eines Expeditionskorps nach Frankreich verhandeln sollte.

Inzwischen gingen von den Spionen in Spanien beunruhigende Berichte ein. Die politische Situation schien ihre Richtigkeit zu bestätigen. Philipp II. rüstete angeblich eine neue Armada zur Unterstützung der irländischen Katholiken aus, die einen Aufstand gegen England vorbereiteten. Deshalb wandten sich die Ratgeber der Königin gegen das Projekt, englische Truppen in Frankreich zu landen, und schlugen vor, mit den Seestreitkräften Cadiz anzugreifen, um die spanischen Schiffe zu vernichten.

Graf Essex sprach sich ebenfalls für diesen Plan aus, bestand jedoch darauf, daß an dem Unternehmen auch ein starkes Landungskorps auf Transportschiffen teilnehmen müßte. Sollte der Angriff auf die im Hafen zusammengezogene

352

Armada von Erfolg gekrönt sein, dann war es nach Ansicht des Grafen Essex notwendig, daß starke Truppenabteilungen landeten, den Hafen zerstörten, dann Sevilla eroberten und vielleicht auch Lissabon von zwei Seiten, von der See wie auch vom Land her, angriffen.

Elisabeth war einverstanden, obwohl ihr der Gedanke des Grafen Essex anfangs zu kühn und riskant vorkam. Sie ernannte ihn und den Admiral Howard zu den Befehlshabern von Armee und Flotte. Nachdem sie die Ausführungen von Don Antonio Perez, der von Essex im Stich gelassen worden war, gehört hatte, befielen sie neue Zweifel. Perez war bemüht, die Königin zur Annahme der vorherigen Pläne zu bewegen. Wieder begann Elisabeth zu zögern und zu schwanken.

Unterdessen sammelte der Graf in Plymouth die erforderlichen Schiffe und Soldaten, wobei es zu ständigen Reibereien und Konflikten mit Lord Howard of Effingham kam. Als er seine Vorbereitungen zur Hälfte beendet hatte, traf ein Kurier der Königin ein. Elisabeth befahl den beiden Befehlshabern, sofort nach London zu kommen.

Essex begab sich voll der schlimmsten Vorahnungen dorthin. Die Ausgaben für die Rüstung hatten bereits die Summe beträchtlich überschritten, über die er bestimmen durfte. Es fehlte an Soldaten, Munition, Kriegsgerät und Waffen. Er verfügte auch noch nicht über die erforderliche Zahl von Schiffen und mußte Privatschiffe auf Kredit chartern. Nun schien das ganze Unternehmen an einem Haar zu hängen. Zu allem Übel war sein Rivale, Sir Walter Raleigh, aus Guayana zurückgekehrt und von der Königin überaus gnädig empfangen worden.

Raleigh war gefährlich. Er hatte angeblich in Westindien Goldminen entdeckt und eine englische Kolonie gegründet, der er zu Ehren der Königin den Namen Elisabeth-Victoria gegeben hatte. War die plötzliche Zurückberufung des Grafen und des Lord-Admirals seinen Intrigen zuzuschreiben? Hatte dieser Abenteurer Elisabeth dazu bewogen, den Angriff auf Cadiz zu unterlassen, oder strebte er nach dem Oberbefehl?

Alle diese Befürchtungen erwiesen sich als grundlos. Die Königin erhob zwar noch verschiedene Einwände, zögerte und war unschlüssig, doch schließlich bestätigte sie die Ernennung von Essex und Howard. Raleigh erhielt vorderhand ein anderes, zweitrangiges Amt. Don Antonio Perez wurde beiseite geschoben. Er verlor die Gnade der Königin und damit jeden Einfluß. Man bedurfte seiner Dienste nicht mehr. Die Bedingungen des Waffenbündnisses mit Frankreich waren ohne seine Beteiligung festgesetzt und unterzeichnet worden.

Während zwischen London und Paris die Fäden diplomatischer Intrigen gesponnen wurden und man in Madrid sowie im Escorial die Pläne für die Landung in Irland ausarbeitete, befaßte sich Marten an Bord der »Zephir«, fern von der großen Politik, mit seinem eigenen diplomatischen Spiel und führte auf den Gewässern des Atlantiks privaten Krieg.

Seine Diplomatie betraf die Eroberung der Señorita de Vizella, während sein Privatkrieg, dessen Erfolge die Diplomatie unterstützen sollten, ihm neuen Ruhm und Reichtum brachte.

Nachdem die »Zephir« Bayonne verlassen hatte, segelte sie nach Westen, nach den Azoren. Marten suchte eine wertvollere Beute als die, welche auf der »San Jago« seinen Leuten in die Hände gefallen war. Auf halbem Wege stieß er auf zwei portugiesische Schiffe. Das eine entkam ihm im Schutz der anbrechenden Dunkelheit. Das zweite hielt er an. Es wurde geentert. Seine Ladung erwies sich der aufgewandten Mühe wert. Sie bestand unter anderem aus Zucker, einer großen Menge Gewürznelken und Baumwolle.

Um die Baumwolle kümmerte sich Jan nicht. Er nahm das, was den größten Wert hatte. Dem portugiesischen Kapitän gestattete er, nach Lissabon weiterzusegeln. Dann änderte Marten seinen Kurs und wandte sich nach den Kanarischen Inseln in der Hoffnung, dort auf die Eskader des Kommodore Ramirez zu stoßen.

Marten hatte von den am Leben gebliebenen Offizieren der »San Jago« erfahren, daß Ramirez in diesem Frühjahr die Goldflotte eskortieren sollte. Es war anzunehmen, daß er Cadiz schon verlassen hatte, um ihr westlich der Insel Tenerife zu begegnen. Wenn es Marten gelang und das Glück ihm günstig war, konnte er die alten Rechnungen mit dem Kommodore begleichen und bei der Gelegenheit den Versuch wagen, eine wertvolle Prise aufzubringen.

Marten sprach mit Maria über seine Hoffnungen und Absichten. Diesmal spottete sie nicht und redete nicht verächtlich.

»Ich werde beten, daß du ihm begegnest«, sagte sie leise.

»Und auch, daß ich von ihm besiegt werde?« fragte er.

Maria antwortete nicht. Sie lächelte geheimnisvoll und sah über seinen Kopf hinweg in die Ferne. Plötzlich erinnerte sie sich, daß Hermann Stauffl ihr zeigen wollte, wie man ein Messer werfen muß, damit seine Spitze das Ziel trifft, und sie ging.

Marten wußte nicht, wie er ihr Lächeln und ihre Worte deuten sollte. Manchmal kam es ihm so vor, als erringe er allmählich ihre Zuneigung, als werde ihr Widerstand schwächer. Versuchte er aber, sich ihr zu nähern, stieß sie ihn voll Verachtung zurück. Verlor er einmal die Herrschaft über seine Leidenschaft, die ihn verzehrte und die immer wieder in ihm emporloderte, dann drohte sie, sich lieber mit dem Stilett zu töten, als sich seinem Willen zu fügen.

Er hätte ihr den kleinen Dolch, den sie ständig bei sich trug, mit Leichtigkeit abnehmen können, doch er wollte nicht Gewalt anwenden. Nicht gegen ihren Willen wollte er sie besitzen. So hatte er es beschlossen. Trotz der ironischen Blicke des Chevaliers de Belmont und des verstohlenen Grinsens der jüngeren Bootsleute hinter seinem Rücken bemühte er sich, so zu handeln.

Inzwischen hatte die »Zephir« Madeira hinter sich gelassen und kreuzte nun langsam, unter gekürzten Segeln, in der Zone des Frühjahrspassats, bald mit

Backbord-, bald mit Steuerbordhalsen von den Inseln Ferro und Palma aus nach Westen. Sie näherte sich wieder den Azoren und wandte sich dann erneut nach Süden. Die sonnigen, warmen Tage wurden von sternklaren Nächten abgelöst, die langen Wellen des Atlantischen Ozeans wiegten sanft das Schiff, rauschten am Bug und plätscherten am Heck.

Diese Fahrt glich eher einer angenehmen, träge machenden Lustpartie als einer Kaperfahrt. Marten spielte mit Stephan Grabinski Schach, unterrichtete Maria Francesca im Fechten, scherzte mit seinen Bootsleuten, schoß mit Pfeil und Bogen auf Delphine und mit der Pistole nach Möwen, die in der Nähe von Inseln das Schiff umkreisten. Bald wurde Marten dieser nichtigen Zerstreuungen überdrüssig. Das Warten auf eine Gelegenheit begann ihn zu langweilen, zu ermüden. Wäre Hoogstone mit ihm gefahren, dann hätte er sich in Ermangelung anderer Ziele entschlossen, einen der kleineren Häfen auf den Kanarischen Inseln anzugreifen. Allein, ohne Unterstützung der »Ibex«, konnte er einen solchen Versuch nicht wagen. Er beschloß deshalb, nordwestlich der Insel Madeira zu kreuzen und auf Schiffe zu lauern, die mit einer Ladung Wein von Funchal nach Lissabon unterwegs waren.

Auch diesmal war der Erfolg größer, als er erwartet hatte. Kaum waren die Salvajes-Inseln passiert, als sich am Horizont Segel zeigten. Zwei Stunden später erkannte Tessari eine Dreimastkaravelle mit einem schrägen Lateinsegel am dritten Mast und mächtigen, drei Stockwerk hohen Kastellen an Bug und Heck, die dem kurzen, plumpen Rumpf das Aussehen eines türkischen Sattels gaben. Zweifellos handelte es sich um ein spanisches Kriegsschiff älterer Bauart, das zu einem Frachtschiff umgebaut worden war. Es hatte Kurs von Süden nach Norden, lag tief im Wasser und kreuzte schwerfällig gegen den Wind, der an diesem Tag ziemlich steif war.

Die »Zephir« holte es mit Leichtigkeit ein und verlegte ihm den Weg. Marten hißte die schwarze Flagge, ließ die Segel an den Geitauen reffen und verlangsamte die Fahrt, als beabsichtige er, vor dem Bug der Karavelle zu driften.

Dem spanischen Kapitän gefielen diese Manöver von Anfang an nicht. Als er die schwarze Flagge mit dem Goldmarder am Mast flattern sah, hatte er keine Zweifel mehr. Er wartete nicht den Angriff ab, sondern befahl, aus den vier vorderen Geschützen das Feuer zu eröffnen.

Die Geschosse flogen über den Bug der »Zephir«. Eine Kugel zerriß zwei Klüver, die Worst nicht mehr rechtzeitig hatte bergen können.

Es war die erste und letzte Salve, die die Kanoniere der alten Karavelle abfeuerten. In der nächsten Sekunde krachten an Bord des Korsarenschiffes drei Oktaven und gleich darauf drei fünfundzwanzigpfündige Falkonette.

Die Wirkung dieser Schüsse übertraf auf beiden Seiten alle Erwartungen. Die untere Rahe des Großmastes stürzte mit den Segeln auf das niedrige, viereckige Schanzdeck der Karavelle. Im Vorderkastell gähnte ein großes Loch.

355

Unter den Spaniern brach Verwirrung aus. Bevor sie wieder zu sich kamen, drehte die »Zephir« bei und legte mit ihrem Bug an der Bordwand an. Dabei bohrte sich ihr Bugspriet zwischen die Wanten, die den Fockmast der Karavelle versteiften, und riß die Segel in Fetzen. Tessari, Stephan Grabinski und Hermann Stauffl sprangen als erste auf das andere Deck hinüber. Dreißig Bootsleute und Matrosen folgten ihnen auf dem Fuß, hieben mit den Äxten um sich, stachen mit Messern und Bootshaken zu und schossen aus Pistolen auf die Gegner.

Die Spanier zogen sich zunächst zurück. Inzwischen gelang es dem Kapitän, am Heck eine starke, hauptsächlich aus Kanonieren bestehende Abteilung zu sammeln und zum Gegenangriff überzugehen. Gleichzeitig schickte er ein Dutzend mit Musketen bewaffneter Leute auf die Marsen. Marten bemerkte rechtzeitig die Gefahr. Er befahl, aus zehn Hakenbüchsen in den Haufen der zu Hilfe eilenden Schützen zu feuern. Dann kletterte er gewandt wie eine Katze auf den Bugspriet der »Zephir«, lief auf ihm zehn bis zwölf Schritte über das Deck der Karavelle, ließ sich an dem verwickelten Tauwerk hinab und sprang mit blankem Degen unter die Kämpfenden.

Die Korsaren begrüßten sein plötzliches Erscheinen mit Gebrüll und folgten ihm so kampfeswütig, daß die durch die Hakenbüchsensalve geschwächten Reihen der Spanier in Unordnung gerieten und sich auflösten. Aus den Marsen der »Zephir« krachten Schüsse. Die spanischen Schützen, die noch nicht bis auf die Marsen ihrer Karavelle gelangt waren, fielen verwundet oder tot zurück auf das Deck. Manche suchten Rettung vor dem sicheren Tod und flohen aus dem Bereich der gutgezielten Schüsse.

Eine Viertelstunde später war die restliche spanische Besatzung überwältigt. Bleich vor Zorn und Demütigung stand der Kapitän vor Marten, der dessen Degen entgegennahm und ihn nach dem Reiseziel und der Ladung fragte. Die Karavelle war seit dem Verlassen der Kapverdischen Inseln, wo sie auf São Antão ihre Vorräte an Wasser und Lebensmitteln ergänzt hatte, schon acht Tage unterwegs. Sie kam mit Reis, Indigo, Pfeffer und Sandelöl aus Ostindien. Die Beute war wertvoll. Marten bedauerte nur, daß ihn keiner der befreundeten Korsaren begleitete. Auf der »Zephir« konnte er nicht alle Waren unterbringen.

Während er überlegte, was er nehmen sollte und wie das Umladen zu bewerkstelligen war, erhob sich hinter seinem Rücken in dem Haufen der entwaffneten Spanier, die von einigen Matrosen der »Zephir« bewacht wurden, ein Tumult. Plötzlich fiel ein Pistolenschuß. Marten packte den Kapitän blitzschnell am Kragen, hob ihn wie eine Strohpuppe hoch und drehte sich um.

Zu seinem nicht geringen Staunen erblickte er Maria Francesca. Sie hob gerade ihren mit einem Busch weißer Federn geschmückten Hut auf. Wenige Schritte hinter ihr stand Stauffl und warf zwei Messer, eins nach dem anderen, in die Schar der spanischen Seeleute.

Beide Male traf er das Ziel. Ein in der ersten Reihe stehender großer, hagerer

Mann, dem Aussehen nach ein Offizier, brach in die Knie und sank hintenüber. »Er hat auf die Señorita geschossen«, erklärte er. »Ich kam fast zu spät.«

Maria Francesca lächelte unsicher und betrachtete den durchschossenen Hut.

»Wie kommst du hierher?« fragte Marten. Er war bleich vor Erregung. »Wie konntest du...«

»Ich habe ihn von weitem gesehen«, sagte sie, als wollte sie sich rechtfertigen. »Konnte ich denn ahnen, daß er mich auf diese Weise begrüßen würde?«

»Dieser Picaro?« Marten staunte. »Kennst du ihn?«

Maria Francesca nickte. »Er ist mein Cousin, Manuel de Tolosa. Er nahm wohl nicht an, daß ich gegen meinen Willen hier bin. Sicherlich dachte er, daß...«

»Was?« fragte Marten.

Über Marias Gesicht flog eine leichte Röte. »Ach, du kannst dir wohl denken, was er vermutete, als er mich in dieser Kleidung sah. Welch ein Dummkopf!« Sie stampfte mit dem Fuß auf. »Er war immer ein Dummkopf!« Maria wandte sich ab. Sie wollte die Tränen verbergen, die ihr in die Augen traten.

Marten ging ein Licht auf. Sein Herz begann lauter zu schlagen. Er stieß den spanischen Kapitän zur Seite und eilte zu ihr. Sie beherrschte sich schon wieder.

»Ich brauche weder dein Mitgefühl noch deine Hilfe«, sagte sie rasch. »Ich bitte nur um einen neuen Hut.«

Jan blieb stehen und sah sie bewundernd an. Die Tränen waren noch nicht getrocknet. Ihre Augen kamen ihm schöner vor als sonst. »Du bist wundervoll, Maria!« flüsterte er.

Diese zärtlichen Worte beschleunigten Marias Pulsschlag. Sie spürte, daß sie wieder errötete. Um ihre Verwirrung zu verbergen, verneigte sie sich übertrieben tief vor ihm und drückte den durchschossenen Hut, von dem sie sich gar nicht zu trennen beabsichtigte, an die Brust. Dann ging sie inmitten der Stille, die schon eine Weile herrschte, vorsichtig über das Deck, wich einer Blutlache aus und betrat den Niedergang, der die Bordwände beider Schiffe verband. Dort zögerte sie, als erinnere sie sich an etwas. Sie sah sich um und suchte mit den Augen Hermann Stauffl. »Ich danke Euch, Segelmeister!« sagte sie laut. »Nicht dafür, daß Ihr Manuel getötet habt, sondern dafür, daß Ihr mich schützen wolltet.«

Im nächsten Augenblick bedauerte sie ihre Worte. Sie kamen ihr ungeschickt und angesichts des Todes eines Menschen, der immerhin ihr Verwandter war, zu roh vor. Wenn er nach ihrem Leben getrachtet hatte, dann nur zur Wahrung der Ehre der Familie und des Namens.

Die tiefe Stille währte noch einige Sekunden. Dann erscholl freches Lachen vom Deck der »Zephir«. Maria Francesca zuckte wie von einer Hornisse gestochen zusammen. Sie bemerkte Sloven zwischen mehreren Schiffsjungen, die die ineinander verwickelten Taue in Ordnung brachten. Allem Anschein nach hielt er ihre Worte für einen ausgezeichneten Witz. Aus seinem pickligen Gesicht verschwand nicht das anerkennende Grinsen.

Als Maria mit raschen Schritten an den Burschen vorüberging, die Slovens Befehl unterstanden, hörte sie, wie er auf seine Art ihre Reize lobte. Er sprach zwar nur halblaut, aber doch so, daß sie die Ausbrüche seines Entzückens hörte. Sloven wußte, daß sie die Mundart der Matrosen lernte, ihn also teilweise verstehen und sich den Rest dazu denken konnte. Sie fühlte seinen Blick auf sich ruhen und bebte vor Zorn und Ekel. Plötzlich blieb sie stehen. Sie ertrug es nicht länger. »Percy!« rief sie zornig.

Sloven sah sie an, dann stieß er den nächsten Matrosen mit einem triumphierenden Lächeln beiseite und sprang auf sie zu. Er hatte nicht einmal Zeit, »Jawohl« zu sagen, als er schon zwei kräftige Ohrfeigen erhielt. Er war derart verblüfft, daß er erst zu sich kam, als sie weiterging. Das Gelächter der Schiffsjungen wirkte auf ihn wie ein Eimer kaltes Wasser und brachte ihn wieder zur Besinnung. Er warf rasch einen Blick um sich und sah die hohe Gestalt Martens, der gerade das Deck der »Zephir« betrat. Er fragte, was geschehen sei.

»Der Bootsmann Burnes hat von der Señorita zwei Maulschellen bekommen«, rief einer der Jungen schadenfroh.

»Das war eine Augenweide«, fügte ein anderer bewundernd hinzu.

Marten lachte. »Wofür bekam er sie?« fragte er.

Das wußte keiner so recht, Sloven nicht ausgenommen, der nicht die Absicht hatte, seine Vermutungen zu verraten.

Er beschwerte sich aber sehr beredt über die Respektlosigkeit, die ihm entgegengebracht worden war.

Jan hatte nicht vor, ihn in die Enge zu treiben und so die Wahrheit aus ihm herauszubekommen, aber er wurde ernst. Er erinnerte sich an das ironische Lächeln und das Geflüster, das er unter den jüngeren Matrosen bemerkt hatte. Dabei kam ihm der Gedanke, daß das unbezähmbare Lästermaul Burnes schuld daran sein könnte.

»Prüfe dein Gewissen, Percy«, sagte er und ließ seine Hand schwer auf dessen Schulter fallen. »Du wirst bestimmt manches finden. Ich rate dir, in Zukunft vorsichtig zu sein. Das nächste Mal könntest du von mir eins aufs Maul bekommen. Das wäre dann nicht mit zwei roten Flecken abgetan wie jetzt. Merke dir das.«

Das Umladen der Beute in die Laderäume der »Zephir« dauerte schon viel zu lange. Im Nordosten zeigten sich die Silhouetten von vier Schiffen, die vor dem Wind nach den Kanarischen Inseln segelten.

Marten wartete, bis sie sich so weit genähert hatten, daß er sie erkennen konnte. Nachdem er sich überzeugt hatte, daß es leichte, sicherlich aber gut bewaffnete spanische Fregatten waren, rückte er vor ihrer Nase aus und überließ die halb geleerte und beschädigte Karavelle ihrer Fürsorge und Obhut.

Maria Francesca bemerkte davon nichts mehr. Es hätte sie auch nicht interessiert. Zutiefst erregt und immer noch dem Weinen nahe, schloß sie sich in ihrer Kajüte ein, fertigte Marten, der an die Tür klopfte, ohne zu öffnen ab und versuchte zu beten, um ihre Ruhe wiederzufinden.

Auch das nutzte nichts. Ihre Gedanken kehrten ständig zu Manuel zurück, der sie wahrscheinlich für die Geliebte Martens gehalten hatte. Er wollte sie beseitigen, damit die Schande ein Ende hatte. Dann mußte sie an Sloven denken, dessen Zoten sie mit Scham und Zorn erfüllten.

Manuel de Tolosa war einst ihr Verehrer gewesen und hatte sich um ihre Hand bemüht. Aber erstens besaß er weder Vermögen noch Bedeutung, und zweitens gelang es ihm nicht, in ihr auch nur eine Spur von Gegenliebe zu erwecken. Sie liebte ihn nicht, denn er stotterte, war beschränkt und dabei sehr von sich eingenommen.

Maria wußte, daß er einige Monate vor ihrer Entführung aus dem Schloß da Insua y Viana nach Java gefahren war. Dort war ihm durch die Protektion Don Emilio de Vizellas ein unbedeutender Posten beim Militär zugesagt worden. Als sie ihn unter den Gefangenen an Bord der Karavelle gewahrte, hoffte sie, von ihm etwas über ihren Vater zu erfahren und durch seine Vermittlung eine Nachricht über sich nach Lissabon senden zu können. Und er, dieser Hohlkopf, hatte auf sie geschossen, anstatt seine Pistole auf das Herz Martens zu richten. Sicherlich war ihm ihre Entführung bekannt gewesen, und als er sie mit dem Degen an der Seite in Männerkleidung unter den Korsaren sah, hatte er daraus allzu rasche und falsche Schlußfolgerungen gezogen.

»So ein Dummkopf!« wiederholte sie laut. »Er hat in Java wahrscheinlich nicht einmal zum Offizier getaugt.«

Die Tat Manuels kränkte sie jedoch viel weniger als das unverschämte Benehmen Slovens. Der durchtriebene Halunke war bestimmt scharfblickender als Marten. Er erriet, was die Wände des Kastells am Heck der »Zephir« verbargen und vielleicht zum Teil auch das, was im Herzen der Señorita vor sich ging. Ihren Widerstand deutete er auf seine Art: zynisch und schamlos. Er dachte und sprach von ihr wie über ein Hafenmädchen, mit dem er gern geschlafen hätte. Andere Frauen kannte er ja nicht. Sie, Maria, betrachtete er als eine Kriegsbeute seines Kapitäns, die vorderhand noch unantastbar war, die er aber vielleicht als Geschenk erhalten würde wie eine abgetragene Joppe oder ein Paar abgelegter Stiefel. Er konnte sich bestimmt nicht vorstellen, daß sich Marten anders zu ihr verhielt. Fiele ich einem solchen Schurken in die Hände, dachte Maria Francesca, könnte mich selbst die Heilige Jungfrau nicht schützen.

Als die »Zephir« Ende Mai 1596 nach Deptford zurückkehrte, fühlte sich Marten wie ein Hinterwäldler, der in eine belebte Stadt gerät, in der gleichzeitig Jahrmarkt und Kirchweih ist, das Militär mobilisiert wird und ein Durcheinander herrscht, als würde demnächst die Welt untergehen. Jeden Augenblick erfuhr er Neuigkeiten, Gerüchte und Klatsch, daß ihm der Kopf dröhnte: Calais durch die Spanier eingenommen, die Kaperbriefe zugunsten des Staatsschatzes geändert, die Preise unerhört gestiegen, ein Bündnis mit Frankreich abgeschlossen, Krieg mit Spanien, Aufstand in Irland, Walter Raleigh zum Konteradmiral ernannt, Kriegszug nach Flandern, Enteignung von Privatgütern, angebliche Vorbereitung eines Dekrets über das Verbot der Einfuhr von Wein und der Ausfuhr von Wolle. Dazu kam noch die Jagd nach Bargeld zum Bezahlen rückständiger Steuern, die rücksichtslos und in sehr kurzer Zeit eingetrieben werden sollten. Das alles schuf eine fieberhafte Atmosphäre und unerhörte Verwirrung.

In den Ämtern, im Zollamt und in der Hafenverwaltung ging es drunter und drüber. Marten erhielt dort sich widersprechende Aufträge und Befehle. Mit den Finanzbeamten konnte er überhaupt zu keiner Verständigung gelangen. Ihr Appetit war so groß, daß er fast den vierten Teil seiner Beute zur Befriedigung früherer und jetziger Ansprüche des Schatzamtes opfern mußte. Obendrein war er gezwungen, den Rest durch Vermittlung der Königlichen Handelskammer zu verkaufen, wobei er für die Hälfte seiner Forderung Schuldscheine erhielt, die erst am Ende des nächsten Quartals zahlbar waren. Er wußte, daß man ihn ausnutzte und betrog. Aber in diesem Chaos, in diesem Hasten konnte er nichts ausrichten, zumal er gewöhnt war, seine Handelsangelegenheiten Schultz anzuvertrauen. Doch Schultz befand sich zu dieser Zeit mit allen Gehilfen seiner Londoner Zweigstelle in Plymouth.

Nach drei Tagen des Feilschens, des Streitens und des endlosen Wartens in den Gängen der Ämter war Marten so erschöpft und dieser Dinge so überdrüssig, daß er nachgab und alles unterschrieb, was ihm vorgelegt wurde. In Gegenwart der Hafeninspektoren Ihrer Königlichen Majestät befahl er, die Beute auf Barken und Leichter zu verladen, die die »Zephir« mit Ballast für die Fahrt nach Plymouth zu versorgen hatten. Dorthin sollte er sofort auslaufen und sich dem Grafen Essex zur Verfügung stellen.

Angewidert, erbittert und wütend erkundigte er sich vergeblich nach dem Ziel des beabsichtigten Unternehmens. Man erklärte ihm, daß er dies an Ort und Stelle erfahren werde. Dort erhalte er auch neue Lebensmittelvorräte, Pulver und Kugeln.

Marten mißtraute diesen Versicherungen. Im stillen verwünschte er die Bedingungen des Kaperbriefes, die ihn zwangen, sich den Befehlen unterzuordnen. Aus Erfahrung wußte er, welch geringen Gewinn reguläre Kriegshandlungen brachten und welchen Wert die Versprechungen der Königin in bezug auf den Sold besaßen. Er hatte den Dienst satt. Elisabeth ließ sich das Kaperpatent und ihren Privatanteil an der Ausrüstung der »Zephir« zu teuer bezahlen.

In der Flut von Gerüchten überwog die Ansicht, daß die Flotte unter dem Oberbefehl des Grafen Essex nach Irland auslaufen werde. Marten hatte keine Lust, sich an einer derartigen Fahrt zu beteiligen. Zum erstenmal überlegte er, ob er nicht doch den Vorschlag von Henryk Schultz, nach der Ostsee zurückzukehren, ernstlich in Betracht ziehen sollte. Dazu war es aber noch zu früh. Er mußte erst mit Ramirez abrechnen. Wenn er das nicht tat, konnte Maria Francesca meinen, er habe Angst vor ihm.

Maria Francesca... Bei dem Gedanken an sie wurde er noch gereizter. Sie schien es darauf abgesehen zu haben, ihm das Leben zu vergällen. An diesem Morgen erst hatte sie ihm wegen der vor der Fahrt nach Bayonne bestellten Kleider, an die sie sich plötzlich wieder erinnerte, eine Szene gemacht. Maria verlangte, daß er mit ihr nach London fahre, um die Sachen dort abzuholen, und wollte nicht hören, daß er keine Zeit dazu habe. Als er energisch ablehnte, schlug sie mit den Türen und erklärte, daß sie kein Essen anrühren werde, solange nicht sein »goldenes Herz« weich werde.

»Ein goldenes Herz, ja, aber nur für die Feinde«, fügte sie hinzu. »Für mich hast du ein Herz aus Granit!«

Diese unerwartete Wendung bewog Marten, einen seiner Schiffsjungen nach der Schneiderin, einer Frau Layton, zu schicken. Sie war eine Spanierin und die Frau des Leibkutschers Ihrer Königlichen Majestät. Der Layton verdankte England die gefältelten Krausen.

Diese anspruchsvolle Dame, die die Mode am Hofe der Königin Elisabeth bestimmte, schätzte sich sehr hoch ein. Sicherlich war sie beleidigt, daß man ihr Ende März, als die Kleider der Señorita de Vizella fertig waren, keinen Wagen geschickt hatte und seitdem niemand in ihre Werkstatt gekommen war, um sie abzuholen. Marten ahnte, daß man die Señora mit einem Geschenk besänftigen mußte, und wählte ein goldenes Armband aus, das ein großer Karfunkel zierte. Der Stein sollte die magische Eigenschaft besitzen, die Freundschaft zu festigen.

Señora Luiza Layton unterlag diesem Zauber, fuhr nach Deptford und erschien in Gesellschaft zweier Mädchen, die die Schachteln mit den Kleidern trugen, an Bord der »Zephir«. Durch einen Boten angemeldet, begab sie sich in das Kastell am Heck. Der ganze Aufzug, der am Ufer wartende Wagen, vor allem aber die Indiskretion des Schiffsjungen, der nach rechts und links, jedem, der es wissen wollte, erzählte, wen er aus White Hall geholt hatte, rief keine geringe Sensation unter den Matrosen auf dem Schiff und unter den Gaffern am Ufer hervor.

Marten war wütend. Alle konnten nun mit eigenen Augen sehen, wie weit er den Launen der Señorita nachgab, die er nicht einmal seine Geliebte nennen durfte. Er wußte, daß das kein Geheimnis war und daß seine intimsten Angelegenheiten von der Mannschaft seines Schiffes kommentiert wurden und Gegenstand des Klatsches in den Hafenschenken waren. Außerdem ärgerte es ihn, daß er sich mit solchen Dummheiten abgeben mußte, während er ernste Sorgen und Schwierigkeiten hatte. Zu alldem erhielt er von Maria nicht einmal ein Lächeln des Dankes als Lohn. Beim Anblick der Schneiderin hatte sie ihn vergessen.

Abends ließ er sich an Land bringen und ging zu Dicky Green. Bereits von der Tür aus sah er William Hoogstone, der allein in der Nähe des Schanktisches saß und trübsinnig in seinen Humpen starrte. Marten wußte, daß er Hoogstone hier treffen würde, denn die »Ibex« war morgens in der Nähe der »Zephir« vor Anker gegangen. Sie wartete auch auf Ballast und sollte dann ebenfalls nach Plymouth auslaufen. Die beiden Kapitäne hatten schon vom Deck ihrer Schiffe aus die ersten Grüße gewechselt, wobei Hoogstone seinem Freund Marten mitteilte, daß es ihm in der letzten Zeit nicht gerade gut gehe. Nun wurde er zwar etwas munter, ließ aber bald wieder die Nase hängen.

»Was bedrückt dich?« erkundigte sich Jan.

Hoogstone antwortete nicht gleich. Er seufzte, nahm einen Schluck aus dem Humpen und schob ihn zur Seite. »Ich kann wirklich nicht behaupten, daß ich auf Bier erpicht bin«, sagte er voll Mißbehagen. »Es schmeckt wie Spülicht, so schlecht brauen sie jetzt. Aber es ist wenigstens billig.«

»So schlimm steht es mit dir?« fragte Marten voll Mitgefühl. »Trinkst du Whisky?«

»Und ob!« entgegnete William. Er brauchte weiter keine Worte zu verlieren, um seine Vorliebe für starke Getränke auszudrücken. Marten bestellte eine Flasche und zwei Becher dazu.

»Drei«, verbesserte Hoogstone. »Carotte kommt nämlich gleich, ich traf ihn im Schatzamt.«

Carotte trat gerade durch die Tür, rotbäckig, lächelnd und voll Lebensfreude wie immer. Als er Marten begrüßt und umarmt hatte, wurde auch er ernst. Alle drei begannen auf die unerhörte Raffgier und Bestechlichkeit der königlichen Beamten und auf die widerrechtlichen Anordnungen des Hafenkapitäns zu schimpfen, über die man sich bei niemandem beschweren konnte.

Hoogstone beklagte sich über seinen habsüchtigen Schwiegervater. Salomon White hatte ihm zwar das Kommando über das Schiff und alle damit verbundenen Sorgen überlassen, verzichtete aber keineswegs auf die Einnahmen. Er war mißtrauisch, rücksichtslos und geizig wie Shylock in dem Theaterstück Shakespeares, das man sich im »Globus« ansehen konnte.

»Wenn es so weitergeht«, sagte Hoogstone, »lohnt sich der Seehandel oder die Kaperschiffahrt nicht mehr.«

363

Marten gab ihm recht. Die Preise für Schiffsausrüstungen und Lebensmittel waren um das Doppelte gestiegen. Solch Material wie Segeltuch und Farben war in Deptford überhaupt nicht zu erhalten. Es fehlte auch an Wein und Rauchfleisch. Die überseeischen Waren, die auf dem Markt sehr gesucht waren, kaufte ausschließlich die Königliche Handelskammer von den Korsaren auf, zahlte unverhältnismäßig niedrige Preise und nur die Hälfte in bar.

»Wir könnten uns für die Verluste schadlos halten«, sagte Marten schließlich, »würde es sich um ein Unternehmen gegen Spanien handeln. Wenn uns Essex aber nach Irland führt . . .«

»Ich glaube nicht daran«, unterbrach ihn Carotte. »Es ist doch allgemein bekannt, daß Spanien eine neue Armada ausrüstet. Wenn unsere ganze Flotte nach Irland segelt, wer bürgt dann dafür, daß Medina-Sidonia nicht versucht, hier oder, sagen wir, in Chatham zu landen? Denkt daran, die Spanier besitzen jetzt Calais, sie sind dort die Herren.«

»Du nimmst also an, daß es sich um Lissabon handelt?« fragte Marten.

»Eher um Cadiz«, erwiderte Carotte und senkte die Stimme. »In Kürze soll dort die Goldflotte aus Westindien eintreffen. Die spanische Eskorte ist angeblich schon ausgelaufen, um ihr entgegenzufahren.«

»Davon habe ich auch gehört«, rief Marten. »Ich suchte die Eskorte einige Wochen lang vergeblich. Sie war wohl schon bei den Bahama-Inseln angelangt, denn ich sichtete sie weder bei den Azoren noch in der Umgegend von Madeira.«

»Sie konnte irgendwo, zum Beispiel im Hafen von Terceira, vor Anker liegen«, sagte Carotte. »Dort hast du wohl nicht nachgesehen?«

Marten lachte. Port Terceira war zugleich eine uneinnehmbare Festung. »Nein«, antwortete er, »dort habe ich tatsächlich nicht nachgeschaut, denn ihr wart nicht mit. Ich würde mir aber ganz gern Cadiz ansehen.«

»Was mich betrifft, möchte ich lieber nicht meine Nase dort hineinstecken, wo Geschützsalven krachen«, erklärte Pierre. »Ich habe das Korsarenhandwerk aufgegeben. Ich bin schon zu alt dazu.«

»Weshalb fährst du dann nach Plymouth?« fragte Hoogstone erstaunt.

Carotte zuckte die Schultern. »Man hat mich gezwungen. Hätte ich mich nicht damit einverstanden erklärt, würden sie meine ›Vanneau‹ beschlagnahmt haben. Ich segle doch unter englischer Flagge. Aber im Vertrauen, ich hätte Lust, sie gegen die französische einzutauschen, und werde das bestimmt auch tun.«

»Du meinst wohl, in deinem Alter hat man besser mit einem Mann als mit einer Frau zu tun?« fragte Marten.

Carotte nickte lächelnd. »Es ist wahrhaftig niemals schlecht um einen bestellt, wenn man es nicht mit einer Frau zu tun hat«, erwiderte er. »Das betrifft ebenso den Grafen Essex und Heinrich IV. wie dich und mich. Apropos — wie geht es Mademoiselle Marie Françoise?«

»Danke«, murmelte Marten. »Sie erwartet . . .«

364

»Oh! Ich gratuliere!« rief Pierre.

»Sie erwartet, daß ihr Verlobter sie recht bald befreit«, beendete Marten den Satz.

Pierre wurde verlegen. Jan nahm ihm die unpassende Gratulation nicht übel. Sie sahen sich an und begannen zu lachen.

»Ich habe Ramirez in der Gegend der Azoren umsonst gesucht«, fuhr Marten fort und seufzte. »Angeblich befehligt er die Eskorte. Vielleicht wartet er tatsächlich unter dem Schutz der Geschütze von Terceira auf die Goldflotte.«

Die Vermutungen Carottes in bezug auf den Aufenthalt der spanischen Eskorte im Hafen von Terceira waren richtig. Die Goldflotte war bereits im Februar aus Puertobelo ausgelaufen, wo man die während des ganzen Jahres aus Neukastilien herangebrachten Schätze verladen hatte. Die Fahrt durch das Karibische Meer nach La Habana dauerte gewöhnlich mehrere Wochen. Oft mußte sie in La Habana noch auf die Schiffe mit dem Silber warten, die von Veracruz kamen. Erst nach deren Ankunft wurde der Transport endgültig formiert und fuhr unter dem Begleitschutz von Fregatten und Karavellen durch die Florida-Straße zum Atlantik. Dort vereinigte er sich an einer bestimmten Stelle westlich der Azoren oder in der Nähe der Kanarischen Inseln mit einer zusätzlichen Eskorte, die mitunter wochenlang in Angra auf der Insel Terceira oder in einem anderen Hafen, ja sogar auf offener See den verspäteten Konvoi erwarten mußte.

Im Frühjahr 1596 ließ die Goldflotte besonders lange auf sich warten. Der Kommodore Blasco de Ramirez war ungefähr zur gleichen Zeit aus Cadiz wie Marten aus Deptford ausgelaufen. Nun lag die Eskader bereits seit einem Monat im Hafen von Angra vor Anker. Ramirez schickte von dort aus leichte Fregatten auf die Suche nach dem sich verspätenden Konvoi.

Er war ungeduldig. Seine finanziellen wie auch die Heiratsangelegenheiten wurden immer verwickelter und brachten ihn zur Verzweiflung. Die letzteren standen übrigens in engem Zusammenhang mit seiner materiellen Lage, deren Besserung von der Eheschließung mit Maria Francesca de Vizella und deren Mitgift abhing. Solange Maria Geisel des Chevaliers de Belmont war, nahm er an, daß es zu einer Verständigung mit dessen Bevollmächtigten kommen und er imstande sein würde, sie mit Hilfe Don Emilios und des alten de Tolosa loszukaufen. Als er jedoch hörte, daß sie in die Hände Martens gefallen sei, verlor er jede Hoffnung.

Später erfuhr er, daß ihn Marten auf den Meeren suche. Wollte er Maria Francesca wiedergewinnen, dann mußte er ihm die Stirn bieten. Das war ihm klar. Die Geschichte wurde nun überall bekannt. Seine Ehre als Edelmann, sein Ruf stand auf dem Spiel. Wie konnte er aber das Duell mit Marten herbeiführen, wenn er dessen Aufenthaltsort nicht kannte?

Ramirez war schon entschlossen, einen Ort für diese Begegnung festzusetzen, als der Befehl der Admiralität ihn zwang, nach den Azoren zu segeln. Davon durfte er seinen Feind nicht unterrichten. Es wäre dem Verrat eines Geheimnisses gleichgekommen und hätte die Sicherheit der Goldflotte gefährdet. Marten konnte am Treffpunkt in Begleitung starker englischer Kräfte erscheinen und den Versuch wagen, wertvolle Beute zu machen. Von einem Seeräuber war nicht zu hoffen, daß er eine solche Nachricht für sich behalten würde.

Andererseits war Ramirez nicht abgeneigt, seine Verlobte zu opfern, wenn es ihm gelang, auf andere Weise seine Finanzen zu ordnen und seine bedrohte Ehre zu retten. Es gab eine solche Möglichkeit! Er mußte nur rechtzeitig in Cadiz sein, um an dem geplanten Kriegszug nach Irland teilnehmen zu können. Dort wollte er Marten in einen Hinterhalt locken. Diesen Plan hatte Ramirez bereits bis in alle Einzelheiten durchdacht.

Mit Irland verknüpfte er große Hoffnungen. Er erwartete, daß ihn der König wenn auch nicht gerade mit dem Oberbefehl über die ganze Armada, so doch mit dem Kommando über jenen Teil der Hauptstreitkräfte betrauen würde, der Dublin angreifen und die Landung der Truppen ermöglichen sollte. In dem Falle war ihm, abgesehen von der Kriegsbeute, die er in Dublin machen konnte, eine entsprechende Belohnung sicher. Bestimmt wurde er dann endlich zum Admiral ernannt und erhielt vielleicht sogar den Grafentitel mit dem entsprechenden Landbesitz. Das würde ihn in den Stand setzen, seine verpfändeten Güter in Neuspanien einzulösen, an seine Rückkehr nach Ciudad Rueda und schließlich an eine noch reichere Braut zu denken.

Alle diese Pläne hingen jetzt von den mehr oder weniger günstigen Schiffahrtsbedingungen auf dem Atlantik ab. Eine weitere Verspätung der Goldflotte würde sie zunichte machen, denn der Entscheid über die Entsendung der Armada nach Irland fiele dann in Madrid vor der Rückkehr seiner Eskader nach Cadiz.

Ramirez wußte, daß seine Chancen mit jedem Tag geringer wurden. In Spanien gab es genug Kommodoren und junge Konteradmirale, die sich um das Kommando der Expedition nach Irland bewarben. Wenn er zu spät kam, würde man ihm den Schutz der Küste anstatt den Angriff auf Dublin übertragen.

Die Nachricht vom Herannahen der Goldflotte gelangte an einem heißen Junitag nach Angra. Der Kommodore Ramirez hielt gerade Siesta, als der Kapitän der leichten, schnellen Fregatte »San Sebastian«, ein gewisser Filipe Chavez, die Botschaft brachte. Der Bericht des Kapitäns ergab, daß an der Spitze des Transports vierzehn mit Gold und Silber beladene Galeonen ohne jeglichen Schutz segelten. Der Rest des Konvois war weit zurückgeblieben und infolge des starken Weststurmes, der vor einigen Tagen die Schiffe zerstreut hatte, wahrscheinlich nach Osten verschlagen worden. Dieser zweite Teil des Konvois bestand vor dem Sturm aus sechsunddreißig gut bewaffneten Schiffen, die von mehreren, allerdings schon etwas veralteten Karavellen der Provinzialflotte begleitet wurden.

Als der Kommodore de Ramirez die Meldung gehört hatte, beschloß er, mit

366

seinen Hauptkräften sofort auszulaufen und der Spitzengruppe des Konvois entgegenzufahren. Seinem Stellvertreter, Kapitän Pascual Serrano, trug er auf, die zurückgebliebenen Schiffe zu suchen, denen in Anbetracht des starken Geleitschutzes keine Gefahren durch Piraten drohten.

Kapitän Serrano, ein alter, erfahrener Seemann, billigte diesen Plan, gestattete sich aber zu bemerken, daß es besser wäre, wenn die mit Schätzen beladenen vierzehn Schiffe in Terceira vor Anker gingen und auf die übrigen warteten, die er auffinden und geleiten sollte, damit dann der ganze Konvoi unter verstärktem Schutz nach Cadiz weiterfahren könne.

Dies lag jedoch nicht in den Absichten des Kommodore. Er erklärte dem Kapitän Serrano trocken, daß er seinen Rat nicht benötige. Er werde tun und lassen, was er für richtig halte. Im gegebenen Fall drängte er zur Eile.

Serrano erwiderte nichts darauf, obwohl ein Unwetter im Anzug war, das man seiner Meinung nach lieber im Hafen abwartete, als daß man sich der Gefahr aussetzte, ebenfalls vom Sturm zerstreut zu werden. Als von seinen Fregatten die Schaluppen zu Wasser gelassen wurden, die die Schiffe aus der sicheren Bucht schleppen sollten, war der Himmel wie Messing, die Erde wie ein glühendes Eisenblech und die Luft wie eine farblose, zitternde Flamme. Die leichten, trügerischen Windstöße füllten nicht die Segel. Das Leinen bauschte sich auf und sackte wieder zusammen. Die Strömung trieb die Schiffe bald nach der einen, bald nach der anderen Seite.

Erst gegen Abend, als die verschwommene Sonne hinter dem Scheitel der Berge stand und die aus Nordost heraufziehende drohende Wolkenbank anglühte, erwachte ein lebhafterer Wind und kräuselte das Wasser der Bucht. Die Fregatten Pascual Serranos entfernten sich in Kielwasserlinie. Majestätisch folgten ihnen die schweren Karavellen des Kommodore.

Das von Kapitän Serrano vorhergesehene Unwetter kam lange nicht zum Ausbruch. Die ganze Nacht über ballten sich Wolken zusammen, bedeckten den Himmel bald von Osten, bald von Norden her und schienen sich dann wieder zurückzuziehen. Wind kam auf und legte sich. Es war schwül. Die Sterne blickten durch Dunstschleier auf das unruhige Meer, gleichsam erschreckt von dem, was sich am Horizont vorbereitete.

Der Morgen erwachte blaß und kraftlos. Der Wind verstummte und blies dann von Osten. Eine verirrte Bö fegte dunkle Wolkenfetzen über den Himmel, ein kurzer kalter Regenschauer prasselte nieder und hörte ebenso plötzlich auf, wie er gekommen war. Gleich darauf zeigte sich für eine Weile die Sonne.

Blasco de Ramirez sah darin ein gutes Zeichen. »Entweder zieht alles im Norden vorüber, oder es löst sich auf«, sagte er zu seinem Ersten Offizier.

Man konnte fast annehmen, daß er recht behielt. Bis zum Mittag blieb alles in der Schwebe, es klärte sich sogar etwas auf. Doch von Osten her kamen immer größere Wellen. Als im Offizierssalon das Essen gereicht wurde, schwankte die »Santa Cruz« schon so stark, daß Ramirez befahl, das Heck zum Wind zu drehen.

Kurz darauf erhielt der Kommodore die Meldung, daß die Matrosen auf den Marsen die Segel von Schiffen sichteten, die ihnen entgegenkamen.

»Das sind sie!« rief er erfreut und lief hinaus. Aber die Entfernung war noch zu groß. Vom Deck aus konnte er nichts sehen, und auf den Mast zu entern, hatte er keine Lust. Er beschloß, zu Ende zu essen. Der Zustand des Meeres und das Aussehen des Himmels beunruhigten ihn jedoch. Die Wellen schlugen gegen das hohe, tonnenfförmige Heck, als spornten sie das Schiff zur Eile an. Der Himmel hing schwarz und schwer, wie die Wölbung einer riesigen Höhle, der der Einsturz droht.

Ramirez hatte plötzlich keinen Appetit mehr. Er dachte daran, daß er bald wenden und geradewegs in das drohende Unwetter hineinsegeln mußte. Seine Eskader bestand aus neun großen und sechs kleineren Karavellen. Zusammen mit den vierzehn Galeonen, die zu der Goldflotte gehörten, waren es neunundzwanzig Schiffe. Die »Santa Cruz« war das dreißigste. Solange das Meer ruhig und die Witterung günstig war, bereitete es keine großen Schwierigkeiten, eine solche Flottille zu leiten und ihre Marschordnung aufrechtzuerhalten, aber während eines Sturmes ...

Das Unwetter folgte ihnen auf den Fersen. Es wurde finster. Die Karavellen schwankten unbeholfen, sanken tief hinunter und wurden von dem ölig-dunklen Wasser wieder emporgehoben. Ihre Masten und Rahen neigten sich und stöhnten. Von Zeit zu Zeit stoben von Windstößen getriebene Regenschauer über das Meer. Die gelben Flaggen mit den roten Kreuzen des heiligen Jakob, die Ramirez auf den Mastspitzen hatte hissen lassen, flatterten wie erschrockene Vögel, deren Füße sich in den Maschen eines tückischen Netzes verfangen haben.

Vorn waren bereits die in zwei Reihen zu sieben Schiffen fahrenden Galeonen der Goldflotte zu sehen. Sie segelten mit Nordkurs unter Steuerbordhalsen und bereiteten sich anscheinend schon auf den Kampf mit dem Sturm vor. Die oberen Segel verschwanden eines nach dem anderen von den Masten.

Ramirez begrüßte die Ankömmlinge mit drei Kanonenschüssen. Von dem Schiff mit der Flagge des Kommodore antwortete man ihm auf die gleiche Weise.

Die »Santa Cruz« fuhr unter achterlichem Wind weiter an der Spitze der Eskorte, bis sie sich hinter dem Konvoi befand. Erst dann wurden von ihren Marsen Befehle signalisiert. Die zehn schweren Karavellen mit zwei Decks gingen ebenfalls auf Nordkurs, die sechs leichteren segelten weiter und umschifften den Konvoi von Westen her.

Gleich nach diesem Manöver ließ sich von fernher das erste warnende Donnergrollen vernehmen. Der Wind verstummte, es wurde totenstill. Plötzlich barst das dunkle Wolkengewölbe, ein zickzackförmiger blendender Riß entstand. Mit trockenem Knattern fuhr ein Blitz nieder, dem ein ohrenbetäubendes, weithin hallendes Krachen folgte. Im gleichen Augenblick begann der Sturm zu wüten.

Noch vor Sonnenuntergang löste sich das Unwetter in heftigen Regengüssen auf, und um Mitternacht glänzten wieder Sterne am Himmel. Das Meer beruhigte sich. Es wehte eine frische Brise.

Der Konvoi kam nicht mit dem bloßen Schrecken davon. Eine der mit Silber beladenen Galeonen war sofort gesunken, eine zweite hatte ein großes Leck und konnte nur durch unausgesetztes Pumpen über Wasser gehalten werden. Drei von den sechzehn Karavellen der Eskorte hatten schwere Schäden an der Takelage erlitten, so daß sie den übrigen nicht mehr folgen konnten und weit zurückblieben.

Der Kommodore Blasco de Ramirez wollte nicht auf sie warten. Er rettete, was zu retten war. Unter größten Anstrengungen wurden die Silberbarren von der sinkenden Galeone auf die »Santa Cruz« umgeladen. Dann ordnete sich der gelichtete Konvoi und nahm Kurs auf die Azoren. Am nächsten Tag ging er gegen Abend in Angra vor Anker.

Ramirez war unschlüssig, ob er nicht doch auf den zweiten Teil der Goldflotte warten sollte. Er hatte Befehl, den gesamten Konvoi zu geleiten. Erstens wollte aber der Kommodore so schnell wie möglich wieder in Spanien sein, um seine Angelegenheit an Ort und Stelle betreiben zu können, zweitens war er der Ansicht, daß die Fregattenflottille unter dem Kommando von Pascual Serrano im Verband mit den Karavellen der Provinzialflotte völlig genügte, die sechsunddreißig bewaffneten Transportschiffe zu eskortieren. Ihm selbst standen nun einschließlich der »Santa Cruz« dreizehn Karavellen als Geleitschutz für die zwölf Galeonen zur Verfügung, deren Ladung einen Wert von einigen Millionen Pistolen in Gold hatte. Er dachte, daß er dem König einen um so größeren Dienst erweise, je rascher er diesen Schatz nach Spanien bringe.

Schließlich beschloß er auszulaufen, sobald die Lebensmittel- und Wasservorräte ergänzt und die notwendigsten Reparaturen an den beschädigten Schiffen durchgeführt waren.

Am 17. Juni verließ der Konvoi Terceira und traf neun Tage später in Cadiz ein. Dort lag die zweite Armada vor Anker, die noch nicht bereit zum Auslaufen war. Am selben Tag, dem 26. Juni, traf die Nachricht ein, daß Serrano den Rest der Goldflotte gefunden, sich mit ihr vereinigt habe und sie nach Madeira geleite.

Blasco de Ramirez konnte mit sich zufrieden sein. Seine Entschlüsse hatten die Billigung des Herzogs von Medina-Sidonia gefunden, der dringend Geld zur Ausrüstung der Armada brauchte. Der Herzog hoffte, sofort nach dem Eintreffen des Transports aus Westindien die erforderlichen Mittel zu erhalten, wie es der König versprochen hatte. Beide, der Admiral sowohl wie der Kommodore, sollten sich jedoch nicht lange freuen.

9

Inzwischen machte Henryk Schultz in Plymouth als Hauptlieferant der Armee und Flotte glänzende Geschäfte. Er schloß Verträge ab, durch die er sich gegen jedes Risiko sicherte. Er wußte mehr als mancher Staatsmann, er war weitsichtiger als die Heerführer. Er berechnete alles kalt, nüchtern, unterlag nicht politischen Leidenschaften und ließ sich nur von materiellen Gesichtspunkten leiten. Schultz glaubte nicht mehr an den Sieg Spaniens wie vor acht Jahren, als der Anblick der »Unbesiegbaren Armada« und der kurze Aufenthalt im Escorial einen so großen Eindruck auf ihn gemacht hatten. Damals war er enttäuscht worden. Nur dank seiner Vorsicht und einer gewissen Dosis Glück hatte er keine Verluste erlitten. Jetzt war er noch vorsichtiger geworden und gab sich noch weniger irgendwelchen Illusionen hin.

Trotzdem verkaufte er die Londoner Filiale. Mit seinen Nachfolgern nahm er enge und freundschaftliche Handelsbeziehungen auf und sicherte sich in ihren Unternehmen besondere Privilegien. Diese Methode beabsichtigte er auch bei seinen anderen ausländischen Zweigstellen anzuwenden. Er verzichtete dabei auf den örtlichen Handel und konzentrierte sich auf die großen internationalen Geschäfte. Schultz gewann so vertrauenswürdige Kontrahenten, sparte viel Geld für die Administration und konnte sich neue Märkte erobern. Vor dem Abschluß der Reorganisation in London nutzte er noch rasch die ungewöhnlich günstige Konjunktur aus, leerte seine Lager und legte Kapital in Bordeaux an, wo er unter dem Schutz des Königs und des Herrn de Béthune, der erst vor kurzem den Titel eines Herzogs von Sully erhalten hatte, eine breite Tätigkeit zu entfalten gedachte.

Frankreich zog ihn jetzt viel mehr an als früher. Heinrich IV. war wieder Katholik geworden, und Herr de Béthune besaß einen praktischen Sinn, zeichnete sich durch Nüchternheit in der Beurteilung wirtschaftlicher Fragen aus und trachtete danach, sich zu bereichern. Zwar war Bordeaux weiterhin hugenottisch, der Haß zwischen den Anhängern der beiden Bekenntnisse war aber im Erlöschen und machte, wie in ganz Frankreich, toleranten Strömungen Platz. Schultz war der Ansicht, dort ohne große Anstrengung und ohne Risiko noch mehr erreichen zu können, als er bis jetzt in England erreicht hatte.

Seine konkreten, gut durchdachten Pläne trafen sich mit den noch unklaren Absichten Pierre Carottes und Jan Martens. Ihnen schloß sich auch der Chevalier de Belmont an, den die Undankbarkeit und Gleichgültigkeit des Grafen Essex nach dem Wechsel der politischen Orientierung kränkte und deprimierte. Schultz bemerkte ihre Stimmung und versuchte, da er keinen Verdienst verachtete, sie in eigenem Interesse auszunutzen. Zunächst bemühte er sich, auf ihren Entschluß

einzuwirken, indem er sich erbot, französische Kaufmannsrechte oder Kaper-
patente für sie zu beschaffen und ihre geschäftlichen Angelegenheiten in England
— selbstverständlich gegen eine entsprechende Provision — zu regeln.

Von diesen vier hatte angesichts der Vorbereitungen zu einem Kriegszug gegen
Spanien nur Marten gewisse Bedenken und Einwände gegen einen Vertrags-
abschluß. Er kam sich gegenüber dem Land und der Regierung, denen er bis jetzt
gedient hatte, wie ein Fahnenflüchtiger vor. Lieber hätte er den Dienst offen
aufgesagt, selbst wenn dies mit größeren Verlusten verbunden gewesen wäre, als
die Provision für Henryk Schultz betrug.

Allerdings ließ er seine Bedenken nicht laut werden, denn er wußte, daß man
ihn auslachen würde. Von seiner Schiffsbemannung weihte er niemanden ein.
Selbst Stephan Grabinski gegenüber schwieg er. Das fiel ihm um so leichter, als
Schultz sowohl ihm als auch Belmont und Carotte eine streng vertrauliche Mittei-
lung gemacht hatte: Mit Admiral Howard als Oberbefehlshaber sollte die gesamte
Flotte unter dem Kommando Raleighs gemeinsam mit den Landungstruppen des
Grafen Essex nicht Irland, sondern Cadiz angreifen.

Hier bot sich schon allein deshalb ein lockendes Ziel, weil die Goldflotte aus
Westindien jeden Tag in Cadiz eintreffen konnte. Der unmittelbar gegen Spanien
gerichtete Schlag lag gleichermaßen im politischen Interesse Englands wie auch
Frankreichs, und für Marten ergab sich vielleicht die Möglichkeit, Blasco de
Ramirez zu begegnen.

»Wenn ihr Glück habt«, sagte Schultz, »könnt ihr große Schätze erbeuten. Ihr
werdet jedoch mit König Heinrich teilen und auch dem Herrn de Béthune etwas
geben müssen. Das alles wird aber viel weniger betragen, als ihr in Deptford der
ganzen Beamtenmeute Elisabeths zahlen müßtet.«

Belmont blickte ihn voll Anerkennung an. »Richtig«, bestätigte er lebhaft.
»Denkt daran, wie es nach dem Sieg über die Große Armada war! Man erklärte
uns zynisch, daß den Helden ihr Heldentum genügen müsse! Der Gewinn floß in
die Kassen der Königin. Mir ist es lieber, wenn er in meine Tasche fließt.«

Carotte seufzte. »Ich habe auch nicht den Ehrgeiz, ein Held zu werden.«

Marten schwieg. Er war schon mit sich ins reine gekommen. Wie dem auch sei,
er hatte die Hilfe, die ihm von England zuteil geworden war, reichlich vergolten.
Seine Verdienste während der Kämpfe mit der Großen Armada waren nicht
belohnt worden. Er hielt seine Rechnungen für beglichen. Trotzdem war es besser,
Stephan nichts davon zu sagen.

Sein aufrichtiges, natürliches Wesen, seine jugendliche Begeisterung, seine
seemännische Begabung und die ungewöhnlichen Fähigkeiten bei der Aneignung
fremder Sprachen und der Kunst der Navigation hatten Grabinski das Herz
Martens gewonnen, der eine halb väterliche, halb brüderliche Zuneigung zu ihm
empfand. Stephan erinnerte Marten an die eigene Jugend und gemahnte ihn immer
lebhafter an seinen geliebten Bruder Karol. Je mehr sie miteinander sprachen,

desto häufiger stand Marten vor Problemen, mit denen er sich früher nie befaßt hatte. Stephan fragte ihn nicht nur nach beruflichen Dingen, die man leicht und verhältnismäßig einfach erklären konnte. Ihn beunruhigte zum Beispiel das Problem, weshalb Marten und sein Schiff England und nicht Spanien dienten. Jan entschloß sich damals zu einer langen, ziemlich verworrenen Erklärung. Er erzählte von den Grausamkeiten, die die spanischen Truppen in den Niederlanden begingen, von der blutigen Unterwerfung Neuspaniens und Neukastiliens und vergaß auch nicht die Geschichte Amahas und der Zerstörung Nahuas, der Hauptstadt des kleinen Indianerstaates, den er einst unterstützt und für dessen Unabhängigkeit er so viel geopfert hatte.

Marten glaubte, er hätte den jungen Mann überzeugt, denn Stephan war tief ergriffen.

Einige Tage später kam er jedoch mit neuen Zweifeln. England unterdrücke doch auch die Irländer, die ebenfalls frei sein wollten...

Marten erwiderte, daß er zu wenig über diese Dinge wisse, um sie erörtern zu können. Er sei aber gewiß, daß sich die Engländer nicht solche Grausamkeiten zuschulden kommen ließen wie die Spanier.

Diese Antwort befriedigte Stephan nicht. »Du hast doch selbst gesagt, daß die Engländer mit Negern handeln. Sie fangen die Schwarzen und verkaufen sie den Spaniern.«

»Nicht alle tun das«, antwortete Marten.

»Ich weiß, du hast es nie getan«, sagte Stephan. »Aber Hawkins und Drake, ja sogar der Herr de Belmont.«

»Ich kann doch nicht die Verantwortung für das übernehmen, was Hawkins und Drake machen«, entgegnete er.

»Sie haben es aber im Einverständnis mit der Königin getan, die an diesem Geschäft beteiligt war.«

»Nun, die Menschen sind keine Engel. Das solltest du wissen. Du kennst doch die Handlungsweise der Danziger Senatsherren. Übrigens, können wir beide daran etwas ändern? Als ich in Not war«, fügte er hinzu, »halfen mir Engländer, zuerst Salomon White, später andere, die Königin nicht ausgenommen. Soll ich alle ihre Fehler und Irrtümer untersuchen oder ihnen meine Dankbarkeit beweisen? Was meinst du?«

Dieses Argument war stichhaltig. Es überzeugte, ja begeisterte Stephan, so daß sich Marten etwas schämte.

Dankbarkeit? Er hatte sich nicht allein, nicht einmal hauptsächlich von Dankbarkeit leiten lassen. Ich nehme zu Ausreden Zuflucht, dachte er.

Jetzt, da er sich endgültig entschlossen hatte, den Dienst unter der englischen Flagge aufzugeben, kam ihm dieses Gespräch wieder in den Sinn.

Zum Teufel, fluchte er im stillen. Wie erkläre ich es ihm?

Ein Tag vor dem Auslaufen der Flotte aus Plymouth kam ein Kurier aus White Hall zum Grafen Essex. Der Graf erschrak bei seinem Anblick. Hatte es sich die Königin wieder anders überlegt? Mit zitternden Händen öffnete er die Sendung und atmete erleichtert auf. Sie enthielt Wünsche für seinen persönlichen Erfolg und ein von Elisabeth verfaßtes Gebet. Die Königin verlangte, daß es vor den Soldaten und Matrosen verlesen werde.

Dieser Auftrag war nicht leicht zu erfüllen. Um ihm dennoch Genüge zu leisten, wurden alle Kapitäne und Kommandeure der Truppenabteilungen in eine Kirche beordert, und Essex las das Werk seiner Protektorin, Wohltäterin und auch Geliebten, wie einige seiner Feinde behaupteten, laut vor.

»Allmächtiger Herrscher der Welt«, wandte sich Elisabeth im Namen ihrer Soldaten an Gott, »Du, der Du uns zur Tat begeistert hast! Wir flehen in Demut zu Dir, uns Erfolg und günstige Winde während der Fahrt herabzusenden. Gib uns den Sieg, der Deinen Ruhm mehrt und die Sicherheit Englands mit dem geringsten Opfer an englischem Blut festigt. Diesen unseren Bitten erteile, oh Herr, Deinen Segen. Amen.«

»Man kann nicht sagen, daß sich Ihre Königliche Majestät vor dem Schöpfer allzusehr gedemütigt hätte«, sagte Belmont zu Marten, als sie die Kirche verließen und mit Pierre Carotte und Hoogstone in ein Wirtshaus in East-Stonehouse gingen. »Ihr Brief an den Herrgott klingt wie die höfliche Note eines Herrschers an einen anderen. Er enthält etwas Schmeichelei, viel Selbstbewußtsein und einige Bitten mit dem Versprechen, den Ruhm Gottes zu mehren, falls sie erfüllt würden. Wenn Gott Sinn für Humor hat, dann müßte dies einen guten Eindruck auf ihn machen. Das Gebet ist kurz und nicht langweilig. Ich kann mir vorstellen, wie sehr ihn die Gebete der Spanier anöden müssen.«

Hoogstone sah den Chevalier finster an. Er verstand nicht immer, was Belmont im Sinn hatte. Er argwöhnte jedoch, daß dessen Worte der Ehre Gottes Abbruch taten. Das reizte ihn und ließ ihn um das Schicksal jedes Unternehmens bangen, an dem er gemeinsam mit dem Gotteslästerer beteiligt war. Er hielt aber den Mund. Einer Auseinandersetzung mit dem gewandten Chevalier war er nicht gewachsen.

Im Gasthaus bekamen sie weder Whisky noch Bier. Sie mußten lange warten, bis ihnen Wein gebracht wurde. Er war nach Martens Ansicht sauer wie Essig. Der Durst von vielen Tausenden Offizieren und Soldaten hatte Plymouth und seine Umgebung trockengelegt.

»Es ist höchste Zeit«, sagte Carotte, »daß wir endlich nach Bordeaux kommen. Dort kann man sich wenigstens die Gurgel spülen.«

»Nach Bordeaux?« fragte Hoogstone erstaunt. »Wir segeln doch nicht nach Frankreich.«

Seine drei Gefährten sahen sich an. Carotte biß sich auf die Zunge.

»Ihr verbergt mir etwas«, murmelte Hoogstone gekränkt.

Es hörte sich wie eine Anklage an. Marten tat der Kapitän Hoogstone leid, der

373

während vieler Jahre einer seiner treuesten Gefährten gewesen war. Nun schieden sich ihre Wege wohl für immer.

Ein Durcheinander, das von zwei angetrunkenen Kapitänen verursacht wurde, enthob ihn der Antwort. Sie hatten einen Streit mit dem Wirt begonnen, der sie nicht rasch genug bedient hatte. Die beiden hatten ihn aus der Gaststube in den Hausflur gezerrt und dort in die Enge getrieben. Der Wirt schien ganz verzweifelt zu sein. Er wehrte sich nicht, hörte ihre Schimpferei und Drohungen mit gesenktem Kopf und stumpfem, ergebenem Blick an. Marten stand auf, um ihn in Schutz zu nehmen.

»Worum handelt es sich?« erkundigte er sich.

»Herr«, erwiderte der Wirt kläglich, »ich weiß nicht mehr aus noch ein. Meine Frau hat die Wehen, die Kuh kalbt, das Brot im Backofen verbrennt und hier . . .« Er breitete ratlos die Arme aus.

»Nehmt das Brot aus dem Ofen, Wirt!« rief Carotte. »Vor allen Dingen das Brot! Das übrige kommt von allein!«

Die Gäste lachten hellauf. Der Wirt eilte, von der Richtigkeit dieses Rates überrascht, in die Küche und überließ es Marten, die ungeduldigen Gäste zu beruhigen.

»Setzt euch zu uns«, lud Jan die beiden Streithähne ein. »Wir haben einen Krug mit Wein, von dem man Darmverschlingung bekommen kann, aber etwas anderes kriegt ihr hier nicht.«

Entgegen dieser Versicherung zeigte sich der Wirt nach einiger Zeit mit einem großen Steinkrug von vielversprechender Form in der Küchentür. Sein Gesicht hatte die frühere Röte wiedergewonnen, um seine Lippen spielte ein Lächeln. Er trat an den Tisch, an dem nun sechs Kapitäne saßen.

Er verbeugte sich zuerst vor Marten, dann vor Carotte und sagte: »Gentlemen! Ich weiß nicht, wie ich meine Dankbarkeit für das, was mir zuteil wurde, ausdrücken soll und was ich in beträchtlichem Maße eurer Geistesgegenwart und Herzensgüte zuschreibe. Meine Frau hat mir einen kräftigen Sohn geschenkt, die Kuh ein gesundes Kalb, und das Brot ist prächtig geraten. Trinkt, bitte, auf eure eigene Gesundheit und eure Erfolge, vergeßt dabei nicht mich und den Familienzuwachs.«

Infolge dieses ungewöhnlichen Zwischenfalls erhielt William Hoogstone von seinen Freunden keinen Aufschluß über ihr Geheimnis.

Kaum einer der Kapitäne, die an der Kriegsfahrt gegen Spanien teilnahmen, kannte das eigentliche Ziel. Erst auf hoher See, als sie die Siegel der Befehle erbrochen hatten, lasen sie, daß sie Cadiz angreifen würden.

So gelang es, die Spanier zu überraschen. Ohne einen Schuß drang die englische Flotte in den Golf von Cadiz ein. Von keiner Nachricht, von keinem Gerücht angekündigt, tauchte sie wie eine Fata Morgana aus dem Meer auf.

Die Geschütze der Festung schwiegen. Der Kommandant nahm an, der zweite

Teil der Eskader unter Pascual Serrano laufe mit dem Rest der Goldflotte in den Hafen ein. Als ihm zu Bewußtsein kam, daß Serrano unmöglich bereits zwanzig Stunden nach Ramirez in Cadiz eintreffen konnte, war es zu spät. Die feindlichen Schiffe hatten die Festung passiert und hißten die englische Kriegsflagge. Von ihren Decks krachten Geschützsalven. Einige Dutzend in Flammen stehende Brander drangen in die Reihen der vor Anker liegenden Karavellen der zweiten Armada ein und steckten sie in Brand. An dem ungeschützten Ufer und den Anlegeplätzen von Puerto Real, Puerto de Santa Maria, Chiclana de la Frontera und San Fernando landeten kleinere Abteilungen, um die Hauptstreitkräfte gegen einen unerwarteten Angriff von der Landseite her zu sichern. Das dichte gutgezielte Feuer aus den Hakenbüchsen zerstreute jede in der Eile zusammengezogene spanische Abteilung, die sich in der Nähe zeigte.

Robert Devereux, Graf von Essex, führte die englischen Truppen zum Sturm gegen die Stadt. Er lief so lange zu Fuß an der Spitze seiner Soldaten, bis für ihn ein Pferd erbeutet wurde. Gleich darauf brach es unter ihm zusammen. Eine verirrte Kugel hatte es getroffen. Er schwang sich auf ein anderes. Mit einer Schar Berittener von seinen Gütern griff er das spanische Fußvolk an, das keine Zeit mehr hatte, die über den Kanal führende Brücke hochzuziehen und das Tor zu schließen. Von seinem Mut angefeuert, folgten dem Grafen die geschlossenen Reihen der Bogenschützen aus Devon, die Pikeniere und Hellebardiere aus Kent, die Yeomen und der niedere Adel, der, aus den verschiedenen Grafschaften Englands zusammengeströmt, freiwillig an dem Kriegszug teilnahm.

Die Stadt, die Festung und die ganze Insel de Leon wurden erobert. Reste der Garnison verteidigten noch den Zugang zum Binnenhafen, in dem die tags zuvor aus Westindien angekommenen Galeonen mit ihrer Gold- und Silberladung im Wert von acht Millionen Pistolen Zuflucht gesucht hatten.

Als Essex dies von Gefangenen erfuhr, schickte er Walter Raleigh unverzüglich den Befehl, die Zufahrt zum Binnenhafen zu erzwingen und den Schatz mit Beschlag zu belegen.

Doch Medina-Sidonia kam ihnen zuvor. Auf seinen Befehl steckten die spanischen Kapitäne ihre Schiffe in Brand. Als kurz nach Sonnenuntergang eine ganze Flottille von Schaluppen und die wendigsten englischen Fregatten unter vollen Segeln auf den Binnenhafen zufuhren, stieg über Cadiz der Feuerschein eines riesigen Brandes empor. Vor den Augen Raleighs sanken die zwölf Galeonen. Um sie herum standen Handelsschiffe, Barken, Brigantinen und Karavellen in Flammen, auf die das Feuer übergegriffen hatte.

Inmitten des Brausens und Rauschens des Flammenmeeres, des Zischens des an den Bordwänden kochenden Wassers, der Verwirrung, die unter den englischen Schiffen herrschte, die eilig alle Segel refften und vor Anker gingen, um sich vom Feuer fernzuhalten, entwischte unbemerkt eine spanische Karavelle mit zwei Artilleriedecks. Ihr Kapitän manövrierte geschickt im Schatten des Ufers, umschiffte die kurze Mole und glitt, die günstige Brise ausnutzend, an den hohen Mauern der Festung vorbei dem Ausgang der Bucht zu.

Er war fast sicher, daß niemand seine Flucht bemerkt hatte. Zwei Meilen vor ihm lag das offene Meer. Seine Chancen standen neun zu zehn, daß es ihm gelingen würde zu entkommen.

Als er zum letztenmal den Blick zurückwandte, bemerkte er vor dem hellen Feuerschein die hohen Masten und Segel eines Schiffes. Als er es näher ins Auge faßte, stellte er fest, daß es kein Spanier war. Er gab den Kanonieren den Befehl, mit glimmenden Lunten bei den Geschützen zu wachen, verbot ihnen aber zu schießen, bevor er nicht selbst das Signal gab. Noch wußte er nicht, ob er verfolgt werde, und beschloß, sich zu gegebener Zeit davon zu überzeugen. Er durfte nichts riskieren, denn er mußte Madeira erreichen, den Rest der Goldflotte warnen und sie von dem benachrichtigen, was in Cadiz geschehen war. Eine verfrühte Salve konnte ihm ein halbes Dutzend Engländer aus Puerto de Santa Maria auf den Hals hetzen, und das wünschte er nicht.

Er hatte kaum den dritten Teil seiner Mannschaft an Bord, gerade noch so viel, daß er einfache Manöver ausführen konnte. Die Zahl der Artilleristen reichte notfalls zur Bedienung der Geschütze einer Bordseite aus. Die übrigen hatte er an Land geschickt. Sie sollten in reichem Maße Proviant aller Art besorgen.

Trotzdem traute er sich zu, mit diesem Schiff, wenn es den Kurs nicht änderte und er selbst sich weit genug von der Küste entfernt hatte, in wenigen Sekunden fertig zu werden. Dann mochten ihn die Engländer verfolgen. Die Nacht würde dunkel sein.

Eine halbe Stunde später hatte die Karavelle die Bucht hinter sich, braßte die Rahen um und ging auf Südwestkurs. Die Segel des englischen Schiffes schimmerten hinter dem Heck in der Dunkelheit. Sie blieben immer weiter zurück. Nicht einmal mehr die Geschosse der Haubitzen hätten sie erreicht.

Um so besser, dachte der Kapitän der Karavelle. In spätestens einer Stunde verliere ich sie aus den Augen.

Nach einer Stunde hatte sich aber der Engländer wieder etwas genähert, zwar nicht so weit, daß er sich im Bereich der schweren Geschütze der Karavelle befand, aber weit genug, daß sie gesehen und ihre Bewegungen beobachtet werden konnten.

Es handelte sich zweifellos um eine Verfolgung. Das war unangenehm, wenn auch nicht allzu gefährlich, denn der Feind verhielt sich respektvoll und vorsichtig, was auf seine Schwäche hinwies. Dauerte sie jedoch länger an, mußte die Richtung, in der die Karavelle segelte, dem Engländer das Ziel verraten.

Der spanische Kapitän hatte es eilig. Die Goldflotte mußte rechtzeitig gewarnt werden. Er wollte sie noch in Funchal auf Madeira antreffen. Bis dorthin waren es noch über sechshundert Meilen, also drei oder vier Tagereisen. Wenn es ihm nicht gelang, den Engländer bis zum Morgen loszuwerden, konnte dieser umkehren und seinen Admiral verständigen. Ohne Zweifel würden die so rasch übermittelten Informationen im Verein mit den Aussagen der in Cadiz gemachten Gefangenen der englischen Flotte einen Überfall auf den Konvoi mit überwiegenden Kräften erleichtern.

Er mußte deshalb den hartnäckigen Engländer entweder an der Nase herumführen und vorderhand nach Westen mit Kurs auf die Azoren segeln oder versuchen, ihn näher heranzulocken und durch sein Geschützfeuer zu vernichten.

Der Kommandant der Karavelle probierte zuerst den zweiten Weg. Er befahl, die Segel zu kürzen, und hoffte, daß der Engländer es nicht bemerken werde. Doch der war auf der Hut und tat das gleiche. Die Geschwindigkeit beider Schiffe fiel von neun auf sieben, dann auf fünf Knoten. Die Entfernung zwischen ihnen änderte sich nicht.

Um Mitternacht hatte der Spanier das Katz- und Mausspiel satt. Seine Mannschaft brauchte Ruhe, mußte aber in ständiger Bereitschaft sein. Außerdem verlor er vergebens kostbare Zeit. Sein Verfolger beeilte sich nicht, er hatte wahrscheinlich Zeit im Überfluß. Anscheinend verfügte er auch über genügend Leute, die sich beim Dienst ablösen konnten.

Der spanische Kapitän ließ die Rahen wieder umbrassen und nahm Kurs auf die Azoren. Seine Karavelle segelte nun mit achterlichem Wind, und er hoffte, daß ihm das englische Schiff unter diesen Bedingungen an Schnelligkeit nicht gleichkommen würde.

Er irrte sich. Bei Tagesanbruch war der Verfolger etwa ein und eine halbe Meile hinter ihm. Der Spanier tröstete sich damit, daß er den Gegner wenigstens über die eigentliche Fahrtrichtung täuschte und immer weiter von Cadiz weglockte, während er selbst keinen großen Umweg machte. Es war aber ein schwacher Trost, denn der Wind drehte nach Nord, war also für den Engländer auf dem Rückweg viel günstiger. Der dachte aber noch nicht daran, umzukehren.

Die Strahlen der aufgehenden Sonne blendeten die Spanier. Sie konnten das geschickt manövrierende englische Schiff längere Zeit nicht sehen. Erst als sich die Sonnenscheibe höher über den Horizont erhoben hatte, zeigte es sich wieder. Es war beträchtlich näher herangekommen. Auf seinen Mastspitzen flatterten Flaggen, französische, wie der spanische Steuermann, der besonders scharfe Augen besaß, erstaunt feststellte.

»Ob Franzose oder Engländer, das bleibt sich gleich«, ließ sich sein Kapitän hören.

Inzwischen hatte der Gegner auf dem Großmast noch seine eigene Flagge gehißt, die schließlich ebenfalls bemerkt und erkannt wurde. Auf schwarzem Grund trug sie einen goldenen Marder.

In Cadiz feierten Armee und Flotte der Königin Elisabeth ihren Sieg. Der Hafen, die Stadt samt den umliegenden Städtchen, Häfen und Ansiedlungen waren nach vierzehnstündigem Kampf erobert worden. Auf den Gewässern der Bucht hatte Raleigh gesiegt, auf dem Lande Essex, der nun Befehle gab und mit eiserner Hand den Ausschreitungen der Soldaten in der eroberten Stadt Einhalt gebot. Ritterlich schonte er Kirchen und Geistliche und ließ sogar dreitausend Nonnen, die sich auf die Insel de Leon geflüchtet hatten, auf das Festland bringen. Freund und Feind bewunderten ihn. Nur vor den Augen Elisabeths fanden seine Taten anfangs keine Anerkennung.

Schließlich wurde Cadiz doch noch geplündert und an allen vier Ecken angezündet. Der Graf hatte sich dem barbarischen Vorhaben zwei Wochen lang widersetzt.

Während dieser Zeit war es im Kriegsrat zu hitzigen Auseinandersetzungen gekommen. Essex wollte Stadt und Festung wieder in Verteidigungszustand versetzen und hier weitere Beschlüsse der Königin abwarten. Als sein Projekt abgelehnt wurde, schlug er vor, eine Expedition in das Hinterland zu unternehmen und Sevilla anzugreifen. Doch auch dieser Plan fand nicht die Billigung seiner Kampfgefährten. Um Raleigh auf seine Seite zu ziehen, legte er ihm den Gedanken nahe, den Rest der Goldflotte auf hoher See zu überwältigen und sich ihrer Schätze zu bemächtigen.

Raleigh zögerte. Howard lehnte rundweg ab.

Schließlich beschlossen sie, nach England zurückzukehren und sich mit der Beute an Schmuck, wertvollen Waren, Waffen und der von der Stadt eingetriebenen Kontribution zu begnügen. Essex war enttäuscht. Spanien war zwar ein empfindlicher Schlag versetzt worden, seine Macht aber noch keineswegs gebrochen.

Ein kleiner Trost für den Grafen war die auf der Heimfahrt in Faro, der Hauptstadt der portugiesischen Provinz Algarve, geraubte herrliche Bibliothek des Bischofs Gregor Osorius. Aber selbst dieser erfolgreiche Handstreich verlockte die Admirale nicht zu Aktionen größeren Umfangs. Die Flotte und die Armee landeten in England.

Hier wurde der Graf Essex zum Abgott der Menge. Seine glückliche Taktik, die in Wirklichkeit fast ausschließlich das Verdienst Raleighs war, sein unbestreitbarer Mut und seine Ritterlichkeit wurden bald zu romantischen Legenden verwoben. In den Straßen Londons brachte man ihm begeisterte Ovationen dar. Ihm zu Ehren wurden Madrigale verfaßt und Balladen gesungen. Nur die Königin empfing ihn mit Vorwürfen. Sie hatte eine Bilanz der finanziellen Gewinne und Verluste dieses Unternehmens gemacht und war über das Ergebnis empört.

Die Ausrüstung der Schiffe, die Bewaffnung der Truppen und die Vorschüsse auf den Sold hatten fünfzigtausend Pfund verschlungen. Der Anteil des Königlichen Schatzamtes an der Beute betrug jedoch nicht ganze dreizehntausend Pfund. Obendrein verlangte Lord Howard von ihr noch zweitausend Pfund zur Besoldung seiner Matrosen und Essex den Rest der Entlohnung für seine Soldaten.

Elisabeth erklärte dem Grafen, daß sie ihm nicht einen Penny geben werde. Sie habe vorausgesehen, daß alle außer ihr bei dieser Expedition Reichtümer zusammenscharren würden. Wo waren die Millionen hingekommen, deren Verlust die Spanier zugaben, fragte sie. Woher kamen die Schmuckstücke und wertvollen Waren, mit denen London überschwemmt wurde? Wer hatte sie um die Perlenschnüre, die Ringe, die Goldketten, Agraffen und Diamantknöpfe gebracht, mit denen jetzt die Goldschmiede handelten? Wessen Beutel wurden von dem Geld prall, das aus dem Verkauf der Ledersäcke voll Quecksilber, der Kisten voll Zucker, der Fässer voll Wein, der Ballen von Damast und Goldbrokat stammte?

Sie beschuldigte Raleigh, verdächtigte Howard und Essex; den Kapitänen der Schiffe und den Befehlshabern der Truppen warf sie Diebstahl, ihren Beamten Korruption vor. Zu alldem drangen Gerüchte an ihr Ohr, daß mehrere Kaperschiffe nach Frankreich geflohen seien und sich unter den Schutz Heinrichs IV. gestellt hätten. Sie forderte deren Auslieferung samt ihrer Beute, die bestimmt riesengroß war. Heinrich IV. lehnte ab. Sicherlich hatte er bereits seinen Teil erhalten. Außerdem brauchte er Korsaren.

Essex blieb ruhig und hielt sich zurück. Er verteidigte seine Soldaten, denn sowohl der Landadel wie auch die Bürgerschaft und die Geistlichkeit standen hinter ihm. Seine Beliebtheit reizte Elisabeth. Dankgottesdienste für den Sieg ließ sie nur in den Kirchen Londons abhalten. Sie grollte dem Herrgott, weil er den Spaniern gestattet hatte, die mit Gold und Silber beladenen Galeonen in Brand zu stecken und zu versenken. Zudem fühlte sie sich beleidigt, da Essex während einer Predigt in der St.-Pauls-Kathedrale allzusehr gerühmt und mit Alexander von Mazedonien, ja sogar mit Hektor verglichen worden war.

Am meisten verletzten den Grafen ihre spöttischen Bemerkungen über seine von Lord Howard abgelehnten strategischen Pläne. Hier gab ihm jedoch das Schicksal volle Genugtuung. Bald darauf traf in London die Nachricht ein, daß die aus sechsunddreißig Schiffen bestehende Goldflotte, deren Ladung einen Wert von rund zwanzig Millionen Pistolen hatte, in den Hafen von Lissabon eingelaufen sei. Man konnte wohl mit Sicherheit annehmen, daß dieser Schatz in die Hände der Engländer gefallen wäre, wenn Howard und Raleigh auf die Ratschläge von Essex gehört hätten.

Als Marten im Licht der brennenden spanischen Galeonen das aus dem Hafen flüchtende Schiff gewahrte, erkannte er in ihm auf den ersten Blick die »Santa Cruz«. Er hatte dabei ein Gefühl, als wolle sein Herz die Brust sprengen. In diesem Augenblick drehte sich die »Zephir« langsam um ihre Ankerkette, und die Segel, deren Schoten plötzlich losgemacht worden waren, knatterten laut. Die englischen Fregatten drängten sich dicht aneinander und gingen, um nicht in den Bereich des Brandes zu kommen, Hals über Kopf vor Anker. Unter diesen Umständen war ein Manöver, das zum Ziel hatte, die Verfolgung von Ramirez unverzüglich aufzunehmen, besonders schwierig. Marten befürchtete, nicht zurechtzukommen. Die »Santa Cruz« würde entweder in der Dunkelheit verschwinden oder von den Kriegsschiffen Raleighs bemerkt werden, die an der Reede vor Anker lagen. Im ersten Fall hätte er nicht gewußt, wo er die Karavelle suchen sollte, im zweiten hätte er nicht mehr damit rechnen können, Ramirez unter vier Augen zu begegnen.

Marten beantwortete nicht die Fragen von Maria Francesca, die fast erriet, was ihn so erregte. Er rief Stephan Grabinski zu sich, teilte ihm in einigen Worten mit, worum es ging, und schickte ihn mit der ganzen Wache zum Bug. Bald darauf hörte er Stephans kurze, rasche Kommandos und das Knarren der Ankerwinde. Inzwischen braßten die beiden anderen Wachen die Rahen und legten die Schoten wieder fest. Gleichzeitig spürte Jan, daß die »Zephir« an der Ankerkette zog und dem Steuer zu gehorchen begann. Ein beunruhigender Gedanke schoß ihm durch den Kopf. Wenn die Matrosen am Bug nicht rasch genug den Anker hievten, drehte sich das Schiff wieder um hundertachtzig Grad und stieße dann bestimmt mit der Brigantine zusammen, die sich mit über den Grund schleppendem Anker immer bedrohlicher näherte. Er hätte es nicht verhindern können. Alles hing jetzt von Stephans Geistesgegenwart und der Gewandtheit seiner Leute ab.

Die Segel der »Zephir« faßten bereits die leichte Brise, als Stephan rief: »Der Ankerstock steht!«

Gleich darauf hörte Marten: »Der Anker schwimmt!«

»Hievt ihn schneller!« rief Marten.

Sie brauchten keine Aufmunterung. Das Gangspill drehte sich noch ein wenig, dann stand es still. »Anker vor der Klüse!« erklang die Stimme Stephans.

Die »Zephir« kam in Fahrt und glitt nur einige zehn Yards entfernt an der Brigantine vorbei, deren Bemannung aus Angst um die Rahen mit den Fäusten drohte und laute Verwünschungen ausstieß. Die »Zephir« legte sich auf den Kurs der Karavelle, die im Schatten der Küste zu entkommen suchte.

Marten sah nur die lichten Flecken ihrer Segel. Das genügte ihm. Er wollte sich ihr vorderhand nicht zu sehr nähern, um sein Schiff nicht den Geschossen auszusetzen, falls Ramirez auf den unklugen Gedanken kommen sollte, den Kampf schon in der Bucht aufzunehmen. Außerdem wollte Jan seinen Gegner nicht vorzeitig beunruhigen.

Erst jetzt wandte er sich an die Señorita, die trotz seiner Bitten nicht in der Kajüte bleiben wollte. Seit Beginn des Angriffs war sie auf dem Deck. Im stillen bewunderte er ihren Mut und ihre Ruhe. Mit starrem, wie versteinertem Gesicht verfolgte sie die Vernichtung der zweiten Armada, betrachtete sie die brennenden Schiffe, die zusammenstürzenden Häuser, das blutige Scharmützel zwischen den

381

landenden Truppen und Abteilungen spanischen Fußvolks. Das Dröhnen der Geschütze, das Heulen der vorüberfliegenden Geschosse, das Pfeifen der Musketenkugeln, das Geschrei der Kämpfenden, das Stöhnen der Verwundeten schienen keinen Eindruck auf sie zu machen, sie nicht zu erschrecken. Von Zeit zu Zeit runzelte sie die Brauen, wenn ihre feinen Nüstern den scharfen Geruch von Pulver und Rauch auffingen. Als die Nachricht eintraf, daß die mit Gold und Silber beladenen Galeonen im Binnenhafen Zuflucht gesucht hätten, und gleich darauf der Befehl an die englischen Schiffe folgte, sie einzukreisen und in die Bucht zu bugsieren, blitzten ihre Augen auf. Jähe Röte stieg in ihre Wangen. Als sie sah, daß die Spanier ihren Feinden zuvorgekommen waren und die Schiffe, ohne zu zögern, in Brand gesteckt hatten, stampfte sie mit dem Fuß auf. »Por dios, das sind keine Menschen, das sind Dämonen!« rief sie bewundernd.

»Das ist aber auch alles, was sie können«, antwortete Marten. »Sie haben Gold genug, um es zu versenken, und ausreichend Sklaven in Neukastilien, die es für sie der Erde entreißen.«

Maria sah ihn verächtlich an. »Und ihr seid nur imstande, es zu rauben«, entgegnete sie.

Ihr verächtlicher Ton änderte sich beim Anblick der manövrierenden Karavelle. Ihre Ahnung sagte ihr mehr als das Aussehen des Schiffes. Die heftige Erregung Martens, die sich in seinen Zügen widerspiegelte, bestärkte Marias Vermutungen. Sie wollte jedoch die Bestätigung aus seinem Munde hören.

»Ja«, antwortete er endlich, als die »Zephir« das freie Wasser der Bucht erreicht hatte und die Verfolgung aufnahm. »Es ist die ›Santa Cruz‹. Blasco de Ramirez ist ihr Kommandant. Er flieht. Aber er entkommt mir nicht.«

Maria Francesca sah ihn mit zornsprühenden Augen an. »Wenn er wüßte, daß du ihn verfolgst, würde er bestimmt umkehren.«

»Gewiß«, antwortete er lächelnd. »Deshalb soll er es erst zu gegebener Zeit erfahren. Ich möchte, daß er auch von deiner Anwesenheit auf der ›Zephir‹ weiß, daß er dich sieht, am besten in diesem scharlachroten Kleid, das du heute trägst.« Er ließ seinen heißen Blick über ihre Gestalt gleiten.

»Du bist sehr schön, Maria«, sprach er weiter. »Dieses Kleid scheint mir für die Gelegenheit am besten geeignet zu sein. Es hat die Farbe des Blutes und leuchtet weit. Du solltest es auch morgen anziehen. Ramirez wird dich dann auf dem Deck der ›Zephir‹ bemerken.«

»Du rechnest wohl damit, daß er in dem Falle nicht auf die ›Zephir‹ schießen läßt?« antwortete sie voll Ironie.

»Ich rechne damit, daß ihm die Ehre eines Hidalgo nicht gestattet zu fliehen«, entgegnete er. »Ich habe nicht vor, dich an einen Mast festzubinden, um ihn so von einem Angriff abzuhalten.«

»Das ist sehr edel von dir«, sagte Maria. »Ich werde morgen das Kleid tragen.«

382

Bevor noch die beiden Schiffe die Insel de Leon passiert hatten, war Martens Plan fertig. Er konnte sich leicht denken, daß die zwölf Galeonen, die von den Spaniern in Brand gesteckt worden waren, nicht die ganze Goldflotte darstellten. Der Rest, wahrscheinlich sogar der größere Teil des Konvois, mußte also entweder den Hafen von Sanlucar de Barrameda oder Lissabon anlaufen. Vielleicht befand er sich noch auf der Fahrt oder erwartete im Hafen von Terceira auf den Azoren die Eskorte. Blasco de Ramirez wußte sicherlich, wo er den Transport suchen mußte. Er wollte nicht nur seine Haut retten, sondern den Kommodore der Goldflotte und die Hafenämter davon in Kenntnis setzen, was geschehen war.

Segelte die »Santa Cruz« nach Norden oder Nordosten, überlegte Marten, dann muß ich sofort angreifen. Das ist zwar riskant, aber birgt doch gewisse Chancen auf Erfolg in sich. Nimmt sie Kurs nach Westen, dann tut Eile nicht not, und die Aussicht auf Erfolg ist erheblich größer.

Marten wartete gespannt auf den Entschluß seines Feindes. Als auf der Karavelle die Rahen umgebraßt wurden und das Schiff auf Südwestkurs ging, atmete er erleichtert auf.

»Nach den Azoren segeln sie«, sagte er zu Stephan. »Sie können uns nicht entkommen. Wir haben Zeit genug und werden sie ermüden. Ich nehme an, daß sie nicht besonders gut für diese Fahrt vorbereitet sind. Wir werden dafür sorgen, daß die Reise abwechslungsreich wird und möglichst lange dauert. Schlafe dich inzwischen aus. Ab morgen wirst du viel Arbeit haben.«

Stephan erklärte, daß er nicht schlafen werde. Das begonnene Spiel fesselte ihn. Er wollte von Anfang bis Ende dabeisein.

»Dann werde ich mich etwas ausruhen«, sagte Marten. »Für die Auseinandersetzung, die unser harrt, ist eine genügende Menge Schlaf genauso wichtig wie ein ausreichender Vorrat an Kugeln und Pulver.«

Er legte die Hand auf Stephans Schulter. »Ich vertraue dir«, sagte er ernst. »Ich vertraue dir so sehr, daß ich ruhig schlafen werde. Weißt du, wie weit die spanischen Haubitzen tragen?«

»Freilich. Ihre Geschosse sind bis auf drei viertel Meilen treffsicher«, antwortete Grabinski. Die Worte Martens bewegten ihn tief.

»Halte dich also eine Meile vom Heck der Karavelle entfernt. Nicht mehr und nicht weniger. Sollte Ramirez den Kurs auf Nord ändern, driften oder wenden, oder sollte sich ein anderes Schiff in der Nähe zeigen, kurzum, bei jeder entscheidenden Änderung der augenblicklichen Lage mußt du mich sofort wecken. Ich kann mich auf dich verlassen, nicht wahr?«

»Ganz gewiß, Kapitän«, antwortete Stephan. Er fühlte den festen Druck der Hand auf seiner Schulter und war ergriffen. Zum erstenmal vertraute ihm Marten die »Zephir« und sein eigenes Geschick an.

Als sich Jan entfernt hatte, wischte sich Grabinski verstohlen die Augen, holte tief Luft, begann zu lachen und seiner Freude freien Lauf zu lassen. Bei dem

383

Gedanken, daß nun eine Verantwortung auf ihm lastete, die er für keine Sekunde leichtnehmen durfte, beherrschte er sich. Die Nacht war dunkel, das richtige Abschätzen der Entfernung zur »Santa Cruz« sowie die Beobachtung ihrer Manöver erforderten gespannte Aufmerksamkeit.

»Steuert im Kurs der Karavelle weiter«, sagte er zu dem Bootsmann, der hinter ihm am Ruder stand. »Ich gehe zum Bug.«

»Im Kurs der Karavelle«, wiederholte dieser vorschriftsmäßig.

Grabinski ging auf das Schanzdeck hinunter, am Großmast vorbei, wo Klops Dienst hatte, kam dann am Fockmast vorüber, hinter dem Sloven döste, und stieg den Niedergang zum Vorderdeck und weiter zum Kastell empor. Dort traf er Tessari.

»Was gibt es Neues?« erkundigte sich der »Barbier« vertraulich.

Stephan sagte ihm, daß sich Marten in seine Kajüte zurückgezogen habe.

»Er hat dir also die Wache übergeben?« erriet Tessari sofort.

»Ja«, antwortete Grabinski.

»Sei unbesorgt. Wir alle werden dir helfen, wenn es erforderlich ist. Was habe ich zu tun?«

Stephan war von diesen Worten, besonders aber von dem wohlwollenden Ton, in dem Tessari gesprochen hatte, gerührt.

»Ich danke dir, Tessari«, murmelte er. »Ich bin hier der jüngste ...«

»Das hat nichts zu sagen«, brummte Tessari. »Ihr könnt mehr als ich.«

»Wir waren bis jetzt auf du und du«, antwortete Stephan. »Selbst wenn ich der Steuermann der ›Zephir‹ wäre, sollte es so sein. Aber ich bin es nicht.«

»Ich meine, daß du es doch bist«, erwiderte der »Barbier«. »Und so ist es auch in Ordnung. Marten war vierzehn Jahre alt, als er der Stellvertreter seines Vaters wurde, und achtzehn, als er nach dessen Tod das Kommando übernahm. Dort drüben ist sein schlimmster Feind«, fuhr er nach einer Weile fort und wies mit einer Kopfbewegung auf die Segel der »Santa Cruz«. »Das wird ein Zweikampf auf Leben und Tod. Hoffentlich kommt unser Kapitän mit heiler Haut davon.«

Grabinski sah ihn überrascht an. Bis jetzt war es ihm nicht in den Sinn gekommen, daß es anders sein könnte. Tessari bemerkte den Eindruck seiner Worte.

»Marten setzt alles auf eine Karte«, erklärte er. »Er hat immer Glück. Aber er rechnet nicht damit, daß er es mit einem Schurken zu tun hat. Wenn dieses Spiel ehrlich wäre ... Doch es geht dabei auch um die Señorita und ... Ach, hol's der Teufel! Ramirez muß man auf die Finger sehen, sonst ...«

Er brach plötzlich ab, ohne seine Gedanken zu Ende zu führen. Er sah zur Karavelle hinüber, deren Fahrt langsamer zu werden schien. Auch Stephan hatte es bemerkt.

»Wir sollen uns genau eine Meile von ihr entfernt halten«, sagte er. »Ich gehe zum Heck zurück.«

Auf dem Weg gab er Percy und Klops kurze Befehle. Die oberen Segel wurden etwas gekürzt, bald darauf auch einige der unteren. Das Log zeigte sieben, dann nur noch fünf Knoten an.

»Sie kriechen über das Wasser wie Fliegen im Pech«, meinte einer hinter Grabinskis Rücken.

»Sicherlich wollen sie sich mit uns ein wenig unterhalten«, antwortete ein anderer.

»Wir werden bei Tag mit ihnen reden«, sagte der erste und lachte. »Das wird eine laute Unterredung sein.«

»Das glaube ich. Pociecha wird ihnen eine Predigt halten.«

»Durch die Läufe unserer Falkonette, damit sie ihn besser verstehen.«

»Wir werden ihnen durch Gebärden begreiflich machen, worum es uns geht«, warf ein anderer ein. »Ich führe solche Gespräche am liebsten auf kurze Entfernung, auf einem fremden Deck.«

Trotz des frischen achterlichen Windes schien die Karavelle einzuschlafen. Das ging nun schon gut zwei Stunden so. Stephan befürchtete, daß sich hinter Ramirez' Verhalten irgendeine Arglist verbarg. Als er um Mitternacht schon Marten wecken wollte, braßte die »Santa Cruz« die Rahen um, ging auf Westkurs und erhöhte die Geschwindigkeit. Auf der »Zephir« tat man das gleiche, und die gemächliche Verfolgung ging weiter.

Als Marten am Morgen frisch und ausgeruht an Deck kam, befahl er, auf den Masten die französische und seine eigene Flagge zu hissen. Stephan Grabinski fragte, was diese Änderung zu bedeuten habe.

»Wir gehen in den Dienst Heinrichs von Bourbon über«, antwortete Marten. »Jetzt sind wir nur noch Verbündete Englands. Der unmittelbare Schutz Elisabeths kommt uns zu teuer zu stehen. Der französische König fordert nicht soviel von seinen Korsaren.«

Stephan genügte dies vorderhand. Er fragte nicht nach Einzelheiten.

Wenn Marten einen solchen Entschluß gefaßt hatte, dann mußte er auch richtig sein. Alles, was ihm bis jetzt über den Béarner zu Ohren gekommen war, trug dazu bei, daß er für diesen Mann, der durch seinen Mut das Königreich und die Krone erobert hatte, Sympathie empfand. Augenblicklich nahmen ihn aber die Ereignisse ringsum viel zu sehr in Anspruch, die ihm hundertmal interessanter und abenteuerlicher erschienen als der Wechsel des Kaperpatents und der Flagge.

Die »Santa Cruz« wendete. Ihre hochgetürmten Kastelle, der tonnenförmige Rumpf und die dicken Masten neigten sich zur Seite, und die Rahen drehten sich vor dem raumen Wind.

Marten verfolgte mit ironischem Lächeln das ungeschickte Manöver. Erst als die Karavelle mit dem Wind driftete und schließlich ihren Bug der »Zephir« zukehrte, ordnete auch er an zu wenden.

»Zeigt ihnen, wie man das macht«, rief er seinen Bootsleuten zu, trat selbst ans Steuerrad und packte mit beiden Händen die Griffe. Grabinski wollte auf das Vorderdeck eilen, Jan hielt ihn zurück. »Das ist nicht notwendig. Sieh von hier aus zu, was unsere Leute können.«

Das Manöver wurde gewandt ausgeführt. Das Steuerrad drehte sich in Martens Händen nach rechts, stand still, lief dann zurück nach links und stand wieder still. Gehorsam beschrieb die »Zephir« einen scharfen Bogen nach der Leeseite, und ihre Rahen und Segel drehten sich. Die Masten neigten sich nach Steuerbord, der schlanke Rumpf durchschnitt die eigene Schaumspur und schloß die Schleife. Diese ganze Wendung mit achterlichem Wind war beendet, bevor auf der »Santa Cruz« die Taue festgelegt waren.

Marten lachte, daß seine Zähne blitzten. Er übergab das Steuer dem dienst-habenden Bootsmann und wandte sich an Stephan. »Kein spanisches Schiff ist zu solch einem Manöver fähig«, sagte er prahlerisch. »Und sehr wenige andere«, ergänzte er.

»Das ist wahr«, bestätigte Stephan begeistert. »Nur Möwen kommen der ›Zephir‹ gleich. Euch aber niemand, Kapitän.«

»Du übertreibst«, antwortete Marten. »Tessari könnte das ebenso wie ich, und auch du wirst gleich gut steuern, wenn du erst mit den Fähigkeiten der Mannschaft vertraut geworden bist.«

Auf der Karavelle zuckte in einem Rauchwölkchen eine kurze Flamme auf. Dann erst hörte man das Dröhnen des Schusses und etwas später das Aufschlagen des Geschosses, das ein Stück hinter dem Heck der »Zephir« ins Meer fiel.

Fast zur gleichen Zeit erschien Maria Francesca in der Tür des Kastells. Sie trug das scharlachrote Samtkleid, das mit einer hohen Halskrause aus Brabanter Spitzen geschmückt war. Sie sah in ihm wie eine exotische Blume aus. Marten betrachtete sie entzückt. Wie geblendet von ihrer Schönheit, senkte Grabinski den Blick. Des Eindrucks bewußt, den sie machte, blieb sie eine Weile ihnen gegenüber stehen und sah sich um, als suche sie die Karavelle.

»Ich hörte das Dröhnen eines Schusses«, sagte sie endlich. »Was geht hier vor?«

»Der Kommodore de Ramirez verliert sein Gleichgewicht«, sagte Stephan.

»Und seine Munition«, fügte Marten hinzu. »Er ist nicht ausgeschlafen.«

Alle drei beobachteten die Karavelle, die steuerbord immer mehr zurückblieb. Marten hatte anscheinend einen neuen Entschluß gefaßt. Er lächelte.

»Wir dürfen ihn nicht entmutigen«, sagte er. »Versuchen wir so zu segeln, daß er nicht die Hoffnung verliert.«

Er befahl, weiter nach Steuerbord abzudrehen. »Recht so!« rief er dem Boots-mann zu, als die »Zephir« einen weiten Bogen zu beschreiben begann.

Dann trat er zu Maria. »Ich danke dir«, sagte er leise. Sie machte einen Schritt zurück und zog die Brauen zusammen. »Glaubst du vielleicht, ich hätte das Kleid dir zuliebe angezogen?«

»Durchaus nicht«, widersprach er lebhaft. »Ich wollte nur, daß er dich schon von weitem sieht und weiß, daß er dich durch Ausdauer und Mut wiedergewinnen kann.«

Sie blickte Jan fest in die Augen. »Zweifelst du daran?«

»Wer weiß«, erwiderte er zögernd. »Ich bin bereit, es zu glauben. Übrigens bleibt ihm keine andere Wahl.«

Maria wandte sich schroff ab. Das Dröhnen eines neuen Schusses zerriß die Luft. Auch diesmal erreichte das Geschoß nicht sein Ziel.

»Siehst du?« sagte sie triumphierend.

»Ich sehe und höre. Und — freue mich, obwohl ich einen stärkeren Gegner vor mir haben möchte, einen besseren Seemann, verstehst du, der die Reichweite seiner Geschütze genau kennt und die Entfernung des Ziels richtig zu schätzen vermag. Sieh, Maria: Jetzt hast du die ganze Bordwand der ›Santa Cruz‹ vor dir. Wenn du deinen Blick anspannst, kannst du die Schlünde der Geschütze auf beiden Artilleriedecks erkennen. Es sind vierundzwanzig, die acht in den Kastellen nicht mitgerechnet. Außerdem müssen sechs oder acht leichte Geschütze auf dem Schanzdeck stehen. Das sind bestimmt Oktaven oder Viertelkartaunen. Überdies hat er noch ungefähr zwanzig Hakenbüchsen und mindestens sechzig Musketen an Bord. Die ›Santa Cruz‹ ist doppelt so groß wie die ›Zephir‹ und ihre Bemannung . . .«

»Das weiß ich«, unterbrach sie ihn. »Belmont hat mich bereits darüber unterrichtet, um mich von deiner Unerschrockenheit zu überzeugen. Ich weiß es jetzt. Du gleichst einem andalusischen Stier, der nur seine Hörner hat und gegen eine Schar von Banderilleros und Picadores kämpft. Meistens unterliegt aber der Stier dem Matador.«

»Dein Blasco soll wohl dieser Matador sein?«

»Vielleicht . . . Ich habe gehört, er hätte dir schon einmal deine Träume zerschlagen. Er kann es auch ein zweites Mal tun.«

Diese Worte, die Maria in ungewöhnlich ruhigem, fast gleichgültigem Ton an Marten richtete, empörten ihn. Der Zorn brodelte wie glühende Lava in ihm und hätte sich beinahe in einer Flut von Verwünschungen Luft gemacht. Der tolle Gedanke schoß ihm durch den Kopf, die »Zephir« gegen die Karavelle zu steuern und diese durch den Zusammenstoß selbst auf die Gefahr hin zu vernichten, mit ihr zugleich zu sinken. Doch er beherrschte sich.

»Wir werden ja sehen«, sagte er und biß die Zähne zusammen.

Den Kampf zwischen der »Santa Cruz« und der »Zephir«, zwischen Ramirez und Marten, mit einem Stierkampf zu vergleichen schien auf den ersten Blick gar nicht so abwegig. Doch Marten spielte sicherlich nicht die Rolle des Stieres. Im Gegenteil: Seine Taktik, den Gegner zu täuschen und hinzuhalten, ihn ständig zu reizen und verwegene Manöver auszuführen, die anscheinend alle Chancen Ramirez in die Hände spielten und ihn zu Angriffen verleiteten, die im letzten

387

Augenblick fehlschlugen, erweckten zweifellos den Eindruck, daß Marten der Matador war, der mit einem wütenden Stier spielte.

Immer wieder krachten die Geschütze der »Santa Cruz« einzeln oder in Salven. Die »Zephir« wich den Geschossen stets rechtzeitig aus. Sie kreuzte nicht ganz eine Meile vom Bug der Karavelle entfernt, beschrieb weite Bogen und gestattete dem Gegner, sich ihr in gerader Linie zu nähern. Legten die spanischen Artilleristen die Lunten an die Zündlöcher ihrer Geschütze, um eine Salve auf den lästigen Gegner abzufeuern, dann wich dieser nach Backbord oder Steuerbord aus und entfernte sich unbeschädigt.

Ramirez war wütend. Sein Schiff konnte den vor ihm kreuzenden Feind nicht einholen. Jedes Wechseln der Halsen erforderte von der viel zu schwachen, ermüdeten Bemannung größte Anstrengung. Die Artilleristen zielten schlecht, das Laden der Geschütze verbrauchte die letzten Kräfte der Kanoniere. Es fehlte an Leuten zum Tragen der Kugeln und des Pulvers. Er mußte ihnen wenigstens eine kurze Rast gönnen.

Ramirez wußte, daß die Señorita de Vizella Zeugin seiner Mißerfolge war. Bitterkeit erfüllte ihn. Manchmal wünschte er, daß Maria Francesca durch einen gutgezielten Schuß umkommen möge, damit sie nicht länger diesem demütigenden Endkampf zusehen konnte.

Nach dreistündiger vergeblicher Schießerei gab er auf und segelte nach Westen weiter. Er hoffte, daß Marten nach Cadiz zurückkehren würde.

Doch er irrte sich. Die »Zephir« folgte ihm wie sein Schatten. Da sie schneller und wendiger war, konnte sie sich ihm jeden Augenblick wieder nähern und angreifen. Ramirez sah sich deshalb gezwungen, seine Leute in ständiger Alarmbereitschaft zu halten. Nach wie vor mußten die Kanoniere mit glimmenden Lunten bei den Geschützen warten. Qualm erfüllte das Zwischendeck und verpestete die Luft.

Der Kommodore fiel fast um vor Erschöpfung. Nur der Haß, die Wut und die Demütigung hielten ihn aufrecht. Sooft er zu der hohen Segelpyramide der »Zephir« hinübersah, suchte er unwillkürlich den roten Fleck auf dem Deck. Die Señorita de Vizella stand dort unter den ungeschliffenen Léperos, war deren Roheiten und gemeinen Scherzen ausgesetzt. Der Verbrecher, der Befehlshaber dieser Bande, wollte anscheinend sein Schiff durch die Anwesenheit Marias schützen. Sie begriff wohl, daß ein spanischer Kommodore selbst unter solchen Umständen nicht zögert, den Feind zu vernichten. Er hatte es bewiesen, besser gesagt, er wollte es beweisen, indem er die »Zephir« drei Stunden lang beschoß.

Später kam ihm der Gedanke, daß Maria Francesca die Fehlschüsse seiner Sorge und Angst um ihr Leben zuschreiben könnte. Er wußte selbst nicht recht, was ihm mehr zusagte, was ihn vorteilhafter in ihren Augen erscheinen ließ und gleichzeitig seiner Ehre als Hidalgo größeren Ruhm brachte.

Ein neues Manöver der »Zephir« unterbrach seine Überlegungen. Das Korsarenschiff schien zum Angriff übergehen zu wollen. Unter vollen Segeln flog es auf die Karavelle zu, als wollte Marten sie backbord überholen.

Das ist sein Untergang, dachte Ramirez. Er zog die gesamte Geschützbedienung nach Backbord und befahl, in Höhe der unteren Marsrahen auf die Masten zu zielen. Doch eine halbe Meile hinter dem Heck der »Santa Cruz« bog die »Zephir« nach Steuerbord ab. Als die spanischen Kanoniere nach Steuerbord stürzten, um dort die Geschütze zu richten, kürzte Marten, als hätte er die Vorgänge auf den Artilleriedecks der Karavelle mit eigenen Augen gesehen, blitzschnell die oberen Segel und ließ die Klüver- und Stagsegel reffen. Die »Zephir« verlor an Fahrt und entging im letzten Augenblick den Zwölfpfündern, die die atemlosen spanischen Kanoniere in aller Eile noch aus dem Hinterkastell abgefeuert hatten.

Derartige Täuschungsmanöver wiederholten sich den ganzen Tag. Seit sechsunddreißig Stunden fand die spanische Bemannung keinen Augenblick Ruhe. Auch die Nacht brachte keine Änderung im Verhalten des hartnäckigen Verfolgers. Die Spanier sanken vor Ermattung um, schliefen bei den Tauen und Geschützen ein. Von Befehlen und Fußtritten immer wieder hochgeschreckt, begannen sie zu murren und sich aufzulehnen.

Aber auch auf der »Zephir« ging es nicht ohne Aufbegehren ab. Percy Burnes, genannt Sloven, war der Anstifter. Als Bootsmann unterstanden ihm mehrere in seiner Heimatstadt Hastings Neuangemusterte. Sie waren wohl mit dem Seemannshandwerk genügend vertraut, gehörten aber zu der Sorte Matrosen, die sich nie an ein Schiff gewöhnen. Man fand sie in allen Häfen im Überfluß. Jeder Kapitän konnte mit ihnen seine Bemannung ergänzen, war aber nie sicher, ob sie nicht eines Tages die Heuer verlangten und ihn in einem verlorenen Nest im Stich ließen, weil sie gerade die Arbeit satt hatten. Die vier paßten ausgezeichnet zu Sloven, obwohl dieser schon länger als ein Jahrzehnt auf der »Zephir« fuhr.

Sloven gefiel die Verfolgungsfahrt nicht. Er hatte erwartet, in Cadiz sein Schäfchen ins trockene bringen und alle irdischen Freuden nach Herzenslust genießen zu können. Doch Cadiz mit seinen Schätzen ging ihm an der Nase vorbei: die Häuser der Reichen, die Kirchen, die Residenz des Bischofs, die Werkstätten der Goldschmiede, die Schenken und Weinstuben und die schönen Señoras und Señoritas. Alles das heimsten andere ein.

Und weshalb? Aus welch triftigem Grund? Weil es dem Kapitän gefiel, den erlauchten Herrn Ramirez, mit dem er früher einmal aneinandergeraten war, über den ganzen Atlantik zu verfolgen. Wenn die alte Heringstonne, die »Santa Cruz«, wenigstens etwas Wertvolles enthielte! Aber sobald man sie erobert hätte — wer weiß, um welchen Preis —, würde es sich zeigen, daß es in den Laderäumen nichts außer ein paar hundert Ratten und einem Haufen verschimmelten Schiffszwiebacks gab. Der Kapitän käme auf seine Kosten. Er würde den spanischen Hidalgo an den Beinen aufhängen oder ihm den Bauch aufschlitzen. Was hätte aber die Bemannung davon?

»Wofür arbeiten wir uns die Hände bis zum Ellbogen ab?« fragte er seine Landsleute. »Für ein paar Schilling die Woche? Wofür riskieren wir Kopf und Kragen? Damit Marten vor seiner Puppe angeben und zeigen kann, was für ein fixer Kerl er ist? Zum Teufel mit solch einem Dienst!«

Sie hörten ihm mit offenem Mund zu und gaben ihm recht. Als Stephan Grabinski hinter Percy auftauchte, verstummten sie und senkten die Köpfe. Der eine oder andere versuchte, aus dem Logis auf das Deck zu entwischen. Grabinski vertrat ihnen den Weg. »Stehenbleiben!« befahl er streng.

Beim Klang der Stimme drehte sich Percy jäh um. »Kommt der junge Herr zu uns zu Gast, oder will er spionieren?« fragte er mit einem tückischen Blick.

»Ich will dich etwas fragen, Burnes«, antwortete Stephan. »Sage mir, hast du schon einmal Sterne am hellichten Tag gesehen?«

Sloven wußte nicht recht, ob das Spott sein sollte oder ob Grabinski seine Rede gehört hatte und ganz einfach scherzte.

»Sterne? Am hellichten Tag?« wiederholte er. »Du wirst sie gleich sehen!«

Kaum hatte Sloven diese Worte vernommen, als tatsächlich ein Bündel auseinandersprühender Sterne vor seinen Augen tanzte. Gleichzeitig spürte er einen empfindlichen Schmerz im Unterkiefer. Das Deck glitt unter seinen Beinen weg. Er flog durch die ganze Breite des Logis und schlug gegen die Wand.

Burnes' Kopf dröhnte, er verlor die Fähigkeit, zu denken und die Erscheinungen um sich herum miteinander in Verbindung zu bringen. Die Schotten, die halboffene Tür, die Pritschen und Menschen wirbelten durcheinander. Es dauerte lange, bis er seine Umgebung wiedererkannte. Er versuchte aufzustehen. Mit einiger Anstrengung gelang es ihm. Doch die Verwünschungen, die ihm auf der Zunge lagen, brachte er nicht heraus. Sein Kiefer war ausgerenkt, und er konnte ihn nicht bewegen. Sloven brüllte deshalb laut auf, sowohl aus Angst wie auch vor Schmerz, und sank auf die nächste Pritsche.

Grabinski ahnte, was Percy fehlte, konnte ihm aber nicht helfen, da seine Hand von dem Schlag wie gelähmt war.

»Rufe den Oberbootsmann«, sagte er zu seinem Matrosen. »Er ist auf dem Deck.«

Als Pociecha den Kiefer wieder eingerenkt hatte und von Stephan über den Vorfall unterrichtet worden war, fand Percy die Sprache wieder. Er fluchte nicht und stieß keine Verwünschungen aus, sondern schlug einen weinerlichen Ton an.

»Habe ich das verdient nach soviel Jahren Dienst auf diesem Schiff? Wofür?« fragte er kläglich. »Was habe ich denn getan, daß ich so behandelt werde?«

Er tat Stephan leid. »Na, na, Percy«, sagte er begütigend. »Stell dich nicht als unschuldiges Opfer hin. Ich hatte nicht die Absicht, so hart zuzuschlagen.«

Pociecha nickte anerkennend mit dem Kopf. »Das war eine saubere Arbeit.« Er lächelte. »Mit ihm braucht man kein Mitleid zu haben. Eigentlich sollte man dich wegen Aufwiegelung der Leute hängen«, wandte er sich an Sloven.

»Ich habe niemanden aufgewiegelt«, jammerte Percy. »Ich habe Zeugen ... Sagt selbst!« Er drehte sich nach seinen Landsleuten um. »Habe ich euch zur Meuterei aufgewiegelt?«

»Du hast keine Zeit mehr dazu gehabt«, rief Grabinski. »Ich kam gerade im richtigen Augenblick. Wenn du meinst, daß dir Unrecht geschehen ist, können wir den Fall dem Kapitän unterbreiten. Wie du willst.«

»Das ist nicht notwendig«, murmelte Sloven. »Ich werde bei Gelegenheit bessere Gerechtigkeit zu finden wissen.«

»Wie du willst«, wiederholte Stephan.

Während dieser Nacht gönnte sich Marten keinen Schlaf. Er wollte Ramirez und dessen Leute bis aufs äußerste ermüden. Da er am Nachmittag einige Stunden geschlafen hatte, fühlte er sich ausgeruht genug, um, wenn es sein mußte, auch den ganzen nächsten Tag aufbleiben zu können.

Die Karavelle segelte unbeirrt weiter nach Südwesten. Sie fuhr also nicht nach den Azoren, wie Marten anfangs gedacht hatte, sondern nach Madeira. Er nahm sich vor, sie erst auf halbem Wege dorthin anzugreifen. Der Zufall wollte es anders. Bald darauf konnte Jan ermessen, wieviel er ihm verdankte.

Das Ganze ereignete sich kurz vor Sonnenaufgang und war so erstaunlich, daß im ersten Augenblick niemand, weder auf der »Zephir« noch auf der »Santa Cruz«, die Ursache dieses Vorfalls enträtseln konnte.

Die anfängliche Situation und der Verlauf der weiteren Ereignisse hatten sich in den Augen des Kommodore Blasco de Ramirez folgendermaßen gestaltet: Fast die gesamte Geschützbedienung befand sich auf den Artilleriedecks der Backbordseite, da die »Zephir« wieder einmal so manövrierte, als wollte sie die Karavelle backbord überholen. Ramirez, der schon durch Erfahrung gewitzt war, nahm keineswegs an, daß sich Marten tatsächlich entschlossen hätte, ein derart riskantes Manöver zu Ende zu führen. Er glaubte vielmehr, daß sein Gegner nach einer Weile den Kurs ändern und wieder zurückbleiben würde. Trotzdem trieb Ramirez seine Kanoniere zu den Geschützen und besetzte auch zwei sechspfündige Oktaven im Heckkastell.

Die »Zephir« näherte sich langsam. Es verging fast eine halbe Stunde, und noch immer befand sie sich nicht in der Reichweite der Oktaven. Ramirez gab deshalb nicht den Befehl, das Feuer zu eröffnen. Er wollte warten, bis sich die Entfernung noch weiter verringert oder Marten den Kurs seines Schiffes geändert hätte. Das Warten wurde ihm zur Qual.

Plötzlich krachte aus einer schweren Haubitze vom unteren Artilleriedeck ein Schuß, dem gleich darauf das lang anhaltende Dröhnen einer Breitseite aus sämtlichen Backbordgeschützen folgte. Durch den heftigen Rückstoß der elf Geschütze drehte sich die »Santa Cruz« wie von einem Rammbock getroffen nach Steuerbord. Die meisten Leute fielen, des Gleichgewichts beraubt, auf die Planken.

Ramirez erging es nicht anders. Er raffte sich aber sofort wieder auf und warf zunächst einen Blick nach der »Zephir«, die nach wie vor mit gleichem Kurs segelte. Vor dem bereits heller werdenden Himmel war sie gut sichtbar. Sie lag drei viertel Meilen backbord hinter der Karavelle. Trotzdem konnte man sie nicht aufs Korn nehmen, da der waagerechte Beschußwinkel der Haubitzen und Falkonette nicht ausreichte. Die Salve hatte also nicht ihr gegolten. Wem sonst? Das Meer war ringsumher öde und leer. Nicht ein Segel, nicht einmal die Spur eines Schiffes war außer der »Zephir« bis zum Horizont hin zu entdecken.

Ramirez stieß einen kräftigen Fluch aus und lief, so schnell er konnte, zu seinen Artilleristen hinunter. Auf dem ersten Deck traf er den völlig verdatterten Kommandanten der Falkonettbatterie.

»Auf wen hast du geschossen?« brüllte der Kommodore.

Der Offizier konnte kein Wort hervorbringen. Seine Zähne schlugen aufeinander, der Schweiß rann ihm über das todblasse Gesicht. Ramirez wollte ihm im ersten Zorn eine Kugel durch den Kopf jagen, dann überlegte er es sich. Damit hätte er sich des einzigen Menschen beraubt, der fähig war, das Feuer der Batterie zu leiten.

»Ladet die Geschütze«, befahl er. »Beeilt euch!«

Ramirez eilte auf das untere Deck zur Haubitzenbatterie. Er hoffte, dort des Rätsels Lösung zu finden, denn aus einer Haubitze war der erste Schuß gefallen. Verrat? dachte er. Meuterei? Er lief durch einen dunklen, rauchgefüllten Gang, trat über eine hohe Schwelle und stolperte ein paar Schritte weiter über einen Menschen, der an der Lafette des ersten Geschützes lag. Unbeherrscht versetzte er ihm einen kräftigen Fußtritt. Aber er hörte nicht einmal ein Stöhnen. Der junge Kanonier lebte nicht mehr. Sein Gesicht war zermalmt, der Schädel zerschmettert. In der verkrampften Hand hielt er noch die glimmende Lunte.

Der Kommandant der Haubitzenbatterie war nicht weniger bestürzt als sein Kamerad vom oberen Artilleriedeck. Trotzdem brachte er auf die schroffen Fragen des Kommodore, der nur mit Mühe seine Wut zurückhielt, einige Worte zu seiner Verteidigung vor.

Er bestritt, geschlafen zu haben, als der erste Schuß fiel, wenn er auch nicht hellwach gewesen war. Er hatte keinen Befehl gegeben, ja nicht einmal Zeit gehabt, einen Schrei auszustoßen. Die Kanoniere hatten bereits die Lunten an die Zündlöcher gehalten.

»Weshalb haben sie das getan?«

Der Batteriekommandant zuckte die Achseln. »Der Knall des Schusses wird sie aus dem Schlaf gerissen haben. Sicherlich nahmen sie an, daß der Befehl gegeben worden war, die Geschütze abzufeuern. Das konnten sie für möglich halten, da sie seit vierzig Stunden mit der rauchenden Lunte in der Hand scharfe Alarmbereitschaft hatten.«

Die Erklärung leuchtete Ramirez ein, doch seine Wut verringerte sich nicht. Er beschimpfte die Kanoniere und schlug mit der flachen Klinge auf sie ein. Auch gegen den Kommandanten holte er aus. Diesem war inzwischen klargeworden, daß er nichts mehr zu verlieren hatte. Er sprang zurück und zog den Degen.

»Ich lasse dich aufhängen«, tobte Ramirez.

»Ihr könnt mich erschießen lassen, Eure Hoheit«, entgegnete der Offizier. »Ich bin ein Edelmann wie Ihr und dulde keine Beleidigungen.«

Sie maßen sich mit Blicken, dann steckte Ramirez als erster den Degen in die Scheide. Der Batteriekommandant tat das gleiche.

»Dieser Unglückliche«, sagte er dann und wies auf den Toten, »muß wohl, als er einschlief, das Zündloch mit der Lunte berührt haben. Das Geschütz hat ihm beim Rückstoß den Schädel zertrümmert.«

»Das war sein Glück«, knurrte Ramirez. »Wäre er noch am Leben, würde ich ihm die Haut abziehen.«

In diesem Augenblick krachte oben aus dem Heckkastell ein Schuß.

»Eine Oktave«, sagte der Batteriekommandant. »Das ist doch nicht...«

Er sprach nicht zu Ende. Eine Erschütterung des ganzen Schiffes, ein Dröhnen, das vom Deck kam, unterbrach ihn. Eine Sekunde später hörten sie backbord den kurzen Donner einer Salve. Gleich darauf begann über dem Kopf des Kommodore ein wilder, sich steigender Tumult.

Plötzlich begriff Ramirez, was bevorstand. Die Gedanken schossen ihm wie Pfeile durch den Kopf, der vor Entsetzen zu zerspringen drohte. Die »Zephir« geht zum Angriff über! Sie bereitet sich zum Entern vor! Das Feuer der leichten Geschütze auf dem Deck kann sie nicht zurückhalten, die ganze Backbordseite ist wehrlos!

»Wenden!« schrie er laut, als könnte ihn die Bemannung auf dem Deck hören. »Zur Steuerbordseite«, befahl er dem Batteriekommandanten. »Alle zur Steuerbordseite, an die Geschütze!«

Er eilte zum Niedergang, stolperte wieder über den toten Kanonier und hastete zum Deck hinauf.

Als Marten den einzelnen Schuß und dann die Breitseite der »Santa Cruz« hörte, dachte er im ersten Augenblick an eine Pulverexplosion. Als er aber hinter der Rauchwolke, die der Wind rasch zerteilte, die unbeschädigten Masten und Segel der Karavelle sah, begriff er, daß etwas anderes geschehen sein mußte. Er versuchte erst gar nicht zu enträtseln, was es sein konnte. Er erkannte die günstige Gelegenheit und zögerte keine Sekunde, zum Angriff überzugehen.

Eine gutgeschulte Geschützbedienung brauchte mindestens eine halbe Stunde, um die schweren Geschütze umzudrehen, sie zu laden, die Rohre wieder nach außen zu wenden, die Lafetten festzuzurren und die Geschütze zu richten. Die »Zephir« aber konnte die Karavelle in wenigen Minuten einholen und an ihrem Backbord anlegen. Aus dieser einfachen Rechnung ergab sich der ebenso einfache Schluß: Angreifen!

Mit Pfeifen und Rufen brachten die Bootsleute die ganze Bemannung auf die Beine. Die Kanoniere nahmen die Gefechtsposten bei den Geschützen ein. Die Klüver- und Bramsegel waren im Nu gesetzt, füllten sich mit Wind, und die »Zephir« flog, schäumende Gischt hinter sich lassend, auf den Gegner zu.

Marten wußte, daß es ein Kampf auf Leben und Tod sein würde. Wenn es ihm nicht gelang, die Karavelle gleich beim ersten Ansturm zu nehmen, gab es für ihn kein Zurück mehr. Daher setzte er alles auf eine Karte: Er beschloß, mit fast allen seinen Leuten zu entern und nur Pociecha mit einigen Schützen auf der »Zephir« zurückzulassen. Der Oberbootsmann würde lieber das Schiff in die Luft sprengen und damit auch die »Santa Cruz« versenken, als sich ergeben, das wußte Jan.

Mit dröhnender Stimme rief er seiner Mannschaft zu: »Wir müssen siegen oder sterben, uns bleibt keine andere Wahl!«

Rufe der Begeisterung antworteten ihm. In der Kampfstimmung, die sich seiner bemächtigt hatte, vergaß Jan Maria. Er dachte erst wieder an sie, als er Leonia, ihre Kammerzofe, bemerkte, die aus dem Heckkastell kam. Er rief sie. Anscheinend hörte sie ihn nicht, denn sie war halb taub. Marten zögerte. Ob noch genügend Zeit war, Maria Francesca aufzusuchen? Er schaute zur »Santa Cruz« hinüber. Die Karavelle segelte noch immer mit gleichem Kurs weiter. Sie war schon nahe, nur noch ungefähr achtzig Yards von der »Zephir« entfernt. Es sah so aus, als hätte sich auf dem spanischen Schiff nichts Besonderes ereignet. Marten konnte dies nicht verstehen. Sie hatten doch nicht Salut geschossen!

Sie führen etwas im Schilde, dachte er. Ich werde sie nicht aus den Augen lassen. Noch mehr darf ich nicht riskieren.

Jemand zog ihn am Ärmel. Leonia war es. Sie hatte ihn endlich gefunden. Obwohl sie nicht begriff, was um sie herum geschah, machte sie einen verstörten Eindruck.

»Die Señorita . . ., die Señorita sich ankleiden . . .«, stammelte sie.

»Sage ihr, sie möchte hierherkommen«, unterbrach Marten die Alte.

»Ich bin hier«, vernahm er hinter sich eine ruhige Stimme, deren Klang ihn mit Wärme erfüllte. »Ich hörte das Dröhnen der Geschütze. Ist es soweit?«

»Ja«, antwortete Marten und sah ihr in die Augen. »Bald wird sich alles entscheiden.« Er spähte wieder zur Karavelle hinüber. Dann sprach er, ohne den Blick von der Señorita abzuwenden, weiter: »Ich wollte dich sehen, Maria. Bist du dir dessen bewußt, daß beide Schiffe untergehen, falls unser Angriff fehlschlägt? Wenn es mir gelingt, die ›Santa Cruz‹ zu erobern, kann Ramirez mit dem

Leben davonkommen, noch mehr, er hat dann die Möglichkeit, dich von mir zu befreien.«

»Ich fürchte mich nicht«, antwortete Maria Francesca. »Möge sich endlich alles entscheiden.«

»So sehr haßt du mich?«

Die Antwort auf seine Frage hörte er nicht mehr. Aus dem Hinterkastell der »Santa Cruz« schlug eine kurze Flamme, ein Geschoß sauste über das Deck der »Zephir«, dann ertönte das Dröhnen des Schusses.

»Ruder nach Backbord, zur Bordwand!« rief Marten.

Das Schiff wendete fast auf der Stelle und wandte das Steuerbord der Karavelle zu. Marten beugte sich über das offene Luk. »Feuer!«

Ein roter Blitz zuckte den Rumpf entlang, ein heftiger Stoß erschütterte das Deck, die Geschütze brüllten auf, eine mächtige Rauchwolke verhüllte die Sicht.

Marten rief: »Steuer nach Backbord!« Dann schwang er sich über das Geländer und sprang auf das Schanzdeck zwischen seine Bootsleute.

Señorita de Vizella sah klopfenden Herzens, mit geröteten Wangen dem Kampf zu. Das, was sich jetzt vor ihren Augen abspielte, war keine fortlaufende Handlung mehr. Wie in einem wirren, unruhigen Traum nahm sie nur einzelne Bilder wahr.

Hinter der zerflatternden Rauchwand tauchen die zersplitterten Masten des spanischen Schiffes auf, das, vom Wind getrieben, driftet.

Auf der »Zephir« werden eilends die Segel geborgen. Ihr langer Bugspriet bohrt sich in die Wanten und Stage der Karavelle und bleibt in ihnen wie in einem Netz hängen. Beide Schiffe legen sich Bord an Bord.

Marten springt, den Degen in der Hand, auf das Deck der »Santa Cruz«. Drei Leute mit blitzenden Helmen vertreten ihm den Weg. Sie richten ihre Piken gegen ihn. Er weicht den Stichen aus und greift selbst an. Ein Pikenier fällt, die beiden anderen verschwinden im Gewimmel der Korsaren, die nun wie ein Welle das Deck überfluten. Der Lärm schwillt an, ebbt wieder ab. Man unterscheidet vereinzelte Schüsse, Triumph- und Angstgeschrei.

Vor dem Heckkastell drängt sich das Fußvolk. Die dichten Reihen wachsen ständig. Irgendein unbegreiflicher Mechanismus scheint immer neue Bewaffnete aus dem Leib des Schiffes auszuspeien. Sie formieren sich zu einem Dreieck, das sich immer rascher vorschiebt und wie ein Keil in die Reihen der Angreifer dringt.

Auf dem hochragenden Kastell bleibt ein Mann zurück. Er steht vornübergebeugt und starrt hinab. Blasco de Ramirez! Er läßt seinen Blick über das Deck der »Zephir« schweifen, ruft etwas, gibt irgendwelche Befehle und weist mit dem Degen auf die Mars des einen noch aufragenden Mastes der Karavelle.

Schon klettern etliche Musketiere hinauf. Da krachen ganz in der Nähe, hinter dem Rücken der Señorita, Schüsse. Der Oberbootsmann Pociecha und seine sechs Scharfschützen haben sie abgegeben. Sie knien auf einem Bein, zielen, schießen, stehen auf und laden wieder. Die fertigen, schon vorher abgemessenen Ladungen gleiten mit den Pfropfen in die Läufe, die Bleikugeln folgen ihnen, die Ladestöcke stampfen sie fest, unter dem Feuerstein wird Pulver auf die Pfanne geschüttet, die Hähne klirren beim Spannen. Die Schützen knien wieder nieder, heben die Musketen hoch. Die langen Läufe sind auf die Spanier gerichtet, die sich noch nicht in den unter den Mastspitzen befestigten Körben decken können. Wieder kracht ein naher Schuß, scharfer, beißender Rauch zieht über das Heck der »Zephir«. Von den Wanten der Karavelle stürzt ein tödlich verwundeter Spanier. Wie ein schwerer Sack fällt er mit ausgebreiteten Armen herab. Ein zweiter hängt noch eine Weile an einem Tau. Dann löst der Tod seinen Griff.

Was geschieht aber auf dem Hauptdeck der Karavelle? Was ist aus dem mit brünierten Halbpanzern gewappneten Keil des Fußvolkes geworden?

Nein, das ist kein geschlossener Keil in dichten Reihen mehr. Seine Glieder sind geborsten, zersprengt. Die Korsaren, die zunächst zurückgewichen waren, haben sich in die Flanken der eisenstarrenden Kompanie verbissen wie Hetzhunde in einen Keiler. Messer, kurze Schwerter, mexikanische Macheten und Äxte blitzen. Blut fließt über die Deckplanken. Das Klirren der Waffen, das Stöhnen der Verwundeten, die Todesschreie der Sterbenden, der Lärm der Kämpfenden vereinigen sich zu einem höllischen Chor.

Wo ist Marten? Seine Gestalt ist in dem dichten Gedränge nicht zu sehen. Ist er tot? Verwundet? Niedergetreten von den Feinden?

Dort ist er! Aus dem Wirrwarr reißt er sich los, bahnt sich mit blutigem Degen den Weg, läuft zum Niedergang des Hinterdecks, nimmt drei, vier Stufen auf einmal und steht vor seinem Todfeind.

Ramirez weicht wie vor einem Gespenst zurück. Marten sieht tatsächlich schrecklich aus: Er ist blutbedeckt, die Haare hängen ihm wirr in die Stirn, seine Augen funkeln; in dem vom Pulverdampf geschwärzten Gesicht glänzen die Zähne — denn er lacht, lacht aus vollem Halse, als wäre er von Sinnen. Ramirez hat sich bereits wieder in der Gewalt. Sein Degen blitzt. Ein plötzlicher Stich ins Herz — ein Stich, nicht zu parieren! Maria Francesca schrie auf, als wäre ihr Herz durchbohrt worden. Im gleichen Augenblick gewahrte sie ein zweites Aufblitzen, diesmal hoch über dem Kopf von Ramirez. Sie begriff, daß es dessen Degen war und daß Marten lebte. Nun hatte nur er eine Waffe in der Hand. Die glänzende Klinge, mit der Ramirez blitzschnell zugestoßen hatte, fiel klirrend auf das Deck der »Zephir«. Die Señorita lief hinunter, um den Degen aufzuheben. Der Stahl blinkte fleckenlos rein, an ihm war keine Spur von Blut.

Maria sah zum Heck der Karavelle hinauf. Marten stand hinter seinem Gegner, hielt ihn am Kragen fest und rief weithin vernehmbar in spanischer Sprache: »Streckt die Waffen! Euer Kommandant hat sich ergeben!«

Der Stab des Kommodore Blasco de Ramirez bestand aus vier jüngeren Offizieren, den Kommandanten der Haubitzen- und der Falkonettbatterie sowie dem

Hauptmann der Marineinfanterie. Der Kommandant der Artillerie, der Intendant und der Erste Offizier waren in Cadiz zurückgeblieben. Sie hatten an dem verhängnisvollen Tag verschiedene Formalitäten und Angelegenheiten, die mit der Versorgung der Eskorte zusammenhingen, in den Hafenämtern zu erledigen gehabt.

Der Hauptmann des Fußvolks hieß Lorenzo Zapata. Er diente schon einige Jahre unter Ramirez und war diesem ganz besonders ergeben und zugetan. Er zeichnete sich ebenso wie Ramirez durch Jähzorn und Gewalttätigkeit aus, übertraf ihn jedoch an Grausamkeit und Schlauheit. Zapata stammte aus einer reichen Familie mexikanischer Gachupins und verfügte über ein beträchtliches Einkommen. Dies gestattete ihm, die Rolle eines großen Herrn zu spielen, obwohl er aus dem niederen Adel stammte und keinen Titel führte. Er hatte an dem Soldatenberuf Gefallen gefunden und widmete sich ihm mit viel Eifer, der aber nur selten durch eine Beförderung belohnt wurde. Daran war sein unbeherrschtes Temperament schuld, das sich in ständigen Händeln und sogar Morden äußerte, zu denen er sich gelegentlich hinreißen ließ.

In Anbetracht seines Ranges und der auffallenden Vertrautheit mit dem Kommodore hatte ihn Marten in einer Kajüte der »Zephir«, getrennt von Ramirez, unterbringen lassen. Sloven bewachte Zapata, Klops den Kommodore. Die übrigen Offiziere wurden im Bootsmannslogis eingesperrt. Jan verhörte sie der Reihe nach, um etwas über den Aufenthaltsort der Goldflotte zu erfahren.

Sie wußten nicht viel. Ramirez und Zapata verweigerten rundweg jede Auskunft.

Man behandelte die Spanier äußerst rücksichtsvoll. Marten hatte ihnen ihre Degen und Pistolen abgenommen und seinen Leuten jede Beraubung der Gefangenen verboten. In seiner Ritterlichkeit ging er so weit, daß er befahl, die Offiziere nicht zu durchsuchen. Deshalb blieb der Hauptmann im Besitz eines kleinen Pulverhorns und eines Säckchens mit Kugeln.

Zapata hielt die Handlungsweise der Korsaren für Dummheit, schalt sich aber im stillen selbst einen Dummkopf. Weshalb hatte er seine Pistole abgegeben? Er hätte sie doch leicht verbergen können. Eine Waffe kann immer von Nutzen sein. Es gibt keine noch so schwierige Situation, die sich nicht plötzlich ändern könnte, wenn man imstande ist, jede sich bietende Gelegenheit beim Schopf zu packen.

Lorenzo Zapata hatte schon so manches Mal in der Klemme gesteckt. Weil er sich nie von seiner Pistole trennte, hatte er stets einen Ausweg gefunden. Jetzt war er wehrlos, obendrein durch eigene Schuld. Nur etwas Pulver und einige Kugeln besaß er. Welch eine Ironie war das! Für einen dreißigjährigen Mann, einen erfahrenen Soldaten und Raufbold, hatte er einen unverzeihlichen Fehler begangen. Wie ein schüchterner Milchbart hatte er sich benommen und sich selbst der Chance beraubt, die man ihm unvorsichtigerweise bot!

Durch die kleinen, runden Fenster der Kajüte im Vorderkastell konnte Zapata beobachten, was draußen geschah. Wenn sich die Goldflotte mit ihrer mächtigen

Eskorte aus Madeira näherte, würde er sie sehen. Ja, wenn! Aber sie konnte ja noch kommen. Ramirez mußte vor allen Dingen danach trachten, den erzwungenen Aufenthalt an der Seite der Korsaren mit allen Mitteln zu verlängern.

Der Korsar war ein Esel, das unterlag keinem Zweifel. Man konnte ihn an der Nase herumführen, seine Leichtgläubigkeit ausnutzen? Was für ein Interesse hatte er daran, sie am Leben zu lassen? Was bewog ihn dazu? Gewiß hatte die Schöne in dem scharlachroten Kleid, die er, Lorenzo, auf dem Kaperschiff gesehen hatte, etwas damit zu tun! Ihm war aufgefallen, daß Ramirez bei ihrem Anblick blaß wie Linnen geworden war und die Augen gesenkt hatte. Er kannte sie also! Zapata stellte die verschiedensten Vermutungen an und verwarf sie wieder. Er vermochte die Tatsachen mit seinen Beobachtungen nicht in Einklang zu bringen. Schließlich hörte er auf, darüber nachzugrübeln.

Das Entwirren oder, besser gesagt, das Kappen der Taue, in denen der Bugspriet der »Zephir« festhing, nahm für eine Weile seine volle Aufmerksamkeit in Anspruch. Es waren damit mehrere Matrosen mit Äxten beschäftigt, alles prächtige Kerle, das mußte man zugeben. Solche Seeleute fand man in Spanien nicht. Dieser Korsar hatte eine wunderbar zusammenpassende Mannschaft.

Man müßte sie in eine reguläre Kompanie einreihen und ein Jahr lang abrichten — was wären das dann für Soldaten, dachte er. Natürlich müßten sie ihrer Häresie abschwören. Er würde sie ihnen schon aus ihren harten Hugenottenschädeln vertreiben.

Plötzlich hörte er Hammerschläge. Der klagende Ton kam aus dem Rumpf der Karavelle. Sie vernageln die Geschütze, überlegte er. Eine Welle von Wut drang ihm bis in die Kehle und nahm ihm fast den Atem.

Er ging in der Kajüte auf und ab, um sich zu beruhigen. Dann sah er wieder eine Weile den arbeitenden Matrosen zu. Er staunte über ihre Kraft und Geschicklichkeit, als sie die Kisten mit den Silberbarren aus den Luken der »Santa Cruz« in die Laderäume der »Zephir« umzuladen begannen. Das Herz preßte sich ihm bei diesem Anblick zusammen. Trotzdem konnte er den Blick nicht losreißen. Eine halbe Million Pistolen, seufzte er. Sie haben ihr Schäfchen im trocknen. Man braucht sich also nicht zu wundern, daß sich dieser Räuberhauptmann nicht um unsere armseligen Geldbeutel und Schmuckstücke kümmert. Bis zu seinem Lebensende werden er und seine Leute im Überfluß leben.

Von einem plötzlichen Gedanken erfaßt, warf er einen raschen Blick über die Schulter. Percy Burnes, der ihn keinen Augenblick aus den Augen ließ, zuckte zusammen und griff nach einer der beiden Pistolen, die in seinem Gurt steckten. Der Gefangene hatte aber offensichtlich nicht die Absicht, gewalttätig zu werden. Er ging nur vom Fenster weg und setzte sich ihm gegenüber auf den Rand der Pritsche.

»Ihr habt da einen ganz schönen Schnitt gemacht«, sagte er.

Percy verzog sein Gesicht zu einer Grimasse, die ein Lächeln sein sollte. »Das ist für uns nichts Neues«, antwortete er. Dann überlegte er, welches seiner Abenteuer er diesem erlauchten Herrn, dessen Bemerkung offensichtlich die Aufforderung zu einem Gespräch war, erzählen sollte. Er liebte es, von seinen Taten zu berichten, besonders dann, wenn er es mit Gentlemen und jenen »hombres finos« zu tun hatte, die er scheinbar verachtete. Leider bot sich ihm eine solche Gelegenheit äußerst selten. Um so mehr drängte es ihn, diesen Anlaß zu nutzen.

Er war sich seiner Überlegenheit über den Spanier bewußt, den er für einen Granden oder Grafen hielt und der jetzt nur ein Gefangener war. Er durfte sich also gewisse Vertraulichkeiten ihm gegenüber erlauben. Das war nicht verboten. Später konnte er damit prahlen, welch angenehmes Zwiegespräch er mit einem Hidalgo geführt hatte. Er schwelgte schon jetzt in Gedanken an den Eindruck, den er mit seiner durch die blühende Phantasie noch verschönten Erzählung bei seinen Freunden und den Hafendirnen hinterlassen würde.

»Ihr macht den Eindruck eines tüchtigen, tapferen Menschen«, sagte Zapata so nebenbei, obwohl es der objektiven Wahrheit widersprach. Sloven sah eher verkommen und abstoßend aus. »Sicherlich seid Ihr Oberbootsmann.«

Percy Burnes' Sympathie für den Gefangenen wuchs bei diesen lobenden Worten.

»Etwas Ähnliches«, murmelte er undeutlich. » Ich vertrete ihn häufig, und wenn irgendeine verantwortungsvolle Arbeit zu verrichten ist, wird sie mir anvertraut.«

»Das sieht man auf den ersten Blick«, bestätigte Zapata. »Wenn man Euch richtig beurteilen würde . . .«

»Ba, auf einem anderen Schiff wäre ich längst Steuermann.« Percy seufzte und verstummte für eine Weile. Er dachte an das Unrecht, das ihm auf der »Zephir« angetan wurde.

Aber nicht darüber wollte er sprechen, jedenfalls nicht über alles. Zuerst wollte er den »Grafen« durch seinen Heldenmut verblüffen und sich erst dann über die ungerechte Einschätzung seiner Verdienste beklagen. Doch Zapata unterbrach seinen Gedankengang mit einer Frage, die das Gespräch in ganz andere Bahnen lenkte.

»Mich würde interessieren, wie hoch Euer Anteil an dieser Beute ist«, sagte er und wies mit einer Kopfbewegung auf das Fenster, hinter dem die Kisten mit den Silberbarren vom Hebebaum hochgehoben wurden, einen Bogen in der Luft beschrieben und in den Laderäumen der »Zephir« verschwanden.

»Zwei sechshundertstel«, antwortete Percy wahrheitsgemäß. Er biß sich zu spät auf die Zunge, als er daran dachte, daß er, wenn er so etwas wie ein Oberbootsmann sein wollte, mindestens dreimal soviel erhalten müßte.

Diese Entgleisung war anscheinend der Aufmerksamkeit des Hidalgo entgangen, denn er nickte nur mitleidig. Dann erkundigte er sich, wieviel der Kapitän für sich behalte.

»Die Hälfte«, antwortete Percy. »Die Hälfte der ganzen Beute.«

»Und so eine Teilung erscheint Euch nicht ungerecht?« fragte Zapata verwundert.

»Was soll man machen«, antwortete Percy wehleidig. »Der Vertrag ist eben so.«

Burnes kam der Gedanke, daß er nun in den Augen des erlauchten Herrn ein Bettler war. Das lag durchaus nicht in seiner Absicht. Um seinen Fehler gutzumachen, sagte er rasch: »Gewöhnlich hat aber ein jeder von uns noch einen zusätzlichen Gewinn durch die Beute, die er auf eigene Faust, ich wollte sagen, durch seinen Mut macht.«

Zapata lächelte verständnisvoll. Sein Blick ruhte flüchtig auf den Pistolen dieses tüchtigen »Oberbootsmanns«. Sie waren verschieden. Die eine war kürzer, sparsam verziert, während die andere vor gravierten Silberbeschlägen und Perlmutteinlagen funkelte.

»Die Pistolen da habt Ihr sicherlich auch erbeutet?« fragte er Percy.

»Ja«, Percy strich gleichgültig mit der Hand über die Griffe. »Ich habe dieses Spielzeug in zwei verschiedenen Teilen der Welt erbeutet.«

»Mir gefällt vor allem die kürzere sehr gut, obwohl sie einen einfachen Griff hat«, sagte Zapata. »Ich habe eine ähnliche besessen. Wenn Ihr keine Hinterlist befürchtet und meinem Wort vertraut, daß ich nicht versuchen werde, Euch zu erschießen, würde ich Euch bitten, mich die Pistole ansehen zu lassen. Natürlich möchte ich auch die Geschichte hören, wie Ihr sie erbeutet habt«, fügte er hinzu.

Sloven zögerte. Konnte er dem Wort des Hidalgo trauen? Ach was! sagte er sich. Wäre er frei, dann bestimmt nicht! Aber er allein kann doch mit der Pistole nichts ausrichten, selbst wenn er mich erschießen würde. Und schütte ich das Pulver aus der Pfanne, kann er nicht einmal das. Er zog die Pistole aus dem Gurt, wog sie wie abschätzend in der Hand, schüttelte sie unmerklich und schielte dann auf das Zündloch.

»Zur Sicherheit könnt Ihr den Rest des Pulvers wegblasen«, riet ihm Zapata gutmütig.

Percy wurde rot. Um seine Verlegenheit zu verbergen, lächelte er. »Man kann nicht vorsichtig genug sein«, bemerkte er wie im Scherz.

»Das ist wahr«, bestätigte Zapata und streckte die Hand nach der Pistole aus. Mit einem Blick stellte er fest, daß die Kugeln in dem Beutelchen unter seinem Wams genau zu der Waffe paßten. »Por dios!« rief er aufrichtig bewegt. »Sie ist genauso, wie meine war! Vor einem Jahr verlor ich sie in einem Gasthof in Sevilla.«

»Das ist bestimmt eine andere gewesen«, erwiderte Percy mürrisch. »Diese habe ich vor ungefähr acht Jahren erbeutet.«

»Selbstverständlich«, beeilte sich Zapata zu erklären. »Ich wollte nur sagen, daß meine genauso aussah. Sie unterschied sich von Eurer nur durch mein Monogramm und das Wappen am Griff.«

Percy wußte zwar nicht, was ein Monogramm ist, aber die Worte des erlauchten

Herrn beruhigten ihn. Der Gefangene hatte gewiß nicht die Absicht, einen Streit mit ihm anzufangen, und erhob auch keine wirklichen oder auch nur vorgetäuschten Ansprüche auf die Waffe, die übrigens keinen großen Wert besaß. Was gefällt ihm nur so sehr an dem alten Ding? überlegte Percy und verfolgte jede Bewegung des Spaniers. In Amsterdam kann man für zwei Dukaten ein halbes Dutzend solcher Kugelspritzen kaufen.

Der Hauptmann betrachtete noch immer die Pistole. Er seufzte, als könne er sich nicht von ihr trennen.

»Ein Andenken«, flüsterte er, »ein teures Familienandenken.« Er blickte zu Percy auf. »Bootsmann«, sprach er mit vor Erregung und Rührung bebender Stimme. »Ich würde Euch für diese einfache Waffe zwanzig Pistolen in Gold geben, alles, was ich besitze!«

Sloven verschlug es den Atem. Zwanzig Pistolen! Habgierig funkelten seine Augen. Gleichzeitig warnte ihn der Rest gesunder Vernunft. Einem Gefangenen eine Waffe verkaufen? Dafür drohte der Strick!

»Ich gebe Euch mein Wort, für Euch, Euer Hochwohlgeboren, würde ich es tun«, antwortete er voll Bedauern. »Ich würde es tun, obwohl diese Pistole auch für mich ein wertvolles Andenken ist. Ich täte es also«, er schluckte den Speichel hinunter und sprach rasch, mit gedämpfter Stimme weiter, »nicht des Verdienstes halber, sondern, verzeiht, Euer Hochwohlgeboren, aus Gefälligkeit eines Soldaten für den anderen Soldaten. Aber«, er warf rasche Blicke nach rechts und links und auf die verschlossene Kajütentür, als hätte er Angst, daß sie sich jeden Augenblick öffnen könnte, »ich will meinen Kopf nicht riskieren, ihn selbst in die Schlinge stecken! Der Alte, ich meine Kapitän Marten, ließe mich an der Rahe aufknüpfen, wenn... Ja allein für das bloße Reden über so etwas bekäme ich einen derben Fußtritt! Wenn man Euch freiließe, dann wäre es etwas anderes, dann mit größtem Vergnügen. Wenn Ihr unser Schiff verlaßt, könnte ich Euch dieses Andenken gegen ein paar Goldstücke unbemerkt in die Hand drücken.«

Was für ungereimtes Zeug dieser Esel quatscht, dachte Zapata. Wenn Marten uns freiläßt! Hat der eine Ahnung!

»Ich kann mich keiner solchen Gefahr aussetzen«, redete Percy weiter, als wolle er sich selbst überreden. »Eine geladene Waffe einem Gefangenen geben, entschuldigt, Euer Hochwohlgeboren, das ist Selbstmord. Entweder kriege ich eine Kugel in den Kopf, oder ich werde über Bord geworfen. Was würden mir dann Eure zwanzig Pistolen nützen. Ich ginge nur rascher unter.«

»Man kann doch die Waffe entladen«, sagte Zapata. »Ich habe nicht die Absicht, mich ihrer zu bedienen, solange ich Gefangener bin. Euer Kapitän erfährt davon nichts. Wenn man es bis jetzt nicht getan hat, wird man uns auch später nicht durchsuchen. Ich würde Euch noch diesen Ring dazugeben.« Ein großer grüner, in Gold gefaßter Stein funkelte vor Percys Augen.

Man kann die Pistole entladen, Marten erfährt nichts davon, diese zwei Argumente stürmten bereits eine ganze Weile gegen den ohnehin schwachen Widerstand Slovens an. Die Habgier hatte sie ihm schon eingeblasen, bevor sie der verrückte Hidalgo aussprach, der es sich in den Kopf gesetzt hatte, ein Stück Eisenrohr mit einem beinernen Griff für einen hundertmal höheren Betrag zu erwerben, als das Ding überhaupt wert war. Außerdem bot er ihm noch einen Ring an.

»Nun gut«, stöhnte er, endgültig überwunden, und erstarrte bestürzt, als er ein lautes Geräusch vor der Kajütentür hörte.

Der Riegel wurde zurückgeschoben. Stephan Grabinski stand auf der Schwelle. »Kapitän Marten und der Kommodore de Ramirez wünschen Euch zu sprechen, Herr Hauptmann«, sagte er. »Folgt mir bitte.«

Percy riß die Lider, die er aus Angst zusammengekniffen hatte, weit auf. Lorenzo erhob sich und verließ die Kajüte. Slovens Pistole war verschwunden. Mit ihr und dem spanischen Hidalgo schwand auch die lockende Vision von zwanzig Dukaten und dem Goldring mit dem leuchtenden Chrysopras.

Der Hauptmann der Marineinfanterie Lorenzo Zapata konnte Mordgelüste nicht lange zurückhalten. Das Gespräch mit Sloven war für ihn eine schwere Geduldsprobe, die er nur unter Aufbietung seiner ganzen Willenskraft siegreich bestand. Er hätte sich leicht beider Pistolen bemächtigen können: ein Sprung, ein Griff an die Gurgel und — Schluß! Der Trottel hätte nicht einmal japsen können. Da es aber sinnlos gewesen wäre, mußte er sich verstellen, sich erniedrigen, eine idiotische Rolle spielen, lächeln und seufzen, während sein Instinkt, sein eigentliches Wesen sich mit allen Kräften dagegen sträubte und wie ein wildes Tier an der Kette zerrte. Jetzt atmete er erleichtert auf und lächelte sogar. Seine Durchtriebenheit und das zufällige Zusammentreffen günstiger Umstände hatten es ermöglicht, den naiven Wächter an der Nase herumzuführen.

Doch das war erst der Anfang. Zapata fühlte, daß ihm noch viel erregendere Erlebnisse bevorstanden. Wenn er Marten nur ebenso leicht durchschauen könnte wie diesen habgierigen Esel! Beide waren naiv, das stimmte, aber jeder auf eine andere Art. Die Naivität Martens war Zapata geradezu rätselhaft. Er konnte weder ihre Ursache noch das Ziel verstehen, das dieser sonderbare Mensch erreichen wollte.

Vor allem muß ich jedes Gespräch, jede Handlung in die Länge ziehen, überlegte er, als er vor dem jungen Steuermann, der ihm den Vortritt gelassen hatte, auf das Deck ging. Jede Minute ist ein Gewinn für uns.

Als er Marten vor sich sah, glaubte er ersticken zu müssen. Er kochte vor Wut. Unwillkürlich tastete er nach der Pistole und dem kleinen Pulverhorn. Es wäre das Werk weniger Sekunden: Pulver aufschütten, den Hahn spannen, zielen und abdrücken! Er wandte rasch den Blick ab. Er wagte es nicht, Marten noch einmal anzusehen — er durfte es nicht, sonst...

Zapata blickte um sich. Das Schanzdeck der »Zephir« war sauber mit Wasser abgespült. Die noch feuchten Planken dampften und trockneten zusehends. Fast die ganze Mannschaft war zu beiden Seiten des Decks versammelt. In ihren Festtagsanzügen, blauen Stoffwämsern und eng anliegenden Elchlederhosen mit Silberschnallen, sahen die Korsaren besser aus als die Matrosen einer Admiralskaravelle. Sie saßen auf den Stufen des Niederganges zum Heck- und zum Bugkastell wie Zuschauer auf der Tribüne einer Arena während eines Stierkampfes. Marten stand im Kreise seiner Bootsleute am Steuerbord und sprach bald mit Ramirez, in dessen Gesellschaft sich außer Zapata nur der Kommandant der Haubitzenbatterie befand, bald mit seinen Leuten, dann wieder mit der Señorita, die sich auf das Geländer des Oberdecks stützte und ihr Auge keine Sekunde von dem Kommodore ließ, als beschäftige nur er ihre Gedanken und Gefühle.

Hinter Martens Rücken hob und senkte sich das Deck der »Santa Cruz«, auf dem unter dem Stumpf des einen der zersplitterten Masten die Gefangenen in einer Reihe nebeneinander lagen. Musketiere der »Zephir« bewachten sie, obwohl dies fast überflüssig war. Die dezimierte spanische Bemannung schlief tief und fest.

Eine leichte Westbrise ließ die zum Beilegen backgebraßten Segel flattern. Beide Schiffe wiegten sich leicht, von Zeit zu Zeit stießen ihre Bordwände aneinander, zwischen die man Weidenrutenbündel zum Auffangen der Stöße gehängt hatte. Jedes Wort Martens war in der vollkommenen Stille deutlich zu verstehen. Lorenzo Zapata hörte zu und begriff immer weniger. Marten sagte: »Ich gebe Euch diese Chance, Kommodore, obwohl ich Euch aufknüpfen lassen könnte, wie Ihr es verdient. Das wäre die richtige Art, unsere alten Rechnungen zu erledigen. Doch zu den alten sind neue, andere gekommen. Deshalb bin ich bereit, mit Euch die Waffen zu kreuzen, und versichere Euch, daß sowohl ich wie auch meine Leute alle Bedingungen eines Duells einhalten werden. Ich will mich klar und deutlich ausdrücken«, fuhr er mit erhobener Stimme fort. »Einer von uns, ich, Jan Kuna, genannt Marten, oder Ihr, Kommodore Blasco de Ramirez, muß sterben. Werde ich getötet, so seid Ihr mit allen Euren Leuten frei. Ihr könnt auf Eurem Schiff weitersegeln, wohin Ihr wollt. Außerdem könnt Ihr die Señorita de Vizella mitnehmen, falls sie sich damit einverstanden erklärt und es ihr freier Wille ist. Keiner von euch«, er wandte sich an seine Mannschaft, »darf dem Kommodore auch nur das geringste Hindernis in den Weg legen. Das ist mein ausdrücklicher Befehl.«

Maria sah Jan flüchtig an und machte eine Bewegung, als wollte sie etwas sagen. Marten bemerkte es nicht. Er legte die Hand auf die Schulter seines Steuermannes und sprach weiter: »Ich glaube nicht, daß ich fallen werde. Es kann aber auch anders kommen. Deshalb bestimme ich vor euch allen Stephan Grabinski zu meinem Erben und Nachfolger. Ich will, daß ihr dies bezeugt, falls es notwendig sein sollte.«

»Das klingt wie ein Testament«, flüsterte Zapata Ramirez zu. »Ich hoffe, daß es notwendig sein wird. Aber sie werden schwerlich dazu kommen.«

Ramirez warf ihm einen kurzen, finsteren Blick zu, antwortete jedoch nicht.

Marten trat einen Schritt vor, zog die Brauen zusammen, als überlege er, ob er alles gesagt habe, was gesagt werden mußte. Er lächelte ironisch. »Ihr habt also die Möglichkeit, Kommodore, beinahe alles wiederzugewinnen, was ich von Euch erbeutete, alles, mit Ausnahme der Geschütze, die nicht mehr gebrauchsfähig sind, und des Silbers, das so oder so in den Laderäumen der ›Zephir‹ bleibt. Aber was bedeutet das schon gegenüber dem Verlust der Ehre und der Verlobten, die Euch bis jetzt treu geblieben ist! Habe ich nicht recht? Ich fühle mich geradezu als Euer Wohltäter, Señor! Ja, noch mehr, ich überlasse Euch die Wahl der Waffen. Zweimal zwang ich Euch bereits, den Degen mit mir zu kreuzen, jedesmal schlug ich Euch die Waffe aus der Hand. Vielleicht könnt Ihr besser schießen? Wählt.«

Ramirez schwieg, als wäre sein sonst ungehemmtes Temperament durch all diese Ereignisse gelähmt worden.

»Sagt Ihm, daß Ihr Euch mit Euren Sekundanten beraten müßt«, flüsterte Zapata. »Wir müssen den Zweikampf verzögern.«

Ramirez erkannte anscheinend, daß dieser Rat richtig war. Sein gehemmtes Denkvermögen begann wieder zu arbeiten.

Selbstverständlich, auch er mußte doch seinen Leuten Weisungen geben und sich mit ihnen beraten. Welche Sicherheit besaß er, daß Marten und seine Räuberbande ihr Wort hielten? Er verlangte, mit der Señorita sprechen zu können, forderte Waffen für seine Zeugen und die sofortige Freilassung der übrigen fünf Offiziere. Die Anwesenheit der Matrosen der »Zephir« während des Zweikampfes lehnte er ab. Ramirez sprach, wie er es gewohnt war, kurz, abgerissen, schroff und begleitete jeden Satz mit theatralisch lebhaften Gesten.

»Ausgezeichnet! Glänzend!« ermunterte ihn Zapata. »Sagt ihnen noch...«

Er brach plötzlich ab. Sein Blick war zufällig auf das Stück des Horizonts gefallen, das hinter dem Heck der Karavelle sichtbar war. Segel glänzten dort, ein ganzer Schwarm weißer Segel!

Beinahe hätte er sich durch einen lauten Ruf verraten. Es unterlag keinem Zweifel: Die Goldflotte samt ihrer Eskorte nahte! Unbemerkt näherte sie sich aus Südwesten! Gleich darauf wurde sie vom Rumpf der »Santa Cruz« verdeckt.

Verstohlen ließ Zapata seine Augen über die Matrosen und die Wachen auf dem Deck der Karavelle schweifen. Sein forschender Blick blieb auf dem Gesicht jedes einzelnen haften. Alle sahen Ramirez an und lauschten seinen polternden Tiraden. Den fernen rettenden Segeln wandten sie den Rücken oder die Seite zu.

In seiner Erregung wurde Zapata kaum bewußt, daß Ramirez verstummt war und Marten nur zwei Punkte von dessen Forderungen angenommen hatte. Er befahl, die übrigen gefangenen Offiziere an Bord zu führen, und gestattete Ramirez eine kurze Beratung mit Zapata und dem Kommandanten der Haubitzenbatterie.

Die drei gingen zur Steuerbordreling. Zapata zitterte vor Spannung und Aufregung.

»Gestattet mir zu sprechen«, flüsterte er seinem Vorgesetzten zu. »Ich habe eine wichtige Nachricht für Euch.«

Ramirez machte eine ungeduldige, ablehnende Handbewegung.

Zapata flüsterte aber fieberhaft erregt weiter: »Seht Euch nicht um, laßt Euch nichts anmerken. Eben habe ich die Segel unserer Schiffe gesichtet.«

»Wo?« fragte Ramirez.

»Seht Euch nicht um«, warnte Zapata. »Ich sah sie . . .«

»Wohl nur in der Phantasie«, ergänzte der Kommodore gereizt.

»Ich sah sie, wie ich Euch vor mir sehe«, antwortete Zapata nachdrücklich.

»Und wohin sind sie nun entschwunden?« fragte Ramirez ironisch.

»Sie nähern sich«, erwiderte Zapata. »Sie sind nur noch wenige Meilen von uns entfernt. Zum Glück verdeckt sie jetzt der Rumpf der ›Santa Cruz‹. Ich bin sicher, daß niemand außer mir . . .«

»Selbst wenn du nicht geträumt hättest, woher weißt du, daß es unsere Schiffe sind?« unterbrach ihn Ramirez. »Sie können ebensogut der englischen Flotte angehören.«

Zapata knirschte mit den Zähnen, als zerbeiße er einen Fluch, der sich ihm auf die Lippen drängte. Er spürte, daß er sich nicht mehr lange würde beherrschen können.

»Sie kommen aus Südwesten«, würgte er hervor. »Ich fahre lange genug zur See, um die Umrisse unserer Karavellen und Fregatten von englischen Schiffen unterscheiden zu können.«

Die bleichen, wachsgelben Wangen des Kommodore färbte ein leichtes Rot. »Por dios, wenn das stimmt . . . Bist du deiner Sache sicher?« fragte er hastig.

»Völlig«, antwortete der Hauptmann. »Aber das ist noch nicht alles. Ich bin im Besitz einer geladenen Pistole.«

Ramirez zuckte ungeduldig mit den Schultern. »Ich kann auch eine geladene Pistole haben, wenn ich Pistolen wähle. Was nutzt das? Zu zweit können wir die Bande dieser Schergen keine halbe Minute zurückhalten.«

»Darum geht es nicht«, sagte Zapata.

»Worum denn sonst, zum Teufel?«

»Wählt Degen und kämpft vorsichtig. Wir Sekundanten werden jeden Angriff dieses Picaro beanstanden, den Kampf unterbrechen und gegen angebliche Verstöße protestieren. Falls es notwendig sein sollte, erdenke ich mir irgendwelche nicht bestehenden Duellregeln, die für alle hombres finos verbindlich sind. Was kann so ein Marten und seine Bande davon wissen! Im äußersten Notfall, wenn

Ihr Euch in tödlicher Gefahr befinden solltet, jage ich ihm eine Kugel in den Schädel.«

»Und dann fallen sie über uns her und reißen uns in Stücke«, antwortete finster der Kommodore.

»Möglich«, gab Zapata zu. »Aber — quien sabe? Vielleicht haben sie keine Zeit mehr dazu. Wenn ich ihnen ins Gesicht schreie, daß unsere Flotte in der Nähe ist, daß Entsatz naht, werden sie vor allem ihre eigene Haut und den Raub in Sicherheit bringen, der sich in ihren Laderäumen befindet. Eine halbe Million Pistolen! Ich bezweifle, daß die Seele ihres Comandante, besonders wenn sie bereits ihre irdische Hülle verlassen hat, in den Augen dieser Bande den gleichen Wert besitzt. Sie werden sich auf die Taue und nicht auf uns stürzen.«

Ramirez sah ihn lächelnd an, sein Blick drückte Anerkennung aus. Es war das erste Lächeln, seit er in Cadiz befohlen hatte, den Anker zu lichten.

»Stellt Euch vor mich. Ich muß Pulver aufschütten«, flüsterte Zapata.

Kaum war er damit fertig, kaum hatte er die Pistole wieder in seinem Wams versteckt, als die ungeduldige Stimme Martens erklang. Er forderte seinen Gegner auf, sich zu beeilen.

»Beendet endlich die Beichte, Kommodore«, rief er. »Soviel ich weiß, hat ein spanischer Hauptmann des Fußvolks nicht das Recht, Euch die Sünden zu vergeben.«

Ramirez würdigte ihn keiner Antwort. Doch das Gelächter, das unter den Matrosen ausbrach, traf ihn wie ein Peitschenhieb. Sein Gesicht wurde ziegelrot vor Zorn. Haß wallte in ihm auf, kühlte sich aber unter dem lähmenden Gefühl der Angst, die ihn befiel, rasch wieder ab. Zapata konnte sein Ziel verfehlen und dann . . .

»Gib also acht«, wandte er sich an den Hauptmann und drückte krampfhaft dessen Hand. »Und Ihr auch.« Er streifte seinen zweiten Sekundanten mit einem mißtrauischen Blick. »Ich hoffe, daß Ihr verstanden habt, worum es geht.«

»Gewiß, Señor«, murmelte der Artillerist.

»Wofür habt Ihr Euch entschieden, für Degen oder für Pistolen?« erkundigte sich Marten.

»Für Degen«, antwortete Ramirez. »Ich wünsche aber mit meiner eigenen Waffe zu kämpfen. In der Kajüte habe ich zwei Degen, von denen . . .«

»Vielleicht genügt dir dieser? Er ist dein Eigentum«, vernahm er hinter sich eine Stimme, bei deren Klang er unwillkürlich zusammenzuckte. Er wandte den Kopf.

Señorita Maria Francesca kam, den Degen in der ausgestreckten Hand, auf ihn zu. Sie hatte die Klinge ergriffen, so daß der vergoldete Griff mit dem Portepee ihm zugekehrt war.

»Ich habe ihn vom Deck der ›Zephir‹ aufgehoben, als du dich ergabst«, sagte sie ohne die leiseste Spur von Vorwurf oder Spott, als wäre ihr das völlig gleichgültig.

407

Ramirez starrte sie wie gebannt an. Was sollte das bedeuten? War es eine höfliche Geste, oder sollte es eine Ermutigung sein, ein Ausdruck der Hoffnung?

Die Miene der Señorita drückte überhaupt nichts aus. Ihre braunen Augen sahen ihn ernst und kühl an. Ramirez hielt nur mit Mühe ihrem Blick stand. Wortlos verbeugte er sich. Erst dann griff er nach dem Degenkorb, drückte ihn an sein Herz und flüsterte: »Ich danke dir, Maria.«

Sie neigte leicht den Kopf und zog sich eilig zurück. Ramirez sah sich nach seinen Sekundanten um. Sie standen bereits rechts und links hinter ihm. Dann blickte er zu Marten hinüber, der mit gezogenem Degen auf der gegenüberliegenden Seite des Decks geduldig wartete.

»Beginnt«, sagte sein junger Steuermann.

Die Gegner hoben die Waffen bis zur Höhe des Gesichts, verbeugten sich voreinander, dann vor den Sekundanten, maßen mit ausgestreckten Klingen die Distanz und stellten sich in Positur.

Beide schienen auf den Angriff zu warten. Ramirez hatte zur Vorsicht den Arm durch die starke Schlinge des Portepees gesteckt. Er erinnerte sich daran, daß er wie gelähmt gewesen war, als Marten ihm mit einem seiner Kunststückchen den Degen aus der Hand geschlagen hatte. Diesmal nahm er sich in acht. Er war kein schlechter Fechter. Obwohl er wußte, daß er seinem Gegenüber in der Fechtkunst nicht gleichkam, hoffte er doch, ihm nicht so bald zu unterliegen, wenn er nur kaltes Blut bewahrte. Er bemerkte, daß er den günstigeren Platz hatte. Im Notfall konnte er ungehindert zurückweichen, während Marten nur wenig freien Raum hinter sich hatte. Der zweite Sekundant des Korsaren, ein untersetzter Bootsmann mit kurzen Beinen und langen, muskulösen Armen, dessen Gesicht bis an die Augen von einem dichten Bart bedeckt war — er glich einem ergrauten Affen —, hatte dies anscheinend auch bemerkt. Er warf einen besorgten Blick zurück.

Ramirez flog der Gedanke durch den Kopf, daß er seinen Vorteil nutzen müsse. Vielleicht würde es ihm gleich beim ersten Angriff gelingen, Marten zwei oder drei Schritte zurückzudrängen, so daß er keine Bewegungsfreiheit mehr hätte. Vielleicht würde er sich umsehen, eine Sekunde lang den Degen seines Gegners aus den Augen verlieren. Das würde zu einem tödlichen Stich genügen . . .

Alle diese Erwägungen durchzuckten blitzschnell das Hirn des Kommodore. Er sprang vor und griff wütend an.

Marten rührte sich nicht von der Stelle. Zwei Schläge wehrte er ab, vor dem dritten deckte er sich rechtzeitig und ging sofort zum Angriff über. Ramirez zog sich ein, zwei Schritte zurück. Er spürte die Kraft der parierten Schläge auf seiner Klinge und erschrak. Wenn das noch kurze Zeit so weitergeht, bin ich verloren, dachte er.

Zapatas Proteste retteten ihn. Der Hauptmann brauchte Empörung nicht zu heucheln. Er kochte vor Wut und knurrte wie ein bissiger Köter. Er behauptete, Marten habe seinem Gegner zwei Stiche unterhalb des Gurtes versetzen wollen.

Da solche Stiche tödlich sein können, seien sie bei einem Ehrenhandel nicht erlaubt. Der Kommodore habe sie zwar noch rechtzeitig pariert, doch Martens Handlungsweise, die unvereinbar mit den Duellregeln sei und an einen versuchten gemeinen Mord grenze, entbinde ihn von der Pflicht, den Kampf fortzusetzen.

»Du lügst!« schrie Marten. »Ich habe ihm bis jetzt nicht einen Stich versetzt, doch paß nur auf, gleich steche ich zu, ins Herz, nicht unterhalb des Gurts! Aber vorher will ich deinem Hidalgo die Ohren abschlagen, wie ich es ihm versprochen habe. Danach haue ich sie dir ab! Setz dich zur Wehr!« rief er Ramirez zu und drang wieder auf ihn ein.

Ramirez wich zurück. Er war leichenblaß, Schweißtropfen rannen über sein Gesicht. Martens Finten zuckten wie blendende Blitze vor seinen Augen. Beinahe bis an die Reling zurückgedrängt und in die Enge getrieben, konnte er einen Hieb gegen den Kopf nicht mehr mit der Klinge auffangen. Er hörte ein kurzes Pfeifen und spürte einen empfindlichen Schmerz an der rechten Seite des Kopfes.

Das Ohr! dachte er. Er fühlte sich entehrt, der Lächerlichkeit und dem Gespött preisgegeben. Nun beschloß er, lieber umzukommen, als sich zu schonen, sich zuvor aber noch an dem nichtswürdigen Feind zu rächen, der ihn so mißhandelte. Er biß die Zähne zusammen und sprang auf seinen Gegner zu. Im gleichen Augenblick hörte er dicht neben sich einen Schuß. Er stolperte und fiel.

Obwohl er vorderhand keinen anderen Schmerz spürte als den, den die Wunde an der rechten Kopfseite verursachte, hielt er sich für schwerverwundet und erwartete, daß ihn gleich ein neuer Schmerz durchbohren werde. Er wagte sich nicht zu rühren oder tief Atem zu holen, denn er wünschte, den furchtbaren Moment hinauszuzögern, in dem er entdecken mußte, daß ihm die Kugel die Aorta zerrissen habe oder in der Lunge, vielleicht auch in der Leber stecke.

Wer hatte auf ihn geschossen? Doch nicht etwa Zapata? Seine Hand konnte gezittert haben... War es Verrat? Oder hatte der Hauptmann im Einverständnis mit Marten zu dieser Hinterlist gegriffen, um sich so das eigene Leben zu erkaufen?

Der Schmerz kam nicht. Dafür fühlte Ramirez, daß das Deck unter seinen ausgestreckten Beinen eigenartig schwankte. Gleichzeitig hörte er ganz in der Nähe röchelnde Laute, die einem krampfartigen Husten ähnelten. Er wandte vorsichtig den Kopf und sah zuerst eine Hand mit noch rauchender Pistole, dann einen Hauptmannshut mit Federbusch und schließlich das verzerrte Gesicht Zapatas und den Griff eines Messers.

Der Hauptmann lag in den letzten Zügen. Nicht das Deck schwankte unter Ramirez' Beinen, sondern der Körper Zapatas, der von heftigen Todeszuckungen geschüttelt wurde.

Plötzlich vernahm er Rufe, hastige Schritte, Lärm. Der Kommodore begriff, daß nur wenige Sekunden vergangen waren, seitdem er hinfiel, sie hatten ihm unendlich lange gedauert. Er sprang auf. Korsaren liefen auf ihn zu und blieben wie angewurzelt stehen.

»Ach, du lebst?« rief Marten. »Um so besser. Jetzt werde ich dir das zweite Ohr abschlagen!«

Maria Francesca stand neben Hermann Stauffl und verfolgte mit angehaltenem Atem den Kampf ihres Verlobten mit Marten. Die widersprechendsten Gefühle, Scham, Angst, Stolz, Niedergeschlagenheit und Triumph stritten in ihr.

Was wollte sie eigentlich? Wessen Sieg wünschte sie? Für wen sollte sie beten? Aber sie wagte es nicht, die Madonna um etwas zu bitten, worüber sie sich selbst noch nicht klar war. Sie hoffte, daß Blasco wie ein Held kämpfen werde, wie der Erzengel mit Luzifer. Vielleicht hätte sie sich dann auf seine Seite gestellt. Sie wurde enttäuscht, und diese Enttäuschung demütigte sie in den eigenen Augen. Der Instinkt sagte ihr, daß der Kommodore feige war. Auch starke Menschen befällt mitunter Angst, trotzdem bewahren sie Ruhe und Mut. Ramirez aber war feige, gemein feige. Ihr kam der Gedanke, daß Blasco seine Ehre lediglich zur Schau trug. Wäre sie nicht zugegen, hätte er sicherlich schon die Flucht ergriffen oder wäre vor Marten, um Gnade flehend, in die Knie gesunken.

Sie schämte sich für ihn und für sich, sie schämte sich, daß sie so oft seine Ehre, seinen Mut und seine Ritterlichkeit verteidigt hatte. Marten kam ihr zwar grausam und rachsüchtig vor, aber er war mutig. Jetzt, da sie darüber nachdachte, gewann der Stolz in ihrem Herzen die Oberhand. Marten kämpfte auch um sie, nicht nur, um seinen Rachedurst zu stillen. Vielleicht sogar hauptsächlich um sie? Wenn er auf Beute bedacht war, dann in erster Linie seiner Leute wegen. Er hatte nicht voraussehen können, daß er, als er das Schiff, seine Bemannung und das eigene Leben aufs Spiel setzte, noch etwas anderes als sie, seine Geisel, gewinnen würde.

Bis jetzt hatte er sie nie berührt, obwohl er sie durch Gewalt besitzen konnte. Also beherrschte sie nicht nur seine Sinne, sondern auch sein Herz. Sie hielt es in ihrer Hand, dieses heiße, wilde, unerschrockene Herz. Das erfüllte sie mit Triumph, zugleich aber auch mit Angst, daß sie es verlieren könnte. Selbst einem Feigling glückt bisweilen ein verzweifelt geführter tödlicher Stich.

Sie konzentrierte ihre ganze Aufmerksamkeit auf die Bewegungen von Ramirez und seinen Sekundanten. Sie ahnte, daß sie arglistig etwas Böses im Schilde führten. Ihre Beratung vor dem Zweikampf konnte nur diesen Zweck gehabt haben. Besonders gegen den Hauptmann Zapata hegte sie seit dem Augenblick Verdacht, da er versucht hatte, den Kampf unter einem fadenscheinigen Vorwand zu unterbrechen.

Als Marten dann dem Kommodore das Ohr abschlug, wurde sie von Mitleid mit dem zum Gespött gemachten Ramirez übermannt. Sie empfand sogar Zorn gegen Marten. Er mißbrauchte seine Überlegenheit und verhöhnte seinen Gegner, wenn auch nicht durch Worte, so doch durch Taten. Jähes Entsetzen verdrängte ihren Zorn. Maria Francesca bemerkte die rasche Bewegung Zapatas, als er nach der Pistole griff. Sie erkannte sofort, in welcher Gefahr Marten schwebte.

Im ersten Augenblick wollte sie ihn mit dem eigenen Körper schützen, begriff aber, daß sie zu spät kommen würde. Mit unerhörter Geistesgegenwart wurde sie sich über die Situation klar. Neben ihr stand der Segelmeister Stauffl. Sie erinnerte sich an das, was sich vor zwei Monaten ereignet hatte. Zwei Bilder stiegen vor ihr auf. Zuerst die gebeugte Gestalt Stauffls, sein kahler, glattrasierter Kopf, die roten Backen, die unschuldsvollen blauen Augen, sein linker Arm, der nach dem Wurf herabsank, dann der erkaltende Leichnam Manuel de Tolosas mit zwei Messern im Hals.

Sie schrie nur ein Wort: »Da!« und wies mit dem Finger auf den Hauptmann.

Wahnsinnige Angst, daß Stauffl sie nicht verstanden haben könnte, ließ sie erschauern. Hermann Stauffl handelte jedoch blitzschnell. Das Messer zischte durch die Luft. Zapata brach vor den Füßen des Kommodore zusammen, ein Schuß krachte, und die durch die Kugel aus den Deckplanken herausgerissenen Splitter flogen zur Seite.

Einige Sekunden lang herrschte Totenstille. Dann brach Tumult aus. Martens Leute sprangen von den Sitzen, stürzten auf die schreckerstarrten Spanier zu und blieben wieder stehen, als sie sahen, daß Ramirez aufstand. Keiner von ihnen, Marten nicht ausgenommen, wußte, was eigentlich geschehen war.

Marten wollte den Zweikampf so rasch wie möglich beenden. Als sein Ruf den Kommodore nicht in das Leben zurückzurufen schien, berührte er dessen Brust mit der Spitze seiner Waffe.

»Komm zu dir, Blasco«, sagte er spöttisch. »Du hältst noch den Degen in der Hand und hast noch den Kopf auf dem Hals. Es fehlt dir nur ein Ohr!«

Ramirez starrte ihn verständnislos an. Sein Kinn hing herab, der Mund stand offen, die Augen drückten Verblüffung aus.

»Wer hat ihn getötet?« stotterte er schließlich kaum verständlich.

Marten zuckte mit den Schultern. »Was zum Teufel...«, begann er und brach plötzlich ab.

Señorita de Vizella berührte seinen Arm. Er sah ihr gerötetes Gesicht, die blitzenden Augen vor sich.

»Laß ihn«, sagte sie. »Ich ginge nicht mit ihm, selbst wenn er siegte.«

»Was soll das heißen?« fragte Marten erstaunt.

»Sie wollten dich töten. Der dort sollte dich erschießen.« Sie wies mit der Hand auf den Leichnam Zapatas.

»Du hast es gewußt!« rief er.

Sie schüttelte den Kopf. »Wäre das der Fall gewesen, hätte ich dich gewarnt. Ich sah, wie er die Pistole zog und auf dich zielte. Da konnte ich nur noch den Segelmeister aufmerksam machen.«

Marten stand stumm vor Staunen da. Er konnte es nicht fassen und nicht glauben. Er sah um sich und suchte mit dem Blick Hermann Stauffl.

»Es ist so«, bestätigte der Segelmeister. Er trat einige Schritte vor, beugte sich über den Toten und zog ihm das Messer aus dem Hals.

»Das Stückchen ist dir nicht gelungen, was?« sagte er mit gutmütigem Lächeln zu Ramirez und spuckte vor ihm aus. Er schien anzunehmen, daß er damit alles gesagt und erklärt hatte, wie es sich gehörte. Er drehte sich um und ging zur Backbordreling zurück.

Marten schwieg noch immer, obwohl er nicht mehr zweifelte. Er schwieg, weil er befürchtete, daß er zugleich schreien, lachen und weinen würde, wenn er versuchte, auch nur ein Wort zu sprechen. Wie festgewachsen stand er da, starrte Maria Francesca in die Augen und lauschte dem Pochen seines Herzens. Eine Weile dachte er an nichts. Eine große sorglose Freude hatte sich seiner bemächtigt und trug ihn mit sich fort. Außer ihr bestand nichts, gar nichts. Ihn kümmerten weder Ramirez noch sein Ruhm, weder die »Zephir« noch seine Freunde und Feinde. All das war ihm gleichgültig. Mit diesem Blick in die nußbraunen Augen, die ihn mit tiefer, hingebender Liebe ansahen, vergaß er sich und alles, was ihn umgab.

Aus dem beglückenden Hochgefühl, in dem sich unbeschreiblicher Jubel mit wildem, frohem Triumph paarte, riß Marten der Ruf eines der Matrosen, die bei den Gefangenen auf dem Deck der »Santa Cruz«« Wache hielten.

»Segel ahoi! Segel aus Südwest!« Die übrigen liefen zur Reling und hielten Ausschau. Marten, der sofort zu sich kam, als hätte ihm jemand kaltes Wasser über den Kopf geschüttet, befand sich mit drei Sätzen auf dem Heckkastell der »Zephir«. Von dort aus gewahrte auch er über sechzig Schiffe, die sich unter achterlich dwarsem Wind in mehreren Reihen näherten. Die schon deutlich erkennbaren roten Kreuze auf den Segeln und die rotgelben Flaggen an den Mastspitzen ließen keinen Zweifel über die Staatszugehörigkeit dieser Flotte aufkommen. Es war der Konvoi mit Silber und Gold, der von Madeira kam. Eine mächtige Eskorte, bestehend aus Karavellen der Provinzialflotte und spanischen Fregatten unter dem Befehl Pascual Serranos, umgab ihn. Serranos rasches und schlankes Schiff braßte gerade die Rahen auf achterlichen Wind um und nahm Kurs auf die »Zephir« und die »Santa Cruz«. Es war noch ungefähr ein und eine halbe Seemeile von den beiden Schiffen entfernt.

Hätte ich Ramirez nicht im Morgengrauen angegriffen, hätte ich keine Gelegenheit mehr gehabt, dachte Marten.

Er kehrte zu seinen Leuten zurück und gab ihnen rasche, knappe Befehle. Er staunte selbst, wie klar sein Kopf nach all den heftigen Erregungen war. Es freute ihn, daß er sich so schnell zu beherrschen vermochte. Er sprang auf das Hinterdeck und von dort auf das Schanzdeck. Die spanischen Offiziere, Ramirez in ihrer Mitte, standen noch dort, wo er sie verlassen hatte.

»Du kannst auf dein Schiff zurückkehren«, sagte Marten zu Ramirez. »Ich werde dich nicht mehr verfolgen, wenn du mir nicht in die Quere kommst. Solltest du noch irgendwann einmal versuchen, mich heimtückisch zu töten, wie du es heute versucht hast, lasse ich dich einfach aufhängen. Vorher schneide ich dir aber noch das zweite Ohr ab«, fügte er hinzu und brach in kurzes Lachen aus. »Und ihr«, er wandte sich an die Offiziere, »schert euch mit ihm zusammen zum Teufel. Schnell!« Er stampfte mit dem Fuß auf. »Los, solange noch das Fallreep auf der Reling liegt.«

Sie gehorchten ihm in finsterem Schweigen und folgten ihrem Kommodore. Ramirez ging, wie unter einer schweren Last gebeugt, mit gesenktem Kopf und hängenden Schultern. Den Degen schleppte er an der Schlinge des Portepees hinter sich her. Dieser Trauerzug überquerte das Schanzdeck der »Zephir« in seiner ganzen Breite, überquerte dann die steile, aus Brettern rasch gezimmerte Brücke, die die beiden Schiffe verband, und machte vor dem zersplitterten Großmast halt. Gleich darauf zogen die Matrosen der »Zephir« das improvisierte Fallreep ein und stießen mit Bootshaken den Bug ihres Schiffes von der Karavelle ab. Die rasch gesetzten Segel faßten Wind. Die »Zephir« begann langsam an der Bordwand der »Santa Cruz« vorüberzugleiten und sich zu entfernen. Der Leichnam Zapatas blieb, von den Seinen und den Feinden gleich verachtet, auf dem Schanzdeck der »Zephir« liegen.

»Was soll mit ihm geschehen?« erkundigte sich Grabinski, als die Segelmanöver beendet waren.

Marten sah voll Ekel und Abscheu zu der bereits erstarrten Leiche hinüber und deutete mit einer Handbewegung an, daß sie über Bord geworfen werden solle.

»Mit Eurer Erlaubnis werde ich das besorgen, Herr Steuermann«, bot sich Percy Burnes eifrig an, der nur darauf gewartet hatte. »Ich habe mit ihm abzurechnen«, fügte er mit widerwärtigem Lächeln hinzu. »Ich leiste ihm gern diesen letzten Dienst.«

»Bindet ihm eine alte Kette an die Beine«, sagte Stephan. »Mag er untergehen. Immerhin war er Soldat und hat bis zuletzt gekämpft.«

»Natürlich«, pflichtete ihm Percy bei. Er kümmerte sich hauptsächlich um die Taschen des Hidalgo, der ihn beinahe um die zwanzig Dukaten betrogen und um das teure »Andenken«, die Pistole, gebracht hätte. Nach einer Weile war er fertig. Der Körper des Hauptmanns der spanischen Marineinfanterie Lorenzo Zapata glitt über die Reling, klatschte ins Meer und versank in den Fluten. Sloven wischte sich den Schweiß von der Stirn, steckte seine widergewonnene Pistole hinter den Gurt und schlug sich mit der flachen Hand auf den Schenkel, um das gedämpfte Klirren der Goldstücke in dem Lederbeutel zu hören. Plötzlich verschwand der zufriedene Ausdruck von seinem Gesicht. Es verzerrte sich zu einer wehleidigen Grimasse.

»Großer Gott«, stöhnte er. »Was habe ich Unglückseliger getan!«

»Was denn?« erkundigte sich Klops, der gerade vorüberging.

Percy streifte ihn mit einem mißtrauischen Blick. »Ich habe einen wertvollen Ring mit grünem Stein verloren«, antwortete er gebrochen.

»Eben?« fragte Klops erstaunt. »In diesem Augenblick? Ist er dir vom Finger gerutscht?«

»Vom Finger?« wiederholte Percy. »Ja, natürlich. Ich vergaß ihn vom Finger zu ziehen, bevor ich dieses Aas über Bord warf.«

Klops nickte mit dem Kopf. »Du kannst eben mit Schmuckstücken nicht umgehen, Sloven«, sagte er tadelnd. »Für so etwas bist du nicht geschaffen.«

Unter vollen Segeln, über denen die Fahne mit den Farben Heinrichs IV. und die schwarze Flagge Martens flatterten, entfernte sich die »Zephir« immer weiter von der »Santa Cruz«. Einige Kapitäne der nordöstlichen Provinzialflotte hatten sie gesichtet und wiedererkannt. Die Fregatte Pascual Serranos nahm, wenn auch ohne Erfolg, die Verfolgung auf. Die »Zephir« segelte mit achterlichem Wind und hatte bald eine Geschwindigkeit von vierzehn bis fünfzehn Knoten erreicht. Es gab kein spanisches Schiff, das ihr gleichkam.

Jan Kuna, genannt Marten, stand neben seinem jungen Leutnant und sah zu dem großen Schwarm spanischer Segel hinüber, die sich um die kaum noch sichtbare Silhouette der »Santa Cruz« scharten. Man konnte die Karavelle nur noch an den beiden Masten erkennen, die in halber Höhe durch die gutgezielte Salve Tomasz Pociechas zersplittert waren.

In einer goldenen Aureole verlöschenden Glanzes ging die Sonne unter. Im Osten, nahe dem Horizont, warteten die ersten, noch blassen Sterne auf die Dämmerung, um am klaren Himmel in all ihrer Pracht aufzuleuchten.

»Du hast recht«, sagte Marten. »Das Leben ist schön. Man lernt es schätzen, wenn man kämpft, dem Tod nahe ist und siegt. Jetzt erst fühle ich so recht, wie sehr ich das Leben liebe! Wahrhaftig, was Überdruß und Langeweile ist, weiß ich nicht, obwohl ich so viel erreicht habe.« Er wandte sich um und blickte nach den Sternen. »Sieh . . .«, begann er und verstummte.

An der Tür zum Kastell stand Maria Francesca. Er begegnete ihrem Blick.

»Nimm Kurs auf die Mündung der Gironde«, sagte er zu Stephan. »Ich überlasse dir das Schiff, heute komme ich nicht mehr an Deck. Wir segeln nach Bordeaux.«

Grabinski war erstaunt, hatte aber keine Zeit mehr, eine Frage zu stellen. Marten ging zur Tür und beugte sich leicht vor. Der Steuermann der »Zephir« sah nur noch, wie die Señorita de Vizella ihren weißen Arm um den Nacken des Kapitäns legte.

Drittes Buch

DAS GRÜNE TOR

Im Dienste
Heinrichs des Guten

Seit 1562 war Frankreich mehr als dreißig Jahre lang der Schauplatz fast ununterbrochener blutiger Kämpfe zwischen Hugenotten und Katholiken. Der Religionskrieg, der unter der Regierung Karls IX., eigentlich schon unter der Regentschaft seiner Mutter Katharina von Medici, begonnen hatte, überdauerte die Dynastie der Valois und erlosch erst unter der Herrschaft Heinrichs IV. von Bourbon. Dieser »König ohne Königreich«, der »Söldner ohne Geld« und »Mann ohne Frau«, der Führer der Hugenotten, für den die Unterschiede zwischen den zwei Bekenntnissen keine große Rolle spielten, der sie nur der politischen Ziele wegen einige Male wechselte, fand, als er endlich den Thron erobert hatte, ein Frankreich vor, das in Schutt und Asche lag. Das Blut von siebenhunderttausend seiner Bürger düngte den Boden, neun Städte und vierhundert Schlösser waren zerstört, einhundertfünfundzwanzigtausend Häuser ein Raub der Flammen geworden. Das, was nicht der völligen Vernichtung anheimgefallen war, wurde eine Beute der verheerenden Not. In Lyon, Tours und anderen verschont gebliebenen Städten, in denen früher je fünfhundert bis sechshundert Webstühle gerattert hatten, waren nur noch wenige in Betrieb. Die Preise hatten eine unerschwingliche Höhe erreicht. Riesige Flächen einst bebauter Felder und Weingärten lagen brach. Dörfer, ja ganze Kreise waren menschenleer, verlassen, verwildert.

Auch nach der Krönung Heinrichs IV. in Chartres im Februar und der Einnahme von Paris im März des Jahres 1594 blieben diese Zustände bestehen. Erst einige

Jahre später zeigte sich ein erster Hoffnungsschimmer, der eine Besserung der verzweifelten Lage Frankreichs verhieß. Dem König standen kluge Berater zur Seite, vor allem Maximilian de Béthune, Herr de Rosny, der spätere Herzog von Sully, der Kriegsgefährte und Vertraute Heinrichs IV., sowie Barthélemy Laffémas, ein ehemaliger Schneidergeselle, der Leibdiener des Königs und schließlich Generalkontrolleur des Handels wurde.

Die erste Aktion Herrn de Béthunes als Mitglied des königlichen Finanzrates war auf dem Gebiete der Wirtschaft eine Inspektionsreise durch Frankreich. Sie hatte zum Ziel, die Tätigkeit der Finanzbeamten zu überprüfen. Herr de Béthune widmete sich dieser Aufgabe mit ungewöhnlicher Energie und Arbeitslust. Binnen wenigen Monaten kontrollierte er die Register und Quittungen, deckte Veruntreuungen auf, pfändete Beträge, die sich die Steuereinnehmer angeeignet hatten, strich übermäßige, ungerechtfertigte Verwaltungskosten und führte im Finanzwesen eine neue Ordnung ein. Das Ergebnis brachte dem König eine halbe Million Taler ein. Das Geld wurde unter einer starken militärischen Eskorte auf zweiundsiebzig Wagen nach Rouen transportiert.

Von da an begannen jene wirtschaftlichen Reformen, die Frankreich trotz der noch immer weiter schwelenden Unruhen und des nicht enden wollenden Krieges mit Spanien vor dem vollständigen Ruin bewahrten und das Land in sehr kurzer Zeit sogar zu neuer Blüte brachten. Herr de Béthune, der nun bereits Oberintendant der Finanzen war, schuf das erste geregelte System eines Rechnungswesens und machte den Übergriffen der Reichen ein Ende. Es erwies sich, daß sich über vierzigtausend in dem Chaos reich gewordene Leute mit Hilfe falscher Dokumente riesige Steuerhinterziehungen hatten zuschulden kommen lassen. Von ihnen wurden rund hundertfünfzig Millionen Francs eingezogen. Die Einnahmen und Ausgaben des Staates wurden von Béthune ausgeglichen. Von nun an konnte man sogar noch Überschüsse erzielen und jährlich ungefähr sechs Millionen Francs in Gold als Reserve zurücklegen, die in den Kellern der Bastille aufbewahrt wurden. Bald blühten wieder Weingärten und Obstbäume, wogte das Getreide auf den Feldern, graste Vieh auf den Weiden. In den aus Ruinen neuerstandenen Städten wurden Werkstätten und Fabriken gegründet. Die Gebrüder Gobelin fertigten in Paris ihre wertvollen Wandteppiche, in der Normandie, dem Languedoc und der Champagne gingen die Tuchweber wieder ihrem Handwerk nach, in der Dauphiné erbaute man eine Papiermühle, in Senlis Spitzenklöppeleien, Leinenwebereien in Rouen, eine Eisengießerei bei Paris, eine Kristall- und Gebrauchsglashütte in Melun. Andere Industriebetriebe begannen in Lyon, Poitiers, Tours, Orléans und Mantes zu arbeiten.

Gleichzeitig mit der Entwicklung des Handels und der Gewerbe konnten dank Béthunes Finanzpolitik auch große öffentliche Bauten begonnen werden. Neue Straßen und Brücken wurden errichtet, über die wieder Eilpostwagen in alle Richtungen verkehrten. Kanäle entstanden, Sümpfe wurden trockengelegt, die

Häfen erweitert. Für das Frankreich Heinrichs IV. zeichnete sich am Horizont eine helle und reiche Zukunft ab. Nur ein langer, dauerhafter Frieden war notwendig.

Der Krieg gegen Spanien nahm jedoch kein Ende. Don Pedro Henriquez de Acevedo, Graf von Fuentes, eroberte am 14. April 1596 Calais, bedrohte die nordöstlichen Gebiete an der Somme und bereitete sich auf den Marsch gegen Amiens vor. Die Verhandlungen über eine englische Hilfe führten zwar zu einem Bündnis, das Projekt einer gemeinsamen Aktion gegen die spanischen Truppen in den Niederlanden wurde jedoch fallengelassen. Die einzige günstige Nachricht war die vom Sieg der Engländer in Cadiz, ein Sieg, der trotz seiner Größe weder strategisch noch politisch ausgenutzt wurde. Elisabeth begnügte sich mit der Vernichtung der spanischen Zweiten Armada, die Philipp Irland hatte zu Hilfe schicken und durch die er vielleicht auch England hatte unterwerfen wollen. Damit ließ sie es bewenden. Elisabeth beeilte sich nicht, Heinrich in Frankreich zu unterstützen.

Diese Nachricht, die der französische Botschafter in London dem König gesandt hatte, wurde kurz darauf von zwei englischen Korsaren, die an dem Angriff auf Cadiz teilgenommen hatten, bestätigt und durch viele Einzelheiten ergänzt. Auch der bekannte Kaufherr und Bankier Henryk Schultz, der über weitverzweigte Handelsbeziehungen verfügte und sich der besonderen Protektion des Herrn de Béthune erfreute, hatte gleichlautende Berichte erhalten.

Henryk Schultz stammte aus Polen. Sein Handelshaus und Bankgeschäft in Danzig war nicht nur in Frankreich, sondern auch in vielen Hansestädten und allen bedeutenden Häfen Europas gut bekannt. Er besaß in Hamburg, Amsterdam und Kopenhagen Filialen und beabsichtigte, auch in Bordeaux eine Zweigstelle zu gründen.

Herr de Béthune schätzte ihn sehr. Er holte sich bei manchen Finanzoperationen Rat bei ihm und übertrug ihm sogar die Ausarbeitung von Verträgen über Anleihen, an deren Realisierung sich Schultz als Bankier beteiligte. Dadurch wurden seine Bedeutung und sein Ansehen von allem Anfang an gefestigt.

Die beiden Korsaren waren Franzosen, obwohl ihre Schiffe bis jetzt unter englischer Flagge im Dienst Elisabeths gesegelt waren. Einen von ihnen, den Chevalier Richard de Belmont, den Kapitän des Schiffes »Toro«, kannte Herr de Béthune persönlich. Der zweite war Pierre Carotte, er beschäftigte sich eigentlich mehr mit dem Seehandel als mit der Freibeuterei.

Für ihn bürgte Henryk Schultz. Er bat seinen Protektor, Carotte das Recht zu verleihen, auf seinem Schiff, der »Vanneau«, die französische Flagge zu hissen, und ihn in das Hafenregister eintragen zu lassen. Schultz stieß dabei auf keine Schwierigkeiten. Herr de Béthune-Rosny liebte Schmuck, das königliche Schatzamt brauchte Geld und Heinrich IV. sowohl Schiffe als auch Seeleute. Die beiden Ankömmlinge aus Cadiz entsprachen allen diesen Liebhabereien und Bedürfnissen. Die Laderäume der »Toro« und der »Vanneau« enthielten eine beträchtliche Beute. Der zehnte Teil derselben stärkte die Kasse des Königs, und mehrere schöne Kleinode schmückten von da an Hut und Kragen des künftigen Finanzministers.

Das alles war jedoch nichts im Vergleich zu der runden Summe von fünfzigtausend Dukaten, die der dritte Korsar, der wenige Tage später in Bordeaux landete, als Zehnten entrichtete.

Er hieß Jan Kuna, war aber unter dem Namen Jan Marten mehr bekannt. Er befehligte das schöne, wenn auch nicht große Schiff »Zephir«, dessen schwarze Flagge seit fast zwanzig Jahren keinen geringeren Schrecken unter den Spaniern verbreitet hatte als die Flaggen Francis Drakes oder Hawkins'.

Über die »Zephir« und ihren Kapitän waren fast legendäre Gerüchte in Umlauf. Von der Eskorte des aus Polen in die Heimat zurückkehrenden französischen Gesandten hatte allein die »Zephir« die dänische Blockade im Sund durchbrochen und die Nordsee erreicht. In den niederländischen Gewässern nahm sie an den Kämpfen der Geusen unter Wilhelm von Oranien teil. Der Kapitän trat darauf in englische Dienste über und wurde zur Plage der Spanier im Atlantik. Dann betrieb er eine Reihe von Jahren das Korsarenhandwerk im Karibischen Meer und im Golf von Mexiko. Teils im Bündnis mit Drake, teils mit anderen Korsaren eroberte er einige Häfen und Städte Neuspaniens, unter ihnen Vera Cruz und Ciudad Rueda. Beinahe wäre er König des kleinen Indianerstaates Amaha geworden. Er sammelte ungeheure Reichtümer und verschwendete sie wieder. Im Jahre 1588 setzte er in Calais durch einen kühnen Handstreich die Schiffe der Großen Armada in Brand. Nach dem siegreichen Angriff auf Cadiz holte er eine schwerbewaffnete Karavelle ein, die dreimal so groß wie seine »Zephir« war, enterte sie und erbeutete die Gold- und Silberladung, die einen Wert von rund einer halben Million Dublonen besaß.

Die Fama wußte zu berichten, daß Marten im Verlauf von sechzehn Jahren ungefähr fünfundzwanzig Schiffe des Feindes versenkt und auf mehr als zehn reiche Beute gemacht hatte. Nie war er verwundet worden. Angeblich hatte ihn seine der Hexerei verdächtigte Mutter einen Zauber gelehrt, der ihn vor den Kugeln, Hieben und Stichen seiner Feinde schützte. In jener abergläubischen Zeit fanden solche Gerüchte fast überall willige Ohren.

An Bord der »Zephir« sollte sich die Geliebte dieses Helden und Abenteurers befinden, die aus einem spanischen Schloß geraubt worden war. Ihre Schönheit, ihr Mut setzten jeden in Erstaunen und Bewunderung, der sie erblickte. Ihre Kleider, ihr Schmuck konnten den Neid so mancher Königin erwecken.

Nicht alle glaubten den phantastischen Erzählungen. Tatsache war jedoch, daß zumindest eine Königin, die Herrscherin des siegreichen Englands, von Zorn- und Rachegelüsten gegen den Kapitän der »Zephir« erfüllt war. Ihr ging es nicht nur um die Kleider und den Schmuck der Geliebten Martens. Sie haßte ihn, weil er den Dienst unter der englischen Flagge ohne Kündigung aufgegeben hatte und die fünfzigtausend Dukaten nicht in ihre Kasse geflossen waren. Ja, er hatte sogar gewisse Beträge, die ihm von seiten der englischen Finanzverwaltung zustanden, noch vorher abgehoben, so daß man sie nicht mehr hatte beschlagnahmen können. Ähnlich hatten sich übrigens auch der Chevalier de Belmont und der Kapitän Carotte verhalten.

Alle drei — der berühmte Korsar, der vornehme Edelmann, der bei Hofe empfangen wurde, und der schlaue Krämer, der so kindlich unschuldig und gutmütig aussah — hatten sie, die Königin von England, schmählich betrogen. Elisabeth forderte deshalb durch ihren Gesandten, die drei samt ihrer Beute an sie auszuliefern. Sie protestierte dagegen, daß ihnen von Heinrich IV. in Frankreich Asyl gewährt wurde. Sie drohte sogar, die französischen Schiffe in ihren Häfen zu beschlagnahmen.

Heinrich IV. freute sich über ihre Entrüstung. Elisabeth hatte ihm schon viel zu schaffen gemacht. Wenn sie ihm jetzt mit Geld und Truppen half, so tat sie es nur aus Eigennutz. Das wußte er genau.

Als Heinrich von Herrn de Béthune Einzelheiten über den romantischen Lebenslauf des Korsaren erfuhr, interessierte ihn vor allem dessen schöne Geliebte.

»Hast du sie gesehen?« erkundigte er sich.

Herr de Béthune verneinte. Er hatte für derlei Dinge keine Zeit.

»Du wirst alt, mein lieber Rosny«, antwortete der König. »Du wirst alt, obwohl du sieben Jahre jünger bist als ich. Ich würde es nicht aushalten, ein solches Wunder an Schönheit nicht gesehen zu haben. Sobald wir in Bordeaux sind, sollst du sie mir zeigen!«

»Falls wir Marten und sein Schiff dort antreffen, Sire«, erwiderte Herr de Béthune.

»Du mußt das irgendwie arrangieren. Wir wollen dem tapferen Kapitän so danken, wie er es verdient.«

»Wenn Eure Königliche Hoheit diesen Marten im Sinn haben, dann meine ich, daß er die seiner Geliebten erwiesenen Gunstbezeigungen Eurer Königlichen Majestät kaum als einen Beweis der Dankbarkeit ansehen wird«, sagte Béthune. »Soviel ich weiß, ist er verteufelt eifersüchtig, dabei unerschrocken und bereit, alles aufs Spiel zu setzen.«

»Du warnst mich?« Heinrich lachte.

Herr de Béthune nickte ernst. »Diesmal ja, Sire«, antwortete er bedächtig.

»Bei meiner Ehre«, rief der König, »du hast mich neugierig gemacht!«

»Mich beunruhigt es — obwohl...«, murmelte Herr de Béthune, verstummte und lächelte.

Er dachte an Gabrielle d'Estrées. Er konnte sie nicht leiden, und sie vergalt Gleiches mit Gleichem. Vielleicht erobert diese Señorita das Herz Heinrichs und verdrängt Gabrielle, überlegte er. Wer weiß.

»Was murmelst du?« fragte der König.

Herr de Béthune erklärte, daß Marten Seiner Königlichen Hoheit einen Degen als Geschenk geschickt habe. »Angeblich hatte ihn der Corregidor von Santa Cruz für Philipp II. bestimmt«, fügte er hinzu und winkte einem jungen Edelmann, der ihm den Degen in der mit Gold beschlagenen Scheide reichte.

Heinrichs Augen blitzten. Er griff nach der Waffe und zog die ziselierte Klinge. Sie war leicht wie eine Feder. Er erprobte sie sofort, führte einige Hiebe, stemmte dann die Spitze gegen den Fußboden, bog die Klinge und ließ sie hochschnellen. Der Stahl zitterte und klirrte. Heinrich lächelte, als er sah, daß auch nicht die Spur einer Krümmung zurückgeblieben war.

Erst jetzt betrachtete er den Griff und den Korb. Um die in das Elfenbein geschnitzten Einkerbungen wand sich eine goldene Schlange mit meisterhaft nachgebildeten kleinen Schuppen. Den Knauf bildete ein prächtiger blutroter Karfunkel. An dem vergoldeten, gravierten Korb glänzten Saphire und Granaten. Die gleichen Edelsteine schmückten die Beschläge der Scheide.

»Er ist schön«, sagte Heinrich. »Wenn ich mich nicht irre, ist der Karfunkel der Stein der Freundschaft, der Saphir bewahrt dem Besitzer die Tugend und einen reinen Teint, was übrigens selten Hand in Hand geht, und der Granat bringt Fröhlichkeit. Wenn Martens Geliebte alle diese guten Eigenschaften besitzt und außerdem so schön ist wie der Degen, dann lohnt es sich wirklich, sie näher kennenzulernen. Auf jeden Fall liefern wir Elisabeth die Korsaren nicht aus, Rosny. Zwei sind sowieso Franzosen. Diesen Belmont muß ich doch schon einmal gesehen haben«, rief er plötzlich.

»In Pau, Eure Königliche Hoheit«, erinnerte ihn sein Kammerdiener d'Armagnac. »Er war damals bei Antonio Perez.«

»Richtig! Belmont . . . Richard de Belmont. Er hat mir gefallen. Ist Marten ihm ähnlich?«

»Er besitzt keinen höfischen Schliff«, erwiderte Herr de Béthune, »obwohl er angeblich einige Male mit Elisabeth gesprochen hat. Er ist selbstsicher, wie es häufig bei Menschen von großer Körperstärke der Fall ist, die gleichzeitig kühn und hochherzig sind.«

»Du schmeichelst ihm«, antwortete Heinrich.

»Nach dem zu urteilen, was man über ihn spricht, ist er es«, entgegnete Herr de Béthune. »Außerdem macht er den Eindruck eines Menschen, dem man vertrauen kann.«

»Und doch hat sich Elisabeth in ihm getäuscht!«

»Ich glaube, daß er und viele andere sich zuerst in ihr getäuscht haben«, meinte Herr de Béthune. »Übrigens ist er nicht ihr Untertan. Er stammt aus Polen.«

»Nun gut, wir nehmen sein Geschenk mit Dankbarkeit und Befriedigung an. Wir stellen ihm ein Kaperpatent aus und schließen bei der Gelegenheit Bekanntschaft mit ihm. Erinnere mich daran, Armagnac«, schloß der König die Unterredung.

Der Liebesrausch, dem sich Marten in den Armen seiner jungen, schönen Geliebten hingab, fand inmitten der sanften Hügel und Weinberge der Médoc eine ihrer Schönheit würdige Umgebung. In der Nähe einer kleinen Festung südlich von Pauillac bildete das linke Ufer eine tiefe, stille Bucht. In ihr verbarg sich eine aus dicken Eichenstämmen gefügte Anlegestelle. Über ihr stieg ein Weinberg in Terrassen an, den ein dichter Pfirsischhain krönte. Hinter diesem schimmerten die weißen Mauern eines Edelsitzes durch Laub und Geäst.

Das Gutshaus, man konnte es getrost ein kleines Schloß nennen, gehörte dem Herrn de Margaux, der es allerdings nicht bewohnte. Louis de Margaux, von Geburt ein Landedelmann und aus Liebhaberei Seefahrer und Weltreisender, hatte sein Vermögen auf Fahrten verloren, die er, dem Beispiel Verazzanis und Cortiers* folgend, unternommen hatte. Nur dieses heruntergewirtschaftete Gut mit dem kleinen Weinberg und dem verwilderten Obstgarten war ihm geblieben, weil er dafür keinen Käufer fand. Als Kapitän des königlichen Kriegsschiffes »Victoire« lebte er entweder in La Rochelle oder an Bord des Schiffes auf hoher See. Um den Weinberg und das Gut kümmerte sich ab und zu ein alter Freund der Familie, der Richter von Pauillac, Herr de Castelnau.

Marten erfuhr von dem allwissenden Henryk Schultz, daß dieses Besitztum, welches reichlich übertrieben Chateau Margaux-Médoc genannt wurde, zum Verkauf stand. Henryk Schultz hatte er wie früher die Verwaltung seines Beuteanteils anvertraut. Ohne lange zu feilschen, kaufte Marten den Hof samt Grund und Boden und der Anlegestelle in der Bucht.

Nachdem die wertvolle Ladung gelöscht war, lag die »Zephir«, von starken Trossen festgehalten, an dem kurzen Landesteg vor Anker. Nach Margaux-Médoc kam ein Schwarm von Handwerkern — Zimmerleuten, Tischlern, Maurern und Gärtnern —, um das Haus zu renovieren und den Garten sowie den Weinberg in Ordnung zu bringen. Als das Dach, die Wände und das Innere des Schlößchens von Grund auf erneuert waren, wurden prächtige Fliesen gelegt und die Marmorpfeiler der Kamine gegen neue ausgewechselt. Die Umgebung des Gutshauses verwandelte sich in einen Park, dessen schattige Wege den früheren Garten und gepflegte Rasenflächen durchquerten. Auf Blumenbeeten blühten Rosen. Schultz übernahm auf Bitten Martens, seines früheren Kapitäns, die Innenausstattung des Schlosses.

Aus Bordeaux, Chamecy, sogar aus Paris kamen geschnitzte Kommoden, Bettgestelle, Tische, Stühle mit Brokat oder Damast bezogene Sessel, Kristallüster aus venezianischem Glas, schwere Schränke und Kredenzen aus Palisander, aus Marseille türkische und persische Teppiche, silberne Wandleuchter, Steingut, Gläser und Tafelsilber.

Marten wählte für sich einen Viererzug von Rappen aus und kaufte in Bordeaux eine Reisekarosse und einen leichten Wagen für Spazierfahrten. Die männliche

Dienerschaft erhielt eine grüne Livree mit vergoldeten Knöpfen, die weibliche ebensolche Röcke und Mieder.

All diese Pracht, dieser Luxus waren nichts im Vergleich zu den Toiletten und dem Schmuck der Señorita Maria Francesca de Vizella, deren Schönheit einen wahrhaft königlichen Rahmen verlangte.

Für diesen Zweck war Marten keine Summe zu hoch. Ihm kam es so vor, als besäße er einen unerschöpflichen Vorrat an Geld. Wieviel er ausgab, wußte er nicht genau. Seine Rechnungen beglichen dienstbeflissene, immer höflich lächelnde Rechnungsführer des Kaufherrn Schultz, durch dessen Hände der Goldstrom in Bordeaux floß.

Maria Francesca wollte jedoch nicht nur ihrem Herrn und Gebieter gefallen. Aber wer sollte außer ihm ihre Kleider bewundern? Wer sollte ihn beneiden?

Das Entzücken des Chevaliers de Belmont, das schüchterne, verlegene Erröten Stephan Grabinskis, die heimlichen Blicke von Schultz voll unterdrückter Leidenschaft genügten ihr nicht auf die Dauer. Herr de Castelnau, der Richter von Pauillac, und der Kapitän Louis de Margaux, mit denen Marten Freundschaft geschlossen hatte, waren ältere Herren, ernste Hugenotten von unerschütterlicher Tugendhaftigkeit. Der Kommandant von Bordeaux, ein lärmender Saufbruder, war ihr zu gewöhnlich und zu dumm. Carotte kam nicht in Betracht, obwohl sie ihn wegen seines Witzes und seiner ungekünstelten Fröhlichkeit gern hatte. Er war übrigens ein seltener Gast im Château Margaux-Médoc. Geschäfte und Handelsreisen nahmen seine Zeit in Anspruch.

Im Spätherbst besuchten Marten einige Korsarenkapitäne, Bekannte aus früheren Zeiten. Die Señorita erklärte jedoch, daß es rohe, ungebildete Menschen seien. Nicht solch eine Gesellschaft wünsche sie.

»Was denn für eine?« erkundigte sich Marten.

Maria Francesca wollte sich vergnügen. In Bordeaux begann der Karneval. In den Häusern der hohen königlichen Beamten, im Rathaus, im Palais des Gouverneurs und in den hochherrschaftlichen Wohnsitzen fanden bereits die ersten Empfänge und Bälle statt.

»Ich kenne aber keinen der hochwohlgeborenen Herren«, wandte Marten ein.

»Du mußt sie eben kennenlernen«, erwiderte sie. »Richard und Henryk können dir das sicherlich erleichtern. Außerdem kennen wir noch niemand aus unserer Nachbarschaft, weder den Grafen de Blanquefort noch den Herrn de Carnariac oder den Herrn de La Sauve.«

»Auch nicht den Plessis-Mornay und den Bourbon!« ergänzte Marten und begann zu lachen. »Das sind zu vornehme Häuser für einen Jan Kuna.«

Maria Francesca runzelte leicht die Brauen. Sie dachte dabei voll Stolz, daß das Geschlecht der Vizellas in nichts hinter den Mornays und Bourbons zurückstehe. Anstatt ihren Gedanken laut werden zu lassen, sagte sie: »Du bist berühmt. Berühmter als viele von ihnen.«

Das schmeichelte ihm. Er schickte in drei der benachbarten Schlösser höfliche Briefe und teilte seine Absicht mit, einen Besuch abstatten zu wollen. Nach einer Woche kam eine ebenso höfliche Antwort, aber nur eine. Herr de Carnariac lud Marten und dessen Freundin zu einer Jagd am Tage seines Schutzheiligen und Namenspatrons Antoine ein. Der Graf de Blanquefort und Herr de La Sauve antworteten nicht.

»Rege dich darüber nicht auf«, tröstete Marten seine Angebetete. »Aller Anfang ist schwer. Ich kann ein Lied davon singen«, fuhr er fort und blickte ihr lächelnd in die Augen. »Ich habe monatelang auf eine Einladung in deine Kajüte auf der ›Zephir‹ gewartet. Mich kränken der Mangel an Gastfreundschaft oder die Geringschätzung von seiten eines Grafen oder Barons keineswegs. Dagegen scheint mir dieser Carnariac ganz vernünftig zu sein, obwohl man ihn für einen Hahnrei hält. Er soll angeblich in dieser Hinsicht recht zufrieden mit seinem Los sein.«

»Man sagt es«, bestätigte Maria Francesca. Es wäre ihr allerdings lieber gewesen, wenn Charlotte de Carnariac bei ihrem Mann, anstatt in Angoulême an der Seite eines reich gewordenen Papierfabrikanten gelebt hätte.

Sie überlegte, daß sowohl das Haus des Herrn de Carnariac wie auch seine drei Töchter Joséphine, Catherine und Louise nicht im besten Ruf standen. Den Töchtern machte nicht ohne Erfolg eine ganze Legion von jungen Kavalieren den Hof. Aber wie dem auch sei, Carnariac war mit der Aristokratie des Landes verschwägert, wurde in den ersten Familien von Charente und Bordeaux empfangen und erfreute sich der Freundschaft des jungen Prinzen Charles de Valois. In gesellschaftlicher Beziehung schienen sich seine Fehler und guten Eigenschaften die Waage zu halten. Außerdem mußte man, wie sie ja selbst gesagt hatte, mit irgend jemand anfangen, wenn er auch nicht allerbester Qualität war.

Marten hatte Lust, an der Jagd teilzunehmen, und er befahl, den leichten Wagen für die Fahrt vorzubereiten. Die Kutsche war elfenbeinfarben lackiert und innen mit grünem Samt ausgeschlagen. Die Beschläge waren aus Silber. Es wurde nur ein Paar Pferde eingespannt. Dafür ritten zwei Vorreiter mit Peitschen voran. Ein Break mit den Koffern der Señorita folgte.

So fuhren sie zu Carnariac. Unterwegs nahmen sie Belmont mit, der in Bordeaux wohnte. Er war ebenfalls von Herrn Antoine eingeladen worden.

Das Gutshaus des Herrn de Carnariac wirkte nur von weitem stattlich. Je näher man kam, um so deutlicher sah man die Spuren der Vernachlässigung. Verfall starrte dem Ankömmling aus den Mauerlücken, den Löchern in der Brücke und den Wänden entgegen, von denen der Putz bröckelte. Auf der Auffahrt machten sich Schweine und Gänse breit, die Dächer der Ställe und Scheunen waren schadhaft, die Torflügel hielten sich nur noch wie durch Zufall in den rostzerfressenen Angeln.

Der Schloßherr war ein unansehnlicher Vierziger, der ebensowenig auf sein Äußeres achtete, wie er sich um Ordnung auf dem Gutshof kümmerte. Von der Natur mit einer großen, stark geröteten Nase und einem spärlichen Bartwuchs bedacht, erinnerte er an einen zwar nicht starrköpfigen, aber doch neugierigen und übermütigen Ziegenbock, der er in der Tat auch war.

Bei dem Geräusch der ankommenden Wagen und dem Geschrei der aufgescheuchten Gänseherde erschien er in Begleitung einer Dame, die als seine Kusine galt, unter ständigem freundlichem Lächeln und Verbeugungen, um die Gäste an der Schwelle seines Hauses zu begrüßen. Voll Galanterie half er der Señorita de Vizella aus dem Wagen. »Ich freue mich, ich freue mich unendlich«, wiederholte er mehrmals, obwohl er nicht ganz im Bilde war, wen er vor sich hatte.

Belmont flüsterte ihm den Namen Marias ins Ohr und stellte ihm dann Marten vor. Herr de Carnariac schien nach dieser Auskunft um zwanzig Jahre jünger geworden zu sein. Seine Beredsamkeit durchbrach nun den Damm der vorherigen Unsicherheit. Er sprach mit Maria, überschüttete sie mit Komplimenten und drückte sein Entzücken über ihre Schönheit aus. Belmont erinnerte er an frühere Begegnungen und gemeinsame Gelage. Marten versicherte er seiner Hochachtung und Bewunderung über dessen Heldentaten zur See. Zwischendurch wandte er sich an seine »Kusine«, Madame Suzanne, und teilte ihr all das mit, was er selbst über seine Gäste wußte und was er soeben von einem jeden von ihnen gehört hatte.

Madame zeigte mehr Ruhe und Zurückhaltung, obwohl auch sie die Gäste äußerst höflich empfing. Mit Maria Francesca tauschte sie einen Freundschaftskuß. Sie war eine reife Blondine mit einem üppigen Busen, rosigem Teint, hatte schöne, veilchenblaue Augen, ein gewinnendes Lächeln und war ungefähr zehn Jahre jünger als Herr Antoine. Die drei Töchter des Hausherrn erwarteten die Gäste im Kreise ihrer Anbeter in der großen Vorhalle. Sie sahen wie drei Kopien eines Bildes aus und unterschieden sich nur durch die Haarfarbe. Sie waren übrigens hübsch und frisch. Ihre neugierigen Näschen mit den sinnlich geblähten Nüstern hatten sie auf keinen Fall von Herrn de Carnariac geerbt.

In dem dämmerigen Saal befanden sich neben mehreren jungen Edelleuten, von denen zwei den Grafentitel trugen, noch eine Reihe Verwandte des Hausherrn. Unter ihnen fiel besonders Herr de Chicot, der Sohn eines Höflings Heinrichs III., durch aufgeblasene Haltung und Stolz auf der kaum berechtigt war. Sein Vater hatte am Hofe Heinrichs III. eher die Rolle eines Hofnarren als die eines Ritters gespielt. Seine häßliche Frau, die so tat, als wäre sie schwerhörig, war wegen ihrer Bissigkeit bekannt und gefürchtet. Sie begrüßte Maria Francesca besonders laut und herausfordernd, verdrehte deren Namen und sprach sie abwechselnd mit Mademoiselle Vicié an, was gleichbedeutend mit lasterhafter Person ist, dann wieder mit Madame Marten, was Marten oder Martin, Esel, bedeuten konnte. Das »de« vergaß sie absichtlich. Maria war aber kein schüchternes Mädchen, wie Frau de Chicot anfangs gemeint hatte. Die Señorita bewahrte nur nach außen hin ihre

Anmut und Höflichkeit. Im geeigneten Augenblick wandte sie sich an Belmont und sagte: »Weißt du genau, daß der Vater des Herrn de Chicot und nicht seine Frau den Hof des letzten Valois mit seinen Possen unterhalten hat?«

»Gewiß«, erwiderte Belmont, »er war ungewöhnlich witzig.«

»Genau das gleiche kann man auch von seiner Schwiegertochter sagen«, antwortete Maria mit einem Seufzer.

Obwohl beide diese Worte nur halblaut gewechselt hatten, waren sie sowohl von den meisten jungen Herren, die die Señorita wie eine Märchenerscheinung anstarrten, wie auch von der schwerhörigen Dame ausgezeichnet verstanden worden.

»Du bist eine kleine Wespe, Maria«, flüsterte Belmont und lachte. »Sieh nur, ganz gelb ist die arme Frau Chicot durch den Stich deines Stachels geworden.«

»Wirklich?« erwiderte Maria erstaunt und mit der unschuldigsten Miene. »Mir kam es so vor, als wäre sie schon vorher hinreichend gelb gewesen.«

Sie wandte sich mit einem Kopfnicken von der beleidigten Frau de Chicot ab und ging mit der Ungezwungenheit einer hochgestellten Dame auf Herrn de Carnariac zu, um ihm ihre höflichen Glückwünsche zu der bezaubernden Schönheit seiner Töchter auszusprechen. Bald darauf wurde sie von den Verehrern der drei umringt, und der strahlende Vater stellte ihr die bedeutenderen Persönlichkeiten aus dem Kreis der Gäste vor. Auch diese hielten mit Bewunderung für den Liebreiz der Señorita nicht zurück.

Maria Francesca war sich nun ihres gesellschaftlichen Erfolges sicher. Allerdings wurde sie etwas enttäuscht. Als zu Tisch gebeten wurde, erhielt sie keineswegs den bevorzugtesten Platz an der Tafel, und sie bemerkte, daß sich einige der später Gekommenen ihr nicht vorgestellt hatten. Wenn sie deren neugierige Blicke auffing, taten sie so, als bemerkten sie sie nicht. Von ihrem Tischnachbarn, dem Chevalier d'Ambarés, erfuhr sie, daß einer jener Gäste, über den sie sich ärgerte und der zugleich ihre Neugier erregte, der Herr de La Sauve, ein anderer der Baron de Trie war. Die wie ein Osterei angemalte Dame, die ein nun nicht mehr stolzer und aufgeblasener, sondern ein dienstbeflissener und unterwürfiger Herr de Chicot zu unterhalten suchte, war die Gräfin de Blanquefort.

»Ihr Gatte kommt erst morgen zur Jagd«, teilte d'Ambarés der Señorita mit. »Wenn Euer Liebden meine Gesellschaft nicht verschmähen, dann möchte ich mir schon heute das Vorrecht sichern, Euer Liebden auch morgen begleiten zu dürfen.«

Maria Francesca bedachte ihn mit einem freundlichen, gewährenden Blick. Armand d'Ambarés hatte ein müdes, wie zerknittertes, trotzdem aber noch regelmäßiges, schöngeschnittenes Gesicht. Er konnte einer Frau schon gefallen, denn er war gut gewachsen, hatte dunkles, lockiges, an den Schläfen leicht angegrautes Haar und einen etwas ironischen, kühlen Blick. Dem Ausdruck seiner Augen widersprach jedoch seine Kunst, mit Menschen umzugehen. D'Ambarés sprach und benahm sich in einer Weise, daß er bei seinen Bekannten die Überzeugung ihrer eigenen Vollkommenheit weckte und bestärkte. Dies galt besonders für Frauen. Sie erlagen leicht seiner Beredsamkeit, da sie empfanden, welch tiefes Verständnis und Feingefühl das Verhalten dieses vornehmen Mannes nicht nur deshalb kennzeichneten, weil er ihre Gunst zu gewinnen suchte, sondern weil er ihnen damit ein Vergnügen bereiten wollte.

»Sehen Euer Liebden heute schon voraus, daß der Graf de Blanquefort geruhen wird, mich zum Nachteil der so angenehmen Unterhaltung mit Euch zu bemerken und sogar mit einem Gespräch zu beehren?«

»Ich bezweifle keinen Augenblick, daß jeder, der entzückendste Schönheit, weiblichen Zauber sowie die Tugend des Geistes und des Herzens zu schätzen weiß, sofort zu einem Eurer Verehrer wird«, antwortete Chevalier d'Ambarés galant.

»Glaubt Ihr, daß der Graf das alles bei seiner Frau gefunden hat?«

»Oh, das ist eine völlig andere Angelegenheit«, erwiderte d'Ambarés lächelnd. »Gegenüber einem Unglück der Art, wie es eine Ehe ist, die nur geschlossen wurde, um das Vermögen zu retten, muß man sich mit mitleidvoller Achtung verhalten«, entgegnete er ernst. »Das kann einem jeden von uns passieren.«

»Ich würde es lieber sehen, wenn Euer Liebden kein solches Unglück zustößt«, vertraute sie ihm mit einem koketten Lächeln an.

»In dem Fall muß ich von diesem Augenblick an doppelt dankbar sein«, gab er ihr zur Antwort.

Die Jagd fand am nächsten Tag statt. Es war keine Jagd auf Hochwild, denn die Güter des Herrn de Carnariac waren nicht sehr waldreich, und das Edelwild war in den wenigen Forsten schon seit langem abgeschossen worden. Nur Hasen und einige Füchse waren übriggeblieben, die nun der Gutsherr und seine Gäste zu Pferd mit einer Meute Hunde hetzten.

Die Damen beteiligten sich mit Ausnahme der Señorita de Vizella und der Töchter des Herrn de Carnariac nicht an der Jagd über Felder und Wiesen, durch Jungholz und verschlungene Irrwege, sondern fuhren gegen Mittag an das waldumsäumte Ufer der Dordogne, wo in dem altersgebeugten Jagdschlößchen ein Frühstück wartete.

Der Tag war sonnig, etwas dunstig und windstill. Ein leichter Frost hatte die Pfützen auf den Wegen mit einer dünnen Eisschicht überzogen. Rauhreif hing in Spinngeweben an Zäunen, Zweigen und Grashalmen. Die Luft roch nach Rauch, der aus den Bauernhütten aufstieg, und nach welkem Laub. Die Pferde schnaubten, die Hunde bellten, die Piqueure knallten mit den Peitschen. Fröhliche Stimmen und Lachen erklangen.

Maria Francesca erschien in Männerkleidung, was ebenso großes Staunen erregte wie ihre Schönheit und ihre Geschicklichkeit als Reiterin. Nicht nur d'Ambarés begleitete sie. Graf de Blanquefort, der tatsächlich am Morgen eingetroffen war, hatte Marten nicht damit beehrt, ihm die Hand zu reichen. Er geruhte, ihn von fern mit einem leichten Kopfnicken zu grüßen. Dafür hielt er Señorita de Vizella durch Geburt und Verwandtschaft für würdig, ihr den Hof zu machen und sich um ihre Gunst zu bemühen. Er tat dies ziemlich zudringlich und taktlos. Das ging so weit, daß Maria Francesca ihn schließlich scharf zurechtwies. Er entfernte sich, um Herrn de Carnariac gegenüber seine Verwunderung auszudrücken, daß in einem adligen Haus Abenteurer vom Schlage eines Marten und seiner Geliebten empfangen würden.

Einige junge Edelleute folgten seinem Beispiel und hielten sich dem Gefolge der Señorita fern. Es blieben aber noch mehr als genug übrig, als daß sich Armand d'Ambarés als Herr der Lage hätte fühlen können. Erst am Fluß, inmitten der bewaldeten Hügel, gelang es ihm, seine Rivalen in die Irre zu führen und mit Maria Francesca einen wenig benutzten Seitenweg einzuschlagen, der sich entlang einem Bach, einem Zufluß der Dordogne, durch die Schluchten wand.

Unterdessen suchte Herr de Carnariac umsonst den Grafen zu besänftigen und ihn zu bitten, sein Haus nicht vor dem geplanten festlichen Abend zu verlassen. Blanquefort erklärte, daß ihn bestimmte dringende Angelegenheiten riefen und daß er diesmal leider darauf verzichten müsse, sich einer so auserlesenen Gesellschaft zu widmen. Er erklärte sich lediglich bereit, am Frühstück teilzunehmen. Erstens war er hungrig, und zweitens wollte er vor den Augen der übrigen Gäste zusammen mit seiner Frau wegfahren.

Herr de Carnariac ließ also bei seinem altersschwachen Jagdschlößchen, vor dem bereits die Wagen der Damen standen, zum Sammeln blasen. Den Gästen fehlte es anscheinend nicht an Appetit, denn kurz darauf waren fast alle erschienen. Nur die Señorita de Vizella und der Chevalier d'Ambarés fehlten.

Marten bemerkte es sofort, bemühte sich aber, seinen Unmut zu verbergen. Dies gelang ihm nicht ganz, denn er vernahm die bissigen Bemerkungen Frau de Chicots und sah auch das verständnisinnige Lächeln, das sie und die Baronin de Trie mit anderen Damen tauschten. Er unterhielt sich weiter mit Madame Suzanne, war aber offensichtlich zerstreut und ungeduldig.

»Wir werden doch nicht etwa auf das verlorengegangene Paar warten«, sagte jemand hinter seinem Rücken. »Das kann bis zum Abend dauern.«

»Bestimmt nicht«, erwiderte ein anderer. »Armand hat eine ganz andere Taktik als der Graf de Blanquefort. Er gibt sich mit kleinen, dafür aber um so beständigeren Erfolgen zufrieden. Ich könnte wetten, daß er bereits etwas erreicht hat, denn er begann schon gestern erfolgreich seinen Angriff.«

»Also müßte er bis zum Abend weitere Fortschritte machen«, antwortete der erste und lachte.

»Das müßte er«, stimmte ihm sein Gesprächspartner zu.

»Sie kommen!« rief eine der Damen. »Die Señorita sieht wirklich bezaubernd aus.«

»Und der Chevalier d'Ambarés triumphierend«, fügte jemand hinzu. »Er ist tatsächlich ein wahrer d'Embarras, eine Last für Eifersüchtige.«

Marten ertrug das alles mit bewundernswerter Ruhe. Er wandte nicht einmal den Kopf, um sich zu überzeugen, wer sich derartige Scherze erlaubte. In seinem Innern wühlten jedoch Zorn und Eifersucht. Er blickte schließlich zu Maria und zu ihrem Begleiter hinüber, als bemerkte er erst jetzt ihr verspätetes Eintreffen. Dann stand er als erster bei dem Pferd der Señorita, um Zügel und Steigbügel zu halten, während sie aus dem Sattel glitt.

Sie blickten sich dabei in die Augen — Maria Francesca mit geröteten Wangen, froh, heiter, aber auch ein wenig verwundert oder über den Ausdruck seines Gesichtes erschrocken, denn das Lächeln erstarb für einen Augenblick auf ihren Lippen; er bleich und schweigend, mit zusammengezogenen Brauen.

Dieses stumme Zwischenspiel dauerte nur eine Sekunde. Sie beherrschten sich sofort wieder. Marten ergriff die Spitzen ihrer Finger und führte sie zum Wagen der Madame Suzanne.

»Wir haben uns verspätet«, sagte die Señorita mit ihrer wohlklingenden Stimme. »Ich bitte um Verzeihung.«

»Es ist meine Schuld«, erklärte Armand d'Ambarés. »Ich wählte einen falschen Weg. Wir haben uns verirrt und kommen deshalb etwas zu spät.«

»Oh, wenn es so ist, dann hat sich der von ihm gewählte Weg als der richtige erwiesen«, flüsterte einer der Kavaliere Fräulein Josephine de Carnariac ins Ohr. Sie begann zu kichern.

»Die Wege zwischen den Hügeln sind wirklich bezaubernd«, bemerkte Richard de Belmont träumerisch. »Dabei sind sie so gewunden und — krumm«, fügte er hinzu und blickte dabei Marten, dann den Chevalier d'Ambarés an, »daß man besonders in Gesellschaft einer Dame, wenn man in ihre Schönheit und in ein angenehmes Gespräch vertieft ist, wirklich völlig den Kopf verlieren kann.«

Was will denn der wieder? dachte Marten. Will er mich warnen, oder ist er selbst eifersüchtig und hat die Absicht, Maria zu verführen? Der Teufel soll diese ganze hochherrschaftliche Sippschaft holen!

Das Frühstück zog sich so lange hin, daß man davon absah, weiter zu jagen. Die fröhliche, schon etwas angeheiterte Gesellschaft kehrte in das Schloß zurück, um sich auf das abendliche Festmahl und den Tanz vorzubereiten. Graf de Blanquefort brach jedoch mit seiner übertrieben geschminkten Gattin auf. Seine Abreise veranlaßte auch Herrn de La Sauve, den Baron und die Baronin de Trie sowie Herrn und Frau de Chicot, das Schloß vor Beginn des Festes zu verlassen. Ihre verfrühte Abreise verursachte einen Mißklang, denn alle Anwesenden kannten oder ahnten zumindest den wirklichen Grund dieser Retirade.

Wäre Jan Kuna ein Edelmann von Geblüt gewesen wie Richard de Belmont, hätte man der Señorita de Vizella ihr Verhältnis mit dem berühmten Korsaren verziehen. Er war aber nur ein Mensch aus dem gemeinen Volk, der lediglich durch den Umgang mit Belmont und seiner Geliebten etwas Schliff bekommen hatte. Ob so oder so, jedenfalls wurden seine Anwesenheit in einem Schloß des Geburtsadels und die Unverschämtheit, mit der er seinen Besuch bei Herrn de La Sauve und dem Grafen de Blanquefort angekündigt hatte, als einen Affront angesehen. Der gute Carnariac, den die Frau wegen eines reichen Fabrikanten verlassen hatte und dessen Töchter sich mit jungen Lebemännern einließen, mußte einen Denkzettel erhalten. Er sollte künftighin wissen, daß er zwischen Menschen aus seiner Sphäre und einem solchen hergelaufenen Kerl aus Polen wählen mußte, der sich mit Seeräuberei unter immer neuen Flaggen beschäftigte. Man übte Nachsicht in bezug auf das Verhältnis Herrn de Carnariacs mit Madame Suzanne, er durfte aber die Saiten nicht zu straff spannen.

Marten begriff das. Als er eine Weile mit Maria allein war, bat er sie dringend, mit ihm nach Hause zu fahren. Die Señorita wollte von etwas Derartigem nichts hören. Ihrer Meinung nach wäre dies eine Flucht — eine Flucht aus Feigheit gewesen.

»Du sagtest doch selbst, daß dich die Grafen und Barone...«, erinnerte sie ihn an seine eigenen Worte. »Was hat sich seitdem geändert? Sie sind weggefahren? Um so besser! Wir bleiben. Der Chevalier d'Ambarés stammt aus einer ebenso vornehmen Familie und hat die gleichen guten verwandtschaftlichen Beziehungen wie die«, fügte sie nach kurzem Überlegen hinzu. »Und dennoch...«

»Wäre es mir lieber, wenn du dich etwas weniger für diesen Kavalier interessiertest«, unterbrach Marten sie mit Nachdruck. »Ich habe genügend spöttische Bemerkungen und Witze anhören müssen, während er in deiner Gesellschaft im Wald ›die Orientierung‹ verlor.«

»Du willst wohl, daß ich ihm das wiederhole!« fuhr sie auf. »Du willst wohl, daß auch er dich für einen groben, ungeschliffenen Menschen hält, den Eifersucht verblendet! Du hast mich auf der ›Zephir‹ gefangengehalten. Obwohl ich dir das Leben rettete und deine Geliebte wurde, möchtest du mich in Margaux-Médoc wie in einem Kloster einsperren. Oh, wie tief bin ich gesunken!« rief sie. »Ich lebe in Sünde mit einem Gottlosen, der mich tyrannisiert, verdächtigt und erniedrigt.«

Tränen rannen ihr über die Wangen. Dieses stärkste Argument der Frau bezwang Marten. Es sollte ihn noch oft, bis zu seiner Demütigung unterwerfen.

Der Empfang bei Herrn de Carnariac erfüllte nicht alle Hoffnungen, verwirklichte nicht alle Pläne Marias. Im großen und ganzen hielt sie ihn jedoch für einen günstigen Auftakt zu weiteren gesellschaftlichen Erfolgen und Zerstreuungen, die ihr so fehlten. Zweifellos waren ihre Schönheit und ihre Anmut, ihre Kleider und ihr Schmuck in der näheren und weiteren Umgebung, vor allem aber in Bordeaux zum Gegenstand von Gesprächen und Klatsch geworden, was sie für eine wichtige Errungenschaft hielt. Sie war damit zufrieden, auch mit dem Verhalten Martens. Er gefiel den Frauen, erweckte das Interesse der Männer und brachte es fertig, seine Eifersucht und den Jähzorn so weit zu überwinden, daß es zu keinem Streit kam. Das war für sie das wichtigste.

Maria verstand es, ihn sowohl durch Schmeichelworte, als auch durch andere Beweise der Dankbarkeit zu belohnen. Sie sparte nicht mit ihnen, was zur Folge hatte, daß Marten sich bereit erklärte, mit ihr zum Ball im Rathaus von Bordeaux zu fahren.

Es war dies weder ein besonders kurzweiliges oder prächtiges Fest, noch hatte es ein hohes gesellschaftliches Niveau. Es wurde nur Pavane und Braule getanzt, denn die Notabeln der Stadt, unter denen es viele Hugenotten gab, verpönten den fröhlichen, etwas frivolen Gaillarde. Trotzdem zog Maria Francesca de Vizella wieder die Aufmerksamkeit auf sich, und der Chevalier d'Ambarés, ihr treuer Begleiter, wurde von allen Seiten angesprochen und gefragt, wer jene auffallende Schönheit sei.

Andere öffentliche Bälle folgten, darunter auch ein Maskenfest der Schauspieler und Artisten, das aber kaum einer aus der höheren gesellschaftlichen Sphäre mit seiner Anwesenheit beehrte.

Marten und seine Geliebte besuchten auch das Theater und sahen die italienischen Komödien Pierre Lariveys und die Stücke der Herren Jodelle und Belleau. Die »große Welt« empfing die beiden jedoch nach wie vor nicht in ihren Salons. Die Fürsten, Grafen, Barone, nicht einmal der niedere Adel beeilten sich, mit dem Abenteuerpaar bekannt zu werden, obwohl man es von weitem neugierig, sogar mit einer gewissen Bewunderung beobachtete.

Marten schmerzte keineswegs die Vereinsamung. Er zog die Gesellschaft seiner Freunde den glänzenden, von den hohen Standespersonen veranstalteten Banketten vor. Im allgemeinen verachtete er diese Leute. Um so mehr reizten ihn die ständigen Versuche Marias, sie für sich zu gewinnen, sich in ihre Kreise zu drängen. Aus diesem Grunde kam es zwischen ihm und Maria Francesca öfters zu stürmischen Auseinandersetzungen und Streitereien, die er mit »Schweigetagen« büßen mußte. An solchen Tagen sprach sie nicht mit ihm, sie beachtete ihn nicht einmal.

Das war aber nicht das schlimmste. Die Señorita begann der Liebe, Treue und Zärtlichkeit Martens überdrüssig zu werden. Sie verlangte nach Abwechslung — und wenn es Eifersuchtsszenen waren. Sie wünschte auch von anderen Männern verehrt und angebetet zu werden. Maria Francesca suchte die Gefahr, sie spielte mit Leidenschaften, die ihre Sinne erregten.

Das gelang ihr mühelos. Belmont, der sie früher mit leichter Ironie behandelt hatte, war in sie verliebt oder tat wenigstens so. Marten nahm den Wechsel in dessen Verhalten anfangs nicht ernst. Mit der Zeit begannen ihn aber das scherzhafte Hofieren, mehr noch aber die verheißenden heimlichen Blicke, das verständnisinnige Lächeln Marias zu reizen.

Belmont war jetzt ein häufiger Gast im Schloß Margaux-Médoc, genauso wie der Chevalier d'Ambarés. Beide überboten sich an Einfällen, die Señorita zu unterhalten. Man fuhr mit Booten zum Fischfang, veranstaltete Wettkämpfe im Bogenschießen, Spazierritte und -fahrten, spielte Ball, tanzte auf Bauernhochzeiten, sah den Kunststücken wandernder Jongleure und Gaukler zu, hörte Sänger und Deklamatoren.

Diese Vergnügungen und Zerstreuungen, die hervorragende Küche, der reichlich und mit besten Weinen versehene Keller, die Gastlichkeit Martens und die Schönheit seiner Geliebten zogen junge Verschwender, Schmarotzer und Abenteurer nach Margaux-Médoc. Unter ihnen befanden sich auch Verehrer der Fräulein de Carnariac und schließlich diese selbst.

Das alles trug dazu bei, das Schloß in Verruf zu bringen. Die vornehmen Hugenottenfamilien betrachteten Martens Besitztum als eine Lasterhöhle und hielten die Señorita de Vizella für eine Teufelin. Man erzählte sich, sie hätte an den Streifzügen und Überfällen der Korsaren teilgenommen und wäre die Anführerin bei Gemetzel und Grausamkeiten gewesen. Sie wurde der Zauberei verdächtigt, als Hexe bezeichnet, die besonders die Männer in ihren Bann schlüge, so daß sie Herz und Verstand verlören.

Das letzte Gerücht war nicht ganz grundlos, und Marten hatte den Verdacht, daß Maria Francesca zumindest in einigen Fällen selber dem Zauber und dem Werben ihrer Opfer unterlag.

Der Verdacht wurde bald zur Gewißheit.

Marten hatte Stephan Grabinski nach Antwerpen geschickt, der dort neue, verbesserte Quadranten und Nürnberger Uhren mit Federantrieb kaufen sollte. Nachdem Grabinski die ihm übertragenen Aufträge zur Zufriedenheit erledigt hatte, wollte er sich mit eigenen Augen das nach Meinung der einen von Galileo Galilei, nach Meinung der anderen von Jan Kepler erfundene wunderbare Instrument anschauen, mit dessen Hilfe man kaum noch erkennbare, ferne Gegenstände so sehen konnte, als betrachte man sie aus der Nähe. Er fuhr also nach Middelburg und besuchte dort die optische Werkstatt des Meisters Lippershey, in der, wie er gehört hatte, diese Wunderdinge hergestellt wurden. Er wurde nicht enttäuscht. Das »Fernrohr«, ein langes, schweres Rohr von ungewöhnlichem, etwas unheimlichem Aussehen, rechtfertigte voll und ganz seinen Namen. Man konnte, wenn man hindurchblickte, sogar die Berge und Täler auf dem Mond erkennen und auf dem Meer Schiffe und Segel unterscheiden, die, mit bloßem Auge betrachtet, wie kleine Punkte und Fleckchen wirkten. Was er dort sah, faszinierte ihn.

Stephan begriff sofort die Bedeutung der Erfindung und kaufte, ohne zu zögern, das erstaunliche Instrument. Dann trat er auf Umwegen die Rückreise an.

Er mußte noch nach Rotterdam fahren, wo ihn Broer Worst erwartete, der endlich einmal, nach mehrjähriger Trennung, seine zahlreiche Familie aufgesucht hatte.

Der Schiffszimmermann der »Zephir« hatte sie verlassen, als er ein Mann in den besten Jahren war. Nun fand er zu Hause erwachsene, verheiratete Töchter, Schwiegersöhne, die er gar nicht kannte, und ein Dutzend Enkel vor. Die ganze Sippe verdankte ihm materiellen Wohlstand, Bildung, eine gesicherte Stellung. Er dagegen war ein einfacher Mann geblieben oder fühlte sich wenigstens als ein solcher unter ihnen, obwohl sie ihm die gebührende Achtung erwiesen. Nur seine »Alte«, seine Ehefrau Mathilde, hatte sich kaum geändert. Wie früher regierte sie die Familie, in der nichts gegen ihren Willen geschah. Broer Worst dachte mit Schrecken daran, was ihn erwartete, wenn er bekennen mußte, daß er nicht für immer nach Hause gekommen war, sondern auf das Schiff zurückkehren würde.

Erst im Beisein Stephan Grabinskis raffte er sich zu dem Geständnis auf. Trotzdem bekam er während der wenigen Tage, die der junge Steuermann als Gast bei ihm verbrachte, da sie auf ein Schiff warten mußten, noch allerhand zu hören und hatte er so manches zu erdulden. Mathilde beruhigte sich erst, als die beiden Abschied nahmen. Im letzten Augenblick begann sie zu jammern und zu klagen, und beinahe wäre es zum Schluß noch zu einem Ehezwist gekommen.

»Diese Männer!« rief sie vorwurfsvoll und seufzte. »Alles ist ihnen lieber und scheint ihnen besser als das Zuhause. Es ist wirklich eine Schande, daß wir sie zur Welt bringen.«

»Ich kann mich nicht erinnern, daß du auch nur einmal einen Jungen geboren hättest«, warf Broer ein. »Du hast mich nur mit Töchtern beschenkt.«

»Wäre es anders«, schimpfte sie entrüstet, »hätte ich niemand, der mir die Augen zudrückt.«

Worst wollte schon antworten, daß sie gewiß dort oben zumindest ein Auge nur halb zugedrückt haben möchte, um sehen zu können, ob wirklich alles nach ihrem letzten Willen geschieht, aber zum Glück behielt er das für sich. Er umarmte sie auf der Schwelle wie vor Jahren, als er zuletzt hier gewesen war, küßte die Töchter, klopfte den Schwiegersöhnen auf die Schulter und strich noch einmal liebkosend über die Köpfchen der Enkel; dann warf er den Seemannssack über die Schulter und folgte mit einem Seufzer der Erleichterung Stephan Grabinski.

Das holländische Schiff »Ostvoorn« war ein sechshundert Tonnen großer, in Amsterdam gebauter Segler, der 1595 vom Stapel gelaufen war. Seine Takelage erinnerte an die englischen Fregatten, mit dem Unterschied, daß der letzte Mast nur eine obere Rahe besaß, an der ein dreieckiges, sogenanntes Lateinsegel und darunter ein schräges Gaffelsegel gesetzt wurden. Außerdem hatte der Mast einen waagerechten Baum für das Besansegel. Das gab der »Ostvoorn« zwar kein

437

besonders schönes Aussehen, aber eine verhältnismäßig große Wendigkeit und eine beachtliche Geschwindigkeit. In Amsterdam und auf einigen anderen Werften der Vereinigten Provinzen wurden immer mehr Schiffe dieser Art gebaut. Ihre Bezeichnung »Hout-bark« oder einfach »Bark« soll von dem Admiral der Wassergeusen Houtman stammen.

Der Kapitän der »Ostvoorn« war ein junger, kühner und unternehmungslustiger Mann. Er hieß David Stercke und stammte aus einer Familie, in der nur wenige Männer an Land gestorben waren. Dieser Sohn und Enkel von Seeleuten befaßte sich mit Seehandel. Sein Schiff war häufig in Danzig, lud dort polnische Waren, Salz und auch aus Ungarn stammende Erze. David Stercke träumte jedoch von weiten Reisen und exotischen Häfen. Ostindien, Java, die Gewürz- und Sundainseln lockten ihn. Da die Admirale Houtman und Warwick kühne Leute suchten, die mutig genug waren, eine solche Fahrt zu wagen, wollte sich der junge Kapitän für ihre Flotte anwerben lassen.

Seinen Absichten standen jedoch die Reeder im Weg. Stercke gehörte nur der vierte Teil des Schiffes. Die übrigen Teilhaber fürchteten ein zu großes Risiko. Auf jenen fernen, reichen Inseln herrschten noch die Portugiesen, und die Kriegsschiffe Spaniens bewachten die Schiffahrtswege. Wer nach Ostindien segelte, mußte mit der Seemacht Philipps II. rechnen, die zwar durch die Schläge Englands erschüttert, aber immer noch imstande war, die zu vernichten, die sich der Gefahr aussetzten, ohne in der Übermacht zu sein.

Selbst eine Fahrt von Rotterdam nach Bordeaux war zu jener Zeit unter der Flagge der Vereinigten Provinzen ein ernstes Wagnis: In Calais lag eine Eskader spanischer Karavellen vor Anker, im Ärmelkanal patrouillierten Schiffe mit dem roten Kreuz auf den Segeln, die ganze Westküste Frankreichs entlang konnte man vom Golf von Biskaya bis zur Mündung der Loire auf Galeonen und Fregatten unter dem Zeichen des heiligen Jakobs stoßen, die jedes verdächtige Schiff mit Geschützdonner begrüßten. Das reiche Polen, Danzig, der königliche Hof, die Magnaten zahlten jedoch hohe Preise für Tuch, Wein und Liköre aus Bordeaux, für italienisches und griechisches Obst, für türkische Gewürze und aus dem Orient stammende Riechstoffe, die über Marseille nach Europa kamen. Das Risiko machte sich bezahlt. Die Seefracht war trotz allem billiger als der Transport auf dem Landwege.

David Stercke unterhielt sich mit Stephan Grabinski gern über ferne, warme Länder, über Seeschlachten mit den Spaniern. Er hatte noch keine Gelegenheit gehabt, gegen sie zu kämpfen. Die wenigen in den Kastellen der »Ostvoorn« aufgestellten Geschütze konnten ihn höchstens vor einem Überfall durch kleine Seeräuberschiffe schützen. Jedes Kriegsschiff hätte sie bestimmt überwältigt. Stercke vertraute deshalb mehr der Schnelligkeit und Wendigkeit seines Schiffes als dessen Bewaffnung. Und er machte kein Hehl daraus, daß das seinen Stolz und sein Ehrgefühl verletzte. »Früher oder später bewaffne ich das Schiff, wie es sich gehört«, sagte er. »Früher oder später schließe ich mich den Geusen an.«

Grabinski zweifelte nicht, daß Stercke dies wahr mache. Er hatte die niederländischen Häfen und Werften gesehen. Dort wurden fieberhaft neue Schiffe gebaut. In den Arsenalen von Breda und Rotterdam goß man gewaltige Geschützrohre. Die Vereinigten Provinzen rüsteten zur See und legten in der Flotte die immer größer werdenden Profite aus dem Handel, den aufblühenden Gewerben und der Viehzucht an. Es gab dort keinen Luxus und keinen Überfluß, es gab auch keine Magnaten, die ihren Reichtum für Paläste, Vergnügen und Dienerschaft vergeudeten. Selbst reiche Leute, Bankiers und Würdenträger lebten in den Niederlanden trotz ihres Wohlstandes bescheiden. Sie gründeten und entwickelten solide Unternehmen, gewannen allmählich die Herrschaft auf den Märkten, an den Börsen Europas und bereiteten sich zugleich auf Eroberungen in Übersee vor, durch die ihr kleiner Staat für Jahrhunderte zu einer Kolonialmacht werden sollte.

»Wir werden die Portugiesen aus Ostindien vertreiben«, sprach David Stercke. »Sie verstehen nicht zu wirtschaften und zu regieren. Sie halten sich in ein paar Häfen, berauben die Inselbewohner, machen sie zu Sklaven oder rotten sie aus. Sie sind ebenso verhaßt wie die Spanier in Neukastilien oder Neuspanien, nur sind sie bedeutend schwächer als diese. Wir werden anders handeln. Wir befreien die Eingeborenen aus der Gewalt der Gouverneure und Alcalden, schließen Freundschaft mit ihren Königen und Häuptlingen und treiben Handel mit ihnen. Wir werden sie den Ackerbau, die Viehzucht lehren, organisieren eine Armee aus ihren Reihen, damit sie sich selbst und uns vor einem fremden Überfall schützen können.«

Das waren bestimmt große und schöne Pläne. Unwillkürlich mußte Stephan daran denken, daß Marten einst ähnliches vorgehabt hatte. Doch Marten war damals allein gewesen, niemand hatte hinter ihm gestanden, und es hatte ihm auch niemand geholfen. Hier aber legte das ganze Volk mit Hand an, vereinigte sich zur Tat. Es besaß die Mittel dazu, gute Führer, es schmiedete Waffen, baute eine Flotte, es bereitete sich systematisch, klug und nüchtern zum Kampf vor. Polen ist doch um vieles größer und reicher als dieses dem Meer entrissene Stück Land, als diese paar Provinzen, die den Spaniern Widerstand geleistet und gesiegt haben, überlegte er. Und wo sind unsere Schiffe? Wie viele besitzt schon König Sigismund?

Weshalb werden die polnischen Waren mit fremden Schiffen nach Dänemark, Holland und Schweden verfrachtet?

Man sollte auf den Werften von Elbing und Danzig wenigstens dreißig Kriegsschiffe bauen, und die Seefahrtskommission müßte ein paar Dutzend Kaperschiffe anwerben. Mit Hilfe der finnischen Flotte könnte man dann nicht nur den Frieden in der Ostsee sichern, sondern auch die Dänen zwingen, den Sund für die polnische Schiffahrt freizugeben.

Stephan wußte, wie schnell sich der Bau eines guten Handelsschiffes bezahlt macht. Begriffen die Reeder, daß eine Kriegsflotte sie schützt, daß die Tore der Ozeane offen stehen, nähme die Zahl der Schiffe von Jahr zu Jahr ebenso wie in Holland, Seeland und Friesland zu.

Das schien ihm ganz einfach und leicht zu verwirklichen. Besäße ich ein solches Vermögen wie Henryk Schultz, dachte er, dann könnte ich das allein durchführen.

Der Gedanke an Henryk Schultz überraschte ihn. Schultz hatte doch seinerzeit etwas Ähnliches erwähnt... Er hat vor mir bestimmt nicht alle Karten aufgedeckt und manche seiner Absichten verschwiegen, dachte er. Vielleicht habe ich damals auch nicht verstanden, worum es sich handelte?

Grabinski beschloß, Schultz danach zu fragen. Schultz baute sein Unternehmen in Danzig aus. Er hatte mehrere Schiffe gekauft, wünschte Jan Marten nach der Ostsee zu ziehen und sich dessen Hilfe zu sichern. Er sprach von den allmählich heranreifenden Plänen Sigismunds III., von einem Krieg gegen Schweden, von der Notwendigkeit, Danzig gegenüber Polen zur Nachgiebigkeit, zum Gehorsam zu zwingen, von einem Bündnis mit dem Papst und Philipp II. gegen England und Dänemark... Dänemark! Es ging also um den Sund und auch um Kalmar und Elfsborg.

Ich möchte dort sein, wenn es soweit kommt, dachte er. Keiner von uns dürfte dort fehlen, weder Jan noch der alte Tomasz Pociecha, noch ich.

Die Bark »Ostvoorn« begegnete keinem spanischen Schiff. Nach einer dreiwöchigen glücklichen Fahrt landete sie im April 1597 in Bordeaux. Es war dies ein ungewöhnliches Ereignis. Seit Mitte März war die spanische Blockade beträchtlich verstärkt worden, und nur wenigen Wagehälsen war es geglückt, der Wachsamkeit der in der Nähe der Girondemündung kreuzenden Karavellen zu entgehen. Das behaupteten zumindest die Kapitäne der königlichen Schiffe, die zwischen Royan und dem Pointe de Grave vor Anker lagen und auf das Eintreffen stärkerer Streitkräfte aus La Rochelle warteten. Sie wagten nicht, aus der Bucht auszulaufen.

Stephan Grabinski und Broer Worst hatten die »Ostvoorn« schon früher verlassen und waren in eine Schaluppe umgestiegen, die ihnen Oberbootsmann Pociecha von der »Zephir« entgegengeschickt hatte.

»Ihr kommt gerade zur rechten Zeit«, rief er, als er sie am Fallreep begrüßte. »Wir sammeln die Besatzung und können jeden Tag in See stechen.«

»Das ist eine gute Nachricht zum Empfang«, entgegnete Stephan erfreut.

Pociecha blickte ihn flüchtig an. »Es kommt darauf an, für wen«, brummte er. »Für uns ist sie gut, für andere — nicht unbedingt.«

»Was soll das heißen?« fragte Stephan. »Von wem sprecht Ihr? Was ist denn geschehen?«

»Vorderhand noch nichts«, antwortete der Bootsmann. »Übrigens... Ich kümmere mich um das Schiff und stecke meine Nase nicht in Dinge, die mich nichts angehen.«

Grabinski wußte, daß er jetzt, da noch mehrere Bootsleute zugegen waren, nicht mehr aus ihm herausbekommen würde. Diese warteten schon darauf, ihm die Hand zu drücken und zu hören, wie seine Reise verlaufen war und was er von ihr mitbrachte. Er beantwortete ihre Fragen und erkundigte sich seinerseits nach Dingen, die sie und die »Zephir« betrafen. Die innere Unruhe konnte er nicht loswerden. Was war wohl im Schloß geschehen? Wen hatte Pociecha im Sinn, als er von den »anderen« sprach, für die die Nachricht über die beabsichtigte Fahrt nicht nach Wunsch sein sollte?

Er sah zu dem weißen Gemäuer von Margaux-Medoc hinauf. Pociecha hatte ihm gesagt, daß Marten schon am frühen Morgen zu einer Besprechung mit einem Admiral nach Bordeaux gefahren sei, aber bereits zurück sein müsse. Stephan fragte nicht nach der Señorita, obwohl er auch an sie dachte, vor allem an sie, gegen seinen Willen... Er konnte sich vor den Gedanken an sie, vor den Erinnerungen an ihr Lächeln, an ihre Blicke nicht schützen und sehnte sich nach ihnen, obwohl er sich selbst einzureden versuchte, daß er sie vergessen, sie aus seinem Herzen, seiner Erinnerung verbannen wolle. Die Unruhe, die ihn nun erfaßte, stand in irgendeiner Weise mit Maria in Zusammenhang.

»Es wird wohl am besten sein, wenn ich ins Schloß gehe«, sagte er nach einer Weile.

Pociecha nickte, als billige er diese Absicht.

»Sagt dem Kapitän, daß wir mit dem Streichen der Rahen fertig sind.«

»Ich habe es bemerkt«, antwortete Stephan. »Die ›Zephir‹ sieht wie neu aus. Ich muß später alles genau besichtigen. Sie ist schöner als je zuvor.«

Grabinski nahm nur das schwere Fernrohr mit, das er Marten vor allen Dingen zeigen wollte. Das übrige Gepäck ließ Stephan in seine Kajüte schaffen. Dann stieg er über das Fallreep zum Landesteg hinab und ging den gewundenen Weg zum Schloß hinauf.

Die Sonne brannte auf seinem Rücken, Bienen summten in der Luft, erste Schmetterlinge flatterten über das junge Grün der Reben, die in geraden Reihen an Stangen emporrankten. Weiter oben blühten die Obstbäume und Mimosensträucher. Der feine Duft der Blüten mengte sich mit dem Geruch der warmen, frisch umgegrabenen Erde.

Stephan ging um das Haus herum und klopfte an die schwere, verzierte Tür des Haupteingangs. Das Herz schlug ihm immer lauter, immer lauter, obwohl er durch den Garten absichtlich langsam gegangen war, um es zu beruhigen.

Der vornehme Haushofmeister Joachim hatte ihn anscheinend erkannt, denn er neigte würdevoll sein Haupt und erlaubte sich ein vertrauliches Begrüßungslächeln. Dann teilte er Stephan zurückhaltend mit, daß sich Kapitän Marten bestimmt über die Ankunft seines so ungeduldig erwarteten Leutnants freuen werde. »Er befindet sich gewiß bereits auf dem Rückweg von Bordeaux. Zum Mittagessen will er hier sein«, fügte er hinzu und wies Stephan den Durchgang zu dem hohen Raum, aus dem eine Treppe mit geschnitztem Geländer zum ersten Stockwerk hinaufführte.

»Und die Señorita?« erkundigte sich Stephan.

»Madame«, verbesserte ihn Joachim im gleichen Ton, »ist noch nicht von ihrem Morgenritt zurückgekehrt. Wünschen Euer Liebden zu warten, oder soll ich inzwischen einen Imbiß servieren lassen?«

Stephan war von dieser Vornehmheit etwas benommen und eingeschüchtert. Er erklärte, er sei nicht hungrig, er werde oben auf der Terrasse warten. »Schickt mir etwas zu trinken«, bat er, während er die Treppe hinaufging.

Im oberen Stockwerk blieb Stephan Grabinski unwillkürlich stehen, um die vergoldete Tapete, die vom Fußboden bis zur Decke reichte, den riesigen persischen Teppich und die schweren Polstersessel um den nicht allzugroßen runden Tisch zu betrachten, dessen polierte Platte wie ein Spiegel glänzte. Rechts und links konnte man durch halboffene Türen noch prachtvoller eingerichtete Zimmer mit blankem Parkett, Teppichen, Diwanen, samtenen Portieren, Spiegeln und Leuchtern, geschnitzten Palisander- und Mahagonimöbeln, mit Brokat bespannte Wände sehen.

Der Luxus ringsum wirkte erdrückend. Stephan fühlte sich hier fremd und unsicher wie in dem Heiligtum eines unbekannten Kults. Der Gedanke, daß die Señorita Maria Francesca in dieser Umgebung lebe, über die bunt gemusterten Teppiche schreite, die kostbaren Fayencen berühre, sich auf die Lehnen der Sessel stütze, ihr Bild in den Spiegeln betrachte, stimmte ihn schwermütig. Er hatte das Empfinden, als trenne ihn von ihr ein weiter, kahler Raum, in dem sich der Blick verlor. Er stand am Rande der riesigen Öde, während sie am anderen Ende Lächeln und Blicke verteilte und sein Dasein vergaß.

Leise Schritte und das leichte Klirren von Glas verscheuchten das Bild. Ein rotbäckiger Junge in einer grünen Livree brachte auf einem Tablett eine bauchige Flasche Wein, einen Krug mit Wasser und ein Glas.

»Stelle es auf die Terrasse«, sagte Grabinski.

Er trat als erster hinaus, näherte sich der Balustrade, sah auf den schattigen, von Kastanien besäumten Weg hinab, der von der Auffahrt in die Felder führte, sich durch mehrere Weingärten wand und sich dann gabelte. Links führte er nach Bordeaux und rechts durch Jungholz zum Wald. Die Sonne, der blaue Himmel, das frische Frühlingsgrün zerstreuten seine düstere Stimmung. Die Welt war froh, jugendlich. Sie schien freundlich, einladend die Arme weit zu öffnen und alles zu verheißen, was man sich wünschte.

Herr de Clisson, der neuernannte Admiral der Westflotte, hielt sich für einen hervorragenden Befehlshaber und Seemann. Die Kriegslorbeeren, die seinen kahlen Eierschädel bekränzten, waren recht spärlich; denn sie beschränkten sich auf ein paar unbedeutende Gefechte an der Küste der Normandie. Aber allein sein

Name und sein Adelstitel genügten bei ihm als Legitimation, um die höchste Befehlsgewalt auf See ausüben zu können. Auguste de Clisson stammte in gerader Linie von Olivier de Clisson ab, Connétable des Königs Karl V., dem Helden von Auray und Roosebek. Dieser hatte auch die Engländer vor La Rochelle besiegt. Seine Schiffe waren in die Themse eingedrungen, die Landetruppen hatten die Küstenstädte erobert und die Fischerdörfer in Brand gesteckt.

Seit jenen Ruhmestaten waren schon mehr als zwei Jahrhunderte vergangen, und keinem der Nachkommen des berühmten Admirals war etwas Ähnliches gelungen. Der Ruhm und der durch furchtbares Blutvergießen erworbene Reichtum hatten jedoch die Zeit überdauert. Auguste de Clisson wollte seinem Namen neuen Glanz verleihen und fühlte sich der Aufgabe gewachsen. Er war genauso habgierig und grausam wie jener Ahne, der »Schlächter« genannt wurde, hielt sich aber für bedeutend klüger, vorsichtiger und begabter. Vor allem war er der Ansicht, daß persönlicher Mut, Tapferkeit beim Angriff und unerschrockenes Ausharren bei der Verteidigung die Untergebenen und nicht die Führer auszeichnen müßten. Die letzteren täten klüger daran, sich in sicherer Entfernung vom Feind zu halten und erst im entscheidenden Augenblick, wenn sich die Schale des Sieges auf ihre Seite neigte, einzugreifen oder sich rechtzeitig zurückzuziehen, sollte der Ausgang der Schlacht unsicher scheinen.

Obendrein war Herr de Clisson schwatzhaft und auf seine Art leutselig, obwohl seine Scherze nicht erheiternd waren, besonders deshalb nicht, weil er sie in jenem halb spöttischen Ton äußerte, der Menschen eigen ist, die in höchstem Maße von sich eingenommen sind. Sein leeres Gerede hatte infolgedessen einen üblen Beigeschmack, und die Überheblichkeit oder auch Vertraulichkeit, mit der er Menschen behandelte, die ihm nach Geburt und Stellung nicht gleichkamen, war durch den Mangel jeder freundschaftlichen Gefühle und jedes Entgegenkommens unerträglich.

Der Befehl des Königs, der ihn zum Oberbefehlshaber der Seestreitkräfte machte, die in Nantes, La Rochelle und Bordeaux lagen, legte ihm vor allem die Pflicht auf, die spanische Blockade zu durchbrechen, um die freie und ungehinderte Schiffahrt entlang der Westküste zu sichern. Außerdem hatte er die feindlichen Schiffe im Nordatlantik zu verfolgen und zu bekämpfen. Das war nicht leicht, denn die Kriegsflotte Heinrichs IV. kam weder zahlenmäßig noch in ihrer Bewaffnung der immer noch mächtigen spanischen Armada gleich. Herr de Clisson mußte also, ob er wollte oder nicht, Verbündete unter den Korsaren suchen, die er verachtete. Zu diesem Zweck hatte er auch Jan Marten zu sich gerufen.

Er hatte über ihn sowohl von Herrn de Béthune in Paris wie auch vom Hafenkommandanten, Herrn Tourville, und von Louis Margaux, dem Kapitän der »Victoire«, in La Rochelle nur Lobendes gehört.

Trotzdem oder vielleicht gerade deshalb hatte der Admiral eine gewisse Abneigung gegen Marten. Er vertrug keine Menschen, die über die Mittelmäßigkeit hinausragten. Er argwöhnte, daß ihre Tätigkeit — oder wohl eher ihr außergewöhnliches Glück — seine eigenen Verdienste verdunkeln könnte, und mißgönnte ihnen jeden Erfolg.

Der Admiral beschloß, den ausländischen Korsaren fühlen zu lassen, daß der Ruhm, den dieser in Übersee erworben hatte, hier keine größere Bedeutung habe und Marten unter dem Kommando eines so erfahrenen Seemannes, wie er, Auguste de Clisson, einer war, noch manches hinzulernen könne. Er ließ Marten über eine Stunde im Korridor warten und befahl erst dann, ihn vorzulassen.

»Angeblich liebt Ihr es, spanische Schiffe zu versenken?« erkundigte er sich lächelnd halb spöttisch, halb gutmütig.

»Gewiß, das ist meine Hauptbeschäftigung seit mehr als zwanzig Jahren.«

Dem Admiral gefiel diese Antwort nicht. Erstens fehlte in ihr der Titel »Eure Hoheit«, an den er nicht nur gewöhnt war, sondern den er auch beanspruchen durfte. Zweitens schien sie auch eine anmaßende Großtuerei zu enthalten. »Seit mehr als zwanzig Jahren« — das hieß also seit der Zeit, als Herr de Clisson die ersten Gehversuche auf einem Schiffsdeck machte.

»Wirklich?« fragte er mit gespieltem Mißtrauen. »Ach ja. Ich hörte, daß Ihr das sogar ganz geschickt macht. Nun, ich hatte noch keine Gelegenheit, Euch bei der Arbeit zu sehen. Ihr versenkt sie also tatsächlich?«

»Je nachdem«, erwiderte Marten, als berichtete er über seine unschuldigen Angewohnheiten. »Es kommt auch vor, daß ich sie einfach in Brand stecke oder ihnen sogar gestatte weiterzusegeln — allerdings ohne Waffen und Ladung.«

»Unter meinem Befehl werdet Ihr auf solche Großmut verzichten müssen«, sagte der Admiral. »Kein spanisches Schiff verdient es weiterzusegeln, sobald es einmal überwältigt ist. Es muß versenkt werden.«

»Ganz wie Ihr wünscht, Admiral«, antwortete Marten. »Meiner Ansicht nach . . .«

»Ach, ich bin auf Eure Ansicht nicht neugierig«, unterbrach ihn Herr de Clisson. »In französischen Diensten ist nicht Eure, sondern meine Ansicht maßgebend. Merkt Euch das. Außerdem mache ich Euch darauf aufmerksam, daß Ihr Euch im Gespräch mit mir einen zu freien Ton erlaubt. Ich bin nicht Euer Gevatter oder Kamerad, sondern Euer Vorgesetzter, Kapitän Marten. Ihr versteht mich richtig?«

»Ich glaube ja, Eure Hoheit«, entgegnete Marten. »Bei dieser Gelegenheit möchte ich Eure Hoheit versichern, daß mir nie der Gedanke gekommen wäre, mir einen solchen Kameraden auszusuchen oder Euch zum Gevatter zu bitten.«

Als Herr de Clisson das hörte, verschlug es ihm für eine Weile die Sprache. Sollte der Korsar es wagen, sich über ihn lustig zu machen? Es war ihm so vorgekommen, als hätte er in den Augen des Kapitäns ein spöttisches Aufleuchten gesehen. In seinem Gesicht hatte aber kein Muskel gezuckt.

Der Admiral wußte nicht, was er davon halten sollte. Das ist ein ausgesprochener Tölpel und ein ungeschliffener Kerl, dachte er schließlich, ein zugewanderter

444

Vagabund. Seine Aussprache, sein Akzent sind entsetzlich. Er kann sich nicht einmal ausdrücken, wie es sich gehört.

»Um so besser für Euch«, sagte er laut.

Marten begnügte sich mit einem zustimmenden Kopfnicken, das den Admiral beinahe zu einem Wutausbruch veranlaßt hätte. Er mußte erst einen heftigen, plötzlichen Schmerz in der Leber und den Blutandrang zum Kopf vorübergehen lassen, bevor er wieder das Wort ergriff.

Er verlor alle Lust, geistreich zu reden. Der beschränkte Kapitän begriff nichts. Sicherlich mußte man ihm die Befehle eintrichtern, welche die Aktionen gegen die angeblich zwischen Saint Nazaire und der Girondemündung kreuzenden spanischen Schiffe betrafen. Es sollte dort, von raschen Fregatten unterstützt, ständig eine starke Eskader von Karavellen patrouillieren, die aus den spanischen Häfen am Golf von Biskaya mit allen erforderlichen Vorräten versorgt wurde.

Um richtig verstanden zu werden, mußte der Admiral seinen Plan wenigstens in allgemeinen Zügen Marten bekanntgeben.

Aus Berichten, die er von Spionen erhalten hatte, schloß Herr de Clisson, daß der nächste Lebensmittel- und Munitionstransport für die Blockadeschiffe Ende der Woche aus San Sebastian auslaufen müßte. Er hatte die Absicht, zuerst die Transportschiffe zu vernichten und dann von drei Seiten zugleich, von Norden, Westen und Süden, die spanischen Hauptkräfte anzugreifen. Zu diesem Zweck wollte er alle Linienschiffe, über die er verfügte, einsetzen. Die Aufgabe, die Transportschiffe einzuschließen und zu versenken, sollten Marten und vier weitere Korsarenkapitäne übernehmen, die der Admiral dem Befehl Martens unterstellte. Danach hatte die Flottille der Korsaren zu der regulären Flottille »Bordeaux« unter dem Kommando Herrn de Clissons zu stoßen, sie zu unterstützen und sich zu diesem Zweck am linken Flügel, voraussichtlich auf der Höhe der Île d'Oléron, zu postieren. Eben dorthin, in den Abschnitt südlich von Les Sables d'Olonne und westlich de Île d'Oleron, wollte der Admiral die Spanier locken und dann den vernichtenden Schlag führen.

Marten fand, daß der Plan nicht schlecht wäre, wenn sich der Feind in die Falle locken ließe und sich die Eskader aus Saint Nazaire und La Rochelle tatsächlich zur gegebenen Zeit an den vorgesehenen Stellen befände. Er zweifelte nur daran, ob es möglich sei, eine Operation in einem Raum von ungefähr dreitausend Quadratmeilen zeitlich genau abzustimmen. Er ließ seinen Zweifel jedoch nicht laut werden, sondern fragte nur, wann er mit seinen Schiffen an der bezeichneten Stelle eintreffen solle.

»So rasch wie möglich«, antwortete Herr de Clisson. »Wenn Ihr mich dort nicht antrefft, bedeutet dies, daß wir weiter nach Norden gesegelt sind. In dem Falle habt Ihr uns mit Nordkurs auf Les Sables zu folgen.«

Marten runzelte die Brauen. Er orientierte sich sofort, daß er sich dann ungefähr fünfzig Meilen westlich der Küste befände. Diese Entfernung nahm aber bei

Nordkurs ständig ab. Er muß sich seiner Sache sicher sein, überlegte Marten. Wenn er sich aber irrt. . . .

»Ich vermute, daß mein Plan nicht ganz nach Eurem Geschmack ist«, sagte der Admiral. »Ihr habt sicherlich einen besseren, nicht wahr?«

»Ich kenne nicht die Einzelheiten«, erwiderte Marten zurückhaltend. »Wenn alles zeitlich übereinstimmt, wenn Eure Hoheit die Möglichkeit haben, die Spanier zu zwingen, die Schlacht an der vorgesehenen Stelle anzunehmen, dann ist der Plan gut, allerdings unter der Bedingung, daß wir zumindest über die gleichen Kräfte verfügen.«

Diesmal lächelte Herr de Clisson. Er wußte, daß er selbst dann die Übermacht hätte, wenn die Schiffe der Korsaren fehlten. Er wußte es und beabsichtigte deshalb von vornherein, diese zu opfern. Er erwartete keineswegs, sie am linken Flügel der Flotte »Bordeaux« zu sehen. Sie mußten untergehen, damit er siegen konnte.

Als Marten von Bordeaux zurückkehrte, sah er schon von weitem die Gestalt auf der Schloßterrasse. Beim Näherkommen erkannte er Grabinski, der an einem Gerät hantierte, das an eine Arkebuse oder an eine kleine Feldschlange erinnerte. Es war auf der Balustrade aufgestellt, und sein Lauf wies auf den Weg. Die Sache interessierte Marten, denn er ahnte, daß ihm Stephan irgendeine Überraschung mitgebracht hatte, gewiß ein neues Navigationsinstrument oder eine Waffe, die bis dahin nicht hergestellt worden war.

»Was ist denn das?« fragte er, als sie sich am Fuße der Treppe umarmt hatten, die zum Korridor hinabführte. Der junge Diener war vorausgeeilt, um den Herrn des Hauses zu empfangen. »Befestigst du Margaux, oder stellst du seine Position fest?«

»Weder das eine noch das andere«, antwortete Stephan. »Das Instrument, das ich hier aufgestellt habe«, fuhr er fort, als sie zur Terrasse hinaufgingen, »verringert die Entfernung. Es verringert sie so sehr, daß ich dich bereits deutlich sah, als du über die kleine Brücke an der Wegbiegung bei Vaison rittest.«

»Na, na, übertreibe nicht«, erwiderte Marten lächelnd. »Du sahst wohl das Pferd und den Reiter. Du erwartetest meine Ankunft, das ist also nichts Außergewöhnliches.«

»Ich sah, wie du die Zügel losließest, aus der Brusttasche einen Brief zogst, eine Weile darin lasest und ihn dann in die rechte Seitentasche des Wamses stecktest. Dann beobachtete ich, wie du den Kragen aufknöpftest und einem Hasen nachschautest, der über den Weg lief. Schließlich hast du dem Pferd den Hals getätschelt.«

»Das stimmt alles«, sagte Marten. »Aber . . ., mein Gott, du willst mir doch nicht einreden, daß du jede meiner Bewegungen vom Schloß aus sehen konntest!«

»Und doch konnte ich es«, erwiderte Stephan. »Komm, überzeuge dich selbst.«

Sie traten auf die Terrasse. Marten blickte durch das Rohr und sah tatsächlich die Wegbiegung, die Brücke und die Bäume so nahe vor sich, daß er meinte, mit der Hand die Äste berühren zu können. Am Zifferblatt der Uhr auf dem Kirchturm in Vaison unterschied er deutlich die Zeiger der Zahlen.

Marten war so erstaunt, daß er eine ganze Weile kein Wort hervorbringen konnte. Er sah immer wieder erst mit bloßem Auge, dann durch das Zauberrohr des Meisters Lippershey in die Ferne, um sich zu überzeugen, daß er keiner Sinnestäuschung erlag. »Ich hätte so etwas nicht für möglich gehalten und nie daran geglaubt, wenn mich meine eigenen Augen nicht davon überzeugten«, meinte er schließlich.

»Nachts kann man durch das Fernrohr die Berge auf dem Mond sehen«, sagte Stephan. »Die Sterne sind wie lauter kleine Monde. Auf dem Meer ist jedes Schiff zu erkennen, sobald es am Horizont auftaucht. Deshalb habe ich es gekauft. Es kostet einen Haufen Geld...«

»Bestimmt ist es mehr wert, als du dafür gezahlt hast«, entgegnete Marten. »Es ist jede Summe Geldes wert. Stellt Lippershey viele solcher Rohre her?«

Grabinski lächelte triumphierend. »Dieses hier ist das dritte. Eins hat Herr Jan Latosz gekauft, der Krakauer Astrologe, das zweite Tycho Brahe, der jetzt Astrologe des Grafen Rantzau zu Wandsbeck ist. Das dritte wollte Lippershey für sich behalten, trat es mir aber ab. Angeblich hätten nur ein gewisser Kepler in Graz und Galileo Galilei, ein Professor in Padua, ähnliche Instrumente. Man sagt sogar, daß einer der beiden Lippershey auf den Gedanken gebracht habe... Aber du hörst ja gar nicht zu!« rief er, als er bemerkte, daß Marten das Fernrohr nach rechts richtete und etwas auf dem Weg vor dem Wald aufmerksam betrachtete.

Als ihm Marten nicht antwortete, blickte er ebenfalls nach jener Seite und errötete wie eine Jungfrau. Señorita de Vizella kam im Schritt auf das Schloß zugeritten. Er erkannte sie von weitem an dem weißen Hut mit den Federn und dem blauen Samtbolero, den sie beim Reiten zu tragen pflegte.

Bevor er seiner Verwirrung Herr werden konnte, fühlte er den Blick Martens auf sich ruhen. Er sah Jan an und wurde noch verlegener. Marten schien ihn mit dem Blick durchbohren zu wollen. Er war blaß, die Brauen trafen sich fast unter der tiefen, senkrechten Falte auf der Stirn.

Plötzlich fluchte er laut, stieß Stephan beiseite, war in zwei Sätzen an der Tür und lief die Treppe hinab. Laut schallte sein Ruf über den Hof: »Ein Pferd, schnell!« Dann galoppierte Jan quer über die Blumenbeete und Rabatten an der Auffahrt vorbei durch das Tor die Kastanienallee entlang.

Was ist geschehen? dachte Grabinski mit klopfendem Herzen. Um Gottes willen, was ist mit Jan passiert? Stephan stand regungslos auf der Terrasse, als wäre er mit den Steinplatten verwachsen, und starrte Marten mit steigender Angst nach. Das, was sich soeben abgespielt hatte, der erschreckende Wandel in Martens Gehabe war so sonderbar und unbegreiflich wie ein seltsamer Traum, in dem

447

Ereignissen und Taten jede Logik fehlt. Wie in einem quälenden Fieberwahn konnte sich Stephan, von lähmendem Schreck gepackt, nicht von der Stelle rühren. Er erwartete etwas Furchtbares, das gleich eintreten mußte; aber sein Denken setzte aus, als wären seine Gedanken, kaum im Hirn entstanden, an einem toten Punkt angelangt.

Unterdessen raste Marten Hals über Kopf weiter und ließ eine Staubwolke hinter sich. Er bog nach rechts ab und näherte sich der Señorita, die bei seinem Anblick das Pferd zügelte.

Grabinski hatte das Gefühl, als säße sein Herz im Halse. Das Furchtbare, das ihm das Blut in den Adern zum Stocken brachte, mußte jetzt, jetzt eintreten. Marten riß das Pferd zurück und hielt vor Maria. Doch er packte sie nicht an der Kehle, er griff nicht nach der Pistole. Welch eine Erleichterung! Er hatte also nicht vor, sie zu töten! Weshalb sollte Marten auch? Was berechtigte zu der Vermutung?

Marten wies mit der Hand nach dem Wald. Er sprach erregt und zornig, sie leugnete anscheinend, zuckte die Schultern. Marten schüttelte den Kopf, schien zu fluchen, Verwünschungen auszustoßen oder zu drohen. Schließlich gab er dem Pferd die Sporen und galoppierte zu dem Jungholzbestand.

Erneut war alles unbegreiflich und einem bösen Traum ähnlich, der nach kurzem Erwachen wiederkehrt.

Aber Stephan wollte nicht mehr träumen. Die Fähigkeit zu handeln kehrte zurück. Das, was er im Unterbewußtsein gefürchtet, vor dem er entsetzt gezittert hatte, war nicht eingetreten. Wenn Marten plötzlich verrückt geworden war, dann wandte sich seine Wut doch gegen eine andere Person. Man mußte ihn zurückhalten, vor sich selbst retten, etwas verhüten, was er in seiner Geistesverwirrung anrichten konnte. Natürlich, das war es: retten, ihn einholen! Dieser Gedanke ließ Stephan wie unter einem Peitschenschlag zusammenzucken. Wie konnte er nur hier stehen und gaffen, anstatt sofort zu handeln!

Er lief hinunter, eilte in den Stall und befahl dem Stallknecht, ihm ein Pferd zu satteln. Grabinski war so erregt, daß der Knecht nichts zu fragen wagte, obwohl er den jungen Mann das erste Mal im Leben sah.

Marten galoppierte den Waldweg entlang. Vor Wut konnte er kaum Luft holen, das Rachegelüst benahm ihm den Atem, seine Augen waren blutunterlaufen. Maria Francesca log augenscheinlich. Sie betrog und belog ihn, denn das Fernrohr, durch das er den zärtlichen Abschied am Rande des Jungholzes beobachtet hatte, konnte nicht trügen. Sobald ich ihn eingeholt habe, jage ich ihm eine Kugel durch den Kopf, dachte er.

Er stellte sich vor, wie sich das abspielen würde: Der Reiter, den er verfolgt, hört Hufschlag. Sicherlich hält er an und schaut sich um. Vielleicht glaubt er, daß Maria Francesca ihm folgt. Wie groß wird seine Enttäuschung sein, wenn er den erblickt, den er am wenigsten sehen möchte, schon gar nicht mit einer schuß-

bereiten Pistole in der Hand. Belmont — sollte er der Verfolgte sein — begreift sofort, was ihm droht, d'Ambarés zaudert wahrscheinlich einen Augenblick. Keiner von beiden wird jedoch sein Heil in der Flucht suchen. Einer der beiden muß sterben und wird wissen, weshalb.

Plötzlich sah er beide vor sich, sowohl Richard wie auch Herrn d'Ambarés. Sie kamen gerade um eine Wegbiegung, ritten gemächlich nebeneinander her, blickten ihm erstaunt entgegen und hoben gleichzeitig die Hand zum Gruß.

Nein, alles, nur nicht das hatte er erwartet! Er konnte doch nicht einen nach dem andern niederschießen.

Marten schob die Pistole hinter den Gurt und brachte sein schäumendes Pferd zum Stehen. Welcher von den beiden war es? Welcher zum Teufel?

Bevor sie herangekommen waren, hatte er sich wieder in der Gewalt. Unerwartet schien ihm die ganze Situation außerordentlich erheiternd. Er hätte beinahe gelacht, als er ihr Staunen bemerkte. »Ich suche einen von euch beiden«, sagte er noch ganz außer Atem.

»Wen denn?« erkundigte sich d'Ambarés.

»Eigentlich bin ich nicht sicher, wen«, erwiderte Marten. »Woher kommt ihr, und wohin wollt ihr?«

»Wir waren bei Herrn Antoine zum Frühstück«, antwortete Belmont, »Fräulein Joséphine hat sich mit dem jungen Ireton verlobt und . . .«

»Wie? Ihr wart also beide bei Herrn de Carnariac?« unterbrach ihn Marten und blickte dabei den einen, dann den anderen an.

»Gewiß«, bestätigte d'Ambarés. »Ist das so ungewöhnlich?«

»Ihr kommt geradenwegs von dort?« forschte Marten weiter.

»Bei meiner Ehre! Wenn man dich hört, könnte man glauben, daß Carnariac mindestens einen halben Tagesritt von Margaux entfernt wohnt«, antwortete ihm Belmont. »Worum geht es dir, Jan? Wir sind die zwei Meilen hauptsächlich deshalb sozusagen in einem Atemzug, ohne Rast, geritten, um rechtzeitig bei dir zum Mittagessen zu sein. Wir hatten uns das so fest vorgenommen, daß uns nicht einmal die gütige Einladung des Grafen de Blanquefort von unserem Vorhaben abbringen konnte. Wir sind ihm eben begegnet.«

Marten pfiff leise.

Der Graf de Blanquefort! Dieser aufgeblasene Kerl. Das war unerhört! Jetzt erst bemerkte Marten, daß Richard und Armand auf braunen Pferden saßen. Wie konnte ich das übersehen, dachte er. »Ich freue mich, daß ich euch getroffen habe«, sagte er laut. »Ich habe euch gesucht. Selbstverständlich bitte ich euch beide zum Mittagessen. Ihr habt keine Ahnung, wie sehr ich mich freue, euch zu sehen.«

Marten wendete das Pferd. »Reiten wir«, sagte er. »Es ist wirklich sehr schön von euch, daß ihr die Einladung des Grafen abgelehnt habt.«

»Du bist wohl nicht gut auf ihn zu sprechen«, bemerkte d'Ambarés.

Marten lachte kurz. »Falls er auf einem Rappen ritt, dann habe ich allerdings mit ihm ein Hühnchen zu rupfen.«

»Falls er auf einem Rappen ritt?« wiederholte Armand. »Zum Teufel, ich dachte nicht, daß dich das interessieren würde!»

»Er hat dir doch nicht etwa das Pferd gestohlen!« rief Belmont, nicht weniger erstaunt. »Er ritt tatsächlich auf einer prächtigen schwarzen Stute. Hat er dich beim Kauf überboten?«

»Nein«, erwiderte Marten. »Was schert mich die Stute, mir geht es um seine Haut. Ich habe die Absicht, sie mit einer Pistolenkugel oder dem Degen zu durchlöchern, ganz wie es ihm beliebt. Ich hätte es bereits getan, wenn ich euch nicht begegnet wäre. »Selbstverständlich hätte man mich dann des Mordes beschuldigt«, fügte er hinzu.

»Wenn ich dich richtig verstanden habe«, sagte Belmont, »willst du, daß wir dem Grafen Olivier de Blanquefort als deine Sekundanten einen Besuch abstatten?«

Marten sah ihn von der Seite an und nickte einige Male. »Du hast mich richtig verstanden. Es hat aber keine Eile. Der Zorn ist beinahe verraucht. Es genügt, wenn ihr morgen gegen Mittag zu ihm reitet. Ihr übernachtet natürlich bei mir in Margaux-Médoc. Ich habe noch zwei Tage zur Verfügung. Freitag sticht die ›Zephir‹ zu einer bestimmten und sicherlich nicht uninteressanten Begegnung in der Nähe des Golfs von Biskaya in See. Ich möchte also die Sache hinter mir haben. Kann ich mit euch rechnen?«

»Gewiß«, antwortete d'Ambarés.

»Bestimmt«, bekräftigte de Belmont.

Marten, der zwischen den beiden ritt, legte die Hände auf ihre Schultern und sagte: »Ich danke euch.«

Eine Weile schwiegen alle drei. Marten fühlte, daß er ihnen eine Erklärung darüber schuldig sei, was ihn veranlaßte, Blanquefort zu verfolgen und ihn zu fordern. Sie erwarteten es sicherlich. Vielleicht ahnten sie auch etwas...

»Dieser Herr hat Maria beleidigt«, begann er und preßte in Erinnerung an die Beleidigung, deren einziger Zeuge er gewesen war, die Lippen zusammen. »Ich kann euch keine Einzelheiten berichten«, fuhr er fort. Er fühlte, daß er nicht daran denken durfte. »Er wird übrigens nicht fragen, was mich dazu veranlaßt, ihn zu fordern. Er weiß es sehr genau.«

»Erledigt«, befreite ihn d'Ambarés aus der Verlegenheit.

»Seht nur, mit wem Maria uns entgegenkommt!« rief Belmont.

Maria Francesca und Grabinski zogen die Zügel an. Ihre Pferde fielen aus dem gestreckten Galopp in Trab und dann in Schritt.

»Siehst du, Kindchen«, sagt die Señorita zu Stephan. »Es ist halb so schlimm. Der Sturm ist vorüber, wie gewöhnlich. Wo bist du ihnen begegnet, Querido?« wandte sie sich mit strahlendem Lächeln an Marten.

»Nicht weit von hier«, antwortete Marten und erwiderte ihr Lächeln. »Denke

451

nur, wie glücklich sich alles für mich gefügt hat. Morgen reiten beide zum Grafen de Blanquefort, um die Bedingungen des Duells festzulegen. Hoffentlich reißt der Cobardo nicht aus, um seinen Kopf zu retten. Ich möchte ihn gründlich frisieren.«

Maria Francesca lächelte wieder. Sie wußte, daß Marten diesmal eine Enttäuschung erwartete, obwohl der Graf kein Feigling war.

Am Freitag legte die »Zephir« in den frühen Morgenstunden von der Landebrücke des kleinen Hafens von Margaux-Médoc ab und segelte flußabwärts, von Joachim und dem Gesinde, das mit verschlafenen Gesichtern Aufstellung genommen hatte, feierlich verabschiedet. Joachim übernahm nun für einige Zeit das Regiment im Schlößchen. Armand d'Ambarés und Richard de Belmont waren bereits am Donnerstag aufgebrochen, ohne die ihnen von Marten anvertraute Mission erfüllen zu können. Der Graf de Blanquefort war nämlich schon tags zuvor mit seiner Frau und der persönlichen Dienerschaft nach Paris gereist. Er ahnte nicht einmal, was ihm gedroht hätte, wenn er auch nur einen halben Tag länger auf seinem Schloß geblieben wäre.

Marten war deshalb wütend auf ihn und sich selbst. Der Ärger, der Zorn verrauchten aber sehr schnell. Als er kurz nach dem Mittagessen bei Royan befahl, vor Anker zu gehen, machten die Sonne, die frische Brise, vor allem aber der Anblick der vier an der Reede auf ihn wartenden Korsarenschiffe ihren besänftigenden Einfluß geltend.

Nun, da er wieder das leicht schwankende Deck der »Zephir« unter seinen Füßen spürte und sich zu einer Ausfahrt vorbereitete, kam ihm alles andere viel weniger wichtig vor als noch am vergangenen Tage oder vor zwei Tagen. Er war sogar bereit zu glauben, daß das, was er zufällig durch das Fernrohr gesehen hatte, in Wirklichkeit gar nicht geschehen wäre. Vielleicht war es nur das Schattenspiel der vom Wind bewegten Zweige gewesen? Vielleicht hatte er das gesehen, was ihm die Eifersucht eingab, was er befürchtete? Anfangs war es ihm doch so vorgekommen, als erkenne er in dem Reiter auf dem Rappen Armand d'Ambarés oder Belmont. Er war sich selbst nicht sicher gewesen, wen von den beiden...

Maria Francesca bestritt jede Annäherung des Grafen. Gewiß, sie war ihm, als sie vom Spazierritt zurückkehrte, begegnet. Er war in entgegengesetzter Richtung geritten, hatte kehrtgemacht und eine Weile mit ihr gesprochen. Dann verabschiedete er sich von ihr am Rande des Jungholzes, im Schatten einer vielästigen Pappel. Sie hatte ihm die Hand gereicht, er hatte sie galant geküßt. Mehr nicht!

Sie war entrüstet, daß Marten sie irgendwelcher Liebeleien verdächtigte und noch dazu mit dem Grafen de Blanquefort, der erst vor kurzem von ihr scharf zurechtgewiesen worden war, als er ihr auf der Jagd in Carnariac zu aufdringlich den Hof gemacht hatte! Sie schwor schließlich bei der Madonna von Alter do Chao, rief diese als Zeugin an, daß sie die reine Wahrheit spreche. Ihr Schwur schlug die erste Bresche in Martens feste Überzeugung.

Er liebte die fast mythische Madonna nicht, die er nie in seinem Leben gesehen hatte, er mußte sich aber unter Berufung auf sie so manches anhören. Maria Francesca, die nach wie vor fromm war, verehrte sie und hing an ihr. Sie würde sich eine solche Sünde nie zuschulden kommen lassen.

Noch eins kam hinzu. Als er ihr erklärte, daß er sie mitnehmen werde, war sie sofort damit einverstanden, ja sie freute sich sogar über seinen Entschluß. War das nicht ein Beweis ihrer Liebe und Treue?

Ich muß mich geirrt haben, überlegte Marten. Meine Phantasie muß mir mehr vorgespielt haben, als tatsächlich geschehen ist. Der Teufel soll den Blanquefort holen. Wenn er nach Paris gefahren ist, wird er vielleicht sobald nicht wieder zurückkehren. Ich hätte gern eine Kugel durch seinen leeren Schädel gejagt, vorderhand habe ich aber etwas Wichtigeres zu tun. Sollte ich ihm wieder begegnen, werde ich aufpassen. Soll er nur versuchen, Maria den Kopf zu verdrehen! Dann kommt er nicht wie diesmal mit heiler Haut davon.

Was die Señorita de Vizella betraf, so war sie tatsächlich froh, längere Zeit das Schloß Margaux-Médoc verlassen zu können. Zwei Gründe trugen dazu bei: Erstens hatte bereits die vorösterliche Fastenzeit begonnen; es war also Schluß mit den Festen und Vergnügen. Zweitens waren die Beziehungen zwischen den vier Männern, mit deren Gefühlen sie sorglos gespielt hatte, plötzlich äußerst verwickelt geworden.

Unter ihnen ahnte allein Olivier nichts. Kehrte er aber bald aus Paris zurück, würden d'Ambarés oder Belmont nicht zögern, ihm zu verstehen zu geben, daß Marten etwas bemerkt hatte, was er nicht einmal argwöhnen durfte. Olivier würde wütend sein. Er begriff bestimmt, daß die zwei..., nun, daß nicht er allein... Und Richard, Armand? Was würde zwischen ihnen und auch zwischen einem jeden von ihnen und Marten entstehen?

Eigentlich ist das alles sehr aufregend, dachte sie. Wenn wir jetzt nicht in See gingen, könnte es zu gewaltsamen Entscheidungen kommen. Es könnte alles ganz anders enden, als ich möchte.

Nun, sie wollte überhaupt nicht, daß dieses Spiel endete. Es amüsierte sie, beschäftigte ihre Gedanken, es befriedigte ihre Eitelkeit, erregte ihre Sinne.

Da war vor allem Armand. Armand, den sie ohne viel Mühe den anderen Frauen abspenstig gemacht hatte. Er bekannte, daß sie ihn bezaubere, daß er sich zum erstenmal wirklich verliebt habe, fast auf den ersten Blick. Dann — Richard! Wie überzeugend verstand er von seiner leider zu spät erwachten Liebe zu sprechen.

Wie tief bedauerte er, daß er sich seinerzeit einverstanden erklärt hatte, sie, seine Gefangene, Marten abzutreten. Er ließ sich damals von seiner Freundschaft für Jan leiten, es zeigte sich jedoch, daß ihn die Freundschaft blind gemacht hatte und daß er blind sein Glück verspielte. Nun wünschte er wenigstens die Scherben zu sammeln. Konnte man sie ihm ganz und gar verwehren? Und schließlich Olivier, rassig, düster, despotisch, ein Herr von Herren. Er lag ihr zu Füßen! Sie triumphierte über seinen Stolz!

Sie konnte unter ihnen wählen, konnte zaudern, verheißen, Versprechen nicht halten, Gunst gewähren oder sie ohne jeden Grund, ganz nach Laune verweigern. Sie erweckte den Neid und die Eifersucht der Frauen, bemerkte sehr gut die begehrlichen Blicke der Männer, erprobte die Macht ihrer Reize an den tugendhaften Hugenotten, spielte mit der Verwirrung schüchterner Jünglinge.

Manchmal kam ihr der Gedanke, daß sie sogar einen Mann aus den Reihen des Hochadels Frankreichs erobern könnte, wenn sie nicht die Geliebte Martens wäre. Es war ein verwirrender, berückender Gedanke, den Maria gleichzeitig fürchtete. In solchen Augenblicken haßte sie Marten. Sie fühlte, daß sie imstande wäre, ihn umzubringen. Plötzlich packte sie wieder Reue, sie empfand Bedauern und Zärtlichkeit für den unerschrockenen, tapferen Mann. Dann war sie bestrebt, noch nicht vollbrachtes Unrecht und den mehr oder weniger bereits vollendeten Verrat wiedergutzumachen. Das fiel ihr nicht schwer. Sie gab sich der ihr eigenen Leidenschaftlichkeit und ihren sinnlichen Trieben hin, die um so stärker in ihr wurden, je schuldiger sie sich fühlte.

Es gab aber noch eine Frage, die ihre Liebeserlebnisse und Konflikte berührte, eine Frage, die nur die Madonna von Alter do Chao und der Beichtvater der Señorita de Vizella, dieser sündigen Tochter der Kirche, lösen konnte, da sie über ihr ewiges Leben entschied.

Maria Francesca fuhr deshalb einmal im Monat bis nach Périgueux, achtundzwanzig Meilen, um in der dortigen katholischen Kirche mit dem Probst über die Erlösung ihrer Seele zu verhandeln. Dank diesen Ausflügen oder, besser gesagt, dank den nach jeder Beichte auferlegten Bußen erhielt die Kirche ganz erhebliche Zuwendungen für ihren Bedarf, und der hochwürdige Pfarrherr konnte das für sein Alter zurückgelegte Sümmchen erheblich abrunden.

Die Madonna erhielt ihren Anteil an den frommen Geschäften durch Vermittlung von Henryk Schultz, der sich fast uneigennützig bereit erklärte, bestimmte Beträge zur Ausschmückung der Kapelle und des Altars nach Alter do Chao zu überweisen. Außerdem brannten für die heilige Jungfrau in Périgueux dicke Wachskerzen zu zwei Francs das Stück. Maria Francesca kaufte sich dafür bei ihrer Patronin los, sooft sie sich bei der Schilderung von Begebenheiten, die nicht der Wahrheit entsprachen, auf die Madonna als ihre Zeugin berief.

So war es auch in dem Fall ihrer Begegnung mit dem Grafen de Blanquefort. Maria Francesca wünschte nicht, daß ihre Opferkerzen vor irgendeinem Altar brannten. Der Propst erklärte sich schließlich nach einem stürmischen Disput einverstanden, sie auf ein besonderes Postament unter der Kanzel zu stellen. Auf diese ziemlich komplizierte Art fand die Señorita de Vizella endlich ihren Seelenfrieden, und ihr Gewissen beruhigte sich.

Unter den vier Kaperkapitänen, die auf Befehl des Admirals de Clisson dem Kommando Martens unterstellt wurden, befanden sich zwei alte Bekannte aus dem Karibischen Meer. Simon Poignard befehligte die Mittelmeerbrigantine »Berceau«, Wiege. Das Schiff verdankte diesen Namen seiner Neigung, auch bei geringem Wellengang zu schlingern und zu stampfen. Gaspard Licou war Kommandant der kleinen Fregatte »L'Abeille«. Der dritte, ein gewisser Rousse mit rotem Haar wie ein Eichhörnchen, war Kapitän der »Bijou«, eines schmucken Schiffes, das in seinem Bau an eine holländische Brigg erinnerte. Der letzte der Kumpane, der wahrscheinlich wegen seiner rundlichen Gestalt den Spitznamen Tonneau, Tonne, trug, war der »Erste nach Gott« an Deck eines Schiffes, welches das Aussehen eines mit einem hohen Kastell versehenen Waschfasses hatte. Sonderbarerweise trug es den Namen »Serpent Marin«, Seeschlange.

Marten gab ihnen zu Ehren ein Mittagessen im Kapitänssalon der »Zephir«. Bevor sich die vier bis zur Bewußtlosigkeit betrinken konnten, erklärte er ihnen seinen Operationsplan. Marten tat dies in einer Form, daß sie den Eindruck gewannen, als hole er ihren Rat ein, was ihnen sehr schmeichelte. Als sie später von den Stühlen fielen und einschliefen, befahl er, sie in einer Schaluppe zu ihren Schiffen zu bringen. Am nächsten Tag besuchte er in Gesellschaft Grabinskis jeden von ihnen, um alle Einzelheiten in ihren etwas umnebelten Köpfen aufzufrischen.

Um acht Uhr wurden die Anker gelichtet. Die »Zephir«, die »Berceau«, die »Bijou«, die »L'Abeille« und die »Serpent Marin« liefen mit Beginn der Ebbe zur Mitte der Bucht aus, passierten das königliche Wachschiff auf der Höhe vom Pointe de Grave und nahmen Kurs auf die hohe See.

Zwölf Stunden später erhielt Auguste de Clisson, der Admiral der Westflotte, zwei wichtige Meldungen. Die erste besagte, daß schwere spanische Karavellen in Begleitung mehrerer Fregatten westlich vom Pointe de la Coubre gesichtet worden seien. Sie hätten mit Südkurs die Verfolgung der Korsaren aufgenommen. In der zweiten hieß es, daß sich die Hauptkräfte des Feindes allmählich an ihrem Sammelpunkt südwestlich von der Île d'Yeu und von Les Sables d'Olonne vereinigten. Beide Berichte waren günstig.

Am Sonntag nachmittag meldete Grabinski, der seit Stunden den Beobachtungsposten auf der Mars des Fockmastes nicht verlassen hatte, daß er Segel sichte. ,,Zwei Strich Backbord vom Kurs'', fügte er hinzu.

Marten enterte sofort hoch und sah sie durch das Fernrohr ganz nahe der Kimm. Bald darauf konnte er mit Gewißheit feststellen, daß es spanische Schiffe waren. Er zählte sie. Es handelte sich um drei altmodische Holks mit zwei großen, schwer zu handhabenden Segeln an jedem Mast und um eine Fregatte als Begleitschiff. Anscheinend fühlen sich die Spanier in diesen Gewässern sicher, wenn nur ein Kriegsschiff einen Transport von so großer taktischer Bedeutung begleitet, dachte Marten. Ihm kam es ziemlich gewagt vor. Aber möglicherweise wollen sie auf der weiteren Fahrt nach Norden den Geleitschutz verstärken, überlegte er weiter. In dem Fall müßten ihnen mindestens noch zwei Fregatten entgegensegeln. Dieser Gedanke ist dir bis jetzt nicht gekommen, tadelte er sich selbst. Du glaubst wohl, daß dein Admiral auch für dich denkt!

Aber sowohl im Norden wie auch in den anderen Himmelsrichtungen war das Meer öde und leer. Wenigstens vorderhand, erwog er. Man muß aber diese Möglichkeit in Betracht ziehen.

Marten stieg mit Grabinski von der Mars herunter, um sich zu überzeugen, ob man die Segel der feindlichen Schiffe schon vom Hinterkastell aus sichtete. Er erkannte von dort aus kaum die Mastspitzen und die höchsten Rahen der Fregatte. Also hatte er noch Zeit genug, sich mit seinen Kapitänen zu verständigen.

Da Marten voraussah, daß der Angriff gegen Sonnenuntergang erfolgen würde, segelte er noch mehr nach Steuerbord, als beabsichtigte er, den Spaniern auszuweichen, und nahm den letzten Platz in der Marschordnung ein, die einem Kranichzug glich. Auf diese Weise hätte seine Flottille nach einer plötzlichen Wendung nach Backbord den Feind vor sich und die Sonne im Rücken. Außerdem befände sich dann die »Zephir« am linken Flügel, dem Transport am nächsten.

»Sie werden bestimmt nicht auf den Gedanken kommen, uns anzugreifen«, sagte er zu Stephan. »Sie sind zu schwach dazu. Andererseits erwarten sie selbst keinen Überfall. Etwas Derartiges ist hier seit langer Zeit nicht mehr vorgekommen.«

»Sie könnten aber annehmen, daß wir Spanier sind«, sagte Grabinski. »Dann . . .«

»Das werden sie nicht«, widersprach Marten. »Erstens ähnelt nur die ›Serpent Marin‹ ihren Schiffen, und die sieht aus, als hätte sie ein Kamel verschluckt. Zweitens muß sie unser Kurs vermuten lassen, daß wir einer Begegnung ausweichen wollen. Sie werden also eher meinen, wir wollten nach Bayonne und hätten große Angst. Natürlich werden sie nur so lange der Meinung sein, solange wir nicht direkt auf sie zusteuern. Dann ist es bereits zu spät für sie.«

Marten spähte wieder in die Richtung, wo er den spanischen Konvoi zu erblicken hoffte. Er bemerkte ihn tatsächlich an dieser Stelle. Von den Strahlen der Sonne seitlich getroffen, schimmerten die Segel wie kleine, weiße Tupfen. Er hob das Fernglas ans Auge und legte dabei das Rohr Grabinski auf die Schulter.

Die drei tief im Wasser liegenden Schiffe fuhren in unregelmäßigen Abständen in einer Reihe. Die Fregatte hatte sie überholt und segelte am rechten Flügel eine gute halbe Meile vor ihnen.

Wenn sie überhaupt das Herannahen einer Gefahr befürchten, dann nur vom Lande her, überlegte Marten. Er warf einen Blick nach der Sonne. Er hatte sie genau zur rechten Hand. Steuerbords balancierte die »Bijou« leicht wie eine

Seiltänzerin, etwas weiter rollte und stampfte die »Berceau«, die »Serpent Marin« neigte sich behäbig von einer Seite zur anderen, hob und senkte abwechselnd Bug und Heck, die »L'Abeille« schien geschmeidig wie ein fliegender Fisch von Wellenkamm zu Wellenkamm zu schnellen.

»Ausgezeichnet«, murmelte er befriedigt. »Ich wünschte nur, daß Gaspard nicht zu früh den Angriff beginnt und die Sonne sich mehr beeilt. Aber man kann von der Vorsehung nicht zuviel verlangen.«

Auf einmal zuckte Grabinski leicht zusammen und wandte das Gesicht ab. Marten nahm den Duft eines ihm gut bekannten Parfüms wahr.

»Willst du sie aus der Nähe sehen, Maria?« fragte er, ohne sich umzusehen. Er richtete das Fernrohr wieder auf die spanischen Schiffe.

»Ja, ich möchte«, antwortete Maria nach kurzem Zögern.

Sie fürchtete sich ein wenig vor dem Zauberrohr. Ohne Hilfe des Satans konnte es doch nicht wirken...

Marten lachte über ihre Befürchtungen. Neugier kämpfte in ihr mit Furcht. Bis jetzt hatte sie noch nicht gewagt, durch das kalt blitzende Glas zu sehen. Sie meinte, es wäre das Auge eines in dem Rohr steckenden Dämons.

Grabinski fühlte nun ihre Hand auf seiner Schulter. Sie stand so dicht hinter ihm, daß er den Hauch ihres Atems an seinem Hals spürte.

»Ich sehe sie!« rief sie. »Heiligste Jungfrau, ganz nahe sind sie!«

Marten machte ihr Staunen Spaß. Er forderte sie auf, die Masten und Rahen der Fregatten zu betrachten, fragte sie, welche Farbe die Kastelle der Frachtschiffe hätten und ob sie gesehen habe, was für Galionsfiguren ihre Büge schmückten.

Stephan biß die Zähne zusammen. Die Finger der Señorita berührten seinen bloßen Hals unter dem Ohr, glitten zärtlich und zugleich erregend über die Haut, spielten mit dem Haar. Das Blut stieg ihm ins Gesicht, der Puls hämmerte in den Schläfen. Er fühlte, daß er das nicht länger ertragen konnte, wußte aber nicht, was er tun sollte, um sich, um sie nicht zu verraten.

Gott ist mein Zeuge, daß ich das nicht will, dachte er wie im Fieber. Ich will nicht, daß sie mich berührt, daß sie glaubt, ich sei ebenfalls... Aber auch er darf nichts ahnen, denn er würde mir nicht glauben. Ich komme lieber um, als daß er Verdacht schöpft. Um nichts in der Welt würde ich ein Wort gegen sie sagen.

»Die ›L'Abeille‹ dreht nach Backbord!« rief Hermann Stauffl von der Mars herab.

Grabinski hatte in diesem Augenblick das Empfinden, aus unmeßbarer Höhe in die Tiefe zu stürzen. Trotzdem stand er im nächsten Augenblick wieder fest auf dem Deck, wohl nur deshalb, weil er vorher unwillkürlich die Augen geschlossen hatte und sie erst jetzt wieder öffnete.

Er sah Tessari vor sich, der ihn durchdringend anstarrte. Das Herz blieb Stephan stehen. Der Barbier hatte alles bemerkt! Gleichzeitig vernahm Grabinski hinter seinem Rücken Martens lautes Kommando zum Umbrassen auf Steuerbordhalsen. Stephan spürte, daß sich die »Zephir« nach Backbord drehte. Er blickte sich um. Maria Francesca stand einige Schritte hinter ihm. Sie stützte sich auf das Geländer des Oberdecks und lächelte verstohlen.

»Was ist dir, Kindchen?« fragte sie ihn. »Du siehst aus, als wärest du gerade aufgewacht.«

Stephan wandte sich jäh ab und stieß wieder auf den Barbier.

Doch jetzt sah Tessari nicht ihn, sondern die Señorita an. Seine rechte Hand glitt an der Hüfte hoch, berührte den Griff der Pistole und sank wieder herab. Verächtlich verzog er das Gesicht und spuckte aus, als spürte er etwas Ekelhaftes im Mund. »Gehen wir«, rief er Grabinski zu und zog ihn mit sich zum Fockmast.

Clemente Orozco, der junge Kapitän der spanischen Fregatte »San Raphael«, besaß noch keine allzugroßen Erfahrungen, war aber ein kluger und mutiger Mensch. Als er die auf Südkurs liegenden Schiffe sichtete, nahm er zuerst an, daß es die Eskorte sei, die er erwartete. Man hatte ihm allerdings in San Sebastian gesagt, daß die Begegnung etwas weiter nördlich, ungefähr auf der Höhe von Arcachon, erfolgen werde. Aber vielleicht waren die Schiffe des Admirals Torres, des Kommandanten der Blockadeeskader, früher ausgelaufen oder auf besonders günstigen Wind gestoßen.

Bald darauf bemächtigten sich seiner Zweifel. Weshalb, zum Teufel, änderte der Kommandant der vermutlichen Eskorte nicht den Kurs? Er mußte doch den Transport bemerkt haben, er war ja auch gesichtet worden, zudem unter weit schwierigeren Bedingungen: Die tiefstehende Sonne blendete den Kapitän. Jener Kommandant verfügte über leichte, schnelle Schiffe und hätte schon längst die Manöver, die Orozco von ihm erwartete, durchführen oder zumindest eine seiner Fregatten beauftragen müssen, sich mit dem Transport in Verbindung zu setzen. Er tat es nicht. Anscheinend hatte er keine Lust, sich ihm zu nähern. Er wollte offenbar ausweichen und verbarg sich daher im Schein der untergehenden Sonne. Wer war es aber dann, und wohin segelte er?

Die Antwort auf diese Frage drängte sich von selbst auf. Wenn jemand den Spaniern von weitem auswich, dann fürchtete er sie. Es war also kein Freund, sondern ein Feind, wahrscheinlich ein schwacher oder feiger Feind. Vielleicht handelte es sich um irgendeinen Schmuggler, der sein Glück versuchte. Bestimmt war es ein Schmuggler!

Wohin fuhr er? Gewiß nicht nach Spanien! Sicherlich wollte er Bayonne oder einen der kleinen Häfen oberhalb der Adourmündung erreichen. In diesem Falle müßte er, sobald es dämmerte, nach Osten abdrehen. Der Konvoi wäre dann bereits wer weiß wie weit.

Diesmal gelingt es ihm, dachte der Kapitän und seufzte. Ich kann die Feiglinge nicht anhalten, darf mich mit ihnen weder in ein Gefecht einlassen noch sie verfolgen. Es ist mir nicht erlaubt, den Transport zu verlassen.

Orozco ordnete an, die weiteren Manöver der verdächtigen Schiffe aufmerksam zu beobachten. Ärgerlich über sein Los, das ihn angesichts der ihm entschlüpfenden und, wie er meinte, leichten Beute zur Untätigkeit verurteilte, wollte er in das Kastell gehen. Da hörte er den Ruf des wachhabenden Bootsmannes von der Mars.

»Was ist los?« fragte er laut.

Der Bootsmann erwiderte, die an der Spitze der Flottille segelnde Fregatte habe die Rahen umgebraßt und drehe nach Backbord ab.

Orozco stieß einen Fluch aus. Die frechen Strolche schienen seine Machtlosigkeit zu erkennen. Sie defilieren eine halbe Meile hinter meinem Heck vorbei, dachte er. Warum auch nicht? Sie können es sich erlauben. Es schadet aber nicht, wenn man ihnen zu verstehen gibt, daß sie besser daran tun, uns in größerer Entfernung auszuweichen.

Er befahl, die Rahen umzubrassen und vor achterlichem Wind zu wenden. Das Manöver fiel zu seiner vollen Zufriedenheit aus. Die »San Raphael« neigte sich unter dem Wind, verlangsamte die Fahrt, als müßte sie erst wieder Atem holen, und schoß dann nach Süden vorwärts. Es sah so aus, als beabsichtige Orozco, an den Hecks seiner drei Holken vorbei an deren linken Flügel zu gelangen und vielleicht sogar aus den Buggeschützen auf die »L'Abeille« zu feuern, die sich in ihren Rücken gewagt hatte.

Gewiß, er hatte die Absicht, rechnete aber nicht allzusehr mit ihrer Verwirklichung. Er nahm an, daß die kleine Fregatte weiter nach Süden ausweichen würde, sobald ihr Kapitän begriffen hatte, was ihm drohte. Dieser Dummkopf dachte aber gar nicht daran, ihm aus dem Wege zu gehen. Sein Schiff lief unter vollen Segeln auf ihn zu und hißte einen Lappen, der wahrscheinlich eine neutrale Flagge sein sollte.

»Ich bin neugierig, was es für eine ist«, murmelte Orozco beunruhigt.

Er witterte eine Arglist, hatte aber keinesfalls erwartet, die neue französische Flagge mit dem Wappen der Bourbonen zu sehen, neben der ein Korsarenwimpel flatterte. Er war nicht wenig erstaunt, verlor aber nicht den Kopf. Zum Glück hatte er sich nicht überraschen lassen. Seine Geschütze waren geladen, und er befand sich zur rechten Zeit dort, wo seinen Schiffen Gefahr drohte.

Als er aus drei eisernen Falkonetten feuerte und die auf das Deck des Korsaren herabstürzenden Rahen sah, fühlte er für kurze Zeit Triumph. Er genoß ihn nicht lange, denn gleich darauf hörte er das Dröhnen einer Salve an Steuerbord und begriff sofort, daß die übrigen vier Schiffe keineswegs dem ersten folgten, sondern wie dieses im rechten Winkel einschwenkten und von der Seite die des Schutzes entblößten Transportschiffe angriffen. Ich bin verloren, dachte er.

Er verfügte noch über sechsundzwanzig schußbereite Geschütze im Artilleriedeck, zwei Falkonette am Heck, im Hinterkastell, und über einige Oktaven an den Bordwänden. Er konnte weiter kämpfen und beschloß, lieber unterzugehen, als sich durch die Flucht zu retten. Es wäre ihm bestimmt gelungen zu fliehen, wenn er sofort die Gelegenheit benutzt hätte, als er nur den einen, außer Gefecht gesetzten Gegner vor sich hatte.

Geistesgegenwärtig befahl er zu wenden und fuhr an der der unteren Segel beraubten Korsarenfregatte vorbei, die der Wind mit dem Bug nach Norden gedreht hatte. Im Vorbeisegeln verpaßte er ihr noch einen gutgezielten Schuß in das Vorderkastell, bog dann nach Steuerbord ab und gelangte an den linken Flügel des gefährdeten Konvois.

Nun hätte er in aller Eile auf Gegenkurs gehen müssen, doch er geriet in das mörderische Kreuzfeuer der kleinen Galeone und der Brigg. Beide Schiffe segelten eins nach dem anderen vor dem Bug der »San Raphael« vorbei und verwendeten ihre Geschütze sehr gut. Ihre Kugeln zerschmetterten einschließlich des Vorderkastells alles, was sich auf dem Deck befand.

Clemente Orozco konnte auch nicht eine Salve mehr abgeben. Er war schwer verwundet und fühlte, wie ihn zugleich mit dem blutigen Schaum, der aus seinem Mund quoll und ihn zu ersticken drohte, das Leben verließ. Mit brechenden Augen umfaßte er die drei Schiffe, die man seinem Schutz anvertraut hatte. Sie waren verloren. Weiße Tücher wehten von ihren Masten.

Er wandte den Blick und gewahrte noch wie durch einen Nebelschleier die sich rasch nähernde Galeone und die erstaunlich große Zahl der Segel an den fünf Rahen. Über der prachtvollen weißen Pyramide flatterte eine schwarze Flagge mit einem goldenen Marder im Wind, rollte sich zusammen und entfaltete sich wieder . . .

Die Kapitäne der spanischen Transportschiffe konnten während des Verhörs, dem sie an Bord der »Zephir« unterzogen wurden, nicht viel berichten. Sie wußten selbstverständlich, daß sie Munition und Lebensmittel für die Flotte des Admirals Torres geladen hatten, und kannten auch den Kurs, den sie einhalten mußten, um an den Treffpunkt zu gelangen. Das war aber auch alles. Die genaueren Befehle einschließlich des Wechsels der Halsen hatten sie von ihrem Kommodore, dem Kapitän Orozco, erhalten. Doch Orozco war gefallen, und die beiden am Leben gebliebenen Offiziere der »San Raphael« beantworteten alle Fragen Martens mit einem verächtlichen Achselzucken.

Tonneau, Rousse und Poignard, die bei dem Verhör der Gefangenen zugegen waren, lächelten ironisch und wechselten untereinander vielsagende Blicke. Ihrer Meinung nach behandelte Marten die Herren mit übertriebener Rücksicht. Es gab sehr einfache Mittel, die Zungen zu lösen. Er wollte aber nicht zu ihnen Zuflucht nehmen und verlor umsonst Zeit. Ohne etwas erfahren zu haben, befahl er schließlich, die Gefangenen in die Mannschaftsräume im Vorderkastell zu bringen, anstatt sie als warnendes Beispiel aufhängen zu lassen.

Gleich darauf fragte Poignard im Namen des Dreigespanns, was Marten mit den erbeuteten Frachtschiffen zu tun gedenke.

461

»Versenken werden wir sie«, antwortete er.

Poignard sah seine Kumpane vielsagend an. »Wir drei haben diese Schiffe erbeutet«, sagte er fest. »Wir sind damit nicht einverstanden.«

»Was soll das heißen?« Marten stand auf und trat einen Schritt auf Poignard zu. Dieser wich zurück.

»Ich will damit nicht sagen, daß die Ladung nur uns dreien gehört«, meinte er begütigend. »Wir wollen aber unseren Anteil nicht einbüßen. Wenn wir von hier sofort abfahren sollen, dann . . .«

»Wir fahren nicht weiter, bevor Gaspard nicht die zersplitterten Rahen ausgewechselt hat«, unterbrach ihn Marten. »Er sucht sich die unbeschädigten auf der Fregatte aus, und falls sich diese nicht eignen, baut er sogar die gesamte Takelage der Frachtschiffe ab.«

»Und was geschieht dann?« fragte Rousse angriffslustig.

»Dann versenken wir den ganzen Transport mit Ausnahme der Schaluppen und Flöße, die die Bemannung der Schiffe benötigen wird«, erwiderte Marten ohne Zögern.

Tonneau, dessen ohnehin rotes Gesicht nun scharlachrot wurde, explodierte wie eine Petarde oder, besser gesagt, wie eine ganze Batterie mit Flüchen geladener Petarden. Rousse begleitete ihn mit seinem heiseren Baß. Poignard bemühte sich umsonst, sie zu beruhigen.

»Ich sehe, daß du für die Spanier, die Feinde des Königs und Frankreichs, mehr sorgst als für eine gerechte Belohnung deiner Freunde«, erklärte er schließlich, als ihn die zwei zu Wort kommen ließen.

»Was wollt ihr mit den Frachtschiffen machen?« erkundigte sich Marten. »Wir können sie doch nicht bis Royan oder gar bis zur Ile d'Oléron ins Schlepp nehmen. Das sind über hundert Meilen, Menschenskind. Selbst vor dem Wind machen diese Kähne nicht mehr als fünf Knoten!«

»Bis Bayonne sind es nur ungefähr vierzig Meilen und nach Arcachon nicht ganz sechzig«, erwiderte Poignard.

Marten zuckte die Achseln. »Wir fahren weder nach Arcachon noch nach Bayonne.«

»Wohin dann?« wollte Rousse wissen.

»Spiele nicht den Dummen«, antwortete Marten. »Du weißt sehr gut, wohin: dem Admiral Clisson und der Flotte des Königs zu Hilfe.«

Rousse begann zu lachen.

»Und wer von den beiden wird uns belohnen, der König oder der heldenmütige Admiral?« fragte er höhnisch.

Marten sah ihn finster an. Im stillen mußte er ihm recht geben. Bei diesem Unternehmen konnte man auf keine Belohnung rechnen, und die Kriegsbeute gehörte jenen, die sie gemacht hatten.

»Gut«, sagte er nach kurzem Zögern. »Ihr könnt aus den Frachtschiffen und der Fregatte alles mitnehmen, was euch gefällt, beeilt euch aber. Sobald Gaspard seine Takelage in Ordnung gebracht hat, setzen wir die Fahrt fort. Ich werde die Fregatte und die Frachtschiffe versenken, bevor wir von hier weitersegeln.«

Die drei Kapitäne verständigten sich durch einen Blick, dann murmelte Poignard: »Meinetwegen.«

Der Wind, der nach Sonnenuntergang zur Ruhe gegangen war, erwachte vor Mitternacht wieder und begann aus Südwesten zu wehen. Ein Stern nach dem anderen erlosch und wurde von einem feinen Nebelschleier verhüllt. Der Himmel wurde immer dunkler, bis er schwarz wie Pech war. Kühle Windstöße fegten über die »Zephir«, rissen scharfe, stechende Wasserspritzer aus den Wellenkämmen. Der Gischt schäumte an der Bordwand hoch, die Wanten sangen klagend, bald hoch, bald tief die Begleitung zum Knarren der Rahen.

Marten hatte noch vor Eintritt der Dunkelheit einige Matrosen in einer Schaluppe auf die »San Raphael« geschickt. Sie sollten von der spanischen Fregatte den Vorrat an Pulver und Kugeln holen. Als das Boot zurückkam, blieb nichts mehr zu tun übrig, als zu warten, bis die Auswechslung und die Ausbesserung der Takelage auf der in der Nähe driftenden »L'Abeille« beendet waren. Man hörte von dorther Axt- und Hammerschläge. Auf den Masten konnte man die Silhouetten der Matrosen und Bootsleute erkennen, die mit dem Aufhissen der Rahen und dem Anbringen der Taljen beschäftigt waren.

Unterdessen befaßten sich Poignard, Rousse, Tonneau und ihre Bemannungen unter Streit und Flüchen mit den drei Frachtschiffen. Bald darauf verhüllte die tiefdunkle Nacht ihr Tun. Der zunehmende Wind und der immer höhere Wellengang übertönten alle anderen Stimmen und Laute.

Gegen Morgen, als Gaspard Licou endlich die Takelage der »L'Abeille« und das Vorderkastell ausgebessert hatte, ließ der Wind nach. Doch weiterhin wälzte sich aus Süden und Westen die tote Welle heran. Vom Horizont bis zum Zenit dehnte sich eine drohende, unbewegliche Wolkendecke. Bleischwer lastete sie auf dem Meer. Der nordöstliche Himmel war wie von rötlichen Rauchschwaden verhüllt. Fahlgelb dämmerte der Morgen. Das schwache Licht zerstreute kaum das Dunkel, die Luft war trübe wie eine verstaubte Scheibe. Marten kam auf das Deck und ließ seinen Blick über das Meer schweifen. Er sah dort weder die spanischen Holken noch die Korsarenschiffe, die sie die Nacht über bewachen sollten. Nur die »L'Abeille« wiegte sich in der Nähe, die Segel zum Driften backgebraßt und durch eine Trosse mit der »San Raphael« verbunden.

Sie haben sich aus dem Staub gemacht — war sein erster zorniger Gedanke.

Zunächst wollte er die drei Korsaren verfolgen und ihnen eine gründliche Lehre wegen der Nichtbeachtung seiner Befehle erteilen. Nach kurzem Überlegen verwarf er diesen Plan. Er hatte sowieso schon zuviel wertvolle Zeit verloren.

Außerdem war er nicht sicher, welchen Kurs sie eingeschlagen hatten — nach Bayonne oder nach Arcachon.

»Mag sich Clisson mit ihnen auseinandersetzen«, sagte er zu Grabinski, der auf Befehle wartete. »Benachrichtige Gaspard, daß er den Rest seiner Leute von der ›San Raphael‹ zurückzieht. Sie sollen die Trosse kappen und die Lunten in Brand setzen. Die Spanier können ihre Boote und Flöße schon hinablassen. Sie müssen sich beeilen. In einer Viertelstunde sinkt die Fregatte.«

Tatsächlich flog eine Viertelstunde später die Pulverkammer der Fregatte samt dem Deck und dem Vorderkastell mit gewaltigem Knall in die Luft. Bruchstücke und Splitter überschütteten die sich entfernenden Schaluppen der spanischen Besatzung. Die »San Raphael« neigte sich zur Seite, ihr Bug versank in den Wellen, dann verschwand das Heck. Nur große Luftblasen, die das Wasser aus dem Rumpf preßte, zeigten noch die Stelle an, an der das Schiff gesunken war.

Die »Zephir« und die »L'Abeille« segelten bereits mehrere Stunden unter Steuerbordhalsen fast genau nach Norden und strebten den vermutlichen Treffpunkt mit den Schiffen des Admirals Clisson zu, als Grabinski fernen, schwachen Geschützdonner vernahm. Zuerst meinte er, es sei das Murren des im Südwesten lauernden, langsam heraufziehenden Unwetters, er begriff aber schnell, daß er sich irrte. Das Gewitter näherte sich vom Heck her, der Geschützdonner kam von der Küste herüber, wo das Sonnenlicht nur matt durch das Blau des Himmels sickerte.

Zweifellos fand dort eine Schlacht statt, aber sicherlich nicht zwischen der königlichen Flotte und der Eskader des Admirals Torres. Bis zur Girondemündung waren es noch mindestens einhundertfünfzig bis einhundertachtzig Meilen. Erst dort konnte man die große Auseinandersetzung erwarten, an der auch die »Zephir« teilnehmen sollte. Es handelte sich also um irgendein Gefecht. Wer war daran beteiligt? Die Antwort drängte sich von selbst auf. Die »Serpent Marin«, die »Berceau« und die »Bijou« konnten die erbeuteten spanischen Holken entweder nach Arcachon oder nach Bayonne bringen. Poignard, der das Kommando in diesem Kleeblatt zu haben schien, hatte gewiß den ersten der beiden Häfen gewählt, da er vor dem Wind dorthin segeln konnte. Wenn er unterwegs auf ein spanisches Kriegsschiff gestoßen war...

Grabinski sah Marten an, der ebenso wie er selbst dem fernen Kanonendonner lauschte. »Das sind anscheinend unsere Schiffe«, sagte Stephan. »Dort drüben liegt Arcachon.«

Marten nickte. »Ich habe das beinahe erwartet«, murmelte er fast wie im Selbstgespräch. »Es ist ihnen nicht einmal der Gedanke gekommen, daß Torres dem Transport eine Eskorte entgegenschicken könnte. Sie müssen ihr begegnet sein.«

Grabinski blickte ihn abwartend an, doch Marten gab keinen Befehl. Sein Gesicht erstarrte, die Brauen zogen sich über den Augen zusammen, sein Blick wurde kalt und hart.

»Helfen wir ihnen nicht?« fragte Grabinski.

Marten schüttelte den Kopf. »Sie haben nun das, was sie verdienen.«

»Dann erobern doch die Spanier ihre Transportschiffe zurück«, rief Stephan.

»Ich glaube kaum«, erwiderte Marten. »Poignard hat genügend Grütze im Kopf, um im äußersten Notfall die Holken zu versenken. Er wird versuchen zu entkommen, ich bezweifle jedoch, daß es ihm gelingt. Nur Rousse hat Aussicht auf Erfolg. Seine ›Bijou‹ ist schnell.«

»Was, du willst sie ihrem Schicksal überlassen?«

Marten zuckte mit den Schultern. »Wir müssen so schnell wie möglich am linken Flügel der königlichen Schiffe vor der Île d'Oléron eintreffen«, betonte er. »Unser Admiral erwartet zwar nicht, uns dort zu sehen, aber...«

»Er erwartet uns nicht? Weshalb?«

»Weil er damit rechnet, daß wir auf die Eskorte stoßen, die jetzt Poignard und seine Kumpane erledigt, verstehst du? Er wollte uns opfern, um Zeit zu gewinnen und die Kräfte der Spanier zu schwächen. Dieses Ziel ist so oder so schon erreicht. Wir können die drei Dummköpfe nicht retten, aber dort nützlich sein, wo man uns nicht erwartet — nämlich auf dem Hauptschauplatz des Geschehens. Da, schau, Licou denkt allem Anschein nach das gleiche.«

Gaspard Licou setzte die restlichen Klüver, um nicht hinter der »Zephir« zurückzubleiben. Die »L'Abeille« segelte mit unverändertem Kurs fast vor dem Wind, was ihr eine Geschwindigkeit von annähernd zehn Knoten verlieh.

»Wenn der Wind nicht schwächer wird, und ich hoffe sogar, daß er zunimmt, sind wir noch heute nacht an Ort und Stelle«, fügte Marten hinzu. »Ich glaube aber kaum, daß wir die ›Seeschlange‹ des werten Kapitäns Tonneau und die ›Wiege‹ Simon Poignards jemals wiedersehen. Wenn ich ehrlich sein soll, habe ich auch kein Verlangen danach.«

Die Seeschlacht bei der Île d'Oléron brachte keiner der beiden Seiten den entscheidenden Sieg, obwohl die Franzosen ebenso wie die Spanier sie als einen Erfolg ihrer Waffen ansahen. Objektiv kann man feststellen, daß sich Torres als ein besserer Taktiker als Herr de Clisson erwies. Er hätte gewiß einen vollkommenen Triumph über seinen Gegner davongetragen, wenn nicht plötzlich zwei Korsarenschiffe eingegriffen hätten. Sie verhinderten die Eroberung des Flaggschiffes »Victoire«, an dessen Bord sich der französische Admiral befand. Außerdem brach ein schwerer Sturm los, in dem die Spanier mehr Schiffe als die Franzosen verloren. Diese brachten sich zur rechten Zeit in der Meerenge d'Antioche, im Schutz der Île d'Oléron sowie im Hafen von La Rochelle in Sicherheit.

Jedenfalls war es nicht die Entscheidungsschlacht, von der Auguste de Clisson geträumt hatte. Seine Prognose über eine Konzentration aller spanischen Schiffe zwischen der Île d'Oléron und Les Sables d'Olonne erfüllte sich nur zum Teil. Bei der Ausführung des geplanten Angriffs fehlte die Eskader »Nantes«, die sich infolge des Gegenwindes um einige Stunden verspätete.

Alles in allem gesehen, entgingen die Franzosen einer Niederlage, doch es gelang ihnen nicht, die spanische Blockade zu durchbrechen. Sie vermochten sie lediglich dank mehreren günstigen Begleitumständen für einige Zeit zu schwächen.

Was die beiden Kapitäne der Korsarenschiffe betraf, so ahnten sie weder bei ihrem Eintreffen auf dem Schauplatz des Kampfes noch während ihres Eingreifens zugunsten der »Victoire«, daß sie die Ehre Frankreichs und das Leben des Oberbefehlshabers der Westflotte retteten, wie es später in einem vertraulichen Bericht Tourvilles, des Kommandanten des Hafens und der Festung La Rochelle, an Herrn de Béthune lautete. Diese Meldung des Vertrauten Béthunes zeichnete sich im Gegensatz zu dem prahlerischen Elaborat des Herrn de Clisson durch ehrliche Unparteilichkeit aus. Der Admiral schrieb sich die »Zerschlagung der spanischen Hauptstreitkräfte vor der Île d'Oléron« zu und gedachte nicht mit einem Wort der Taten der »Zephir« und der »L'Abeille«.

Beide Schiffe befanden sich während der Endphase des Kampfes im Gefecht, das heißt kurz vor Ausbruch des Sturmes, der ihnen von Südwesten her folgte.

»Es hatte zu diesem Zeitpunkt den Anschein«, schrieb Herr de Tourville, »daß uns eine unabwendbare Niederlage bevorstehe. Die schweren Karavellen des Admirals Torres hatten die Front unserer Linienschiffe durchbrochen und die Flottille ›Bordeaux‹ in zwei Teile gespalten, während spanische Fregatten die Flottille ›La Rochelle‹ von Nordwesten her überflügelten, von welcher Seite her vergeblich die Eskader ›Nantes‹ erwartet wurde. Her de Clisson hatte die Admiralsflagge auf der ›Victoire‹ gehißt, die unter dem Kommando des Eurer Exzellenz persönlich bekannten Kapitäns Louis de Margaux steht. Anstatt nun dieses Schiff richtig und rechtzeitig einzusetzen, wozu sich mehr als eine Gelegenheit bot, zögerte der Admiral so lange mit seinem Entschluß, bis er selbst von der Karavelle ›Montezuma‹ beschossen und in der Folge von den zwei großen Fregatten mit zwei Decks, der ›San Christobal‹ und der ›Aaron‹, angegriffen wurde. Die Salve der ›Montezuma‹ beschädigte das Steuer der ›Victoire‹, das Geschützfeuer der Fregatten zersplitterte den Großmast und verursachte einen Brand im Hinterkastell. Dann legte sich die ‹Aaron‹ längsseits des Admiralschiffs, um es durch Entern zu erobern.

Kapitän de Margaux wehrte sich an der Spitze der wenigen noch lebenden Matrosen wahrhaft heldenmütig, trug jedoch mehrere Wunden davon und mußte sich vor der erdrückenden Übermacht des Feindes in das Vorderkastell zurückziehen. Die Spanier steckten auch diesen letzten Stützpunkt der Verteidiger in Brand, so daß die Lage hoffnungslos wurde.

In dem tragischen Augenblick, als es den Anschein hatte, daß niemand mehr imstande sei, das Leben des Admirals de Clisson zu schützen, rettete ihn der bekannte Korsar Jan Marten, der Kapitän der Galeone ›Zephir‹. Das kleine, nur mit zwanzig Geschützen bewaffnete Schiff erschien zur rechten Zeit an der anderen Bordwand der ›Victoire‹. Fünfzig Mann der Besatzung sprangen auf das bereits von den Spaniern eingenommene Deck des Admiralsschiffes. Während Marten durch seinen mutigen Angriff das spanische Fußvolk zur Flucht zwang, eröffnete das zweite Korsarenschiff, die ›L'Abeille‹, das Feuer gegen die ›Aaron‹ und versenkte sie kurz darauf. Ich möchte hier hervorheben«, fügte Herr de Tourville in Klammern hinzu, «daß sich an Deck der ›Zephir‹ während des Kampfes eine junge Frau befand, die, soviel mir bekannt ist, Kapitän Marten besonders teuer ist. Ihre Anwesenheit und die Gefahr, der sie ausgesetzt war, hielten ihn jedoch nicht davon ab, mutig die Ehre Frankreichs zu verteidigen und das Leben des Kommandanten der Westflotte zu retten.«

In seinen weiteren Ausführungen schilderte der Kommandant von La Rochelle den heftigen Sturm, der an der Westküste von Poitou, Saintonge und Médoc tobte. Und er stellte fest, daß einzig und allein infolge des Sturmes vier spanische Schiffe auf den Sandbänken strandeten und drei weitere auf hoher See sanken. Den vereinigten Flottillen »Bordeaux« und »La Rochelle« gelang es, eine Karavelle und zwei Fregatten, der »L'Abeille« eine Fregatte in den Grund zu bohren. Außerdem beschädigten die französischen Geschütze noch einige andere spanische Schiffe, die aber segeltüchtig blieben.

Die französische Westflotte hatte sechs Schiffe verloren, darunter zwei große Galeonen. Wie sich später herausstellte, hatte die durch Admiral Torres zum Schutz des aus San Sebastian kommenden Transportes ausgesandte Eskorte auf der Höhe von Arcachon drei französische Korsarenschiffe versenkt, ohne übrigens die eigenen Transportschiffe retten zu können. Sie waren von den Korsaren in Brand gesteckt worden.

Heinrich IV. reiste mit »kleinem Hofstaat« zu einer kurzen Erholung nach seinem Erbkönigreich Béarn. Er beabsichtigte, in den dortigen Wäldern Hirsche und Wildschweine zu jagen und dann, dem Rat Du Plessis-Mornays folgend, seine getreuen Hugenotten in Bordeaux und La Rochelle zu besuchen, um sie zu überzeugen, daß er ihre für den Thron geleisteten Verdienste nicht vergessen habe, obwohl er sich formal als rechtgläubiger Sohn der katholischen Kirche hatte krönen lassen.

Der König wünschte, daß seine Besuche ohne großes Aufsehen stattfänden.

denn die Ultramontanen bemühten sich schon wieder, durch Schmähschriften die Ansicht zu verbreiten, daß der Abjurationsakt in Saint Denis nur eine geheuchelte

467

Bekehrung gewesen sei. Andererseits mußte Heinrich IV. mit den Millionen Bekennern der Kalvinschen Lehre rechnen, die bis jetzt vergeblich auf die versprochene rechtliche Gleichstellung mit den Katholiken gewartet hatten. Er wollte sie beruhigen und ihnen versichern, daß ein Edikt vorbereitet werde, das ihnen in Kürze die vollständige Glaubens- und Gewissensfreiheit garantiere.

Aus diesen Gründen bestand der Hofstaat oder, besser gesagt, die Begleitung des Königs fast ausschließlich aus Männern. Sogar Madame d'Estrées mußte diesmal zu Hause bleiben.

Außer d'Armagnac, der stets in der Nähe des Königs zu finden war, begleiteten ihn sein Freund und Vertrauter, der Gouverneur der Île d'Oléron, Théodor Agrippa d'Aubigné, ferner Maximilian de Béthune sowie einige Höflinge und Adlige, unter ihnen Graf Olivier de Blanquefort. Der letztere gehörte nicht zur ständigen Umgebung des Königs, sondern befand sich nur zufällig unter diesen Herren. Er war gerade zu dem Zeitpunkt in Paris eingetroffen, als Heinrich IV. die Vorbereitungen zu der Reise traf.

Der Graf hatte vor, sich um das schon lange vakante Amt des Gouverneurs von Périgord zu bemühen, und hielt es daher für das beste, sich dem Gefolge des Königs anzuschließen. Er rechnete außerdem mit der Unterstützung seines entfernten Verwandten, des Oberintendanten der Finanzen, Herrn de Béthunes.

Als der König und sein Gefolge in Limoges haltmachten, um die erst vor kurzem in Betrieb genommenen Tuchmacherwerkstätten und die wiederaufgebaute Glas- und Emaillierhütte zu besichtigen, meldeten sich zwei Kuriere aus Paris bei Herrn de Béthune. Der eine war vom Admiral de Clisson, der zweite vom Kommandanten de Tourville abgesandt worden. Beide Kuriere waren geritten, was ihre Pferde hergaben, und brachten zwei verschiedene Berichte. Der Oberintendant der Finanzen las sie mit dem gleichen Interesse, versah sie mit ein paar mehr oder weniger witzigen Kommentaren und händigte sie dem König ein.

»Gewisse Nachrichten sind eingetroffen, Eure Majestät, die d'Aubigné aus angeborener Bescheidenheit vor Euch und uns verheimlicht«, sagte er und warf einen Seitenblick auf Agrippa. »Es wäre richtig und gerecht, wenn gerade er sie laut vorlesen wollte.«

Théodor d'Aubigné wurde verlegen, obwohl er ein reines Gewissen hatte. Alle sahen ihn erwartungsvoll an, der König gespannt und belustigt zugleich, de Béthune mit gespieltem Ernst, d'Armagnac abwartend und Graf de Blanquefort mißtrauisch.

»Ich habe nichts zu verbergen«, murmelte d'Aubigné. »Es sei denn ... Worum handelt es sich?« wandte er sich schließlich an den herausgeputzten Herrn de Béthune. Dieser senkte den Blick und schien allein mit dem Zurechtzupfen der Spitzen an den Ärmeln seines Atlasrockes beschäftigt zu sein. Schließlich schaute er erstaunt auf.

»Um dein Gouvernement«, erwiderte er mit leicht mißbilligendem Ton. »Wer, wenn nicht der Herr Gouverneur von Oléron müßte wissen, was in unmittelbarer Nähe seiner Insel geschieht oder, besser gesagt, geschah!«

D'Aubigné hatte sich bereits gefaßt. Er hatte sein Amt noch nicht übernommen und dachte auch nicht daran, sich ihm zu widmen. Die Île d'Oléron kannte er nur dem Namen nach. Er verstand, daß Herr de Béthune diesmal keineswegs danach trachtete, ihm zu schaden, sondern nur scherzte. Er liebte dessen Scherze nicht, er liebte auch nicht Béthune, den Pfennigfuchser mit den Liebhabereien eines kleinen Vorstadtkrämers, der sich immer mehr in die Gunst des Königs stahl. Aber gerade aus dem Grunde mußte er sich jetzt seinen abgeschmackten Witzen anpassen. Den König amüsierte das anscheinend.

Er begann deshalb, den Rapport Auguste de Clissons vorzulesen, betonte dessen pathetischen Stil und überging die Randbemerkungen Herrn de Béthunes. Boshaft ist er, aber nicht besonders witzig, dachte er dabei. Er hat seine Glossen an den verkehrten Stellen angebracht.

Er selbst verstand dies erheblich besser, bediente sich dabei nur der Geste und der Mimik und ahmte so den Admiral trefflich nach.

Der König lachte laut, Graf de Blanquefort begleitete ihn noch lauter, obwohl er nicht wußte, worum es sich bei der Unterhaltung handelte.

Erst als d'Aubigné zu dem Bericht des Kommandanten de Tourville überging, wurde Heinrich ernst und hörte mit wirklichem Interesse zu. Als d'Aubigné den Zusatz de Tourvilles las, der Marten und Maria Francesca betraf, lächelte er. Seine Augen blitzten fröhlich. »Ich muß Marten sehen«, sagte er zu Herrn de Béthune. »Das ist doch der, von dem ich den Degen erhielt, der für Philipp II. bestimmt war?«

»Derselbe«, bestätigte de Béthune. »Der Kapitän des schnellsten Schiffes, von dem ich je gehört habe. Es lohnt sich wirklich, die Galeone zu besichtigen. Angeblich besitzt sie bis zu fünf Rahen an den Masten und erreicht bei günstigem Wind fünfzehn Knoten.«

»Ich möchte mir lieber die spanische oder portugiesische Schönheit ansehen, die sogar der alte tugendsame de Tourville anerkennend erwähnt«, bemerkte der König.

Graf de Blanquefort räusperte sich diskret und trat einen Schritt vor. »Ich kenne die Dame, Eure Majestät«, erklärte er dienstbeflissen. »Wenn es mir erlaubt ist, meine Meinung zu äußern, dann möchte ich sagen, daß sie wirklich einer besseren Gesellschaft würdig ist als der jenes ungeschliffenen Korsaren, der sie gefangenhält.«

»In der Tat?« rief der König. »Erzählt uns von ihr, Graf.«

Olivier de Blanquefort kam diesem Wunsch mit größtem Vergnügen nach. In seinen Gedanken zeichneten sich sofort eine ganze Reihe von Möglichkeiten ab, die ihn seinem Ziel, der Ernennung zum Gouverneur von Périgord, näher bringen konnten. Er wußte sehr gut, daß solche Ernennungen viel mehr von der Gunst schöner Frauen als von der Protektion der Staatsmänner abhingen. Dem Grafen war ferner bekannt, daß Herr de Béthune nichts gegen eine Liebschaft Heinrichs mit Maria Francesca einwenden würde, wenn dies dessen Verhältnis zu Gabrielle d'Estrées erkalten ließ.

Sollte es mir gelingen, mache ich mir beide geneigt, dachte der Graf, von dem Zusammentreffen derart günstiger Umstände geradezu geblendet. Maria ist mir dabei bestimmt behilflich. Sie ist klug und ehrgeizig genug. Bei der Gelegenheit erhält auch Marten die Lehre, die er verdient. Aber der Kerl ist nebensächlich. Hundertmal wichtiger ist das, was ich erreichen kann, wenn ich Béthune und dem König einen solchen Dienst erweise.

Er sprach begeistert, vor allem über die Anmut und die Klugheit der Señorita de Vizella, hob ihre hohe Geburt hervor und vergaß nicht, bissige Bemerkungen über Marten und Armand d'Ambarés einzuflechten, in dem er einen Konkurrenten im Hinblick auf den Posten des Gouverneurs witterte.

»Wenn Eure Majestät die Gastfreundschaft meines Hauses nicht verschmähen«, sagte er abschließend, »könnte ich es so einrichten, daß sich die Señorita de Vizella ganz zufällig dort befindet.«

»Ihr sprecht mit einer solchen Selbstsicherheit, mein Graf«, antwortete der König lächelnd, »als wäret Ihr Mitglied des geheimen Staatsrats des Herrgotts oder ein Zauberer, der die Zufälle lenkt. Habt Ihr die Dame schon zu bezaubern vermocht?«

»Sie ist meine Nachbarin, Majestät«, erwiderte de Blanquefort ausweichend. »Ich begegne ihr von Zeit zu Zeit in der Umgegend. Uns verbindet die gemeinsame Vorliebe für Spazierritte.«

»Nichts weiter?«

Graf de Blanquefort zögerte einen Augenblick. »Vielleicht eine unschuldige, gegenseitige Sympathie«, gestand er bescheiden. »Von meiner Seite aus ist es eher Mitgefühl für ihr trauriges Los. Sie verdient wirklich nicht, Zeit ihres Lebens die Sklavin eines Abenteurers zu sein.«

Zu spät bemerkte er, daß er zu weit gegangen war. Heinrich lächelte nicht mehr. Er wandte sich an Herrn de Béthune und sagte: »Ich glaube, jener Abenteurer hat sich um uns verdient gemacht, nicht wahr, Rosny? Wir wollen ihn dafür belohnen und ihm persönlich danken. Deshalb machen wir in Bordeaux halt und laden Kapitän Marten mit der Señorita dorthin ein. Wir erwarten, daß auch Ihr, Graf de Blanquefort, uns Eure Gesellschaft nicht versagen werdet.«

Seine Königliche Majestät Heinrich IV. nahm, ganz in weiße Seide gekleidet, mit einer blauen Schärpe geschmückt, den Purpurmantel über die Schulter gelegt, in dem geschnitzten Sessel Platz, der auf einem aus Brettern gezimmerten, mit einem Teppich belegten Podest stand. Die Estrade war ihm zu Ehren in Blaye am Ende der vom Ufer in die Gironde hinausragenden Landebrücke errichtet worden.

Als sich der König gesetzt hatte, dröhnten die Geschützsalven von sechzehn oberhalb des Hafens ankernden Schiffen über den Fluß. Dann lichteten die »Victoire« und die anderen Schiffe die Anker und segelten vor dem Wind die Gironde abwärts, um in voller Flaggengala vor dem König vorbeizudefilieren.

Heinrich verfolgte das Schauspiel ohne besondere Anteilnahme. Er war in ein Gespräch mit dem Admiral de Clisson vertieft, dem er am Vormittag den Orden des Heiligen Geistes verliehen hatte. Die an den Masten gehißten Flaggen und Fähnchen flatterten im Wind, die Bemannungen standen in Reih und Glied auf den Decks und riefen: »Vive le roi!« — »Es lebe der König!« Ein Möwenschwarm kreiste über dem Fluß, von den Kuttern und Fischerbooten her vernahm man schrille Pfeifentöne. Hinter der Brücke wogte eine dichte Menschenmenge. Fast alle Einwohner von Blaye und den umliegenden Dörfern waren hier zusammengeströmt.

Dicht hinter dem Sessel des Königs standen d'Armagnac, Herr de Béthune, Agrippa d'Aubigné und der greise Kommandant de Tourville. Leise tauschten sie Bemerkungen aus und hörten den Erklärungen zu, die de Tourville über die Rolle gab, die die einzelnen Schiffe während der Seeschlacht bei der Ile d'Oléron gespielt hatten. Als die »Normandie«, die den Abschluß der Parade bildete, die Brücke passiert hatte, verneigte sich Admiral de Clisson und fragte, ob Seine Majestät nun geruhen wolle, zu der vorbereiteten Galeere zu gehen, um auf dieser während der langen Fahrt nach Bordeaux zur Zeit der Flut ein »bescheidenes Mahl« einzunehmen.

»Noch nicht«, antwortete der König zum größten Erstaunen Admiral de Clissons. »Ich will noch die beiden Schiffe sehen, die Ihr wahrscheinlich vergessen habt, lieber Clisson. Ich glaube, das eine nähert sich bereits.«

Herr de Clisson sah nach links und spürte, wie ihm das Blut ins Gesicht stieg. Um eine kleine Insel in der hier sehr breiten Gironde bog die »L'Abeille«.

»Wer hat sich erkühnt...«, würgte der Admiral hervor. Er erstickte beinahe vor unterdrücktem Zorn.

»Ich«, unterbrach ihn der König. »Eure Korsaren haben sich, soviel mir bekannt ist, während des Gefechts hervorgetan. Ich sehe keinen Grund, weshalb Ihr Euch ihrer schämt. Ist das die Fregatte, die die ›Aaron‹ versenkte?«

Clisson verschlug es für eine Weile die Sprache. Wer hat das dem König hinterbracht? überlegte er. Der Blick seiner vor Verblüffung starren Augen glitt von Gesicht zu Gesicht und blieb schließlich auf dem de Tourvilles haften. Dieser alte Intrigant, dachte er, mit dem werde ich noch abrechnen.

»Ich sehe, daß Eure Majestät Klatschereien und verzerrten Gerüchten mehr Gehör schenken als meinen Rapporten«, sagte er mit einem tiefen Seufzer. »Der Korsar hat tatsächlich die ›Aaron‹ beschossen, aber...«

»Das genügt.« Der König ließ ihn nicht aussprechen.

Die »L'Abeille« näherte sich rasch. Kurz vor der Brücke leistete sie dem König

471

ihre Ehrenbezeigung, indem sie die Segel reffte und wieder hißte. Dann bog sie nach Backbord ab, braßte die Rahen um und entfernte sich langsam.

»Sie hat eine tüchtige Bemannung. Das Manöver ist gut gelungen«, lobte Heinrich gnädig.

Die Anerkennung des Königs und der übrigen Anwesenden wandelte sich in aufrichtige Bewunderung, als hinter der Insel das zweite Korsarenschiff auftauchte.

Blendend weiß, mit blinkenden Kupfer- und Bronzebeschlägen, mit der vergoldeten Galionsfigur unter dem langen Bugspriet, an dem sich ein ganzer Schwarm von Klüversegeln blähte, kam es unter doppelter Flaggengala mit geneigten Masten wie auf Flügeln heran. An den Toppen glänzten geschnitzte, versilberte Adler an Stelle der üblichen »Äpfel«. Unter ihnen flatterten die königlichen Fahnen mit dem Wappen der Bourbonen. Auf dem Fockmast wehte die schwarze Korsarenflagge mit dem goldenen Marder.

Die »Zephir« lief geradenwegs auf die Landebrücke zu. Es sah aus, als würde das Schiff an ihr zerschellen oder sie durchbohren. Man unterschied bereits die Besatzung. Einige Dutzend Leute waren in geordneten Gruppen bei den Masten angetreten. Sie trugen blaue Jacken mit Silberknöpfen, enganliegende Elchlederhosen mit silbernen Spangen an den Knien und festgebundene rote Tücher auf den Köpfen. Hinter dem Steuermann stand ihr Kapitän. Er hatte ein kurzes Wams aus feinem Sämischleder mit goldenen Verschnürungen an und einen scharlachroten Schal um die Hüften geschlungen, aus dem die glänzenden Griffe zweier Pistolen ragten. Seine weißen Hosen staken in den Schäften spanischer Stiefel aus rotem Leder. Über dem Kopf wippten Federn, von einer Diamantagraffe zusammengehalten. Die linke Hand stützte er auf den vergoldeten Knauf eines Rapiers, mit der Rechten umfaßte er die schlanke mädchenhafte Taille seiner Geliebten.

Die Señorita Maria Francesca de Vizella trug ein Kleid aus hellem, geblümtem Brokat mit einer riesigen Spitzenkrause und einer wahren Kaskade von Rüschen und Falbeln. Am Hals funkelte ein Kollier aus Saphiren. Ihre Finger waren mit Ringen geschmückt, die Handgelenke mit granatbesetzten Armbändern, die bei jeder Bewegung ihrer Hände aneinanderklangen. Im Haar blitzte ein Kleinod schönster Florentiner Goldschmiedearbeit in Gestalt einer Blüte mit goldenen Blumenblättern, die einen herrlichen Rubin umgaben.

Zwar konnten weder der König noch seine Begleitung vorderhand diese Einzelheiten unterscheiden, sie erkannten aber bereits, daß das Gerücht nicht übertrieben hatte. Die Señorita schien in der Tat entzückend zu sein.

Dieses Entzücken wurde übrigens nicht laut, denn es machte fast zur gleichen Sekunde panischem Schrecken über die Tollkühnheit des Korsaren Platz. Anstatt nach Backbord abzubiegen und in sicherer Entfernung der Brücke auszuweichen, wendete die »Zephir« in voller Fahrt nach Steuerbord und segelte schnurstracks auf die Brücke zu. Nichts schien sie vor dem Untergang bewahren zu können. Im

472

nächsten Augenblick mußte sie in dem von der Mole und dem steinigen Ufer gebildeten Winkel auflaufen. Angstschreie ertönten, die Menschen flüchteten vor dem hochragenden Bug, der geflügelten Jünglingsgestalt, die den Gott der sanften Winde darstellte und nun über ihren Köpfen schwebte. Plötzlich geschah ein Wunder! Das Schiff neigte sich und wandte der erschreckten Menge das Heck zu. Die Rahen wurden blitzschnell umgebraßt, die Segel klatschten, das Wasser wirbelte und schäumte an den Bordwänden, Wellen schlugen gegen das Ufer und rauschten zurück. Langsam, Zoll um Zoll, richteten sich die schrägliegenden Masten auf. Die »Zephir« beschrieb noch einen Bogen um die Brücke.

Unerwartet glitten gleichzeitig drei Paare der oberen Segel herab, alle Klüversegel waren im Nu ebenso wie die unteren gerefft.

»Vive le roi!« erscholl es vom Deck des Schiffes. Die beiden prächtig gekleideten Gestalten oben auf dem Heck verbeugten sich tief vor dem König. Dieser erhob sich und applaudierte. Marten fegte mit den Federn seines Hutes über das Deck. Maria Francesca faßte mit den Fingerspitzen ihren Rock und sank zu einem tiefen Hofknicks zusammen. Die Degen Grabinskis und der Oberbootsmänner blinkten. Wieder erklang der Ruf: »Vive le roi!«

Er wurde von der Menge, die sich von ihrem Staunen und dem Schrecken erholt hatte, begeistert aufgenommen und wiederholt. Ein Sturm von Applaus und Zurufen brach los, die Menschen drängten sich nach vorn, winkten mit Tüchern und Hüten, schrien wie besessen.

Auf einmal verstummten alle. Die »Zephir« hatte wieder alle Segel gesetzt, rasch umgebraßt, beschrieb noch einen Bogen und steuerte genau auf die Brücke zu.

Diesmal stand Marten selbst am Steuer. Es hatte wieder den Anschein, als werde das Schiff an der Mole entlangfahren und am Ufer stranden, denn es war unter halbem Wind nach Backbord abgewichen. Doch im letzten Augenblick führte Marten ein meisterhaftes Manöver aus. Er bog im rechten Winkel ab und ließ alle Segel bergen, so daß die »Zephir« im Gegenwind und in der Gegenströmung an Fahrt verlor, langsam am Brückenende vorbeiglitt und verharrte, bevor das Heck es passiert hatte, und dann ein wenig nach rückwärts driftete, von zwei Trossen festgehalten, deren Schlingen man vom Deck aus über die Poller geworfen hatte.

Jetzt steigerte sich die Bewunderung für die Geschicklichkeit des Kapitäns, die Wendigkeit des Schiffes und die Gewandtheit seiner Bemannung zu einer Ovation. Die Menschen, die dem Anlegen des Schiffes, das eben noch unter allen Segeln gelaufen war, zugesehen hatten, waren meist Seeleute, Matrosen und Fischer. Auch mit einem Kutter hätte keiner gewagt, sich dem Ufer so zu nähern. Um ihrer Anerkennung Ausdruck zu geben, schrien sie, bis sie heiser waren.

Von dem atemberaubenden Schauspiel erregt und befriedigt, stand der König auf der Estrade und klatschte Beifall. Seinem Beispiel schlossen sich alle Herren seines Gefolges an, selbst Admiral de Clisson.

Inmitten des Applauses und der Zurufe der begeisterten Menge stieg Jan Kuna, genannt Marten, auf dem Fallreep zur Brücke hinab und führte Maria Francesca de Vizella vor das Antlitz des Königs von Frankreich. Er ging langsam, mit stolz erhobenem Haupt. Jeder seiner Schritte, jede Bewegung seines athletischen Körpers drückte das Selbstvertrauen aus, das unerschrockenen Menschen von großer physischer Kraft eigen ist, wie d'Aubigné meinte, der sofort warme Sympathie für den wagemutigen Mann empfand.

Zehn Schritte vor dem König verneigten sich Marten und Maria erneut so höfisch vollendet, daß Herr d'Armagnac erstaunt und Herr de Béthune, der Hauptarrangeur dieses ungewöhnlichen Ereignisses, zufrieden war.

Der König war derart ergriffen, daß Tränen in seine Augen traten. Da eine Frau, die man durch Tränen sieht, noch anziehender wirkt, rührte ihn die errötende Señorita außerordentlich. Er erhob sich. Als sie ihren Kopf neigte, um seine Hand zu küssen, umarmte er sie und drückte einen beinahe väterlichen Kuß auf ihre Wange. Dann wandte er sich an Marten, der einen Schritt abseits stand.

»Ihr habt uns und Frankreich bedeutende Dienste geleistet, Kapitän Marten«, redete er ihn feierlich an. »Ihr habt große Umsicht, Mut und die Fähigkeiten eines tüchtigen Kommandanten gezeigt, als ihr den spanischen Konvoi im Golf von Biskaya vernichtetet, aber auch soldatische Disziplin und Aufopferung, als Ihr unserer Flotte von Oléron zu Hilfe eiltet. Schließlich habt Ihr, ohne Rücksicht auf die Übermacht des Feindes, unser Admiralsschiff ›Victoire‹ zurückerobert, das bereits von den Spaniern besetzt war. Durch diesen heldenhaften Angriff trugt Ihr dazu bei, daß sich fast im letzten Augenblick, als bereits eine Niederlage drohte, die Schale des Sieges auf unsere Seite senkte. Eine solche Tat darf nicht unbelohnt bleiben, zumal sie unter besonders schwierigen und gefährlichen Umständen vollbracht wurde.« Hier warf Heinrich leicht lächelnd einen flüchtigen Blick auf Francesca und fuhr fort: »Unter Umständen, die uns bekannt sind.«

»Knieet nieder«, flüsterte Herr de Béthune Marten zu.

Jan sah ihn erstaunt an, folgte aber der Weisung. Der König zog den Degen, trat einen Schritt zurück und berührte mit der blitzenden Klinge Martens Schulter.

»Mit diesem Augenblick«, sprach Heinrich IV., »nehmen wir Euch in die Reihen des französischen Adels als Jan de Marten auf und verleihen diese Würde und den Adelsstand Euch und Euren Nachkommen erblich für alle Zeiten.«

»Steht auf«, raunte Herr de Béthune.

Marten erhob sich und lag zu seiner Überraschung in den Armen des Königs, der ihn auf beide Wangen küßte.

»Dankt dem König«, vernahm er de Béthunes Stimme, der ihm die Geistesgegenwart wiedergab und seine Bewegungen lenkte.

»Majestät«, rief er freudig, »mag mich die erste beste Kugel treffen, wenn ich irgendwelchen Lohn und noch dazu etwas Derartiges erwartet hätte! Ich weiß nicht, wie ich Eurer Königlichen Majestät für die Ehre danken soll. Wenn Ihr von mir verlangt, allein die ganze spanische Flotte anzugreifen, dann könnt Ihr sicher sein, daß ich es tun werde und, Gott sei mein Zeuge, mit größtem Vergnügen!«

Der König umarmte ihn nochmals und lachte dabei, daß ihm die Tränen über die Wangen kollerten.

»Vorderhand verlange ich nichts Derartiges«, sagte er, als er sich etwas beruhigt hatte. »Wenn Ihr aber an Bord Eures Schiffes ein paar Flaschen leidlichen Weines habt, dann ladet uns ein, damit wir sie zusammen mit unseren Freunden auf die Gesundheit der Frau Eures Herzens und auf die Eure leeren können.«

Auf der »Zephir« fanden sich nicht nur einige Flaschen, sondern einige Fäßchen Wein von der besten Sorte. Herr de Béthune hatte vorsorglich angeordnet, aus der Admiralsgaleere Vorspeisen, Braten und Dessert auf das Schiff zu bringen.

»Ist Euer Steuermann imstande, sicher flußaufwärts bis nach Bordeaux zu segeln?« erkundigte sich de Béthune vertraulich bei Marten.

»Und ob er das kann!« Jan lachte. »Wenn Euer Gnaden befehlen, segelt er überallhin, solange wir noch einen Fuß Wasser unter dem Kiel haben und ein Windhauch einen Spinnwebfaden bewegt.«

»Gut. Dann soll er die Trossen einholen und absegeln. Die Galeere folgt uns.«

Marten verbeugte sich. »Da werden sie sich tüchtig in die Ruder legen müssen, um das Heck der ›Zephir‹ nicht aus den Augen zu verlieren«, bemerkte er.

Nachdem er die entsprechenden Befehle gegeben hatte, kehrte er gerade zur rechten Zeit zurück, um nach dem von Admiral de Clisson auf die Gesundheit des Königs ausgebrachten Toast sein Glas zu leeren. Es folgten noch eine Reihe anderer Trinksprüche, und Herr d'Aubigné verlieh als Gouverneur von Oléron dem frisch geadelten Kapitän der »Zephir« in improvisierten Versen die Ehrenbürgerschaft der Insel.

Maria Francesca strahlte. Sie war überglücklich. Wenn sie noch etwas wünschte, dann höchstens das eine, daß Suzanne de Frontou und deren Pflegetöchter sowie die schwerhörige Madame de Chicot und die Gräfin de Blanquefort sie in dieser Umgebung sähen. Sie wären zweifellos vor Neid endgültig gelb geworden. Der König, neben dem sie saß, flüsterte ihr Schmeicheleien ins Ohr, die Herren seines Gefolges machten ihr diskret den Hof. Herr de Béthune bewunderte ihren Schmuck, von dem d'Augbigné sagte, daß er, obwohl er prächtig sei, dennoch nicht mit der Schönheit und dem Glanz ihrer Augen und ihren blendendweißen Zähnen wetteifern könne. Sie trank ein paar Gläschen Wein und fühlte ein leichtes, angenehmes Drehen im Kopf. Dennoch war sie vernünftig genug, das Maß nicht zu überschreiten. Ihr amüsantes Französisch, dessen sie sich mutig und ohne die geringste Verwirrung bediente, unterhielt den König und nahm ihn noch mehr für sie ein. Sie lachten beide vergnügt, und Heinrich fühlte sich zwanzig Jahre jünger.

Nach dem Dessert bot er Maria den Arm und bat sie, ihn im Schiff herumzuführen, das sie bestimmt ebensogut kenne wie der Kapitän. Marten kam dieser Wunsch verdächtig vor. Der Gedanke schoß ihm durch den Kopf, daß der König gewiß nicht deshalb das Alleinsein mit ihr suche, weil er sie in ihrer Liebe zu ihm,

Jan, bestärken wolle. Ohne sich näher mit den Beweggründen des königlichen Gelüstes zu befassen, wollte er schon die Erfüllung und alle sich daraus ergebenden Folgen verhindern, als es sich der König, der Martens zusammengezogene Brauen und den auf die Señorita gerichteten finsteren Blick bemerkte, anders überlegte und ihn an seine Seite rief. D'Aubigné und Herr de Béthune beeilten sich, den dreien zu folgen.

Marten schämte sich nun seines Mißtrauens. Tatsächlich, er hatte sich wie ein Tölpel gegenüber dem Herrscher benommen, der ihm seine Gunst bezeigen wollte. Er stellte dem König bei passender Gelegenheit Stephan Grabinski und die älteren Bootsleute vor und bemühte sich dann, um den Fehler wiedergutzumachen, im Hintergrund zu bleiben, zwischen seinen Gönnern, die ihm diese Taktik verständnisvoll erleichterten.

Herr de Béthune blieb vor dem Niedergang zum Artilleriedeck stehen und betrachtete die Anlegestelle von Margaux-Médoc, an der die »Zephir« bei raumem Wind in rascher Fahrt vorüberglitt. »Das ist doch Euer Besitztum, Kapitän, wenn ich nicht irre«, sprach er Marten mit gespieltem Interesse an. »Ihr habt, wie ich sehe, sogar einen eigenen Kriegshafen.«

Marten bestätigte es voll Stolz, fügte aber hinzu, daß der Hafen von dem früheren Besitzer, Herrn Louis de Margaux, einem Seefahrer und berühmten Weltreisenden, erbaut worden sei. Herr de Margaux sei gegenwärtig Kapitän der »Victoire«.

Herr de Béthune wußte sehr gut, wer Louis de Margaux war. Es war ihm aber nicht daran gelegen, Marten von weiteren Erklärungen und Lobreden über den Kommandanten des Admiralsschiffes abzuhalten. Im Gegenteil, er wünschte aus dem Mund eines unmittelbaren Zeugen zu erfahren, wie sich der spanische Angriff auf die »Victoire« und der erfolgreiche Gegenangriff der Mannschaft der »Zephir« zugetragen hatten. Marten schluckte den Köder und berichtete prahlerisch über das blutige Gefecht. Dabei vergaß er völlig seine Umgebung, die unklaren Befürchtungen und den Verdacht hinsichtlich der Absichten des Königs.

Auf diese Weise gewann Heinrich dank der geschickten Taktik seines Finanzministers Zeit genug, die ersten Schritte und Operationen zur Eroberung der Gunst der schönen Señorita einleiten zu können, deren Anmut sein vierzigjähriges Herz schneller schlagen ließ.

5

Policinello, der edle, ritterliche Poet und Geliebte der schönen Kolumbine, in blauen Samt gekleidet, sowie Doktor Pantalone, in einer Maske mit einer langen

Nase, einem violetten Wams und schwarzem Mantel, verließen, von dröhnendem Applaus begleitet, die Bühne. Besonders die Damen waren bemüht, durch Händeklatschen dem tapferen Poeten ihre Sympathie zu zeigen, der sie gerührt und für sich eingenommen hatte, als er über seine Liebe gesprochen und seinen berechnenden Gefährten belehrt hatte, was er tun müsse, um der ständigen Untreue seiner leichtfertigen Frau vorzubeugen.

Inzwischen kamen auf der anderen Seite der Bühne die beiden Schönheiten hinter den Kulissen hervor, gefolgt von Capitano Cocodrillo, dem berüchtigten Raufbold, Verführer und Lügner. Er trug ein spanisches Gewand, gelbe Pluderhosen, ein enganliegendes rotes Wams, einen Degen und einen riesigen Hut mit einem ganzen Strauß zerzauster, verblichener Federn. Er sah gefährlich und zugleich lächerlich aus. Sooft er sein unverschämtes Maul aufmachte, erntete er entweder schallendes Gelächter oder schrille Schreckensrufe, ja sogar ganz ernstgemeinte feindselige Zurufe aus den Reihen der Zuschauer. Gleich nach seinem Erscheinen begann er, sich damit zu brüsten, daß es ihm in der letzten Nacht gelungen sei, zweihundert Jungfrauen in einen Zustand zu bringen, der gewisse ernste Folgen nach sich ziehe. Trotz der großen Anstrengung, die diese ungewöhnliche Leistung erfordert habe, fühle er sich keineswegs erschöpft.

»Wenn eine der im Theater anwesenden Damen wünschen sollte, meine Dienste in Anspruch zu nehmen, bin ich bereit, sie zufriedenzustellen«, erklärte er, verdrehte die Augen und verbeugte sich nach allen Seiten, wobei er mit den Federn seines Riesenhutes Wolken von Staub aufwirbelte. Dann sah er sich wie in Erwartung einer Meldung auf sein schamloses Angebot im Zuschauerraum um. Als ihm nur das Gelächter und die Pfiffe der Männer antworteten, schüttelte er voll Mitleid den Kopf. »Ihr wißt nicht, schöne Damen, was ihr euch entgehen laßt, wenn ihr freiwillig auf mein einmaliges Angebot verzichtet«, sagte er. »Morgen verreise ich.«

»Wohin denn, zum Teufel?« rief jemand aus den hinteren Reihen.

»Wohin?« antwortete der Capitano schlagfertig. »Nach Äthiopien! Ihr müßt wissen, daß mich dort die Infantin von Paphalogien, die Tochter des Königs von Niederíngantien, erwartet. Ein schönes Mädchen! Nur ist sie leider pechschwarz. Trotzdem ist sie noch hundertsechsunddreißigmal schöner als die schönste und weißhäutigste Germanin. Außerdem ist sie taub.«

»Ja, taub«, wiederholte er, als das Gelächter der Zuschauer abgeebbt war. »Da gibt es gar nichts zu lachen. Der Nil macht einen solchen Lärm, wenn er die Katarakte hinabstürzt, daß er alle Äthiopier auf hundert Meilen im Umkreis betäubt. Sie haben sich mit der Zeit so daran gewöhnt, daß sie sogar taub zur Welt kommen. Meine Infantin ist infolgedessen auch stumm, was eine weitere, noch bessere Eigenschaft ist. Fragt die, die ein schwatzhaftes Weib haben. Dieses bezaubernde Wesen liebte mich in stummem Schweigen, dafür aber sehr heiß, so heiß, daß sie mir ein Kind schenken sollte. Da merkten ihre Eltern, wie weit die

Dinge zwischen uns bereits gediehen waren.« Er hob den Blick und seufzte so tief, daß einige Knöpfe seines Wamses abrissen und nach verschiedenen Seiten flogen. »Sie wollten mich zu einer Heirat überreden«, schwatzte er weiter. »Zum Anreiz brachte der königliche Schatzmeister gleich zwei Säcke mit Gold, runde sechsundsechzigtausend Zechinen, als Mitgift angeschleppt. Mich packte furchtbarer Zorn, das Blut begann in meinen Adern zu sieden, mein Gesicht wurde finster wie eine Wetterwolke, die Brauen und die Haare auf dem Kopf sträubten sich wie Spieße, die Augen rollten wie Mühlsteine, die Nase blähte sich auf wie eine Gurke, die Arme dehnten sich ganz ungeheuer, ich gab aus allen Öffnungen meines Körpers so drohende Laute von mir, daß es wie Donnerrollen klang. . . .«

Lachsalven unterbrachen seinen närrischen Wortschwall. Das hinderte ihn nicht daran, den ungewöhnlichen Zustand von Geist und Körper mimisch darzustellen. Die Zuschauer bekamen Lachkrämpfe.

»Kein Wunder also, daß die Eltern meiner Schönen, die beinahe meine Schwiegereltern geworden wären, zu Tode erschraken und Reißaus nahmen«, schrie er, um sich einigermaßen verständlich zu machen. »Der Schatzmeister lief auch davon und verstreute dabei die ganze Mitgift. Und die Infantin . . . Ach, meine Lieben! Das konnte ich nicht voraussehen. Die Infantin hatte vor Schreck eine Frühgeburt und brachte einen fertigen Thronfolger — gleich mit Zepter und Krone zur Welt!«

Während sich die Zuschauer vor Lachen bogen, bemerkte der wackere Cocodrillo endlich, daß er nicht allein auf der Bühne stand. Vom Anblick der Schönheit Kolombines und ihrer Freundin bezaubert, versuchte er sofort seine Verführungskünste, die bei der leichtfertigen Frau Pantalones Anklang fanden. Kolombine, der er ebenfalls den Hof machte, behandelte ihn anfangs sehr kühl. Cocodrillo schien aber gerade an ihr Gefallen gefunden zu haben und sie vorzuziehen. Durch die Bevorzugung ihrer Freundin erregt und gereizt, warf sich ihm Arlette Pantalone gerade zum ungeeignetsten Zeitpunkt an den Hals; denn in diesem Augenblick zeigten sich das violette Wams und der schwarze Mantel des Doktors hinter den Kulissen.

Der auf frischer Tat ertappte Capitano besaß genügend Geistesgegenwart auszurücken. Er zog Kolombine hinter sich her und überließ Arlette dem Zorn ihres wütenden Mannes. Doch Pantalone kam nicht dazu, seiner Frau Vorwürfe zu machen, Arlette war schneller. Das anmutige Frauchen verwandelte sich im Handumdrehen in ein rasendes, wütendes Weib. Ein Hagel von Beleidigungen und Vorwürfen, begleitet von entsprechenden Gesten, prasselte auf Pantalone nieder. Die drastischsten Einzelheiten über sein Versagen in der Liebeskunst wurden dabei von ihr zur größten Erheiterung des Publikums enthüllt.

»Du verdienst es, vergiftet zu werden, du alter schlapper Kerl!« schrie ihn Arlette an. »Ja, ich wiederhole es, vergiften sollte man dich, damit dich endlich der Teufel holt! Und ich prophezeie es dir, daß du meine Tugend nicht wirst

behüten können. Früher oder später wird dir der Capitano Geweihe aufsetzen, so hoch wie die Türme der Kathedrale Notre Dame! Ich schwöre dir bei meiner Tugend, daß ich ihm dabei mit allen Kräften helfen werde!«

Ihre Drohung schien vorderhand nicht sehr real zu sein. Der Capitano verfolgte hartnäckig ein anderes Ziel. Auch das duftende Billett, das Arlette ihm durch ihre schöne Zofe sandte, half nichts. Er hatte beschlossen, Kolombine zu verführen ...

Doch hierbei stieß Cocodrillo auf Schwierigkeiten. Harlekin, der treue Diener Policinellos, war selber in die Geliebte seines Herrn verliebt und ließ sich auch nicht durch Vermittlung der schönen Zofe Kolombines bestechen, obwohl die Kleine gern bereit gewesen wäre, dem schmucken Burschen dies und jenes zu gewähren. Kolombine ließ sich zwar verehren, erlag jedoch nicht der Versuchung. Ihr Geliebter, der jähzornige Poet, war bereit, den Degen zu ziehen und Cocodrillo in Stücke zu hauen; der verspürte aber nicht die geringste Lust dazu.

Schließlich fand er einen Weg. Aus saurem Wein, den man ihm in einem Gasthaus vorsetzte, braute er einen »Treuetrank« und verkaufte ihn für schweres Geld dem Doktor Pantalone. Von der erhaltenen Summe beschaffte er sich falschen Schmuck. Mit dem scheinbar kostbaren Geschenk hoffte er den Widerstand Kolombines zu überwinden.

Das Mittel schien zu wirken. Kolombine nahm das Geschenk, ein Kollier aus Rubinen, an und gewährte Cocodrillo ein Rendezvous.

Es fehlte natürlich nicht an weiteren Verwicklungen und Schwierigkeiten. Harlekin kannte den Ort des Stelldicheins. Pantalone schöpfte Verdacht. Er glaubte, daß er der Betrogene sei und Arlette sich mit Cocodrillo treffen wolle. Policinello, unkundig der Eitelkeit und des Wankelmuts der Frauen, suchte seine Geliebte. Er befürchtete eher, daß sie entführt werden solle, als daß sie untreu sei. Harlekin schwankte, ob er ihm die Wahrheit sagen sollte. Sein Herr war jähzornig, er konnte nicht nur den elenden Verführer, sondern auch die ungetreue Geliebte töten. Das durfte nicht geschehen! Mit Verzweiflung im Herzen belog er den Poeten und erzählte ihm, daß Kolombine in Gesellschaft des Doktors und dessen Frau zur Kirche gefahren sei.

Beruhigt deklamierte Policinello eine Ode zu Ehren seiner Göttin, und Harlekin eilte zu Meister Pantalone, um ihm mitzuteilen, daß Arlette und der Capitano damit beschäftigt seien, ihm das verheißene Geweih von der Höhe der Notre-Dame-Türme zu verpassen. Die List gelang gerade noch zur rechten Zeit. Kolombine rettete sich, ohne vom Doktor Pantalone erkannt worden zu sein, durch die Flucht, und der Capitano Cocodrillo erhielt von den beiden Verbündeten eine Tracht Prügel. Dann fiel unter einem wahren Sturm von Bravorufen der Vorhang.

Als er sich wieder hob, standen auf der Bühne drei mehr oder weniger zufriedene Paare: Kolombine mit Policinello, Arlette mit ihrem angetrauten Gatten und ihre Zofe mit Harlekin. Von der Seite her schlich sich jedoch Cocodrillo näher, und Madame Pantalone warf ihm einen koketten Blick zu.

»In der Not frißt der Teufel Fliegen«, sagte der Capitano mit einem tiefen Seufzer, obwohl Arlette in nichts einer Fliege ähnelte.

Auch Stephan Grabinski hatte Tränen gelacht. Erregt verließ er den stickigen Theatersaal. Er schöpfte tief Atem in der frischen Luft und sah sich nach Marten um, der mit Maria Francesca in eine der für den Hof reservierten Logen eingeladen gewesen war. In der Menschenmenge, die aus dem Theater strömte, bemerkte er sie nicht. Wahrscheinlich sollten sie zum Ärger und Neid jener, denen eine solche Ehre nicht zuteil wurde, den König weiter begleiten.

Dagegen begegnete Grabinski Joséphine und Catherine de Carnariac in Begleitung des Chevaliers Ireton und seiner zwei Freunde sowie Louise, die sich in Charles Frontous Gesellschaft offensichtlich langweilte. Er betete sie an, ohne Gegenliebe zu finden, und äußerte seine Gefühle meist nur durch Seufzer.

Louise hängte sich sofort bei Grabinski ein und schien die Anwesenheit ihres schweigenden Cousins völlig vergessen zu haben. Der trottete mit der Miene eines zu Folterqualen verurteilten Menschen neben ihr her. Sooft sich Stephan an Joséphine oder Catherine wandte, die die Macht ihres verheißungsvollen Lächelns und ihrer verschleierten Blicke an ihm erprobte, preßte die jüngste der Fräulein Carnariac seinen Ellbogen. Über ihre schöngeschwungenen Lippen kam eine Frage über ein ganz anderes Thema, eine Frage oder Bemerkung, die so geschickt formuliert war, daß die Antwort und das weitere Gespräch sofort einen vertraulicheren Charakter erhielten, was sie von der übrigen Gesellschaft ausschloß.

Trotz der wohlüberlegten Taktik von Louise blieben sie weiter alle zusammen und gingen auch gemeinsam zum Hafen, um das Feuerwerk und die mit bunten Lampions und Blumen geschmückten Schiffe zu bewundern. Eine ganze Flottille glitt über den Fluß und umkreiste die Barke der Feuerwerker, von der immer wieder farbige Raketen in das Dunkel zischten. Regenbogenfarbene Funkenkaskaden sprühten auf, Feuerfächer, Spiralen und Schlangen. Vom Himmel herabfallende Sterne verglühten.

Als das Schauspiel zu Ende war, ließen sie sich von der Menschenmenge mitreißen, die dem Marktplatz zuströmte, wo bereits die festliche Illumination vor dem Rathaus und dem gegenüberliegenden Palais des Gouverneurs begonnen hatte. Aus eisernen Körben, die auf hohen Masten befestigt waren, schossen gelbe, rote, grüne und blaue Flammen. Rauchschwaden erhoben sich über dem Platz und blieben unbeweglich in der warmen Luft hängen. Alle Fenster waren erleuchtet, obwohl nicht viele Bewohner zu Hause geblieben waren. In ganz Bordeaux schlief wohl niemand in dieser Nacht. Die Menschen drängten sich in den Straßen. In den engen Seitengassen, wo die Wagen der Herrschaften warteten, kam es zu Streitereien zwischen den Kutschern und der Dienerschaft. An den beiden gegenüberliegenden Seiten des Marktplatzes spielten Orchester. Scharen tanzender Masken zogen alt und jung in ihren Wirbel. Stimmengewirr drang aus den offenen Türen der Wirtshäuser, der Wein floß in Strömen. Die Menschen lachten, sangen, schrien, Diebe schnitten im Gedränge den angetrunkenen Bürgern die Geldbeutel ab. Nur die Stadtwache stand unbeweglich in ihrer Festtracht am Tor des Rathauses. Hellebardiere hielten vor dem Portal des Gouverneurspalastes Wache. Der prächtig gekleidete Haushofmeister und zwei Pförtner prüften die Eintrittskarten. Sie wiesen ohne Zeremonien die ab, die nicht zum Bankett eingeladen waren.

Zwar konnten sich weder der Chevalier Ireton noch seine Freunde mit einer solchen Karte ausweisen, es zeigte sich aber, daß sie ohne weiteres durch einige Goldstücke ersetzt werden konnte. Wenige Minuten später befanden sich die jungen Leute in den lichterfüllten Salons Seiner Exzellenz des Gouverneurs. Sie kamen gerade zur rechten Zeit, um Hunger und Durst an den reichgedeckten Tischen zu stillen.

Der König speiste auf einer Estrade im Audienzsaal in Gesellschaft bedeutender katholischer und hugenottischer Herren. Anfangs sah einer den anderen scheel an. Unter dem Einfluß des Weins und dank den Bemühungen der Vertrauten des Königs und seiner näheren Umgebung hörten sie schließlich auf, sich wie zwei fremde Hunde vor einem Knochen zu beschnüffeln, und unterließen wenigstens für diese eine Nacht, die so verschieden von der Bartholomäusnacht vor fünfundzwanzig Jahren war, Zank und Streit.

Trotzdem ging es nicht ohne einen Vorfall ab, der für zwei der Beteiligten schwerwiegende Folgen hatte. Er spielte sich vor einem ganz anderen Hintergrund ab und wurde inmitten des rauschenden Festes, das sich bereits seinem Ende zuneigte, nur von wenigen bemerkt.

Diesen Zwischenfall provozierte der neuernannte Gouverneur von Périgord, Graf de Blanquefort, als er in Gesellschaft Herrn de La Sauves und Baron de Tries Marten am Eingang zu einem Nebenraum traf, in dem die Dienerschaft die Weinkrüge kühlte. Der Graf war halb betrunken und im Grunde genommen voll Wohlwollen für die ganze Welt — sogar für die Leute, die er in nüchternem Zustand verachtete. Deshalb schwang er sich auch Marten gegenüber, der, wie er meinte, nur seiner Geliebten die Gunst des Königs zu verdanken hatte, zu einem gönnerhaften Ton auf. »Ich glaube, Herr de Marten, daß wir ein Glas Wein miteinander trinken müßten, da wir uns hier, jeder in seiner neuen Würde, begegnen. Wie denkt Ihr darüber?«

»Wie es Euer Gnaden beliebt«, antwortete Marten kühl, aber ohne sichtliche Abneigung.

Herr de La Sauve zuckte die Schultern, doch Baron de Trie, der irgendeinen erheiternden Scherz seines Freundes Olivier erwartete, nahm das Spiel des Grafen auf und rief nach vier Bechern Weines. »Auf die Gesundheit der schönen Señorita«, sagte er und wandte sich dabei an Blanquefort.

»Nescias, quod scis, si sapiens«, antwortete Blanquefort und sah dabei Marten an.

»Was bedeutet das, ich habe nicht Latein gelernt?« fragte dieser.

»Wenn du klug bist, schweige, auch wenn du weißt«, übersetzte de Trie.

Marten zog die Brauen zusammen. Er war sich über die Bedeutung der Anspielung nicht ganz klar. Auf einmal bemerkte er, daß der Graf und der Baron ihre Blicke über den nebenanliegenden Audienzsaal schweifen ließen. Instinktiv schaute Marten in dieselbe Richtung.

Maria Francesca lauschte gerade den Worten, die ihr Herr d'Armagnac, der erste Kammerherr des Königs, ins Ohr flüsterte. Ihre Wangen waren gerötet, sie schien verwirrt zu sein. Nach einer Weile sah sie den König an. Der hatte anscheinend darauf gewartet. Einer Dame, die sich bemühte, ihn durch ihr Gespräch zu unterhalten, antwortete er zerstreut. Nun blitzte ein kurzes Lächeln in seinen Augen auf. Maria senkte die Lider und nickte kaum merkbar.

»Habt Ihr nun verstanden?« fragte Graf de Blanquefort. »Nescias, quod scis . . .«

Er beendete nicht das lateinische Sprichwort. Marten schüttete ihm den eiskalten Wein ins Gesicht.

Grabinski war nicht Zeuge dieser Szene, und der kurze Tumult, den sie auslöste, entging seiner Aufmerksamkeit. Er war ausschließlich mit der anmutigen Louise beschäftigt. Eng aneinandergeschmiegt standen sie in einer Fensternische, die ein schwerer Samtvorhang verhüllte, küßten sich und vergaßen alles, was um sie herum geschah. Unerwartet für sich selbst, entdeckte Stephan dabei, daß die Küsse eines schönen Mädchens mit Leichtigkeit alle seine sentimentalen Träumereien und Leiden verdrängten und zerstreuten, deren Ursache Maria Francesca war. Einen Augenblick lang fühlte er sich schuldig ihr gegenüber, als hätte er sie verraten. Doch diese flüchtige Empfindung suchte ihn nur einmal, zwischen dem ersten und dem zweiten Kuß, heim. Dann hatte er Besseres zu tun, als sich mit der Analyse seiner Handlungsweise zu befassen.

Louises Lippen waren zu frisch und zu süß, als daß er sich von ihnen hätte losreißen und Zeit für Beobachtungen und Überlegungen verschwenden können.

Das zärtliche Tête-à-tête gleich neben dem von lauten Gesprächen und Lachen erfüllten Saal konnte nur ein paar Minuten währen. Ein Lakai störte brutal das eng umschlungene Paar, als er das Fenster öffnen wollte. Zuerst riß er die Augen weit auf, dann stand er eine Weile mit offenem Mund da, als hätte ihm das Staunen die Rede verschlagen. Plötzlich erinnerte er sich, weshalb er in die Nische gekommen war. Er lachte laut auf, stürzte zum Fenster, riß es auf und beugte sich hinaus. »Die Pferde des erlauchten Herrn d'Ambarés«, schrie er, so laut er konnte.

»Gib acht, du Esel, du bist nicht in der Kneipe!« brüllte ihn Grabinski an.

Im nächsten Augenblick wurde er von einem zweiten jungen Kerl in Livree zur Seite gestoßen, der nach der Karosse des Grafen de Blanquefort und dem Wagen des Barons de Trie rief.

Das war zuviel für Grabinski. Er packte beide Burschen am Kragen, zog sie vom

Fenster weg und stieß sie mit den Nasen wie zwei ungebärdige Schafsböcke aneinander. Doch er bedauerte sofort seine impulsive Handlung. Das Jammern und Wehklagen der beiden lockte Ireton und Charles Frontou herbei. Gleich darauf hatte er die ganze Gesellschaft und eine Schar Neugieriger auf dem Hals.

»Kapitän Marten hat nach Euch gefragt«, rief ihm Ireton zu. »Es ist etwas Ungewöhnliches passiert.«

»Wo?« erkundigte sich Grabinski. »Worum handelt es sich?«

Durch die zum Fenster drängenden Neugierigen wurden die beiden getrennt. Grabinski verstand nicht mehr die Antwort. Beunruhigt zwängte er sich zum Ausgang des Saales durch und überließ Louise ihrem finster blickenden Cousin.

Als er in den großen, fast menschenleeren Vorsaal kam, sah er Herrn d'Ambarés mit dem Chevalier de Belmont. Sie schienen sich mit Herrn de La Sauve und Baron de Trie über etwas ziemlich erregt zu beraten oder zu streiten. Erst dann bemerkte Stephan auch Marten. Er stand mit dem Ausdruck von Ungeduld in dem finsteren Gesicht, die Hände auf dem Rücken verschränkt, etwas abseits.

»Ach, du bist hier! Das ist sehr gut«, sagte er, als er Grabinski erblickte. Er legte den Arm um dessen Schulter und führte ihn ein Stück beiseite. »Ich muß gleich zu Armand, vielleicht auch nach La Sauve oder an einen anderen Ort fahren, der weit genug von Bordeaux entfernt ist, um das Duell mit Blanquefort austragen zu können, ohne Seine Königliche Majestät zu beleidigen. Ich wünsche, daß du dich der Señorita annimmst und sie auf das Schiff bringst. Sage es ihr in einem geeigneten Augenblick, um nicht unnötig Aufmerksamkeit zu erregen. Miete eine Sänfte und begleite sie bis an Bord. Diese Aufgabe kann ich nur dir anvertrauen. Wartet auf mich im Hafen. Ich werde mich bemühen, so schnell als möglich zurückzukehren.«

Grabinski wollte noch etwas fragen, doch Chevalier de Belmont und Herr d'Ambarés, die ihre Verhandlungen beendet hatten, drängten zur Eile.

»Später werde ich dir alles erklären. Jetzt erledige das, worum ich dich gebeten habe«, rief ihm Marten noch zu, als er mit den beiden den Vorsaal verließ.

Die Erfüllung dieser Bitte war viel schwieriger, als Stephan annahm: Er verlor fast eine Stunde mit dem Warten auf den geeigneten Augenblick, in dem er sich Maria Francesca nähern konnte. Endlich ging sie in Begleitung zweier Damen zu einem Seitenausgang, durch den man auf die Treppe gelangte, die — wie Stephan annahm — zu den für die Frauen bestimmten Gemächern führte. Als er die Treppe auf Umwegen erreichte, sah er nur zwei Frauengestalten vor sich, die langsam die Stufen emporstiegen. Keine von ihnen trug das goldglänzende, resedenfarbige Kleid, nach dem er Ausschau hielt.

Er kehrte um und wäre an der Tür zum Audienzsaal beinahe mit dem König zusammengestoßen, der sich, nur von d'Armagnac begleitet, anscheinend heimlich entfernen wollte, um das Fest nicht zu stören.

Grabinski sprang schnell zur Seite und blieb in der dunklen Nische eines Fensters stehen, das zu einer Gasse hinausging, in der sich Wagen und Sänften drängten. Er hörte noch die Worte d'Armagnacs: »Dorthin, Sire, links ist die Tür. Die Sänfte erwartet Eure Majestät beim Gartentor.«

»Und sie?« fragte der König.

»Sie ist auch dort.«

Die Tür knarrte leise und fiel hinter den beiden zu. Stephan kam mit klopfendem Herzen aus seinem Versteck und öffnete die Tür vorsichtig einen Spalt breit, um zu sehen, was draußen geschah.

Er konnte nicht viel erkennen. In der fahlen Morgendämmerung unterschied er kaum die sich bewegenden Schatten. Zwei von ihnen gingen auf den Eisenzaun des Palastgartens zu und verschwanden durch die Pforte, die hinter ihnen zuschlug.

Grabinski zögerte. Bezog sich das, was er gehört hatte, auf Maria? »Sie ist auch dort«, diese Worte waren eindeutig und klar genug! Übrigens, wo steckte sie? Sie war so plötzlich seinem Blick entschwunden, als hätte die Erde sie verschlungen. Er trat über die Schwelle, lief die wenigen Stufen hinab und schlich zur Gartentür. Das Schloß war zugeschnappt und ließ sich von dieser Seite nicht öffnen. Doch jetzt sah er die Sänfte und Herrn d'Armagnac vor sich. Der ließ gerade die Vorhänge herab und gab den wartenden Trägern ein Zeichen. Bevor sie noch die vergoldeten Stangen auf die Schultern heben konnten, schob sich der Vorhang zur Seite. Der König sagte etwas zu seinem Kammerherrn. Der kurze Augenblick genügte, Grabinskis Vermutungen zu bestätigen. Einen Augenblick lang fiel das Licht einer Fackel auf den Saum des resedenfarbenen Kleides und ließ ihn golden aufleuchten. In dieser Nacht trug nur Señorita de Vizella ein solches Kleid.

Gleich darauf wurde die Sänfte hochgehoben, setzte sich in Bewegung und verschwand in der Biegung. Herr d'Armagnac folgte ihr.

Auf einmal vernahm Stephan hinter seinem Rücken eine rauhe Stimme, die ihn aufforderte, sich zu allen Teufeln zu scheren. Er drehte sich überrascht um und fand sich zwei baumlangen, mit Hellebarden bewaffneten Kerlen gegenüber, die nicht zum Scherzen aufgelegt schienen. Stephan war vernünftig genug, mit den beiden keine Händel anzufangen, obwohl ihm der Gedanke durch den Kopf schoß, daß er versuchen könnte, über den Zaun zu klettern. Er überlegte aber noch zur rechten Zeit, daß er dadurch einen Auflauf verursachen und man ihn verfolgen würde. Das konnte nicht gut enden, nicht nur für ihn selbst. Er biß also die Zähne zusammen und ging fort, der Verzweiflung nahe über seine Machtlosigkeit angesichts dessen, was geschehen war.

Martens Zorn war verraucht, bevor er mit Belmont und Herrn d'Ambarés auf der Waldwiese anlangte, wo sie Graf de Blanquefort mit seinen Sekundanten bereits erwartete. Der Wunsch, die Beleidigung zu rächen, die beiderseitige Feindschaft waren jedoch so groß, daß nur vergossenes Blut Genugtuung bringen konnte. Die Bedingungen des Duells entsprachen diesem Ziel. Jeder der Gegner erhielt zwei geladene Pistolen. Sie konnten sich ihrer jederzeit und aus beliebiger Entfernung bedienen, während sie von beiden Seiten auf die durch Stangen gekennzeichneten Standplätze zuschritten, die nur zwanzig Schritt voneinander entfernt waren. Es war unmöglich, daß der Zweikampf unentschieden endete.

Die beiden Ärzte — der eine war der Leibarzt des Grafen, der andere ein Chirurg der Admiralität — legten ihre Instrumente auf die über den Rasen ausgebreiteten weißen Handtücher. Die Wagen warteten auf dem Waldweg.

Bei Sonnenaufgang standen sich Seine Exzellenz, der Gouverneur von Périgord, Graf Olivier de Blanquefort, und Kapitän Jan Kuna, genannt Marten, seit dem gestrigen Tag Chevalier de Marten, mit der Waffe in der Hand gegenüber. Nur das helle Grün der Waldwiese trennte sie.

»Du kannst schießen, wann du willst«, erklärte Belmont Marten.

»Du darfst aber nicht stehenbleiben, bevor du nicht die Stange erreicht hast. Denke daran, daß Blanquefort genauso gute Augen und eine ebenso sichere Hand hat wie du. Er wird dich nicht schonen. Deshalb mußt du den ersten Schuß aus ungefähr vierzig Schritt Entfernung abgeben, um ihn zu verwunden, ehe er sich selbst zum Schuß entschließt. Möge dir das Glück gewogen sein!«

»Danke«, murmelte Marten. »Ich hoffe, daß ich ihm auch noch die zweite Kugel verpassen kann, bevor er nach der ersten fällt.«

Die Sekundanten traten zur Seite, und Baron de Trie kommandierte: »Vorwärts, meine Herren!«

Erst jetzt bemerkte Marten die sich vor dem dunklen Hintergrund der Bäume bewegende Gestalt des Grafen. Herr de Blanquefort kam langsam auf ihn zu, als müßte er einen Widerstand überwinden. Es schien, als kämpfte er gegen einen starken Gegenwind und bemühte sich dabei, seine gewohnte Haltung zu wahren. Er hat Angst, dachte Marten. Selber spürte er nicht die geringste Furcht, denn er glaubte seit langem dem Gerücht, daß ihn keine Kugeln träfen. Die einzige Wunde, die er damals bei seinem Duell mit Belmont erhalten hatte, war nur ein kleiner Kratzer gewesen und nicht der Rede wert.

Er beabsichtigte auch nicht, Belmonts Rat zu befolgen. Er traute nicht der Treffsicherheit einer Waffe, die er nicht kannte, und nahm sich vor, erst dann zu schießen, wenn er die Stange erreicht hätte. Mit festem Schritt, ohne übermäßige Eile, aber auch nicht zaudernd wie sein Gegner, näherte er sich ihr. Und noch bevor Blanquefort den halben Weg zurückgelegt hatte, war er am Ziel.

Noch trennten die beiden etwas mehr als vierzig, fünfunddreißig Schritt. Marten stand in ungezwungener Haltung da, die beiden gesenkten Pistolen in den Händen, und beobachtete aufmerksam jede Bewegung des Gegners. Er hatte den Vorteil, daß er vom festen Stand aus zielen konnte, was zweifellos der Treffsicherheit zugute kam. Andererseits bot er selbst ein leichter zu treffendes, unbewegtes Ziel. Er betrachtete das Gesicht des Grafen, das immer blasser und starrer wurde. Die

schmalen Lippen schienen in den Mundwinkeln leicht zu zucken, die Augen glänzten glasig zwischen den halbgeschlossen Lidern.

Er hat Angst, wiederholte Marten in Gedanken. Er macht nur noch zwei Schritte, dann ist es aus mit ihm.

Marten bemerkte, daß der Graf langsam die Waffe hob. Er tut so, als wollte er nach einer Scheibe schießen, und glaubt wahrscheinlich, daß ich warten werde, bis er mich aufs Korn nimmt, dachte er belustigt. Er meinte, daß ihm der zehnte Teil einer Sekunde genüge, dem Grafen zuvorzukommen.

Plötzlich hörte er einen Knall und spürte gleichzeitig ein Zerren in der linken Seite wie bei dem Biß eines wütenden Hundes. Er hat geschossen, ohne die Pistole bis in Augenhöhe zu heben, ging es Marten durch den Kopf, und er begriff, daß er einen Fehler begangen hatte. Zweifellos war er verwundet und hatte keinen Augenblick zu verlieren. Doch die Gestalt des Grafen verschwamm ihm vor den Augen. Eine Rauchwolke, vom rosigen Schein der Sonne durchdrungen, verhüllte sie. Nur das blasse Gesicht Blanqueforts war über dem Dunstschleier zu sehen.

Marten zielte darauf und schoß. Er fühlte, daß ihn die Kräfte verließen, und gab aus der zweiten Pistole einen etwas tiefer gezielten Schuß ab. Unsicher, ob er getroffen hatte, stand er da und wartete auf den zweiten Schuß des Grafen. Er wurde immer schwächer. Schmerz peinigte ihn, eine heiße Welle stieg von den Hüften hoch, umspülte den Rücken, den Bauch, die Brust, den Hals und die Wangen. Mit großer Willensanstrengung unterdrückte er einen Schwächeanfall und hielt sich noch immer auf den Beinen. Endlich fühlte er den leisen Hauch des Morgenwindes an den Schläfen, der Dunstschleier vor den Augen verwehte. Er ließ die Pistolen fallen und klammerte sich mit beiden Händen an der Stange fest, um das Gleichgewicht zu bewahren.

Nun gewahrte er, daß Baron de Trie und Herr de La Sauve von dem Waldweg her über die Wiese liefen. Ihnen folgten die beiden Ärzte und zwei Vorreiter mit Pferdedecken. Sie knieten vor dem Grafen nieder, der auf dem Rücken lag.

»Also doch!« sagte Marten laut, seufzte tief auf und ließ den Kopf hängen, der unerträglich schwer wurde. Sein sich trübender Blick fiel auf eine kleine Blutlache, die sich unter ihm gebildet hatte. Marten befühlte die Seite und stellte fest, daß sie zwischen der untersten Rippe und dem Hüftknochen böse zugerichtet war. Ohne mit der rechten Hand die Stange loszulassen, glitt er zu Boden. Zugleich vernahm er die sich nähernden Stimmen Armands und Richards. Er wollte noch den Kopf wenden und sie mit einem Lächeln grüßen, da flatterte ein Schwarm schwarzer, roter und grüner Schmetterlinge vor seinen Augen auf. Er hörte nur noch das immer lauter werdende Rauschen ihrer Flügel und sank in einen bodenlosen Abgrund.

488

Die Nachricht von dem plötzlichen Tod des Grafen de Blanquefort, der am Tage nach seiner Ernennung zum Gouverneur von Périgord im Duell mit dem berühmten und berüchtigten Korsar Jan Marten, von zwei Kugeln getroffen, umgekommen war, verbreitete sich blitzschnell in Bordeaux und auf den Gutshöfen des Adels. Sie rief unter dem hugenottischen Adel Entrüstung hervor, denn der Graf galt als ihr Führer im Kampf gegen die Katholiken. Man verlangte den Kopf des Mörders und stützte sich dabei auf erfundene Gerüchte, nach denen das Duell kein Ehrenhandel, sondern ein gewöhnlicher gemeiner Mord gewesen wäre, bei dem der blutdürstige Korsar seinem bereits verwundeten Feind den Fangschuß gegeben hätte, indem er die Pistole aus unmittelbarer Nähe auf ihn abgefeuert und sein Herz durchbohrt hätte. Zu allem Übel sollte sich das alles in der Nähe von Bordeaux, sozusagen unter den Augen seiner Königlichen Majestät, abgespielt haben, und dafür drohte sowieso das Henkerbeil oder der Galgen.

Der König gab diesen Forderungen nicht nach. Man flüsterte sich zu, daß hauptsächlich die Bitten und Tränen der schönen Geliebten Martens den abschlägigen Bescheid bewirkt hätten. Maria Francesca hatte aber nur kurze Zeit das Herz des für flüchtige Liebeleien empfänglichen Königs Heinrich des Guten beherrscht. Die Liebschaft endete, bevor man begonnen hatte, laut darüber zu reden. Die Eroberung von Amiens durch den Grafen von Fuentes beschleunigte die Rückkehr des Königs nach Paris. Außerdem trug der wegen des Duells oder angeblichen Mordes ausgebrochene Skandal das Seine dazu bei. Doch der Lärm um die Angelegenheit verstummte nicht. Die Parteigänger und Freunde Blanqueforts, Baron de Trie sowie die Herren de La Sauve und de Chicot, schürten geschickt die Unruhe, und sogar der Katholik Charles de Valois, der Herzog von Angoulême, schloß sich ihnen an.

Am Tage nach der Abreise des Königs aus Bordeaux überfiel eine Bande aufgehetzter Raufbolde, Bediensteter von Adligen und frommer hugenottischer Bauern aus der nächsten Umgebung, zu denen sich noch andere, dunkle Elemente, Landstreicher und dergleichen mehr gesellten, das Schlößchen Margaux-Médoc. Martens Besitztum wurde ausgeraubt und niedergebrannt. Selbst der Pfirsichgarten und die Weinberge wurden von der aufgewiegelten Meute verwüstet. Nur die »Zephir« entging diesem Schicksal. Sie befand sich zu der Zeit auf hoher See und segelte, den schwerverwundeten Kapitän und seine Geliebte an Bord, unter dem Befehl Stephan Grabinskis von Bordeaux nach La Rochelle.

Marten verdankte seine Rettung dem Kommandanten de Tourville, der Grabinski rechtzeitig von der Gefahr unterrichtet hatte, die dem Kapitän und seinem Schiff von seiten einer anderen Bande drohte. Sie war von Agenten einer hochstehenden Persönlichkeit, die im Dunkel blieb, in aller Eile im Hafen gedungen worden. Angeblich war tiefer Haß das Motiv. Trotz der Verschwiegenheit des Kommandanten von La Rochelle fiel es nicht schwer, zu erraten, daß diese Persönlichkeit kein anderer als der Admiral der Westflotte, Auguste de Clisson, war.

All das erfuhr Marten erst später, nach vielen, sehr vielen Tagen, die verrannen, ohne daß er ihrer gewahr wurde. Seine Erinnerungen beschränkten sich auf unklare Fieberphantasien und Träume, die sich aus undurchdringlichen Nebeln formten und wieder zerflossen.

Manchmal glaubte er die Gestalt Maria Francescas zu erkennen, die sich über ihn beugte. Ihre Nähe nahm ihn völlig gefangen und ließ nicht Raum für seine wirren Gedanken. Er wollte mit ihr sprechen, doch sie legte ihre zarte, duftende Hand auf seinen Mund und gebot ihm zu schweigen. Ohne Widerspruch gehorchte er, denn er war so matt, daß die Mühe, nur ein einziges Wort zu sprechen, zu einer riesenhaften Anstrengung wurde.

Er sah auch andere Gestalten und Gesichter. Sie kamen ihm bekannt vor, obwohl er nicht wußte, wem sie gehörten. Er bemühte sich nicht einmal, sich der Namen jener Menschen zu erinnern oder Tatsachen und Einzelheiten aus der Umnachtung zu beschwören, die ihn mit ihnen verbanden. All das lag so fern, so unendlich fern, daß die Überwindung dieses Raumes über seine geistigen Kräfte ging. Eine Zeitlang — wie lange hätte er auf keine Weise bestimmen können — schufen Bilder, Sinnestäuschungen und Töne, die entweder in seinem Unterbewußtsein entstanden oder von außen her kamen und durch das Fieber ins Riesenhafte vergrößert und verstärkt wurden, ein unbeschreibliches Chaos. Bald umwogte ihn das schäumende, sturmgepeitschte Meer, bald wirbelte ein ungeheures Rad um ihn, krachte splitternd auseinander und fügte sich wieder zu einem unbegreiflichen Ganzen zusammen. Hinzu gesellten sich ständiges Sausen und Dröhnen, das den Schädel zu zersprengen drohte.

Vor allem aber empfand er unverständliche Angst in jener Periode, unverständlich deshalb, weil ihm dieses Gefühl bisher fremd gewesen war. Er fürchtete sich, zu rufen, sich zu bewegen, ja sogar tiefer zu atmen. Und doch konnte er den Blick nicht von dem abwenden, was hinter seinen geschlossenen Lidern geschah. Furcht umklammerte seine Kehle mit eisernen Zangen, das Blut schien in den Adern zu erstarren, das Herz vor Entsetzen stillzustehen.

Die Attacken des Entsetzens wiederholten sich häufig und begannen fast immer auf die gleiche Weise mit dem Angriff einer formlosen, dunklen Masse. Sie glich dichten, schwarzen Staubwolken, die der Sturm über eine öde, weite Fläche jagte, oder einer bis an den Himmel reichenden tosenden Flutwelle, die alle Dämme niederriß. Die rasende Strömung faßte ihn von allen Seiten, schwemmte ihn mit

490

sich und trug ihn unbekannt wohin. Plötzlich tauchte aus der Dunkelheit ein Hindernis auf, ein aus Quadern gefügter Turm oder ein Felsen, an dem die Woge brausend zerschellte. Dann gellte der Notruf vieler Glocken auf, wuchs an, wurde immer lauter, dröhnte im Hirn und drohte seine Windungen zu zerreißen. Manchmal öffnete sich in dem Turm, in dem Felsen ein Tor, durch das er schritt. Dann stand er vor einer grenzenlosen Steinwüste. Und etwas Sonderbares geschah. Die Steine wurden zu blutigen Köpfen mit starren, gebrochenen Augen. Von weither kam Sturm. Alles versank in Finsternis, die auch ihn verschlang.

Eines Tages, als all das von neuem beginnen wollte, wandelte sich die heranbrausende dunkle Wolke allmählich in einen breiten, silberglänzenden Fluß, der sonnenüberflutet zwischen grünen Wiesen und Hainen, an sanften Weinbergen vorbei dahinströmte und Marten auf seinen weichen, warmen Wellen wiegte. Beglückender Friede erfüllte seine gequälte Seele. Er fühlte sich so wohl wie noch nie in seinem Leben. Ein tiefer Schlaf hüllte ihn sorgsam ein und beschirmte ihn vor der wahnsinnigen Hetzjagd seiner Halluzinationen.

Später, nach vielen Tagen, erwachte er. Ihm wurde sofort bewußt, daß er in seiner Kajüte auf der »Zephir« lag. Sein Geist war klar. Er hatte das köstliche Gefühl, daß ihn die wirkliche Welt umgebe, in der jede Erscheinung ihren festen Platz hat. Er spürte auch, daß er sehr schwach war und zum Glück weder aufzustehen noch sich zu bewegen brauchte. Er erinnerte sich, daß er im Duell eine Verwundung davongetragen hatte und wie es dazu gekommen war. Diese Begebenheiten schienen ihm aber vorderhand unwichtig zu sein. Nur eines wollte er Grabinski fragen ...

Er bemerkte, daß in der Kajüte ein mildes Zwielicht herrschte und daß die Vorhänge herabgelassen waren. Sein Blick irrte über die Wände und die kostbare Einrichtung. In der Tür zum angrenzenden Salon gewahrte er eine Frauengestalt. Es war bestimmt nicht Maria Francesca.

Leonia ist es, dachte er. Was macht sie hier?

Es war tatsächlich Leonia, Marias Kammerfrau. Er vernahm ihre gedämpfte Stimme. »Die Señorita ist vor einer Weile in ihrem Zimmer eingeschlafen. Sie hat die ganze Nacht bei ihm gewacht, obwohl es seit einigen Wochen gar nicht mehr notwendig ist.«

Seit einigen Wochen? Das dauerte also schon länger als einige Wochen?

»Wer ist dort?« fragte er und freute sich, daß es ihm leichtgefallen war, die Worte auszusprechen.

Der Vorhang an der Tür bewegte sich. Stephan Grabinski stand auf der Schwelle. Gespannt spähte er zum Bett hinüber, in dem Marten lag. Ihre Blicke begegneten sich. Stephan war sofort klar, daß sein Kapitän bei vollem Bewußtsein war.

»Jan!« rief er. Dann verschlug ihm die freudige Erregung für eine Weile die Sprache. In zwei Sätzen war er bei Marten. Als er ihm die Hand drückte, konnte er die Tränen nicht zurückhalten. »Wir hatten schon jede Hoffnung verloren«, sagte er mit bebender Stimme. »Ich und die Ärzte auch. Nur sie... Mein Gott! Sie beharrte darauf, daß du am Leben bleiben mußt und ..., ich weiß nicht — vielleicht hat sie es bei ihrer Madonna erfleht.«

»Wirklich?« flüsterte Marten. In seinen Augen glomm ein Lächeln auf. »Wie lange hat es gedauert?«

Grabinski überlegte. »Fast ein halbes Jahr. Es ist jetzt Ende November.«

Marten staunte. »Das hätte ich nicht gedacht«, sagte er langsam. »Da muß es mich tüchtig erwischt haben. Und er?«

Stephan blickte ihn von der Seite an, als zögere er, ihm die Wahrheit zu sagen.

»Ich sah, wie er fiel«, murmelte Marten wie im Selbstgespräch. »Beide Kugeln trafen ihn, die eine in den Hals, die zweite ins Herz.«

Marten schloß die Augen. »Nescias, quod scis, si sapiens«, flüsterte er.

Stephan, der die Bedeutung dieser Worte nicht kannte, meinte, daß Marten wieder einschlafe. Er wollte sich leise entfernen, spürte jedoch den schwachen Druck von Martens Hand und bemerkte, daß dessen Lider leicht zitterten.

»Warte, noch eins...«

Stephan beugte sich über das Bett, und Marten zwang ihn mit unerwarteter Kraft, sich auf den Bettrand zu setzen.

»Ich möchte wissen...«, begann Marten und verstummte wieder. Stephan hielt unwillkürlich den Atem an. Er ahnte, daß jetzt eine Frage kam, die er beantworten mußte.

Aber wie? Er hatte viele Male darüber nachgedacht, ohne zu einem Entschluß zu gelangen. Nun wurde er plötzlich vor die Entscheidung gestellt.

In Gedanken sah er sich wieder in jener verhängnisvollen Frühlingsnacht an Bord der »Zephir« in Bordeaux, kurz vor Tagesanbruch, als er, durch das Mißlingen seiner Mission niedergedrückt, nicht wußte, was er beginnen sollte. Wie hatte er damals diese Frau gehaßt! Sie schien ihm ein Ungeheuer, der Dämon des Bösen und der Verderbtheit zu sein. Gegen Mittag stieg sie in Begleitung eines jungen Mädchens, das in einer großen Schachtel ein neues Kleid für die Señorita trug, aus einem Mietwagen.

Sie kam mit einer Schneiderin zurück! Vom Bankett wäre sie geradewegs zu ihr gefahren, es hätte sich nicht gelohnt, vorher auf das Schiff zurückzukehren... Sie log schamlos, wich frech der Wahrheit aus!

Sie fragte, ob Marten noch nicht zurückgekehrt sei.

»Nein«, antwortete Stephan. »Vielleicht kehrt er überhaupt nicht mehr zurück.« Er glaubte keinen Augenblick an seine Worte, und doch wären sie beinahe in Erfüllung gegangen. Dann teilte er ihr mit, was sich zwischen dem Grafen und Marten zugetragen hatte. Die Einzelheiten, die er nur ahnte, überging er. Die Señorita erblaßte.

An der Schwelle des Heckkastells verließ er sie. Er tat so, als hätte er beim Großmast etwas zu tun. Maria Francesca blieb wie angewurzelt stehen. Das

492

Mädchen mit der Schachtel wartete geduldig in der Nähe und schaute sich neugierig auf dem Deck um. Schließlich verschwanden beide im Kastell. Bald darauf kam das Mädchen wieder heraus und lief über das Fallreep zum Kai hinab, setzte sich in den wartenden Wagen und fuhr fort. Sie machte einen erschreckten Eindruck. Tessari, der sie von allem Anfang an mißtrauisch betrachtet hatte, bemerkte zu Stephan, daß sie für eine Botin oder ein Lehrmädchen zu fein gekleidet sei. Grabinski war aber viel zu aufgeregt, als daß er darauf hätte achten können. Er hielt den Besuch bei der Schneiderin sowieso nur für einen kläglichen Versuch, den Schein zu wahren.

Die Nachricht über den Ausgang des Duells traf erst zwei Stunden später ein. Herr d'Ambarés ließ durch einen Vertrauten wissen, daß er den Verwundeten unter der Obhut eines Arztes auf das Schiff bringen werde. Dieser sei der Meinung, daß er Marten in Bordeaux besser als irgendwo anders behandeln könne. Er verschwieg nicht, daß die Wunde gefährlich sei und ernste Befürchtungen wecke.

Stephan war erschüttert. Er glaubte in einen Abgrund zu stürzen. Was sollte werden, wenn Marten nicht mehr da war? Er wollte nicht daran denken, aber schlimme Vorahnungen und Befürchtungen überfielen ihn wie ein Rabenschwarm. Schließlich ging er, um die Señorita zu verständigen. Sie kniete, in Tränen aufgelöst, vor dem Madonnenbild. Bei solchem Anblick schmolz sein Herz wie Wachs. Der Haß, der sich seit dem gestrigen Tag dort angesammelt hatte, verwehte unter dem starken Einfluß des in ihm erwachten Mitleids. Oder war es ein anderes Gefühl, das wie ein Echo, wie eine an der Küste sich brechende Welle zurückkehrte?

Den Wandel seiner Empfindungen verhinderte nicht einmal die Szene, die Maria Francesca ihrer Schutzpatronin machte, als sie die schlimme Nachricht vernommen hatte. Sie sprang auf und begann mit zorngeröteten Wangen, auf denen noch nicht die Tränen getrocknet waren, zu lästern, dem Marienbild mit geballten Fäusten zu drohen und mit den Füßen aufzustampfen.

»Du bist undankbar und böse, Santa Maria! Du hast vergessen, was ich für dich getan habe. Du ließest dich von den Ketzern und Hugenotten bestechen! Wie konnte ich dir vertrauen! Nichts erhältst du von dem, was ich dir versprochen habe! Ich ziehe alle meine Versprechen zurück! Alle! Alle! Du sollst wissen, du...« Schluchzen nahm ihr den Atem und erlaubte ihr nicht, weiterzusprechen. Sie wandte sich ungestüm an den erstaunten und entrüsteten Stephan: »Wo ist er? Ich will zu ihm, gleich, sofort!«

Grabinski konnte ihren Wunsch beim besten Willen nicht erfüllen, und er erwartete einen neuen Zornesausbruch. Doch die Señorita hörte auf zu weinen. Sie warf einen flüchtigen Blick in den Spiegel, schrie auf, puderte sich rasch das Gesicht, ordnete ihr Haar und wandte sich, fast völlig ruhig und beherrscht, an Grabinski. »Er wird am Leben bleiben«, sagte sie bestimmt. »Ich gestatte ihm nicht zu sterben und werde ihm die Gesundheit wiedergeben. Du hilfst mir, nicht wahr?«

Maria trat auf Grabinski zu, legte ihre Hand auf seine Schulter und blickte ihm tief in die Augen. »Du hilfst mir, auch wenn du mich verachten solltest.«

»Das weißt du doch selbst«, erwiderte er bewegt. »Du weißt auch sicherlich besser als ich, daß — daß es nicht Verachtung ist, sondern...«

Maria Francesca berührte mit den Fingern seinen Mund. »Still, sprich jetzt nicht darüber«, flüsterte sie, und sie bedachte ihn noch mit einem Blick, der ihm die Besinnung zu nehmen drohte. Dann stieß sie ihn leicht von sich, als weise sie damit eine Versuchung ab, rief Leonia und befahl ihr, Martens Bett frisch zu beziehen.

Stephan stürzte auf das Deck hinaus, als verfolgte ihn jemand. Vor dem Kastell traf er Tessari, der dort auf ihn wartete.

»Du siehst aus, als hättest du den Teufel gesehen«, sagte Tessari und packte ihn am Arm. »Was ist geschehen?«

Grabinski atmete tief auf. »Vielleicht habe ich ihn tatsächlich gesehen«, antwortete er widerwillig.

»Er hatte gewiß rotes Haar und ein glattes Lärvchen?« spottete Tessari. »Gib acht, daß er dich nicht auch in die Hölle holt wie einen gewissen unvorsichtigen Grafen, der sicherlich schon dort schmort, obwohl er in diesen Dingen mehr Erfahrung hatte als du. Denke daran, von dort kehrt keiner mehr zurück.«

»Höre auf«, murmelte Stephan. »Das ist kein Augenblick für Spötteleien.«

Tessari nickte, als wäre er damit einverstanden. Sooft er den Mund schloß, um zu schweigen, nahm sein Gesicht einen unheilverkündenden Ausdruck an. Seine Augen sprühten unter den schwarzen, drohend zusammengezogenen Brauen. Sein Blick wurde durchdringend und vielsagend. Er duckte sich wie ein Raubvogel, der die Schwingen zum Flug ausbreiten will. Aber er flog nicht fort, wie man hätte erwarten können, sondern fluchte nur lästerlich auf italienisch und drückte damit seine Sorge um das Wohlergehen und die Gesundheit Martens aus. Dann stieg er langsam das Fallreep zum Ufer hinab und verschwand in der nächsten Weinstube.

Grabinski blieb mit seinen Gedanken und widerstrebenden Gefühlen allein. Der Zwiespalt, der ihn verlassen hatte, wie er meinte, als er die schöne Louise de Carnariac in den Armen gehalten hatte, bemächtigte sich seiner erneut mit verhängnisvoller Kraft, um sein Herz wieder in Zweifel zu verstricken und mit Unruhe zu erfüllen. Ich bin wie jener Harlekin im Theater, dachte er, ein in Kolombine verliebter Narr.

All diese Erinnerungen, Erschütterungen und Gedanken suchten ihn während der wenigen Sekunden heim, als er, auf dem Bettrand sitzend, mit angehaltenem Atem auf Martens Frage wartete.

»Ich möchte wissen«, wiederholte Marten, »ob Maria damals auf das Schiff zurückgekehrt ist oder...« Er schwieg. Der unausgesprochene Zweifel in seiner Frage schwebte wie eine an einem dünnen Faden hängende Last über ihren Köpfen. Marten bezwang mit größter Willensanstrengung den Krampf, der seine Kehle zusammenpreßte.

»Sie kehrte zurück«, antwortete Stephan mit beinahe natürlicher Stimme. »Ich hatte ihr gesagt, weshalb du so plötzlich mit Belmont und dem Herrn d'Ambarés wegfahren mußtest«, sprach er rasch weiter, aus Angst, daß ihn Marten nach Einzelheiten über ihre Rückkehr fragen könnte. »Sie weinte und betete, bis die Nachricht eintraf, daß du verwundet bist. Dann brachte dich Herr d'Ambarés hierher, das heißt zuerst nach Bordeaux. Wir schafften dich auf das Schiff, und — mein Gott, wie lange hat das gedauert — es begann das Ringen mit dem Tod ... Erst Anfang November hast du aufgehört, im Fieber irre zu reden, und schliefst, schliefst, als hättest du die Lethargie. Sie war aber immer hier bei dir oder betete vor dem Bild ihrer Madonna.«

Stephan verstummte und erhob sich vorsichtig, denn Marten schloß wieder die Augen. Im selben Augenblick bewegte sich der schwere Seidenvorhang vor Maria Francescas Schlafzimmer und wurde mit leisem Knistern zurückgeschlagen. Señorita de Vizella stand in einem dunklen Kleid, das an ein Nonnenhabit erinnerte, auf der Schwelle. Mit einem jähen Freudenschrei eilte sie auf das Bett zu und küßte zwei Tränen fort, die über Martens eingefallene Wange rollten.

Während Jan Marten mit dem Tode rang und dann dank seiner kräftigen Natur und der sorgsamen Pflege Maria Francescas langsam seine Gesundheit wiedererlangte, hatte sich in Frankreich und Europa mancherlei ereignet.

Ein Ereignis, das Marten näher anging, war die Ernennung des alten, verdienten Kommandanten de Tourville zum Konteradmiral sowie die Übernahme des Kommandos über die Flottille »La Rochelle« durch ihn. Auf diese Weise stand Marten unter dem unmittelbaren Befehl eines Mannes, der ihm ebenso wie Louis de Margaux, der jetzt die Linienschiffe kommandierte, wohl gewogen war.

In der Zwischenzeit hatte man Marten in Bordeaux und unter den dortigen Hugenotten vergessen. Der durch sein Duell mit Blanquefort entfesselte Sturm war abgeflaut, nachdem sich das Unwetter über dem Besitztum des Korsaren entladen und ausgetobt hatte. Trotzdem lag die »Zephir« noch immer im Hafen von La Rochelle vor Anker. Es hatte keinen Sinn mehr, nach Margaux-Médoc zurückzukehren. Dort war kein Stein auf dem andern geblieben.

Marten tat den Verlust, sorglos wie er stets war, mit einer Handbewegung ab. Dagegen hätte Schultz, der wieder aus Danzig zurückgekehrt war, beinahe geweint, und Pierre Carotte verlor wirklich aufrichtige Tränen, als er von der Zerstörung des Schlößchens erfuhr. Allerdings begoß er seine Trauer an Bord der »Zephir« mit einer beträchtlichen Dosis Wein. Bei der Gelegenheit hielt er eine lange Rede, in der er zu Marten unter anderem folgendes sagte: »Ich liebe dich wie einen Bruder, verdammter Rappelkopf. Man soll mir die Haut bei lebendigem Leib abziehen, wenn ich mich nicht für dich in Stücke hauen ließe, ja noch mehr, wenn ich dir nicht in der Not ein paar Francs borgte. Ich schätze deine guten Eigenschaften, vor allem deine Freundschaft. Aber gerade als dein Freund muß ich dir sagen, daß du einen großen Fehler hast. Du schätzt das erbeutete Vermögen zu wenig, wirfst zu großzügig mit dem Geld herum. Geld, Jan, unterscheidet sich dadurch von Schlägen, die man dem Feind versetzt, und von Küssen, die man schönen Frauen gibt, daß man mit ihm rechnen und sparsam umgehen muß.«

»Das kann ich leider nicht. Geld ist dazu da, daß man es ausgibt, Feinde, daß man sie bekämpft, und schöne Frauen, daß man sie küßt«, antwortete Marten. Carotte gab zu, daß man einer solchen Ansicht nicht ganz und gar ihre Berechtigung absprechen könne.

Henryk Schultz bemerkte jedoch, daß in der nächsten Zeit wohl kaum eine Möglichkeit bestehe, Hiebe auszuteilen, zumindest nicht an die Feinde Frankreichs.

Es stimmte. Der König hatte noch im September Amiens belagert und zurückerobert. Das war seine letzte Kriegstat zu jener Zeit. Beide Seiten mußten nach dem großen Aderlaß ausruhen. Im Bürgerkrieg und im Krieg gegen Spanien war fast der vierte Teil aller Franzosen umgekommen. Spanien konnte mit den Niederlanden und England auch weiterhin nicht fertig werden. Heinrich IV., der zu jener Zeit der Gute genannt wurde und später der Große, wünschte Frieden.

Durch Vermittlung des päpstlichen Legaten Alexander Medici wurden Verhandlungen aufgenommen, doch sie scheiterten immer wieder. Daran waren englische und holländische Intrigen, Umtriebe einiger Hugenottenführer wie Bouillon oder La Trémoille und der Erlaß des Edikts von Nantes im April des Jahres 1598 schuld, das Papst Clemens VIII. mißbilligte.

Der päpstliche Legat und mehrere hohe Vertreter des französischen katholischen Klerus versuchten, den König zu bewegen, an dem in Fontainebleau stattfindenden religiösen Disput teilzunehmen, da sie meinten, ihn auf diese Weise für ihre Ziele zu gewinnen. Heinrich dachte nicht daran, ihnen nachzugeben.

»Gott hört das nicht«, antwortete er verächtlich. »Ich bin überzeugt, daß solche Dinge ihn genauso langweilen wie mich. Es kümmert ihn bestimmt nicht, ob sich jemand zu diesem oder jenem Glauben bekennt. Ich könnte wetten, daß er euren Eifer für eine Kinderei ansieht und die Reinheit als gewöhnlichen Hochmut verdammt.«

Ein so freisinniger, fast schon gotteslästerlicher Standpunkt eines katholischen Herrschers förderte natürlich nicht die mit dem Gesandten des erzkatholischen Monarchen Philipp II. unter der Obhut Roms geführten Verhandlungen. Die Protestantin Elisabeth war ebenfalls nicht müßig und tat von ihrer Seite alles, damit sie abgebrochen würden. Ihr Gesandter drohte mit Krieg und der Strafe Gottes wegen des Bruchs des Abkommens von 1596, in dem sich Frankreich, England und die Niederlande zu einem gemeinsamen Vorgehen gegen Spanien verpflichtet hatten.

»Ich weiß, daß Ihr es liebt, Gott auf Eurer Seite zu haben«, antwortete der König dem Gesandten. »Er ist der einzige Verbündete, dem man nichts zu zahlen braucht und keine Subsidien geben muß. Aber ich bin nicht so reich wie er, und Ihre Königliche Majestät denkt nicht daran, mir zu helfen. Ich kann daher nur tun, was meine Mittel erlauben.«

Er tat es wirklich. Am 2. Mai 1598 wurde zwischen Frankreich und Spanien der Vertrag von Vervins abgeschlossen, der nach dreißig Jahren den Frieden wiederherstellte.

Das war zweifellos ein Erfolg Heinrichs IV. Die Unabhängigkeit, die Integrität der Grenzen seines wieder auflebenden Staates wurden dadurch entgegen den Voraussagen zahlreicher innerer und äußerer Feinde bestätigt und gesichert.

Philipp II. dagegen erlebte noch eine Enttäuschung mehr — wohl die letzte in seinem Leben. Sie war um so bitterer, weil damit seine Träume von der Vorherrschaft in ganz Westeuropa in Trümmer fielen. Wäre er in den Besitz der Krone Frankreichs gelangt, so hätte seine Macht England erdrückt, von der Wiederherstellung der spanischen Herrschaft in ganz Holland gar nicht zu reden. Sie wäre auch für Österreich bestimmend gewesen. Im Bündnis mit Polen hätte sie bis nach Schweden gereicht und über alle Schritte Roms entschieden...

Die begehrte Krone schien bereits greifbar nahe zu sein, und Philipp fühlte sich beinahe als Protektor Frankreichs. Zumindest rechnete er damit, den Löwenanteil des französischen Territoriums bei dem seiner Meinung nach unausbleiblichen Zerfall an sich reißen zu können.

Und nun traf ihn dies. Die fortschreitende Krankheit fesselte ihn an das Bett, das er bis zu seinem Tod nicht mehr verließ. Sein Körper verfaulte, bevor er den Geist aufgab. Übelriechende Geschwüre bedeckten ihn, gegen die nicht einmal die heiligen Reliquien halfen. Außerdem quälte ihn der Zweifel, ob er genügend Eifer im Verbrennen der Häretiker gezeigt hatte. Es waren zwar sehr viele von ihm auf diese Weise von ihren Sünden befreit worden, er hätte aber noch mehr dem Scheiterhaufen überantworten können. Vielleicht war gerade seine Saumseligkeit die Ursache der letzten Mißerfolge.

Henryk Schultz kam in seine Zweigstelle nach Bordeaux, um die laufenden Geschäfte zu erledigen, und besuchte auch Marten in La Rochelle wegen der politischen Pläne, die er seit langem verfolgte und denen er in dem Maße immer mehr Augenmerk schenkte, je deutlicher sich die Möglichkeit ihrer Verwirklichung in seinem Denken abzeichnete.

Sigismund III. hatte sich bereits 1594 in Upsala zum König von Schweden krönen lassen. Doch noch bevor er von dort nach Polen zurückkehrte, war er des erblichen Thrones nicht mehr sicher. Sein Onkel Karl, der Herzog von Södermanland, gewann, nachdem er zum Regenten ernannt worden war, immer mehr Anhänger und griff nach der tatsächlichen Macht. Die Schweden hielten ihren katholischen, von Jesuiten erzogenen König mit Recht für ein Werkzeug des Papstes. Die Befürchtungen hinsichtlich der Glaubensfreiheit erfüllten den größten

Teil des Volkes mit Mißtrauen und Abneigung gegen den stolzen, verschlossenen und fanatischen Herrscher, der, wie man sagte, mehr die Interessen Roms als die seiner beiden Königreiche wahrte.

Dieser Zustand verschlimmerte sich immer mehr, und früher oder später mußte es zu einem bewaffneten Konflikt kommen. Der König erwog ein Bündnis mit Spanien. Der Gesandte Philipps II., Mendoza, drängte auf eine rasche Einnahme von Elfsborg und verlangte, die wichtige Festung mit einer starken Besatzung zu versehen. Er versprach die Hilfe seines Monarchen bei dem Unternehmen.

Der Herzog von Södermanland war aber vorsichtig und wachsam und ließ sich nicht überraschen. Er ernannte dort einen seiner vertrautesten Leute zum Statthalter und verstärkte die Garnison der Festung.

Sigismund mißlang auch der Versuch, die schwedische Heimatflotte für sich zu gewinnen. Unter dem Vorwand einer neuen Reise nach Stockholm forderte er sie auf, nach Danzig zu kommen. Der dem Herzog von Södermanland treue Admiral Scheel entsandte jedoch nur acht Schiffe unter dem Kommando von Karl Karlsson Gyllenhielm. Die schwedische Eskader wartete zwei Wochen auf die Ankunft des Königs. Als offenkundig wurde, daß Sigismund nicht beabsichtigte, Schweden zu besuchen, segelte sie wieder ab. Karl durchschaute die wahren Absichten seines Neffen, nahm Kalmar ein und beseitigte dort dessen Anhänger. Mitte Juli 1597 befahl er die Konzentration der Flotte vor Bornholm und erklärte dem polnischen Gesandten Samuel Laski, daß er keine Schiffe nach Danzig entsenden werde, solange der König nicht die für eine bewaffnete Expedition ausgehobenen Soldaten entlasse.

Sigismund rechnete noch mit der ihm treugebliebenen finnischen Flotte unter dem Kommando von Admiral Arved Stölarm. Die kampfbereiten Eskader Scheels und Stolpes hielten sich jedoch bei den Alandsinseln fest und blockierten den Ausgang des Bottnischen Meerbusens.

Alle diese Umstände waren den ehrgeizigen Plänen von Schultz günstig. Seine Verbindungen und einflußreichen Bekanntschaften reichten einerseits bis zum Hof und dem Königlichen Rat, andererseits wirkten sie wie verborgene Federn im Danziger Senat. Unter anderem beschäftigte ihn der Bau einer eigenen Werft in Elbing oder Puck, einer Werft, auf der man mindestens ebensolche Schiffe wie die »Zephir« oder sogar noch größere, den holländischen Barken oder englischen Fregatten ähnliche auf Kiel legen könnte... Er verstand sehr wohl, daß die Kriegsflotte Polens zahlenmäßig stark und neuzeitlich sein mußte, wenn die seit Jahrhunderten bestehende schwedische Vormachtstellung in der Ostsee auf Polen übergehen sollte. Diese Flotte durfte nicht wie bisher in Fällen eines plötzlichen Bedarfs improvisiert werden. Die Verwirklichung eines solchen Vorhabens erforderte jedoch längere Vorbereitungen sowie große Geldmittel, und die Zeit drängte. Es war wenigstens vorderhand notwendig, zu anderen Mitteln der Organisation einer Seemacht Zuflucht zu nehmen.

Aus Warschau erging die königliche Aufforderung an die Hafenstädte Stralsund, Stettin, Lübeck, Wismar und Rostock, die Schiffahrt nach Schweden einzustellen, die schwedischen Schiffe festzuhalten und Schiffe zu Hilfe zu schicken. Danzig und Riga erhielten ebenfalls den Befehl, alle Schiffe unter schwedischer Flagge anzuhalten. Die Hafenbehörden sollten darüber wachen, daß weder Waren noch Waffen auf dem Seeweg nach Schweden gelangten.

In Danzig lagen mit Einverständnis des Senats Ende 1597 vier durch Anhänger Sigismunds aus Schweden entführte Pinken sowie zwei große, in Schottland gekaufte und zu Linienschiffen umgebaute Segler vor Anker. Eines von ihnen, die »Falke«, gehörte Schultz, war aber samt der Bemannung an den königlichen Fiskus vermietet und wurde von diesem unterhalten. Die kleine Eskader stand unter dem Befehl des Vizeadmirals Tönnes Maidel, eines gebürtigen Esten. Kapitäne der beiden Linienschiffe waren Jakob König auf der »Weißen Adler« und der Danziger Jan Nikiel auf der »Falke«.

Anfang Frühjahr 1598 erklärte sich der Warschauer Sejm mit der Expedition des Königs nach Schweden einverstanden und bewilligte ihm für diesen Zweck dreihunderttausend Złoty. Henryk Schultz konnte noch kurz vor seiner Reise nach Frankreich im Senat durchsetzen, daß die Befehle des Königs, die Maidel zur Beschlagnahme ausländischer Schiffe ermächtigten, befolgt wurden.

Über sechzig holländische und englische Segler wurden beschlagnahmt. Danzig und Thorn sollten Geschütze, Kugeln und Pulver liefern. Die Hafenkais und der Leuchtturm von Danzig wurden befestigt, Landsknechte, Matrosen und Waffenschmiede angeworben und Lebensmittelvorräte gespeichert. Aus Elbing, Königsberg, dem Herzogtum Preußen und Riga kam Unterstützung: Geld, Schiffe, Gerät und Männer, die mit dem Seemannshandwerk vertraut waren.

Schultz sah voraus, daß die Vorbereitungen zu der Expedition noch einige Monate dauern würden. Die in Danzig mit Beschlag belegte Flottille, die später durch mehr als zehn englische Schiffe aus Riga und Elbing ergänzt wurde, war zwar zahlenmäßig stark, aber ungenügend bewaffnet und wurde von Kapitänen befehligt und mit Seeleuten bemannt, die unsicher und im Kampf auf See nicht geübt waren. Sie versahen widerwillig den Dienst. Nur die königlichen Linienschiffe und mehrere größere Kaperschiffe konnten den Vergleich mit der zwar überalterten, aber schlagkräftigen Flotte des Herzogs von Södermanland aushalten. Man mußte also um jeden Preis wenigstens noch einige neuzeitliche Fregatten oder Galeonen beschaffen, die zusammen mit der Flottille Maidels den Geleitschutz für den Konvoi übernehmen konnten.

Henryk Schultz gründete daher eine Gesellschaft, an der der König, polnische Magnaten, ja sogar bestimmte ausländische Persönlichkeiten mit beträchtlichen Mitteln beteiligt waren. Er kaufte englische Schiffe und heuerte die Mannschaft an. Nun wünschte er auch Marten für dieses Unternehmen zu gewinnen und versprach ihm Gewinn und das Kommando über die neugebildete Eskader.

Marten zögerte, obwohl viele Umstände dafür sprachen, den Schritt zu tun. Er hatte Margaux-Médoc samt der luxuriösen Einrichtung, den Möbeln, Teppichen, Bildern, dem Kristall und den Lüstern, den Pferden und Wagen — kurzum mit allem, was den Zauber des Besitztums ausmachte, verloren. Er wollte und konnte nicht dorthin zurückkehren und von neuem beginnen, dazu reichte sein Geld nicht mehr. Außerdem hatte er die dortige Nachbarschaft und die mit ihr verbundenen Erinnerungen satt. Er glaubte zwar nicht an einen längeren, dauerhaften Frieden und die genaue Einhaltung seiner Bedingungen auf dem Meer, vorläufig mußte er sich jedoch dem Verbot, spanische Schiffe anzugreifen, beugen.

Ginge er aber auf die Vorschläge von Schultz ein, so wäre er nicht mehr in der Lage, frei über die ihm noch verbliebenen Reste seines Vermögens zu verfügen, denn sie wären dann in den Schiffen und deren Bewaffnung angelegt und könnten erst in einer nicht näher bestimmbaren Zeit Gewinn bringen.

Der Gedanke an den Bau einer Werft, die Vision einer polnischen Seemacht, durch Schultz und den von den Plänen begeisterten Grabinski beschworen, übten auf Marten ihre Anziehungskraft aus. Wenn er nach der Ostsee zurückkehrte und in Danzig an der Spitze einer eigenen Eskader vor Anker gehen könnte, wenn er solchen Erfolg hätte, wie er ihm schon zweimal beschieden war, das erste Mal in Westindien gemeinsam mit Francis Drake, das zweite Mal, als er die mit Gold und Silber beladene Karavelle »Santa Cruz« nach dem Angriff auf Cadiz eroberte, dann würde er nicht einen Augenblick zögern. Jetzt verfügte er aber nur noch über klägliche Reste seines Vermögens, die kaum für einen bescheidenen Anteil an diesem Unternehmen genügten.

Unterdessen hatte ihm Gaspard Licou mitgeteilt, daß die spanische Goldflotte bereits im April die Meerenge von Bahama passiert habe und sich den Azoren nähere. Licou hatte große Lust, das Glück zu versuchen. Er redete Marten zu, es ebenfalls zu wagen. Dabei drückte er sich verächtlich und äußerst unanständig über den Vertrag von Vervins aus.

Mitte Mai entschloß sich Marten schließlich, das eine wie das andere zu tun: noch einmal ein Vermögen zu gewinnen, indem er den spanischen Goldtransport fern von der Küste angriff, und dann, umgeben von der Aureole des Ruhms und des Reichtums, nach Danzig zurückzukehren, um im Dienst des polnischen Königs an der Spitze einer mächtigen Flotte, die er mit Hilfe von Schultz schaffen wollte, nach der Admiralswürde zu greifen.

Bestimmte Umstände schienen seine Pläne zu begünstigen. Herr de Tourville beabsichtigte, eine Patrouille in den Golf von Biskaya zu entsenden, die die Aufgabe haben sollte, alle sich auf hoher See befindlichen französischen Schiffe von der Einstellung der Kriegshandlungen gegen Spanien zu benachrichtigen. Marten bat, diese Mission ihm und Licou, dem Kapitän der Fregatte »L'Abeille«, anzuvertrauen. Herr de Tourville erklärte sich damit einverstanden.

Hier stieß Marten jedoch auf den unerwarteten Widerstand Maria Francescas

500

sowie auf gewisse Bedenken Grabinskis. Die Señorita erklärte entschieden, daß sie an dieser Fahrt nach dem Goldenen Vlies nicht teilnehmen werde. Sie habe den Anblick von Schlachten, das Blutvergießen, das Dröhnen der Geschütze und den Geruch des Pulverdampfes satt, ebenso wie das Meer und das Handwerk, das Marten auf ihm ausübe, um so mehr, als er jetzt beabsichtige, sich aus einem Korsaren des Königs von Frankreich in einen gewöhnlichen Piraten zu verwandeln, den kein Recht schütze. Sie sei bereit, sich nach Danzig zu begeben, obwohl sie bis jetzt noch nicht um ihre Meinung gefragt worden sei. Sie bliebe sogar unter dem Schutz von Schultz in La Rochelle oder Bordeaux, denke aber nicht daran, Marten bei seinem geplanten Raubzug zu begleiten.

Jan war von ihrer Haltung überrascht. Er argwöhnte zuerst, Schultz hätte sie dazu überredet, der anfangs gegen die riskante Beutefahrt gewesen war. Als Schultz sah, daß sich Marten von seinem Vorhaben nicht abbringen ließ, wünschte er eine Garantie zu haben, daß das Unternehmen ganz im stillen, in kürzester Zeit durchgeführt werde und die »Zephir« zurückgekehrt und nach Danzig abgesegelt sei, bevor die Nachricht über den Bruch des Friedensvertrages nach Madrid und von dort nach Paris und La Rochelle gelangte.

Marten überlegte und kam zu der Ansicht, daß es im Grunde genommen für ihn ein doppelter Gewinn wäre, wenn Maria im Hause von Schultz in Bordeaux bliebe. Erstens wäre er damit die Sorge um ihre Gesundheit und ihr Leben los, das bei jedem Gefecht gefährdet war, zweitens glaubte er sicher zu sein, daß Schultz keinen Versuch unternehmen werde, Maria Francesca nachzustellen. Seine Frömmigkeit und sein nicht mehr anziehendes Äußere sprachen dagegen. Man konnte auch seiner Gewissenhaftigkeit und Umsicht vertrauen, sollten andere Freunde und Bekannte der Señorita versuchen, Jans Abwesenheit in dieser Hinsicht zu mißbrauchen. Marten erklärte sich also einverstanden.

Stephan Grabinski dagegen war Abenteuern und Gefechten keineswegs abgeneigt. Er wünschte weiter an ihnen teilzunehmen. Was aber Maria Francesca nur so nebenbei erwähnte, war für ihn das grundsätzliche Problem. Er wollte weiterhin Korsar oder Offizier eines Kaperschiffes, nicht Pirat sein. Er war mit dem Kriegsdienst einverstanden, und sein Gewissen hatte sich damit abgefunden, Kriegsbeute unter den Fahnen des Königs von Frankreich zu machen, der, wie er meinte, für eine gute und gerechte Sache kämpfte. Um so mehr war er bereit, für Polen gegen die Feinde Sigismunds III. zu kämpfen. Er sträubte sich jedoch gegen die Seeräuberei, gegen Raub nur um der Beute willen.

Es fiel ihm nicht leicht, seine Zweifel Marten anzuvertrauen. Er fürchtete, nicht verstanden zu werden oder, was noch schlimmer war, daß Marten ihn als Heuchler betrachten könnte. Dieser hörte ihm jedoch geduldig und freundlich zu.

»Ich habe selbst darüber nachgedacht«, sagte er und legte Stephan die Hand auf die Schulter. »Du kannst mir glauben, daß ich die Fahrt nicht unternehmen würde, wenn ich ausschließlich meinen eigenen Vorteil im Auge hätte. Deshalb habe ich von vornherein meinen Anteil an der Beute zum Kauf und zur Ausrüstung der Schiffe bestimmt, mit denen ich nach Danzig segeln oder die ich dort bauen will. Schultz behauptet, daß Philipp II. bald der Verbündete unseres Königs Sigismund werden wird. Und ich habe die Absicht, dem Spanier auf Rechnung dieses Bündnisses etwas von seinem Gold abzuknöpfen, weil ich nicht daran glaube, daß er sich mit einer solchen Hilfe sehr beeilen wird. Wenn du willst, kannst du das so halten wie ich. Du wirst dann nicht um spanisches Gold, sondern um polnische Schiffe kämpfen. Sollte dies dein Gewissen nicht beruhigen, dann bleibe bei Schultz. Du würdest mir zwar an Bord der ›Zephir‹ sehr fehlen, ich nähme es dir aber nicht übel.«

Grabinski war bereits halb überzeugt. Er dachte nicht einen Augenblick daran, sich von einem Unternehmen fernzuhalten, das Marten leitete. Er dachte nicht daran, sich von der »Zephir« zu trennen, selbst dann nicht, wenn er es mit einem Zwiespalt seines Gewissens erkaufen mußte. In seinem Innern fühlte er jedoch, daß er schon jetzt bereit war, es zu betrügen oder zumindest seine Empfindsamkeit einzuschläfern. »Und Gaspard?« fragte er.

Marten zuckte die Schultern. »Ich bin nicht Gaspards Beichtvater«, antwortete er. »Mir scheint, er hat noch mit den Spaniern abzurechnen, so daß er sich keine Vorwürfe zu machen braucht. Er betrachtet sie übrigens als Feinde des Königs und hat im Grunde genommen recht.«

Um so besser für ihn, dachte Stephan, äußerte aber seine Meinung nicht laut. Er erkundigte sich nur, wann Marten abzusegeln gedenke. Als er hörte, daß am übernächsten Tag die Anker gelichtet würden, atmete er erleichtert auf. Das tatenlose Warten im Hafen begünstigte nur das Auftauchen neuer Zweifel. Das wollte er vermeiden.

Beide Schiffe waren zur Abfahrt bereit. Am achtzehnten Mai flatterte zum erstenmal nach elf Monaten wieder die schwarze Flagge am Top des Fockmastes der »Zephir«. Der Wind schwellte die Segel. Marten stand auf dem Hinterdeck und winkte seiner Geliebten und dem Freund, dem er noch immer volles Vertrauen schenkte, zum Abschied zu.

7

Die »Zephir« und die »L'Abeille« kreuzten schon seit achtundvierzig Stunden hinter der Goldflotte. Sie hielten sich fern von ihr, so daß sie von den scharfen Augen der spanischen Seeleute, die auf den Marsen der Karavellen Ausschau hielten, nicht erspäht werden konnten. Wenn sich am Horizont die Segel eines der spanischen Begleitschiffe zeigten, verschwanden sie rechtzeitig. Das in der

Werkstatt des Meisters Lippershey angefertigte Zauberrohr mit seinen geschliffenen Gläsern leistete Marten auch diesmal unschätzbare Dienste. Mit seiner Hilfe erkannte er ohne Mühe jedes Schiff in einer Entfernung, aus der die Spanier die »Zephir« entweder gar nicht sahen oder bestenfalls als kleine Pünktchen vor dem hellen Hintergrund des Himmels bemerkten.

Die beiden Schiffe weckten bestimmt keinen Verdacht, denn Marten konnte keine Änderung im Verhalten der Kapitäne des Konvois feststellen. Der Transport fuhr langsam, ungeordnet, auf Dutzende Meilen auseinandergezogen. Sicherlich war er auf der langen Fahrt manchem Sturm und Zeiten völliger Windstille begegnet. Während die ersten Karavellen wahrscheinlich schon im Hafen von Terceira vor Anker gingen, befanden sich die letzten Schiffe noch zwischen Pico und San Miguel. Sie waren unter dem Einfluß des immer mehr auffrischenden Nordwestwindes nach Osten bis vor Santa Maria vom Kurs abgewichen.

Trotzdem unternahm Marten bis zum Mittag des zweiten Tages keinen Versuch, eines von ihnen anzugreifen. Der Kommandant der Eskorte war, wie man sah, auf der Hut; denn seine leichteren Schiffe umkreisten die Karavellen immer wieder wie Schäferhunde die zerstreute Herde. Man konnte nicht voraussehen, wann sie sich wieder näherten. Erst der Wind, der vor Sonnenuntergang immer stärker wurde, schien den Korsaren eine günstige Gelegenheit zu einem Angriff anzukündigen.

Im Westen ballten sich vor dem Anbruch der Dämmerung große Wolkenhaufen zusammen und verschmolzen zu einer bleigrauen Wand, von der ein dumpfes Murren herüberklang. Das Meer antwortete mit lauterem Rauschen und Zischen. Es schäumte und brüllte immer drohender.

Die »Zephir«, hinter ihr die »L'Abeille« befanden sich zu dieser Zeit hinter dem rechten Flügel des Konvois. Marten beobachtete im erlöschenden Tageslicht durch das Fernrohr zwei spanische Schiffe, die schwer gegen den Sturm ankämpften. Sie versuchten anscheinend, um jeden Preis die hohen Ufer von Santa Maria zu erreichen. Eines von ihnen, eine große Karavelle mit einem tonnenförmigen Heck und einem plumpen, dickbäuchigen Rumpf, hatte offensichtlich schwer geladen. Es konnte nur eine wertvolle Ladung sein. Der Wind und die Strömung, vielleicht auch die nicht ganz richtige Navigation des Kapitäns oder eine in den letzten Tagen erlittene Beschädigung hatten wohl dazu beigetragen, daß die Karavelle so weit vom Kurs abgewichen war und von den anderen getrennt wurde. Santa Maria, die am weitesten im Osten gelegene Insel des Archipels, war nun für die Bemannung der rettende Hafen.

Wenn es ihnen nicht gelingt, die Leeseite zu erreichen und an einer geschützten Stelle vor Anker zu gehen, dann werden sie auf das offene Meer getrieben und sinken oder fallen uns in die Hände, dachte Marten. Er richtete das Fernrohr auf das zweite Schiff, das, wie er urteilte, zur Eskorte gehörte. Das hält sich viel besser. Es scheint aber ebenfalls genug zu haben und wird nichts riskieren wollen, überlegte er. Man braucht sich darüber nicht zu wundern. Soviel ich weiß, ist es schwer, hier einen Ankergrund zu finden. Um so leichter kann man ein paar Meilen weiter auf den Riffen von Dollabarat stranden. . . . Er drehte sich um und lächelte. »Wir werden uns selbst des alten Kastens annehmen müssen«, sagte er zu Grabinski. »Sein Schutzengel fliegt in sichere Gegenden.«

Stephan nahm das Fernrohr und blickte hindurch. Die große Fregatte mit den zwei Decks braßte gerade die Rahen zum Wenden um und segelte mit raumem Wind weiter. Nach einer Weile wurde sie von einem Regenschauer verhüllt, den eine jähe Böe über das Meer jagte.

Als der Windstoß vorbeigefegt war, war es fast Nacht geworden. Marten konnte gerade noch die vereinsamte Karavelle erkennen. Sie taumelte wie ein Mensch, der einen heftigen Schlag auf den Kopf erhalten hat. Es sah so aus, als würde sie sich jeden Augenblick auf die Seite legen und nicht mehr aufrichten. Doch man ließ bei ihr an Bord nicht die Hände sinken. Das große Segel mit dem roten Kreuz wurde geborgen, die Rahen drehten sich zum Wind. Die Wellen überfluteten das Schanzdeck, stürmten gegen die beiden hochragenden Kastelle an und brachten das Schiff fast zum Kentern. Es richtete sich aber wieder auf und erreichte langsam, Zoll um Zoll, die Leeseite eines Landzipfels von Santa Maria.

„Die Vorsehung hat es für uns gerettet«, sagte Marten und ahmte dabei den Ton und die Ausdrucksweise Henryk Schultz' nach. »Bei Morgengrauen gehört das Schiff uns."

Im Laufe der Nacht drehte der Wind auf Nordost, flaute ab, und bei Tagesanbruch begannen sich auch die Wolken zu zerteilen und zu schwinden. Die »L'Abeille« und die »Zephir« hatten weit hinter der Leeseite von Santa Maria gekreuzt und ihre Beute, die in einer stillen Bucht versteckt lag, wie hungrige Wölfe bewacht. Nun näherten sie sich dreist der Küste. Gaspard Licou steuerte in weitem Bogen die felsige Ostküste der Insel an, um der Karavelle den Rückzug abzuschneiden. Marten kreuzte unter gekürzten Segeln am Ufer entlang und hielt nach ihr vor dem Hintergrund der mit üppiger Vegetation bedeckten grünen Hügel Ausschau.

Als die »Zephir« auf halbem Wege war und die »L'Abeille« gerade wenden wollte, nachdem sie den entferntesten Punkt erreicht hatte, krachte irgendwo ein Schuß. Das Echo wurde von den Felsen zurückgeworfen und rollte über das Meer. Marten zuckte zusammen und sah zur Landzunge hinüber. Im selben Augenblick fuhren Feuerstrahlen aus den beiden Buggeschützen der «L'Abeille«, von zweifachem Dröhnen begleitet. Eine Rauchwolke verhüllte die kleine Fregatte.

Es war keine Zeit, lange zu überlegen, wer als erster geschossen hatte — Licou oder die noch vor den Augen Martens verborgenen Spanier. Die zweite Möglichkeit kam ihm etwas sonderbar vor, obwohl sie wahrscheinlicher war, denn er hätte sonst auch beim ersten Schuß Rauch sehen müssen. Weshalb aber schossen die Spanier, ohne angegriffen worden zu sein? Sie verrieten doch damit ihr Versteck.

Ob so oder so — die Karavelle hatte anscheinend ihre Zuflucht viel weiter entfernt gesucht und gefunden, als Marten angenommen hatte, sicherlich hinter dem Felsrücken, den Licou ansteuerte, als er zu wenden begann.

Man mußte so schnell wie möglich dorthin gelangen, um die Karavelle unter Kreuzfeuer nehmen, sie manövrierunfähig machen und dann durch Entern erobern zu können.

Marten gab rasch die erforderlichen Befehle. Als sich die Segel der «Zephir» mit Wind füllten, rollte keine drei Meilen von ihr der kurze Donner einer Breitseite über die See. Licou zögert nicht, dachte Marten. Er spähte nach vorn. Doch das, was er sah, ließ das Lächeln auf seinen Lippen ersterben. Die Salve war nicht von den Kanonieren Gaspard Licous, sondern von den Spaniern abgefeuert worden und galt den Masten und dem Rumpf der »L'Abeille«. Sie war gut gezielt, denn das Großsegel und zwei Segel des Fockmastes stürzten samt Rahen auf das Deck. Eine Weile später schlugen Flammen aus dem Kastell, und dichte Rauchschwaden verhüllten das Schiff.

Marten stieß einen Fluch aus. Derartiges hatte er von der Bemannung der alten Karavelle und ihrer Artillerie nicht erwartet. Auf dem Schiff besaß man offenbar eine große Anzahl von Geschützen und guten Kanonieren, und der Kapitän verstand es augenscheinlich, sich ihrer zu bedienen.

Solche Überlegungen kühlten keineswegs Martens Zorn. Trotzdem blieb sein Kopf klar, und er dachte weiterhin logisch und nüchtern. Die Spanier verfügten jetzt wahrscheinlich nur an der einen Bordseite über eine schußbereite Batterie und einige Geschütze in den Kastells. Ihr Kommandant konnte nicht ahnen, daß der Fregatte, die er schwer beschädigt hatte, ein zweites Schiff zu Hilfe eilte, da er es noch nicht sah. Was konnte er inzwischen tun? Er mußte so manövrieren, daß er das bewegungsunfähige Ziel mit der anderen Breitseite unter Beschuß nehmen konnte, falls sich die »L'Abeille« nicht sofort ergab oder in die Luft flog, wenn das Feuer die Pulverkammer ergriff. Die »Zephir« dagegen mußte so kreuzen, daß sie die Karavelle überraschend von der Seite der Batterie, die abgefeuert worden war, angreifen konnte. Diese Geschütze waren bestimmt noch nicht schußbereit. Wie sollte aber Marten feststellen, welche Bordseite das war, die linke oder die rechte? Ich muß das Schiff sehen, überlegte Marten. Am besten, ich warte, bis es sich zeigt, dann muß ich aber schon nahe genug sein, um angriffsbereit zu sein, bevor es sich gegen mich zu wenden vermag.

Er befahl, die Segel zu kürzen, und steuerte die »Zephir« bis dicht unter die Küste. Von dort wollte er unerwartet hervorbrechen und die Karavelle mit einem Schlag vernichten. Marten nannte sie nun nicht mehr verächtlich einen alten Kasten, nicht einmal im stillen. Sie verdiente Achtung, man mußte mit ihr und ihrer Bemannung rechnen.

Auf einmal erblickte er ihre Masten, die sich langsam hinter der Landzunge hervorschoben. Die Rahen waren zum Driften angebraßt. Sicherlich würde das

Schiff bald die Fahrt verlieren. Im Aussehen der Masten und Rahen war etwas Auffallendes, etwas, was Marten überraschte, bevor er seine Mutmaßungen, die eine mehr als drastische Wirklichkeit bestätigte, zu klaren Gedanken formen konnte.

Das war nicht die Takelage der alten Karavelle, sondern die der großen Fregatte, die zweifellos zur Eskorte gehörte . . .

Marten begriff sofort, was geschehen war. Die Fregatte hatte die vom Kurs abgewichene Karavelle keineswegs ihrem Schicksal überlassen, wie er gestern abend angenommen hatte, sondern nur die Insel von Westen und Norden umschifft, um an der günstigsten Stelle vor Anker zu gehen. Nun fuhr sie ihr entgegen.

Wer weiß, ob wir nicht vor einer Weile an der Karavelle vorbeigesegelt sind, dachte er. Wenn dies der Fall ist, dann kann sie uns entkommen.

Betroffen sah er zur Küste hinüber, die backbords und hinter der »Zephir« lag. Dort herrschte ungetrübte Ruhe. Dafür spielte sich vorn der letzte Akt des Dramas mit der kleinen, schmucken »L'Abeille« ab. Die Bemannung verließ sie in panischer Flucht in Booten und auf Flößen. Das Knattern der spanischen Musketen veranlaßte Marten, alle anderen Gedanken und Pläne beiseite zu schieben und Gaspard und seinen Leuten zu Hilfe zu eilen.

Die ganze Sache schien Marten vorläufig noch nicht verloren zu sein. Als er die Masten der spanischen Fregatte erblickte, orientierte er sich sofort, daß sie das Schiff Gaspards mit der Backbordbatterie angegriffen hatte, denn sie driftete nun und wandte der «L'Abeille'' die Steuerbordseite zu. Diese Erkenntnis genügte Jan. Er wußte, was er tun mußte, und war überzeugt, in wenigen Minuten mit dem Spanier fertig zu werden und die augenblickliche Lage zu seinen Gunsten zu ändern. Dann war es Zeit, an die Karavelle und ihre Schützen zu denken.

Die »Zephir« setzte wieder alle Segel. Marten wollte so schnell wie möglich die anderthalb Meilen zurücklegen, die ihn von der Fregatte trennten, mit seinen Backbordgeschützen die Takelage des Feindes zerstören, die Mannschaft auf dem Deck mit Handfeuerwaffen bekämpfen, dann ebenfalls plötzlich wenden und alle Geschütze an Steuerbord gegen die beiden Kastelle einsetzen. Die endgültige Entscheidung sollten das Entern und der durch das Feuer der Musketiere unterstützte Sturm auf das Deck der Fregatte bringen.

Dieser Plan scheiterte. Als die »Zephir« in voller Fahrt einen steilen Felsen passierte, schoß dahinter die in einer kleinen Bucht versteckt gewesene Karavelle wie ein aus seinem Bau getriebener Fuchs hervor und verlegte ihr den Weg. Tessari, der am Steuer stand, konnte nicht mehr ausweichen. Der Bugspriet bohrte sich krachend in das Vorderkastell des spanischen Schiffes, bog sich wie der Schaft einer Lanze und zersplitterte in halber Länge. Die Wucht des Zusammenstoßes war so groß, daß die Leute rücklings auf das Deck fielen und die Masten schwankten. Die höchsten Rahen der Karavelle zerrissen die Bänder und hingen, in das Tauwerk verwickelt, an den Toppnanten.

Während Marten der Verwirrung sofort Herr wurde, aufsprang und kurze, klare Befehle gab, verloren die Spanier völlig den Kopf. Bevor sie wieder zu Besinnung kamen, konnten Worst und Stauffl mit ihren Leuten die »Zephir«, die sich längsseits der Karavelle festgelegt hatte, mit dem Bootshaken abstoßen. Pociecha kappte die ineinander verwickelten Taue.

Die »Zephir« driftete, die Segel flatterten unruhig im Wind, bis es dem Rest der Bemannung mit Grabinski an der Spitze gelungen war, die Rahen umzubrassen. Dann drehte sie sich langsam vor dem Wind und berührte mit dem Heck fast das Ufer.

Das alles spielte sich in tiefem Schweigen ab, das nach den ersten Rufen der Angst und dem kurzen Durcheinander bei dem Zusammenstoß herrschte. Die spanischen Seeleute und Korsaren starrten sich über den ständig breiter werdenden Wasserstreifen an, als könnten sie über das Geschehene nicht genug staunen. Marten hoffte noch immer, daß es ihm gelingen werde, der Falle zu entkommen, bevor die Spanier aus ihrer Erstarrung erwachten. Es ging ihm vor allem darum, seine Anwesenheit dem Kapitän und der Bemannung der Fregatte nicht zu verraten, die sich gerade hinter der brennenden »L'Abeille« befand.

Wenn die hier nicht zu schießen beginnen, dachte er, dann bemerkt dort niemand, was geschehen ist.

Kurze Zeit schien es tatsächlich, als könne sich die „Zephir" ohne einen Schuß entfernen. Die Segel faßten bereits Wind, vor dem beschädigten Bug mit dem zersplitterten Bugspriet begann das Wasser aufzuschäumen, als aus dem Hinterkastell des hilflosen Schiffes, das die Strömung mit dem Heck zur See gedreht hatte, ein roter Feuerstrahl zuckte und eine Rauchwolke aufstieg. Gleichzeitig krachte der Schuß. An der linken Bordwand der »Zephir« spritzte Wasser hoch, und eine Kaskade von Tropfen fiel auf das Deck nieder. Ein dumpfer Schlag erschütterte den Rumpf. Er war von einem Laut begleitet, der wie das Brechen von Knochen klang.

Marten preßte die Zähne zusammen. An dem Zittern der Deckplanken und jenem charakteristischen Geräusch erkannte er, daß das Geschoß die Bordwand durchschlagen hatte. »Antworte ihnen!« rief er Worst zu, der bei den Falkonetten stand.

Der rothaarige Riese beugte sich über das Geschützrohr, zielte und gab dem Kanonier das Zeichen. Die glimmende Lunte berührte die Pulverpfanne, das Geschütz sprang zurück, riß an den Tauen, der Schuß krachte, und eine Rauchwolke hüllte das Heck der »Zephir« ein. Gleich darauf sprach auch das zweite Falkonett seine verderbenbringende Sprache. Als der Wind die dichten, dunklen Schwaden zerteilte, sah man von dem hohen Kastell des spanischen Schiffes nur einen wirren Haufen von übriggebliebenen Balken, Bindern und Brettern, aus dem Flammen schlugen.

Broer Worst betrachtete mit dem gesunden Auge sein Werk. Er trat von einem

Bein auf das andere und war anscheinend zufrieden, denn er zog seine Priemrolle aus der Tasche und biß ein Stück ab, bevor er die Anweisung gab, die beiden Geschütze erneut zu laden und in Feuerstellung zu bringen.

»Laß das«, sagte Marten. »Sieh nach, was unten los ist. Wir haben bestimmt ein Leck unter der Wasserlinie.« Er sprach ruhig, als handelte es sich um eine Kleinigkeit, zweifelte aber nicht, daß es etwas Ernsteres war. Der Schaden war größer, als er annahm. In der Lukenöffnung tauchte das schreckensbleiche Gesicht Percy Burnes' auf. Er schrie, daß das Wasser die Laderäume überflute. Worst packte ihn am Kragen und zog ihn auf das Deck.

»Halt dein Maul«, knurrte er. »Hole drei Mann von meiner Wache und dann los an die Pumpen. Schnell!«

Er selbst glitt am Geländer des fast senkrechten Niederganges hinab, wich dem Treppenabsatz des Artilleriedecks aus und schwang sich mit affenartiger Behendigkeit über die Balustrade in den Laderaum, da er mit dem Hinabsteigen auf der gewundenen Stiege nicht unnötig Zeit verlieren wollte. Er verfügte, obwohl er bereits über fünfzig Jahre alt war, über eine physische Gewandtheit und Kraft, um die ihn so mancher junge Athlet beneiden konnte. Dabei hatte er schon eine ganze Schar von Enkelkindern. Unten sank er bis über die Knie ins Wasser, es spritzte ihm ins Gesicht. Er wischte sich mit der Hand die Augen aus und watete, als er sich an das Lade-Halbdunkel gewöhnt hatte, auf die linke Bordwand zu, wo durch das Leck glucksend wie ein reißender Bach das Wasser strömte.

Mit den Händen tastete er das durch eine Kugel gerissene Loch ab. Seine Miene verfinsterte sich. Die vier Zoll starken Kiefernbohlen der Außenhaut sowie die Innenverschalung waren zerstört. Große, zwei Ellen lange Splitter ragten in das Innere. Ein Eichenspant war gesprungen und eingeknickt. Zur Not konnte sich dort ein schmächtiger Mensch hindurchzwängen.

Das Wasser drang auch durch die nach dem Herausreißen der Kalfaterung entstandenen Ritzen und Spalten und spritzte nach allen Seiten. Es stieg rasch. Ob die Pumpen imstande wären, den Wasserstand zu senken oder zumindest für längere Zeit auf der gleichen Höhe zu halten, schien fraglich. Man mußte sie aber so schnell wie möglich einsetzen, um wenigstens den Zutritt zu dem Leck und seine provisorische Abdichtung zu ermöglichen.

Endlich kam Percy Burnes mit mehreren jungen Matrosen. Der Schiffszimmermann befahl ihnen, zwei Handpumpen in Gang zu bringen. Er selbst kehrte in größter Eile auf das Deck zurück, denn er wollte Marten über den Umfang des Schadens unterrichten und ihn zur sofortigen Rückkehr bewegen.

Marten hatte bereits selbst diesen Entschluß gefaßt, schon in dem Augenblick, als der verhängnisvolle, wahrscheinlich zufällige Schuß aus dem Heckgeschütz der Karavelle gefallen war. Das Dröhnen hatte die Anwesenheit der »Zephir« verraten. Deshalb war den beiden Schüssen aus ihren Falkonetten keine Bedeutung beizumessen. Die in einer Entfernung von anderthalb Meilen driftende Fregatte war so und so alarmiert. Man konnte nicht mehr damit rechnen, sie überraschend angreifen zu können. Mit dem gefährlichen Leck unter der Wasserlinie, dem zersplitterten Bugspriet und der damit verbundenen Beschränkung der Manövrierfähigkeit infolge des Fehlens der Klüver am Bug des Schiffes konnte Marten nicht einmal mehr im Traum daran denken, einen so starken Gegner allein anzugreifen. Das wäre Selbstmord gewesen.

Zu seinem großen Leidwesen konnte er auch auf keine Weise Gaspard Licou und seinen Leuten helfen. Marten mußte sie ihrem Schicksal überlassen, sich so rasch wie möglich zurückziehen und einem ungleichen Kampf ausweichen, der zweifellos mit seiner vollständigen Niederlage geendet hätte.

Deshalb sah Worst, als er aus dem dunklen Schiffsbauch ans Tageslicht zurückkehrte, anstatt der spanischen Fregatte und der in Flammen stehenden »L'Abeille« nur das leere, weite Meer und die aufgehende Sonne vor der »Zephir«.

Marten sprach zu niemand ein Wort. Unbeweglich, als wäre er mit dem Deck verwachsen, lauschte er mit starrem Gesicht und finster zusammengezogenen Brauen den Axthieben im Innern des Schiffes. Er kochte vor Wut und Demütigung.

Mißerfolge ertrug er nicht. Er hatte das Gefühl, als hätte ihm ein böswilliges, arglistiges Schicksal einen Schlag ins Gesicht versetzt und machte sich nun über seine Machtlosigkeit lustig. Der einzige Trost für ihn war, daß die »Zephir« trotz der erlittenen Schäden die spanische Fregatte, von der sie seit zwei Stunden verbissen verfolgt wurde, immer weiter zurückließ.

Es war nur ein schwacher Trost, denn Jan mußte besiegt, mit leeren Händen nach La Rochelle zurückkehren und hatte außerdem einen tapferen Verbündeten und Kameraden verloren. Als ein solcher hatte sich Gaspard Licou erwiesen . . .

Marten beschloß, zuerst Arcachon anzulaufen und dort die Schäden auszubessern. Er rechnete damit, der Goldflotte um ein beträchtliches zuvorzukommen. Selbst wenn der Aufenthalt in Arcachon drei oder vier Tage währte, konnte er noch La Rochelle erreichen, ehe dort die Nachricht eintraf, was sich vor Santa Maria ereignet hatte.

Er zweifelte nicht daran, daß die Spanier wegen dieses Bruches des eben erst abgeschlossenen Friedensvertrages Lärm schlagen würden, machte sich aber darüber keine Sorgen. Weder die »L'Abeille« noch die »Zephir« waren unter der Flagge der Bourbonen gesegelt, sondern unter der Korsarenfahne wie damals im Karibischen Meer und im Golf von Mexiko. Außerdem waren sie von den spanischen Schiffen beschossen worden, bevor sie das Feuer eröffnet hatten. Es war also möglich, sich an die Version der Selbstverteidigung zu halten. Da fremde Zeugen fehlten, konnte die gesamte Bemannung mit reinem Gewissen beeiden, daß es tatsächlich so gewesen sei.

Selbst wenn man ihren Aussagen keinen Glauben schenkte (was in Hinsicht auf die durch nichts gerechtfertigte Anwesenheit der beiden Korsaren im Bereich der Azoren durchaus der Fall sein konnte), dann würde wohl niemand in ganz

Frankreich die Schuldigen an dem Brand der Karavelle allzu streng verurteilen, zumal das Schiff sicherlich gerettet wurde und nicht beraubt worden war.

Und wen konnte denn eine Strafe treffen? Jan de Marten, den Mann, der die »Ehre Frankreichs« in der Seeschlacht bei der Île d'Oléron verteidigt hatte, den gleichen Jan Marten, der von König Heinrich dem Guten wie ein Freund umarmt und geküßt worden war? Nein, es lohnte nicht, sich wegen einer so dummen Geschichte den Kopf zu zerbrechen.

Schwerwiegender war etwas anderes. Martens Hoffnungen, die er auf die Fahrt gesetzt hatte, waren zunichte. Er hatte nichts erbeutet, sondern große Verluste erlitten. Und doch mußte er, sei es wie es sei, nach Danzig zurückkehren, wenn er nicht ein Pirat werden wollte.

Zwar befand sich England weiterhin im Kriegszustand mit Spanien, Marten konnte aber nicht mehr auf ein Korsarenpatent und die Gnade Elisabeths hoffen. Er konnte sich auch nicht in den Niederlanden anwerben lassen. Dafür gab es zwei gewichtige Gründe: Blieb er in den europäischen Gewässern, dann kam er weder zu einer rasch errungenen großen Beute noch zu erheblichem Gewinn. Ging er aber unter dem Befehl des Admirals Houtman oder Warwick auf große Fahrt nach Ostindien oder den Gewürzinseln, dann stieß er zweifellos auf den entschiedensten Widerstand Marias. Marten wußte nur zu gut, daß er nicht imstande war, diesen zu überwinden.

Danzig und die Aussicht, in der Kriegsflotte Sigismunds III. einen hohen Posten zu erlangen, lockten ihn immer mehr. Jetzt allerdings hatten solche Zukunftsträume viel von ihrem Glanz verloren, denn er mußte fast so nach der Ostsee zurückkehren, wie er sie vor fünfundzwanzig Jahren verlassen hatte, ohne Reichtum, der ihm den Kauf und die Ausrüstung einiger Schiffe gestattet hätte.

Sollte er noch einmal das Glück versuchen, Marten zuckte ungeduldig die Schultern, als schüttelte er diesen Gedanken ab. Wann und wo sollte er es versuchen? Ehe er in Arcachon alle Schäden behoben hatte, befand sich die Goldflotte bestimmt schon in der Nähe von Cadiz, war sicherlich wieder geordnet und wurde von einer zusätzlichen Eskorte geschützt, die zweifellos bereits im Hafen von Terceira ankerte oder aus Spanien dem Konvoi entgegensegelte. Marten fühlte sich vereinsamt, er war entmutigt. Ja, wenn seine früheren Gefährten noch bei ihm wären, mit denen er Ruhm und spanisches Gold erobert hatte! Richard de Belmont, Salomon White, William Hoogstone, Pierre Carotte und auch Henryk Schultz — nicht der heutige reiche Danziger Kaufherr, sondern der aus jenen Zeiten, da Francis Drake noch lebte und die schwarze Flagge mit dem goldenen Marder der Schrecken in den Gewässern von Campèche, inmitten der Antillen und der Bahamainseln, an der Küste von Neukastilien und Neuspanien war! Mit ihnen konnte er alles wagen. Jetzt war er allein mit seiner Mannschaft, die schwer an den Pumpen arbeiten mußte, um die »Zephir« segelfähig zu halten und sie bis zu dem nächsten befreundeten Hafen zu bringen. Hinter sich wußte er einen Feind, der ihm mit bewundernswerter Ausdauer verfolgte, und vor sich ...

Unwillkürlich blickte er nach vorn und hob dann den Kopf, um festzustellen, was der auf der Mars des Fockmastes sitzende Matrose machte. »He, da oben auf dem Fock«, rief er zornig. »Bist du blind geworden, oder hast du die Sprache verloren?«

Der Seemann ließ die Hand sinken, mit der er die Augen beschattet hatte. »Segel am Horizont vor uns!« sang er gedehnt. »Sehr viele Segel!«

Marten ging zum Steuer und griff nach dem Fernrohr. Er zog es aus dem Lederfutteral, putzte das Glas und sah hindurch.

Ungefähr zwanzig Schiffe mit roten Kreuzen auf den geblähten Segeln schnitten ihm den Weg nach Nordosten ab.

Die Eskorte aus Cadiz, dachte er.

Plötzlich krachte weit hinter dem Heck der »Zephir« ein Kanonenschuß. Das Geschoß erreichte sie nicht. Marten wußte, daß sich der Kapitän der Fregatte keineswegs in der Hoffnung gewiegt hatte, das feindliche Schiff zu treffen. Der Schuß war ein Signal für die spanische Eskader, die nach Westen, nach den Azoren, segelte, um den Schutz des Konvois zu verstärken.

Eine Minute später dröhnte ein zweiter Schuß, dem ein dritter, ein vierter folgten.

Die Signale wurde gehört. Die spanischen Schiffe änderten ihre Marschordnung und den Kurs, wandten sich gegen die »Zephir« und formierten sich zu einer riesigen Sichel, um sie zu fangen.

Selbst bei der verminderten Manövrierfähigkeit seines Schiffes wäre Marten in der Lage gewesen, dieser Falle auszuweichen. Als er jedoch den Horizont aufmerksam absuchte, bemerkte er im Osten eine zweite und dann noch eine dritte Eskader, die er nur an den über der Kimme auftauchenden Mastspitzen erkennen konnte. Der ganze Atlantik zwischen den Azoren und der portugiesischen Küste schien mit spanischen Schiffen besät zu sein.

Ich komme nicht durch, überlegte er. Ich darf nicht zuviel wagen. Er warf einen Blick auf die ihn verfolgende Fregatte. Sie segelte scharf am Wind ungefähr drei Meilen hinter ihm. Jan war klar, daß der spanische Kapitän, sollte die »Zephir« nach links oder rechts abbiegen, um zu wenden, sofort versuchen würde, ihr den Weg abzuschneiden. Selbst wenn ihm das nicht gelänge, würde er sich beträchtlich nähern, und die »Zephir« käme in den Bereich des wirkungsvollen Artilleriefeuers.

Einen anderen Ausweg gibt es aber nicht, stellte Marten im stillen fest. Man muß ihm nur, wenn möglich, die Lust auf einen Kampf auf zu kurze Distanz nehmen.

Die Mutlosigkeit und Apathie verließen ihn vollständig. Er war erregt wie stets angesichts einer schwierigen, gefahrvollen Aufgabe. Sein Gehirn arbeitete genau und logisch. Er rief Grabinski und Pociecha zu sich und unterrichtete sie über seine Absichten. Dann gab er die erforderlichen Befehle und teilte die Mannschaft zur Bedienung der Pumpen, der Geschütze und zur Ausführung der Segelmanöver ein.

Er erinnerte sich, daß er sich schon einmal in einer ähnlichen Lage befunden hatte, nämlich damals, als er vor den Schiffen des Vizekönigs aus dem Hafen von Tampico im Golf von Mexiko entkommen war und dann mit zerschmettertem Großmast, ohne Geschütze, von der Provinzialflotte aufgespürt und gehetzt, einige tausend Meilen vom sicheren Hafen der Flüchtlinge entfernt, zwischen den kleinen Antillen und im Karibischen Meer umhergeirrt war. Damals war er entkommen. Am Ende jenes Abenteuers begegnete ihm aber eine noch größere Enttäuschung. Er stand vor den Ruinen des unabhängigen Königreiches Amaha, den Trümmern seiner Jugendträume und großen Pläne, und erlitt eine materielle und moralische Niederlage. Sollte sich das Schicksal wieder gegen ihn wenden? Er spürte, daß ihn eine heiße Welle wie der Gluthauch eines glühenden Ofens überflutete.

»Genug damit«, sagte er laut, erteilte Grabinski den Befehl zum Wenden und gab Tessari, der am Steuerrad stand, ein Zeichen.

Die »Zephir« wendete bei halbem Wind nach Backbord und erhöhte sofort ihre Geschwindigkeit. Der Kapitän der Fregatte tat das gleiche und behielt die Entfernung bei, die beide Schiffe trennte. Sie fuhren nun fast parallel zueinander weiter.

Er hat sich nicht verlocken lassen, dachte Marten. Er weiß, daß ich ihm weder nach Osten noch nach Norden entkommen kann. Nun wartet er auf die nächste Wendung nach Backbord. Dann hat er die Möglichkeit, mir den Weg abzuschneiden. Zunächst wollen wir aber Vorsprung gewinnen.

Die »Zephir« war tatsächlich schneller als die spanische Fregatte. Trotz des Lecks entwickelte sie unter allen Segeln und mit Hilfe dreier behelfsmäßiger Klüver, die an dem Stumpf des Bugspriets befestigt worden waren, zehn bis elf Knoten.

Das konnte jedoch nicht lange so weitergehen. Da sich das Schiff unter dem Druck des Windes nach Backbord neigte und seine Geschwindigkeit erhöhte, vergrößerte sich wieder das eben erst notdürftig abgedichtete Leck. Das Wasser riß die Kalfaterung heraus, drang durch die Spalten, stürmte gegen die vor dem Loch angebrachten Latten und drohte diese zu zerbrechen. Worst und seine Leute stützten sie mit Stempeln und verstärkten sie mit Pflöcken. Sie arbeiteten bis ans Knie, dann bis an die Hüften in dem brodelnden Element, das sich nicht bezähmen ließ und jeden Augenblick das Übergewicht über sie erlangen konnte. Die Pumpen ächzten dumpf, schluckten das trübe Wasser und spien es ins Meer. Doch es stieg unaufhörlich. Jedesmal, wenn sich die »Zephir« zur Seite neigte, entstand im Laderaum eine Welle, überschlug sich unter der Decke, warf die Leute durcheinander und schleuderte polternd Balken und Bretter gegen die Bordwand.

Die »Zephir« legte sich unter dieser Last immer tiefer, mit immer größerer Anstrengung richtete sie sich auf, bohrte den Bug in das Meer und wehrte sich verzweifelt. Wenn das Wasser rauschend und glucksend zu der einen Bordwand flutete, taumelte sie nach dieser Seite und blieb machtlos liegen wie ein schwer beladener Wagen, der mit einem Rad in einem Loch auf einem sumpfigen Weg stecken bleibt.

Marten konnte das nicht länger ertragen. Die Qualen des Schiffes waren seine Qualen. Er fühlte sie mit allen seinen Nerven, als wären die Stage und Wanten des Schiffes die Fasern seiner eigenen Muskeln und Sehnen.

Er sah sich nach der Fregatte um. Sie pflügte eine breite Furche in die sonnenglänzende Oberfläche des Meeres und folgte nicht ganz drei Meilen backbords unter Seitenwind. Diese Entfernung behielt sie unverändert bei, als laufe sie im Schlepp einer langen, unsichtbaren Trosse. Steuerbords tauchten immer mehr Segel und Masten mit den im Winde wehenden gelbroten Flaggen Spaniens auf.

Marten befahl, die Rahen zum Wenden umzubrassen und so zu steuern, daß die »Zephir«, den Vorsprung ständig haltend, so rasch als möglich vor dem Bug der Fregatte vorbeisegeln konnte. Dadurch gewann sie noch günstigeren Wind, sie lag fast vor dem Wind, was ein zusätzlicher Vorteil war. Insbesondere wurde die linke Bordwand entlastet und das Eindringen von Wasser verringert.

Der Kommandant der Fregatte, der anscheinend der Feuerkraft und der Reichweite seiner schweren Geschütze vertraute, reagierte nicht auf den Kurswechsel. Beide Schiffe fuhren jetzt auf zwei aufeinander zulaufenden Bahnen. Dort, wo sich diese kreuzten, mußte es zum entscheidenden Kampf kommen; denn die Entfernung zwischen den beiden Schiffen betrug auch bei den für Marten günstigsten Umständen höchstens eine dreiviertel Meile.

So geschah es. Bevor jedoch die ersten Schüsse fielen, konnten sich Marten und seine Leute mit eigenen Augen überzeugen, welches Schicksal Gaspard Licou und einige Matrosen der »L'Abeille« getroffen hatte. Sie baumelten an den Händen von den Stagen des Fockmastes, schaukelten dicht über dem Bugspriet gleichmäßig hin und her. Auf ihren nackten, blutbedeckten Körpern waren die Spuren der unmenschlichen Torturen zu erkennen, denen man sie unterworfen hatte. Sie lebten noch. Licou schrie etwas. Ein blonder Schiffsjunge, der etwas höher hing, versuchte vergeblich mit den Füßen ein quergespanntes Seil zu erreichen, um eine Stütze zu finden und den gequälten Armen Erleichterung zu verschaffen.

Grabinski biß die Zähne zusammen und wandte sich ab. Er wußte genausogut wie jene Unglücklichen, daß das einzige, was Marten für sie tun konnte, darin bestand, ihren Tod zu beschleunigen. Sie konnten sich keiner Täuschung mehr hingeben. Deshalb drängte wohl Gaspard Marten, das Feuer zu eröffnen.

Gleich die ersten Schüsse der Musketiere und Arkebusiere der »Zephir« machten ihren Qualen ein Ende. Ein gutgezielter Schuß aus einer Viertelkartaune zerschmetterte die obere Marsrahe. Sie stürzte polternd auf das Deck und riß im Fallen die Stage mit sich. Die spanischen Hakenbüchsen und Geschütze antworteten sofort, verwundeten mehrere Leute, durchlöcherten Segel, doch der größte Teil der Bomben und Kugeln ging fehl und richtete keinen Schaden an. Dagegen verwüstete eine Breitseite von Tomasz Pociecha die Takelage der Fregatte derart,

daß am Großmast kein Fetzen Segeltuch mehr blieb und das vordere große Segel wie ein unnützer zerschlissener Sack herabhing. Ein paar von beiden Seiten abgefeuerte Geschosse, die noch ihr Ziel erreichten, durchschlugen entweder die Wände der Kastelle oder rissen Holzsplitter aus den Bohlen der Decks und den Bordwänden. Keines von ihnen konnte die »Zephir« oder die Fregatte manövrierunfähig machen, denn die Entfernung zwischen beiden Schiffen wuchs immer mehr. Von Sekunde zu Sekunde wurde die zerstörende Kraft der Kugeln geringer.

Bald darauf gab die Fregatte die Verfolgung auf. Der Korsar entfernte sich rasch vor dem Wind. Die Segel und Rahen des Spaniers befanden sich in einem so kläglichen Zustand, daß er kaum den Kurs einhalten konnte. Sie mußten, so rasch es ging, ausgewechselt oder ausgebessert werden, damit die von den Gefangenen erpreßten Nachrichten auf schnellstem Wege in die Hände des Admirals Torres gelangten.

Die schlimmen Vorahnungen, die Marten vor dem Beginn des Artillerieduells mit der spanischen Fregatte heimgesucht hatten, als er sich seiner Niederlage im Karibischen Meer und im Golf von Mexiko erinnerte, erfüllten sich. Die Spanier verfügten diesmal über genügend Schiffe zum Schutz der Goldflotte. Die Eskader des Admirals Torres, die nach der Aufhebung der Blockade der Westküste Frankreichs — einer Folge des Friedensschlusses von Vervins — frei wurden, fuhren dem Konvoi entgegen. In der Nähe der Azoren sammelte sich beinahe die Hälfte der gesamten Kriegsflotte Philipps II. Als ihrem Kommandanten von einem Kapitän über das Gefecht mit zwei Schiffen an der Küste von Santa Maria berichtet wurde und er erfuhr, daß die angeblichen Piraten in französischen Diensten standen, schrien seine beleidigte ritterliche Tugend und sein Rechtsempfinden nach Vergeltung. Der unglückliche Kapitän erhielt statt des erwarteten Lobes und einer Belohnung einen derben Fußtritt dafür, daß er es nur zur Explosion der Pulverkammer und zur Versenkung des Wracks der »L'Abeille« hatte kommen lassen, daß die Gefangenen tot waren und man die Leichen leichtsinnigerweise über Bord geworfen hatte. Gleich darauf nahmen auf Befehl des Admirals zehn Fregatten die Verfolgung der »Zephir« auf. Torres erklärte dem Kommandanten, daß er ihm ohne den in Fesseln gelegten frechen Korsaren und ohne dessen verfluchtes Schiff im Schlepptau nicht unter die Augen kommen dürfe.

Der Kommandant war kein anderer als der Kommodore Blasco de Ramirez. Als er den Namen Marten hörte, erblaßte er vor Wut und knirschte so laut mit den Zähnen, daß ihn der Admiral erstaunt ansah.

»Was gibt's, zum Teufel?« knurrte er. »Gefällt Euch die Sache nicht?«

»Bei den Wunden des Heilands«, stammelte der Kommodore. Er konnte nur mit Mühe Atem holen. »Bei den Wunden Christi, ich wünsche nichts sehnlicher als gerade das.«

Wieder wandte sich das Schicksal gegen Marten. Ramirez verfolgte ihn mit der Rachsucht und Verbissenheit eines wütenden Stiers. Endlich bot sich ihm die Gelegenheit, von der er seit dem Augenblick träumte, als er vor den Augen seiner Verlobten, die diesen Kerl gewählt hatte, geschlagen und entehrt das Deck der »Zephir« verlassen mußte. Seit jener Zeit klangen ihm die höhnischen Worte seines Rivalen im Ohr: »Ich werde dich nicht mehr verfolgen, wenn du mir nicht in die Quere kommst. Solltest du noch irgendwann einmal versuchen, mich heimtückisch zu töten, wie du es heute versucht hast, lasse ich dich einfach aufhängen. Vorher schneide ich dir aber noch das zweite Ohr ab.«

Instinktiv berührte er die Stelle unterhalb der rechten Schläfe, wo die schimpfliche Narbe von dem Degenhieb zurückgeblieben war. Jetzt werde ich dir die Ohren abschneiden, dachte er. Ich werde dir alles zurückzahlen.

In der Tat, mit einer derart erdrückenden Übermacht konnte er das vollbringen, und er tat alles, die erhaltenen Befehle so rasch wie möglich auszuführen. Ramirez spürte Marten an der Südküste der Insel Fayal auf und bemühte sich dann, ihn zwischen São Jorge und Graciosa einzuschließen. Es gelang ihm nicht. Er erreichte aber so viel, daß Marten den Gedanken, auf dem kürzesten Weg einen französischen Hafen zu erreichen, fallenließ und sich entschloß, die Azoren von Westen her zu umschiffen, einen großen Bogen nach Norden zu beschreiben und fern vom Weg der Goldflotte weiterzusegeln.

Auch dort fand er keine Ruhe. Die Fregatten des Kommodore de Ramirez verfolgten ihn Tag für Tag, Nacht für Nacht. Die »Zephir« war weiterhin leck, die Leute an den Pumpen kamen von Kräften, es fehlte an Trinkwasser. Ungewöhnliche Hitze, lang anhaltende Windstillen verschworen sich gegen die Bemannung und den Kapitän.

Erst am vierundzwanzigsten Juli sichtete Marten das grüne Ufer der Île d'Oléron. Am nächsten Tag, achtundsechzig Tage, nachdem er in La Rochelle den Anker gelichtet hatte, steuerte er sein schwerbeschädigtes Schiff an der am Hafeneingang ankernden »Victoire« vorbei in den Hafen. Kein Gruß, kein Zuruf waren zu hören.

Nein, es war keine triumphale Rückkehr. Den Kapitän und die Bemannung des Korsarenschiffes erwartete niemand, wie es gewöhnlich der Fall war, wenn sie mit reicher Beute heimkehrten. Die Hafenschenken, die Wirtshäuser und Weinstuben füllten sich dann mit gebetenen und ungebetenen Gästen, Freunden, Bekannten und Bekannten der Bekannten, Abenteurern, die sich zufällig dazugesellten, und gewöhnlichen Gaffern. Wer konnte, eilte in den Hafen, um sich auf Rechnung der siegreichen Korsaren satt zu essen und zu trinken. Jedem Matrosen hingen zwei

Mädchen an den muskulösen Armen. Diesmal kam nur die Schaluppe des Marineamtes der »Zephir« entgegen. Ihr Steuermann wies dem Lotsen den Ankerplatz am Kai des Binnenhafens an und rief Marten zu, er solle sich so schnell wie möglich in der Kommandantur der Flotte melden.

Ermüdet und in düsterer Stimmung überließ Marten Grabinski und Tomasz Pociecha die Aufsicht über das Bergen der Segel und das Festlegen der Trossen an den Pollern und ging an Land. Bevor er sich zum Admiral begab, wollte er eine Kleinigkeit essen und seinen Durst löschen. Als er in eine lange Gasse einbog, in der sich die besten Herbergen und Wirtshäuser befanden, begegnete er zwei Offizieren der königlichen Flotte, die er vom Sehen her kannte. Sie zogen höflich die Hüte und vertraten ihm den Weg. Der ältere von ihnen, ein Hauptmann der Musketiere, sprach ihn in trockenem, dienstlichem Ton an: »Chevalier de Marten, auf Befehl Seiner Exzellenz des Konteradmirals de Tourville verhafte ich Euch im Namen des Königs. Ich bitte, mir den Degen und die Pistolen zu übergeben.«

Marten verschlug es die Sprache. Er starrte bald den einen, bald den andern an, als hätte er sie in Verdacht, betrunken zu sein oder den Verstand verloren zu haben. »Soll das ein Scherz sein?« fragte er schließlich und zog die Brauen zusammen.

»Leider nicht«, antwortete der Hauptmann. »Ihr seid der Insubordination und, was noch schlimmer ist, des Überfalls auf spanische Schiffe zu Friedenszeiten angeklagt«, fügte er weniger offiziell hinzu. Als er sah, daß Marten keine Anstalten machte, sich zu widersetzen, fuhr er beinahe kameradschaftlich fort: »Der Teufel soll mich holen, Kapitän Marten, wenn ich den Befehl unseres Admirals gern ausführe. Ihr könnt mir glauben, daß er selbst aufrichtig betrübt ist über diese Wendung der Dinge. Ihr habt Euch eine üble Suppe eingebrockt. Der spanische Gesandte hat Protest und Klage beim König erhoben. Clisson reibt sich die Hände vor Freude, daß Ihr gestrauchelt seid. Ich hoffe, daß Ihr mir meine unangenehme Mission nicht erschweren werdet. Euer Widerstand ist zwecklos und eine Flucht unmöglich. Am Hafeneingang liegt ein Schiff, das den ausdrücklichen Befehl hat, es nicht dazu kommen zu lassen.«

»Ich habe es gesehen«, murmelte Marten. »Herr de Clisson wählte zu meiner Bewachung meine Freunde aus, wahrscheinlich, um mich noch mehr zu demütigen«, sagte er mit einem verächtlichen Lächeln. »Seine Königliche Majestät nannte mich auch seinen Freund. Ich glaube, daß ich dieser Freundschaft vertrauen kann.« Er schnallte den Degen ab und übergab ihn mit den Pistolen dem Offizier.

»Ich bitte, die Waffen sorgfältig aufzubewahren«, sagte er mit einer leichten Verbeugung. »Ich hoffe sie bald zurückzuerhalten.«

»Das wünsche ich Euch aufrichtig«, antwortete der Hauptmann. »Gehen wir.«

König Heinrich IV. hatte nach dem Abschluß des Vertrages von Vervins die Wahl, entweder den Frieden mit Spanien und das Bündnis mit Philipp II. zu festigen oder eine Übereinkunft mit den protestantischen Staaten gegen Madrid anzustreben. Für die erste der beiden Alternativen sprachen sich die französische katholische Geistlichkeit, die früheren Anhänger der Liga und Papst Clemens VIII. aus. Die zweite unterstützten die Hugenotten und die klügsten Staatsmänner aus den Reihen des Königlichen Rates. Heinrich neigte zu deren politischer Konzeption, er mußte aber wenigstens vorläufig den Schein wahren.

Die Nachricht von den Übergriffen Martens, die durch das dem unglücklichen Gaspard Licou abgepreßte Geständnis und die Beweisstücke, die der spanische Gesandte bei seinem Protest vorlegte, erhärtet wurde, erzürnte den König. Er hatte genug Sorgen und Ungelegenheiten mit den ewig Unzufriedenen, den »Ligaleuten«, den Katholiken und Hugenotten, die ständig untereinander haderten und Unfrieden stifteten, mit Verrat und Abfall drohten, ja sogar durch die Agenten Philipps II. geschürte Verschwörungen gegen ihn anzettelten. Nach außen drohte ein bewaffneter Konflikt mit Karl Emanuel I., Herzog von Savoyen, und die Franche-Comté, Lothringen und Flandern — Länder, deren Bevölkerung seit jeher französisch sprach — warteten auf die Vereinigung mit Frankreich.

Mit Politik, mit der Bekämpfung der sich auf dem gewählten Weg auftürmenden Schwierigkeiten und der Beilegung der Streitigkeiten vollauf beschäftigt, verlor der König leicht die Geduld und geriet in Zorn, selbst dann, wenn die Ursache der zusätzlichen Sorgen treue Untertanen waren, die zweifellos Verdienste um den Thron hatten.

Der Tod des Grafen Blanquefort, der im Duell mit Marten ums Leben gekommen war, rief schon genug Unruhe hervor. Es hatte nicht wenig Anstrengungen gekostet, Marten zu schützen und dem Druck der Barone und des hugenottischen Adels nicht nachzugeben, die seinen Kopf gefordert hatten. Nun verlangten die katholischen Herren, die Bischöfe und der spanische Gesandte das gleiche.

»Dein Marten erlaubt sich zuviel«, sagte Heinrich zu Maximilian de Béthune, als sein erster Zorn verraucht war. »Zuerst schießt er auf den von mir frisch ernannten Gouverneur wie auf ein Kaninchen, dann bricht er den von mir erst vor kurzem geschlossenen Frieden, und morgen kommt ihm vielleicht in den Sinn, den Louvre zu zerstören oder Elisabeth den Krieg zu erklären! Man muß ihn exemplarisch bestrafen, sobald er zurückkehrt. Ich glaube, Torres verfolgt ihn auf dem ganzen Atlantik. Denke daran, mein Rosny. Inzwischen lasse ich ihn einsperren, wenn er sich im Hafen zeigt, damit er sich nicht womöglich unserer Westflotte bemächtigt und mit ihr gegen Cadiz segelt. Das sähe ihm wirklich ähnlich . . .«

Herr de Béthune sandte entsprechende Befehle nach Bordeaux und La Rochelle. Da er rasch und praktisch dachte, ordnete er nicht nur an, den widerspenstigen Korsaren für alle Fälle auf der Festung einzusperren, sondern auch sein Schiff und das ganze Eigentum zu beschlagnahmen.

Im Zusammenhang damit kamen Steuerbeamte in das Kontor von Henryk Schultz und verlangten, alle Bücher zu sehen, die die laufenden Konten der Gläubiger, insbesondere das Konto von Jan Marten, enthielten. Der Saldo dieses

Kontos wies eine beträchtlich niedrigere Summe aus, als anzunehmen gewesen war. Anfangs erweckte das Verdacht. Die genaue Kontrolle zeigte aber, daß es Marten tatsächlich im Verlauf zweier Jahre fertiggebracht hatte, das bei der Eroberung der spanischen Karavelle »Santa Cruz« erbeutete riesige Vermögen durch seine kostspielige Lebensweise zu vergeuden. Das, was die Bücher auswiesen, war beinahe sein ganzes Vermögen, wenn man das Besitztum Margaut-Médoc nicht rechnete.

Die Rechnungsführer der Finanzkontrolle begaben sich dorthin, nachdem sie das in der Filiale von Schultz noch vorhandene Bargeld in Gold zugunsten des Staates sichergestellt hatten. Als sie jedoch nach Margaut-Médoc kamen, fanden sie dort von Unkraut, Efeu und Winden überwucherte Trümmer vor. Es gab nichts mehr, wo man hätte ein Pfandsiegel anbringen können. Der Richter von Pauillac, ein gewisser Herr de Castelnau, bezweifelte, daß sich für diesen Besitz ein Käufer finden werde, falls er versteigert würde.

Es blieb also nur noch das Schiff, doch mit dem sollte sich die Admiralität befassen oder, besser gesagt, der Befehlshaber der Flottille »La Rochelle«, Konteradmiral de Tourville. Bisher war aber weder das Schiff noch sein Kapitän in den Hafen zurückgekehrt. Beider Schicksal entschied sich irgendwo auf dem Ozean zwischen den Azoren und der Westküste Frankreichs.

Henryk Schultz ahnte nach dem Besuch der Beamten Herrn de Béthunes in seiner Filiale trotz deren Verschwiegenheit sofort, worum es sich handelte. Er begann, auf eigene Faust Nachforschungen anzustellen, denn er wollte die ganze Wahrheit und alle Einzelheiten erfahren. Das gelang ihm ohne besondere Schwierigkeiten. Dank seinen Verbindungen und Bekanntschaften erhielt er bereits am nächsten Tag erschöpfende Informationen, die nicht nur den Kern der Dinge, sondern auch die sich daraus ergebenden Folgen betrafen. Er brachte unter anderem in Erfahrung, daß Marten nicht die Todesstrafe drohte, was Louis de Margaux befürchtet hatte. Voraussichtlich würde der König Jans Verfehlungen der Vergessenheit anheimfallen lassen. Marten verliert allerdings den Rest seines Vermögens, das heißt, er hat ihn bereits verloren, überlegte Schultz, als er die ganze Situation überblickte. Niemand kann Herrn de Béthune das Geld wieder entreißen, das er für den Staatsschatz beschlagnahmt hat. Aber sie lassen Marten die »Zephir«. Das hat seine guten und seine schlechten Seiten. Gute, weil ich das Schiff nie in meinen Besitz bringen könnte, wenn es in das Eigentum der königlichen Flotte überginge. Schlechte, weil Marten der Gedanke kommen kann, an einem anderen Unternehmen teilzunehmen, zum Beispiel an der Eroberung von Neufrankreich unter Samuel de Champlain. Ich will ihn aber in Danzig haben, und zwar so schnell wie möglich. Ihn, sein Schiff und diese Frau oder vielleicht umgekehrt, sie, das Schiff und ihn. Schließlich könnte ich ihn auch seinem Schicksal überlassen, wenn Maria Francesca und die »Zephir« mir gehören. Ich habe ja noch den Grabinski. So wäre es eigentlich am allerbesten. Marten brauche ich nicht mehr. Ihm fehlt die Gnade Gottes, die Gnade und der Reichtum. Aber das ist eigentlich ein und dasselbe, denn Gott liebt nur die Reichen.

Durch diesen edlen Grundsatz gestärkt, kehrte er in Gedanken nach Danzig zurück, besser gesagt, zu seinen Familienangelegenheiten, die dort nur einem Kreis städtischer Würdenträger bekannt waren.

Schultz besaß eine Frau. Er hielt das vor Marten und Señorita de Vizella geheim, denn er war der Meinung, daß er so leichter deren Gunst erobern könne. Er hatte natürlich des großen Vermögens wegen geheiratet und auch deshalb, um mit der reichsten und einflußreichsten Danziger Familie, den Zimmermanns, verwandt zu werden. Fräulein Gertrude Zimmermann war die einzige Tochter und die Erbin eines Riesenkapitals, vieler Häuser, Unternehmungen und Schiffe. Sie zeichnete sich aber weder durch Intelligenz noch durch Schönheit aus. Diese Mängel wurden durch ihre Mitgift und — in der Zukunft — den Reichtum ihres Vaters Rudolf Zimmermann wettgemacht.

Ja die Zukunft zauberte vor das geistige Auge von Henryk Schultz lockende Bilder. Dagegen weckte die Gegenwart, besonders sein Eheleben, eher Widerwillen und Verachtung in ihm. Sooft er die Marmorschwelle seines neuen Hauses neben dem Grünen Tor am Ende des Langen Marktes überschritt, vergiftete ihm der Gedanke an Gertrud, mit der er an einem Tisch sitzen und das riesige geschnitzte Ehebett teilen mußte, jeden Augenblick der Muße. Er zögerte immer wieder, die Schwelle zu überschreiten. Sein Blick irrte über die meisterhaft geschmiedete Balustrade des Vorbaues, er betrachtete die vergoldeten Rosetten der Gesimse jenes Hauses, das ihm so gefallen hatte, als er es als Hochzeitsgeschenk von seinem Schwiegervater erhielt. Jetzt barg es sein Unglück, all das, womit er den Reichtum erkauft hatte. Schließlich betrat er mit einem tiefen Seufzer den Flur und ging, nachdem er Hut und Mantel abgelegt hatte, schweren Schrittes weiter, um seine Frau mit einem Kopfnicken und einem kühlen konventionellen Kuß auf ihre allzu hohe Stirn zu begrüßen.

Er sprach fast überhaupt nicht mit ihr, sondern eher zu sich selbst, oder er dachte laut in ihrer Gegenwart, überzeugt davon, daß die beschränkte, schweigsame Frau nicht viel von seinen Monologen verstand. Gertrude lächelte schüchtern und vorsichtig, um nicht ihre gelben, schadhaften Zähne zu zeigen, oder seufzte, wenn sie glaubte, daß Henryk irgendwelche Sorgen habe.

Sie war apathisch und — wenigstens dem Anschein nach — gedankenlos. Ihre hagere, knochige und flache Gestalt, das schüttere Haar, die runden, ausdruckslosen Vogelaugen, ihr ganzes Äußere konnte wirklich keine zärtlichen Gefühle wecken, höchstens Mitleid.

Henryk Schultz bemitleidete sie jedoch keineswegs. Kehrte er später nach Hause zurück und traf er sie bereits im Nachthemd an, im ehelichen Schlafgemach geduldig wartend, geriet er beim Anblick ihres mit Lockenwickeln geschmückten Kopfes und des dünnen Halses, der wie der Stengel einer Georgine aus dem sparsamen Ausschnitt des Hemdes herausragte, in Versuchung, die welke Blüte abzureißen und auf den Kehrichthaufen zu werfen.

Er unterlag nicht dem Spiel seiner Einbildungskraft, obwohl ihn der Gedanke, sich seiner Frau zu entledigen, oft verfolgte, besonders dann, wenn in seiner Erinnerung ein anderes Bild — das der Señorita de Vizella — auftauchte. Übrigens durfte er von derartigem nicht einmal träumen. Gertrude mußte ihre Eltern überleben, wenn er das Vermögen Rudolf Zimmermanns erben wollte. Außerdem zweifelte er, ob er genügend Kaltblütigkeit und Mut besäße, ein solches Verbrechen zu begehen, selbst wenn er zu Gift Zuflucht nähme oder ein anderes Mittel fände, seine Frau zu beseitigen.

Sooft er von solchen Vorstellungen heimgesucht wurde, schwitzte er mehr als gewöhnlich, und der Magen drehte sich ihm um, als hätte er ein Stück heißen Eisens geschluckt. Er wälzte sich stöhnend in seinem Bett. Gertrude stand auf und brachte ihm Kamillentee. In ihrer Naivität und Dummheit glaubte sie, daß er nach einem reichlichen Abendessen im Artushof Verdauungsstörungen habe.

Er brauchte nicht Kamillentee und nicht ihre Fürsorge, sondern etwas anderes: eine Freundin und Gefährtin wie Maria Francesca, ihre heißen Blicke, ihre weichen Arme, ihre Küsse!

Als er über das weitere Geschick Martens und der »Zephir« nachdachte, kam er zu dem Schluß, daß nun Aussichten bestanden, all diese Wünsche und Begierden zu erfüllen. Er erhob sich und begann, durch die leeren Räume seines Kontors zu wandern. Ohne Licht anzuzünden, kreiste er im anbrechenden Dunkel um die hohen Schreibpulte wie ein Gespenst mit bleichem, bösem Gesicht, in dem man vergebens nach einer Spur von Erbarmen, Mitgefühl oder Bedenken gesucht hätte. Sachlich und logisch erwog er einen bestimmten Plan, genoß dann wieder beunruhigende und zugleich verlockende Gedanken, wobei er seine trockenen Lippen mit der Zungenspitze anfeuchtete, und erachtete endlich seine Absichten und Entschlüsse für klug und lobenswert. Sein ruhiger und wendiger Verstand lieferte ihm die Rechtfertigung für seine lüsterne Begehrlichkeit, für seine Leidenschaften, von denen er sich leiten ließ, und fand zugleich den Weg zu ihrer Befriedigung.

Henryk Schultz, der eifrige Sohn der Kirche, schloß die Tür ab, ließ den Schlüssel beim Hausmeister und lenkte, nachdem er sich bekreuzigt hatte, seine Schritte nach der Vorstadt von Bordeaux, wo Señorita de Vizella mit der von ihr unzertrennlichen Kammerfrau Leonia in einer kleinen Villa wohnte, die der Witwe eines reichen Likörfabrikanten gehörte.

Maria Francesca konnte nach dem langen Gespräch, das sie mit Schultz geführt hatte, nicht einschlafen. Er war zum Abendbrot geblieben und erst vor Mitternacht fortgegangen. Die Nachrichten, die er ihr gebracht hatte, erschütterten sie. All das, worüber er anschließend mit ihr gesprochen hatte, kam ihr unklar und ungewiß vor. Bestimmt wollte er sie damit beruhigen und trösten, doch er hatte sie nur noch mehr erschreckt.

Sie war ratlos, fühlte sich verlassen, von den Freunden verraten und von dem falschen, rücksichtslosen Herrn de Béthune eingekreist, bedrängt, dem gleichen Maximilian de Béthune, der ihr vor gar nicht so langer Zeit den Hof gemacht und sein besonderes Wohlwollen gezeigt hatte.

Geheuchelt hatte er, ihr gegenüber Komödie gespielt, um dem König zu gefallen. Bei der ersten sich bietenden Gelegenheit hatte er Jan das Geld geraubt, und nun lauerte er auf ihren Schmuck... So behauptete wenigstens Schultz. Sie glaubte ihm, denn er hatte ihr die Steuerquittungen und die Abschrift der Anordnung über die Beschlagnahme des ganzen Vermögens Martens gezeigt. Sie konnte und wollte anfangs nicht glauben, daß das alles auf Befehl des Königs geschah. Schultz überzeugte sie jedoch. Auch dafür hatte er Beweise. Er kannte sich in diesen Dingen aus wie kein anderer.

Der König... Sie schürzte verächtlich die Lippen. Ob er auch befohlen hat, mir die Ohrringe und den Fingerring mit dem Saphir abzunehmen, den ich von ihm nach jener Nacht von Liebesbeteuerungen und Versprechen erhalten habe?

Er hatte kein einziges Versprechen gehalten. Er war sogar beleidigt gewesen, als sie zu ihm gekommen war, ihn um Schutz vor den wütenden Hugenotten zu bitten, die nach dem verhängnisvollen Duell mit dem Grafen de Blanquefort den Tod Martens gefordert hatten.

Sie haßte jetzt den König ebenso leicht, wie sie ihm damals nachgegeben hatte. In ihren Augen war er nur ein gewöhnlicher Lüstling, der außerdem noch stank wie ein alter Bock.

Schultz warnte sie davor, mit der Gunst des Königs zu rechnen. Es war eine überflüssige Warnung. Sie fühlte sich durch dieses flüchtige Liebesabenteuer gedemütigt und wollte nicht mehr daran denken. Sie dachte an Armand d'Ambarés. Seit vielen Monaten hatte sie ihn nicht mehr gesehen. Sicherlich machte er sich nicht viel aus ihr. Er hatte sie vergessen...

»Und Richard de Belmont?«

»Belmont ist in Paris«, sagte Schultz, »vielleicht auch in Amsterdam. Er beschäftigt sich wie früher, als er in den Diensten des Grafen Essex stand, mit Diplomatie. Glaubst du und vertraust du ihm mehr als mir?«

Maria Francesca sah ihn erstaunt an. Es schauderte sie. Bigotte, engherzige Tugend, Habgier und lüsterne Begehrlichkeit prägten sich in Schultz' Gesicht aus, blickten hinter der Maske der Melancholie hervor. Und doch war er der einzige, der sie in der Not nicht verließ.

Sie streckte die Hand aus. Schultz ergriff sie und führte sie an den Mund. Sie fühlte die Berührung der trockenen Lippen auf ihrer Haut.

»Ich werde alles tun, um es nicht zu einer Katastrophe kommen zu lassen«, sagte er. Dann unterbreitete er ihr seinen Plan, der ihr im Prinzip außerordentlich einfach vorkam. Er drängte, daß sie sich mit seiner raschen Verwirklichung einverstanden erkläre.

Maria Francesca war bereits entschlossen, seine Ratschläge zu befolgen, verlangte aber noch zwei Tage Bedenkzeit. Sie wollte erst alles in Ruhe überlegen und sich mit der neuen Situation vertraut machen.

Erst als Schultz gegangen war, bemächtigten sich ihrer Zweifel und Furcht. Sie legte sich hin, doch der Schlaf floh ihre müden Lider. Unruhig wälzte sie sich von einer Seite zur anderen, den Kopf voll wirrer Gedanken. Sie spürte ein Stechen im Herzen.

Sie stand auf und öffnete das Fenster. Blasser Dämmerschein breitete sich schon über den Garten aus und verdrängte das Dunkel der Nacht. Der kühle Hauch des Morgenwindes erfrischte sie, vertrieb aber nicht das quälende, bedrückende Gefühl der Unsicherheit und Angst.

Sie setzte sich vor den Spiegel, Tränen rannen über ihre bleichen Wangen. Sie weinte und wußte eigentlich nicht, weshalb, gewiß nicht aus Angst vor dem Tod, an den sie vor einer Weile erinnert wurde, als sie den stechenden Schmerz im Herzen spürte. Sie fürchtete den Tod nicht halb so sehr wie Not und Altern. Sie hatte Angst, die Glätte der Wangen, den Glanz des Haares, das blendende Weiß der Zähne zu verlieren. Es war ihr ein entsetzlicher Gedanke, daß es ihr an Kleidern mangeln, daß sie einmal gezwungen sein könnte, ihren Schmuck zu veräußern, um die einfachsten Bedürfnisse befriedigen zu können.

Doch im Augenblick dachte sie nicht daran. Sie weinte wie einst, als sie, noch ein kleines Mädchen, ohne sichtbaren Grund von Wehmut und Trauer erfaßt wurde. Wie einst brachten ihr die Tränen Erleichterung.

Sie trocknete die Augen und betrachtete sich im Spiegel. Ihr Abbild erfüllte sie mit neuen Zweifeln. Sie hatte den Eindruck, als sei sie nicht mehr jung und frisch, auch nicht schön, sondern sehe wie eine nachlässig frisierte, müde und abgestumpfte, gleichgültig gewordene Frau mittleren Alters aus.

Bin ich das wirklich? fragte sie sich im stillen. Unmöglich! Sie schloß die Augen und öffnete sie wieder. Mißtrauisch, prüfend, gespannt starrte sie in ihr Gesicht, suchte Fältchen. Sie fand zwar keine, aber was wollte das schon bedeuten?

Was soll werden, wenn Jan nicht zurückkehrt? ging es Maria Francesca durch den Sinn, während sie das Haar aufsteckte, die Lider mit Rosenwasser betupfte und die Nase puderte. Was soll aus mir werden, wenn ich in diesem furchtbaren Land für immer allein bleibe? Was werde ich den Männern bieten können, wenn meine Schönheit welkt? »Nichts«, sagte sie laut. Ich muß von hier fliehen, solange noch Zeit ist, fuhr sie in Gedanken fort, solange Herr de Béthune mich nicht durch die Beamten des Schatzamtes suchen läßt ...

Ungefähr zur gleichen Zeit erwachte Henryk Schultz aus tiefem Schlaf. Als er feststellte, daß die Sonne noch nicht aufgegangen war, dehnte und streckte er sich voll Wohlbehagen und drehte sich auf die andere Seite.

Ich habe, glaube ich, das Spiel schon zur Hälfte gewonnen, dachte er, bevor

524

er wieder einschlummerte. »Wenn Marten dem Admiral Torres entkommt und nach La Rochelle zurückkehrt, gewinne ich es zur Gänze«, murmelte er bereits im Halbschlaf.

Was Marten betraf, so konnte er zu dieser Zeit nichts von den Absichten Henryk Schultz' und dem inneren Zwiespalt seiner Geliebten ahnen. Er entkam Torres oder, besser gesagt, Ramirez tatsächlich und segelte ungefähr tausend Meilen von Bordeaux entfernt vor dem abflauenden Wind durch die Weiten des Atlantiks.

Die Wünsche Henryks erfüllten sich, soweit sie Martens Rückkehr betrafen, erst ein paar Wochen später, als sich Maria Francesca bereits an Bord eines unter der Flagge der Handelsgesellschaft R. Zimmermann und H. Schultz segelnden Schiffes auf der Fahrt nach Danzig befand.

Der Zeitpunkt der Ankunft der »Zephir« in La Rochelle sowie all das, was später geschah, entsprach voll und ganz den Plänen des Teilhabers und Schwiegersohnes von Rudolf Zimmermann, des ergebenen Freundes von Jan Marten und fürsorglichen Beschützers von dessen Geliebten.

Der erzkatholische Herrscher Spaniens, die Stütze der Kirche, der unversöhnliche Feind der Häretiker, Philipp II., lag im Sterben. Vor Jahren, in der Blüte seines Lebens, hatte er sich bei einer Kurtisane mit einer sehr bösen Krankheit angesteckt. Er sah die Frau damals zufällig durch das Fenster seines Gemaches, als sie aus der Sänfte stieg. Obgleich sie weder besonders schön noch jung war, entbrannte er in sündhafter Leidenschaft zu ihr. Nachdem seine körperlichen Begierden befriedigt waren, beichtete er, wurde von der Sünde losgesprochen und hätte die Frau bestimmt vergessen, wenn ihn nicht die Geschwüre, die sich einige Zeit später bildeten, ständig an sie erinnerten. Mit der Zeit breiteten sich die Schwären über den ganzen Körper aus, zerfraßen ihn, bereiteten ihm unerträgliche Schmerzen und warfen ihn schließlich auf das Sterbelager.

Das prächtige königliche Bett stank nach Verwesung, obwohl die Betten sowie die feine Bettwäsche täglich gewechselt, mit Weihrauch ausgeräuchert und mit wohlriechenden Essenzen besprengt wurden. Auf Wunsch des Königs stand jetzt das Bett in einer Kapelle, damit er bis zum letzten Augenblick den Hauptaltar der großen Kirche sehen konnte. Seit fünfzig Tagen und Nächten waren Priester und Nonnen um ihn, die beteten, fromme Lieder, Litaneien und Psalmen sangen. Heilige Reliquien, die allerdings nicht als Heilmittel gegen die Syphilis taugten, lagen weiterhin am Kopfende, um ihrerseits der Seele des Sterbenden den Weg in den Himmel zu ebnen.

So kam der Tag des dreizehnten September im Jahre des Herrn 1598. Zugleich mit der aufgehenden Sonne langte ein Kurier im Escorial an. Er brachte die Nachricht vom Siege Hugh O'Neills, des Grafen von Tyrone, und von der vollständigen Niederlage der mächtigen Armee Elisabeths unter dem Befehl Bagenals, der in der Schlacht den Tod gefunden hatte.

Philipp richtete sich mit dem Ellbogen auf, ließ sich den Rücken durch Kissen stützen und befahl, ihm das zusammengerollte Schreiben vorzulesen. Sein wachsgelbes, abgezehrtes Gesicht erstrahlte. Die fanatischen Augen blitzten. Die Vorsehung belohnte also doch seine Tugend und seinen Glaubenseifer!

Mit erstaunlich starker Stimme begann er, ein Glückwunschschreiben an den Grafen von Tyrone zu diktieren. Er versprach Geld, militärische Hilfe, die Ausrüstung einer neuen, der fünften Armada und prophezeite den baldigen Untergang der Häretiker und ihrer Königin. Plötzlich verließen ihn die Kräfte. Seine Augen wurden starr und glasig. Er verlor die Sprache und fiel in Halbschlaf, aus dem er erst am späten Abend erwachte. Den Gesang der Nonnen hörte er nur gedämpft, als hätte er Watte in den Ohren. Er sah eine flackernde Flamme vor sich und begriff, daß ihm jemand die Totenkerze in die kraftlose Hand drücken wollte. Er griff nach ihr und umklammerte sie fest, als wollte er auf diese Weise das fliehende Leben zurückhalten.

Doch es war schon zu Ende. Ein Schauer schüttelte ihn, die dünnen, krallenähnlichen Finger lösten sich, und die Kerze kollerte auf den Marmorfußboden.

Auf die Nachricht vom Ableben Philipps hin legte der französische Hof offiziell Trauer an. Das war eine kurze und . . . freudige Trauer. Heinrich IV. konnte es nicht einmal vor dem spanischen Gesandten über sich bringen, eine traurige Miene aufzusetzen. Freunden und Höflingen gegenüber verbarg er nicht seine Befriedigung.

Er wurde zugänglicher und freundlicher, was Agrippa d'Aubigné ausnutzte, ihm eine Bittschrift zur Begnadigung des Chevaliers Jan de Marten zu unterbreiten, der wegen des Piratenüberfalls auf die Goldflotte in der Festung von La Rochelle eingekerkert war.

Um die Amnestie bemühte sich durch Vermittlung Richard de Belmonts Martens treuer Leutnant Stephan Grabinski. Er befand sich bereits seit einigen Wochen in Paris, und es war ihm inzwischen sogar gelungen, ein gewisses Wohlwollen, zumindest aber eine entgegenkommende Neutralität seitens des Finanzministers de Béthune zu erreichen, was übrigens nicht ohne kostbare Geschenke abging.

D'Aubigné wußte, daß man auf solche Weise bei Herrn de Béthune viel erreichen konnte. Er wußte auch, daß dieser von dessen Protegé Henryk Schultz ein beträchtliches Bestechungsgeld dafür erhalten hatte, daß die »Zephir« nach dem Einlaufen in den Hafen nicht konfisziert worden war. Von der Seite waren also keine Schwierigkeiten und Einwände zu befürchten. D'Aubigné selbst handelte

526

völlig uneigennützig. Erstens verachtete er es, Gold von Menschen zu erpressen, die in der Klemme saßen, und zweitens hegte er für den romantischen Abenteurer aufrichtige Sympathie.

Der König erklärte sich tatsächlich damit einverstanden, Marten die Schuld zu vergeben. Er stellte nur eine Bedingung: Marten und sein Schiff müßten entweder Frankreich verlassen oder unter dem Befehl von Samuel de Champlain nach der Neuen Welt oder irgendwo anders hin segeln, allerdings ohne königlichen Kaperbrief und ohne Asylrecht für die französischen Häfen.

Herr de Béthune bedang sich lediglich aus, daß das zugunsten des Staatsschatzes beschlagnahmte Vermögen des Korsaren nicht freigegeben und zurückerstattet würde.

Marten verließ am fünften Oktober die Zelle in den Kasematten der Festung La Rochelle und war frei — allerdings ohne Geld. Nur Schulden hatte er. Sie bestanden aus dem von Grabinski für die Ausbesserung der »Zephir« aufgenommenen Darlehen und sonstigen Auslagen, die er aus der eigenen Tasche bezahlt hatte, um seinen geliebten Kapitän so schnell wie möglich zu befreien. In dieser schwierigen Lage war das eine beträchtliche Summe. Der Charakter des Darlehens rührte Marten ebensosehr wie er ihn verpflichtete. Es stammte nämlich aus den Ersparnissen seiner Leute. Der Steuermann Pociecha, Hermann Stauffl, Broer Worst und Tessari hatten dazu beigetragen. Wenn es auch nicht ihre ganze Habe war, so doch alles, was sie bei sich hatten.

Es war aber immer noch zuwenig, zuwenig, um das Schiff mit dem zu versehen, was für eine Fahrt nach Danzig erforderlich war. Marten wollte nun so schnell wie möglich dort sein. Außerdem mußte er La Rochelle binnen vier Tagen verlassen. Diesen Termin hatte ihm Admiral de Clisson gestellt, der Martens schwierige Lage zu kennen schien und sich im voraus auf die Marten drohende Katastrophe freute.

Marten wandte sich um ein neues Darlehen vor allem an den Prokuristen von Schultz, der dessen Filiale in Bordeaux leitete. Er verlor damit zwei wertvolle Tage und erreichte fast nichts.

Der Prokurist, ein gewisser Monsieur Tige, das heißt Stiel, erinnerte tatsächlich an einen hohen, vertrockneten Stengel. Er empfing Marten mit gespielter Hochachtung und einem Wohlwollen, hinter dem sich Gleichgültigkeit, ja Mißachtung verbargen. Seine Stimme war dünn, hoch und knarrend. Er habe von Herrn Schultz keine Weisung erhalten, Marten nach der Liquidierung seines Kontos einen Kredit zu erteilen. Er besitze auch nicht die ausreichenden Vollmachten, solch einen Kredit zu eröffnen. Er wisse jedoch, daß Herr Schultz seit langem bereit sei, das schöne Schiff von Marten zu kaufen ... »Davon kann keine Rede sein«, unterbrach ihn Marten.

»Ja, in dem Falle ...« Tige breitete die Arme aus, so daß er einer Vogelscheuche glich. »In dem Falle«, wiederholte er unerwartet, »könnte ich Euch, Kapitän, einen Rat geben. Allerdings völlig privat.« Der Prokurist senkte den Blick wie ein schüchternes Mädchen. »Privat und beinahe uneigennützig«, fuhr er fort, »das heißt gegen eine kleine Provision für den Fall, daß Ihr den Rat befolgt und dabei meine Dienste in Anspruch nehmt.«

»Was ist das für ein Rat?« fragte Marten und sah ihn finster an. Er nahm an, daß es sich um die Vermittlung eines Darlehens zu Wucherzinsen handle.

Monsieur Tige senkte die Stimme. Als er zu sprechen begann, schaute er unruhig nach rechts und links, als fürchtete er, von jemand belauscht zu werden.

Zuerst erkundigte er sich, ob Marten bekannt sei, daß ein gewisser Champlain, ein Abenteurer, eine Fahrt nach »Nordwestindien« vorbereite, wo er mit Billigung und Unterstützung des Herrn Lafférmas, des Generalkontrolleurs des Handels Seiner Majestät, eine Kolonie und eine Stadt an der Mündung des Sankt-Lorenz-Stromes gründen wolle.

»Gewiß«, erwiderte Marten, »ich hörte davon. Ich fahre aber nach der entgegengesetzten Seite, nach der Ostsee.«

»Ach, das macht nichts«, rief Tige. »Im Gegenteil. Herr Schultz hat Euren klugen Entschluß vorausgesehen und der ›Zephir‹ zu dem Zweck sogar entsprechende Zertifikate für die Zwischenhäfen in Holland, Dänemark und Deutschland vorbereitet, selbst wenn es nicht zum Kauf des Schiffes kommen sollte.«

»Er vergaß nur, daß ich kein Geld habe«, warf Marten ironisch ein.

Tige neigte den Kopf zum Zeichen seines Bedauerns. »Ich werde mich bemühen, das wiedergutzumachen«, fuhr er fort. »Herr Lafférmas . . .«

»Weder Herr Lafférmas noch Herr Champlain interessieren sich für Danzig und die Ostsee.« Marten wurde ungeduldig.

»Gewiß«, bestätigte Tige. »Sie sind aber bereit, das Schiff jedes Kapitäns, der sich in die Neue Welt begeben will, mit allem Erforderlichen auszurüsten.«

Marten zuckte die Schultern. »Ich wiederhole, daß ich nicht die Absicht habe, dorthin zu fahren.«

»Die ›Zephir‹ verläßt aber, wenn ich richtig verstanden habe, Frankreich für immer. Ich könnte es Euch, Kapitän Marten, erleichtern, eine volle Ausrüstung aus den vom Generalkontrolleur des Handels für die Expedition Champlains bestimmten Krediten zu erhalten. Ihr unterschreibt den Kontrakt, die ›Zephir‹ wird mit allem versehen, was Ihr benötigt, und dann . . .« Monsieur Tige winkte mit der Hand wie zum Abschied und pfiff leise. »Wer könnte die ›Zephir‹ auf offener See einholen, wenn sie unerwartet den Kurs ändert und nach Osten segelt!«

Marten begriff endlich, worauf der ehrenwerte Prokurist von Henryk Schultz hinauswollte. Die beiden haben sich gesucht und gefunden, dachte er. Laut antwortete er: »Ihr irrt Euch, Monsieur Tige.« Er sprach ruhig, ohne Erregung, eher voller Widerwillen und Mißbehagen. »Ich bin ein Korsar und kein Betrüger. Ich verzichte auf Euren Rat, ich würde ihn nicht in Anspruch nehmen, selbst dann nicht, wenn ich und meine Leute nur Wasser trinken müßten und vor Hunger verrecken sollten. Seine Majestät der König hat sich mir gegenüber nicht sehr

528

großmütig gezeigt. Wie dem auch sei, er gewährte mir zwei Jahre lang Gastfreundschaft in seinem Land und gab mir das Recht, unter seiner Flagge zu segeln. Ich bin nicht gewöhnt, ein solches Wohlwollen mit einem Betrug zu vergelten, und das um so weniger, als mir weder Herr Champlain noch Laffémas etwas zuleide getan haben.«

Monsieur Tige war anscheinend beleidigt. »Dann bleibt mir nichts anderes übrig...«, begann er mit hochmütiger Miene.

»Als mir jene von Schultz für mich vorbereiteten Zertifikate auszuhändigen«, sagte Marten und stand auf. »Sie können mir von Nutzen sein.«

Tige erhob sich ebenfalls. Seine eingefallenen Wangen färbte eine hektische Röte, und die hagere Gestalt schwankte hin und her wie ein halbverdorrter Brennesselstiel im Wind.

»Das ist..., das ist ein äußerst sonderbares Verlangen«, knarrte er. »Ich habe keineswegs die Absicht...«

»Schluß!« schrie ihn Marten an. »Schluß mit den Winkelzügen, Monsieur Tige. Ich weiß nicht, was besser ist, Euch den hohlen Schädel einzuschlagen, der solche Diebesstückchen ausheckt, oder Herrn Laffémas darüber Meldung zu erstatten.«

Die roten Flecken auf den Wangen des Prokuristen wurden weiß. »Niemand würde Euch Glauben schenken, Kapitän Marten«, flüsterte er. »Ihr habt mich nicht richtig verstanden«, fügte er mit festerer Stimme hinzu. »Ich wollte sagen, daß ich nicht die Absicht habe, Euch die Herausgabe der Zertifikate zu verweigern, die Herr Schultz für Euer Gnaden besorgte.«

»Das ist sehr vernünftig von Euch«, knurrte Marten. »Je rascher ich sie erhalte, um so besser ist es für Euch und Eure Gesundheit.«

Durch diese Bemerkung zur Eile getrieben, zog Tige eine Schublade heraus, wühlte darin und holte schließlich drei mit der schönen, korrekten Schrift von Henryk Schultz bedeckte Bogen Papier heraus, reichte sie Marten und erklärte ihm dann mit seiner trockenen, knarrenden Stimme den verwickelten Inhalt.

Die »Zephir« sollte als Danziger Handelsschiff durch den Ärmelkanal, die Nordsee und den Sund nach der Ostsee segeln. Sie konnte entweder Wein und Tuch in Bordeaux oder Porzellan und Gewürze in Scheveningen laden. Der Vorschuß auf die Fracht sollte dem Kapitän nach dem Verladen des Frachtgutes ausgezahlt werden. Die Zertifikate betrafen sowohl diese Fragen wie auch die freie, unbehinderte Fahrt auf der vorgesehenen Route einschließlich des Asylrechts in einigen Häfen, falls dies erforderlich sein sollte.

Marten blitzten die Augen. »Ah! Es ist also doch von einem Vorschuß die Rede!« rief er.

»Nach dem Verladen des Frachtgutes«, verbesserte Monsieur Tige. »Ich bezweifle, daß es Euch in Bordeaux gelingen wird...«

Jan stieß einen Fluch aus. Ihm standen nur noch achtundvierzig Stunden zur Verfügung. Seine Rückkehr nach La Rochelle, die Fahrt der »Zephir« nach

529

Bordeaux, das Verladen, die erforderlichen Einkäufe . . . Nein, es ging nicht, die Zeit reichte nicht aus. Der von dem Admiral de Clisson festgesetzte Termin lähmte alle Versuche und Bemühungen, einen Kredit oder einen Vorschuß zu erhalten. Er konnte erst in Scheveningen damit rechnen. Von La Rochelle nach Scheveningen waren es achthundert Meilen. Bei weniger günstigem Wind, wenn man zum Kreuzen gezwungen war, konnte man noch einmal soviel rechnen. Es wäre Wahnsinn, ohne Lebensmittelvorräte, ohne Ersatztauwerk und Segel, Kugeln, Pulver, Werg, Pech und dem ganzen anderen Material zu solch einer Fahrt auszulaufen. Das Kabelgatt der »Zephir« war leer. Es war alles für die Reparatur der bei der letzten Fahrt erlittenen Schäden verbraucht worden.

Der Zauberkreis schloß sich. Marten sah keinen Ausweg mehr.

Von Monsieur Tige ging er zum Quinconceplatz, wo die Postkutschen nach Rochefort abfuhren. Die Wut, die in ihm tobte, als er von Maria Francescas Abreise mit Schultz erfuhr, war noch in der Gefängniszelle verraucht und hatte in ihm nur Bitterkeit und Qual hinterlassen. Als er bei dem widerlichen Prokuristen von Henryk Schultz weilte, hatte sie ihn wieder gepackt. Das, was er empfand, als er dessen Kontor verließ, war nicht mehr Zorn, auch nicht Rachedurst. Er fühlte sich nicht so sehr vereinsamt, als vielmehr durch die Arglist eines boshaften Schicksals von allem entblößt. Dieser Eindruck weckte in ihm Groll, weniger Schmerz. Er war nicht über Maria und Schultz erbittert, sondern über das Leben selbst, über die Falle, in der er sich hatte fangen lassen. Was nützte es, daß er sich über das Komplott klar wurde, welches das Schicksal und einige Dummköpfe gegen ihn geschmiedet hatten, dieser Schultz, der ihm nicht traute und deshalb Maria zur Abreise überredet hatte, dessen Prokurist, der ihm niederträchtige Vorschläge machte, und Herr de Clisson, der ihm, Marten, Schwierigkeiten bereiten wollte. Er konnte nichts dagegen tun, kein rettender Gedanke kam ihm. Das Bewußtsein der völligen Niederlage ließ ihn gleichgültig gegen alles werden, daß er nicht einmal den mitleidlosen, ungewöhnlich eisigen Wind und den Regen spürte, der die Menschen aus den Straßen vertrieb.

Unbewußt wich er den tiefen Pfützen, den Haufen von Pferdemist auf dem leeren Platz aus und strebte dem schützenden Dach des Gasthofes »Sous le promt cheval«, »Zum schnellen Roß«, zu. Als er über den kleinen Bach sprang, zu dem die Gosse neben dem Gehsteig angeschwollen war, fiel er Kapitän Pierre Carotte geradezu in die Arme, der aus der entgegengesetzten Richtung kam.

Beide blickten sich gleichermaßen überrascht an und freuten sich über die unerwartete Begegnung.

Carotte fand als erster die Sprache wieder. Er war gerade nach längerer Abwesenheit von einer Geschäftsreise nach Frankreich zurückgekehrt und hatte bereits einiges über Martens Mißgeschick gehört. Als er erfuhr, daß die »Zephir« in La Rochelle vor Anker lag, beschloß er, dorthin zu fahren, um wie immer bereitwillig seinem Freund in der Not zu helfen.

530

»Du siehst aus wie eine Jungfrau nach der Geburt von Zwillingen«, stellte er fest, nachdem er Jan näher in Augenschein genommen hatte. »Der Teufel soll mich holen, wenn du nicht ernste Sorgen hast, aus denen ich dich vielleicht befreien kann! Rede, wieviel brauchst du?«

Marten war von Carottes Bereitwilligkeit so gerührt, daß er eine Weile keinen Ton hervorbringen konnte.

»Dich schickt mir der Himmel«, sagte er schließlich. »Ich war bereits der Verzweiflung nahe.« Er legte die Hände auf Carottes Schultern, schob ihn auf Armeslänge von sich, sah ihn bewegt an, als erwartete er, daß aus den Schultern Pierres Engelsflügel wüchsen, sein von einer tiefen Narbe etwas verunstaltetes rotes Gesicht die zarten Züge eines Cherubims annähme und sich der dicke Knotenstock, den Carotte unter den Arm geklemmt hatte, in eine blühende Lilie verwandeln würde, als wünschte er, daß ihm keine Einzelheit der wunderbaren Verwandlung entgehe.

Übrigens trat eine solche Verwandlung nicht ein. Der vom Himmel gesandte Carotte verriet in nichts eine überirdische Herkunft, im Gegenteil. Er fluchte, was sich durchaus nicht für einen Engel schickte, wie ein Fuhrmann, da ihm das Regenwasser hinter den Kragen lief.

»Vielleicht gehen wir etwas essen und trinken«, schlug er vor.

»Nein, nein, nicht hier!« protestierte er, als Marten bereitwillig auf die geöffnete Tür des Wirtshauses zuging. »Nach einem Frühstück im Gasthaus ›Zum schnellen Roß‹ bekäme sogar ein Strauß Magenbeschwerden. Ich kenne in der Nähe eine kleine, dunkle Kneipe, ein Paradies für die Fliegen, aber auch die Menschen können sich dort anständig ernähren. Ich esse seit einem Jahr dort, sooft ich in Bordeaux bin, und kann nicht klagen. — Ich nehme an, daß du nach La Rochelle fahren willst«, erkundigte er sich, während er vorausging, um Marten den Weg zu zeigen. »In diesem Fall fahren wir zusammen, denn die ›Vanneau‹ ankert in Rochefort. Wir haben Zeit genug, die Kehle zu spülen und ein wenig zu plaudern.«

Carotte führte seinen Freund in das »Fliegenparadies«, das den nicht sehr romantischen Namen »Au rat effronté«, »Zur frechen Ratte«, trug. Dort begann er sofort ein vertrauliches Gespräch mit der Wirtin, der Witwe Pois, einer jungen Frau mit breiten Hüften und einem üppigen Busen.

Marten bemerkte, daß die hübsche Witwe seinen Freund überaus kokett anlächelte und Carotte ehrlich begeistert in ihre schönen Augen blickte. Sie wären ein passendes Paar, Karotten mit jungen Erbsen, dachte er heiter. Pierre sollte sie heiraten. Allem Anschein nach zieht ihn nicht nur die gute Küche an.

Carotte befreite sich schließlich aus dem Zauberbann des Lächelns der Frau Pois und kam zu dem Tisch, an dem ihn Marten erwartete. Er erklärte mit strahlendem Gesicht: »Wir bekommen eine gebratene Gans!«

»Das läßt sich hören«, antwortete Marten anerkennend und schenkte in die Becher den Rotwein, der inzwischen in einem Tonkrug aufgetragen worden war.

Carotte probierte ihn, zog die Brauen hoch, schnalzte mit der Zunge und warf der Wirtin noch einen sprechenden Blick zu. Dann hörte er sich aufmerksam die Geschichte an, die ihm Marten erzählte.

»Vor allem mache dir wegen des Geldes keine Sorgen«, sagte er und tat dem schmackhaften Essen alle Ehre an. »Das schadet dem Magen, besonders wenn man jungen Gänsebraten verspeist«, fuhr er fort. »Selbstverständlich leihe ich dir die Summe. Ich habe sie bei mir. Aber keinen Dank bitte!« Er streckte seine fleischige Hand abwehrend aus. »Der alte Carotte hat doch nicht vergessen, daß du ihm in der Bucht von Tampico das Leben gerettet und ihm später geholfen hast, ein nicht unbeträchtliches Vermögen zu erwerben. Ach, Jan«, schloß er mit einem Seufzer und griff nach dem Becher, »das waren Zeiten...«

»Du klagst doch nicht etwa über die heutigen?« fragte Marten.

»Nein, ich klage nicht, denn das nützt sowieso nichts. Und die Zeiten sind nicht die schlechtesten, bestimmt nicht. Doch ich werde alt. Aber darüber spricht man lieber nicht und denkt auch nicht daran.«

»Besonders nicht bei einer jungen Gans und in Gegenwart der Frau Pois.«

Carotte nickte. »Sie ist gut, nicht wahr?« Er leckte sich die Finger ab.

»Und schön«, setzte Jan mit unschuldiger Miene hinzu.

Pierre warf einen raschen Blick zum Schanktisch hinüber und wurde von Madame Pois mit einem erneuten Lächeln bedacht. Dann drohte er Marten mit dem Finger. »Versuche nicht, sie mir abspenstig zu machen, du frecher Heißsporn! Kaum hast du einen Blick auf sie geworfen, schon gibt sie mir keine Ruhe und fragt mich nach dir aus. Und jetzt sieht sie dich an, als wärest du ein über und über vergoldeter Götze mit drei Gesichtern und sieben Paar Armen und Rubinen im Kopf statt der Augen!«

Marten begann zu lachen, Carotte stimmte ein.

»Glaube nicht, daß ich dummes Zeug quatsche«, verwahrte er sich. »Ich habe in Ostindien so ein Goldenes Kalb gesehen. Damals war ich noch jung und dumm. Die alten Fechtbrüder vor dem Tempel redeten mir ein, daß das Götzenbild lebe. Nun, mir erstarrte nicht das Blut in den Adern, aber ein kalter Schauer überlief mich, das stimmt. Ich will damit nicht etwa sagen, daß Catherine bei deinem Anblick etwas Ähnliches spürte. Wenn es ein kleiner Schauer war, dann bestimmt kein kalter. Nicht wahr, Catherine?« wandte er sich an die Wirtin.

»Du scherzt, Pierre.« Sie errötete und senkte die Augen.

»Durchaus nicht«, widersprach Carotte lebhaft. »Schritt für Schritt kommt man voran.« Er seufzte mit komischem Ernst. »Dieser Nichtsnutz fährt aber in einer Stunde fort, es wird also sowieso nichts daraus.«

»Und du fährst mit«, sagte sie vorwurfsvoll, was aber nur der Eitelkeit Pierres zu schmeicheln schien.

»Ich fahre, kehre aber auf der ›Vanneau‹ zurück, es ist also kein Grund vorhanden, gekränkt zu sein«, erwiderte er. »Ach, die Frauen!« Er zwinkerte

Marten zu und zwirbelte den graumelierten Schnurrbart hoch. »Sie wollen immer beruhigt sein, besonders dann, wenn es sich um die Liebe und ihre Folgen handelt. Du hast das sicherlich auch schon bemerkt.«

»Ja, bis zu einem gewissen Grad«, antwortete Marten zerstreut. Ihm fiel ein, daß er eigentlich Pierre vor der Abreise etwas Zeit lassen müßte für diese Beruhigung, bei der Zeugen nur störten.

»Ich will nachsehen, ob man schon einspannt«, sagte er. »Der Postillion wird trompeten, damit du weißt, wenn es soweit ist.«

Er stand auf und wollte zahlen, Carotte protestierte. Er habe Marten eingeladen, und außerdem sei er hier beinahe der Hausherr. Jan verabschiedete sich von Frau Pois, lobte ihre Küche und ihre Schönheit und ging zu dem Gasthof, von dem die Postkutsche abfahren sollte.

Der Regen hatte aufgehört. Die blasse Oktobersonne blickte durch die Wolken, die der Wind auseinandergejagt hatte. Im Hof stand bereits die aus dem Wagenschuppen gezogene hochrädrige Kutsche, in die soeben vier Pferde eingespannt wurden, die mit abgeschabten Fellen überzogenen Skeletten glichen. Marten zweifelte, daß die Mähren imstande wären, den riesigen Landauer mit acht Fahrgästen, einem Kutscher und einem Postillion samt einem Berg von Gepäck von der Stelle zu bewegen. Es sah so aus, als hielten sie sich nur deshalb auf den Beinen, weil sie sich gegenseitig stützten. Der von Marten befragte würdige Kutscher in einem langen grünen Wams versicherte jedoch, daß er in zwei Stunden in Saint-André ankomme, wo er »wirkliche Pferde« erhalte. Dann überhole ihn kein privates Gefährt.

»Noch vor Morgengrauen seid Ihr in Rochefort, Euer Wohlgeboren«, beruhigte er Marten. »Wir wechseln fünfmal den Vorspann, und diese Pferde sind wirklich die schlechtesten. Aber sie ziehen noch.«

Beruhigt gab Marten ihm ein Silberstück. Als sich nach einer Weile Carotte, den das Posthorn aus den weichen Armen Catherines gerissen hatte, neben ihn setzte und sofort seiner Beredsamkeit freien Lauf ließ, zogen die vier knochigen Mähren tatsächlich an. Die Postkutsche schwankte auf dem holprigen Weg der Brücke über die Garonne zu.

Das grüne Tor

1

König Sigismund III., der seit elf Jahren über die Adelsrepublik gnädig herrschte, gefiel weder dem Äußeren noch den Sitten, weder der Veranlagung noch dem Charakter nach seinen Untertanen. Er war nur mütterlicherseits ein Jagiellone. Solange seine Tante Anna, die Witwe Báthorys, lebte, erinnerte der königliche Hof auf dem Wawel noch an die Zeiten Sigismund Augusts und des Königs Stephan. Aber nach dem Brand im Jahre 1595, als Sigismund III. nach Warschau übersiedelte und bald darauf die letzte, aufgeklärte Jagiellonin fehlte, verdrängten österreichische und deutsche Einflüsse diese Tradition.

Der von Jesuiten erzogene Sigismund war übertrieben fromm, er neigte zur Bigotterie. Er kam den Polen kalt, steif und stolz vor. Tatsächlich war er in sich verschlossen und schweigsam, zumal dann, wenn er polnisch sprechen mußte. Viel lieber bediente er sich der deutschen Sprache und zeichnete Menschen, die Deutsch beherrschten, eindeutig aus.

Alltags kleidete er sich äußerst bescheiden, ebenfalls nach deutscher Mode. Er war in seiner Treue und Tugendhaftigkeit ein vorbildlicher Gatte und Vater. Aufwand und Feste liebte er nicht, er zog sein Familienleben und künstlerische Beschäftigungen vor. Sigismund war ein meisterhafter Holzschnitzer und Goldschmied, der eigenhändig Kelche, Monstranzen, Kruzifixe, ja sogar Uhren anfertigte und verzierte. Er malte auch ein wenig und beschäftigte sich aus Liebhaberei insgeheim mit Alchimie und Astrologie.

Gern zerstreute er sich beim Ballspiel. Doch er hörte auch gern ernste Musik und Kirchenchöre und sang manchmal selbst — aber nur im engsten Familienkreis im Beisein einiger Höflinge.

Unter diesen überwogen Ausländer, vor allem — Jesuiten. Der König liebte Jan Zamojski nicht. Obwohl er ihn in militärischen Fragen nicht übergehen konnte, schob er ihn in Regierungsangelegenheiten immer mehr beseite und kümmerte sich wenig um dessen Ratschläge. Dafür hörte er auf die Betbrüder und Intriganten, deren persönliche Ziele sich viel mehr mit den politischen Zielen der Habsburger und der katholischen Kirche deckten als mit den Polens. Außerdem behielt er die dynastischen Interessen in Schweden im Auge und wünschte nach dem Muster Philipps II. zum Ruhme des Papsttums in Polen und in ganz Europa die Reformation auszurotten.

Sigismund besaß weder die Talente eines Heerführers noch eines Politikers. Er war eigensinnig und zugleich unentschlossen. Er wollte ein beinahe unumschränkter Monarch sein, doch dazu fehlten ihm die geistigen Kräfte und die Energie in entscheidenden Augenblicken.

Dem Mangel an ritterlichen Tugenden war in bedeutendem Maße das Mißlingen des zweiten Kriegszuges gegen Schweden zuzuschreiben.

Der König kam auf der Weichsel nach Danzig, um die letzten Vorbereitungen zu überwachen. Er ernannte zum Oberbefehlshaber des Expeditionskorps den Wojewoden Jerzy Farensbach, mischte sich aber von Anfang an in alles und durchkreuzte dessen Befehle. Ähnliche Sorgen und Schwierigkeiten hatte Sten Axelsson Baner, Königlicher Rat und Kommodore der Flotte, mit seinem Monarchen. Dem Vizeadmiral Tönnes Maidel, der von der Führung der Flotte abgelöst wurde und den Posten des Intendanten der Artillerie erhielt, erging es nicht besser. Sigismund war der Ansicht, daß er viel mehr als sie von der Führung einer Kriegsflotte, von Strategie und Taktik auf hoher See verstehe. Tatsächlich hatte er keine Ahnung davon.

Seine »Armada«, die über achtzig verschiedenste Schiffe zählte, darunter nur sechs gutbewaffnete Kriegsschiffe, lichtete am 3. August 1598 die Anker und stach in See. Außer den Truppen — es waren meistens Söldner — begleiteten den König zahlreiche geistliche und weltliche Würdenträger, mehrere hohe polnische und schwedische Herren, viele Adlige mit ihren Pagen sowie junge Leute, die sich nach Abenteuern auf dem Meere sehnten.

Die polnische Küste war den Blicken noch nicht entschwunden, da gab es schon Abenteuer zu bestehen, und zwar nicht sehr erfreuliche für Menschen, die die Seefahrt nicht gewöhnt waren. Ein starker Wind und hoher Wellengang hielten die königliche Flotte zwei Tage lang bei Hela fest. Die meisten der Landratten beugten sich während dieser Zeit über die Reling der Schiffe und opferten Neptun das schwerverdauliche polnische Essen.

Gegen Abend des fünften August erbarmte sich der Gott des Salzwassers der adligen Mägen — vielleicht hatte er genug von ihrem Inhalt — und besänftigte die Wogen. Am sechsten August sichtete die »Armada« Bornholm, dann die Insel Hanö und war am achten vor Öland.

Das Glück schien Sigismund gewogen zu sein. Am zehnten August ergab sich Kalmar, und Samuel Laski nahm Stockholm ein.

Von seinem Erfolg geblendet, mehr aber noch von der Seereise mitgenommen, beschloß der König, entgegen den Ratschlägen der Admirale, in Kalmar auszuruhen. Dort vertrödelte er zwei Wochen und segelte erst dann nach Norden weiter. Er hatte die Absicht, Stegeborg, eine auf dem halben Wege nach Stockholm liegende strategisch wichtige Festung, zu erobern.

Die Verzögerung hatte verhängnisvolle Folgen. Ende August und Anfang September tobten schwere Stürme, zerstreuten die polnische »Armada« und fügten ihr ernste Verluste zu.

Sigismund erreichte erst am zweiten September mit achtundzwanzig Schiffen die Bucht von Stegeborg. Bis zum neunundzwanzigsten des gleichen Monats gelang es Admiral Baner, weitere zweiundzwanzig Schiffe, die den Stürmen entronnen, aber schwer beschädigt waren, dort zu sammeln.

Trotz der geschwächten Kräfte glückte die Landung vor Stegeborg, und das Gefecht endete siegreich für die königlichen Truppen. Dieser Erfolg war teilweise durch die Schiffsartillerie des Vizeadmirals Maidel errungen worden, der auf Befehl des Königs den polnischen Angriff von der See aus unterstützt hatte.

Sigismund war stolz auf seinen Einfall, um so mehr, als Baner mit den Schiffen lieber die Flotte des Herzogs von Södermanland bei den Alandsinseln überraschend angegriffen hätte, um sie gemeinsam mit der dem König treu gebliebenen finnländischen Flotte unter zwei Feuer zu nehmen.

Doch der Eigensinn des Königs erwies sich bald darauf als verderbenbringend für den ganzen Feldzug. Der Herzog von Södermanland befahl seinem Admiral Scheel, die Alandsinseln heimlich, in aller Stille zu verlassen und die königlichen Schiffe in der Bucht von Stegeborg einzuschließen, was am neunundzwanzigsten September auch geschah.

Die schwedische Flotte bestand aus fünfundzwanzig Schiffen, unter ihnen waren sechs große Galeonen mit vierundzwanzig Geschützen und zwei Galeeren mit sechzehn Geschützen an Bord. Mit der Artillerie der übrigen kleinen Einheiten verfügte Scheel über eine fast dreifache Feuerüberlegenheit.

Der König war bestürzt über die Macht des Gegners. Da er die Festung nicht halten konnte und keinen anderen Ausweg sah, befahl er Baner, sich nach Kalmar durchzuschlagen. Der tapfere Admiral ging zum Angriff über und erkämpfte den Rückzug für seine dezimierte Flottille. Mehr als zwanzig Schiffe durchbrachen den schwedischen Kordon. Anstatt nach Kalmar zu segeln, floh ein Teil von ihnen nach Danzig. Der »Weiße Adler« sowie viele Transportschiffe, unter ihnen die Holk »Artus« mit dem königlichen Gepäck, fielen in die Hände Scheels.

Einige Tage später, am fünften Oktober, kam es zur Schlacht bei Stangebro, in der die königlichen Truppen eine entscheidende Niederlage erlitten. Sigismund mußte die schmählichen Bedingungen des Waffenstillstandes annehmen. Karl, Herzog von Södermanland, forderte unter anderem die Auslieferung Sten Baners. Der treue Diener des rechtmäßigen Königs verlor die Freiheit und später auf dem Schafott in Norrköping den Kopf.

Das Kommando über die Reste der polnischen »Armada« übernahm Gent Ameling. Der König verzichtete auf die Fahrt nach Stockholm unter der Begleitung von achtzehn schwedischen Schiffen. Er traute diesem ihm von seinem Onkel zugedachten Geleit nicht. Ameling gelang es, einige von ihnen nach dem von polnischen Truppen besetzten Kalmar zu entführen. Es war aber kein Rückzug mehr, sondern eine Flucht.

Am achtundzwanzigsten Oktober ging Sigismund an Bord des Schiffes »Finnischer Schwan« und kehrte nach Danzig zurück. Seine einzige Eroberung im Königreich Schweden war Kalmar, in dem er eine starke Garnison zurückließ, sowie Stockholm, das von seinen Anhängern beherrscht wurde. Stockholm wurde jedoch bald nachher von Karl eingenommen, und Kalmar konnte sich ohne Hilfe aus Polen nicht lange halten.

Unterdessen wüteten in der Ostsee schwere Herbststürme. Die Schiffe des Königs kämpften nun mit ihnen, verloren die Segel und leckten immer mehr. Am zweiten November ging der »Finnische Schwan« an der Küste von Pomorze in der Nähe von Zarnowiec vor Anker. Endlich fühlte der von den Mißerfolgen, der Angst und den Beschwernissen der Fahrt mitgenommene König wieder festen Boden unter den Füßen. Er wollte seine Person nicht mehr den Schiffen anvertrauen und setzte die Reise nach Danzig auf dem Landweg fort. Am siebenten November traf er im Rathaus ein und wartete dort die Rückkehr seiner »Armada« ab.

Es war eine klägliche Rückkehr. Nur vierundzwanzig Segelschiffe von den fünfundachtzig, die vor drei Monaten Danzig verlassen hatten, warfen beim Leuchtturm Anker. Sie waren Wracks, die das Meer an die Küste getrieben hat, ähnlicher als Schiffen. Geschwärzte, zerfetzte Segel hingen an den Rahen, die von den beinahe durchgescheuerten Toppnanten nur noch wie durch ein Wunder lose festgehalten wurden. Die Masten schwankten in den Spuren, die Bordwände leckten, die Niedergänge, das Oberdeck, die Relings und Kastelle waren von den Wellen zerbrochen, zersplittert oder vollständig zerstört.

Trotz der Niederlage hatte der König den Mut nicht ganz verloren. Er schrieb sich selbst keinerlei Schuld zu, und sein Starrsinn gewann die Oberhand über die Verzweiflung. Nach dem Fall von Stockholm blieb ihm immer noch Kalmar, ein Ausfalltor, durch das er in Schweden eindringen konnte, wenn es ihm gelang, eine genügend starke Flotte zu sammeln, um frische Truppen überführen zu können.

Zunächst beschloß er, einige der geretteten Schiffe eiligst ausbessern zu lassen, um die Besatzung von Kalmar, das von dem tapferen Kommandanten Jan Sparre verteidigt wurde, zu unterstützen und mit Lebensmitteln zu versorgen. Diese Aufgabe übertrug er Herrn Wladyslaw Bekesz. Er selbst kehrte nach Warschau zurück.

Henryk Schultz verfolgte von Anbeginn sehr aufmerksam die Geschicke des schwedischen Feldzuges, denn von dessen Erfolg hing viel für seine weiteren Finanzoperationen und seine »Privatpolitik« gegenüber dem König einerseits und dem Danziger Senat andererseits ab. Trotz seiner Sympathie für den katholischen König wollte er sich nicht zu sehr in dieses Kriegsabenteuer einlassen, solange die Schalen des Sieges auf dem Meer und zu Lande noch schwankten. Er wußte viel zu gut, daß die Mehrzahl der Räte mit dem Tun Sigismunds nicht einverstanden war. Sie befürchteten, daß Danzig seine bevorzugte Stellung verlöre, wenn die königliche Kriegsflotte nach einem errungenen Sieg ständig im Hafen vor Anker läge. Schultz wußte, daß derartige Befürchtungen berechtigt waren. Ein Sieg Sigismunds wäre zugleich ein Sieg Polens, und er hätte die Herrschaft des polnischen Staates gefestigt. Vielleicht wären in der Folge das Monopol der Danziger Kaufherren und ihr Recht, den Hafen für die Schiffahrt zu öffnen oder zu schließen, ernstlich bedroht.

In dem Falle müßte man als Anhänger oder Verbündeter des Königs gelten und gewisse Verdienste für die Sache der Krone, besonders militärischer Art, nachweisen können. Schultz sah hier einen Weg, gewaltigen Einfluß und riesige Gewinne zu erlangen.

Traf jedoch Sigismund ein Mißerfolg, dann bliebe alles beim alten. Danzig würde sich bestimmt nicht damit einverstanden erklären, die Rolle eines polnischen Kriegshafens zu spielen, da dies stets seine Interessen und die Handelsschiffahrt bedroht hätte. In einem Konflikt mit dem besiegten König besaß der Senat Chancen, seinen Standpunkt durchzusetzen, und in diesem Fall war es besser, gute Beziehungen zu den Räten der Stadt zu pflegen.

Schultz hütete sich vor einem allzu großen Risiko. Er operierte im verborgenen. Zwangen ihn die Umstände, offen aufzutreten, dann sicherte er sich nach beiden Seiten und lavierte so, daß er es mit keiner verdarb. Er wartete auf den entscheidenden Augenblick, bereit, anzugreifen oder sich zurückzuziehen.

Die Nachricht über die Einschließung der polnischen Flotte vor Stegeborg durch Admiral Scheel war die erste Warnung für Schultz. Er korrigierte sofort seine Machtträume, verzichtete aber noch nicht auf sie. Er gab sie auch nicht nach der Niederlage bei Stangebro auf, obwohl er bereits wußte, daß ihre Verwirklichung für längere Zeit verschieben mußte. Er wechselte die Front und wappnete sich mit Geduld.

Schultz verstand es, Geduld zu üben. Diese Eigenschaft war ihm in seinem Leben schon oft nützlich gewesen. Er verdankte ihr fast ebensoviel wie seiner Geschäftstüchtigkeit und Skrupellosigkeit.

Seine Vorsicht erwies sich als begründet. Der König verlor, und Danzig erhob das Haupt, aber er, Schultz, verlor nichts. Alle seine stillen Kapitalsanlagen waren durch Bürgschaften und Schuld- oder Pfandscheine gesichert und brachten so oder so Gewinn. Er konnte ruhig auf einen günstigen Augenblick warten.

Vorläufig nahmen ihn verschiedene persönliche Angelegenheiten in Anspruch, vor allem das erregende Spiel, die Gunst der Señorita de Vizella zu erringen und zu erhalten.

Schultz glaubte nur an Gott und an die Macht des Goldes. Seiner Ansicht nach ergänzten sich diese beiden Gottheiten. Um der Gnade der ersten teilhaftig zu werden, genügte es, die von der Kirche vorgeschriebenen Praktiken zu beachten, also Gebete, Feiertage, rituelle Gebräuche, häufiges Beichten, um die Seele von den gegen die Gebote begangenen Sünden zu befreien, und gewisse materielle Opfer zugunsten der Kirche und der Priester. Als Gegenleistung dafür war es Pflicht der Vorsehung, ihm auf Erden wohl gewogen zu sein und ihm nach dem unvermeidlichen körperlichen Tod das ewige Leben zu sichern.

So ein Übereinkommen schien Schultz durchaus gerecht, vorteilhaft für beide Teile und — bequem. Nur arme Leute waren zu unbedingter Ehrlichkeit und Reinheit verpflichtet, da sie nicht die Mittel besaßen, sich die Erlösung zu erkaufen. Er konnte sündigen und sich sogar gewisse Vergehen erlauben, ohne die es oft schwer ist, ein Vermögen zu erwerben und zu vergrößern. Er beichtete nicht nur solche Übertretungen, sondern kaufte sogar Messen, unterstützte die Geistlichkeit und trug zur Verschönerung der Gotteshäuser bei. Deshalb zweifelte er nicht daran, daß Gott mit ihm zufrieden war. Hätte er sonst zugelassen, daß Schultz im Überfluß leben und sich noch mehr bereichern konnte?

Die Richtigkeit und Berechtigung seines Glaubens an die zweite Gottheit, das Geld, bestätigten sich fast auf Schritt und Tritt, und das erneut, als sich Schultz seines Geldes bediente, um Maria Francesca willfährig zu machen, seinem leidenschaftlichen Verlangen nachzugeben. Die Señorita liebte Schmuck und Kleider. Sie konnte ihnen nicht widerstehen, und Schultz sparte nicht an Ausgaben.

Rund um Danzig, gleich hinter seinen Mauern und Wällen, hauste in notdürftig zurechtgezimmerten elenden Hütten, Schuppen und Erdhöhlen das arme Volk der Vorstadt. Zum größten Teil waren es kleine Handwerker, die keiner Zunft angehörten, Hafenarbeiter und Grünzeughändler, die aus anderen Teilen Polens zugewandert waren und kein Wohnrecht in der Stadt erhalten hatten. Weiter draußen begannen die bestellten Felder. Nach Langfuhr und Oliva zu breitete sich ein schöner Wald aus, der im Norden bis an die Steilküste reichte. Durch diesen Wald, der einem großen, von anmutigen Wiesen unterbrochenen Park glich, zog sich eine breite, von Pappeln und Linden eingesäumte Chaussee. Nordwestlich der Stadt näherte sie sich der Weichsel, durchschnitt Langfuhr, umging Oliva und führte durch das Fischerdorf Sobota nach Putzig. Rechts und links zweigten Feldwege ab; sie führten in Bauerndörfer, Siedlungen und Vorwerke, nach kleinen und großen Gutshöfen, die heimlich oder offen das Eigentum Danziger Bürger waren. Der Gutshof in Holländer gehörte Henryk Schultz.

Die Bezeichnung Holländer kam von einer Kolonie holländischer Emigranten her, die sich in der Nähe auf kleinen Pachtländereien angesiedelt oder den benachbarten Grund und Boden erworben hatten und Gartenbau betrieben. Das ganze Gebiet verwandelte sich bald in Obst- und Gemüsegärten. Schultz hatte nur das Gutshaus und einen kleinen, gutgepflegten Park, der von einer hohen Ziegelmauer umgeben war, für sich behalten.

Sein Besitztum verwaltete Frau Anna von Heltbark, einst eine Dame von Welt, mit einer bewegten Vergangenheit und nicht besonders vorteilhaftem Ruf. Als junges Mädchen hatte sie ihre Erziehung am Hof der Königin Bona vervollständigt. Später wurde sie die Gefährtin und Freundin der durch ihren ausschweifenden Lebenswandel berüchtigten Dorota Dzierzgowska, der Schwester des Gnesener Erzbischofs Piotr Gamrat unseligen Angedenkens. Ihr halbes Leben verbrachte Anna von Heltbark auf Reisen in Italien, Österreich und Deutschland. Sie war schön, hatte viele Liebhaber und einen unfähigen, impotenten Mann besessen, der ein großes Vermögen mit der Suche nach dem »Stein der Weisen« vergeudete.

Anna von Heltbark, die nahe der Sechzig war, machte keineswegs den Eindruck einer ehrwürdigen Witwe und Matrone, im Gegenteil. Ihr heiteres Gemüt, die Neigung zu Lustbarkeiten, das kaufmännische Talent, der angeborene Hang zu Intrigen, vor allem aber ihre unglaubliche Vitalität ließen sie um vieles jünger erscheinen, als sie wirklich war. Sie kleidete sich äußerst elegant nach der italienischen Mode, trug überwiegend falschen, aber gut gearbeiteten Schmuck, färbte sehr geschickt das Haar, die Brauen und Wimpern, schminkte die noch glatten Wangen. Das sowie die karminroten Lippen, die weißen Zähne und der Glanz der kohlschwarzen Augen gaben ihrem Gesicht eine fast natürliche Schönheit.

Schultz fürchtete sie etwas und traute ihr nicht ganz, er brauchte sie aber. Er mußte von Zeit zu Zeit verschiedene Leute bewirten, die er nicht in den Artushof einführen konnte. Schultz hatte auch Abenteuer und Beziehungen zu Frauen verschiedenster Herkunft, die er vor seiner Frau geheimhielt, ebenso wie vor den Honoratioren der Stadt, unter denen er in dieser Hinsicht einen untadeligen Ruf genoß. Er besaß allerdings in ihren Reihen, besonders unter der jüngeren Generation, vertraute Kumpane, die insgeheim den Gutshof aufsuchten. Bei diesen Gelegenheiten wurde Karten gespielt und gewürfelt, getrunken und in Gesellschaft leichter Mädchen den Lüsten gefrönt. Anna von Heltbark verstand es, derartige Abende auszurichten, und zog in stillem Einverständnis mit Schultz beträchtlichen persönlichen Nutzen daraus. Auf ihre Diskretion und Mäßigkeit konnte man sich verlassen.

Henryk Schultz und Anna von Heltbark sprachen sich auf Grund einer weitläufigen Verwandtschaft mit Vornamen an. Nur während des Besuches irgendwelcher Ausländer galt sie als seine Tante, gegenüber dem Danziger Senat und den namhaften Bewohnern der Stadt auch als die Eigentümerin des Gutes.

In Danzig hatte man ihr skandalöses Benehmen in der Jugend auf den Gütern des Hochadels vergessen. Sie war wieder vermögend, wie allgemein angenommen wurde, deshalb mußte man ihr vieles nachsehen, und das um so mehr, als sie nicht in der Stadt wohnte und formal dem dortigen Recht, den Vorschriften, Sitten und Bräuchen nicht unterstand.

Sie fuhr ab und zu in einem Wagen dorthin, vor den ein Paar kräftige Pferde gespannt war. Ein Kutscher in einem Oberrock aus Beiderwand und ein Heiducke in einer langen Jacke aus dem gleichen Material, häufig auch noch die Wirtschafterin oder das Dienstmädchen begleiteten sie. Sie suchte die Kirchen auf, machte Einkäufe, verbrachte viel Zeit mit dem Anproben neuer Kleider, sah sich Kristalle und Keramiken an, feilschte um Wein und Likör, Gewürze und Südfrüchte zur Bereicherung der Tafel. Dann erschien sie in einigen Bürgerhäusern, um von leichtsinnigen Danzigerinnen Wucherzinsen einzuziehen oder ihnen hinter dem Rücken ihrer Männer oder Väter neue Darlehen zu hohen Zinsen zu gewähren. Sie war diskret, vorsichtig, vornehm und taktvoll. Man konnte ihr die Erledigung der intimsten und delikatesten Angelegenheiten anvertrauen. Keines der Liebespaare und keine der schönen Frauen und Mädchen, die während der Abwesenheit des Mannes oder der Eltern gesündigt hatten und dann um jeden Preis die fatalen Folgen eines solchen Fehltrittes verbergen und sich ihrer insgeheim entledigen wollten, wurden in ihren Hoffnungen enttäuscht, wenn sie die vertraulichen Dienste Anna von Heltbarks in Anspruch nahmen.

In manchen Danziger Häusern, besonders in jenen der Ausländer, wurde sie mit allen Ehren empfangen, denn sie kannte die Welt, besaß höfischen Schliff und beherrschte mehrere Fremdsprachen. Das flößte auch den höheren königlichen Beamten sowie dem begüterten Adel Bewunderung ein, der zu den alljährlich stattfindenden Märkten mit seinen Waren nach Danzig kam.

Als Henryk Schultz von seiner letzten Reise nach Frankreich zurückkehrte und die Señorita de Vizella mit nach Danzig brachte, begann gerade der Augustmarkt. Wegen der Anwesenheit des Königs, der mit seiner »Armada« in nächster Zeit nach Schweden aufbrechen wollte, war der Andrang noch größer als sonst. In dem Durcheinander, bei dem ungewöhnlichen Zustrom von Menschen erregte die Ankunft eines Danziger Schiffes aus Frankreich keine besondere Aufmerksamkeit. Schultz landete fast unbemerkt und brachte Maria Francesca zu Anna von Heltbark.

Die beiden Frauen, die alte und die junge, freundeten sich rasch an. Trotz des großen Altersunterschiedes hatten sie ähnliche Neigungen, und die schöne Señorita de Vizella, die temperamentvoll war und Gefallen an Liebesabenteuern fand, erinnerte Anna an ihre Jugendjahre. Frau von Heltbark gewann Maria

Francesca aufrichtig lieb und wünschte ihr die eigenen Lebenserfahrungen in den Beziehungen zu Männern mitzuteilen, wobei sie auf einen sehr empfänglichen Boden traf.

Maria Francesca war ihrerseits von der Fröhlichkeit, dem Witz und der gewinnenden Art der ungewöhnlichen Gefährtin und Anleiterin begeistert. Sie hatte bis dahin keine Freundin gehabt, mit der sie ständig verkehren konnte und die sich nicht bemühte, mit ihr zu rivalisieren. Um so lieber öffnete sie Anna ihr Herz und vertraute dieser alle ihre Sorgen und Zweifel an.

Danzig gefiel der Señorita. Sie hatte nicht erwartet, eine so reiche, schöne und belebte Stadt vorzufinden. Der Lärm, der Verkehr, das Gedränge auf den Straßen und Plätzen, die vielsprachige, farbige Menge der Fremden, die Lager und Geschäfte voll überseeischer Waren, die prächtigen Karossen mächtiger Herren, ihre goldstrotzende, mit Diamantknöpfen besetzte Kleidung, ihre Zobelkalpaks mit den Reiherfedern, von wertvollen Agraffen gehalten, der Hafen voller Schiffe, die überfüllten Wirtshäuser und Gasthöfe, in denen bei Becherklang und fröhlichen Zurufen die Gäste schmausten und zechten, die aufgeputzten Bürgersfrauen in den Fenstern und auf den Vorbauten, das alles unterhielt sie außerordentlich und verwirrte sie sogar ein wenig.

Anläßlich eines Banketts im Rathaus wurden ihr junge Höflinge und Ritter aus der Umgebung des Königs vorgestellt. Unter ihnen befanden sich Herr Lukasz Opalinski, der Besitzer eines wahrhaft fürstlichen Vermögens, und Stanislaw Opacki, ein Verwandter der Gamrats und Dzierzgowskis, die mit Anna von Heltbark verschwägert waren. Beide überboten sich, der schönen Señorita zu huldigen. Sie erlaubte ihnen, sie zu verehren, ohne übrigens dem heißen Werben des ersten nachzugeben, während sie gleichzeitig den zweiten, der schüchterner war, ermutigte. Sie fühlte sich in ihrem Element, verdrehte beiden den Kopf und machte noch anderen schöne Augen, um in den Herzen ihrer Verehrer Eifersucht und Unsicherheit zu erregen.

Henryk Schultz drängte sich ihr mit seiner sinnlichen Liebe nicht auf. Er fand selten Zeit, seine ländliche Residenz aufzusuchen, und wenn es der Fall war, dann kam er in Gesellschaft irgendeines Gastes, gewöhnlich eines Ausländers, den er mit einem erlesenen Mittagsmahl bewirtete. Entweder wollte er ihn für sich gewinnen oder vor ihm mit der Schönheit und Anmut Maria Francescas und der Vornehmheit und dem Witz Annas glänzen. Er sparte weiterhin nicht mit Geld, um die Launen der Señorita zu befriedigen, was ihre Abneigung und Kälte, mit der sie seine gelegentlichen Liebkosungen duldete, merklich milderte.

Im stillen sehnte sie sich bereits nach Marten. Als die königliche Flotte abgesegelt war und einige Wochen später, nach dem Tag des heiligen Gregor, auch der Jahrmarkt zu Ende ging, der Adel haufenweise Danzig verließ und auf seine Landsitze zurückkehrte, nahm die Sehnsucht von ihrem Herzen ganz Besitz. Weder die Fahrten in die Stadt mit Anna noch die Neugier, die die verschiedenen

Bekanntschaften und geheimen Ränke ihrer Freundin in ihr wachriefen, auch nicht die Zerstreuungen, die sich Frau von Heltbark ausdachte, konnten dieses Gefühl zum Verstummen bringen. Nur das Hasardspiel mit Karten fesselte Maria Francesca derart, daß sie dabei Marten vergaß. Die Spielleidenschaft beherrschte sie immer mehr, aber das Glück war ihr nicht gewogen. Einige Male verlor sie beträchtliche Summen an Gotthard Wedecke, den Hafenmeister und Kommandanten der Wache im Hafen und am Leuchtturm, sowie an Wilhelm Schultz, Henryks Vetter.

Die Verluste ärgerten sie, und sie wollte sich mit einem solchen Urteilsspruch des Schicksals nicht abfinden. Sie fühlte sich zurückgesetzt; denn sie war gewöhnt, daß ihr stets der Vorrang eingeräumt wurde. Sie war doch jung und schön. Die beiden reichen Danziger, Gotthard sowohl wie auch Wilhelm, machten ihr den Hof, folglich mußten sie auch verlieren, um ihr eine Freude zu bereiten. Statt dessen nahmen sie ihr das Geld ab, ohne mit der Wimper zu zucken.

»Rechne nicht mit ihrer Ritterlichkeit im Spiel«, sagte ihr Anna mit einem nachsichtigen Lächeln. »Verlange nicht zuviel vom Schicksal, das dir in anderen Dingen so gnädig gesinnt ist. Man muß in diesem Fall eher etwas nachhelfen.«

»Auf welche Weise?« fragte die Señorita übelgelaunt.

»Auf eine sehr einfache. Wenn du dich zum Spiel an den Tisch setzt, dann wähle den entsprechenden Platz.«

»Woher soll ich denn im voraus wissen, auf welchem Platz ich Glück habe?«

»Immer gegenüber dem Spiegel«, antwortete Frau von Heltbark mit unschuldiger Miene. »Wenn du heimlich einen Blick in ihn wirfst, siehst du zwar nicht dein schönes Gesicht, aber wahrscheinlich die Karten des Herrn Wedecke oder des Herrn Schultz, wer dir gerade gegenübersitzt. Das erleichtert das Gewinnen außerordentlich . . .«

Maria Francesca begann zu lachen. »Jetzt verstehe ich, weshalb du nie verlierst! Aber woher nehmen wir einen zweiten Spiegel?« fragte sie nach einer Weile des Überlegens. »Und wird das nicht zu . . ., zu . . .«

»Zu plump sein?« ergänzte Anna. »Gewiß! Wenn du willst, lehre ich dich noch bessere Methoden. Wir spielen dann zusammen gegen die anderen. Man muß sich nur eine gewisse Mäßigung auferlegen. Zu großes Glück im Spiel kann Verdacht erwecken.«

»Du bist sehr klug!« antwortete Maria voll aufrichtiger Bewunderung.

2

Nur mit Ballast beladen, lichtete die »Zephir« am neunten Oktober in La Rochelle den Anker. Nachdem sie dem Schiff des Königs, der »Victoire«, den Salut, der ihm gebührte, geleistet hatte, stürmte sie aus der Bucht in das weite, offene Meer. Auf ihrem Großmast flatterte die Danziger Flagge mit den beiden gleicharmigen gekrönten Kreuzen.

Am dreizehnten Oktober befand sie sich auf der Höhe der Insel Ouessant am Nordwestzipfel der Bretagne und kämpfte dann fast vier Tage gegen die erregten Wellen des Ärmelkanals. Im Morgendämmern glitt sie zwischen Dover und Calais hindurch und legte am neunzehnten Oktober in Scheveningen an.

Es war ein kleiner Hafen. Ganz in der Nähe im Hinterland wuchs, im Grün versinkend, das neue Den Haag, eine Stadt mit schönen Palästen und öffentlichen Gebäuden, über die sich die im vierzehnten Jahrhundert erbaute Sankt-Jacobus-Kirche erhob. Ja, 's Gravenhage, wie der Ort eigentlich heißt, weckte die Bewunderung und den Neid der Bewohner der anderen Provinzen. Aber der Hafen! In ihm gab es keinen gemauerten Kai, auch keinen Wellenbrecher wie in Rotterdam oder Brielle. Die »Zephir« lag auf der Reede vor Anker, die nur während der Ebbe durch eine schlammige Sandbank geschützt war. Marten verfluchte Schultz wegen der Wahl eines solchen Hafens zur Frachtübernahme. Die Anker fanden in dem seichten Wasser keinen festen Grund, pflügten tiefe Furchen in ihn, die tückische Sandbank tauchte nur für wenige Stunden auf und verschwand dann wieder im Wasser. Das Schiff schwankte und zerrte an den Ketten, als wollte es davor warnen, daß der erste beste Sturm oder ein steifer Wind es an die Küste treiben und zum Stranden bringen könne.

Man mußte eine Schaluppe hinablassen, um an Land zu gelangen und den Agenten aufzusuchen, der die Formalitäten erledigen, die Hafengebühren bezahlen, die Waren liefern, sie mit Leichtern heranschaffen und verladen sollte.

Marten befürchtete, daß damit allerlei Schwierigkeiten verbunden wären. Doch seine Befürchtungen erwiesen sich als überflüssig. Der durch den Lotsen bereits verständigte Hafenbeamte erwartete ihn an den Stufen der hölzernen Landebrücke. Er warf nur einen Blick auf die von Henryk Schultz unterschriebenen Zertifikate, nickte, als wisse er schon Bescheid, und wies ihm das Haus, in dem der Spediteur und Makler Ernst Zandel wohnte.

Dort wurde Marten wenn auch nicht als alter Bekannter und Freund, so doch als ein bevorzugter Klient empfangen, dem man alle Sorgen ersparen muß. Der Name Schultz wirkte genauso wie anderswo der Klang des Geldes. Marten brauchte sich um nichts zu kümmern. Sowohl der Transport auf Wagen zum Hafen wie auch der zu dem vor Anker liegenden Schiff, das Verladen der Kisten und Säcke, das richtige Verteilen der Last, das Festzurren durch die Schauerleute war Sache der Agenten und Spediteure.

»Wir erledigen das binnen zwei Tagen«, versprach ihm der Chef der Firma. »Wenn Ihr Geld benötigt, kann ich Euch noch heute einen Vorschuß auf die Fracht auszahlen.«

Marten brauchte Geld, denn das von Carotte erhaltene Darlehen war in La Rochelle für die notwendigen Anschaffungen verbraucht worden. Zwar war die »Zephir« nun für längere Zeit mit Proviant und allem Schiffsmaterial versorgt, aber Den Haag war ebenso wie Rotterdam durch seine Schmucksachen, besonders die Perlen, berühmt, und Marten wollte Maria ein Geschenk mitbringen, um in ihren Augen nicht als armer Schlucker dazustehen.

Als der dienstbeflissene Agent von Perlen hörte, fuhr er mit Marten in die Stadt und bot sich ihm als Führer an. Seine Bekanntschaften und seine uneigennützige Vermittlung ermöglichten Marten nicht nur den Kauf eines sehr schönen, mit weißen Perlen von unvergleichlichem Glanz besetzten Stirnreifs, sondern er sparte durch ihn eine Menge Goldgulden; denn der Holländer handelte fast den dritten Teil des geforderten Preises ab. Er verwahrte sich gegen irgendeine Entschädigung für seinen Dienst, nahm aber gern die Einladung zum Mittagessen an und führte Marten in einen Vorstadtgasthof, wo man nach seinen Worten das beste Roastbeef von ganz Holland bekam.

Der Braten erwies sich wirklich seines Rufes würdig, und der Dobbel-kuyt, den sie dazu tranken, führte Martens Gedanken in längst vergangene Zeiten und zu seiner Jugendliebe in Antwerpen zurück. Seine sentimentale Stimmung wurde noch durch die teils wehmütigen, teils feurigen Melodien verstärkt, die ein Zigeunerquartett in einem Winkel der Gaststube spielte. Zandel bemerkte die Gedankenversunkenheit seines Klienten und störte ihn nicht. Erst als die Zigeuner ihre Instrumente beiseite legten, fragte er Marten, ob ihm die Musik gefalle.

Marten bejahte und wurde gesprächiger. Er warf einen Blick auf die Frau, die Gitarre gespielt hatte und nun von Tisch zu Tisch ging, um Gaben zu sammeln. Sie trug ein rotes Mieder, das mit Goldstücken benäht war, und einen grellgeblümten, schmutzigen Rock. Ihr hageres, von Falten durchzogenes Gesicht mit den traurigen Augen und dem für eine Zigeunerin sehr hellen Teint kam ihm bekannt vor. Es erinnerte ihn an ein Gesicht, das er vor Jahren gesehen hatte. Er konnte aber nicht darauf kommen, wem es ähnelte; er dachte nicht weiter darüber nach, denn dieser flüchtige Eindruck war ihm kaum bewußt geworden.

Doch auch sie hatte ihn bemerkt. Vielleicht, weil sie seinen Blick auf sich ruhen fühlte, vielleicht, weil er sich in der Gesellschaft Zandels befand, der hier ein häufiger Gast zu sein schien, kam sie zu ihrem Tisch, nickte dem Agenten zu, ergriff Martens Hand und fragte leise: »Forebode, Sir? Forebode your destiny?«

»Weshalb sprichst du englisch mit ihm?« Zandel wunderte sich.

545

»Weil er ein Engländer ist«, antwortete sie bestimmt.

Marten lächelte. »Wenn deine Prophezeiungen so zutreffend sind wie die Tatsache, daß ich Engländer bin, dann...«

»Du bist ein Ausländer«, verbesserte sie sich. »Du hast aber lange in England gelebt — und auch in anderen Ländern. Du bist Seemann«, sprach sie rasch weiter. »Du warst sehr reich. Sehr reich! Jetzt — oh! — hast du schon zum zweitenmal fast alles verloren. Nur dein Schiff ist dir geblieben.«

»Das stimmt schon eher«, murmelte Marten.

»Dein Schiff ist schön und schnell wie der Wind«, fuhr sie fort und betrachtete weiter die Handlinien. »Du liebst es mehr als die Frauen..., vielleicht mit einer Ausnahme«, fügte sie nach kurzem Zögern hinzu. »Du hast noch eine weite Fahrt vor dir, eine Fahrt nach Osten. Dort erwartet dich nichts Gutes. Deine Fahrt endet bei einem Tor...«

»Was für einem Tor, zum Teufel?« fragte er.

»Bei einem Tor am Wasser«, flüsterte sie kaum hörbar. »Ich sage dir nicht mehr, es ist besser, nicht darüber zu sprechen. Gib mir einen Gulden. Nein — lieber nicht! Für eine solche Prophezeiung nehme ich nichts von dir. Vielleicht geht sie nicht in Erfüllung, wenn du mir nichts zahlst..., gib... mir den Gulden nur als Andenken. Ich werde ihn nicht ausgeben. Du kannst es mir glauben. Gib mir einen schönen Goldgulden.«

Marten sah sie durchdringend an. Sie schien ihren Verstand nicht ganz beisammen zu haben. Sie wich seinem Blick aus, als habe sie Angst vor ihm. Ihre welken Lippen zitterten wie von verhaltenem Weinen.

Er zog ein Goldstück aus der Tasche und legte es in ihre Hand. »Ich danke dir für das Wahrsagen, Gipsy Bride«, sagte er und ließ dabei seine Augen nicht von ihrem Gesicht. »Ich hätte nicht gedacht, daß ich dir noch einmal begegne.«

Sie warf ihm einen erschrockenen Blick zu. Nun war er sicher, daß sie es wirklich war, dieselbe Gipsy Bride, die ihn in Deptfort zum Gespött der Freunde und Bekannten des Chevaliers de Vere gemacht hatte. Sie war damals mit de Vere in dem Wagen mit dem Viererzug fortgefahren, den er an den Chevalier bei der Wette um den Sieg oder die Niederlage von dessen Hund im Kampf gegen einen Wolf verloren hatte.

Das war vor elf Jahren, dachte Marten. Weder das Schicksal noch die Zeit sind mit ihr gut umgegangen.

Sie tat ihm leid, obwohl er damals von ihr schmählich verlassen worden war, nachdem sie das Ihre dazu beigetragen hatte, seinen Reichtum zu vergeuden. Er wünschte keineswegs, sich in Erinnerungen zu vertiefen, und war auch nicht neugierig, zu erfahren, wie es dazu gekommen war, daß sie sich wieder in einer ähnlichen Lage befand wie seinerzeit, als er sie zum erstenmal sah. Er gab ihr noch ein paar Gulden und wandte sich dann an Zandel, um ihm irgendwie sein Verhalten zu erklären. Gipsy Bride faßte ihn jedoch am Arm. »Fahr nicht dorthin«, rief sie.

»Unglück erwartet dich dort. Denke daran, dein Weg endet hinter einem Tor.«
Gipsy wollte noch etwas hinzufügen, ihn vielleicht vor etwas Bestimmtem warnen,
aber der dicke Wirt hielt es, durch die Szene beunruhigt, für richtig, seine Gäste
von der allzu aufdringlichen Zigeunerin zu befreien, und befahl ihr, zu gehen.
Marten beeilte sich, ihm zu versichern, daß er sich mit ihr unterhalten habe. Doch
er versuchte nicht, sie zurückzuhalten. Er bezahlte das Essen und verließ mit
Zandel, ohne noch einen Blick auf die Kapelle zu werfen, das Wirtshaus. Der
Agent erbot sich, ihn zum Hafen zu begleiten und mit seinem Boot an Bord zu
bringen.

Die Handels- und Speditionsagentur Ernst Zandels erfüllte sehr korrekt und
pünktlich ihre Pflichten. Der Ballast der »Zephir« wurde auf eine einmastige Bark
geladen, die bis hinter die Sandbank segelte und ihn dort ins Meer warf.
Dann legten sich zwei große Leichter voll Kisten mit Fayencen und Gewürz-
säcken längsseits. Am einundzwanzigsten Oktober war das Verladen beendet.
Zwei Lotsen mit ihren Booten schleppten die »Zephir« mit Unterstützung ihrer
Schaluppen von der Reede in die offene See. Dort hißte die »Zephir« alle Segel
und setzte ihre Fahrt nach Nordosten, zum Skagerrak, fort. Die Reise verlief ohne
besondere Zwischenfälle und Abenteuer. Nur das rauhe Herbstwetter, die Kälte
und die ständigen Stürme machten der an mildes Klima gewöhnten Bemannung
zu schaffen. Trotzdem war Marten guten Mutes. Die von Schultz unterschriebenen
Zertifikate besaßen gegenüber den hanseatischen und dänischen Wachschiffen die
Wirkung von Geleitbriefen. Die »Zephir« wurde nirgends kontrolliert, man bereitete ihr keine Schwierigkeiten. Nach sechs Tagen hatte Marten das Skagerrak und
das Kattegat hinter sich und lief in den Sund ein. Die »Zephir« konnte den
doppelten Kordon der Kriegsflotte Christians IV. vor Helsingör und Kopenhagen
ohne weiteres passieren.
Zum erstenmal seit 1573 befand sich Marten in der Ostsee, seit jenen Tagen,
als er im Konvoi unter dem Kommando von Figenow mit seinem Vater Mikolaj
Kuna nach Frankreich segelte, um den französischen Gesandten Gelais de Lansac
in dessen Heimat zu begleiten. Die »Zephir« war das einzige Schiff, dem es gelang,
dem Hinterhalt der Dänen zu entkommen und durch den Sund die Nordsee zu
erreichen. Seit jener Zeit waren fünfundzwanzig Jahre vergangen. Viel hatte sich
in der Welt und auch im Ostseeraum verändert. Dänemark war jetzt fast ein
Verbündeter Polens und gewährte den Schiffen Sigismunds III., die gegen den
schwedischen Usurpator kämpften, Asyl.
Die Nachrichten über die Kämpfe und den Kriegszug nach Schweden waren
allerdings nicht günstig. In Kopenhagen wußte man bereits von der Schlappe der
Flotte des polnischen Königs vor Stegeborg und der Niederlage von Stangebro.
Polen war jedoch reich und mächtig, viel reicher und mächtiger als Schweden!
Marten glaubte an eine siegreiche Beendigung des Krieges, an dem er selbst

teilnehmen wollte, um wenigstens zum Teil die im Dienste Heinrichs des Guten erlittenen Verluste wettzumachen.

Er befaßte sich bereits mit weiteren Projekten und Plänen. Nicht für immer gedachte er in Polen zu bleiben, selbst dann nicht, wenn sich die lockenden Verheißungen von Schultz erfüllen sollten, selbst wenn ihn dort hoher Ruhm und die Admiralswürde in der königlichen Flotte erwarteten. Maria Francesca wird das monotone Leben in Danzig oder irgendwo im Binnenland bestimmt bald langweilig finden, überlegte er. Sie wird sich nach neuen Abenteuern in der weiten Welt, auf anderen, wärmeren Meeren, in unbekannten exotischen Ländern sehnen. Dann brechen wir zusammen auf, vielleicht nach Ostindien, den Sundainseln, nach den Molukken oder dem Persischen Golf, in dem die schönsten Perlen wachsen.

Perlen... Er dachte an das in Den Haag gekaufte Kleinod, betrachtete es noch einmal und überzeugte sich, daß er es durch die Vermittlung Zandels wirklich sehr billig erstanden hatte. Die Perlen waren außergewöhnlich schön. Maria Francesca mußte über das unerwartete Geschenk entzückt sein. Sie kannte sich in Schmucksachen aus und schwärmte für sie. Marten stellte sich vor, wie sie sich freuen würde, natürlich nicht nur über die Perlen! Die ihnen aufgezwungene Trennung hatte über die Maßen lange gewährt. Sicher sehnte sie sich nach ihm, und der arme Schultz mußte ihre schlechte Laune ertragen, an der er zum Teil selbst schuld war. Marten lächelte, als er sich die Sorgen Henryks und dessen unglückliche Miene vorstellte. Es gibt nichts Böses, was nicht auch sein Gutes hätte, dachte er.

Er erinnerte sich wieder dankbar an Ernst Zandel. Dieser Agent von Schultz gefiel ihm sehr. Vielleicht konnte man in der Zukunft mit ihm rechnen, besonders dann, falls die »Zephir« nach Ostindien segeln sollte, das die Admirale Houtman und Warwick für die Vereinigten Provinzen erobern wollten.

Was die düsteren Prophezeiungen Gipsy Brides betraf, so maß er ihnen keine Bedeutung bei. Selbstverständlich hatte sie ihn sofort wiedererkannt. Anscheinend waren die elf Jahre ziemlich spurlos an ihm vorübergegangen. Er war nicht sehr gealtert. Deshalb hatte sie auch ganz richtig »erraten«, daß er Seemann ist, reich war und sein Vermögen verloren hatte. Nur in bezug auf seine Nationalität hatte sie sich geirrt. Wahrscheinlich hatte sie vergessen, daß er kein Engländer war. Das, was sie ihm über seine nächsten Absichten sagte, konnte sie zufällig entweder in Scheveningen oder sogar von Zandel gehört haben, den sie sicherlich gut kannte. Vielleicht hatte Zandel selbst, um ihn zu unterhalten, das kleine Zwischenspiel inszeniert? Eine Bedeutung konnte man dem jedenfalls nicht beimessen. Marten ärgerte sich, daß er überhaupt daran dachte. Noch bevor die Fahrt zu Ende ging, hatte er sowohl Gipsy Bride als auch ihre Prophezeiungen vergessen.

Als die »Zephir« auf der ausgedehnten Danziger Reede vor Anker ging und die weiße Flagge hißte, die einen Lotsen an Bord rief, befand sich die ganze

Bemannung auf Deck. Nicht einmal alle älteren Bootsleute kannten diesen Hafen, denn nur Tomasz Pociecha, Hermann Stauffl und »Klops« stammten aus Polen und hatten schon unter dem Befehl Mikolaj Kunas auf der »Zephir« gedient. Stephan Grabinski, der vor nicht ganz drei Jahren Danzig verlassen hatte, waren die Stadt und der Hafen noch in frischer Erinnerung. Er zeigte den anderen die von weitem sichtbaren Türme und Giebel der großen Gebäude, den Alten Leuchtturm in Weichselmünde, das Krantor, den Schwanturm an der Mottlau, den »Kiek in de kök«, das Rathaus, die Kirchen Sankt Marien, Sankt Katharinen, Sankt Nicolai und die Trinitatiskirche. Er war bewegt und aufgeregt, denn er sollte in Kürze seine Mutter in die Arme schließen. Endlich konnte er Wirklichkeit werden lassen, wovon sie beide träumten: ein kleines Haus mit Garten in der Nähe der Sankt-Barbara-Kirche am Steindamm zu erwerben, damit die Mutter bis zum Lebensende ein eigenes Dach über dem Kopf hätte.

Unterdessen näherte sich vom Leuchtturm her eine kleine, einmastige Bark und steuerte auf die »Zephir« zu, um ihr den Weg zwischen den Sandbänken zu zeigen. Ihr Kapitän, ein bärtiger Kaschube, winkte mit einem weißroten Fähnchen und verlangte auf diese Weise die Bestätigung seines Rechtes, das Schiff in den Hafen zu lotsen. Marten befahl, die weiße Flagge einzuziehen und eine weißrote Signalflagge zu hissen, um so den Schiffer zu vergewissern, daß sein Signal gesehen und verstanden worden sei. Dann lichtete die Wache Broer Worsts den Anker und setzte ein paar Segel. Die »Zephir« wendete langsam zur Hafeneinfahrt..

Sie folgten der Bark des Lotsen am Südostufer entlang durch das mit Hilfe von Strohdeich gekennzeichnete Ostfahrwasser bis zur Weichseltiefe und bogen dann, nachdem sie den Steinobelisken und seine mit dem Wappen der Stadt geschmückte Flagge hinter sich gelassen hatten, links zwischen die durch Steinmauern und Pfähle befestigten Ufer der Toten Weichsel ein.

Das Flußbett, besser gesagt, der Hafenkanal mit seiner trägen, kaum merkbaren Strömung, verbreiterte sich einige hundert Schritt weiter. Dort erhoben sich die Mauern der Festung, und es begannen die sie umspülenden tiefen wassergefüllten Wallgräben. In der Mitte ragte ein Turm mit einer großen Laterne empor, die bei anbrechender Dunkelheit angezündet wurde.

Hier war der Herrschaftsbereich des Herrn Hafenmeisters Gotthard Wedecke. Bis zur Erledigung der Formalitäten in der Pfahlkammer durften die von der Seeseite nach Danzig kommenden Schiffe nur bis zu dieser Stelle fahren. Einer der Wasserwächter wies ihnen einen einstweiligen Anlegeplatz am linken Ufer, gegenüber der Festung, an. Dann begaben sich die Kapitäne oder ihre Vertreter in die Stadt, um die Hafengebühren zu entrichten.

Die Pfahlkammer befand sich im Rathaus am Langen Markt. Die allgemeine Kontrolle über die Buchführung und die Bemessung der Gebühren übten drei Pfahlherren aus, die dem Königlichen Pfahlkommissar unterstanden, der ihnen im Namen des Königs den Treueid abnahm.

Im Jahre 1598 versah dieses ehrenvolle und einträgliche Amt der alte Siegfried Wedecke, der Vater Gotthards. Einer der Pfahlherren war Wilhelm Schultz, Henryks Vetter.

Die eigentlichen Formalitäten erledigten zwei Schreiber, ein älterer und ein jüngerer. Sie führten die Bücher und fertigten Abschriften der sogenannten Rollen an: genaue Listen all der Waren, die sich auf einem Schiff befanden. Der Kapitän oder der Eigentümer der Ladung füllte die Rolle aus, übergab sie den Schreibern und bezahlte auf Grund dieses Verzeichnisses das Pfahlgeld, den Zoll, zugunsten der Stadt und die Zulage für den königlichen Schatz. Dann kam die beglaubigte Abschrift der Rolle in den Alten Leuchtturm, worauf die Laderäume kontrolliert wurden, um festzustellen, ob die Angaben des Kapitäns stimmten. Damit befaßten sich die Kontrolleure des Herrn Hafenmeisters, während er selbst die Tragfähigkeit des Schiffes nachprüfte, denn davon hing die Höhe der Hafengebühren ab.

Nach Erledigung aller Formalitäten nahm einer der Wasserwächter die vom Hafenmeister unterschriebene Rolle mit den eventuellen Verbesserungen und Ergänzungen an sich und ging an Bord des Schiffes. Darauf legte es ab und segelte zur Mottlau, um an der Langen Brücke an dem für das Löschen der Ladung vorgesehenen Platz vor Anker zu gehen.

Bevor man jedoch daran denken konnte, die Luken zu öffnen, mußte der Kapitän noch einmal zusammen mit dem Wächter zur Pfahlkammer gehen und dort die entsprechende Bewilligung einholen, die ihm erteilt wurde, sobald bestätigt war, daß die Abschrift der Rolle mit dem Original übereinstimmte. Wenn jedoch die Abschrift durch die Kontrolleure ergänzt worden war, erhielt er sie erst nach Bezahlung der zusätzlichen Gebühren.

Diese für die Kapitäne und ihre Reeder ziemlich beschwerliche und langwierige Prozedur bot Gelegenheit zu Mißbräuchen der Amtsgewalt und Veruntreuungen, die hauptsächlich, allerdings in kleinerem Umfang, von den Kontrolleuren und in erheblich größerem Ausmaß vom Hafenmeister selbst, besonders dann begangen wurden, wenn zwischen dem Leuchtturm und der Pfahlkammer ein stilles Einverständnis bestand. Der Kapitän teilte gern den Differenzbetrag beim Zahlen des »Pfahlgeldes« und der »Zulage« mit Gotthard Wedecke, der allein die Tragfähigkeit des Schiffes taxierte und sie zum Schaden der Stadt und des Königs um einige zehn oder zwanzig Lasten niedriger einschätzen konnte. Ebenso verdienten der Königliche Pfahlkommissar und die Pfahlherren zusammen mit dem Kapitän, denn sie konnten höhere oder niedrigere Zolltarife anwenden oder die Ladung mit Hilfe schlauer Kombinationen für zollfrei erklären.

Natürlich mußte man bei Geschäften solcher Art vorsichtig zu Werke gehen; Verschwiegenheit und Maßhalten war eine Hauptbedingung dabei — Grundsätze ähnlich jenen, denen Anna von Heltbark und die beiden Wedeckes, Vater und Sohn, wie auch Wilhelm Schultz und die beiden anderen Pfahlherren huldigten.

Stephan Grabinski wußte um die Betrügereien. Er wußte auch, daß so mancher ehrliche Kapitän, der damit nichts zu tun haben wollte, tagelang auf die Erlaubnis warten mußte, in den Hafen einzulaufen. Er selbst hatte bis jetzt nicht unmittelbar mit derartigen Dingen zu tun gehabt, denn er war, bevor er auf der »Zephir« anheuerte und Steuermann wurde, auf der Ostsee als Bootsmann gefahren. Nun bekam er Gänsehaut aus Angst, daß Marten ihn mit der Erledigung dieser Formalitäten beauftragen könnte und er sich in die schmutzigen Machenschaften einlassen müßte. Nach kurzem Zögern sprach er mit Marten offen über seine Bedenken. Der teilte seine Abscheu vor Bestechungen und beabsichtigte nicht, sich mit Angelegenheiten zu befassen, die von Siegfried und Gotthard Wedecke abhingen.

»Mag sich Henryk Schultz darum kümmern«, entschied er. »Du findest ihn bestimmt in seinem Kontor oder in den Speichern an der Seilergasse. Er soll sich selbst in die Pfahlkammer bemühen und auch hierher zu uns. Du kannst deine Frau Mutter aufsuchen, aber bleibe nicht zu lange dort. Grüße sie von mir.«

Herr Siegfried Wedecke war schon siebzig Jahre alt. In seinem tätigen Leben war es ihm gelungen, das ererbte Vermögen beträchtlich zu vermehren und immer höhere Würden in der Verwaltung der Stadt zu erreichen. Bereits im Jahre 1567 war er Ratsherr geworden und bekleidete dieses Amt schon ein Vierteljahrhundert lang. Inzwischen riß er noch andere Ämter an sich. Er war Pfahlherr, dann Hafenmeister, Speicherverwalter und später Königlicher Pfahlkommissar. Im Laufe der Zeit trat er seine Ämter auf dem Wege von Übereinkommen und entsprechenden Schritten im Senat an Leute ab, die wie er aus Danziger Patrizierfamilien stammten und die außerdem genügend Geld hatten, sich ihm gegenüber entsprechend erkenntlich zu zeigen. Für seinen geliebten einzigen Sohn Gotthard bewahrte er das Amt des Hafenmeisters auf und erwirkte für ihn außerdem noch das Kommando über den Alten Leuchtturm.

Jetzt befaßte er sich nicht mehr mit den Belangen der Pfahlkammer. Wilhelm Schultz, Gotthards Freund, vertrat ihn dort. Ihm konnte man sogar heikle Angelegenheiten wie die Entgegennahme von Bestechungsgeldern und gerechte Verteilung anvertrauen. Aus Gewohnheit saß er jedoch nach wie vor im Rathaus in dem bequemen Sessel mit den Armlehnen und dem gepolsterten Sitz. Sein zittriger grauer Kopf hing auf die Brust herab, der Blick seiner tränenden Augen war starr, glasig. Wenn er so dahockte, machte er den Eindruck, als beschäftigte er sich mit irgendwelchen wichtigen Problemen. Wedecke löste aber keine Probleme mehr und dachte nicht einmal über etwas nach. Er verharrte in Stumpfheit und der Insichgekehrtheit des Alters.

Die Nachricht von der Ankunft der »Zephir« machte im ersten Augenblick nicht den geringsten Eindruck auf ihn. Die Rückkehr Jan Kunas schien ihn nicht zu berühren, es war, als ginge sie ihn überhaupt nichts an. Und doch war ihm weder der Name des Kapitäns noch der des Schiffes fremd. Er begann beide in seinem Kopf hin und her zu wälzen, als betrachte er sie, um sie zu begreifen.

Die »Zephir«? Mit Mühe kehrten seine Gedanken in die ferne Vergangenheit zurück, und er erinnerte sich, daß sie ein Kaperschiff war, ein ungewöhnlich schönes Schiff, ja, ja! Es gehörte Kuna. Aber nicht Jan, sondern Mikolaj Kuna...

Auf einmal sah er alles greifbar vor sich, so dicht, daß er die richtigen Proportionen und Zusammenhänge zwischen Menschen und Ereignissen nicht erfassen konnte. Nur mit Mühe gelang es ihm, das verworrene Bild zu ordnen.

Da war also erstens Mikolaj Kuna. Anfangs Danziger, später königlicher Kaperkapitän. Er befehligte die alte Kogge »Schwarzer Greif«, die Gottlieb Schultz gehörte. Gottlieb war der Vater von Wilhelm und Rudolf und der Onkel Henryks. So. Mikolaj Kuna war mit der Katarzyna Skórzanka, der Tochter Wincentys, verheiratet, des Schiffbauers aus Elbing, der die »Zephir« auf seiner kleinen Werft gebaut hatte.

Katarzyna galt, ähnlich wie ihre auf dem Scheiterhaufen verbrannte Mutter, als Kurpfuscherin und Zauberin. Sie hatte von Mikolaj Kuna zwei Söhne, Karl und Jan. Der ältere der beiden, Karl, war Schiffsjunge auf dem »Schwarzen Greif«. Ja, ja, so war es... Das alles geschah noch unter der Herrschaft des Königs Sigismund August, zu der Zeit, als Ferber und Projte Bürgermeister waren, wahrscheinlich im Jahre 1568, gleich nachdem er, Wedecke, Ratsherr geworden war.

Einige Schiffsjungen des Admirals Sharping hatten sich einen Raubüberfall auf Fuhrleute der umliegenden Gutshöfe und Vorwerke zuschulden kommen lassen, die Geflügel, Eier, Butter und Käse nach Danzig brachten. Unter anderem wurde auch der Wagen aus meinem Vorwerk beschädigt und beraubt. Ständig gab es mit diesen Kaperschiffen Ärger...

Aber seinerzeit fing man die Schuldigen. Durch mein Zutun wurden sie exemplarisch bestraft, mit dem Tod.

Elf Köpfe fielen damals unter dem Beil des Henkers. Elf — einer davon war der Karl Kunas.

Später, wohl im Jahre 1573, während der königlosen Zeit, wurden der alte Mikolaj Kuna und ein zweiter Kaperkapitän, ich glaube, er hieß Munkenbeck, mit ihren Schiffen in Danzig festgehalten. Kuna befehligte damals bereits die »Zephir«, und ich war zu der Zeit Hafenmeister. Ich befahl, sie festzunehmen, weil sie dänische Schiffe überfallen hatten. Darunter litt der friedliche Seehandel. Ja — und damals erwies sich, daß Katarzyna wirklich eine Zauberin war. Sie rief zwei große Feuersbrünste im Hafen hervor, um den Kaperkapitänen die Flucht nach Diament zu ermöglichen. Sie bekannte sich ja auch bei den Torturen zu ihren höllischen Praktiken, bevor sie ihre sündige Seele aushauchte. Ein frommer Mönch sah genau, wie der Teufel sie packte und durch die Mauern des Kerkers zur Hölle schleppte. — Hier schrak der alte Wedecke zusammen.

Mikolaj Kuna und sein jüngerer Sohn hatten ihm Rache geschworen. Er wußte es; denn Freunde und Verwandte hatten ihn damals gewarnt. Er kümmerte sich

553

nicht um die Drohungen und fühlte sich in Danzig sicher. Die beiden Kunas irrten zuerst mit ihrem Schiff in den livländischen Gewässern umher und segelten schließlich unter dem Befehl Figenows nach Frankreich.

Später hörte Herr Siegfried Wedecke, daß Mikolaj Kuna bei einem Gefecht mit den Spaniern an der Südostküste Englands umgekommen war und sein Sohn nach Westindien fuhr. Es war nicht der Mühe wert, sich darüber den Kopf zu zerbrechen. Das ganze wäre schon lange der Vergessenheit anheimgefallen, wenn — ja wenn nicht der Neffe Gottlieb Schultz', Henryk, wieder in Danzig aufgetaucht wäre, überlegte der alte Wedecke. Wann kam er eigentlich zurück? Es war wohl im Jahre 1586. Bald darauf begann er mit einer lebhaften Handelstätigkeit. Er war nicht mehr der arme Verwandte von Gottliebs Erben. Er hatte auf dem Meer ein ansehnliches Kapital erworben, und nach einigen Jahren wurde er zu einem der reichsten Kaufherren und Bankiers. Die Grundlage seines Reichtums verdankte er den ungewöhnlich großen Erfolgen der Kaperfahrten unter dem Befehl Jan Kunas. Daraus machte er übrigens kein Geheimnis. Da er aus einer bekannten Danziger Familie stammte, wurde er ohne Schwierigkeiten in die höchsten gesellschaftlichen Kreise aufgenommen. Schließlich heiratete er noch sehr reich und begann auch auf die Politik des Senats einen entscheidenden Einfluß auszuüben. Ja — so war das alles...

Durch Henryk Schultz hatte Siegfried Wedecke von der Ankunft der »Zephir« erfahren. Nachdem er in seiner Erinnerung alles geordnet hatte, was Jan Kuna betraf, wünschte er noch weitere Informationen über den »Jungen« zu erhalten, wie er Jan Marten, ohne die verflossenen Jahre zu berücksichtigen, nannte.

Er empfand plötzlich Furcht vor dem gefährlichen, hemmungslosen Korsaren, von dem Henryk Schultz mit einem Gemisch von Nachsicht, Neid und Bewunderung sprach und den er als einen romantischen Abenteurer schilderte.

Schultz hatte es anscheinend verstanden, ihn zu umgarnen, und zog sogar aus seinen Fehlern Vorteile, das stimmte. Er brüstete sich damit und lachte über Martens Naivität, entrüstete sich über seine Verschwendungssucht, verspottete seine Geschäftsuntüchtigkeit, glaubte aber an sein unerhörtes Glück und bewunderte ungewollt seinen kühnen Mut. Aus Henryks Bericht sprach jedoch Furcht, eine Furcht, die auch der alte Wedecke eingedenk des Leides teilte, das Mikolaj Kuna durch sein Zutun erlitten hatte.

»Weshalb hast du ihn hergebracht?« fragte er und starrte Schultz an.

»Ich brauche ihn, sowohl ihn als auch sein Schiff«, antwortete Schultz.

Siegfried Wedecke schwieg eine Weile, dann nickte er. Aus der lakonischen Antwort schloß er, daß ihm dieser vorsichtige und zugleich durchtriebene Spieler, für den er Henryk Schultz ansah, seine Pläne nicht verraten würde. Das konnten sehr kühne und waghalsige Absichten sein. Wedecke argwöhnte seit langem, daß Schultz mit dem Starosten von Puck, Herrn Jan Weyher, irgendwelche geheimen Ränke schmiedete. Worum es sich dabei handelte, konnte er nicht erraten. Es war möglich, daß Schultz die Herrschaft des Senats und auch die Interessen der Kaufmannschaft bedrohte. Doch man konnte ihm nichts nachweisen oder vorwerfen. Wenn er tatsächlich etwas vorhatte und konspirierte, dann tat er es sehr vorsichtig. Und dennoch...

Wozu braucht er Jan Kuna? überlegte Siegfried Wedecke. Wozu will er ihn benutzen? Hegt er feindliche Absichten gegen mich und Gotthard?

Er bangte nicht um sein Leben — das war sowieso bald abgelaufen. Aber Gotthard! Sein einziger Sohn, der Stolz und die Stütze seines Alters... War es nicht möglich, ja noch mehr — war es nicht wahrscheinlich, daß jener Korsar nach Danzig kam, um den Tod des Bruders und der Mutter zu rächen?

Gotthard lachte über solche Befürchtungen. Schultz konnte selbst mit Herrn Weyher und der Hilfe Jan Kunas die ein für allemal festgelegte Ordnung der Danziger Gesellschaft nicht stürzen. Wenn er nach der Herrschaft im Rat greifen wollte, würde er sie erhalten. Dazu brauchte er weder Gewalt noch Drohungen anzuwenden und noch viel weniger die Hilfe Martens und seines Schiffes in Anspruch zu nehmen. Vielleicht wollte er eine eigene Kaperflotte bilden, hatte Marten zu deren Kommandanten ausersehen und verhandelte darüber mit Herrn Weyher? Vielleicht beabsichtigte er ganz einfach das schnelle und schöne Schiff zu kaufen, um auf ihm wertvolle Waren geradenwegs aus dem Ursprungsland einzuführen?

Was die Rache seitens Jan Kunas betraf, nun, hätte er damit fünfundzwanzig, ja sogar dreißig Jahre gewartet? Nach so langer Zeit geraten die schwerste Beleidigung und das größte Unrecht in Vergessenheit. Ihre Glut erlischt wie ein Feuer, dem man keine neue Nahrung gibt. Wenn sich Marten hätte rächen wollen, dann wäre er viel früher nach Danzig gekommen. Er hätte dazu im Jahre 1577 die beste Gelegenheit gehabt, als König Stephan Báthory Krieg mit Danzig führte und den Alten Leuchtturm belagerte.

»Ich habe mit ihm an Bord seines Schiffes gesprochen«, sagte Gotthard zu seinem Vater. »Er ist ziemlich mürrisch und stolz. Ich habe aber nicht den Eindruck, daß er uns gegenüber böse Absichten hegt. Er sieht weder wie ein Mensch aus, der nicht ganz bei Verstand ist, noch wie ein Meuchelmörder. Über Henryk spricht er mit leichter Ironie. Ich zweifle, ob er ihm gegenüber so nachgiebig ist, wie Schultz es sich vorstellt. Vor allem interessiert er sich für den Krieg mit Schweden. Ich glaube, er ist hierhergekommen, um an ihm als königlicher Kaperkapitän teilzunehmen.«

In seiner Unterredung mit dem Vater verschwieg Gotthard Wedecke ein kleines Detail seiner Begegnung mit dem Kapitän der »Zephir«, ein Detail, das Gotthard Wedecke aufgefallen war und in ihm sogar im ersten Augenblick flüchtige Zweifel wachgerufen hatte, ob Marten wirklich völlig bei klaren Sinnen sei. Als er ihm nämlich zum Löschen der Ladung einen günstig gelegenen Anlegeplatz an der Langen Brücke gleich beim Grünen Tor zuwies, das den Langen Markt zur Mottlau hin abschließt, fuhr Marten zusammen und durchbohrte ihn mit einem zornigen Blick, worauf er schroff erklärte, daß er nicht daran denke, mit seinem Schiff dort anzulegen. Dieser plötzliche Zornesausbruch verging übrigens sehr schnell, doch der Hafenmeister vermochte Marten nicht davon zu überzeugen, daß er die besten Absichten habe. Schließlich ließ ihn der junge Wedecke in Ruhe.

So kam es, daß die »Zephir« zum großen Ärger von Henryk Schultz zwischen dem Krantor und der Johannisgasse vor Anker ging. Von dort aus war es zu den Speichern in der Seilergasse bedeutend weiter als vom Grünen Tor.

Marten fühlte sich fast vollkommen glücklich. Die Begrüßung durch Maria Francesca und die ersten zwei mit ihr auf dem Gutshof von Schultz verbrachten Tage enttäuschten ihn nicht und erfüllten alle seine Hoffnungen. Die Perlen, die er mitgebracht hatte, weckten ihr aufrichtiges Entzücken. Sie hatte sich ebenfalls nach ihm gesehnt — das stand fest, und nun konnten sie sich nicht genug aneinander freuen.

Weder Schultz noch seine »Tante« störten das Idyll. Frau von Heltbark war nach Danzig gefahren, wo sie verschiedenes zu besorgen hatte, und Schultz erledigte inzwischen, von Eifersucht verzehrt, die Angelegenheiten, die die »Zephir« und die Kaperbriefe ihres Kapitäns betrafen. Er wünschte, daß Marten so schnell wie möglich wieder in See stechen möge.

Trotz der überschwenglichen Leidenschaft der ersten Tage entgingen Marten nicht gewisse Einzelheiten, die ihn teils wunderten, teils beunruhigten. So entdeckte er ganz zufällig, daß sich außer den beiden Schlafzimmern, die von Maria und Frau von Heltbark benutzt wurden, im oberen Stockwerk noch drei kleinere Zimmer mit breiten Betten, Spiegeln und Einrichtungsgegenständen befanden, deren sich gewöhnlich Frauen bedienen. Er wußte, daß sowohl Leonia wie auch die übrige Dienerschaft im Hintergebäude wohnten. Übrigens widersprach die kostbare Einrichtung der drei Räume einem solchen Verwendungszweck. Für wen standen sie also bereit?

Als er sich bei Maria Francesca danach erkundigte, zuckte sie die Schultern. »Im ersten Stockwerk befinden sich die Gastzimmer«, sagte sie. »Manchmal übernachtet dort Henryk, manchmal einer seiner Freunde.«

Diese Antwort befriedigte Marten nicht. Henryks Schlafzimmer und die beiden angrenzenden Räume waren ganz anders eingerichtet. Obendrein befanden sie sich auf der entgegengesetzten Seite des Hauses. Sollte Maria das nicht wissen?

»Was geht mich das an«, antwortete sie ungeduldig. »Ich bin nicht die Hausfrau. Mit der Unterbringung der Gäste befaßt sich Anna. Vielleicht werden die Zimmer jetzt überhaupt nicht benutzt.«

Marten lächelte. »Früher wurden sie aber benutzt«, erwiderte er. »Es sieht so aus, als hätte unser tugendhafter Henryk hier einen kleinen Harem gehabt.«

»Oh, ich glaube nicht«, murmelte sie widerwillig, schürzte die Lippen und begann von etwas anderem zu sprechen, als sei ihr dieses Thema unerwünscht.

Marten bestand keineswegs darauf, das Gespräch fortzusetzen. Am gleichen

556

Tage machte er aber noch eine kleine Entdeckung, die ihn in der Meinung bestärkte, daß Henryk Schultz gar nicht so tugendhaft war und sich durchaus nicht ausschließlich mit dem Anhäufen von Geld und Besitz beschäftigte, wie man hätte denken können, wenn man ihn von früher her kannte. Allem Anschein nach genoß er hier alle Freuden der Tafel und des Bettes sowie andere Annehmlichkeiten des irdischen Daseins. Darauf wiesen der gutversorgte Keller, die Stöße leerer Wein- und Likörflaschen sowie die benutzten und neuen Spiele Karten und der immer noch wahrnehmbare Duft von Riechstoffen, Rosenwasser und Puder hin, der jenen Zimmern anhaftete.

Als er das scherzweise erwähnte, wurde Maria Francesca zornig. »Du möchtest mich wie in einem Kloster einsperren und mir jede Zerstreuung verwehren. Soll ich ein Nonnenhabit anziehen und das Ave Maria beten, wenn Henryk von seinen Bekannten und Freunden besucht wird? Ich wohne doch nicht allein hier! Anna — die Hofdame der Königin Bona! — hat an den Empfängen und unschuldigen Unterhaltungen, die hier stattfanden, ebenfalls teilgenommen. Auch sie hat Monte und Pikett gespielt. Sie fährt mit mir nach Danzig, sie begleitet mich immer und überallhin, sorgt für mich wie eine ältere Schwester oder wie eine Pflegemutter. Ihre Anwesenheit, ihre Freundschaft und Erfahrung, ihre Verwandtschaft mit Schultz sind eine ausreichende Bürgschaft für gute Sitten in diesem Haus«, trumpfte sie auf.

»Daran zweifle ich nicht im geringsten«, rief Marten. »Ich muß gestehen, daß sich Henryk viel uneigennütziger gezeigt hat, als ich annahm. Und ich bin ihm wirklich dankbar für alles, was er für uns tat. Du solltest ihm auch von dir aus dafür danken.«

Maria Francesca sah ihn mit einem rätselhaften Lächeln an. »Ich glaube«, sagte sie wie zu sich selbst, »daß er von mir ausreichend Beweise meiner Dankbarkeit erhalten hat.«

In der zweiten Novemberhälfte und in den ersten Dezembertagen hatten die Zimmerleute, Schiffbauer, Seiler, Pechsieder und Schmiede der Danziger Werften alle Hände voll mit der Ausbesserung der königlichen Schiffe zu tun, die aus Schweden zurückgekehrt waren. Der Rittmeister Wladyslaw Bekesz war zwar kein Seemann, aber ein kluger und energischer Mensch. Er beaufsichtigte alle Arbeiten selbst und wurde dabei von dem Starosten von Puck, Herrn Jan Weyher, mit Rat und Tat unterstützt. Er verlangte Eile. Deshalb erklangen auf der Mottlau das Klopfen der Hämmer, das Pochen der Äxte, das Kreischen der Sägen und das

Knirschen des Eisens vom frühen Morgen bis zum späten Abend. Am sechsten Dezember, dem Nikolaustag, fuhren fünf Schiffe, darunter zwei Transportschiffe, weichselabwärts und gingen fahrtbereit beim Alten Leuchtturm vor Anker.

Am selben Tag schloß sich ihnen die »Zephir« an. Sie war mit einem königlichen Kaperbrief ausgestattet, der auf den Namen Jan Kuna, genannt Chevalier de Marten, lautete. Damit wurde sein französischer Adel anerkannt und bestätigt. Am Abend schickte Herr Bekesz eine Schaluppe zu Marten und ließ ihn auf das Flaggschiff »Vulture« bitten, wo er mit ihm und Kapitän Haien den Aktionsplan besprechen und festlegen wollte.

Die »Vulture« war eine große englische Handelsfregatte, die in Elbing zu einem Kriegsschiff umgebaut worden war. Auf Kosten der sehr geräumigen Laderäume hatte man ein Artilleriedeck eingebaut und das Schiff mit zweiunddreißig Geschützen bestückt, die aus Thorn herangeschafft worden waren. Ihr früherer Kapitän war nach der Schlacht von Stangebro mit einem Teil der Bemannung zu Karl, Herzog von Södermanland, geflohen. Gierd Haien, der bei jenem Gefecht seine Holk verloren hatte, überwältigte den Rest der Bemannung der Fregatte fast ohne Blutvergießen und erhielt als Belohnung für seine Tat das Kommando über dieses Schiff.

Haien war ein Riese von Wuchs und bärenstark. Er stammte aus Livland. Die ehemalige Bemannung seiner Holk, fünfzig Matrosen aus seiner Heimat, ergänzte nun die Mannschaft der englischen Fregatte »Geier«, wie das Schiff mit Zustimmung des neuen Kapitäns umgetauft worden war.

Diese fünfzig Mann hielten unter dem Kommando Gierd Haiens die einhundertsiebzig nicht allzu verläßlichen Engländer, Schotten, Deutschen und Holländer im Zaum. Haien selbst verbreitete durch seine Brutalität und übermenschliche Kraft, die er gern zur Schau stellte, Schrecken in ihren eihen.

Er hatte hellblondes Haar und einen ebensolchen Bart, den er jedoch .ur an der Unterseite des Unterkiefers von einem Ohr zum anderen stehenließ, während er die Wangen rasierte. Seine blaßblauen Augen blickten kalt, hart und starr, als wären sie aus Stein, seine schmalen, zusammengepreßten Lippen und seine Gesichtszüge drückten Unerschrockenheit, Mut und kühle, mitleidlose Ruhe aus.

Der Rittmeister Bekesz war das genaue Gegenteil. Er besaß ein helles, freundliches Gesicht, einen Mund, der zum Lächeln schnell bereit war, dunkle, feurige Augen. Er sprach lebhaft, mit einem leichten, fremdländischen Akzent, denn er stammte aus Ungarn und hatte erst im Jahre 1593 die polnische Staatsbürgerschaft und die Anerkennung seines Adels erhalten. Wie ein Prinz kleidete er sich auserlesen nach der ungarischen Mode. Übrigens wäre er wirklich beinahe ein Prinz geworden, denn sein Vater Kasper Békéssy de Korniath konkurrierte einst mit Báthory um den siebenbürgischen Fürstenthron. Trotzdem war Herr Bekesz nicht überheblich oder eingebildet, und er erwies Marten von Anfang an sein besonderes Wohlwollen.

558

Als er ihm am Niedergang begegnete, streckte er ihm die Hände entgegen und begrüßte ihn wie einen Freund. Dann stellte er Marten dem Kapitän Haien vor, wobei er für jeden einige schmeichelhafte Worte fand. Die beiden Kapitäne sahen sich erst prüfend und etwas finster an, als zögerten sie, sich die Hand zu reichen. Dann taten sie es gleichzeitig, wobei Marten das Gefühl hatte, als nähme er einen noch warmen Brotlaib in die Hand, der sich plötzlich in einen eisernen Schraubstock verwandelt. Er mußte alle Muskelkraft aufbieten, um Haiens Händedruck, der die Finger eines schwächeren Mannes brechen konnte, entsprechend zu beantworten. Zum Glück gelang es Marten, die riesige Pranke des Livländers mit seiner schmaleren, hageren, dafür aber längeren Hand zu umfassen. Er drückte so kräftig zu, daß Haien mit seinen starren, von fast weißen Wimpern beschatteten Augen zwinkern mußte.

Bekesz bemerkte sofort dieses lange, nur dem Anschein nach herzliche Händeschütteln und auch den Eindruck, den Martens Körperkraft auf den Livländer machte.

Da traf die Sense auf einen Stein, dachte er und strich sich lächelnd den herabhängenden Schnurrbart. »Ich möchte von keinem von euch beiden einen Schlag ins Gesicht bekommen«, sagte er laut.

Marten lachte. Haien schien bestürzt zu sein, denn er antwortete: »Da sei Gott vor, daß ich so etwas...«

»Macht Euch deswegen keine Sorgen, Herr Haien«, beruhigte ihn der Rittmeister. »Ich erwarte von Euch ganz andere Taten, die nicht gegen meine Person gerichtet sind.«

Sie gingen in ein geräumiges Gemach im Hinterkastell und setzten sich an einen runden Eichentisch, auf dem bald darauf Becher und alter Ungarwein standen. Gierd Haien, der die Ostsee wohl genausogut kannte wie das Deck seines Schiffes, machte, von Bekesz aufgefordert, Marten mit der Situation von Kalmar bekannt.

Die Mauern des auf dem terrassenförmig ansteigenden Felsen des Eilandes Quarnholmen erbauten Schlosses erhoben sich dicht an der kleinen Bucht. Die in den Türmen und an den Zinnen aufgestellten Geschütze beherrschten die Einfahrt in den Sund, der die Insel Öland vom Festland trennt. Die ebenfalls von einer Mauer umgürtete Stadt, außerdem durch einen Barbakan und drei kleinere Wehrtürme geschützt, war durch eine Zugbrücke mit dem Schloß verbunden. Zwei andere, längere, gutverschanzte Brücken, deren Mittelfelder ebenfalls mit Winden an Ketten hochgezogen werden konnten, überwölbten das Wasser, das Quarnholmen von allen Seiten umspült. Die Festung galt als uneinnehmbar. Sie war nur durch Hunger bei einer Belagerung auf der Landseite und einer gleichzeitigen Blockade auf der Seeseite zu bezwingen.

Der Kalmar-Sund ist tief, aber schmal — am engsten in der Nähe von Kalmar. Dort beträgt die Entfernung von Küste zu Küste kaum vier Meilen. Die Schiffahrt war besonders im nordwestlichen, mit Schären übersäten Teil sehr schwierig. Die siebzig Meilen lange und nur 10 Meilen breite Insel Öland bietet zwar im Osten Schutz, nur Nordstürme können in den engen Schlund dringen, doch die zerrissene, felsige Küste, der Nebel und der ständig wechselnde böige Wind bereiten einem fremden Seefahrer viele gefährliche Überraschungen.

Marten war nur einmal im Leben, als junger Bursche unter dem Kommando seines Vaters, durch diese Meerenge gefahren. Er glaubte aber, daß das ungewöhnliche Gedächtnis, das er besaß, ihm als Führer genügen werde, falls es an Karten und einer genaueren Beschreibung fehlte. Ihm lag vor allem daran, etwas über die schwedischen Seestreitkräfte und ihre Standorte zwischen Bornholm, Gotland sowie der dänischen und schwedischen Küste zu erfahren. Darüber wußte aber weder Haien noch Bekesz etwas Genaues. Man konnte nur annehmen, daß die schwedische Flotte augenblicklich nicht sehr stark sei und sich der größte Teil der Schiffe im nördlichen Teil des Kalmar-Sundes befinde, da sie dort verhältnismäßig geschützt in der Bucht von Oskarshamn ankern konnten.

»Sehr schön«, sagte Marten. »Wenn sie Kalmar blockieren, dann müssen sie doch ständig bis zur Südseite des Sundes, zumindest bis Fornhamnsudde fahren?«

»Das tun sie auch«, brummte Haien. »Sie treiben sich sogar bei Bornholm sowie zwischen Gotland und dem Festland herum!«

Marten sah zuerst ihn, dann Bekesz an. »In diesem Falle muß man also den Zugang nach Kalmar mit Gewalt erzwingen?«

Bekesz zog die Brauen hoch. »Nicht unbedingt«, antwortete er nach einer Weile. »Ein einzelnes Schiff kann durchschlüpfen, wenn es vor dem Wind segelt, also Südwind hat. Gelangt es bis in die Bucht beim Schloß, so ist es in Sicherheit; denn die Geschütze der Festung decken es dann. Aber sechs Schiffe...«

»Eben!« bestätigte Haien. »Das ist der Haken...«

Marten verstand das sehr gut. Es war unwahrscheinlich, daß sechs Schiffe, die zwischen Danzig und Schweden kreuzten, unbemerkt blieben.

An der schmalsten Stelle des Sundes konnten einige gutbewaffnete feindliche Schiffe einer ganzen Flotte den Zugang verwehren. Außerdem waren sowohl die Festlandküste wie auch das Westufer der Insel Öland reich an tiefeingeschnittenen Buchten, die eine Blockade erleichterten. Der Feind konnte sich dort in den Hinterhalt legen, den Transport mit dem Proviant für Kalmar durchlassen, ihn dann zwischen zwei Feuer nehmen und in wenigen Sekunden durch ein paar Geschützsalven versenken.

Herr Bekesz dachte sicherlich das gleiche; denn er sagte nach einer Weile tiefen Schweigens: »Man muß von der dänischen Seite aus einlaufen, denn der Sund ist im Süden breiter. Außerdem ist es nach Kalmar um gute zehn Meilen näher. Wir dürfen aber nicht zusammen, auf einem Haufen, fahren, sondern müssen ein oder zwei Schiffe vorausschicken, damit wir nicht überrascht werden. Wie denkt Ihr darüber?« wandte er sich an Marten. »Ihr habt in diesen Dingen mehr Erfahrung als jeder andere. Euer Rat wird hier wohl der klügste sein.«

Diese Worte schmeichelten Martens Eitelkeit. Er wollte jedoch nicht anmaßend und eingebildet erscheinen und antwortete deshalb besonnen und zurückhaltend. »Im Grunde genommen ist der Plan gut, doch selbst die besten Sicherungsmaßnahmen garantieren nicht, daß der Transport wohlbehalten in Kalmar eintrifft, wenn wir auf starken Widerstand stoßen. Noch schlimmer aber ist, daß Stolpe wie ein Hund vor der Bucht wachen wird, um uns die Rückkehr unmöglich zu machen, wenn es ihm nicht gelingt, uns am Einlaufen zu hindern. Deshalb«, fuhr er fort, »muß man eher an Angriff als an Verteidigung denken. Man könnte zum Beispiel die Schweden warnen und sie in die Falle locken, anstatt ihren Hinterhalten auszuweichen!«

»Wir haben nur vier Schiffe«, wendete Haien ein.

»Unter ihnen besitzt nur die ›Geier‹ zweiunddreißig Geschütze. Unsere beiden Holken, die ›David‹ und die ›Emma‹, sind mit je sechs leichten Geschützen bewaffnet. Das sind insgesamt vierundvierzig«, fügte Bekesz hinzu.

»Die ›Zephir‹ hat zwanzig, das macht zusammen vierundsechzig«, ergänzte Marten. »Das ist gar nicht so übel.« Er lächelte.

»Das ist nicht übel, wenn wir zusammenbleiben«, murrte Gierd Haien.

»Das stimmt«, bestätigte Marten. »Aber zuerst müssen wir uns teilen und später gemeinsam zuschlagen, von zwei Seiten, von Süden und von Norden her.«

»Wie gedenkt Ihr das zu tun?« fragte Haien schon etwas ungeduldig.

Marten wurde mit einem Male lebhaft. Erst jetzt zeichneten sich die allgemeinen Umrisse des taktischen Planes klar und deutlich in seinem Kopf ab. Er antwortete Haien langsam, bedächtig und ausführlich. »Wenn ich mich recht entsinne, liegen an der Südküste von Blekinge, ungefähr zwanzig Meilen von der Einfahrt in den Kalmar-Sund, der dänische Kriegshafen und die Festung Karlskrona. Dort könnte unsere kleine Flottille für ein paar Tage Schutz finden. Der Aufenthalt der polnischen Schiffe in dem Hafen wird dem Vizeadmiral Stolpe gewiß nicht verborgen bleiben. Ich nehme an, daß er mit seiner Flotte zwischen der Südeinfahrt in den Sund und Kalmar eine Verteidigungsstellung beziehen wird. Stolpe ist, soviel ich weiß, vorsichtig. Also wird er auch nördlich von Kalmar einige Schiffe zurücklassen, vielleicht auch vor Bornholm und sogar vor Gotland. Da er seine Kräfte aber nicht allzusehr zersplittern kann, werden seine Aktionen vor dem Sund nur einen Aufklärungscharakter von begrenzter Reichweite haben. Ich schlage deshalb vor, daß die beiden Transportschiffe unter der Eskorte der ›Geier‹ unter Beachtung aller Vorsichtsmaßregeln am verabredeten Tag von Süden her in den Sund einlaufen und so schnell wie möglich nach Norden, nach Kalmar, segeln. Unterdessen werde ich mit der ›Zephir‹ die Insel Öland von Osten und Norden her umschiffen, um in den Rücken der schwedischen Eskader zu gelangen und sie unverhofft anzugreifen. Der Kanonendonner wäre für die ›Geier‹, die ›Emma‹ und die ›David‹ das Signal zum Angriff. Die Schweden sitzen dann in der Falle und werden wahrscheinlich unterliegen. Sollte jedoch das Gefecht unentschieden oder mit einer Niederlage unserer Schiffe enden, woran ich übrigens nicht glaube, dann haben die beiden Transportschiffe auf jeden Fall genügend Zeit, in die Bucht einzulaufen, wo sie von den Kanonen der Festung geschützt werden. Auf diese Weise ist das Hauptziel unserer Fahrt, die Versorgung der Besatzung von Kalmar mit Proviant, erreicht. Die Schiffe der Eskorte können sich darauf entweder nach Norden oder Süden zurückziehen und nach Danzig segeln.«

Bekesz hörte den Ausführungen Martens gespannt, mit gerunzelten Brauen und blitzenden Augen zu. Je klarer sich die von Marten beschriebenen Aktionen in seiner Phantasie abwickelten, um so mehr erhellte sich sein Gesicht. Schließlich hielt er es nicht mehr aus, still dazusitzen. Er schlug mit der Hand auf den Tisch, sprang auf, daß der Sessel polternd umfiel, umarmte Marten und küßte ihn auf beide Wangen. »Die Haut sollen sie mir abziehen, mich zu einem Mönch machen, wenn Euer Plan nicht eines Cäsars würdig ist« rief er. »Weshalb wart Ihr nicht schon damals bei mir, Herr Bruder, als wir vor Stegeborg gegen die Schweden kämpften!«

»Ich weiß nicht, ob ich dort einen solchen Befehlshaber gehabt hätte wie Euer Gnaden«, erwiderte Marten. »Nicht jeder weiß einen guten Rat zu schätzen oder ihn wenigstens anzuhören wie Ihr. Wenn Euch mein Plan im allgemeinen gefällt, können wir gleich die Einzelheiten besprechen und festlegen.«

»Und auch für alle Fälle die Abänderungen«, warf Gierd Haien ein. »Was sollen wir zum Beispiel tun, wenn Peer Stolpe gleich zu Beginn des Gefechtes oder noch früher die ›Zephir‹ auf den Meeresgrund schickt? Von dort aus wird uns der Kapitän Marten keine klugen Ratschläge erteilen können!«

»Dann seid Ihr ja noch da und erdenkt bestimmt etwas Klügeres«, entgegnete Marten schroff. »Das könnt Ihr auch jetzt schon«, fügte er etwas weniger hitzig hinzu. »Wenn ich richtig verstanden habe, wollen wir gemeinsam beraten.«

Haien nickte mit eisiger Ruhe. Sein schwerer, starrer Blick glitt von Martens Gesicht zu einer großen Pergamentrolle, die vor ihm auf dem Tisch lag. Er rollte sie auf und schob sie Marten zu. Es war eine schöne, handgemalte Kopie der geographischen Seekarte Gerhard Kremers, Mercator genannt. Der hervorragende Kosmograph des Fürsten von Jülich und Duisburg hatte auf ihr den ganzen mittleren Teil der Ostsee von den Alandsinseln und der Südküste Finnlands bis Preußen und Pomorze, von der Hanö-Bucht und Stockholm bis zur kurländischen und estnischen Küste eingezeichnet. Danzig, Puck und Kolberg, Karlskrona, Kalmar und Stockholm, die Inseln Bornholm, Öland und Gotland — kurzum, der ganze Schauplatz der kommenden Aktionen zur See lag vor Marten ausgebreitet.

»Etwas Derartiges habe ich in meinem Leben noch nicht gesehen!« rief er staunend und bewundernd zugleich. »Alles stimmt hier, und nichts fehlt.«

»Höchstens die Schiffe Stolpes«, sagte Bekesz lächelnd.

»Die werden uns schon finden«, murmelte Haien.

Zu dritt beugten sie sich über die Karte. Sie saßen bis zum Abendbrot vor ihr und erörterten dann noch bis gegen Mitternacht alle Einzelheiten des beabsichtigten Unternehmens.

Als Marten an Bord seines Schiffes zurückkehrte, schlug leichter Frost den Nachtnebel als Reif nieder und hüllte damit die »Zephir« ein. Im Mondlicht sah sie wie aus mattem Silber geschmiedet aus. Eine Riesenspinne schien sie mit ihren Fäden eingesponnen zu haben. Die Wächter auf dem Alten Leuchtturm verkündeten mit ihren Trompeten Mitternacht. Der siebente Dezember des Jahres 1598 begann.

Unter der Führung der »Geier«, die von vier Ruderbooten ins Schlepptau genommen worden war, verließ der Konvoi mit dem Proviant für die Besatzung von Kalmar im Morgengrauen seinen Ankerplatz am Alten Leuchtturm. Das Auslaufen durch den Westarm des Weichseldeltas war bei dem immer mehr auffrischenden Nordwestwind besonders schwierig. Sogar hier trieb er schaumgekrönte Wellen gegen die Schaluppen, als wollte er die Schiffe nicht hinaus aufs weite Meer lassen. Der hohe Rumpf der »Geier« mit den einstöckigen Kastellen an Bug und Heck bot starken Widerstand. Die Trossen zitterten und schnellten immer wieder aus dem Wasser. Den Ruderern erlahmten die Arme. Ihre Anstrengungen hatten so geringen Erfolg, daß Marten, der ungeduldig wartete, bis die Reihe an ihn kam, befahl, zwei Schaluppen auszuschwingen. Er schickte sie Haien zu Hilfe.

Erst gegen Mittag erreichten die »Geier«, die »David«, die »Emma« und die beiden Transportschiffe die Reede hinter der Untiefe und gingen dort vor Anker. Die völlig erschöpften Ruderer kehrten an Bord der »Zephir« zurück. Ihre Anzüge waren steifgefroren und schwer wie Blei. Das Wasser lief an ihnen herab wie von tauenden Eisrüstungen. Die in Schweiß gebadeten Männer dampften. In der durchdringenden Kälte begannen sie zu zittern, daß die Zähne aufeinanderschlugen.

Der Herr Hafenmeister Wedecke war inzwischen aus Danzig gekommen, um mit eigenen Augen das ungewöhnliche Schauspiel zu beobachten, wie im Winter, da jeder vernünftige Kapitän und sogar der waghalsigste Fischer zu Hause hinter dem Ofen saß, sechs Schiffe ausliefen. Wedecke sah dem Ringen der Matrosen mit Wind und Wellengang zu und tauschte mit seinem Stellvertreter, Kapitän Erik Sasse, gehässige Bemerkungen aus. Er lobte ihn, daß er abgelehnt hatte, den Ostarm der Weichseltiefe, die eigentliche Fährrinne, zu öffnen. Es war klar, daß die königliche Flottille dort rasch und leicht, ohne jede Mühe, die offene See hätte erreichen können. Sie wäre auch keinem Schiff in den Weg gekommen, das den Danziger Hafen anlaufen wollte, denn solche Schiffe hatte man seit Wochen nicht mehr gesehen.

»Sollen sie sich ruhig ein bißchen abrackern«, sagte Wedecke boshaft. »Das wird sie lehren, unsere Rechte und unsere Ordnung zu achten.«

Sasse nickte beifällig. »Wenn es von uns abhinge«, meinte er, »hätte ich sie nicht

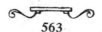

einmal nach Weichselmünde durchgelassen. Sie haben ihren Hafen in Puck — sollen sie doch dort die Hafenausfahrt so vertiefen, daß sie jederzeit ein- und auslaufen können. Früher . . .«

»Da, sieh!« unterbrach ihn Wedecke. »Der ist wohl verrückt geworden!«

Diese Bemerkung galt Marten, der sich anscheinend entschlossen hatte, unter Segeln auszulaufen; denn an den Rahen der »Zephir« flatterten die Segel im Wind, und zwei Klüversegel wurden an den Stangen zwischen dem Fockmast und dem Bugspriet gehißt.

»Er wird gleich auf der Sandbank festsitzen, wenn ihn nicht der Wind vorher gegen das Ufer treibt«, sagte Sasse. »Oho! Er reißt die Boje los!« rief er, als das Schiff während des Brassens bei raumem Wind leicht driftete.

Es wurde aber weder die Boje beschädigt, noch mißlang Marten das Manöver. Der Wind hatte kaum die vibrierenden Segel geglättet und gefüllt, als die »Zephir« bereits dem Steuer gehorchte und den Bug der Strommitte zuwandte. Mit immer größerer Fahrt segelte sie am Leuchtturm vorbei, ließ die Steinsäule am rechten Weichselufer hinter sich, machte eine rasche Wendung, legte sich noch schärfer zum Wind und glitt durch das Westfahrwasser, als wäre sie von Neptuns Wagen mit den erzbeschlagenen, goldmähnigen Pferden und allen fünfzig Nereiden ins Schlepptau genommen worden.

Gotthard Wedecke und Erik Sasse verfolgten von Bord des Wachschiffes »Jupiter« aus mit bewundernden und zugleich mißgünstigen Blicken das sich entfernende Schiff. Wahrscheinlich hätte die »Jupiter«, der Stolz des Danziger Hafens, das Werk deutscher Schiffbauer, die erst vor kurzem in Lübeck vom Stapel gelaufen war, ein solches Kunststück nicht fertiggebracht.

»Nun, Herr Dünne, würdet Ihr mit unserem Schiff imstande sein, den Hafen auf solche Weise zu verlassen?« wandte sich Wedecke an den Kapitän des Wachschiffes, der mit angehaltenem Atem das letzte Manöver der »Zephir« beobachtet hatte. Er konnte noch immer nicht den Blick von den hochragenden Masten des schmucken Schiffes losreißen.

Friedrich Dünne verzog das Gesicht mit gespielter Verachtung. »Um des Beifalls willen riskiere ich nichts«, erwiderte er. Dabei blickte er nach rechts und nach links, als könnte oder wollte er den Hafenmeister nicht ansehen. »Ich bin weder ein Seiltänzer aus einem Zirkus noch der Sohn und Enkel von Hexen wie der dort.«

»Was hat denn das damit zu tun?« fragte Wedecke.

»Pah . . ., was?« antwortete Dünne mürrisch. »Wißt Ihr das nicht? Kein wirklich christliches Schiff könnte so scharf am Wind segeln wie dieses. Kuna geht nicht zur Kirche, Ihr könnt Herrn Schultz fragen. Er hat nicht ein Kreuz an den Segeln wie andere Schiffe. Angeblich ist er kugelfest. Seine Mutter hat ihn ihre Zauberkünste gelehrt, und in Indien haben die dortigen Teufel seine Erziehung vervollständigt. Pfui!« Er spuckte aus und bekreuzigte sich fromm. »Das endet nicht gut, wenn sich der König solcher Leute im Kampf gegen seinen Onkel bedient.«

564

»Pah! Der Södermanland hält es ja angeblich auch mit dem Teufel«, warf Sasse ein.

Wedecke zuckte die Schultern. Er glaubte nicht an Zauberei. »Ich hörte, daß Marten durch eine Kugel schwer verwundet wurde«, sagte er. »Er ist noch gerade so mit dem Leben davongekommen. Ich bin sicher, daß eine gutgezielte Breitseite sein Schiff von der Meeresoberfläche fegen würde wie eine Seifenkiste. Bestimmt weiß er das, sonst hätte er versucht, das Ostfahrwasser zu benutzen.«

«Das hätte er wagen sollen!« knurrte Dünne. »Dann hätten sich die Teufel in der Hölle über seine schwarze Seele freuen können.«

Unterdessen wartete Marten, der nichts von den freundlichen Erwägungen des Herrn Gotthard Wedecke und des Kapitäns Dünne ahnte, mit Ungeduld auf das Signal Haiens, die Anker zu lichten und die Marschordnung zu formieren. Erst gegen zwei Uhr nachmittags, als sich der Wind wie zur Ermutigung etwas legte, war es soweit. Die »Geier« fuhr unter gekürzten Segeln an der Spitze, ihr folgten die beiden einmastigen Koggen, backbords und steuerbords hinter ihnen die »Emma« und die »David«. Der ganze Konvoi bewegte sich langsam, mit einer Geschwindigkeit von höchstens drei Seemeilen in der Stunde, vorwärts, obwohl die Schiffe jetzt vor halbem Wind segelten, um den äußersten Zipfel der Halbinsel Hela zu umschiffen. Selbst hier in der Bucht schlingerten die schwerfälligen Koggen und schwankten von einer Seite zur anderen.

Wie soll es erst auf hoher See werden, dachte Marten. Weshalb hat man Danzig nicht gezwungen, dem König bessere Schiffe zu leihen? Weshalb liegt so ein Segler wie die »Jupiter« nutzlos am Leuchtturm vor Anker, anstatt mit ihren vierunddreißig Geschützen und vierzig Hakenbüchsen an dieser Fahrt teilzunehmen? Er biß sich auf die Lippen. Danzig nahm wie immer nur die eigenen Interessen wahr. Anscheinend konnte selbst Schultz daran nichts ändern, obwohl er kühne Pläne hatte. Sie ließen sich doch nicht verwirklichen. Nichts hat sich hier geändert, dachte Marten. Es wird sich auch sobald nichts ändern, wenn solche Leute wie Siegfried und Gotthard Wedecke an der Macht bleiben.

Bei der Erinnerung an die beiden stieg ihm das Blut zu Kopf. Er hatte zwar den Alten noch nicht gesehen, er erinnerte sich aber sehr gut an ihn. Gotthard war ihm ungewöhnlich ähnlich. Wie er hatte sein Vater vor dreißig Jahren ausgesehen. Er besaß die gleiche, etwas gebeugte Gestalt, den gleichen vorgestreckten Kopf mit schütterem, rötlichem Haar. Unwillkürlich mußte man an einen kahlköpfigen jungen Reiher denken, obwohl die vorspringenden Kiefer und die kurze Nase wenig an einen Vogel erinnerten. Beide, Vater und Sohn, hatten kleine, unstete graue Augen, die leicht tränten. Das Weiß der Augäpfel war von Äderchen durchzogen. Die Lippen waren blaß und schmal, die Mundwinkel verächtlich herabgezogen und feucht von Speichel. Siegfried kleidete sich immer schwarz und trug nur eine kleine weiße Halskrause. Der Sohn folgte seinem Beispiel, gestattete sich aber hier und da ein dunkelviolettes Wams aus bestem Samt. Unter der Krause trug er eine dicke goldene Kette mit einem granatbesetzten Kreuz und an den Fingern zwei, manchmal auch drei kostbare Ringe.

Beide waren gleich anmaßend und hochmütig, konnten aber dort, wo es notwendig war, ebenso gleisnerisch höflich, ja sogar unterwürfig und demütig sein. Gotthard unterschied sich dadurch von seinem Vater, daß er bis jetzt nicht verheiratet war und ein ziemlich liederliches, ausschweifendes Leben führte. Er versagte sich keine Freuden und verbarg es kaum. Trotzdem war er berechnend und verstand es, seine Interessen wahrzunehmen. Gern unterhielt er sich und trank auf fremde Kosten, und wenn er selbst Geld ausgab, dann verlangte er dafür beste Ware und Bedienung, wobei er bestimmt nicht zu hoch bezahlte.

Marten fühlte Abscheu gegen ihn, und zwar hauptsächlich wegen der Ähnlichkeit zwischen ihm und dem alten Wedecke, der neben den Bürgermeistern Ferber und Projte die meiste Schuld hatte, daß Karl zum Tode verurteilt worden war.

Bis jetzt habe ich ihn nicht gerächt, dachte Marten. Weder ihn noch die Mutter.

Noch ein zehnjähriges Kind, hatte er Rache geschworen und diesen Schwur an der Leiche seines Vaters erneuert, als er das Kommando über die »Zephir« übernahm. Seit jenen Gelübden waren dreißig Jahre vergangen. Siegfried Wedecke lebte noch. Die grausamen Richter, die Karl und Katarzyna Kuna verurteilt hatten, waren schon längst gestorben.

Ferber, Kleefeld, Projte, Zander und Giese . . . Sie hatte die strafende Hand der Gerechtigkeit noch unter der Herrschaft Sigismund Augusts ereilt. Nur Siegfried Wedecke, der Hauptschuldige, war der Schande und dem Tod entgangen.

Heute war Wedecke ein alter Mann. Marten wußte, daß er es nie fertigbrächte, vor ihn hinzutreten, ihm all das ins Gesicht zu schleudern und ihn mit dem Degen zu durchbohren oder ihm eine Kugel ins Herz zu jagen. Bei dem bloßen Gedanken an eine derartige Begleichung der alten Rechnungen überlief es Marten kalt, packten ihn Ekel und Widerwille. Nein, zu solch einer Tat war er nicht fähig. Andererseits sah er keine bessere Möglichkeit, seinen Schwur zu erfüllen. Das ging ihm durch den Sinn, sooft er Gotthard Wedecke traf. Am liebsten hätte er mit diesem abgerechnet. Aber wofür? Gotthard Wedecke hatte mit den Dingen nichts zu tun gehabt. Er war damals ein Junge von etwa zehn Jahren gewesen und wußte vielleicht gar nicht, wofür Karl Kuna zum Tode verurteilt worden und Katarzyna Kuna in der Folterkammer unter Qualen gestorben war. Das alles waren sicherlich nutzlose Überlegungen.

Zum Glück hatte Marten nicht viel Zeit für sie übrig. Die laufenden Angelegenheiten nahmen ihn vollauf in Anspruch, und noch andere Erinnerungen an die in Danzig und an Bord der »Zephir« verbrachten Kinder- und Jugendjahre lebten in ihm auf, Erinnerungen an jene längst vergangene Zeit, da sein Vater den Befehl über das Schiff hatte.

Heute sah er wieder die Halbinsel Hela vor sich, die wie eine vergoldete Sichel im Brand des Sonnenunterganges auf dem Meere lag und die Pucker Bucht von

West nach Ost umspannte. Bei diesem schon so oft erlebten Anblick kam ihm der Gedanke, daß Haien als vorsichtiger Kaperkapitän, der die Ostsee kannte, gewiß im Fischerhafen am äußersten Zipfel der Halbinsel über Nacht vor Anker gehen würde. Die Aussicht auf einen neuen Aufenthalt machte ihn ungeduldig. Vom Atlantik war er andere Schiffe und ein anderes Tempo gewöhnt. Er betrachtete aber auch mit einer gewissen Teilnahme und Nachsicht die alten, schwerfälligen Koggen mit den riesigen, windgeblähten Segeln und ließ im stillen dem Mut und der Ausdauer ihrer Bemannungen Gerechtigkeit widerfahren, die sich mit den plumpen Schiffen auf das offene Meer wagten.

Dabei kam ihm die Kogge »Schwarzer Greif« in den Sinn, das Kaperschiff, das einst Gottlieb Schultz gehört hatte. Es war den beiden Koggen, die den Proviant für Kalmar geladen hatten, ähnlich, vielleicht war es etwas kleiner gewesen als sie ... Damals war Mikolaj Kuna sein Kapitän und blieb es, bis die »Zephir« in Elbing vom Stapel lief. Es hatte einige sechspfündige Oktaven und zwei Viertelkartaunen an Bord und fuhr doch bis nach Reval, schützte den dänischen Kronprinzen Magnus, Polens Bundesgenossen, vor den Angriffen der Schweden und eroberte durch Entern schwedische Schiffe.

Karl Kuna, ein damals fünfzehn- oder sechzehnjähriger Jüngling, nahm an den Fahrten unter dem Befehl des Vaters teil. Jan konnte sich noch genau an seinen von ihm so sehr bewunderten Bruder erinnern. Er brüstete sich mit ihm vor seinen Altersgefährten, putzte ihm die Silberknöpfe am Wams, die Silberschnallen an den Pluderhosen blank und lauschte mit angehaltenem Atem seinen Erzählungen von Gefechten und Stürmen. Bei ihm lernte er fechten und mit der Axt umgehen, unter seiner Aufsicht enterte er auf die Marsen, wenn das Schiff im Hafen vor Anker lag.

Zum Glück war er nicht Zeuge der Hinrichtung gewesen, er wußte aber alles darüber und hatte sie sich oft vorgestellt. Trotzdem lebte Karl in seiner Erinnerung als der junge Mann voll Leben und Schwung weiter, wie er ihn zu Hause und an Bord der Kaperkogge gesehen hatte: schlank und rank wie eine junge Eiche, mit einem schönen Jünglingsgesicht und sicheren, selbstbewußten, harmonischen Bewegungen.

Als Marten den Blick über das Deck zum Bug schweifen ließ, sah er ihn leibhaftig am Großmast stehen. Ich träume wohl am hellichten Tag, dachte er bewegt. Er rieb sich die Augen und schaute nochmals zum Großmast hinüber. Die Sinnestäuschung wich nicht. Karl Kuna stand in seiner gewohnten Haltung mitten auf dem Deck, die langen Beine gespreizt, die Hände in die Hüften gestützt. Er blickte zu den rosaroten Wolken hinauf, die mit dem Wind nach Osten segelten, und verfolgte den Flug der kreischenden Möwen, als wollte er aus ihm das Wetter prophezeien.

Das dauerte wohl eine Minute, und während der ganzen Zeit hielt Marten den Atem an, um die Erscheinung nicht zu verscheuchen. Schließlich drehte sich die Gestalt um, als spüre sie Martens Blick, und kam auf ihn zu.

Erst jetzt wurde es Jan bewußt, daß er Grabinski vor sich hatte. Er seufzte tief und knöpfte den Kragen des Wamses auf, der plötzlich seinen Hals beengte.

Er hatte die verblüffende Ähnlichkeit zwischen Stephan und Karl nicht zum erstenmal bemerkt, war ihr aber noch nie so sehr erlegen. Vielleicht ist es deshalb so, weil ich Karl in seiner letzten Stunde nicht gesehen habe, dachte er mit einem Gefühl von Schuld und Bedauern.

Als Stephan neben ihm stand, umarmte er ihn und zog ihn in überwallender Herzlichkeit an sich. Beide verharrten eine Weile schweigend in der Umarmung, als fände keiner von ihnen Worte, um auszudrücken, was ihre Herzen erfüllte.

»Meine Mutter hat mir aufgetragen, dich zu grüßen«, sagte Stephan schließlich. »Sie wollte dir für alles danken, aber . . .« Er verstummte plötzlich, als er fühlte, wie ungeschickt er die Worte gewählt hatte.

Marten verstand ihn sofort und schämte sich. So viele Tage war er in ihrer Nähe gewesen und hatte nicht eine freie Stunde für Jadwiga gefunden, hatte sie nicht besucht, obwohl er genau wußte, wo sie wohnte. Sie mußte meinen, er weiche absichtlich einer Begegnung aus.

Einstens, als sie zwölf Jahre alt war und in ihrer engelgleichen Schönheit an das Bild der heiligen Agnes von Salerno erinnerte, hatte das Herz des jungen Jan Kuna in erster kindlicher Liebe für sie geschlagen. Jadwiga hatte seine Neigung erwidert. Doch bald trennten sich ihre Wege. Einige Jahre später heiratete sie Jan von Grabin. Vielleicht nahm sie nun an, daß Marten sie deshalb nicht sehen wollte. Und dabei hatte er ganz einfach vergessen, zu ihr zu gehen, obwohl er ihrer öfters freundlich und mit Rührung gedachte.

»Ich hätte sie gern besucht, doch ich hatte keine Zeit«, log er. »Sobald wir aus Kalmar zurück sind, mußt du mich zu ihr führen.«

»Wirklich?« fragte ihn Stephan, als überrasche ihn der Vorschlag. Marten sah ihm in die Augen.

»Selbstredend«, antwortete er lächelnd. »Ich nehme an, daß ich in ihrem Gedächtnis mein Plätzchen habe, wie sie in dem meinen.«

»Sie wird sich freuen, wenn sie das hört«, sagte Stephan. »Es wird wohl Zeit, die Positionslichter anzuzünden?« meinte er nach einer Weile und sah wieder zum Himmel hinauf.

»Die Staglaternen«, erwiderte Marten. »Ich glaube kaum, daß wir heute noch Hela umschiffen. Lasse sie vorbereiten.«

Seine Annahme erwies sich als richtig. In der anbrechenden Dunkelheit steuerte Haien die »Geier« in die flache Bucht und warf als erster Anker. Die beiden Koggen sowie die »David« und die »Emma« gingen näher an der Küste vor Anker. Die »Zephir« ankerte noch mehr steuerbords, um sich für alle Fälle ihre Manövrierfähigkeit zu erhalten. Dann wurden die Staglaternen vorgehißt.

568

Der polnische Konvoi fuhr von Hela bis Karlskrona fast zwei Wochen. Die altersschwachen Koggen leckten so stark, daß jede Wache mindestens zwei Stunden an den Pumpen arbeiten mußte, um sie über Wasser zu halten. Das Meer wogte; von weißem Schaum bedeckt, glich es kochender Milch. Der Himmel war von einer schweren grauen Wolkendecke verhangen. Der Weststurm tobte ohne Atempause Tag für Tag, Nacht für Nacht. Er war eisig kalt, feucht und drang durch Mark und Bein. Nicht nur die Koggen mit ihrem flachen Boden, sondern auch die beiden Holken drifteten, wälzten sich, von Wasser überspült, von einer Seite auf die andere. Sturzseen ergossen sich zwischen den Kastellen über das Deck und rissen alles, was nicht niet- und nagelfest war, mit sich fort. An den Kastellwänden stauten sich zischende, brodelnde Schaumberge.

Die Matrosen, die an die schweren Bedingungen der Seefahrt während des Winters nicht gewöhnt waren, froren in dem durchnäßten Zeug, sie kamen von Kräften, erkrankten. Während der ganzen Überfahrt konnte kein warmes Essen gekocht werden. Die Mannschaften fanden selten Ruhe, um aufatmen zu können. Die Schiffe warfen sich hin und her, und die Matrosen mußten sich während der Freiwache in ihren Kojen festhalten, sonst wären sie bei den jähen Schlingerbewegungen hinausgeschleudert worden.

Bald gesellten sich zu dieser Qual noch Unsicherheit und Furcht; denn man konnte die Position des Konvois nicht feststellen. Während all der Tage und Nächte waren weder die Sonne noch die Sterne oder ein Streifen Land zu sehen. Die auf dem sturmgepeitschten Meer umherirrenden Schiffe wurden immer weiter auseinandergetrieben und zerstreut. Nur die »Zephir« versuchte, die Verbindung aufrechtzuerhalten, und die Kapitäne wußten, daß sie nicht sich selbst überlassen waren.

Am zehnten Tag nach dem Auslaufen erreichte der Sturm seinen Höhepunkt. Beide leckenden Frachtschiffe verloren die Segel und krängten. Man spannte an der Luvseite Segeltücher zum Schutz aus. Trotzdem ergossen sich jeden Augenblick schäumende Wellen über das Deck. Hinter der Schutzwand schleppten sich die blaugefrorenen Matrosen — sie waren mit Tauen am Mast gesichert — zu den Pumpen. Die drehten die Kurbeln bis zum Umfallen, während ihnen das Wasser bis zu den Hüften, bis zu den Schultern reichte und sie manchmal sogar überflutete, so daß sie dem Ersticken nahe waren. Sie hatten nur die Wahl, entweder inmitten der eisigen gischtenden Wellen zu pumpen, jede Wache vier Stunden lang, oder unterzugehen. Also pumpten sie. Dann schleppten sie sich in das Logis, um die durchnäßte Kleidung auszuwringen, die noch feuchten, nicht getrockneten

Lumpen, die sie nach der vorhergehenden Wache ausgezogen hatten, überzustreifen und zu warten, bis sie wieder an der Reihe waren.

Den Bemannungen der »David« und der »Emma« erging es nicht besser. Der Sturm hatte die »Emma« weit nach Osten abgetrieben. Die anstürmenden Wellen fegten die Boote über Bord und beschädigten das Heckkastell, wobei sich eines der dort stehenden Geschütze losriß und eine furchtbare Verwüstung anrichtete. Es zermalmte Menschen, zersplitterte die Schotten, vernichtete die Einrichtung der Kapitänskajüte und stürzte dann durch die geborstene Seitenwand ins Meer.

Die »Geier« hielt sich besser, aber Gierd Haien wagte nicht, anders zu segeln als schräg zu den Wellen und zum Wind, um dem Driften und dem gleichzeitigen Schlingern entgegenzuwirken.

Nur die »Zephir« trotzte Wind und Wellen und kreiste um den Konvoi, der auf einer Fläche von mehr als zehn Quadratmeilen verstreut gegen das Meer kämpfte. Stolz erfüllte ihren jungen Steuermann. Stephan Grabinski erlebte den lang anhaltenden Sturm in einem Zustand beinahe pathetischen Entzückens. Er verließ fast nie das Deck; denn er wollte keinen Augenblick das wütende Meer und den finster drohenden Himmel aus den Augen verlieren. Der Kampf gegen das tobende Element erregte ihn wie ein gewaltiges, prächtiges Schauspiel, bei dem er Mitspieler und Zuschauer zugleich war. Um nichts in der Welt hätte er auf seine Teilnahme an diesem Abenteuer verzichtet, das ihm ein Prüfstein für seine jungen geistigen und physischen Kräfte zu sein schien. Er spürte, daß er die Probe siegreich bestehen würde. Nicht aus Angst überrieselte ihn ein Schauer, wenn sich die »Zephir« so tief zur Seite neigte, daß die Nocken der Rahen beinahe die Wellenkämme berührten, sondern aus Bewunderung für das Schiff und seine Vorzüge. Es bereitete ihm eine gewaltige Freude, daß er, hinter dem Steuerrad stehend, solch ein Manöver ausführen konnte. Er fühlte die unruhigen Blicke der in Danzig angemusterten jungen Matrosen auf sich ruhen, er bemerkte das wohlwollende Lächeln der älteren Bootsleute und Martens beifälliges Nicken, wenn er mit festem, sicherem Griff das Steuer herumwarf, um den Bug des Schiffes gegen den Kamm einer sich heranwälzenden Welle zu richten oder ihrem arglistigen Schlag geschickt auszuweichen. Er war immer der erste an den Tauen und auf den Wanten und riß die wenigen Mutigen mit, feuerte sie zum Kampf gegen die Elemente an, spottete der Gefahr und ging lächelnd dorthin, wo die anderen zurückwichen.

Der Kampfesrausch verließ ihn erst, als der Sturm nach zehn Tagen eines Nachts abflaute, das Meer sich gegen Morgen etwas beruhigte und durch die auseinanderstiebenden Wolken die blasse Dezembersonne lugte. Da fühlte er, wie erschöpft und müde er war.

Marten verbot ihm, sich auf Deck zu zeigen, bis er ihn selbst dazu auffordern würde. Stephan warf sich so wie er war, in der durchnäßten Kleidung, auf die Koje und schlief den ganzen Tag bis Sonnenuntergang.

Tessari weckte ihn. Er brachte ihm eine Schüssel voll dampfender, nahrhafter Suppe. Es war das erste warme Essen, seitdem sie aus dem Fischerhafen von Hela ausgelaufen waren.

»Weißt du, wohin uns der Sturm getrieben hat?« fragte Tessari und hielt den Husten zurück, der ihn anscheinend plagte. Er setzte sich auf den Rand des feuchten Lagers. »Fast bis vor die Kurische Nehrung. Von Karlskrona sind wir weiter entfernt als vor zehn Tagen. Noch zwei Tage solchen Sturmes, dann wäre der ganze Konvoi auf den Sandbänken gestrandet.«

Wieder hustete er. Grabinski hörte auf zu essen und warf ihm einen forschenden Blick zu.

»Wir kehren doch nicht etwa nach Danzig zurück?« erkundigte er sich voll Unruhe.

»Nein«, antwortete Tessari. »Die Kapitäne der ›David‹ und der ›Emma‹ hatten zwar große Lust, nach Königsberg oder Elbing zu segeln, der ungarische Rittmeister hat ihnen das aber ausgeredet. Und der Anblick unserer schußbereiten Geschütze hat ihnen die Lust dazu restlos vertrieben. Allerdings braucht man sich über sie nicht zu wundern«, fuhr er fort, »nicht über sie und noch weniger über die Bemannungen dieser löchrigen Bottiche, die wir eskortierten. Sie müssen in ihnen gewässert worden sein wie Salzheringe. Ich selbst habe vergessen, was ein trockener Anzug ist. Erst heute fühle ich mich mehr Mensch als Aal. Deine Sachen habe ich getrocknet. Ich bringe sie dir gleich aus der Kombüse«, fügte er hinzu.

Stephan lächelte. »Ich danke dir, Amigo. Du sorgst für mich wie ein leiblicher Bruder.«

Tessari verzog das Gesicht. Er spürte ein leichtes Schwindelgefühl, schrieb es aber einigen Schlucken Rum zu, mit denen ihn der Schiffskoch bewirtet hatte. »Werde nicht rührselig«, brummte er. »Abel hatte auch einen Bruder...«

»Das ist wahr!« rief Grabinski und begann zu lachen. »Nur hat Kain seinem Bruder auf eine ganz andere Art seine Gefühle gezeigt... Wir fahren also geradenwegs nach Karlskrona?« vergewisserte er sich.

Tessari nickte. »Wir segeln fast mit achterlichem Wind aus Südosten. Sogar die Koggen fahren ihre fünf Knoten. Wenn sich der Wind nicht ändert, sind wir übermorgen in Karlskrona.«

Grabinski hatte die Suppe ausgelöffelt, zog die feuchte Kleidung aus und die trockene an. Sie war noch warm von der Hitze des Kombüsenofens. Dann strich er sich das Haar glatt und ging mit Tessari auf das Deck.

Ein trockener, frostiger Wind kam von der preußischen Küste herüber. Die ersten Sterne glommen im Osten auf. Im Westen versank die erkaltende dunkelrote Sonnenscheibe in dem stahlblauen Meer. Sie hinterließ einen rasch verlöschenden Feuerschein, der aus purpurnem Rot in Violett überging und sich schließlich im zunehmenden Dunkel auflöste. Immer mehr Sterne zeigten sich am Firmament, der Himmel zwischen ihnen wurde immer dunkler, bis weit hinter den litauischen und kurländischen Forsten der blendendweiße Mond aufging, immer höher stieg, aus dem Dunkel über dem Meer die Silbersegel der sechs Schiffe fischte und ihre schwarzen, hin und her gleitenden Schatten über das schwankende Deck breitete.

Die Brise aus dem Osten frischte allmählich auf und wurde so scharf, als wehe sie von dem eisigen, zu Stein erstarrten Mond auf die Erde herab.

Tessari hustete. Diesmal konnte er den Anfall lange nicht überwinden.

»Du hast dich erkältet«, sagte Grabinski. »Sticht es in der Brust?«

Tessari machte eine geringschätzige Handbewegung. »Etwas«, sagte er heiser. »Unser Koch hat mir so zugesetzt. Er gab mir heißes Wasser mit Rum und irgendeine Medizin. Seitdem kratzt es in meinem Hals, als hätte ich eine Handvoll Kies verschluckt. Ich schwitze wie ein Affe, denn er hat ein dickes Wollhemd aus seiner Kiste genommen und es mir zum Anziehen gegeben. In meinem ganzen Leben habe ich so etwas noch nicht auf dem Leib gehabt, und das sind die Folgen! Ich ziehe es wieder aus, sonst ersticke ich. Ich bin wohl nicht ganz bei Verstand gewesen, als ich seinem Rat folgte.«

»Ich glaube, du bist noch immer nicht ganz bei Verstand«, sagte Grabinski, als Tessari Anstalten machte, seinen Worten die Tat folgen zu lassen. »Du krächzt wie ein Gespenst, das von besoffenen Hexen gekitzelt wird, aber nicht der Rum und das warme Hemd sind schuld. Du bist krank. Jetzt muß ich mich um dich kümmern. In unseren Gegenden darf man dergleichen nicht auf die leichte Schulter nehmen.«

Tessari wehrte entrüstet ab. »Das fehlte gerade noch, daß sich jemand meiner annimmt!«

Stephan war jedoch streng und unerbittlich. Er ging schließlich so weit, daß er Tessari an seine Befehlsgewalt auf der »Zephir« erinnerte und selbst die Ausführung seiner Befehle überwachte. Auf diese Weise war Tessari zum erstenmal in seinem Leben gezwungen, unter einem Stoß von Betten zu liegen, und zwar nicht im Bootsmannslogis, sondern in der Steuermannskajüte auf einer Reservekoje, wie ein Gentleman oder gar wie eine Landratte, die nicht die geringste Ahnung hat, wie man Kälte und Unbequemlichkeit erträgt, schmerzende Ermattung und Schwäche überwindet, gegen eine tödliche Krankheit kämpft, ohne den anderen Ungelegenheiten zu bereiten und ihnen die Zeit zu stehlen.

Er fühlte sich gedemütigt, bis ins Mark getroffen, fast geschändet. Anfangs versuchte er zu protestieren, es half aber nicht. Heftiges Fieber umnebelte seinen Geist, der Kopf schien zu zerspringen, der Puls hämmerte in den Schläfen, kalte Schauer schüttelten ihn, dann war er wieder in Schweiß gebadet, und er wurde immer schwächer und matter wie eine Fliege im Herbst.

Schließlich ergab er sich. Er ließ sich füttern, Getränke einflößen, ertrug sogar geduldig, daß man ihm Brust und Rücken mit Terpentin einrieb. Diese Kur hatte ihm der Oberbootsmann Tomasz Pociecha verordnet. Zum Glück gab es an Bord der »Zephir« keine der damaligen »Arzneien«. Das vom Koch angewandte

Mittel erwies sich als ein unschuldiges Gemisch von Pfefferminz und Pfeffer, und es bestanden also Aussichten, der Krankheit Herr zu werden. Tessari wäre bestimmt rasch gesund geworden, wenn ihn nicht dramatische Ereignisse zu Taten veranlaßt hätten, die für einen Genesenden nach einer Lungenentzündung keineswegs angebracht waren.

Am zwanzigsten Dezember passierte der Konvoi, von dänischen Lotsen betreut, glücklich die Durchfahrt zwischen den zahlreichen Schären, die Karlskrona umgeben, und ging an dem steinernen Kai des Hafens vor Anker. Herr Bekesz wollte hier zwei oder drei Tage bleiben, um die während der Fahrt erlittenen Schäden auszubessern. Er erhielt die Erlaubnis des Festungskommandanten, des Vizeadmirals Lauridsen, und erfuhr von ihm, daß sich die kleine Besatzung von Kalmar noch immer mutig verteidigte, obwohl sich ihr Kommandant Jan Sparre aus der Stadt in das Schloß hatte zurückziehen müssen. Er besaß nicht genügend Leute, um die Mauern und Schanzen zu besetzen. Trotzdem waren die Schweden nicht einen Schritt vorangekommen. Die Stadt hatten sie nicht einnehmen können; denn selbst die Außenwälle lagen noch im Schußbereich der im Schloß postierten Geschütze. Munition besaß Sparre ausreichend. Ihm fehlten nur Verpflegung und Soldaten. Was waren schon die kaum hundert Mann im Vergleich zu dem nach Tausenden zählenden Fußvolk und der Reiterei Karl Karlsson Gyllenhielms, des natürlichen Sohnes des Herzogs von Södermanland?

Leider konnte Bekesz die tapfere Garnison nur in geringem Maße durch frische Kräfte unterstützen. Als er aus Danzig auslief, hatte er ungefähr hundertfünfzig angeworbene deutsche und Schweizer Landsknechte sowie eine Handvoll Schweden an Bord der drei Schiffe. Die Schweden hatten erklärt, Anhänger des rechtmäßigen Königs zu sein, doch diese getreuen Untertanen Sigismunds flüchteten gleich in der ersten Nacht samt ihrem Befehlshaber, einem gewissen Forath, aus Karlskrona. Forath hatte auch den größten Teil der Landsknechte überredet, zu Gyllenhielm überzulaufen, und ihnen ein doppelt so hohes Jahrgeld versprochen. Es blieben kaum fünfzig Unbestechliche und ein gutes Dutzend polnische Freiwillige übrig.

Die Flucht der Verräter hatte aber auch ihre gute Seite. Sicherlich würde Gyllenhielm durch sie von der Ankunft des Transportes an der dänischen Küste erfahren und seine vor Kalmar kreuzenden Schiffe zusammenziehen, um die Südeinfahrt zum Sund zu sperren, so wie es sich Marten und Bekesz gewünscht hatten, als sie ihren Aktionsplan aufstellten.

Nach den Angaben, die Lauridsen besaß, bestand die schwedische Flotte aus drei großen Schiffen, einigen Krajern von sechzig Lasten und einer nicht näher bekannten Zahl von Balingern, die hier Pinken oder auch Espingen genannt wurden. Nach der Meinung des dänischen Vizeadmirals genügte dies vollauf, das Eindringen des Konvois in den Sund und seine Fahrt nach Kalmar zu vereiteln.

574

Bekesz handelte von Natur aus vorschnell und unüberlegt. Als er diese ruhig und gleichmäßig geäußerte, ja eher freundschaftlich gemeinte Ansicht hörte, hatte er schon auf der Zunge, daß der schwedische Admiral gezwungen sein werde, beide Eingänge zum Sund zu bewachen. Marten hielt ihn noch zur rechten Zeit durch einen warnenden Blick zurück.

»Wenn der Gefechtsplan zu vielen Personen bekannt ist, kann sich das verhängnisvoll auswirken«, flüsterte er ihm zu, während er ihn beiseite zog. »Aus dem, was uns der Däne gesagt hat, ergibt sich aber, daß unser Plan gut ist.«

»Weshalb?« fragte Bekesz.

»Weil Stolpe ebensowenig wie Lauridsen auf den Gedanken kommen wird, die Nordeinfahrt zum Sund zu sperren. Er läßt dort bestimmt nur eine kleine Reserve zurück, ganz wie wir angenommen haben. Ich werde dafür sorgen, daß er sie nirgends mehr einsetzen kann.«

Bekesz sah Marten anerkennend an. »Es wird hauptsächlich Euer Verdienst sein, wenn wir durch Gottes Hilfe mit dem Proviant zu Sparre gelangen«, sagte er. »Ihr könnt mir glauben, daß ich Seiner Majestät, unserem gnädigen Herrn, darüber berichten werde.«

Am Tage vor Weihnachten trat Tauwetter ein. Es war neblig, eine leise Brise wehte aus Südwesten, sie kräuselte kaum die Oberfläche des Wassers. Das Meer lag ruhig, aschfarben und matt glänzend da. Unmerkbar verschmolz es mit dem grauen Himmel, an dem die tiefstehende Morgensonne zu einem hellen Fleck verschwamm.

Die »Zephir« glitt mit gerefften Segeln, von zwei Booten ins Schlepptau genommen, langsam und fast geräuschlos durch den Dunst. Die Silhouetten der Inseln und Schären zwischen Ronneby und Torhamnsudde tauchten dunkel und geisterhaft aus dem Nebel auf, als ständen sie vor der Bucht Wache, und verschwanden nach einer Weile spurlos. In der Luft hing der Geruch von Wacholderrauch, der aus den Fischräuchereien aufstieg. In der Ferne hörte man, wie durch ein weiches Gewebe gedämpft, Hundegebell, das von dem monotonen Knarren der Riemen in den Dollen der Boote begleitet wurde. Als der Bug der »Zephir« nahe der äußersten Spitze der Landzunge vorüberglitt, erklangen Rufe und Befehle. Die Lotsen warfen die Schlepptaue los, ihre Boote scherten nach Backbord aus, fuhren an das hohe Ufer, und die »Zephir« zog langsam an ihnen vorbei. Als sie sich auf freier See befand, setzte sie sofort die Segel.

Marten gab die letzten Kommandos: »So, festmachen!« und »Steuer geradeaus!« Dann atmete er erleichtert auf. Er konnte sich kein besseres Wetter für diese Fahrt wünschen. Der Nebel begünstigte seine Absichten. Er ließ ihm ein genügend weites Gesichtsfeld frei und schützte zugleich sein Schiff vor den Blicken unerwünschter Beobachter. Bei ein wenig Glück konnte die »Zephir« nach zehn Stunden die Insel Öland von Osten her umschifft haben und bei anbrechender Dunkelheit, von niemand bemerkt, in die Nordeinfahrt des Kalmar-Sundes einlaufen.

Nur so war es möglich, die in der Nähe von Kalmar versammelten Hauptstreitkräfte der Schweden zu überraschen und sie am nächsten Morgen durch einen gleichzeitigen Frontalangriff der »Geier«, der »David« und der »Emma« von Süden und der »Zephir« von Norden her zwischen zwei Feuer zu nehmen.

Das war alles klar und einfach. Trotzdem hatte es Marten viel Mühe gekostet, Gierd Haien und die Kapitäne der beiden Holken zu bewegen, die Aktion sofort zu beginnen. Selbst Bekesz hatte gezögert, bevor er sich auf seine Seite stellte.

Der Grund ihres Zögerns und ihres Widerstandes waren die beginnenden Feiertage. Nach Meinung der drei Kapitäne ziemte es sich nicht, vor dem Weihnachtsfest zu kämpfen und Blut zu vergießen. Sie wollten bis zum siebenundzwanzigsten Dezember warten. Anfangs teilte Bekesz ihre Bedenken. Marten widersetzte sich jedoch. Der Tag vor dem Weihnachtsabend sei kein Feiertag, erklärte er. Der Nebel konnte sich rasch auflösen, dann wäre das Gelingen des Unternehmens fraglich. Andererseits war es durchaus möglich, daß sie zusammen mit der Besatzung von Kalmar zur Christmette in die Schloßkapelle gingen.

Seine Argumente, mehr aber noch die Drohung, daß er selbst die Aktion durchführen würde, gewannen schließlich die Oberhand. Nachdem alle Einzelheiten, die Signale und die Zeit des Angriffs festgelegt waren, hievte die »Zephir« die Anker, um angeblich nach Danzig zurückzukehren und Verstärkung heranzuholen. Das erklärte man den dänischen Lotsen. Tatsächlich segelte sie nur kurze Zeit nach Osten. Auf der Höhe von Södra Udde ging sie auf Nordostkurs, braßte die Rahen achterlich dwars und glitt leise wie ein Gespenst keine drei Meilen von den Ufern Ölands entfernt nach Norden.

Gleich nach Sonnenuntergang umschiffte die »Zephir« unter gekürzten Segeln die Nordspitze der Insel, lief in den Sund ein und kreuzte unter Ausnutzung des Abendwindes bis in die späte Nacht hinein fast blindlings mit Kurs auf Kalmar. Schließlich ging sie in einer kleinen Bucht vor Anker, die von steilen, mit Kiefernwald bestandenen Ufern umgeben war.

Es tagte überaus langsam. Die Sonne schien sich in dem Nebel verstrickt zu haben, der während der kalten Nacht noch dichter geworden war und schwer über dem Sund hing. Der träge wehende Wind — es war, als gähnte das Festland verschlafen — hob manchmal für kurze Zeit den Nebelschleier. Dann konnte man die steilen, dunklen und geheimnisvollen Ufer erkennen, die sich im stillen Wasser der Bucht spiegelten, und auch die schmale, nach Südwesten offene Ausfahrt wahrnehmen. Dort klommen zu beiden Seiten hohe Kiefern, Tannen und Fichten die zerklüfteten Felsen empor. Der Nebel bedeckte ihre Wipfel mit einer Art wehendem Baldachin aus grauer, luftiger Gaze. Hinter diesem Tor mit seinen weit offenen grünen Flügeln war nichts zu sehen. Die ganze Welt schien sich in der vergangenen Nacht aufgelöst zu haben. Offenbar war nur der schmale Streifen Land, der das dunkle Wasser der Bucht umschloß, übriggeblieben. Das grüne Tor führte nirgendwohin, vielleicht in eine uferlose Öde.

Marten starrte gebannt auf das Dunstgebilde, bis es von einer neuen, feuchtnaß herabrieselnden Nebelwand verhüllt wurde. Tief atmete er die salzgeschwängerte, nach Harz riechende Luft ein. Ich werde abergläubisch wie ein altes Weib, dachte er gereizt. Das sind doch nur Bäume im Nebel.

Er drehte sich nach Grabinski um, der hinter ihm stand und auf seine Befehle wartete. »Wir ziehen uns langsam an der Ankerkette aus der Bucht«, sagte er mit gedämpfter Stimme. »Dann lassen wir eine Schaluppe hinab. Du nimmst einige Leute und den kleinen Reserveanker an einem langen Tau mit, bringst ihn bis hinter die eigentliche Küstenlinie und verankerst ihn an einer geeigneten Stelle, damit wir das Schiff an dem Tau auf den Sund ziehen können.«

»Ich verstehe«, antwortete Stephan.

Marten sah ihn zerstreut an, als wäre er selbst noch nicht ganz von der Richtigkeit seiner Anordnungen überzeugt. »Ich kann es nicht riskieren, unter Segeln auszulaufen«, murmelte er wie im Selbstgespräch. »Hier gibt es stellenweise Strömungen, die ich nicht kenne. Und in dem verteufelten Nebel ist es schwer, sich zurechtzufinden. Der Wind ist auch noch nicht beständig. ja, wir müssen erst im Sund und entsprechend weit vom Ufer entfernt sein, bevor wir Segel setzen. Vielleicht hellt es sich bis dahin etwas auf . . .«

Grabinski war sich nicht sicher, ob er Martens Überlegungen als einen Hinweis zum sofortigen Handeln ansehen sollte, denn er war an kurze Befehle ohne Kommentar gewöhnt. »Fangen wir an?« fragte er deshalb, als Jan verstummte. Da er keine Antwort erhielt, schaute er zuerst Marten an und blickte dann zum Ausgang der Bucht hinüber, wohin der mit zusammengezogenen Brauen starrte.

Er bemerkte dort nichts Besonderes. Der über das Wasser kriechende kalte, feuchte Nebel ballte sich nach einem Windstoß zusammen und gab die Sicht auf die beiden einander gegenüberliegenden Ufer frei. Die graue, dicke Wolke stieg höher, blieb an den Wipfeln und Ästen der Waldriesen hängen, zerriß. Ein neuer Windstoß trug ihre Fetzen weiter.

Marten schien nur darauf gewartet zu haben. Er wandte sich plötzlich an Grabinski. »Fangt an. Pociecha soll die Aufsicht bei der Ankerwinde übernehmen und Worst die Schaluppe vorbereiten. Verhaltet euch so leise wie möglich. Wir sind wahrscheinlich nur noch ungefähr drei Meilen von Kalmar entfernt. Stolpes Balinger können sich hier herumtreiben.«

Grabinski ging zum Bug, wo der Oberbootsmann auf ihn wartete. Marten stellte sich hinter Klops ans Steuer. Nach einer Weile hörte man das Rasseln der sich um die Ankerwinde legenden Kette. Es klang wie das Gurren von Tauben. Die »Zephir« begann langsam vorwärts zu gleiten, auf die Mitte der Bucht zu.

Stephan hatte sich am äußersten Rand des Bugkastells lang ausgestreckt und sah von dort auf das Wasser hinab. Die länglichen eisernen Kettenglieder tauchten eins nach dem anderen vor dem Bug triefend auf und glitten schräg in die Höhe, bis sie mit leisem Knirschen in der Klüse verschwanden. Als die »Zephir« auf diese

Weise ungefähr zwanzig Klafter zurückgelegt hatte, gab Grabinski ein Zeichen mit der Hand. Die Ankerwinde stand still, die Kette hing senkrecht hinunter. Das Schiff schob sich nun mit eigener Kraft vorwärts, wurde aber immer langsamer, bis seine Bewegung fast nicht mehr zu spüren war.

»Dreht«, sagte Grabinski und beschrieb mit erhobener Hand einen Kreis.

Die Ankerwinde knarrte. Sie drehte sich nun leicht um ihre Achse, denn die Kette lag lose auf dem Grund und zog nicht mehr. Erst nach einer Weile ruckte sie an und spannte sich wieder.

»Aufhören«, rief Grabinski mit gedämpfter Stimme. »Es genügt.« Er sprang auf und lief zum Mitteldeck zurück, wo Broer Worst eine riesige Rolle Tau, an dessen einem Ende der Reserveanker angebunden war, in der Schaluppe verstaute. Das andere Ende war durch ein Speigatt gezogen und an der Winde des Ladebaumes befestigt.

»Beeilt euch«, sagte Marten. »Wir werden eure Rückkehr aufs Schiff nicht abwarten. Sobald wir sehen, daß ihr euch nähert, beginnen wir, das Tau einzuholen. Euer Boot nehmen wir während der Fahrt ins Schlepp und hieven es später im Sund an Bord.«

»Ich verstehe«, erwiderte Grabinski und setzte sich an das Steuer.

Worst ließ die Schaluppe hinab. Als ihr flacher Boden auf dem Wasser aufschlug, glitten sechs Ruderer an dem Tau zu ihr hinunter. Die Blätter der Riemen tauchten ins Wasser. Das Tau wickelte sich im Takt der rhythmischen Ruderbewegungen am Heck ab. Das Boot entfernte sich mehr und mehr vom Schiff. Zwei Reihen kleiner, nach beiden Seiten auseinanderstrebender Wirbel und der weißliche Strich des auf dem Wasser schwimmenden Taues blieben hinter ihm. Bald darauf befand sich die Schaluppe am Ausgang der Bucht. Sie war im Nebel kaum noch zu erkennen. Schließlich verschwand sie ganz.

Marten stand immer noch hinter Klops und starrte dorthin, wo die Schaluppe wieder auftauchen mußte. Er wurde ungeduldig, es dauerte schon zu lange. In der Stille, die das einsame Schiff in der kleinen Bucht umgab, waren nur das leise Geräusch der Kette, die sich an der Bordwand scheuerte, und der hohle, dumpfe Husten Tessaris aus dem Heckkastell zu hören. Die Leute an der Ankerwinde, an der Winde des Ladebaumes, an den festgelegten Brassen, Fallen und Schoten schwiegen erwartungsvoll. Hermann Stauffl, Broer Worst und Percy Burnes, der Tessari vertrat, waren jeder bei seiner Wache und starrten vor sich hin, bereit, beim ersten Befehl die Leinen und die Taljen zu lösen, die Segel zu setzen, die Rahen umzubrassen. Tomasz Pociecha beobachtete das aus dem Speigatt hängende Tau, dessen sanfte Windungen sich im Wasser nach und nach ausrichteten. Eine unmerkliche Strömung trug es nach Steuerbord, bis es auf der Wasserfläche der Bucht einen langen, gleichmäßigen Bogen zwischen dem Bug der »Zephir« und dem Ausgang zum Sund bildete, hinter dem das Boot unter dem Kommando Grabinskis im Nebel verschwunden war.

Alle lauschten gespannt, ob von dort her nicht eine Stimme oder das wohlvertraute Knarren der Riemen in den Dollen und das Geräusch der Ruderschläge erklängen. Die Stille hielt an, es hatte den Anschein, als würde kein lauter Ton sie je wieder stören. Die Schaluppe blieb verschwunden, als hätte sie hinter dem grünen Tor der Bucht ein Abgrund verschlungen.

Marten verlor die Geduld. Vielleicht hat Grabinski meine Befehle falsch verstanden und erwartet uns im Sund, anstatt zurückzukehren, dachte er. Er befahl, unverzüglich den Anker zu lichten und die »Zephir« an dem Tau langsam aus der Bucht zu ziehen. Wenn seine Vermutung richtig war, mußte es den erforlichen Widerstand leisten.

Pociecha führte Martens Befehle schnell und geschickt aus. Der Anker richtete sich auf und schwebte bis zur Klüse empor. Vier Matrosen begannen, die Kurbel der Winde zu drehen, auf deren Welle sich nun das wassertriefende Tau langsam, Windung um Windung, aufwickelte.

Es hält, dachte Pociecha, während er die kleinen Wellen beobachtete, die an den Bordwänden und unter dem Heck der »Zephir« entstanden. Er gab ein Zeichen, daß die Leute an der Winde die Kurbel schneller drehen könnten. Das Tau straffte sich, vibrierte, es peitschte die Oberfläche des Wassers, und die »Zephir« glitt auf den Ausgang der Bucht zu.

Das alles spielte sich in beinahe vollkommenem Schweigen ab. Die wenigen Geräusche wurden in dem dichten Nebel wie durch eine dicke Watteschicht gedämpft. Nichts störte die Stille, nicht einmal die Anstalten, die die Menschen trafen, um ihren Zufluchtsort zwischen den steilen Felsen zu verlassen.

Plötzlich vernahm man einen fernen Ruf, ein jähes kurzes Getümmel. Ein Schuß krachte und gleich darauf ein zweiter.

Ein Schauer überlief die Mannschaft der »Zephir«. Marten stieß einen lauten Fluch aus. Sie sind auf Schweden gestoßen, dachte er. »Schneller!« rief er. »Beeilt euch! Rasch!«

Marten brauchte seine Leute nicht erst anzuspornen. Sie drehten die Kurbel, so schnell sie konnten. Das Schiff strebte rascher vorwärts, beschleunigte seine Fahrt und ließ die Einfahrt zur Bucht hinter sich.

»Sollten wir den Anker nicht mehr lichten können, kappt das Tau!« befahl Marten. »Werft es Grabinski zu, sobald sich eine Gelegenheit dazu bietet.« Er blickte sich nach Pociecha um und stellte wie gewöhnlich fest, daß der Oberbootsmann selbst wußte, was er zu tun hatte. Seine Artilleristen eilten bereits zu den Geschützen. Unterdessen war der Lärm im Sund verstummt. Es folgten auch keine weiteren Schüsse. Marten erschien das sonderbar. Sie können doch das Boot nicht mit zwei Kugeln aus Musketen oder Hakenbüchsen versenkt haben, überlegte er. Vielleicht ist es den Schweden in dem verfluchten Nebel aus den Augen entschwunden...

Fast im selben Augenblick gewahrte er es genau vor dem Bug der »Zephir«. Er steuerte etwas nach Backbord, um es an Steuerbord liegenzulassen.

»Achtung, Percy, die Schaluppe!« rief er.

Sloven hatte das Boot schon bemerkt. Er hatte angehalten und wendete, um die Trosse einzuholen, sobald es sich auf gleicher Höhe mit dem Schiff befand. Die Ruderer warteten vornübergebeugt, die Riemen angezogen, bereit, die Blätter gegen das Wasser zu stemmen. Auf das laute Kommando von Grabinski machten sie zwei Ruderschläge, um nicht überholt zu werden. Sloven warf ihnen in weitem Bogen ein dünnes Seil zu. Ein Matrose fing es auf und befestigte es am Bug.

»Der Anker liegt eine halbe Kabellänge von hier vor euch«, rief Grabinski.

»Wer hat auf euch geschossen?« fragte Marten ungeduldig.

Stephan kletterte an dem dicken Tau hoch, das man ihm vom Heck aus zugeworfen hatte.

»Irgendein kleiner Krajer«, antwortete er, als er atemlos auf das Deck sprang. »Sie verlangten, daß wir halten. In dem Nebel stießen sie ganz unerwartet auf uns. Kaum hatten sie unser Boot gesichtet, als sie auch schon einen Höllenlärm machten. Dann schossen sie zweimal fast blindlings; denn ich hatte sie bereits wieder aus den Augen verloren. — Der Anker ist jetzt ganz nahe!« rief er den Leuten an der Winde zu.

»Ich gebe acht«, beruhigte ihn Stauffl.

»In welche Richtung ist der Krajer gesegelt?« fragte Marten.

»Nach Süden«, erwiderte Grabinski. »Sie mußten kreuzen und braßten gerade scharf zum Wind um. Ich habe jedenfalls nicht gesehen, daß sie zurückgekommen wären.«

Marten schaute sich prüfend um. Bei dem Nebel war die Weiterfahrt äußerst gefährlich. Außerdem wurde sie noch durch die zwar schwache, aber ungünstige Brise aus Südwesten und die Nähe der Ufer in dem engen Sund erschwert. Unter diesen Umständen gebot die Vernunft, bis zur Besserung der Sicht vor Anker liegenzubleiben. Aber bis dahin konnten ebensogut wenige Stunden wie auch ein halber Tag vergehen. Andererseits war es durchaus möglich, daß der Nebel fünfzehn oder zwanzig Meilen weiter südlich bei Hanö und Södra Udde nicht so dicht war und infolgedessen die Schiffe des Herrn Bekesz schon längst ausgelaufen waren. Vielleicht nähern sie sich bereits Kalmar, dachte Marten. Vielleicht stoßen wir schon in kurzer Zeit auf Stolpes Hauptstreitkräfte?

Er befahl, Segel zu setzen und quer über den Sund zu steuern, schräg zum gegenüberliegenden Ufer, vor dem er zu wenden beabsichtigte, um auf entgegengesetzten Kurs zu gehen. Er schickte noch zwei Matrosen auf das Vorderkastell, die nach der Küste Ausschau halten und ihr Auftauchen rechtzeitig melden sollten.

Marten maß dem Alarm, der durch die Schüsse von dem patrouillierenden Krajer verursacht worden war, keine große Bedeutung bei. Der Kapitän konnte die »Zephir« nicht gesehen haben und wußte bestimmt nicht genau, was für ein Boot er beschossen hatte. Selbst wenn er darüber Stolpe oder dem Kapitän eines der Linienschiffe Meldung erstattete, das in der Nähe von Kalmar den Sund bewachte, konnte die Nachricht höchstens eine gewisse Verwirrung hervorrufen. Sie war aber kaum dazu geeignet, die Schweden zu veranlassen, ihre Standorte zu verlassen und die fremde, nur flüchtig gesehene Schaluppe zu suchen. Die augenblicklich herrschenden Witterungsverhältnisse erschwerten sowohl der einen wie auch der anderen Seite jede Aktion. Stolpe erwartete den polnischen Konvoi aus Süden und konnte für dieses Blindekuhspiel höchstens einige Pinken bestimmen, ohne dabei die Gewißheit zu haben, daß sie das verdächtige Boot finden.

Wenn es mir gelänge, wenigstens eines jener Schiffe aufzubringen, hätte ich einen Führer, überlegte Marten.

»Ahoi!« erklang auf einmal der gedehnte Ruf eines Matrosen vom Bug. »Land! Drei Kabellängen voraus Land!«

Aus den Nebelschwaden tauchte, viel früher als erwartet, das dunkle, flache Ufer auf. Marten wurde es plötzlich klar, daß er sich näher an Kalmar befand, als er bis jetzt angenommen hatte. Der Sund verengte sich allem Anschein nach schon hier.

Die weißen, dichten Nebelballen vor dem Schiff hoben sich unter dem Windhauch, doch weiter backbords lag immer noch eine milchfarbene, formlose Wolke über dem Wasser, die der Blick nicht zu durchdringen vermochte.

Vielleicht zerteilt sie sich, bevor wir halsen, überlegte Marten und zögerte, den Befehl zum Wenden zu geben. Sollten wir tatsächlich nahe an Kalmar sein, dann muß sich hier in der Nähe der verdammt heimtückische Landzipfel befinden, der fast senkrecht in den Sund hineinragt. Auf den möchte ich nicht auflaufen... Verfluchter Nebel! Wenn ich jetzt die Rahen umbrassen lasse, dann fahren wir geradenwegs in ihn hinein. Er macht uns vollends blind, und wer weiß, ob nicht gerade hier die gefährliche Stelle ist... Wird er sich lichten oder nicht? Ach, was gäbe ich jetzt für eine steife Brise!

Die Brise kam nicht. Im Gegenteil, der Wind flaute fast völlig ab. Das Ufer näherte sich, und die Nebelwand rührte und regte sich nicht, als wollte sie sehen, welchen Entschluß der Kapitän fassen würde. Sie schien ihn geradezu herauszufordern.

Marten hatte keine Wahl. Er konnte lediglich seinen Entschluß in der Hoffnung auf eine erlösende Brise bis zum letzten Augenblick hinauszögern.

»Ahoi! Land voraus!« rief der Matrose am Bug mit vor Erregung schriller Stimme. »Eine Kabellänge voraus!«

In spätestens einer Minute muß ich wenden, dachte Marten. Hier ist das Wasser überall ziemlich tief. Soweit ich mich erinnern kann, gibt es hier keine Riffe. Wenn aber die Nebelwand über dem Landzipfel liegt... Ach was, wir geraten so oder so hinein. Bei dem Lüftchen kann man nicht mit achterlichem Wind wenden. Ich muß auf mein Glück bauen. »Fertig zum Wenden!« sagte er mit seiner gewohnten ruhigen Stimme.

»Eine halbe Kabellänge bis zum Ufer!« rief der erschrockene Matrose am Bug.

Kommandorufe und die Pfiffe der älteren Bootsleute übertönten ihn. Das Geräusch eiliger, lauter Schritte erklang, die Brassen liefen klappernd über die Blöcke, die Rahen drehten sich um die Masten, und die »Zephir« wendete langsam, kaum einen Steinwurf weit vom Ufer entfernt, nach Backbord. Die vom Wind leicht geschwellten Segel verschwanden in dem undurchdringlichen Nebel. Er senkte sich immer tiefer herab, bis er das Vorderkastell und schließlich das ganze Schiff vom Bug bis zum Heck einhüllte.

Fast im gleichen Augenblick zerriß eine doppelte Reihe kurzer, rötlicher Blitze die weiße Wolke an ihrer dichtesten Stelle, ein lang anhaltendes Dröhnen erschütterte die Luft, und ein ganzer Schwarm von Kartätschenkugeln flog mit teuflischem Kichern am Heck der »Zephir« vorbei und zerstob irgendwo an der Küste.

Keine zehn Sekunden später antwortete Pociecha mit einer Steuerbordbreitseite auf die Stelle, von der, wie er meinte, der Strom von Feuer und Eisen ausgegangen war. Gleichzeitig kam von der Landseite her der erste Hauch der so lange erwarteten Brise und lüftete den mit Pulverdampf gemischten Nebelschleier. Eine große Viermastkaravelle mit zwei Artilleriedecks näherte sich vor dem Wind und schnitt schräg den Kurs der »Zephir«. In ihrem Hinterkastell klaffte ein frisches Loch, das zweifellos von einer Kugel stammte, die ihr Ziel nicht verfehlt hatte.

Die »Zephir« setzte sich zur Wehr. Ihre durch das mörderische Feuer der Hakenbüchsen und Musketen dezimierte Bemannung schlug heldenmütig die ständig wiederholten Sturmangriffe des schwedischen Fußvolkes zurück, das Stolpe immer wieder über die Relinge der Bord an Bord liegenden Schiffe trieb. Marten war sich bewußt, womit das enden mußte, wenn Bekesz und seine Schiffe nicht in längstens einer halben Stunde zum Entsatz nahten.

Er forderte seine Leute auf, auszuharren, er flößte ihnen Mut ein. Ungeachtet der Kugeln führte er sie mit dem Degen in der Hand hinter dem schützenden Kastell hervor zu Gegenangriffen auf das offene Deck, das wieder und wieder von schwedischen Soldaten überflutet wurde. Er selbst hatte bereits alle Hoffnung verloren. Bekesz kam nicht... Sicherlich hatte ihm der vorsichtige Gierd Haien erklärt, daß die »Zephir« bei dem Nebel ebenfalls nicht in den Sund segeln werde, da es viel zu gewagt sei. Man müsse mit dem Beginn der Aktion warten, bis sich die Sicht bessere. Der Nebel hatte sich zwar beträchtlich gelichtet, aber auch dann, wenn der Konvoi Södra Udde bereits passiert haben sollte, konnte man ihn hier erst in einigen Stunden erwarten. Unterdessen hätten das Dröhnen der Geschützsalven und das Krachen der Handfeuerwaffen die schwedischen Wachschiffe, die keine drei Meilen entfernt am Südausgang des Kalmar-Sundes kreuzten, alarmiert und zumindest eins von ihnen herbeigelockt. Das würde die endgültige Vernichtung und vielleicht auch das vollständige Mißlingen des Unternehmens bedeuten.

Das lasse ich nie zu, dachte Marten. Er kannte sich und wußte, daß er sich im äußersten Notfall zu einer Verzweiflungstat entschlösse, die aber Bekesz den Sieg sicherte. Er hatte genügend Pulver an Bord, um die »Zephir« in die Luft zu sprengen, womit er gleichzeitig jedes Schiff vernichtete, das Bord an Bord mit ihr lag.

Der Augenblick, in dem er gezwungen wäre, den verzweifelten Entschluß zu verwirklichen, schien immer näher zu rücken. Nach der Abwehr eines erneuten Angriffs der Schweden warf er einen Blick nach Süden und sah in der Ferne die verschwommenen Umrisse zweier Schiffe. Er erkannte sofort, daß es schwedische Galeonen waren. Die letzte Hoffnung erlosch in seinem unerschrockenen Herzen. Das Ende näherte sich unabwendbar. Er mußte daran denken, Admiral Stolpe eine tödliche Überraschung zu bereiten.

Marten beschloß, diese einfache Aufgabe dem Oberbootsmann anzuvertrauen. Er schaute sich nach ihm um. Pociecha kniete am Fockmast. Marten gab ihm durch ein Zeichen zu verstehen, daß er mit ihm sprechen wolle.

Tomasz Pociecha, der die abgefeuerten und unter den gegenwärtigen Bedingungen wertlos gewordenen Geschütze verlassen hatte, deckte ihn schon seit geraumer Zeit an der Spitze seiner mit Musketen bewaffneten Artilleristen nach der Seite des Vorderkastells. Jetzt hatte er die vor dem Wind unter allen Segeln nahenden schwedischen Galeonen bemerkt. Zum erstenmal wurde er unruhig. Solch eine Wendung der Dinge hatte er nicht vorausgesehen. In seiner Herzenseinfalt hatte er unerschütterlich an Martens taktisches Genie geglaubt, an seine Unfehlbarkeit und sein Kriegsglück, dessen Zeuge er seit fünfundzwanzig Jahren gewesen war. Er hatte zwar erwartet, in der Ferne Masten und Segel zu erblicken, es ging ihm aber nicht in den Kopf, daß es schwedische sein sollten. Und doch war es so! Er zweifelte nicht mehr.

Als er bemerkte, daß Marten ihn zu sich rief, gab er seine Muskete dem nächsten Matrosen und wartete einen geeigneten Augenblick ab. Als die heftige, wenn auch unregelmäßige Schießerei abflaute, lief er zum Heck. Einige Male hörte er rechts und links dicht neben sich Kugeln vorbeipfeifen. Er erreichte jedoch unversehrt den Niedergang, klomm die steilen Stufen empor und wollte sich gerade hinter dem Steuerhaus verbergen, als er hintereinander zwei Schläge in der Seite und im Rücken spürte, als hätte ihm jemand mit einem schweren, eisenbeschlagenen Stock Hiebe versetzt. Obwohl ihm sofort ein unerträglicher, zerrender Schmerz die Lunge durchbohrte, fiel er nicht. Er hielt sich aufrecht und fand mit der Hand eine Stütze an dem polierten Eckpfosten des Steuerhauses. Unwillkürlich warf er einen Blick zurück. Das wurde ihm zum Verhängnis. Die nächste Kugel traf ihn am Hals und zerschmetterte die Wirbelsäule. Für den Bruchteil einer Sekunde standen das Deck, die Masten, der Himmel und das Meer vor seinen erstaunten Augen Kopf.

Dann brach Tomasz Pociecha vor den Füßen seines vor Leid stummen Kapitäns tot zusammen.

Zum zweitenmal in seinem Leben stand Marten vor einem toten geliebten, ihm nahen Menschen, während eines Gefechts, das er, ob er wollte oder nicht, weiterführen mußte. Er durchlebte das gleiche wie einst, obwohl er das erstemal kaum siebzehn Jahre alt gewesen war. Damals hatte er den Vater verloren. Von einer durch ein Geschoß losgerissenen Rahe tödlich verwundet, war er ihm in dem Gefecht mit spanischen Schiffen an der Südostküste Englands, in der Nähe des Vorgebirges North Foreland, allzufrüh entrissen worden.

Heute wie damals war er nur mit äußerster Willensanstrengung imstande, den Schmerz zu überwinden. Doch heute wie damals verzweifelte er nicht.

Diesmal stand er jedoch vor einer weit schwierigeren Aufgabe. Außerdem mußte er Grabinski sofort der Erstarrung, dem Leid entreißen und ihn mit der Rolle vertraut machen, die er ihm, die Stimme des eigenen Herzens unterdrückend, zugedacht hatte.

»Jetzt ist keine Zeit für Tränen«, sagte er und schüttelte ihn am Arm. »Es bleibt uns nicht mehr viel Zeit, höre also aufmerksam zu. Wir haben zwei Auswege: sich ergeben oder den Tod suchen. Solange ich lebe, hisse ich nicht die weiße Flagge. Ich möchte um keinen Preis, auch nicht um den meines Lebens, den Schweden die ›Zephir‹ ausliefern. Wenn es uns gelingt, den Angriff abzuwehren, zu dem sie sich wieder vorbereiten, will ich gleich darauf die Verwirrung ausnutzen, die Taue und Bootshaken kappen, die Rahen und Wanten aus ihrer Takelage befreien lassen und beide Schiffe so weit voneinander trennen, daß ich weitersegeln, wenden und die Backbordgeschütze abfeuern kann. Vermag ich all das nicht durchzuführen, bevor uns eine der beiden Galeonen durch die Kartätschen vernichtet oder an der ›Zephir‹ anlegt, um sie von der anderen Seite zu entern, befehle ich dir, Lunten an den Pulverfässern anzubringen und diese anzuzünden. Den geeigneten Zeitpunkt mußt du selbst wählen. Die Explosion soll sowohl die Karavelle als auch das ihr zu Hilfe gekommene Schiff vernichten. Ich glaube kaum, daß die Kapitäne der Galeonen es wagen werden, ihre Geschütze gegen uns einzusetzen, solange wir noch längsbord der ›Västeras‹ liegen, ihre Kugeln könnten dieses Schiff und seine Bemannung treffen. Deshalb nehme ich an, daß sie sich eher dazu entschließen werden, die ›Zephir‹ von beiden Seiten zugleich zu entern. Dann wirst du noch schießen können.«

Zutiefst berührt von der Dramatik der Situation, die ihm erst jetzt voll bewußt wurde, hörte Grabinski schweigend zu. Kugeln pfiffen an ihnen vorbei, die letzten Scheiben des Steuerhauses flogen klirrend auf das Deck. Das Getümmel, der Lärm, das Stimmengewirr stiegen an, ebbten wieder ab wie eine Welle, das Krachen der Musketen und Arkebusen verschlang einzelne Worte, Rauch hing wie wehende Schleier in der nach Schwefel und Pulver riechenden Luft.

»Ich kann dir nur zwei Artilleristen zu Hilfe geben«, sprach Marten schnell weiter. »Die übrigen brauche ich hier. Wenn mein Plan gelingt, schicke ich alle übrigen zu dir, damit du die ganze Batterie bedienen kannst.« Er sah Stephan fest an. »Ich verlasse mich auf dich wie auf mich selbst. Denke daran: Solange ich lebe, ergibt sich die ›Zephir‹ nicht. Komme ich um, dann kannst du tun, was du für richtig hältst.«

»Ich werde das gleiche tun wie du«, antwortete Stephan. Marten umarmte ihn und zog ihn fest an sich.

Leonardo Tessari, genannt Barbier, bemühte sich umsonst, aus der Kajüte zu gelangen, die er seit einigen Tagen mit Grabinski teilte. Stephan hatte wie gewöhnlich, wenn er sie verließ, außen an der Tür den Riegel vorgeschoben, damit sie beim Schwanken des Schiffes nicht auf- und zuschlug. Er sorgte dafür, daß der Kranke Ruhe hatte, und ließ sich bei der Pflege seines Freundes von niemand vertreten. Nur mit Tomasz Pociecha hatte er eine Ausnahme gemacht, der jeden Morgen und Abend gekommen war, um Tessari mit Terpentin einzureiben.

Dieses zuverlässige Mittel gegen alle Erkrankungen der Lunge war im Kabelgatt der »Zephir« reichlich vorhanden, denn es wurde zum Verdünnen und Mischen der Ölfarben verwendet. In Grabinskis Kajüte stand jetzt eine große Kanne mit Terpentin, die gut zwölf Liter faßte. Aus ihr stieg ein scharfer Harzgeruch, der nach Meinung des Oberbootsmannes mit dazu beitrug, die Genesung zu beschleunigen.

Die Tür wollte nicht nachgeben. Tessari, vom Fieber erschöpft, konnte sie nicht aufbrechen. Nach mehreren fruchtlosen Versuchen erfaßte ihn jäher Schwindel. Er setzte sich und verwünschte seine Gebrechlichkeit. Ein Hustenanfall quälte ihn. Er keuchte und würgte lange, vermochte nicht Atem zu holen. Ein dumpfer Schmerz schien den Schädel zu sprengen.

Als sich der Anfall endlich gelegt hatte, hörte Tessari wieder den immer mehr zunehmenden Lärm auf dem Deck und die unregelmäßigen Musketenschüsse, die ihn zugleich mit dem Geschützfeuer aus dem Schlaf geweckt hatten. Er zitterte unter Fieberschauern und vor machtlosem Zorn, daß er hier eingeschlossen war, während draußen der Kampf tobte.

Tessari ahnte seinen Verlauf, obwohl er durch das Fenster der Kajüte nicht viel sah. Ohne auf die durchdringende Kälte zu achten, hatte er es geöffnet. Gegenüber dem Fenster wiegte sich in einer Entfernung von einigen Dutzend Ellen der Rumpf der schwedischen Karavelle mit ihrem aus Messingbuchstaben zusammengesetzten Namen »Västeras« und scheuerte von Zeit zu Zeit am Bug der »Zephir«. Ihr Kastell, in dem das Einschußloch einer Kanonenkugel gähnte, ragte hoch über der »Zephir« empor. Das Geschoß mußte aus der Nähe abgefeuert worden sein. Sicherlich hatte es Verwüstungen angerichtet, leider aber keinen Brand verursacht.

Keinen Brand? Tessari zuckte bei dem Gedanken zusammen, als würde ihm erst jetzt die Bedeutung dieses Wortes bewußt. Wenn auf dem schwedischen Schiff ein Feuer ausbräche, würde Marten bestimmt nicht zögern, es auszunutzen.

Anscheinend hatte er keinen Zutritt zu dem beschädigten Kastell oder eine solche Möglichkeit nicht bemerkt.

Die »Västeras« war wohl dreimal so groß wie die »Zephir«. Sicherlich verfügte sie über eine zahlreiche Bemannung und eine starke Bewaffnung. Der »Zephir« weit überlegen, mußte sie unerwartet angegriffen haben, da Marten, der Manövrierfähigkeit beraubt und zu verzweifelter Verteidigung verurteilt, den ungleichen Kampf aufgenommen hatte.

Tessari handelte gewöhnlich genauso schnell, wie er dachte. Doch diesmal konnte er sich kaum rühren. Auf den bleischweren Beinen vermochte er sich nur mit Mühe weiterzuschleppen. Er wankte zum Fenster und sah hinaus. Zwischen ihm und dem zerstörten Kastell der »Västeras« verengte und erweiterte sich abwechselnd ein zehn bis zwölf Yard breiter Schlund, auf dessen Grund aufgewühltes, trübes Wasser glänzte. Hinter dem Heck der »Zephir« driftete die verlassene Schaluppe mit eingezogenen Riemen. Das am Bug befestigte Hanfseil hing in einem Bogen vom Deck der »Zephir« herab und schwankte leicht einige Fuß vor dem Kajütenfenster.

Tessari beugte sich hinaus, um das Seil zu fassen, doch er erreichte es nicht. Wieder spürte er das lästige Schwindelgefühl, trotzdem gab er sein Vorhaben nicht auf. Er wartete, bis das Boot mit dem Bug gegen die Bordwand der »Zephir« stieß, sich wieder entfernte und das Seil straffte. Da versuchte er es ein zweites Mal. Jetzt gelang es ihm. Er hielt das Seil in der Hand und zog es Zoll um Zoll zu sich heran, bis er auf Widerstand stieß. Dann griff er nach dem Messer, zerschnitt das Seil in der Länge und knüpfte das Ende zu einer Schlinge.

Das Krachen der Schüsse, die Schreie und der Lärm des schwedischen Fußvolkes, das wieder zum Angriff vorging, trieben ihn zur Eile an. Obwohl seine Hände bebten, glückte es ihm, den Knoten zu schürzen. Dann beugte er sich aus dem Fenster und warf die Schlinge um den Stumpf eines halb zersplitterten Balkens in dem Einschußloch. Nun konnte er über diese Affenbrücke in das Kastell gelangen, wenn — ja wenn seine Kräfte ausreichten, den Abstand, der die Hecks der beiden Schiffe trennte, zu überwinden. Er hatte berechtigte Hoffnung, daß niemand seine luftige Exkursion bemerken würde; denn in dem beschädigten Kastell schien kein Mensch zu sein. Der Kampf spielte sich vor allem auf dem Mittel- und dem Vorderdeck der »Zephir« ab, die am bauchigen Rumpf der »Västeras« festlag.

Tessari schwang schon das eine Bein über das Fensterbrett, als ihm einfiel, daß es nicht genügte, nur mit Feuerstein und Zunder in das Kastell des feindlichen Schiffes einzudringen, um rasch und wirksam Feuer zu legen. Zur rechten Zeit erinnerte er sich, daß er eine Kanne Terpentin zur Hand hatte. Er versuchte, sie hochzuheben, doch sie war zu schwer. Sie war fast voll, und er wäre nicht imstande gewesen, sich mit ihr an dem Seil festzuhalten, selbst dann nicht, wenn er sie sich am Gürtel angeschnallt hätte. Er zog das Bein wieder zurück und suchte nach

587

einem Strick, um die Kanne an das Seil hängen und hinüberziehen zu können, wenn er sich im Kastell befand. Da er in der Eile nichts Brauchbares fand, riß er, die Zähne und das Messer zu Hilfe nehmend, das Bettuch in Streifen und knüpfte diese aneinander. Dann befestigte er die Kanne an dem Seil und zog die improvisierte Schnur durch den Henkel.

Das alles kostete ihn viel Zeit und Mühe. Er konnte sich keine Rast gönnen. Instinktiv fühlte Tessari, daß hinter den Wänden des Kastells vielleicht schon der letzte Akt des verzweifelten Widerstandes begonnen hatte. Sein Herz schlug schnell, Ströme von Schweiß rannen ihm über das Gesicht und den Hals auf die Brust, der Puls hämmerte in den Schläfen. Durch den schmerzhaften Druck und das Rauschen in den Ohren vernahm er undeutlich den Kampfeslärm: die Schreie, das Waffengeklirr, das Krachen der Schüsse, die Verwünschungen, das Jammern der Verwundeten. Tessari achtete nicht mehr darauf. Er packte das Seil, umklammerte es auch mit den Beinen und kroch Griff um Griff, die Zähne zusammengebissen, über den Abgrund zwischen dem Heck der »Zephir« und dem Kastell der »Västeras«. Über sich sah er nur den grauen Himmel, den das leicht schwankende Seil durchschnitt, an dem er wie ein plumper Käfer an einem Spinnenfaden mit dem Rücken nach unten hing. Als er die Hälfte des Weges zurückgelegt hatte, hob er den Kopf, um zu sehen, wie weit er noch von dem Kastell entfernt sei. Der zersplitterte Balken, an dem das Seil hing, befand sich hoch über ihm, viel, viel höher, als er erwartet hatte. Das lose herabhängende Seil hatte sich unter der Last seines Körpers gestrafft und bildete einen stumpfen Winkel, dessen Scheitelpunkt er bildete. Zu allem Übel näherten sich die Hecks der beiden Schiffe infolge der Belastung immer mehr, so daß der Winkel ständig spitzer wurde.

Tessari zweifelte einen Augenblick, ob es ihm gelänge, das von Sekunde zu Sekunde steiler werdende Seil zu erklimmen. Langsam bewegte er sich vorwärts. Nur mit Mühe konnte er die froststarren Finger geradebiegen. Hatte er sie einige Zoll weiter wieder um das glatte Seil geschlossen, entglitt es ihm, und er verlor die Hoffnung, daß er imstande sein werde, sich noch länger festzuklammern. Schließlich gelangte er doch bis zum Rand der Öffnung. Mit letzter Kraftanstrengung kletterte er in das Kastell. Die Haut der Handflächen war zerschrammt, die Fingerkuppen bluteten, sein Körper war schweißüberströmt und zitterte zugleich vor Kälte. Trotzdem erfüllte ihn Stolz, daß er diese Leistung vollbracht und die eigene Schwäche überwunden hatte. Der restliche Teil der Aufgabe, die er sich gestellt hatte, schien ihm im Vergleich dazu einfach. Er blickte in das dunkle Kastell. Wie er vorausgesehen hatte, herrschte dort große Unordnung. Die vierundzwanzigpfündige Kugel aus einer Halbkartaune hatte gründliche Arbeit geleistet. In den zersplitterten Schotten gähnten schwarze Löcher, zwischen frischen, hellen Holzsplittern, zerschmetterten Kiefernbalken, Brettern und Einrichtungsgegenständen, die den Fußboden bedeckten, hingen blutgetränkte Fetzen aus einer zertrümmerten Koje.

Das wird wunderbar brennen, dachte Tessari. Er löste das Ende der aus den Leinenstreifen zusammengeknoteten Schnur von seinem Gurt und zog die an ihr befestigte Kanne mit dem Terpentin in die Öffnung. Plötzlich hörte er näher kommende Schritte. Er duckte sich hinter einen Haufen von Brettern und Resten der Seitenwand und hielt den Atem an. Da packte ihn ein neuer Hustenanfall. Durch die Tränen, die ihm in die Augen kamen, gewahrte er hinter dem Loch in einer Schotte die breitschultrige Gestalt eines schwedischen Offiziers. Keuchend, gegen den würgenden Husten kämpfend, riß Tessari die Pistole aus dem Gurt und schoß. Die Wirkung des Schusses konnte er nicht beobachten, denn der Pulverrauch, der die Kajüte füllte, reizte noch mehr zum Husten. Er hörte nur das dumpfe, polternde Aufschlagen des Körpers. Halb geblendet, hustend und sich erbrechend, zog Tessari die schwere Kanne hinter sich her, schleppte sie bis zur Koje, sank dort erschöpft in die Knie und goß das Terpentin auf das durcheinandergeworfene Bett. Es drang in die Decken und Polster ein, floß auf den Fußboden, füllte die Spalten der Ritzen und bildete zwischen den umgestürzten Stühlen und Holztrümmern eine Pfütze.

Tessari versuchte ein-, zwei-, dreimal Feuer zu schlagen, aber die zitternden, verletzten Finger verfehlten den Stein. Wieder erklangen Schritte hinter der Wand. Mehrere Leute sprachen erregt durcheinander. Tessari wußte, daß er sich beherrschen mußte. Zum Glück quälte ihn der Husten nicht mehr. Er konnte wieder frei atmen. Erneut versuchte er, Feuer zu schlagen. Diesmal sprühte ein Schwarm Funken aus dem Stein. Aus dem terpentindurchtränkten Bettzeug schlug eine Flamme, die sich rasend schnell ausbreitete.

Tessari sprang auf und schnellte zurück. Das Feuer hatte sein Haar über der Stirn versengt. Flammen schlängelten sich an den Schotten entlang, ihre feurigen Zungen beleckten sie gierig, sie glitten immer höher, erfaßten die trockenen Bretter, deren Politur prasselnd schmolz, dann schoß eine Feuergarbe bis zur Decke empor, wand sich durch das Loch in der Wand in den nächsten Raum. Inzwischen waren die Flammen wie Polypenarme auch das Rinnsal entlang auf dem Fußboden weitergekrochen und hatten die Pfütze zwischen dem Haufen von zersplittertem Holz und den Möbelstücken erreicht. Sie zischte und brodelte im Nu wie siedendes Wasser, das Holz fing sofort Feuer, dunkle Rauchfahnen wehten durch die Öffnung an der Außenwand des Kastells.

Auf dem Deck der Karavelle ertönte ein vielstimmiger Ruf des Entsetzens und der Wut. Der Wind fachte das Feuer noch mehr an. Es hatte bereits auf die andere Seite des Decks übergegriffen und bedrohte die rückwärtige Batterie. Die Decke rauchte, knisterte und knackte über den Köpfen der Geschützbedienung, da und dort zeigten sich schon die ersten gierigen Feuerzungen. Die Leute erfaßte Panik, die sich schneller als das Feuer in der Hauptgalerie des Artilleriedecks verbreitete.

Tessari weidete sich nur einen Augenblick lang an seinem Werk. Triumph und Stolz über seinen Erfolg erfüllten ihn, drohten ihm die Brust zu sprengen. Die höllische Glut zwang ihn, das brennende Kastell schleunigst zu verlassen. Der Gedanke an den einzigen ihm verbleibenden Rückweg ließ ihm das Blut in den Adern erstarren.

Mit einem Gemisch von Abscheu und Mitleid betrachtete er seine verletzten, blutenden Hände. Sie waren in diesem Zustand bestimmt nicht dazu geeignet, akrobatische Leistungen an dem dünnen Seil zu vollbringen. Wie sollte er aber sonst zurück auf die »Zephir« gelangen? Vielleicht sollte er die Schlinge von dem Balkenstumpf lösen, sie sich um die Hüften festziehen und einen Sprung in die Tiefe wagen? Nein, das ging nicht! Selbst wenn er sich beim Anprall an der Bordwand dicht über dem Wasser nicht die Knochen brach, war er nicht mehr imstande, bis zum Deck hochzuentern. Seine Hilferufe würde niemand hören. Er dachte an die Schaluppe, überzeugte sich jedoch mit einem Blick, daß die Strömung sie einige Dutzend Yard abgetrieben hatte. Sie driftete vor dem Wind und entfernte sich immer mehr. Schwimmend hätte er sie nicht erreicht. In dem eisigkalten Wasser wäre er erfroren.

Nun, es gab keine andere Möglichkeit. Es blieb ihm nur, sich Fetzen von dem zerrissenen Bettuch zum Schutz um die Hände zu wickeln. Er war gerade damit beschäftigt, als das nahe, dreifache Dröhnen von Kanonenschüssen die Luft erschütterte.

Die Halbkartaune der »Zephir«, schoß es ihm durch den Kopf. Er beugte sich vor, spähte über das etwas tiefer liegende Heckkastell der »Zephir« hinweg und erblickte in nicht allzugroßer Entfernung Mastspitzen, an denen blaue Fahnen mit drei goldenen Kronen und einem Löwen, die Axt des heiligen Olaf in der Pranke, im Winde wehten.

Schweden, dachte er. Wenn Tomasz ihnen nicht die Masten zerschmettert oder die Bordwand unterhalb der Wasserlinie durchlöchert, dann zerdrücken sie uns wie eine taube Nuß. In größter Hast verband er seine zerschundenen Hände, hängte sich wie vorhin an seine Affenbrücke und machte sich auf den Rückweg. Es fiel ihm leichter, als er gedacht hatte, obwohl er sehr erschöpft war. Tessari wußte, daß er nun einen etwas längeren Weg zurücklegen mußte, nämlich bis zum Oberdeck der »Zephir«, wo der Tau festgelegt war.

Er schaute sich immer wieder um, indem er den Kopf weit nach hinten bog, um die Entfernung abzuschätzen, die ihn noch von den rettenden Planken der »Zephir« trennten. Als er die Hälfte des Weges zurückgelegt hatte, hörte er noch zwei Kanonenschüsse und verspürte eine Erschütterung, daß er beinahe in die Tiefe gestürzt wäre. Das Seil gab nach und straffte sich plötzlich. Er stieß einen kräftigen italienischen Fluch aus, packte das Seil fester und sah sich wieder um. Für den Bruchteil einer Sekunde erblickte er hinter der niedrigen Reling des Oberdecks eine Gestalt mit hoch erhobenen Armen. Er erkannte sie. »Percy!« schrie er aus Leibeskräften.

Sloven vernahm den Schrei, wußte aber nicht, woher er kam, und konnte nicht mehr den Beilhieb aufhalten, mit dem er das Seil kappen wollte. Tessari, der sich krampfhaft daran festhielt, fühlte nur noch, daß er wie ein Stein in die Tiefe sauste. Blitzschnell glitten das weißlackierte Heck der »Zephir« und das vorstehende Ruder an seinen Augen vorbei, dann schlug er mit dem Kopf gegen den Rumpf der Karavelle, prallte ab und stürzte in das Wasser, das sich glucksend über ihm schloß.

Als Stephan Grabinski Marten versicherte, daß er »das gleiche tun werde wie er«, sprach er aus, was er in jenem Augenblick fühlte. Er wollte ihm und dem Schiff bis zum letzten Atemzug treu bleiben. Wenn ihm auch die ganze Gefahr der Situation bewußt geworden war, so hatte er doch die Tragweite seines Gelübdes unterschätzt.

Er war mutig und unerschrocken, niemand kam ihm beim Angriff zuvor. Er war bereit, im Kampf sein Leben zu lassen, obwohl ihn im Kampfgetümmel der Gedanke an den Tod nie heimsuchte. Nun sollte er nicht am Kampf teilnehmen, sondern auf das Ergebnis warten und das Schiff in die Luft sprengen, falls ihnen eine Niederlage bereitet würde.

Er stellte sich diesen Augenblick vor wie ein zum Tod Verurteilter seine Hinrichtung. Er sollte sie selbst an sich, an Marten, an der ganzen Bemannung und der »Zephir« vollziehen... Außerdem mußte er binnen wenigen Sekunden entscheiden, wann dieser Augenblick gekommen war.

Er konnte sich doch irren, das Vernichtungsurteil über alle und sich selbst zu früh aussprechen oder auch zu spät. Er konnte, von einer Kugel getroffen, fallen oder von den Feinden überwältigt werden.

Grabinski warf einen Blick auf den Zeugwart und den Artilleristen, die Marten ihm zugeteilt hatte. Er kannte beide gut, es waren tapfere, erprobte Leute. Doch mit keinem von ihnen konnte er die Verantwortung teilen, er mußte sie lenken und leiten. Grabinski befahl ihnen, hinunter auf das Artilleriedeck zu gehen und mit brennenden Lunten bei den Geschützen zu warten.

Wäre wenigstens Tessari bei uns! Er seufzte. Eigentlich müßte ich ihm mitteilen, was mit uns geschehen kann. Aber wenn Tessari wie die anderen umkommen muß, dann ist es für ihn besser, nichts davon zu erfahren. Es war auch schon zu spät, zum Heck zu kriechen, zu der Kajüte, in der der Kranke lag.

Es war die Kajüte neben der, in der früher Maria Francesca gewohnt hatte. Sooft Stephan an der Tür vorbeikam, verlangsamte er unwillkürlich den Schritt, und sein Herz schlug schneller, wie damals, als sich die Señorita de Vizella noch dort aufhielt. Doch es waren keine guten Erinnerungen, die ihn mit ihr verbanden, besonders jene nicht, die sich auf die Zeit nach der Festnahme Martens in La Rochelle bezogen.

Die erste Liebe bleibt oft unerfüllt oder ist unglücklich. So auch in seinem Falle. Grabinski hatte sich hoffnungslos verliebt. Er kämpfte von Anfang an gegen dieses Gefühl an und machte sich selbst schwere Vorwürfe, ohne sein Empfinden durch ein Wort zu verraten. Maria Francesca bemerkte jedoch sehr bald, was in ihm vorging. Zunächst amüsierte es sie, dann, als sie sich von der unwandelbaren Treue Stephans zu Marten überzeugt hatte, langweilte und reizte es sie. Aus Rache und weil sich häufig genug Gelegenheit dazu bot, quälte sie ihn und war bestrebt, sein Geheimnis lächerlich zu machen. Tessari, der manches ahnte, war oft Zeuge ihres Spiels. Obwohl sie nicht darüber sprachen, wußte Stephan, daß er in ihm einen stillen Verbündeten hatte, der ihm zwar wohlgesinnt war, aber nicht helfen konnte.

Ja, Tessari wußte und verstand viel und vermochte ihm oft mit ein paar Worten, mit einem Händedruck, einem Lächeln oder einem Blick beizustehen, wie er es von Anbeginn ihrer Freundschaft getan hatte, als Grabinski noch nicht Steuermann und Martens Vertreter war.

Das verstärkte Feuer der Hakenbüchsen und Musketen von Bord der »Västeras« kündete einen neuen Sturm an. Grabinski sah, hinter der Schutzwand aus dicken Eichenbohlen verborgen, die den Niedergang zum Artilleriedeck schützte, wie schwedische Offiziere in Halbpanzern und Helmen das Fußvolk zum neuen Angriff ordneten. Gleich beginnt es, dachte er. Oder ist es schon das Ende?

Grabinski warf einen Blick auf die sich nähernden Galeonen. Sie waren noch ziemlich weit entfernt. Die erste mußte sich bald im Schußfeld der Steuerbordgeschütze der »Zephir« befinden. Stephan hoffte, daß es ihm noch gelingen werde, ihr wenigstens einige Geschosse entgegenzuschicken. Diese Hoffnung war für ihn während des untätigen Wartens eine gewisse Erleichterung.

Er dachte an seine Mutter und das kleine Haus mit dem Garten, das er für sie in Danzig am Steingraben ausgesucht hatte. Ich kaufe es, sobald ich nach Danzig zurückkehren kann, überlegte er. Ja, zurückkehren und an Land gehen, und wäre es nur für wenige Tage. Hartnäckig spann er den Gedanken weiter, um die langen Minuten der Untätigkeit auszufüllen.

Er wußte, daß er sich selbst betrog. Er würde die Mutter nie wiedersehen, denn die »Zephir« kehrte nicht mehr nach Danzig zurück, das war klar!

Nein, so darf man nicht denken, tadelte er sich im stillen. Man darf sich nicht solchen Zweifeln hingeben, das macht schwach. Halte dich, mein Junge! Bemitleide dich nicht selbst. Es hat doch manchmal schon schlimmer gestanden, und du bist mit heiler Haut davongekommen!

Schlimmer? Es war noch nie schlimmer gewesen. Schlimmer konnte es gar nicht sein.

Das ist aber ohne jede Bedeutung, dachte er. Nein, ich darf mich nicht Zweifeln hingeben, ich darf aber auch nicht mit einer Rückkehr rechnen oder an die Mutter und an ein eigenes Dach für sie denken. Ich muß kaltblütig und beherrscht bleiben. Es geht schließlich darum, im letzten Augenblick nicht feige zu sein.

Nein, er würde nicht feige sein, er wußte, daß er es bis jetzt nicht gewesen war, obwohl es für ihn fast keinen Zweifel mehr gab, daß er den Mittag nicht erleben würde. Ich muß mich fest in der Hand behalten, befahl er sich.

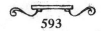

Laute Kommandos und Kampfrufe vom Deck der schwedischen Karavelle unterbrachen seine Erwägungen. Dichte Reihen von Fußvolk griffen in zwei Wellen an, stiegen über die beiden Relings der aneinanderliegenden Schiffe und überfluteten das Kastell und das Schanzdeck der »Zephir«.

Ein neuer Sturm, dachte Stephan. Er hörte Martens Stimme, die den Lärm übertönte. Eine Salve aus etwa einem Dutzend Musketen folgte. Die Kugeln rissen eine Lücke in die Reihen der Angreifer. Die Schweden gerieten durcheinander und stauten sich wie die rasche Strömung eines Baches vor einem Hindernis, bevor es überflutet wird. Nichts hält sie auf, schoß es Stephan durch den Kopf.

Im gleichen Augenblick erklang hinter ihm lautes Fußgetrappel. Dreißig mit Beilen bewaffnete Korsaren trieben einen Keil in die entstandene Lücke und drängten die angreifenden Schweden nach beiden Seiten ab wie eine Pflugschar die Schollen.

Grabinski sah einen Augenblick lang Marten, der an der Spitze seiner Leute, Klops und Broer Worst an seiner Seite, vordrang. Fast gleichzeitig ging eine Schar Matrosen vom Bug aus unter der Führung von Hermann Stauffl zum Gegenangriff über. Das in zwei Haufen geteilte Fußvolk der Schweden wankte und zog sich zur Bordwand der »Västeras« zurück. Dort wurde es von der Reserve aufgefangen, die Stolpe zur rechten Zeit zu ihrer Unterstützung einsetzte. Die Schalen an der Waage dieses verzweifelten Kampfes, die sich bereits zugunsten der »Zephir« zu neigen begann, verharrten im Gleichgewicht.

Grabinski verfolgte mit angehaltenem Atem das blutige Schauspiel. Das Herz schlug ihm wie ein Hammer in der Brust. Auf einmal fühlte er, daß ihn jemand am Ärmel zerrte. Er kam zu sich. Der Zeugwart fragte ihn etwas. Stephan verstand und begriff nur das eine Wort: Galeone.

Die Galeone! Es war wie ein blendender Blitz in tiefer Dunkelheit.

Er warf einen Blick über die Wasserfläche. Keine halbe Meile von der »Zephir« entfernt verlangsamte das schwedische Schiff seine Fahrt und braßte die Rahen um. Wahrscheinlich wollte es wenden und an der Backbordwand der »Zephir« anlegen.

Es war keine Zeit zu verlieren. Stephan glitt am Geländer des schmalen Niederganges zum Artilleriedeck hinab und zog den Zeugwart hinter sich her.

»Tief zielen, unter die Wasserlinie«, sagte er zu den beiden Artilleristen. »Ich nehme den Großmast aufs Korn.«

Grabinski kniete hinter dem Geschütz nieder und richtete den kurzen Lauf. Dabei lauschte er gespannt auf den anwachsenden Lärm, der vom Deck bis zu ihnen drang.

Sie haben das Schiff gesehen, überlegte er, und gehen zum letzten Angriff vor.

Über den Lauf der Halbkartaune hinweg beobachtete Grabinski durch die Schießscharte die manövrierende Galeone. Die Segel flatterten hilflos an den Rahen, die dunkle Silhouette des Schiffes schien sich nicht von der Stelle zu rühren und blieb bewegungslos genau vor den Geschützmündungen liegen, die zur verderbenbringenden Salve bereit waren.

»Feuer!« rief Grabinski. Er trat zur Seite, hielt die glimmende, qualmende Lunte an die Pulverpfanne und sprang zurück. Das Dröhnen des Schusses schlug an sein Ohr, das Geschütz schnellte zurück, zerrte an den Halteseilen. Gleich darauf schossen krachend Feuerstrahlen aus den beiden anderen Kartaunen. Beißende Rauchschwaden wanden sich durch das Artilleriedeck zur offenen Luke.

Stephan lief zum Bug, um sich so rasch wie möglich vom Erfolg seiner Salve zu überzeugen. Tatsächlich konnte er dort durch die Schießscharte schon nach kurzer Zeit das schwedische Schiff sehen. Der Pulverqualm wälzte sich zum Heck, und hinter der schwarzen, sich zerteilenden Wolke zeigten sich nacheinander der hohe Rumpf, der Besan-, der Groß- und der Fockmast der Galeone. Alle waren unbeschädigt.

»Wir haben nicht getroffen«, rief er verzweifelt.

»Aber woher denn«, vernahm er hinter sich die Stimme des Zeugwartes. »Zumindest zwei Schüsse haben getroffen, seht nur!«

Im selben Augenblick neigte sich die mittlere Segelpyramide über dem Schanzdeck der Galeone wie die Krone einer gefällten Pappel langsam zur Seite und stürzte über Bord.

»Also doch!« frohlockte Grabinski.

Der Zeugwart sagte etwas, wollte noch etwas fragen, doch wildes Geschrei auf dem Deck verschlang seine Worte.

»Sie stürmen«, rief Grabinski und lief zum Niedergang, um nachzusehen, was oben geschah.

Es war kein Angriff. Rauch und Qualm quollen aus dem Hinterkastell der »Västeras«. Auf der Karavelle brach Panik aus, die Abteilungen des schwedischen Fußvolkes zogen sich fluchtartig zurück, die Offiziere verloren den Kopf, gaben sich widersprechende Befehle. Die erschöpften, blut- und schweißtriefenden Leute Martens kappten die Taue und zerschlugen mit ihren Äxten die eisenbeschlagenen Stangen und Bootshaken, die die »Zephir« an der Bordwand des schwedischen Schiffes festhielten.

Grabinski konnte kaum den eigenen Augen trauen. Die unvermeidliche Niederlage, die der »Zephir« seit Stunden drohte, hatte sich unerwartet in eine Niederlage des Feindes verwandelt, zumindest in eine Niederlage des Admiralsschiffes, das ein rasend schnell um sich greifender Brand erfaßt hatte. Es war fast wie ein Wunder. Aber ein Wunder geschieht nur einmal, ging es Stephan durch den Kopf. Er dachte an die zwei Galeonen, zunächst an die, die zwar durch sein Dazutun den Großmast verloren hatte, aber noch ihre Geschütze benutzen konnte, dann erst an die zweite, die bald zum Entsatz eintreffen würde. Grabinski blickte sich um. Das, was er sah, wirkte auf ihn nicht wie ein Wunder, vielleicht deshalb nicht, weil es sein eigenes Werk und das der beiden Leute war, die ihm Marten zu Hilfe geschickt hatte. Trotzdem überstieg es das Maß gewöhnlicher, alltäglicher Ereignisse.

Die Galeone schien tatsächlich mindestens noch einen Treffer unter der Wasserlinie erhalten zu haben, denn sie krängte nach Steuerbord und sank langsam.

Sie sank! Ihre Geschütze schwiegen und starrten schräg in das Wasser, als wollten sie dessen Tiefe ergründen, bevor es sie verschlang. Die Bemannung ließ eilends Flöße und Boote hinab, die Segel flatterten und schlugen gegen die Rahen und das Tauwerk der unbeschädigten Masten.

»Fertig zum Wenden!« scholl Martens Kommando über das Deck. Grabinski erwachte aus seinem Staunen und rannte auf seinen Platz, um das Manöver zu leiten.

»Das hast du gut gemacht!« rief ihm Marten zu. »Worst soll gleich das Laden der Geschütze übernehmen.«

Der Schiffszimmermann der »Zephir« beeilte sich, den Befehl auszuführen, obwohl er sich kaum auf den Beinen halten konnte. Er war zweimal verwundet worden, am Kopf und an der linken Schulter. Das Blut rann in sein Auge — er besaß nur noch eins — und blendete ihn. Aber fast alle Leute, die an der Abwehr des letzten Angriffs beteiligt gewesen waren, hatten ähnliche oder noch schwerere Wunden davongetragen. Sie glichen einer Schar Verdammter, denen es geglückt ist, aus der Hölle zu entrinnen, wo man sie schwersten Torturen unterworfen hat. Trotzdem mußten die Geschütze so schnell wie möglich geladen und festgezurrt werden. Die Masten und Segel der zweiten Galeone hoben sich immer deutlicher in dem sich lichtenden Nebel ab. Das Schiff segelte vor dem Wind und kam rasch näher. Es war keine Zeit, die Wunden zu verbinden und auszuruhen. Die Schlacht von Kalmar war noch nicht zu Ende.

Marten trieb seine erschöpfte Bemannung unbarmherzig an. Als es ihm endlich gelungen war, die »Zephir« zwischen der brennenden Karavelle und der bewegungsunfähigen Galeone hinauszumanövrieren, die mit der Strömung driftete und sich zwischen den Flößen und überfüllten Booten immer mehr zur Seite neigte, steuerte er im unerschütterlichen Glauben an seinen glücklichen Stern dem dritten Gegner entgegen.

Stolz auf den Sieg über den schwedischen Admiral erfüllte ihn. Er hatte ihn allein, ohne Unterstützung der Schiffe von Bekesz bezwungen, obwohl das Flaggschiff Stolpes dreimal so groß wie die »Zephir« war, ganz zu schweigen von der Galeone mit ihren mehr als dreißig Geschützen, die nicht einmal dazu gekommen war, einen Schuß abzugeben. Nun stürzte er sich mit der ihm eigenen Verwegenheit in ein neues gefahrvolles Unternehmen, obwohl er nur noch über kaum mehr als fünfzig arg mitgenommene Matrosen verfügte, die nur zum Teil kampffähig waren.

Doch darüber machte er sich keine Gedanken. Er wollte Bekesz und Haien in

Erstaunen versetzen und mit einem Schlag in der Ostsee die gleiche Berühmtheit erlangen wie auf den fremden Meeren. Tomasz Pociecha hatte dafür mit dem Leben bezahlen müssen, aber der Tod des alten Bootsmannes, der ihm über zwanzig Jahre lang redlich gedient hatte, spornte ihn zur Tat an. Pociecha mußte gerächt werden, und nach Martens Ansicht konnte das nur durch die Vernichtung der ganzen Flottille Stolpes geschehen. Deshalb sollten sich die ihm verbliebenen fünfzig Mann mit der Bemannung der Galeone messen, die mindestens zweihundert Mann stark war, und die zwanzig Geschütze der »Zephir« sollten die fast doppelt so starke Artillerie des Feindes zum Schweigen bringen.

Diesmal kamen aber weder die Kartaunen der Schweden noch die Geschütze der »Zephir« unter dem Kommando von Broer Worst als erste zu Wort. Ein fernes Dröhnen ließ sich von Süden her vernehmen und hallte als Echo von den Ufern wider. Marten hielt das Fernrohr ans Auge. Durch sein Zauberglas sah er einen ganzen Schwarm von Segeln, die über die Einfahrt zum Kalmar-Sund verstreut waren. Der Konvoi des Herrn Bekesz segelte, wenn auch verspätet, zum Entsatz heran.

Die letzte Phase der Seeschlacht vor Kalmar währte nicht lange und endete mit dem Sieg der Geleitschiffe des polnischen Konvois. Rittmeister Wladislaw Bekesz berichtete darüber in seinem Rapport an den König wie folgt:

Nachdem wir fast zwei Wochen während schwerer Stürme auf dem Meer umhergeirrt waren, ging ich in Karlskrona, dem Kriegshafen des dänischen Königs, vor Anker. Dann entsendete ich nach dem Rat des Kaperkapitäns Jan Kuna, als französischer Edelmann auch de Marten genannt, dessen Schiff zum Stockholmer Ausgang. Jan Kuna, genannt Marten, ein berühmter Korsar, umsegelte die ganze Insel Öland und drang von Norden her in den Sund von Kalmar ein. Auf sich allein gestellt, setzte er unter großem Wagnis die Karavelle des Admirals Stolpe in Brand, darauf versenkte er ein anderes Schiff des Carolus und begab sich hierauf nach Kalmar. Zu gegebener Zeit fuhr ich aus Karlskrona selbigem Marten entgegen und traf im Sund nur noch eine große schwedische Galeone, die sich nicht wider mich, sondern gen Stockholm wandte, um Stolpe zu Hilfe zu eilen. Wider mich schickte sie sieben Pinken, über deren Geschütze ich wohl unterrichtet war. Da ich den Wind hinter mir hatte, segelte ich geradenwegs auf sie zu, ließ die Trommeln rühren und zum Angriff blasen, die Fahnen sich entfalten und die Geschütze richten. Als die Schweden das bemerkten, rettete sich, wer konnte, die Schiffe stoben auf dem Meere auseinander und gaben mir den Weg frei. Nun belegte ich die Galeone mit dem Feuer meiner Haubitzen und verursachte einigen Schaden. Dann versenkten wir sie in Gemeinschaft mit den Kapitänen der beiden Holken, kräftiglich unterstützt von den Geschützen der »Zephir«, an der Küste von Öland in geringer Tiefe.

Auf diese Weise, schrieb er weiter, ging ich dank Gottes des Allmächtigen Gnade unversehrt mit allen Schiffen und zwei Koggen am 24. Decembris mittags am Schloß vor Anker. Welche Freude sich der Leute Eurer Königlichen Majestät bemächtigte, die sich in dem Schloß befanden, wird Eure Majestät, mein gnädigster Herr, gewißlich verstehen, denn der Herzog Carolus hat seinen Bastard Gyllenhielm mit Reitern und Fußvolk vor die Stadt dirigiert, und nämlicher hat die Unseren so bedrängt, daß sie die Stadt verlassen und sich in das Schloß zurückziehen mußten, denn es waren ihrer nicht einmal hundert.

Die Freude auf dem Schloß und unter den Bemannungen der Schiffe war tatsächlich groß. Nur auf der »Zephir« herrschte Trauer. Von den siebzig Matrosen und Bootsleuten waren fünfzehn gefallen. Die in Segeltuch genähten Leichname wurden, mit Geschützkugeln beschwert, der Reihe nach ins Meer versenkt, bevor die »Zephir« in die Bucht von Kalmar einlief.

Aber auch Tessari fehlte. Niemand hatte ihn während des Gefechtes an Bord gesehen. Grabinski, der als erster bemerkte, daß Tessari verschwunden war, wußte bestimmt, daß die Tür der Kajüte von außen fest verriegelt gewesen war. Als er den Raum genau untersuchte, entdeckte er, daß auch die Kanne mit dem Terpentin und das leinene Bettuch fehlten. Vom Laken fand er nur noch ein paar Fetzen. Man konnte sich denken, was geschehen war, das offene Fenster, der plötzliche Brand im Kastell der »Västeras«, die verschwundene Schaluppe, nach der später beide Ufer des Sundes abgesucht wurden...

Er hat uns also gerettet, dachte Stephan, und ist selbst in den Flammen umgekommen. Aber weshalb wurde er von niemand gesehen oder gehört, als sich die »Zephir« von den Fesseln befreite, die sie an die Bordwand der Karavelle banden?

Grabinski fand keine Ruhe. Er erinnerte sich, daß Sloven den kranken Tessari am Heck beim Besanmast vertreten hatte. Sollte der ihn nicht bemerkt haben? Die Entfernung, die die beiden getrennt hatte, konnte höchstens einige Yards betragen haben. Es hätte genügt, einen Bootshaken zu Hilfe zu nehmen oder Tessari ein Tau zuzuwerfen, und er wäre wieder an Bord der »Zephir« gelangt. Selbst wenn er nicht mehr genügend Kraft dazu gehabt hätte, wäre es möglich gewesen, einen Laufsteg hinüberzuschieben und ihn aus dem brennenden Kastell zu tragen.

Gewiß, möglich gewesen wäre es. Ob aber Sloven angesichts der großen Gefahr, die drohte, als sich beide Schiffe jeden Augenblick voneinander lösen konnten, eine solche Tat gewagt hätte?

Es hat keinen Sinn, ihn zu fragen, überlegte Grabinski. Sloven würde sowieso nicht die Wahrheit sagen. Feigheit kann man ihm nicht nachweisen, selbst wenn er tatsächlich feige gewesen ist. Und was nützt das noch?

Was Sloven anbelangt, so hatte er nur kurze Zeit Gewissensbisse verspürt. Sie vergingen, noch bevor seine Wache die Rahen umgebraßt hatte.

Er war doch nicht schuld an Tessaris Tod! Er hatte in der Eile gehandelt und den verhängnisvollen Schlag mit dem Beil nicht mehr aufhalten können, als er Tessaris Schrei hörte und ihn am Tau hängen sah.

Hätte er es wirklich nicht können? Gewiß — wenn es nicht gerade Tessari gewesen wäre, dann hätte er vielleicht den Hieb etwas weiter nach rechts oder links lenken und das Seil verschonen können. Vielleicht wäre es geglückt, vielleicht auch nicht. Jedenfalls hatte er sich nicht zu einem solchen Entschluß aufgerafft. Tessari war ihm nie sympathisch gewesen, und der Barbier hatte auch ihm nie eine besondere Zuneigung gezeigt. Im Gegenteil, er hatte ihn eher mit Verachtung, von oben herab behandelt, als halte er sich für etwas Besseres.

Percy hatte es während der achtzehn Dienstjahre auf der »Zephir« bis zum Bootsmann gebracht, war also noch immer nicht Oberbootsmann. Er versah diese Funktion nur vertretungsweise und auch das nur abwechselnd mit Klops. Der Barbier dagegen, der mit ihm zugleich auf der »Zephir« angeheuert hatte, befehligte schon seit langem die dritte Wache und wäre jetzt, nach dem Tode von Tomasz Pociecha, bestimmt wieder befördert worden, wenn er genesen wäre, was nach alldem mehr als zweifelhaft war.

Er wäre sowieso verreckt, dachte Sloven. Es besteht kein Grund, ihn zu bedauern.

Im stillen hoffte er, nach Tessari die dritte Wache übernehmen zu können. Doch es erwartete ihn eine neue Enttäuschung. Während des Abendappells ernannte Marten Martin Knoch, genannt Klops, zum Oberbootsmann.

Rittmeister Bekesz wollte, dem Rat Martens folgend, so schnell wie möglich wieder nach Danzig oder, besser gesagt, nach Puck zurückkehren, wo der neue Küstenkommandant, Herr Jan Weyher, den Winterstandort für die königlichen Schiffe vorbereitete. Der Danziger Senat hatte immer wieder gegen deren sich ständig verlängernden Aufenthalt am Leuchtturm Einspruch erhoben, und Sigismund III. mußte mit den Ratsherren rechnen, bei denen er oft Kredite aufnahm. Die Ratsherren ihrerseits waren der Ansicht, daß der Konflikt mit Schweden eine Privatsache der Dynastie sei. Außerdem zogen sie die Neutralität einem Krieg vor, der die Interessen des Handels schädigte und nicht begünstigte.

Der König gab nach. Die Reste seiner Flotte wurden nach Puck abgeschleppt, lagen dort vor Anker, und Herr Weyher befaßte sich mit ihrer Ausbesserung. Er konnte nicht viel unternehmen, da er für diesen Zweck kein Geld erhielt. Also sicherte er die Schiffe nach besten Kräften vor dem völligen Verfall und wartete im übrigen auf die Rückkehr von Bekesz.

Nachdem Bekesz die Vorräte für die Festung Kalmar gelöscht hatte, konnte er

nicht sofort in See stechen, da auf dem Meer schwere Winterstürme tobten. Die Schiffe lagen an den Wällen des Schlosses vor Anker. Nur die »Zephir« lief aus der Bucht zu Patrouillenfahrten auf dem Sund aus.

Während der ersten Fahrt überzeugte sich Marten, daß es Admiral Stolpe gelungen war, den Brand auf der »Västeras« zu löschen und das Flaggschiff zu retten. Dann war er wahrscheinlich nach Stockholm oder Norrköping gesegelt. Die von Grabinski schwer beschädigte Galeone hingegen saß auf einer Sandbank fest und ragte dort mit geneigten Masten und Rahen, an denen noch zerfetzte Segel flatterten, aus dem Wasser.

Von der »Zephir« wurde eine Schaluppe hinabgelassen. Es sollte untersucht werden, ob sich auf dem Wrack noch etwas Wertvolles befand. Die Ergebnisse der Untersuchung waren unerwartet gut. Grabinski brachte die Schiffskasse mit einer beträchtlichen Geldsumme sowie vier eisenbeschlagene Kisten an Bord der »Zephir«. Die Kisten enthielten kostbare Kleidung, Kleinode, wertvolles Tafelgeschirr und reichverzierte, mit Edelsteinen besetzte Handwaffen. Es handelte sich wahrscheinlich um einen Teil der Kriegsbeute, die die Schweden vor Stegeborg gemacht hatten. Ihr Wert überstieg bei weitem alle Verluste und Schäden, die die »Zephir« erlitten hatte, und sicherte außerdem der Bemannung einen ansehnlichen Anteil. Auch die Abfindungen für die Familien der Gefallenen waren nun nicht mehr in Frage gestellt.

Diese unverhoffte Beute trug wesentlich dazu bei, die Stimmung unter Martens Leuten zu heben. Hinzu kam, daß nun Speise und Trank im Überfluß vorhanden waren. Aus der reichlich versorgten Vorratskammer der Galeone hatten die Lebensmittel geborgen werden können. Die Wunden heilten rasch, die Trauer um den Verlust der Kameraden und Freunde wurde mit starkem schwedischem Schnaps hinuntergespült.

Erst nach einer Woche der Gelage, am Neujahrstag des Jahres des Herrn 1599, lichtete der Konvoi, von der ganzen Besatzung Kalmars mit Segenswünschen begleitet, die Anker, um die Rückfahrt anzutreten.

Auf hoher See gerieten die Schiffe wieder in einen Sturm, der über der ganzen Ostsee, vom Bottnischen und vom Finnischen Meerbusen bis Rügen, Stettin und Kolberg tobte. Dichtes Schneetreiben verhüllte die Sicht. Lange Eiszapfen hingen an den Wanten und Stagen. Das Wasser gefror auf den Deckplanken, eine Eisschicht bedeckte die Rollen und Winden, schmiedete die Anker an den Klüsen fest, klammerte sich an die Bordwände. Der Sturm pfiff und heulte, riß Segel herab und verwickelte das Tauwerk, das Meer rauschte und brauste, wie weißmähnige Rosse jagten die Wellen dahin und warfen die Schiffe wie Nußschalen hin und her.

Die entfesselten Elemente tobten vier Tage und Nächte. Am fünften Januar ließ der Sturm gegen Morgen nach. Ein mäßiger Nordwest begann zu wehen. Der Himmel klärte sich etwas auf, der Frost nahm zu. Im Westen konnte man die hügeligen Umrisse der Insel Bornholm erkennen.

Wenn dieses Wetter auch nur einen Tag anhält, muß der Konvoi morgen die Landzunge Hela erreichen, dachte Marten. In ihm erwachte die begründete Hoffnung, den Dreikönigsabend mit Maria Francesca verbringen zu können. Plötzlich erinnerte er sich, daß er in Puck und nicht in Danzig vor Anker gehen sollte. Das gefiel ihm nicht. An einem Feiertag einen Wagen zu finden, der von Puck nach Danzig fuhr, war unmöglich.

Ich gehe beim Leuchtturm vor Anker, überlegte er. Wedecke wird nicht wagen zu protestieren. Übrigens bleibe ich ja nur eine Nacht dort.

Er freute sich auf die Schlittenfahrt. Seit seiner Kindheit hatte er keine Gelegenheit mehr dazu gehabt. Maria hatte bestimmt noch nie in einem Schlitten gesessen. Zudem hielt er eine Überraschung für sie bereit: einen prachtvollen Zobelpelz; er stammte aus der auf der schwedischen Galeone gemachten Beute. Es war ein wahrhaft königliches Geschenk, und er wollte sie so bald wie möglich in dem kostbaren Pelz mit vor Freude geröteten Wangen und glückstrahlenden Augen sehen.

Er beschloß, den Konvoi nur bis Hela zu begleiten und dann, ohne erst um Erlaubnis zu fragen, nach Danzig zu segeln. Marten meinte, daß man ihm nach dem, was er geleistet hatte, eine solche Eigenmächtigkeit nicht verübeln werde. Die Schiffe waren in der Bucht in Sicherheit, und die »Zephir« konnte sie bei Seitenwind in einer Stunde durchqueren.

Am nächsten Tag gegen halb vier Uhr nachmittags, kurz vor Sonnenuntergang, umschiffte der Konvoi Hela. Die ganze Pucker Bucht schien mit Blut gefüllt zu sein. Der wolkenlose Himmel war in leuchtendes Rot getaucht, und dicht über dem Horizont loderte eine riesige blendende Feuersbrunst. Ein steifer Nordwest, dessen Ansturm durch die Wälder von Darzlubsk und Wierzchucinsk gemildert wurde, brachte eisige Kälte.

Die Schiffe des Herrn Bekesz mußten mühsam kreuzen und ständig von Steuerbord auf Backbord halsen und umgekehrt. Die Marschordnung des Konvois lockerte sich. Jeder Kapitän manövrierte auf eigene Faust, um noch vor Anbruch der Nacht den Hafen zu erreichen oder wenigstens in der Nähe von Puck vor Anker gehen zu können.

Marten nutzte dies aus, wendete unbemerkt nach Süd und segelte, wie beabsichtigt, vor halbem Wind nach Weichselmünde.

Als er dort ankam, war es bereits Nacht. Obwohl der Hafen für den Schiffsverkehr als geschlossen galt, brannte die große Laterne des Leuchtturms, und auch die Südosteinfahrt zur Reede war beleuchtet. Marten benutzte sie jedoch nicht, da er im voraus wußte, daß an einem Feiertag zu so später Stunde und dazu noch in dieser Jahreszeit kein Lotse auslaufen würde, ihn in den Hafen zu bringen. Er entschloß sich deshalb, entgegen den Vorschriften von Nordwesten her, dafür aber vor dem Wind einzulaufen. Marten führte dieses gewagte Manöver bei völliger Dunkelheit durch, wendete dann nach Steuerbord und gelangte zwischen die Steinufer der Toten Weichsel, fuhr an den Mauern der Festung vorbei, reffte alle Segel und ging am südlichen Wallgraben, der noch vor kurzem den königlichen Schiffen als Liegeplatz und Kriegshafen gedient hatte, vor Anker.

Jetzt lagen am Ende dieses Bassins bei der heruntergelassenen Zugbrücke, die den Hof des kleinen Wachhauses mit dem Festland verband, nur der flache, schwarze Festungsprahm, ein Schiff und zwei einmastige Balinger an den Trossen. Die frische, noch dünne Eisschicht auf dem stehenden Wasser des Wallgrabens glänzte matt im Licht der brennenden Pechpfannen am Tor hinter der Brücke. Das Bassin wurde von der Weichsel durch eine Barriere getrennt. Sie war geschlossen, und niemand beeilte sich, sie zu öffnen.

Erst als sich die »Zephir« unter dem Druck des Windes an der Ankerkette drehte und den Bug der Mündung des Wallgrabens zuwendete, flammten Fackeln auf den Mauern auf und zeigten sich Leute. Unter ihnen erkannte Marten den Burggrafen des Leuchtturms, Herrn Erich von Sasse. Ohne auf dessen Frage zu warten, erklärte er, wer angekommen sei.

Sasse hatte schon geahnt, was für ein Schiff das war. Er hatte sich gerade nach Danzig begeben wollen, als bei hereinbrechender Dämmerung die Segel der »Zephir« bemerkt worden waren. Er befahl, daß der bereits angespannte Schlitten, der ihn zur Stadt bringen sollte, warte, und verfolgte gespannt Martens Manöver.

Als er feststellte, daß die »Zephir« in das Westfahrwasser einlief, war er empört und im ersten Augenblick entschlossen, ihr zur Warnung eine Kugel vor den Bug zu setzen, dann verzichtete er darauf.

Mochte er ruhig einlaufen. Der Senat und der Herr Hafenmeister würden dann einen zusätzlichen Beweis der Verletzung der Danziger Rechte gegen Marten in der Hand halten. Dummkopf! Er legte sich selbst eine Schlinge.

Als er Martens Anruf hörte, fragte er, warum jener trotz des verkündeten Verbots in die Gewässer Danzigs eingedrungen sei.

»Die Nacht hat mich in der Bucht überrascht«, erwiderte Marten. »Ich wollte es nicht riskieren, Puck anzulaufen; denn ich kenne die dortige Küste nicht genau. Ich konnte auch nicht vor dem Wind kreuzen, und da kein Lotse kam, mich in den Hafen zu bugsieren, lief ich durch die Nordwesteinfahrt ein.«

»Das alles rechtfertigt Euch nicht«, rief Sasse. »Nicht im geringsten! Es wäre etwas anderes, wenn sich Euer Schiff in Gefahr befunden hätte.«

Marten wurde ungeduldig und zornig. Er mußte sich mit Gewalt zurückhalten, um nicht ausfällig zu werden. »Das ist nebensächlich, Herr Burggraf«, entgegnete er. »Ich glaube, daß ich und meine Leute gewisse Rücksichten verdient haben. Falls Ihr noch nichts darüber wißt, dann ist es um so schlimmer für Euch. Morgen wird ganz Danzig davon hören. Vorderhand verlange ich, die ›Zephir‹ für eine Nacht in das Bassin beim Leuchtturm zu lassen. Spätestens morgen mittag lichten wir wieder den Anker.«

»Nanu, habt Ihr Schweden erobert?« fragte Sasse, den Martens Selbstsicherheit etwas aus der Fassung brachte.

»Auf Eure Frage möchte ich aus größerer Nähe antworten«, sagte Marten. »Öffnet Ihr die Barriere, oder soll ich meine Leute schicken, damit sie es tun?«

»Ich rate Euch nicht, das zu versuchen«, entgegnete Sasse gereizt. »Wir wissen das Recht und die Zustimmung Seiner Königlichen Majestät hinter uns, aber auch geladene Geschütze.«

Marten lachte. »Seine Königliche Majestät würde befehlen, Euch einen Kopf kürzer zu machen, wenn Ihr die Kanonen benützt. Ich warte noch zwei Vaterunser lang. Ihr tut klug daran, sie selbst zu beten, falls es Euch gelüstet, Eure Kugelspritzen zu verwenden.«

Herr von Sasse hatte Lust dazu, es hielten ihn aber drei Gründe davon ab. Erstens hatte Martens Selbstsicherheit — vielleicht war es auch nur freche Prahlerei — einen gewissen Eindruck auf ihn gemacht. Es war nicht ratsam, sich den Zorn des Königs zuzuziehen... Wenn es sich aber andererseits erwies, daß Marten keine besonderen Verdienste oder Gründe nachzuweisen hatte, die ihm gestatteten, in Weichselmünde Zuflucht zu suchen, wollte er als Kommandant des Leuchtturms das Schiff in der Falle haben, um es beschlagnahmen und volle Genugtuung verlangen zu können. Drittens wußte er, daß die alten Geschütze nicht geladen waren und überdies ihr Feuer in der Dunkelheit kaum wirksam sein würde.

Zwar lag am anderen Ende des Bassins die »Jupiter« vor Anker, doch die Hälfte der Bemannung hatte Landurlaub, und Kapitän Dünne war nach Thorn gefahren. Erst am nächsten Tag sollte er zurückkehren. Marten konnte also alles wagen. Ein Gefecht mit diesem Tollkopf zu beginnen wäre, da der Ausgang mehr als unsicher zu sein schien, kaum im Interesse des Senats.

Sasse entschloß sich. »Ich weiche der Gewalt«, erklärte er. »Aber Ihr tragt die Verantwortung, Kapitän Kuna.«

»Nicht ich, sondern Ihr habt mit geladenen Geschützen gedroht«, erwiderte Marten. Er befahl, zwei Boote hinabzulassen und ihnen vom Bug des Schiffes Trossen zuzuwerfen. Als sich die langen Arme der Barriere hoben und die Einfahrt freigaben, lichtete die »Zephir« den Anker und glitt hinter den Booten langsam in das Hafenbecken zwischen der hohen Mauer der Südbastion und dem Außenwall, hinter dem das flache, sandige Ufer lag. Hier wendete die »Zephir« ihren Bug und legte an den Pfosten an, die zur Befestigung des Walles dienten.

Sasse sah dem Manöver schweigend zu und überlegte im stillen, was er tun solle. Am liebsten hätte er Marten unter irgendeinem Vorwand auf den Festungshof gelockt und ihn dort festgenommen. Das hätte aber ohne Zweifel zu einem Kampf mit dessen Schiffsbemannung geführt, und dazu wollte er es nicht kommen lassen. Ich habe Zeit, dachte er. Wenn er erst morgen mittag absegeln will, brauche ich mich nicht zu beeilen. Mag sich Gotthard mit dieser Angelegenheit befassen.

Sasse vermutete, daß die »Zephir« durch den Sturm bis vor Danzig abgetrieben worden sei, was Marten wahrscheinlich nicht zugeben wollte. Vielleicht hatte sein Schiff irgendwelche Schäden erlitten, die er vor der Weiterfahrt ausbessern mußte. Das hätte den Eigensinn des Kapitäns erklärt und wäre bis zu einem gewissen Grad ein Grund gewesen, der für ihn sprach.

Es wäre jedoch besser, wenn er nicht auf dem Schiff übernachtete. Dann hätte ich die Gewißheit, daß er mir nicht entwischt, überlegte Sasse weiter. Er beschloß, Marten zu bewegen, in die Stadt zu fahren, und wollte ihm sogar ein Nachtquartier im Hafenamt anbieten.

Sasse wartete bereits über eine Stunde. Er schäumte vor Wut über die Verzögerung. Die Leute auf dem Prahm froren, die Pferde vor dem Schlitten schüttelten unwillig die Köpfe und scharrten ungeduldig mit den Hufen im festgefrorenen Schnee, der Kutscher stapfte hin und her, die Fackeln erloschen, und man mußte um neue schicken.

»Seid Ihr endlich fertig?« rief er, als er Marten wieder an der Reling sah.

»Ja, ich komme gleich zu Euch hinüber«, antwortete dieser. »Ich wußte nicht, daß Ihr auf mich wartet.« Er stieg in die Schaluppe, die ihn auf die andere Seite des Wallgrabens brachte. Eine Weile später stand er auf dem Ufer.

»Ich warte auf Euch, um Euch zur Stadt mitzunehmen«, wagte ihm Sasse anzubieten und wich dabei seinem Blick aus.

»Oh! Wirklich? Damit habe ich nicht gerechnet! Ihr empfingt mich so unfreundlich, daß ich Euch um einen solchen Dienst nicht bitten wollte«, antwortete Marten erstaunt über den plötzlichen Wechsel im Verhalten des Burggrafen.

Sasse lachte spöttisch. »Wenn Ihr nun einmal hier seid ... Ich könnte Euch sogar ein Nachtquartier anbieten«, fuhr er fort, in der Hoffnung, daß Marten auch dieses Anerbieten annehmen werde.

Marten dankte jedoch. Er habe ein gesichertes Nachtquartier auf dem Gutshof von Schultz, erklärte er.

»In diesem Fall lasse ich Euch mit dem Schlitten dort hinbringen. Wollt Ihr zu einem Gelage der ehrbaren Tante Anna?«

Der Ton der Frage ließ Marten aufhorchen. Er kam ihm zu vertraulich vor, so, als verberge der Gutshof in Holländer etwas, worüber man nicht laut sprach, etwas Unwürdiges, verdächtig Zweideutiges.

Die Leute wissen also doch von den kleinen Sünden des tugendhaften Henryk, dachte er. Es wäre besser, wenn Maria einverstanden wäre, in Puck zu wohnen.

In Puck? Er wußte im voraus, daß sie niemals damit einverstanden sein würde. Was hätte sie dort auch den ganzen Tag über machen sollen?

Als Sasse auf seine Frage keine Antwort erhielt, setzte er sich in den Schlitten und machte neben sich Platz für Marten. »Wir fahren mit der Fähre zum anderen Weichselufer«, sagte er. »Setzt Euch.«

Die Pferde zogen an. Ihr Hufschlag dröhnte in der stillen Nacht auf den Balken der Brücke und Bohlen des Prahms.

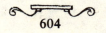

»Abstoßen!« befahl der Burggraf.

Durchgefroren und ärgerlich darüber, daß sie so lange in der Kälte hatten warten müssen, zogen die Leute des Burggrafen in finsterem Schweigen an dem Halteseil der Fähre. Sie glitt unter der Barriere hindurch, bog in den Weichselarm ein und glitt dann langsam über die träge dahinfließende Strömung. Das gegenüberliegende Ufer näherte sich allmählich, ein dunkler Erdwall wuchs aus dem Wasser empor. Mit Bootshaken bugsierten die Fährleute den Prahm an die Landebrücke.

Der Schlitten fuhr die glatte, festgestampfte Zufahrt hinauf und bog in die Straße nach Danzig ein. Die Pferde fielen in Trab, schnaubten munter, Schneeklümpchen schlugen klirrend gegen das gebogene Schutzblech, hinter dem der Kutscher saß.

Erst jetzt erkundigte sich Sasse nach dem Los des Konvois. »Wir dachten hier, niemand würde von dort zurückkehren«, sagte er.

»Zwei schwedische Linienschiffe werden nicht nach Stockholm zurückkehren, das ist sicher, denn sie liegen auf dem Meeresgrund«, erwiderte Marten. »Nur Stolpe ist es gelungen, auf seiner vom Feuer halbzerstörten Karavelle zu entkommen. Mit Ausnahme der Gefallenen sind wir alle zurückgekehrt.«

»Das ist kaum zu glauben, wie war das möglich?« rief der Burggraf.

Marten ließ sich nicht lange bitten und schilderte die Einzelheiten der Seeschlacht. Er brüstete sich mit dem Sieg und der Tapferkeit seiner Schiffsbesatzung, beschrieb die Taten eines jeden. Sasse spürte, daß das keine leere Prahlerei war, und begann zu zweifeln, ob der Senat den Streit mit diesem verwegenen Menschen gewinnen werde. Er war froh, daß er so umsichtig und besonnen gehandelt hatte. Man überwarf sich besser nicht mit einem Mann, dem der König so viel zu verdanken hatte. Auf keinen Fall wollte er die Verantwortung für diese oder jene Entscheidung übernehmen, die im Zusammenhang mit dem rechtswidrigen Eindringen der »Zephir« in die Danziger Hoheitsgewässer getroffen wurde. Gotthard Wedecke mußte so rasch wie möglich, je eher, desto besser, über alles unterrichtet werden. Er beschloß, unverzüglich zu ihm auf den Altstädter Graben zu fahren und erst dann Marten den Schlitten zur Weiterfahrt zu überlassen.

Nachdem der Schlitten über den Holzmarkt geglitten und auf den Dominikanerplatz eingebogen war, befahl er zu halten. »Ich könnte morgen vormittag einen Schlitten schicken, Euch abzuholen«, sagte er höflich.

Marten dankte und erwiderte, daß er im Gutshof ein Gefährt erhalten werde, mit dem er zum Leuchtturm gelangen könne. Er beabsichtige über Stogi zu fahren und sich dort übersetzen zu lassen.

»Auf jeden Fall wird die ›Zephir‹ morgen gegen Mittag nach Puck segeln«, fügte er hinzu. »Ich will Euch nicht länger den Platz wegnehmen.«

»Wie Ihr wünscht«, antwortete Sasse. »Fahrt mit Gott. Gute Nacht und angenehme Unterhaltung.«

»Gute Nacht. Ich danke Euch für den Schlitten!«

Der Kutscher schnalzte mit der Zunge, wendete und fuhr im Trab weiter.

Der Weg, der von Danzig nach Holländer führte, war vom Schnee verweht. Mühsam arbeiteten sich die Pferde vorwärts.

»Laßt sie verschnaufen, bevor Ihr nach Danzig zurückkehrt«, sagte Marten zu dem Kutscher, als er die Lichter des Gutshauses durch die Bäume schimmern sah.

»Ja«, brummte der Kutscher. »Sie haben sich müde gelaufen. Wohin fahren wir, auf den Hof?«

»Ja, auf den Hof«, stimmte Marten zu.

Der Schlitten glitt durch das offene Tor, zwischen dem niedrigen Seitenflügel und der Hecke hindurch, die die Wirtschaftsgebäude von dem Gutshaus trennte, und hielt vor der Gartenpforte, durch die man in den Park gelangte.

Marten stieg aus, nahm dem Kutscher das Paket mit dem Zobelpelz ab und schaute sich um. In einer großen Stube des Seitenflügels sah er durch das Fenster mehrere Personen an einem gedeckten Tisch sitzen. Aus dem Stall drang das Schnauben von Pferden. Zwei große, ausgespannte Schlitten standen vor dem Wagenschuppen.

Ein Knecht oder Heiduck zeigte sich im Tor, begrüßte den mürrischen Kutscher vom Leuchtturm und fing mit ihm ein leises Gespräch an.

Henryk hat Gäste, vermutete Marten. Ein Gelage bei der Tante Anna. Er erinnerte sich an die Worte des Burggrafen, die ihm so zweideutig erschienen waren. Ein unangenehmes Gefühl beschlich ihn, als hätte man sich über ihn lustig gemacht, hinters Licht geführt. Niemand erwartete hier sein Kommen. Er fühlte sich fast wie ein unerwünschter Eindringling.

Marten ging auf die Hauptauffahrt zu, blieb aber nach wenigen Schritten zögernd stehen. Ich könnte durch die Gartenpforte auf die Terrasse gelangen und durch die Glastür einen Blick ins Eßzimmer werfen, überlegte er.

Er konnte der Versuchung nicht widerstehen und stapfte durch den tiefen, lockeren Schnee zu den Stufen, die auf die Terrasse führten. Wieder zögerte er. Weshalb stehle ich mich eigentlich wie ein Dieb hierher, was erwarte ich denn zu sehen? Er zuckte die Schultern, ärgerlich über sich selbst. Marten wollte schon umkehren, als er das unnatürlich hohe Lachen Maria Francescas hörte. Dieses Lachen klang derart sinnlich und unzüchtig, daß Marten ein kalter Schauer über den Rücken rieselte.

In zwei Sätzen war er auf der Terrasse vor der verriegelten Glastür. Eine schwere Damastportiere verhüllte sie von innen. Nur durch einen schmalen Schlitz drang Licht.

Marten umfaßte mit einem Blick den Teil des geräumigen Zimmers, der sich ihm darbot. Den Fußboden bedeckte ein dicker türkischer Teppich. Die Unordnung in dem Raum verriet, daß die Gäste der Frau von Heltbark und Henryk Schultz' bei dem Fastnachtsgelage, das fern von den würdigen Vätern der Stadt Danzig stattfand, ungezwungen in vertrauter Gesellschaft mit einigen Frauen, die frohes

606

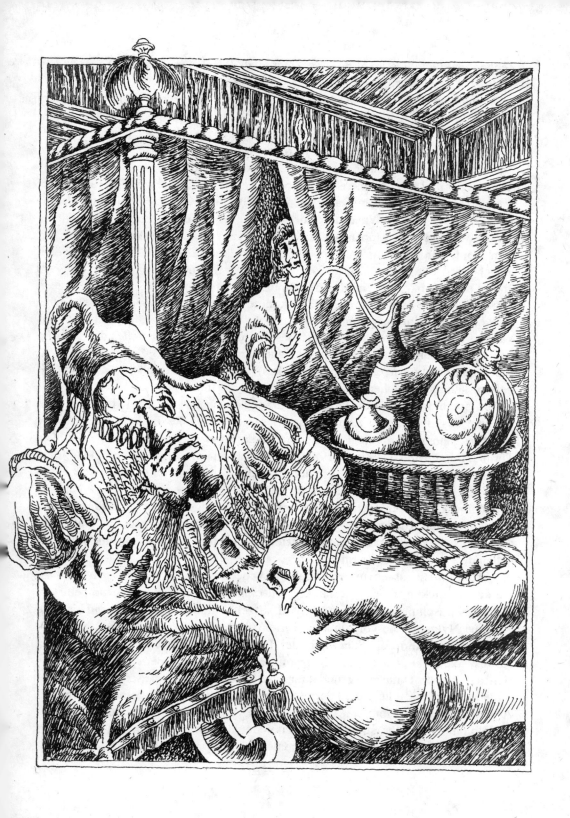

Zechen und Gold bestimmt höher schätzten als Bescheidenheit und Tugend, dem Wein im Übermaß zugesprochen hatten.

Die lustigen Damen und ihre Kavaliere befanden sich übrigens nicht mehr in dem hellerleuchteten Eßzimmer. Die Paare, die sich während des Gelages zusammengetan hatten, waren, wahrscheinlich auf der Suche nach abgelegenen Alkoven, verschwunden und hatten umgeworfene Sessel, verschütteten Wein, leere Flaschen unter dem Tisch, verstreute Süßigkeiten und Delikatessen, weggeworfene Fächer und einen Damenschuh zurückgelassen. Auch die würdige Tante Anna war nicht in dem Gemach. Dafür saß ihr Neffe, der Amphitryon dieses Gelages, völlig benebelt an der Wand unter der Uhr, murmelte etwas vor sich hin, wie an den Bewegungen der Lippen zu erkennen war, und nickte im Takt des Pendels mit dem Kopf, den eine Narrenkappe mit Schellen krönte. In der Hand hielt er eine Flasche, aus der er von Zeit zu Zeit einen tiefen Schluck nahm, wobei der Wein über die Spitzenkrause und das beschmutzte Wams lief.

Marten suchte Maria Francesca. Er konnte sie nicht sehen, denn die Falten des schweren Vorhanges verhüllten den Blick auf einen beträchtlichen Teil des Raumes und das andere Ende des Tisches. Er hörte jedoch das Lachen der Señorita und bemerkte manchmal den vorgeneigten rothaarigen Kopf und die runden, gebeugten Schultern Gotthard Wedeckes, der das unerträgliche Kichern mit tiefem, kehligem Lachen begleitete.

Auf einmal wehte ein Luftzug den Vorhang ein wenig zur Seite. Marten spürte, wie ihm das Blut jäh zu Kopfe stieg. Er sah die schlanke Taille Marias, um die Gotthard seinen Arm gelegt hatte, und ihren an seine Brust gelegten Kopf. Die Tür im Hintergrund des Zimmers öffnete sich. Frau von Heltbark warf einen Blick in den Raum und zog sich sofort wieder diskret zurück. Schultz war anscheinend eingeschlafen. Sein Kopf war auf die zerdrückte Krause gesunken, die Narrenkappe über die Augen geglitten. Wedecke beugte sich vor, stand mühsam auf und schwankte, den Rücken dem Fenster zugekehrt, zu Maria Francescas Schlafzimmer. Vorsichtig wich er den umgestürzten Stühlen aus, denn er trug eine süße und lockende Last in seinen Armen.

Marten starrte auf die runden Schultern Wedeckes, auf die weißen Arme Marias, die dessen dicken, roten Stiernacken umschlangen. Die Señorita strampelte mit den Beinen, schmiegte sich an Gotthard, kitzelte ihn hinter dem Ohr und kicherte wie eine Nymphe, die von einem Satyr entführt wird.

Klirrend splitterte die Scheibe in der Tür. Martens Wutschrei hielt die beiden zurück. Wedecke wandte den Kopf und erstarrte mit offenem Mund. Maria riß sich aus seiner Umarmung und taumelte gegen die Wand. Schultz erwachte, schleuderte die Mütze fort, sperrte die Augen weit auf und bemühte sich aufzustehen. Es gelang ihm erst nach mehreren vergeblichen Versuchen.

Halb blind vor Wut, stand Marten sekundenlang unbeweglich. Ein furchtbares Chaos herrschte in seinem glühendheißen Kopf. Das schreckverzerrte Gesicht

Gotthard Wedeckes sah er wie durch Nebel. Plötzlich sprang er ihn wie ein Tiger an, packte ihn und versetzte ihm zwei Hiebe ins Gesicht. Dann griff er nach der Pistole im Gurt. Zugleich spürte er, daß irgendwelche Arme seine Knie umfaßten, daß Hände an seinen Ärmeln zerrten. Er hörte einen schrillen, durchdringenden Schrei, kam wieder zur Besinnung und gewahrte Maria Francesca zu seinen Füßen. Er befreite sich gewaltsam. Sie fiel zwischen ihm und Gotthard zu Boden, schrie jedoch weiter und rief um Hilfe.

Blutüberströmt, mit zerschlagener Nase zog sich Wedecke betäubt Schritt um Schritt zurück, bis er eines der Fenster erreicht hatte. Er stieß es auf, sprang hinaus, stürzte, raffte sich auf, lief, strauchelte, prallte von verschneitem Gebüsch ab, hakte an tief herabhängenden Ästen fest und riß sich wieder los. Von Entsetzen gejagt, flüchtete er blindlings. Endlich blieb er atemlos stehen. Er kauerte sich hinter einen dicken Baumstamm und bemühte sich keuchend, Ordnung in seine Gedanken zu bringen, sich darüber klarzuwerden, was eigentlich vorgefallen sei.

Das war gar nicht so einfach. Die Gedanken gingen wirr durcheinander, im Mund spürte er Blutgeschmack, sein Gesicht schwoll an, und die Wangen brannten, wie mit siedendem Wasser übergossen. Es kam ihm so vor, als höre er durch das offene Fenster den Lärm einer wüsten Schlägerei.

Der tollwütige Hund ermordet dort alle, dachte er voll Grauen. Was soll ich tun? Er blickte sich um und bemerkte, da sich seine Augen schon an die Dunkelheit gewöhnt hatten, die Hecke und die offene Gartenpforte. Er sprang auf, lief dorthin und gelangte auf den Wirtschaftshof. Die Kutscher und die Heiducken waren aus der Gesindestube gekommen und sahen neugierig zu den Fenstern des Guthauses hinüber. Er wollte sie rufen, da gewahrte er den angespannten Schlitten. Er erkannte in ihm sofort das Gespann des Burggrafen vom Leuchtturm.

Marten war also von dort gekommen! Das bedeutete, daß sein Schiff in Weichselmünde vor Anker lag. Vielleicht war es beschädigt?

Es war jetzt keine Zeit, darüber nachzudenken. Man mußte handeln. Sofort!

Wedecke rief den Kutscher. »Schnell zur Stadt!« befahl er und setzte sich in den Schlitten.

Der einsilbige Kutscher nahm den Pferden rasch die Futtersäcke ab, legte die Kandare an und zog die Decken von den Rücken der Tiere. Die übrigen Fuhrleute näherten sich schüchtern und blieben im Halbkreis um den Schlitten stehen.

»Leute, lauft in das Gutshaus!« befahl Wedecke. »Sie prügeln sich dort. Der Mann, der vor einer Weile hier ankam, ist wahnsinnig geworden. Er ist bewaffnet. Man muß ihn fesseln und einsperren!«

Der Hafenmeister bemerkte zu spät, daß er die Leute mit seinen Worten nur erschreckt hatte. Niemand beeilte sich, durch die Hand eines Irren umzukommen.

Der Schlitten ruckte an. Wedecke fluchte und hüllte sich fest in den Pelz. »Fahr zu, so schnell die Pferde laufen können!«

Als Marten den Hafenmeister aus den Augen verloren hatte, verrauchte sein Zorn. »Steh auf«, sagte er zu Maria. »Höre auf zu schreien, packe deine Sachen, wir fahren zum Schiff.«

Die Señorita verstummte und starrte ihn mit schreckweiten Augen an. Er faßte sie am Ellbogen und hob sie vom Fußboden auf.

»Ich lasse dir zwei Minuten Zeit«, sagte er leise. »Nimm nur das mit, was du zur Hand hast, ich will nicht lange warten.«

Er drängte sie sacht zur Schlafzimmertür und wandte sich dann Schultz zu, der in der kalten Luft, die durch das offene Fenster und die Tür hereinströmte, nüchtern zu werden schien.

»Du verdienst es, durchgeprügelt und mit einem derben Fußtritt hinausgeworfen zu werden, Kuppler, oder man sollte dir und dem Schweinehund, an den du sie verkuppelt hast, eine Kugel durch den Kopf jagen«, stieß Marten verachtungsvoll durch die Zähne hervor.

Schultz zwinkerte, als hätte ihm jemand Sand in die Augen gestreut. Langsam begriff er, daß er selbst betrogen worden war. »Von wem sprichst du?« stotterte er. »Wem soll ich..., wem soll ich Maria...«

»Wem!« wiederholte Marten wütend. »Wenn ich es nicht mit eigenen Augen gesehen hätte, würde ich es nicht glauben! Wieviel hat dir Wedecke dafür gezahlt, daß du sie in deinem eigenen Haus zusammengeführt hast, damit er mit ihr... wie mit der ersten besten... Pfui!« Er spuckte vor ihm aus.

Schultz kam zur Besinnung. »Wedecke?« rief er.

Sein Staunen war so aufrichtig, daß Marten an der Berechtigung seines Verdachtes zu zweifeln begann.

»Stell dich jetzt nicht so, als wüßtest du von nichts«, sagte er schon viel ruhiger.

Schultz merkte sofort, daß ihm vorderhand keine Gefahr drohte. Wedecke! Er überlegte fieberhaft. Man konnte alles auf den alten Genießer wälzen. Und sie? Ich muß sie hier zurückhalten. Mit ihr werde ich mich später auseinandersetzen. Er fuhr sich mit der Zunge über die trockenen, gesprungenen Lippen. Ob Anna wohl klug genug ist, die übrigen und die Frauen aus dem Haus zu schaffen? Marten hat sie wahrscheinlich nicht gesehen... Er blickte auf den Tisch und die Gedecke. Irgendwie werde ich es ihm erklären, dachte er. Wichtig ist, daß er ohne sie wegfährt. Mit Gotthard werde ich schon übereinkommen, aber wie entledige ich mich Martens? Jetzt muß ich alles tun, daß Maria hierbleibt.

Er hörte das leise Läuten der Schellen an dem Geschirr der Schlittengespanne und atmete erleichtert auf. Marten warf nicht einmal einen Blick nach jener Seite. Er schien auf die weiteren Erklärungen von Schultz zu warten.

»Ich war betrunken«, sagte dieser. »Gotthard trank mir ständig zu, der Halunke. Gott ist mein Zeuge«, er schlug sich an die Brust, »daß ich nicht den leisesten Verdacht gegen ihn hegte.«

»Es hat sich gezeigt, daß er mehr verträgt als du«, knurrte Marten, ging an den

610

Tisch und schenkte sich einen Becher Wein ein. Er leerte ihn mit einem Zug. Schultz beobachtete ihn verstohlen.

»Sicherlich«, gab er mit geheuchelter Zerknirschung zu. »Wenn ich auch nur geahnt hätte, daß er dabei ein verstecktes Ziel verfolgt . . .«

»Er wußte, mit was für einem Narren er es zu tun hat«, unterbrach ihn Marten. Man merkte seiner Stimme fast gar keine Erregung mehr an. Er füllte wieder den Becher, leerte ihn langsam und betrachtete dabei Schultz mit einem mitleidigen Lächeln.

»Er hat von mir zwei Ohrfeigen bekommen, daß er sich eine Woche lang nicht unter Menschen getrauen wird«, sagte Marten. »Läge ich nicht beim Leuchtturm vor Anker . . .« Plötzlich verstummte er, zog die Brauen zusammen. Bei dem Gedanken daran, was dann geschehen könnte, stieg ihm wieder das Blut zu Kopf.

Schultz zuckte zusammen. »Du liegst beim Leuchtturm vor Anker?« rief er.

Marten sah ihn erstaunt an. »Ja«, antwortete er. Ihm wurde sofort bewußt, daß der »Zephir« Gefahr drohte. Nach dem, was hier vorgefallen war, würde Wedecke alles aufbieten, um sich zu rächen. Als er durch das Fenster geflüchtet war, mußte er auf dem Hof Sasses Schlitten gesehen haben. Vom Kutscher hatte er bestimmt erfahren . . . Und sicherlich war Wedecke so rasch wie möglich in die Stadt oder sogar zum Leuchtturm gefahren!

»Ich würde dir raten, möglichst umgehend dorthin zurückzukehren«, sagte Schultz. »Maria . . .«

»Befiehl anzuspannen!« unterbrach ihn Marten. Er schaute auf die halbgeöffnete Tür, hinter der Maria Francesca vor einer Weile verschwunden war. Das Zimmer war dunkel, tiefe Stille herrschte dort. »Wir fahren, Maria!« rief er.

Da ihm niemand antwortete, nahm er einen Leuchter vom Tisch, schob Schultz beiseite und ging in das Schlafzimmer.

Die Kerzenflammen flackerten im Luftzug, Schatten tanzten an den Wänden. Er mußte die Tür schließen, bevor er etwas erkennen konnte.

Maria kniete, ihr Gesicht in die Hände vergraben, an dem breiten Bett. Zuerst dachte er, sie bete. Dann fiel ihm die Schlaffheit und Reglosigkeit ihrer Gestalt auf. Er berührte ihre Schulter und mußte sie stützen, sonst wäre sie zu Boden geglitten. Ihr Gesicht war totenblaß, kleine Schweißperlen glänzten auf der Stirn, ihre Augen waren starr, glasig.

Marten erschrak. Er wußte, daß sie sich nie von einem kleinen scharfen Stilett trennte und es am Gurt, in den Falten des Rockes verborgen, stets bei sich trug. Er stellte den Leuchter auf den Fußboden und suchte es mit zitternden Händen.

»Sie ist ohnmächtig geworden, die Ärmste! Wie kann man nur so brutal sein!« hörte er auf einmal die Stimme Anna von Heltbarks hinter sich.

Marten fühlte sich unendlich erleichtert. Er blickte die Frau dankbar an, für die er noch vor einer Weile keine anderen als beleidigende Worte gehabt hätte und die er verachtete.

611

»Legt sie bitte auf das Bett und bringt mir den Krug mit Wasser. Er steht auf dem Waschtisch im Alkoven«, ordnete sie an.

Er erfüllte ihre Weisungen. Als er mit dem Krug zurückkam, saß Frau von Heltbark neben Maria Francesca, die lang ausgestreckt auf dem Rücken im Bett lag, und rieb ihr die Schläfen mit einer stark nach Kräutern riechenden Essenz ein.

Marias Lider zitterten, sie atmete tief auf, eine leichte Röte färbte allmählich ihre Wangen.

»Sie lebt«, flüsterte Marten.

»Man stirbt nicht vom Anblick roher Szenen«, sagte die Hofdame der Königin Bona schroff. »Zum Glück«, fügte sie hinzu.

Marten fühlte sich von ihrer Vornehmheit erdrückt. Der Boden brannte ihm unter den Füßen. »Ich muß sie mit auf das Schiff nehmen«, sagte er.

»Seid Ihr von Sinnen, Kapitän de Marten?« antwortete sie und maß ihn mit einem verächtlichen und zornigen Blick. »Bitte laßt uns jetzt allein, Ihr seht doch selbst, was Ihr angerichtet habt. Wollt Ihr sie töten?«

»Ich muß sofort zum Leuchtturm fahren...«, begann Marten.

»Der Weg ist frei!« unterbrach sie ihn hochmütig und bestimmt. »Maria bleibt hier unter meiner Obhut.«

»Dann komme ich morgen aus Puck und hole sie ab«, antwortete er ihr. »Aber hütet sie besser als bisher, Euer Liebden.« Dann verließ er das Schlafzimmer.

Auf die gleiche Weise, auf die er in das Haus eingedrungen war, gelangte er wieder auf die Terrasse. Als er sich über die Balustrade schwingen wollte, um schnell den Hof zu erreichen, stolperte er über etwas. Es war das Paket mit dem Zobelpelz. Er hob es auf und warf es durch die offene Tür in das Eßzimmer.

6

Gotthard Wedecke fuhr, als wäre der Teufel hinter ihm her, nach Danzig zurück. Der Kutscher erzählte ihm, das Sasse vor dem Hause der Wedeckes auf dem Dominikanerplatz ausgestiegen sei. Also hatte er mit ihm sprechen wollen. Vielleicht hatte er irgendeine Nachricht hinterlassen? Wedecke ließ sich nach Hause bringen. Er schloß mit seinem Schlüssel die Tür auf, stellte aber ärgerlich fest, daß sie von innen verriegelt war. Er klopfte, trommelte mit den Fäusten gegen sie und fluchte laut. Damit weckte er aber zuerst nur die Nachbarn, die ihn für einen randalierenden Trunkenbold hielten und ihn ebenfalls mit einer Flut von Schimpfworten und Verwünschungen traktierten. Einer bedachte ihn sogar mit einem Kübel Schmutzwasser und verfehlte nur um ein Geringes sein Ziel. Die weiten Pluderhosen bekamen einen Teil ab.

Endlich erkannte die Dienerschaft, mit wem sie es zu tun hatte. Wedecke wurde eingelassen.

Drinnen erfuhr er übrigens nicht viel. Der alte Siegfried Wedecke hatte zwar mit Erich von Sasse gesprochen, der Burggraf hatte ihn jedoch nicht beunruhigen wollen und ihn nur gebeten, Gotthard auszurichten, er möchte morgen zum Leuchtturm kommen.

Morgen! Es war bereits weit nach Mitternacht, bald vier Uhr ... Der Hafenmeister hatte keine Zeit zu verlieren. In knappen Worten unterrichtete er seinen Vater, daß Marten den erst vor kurzem zwischen Danzig und dem König abgeschlossenen Vertrag gebrochen habe. Sein unliebsames Abenteuer verschwieg er. Er war aufgebracht und wollte auf die Warnungen des Alten nicht hören.

»Ich muß sofort hinfahren«, erklärte er. »Der Korsar soll einen tüchtigen Denkzettel erhalten.«

Er lief hinaus und ließ seinen Vater in Sorge und Unruhe. Dem Kutscher befahl er, in die Johannisgasse zu Sasse zu fahren.

Dort wiederholte sich fast genau das gleiche wie vor seinem Haus. Wieder verging eine halbe Stunde, bevor er eingelassen wurde. Der verschlafene Burggraf zog sich entschieden zu lange an und stellte dabei eine Menge überflüssiger, höchst indiskreter Fragen, die seinen Vorgesetzten in Wut brachten.

Endlich brachen sie zur Langen Brücke auf. Beim Krantor fanden sie einen Hafenbalinger, der dort festgemacht hatte. Sie beschlossen, auf ihm stromaufwärts nach Weichselmünde zu fahren. Auf den Gedanken war der Burggraf gekommen, und im Grunde hatte er recht, denn die ermüdeten Pferde schleppten sich nur noch Schritt um Schritt weiter. Doch es kam zu einer unerwarteten Verzögerung. Auf dem Balinger nächtigte nur einer der Ruderknechte. Den Schiffer und die übrige Bemannung mußte man erst in den Magazinen und Hafengebäuden suchen, wo sie vor der Kälte Schutz gesucht hatten.

Zu allem Übel war nur die Mottlau eisfrei. Auf der Weichsel trieben Eisschollen, denen sie ausweichen mußten. Das hemmte ihre Fahrt.

Erst im Morgengrauen kamen sie am Holm vorbei und sahen in der Ferne den wuchtigen Leuchtturm. Sasse, der besonders scharfe Augen besaß, rief auf einmal in größter Erregung: »Er läuft aus! So wahr ich Gott liebe, er läuft unter allen Segeln aus!«

Vor Wut schäumend, wartete Hafenmeister Gotthard Wedecke, daß die »Jupiter« ablegte, an deren Bord er die »Zephir« verfolgen wollte. Keinem Offizier des Leuchtturms war der Gedanke gekommen, Marten mit Gewalt zurückzuhalten. Niemand hatte gegen das Öffnen der Barriere und das Auslaufen des Korsaren aus dem Hafenbecken protestiert. Nicht ein Schuß war aus den auf den Wällen postierten Geschützen gefallen.

Der Vertreter des Burggrafen und Kommandant der Artillerie, Kapitän Wichmann, entschuldigte sich damit, daß ihm derlei nicht befohlen sei. Er habe den

Schlitten und das Gespann Herrn Henryk Schultz' erkannt, als Marten vor nicht ganz einer Stunde von der Weichselfähre bei Heubude hier angekommen sei. Das habe ihn in der Meinung bestärkt, daß alles in Ordnung gehe. Hätte sonst der Herr Burggraf Marten die Aufmerksamkeit erwiesen, auf ihn zu warten und in seinem Schlitten zur Stadt zu bringen, und Herr Schultz, der Freund des Hafenmeisters und einer der geachtetsten Bürger Danzigs, ihm das eigene Gespann geliehen?

»Kapitän Marten war in größter Eile«, berichtete Wichmann weiter. »Er erklärte, daß er Euch gesehen und alle laufenden Rechnungen beglichen habe, und was die anderen betrifft ...« Er verstummte plötzlich, denn Wedecke knirschte mit den Zähnen und brach in eine Flut unflätiger Verwünschungen aus, bis ihm die Luft ausging. Schwer atmend lief er auf und ab.

»Er hat mich gesehen! Er hat die laufenden Rechnungen beglichen! Er war in Eile!« schrie er immer wieder. »Jetzt hat er aber keine Eile!«

Tatsächlich wurden auf der »Zephir«, nachdem sie die Außenreede hinter der Weichseltiefe erreicht hatte, der größte Teil der Segel gerefft und die restlichen backgebraßt, als sei sich Marten nicht schlüssig, ob er nach Puck segeln oder noch hierbleiben solle. Man konnte auch meinen, er mache sich über seinen Feind lustig, dessen Absichten er kannte.

Das Manöver hatte jedoch einen anderen Grund. Percy Burnes hatte Marten am Abend vorher im Boot vom Schiff an das Ufer der Festung gebracht und es dann nicht an Bord gehievt, da er glaubte, es würde am nächsten Tag wieder gebraucht. Marten kehrte jedoch von der Landseite aus zur »Zephir« zurück, über den Erdwall und den Laufsteg. In der Eile vergaß Burnes die am Bug befestigte Schaluppe, und die »Zephir« zog sie bis zur Außenreede hinter sich her. Dort löste sich die nachlässig geknotete Schlinge, und das Boot trieb gegen die Untiefe zu ab. Erst als man es eine halbe Meile vom Schiff entfernt auf den Wellen schaukeln sah, wurde der Verlust bemerkt.

Marten, der wußte, daß er sich bereits außerhalb der Reichweite der Geschütze des Leuchtturms befand, beschloß, das Boot zurückzuholen. Da die »Zephir« wegen der geringen Wassertiefe nicht dorthin gelangen konnte, wurde eine zweite Schaluppe hinabgelassen, und Percy verfolgte in ihr mit sechs Ruderern das driftende Boot. Er erreichte es leicht, die Rückfahrt gegen den Wind erwies sich jedoch als viel schwieriger. Mit dem schweren Boot im Schlepp mußten sie gegen kurze, bösartige Wellen kämpfen und kamen nur langsam voran. Bevor Percy und seine Leute die Hälfte des Rückweges hinter sich hatten, tauchte an der Ausfahrt zur Weichseltiefe die »Jupiter« vor ihren Augen auf. Das Danziger Schiff setzte in aller Eile sämtliche Segel.

Sasse und Wichmann versuchten vergeblich, den Hafenmeister von der Absicht, Marten zu verfolgen, abzubringen. Kapitän Dünne war nicht zugegen, die Hälfte der Bemannung auf Landurlaub, das Hauptdeck von Geschützen entblößt. Man wollte sie gegen andere auswechseln, die man in Thorn bestellt hatte.

Wedecke winkte bei diesen Argumenten geringschätzig ab. Auf der »Jupiter« waren hundertzwanzig Mann, mehr als genug, um alle Manöver ausführen zu können. Der Steuermann Adam Kraft, der den Kapitän vertrat, erklärte bereitwillig, daß er mit der »Zephir« fertig werde, bevor man drei Vaterunser gebetet habe. Man solle ihm nur die Erlaubnis erteilen.

Gotthard fand Gefallen an dem jungen, selbstsicheren Mann. Er schien energisch und mutig zu sein. Gewiß war er nicht so erfahren wie Friedrich Dünne oder Marten, aber auch ohne die sechs leichten Geschütze verfügte er über eine zahlreichere Artillerie als der Korsar. Hinzu kamen noch vierzig Hakenbüchsen und ebenso viele Musketen. Vor allem aber wollte sich Kraft auszeichnen und die Gunst des Hafenmeisters und des Senats gewinnen. Nun bot sich ihm die Gelegenheit, auf die er unter dem Kommando Dünnes lange hätte warten müssen.

Das erste Manöver gelang ihm ausgezeichnet, hauptsächlich dank dem günstigen Wind, unter dem die »Jupiter« wie vorher die »Zephir« glatt das Ostfahrwasser durchquerte. Gotthard, der auf der Brücke neben dem jungen Steuermann stand, glaubte, daß dies ausschließlich Krafts Verdienst sei. Denn sogar Dünne hielt es für ein Zauberkunststück, den Hafen unter Segeln zu verlassen!

Was eine Weile später geschah, erschütterte jedoch sowohl die Selbstsicherheit Krafts wie auch das Vertrauen Wedeckes.

Beide meinten, daß man Marten keine Zeit zum Entkommen lassen, ihn auch nicht warnen oder mit ihm verhandeln dürfe. Ihrer Ansicht nach war es einfacher und besser, die Masten der »Zephir« durch eine Breitseite zu zerschmettern, solange sie noch driftete und die Schaluppen an Bord hievte. Die »Jupiter« war von ihr kaum eine halbe Meile entfernt. Die Breitseite hätte also alles, was sich an Bord befand, ins Meer fegen müssen.

Kraft kommandierte: »Feuer!« Die siebzehn Geschütze der Backbordbatterie brüllten auf, die »Jupiter« taumelte unter dem mächtigen Rückstoß, eine Rauchwolke wälzte sich über das Wasser, verhüllte den Blick, wurde aber rasch vom Wind vertrieben.

Nicht ein Segel war auf der »Zephir« von den Masten gerissen, kein Holzspan von den Kastellen gesplittert... Die Kugeln waren heulend hoch zwischen den Mastspitzen hindurchgeflogen. Siebzehn silberglänzende Fontänen sprühten vier Kabellängen hinter der »Zephir« empor.

»Du kannst nicht schießen, Narr!« tobte Wedecke.

Kraft war so verblüfft, daß er sich gegen den unverdienten Vorwurf nicht gleich zur Wehr setzte. Erst eine Weile später erwiderte er, daß die Zeugwarte und nicht er die Löcher in die Luft geschossen hätten.

Wedecke bedauerte jetzt, daß er nicht Wichmann den Befehl über die Artillerie der »Jupiter« übertragen hatte. Im letzten Augenblick hatte er es sich anders überlegt, denn er wollte den Leuchtturm nicht ohne die Aufsicht eines älteren Offiziers lassen.

Inzwischen befahl der Steuermann, der seinen Fehler gutmachen wollte, klar zum Wenden, um die Geschütze der Steuerbordbatterien abfeuern zu können. »Zielt tiefer!« rief er den Richtmeistern zu.

Als die »Jupiter« das angeordnete Manöver beendet hatte, war die »Zephir« jedoch nicht mehr vor ihr. Marten ließ sich nicht ein weiteres Mal überraschen. Nachdem sich die beiden Schaluppen an Bord befanden, lachte er über seinen Gegner, dessen Unfähigkeit so klar zutage getreten war.

Kraft änderte umsonst immer wieder die Halse, kreuzte, ging vor den Wind, beschrieb Halbkreise. Die »Zephir« befand sich stets backbords der »Jupiter«. Sie war schnell und wendig wie ein Hecht. Marten hätte schon einige Male die »Jupiter« aus geringer Entfernung manövrierunfähig schießen können. Aber er eröffnete nicht das Feuer. Er spielte mit seinem Gegner wie die Katze mit der Maus und brachte Kraft zur Verzweiflung,
Der junge Steuermann verlor völlig den Kopf.

Wedecke tobte. Dieses Spiel dauerte bereits länger als eine Stunde und machte ihn nicht nur in den Augen Sasses und Wichmanns, sondern auch vor der gesamten Besatzung des Leuchtturms lächerlich. Am Ufer sammelten sich Gaffer, vom Dröhnen der Geschütze herbeigelockt, jener Breitseite, die die »Zephir« von der Meeresoberfläche hatte hinwegfegen sollen. Auf der Weichsel zeigten sich Boote und Kähne voll Neugieriger. Die von Mund zu Mund wandernde Nachricht über das ungewöhnliche Schauspiel war bestimmt schon bis in die Stadt gelangt.

Unterdessen wurde Marten immer verwegener. Die »Zephir« kam näher und näher, reffte die Segel, verlangsamte die Fahrt und schob sich wie zum Hohn an die Karavelle heran. Vom Deck der »Zephir« hörte man laute Spottreden, die die Wut Wedeckes und die Verzweiflung Krafts noch steigerten und gedämpftes Lachen unter der eigenen Bemannung hervorriefen.

»Verkauft Eure Kugelspritzen den Gärtnern!« rief einer von Martens Leuten. »Sie eignen sich vortrefflich zum Begießen der Beete.«

»Nein, nein«, überschrie ihn ein anderer, »verwendet sie als Klistiere für den Hafenmeister! Sie werden ihm guttun!«

»Schickt ihn zu uns!«

»Werft ihn an einer Leine ins Wasser! Wir nehmen ihn im Schlepp mit nach Puck, damit er zu sich kommt!«

Die Spottreden waren wohl eine Meile weit zu hören und vielleicht sogar am Ufer.

Wedecke hatte es satt. Es war besser, die Verfolgung aufzugeben und zurückzukehren als sich weiter dem Gespött auszusetzen.

Er öffnete bereits den Mund, um dem entmutigten Steuermann den entsprechenden Befehl zu geben, als die »Zephir« das Heck der »Jupiter« ansteuerte und Bord an Bord mit ihr weitersegelte.

Wedecke erstarrte. Bereitete sich der Korsar zum Entern vor? Offenbar nicht. Er sah Martens hohe Gestalt ganz deutlich. Er stand auf der Brücke hinter dem

Steuerhaus und stützte die Hand auf die Schulter seines Leutnants. Beide blickten zu ihm hinüber. Marten machte anscheinend eine Bemerkung, die ihn, Wedecke, betraf, denn Grabinski begann zu lachen.

Die beiden ähnelten einander. Sie erinnerten den Hafenmeister an irgend jemand. An wen? Er grübelte, und schließlich tauchten zuerst die Gesichtszüge, dann der Namen jenes anderen Menschen in seinem Gedächtnis auf: Karl Kuna!

Er erschrak. Die Schilderungen des Vaters, dessen Befürchtungen und Warnungen, die er verlacht hatte, fielen ihm ein. Sie kamen ihm auf einmal gewichtig und berechtigt vor. Wedecke umfaßte mit einem Blick das Deck der »Zephir«. Zwei Reihen ausgewählter Schützen warteten, die Musketen bei Fuß, an der Reling. Die drei Wachen an den Masten refften rasch und gewandt die Segel und paßten die Fahrt des Schiffes der Geschwindigkeit der »Jupiter« an. Unter der disziplinierten, hervorragend ausgebildeten Mannschaft war keine Spur von Unruhe oder Erregung zu bemerken. Die Ruhe, das Schweigen, das dort herrschte, schienen ihm noch bedrohlicher zu sein. Ich muß mich retten, mich wehren! Schießen! dachte er. Er drehte sich nach Kraft um, der ratlos und wie betäubt hinter ihm stand. »Die Hakenbüchsen, wo sind die Hakenbüchsen und die Musketen?«

Der Steuermann hatte sie vergessen. Gereinigt befanden sie sich in den Ständern des Mannschaftslogis. Außer bei den Übungen waren sie nie benutzt worden.

Kraft lief zum Vorderkastell. Ein lauter Ruf von der »Zephir« hielt ihn zurück.

»Halt! Stehenbleiben! Wenn sich einer der Eurigen von der Stelle rührt, lasse ich schießen!« rief Marten. »Ich habe nicht die Absicht, euch anzugreifen«, fuhr er, an die ganze Bemannung der »Jupiter« gewandt, fort. »Dabei könnte ich euer Schiff mit einer einzigen Breitseite versenken. Ich hege aber keinen Groll gegen euch und betrachte euch nicht als meine Feinde, obwohl ihr ohne vorherige Warnung auf mich geschossen habt wie auf einen tollen Hund. Ich weiß, daß ihr es auf Befehl des Hafenmeisters getan habt. Nun, er wird sich verantworten müssen, nicht vor mir, nein, sondern vor dem königlichen Gericht. Deshalb will ich ihn mit nach Puck nehmen, und — bei Gott — ich werde es sofort tun. Wer es von euch wagt, mir in den Weg zu treten, dem jage ich eine Kugel in den Kopf.«

Als Wedecke die empörende, anmaßende Ansprache an seine Leute hörte, schien sein Blut in den Adern zu erstarren. Er spürte, er wußte, daß keiner von den dickfelligen Matrosen und Bootsleuten der »Jupiter«, die mit fettem Essen und hohem Sold aus der Danziger Schatzkammer gemästet wurden, bereit war, sein Leben für ihn einzusetzen. Die »Jupiter« war Marten tatsächlich auf Gnade und Ungnade ausgeliefert. Gegenüber den abgefeuerten, noch nicht erneut geladenen Backbordgeschützen der »Jupiter« drohten aus den offenen Schließscharten der »Zephir« die schußbereiten Mündungen der Halbkartaunen. Jeder konnte deutlich sehen, daß sie auf die Bordwand unterhalb der Wasserlinie gerichtet waren. Auf dem Deck schienen zwanzig Musketiere mit höhnischem Lächeln nur den schreckerstarrten Hafenmeister im Auge zu behalten.

»Refft alle Segel!« schrie Marten. »Los!«

Wedecke stöhnte. Martens unverschämter Befehl wurde von der Mannschaft der »Jupiter« unverzüglich ausgeführt. Ich bin verloren ... Wenn dieser Sohn und Enkel von Hexen ihnen befiehlt, mich zu packen und zu fesseln, dann tun sie es.

Die Verzweiflung trieb ihn zu handeln. Er sprang auf den wie versteinert dastehenden Steuermann zu, riß ihm die Pistole aus dem Gurt und schoß über den zehn Yard breiten Wasserstreifen, der die Bordwände trennte, auf Marten.

Der Knall, der dumpfe Fall eines stürzenden Körpers und das Röcheln eines tödlich getroffenen Menschen zerrissen die Stille. Marten drehte sich um. Stephan Grabinski lag mit zerschmettertem Schädel zu seinen Füßen.

Das, was eine Sekunde später eintrat und sich binnen wenigen Minuten abspielte, trug alle Merkmale entfesselter Raserei. Leinen mit vierarmigen Haken fielen wie wütende Schlangen auf die »Jupiter« herab, verfingen sich in den Wanten und zogen die Bordwände beider Schiffe zueinander, bis sie sich fast berührten. An der Spitze von fünfzehn seiner Leute stürmte Marten auf das Deck der »Jupiter«, stieß die verblüfften Matrosen beiseite und war mit ein paar Sätzen auf der Brücke.

Wedecke vermochte nicht einmal mehr einen Schrei auszustoßen. Jemand versetzte ihm einen Schlag auf den Kopf, dann wurde er beinahe in Stücke gerissen. Er lebte noch, als er die Schnur an seinem Halse spürte. Doch es war das letzte Aufflackern seines Bewußtseins. Der Strick straffte sich, und man schleifte den zuckenden Körper des Hafenmeisters über das Deck zum Fockmast.

Kein Matrose der »Jupiter« rührte sich von der Stelle. Stumm beobachteten sie, was um sie herum geschah, als hätten Angst und Staunen sie der Fähigkeit beraubt, sich zu bewegen. Martens Leute schoben sie beiseite wie Holzklötze.

Marten kümmerte sich nicht um sie, er war halb von Sinnen vor Leid. Erst als der geschändete, entkleidete Leichnam Gotthard Wedeckes an der oberen Marsrahe des Fockmastes hing, ließ er seinen Blick über die regungslosen Gestalten gleiten, als überlege er, was er mit ihnen machen solle. Der Zorn in ihm war verraucht, nur ein bohrender Schmerz und das Verlangen nach Rache blieben wach.

Ihm kam in den Sinn, die »Jupiter« zu versenken, dann erinnerte er sich, daß er versprochen hatte, sich nicht an ihrer Bemannung zu rächen.

»Ich schenke euch das Leben«, sagte er schließlich mit heiserer, fremder Stimme. »Ihr könnt die Schaluppen und Flöße hinablassen. Je rascher ihr das tut, um so besser ist es für euch.«

Anscheinend verstanden sie nicht gleich, was er meinte, denn einer schaute den anderen an, als erwarte er einen klaren, eindeutigen Befehl.

Martens Blick suchte den Steuermann. »Habt ihr nicht gehört?« fragte er ihn schroff. »Die Boote hinablassen! Fort, aus meinen Augen, bevor ich es mir anders überlege!«

Hals über Kopf stürzten alle zu den Schaluppen und Flößen. Nur Kraft zögerte. »Was wollt Ihr mit der ›Jupiter‹ anfangen, Kapitän Marten?« Er blickte düster in das schmerzerstarrte Gesicht des Korsaren.

»Ich bringe sie im Schlepp in den Hafen«, antwortete Marten. »Herr Siegfried Wedecke soll Gelegenheit haben, den Sohn zu beerdigen.«

Das am Meeresufer links der Weichsel versammelte Volk starrte zu den beiden Schiffen hinüber, die auf der Außenreede manövrierten. Das eine fuhr unter allen Segeln und hatte an einer kurzen Trosse die allen gut bekannte Karavelle im Schlepp, die seit einem Jahr den Wachdienst am Leuchtturm versah. Ihre Segel waren gekürzt oder gerefft. An der höchsten Rahe baumelte die nackte Leiche eines Gehenkten. Der grausige Anblick weckte Neugier und Entsetzen und war die Ursache zahlloser Vermutungen über die Person des Toten, den man nicht erkennen konnte. Als die Schiffe bei achterlich dwarsem Wind in die Flußmündung einbogen, drängte die Menge näher ans Ufer. Die in den ersten Reihen standen, stürzten ins Wasser. Man fluchte und schimpfte. Trotz des Wirrwarrs wurde bemerkt, daß sich an den Rahen der »Jupiter« Segel entfalteten. Die Schiffe gewannen an Fahrt, doch sie segelten, durch die Trosse verbunden, immer noch eines hinter dem anderen. Erst in der Nähe der Steinsäule am Ende des Weichseldammes scherte das erste plötzlich nach Backbord aus und wendete. Das zweite fuhr geradeaus weiter und schleppte die vom Bug herabhängende gekappte Trosse mit sich. An der Bordwand tanzte ein Ruderboot auf den Wellen, in das der Reihe nach zehn Leute an einem Seil hinabglitten.

Die Menge am Ufer folgte mit angehaltenem Atem der gefahrvollen Vorführung von Mut und Gewandtheit. Die Schaluppe schöpfte bald mit der einen, bald mit der anderen Bordwand Wasser, schwankte und hüpfte auf und ab. Es schien, als wollte sie jeden Augenblick kentern oder ihren Bug in das Wasser wühlen und untergehen. Da saß aber bereits der erste der tollkühnen Matrosen am Steuer und hielt mit unglaublicher Geschicklichkeit das Boot über Wasser.

Andere packten die Riemen. Der letzte sprang in die Schaluppe und löste den Knoten des Seiles. Das Boot blieb zurück, die Riemen tauchten in das Wasser, es fuhr auf das kleinere Schiff zu, das sich, die Segel raffend, in einem Bogen näherte.

Unterdessen segelte die »Jupiter« vor dem Wind weiter und lief zwischen den Steinwällen, die die beiden Ufer säumten, in die Weichsel ein, glitt am Leuchtturm vorüber, bohrte beinahe ein kleines Fischerboot in den Grund und strebte, ohne an Fahrt zu verlieren, stromaufwärts dem Holm zu.

Die Menge der Schaulustigen eilte ihr nach. Die Menschen rannten am Ufer entlang, stießen sich, traten auf die, die in der Eile stolperten und fielen. Die Verfolgung ähnelte einer Flut, die Dämme und Deiche überspült und bricht.

Aus Langfuhr, von Brabank und der Lastadie fluteten neue Ströme von Menschen heran, trafen auf die erste Welle der das Schiff Verfolgenden, vereinigten sich mit ihnen, ballten sich zusammen, stauten sich und rissen dann alle wieder mit sich fort. Der immer lauter werdende Lärm, das Getümmel waren bis in die Vorstadt zu hören.

Die Glocken auf den Türmen von Sankt Jakob und Bartholomäus und gleich darauf auch von Sankt Katharina begannen zu läuten. Ihr Ruf drang in das Rathaus, er alarmierte den Langen Markt und die Lange Brücke. Gerüchte von einem Angriff der schwedischen Flotte, von einem Sturm auf die Festung am Leuchtturm, von einem Blutbad oder einem Aufstand und Unruhen unter dem gemeinen Volk tauchten auf.

Sie wurden durch die Nachricht des Schulzen von »Holm« widerlegt, der in einem Kahn die Weichsel überquerte, um den Herren im Rat zu melden, was er mit eigenen Augen gesehen hatte.

Er behauptete, das Wachschiff »Jupiter« fahre unter allen Segeln, aber ohne Bemannung auf die Stadt zu. Es werde gewiß vom Bösen gelenkt. An der oberen Rahe des Fockmastes hänge der Leichnam des Hafenmeisters Gotthard Wedecke.

Wären seine Nüchternheit und seine Wahrheitsliebe nicht bekannt gewesen, hätte ihm niemand geglaubt. Trotzdem eilte jeder, der konnte, an den Fluß zur Barriere, die die Einfahrt in die Mottlau versperrte. Dort herrschte ein solches Gedränge, daß die Stadtwache gerufen werden mußte, um den Ratsherren und den Schöffen Platz zu machen.

Die »Jupiter« wurde eine Weile von den Eisschollen festgehalten, löste sich aber wieder von ihnen, bog ab, lief gegen die Barken und Leichter, die am linken Ufer lagen, riß sie von den Pollern los und segelte, vom Wind getrieben, weiter. Drei Hafenbalinger vom Leuchtturm bemühten sich vergebens, sie einzuholen. Vor der Mündung der Mottlau trug die Strömung sie zur Flußmitte. Ein schwerer Windstoß trieb sie gegen die Barriere. Der dicke Kiefernbalken gab nach und barst mit lautem Knall wie ein schwaches Rohr. Das Schiff lief in den Hafen ein. Von dem Wind und der Strömung hin und her gezerrt, fuhr die »Jupiter« nun im Zickzackkurs und strebte bald dem rechten, bald dem linken Ufer zu. Der Körper des Hafenmeisters schwankte über dem Vorderkastell und schien ihr unter ständigem Zögern und Zweifeln den Weg zu weisen.

Entsetzen packte die Menschen am Ufer. Man konnte tatsächlich glauben, daß sich ein böser Geist des verlassenen Schiffes bemächtigt habe. Wie konnte es sonst bis hierher gelangen? Wer konnte es steuern?

Die Menschen bekreuzigten sich, die Glocken der Kirchen läuteten, der Wind pfiff, heulte, fegte Schneewolken von den Dächern und zerrte an dem Gehängten. Sicherlich umgab eine ganze Schar von Teufeln und Gespenstern die Leiche Gotthard Wedeckes, an Deck der »Jupiter« mußte es wimmeln von ihnen. Der eine und der andere starrte angstvoll in das Schneetreiben und glaubte in den Wirbeln Gespenster und Dämonen wahrzunehmen, die sich wie aus den Schlünden der Hölle zusammengefunden hatten.

Der Wind verstummte eine Weile, dann fiel er aus Nordost mit verstärkter Kraft über das Schiff her. Die »Jupiter« neigte sich vor diesem jähen Angriff zur Seite, trieb am Bleihof vorüber und strandete, in allen Fugen krachend, an der Langen Brücke.

Von der gewaltigen Erschütterung erbebten die Masten. Die obere Marsrahe zerriß die Bänder und stürzte mit ihrer Last auf den Kai.

Jan Kuna, genannt Marten, wurde durch eine starke Abteilung der Stadtwache und eine Rotte Landsknechte vom Leuchtturm auf dem Weg von Puck nach Danzig, nicht weit von Oliva, gefangengenommen. Er war mit zwei Schlitten aufgebrochen. In dem einen lag der Leichnam Stephan Grabinskis. Später sagte er aus, er habe ihn zu der Mutter bringen lassen wollen, die in einem Haus in der Seilergasse wohnte, das Henryk Schultz gehörte. Nur zwei junge Bootsleute waren in seiner Begleitung gewesen. Beide fielen während des Kampfes in dem Wald nahe des Zisterzienserklosters. Er selbst erlag schließlich der Übermacht und wurde verwundet in die Folterkammer des Danziger Gerichts eingeliefert. Dort verband ein mitleidiger Laienbruder aus dem Dominikanerkloster seine Wunden und erklärte sich auf die Bitte Martens, der ihn mit einer reichen Gabe bedachte, bereit, dem Rittmeister Bekesz oder dem Starosten von Puck zu berichten, was geschehen war.

Beide Herren kannten schon den Verlauf der Ereignisse auf der Reede am Leuchtturm, da Marten, als er keinen von ihnen in Puck antraf, Worst auftrug, sie über diese Vorfälle zu unterrichten. Voll Sorge um das Leben und die Gesundheit Maria Francescas beschloß er, unverzüglich nach Holländer zu fahren und sie von dort nach Puck zu holen. Er rechnete dabei auf die Unterstützung von Henryk Schultz, den er bitten wollte, Jadwiga Grabinski die traurige Nachricht vom Tode ihres Sohnes zu überbringen. Da er sich in der Stadt nicht zeigen durfte, wollte er ihn auch ersuchen, die Leiche Stephans nach Danzig zu überführen und für die Beerdigung zu sorgen.

Schultz verriet ihn jedoch — diesmal offen und endgültig. Er war es, der die Ratsherren verständigte, daß der Mörder Gotthard Wedeckes bestimmt noch am selben Tage versuchen werde, auf den Gutshof der Frau von Heltbark zu kommen, wo sie sich angeblich zwecks Abschluß eines Vertrages treffen wollten.

»Davon hält ihn nichts zurück«, antwortete Schultz auf die Zweifel der Senatoren. »Erstens glaubt er als Kaperkapitän Seiner Königlichen Majestät vor den Verfolgungen seitens des Danziger Senats geschützt zu sein, und zweitens braucht er das Geld, das ich ihm versprochen habe.«

Nachdem er auf diese Weise Martens Besuch bemäntelt hatte, verlangte er entschieden, daß der Frieden des Hauses seiner Tante respektiert werde, und legte den Ratsherrn nahe, Marten im Walde bei Oliva abzufangen. Sein heimtückischer Plan gelang. Schultz gewann mit einem Schlag das Vertrauen des Senats wieder und entledigte sich gleichzeitig, wie er annahm, für immer Martens, den er ständig gefürchtet hatte. Da auch Gotthard Wedecke für seine Buhlerei mit Maria Francesca hatte sterben müssen, war nun die Señorita völlig seiner Gnade und Ungnade ausgeliefert.

Was die »Zephir« betraf, so verlor Schultz nicht die Hoffnung, daß er sie ebenfalls besitzen würde, sobald Martens Kopf unter dem Henkerbeil gefallen war. Jan Kuna hatte keine Erben. Sein Eigentum würde sicherlich zur Entschädigung der Familie Gotthard Wedeckes und zur Deckung des im Hafen angerichteten Schadens konfisziert. Dann wäre es gewiß möglich, das Schiff billig zu kaufen und zu einem schnellen Handelsschiff umbauen zu lassen.

Schultz hatte alle riskanten Unternehmungen satt, darunter auch die Kaperei, die noch vor kurzem eine so große Anziehungskraft auf ihn ausgeübt hatte. Es lockte ihn zwar weiterhin die reiche Beute — der herrliche Pelz, der ihm nach der heftigen Szene im Gutshaus in die Hände gefallen war, schien zu bestätigen, daß Martens letzte Kaperfahrt sehr erfolgreich gewesen war, er fühlte sich aber bereits zu müde für dieses Hasardspiel, sogar als Reeder von Kaperschiffen. Er erkannte, daß seine früheren Projekte und ehrgeizigen Pläne irreal waren, und stellte sich offen auf die Seite von Danzig, gegen die ungeschickte Ostseepolitik des Königs. Ein Ausdruck seiner neuen Haltung war die Auslieferung Martens.

Nach den überstandenen Aufregungen, die ihr übrigens außerordentlich anregend und ungewöhnlich vorkamen, schlief die Señorita de Vizella bis zum Mittag. Ihre gestrige Ohnmacht war nur zum Teil echt gewesen, obwohl es sie nach dem reichlich genossenen Wein geschwindelt hatte. Sie ließ sich gehen, da sie keinen anderen Ausweg aus der verzwickten Situation sah. Sie konnte doch den Gutshof nicht binnen wenigen Minuten verlassen und dort den Schmuck, das Geld, die Kleider und Anna, ihre beste Freundin, zurücklassen, die sie aufrichtig liebgewonnen hatte. Außerdem stand ihr nicht der Sinn nach irgendeiner Veränderung, zumal sie in Puck oder auf der »Zephir« hätte wohnen und mit der bisherigen Lebensweise hätte brechen müssen.

Schultz hatte ihr versprochen, sie Mitte Januar nach Warschau mitzunehmen. Sie freute sich auf die Reise und setzte es bei ihm durch, daß Anna mitfahren konnte.

In Warschau befanden sich der königliche Hof und auch andere, kleinere Hofhaltungen mächtiger polnischer und ausländischer Magnaten. Sowohl Schultz wie auch Anna von Heltbark hatten zu so manchen von ihnen Zutritt.

Maria Francesca erwartete, in der Hauptstadt einigen der bedeutenden Kavaliere zu begegnen, die im Sommer des vergangenen Jahres den König nach Danzig begleitet hatten. Besonders der junge und schöne, aber etwas schüchterne Stanislaw Opacki, ein naher Verwandter des Königs, Kämmerer von Warschau und Verwalter des königlichen Schlosses, wie auch Lukasz Opalinski, Besitzer zahlreicher Güter und Herr auf Lezajsk, interessierten sie. Beide warben um ihre Gunst. Opacki war so in sie vernarrt, daß er feurige Madrigale und Briefe schrieb, in denen er sie bat, ihn nicht zu vergessen, wobei er stets wiederholte, »epistola non erubescit«.

Unter dem Einfluß dieser Briefe und Anna von Heltbarks, die ehrgeizige Heiratspläne für ihre schöne Freundin spann, dachte Maria Francesca immer häufiger an eine Trennung von Marten und Henryk Schultz.

Wäre Lukasz Opalinski so verliebt in sie gewesen wie der junge Herr Opacki und hätte er ebenso wie dieser gewünscht, mit ihr vor den Traualtar zu treten, dann hätte sie sich nicht lange bitten lassen. Seine riesigen Güter, sein Reichtum, die höfischen Sitten, die er sich während seines Aufenthalts in Paris angeeignet hatte, wogen längst die Mängel seines Charakters, die Gewalttätigkeit, den Jähzorn und ein paar Schönheitsfehler auf. Opalinski war aber zu stolz, die Señorita de Vizella ungeachtet ihrer abenteuerlichen Vergangenheit, die sich nicht ganz verbergen ließ, zur Frau zu nehmen.

Opacki war weder so unermeßlich reich noch so hoch versippt wie sein Rivale. Dafür war er jung, naiv, unabhängig und bereit, der Häresi des Faustus Socyn, zu der er sich bekannte, abzuschwören, wenn sich Maria einverstanden erklärte, ihn zu heiraten.

All das wurde noch einmal auf dem Gutshof in Holländer erwogen, während Schultz, nachdem er in der Angelegenheit Martens einen endgültigen Entschluß gefaßt hatte, sein Spiel mit gewohnter Rücksichtslosigkeit und Konsequenz weiterspielte. Er war gewillt, im Kampf um den Kopf des königlichen Kaperkapitäns alle seine Einflüsse, seine geheimen Beziehungen und sein Geld zu nutzen.

Der Kampf hatte bereits begonnen und war keineswegs leicht. Die Herren Wladyslaw Bekesz und Jan Weyher meldeten sich im Senat mit der Forderung, Marten auszuliefern. Ihrer Meinung nach unterstand er nicht der Danziger Gerichtsbarkeit, und das um so weniger, als er auf königlichem Gebiet festgenommen worden war. Der Senat dürfe wohl seine Bestrafung verlangen, Richter könnten aber nur der König oder die von ihm bestimmten Beamten sein.

Die Ratsherren stellten sich auf den Standpunkt, daß Marten seine zahlreichen Frevel im Hafen oder auf Danziger Gewässern verübt habe und sie daher berechtigt seien, ihn zu richten.

Der Streit währte bis in die späten Abendstunden und wurde so hitzig, daß Gewalttätigkeiten von seiten des heißblütigen Rittmeisters drohten. Er hätte den Säbel gezogen, wenn er nicht von dem bedächtigeren und beherrschteren Herrn Weyher davon abgehalten worden wäre.

Schließlich erklärten sich die Ratsherren mit einem Schiedsspruch des Königs in der Frage der Kompetenz des Gerichtes einverstanden, behielten sich aber vor, die Untersuchung ohne einen Vertreter des Königs zu führen.

Zu diesem prinzipiellen Zugeständnis kam es auf Anraten von Schultz, der zwar nicht unmittelbar an den Verhandlungen teilnahm, ihnen aber geduldig hinter dem Vorhang, der die Tür verhüllte, zuhörte. Als Bekesz mit feuriger Beredsamkeit die kriegerischen Verdienste Martens schilderte, war Schultz zunächst beunruhigt; dann sagte er sich, daß der hitzige Rittmeister damit seine stärksten Trümpfe zu früh ausspielte.

Herr Weyher war anscheinend der gleichen Ansicht, denn er bemühte sich vergebens, ihn zu unterbrechen, und zuckte schließlich unwillig die Schultern. Er bediente sich eines anderen Argumentes, das einen viel größeren Eindruck machte. Er erinnerte die Ratsherren an die Hinrichtung der elf Schiffsjungen von Kaper-schiffen des Königs im Jahre 1568 und an die Folgen. Fast alle Mitglieder des Senats hatte damals die strafende Hand des Königs Sigismund August erreicht. Das konnte sich auch jetzt unter der Herrschaft Sigismunds III. wiederholen.

Ja, Weyher hatte in so vielem recht. Zwar konnte man die geringen Vergehen der Schiffsjungen nicht mit dem von Marten begangenen Verbrechen vergleichen, aber seine Verdienste in der Schlacht von Kalmar sowie die Umstände, unter denen es zu der Ermordung von Gotthard Wedecke gekommen war, konnten für ihn sprechen. Man mußte also vorsichtig handeln, den Schein der Legalität für alle Fälle wahren. Man mußte die Sache so vorbereiten und darstellen, daß das Gericht und das Urteil des Königs zum rächenden Arm des Danziger Senats wurden.

»Um das zu erreichen, werde ich alles tun«, tröstete Schultz die besorgten Ratsherren. »Ich werde nach Warschau fahren und bis zu Seiner Königlichen Majestät vordringen. Ich werde seinen intimsten Beratern das Unrecht schildern, das uns zugefügt wurde. Außerdem werde ich mich zu den Jesuitenpatern begeben und dort die Unterstützung Seiner Eminenz des Nuntius Malaspina erlangen. Sollte es notwendig sein, kümmere ich mich auch um eine für uns günstige Zusammen-setzung des Richterkollegiums. Seid beruhigt. Meine Sache ist es, daß dieser Korsar und Ungläubige dem Schwert des Henkers verfällt. Eure Sorge muß es sein, daß die Untersuchung seine unbestreitbare Schuld an den Tag bringt.«

Auf dem Gutshof erwartete man noch immer voll Spannung die Ankunft Martens Man wußte noch nichts von seiner Festnahme, obwohl die Gerüchte über ein Gefecht am Leuchtturm bis hierher gedrungen waren. Maria Francesca zweifelte nicht, daß sich dort durch Jans Verschulden irgendein neuer Zusammenstoß ereignet hatte. Da sie die Einzelheiten nicht kannten, waren sich weder sie noch Anna von Heltbark über das Wesen und die Bedeutung jener Vorkommnisse klar Abends brachte ein Pächter eine andere Neuigkeit: In der Nähe des Zisterzien-serklosters wären auf der Straße nach Oliva Reisende von Räubern überfallen worden. Doch diese Nachricht konnte nicht Marten betreffen.

625

Beide Frauen verloren sich in Vermutungen. Da Marten auch bei Anbruch der Nacht nicht erschien, blieb ihnen nichts anderes übrig, als schlafen zu gehen. Vorher verriegelten sie die Türen und sicherten die Fenster durch die Läden.

Die Nacht verlief ruhig. Die angeblichen Räuber wußten anscheinend nichts von dem Schmuck der Señorita und dem Geld ihrer Freundin. Dafür erschien Henryk Schultz gleich am frühen Morgen. Er war nicht nur aus dem Grunde finster und verschlossen, weil er tiefen Groll gegen Maria hegte, sondern auch deshalb, weil er keine Ahnung hatte, wie sehr sie sich das Schicksal Martens zu Herzen nahm. Bald überzeugte er sich, daß sie noch nichts Bestimmtes wußte. Er beschloß daher, ihr die Wahrheit nicht zu verraten.

Übelgelaunt stellte Maria Francesca keine Fragen. So erzählte er von selber, nicht ganz wahrheitsgemäß, daß Marten aus dem Hafen, unbekannt, wohin, entflohen sei und die Verfolgung der »Zephir« ergebnislos bleibe. »Das eine steht fest«, fügte er hinzu, »er befindet sich weder in Puck noch auf Hela.«

Schultz wandte sich mit seinen Worten ausschließlich an Anna von Heltbark und gab Maria dergestalt zu verstehen, daß seine Gefühle für sie zutiefst verletzt seien und die Wunden nicht so bald wieder heilten. »Vielleicht hat er überhaupt auf den königlichen Dienst verzichtet und sich unter den Schutz des Kurfürsten oder des Königs Christian von Dänemark begeben«, sagte er nachdenklich wie zu sich selbst und blickte dabei die Señorita verstohlen an. Schultz wollte wissen, was für einen Eindruck seine Worte auf sie machten. Er wurde enttäuscht. Maria Francesca zeigte nicht das geringste Interesse.

Entweder heuchelt sie, oder sie weiß etwas, überlegte er. Ich muß sie fortbringen. Es ist nicht abzusehen, was ihr einfällt, wenn sie die volle Wahrheit entdeckt.

Schultz beschloß, es zu wagen. Er feuchtete mit der Zungenspitze seine trockenen Lippen an und erklärte dann mit gleichgültiger Stimme, daß ihn dringende Geschäfte nach Warschau riefen. Er müsse noch heute aufbrechen, um vor Anbruch der Nacht wenigstens Kwindzy zu erreichen.

»Wenn ihr immer noch den Wunsch habt, mich zu begleiten, und wenn ihr bis Mittag mit dem Packen eurer Sachen fertig werdet, könnt ihr mitfahren«, sagte er.

Seine Worte riefen die gewünschte Wirkung hervor. Anna und Maria schauten einander an, dann begannen sie beide zugleich zu reden.

Selbstverständlich verlangten sie Aufschub, wenigstens bis zum nächsten Tag. Sie waren nicht darauf vorbereitet, so rasch eine Reise anzutreten, und hatten noch nicht alle in Danzig bestellten Kleider abgeholt. Maria besaß keinen Pelz...

Schultz hatte auf den Einwand gewartet. Ohne seinen Gesichtsausdruck zu verändern, griff er nach dem Schlüsselbund, suchte den richtigen Schlüssel aus, ging zu der silberbeschlagenen Truhe, öffnete sie und holte einen prächtigen Zobelpelz heraus. »Ich habe rechtzeitig daran gedacht«, verkündete er. »Er ist für dich.«

626

König Sigismund III. kehrte in Begleitung zahlreicher Herren und Höflinge aus dem Sankt-Johanni-Stift, wo er der Messe beigewohnt hatte, in das Schloß zurück. Zu seiner Linken schritt der päpstliche Nuntius, Seine Eminenz Malaspina, den der König zum Frühstück im engsten Kreise eingeladen hatte. Den beiden folgte der Königliche Hofprediger Pater Rektor Piotr Skarga Paweski mit einem anderen Jesuiten, dem früheren spanischen Missionar und späteren Residenten von Ciudad Rueda in Westindien, Pedro Alvaro, der nun die Funktion des politischen Sekretärs beim Nuntius versah. Hinter beiden kamen Herr Lukasz Opalinski und der Bischof von Kraków mit dem vierjährigen Kronprinzen Wladyslaw, dessen Mutter vor kurzem gestorben war. Das übrige Gefolge schloß sich in geziemendem Abstand an.

Der Zug bewegte sich langsam, würdevoll durch den gedeckten Gang, der die Dekanei überwölbte und die Gemächer des Schlosses mit der Kirche verband. Der König führte leise ein lebhaftes Gespräch mit dem Nuntius, blieb ab und zu stehen, runzelte die Brauen und schien zu zögern, einen Entschluß zu fassen, zu dem ihn Malaspina drängte.

Alvaro, an dem Gespräch anscheinend sehr interessiert, spitzte die Ohren. Er fing Worte und Namen auf, die zu hören er erwartete. Die beiden sprachen über die Kompetenz der verschiedenen Gerichte. Dabei fielen immer wieder die Namen Marten, Schultz, Weyher sowie die der Ratsherren und Schöffen von Danzig. Der König schüttelte den Kopf, als sei er mit dem Nuntius nicht einverstanden.

»Wir entsenden zwei Delegaten des Tribunals von Piotrkow zur Verhandlung«, sagte er lauter. »Dieser Mensch besitzt zwar nicht die polnische Staatsbürgerschaft, er ist aber ein Adliger. Weyher und Bekesz können seinen Mut und seine Tapferkeit nicht genug rühmen.«

»Gleichwohl hat er sich nicht nur im Dienst Eurer Königlichen Majestät als Mörder und Gewalttäter gezeigt«, antwortete Malaspina. »Alvaro war einst sein Gefangener und ist bereit, Martens Seeräuberei, seine Überfälle auf katholische Städte, das Gemetzel, das er in ihnen angerichtet hat, die Entweihung von Gotteshäusern durch ihn, sein Bündnis mit Götzendienern und dem Teufel sowie den Gebrauch von höllischen Zaubern gegen die Ritter der Christenheit zu bezeugen.« Er geriet so in Zorn, daß ihm die Luft ausblieb. Er räusperte sich und fuhr leiser fort: »Danzig beklagt einen seiner besten Söhne, einen verdienstvollen Bürger aus einem vornehmen Geschlecht, der das Recht der Stadt verteidigte. Sein Mörder verdient keine Gnade, und Ihr, Majestät, solltet dazu beitragen, daß er hart bestraft wird, wenn Ihr nicht neue Konflikte mit den Ratsherren heraufbeschwören wollt, die soeben einen Beweis ihrer Loyalität lieferten, indem sie sich an ihren Monarchen wandten, bevor sie den Verbrecher verurteilten.«

»Das ist wahr«, antwortete Sigismund. »Doch jener Kuna oder auch Marten, wie er genannt wird, ist mein Kaperkapitän. Deshalb steht mir und nicht dem Danziger Gericht das letzte Wort zu. Ich wünsche genauen Bericht über den

Prozeß. Es sollen Beisitzer des Tribunals der Republik Polen an ihm teilnehmen.«

Malaspina gab es auf, weiter in den König zu dringen. Er spürte, daß er nicht mehr erreichte. Dieser Kompromiß im Streit um die Kompetenz der Jurisdiktion schien ihm annehmbar zu sein ... Er begann von etwas anderem zu sprechen.

Als sie sich in den königlichen Gemächern befanden, in welchen bereits mehrere Senatoren und Würdenträger auf den König warteten, nahm der Nuntius seinen Sekretär beiseite und teilte ihm in wenigen Sätzen den Entschluß Sigismunds mit. »Wir müssen nun unseren Einfluß auf den Herrn Hofmarschall und den Kämmerer aus Warschau geltend machen. Sie sollen dem König raten, geistliche und nicht weltliche Herren nach Danzig zu entsenden«, sagte er. »Seine Königliche Majestät schätzt ihre Meinung sehr, besonders dem Herrn Zygmunt Opacki pflegt er in allem zu willfahren. Es wird notwendig sein, den Kronanwalt sowie das Tribunal in Piotrkow zu bestimmen, Assessoren nach unserem Sinn zu wählen.«

Pedro Alvaro verneigte sich achtungsvoll. »Wenn Eure Eminenz gestatten, werde ich mich gleich dieser Suche annehmen.«

»Gut«, antwortete der Nuntius. »Handle mit Gottes Hilfe vorsichtig und überlegt. Berate dich mit dem Pater Rektor Paweski, wie man den Vorsitzenden des Tribunals gewinnen kann. Gott sei mit dir, er leite dich.« Der Nuntius schlug über Alvaro das Zeichen des Kreuzes.

Henryk Schultz erreichte sein Ziel. Die Schritte, die er in Warschau unternommen hatte, waren erfolgreich. Der Prozeß gegen Jan Kuna sollte in Danzig unter Teilnahme von Delegaten des königlichen Tribunals in Piotrkow stattfinden, denen aber nur die Rolle von Beobachtern mit beratender Stimme zufiel.

Der König hatte sich auf diese Weise die Einsicht in den Verlauf des Prozesses gesichert und sich ausbedungen, daß das Urteil nicht ohne seine Bestätigung vollstreckt werden dürfe. Nach Pedro Alvaros Meinung war dies mehr eine Prestigefrage als ein sachlicher Vorbehalt.

Schultz wußte, daß der Starost von Puck, Weyher, und Herr Bekesz vom König kühl empfangen worden waren. Man hatte ihnen vorgehalten, daß sie sich eines Gottlosen und Mörders annähmen, dessen Gewissen nicht nur der Tod des achtbaren Bürgers Gotthard Wedecke belaste, sondern auch von Hunderten, ja sogar Tausenden guter spanischer Katholiken, die in Westindien in den von Marten unter den Fahnen häretischer Herrscher gelieferten Schlachten fielen oder mit ihren Schiffen untergingen. Die Stimmung des Hofes war ebenfalls gegen Marten, denn nicht nur der König nahm bei den Danziger Kaufherren und Bankiers Anleihen auf ...

Da die Gerichtsverhandlung noch vor Ende Januar stattfinden sollte, mußte Schultz so schnell wie möglich nach Danzig zurückkehren. Weder Maria Francesca noch Anna von Heltbark wollten jedoch etwas von einer Rückkehr hören. Im Gegenteil — sie hatten bereits nach dem Rest ihrer Sachen geschickt und beabsichtigten, unbedingt bis zur österlichen Fastenzeit in Warschau zu bleiben.

Trotz der Hoftrauer nach dem Tod der Königin fanden in den Palästen der Magnaten Karnevalsfeste und Bälle statt. Noch viel lauter und feiner unterhielt man sich auf dem Lande, auf den Gütern des reichen Adels und des Hochadels, auf den Schlössern der Kazanowskis, Radziejowskis, Sobieskis, Godebskis und Milanowskis. Jagden, Bälle, Redouten, Faschingsumzüge in Schlitten und Maskenfeste währten tagelang. Anna von Heltbark erneuerte ohne viel Mühe alte Bekanntschaften. Die Señorita de Vizella führte sie als ihr Pflegekind in die Gesellschaft ein. Als ehemalige Hofdame der Königin Bona, durch die Protektion des Kämmerers von Warschau, Zygmunt Opacki, der ihr Verwandter war, fand sie in den höchsten Kreisen Einlaß. Ihr Witz, ihre Vornehmheit, die Kenntnis fremder Sprachen sowie die Schönheit und Anmut Maria Francescas öffneten ihnen die Türen zu den Salons der Magnaten. Ein ganzer Schwarm von Verehrern umgab die Señorita.

Schultz beunruhigte das sehr, zumal sein Beutel unter den Ausgaben beträchtlich gelitten hatte und Maria ihn um ein neues, großes Darlehen bat. Doch er hatte keine Zeit, den weiblichen Eigensinn zu überwinden. Er überlegte sogar, ob es nicht besser sei, wenn beide Frauen erst nach der Vollstreckung des Todesurteils, das er erwartete, nach Danzig zurückkehrten.

So gab er nach und versprach, die Absendung der Koffer zu beschleunigen. Er händigte Maria einen gewichtigen Beutel voll Dukaten ein und setzte sich schweren Herzens in den großen Postschlitten, wobei er die Hoffnung aussprach, daß Maria ihm treu bleiben und daß er sie am Aschermittwoch in Danzig wiedersehen werde.

Indessen saß Marten im Gefängnis in einer trockenen und verhältnismäßig hellen Zelle. Ein Arzt hatte Zutritt zu ihm, um die Verbände zu wechseln. Die im Kampf bei Oliva erlittenen Wunden waren nicht schwer und heilten rasch. Sie machten Marten die geringsten Sorgen. Am meisten quälte ihn die nur durch häufige Verhöre unterbrochene Untätigkeit. Man brachte ihn unter starker Bewachung zum Untersuchungsrichter, Herrn Joachim Strauß, der in Gesellschaft zweier Schöffen und eines Sekretärs hinter einem hohen Pult thronte. Dann kamen die sich immer wiederholenden, gleichen Fragen. Marten beantwortete sie anfangs mit Schweigen. Er bejahte oder verneinte höchstens die eine oder andere. Die Untersuchungskommission zeichnete sich aber durch eine löbliche Geduld und Ausdauer in ihrem Bestreben aus, die Wahrheit im Namen der Gerechtigkeit zu ergründen. Es war dies eine Ausdauer, welche Leuten eigen ist, die anderen juristische Schlingen und Fallen stellen und dabei die Gewißheit haben, daß sie selbst nie deren tödlichem Griff ausgesetzt sein werden.

Jan Kuna kannte nicht die Tücken des Strafrechtes. Nach einigen Tagen begann er zu sprechen. Er brauste auf, spottete, drohte und äußerte Ansichten, die eifrig und sorgsam in die Akten eingetragen wurden.

Nachdem die zwei geistlichen Delegaten des Tribunals aus Piotrkow in Danzig eingetroffen waren, fragte der eine von ihnen Marten unter anderem, ob er bei seinen Kämpfen mit den Feinden zu Zauberei oder zur Hilfe des Satans Zuflucht genommen habe.

Marten lachte und zuckte die Achseln. Er erklärte, daß er weder an Zauberei noch an die Existenz eines Teufels glaube, der bereit gewesen wäre, ihm zu helfen.

»Das ist schlimm«, antwortete der Beisitzer. »Die Kirche, unsere Mutter, erkennt die Besessenheit an, und die heilige Inquisition verbrennt Zauberer und Hexen auf dem Scheiterhaufen. Wer an Zauberei nicht glaubt, leugnet die Lehren der Kirche.«

Marten wurde auch gefragt, was ihn bewogen habe, in den Dienst der Königin Elisabeth zu treten, und weshalb er gegen die Spanier gekämpft habe.

»Ich war und bin Korsar. Das ist mein Handwerk«, antwortete er.

»Wir wissen es. Wir wollen aber die Beweggründe Eures Handelns erfahren«, erwiderte der Beisitzer.

Marten dachte an sein bewegtes Leben, an den Tod der Mutter und des Bruders, an Elsa Lengen, die von spanischen Landsknechten ermordet wurde, an die romantischen Abenteuer im Lande Amaha, das er gegen die Übermacht der Landräuber schützen und verteidigen wollte, an den Verrat Enriquez de Sotos in der Bucht von Tampico, an das Blutbad in Nahua, an die Liebe Inikas, der Tochter Quiches des Weisen, die er verlor, an die feigen und hinterlistigen Taten und Anschläge Blasco de Ramirez' und Lorenzo Zapatas...

Er hatte gewiß genügend Gründe, gegen die Spanier zu kämpfen, doch er wollte sie hier nicht darlegen. »Ich habe nicht darüber nachgedacht.«

»Das ist schade.« Der Beisitzer seufzte. »Jeder Christ muß über die Beweggründe seines Handelns nachdenken. Das empfehlen alle Lehrer der Kirche, unserer Mutter.«

»Meint Ihr, die Empfehlungen seien überflüssig?« fragte ihn der zweite Deputierte.

Marten zögerte. Die Frage war arglistig. »Ich bin kein Theologe«, sagte er schließlich. »Mein Wissen in derlei Dingen ist zu beschränkt, als daß ich darüber urteilen und meine Meinung äußern könnte.«

Marten verlangte den Beistand eines Verteidigers und eine Unterredung mit Herrn Weyher und Rittmeister Bekesz.

Der Untersuchungsrichter willfahrte nur der ersten Bitte. Weyher und Bekesz sollten als Zeugen der Verteidigung auftreten. Man konnte also nicht gestatten, daß sich der Angeklagte vor dem Urteilsspruch mit ihnen verständigte.

Es war nicht einfach, einen Rechtsbeistand für Marten zu finden. Die Danziger Advokaten sträubten sich, die Verteidigung des Mörders von Wedecke zu übernehmen, da sie sich nicht die Ungnade des Senats zuziehen wollten. Schließlich fand sich ein gewisser Cyprian Baczynski aus Thorn bereit, ein schlechter Jurist, der seine Klienten unter kleinen Übeltätern hatte.

Der Prozeß begann am 29. Januar 1599. Als erster sprach der öffentliche Ankläger und bewies in seinen langatmigen Ausführungen, daß der Angeklagte Jan Kuna, genannt Marten oder auch Chevalier de Marten, ohne einen triftigen Grund abends unter Gewaltandrohung mit seinem Schiff in das Hafenbecken beim Alten Leuchtturm eingedrungen sei und sich nicht an die Vorschriften für das Ein- und Auslaufen von Schiffen gehalten habe. Dann wäre er von dort bei Morgengrauen geflohen, ohne sich bei den zuständigen Behörden zu entschuldigen und die für die Übertretung der Vorschriften vorgesehene Strafe zu zahlen. Als er aus diesem Grunde von dem Wachschiff »Jupiter« verfolgt wurde, gehorchte er nicht der Aufforderung, sich zu ergeben. Nach den von dem Wachschiff abgefeuerten Warnschüssen enterte Marten die »Jupiter«, drang an der Spitze seiner Leute auf deren Deck und ermordete den Hafenmeister Gotthard Wedecke, der sich an Bord des Wachschiffes befand, auf die grausamste Weise. Dann befahl er, dessen nackten Leichnam an einer Rahe aufzuhängen. Schließlich zwang er die ganze Bemannung der »Jupiter«, das Schiff zu verlassen, fuhr dann mit ihm im Schlepp weichselaufwärts und lenkte es schließlich unter Anwendung von Zauberkünsten bis in den Hafen an der Langen Brücke, wo die »Jupiter« strandete, nachdem sie vorher mehrere Barken und Schiffe beschädigt hatte.

Als Beweis seiner Anklage legte er die Ergebnisse der Untersuchung vor und forderte die Vernehmung von ungefähr zwanzig Zeugen.

Nach ihm sprach der Rechtsvertreter Herrn Siegfried Wedeckes. Er unterstützte die Anklage durch seine Ausführungen. Seine Rede, voll von pathetischen Ausrufen und Phrasen, war eine rhetorische Glanzleistung zu Ehren des Ermordeten und verfolgte außerdem den Zweck, die Richter und Zuhörer durch das schwere Los des greisen Vaters zu rühren, der die einzige Stütze seines Alters verloren hatte.

Martens Verteidiger beschränkte sich auf die Berichtigung einiger Entstellungen in der Anklage und verlangte die Vorladung mehrerer Zeugen. Die eigentliche Verteidigungsrede behielt er sich für später vor.

Am zweiten und dritten Verhandlungstag wurden die vom Ankläger und dem Rechtsvertreter Wedeckes genannten Zeugen vernommen und am dritten Tag nur noch die Herren Weyher und Bekesz, da das Gericht die übrigen aus den Reihen der Mannschaft der »Zephir« wegen ihrer angeblichen Befangenheit als Untergebene Martens nicht zuließ. Gegen diese offenkundige Ungerechtigkeit protestierte zwar Baczynski, doch das Gericht gab seinem Einspruch nicht statt.

Die Aussagen des spanischen Jesuiten Pedro Alvaro, des persönlichen und politischen Sekretärs Seiner Eminenz des päpstlichen Nuntius Malaspina, riefen unter den Anwesenden kein geringes Aufsehen hervor. Der Spanier behauptete, Marten habe ihn im Jahre 1581 von dem Schiff gewaltsam fortgeschleppt, auf dem er von Ciudad Rueda nach Vera Cruz in Westindien reiste. Marten habe ihn dann zwei Jahre im Lande Amaha gefangengehalten, dessen heidnischer Herrscher ein gewisser Quiche, genannt der Weise, war. Die Tochter jenes Kaziken hätte Marten derart bestrikt, daß er sie zur Frau nehmen wollte. Obwohl ihm Marten anfangs nicht die Missionstätigkeit unter den Einheimischen verwehrte, befestigte er später die Hauptstadt Nahua und befahl, zwischen den aufgestellten Geschützen das steinerne Ebenbild des Abscheu erregenden Götzen Tlalok zu errichten, dem sogar Blutopfer dargebracht wurden.

Außerdem sagte Alvaro aus, daß Marten achtzehn Jahre lang insbesondere den katholischen Städten Westindiens und Europas hart zugesetzt habe, wobei er sich entweder der Hilfe des Teufels oder der Zauberei bediente, die ihn auch vor allen Wunden bewahrte. »Wenn man in Betracht zieht, daß er der Sohn einer Hexe ist und sich unter Heiden in der von der Mutter geerbten Zauberkunst vervollkommnete«, fuhr der Jesuit in seiner Beweisführung fort, »muß man ihn des Bündnisses mit dem Teufel gegen die Kirche und alle Gläubigen schuldig sprechen. Der letzte Beweis seiner Schuld ist die von Tausenden Menschen bestätigte Tatsache, daß die ›Jupiter‹ ohne Mannschaft an Bord nur kraft der Zaubersprüche und des Befehls Martens den Weg vom Leuchtturm bis zur Langen Brücke zurücklegte.«

Der Starost von Puck, Jan Weyher, und Rittmeister Wladyslaw Bekesz stellten Marten das denkbar beste Zeugnis aus. Sie hoben seine außergewöhnlichen kriegerischen Verdienste hervor und wiesen darauf hin, daß nicht er als erster die »Jupiter« angegriffen hatte, sondern im Gegenteil einem Gefecht mit ihr auswich, obwohl er selbst ohne vorherige Warnung beschossen worden war. Erst als Gotthard Wedecke den Steuermann der »Zephir«, Stephan Grabinski, einen tüchtigen, tapferen jungen Mann, durch einen Pistolenschuß tötete, ließ sich Marten in seinem Zorn und Schmerz so weit hinreißen, daß er den Hafenmeister als einen auf frischer Tat gefaßten Mörder dingfest machen wollte. In dem Tumult ließ er es zur Ermordung Wedeckes kommen.

Ähnlich sprach auch Martens Verteidiger, besagter Baczynski. Er führte noch eine Reihe von Argumenten zur Rechtfertigung seines Klienten an. Dann folgten die Erwiderungen des öffentlichen Anklägers und des Rechtsvertreters von Siegfried Wedecke und eine erneute Entgegnung des Verteidigers.

Am fünften Tag der außerordentlichen Tagung des Gerichtes wurde das Urteil verkündet. Jan Kuna, genannt Marten, schuldig befunden, die ihm zur Last gelegten Vergehen und Verbrechen begangen zu haben, wurde zum Tod durch das Schwert verurteilt. Sein Vermögen sollte zur Befriedigung der Ansprüche des Senats und Siegfried Wedeckes auf Grund einer Zivilklage eingezogen werden.

Zwei Wochen später kamen Schreiben vom Tribunal und aus der königlichen Kanzlei, in denen keine Einwände erhoben und die vom Verteidiger eingebrachte Berufung abgelehnt wurde. Das Urteil war damit rechtskräftig.

Am Montag, dem vierundzwanzigsten Februar, versammelte sich eine riesige Menschenmenge an der Langen Brücke, auf dem Bleihof, wo man mit dem Bau der königlichen Magazine begonnen hatte, zwischen dem Steindamm und dem rechten Ufer der Mottlau bis zur Grünen Brücke, die wegen des Andranges der Schaulustigen gesperrt werden mußte, besonders aber auf dem Langen Markt, wo gegenüber dem Grünen Tor aus Pfählen und Brettern eine erhöhte Plattform errichtet worden war, auf der die Hinrichtung stattfinden sollte. Starke Söldnerabteilungen vom Leuchtturm und der Stadtwache hielten die Ordnung aufrecht. Sie zogen einen Kordon um das Hochgericht und bildeten ein doppeltes Spalier vom Krantor bis zur Grünen Brücke. An den Fenstern des Grünen Tores, die auf den Langen Markt sahen, nahmen die angesehensten Bürger, Schöffen, Beamte und ihre Familien Platz. Aus allen Fenstern der Bürgerhäuser um den Langen Markt beugten sich die Bewohner. Das gemeine Volk drängte sich auf der Rathaustreppe und den Stufen des Artushofes.

Um zehn Uhr erschienen die Ratsherren mit dem Bürgermeister und Herrn Siegfried Wedecke, und gleich darauf dröhnten vom Turm der Marienkirche in langen Intervallen Glockenschläge zum Zeichen der Trauer um den Hafenmeister und um seinen Mörder zu mahnen, daß die Stunde seines Todes nahe.

Gleichzeitig setzte sich in der Johannisgasse ein Zug in Bewegung, der einem Leichenbegängnis ähnelte. Vorn schritten drei Trommler, die in den Pausen zwischen den einzelnen Glockenschlägen langsame, monotone Wirbel schlugen. Hinter ihnen kam, von zehn mit Streitkolben oder Hellebarden bewaffneten Stadtknechten bewacht, der in Ketten geschmiedete Verurteilte. Ein Kapuzinermönch begleitete ihn. Marten war vornehm und kostbar wie ein souveräner Fürst gekleidet und blickte stolz um sich, ja er lächelte sogar spöttisch. Ihm folgten einträchtig sein Ankläger, sein Verteidiger, der Rechtsbeistand Siegfried Wedeckes, der Untersuchungsrichter Joachim Strauß mit anderen Mitgliedern des Gerichtshofes und schließlich der Herr Burggraf Erich von Sasse sowie die Kapitäne Friedrich Dünne und Wichmann. Den Zug beschloß eine Rotte Landsknechte und eine Menge Neugieriger, die das Spalier durchbrochen hatten.

Auf der Brücke vor dem Grünen Tor kam es zu einem kurzen Durcheinander, als Marten, der bis dahin nicht den geringsten Widerstand geleistet hatte, plötzlich wie angewurzelt stehenblieb und durch das leere Torgewölbe auf den menschengefüllten Langen Markt starrte.

Unterdessen waren die Trommler weitermarschiert. Der größte Teil der Wache eilte ihnen nach, so daß nur zwei Stadtknechte mit Streitkolben und der Mönch bei Marten blieben. Die ungeduldige Menge drängte von hinten. Der Befehlshaber der Rotte, die den Zug schloß, hielt seine Landsknechte an und befahl ihnen, die Menschen zurückzustoßen. Beinahe hätte es ein Handgemenge gegeben. Marten, der nicht bemerkte, was hinter seinem Rücken geschah, rührte sich nicht von der Stelle. Beunruhigt zog ihn der Kapuziner am Ärmel. »Gehen wir, Bruder«, sagte er. »Niemand entgeht seinem Schicksal.«

Marten sah ihn an und nickte mit dem Kopf. »Ich glaube, Ihr habt recht, Vater«, antwortete er. »Das ist mir weder in Den Haag und noch viel weniger in La Rochelle in den Sinn gekommen, obwohl . . ., nun, gehen wir. Leider bin ich dort vorn unentbehrlich . . .«

Er schritt so schnell aus, daß ihm der erstaunte Mönch, der nichts von dem begriff, was Marten gesagt hatte, kaum folgen konnte.

Sie gingen durch das Tor und traten auf den Platz. Das Stimmengewirr ebbte ab. Als die Trommler samt der Wache unter dem Gerüst Aufstellung genommen hatten und Marten langsam die Stufen hinaufstieg, herrschte tiefes Schweigen.

Der Henker in dem roten Wams näherte sich dem Verurteilten; er wollte ihm das Totenhemd überstreifen und die Augen verbinden. Marten lehnte ab. Die Ketten klirrten, als er den Geldbeutel vom Gurt löste und ihn dem Scharfrichter mit den Worten reichte: »Schlage nur einmal zu, aber fest, daß du nicht zu wiederholen brauchst.«

Dann ließ er den Blick über die von Neugierigen dicht besetzten Fenster des Marktes und über die Menge gleiten, als suche er jemand. Er wollte sich schon abwenden, als eine verweinte Frau, die in der ersten Reihe stand, die Hand hob, als wünsche sie seine Aufmerksamkeit auf sich zu lenken oder ihm einen Abschiedsgruß zu senden. Sie war in Trauerkleidung, hatte helles Haar, das unter dem Samthäubchen hervorquoll, und ein blasses, ovales Gesicht, gleich einer Mater dolorosa.

Marten erkannte sie nicht. Das war nicht verwunderlich, denn er hatte sie fünfundzwanzig Jahre nicht gesehen. Trotzdem nickte er ihr lächelnd zu. Er war gerührt, daß jemand von ihm Abschied nahm.

Er blickte zum Himmel auf, über den kleine, weiße Wolken segelten, und kniete dann vor dem niedrigen Block nieder. Der Kapuziner reichte ihm das schwarze Kreuz mit der silbernen Christusgestalt zum Kuß, trat zurück und begann das Requiem zu beten.

Marten beugte sich vor, der Scharfrichter holte aus und schlug zu. Der stolze Kopf löste sich sofort vom Rumpf und fiel in den bereitstehenden Korb.

Seufzer stiegen wie das Rauschen einer großen Woge über der Menge auf. Die Frau in Schwarz sank ohnmächtig zu Boden. In einem Hausflur brachte man sie wieder zu sich. Es stellte sich heraus, daß sie Jadwiga Grabinska hieß und nahebei in der Seilergasse wohnte. Mitleidige Leute wollten sie dorthin begleiten, doch sie wehrte ab. Als sie wieder etwas zu Kräften gekommen war, begab sie sich in das Rathaus. Dort erhielt sie durch die Fürsprache ihres Wohltäters und Brotgebers Henryk Schultz die Erlaubnis, Martens Leichnam abzuholen und ihm ein christliches Begräbnis zu bestellen.

Henryk Schultz hatte der armen Witwe des Rebellen Jan von Grabin, die vor kurzem ihren einzigen Sohn verlor und nun ganz allein in der Welt stand, diese Bitte nicht abgeschlagen. Er verlangte nur, daß die Leiche des Mörders in aller Stille beerdigt werde.

So geschah es. Marten fand an der Seite Stephan Grabinskis seine letzte Ruhestätte. Nur ein Priester und Jadwiga Grabinska schritten vom städtischen Beinhaus bis zum Friedhof hinter dem Sarg.

Kurz darauf ereignete sich ein geheimnisvoller Fall. Gemäß Gerichtsbeschluß sollte die »Zephir« noch vor der Urteilsvollstreckung aus Puck nach Danzig geschleppt und dort öffentlich versteigert werden. Der neue Hafenmeister, Herr Erich von Sasse, benutzte zu diesem Zweck drei Hafenbalinger. Als es endlich nach vieler Mühe gelungen war, das Schiff durch die Eisschollen bis zur Reede zu schleppen, trat so starker Frost ein, daß sich die ganze Weichseltiefe mit Eis bedeckte. Das Schiff saß, von ihm eingeschlossen, fest. Die Balinger erreichten gerade noch den Leuchtturm.

Das verlassene, unzugängliche Schiff lag über eine Woche mitten im Strom und wartete auf Tauwetter. Doch der Frost hielt an, und der Senat beabsichtigte nicht, die Versteigerung zu verschieben. Einen Tag vor der Auktion traten einige Reeder, die gehofft hatten, die »Zephir« zu erwerben, zurück. Nur der entschlossenste von ihnen, Herr Henryk Schultz, blieb übrig. Er kaufte das Schiff für ein Spottgeld.

Er erfreute sich jedoch nicht lange des Erwerbs. Schon in der nächsten Nacht brach aus unerklärlichen Ursachen ein Brand auf dem Schiff aus. Nachdem das Feuer das Deck und beide Kastelle verzehrt hatte, erreichte es die Pulverkammer. Die Explosion zerstörte den Rumpf, die Trümmer versanken im Meer.

Dieses Ereignis wurde allgemein der Zauberkraft zugeschrieben, durch die Marten noch nach dem Tode seine Macht über das treue Schiff ausübte. Als jedoch einige Wochen später das Eis barst und das Meer die Leiche eines Seemannes an Land spülte, bei dem zwei Paar schwere Wurfmesser gefunden wurden, ahnte Schultz, wer das Feuer auf der »Zephir« gelegt hatte.

Seine Nachforschungen schienen diese Vermutung zu bestätigen. Nur zwei Matrosen der »Zephir« hatten sich nicht für die Flotte anwerben lassen, die Herrn Weyher unterstand. Einer von ihnen war der alte Schiffszimmermann Broer Worst, der beschloß, in seine Vaterstadt Rotterdam zurückzukehren, der andere der Segelmeister Hermann Stauffl. Er war spurlos verschwunden.

Der Verlust des Schiffes traf Henryk Schultz schwer. Er empfand ihn wie ein unverdientes Unrecht. In den Träumen, denen er seit seinen Jugendjahren nachhing und die er mit solchem Erfolg allmählich verwirklicht hatte, besaß die »Zephir« eine Art symbolische Bedeutung. Sie wäre der Lohn für zahlreiche Entsagungen, die Erfüllung eines der nicht zahlreichen Gelüste gewesen, die abseits des Weges lagen, den er gewählt hatte. Anscheinend war es ihm nicht gestattet, von ihm abzuweichen. Die Vorsehung hatte ihm nur praktische, materielle Erfolge vorherbestimmt. Er mußte sich mit ihrem Spruch abfinden.

Kaum hatte er den Schmerz überwunden, als ihn ein neuer harter Schlag traf. In der letzten Karnevalswoche schloß die Señorita Maria Francesca de Vizella den

Bund der Ehe mit dem hochwohlgeborenen Herrn Stanislaw Opacki, Starosten von Pultusk, und begab sich mit ihm auf die Hochzeitsreise nach Spanien.

Schultz war von dieser Kunde so niedergeschlagen, daß er Danzig verließ und sich in dem abgelegenen Gutshaus einschloß. Er verbrachte dort drei Tage in Gram, Kummer und Selbstbesinnung und kam schließlich zu der gleichen Erkenntnis wie nach dem Verlust der »Zephir«. Die Vorsehung wachte über ihn und gestattete ihm nicht, auf Abwege zu geraten; sie lenkte seine Schritte immer wieder zurück auf den Pfad der Tugend. Er demütigte sich in seinem Herzen, und da er wünschte, seiner Reue sichtbaren Ausdruck zu geben, schenkte er das Haus in Holländer, diesen Sitz der Sünde und des Lasters, mit allem Zubehör dem Orden der Dominikaner als Waisenhaus.

Das war wirklich ein gutes, christliches Werk, etwas durchaus nicht Alltägliches in einem katholischen Land.

Erläuterungen

Alcalde ordinario	Bürgermeister, zugleich Richter (span.)
Antiphon	Wechselgesang (lat.)
Bagenal	Führer der englischen Truppen in Irland 1598
Balinger, der	großes mit Mast und Segel versehenes Ruderboot
Barde	Sänger und Dichter der alten Kelten
Béarner	der spätere König Heinrich der IV. von Frankreich, so genannt nach seiner Herrschaft Béarn
Belleau, Remi	französischer Dichter (1528—1577)
Bodega	Weinschenke
Calabozo	Gefängnis (span.)
Casa de contracion	Handelskammer (span.)
Champlain, Samuel de	(1567—1635) französischer Seefahrer, gründete 1608 Quebec und wurde Gouverneur im damaligen Neufrankreich (Kanada)
Chulo	Gaukler, Spaßmacher (span.)
Connétable	vom 14. Jahrh. bis 1627 Bezeichnung für den Oberbefehlshaber der französischen Armee
Corregidor	Gouverneur (span.)
Corrida de toros	Stierkämpfe (span.)
Corrido	Volksballade (span.)
Cortier	französischer Seefahrer, der in den Jahren 1534/35 eine Entdeckungsexpedition nach Kanada unternahm
Cuartelazo	Militärrevolte, Verschwörung (span.)
De Béthune	Finanzminister Heinrichs IV.

Dobbel-kuyt	holländische Biersorte
Ejido	der ganzen Gemeinde gehörende Viehweide (span.)
Eskader, die	Schiffsverband (franz.)
Estanziero, der	Viehzüchter, Farmer (span.)
Gachupin	im Mutterland, nicht in den Kolonien geborener Spanier (span.)
Gewürzinseln	Molukken, Inselgruppe des Malaiischen Archipels
Godet	eingesetzter Keil in Kleidungsstücken (franz.)
Gringo	abschätzig für Nichtromane im spanischen Süd- und Mittelamerika (span.)
Holk, die	dreimastiges Segelschiff, fand im 16. und 17. Jahrh. vor allem in der Ostsee Verwendung
Jodelle, Etienne	französischer Dramatiker (1532—1573)
Kastell, das	Aufbau auf Schiffen (lat.)
Konnossement, das	Frachturkunde im Güterverkehr zur See
Kremer, Gerhard	genannt Mercator (1512—1594) Geograph und Mathematiker
Larivey, Pierre	französischer Lustspieldichter des 16. Jahrh.
Last, die	Schiffsfrachtgewicht; 1 Last = etwa 1,3 RT
Lippershey, Hans	niederländischer Brillenmacher, Erfinder des Fernrohrs
Lombarden	oberitalienische Geldwechsler, Geldverleiher des späteren Mittelalters
Lupanar	Bordell (lat.)
Marlin, der	Stachelflosser aus der Gruppe der Makrelen
Morbido	Bestechungsgeld (span.)
Mozo	Knecht (span.)
Neufrankreich	das ehemalige französische Kolonialreich in Nordamerika (Kanada, Lousianer)
Neukastilien	alte Bezeichnung für Peru
Neuspanien	Bezeichnung für Mexiko z. Z. der spanischen Kolonialherrschaft 1521—1822
Nobilitation	Aufnahme in den Adelsstand (lat.)
Oktave, die	kleines Geschütz für sechspfündige Geschosse (lat.)
Olla Podrida	spanisches Nationalgericht
Ossian	sagenhafter Sänger der Vorzeit
Prise, die	von einem Kriegsschiff oder Kaperschiff aufgebrachtes feindliches oder neutrales Handelsschiff (franz.)
Pronunziamiento	durch eine Offiziersverschwörung hervorgerufener Aufstand (span.)
Pulque de mahis	aus gegorenem Agavensaft hergestelltes alkoholisches Getränk (span.)
Quemadero	Platz, auf dem die zum Feuertod Verurteilten verbrannt wurden (span.)
Regidor	Stadt- oder Gemeinderat (span.)
Schisma, das	Spaltung der kirchlichen Einheit
Scudo	der frühere italien. Silbertaler
Socyn, Faustus	(1539—1604) gründete religiöse Sekte der Arianer
Syzygie, die	Zeit des Eintritts von Neumond oder Vollmond
Taguara	eine Bambusart
Tamales	Pasteten mit Fleisch- oder Gemüsefüllung (span.)
Vaquero	Kuhhirt, Viehtreiber (span.)
Verazzani, Giovanni	italienischer Seefahrer in französischen Diensten
Yeoman	freier Kleinbauer im feudalistischen England
Zamojsk, Jan	(1542—1605) polnischer Staatsmann und Feldherr

Erstes Buch
DIE SCHWARZE FLAGGE
Castro Verde
Seite 7

Im Hafen der Flüchtlinge
Seite 99

Zweites Buch
DIE ROTEN KREUZE
Armada Invencible
Seite 233

Maria Francesca
Seite 290

Drittes Buch
DAS GRÜNE TOR
Im Dienste Heinrichs des Guten
Seite 419

Das grüne Tor
Seite 534